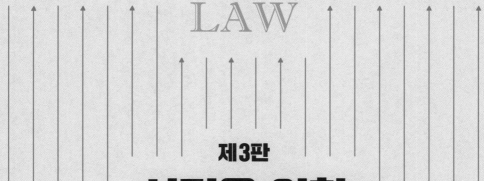

ADMINISTRATIVE
LAW

제3판

시민을 위한
행정법 입문

홍준형

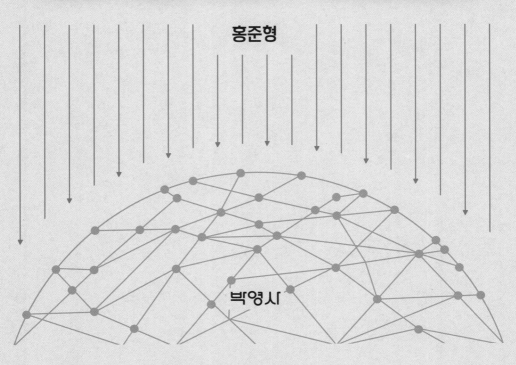

박영사

제3판
머리말

　　행정법은 언제, 어디에나 도처에 있습니다. 생생하게 살아 있습니다. 아파트를 지을 때에도, 수많은 생명과 꿈을 앗아 간 헬로윈 참사 현장에서도, 지하철이나 국도를 이용할 때에도 우리는 늘 행정법을 만나게 됩니다. 싫든 좋든 이 시대 한국 사회를 살아가는 모든 시민들은 행정법과 관계를 피할 수 없습니다. 그러나 사람들은 행정법이 그렇게 가까운 거리에서 밀접한 일상이 되고 있는지 잘 알아채지 못할 때가 많습니다. '법을 잘 몰라서', '법전문가가 아니라서'라는 상투적인 변명 때문일까요. 아니면 우리가 평소 그렇게 자세히 들여다보지 않아서일까요. 그렇지만 행정법을 이해하는 일은 공무원뿐만 아니라 시민 역량의 핵심 요소입니다. 행정법을 알아야 우리가 사는 곳이 어떻게 꾸려지고 있는지, 나라가 누구의 손에 어떻게 굴러가고 있는지를 알 수 있기 때문입니다. 혹 인생을 꼬이게 만들 수도 있는 계획이나 사업, 행정처분에 이의를 제기하고 피해를 구제받을 수 있기 때문입니다.

　　그런 배경에서 이 책은 정치적 지배나 관리 수단이 아니라 민주주의 생활의 수단으로 행정법을 재인식, 재정립하고 '열린 행정'과 '열린 법'으로 발전시켜 나가야 한다는 관존민비 극복의 시대정신을 이어갑니다. 초판이 나온 지 6년째, 출간 취지와 목표는 변함이 없습니다.

　　「행정기본법」이 본격적으로 시행되기 시작했고 「행정절차법」, 「지방자치법」의 개정과 「경찰법」 전부 개정법률(「국가경찰과 자치경찰의 조직 및 운영에 관한 법률」) 등 주목할 만한 입법적 변화가 있었습니다. 행정법판례 역시 양적으로나 질적으로 괄목할 만한 발전을 거듭해 왔습니다. 이 책은 2023년 2월까지 이와 같은 실정법의 변화와 그에 따른 학설과 판례의 추이를 반영하였습니다. 갈수록 다양화·심화되어 온 연구 성과들은 이 책의 발간 취지에 맞는 범위에서 반영하였습니다. 이번에는 그동안 누락되었던 공법상 손실보상 문제를 '[제32강] 공익사업으로 토지를 수용당하면 보상은?'을 추가하여 다뤘습니다. 이 책에서 다룬 문제에 대한 상세한 논의, 그리고 이 책에서 다루지 못한 쟁점에 대한 논의는 필자의 다른 저서, 특히 「한국행정법의 쟁점」(서울대학교 출판문화원, 2018), 「행정법」(법문사, 2017), 「행정쟁송법」(도서출판 오래, 2017) 등을 참조하시기 바랍니다.

이 책을 내기까지 제게 가르침과 깨달음을 주신 분들께 언제나처럼 깊이 감사드립니다. 출간을 도와주신 박영사의 조성호 이사님, 손준호 과장님, 윤혜경 대리님께 감사의 말씀을 전합니다. 그리고 제 강의를 들었던 학생들은 물론 앞으로 듣게 될 학생들께도 변함없는 신뢰와 사랑을 보냅니다.

2023년 2월
봇들마을 어귀에서

홍준형

초　판
머리말

　　2017년 한국 민주주의는 촛불로 꽃을 피웠습니다. 우리가 부러워하며 본 받으려 했던 구미 어느 나라도 감히 흉내낼 수 없는 장엄한 촛불민주주의의 휘영청 광휘를 함께 만끽할 수 있었습니다. 그러나 이제 새로운 역사의 장을 넘기고 일상으로 돌아와 자각합니다. 촛불만으로는, 다시 촛불에 기대기에는 우리가 직면한 문제와 과제들이 너무나 복잡다양하고 험난하며 일상의 현실은 너무나 완강합니다. 이제 좀 더 안정되고 지속가능한 해법이 요구되는 장기전입니다. 민주주의를 향한 열정을 법과 제도를 통해 질서있게 능동적으로 표출할 수 있는 방법이 있을까요?

　　'관존민비'의 적폐를 극복하기 위해서는 행정법이 필요합니다. 행정법은 법치주의를 토대로 새롭게 정립된 민관 관계의 규칙을 구현하기 위한 법과 제도의 총체이기 때문이지요. 즉 민관 관계의 법이자 관을 다스리고 관과의 다툼을 해결하기 위한 법이기 때문입니다. 근대 이래 행정법은 국가적 지배의 합리화, 통치의 율령화를 위한 수단으로 봉사했습니다. 부정할 수 없는 일이지요. 그러나 행정법은 그 자체가 하나의 실천의 장으로서 인류문화의 중요한 결실을 일구어내 구현해 온 법치주의의 테크놀로지이자 실천메커니즘이기도 했습니다. 행정법에는 국가, 국가권력, 관청과 관리와의 관계에서 국민, 시민, 민중들이 때로는 투쟁과 항의를 통하여 때로는 협동과 참여를 통하여 성취할 수 있었던 무수한 도전의 성과, 축적들로 충만합니다.

　　국가와 행정, 법에 관한 식견을 갖추는 것이 현대 사회에서 요구되는 시민적 소양의 필수적 요소라는 데 이의가 없을 것입니다. 행정법은 바로 그중 가장 핵심적 부분입니다. 지금 이 시점에 현대 한국사회에서 행정이 따라야 할 법의 요구가 무엇이며, 시민들이 그 요구를 관철시키기 위하여 법을 사용할 수 있는지, 어떻게 사용할 수 있는지를 알 수 있어야 합니다. 이를 위한 실천적 지식과 정보를 공유, 확산시키는 것이 이 책의 목표입니다. 행정법을 이해하고 적재적소에 맞게 사용할 수 있는 실천역량을 갖출 수 있는 지적 탐험으로 여러분을 초대하고자 합니다. 구체적인 사례상황과 관련하여 토론하고 해법을 모색하는 과정에서 우리 동시대인이 이룬 성취와 축적을 후대에 전달해 줄 수 있습니다. 새로운 마음과 눈으로 행정법을 공부하고 실천하며 또 변화시켜 나가야 할 까닭이 바로 여기에 있습니다.

지난 30여 년간 행정법학자로 살아오면서 늘 염두에 두면서도 마음에 걸린 물음이 하나 있었습니다. 행정법이란 무엇인가? 시민들이 행정법을 무엇을 위해 어떻게 사용할 수 있도록 안내할 것인가? 이런 물음에 응답하기 위한 책을 꼭 쓰고 싶었습니다. 이 책을 내면서 감히 그 묵은 숙제를 다했다고 생각하지는 않습니다. 다만, 이제 또다시, 늘 그랬듯이, 시작입니다. 벼리기 시작입니다.

이 책은 책 제목에서 보듯 '깨어 있는 시민을 위한 행정법입문서'입니다. 주로 대학 수준의 독자들을 위한 기초교양으로 고안되었습니다. 주석은 가독성을 높이기 위해 각주를 지양하고 미주로 돌렸습니다. 이 책에서 생긴 의문과 관심은 제가 쓴 다른 전공서적들—「행정법」(법문사, 2017), 「행정쟁송법」(도서출판 오래, 2017), 「행정구제법」(도서출판 오래, 2012), 「환경법특강」(박영사, 2017), 「지방자치법」(대명출판사, 2017), 「행정과정의 법적 통제」(서울대학교출판문화원, 2010) 등—을 통해 해소해 주시기 바랍니다.

이 책을 내는 과정에서 수고를 아끼지 않은 여러분들, 저자에게 가르침과 깨달음을 주신 선후배, 동료 제현들께 깊이 감사드립니다. 저자의 강의를 들었거나 듣게 될 학생들이야말로 이 책을 쓰면서 늘 떠올렸던 주인공들입니다. 저의 신뢰와 사랑을 보냅니다.

2018년 새해
프리드리히의 그림 「안개낀 바다 위의 방랑자」를 떠올리며

홍준형

차

례

행정법의 기초

행정작용법(행정의 행위형식)

행정과정법

행정강제법

행정구제법

행정관리법 · 특별행정법

행정법의 기초

제1강
행정법이란 무엇인가?

I. 행정법을 정의한다면?

행정법이란 무엇인가? 행정법 공부를 시작하며 맞부닥치는 물음입니다. 주의 집중 효과가 있을지는 모르지만, 이런 질문을 받으면 썩 마음이 편치는 않지요. '정의란 무엇인가?', '사랑이란 무엇인가?'라는 질문들처럼 무언가 본질을 캐묻는 듯한 압박감을 줍니다. 하지만 본질을 묻는 건 아닙니다. 행정법의 영역과 범위를 한정하기 위해, 또 그 과정에서 행정법의 특성을 파악하기 위해 묻고 답하는 것입니다.

일반적으로 행정법은 「행정에 관한 국내공법(國內公法)」이라고 정의됩니다. 이 정의는 행정법을 내용 면에서는 헌법·입법관계법·사법(司法)관계법으로부터, 법체계 면에서는 사법(私法)과 국제공법으로부터 구별시키기 위한 것입니다. 이 정의에는 '행정에 관한 법'의 전부가 아니라 「행정에 고유한 법」만이 행정법이라는 뜻이 내포되어 있습니다. 따라서 행정법의 공법으로서 독자성을 규명하는 것이 가장 중요합니다.

II. 행정법은 행정에 관한 법이다.

1. 행정이란 무엇인가?

행정의 개념은 맥락에 따라 다양하게 파악되고 있습니다. 조직적 의미로는 '국가나 지방자치단체 등의 행정조직'을, 실질적 의미로는 '행정작용, 즉 행정업무를 처리하기 위한 국가행정활동'을, 그리고 형식적 의미에서는 '행정관청이 행하는 모든 작용'을 뜻하는 개념으로 사용됩니다. 조직적 의미의 행정과 형식적 의미의 행정은 각각 행정조직이란 외형적 기준에 의해 비교적 식별해 낼 수 있습니다.

　　반면 실질적 의미의 행정개념을 정의하는 데에는 논란의 여지가 있습니다. 여기에는 기본적으로 두 가지 관점이 있습니다. 첫째, 적극적 정의를 포기하고 「국가작용에서 입법과 사법을 제외한 나머지」를 행정으로 보는 관점으로 소극설 또는 공제설(控除說: Substraktionstheorie)이라 불립니다. 둘째, 소극설처럼 「행정이 아닌 것」만 이야기할 게 아니라 행정 관념의 적극적 해명이 필요하다는 견지에서 가령 '개별적 사안에 있어 국가목적의 실현'(Peters), '법에 의거하여 법률의 범위 내에서 행해지는 사회형성'(Forsthoff), '기존의 정치적 결정을 계획적, 목적지향적으로 집행하는 작용'(Thieme), '구속적 결정의 산출'(Luhmann), '역무의 수행'(Ellwein) 등의 표지에 따라 행정개념을 정의하는 관점이 있는데 이를 적극설이라고 합니다.[1] 양설은 각각 문제점이 있고 또 어느 입장에 서더라도 행정 관념의 완전한 정의는 어렵습니다.[2]

　　행정의 관념을 이해하려면 무엇보다도 행정 개념에 내재하는 권력분립이란 역사적, 사실적 계기를 인식해야 합니다. 연혁적으로 행정은 군주의 통치권으로부터 입법권과 사법권이 떨어져 나온 결과 그 나머지의 기능들을 총칭하는 개념이었지요. 이 행정 개념의 역사적 구속성은 현대국가에서 특징적으로 나타나는 행정권의 확대·강화 현상을 통해서도 여실히 증명됩니다.

　　현대행정의 복잡다기한 속성을 감안하여, 행정을 「정의」하기보다는 오히려 행정의 특징적 속성을 파악하는 데 주력해야 한다는 결론이 나옵니다. 포르스토프(Forsthoff)가 「행정은 정의될 수 없고 다만 기술될 수 있을 뿐」[3]이라고 실토한 것도 그런 배경에서지요. 행정 관념의 주요 징표는 다음과 같습니다.

　　⑴ 행정은 사회적 형성작용이다. 행정의 대상은 사회적 공동생활이다.
　　⑵ 행정은 공익(öffentliche Interessen)의 실현을 지향한다.

1　국내 교과서들은 적극설의 예로 Otto Mayer의 목적실현설, 양태설(Forsthoff, 田中二郎)을 드는 한편 이와는 별도로 H. Kelsen, A. Merkl 등의 순수법이론에 입각한 기관양태설을 소개하고 있습니다. 김도창, 일반행정법(상), 청운사, 1993, 60 이하를 참조.
2　학설은 이 여러 견해들을 결합하여 정의를 시도하는 입장이 우세해지고 있다고 합니다. Maurer, Allgemeines Verwaltungsrecht, 17.Aufl., 2009, Rn.7.
3　E. Forsthoff, Lehrbuch des Verwaltungsrechts, 10.Aufl., 1973, S.1.

⑶ 행정은 능동적·미래지향적 형성작용이다. 이 점에서 본질상 수동적·과거지향적 반작용이자 법
선언 작용인 사법(司法)과 구별된다.
⑷ 행정은 개별 사안의 규율과 계획 실현을 위한 구체적 조치를 하는 작용이다. 이 점에서 행정은 입
법과 구별된다. 행정은 계획행정(planende Verwaltung)을 포함한다. 「처분법률」(Maβnahme-
gesetz)은 행정과 입법의 한계를 이룬다.[4]

2. 「행정에 고유한」 법만 행정법

행정법은 모든 공법이 아니라 오로지 「행정에 고유한」 법, 즉 행정의 조직, 행
정절차, 행정작용에 관한 법만을 말합니다. 행정법이 행정기관뿐만 아니라 행정과
국민의 관계를 규율한다는 것은 말할 나위가 없습니다.

3. 행정법은 행정에 관한 공법이다.

3.1. 공법과 사법의 구별

행정법에 대한 위 정의는 공법과 사법(私法)의 구별을 전제로 합니다.[5] 다시 말
해 행정법을 행정에 관한 공법에 한정시키려면 먼저 공법이 사법으로부터 명확히 구
별되어야 합니다.

3.2. 왜 구별해야 하나.

공법과 사법의 구별 문제[6]는 비단 행정법뿐만 아니라 법의 일반이론, 나아가서
는 민법 등 사법 분야에서도 제기되는, 아직도 완전히 해결되지 않은 법이론의 미궁

---

4 이러한 설명은 Maurer, § 1 Rn.9－12의 견해를 따른 것입니다.
5 반면 켈젠(H. Kelsen)이나 메르클(A.J. Merkl)과 같은 빈 학파(Wiener Schule) 법실증주의
(Rechtspositivismus)에 의한다면, 법형식이나 구조면에서 공법과 사법을 구별하는 것은 방
법론상으로는 가능할지라도, 양자는 본질적 차이를 지닌 것이 아니므로 서로 구별할 필요가
없다고 하게 됩니다.
6 공법과 사법의 구별은 본래 대륙법의 법체계에 고유한 특징이었으며 특히 프랑스에서 행정법
의 성립배경이 되었던 "행정제도"(régime administratif)의 형성을 통해 문제되었던 것입니다.

입니다. 그러면 왜 공·사법 구별이 현실적으로 필요할까요. 구별의 필요성은 크게 다음 두 가지입니다.

첫째, 양자의 구별은 어떤 사안이 어떤 법규범, 어느 법 영역에서 해결되어야 하는지를 판단하기 위하여 필요합니다. 다시 말해 구체적 사안에 적용할 법규나 법원칙을 결정하기 위해 공·사법의 구별이 필요합니다. 우리 법체계가 대륙법적 전통에 바탕을 두어 공법관계인가 사법관계인가에 따라 적용법규와 법원칙을 달리하기 때문입니다.

가령 조세과오납의 경우 민법상 부당이득반환청구를 할지 아니면 그와 다른 별도의 법원칙을 적용하여 반환을 구할 것인지는 조세납부관계의 성질에 따라 달리 판단되며, 결국 그 기초가 된 법규의 성질에 의존합니다. 공·사법 구별이 필요한 까닭이지요. 그 밖에도 공·사법의 구별은 행정강제 및 소멸시효 등의 적용과 관련하여 간과할 수 없는 법적 의미를 지닙니다. 즉 행정상 의무 위반에 대하여 행정청은 대집행·행정상 강제징수 등을 통해 당사자인 자신이 직접 그 의무이행을 확보할 수 있는 반면, 사법상 의무 위반에 대해서는 법원의 재판을 통하지 않고 당사자가 직접 의무이행을 확보할 수는 없습니다. 소멸시효의 경우, 국가·지방자치단체가 당사자인 공법상 금전채권의 소멸시효는 사법상 채권과는 달리 단기로 되어 있습니다. 다른 법률에 특별한 규정이 없는 한 5년 단기소멸시효를 정한 국가재정법(§ 96)이나 지방재정법(§ 82)의 규정은 공법상 금전채권에 한해 적용된다는 것이 통설입니다.

둘째, 공·사법의 구별은 제도적으로 분쟁이 공법 분쟁인지 또는 사법 분쟁인지 여부에 따라 이를 해결하기 위한 쟁송수단이 달라지기 때문에, 현행법상 쟁송절차를 결정하기 위하여 필요합니다. 즉 절차법 차원에서 분쟁해결을 위한 쟁송수단 결정을 위해 구별이 필요합니다. 행정소송에 대해서는 민사소송과 달리 여러 특례가 인정되기 때문입니다.7

행정소송법은 행정소송에 대하여 민사소송과 다른 특칙을 두고 있어 다툼 있는 법률관계가 공법관계인지 사법관계인지에 따라 그 적용 여하가 달라집니다. 문제된 법률관계가 공법관계라면 권리구제 형태는 원칙적으로 행정소송 등 공법소송이 되기 때문입니다. 이 점은 행정소송법이 처분 등을 원인으로 하는 법률관계에 관한 소송과 아울러 '그 밖에 공법상의 법률관계에 관한 소송'으로서 그 법률관계의 한쪽 당사자를 피고로 하는 소송을 공법상 당사자소송으로 규정한 것을 통해서도 잘 엿볼 수 있습니다.8
일례로 「국토의 계획 및 이용에 관한 법률」('국토계획법') 제130조에 따라 도시·군계획시설사업

---

7 그 밖에 국가배상법 적용 여부라든가 행정상 강제집행방법의 적용 등을 정하는 문제가 있습니다.
8 물론 공법상 당사자소송과 민사소송 간 어떤 본질적인 소송상 차이가 있는지는 문제될 수 있습니다. 이에 관하여는 홍준형, 행정구제법, 한울아카데미, 372 이하를 참조.

의 사업시행자가 사업구역에 인접한 특정 토지를 재료적치장 또는 임시통로 용도로 한시적으로 이용하려면 그 토지 소유자의 동의를 받아야 하고, 토지 소유자가 정당한 사유 없이 동의를 거부하면, 사업시행자는 그 토지소유자를 상대로 동의의 의사표시를 구하는 소를 제기할 수 있습니다. 군산-새만금 송전선로 건설사업 시행자인 원고가 피고들에 대하여 그들 소유 토지를 임시통로 및 재료적치장으로 일시 사용하는 데 대한 동의의 의사표시를 구하는 소송을 제기했습니다. 제1심 법원은 이 소송을 민사소송으로 보고 판단했지만, 광주고등법원에서는 위 소송은 행정소송법상 당사자소송에 해당한다는 이유로 제1심 판결을 전속관할 위반으로 취소하고 사건을 행정소송 관할법원으로 이송하였습니다. 이 사건 상고심에서 대법원은 이와 같은 토지의 일시 사용 동의 의사표시를 할 의무는 <u>국토계획법에서 특별히 인정한 공법상 의무</u>이므로, 그 의무의 존부를 다투려면 '<u>공법상 법률관계에 관한 소송으로서 그 법률관계의 한쪽 당사자를 피고로 하는 소송</u>', 즉 행정소송법 제3조 제2호에서 규정한 당사자소송을 제기해야 한다고 판시하면서 원심법원 광주고법의 손을 들어 주었습니다.

한편, 당사자소송은 공법소송이지만 공법적 특성이 완화되는 부분도 있습니다. 가령 당사자소송에 대해서는 행정소송법 제23조 제2항의 집행정지에 관한 규정이 준용되지 아니하므로(행정소송법 제44조 제1항 참조), 행정소송법 제8조 제2항에 따라 민사집행법상 가처분 조항이 준용되고,[9] 따라서 사업시행자는 민사집행법 제300조 제2항에 따라 현저한 손해를 피하기 위해 필요한 경우 '임시의 지위를 정하기 위한 가처분'을 통하여 공익사업을 신속하고 원활하게 수행할 수 있게 됩니다.

3.3. 무엇을 가지고 구별하나: 공법·사법의 구별기준

공법과 사법의 구별기준은 무엇일까요. 학설은 여태껏 종국적 해결을 보지 못하고 있습니다. 사실 공·사법의 구별은 결코 선험적으로 해결할 수 있는 문제는 아닙니다. 그 역사적·제도적 발전의 결과를 이론적으로 해명하는 차원에서 다루어지는 문제이기 때문입니다.

(1) 학설

① 주체설(구주체설: Subjektstheorie)

국가 또는 지방자치단체가 법관계의 당사자가 되는 경우를 규율하는 법이 공법이고 그 밖의 경우가 사법이라는 견해이지만 더 이상 거의 주장되지 않습니다.

② 복종설(Subjektions- oder Subordinationstheorie)

당사자 간 법률관계가 상하관계인지 아니면 대등관계인지에 따라 공법과 사법을 구별하지만 급부행정같이 비권력적 행위형식이 늘어난 현실에 더 이상 맞지 않는

---

9 대법원 2019. 9. 9. 선고 2016다262550 판결(국토계획법상 토지 일시 사용을 위한 동의의 의사표시를 구하는 사건).

다는 문제가 있습니다.

③ 이익설(Interessentheorie)

법의 보호목적에 따라 공법과 사법을 구별하는 견해로서 많은 법규들이 공익과 아울러 사익을 보호하고 있는 점, 공익과 사익의 구별이 반드시 명확하지 않다는 점에서 비판됩니다.

④ 귀속설(신주체설: Zuordnungstheorie)

독일에서 볼프(Hans J. Wolff)에 의해 발전된 이론으로 권리의무의 귀속주체를 공권력보유자(Träger hoheitlicher Gewalt)에게 한정하는 법규의 총체가 공법이고 만인에(für jedermann) 타당한 법규가 사법이라는 견해입니다. 공법은 국가의 특별법(Sonderrecht)인 반면, 사법은 만인의 법이지만, 국가도 이 「만인」(jedermann)에 속할 수 있다고 함으로써 종래의 주체설의 단점을 보완하려고 합니다.[10] 이 견해는 형식적이기는 하지만 그 때문에 오히려 명료하고 구별기준으로 적절하다는 평을 받았지요. 그러나 이 견해 역시 아무런 내용적인 기준을 제시해 주지 못한다는 비판을 받습니다. 그 밖에도 이 견해에 대해서는 입법권자는 공권력보유자에 대한 특별사법(Sonderprivatrecht für die Träger des öffentlichen Rechts)을 제정할 수 있는 권한을 가진다는 점, 신의성실의 원칙처럼 공법과 사법 모두에 공통된 법원리가 존재한다는 점, 교통법규처럼 만인을 수범자로 하면서도 공법의 성질을 지닌 법규정이 없지 않다는 점 등에서도 다양한 반론이 제기됩니다.[11]

> 볼프가 제창한 귀속설은 그동안 다양한 학문적 토론을 통해 시련과 수정을 겪었습니다. 특기할 만한 수정설로는 '형식적 주체설'이라 불린 귀속설에 대한 대안으로 나온 '실질적 귀속설'(materielle Subjektstheorie)을 들 수 있습니다.[12] 이 역시 귀속주체에 따른 구분에 입각하면서 어떤 법이 공법인지 여부를 결정할 때 고권, 즉 공권력 보유자(Hoheitsträger)가 수범자(Normadressat)인지 여부에 착안점을 두지만, 결정적인 것은 공권력 보유자만이 배타적으로(ausschließlich) 권리의무를 지니느냐가 아니라 그 자체로서(als solcher), 즉 공권력 보유자 고유의 속성으로서 권리의무를 지니느냐에 있다고 주장합니다.[13]

---

10 이 점에서 이를 특별법설 또는 수정주체설(modifizierte Subjekttheorie)이라고 합니다.

11 이에 관하여는 Erichsen/Martens, Allgemeines Verwaltungsrecht, 9.Aufl., 1992, § 2 Rn.17ff. (S.20ff.)를 참조.

12 가령 Ehlers, Die Verwaltung(DV) 20(1987), 373, 379.

13 Bettermann, NJW 1977, 715f.; Bachof, Festgabe für das BVerwG, S.9ff.; Maurer, § 3

⑤ 복수기준설

위 어느 견해도 완벽한 구별기준을 제공하지 못한다고 비판하면서 이제까지 제시된 여러 기준, 예컨대 귀속설을 주로 하고 이익설을 보조기준으로 하여 공법과 사법을 구별한다든지 하여 복수의 기준을 적용하려는 견해입니다. 각 견해에 대한 비판을 면할 수는 없지만, 각 견해가 지닌 타당한 측면들을 모두 고려할 수 있다는 점에서는 장점이 있습니다. 공익, 지배권의 보유, 국가적 관련 등이 공법 여부를 결정하는 기준으로 원용됩니다.14

(2) 공·사법 구별의 실제적 의의와 구체적 적용

공·사법 구별기준에 관한 학설의 실제적 가치는, 마우러(Maurer)가 독일행정법에 관하여 지적한 바와 같이, 사실상 근소합니다. 어떤 법규범이 공법에 속하는지 사법에 속하는지는 일반적으로는 거의 문제가 되지 않지요. 가령 권리구제방법을 결정할 때 문제는 관계법규의 법적 성격이 불분명해서가 아니라 오히려 구체적 사안이 어떤 법규범/법영역에 귀속되는지가 의심스럽기 때문에 생기는 경우가 대부분이라는 지적15은 우리 행정법에서도 타당합니다. 공·사법의 구별은 실제로는 법적 성질 결정의 문제(Qualifikationsproblem)가 아니라 귀속의 문제(Zuordnungsproblem)입니다. 일반적으로 이들 학설중 어느 하나만을 취하지 않고 문제된 사안들을 다양한 관점에서 파악하여 분류하려고 시도하는 독일행정법 판례의 태도 역시 — 종종 일관성이 없다고 지적되지만 — 이러한 견지에서 볼 때 문제 본연의 성격에 부응합니다. 이들 학설상 기준에 관한 논의는 일반적으로 불필요하며, 이 이론들이 원용되어야 할 경우란 고작 관계법규정이 공법에 속하는지 사법에 속하는지 의심스러운 소수의 경우에 불과하다는 이야기지요. 문제가 생기는 것은 구체적인 사안에 적용할 아무런 법규가 없거나 두개의 서로 배척하는 공·사법상의 법규정이 있을 경우입니다. 이 경우 무엇보다도 그 사안이 놓인 전체적인 맥락·관련성과 그 행정작용의 목적·목표에 착안하여 귀속의 문제를 밝혀야 할 것입니다. 이러한 견지에서 구체적으로 문제되는 경우를 검토해 보면 다음과 같습니다.

Rn.18.

14 Maurer, § 3 Rn.19.

15 Maurer, § 3 Rn.20.

① 사실행위

법적 근거 없이 행해지는 사실행위의 경우 이를 공법행위로 볼 것인지 여부가 문제됩니다. 가령 공무원이 직무상 자동차를 운행하였을 경우, 자동차운행 자체만 가지고는 이를 공법적 행위라고도 사법적 행위라고도 할 수 없고, 그 행위가 수행된 전체적 맥락과 그 행위가 달성하려던 목표에 따라 그 성질을 판단해야 합니다. 자동차 운행이 가령 공무원이 업무협의차 다른 행정관서를 방문하는 경우처럼 공적 임무 수행을 위한 것일 때에는 공법행위로, 그렇지 않고 공무원이 공공시설 부지 매입계약 체결처럼 국고·재정적 업무를 수행하기 위하여 행해진 것일 때에는 사법행위로 보아야겠지요.16 그러나 단순한 대중교통에의 참가로서 직무상 운행은 원칙적으로 사법적 성질을 띠며, 예외적으로 경찰이나 소방경찰의 출동처럼 예외적인 경우에만 공법적 성질을 띤다고 보아야 할 것입니다. 공무원의 특정 견해 표명으로 피해를 입은 사람이 그 철회나 중지를 구하는 경우에도 비슷한 문제가 생깁니다. 이 경우 공법과 사법 어느 쪽으로도 철회청구권(Widerrufsanspruch) 성립이 가능합니다. 여기서 사법상 또는 공법상 철회청구권 중 어느 것이 성립될 것이냐는 그 공무원의 견해 표명을 어떤 법적 성질로 보느냐에 달려 있고, 이는 그 견해 표명이 이루어진 전체적 맥락을 파악하면 밝힐 수 있습니다. 따라서 어떤 기능수행의 일환으로 그 공무원이 문제의 견해를 표명했는지가 관건이 됩니다.

사례

가령 감사원 소속 공무원 갑이 특정 기업 을이 공공사업을 수주하는 과정에서 불공정 거래를 통하여 특혜를 받았다는 사실을 발표한 경우, 이 발표를 철회시키기 위하여 을이 사용할 수 있는 방법으로는 다음 세 가지를 고려할 수 있습니다: ① 갑이 이러한 사실을 사인 자격으로 가령 사적 모임에서 표명한 것이라면, 을은 단지 갑 개인에게 이의 철회를 구하는 사법상 청구권을 가질 뿐입니다. ② 반면 갑이 사법상 업무수행과정에서(가령 사업발주에 관한 협상과정에서) 공무원으로서 그러한 사실을 표명하였다면 을은 그 공무원의 행위의 책임이 귀속되는 국가를 상대로 한 사법상 청구권을 가지게 됩니다. ③ 만일 갑이 공무원으로서 공적 임무를 수행하는 과정에서(가령 폐기물 처리시설의 입지 결정을 위하여 주민 의견을 듣는 과정에서) 이러한 사실을 발표하였다면 을은 갑의 행위에 대한 책임이 귀속되는 국가를 상대로 그 발표의 철회를 구하는 공법상 청구권을 갖게 됩니다.

---

16 독일의 경우 이것이 확립된 판례라고 합니다(BGHZ 29, 38, Maurer, § 3, 22).

② 법규범에 의거한 법적 행위

법규범에 의거하여 행해지는 법적 행위의 경우는 별반 어려움 없이 그 근거법에 따라 법적 성질을 파악할 수 있습니다. 행정행위는 전형적인 고권적(공법적) 행위로 개념상 의당 공법에 귀속됩니다. 다만 간혹 행정청의 명령이나 지시를 행정행위로 볼지 의심되는 경우가 있습니다. 가령 청사 출입금지(Hausverbot)의 경우, 행정기관의 장이 청사를 출입하며 질서위반행위를 범한 방문자에 대해 출입을 금하는 경우라든가 또는 부당행위를 하다 적발된 여권업자의 여권과 출입을 금하는 결정을 하는 경우 그 법적 성질 결정이 문제될 수 있습니다. 출입금지 조치는 민법상 점유 및 소유권의 권능에 따른 것으로 또는 공법상 물권적 지배권에 따른 것으로도 볼 수 있고, 그에 상응하여 각각 공법적 행위, 사법적 행위로 판정할 수 있겠지요.

> 출입금지의 성격을 방문 목적에 따라 판단한다면 가령 건축허가신청서의 제출과 같이 공법적 사무를 수행하기 위한 경우에는 공법적 행위로, 반대로 사무용품 판매, 사진촬영업 등을 위한 경우에는 사법적 행위로 볼 수 있습니다. 반면 독일의 압도적인 다수설처럼 방문목적이 아니라 출입금지의 목적에 따라 이를 판단해야 한다고 보면, 가령 그 출입금지 조치가 행정관서의 청사에서의 공적 임무 수행을 확보하려는 목적에서 발해진 것이라면 어떤 이유로 청사를 방문했든 불문하고 이를 공법적으로 보아야 합니다.[17] 나아가 공법적 성질을 띤 출입금지 조치가 행정행위인지 여부, 따라서 이를 위하여 법률의 수권이 필요한지 여부가 논란될 수 있습니다. 출입금지 역시 구체적 사실에 대한 고권적 규율로서 외부효를 갖는 이상 이를 행정행위로 보아야 하지만, 이미 공법상 모든 행정청이 일반적으로 보유하는 가택권적 질서유지권한에 의해 뒷받침되므로 별도의 법률상 근거가 요구되지는 않습니다.[18]

③ 계약

행정과 개인 사이의 계약은 그것이 공법적 규범에 따라 체결되는 때에는 공법적 성질을 가집니다. 그러나 계약 자체만 따로 떼어 놓고 볼 때 이를 정확히 판정할 수 없는 경우가 빈번히 생깁니다. 그 경우 계약의 성질은 객관적으로 계약을 통해 성립된 의무의 목적과 계약의 전체 성격(Gesamtcharakter)에 따라 판단해야 할 것입니다.

④ 공공영조물 · 공공시설의 이용

지방자치단체가 운영하는 운수업, 전기 · 수도공급사업, 교육시설, 문화시설 등과

---

17 가령 Knemayer, DÖV 1970, 596ff.; ders., VBlBW 1982, 249ff.; Ronellenfitsch, VerwArch. Bd.73(1982) S.469ff.등.

18 Maurer, § 3 Rn.24.

같은 공공영조물 또는 공공시설의 이용관계는 공법관계일 수도 또는 사법관계일 수도 있습니다. 이러한 경우에는 개개의 구체적 행위의 귀속만이 아니라 이용관계 전체의 법적 귀속을 문제삼아야 할 것입니다. 판단의 기준이 되는 것은「선택의 자유」(Wahlfreiheit) 원칙에 따라 각각의 구체적 사정, 특히 이용규칙(Benutzungsordnung)으로부터 추지할 수 있는 관할 행정주체의 의지입니다. 이용규칙의 종별(자치법규인가 아니면 보통거래약관인가), 각각 사용된 법형식(그 관계의 종료는 철회에 의하는가 아니면 해제에 의한 것인가), 이용규칙의 규율내용(공급강제나 이용강제를 규정하고 있는가), 이용대가의 성질(공법상의 수수료인가 아니면 단순한 사법상의 이용료인가), 쟁송수단(행정심판법상 불복고지의 적용 여부) 등이 구체적 표지가 될 것입니다. 공법적 근거에 따라 사용허가청구권(Zulassungsanspruch)이 성립하는 경우(가령 지방자치단체의 자치규약에 따라 당해 자치단체의 공공시설사용을 허용해달라고 신청하는 경우) 각각 그 허용 여부(Zulassung)는 공법적으로, 시설사용에 따른 처리(청산: Abwicklung)는 사법적으로 판단해야 할 경우도 없지 않지만(이단계설: Zweistufentheorie), 일반적으로는 양자 모두가 동일한 이용규칙에 따라 규율되는 경우가 보통이므로, 이러한 공공시설이용관계는 원칙적으로 공법관계로 파악함이 옳습니다. 반면 지방자치단체가 전부 또는 지배적 지분을 가진 사법상 법인이 공공시설 운영주체인 경우 그 회사와 이용자간 관계는 사인 상호간 관계, 즉 사법관계에 속합니다. 만일 부당하게 시설이용이 거부되면 그 신청인은 지자체에게 사법상 법인에게 회사법상 가능한 감독권등을 행사하여 시설이용 기회를 제공하도록 요구할 수 있을 것입니다.

⑤ 전통등에 따른 공·사법구별

그 밖에 전통적 이유로 또는 결정주의적(dezisionistisch) 관행상 공법 또는 사법 어느 한쪽으로 판단되기도 하고, 법적 성질여하가 논란되거나 일관성 없이 판단되는 경우도 있습니다.

통치행위? 법으로부터 자유로운 행위?

2003년 초 노무현 당선자로 정권이양을 앞두고 현대상선의 대북지원 의혹이 불거졌습니다. 당시 김대중 대통령은 "남북이 대치하고 있는 상황에서 한반도의 평화를 정착시키고 장차의 통일을 준비해야 한다는 남북관계의 특수한 처지는 통치권자인 제게 수많은 어려운 결단을 요구해왔다."고 하면서 "현재 문제가 되고 있는 현대상선의 일부 자금이 남북 경제협력 사업에 사용된 것이라면 향후 남북관계의 지속적인 발전과 국가의 장래 이익을 위해서 사법심사의 대상으로 삼는 것은 적절치 않다."는 게 나의 견해라고 밝혔습니다. 고 김대중 대통령이 직접 명시적으로 밝히지는 않았지만 자신의 결정을 '통치행위' 이론으로 정당화한 셈입니다. 결국 노무현 정부 출범 직후 '대북송금 특검'에 의해 당시 대북 특사 역할을 한 박지원 전 문화관광체육부 장관이 구속되었습니다. 반면 김 전 대통령은 아무런 법적 처분도 받지 않았습니다.

그로부터 얼마 지나지 않아 노무현 전 대통령의 2004년 이라크 파병이 단행되자 이에 대한 위헌소원이 제기되었고 또 다시 '통치행위' 문제가 도마 위에 오릅니다. 2004년 4월 29일 일반사병 이라크파병 위헌확인을 구하는 헌법소원심판에서 피청구인인 정부가 국군 외국 파견결정 같이 성격상 외교 및 국방에 관련된 고도의 정치적 결단이 요구되는 사안에 대한 국민 대의기관의 결정은 존중되어야 한다며 '통치행위'의 이론을 들고 나왔기 때문입니다.

과연 '통치행위'라는 이유로 사법의 심판에서 면제받을 수 있는 것일까요? 법치주의의 관점에서 그런 일이 정당화될 수 있을까요? 만일 면제받을 수 있다면 도대체 '통치행위'란 무엇이기에 또 어떤 조건 아래서, 어떤 '통치행위'인 경우 그런 판단이 가능할까요? 이 문제에 대해 대법원과 헌법재판소의 입장이 궁금합니다.

일반적으로 행정의 관념은 「통치행위」와 구별되는 것으로 이해되고 있습니다. 과거에는 전술한 실질적 의미 또는 협의의 행정과 통치행위가 광의의 행정을 이루는 것으로 이해되었기 때문에 행정관념을 파악하기 위해 양자 간 명확한 한계를 그을 필요가 있었습니다. 가령 독일의 오토 마이어(O. Mayer)는 프랑스의 'acte de gou—vernment'(통치행위)에 상응하는 'Regierungsakt'의 관념을 실질적 의미의 행정과 대립시켜 설명하면서, 이를 입법·행정·사법과 구별되는 국가작용의 제4영역으로 국가원수의 헌법 보조 활동(verfassungsrechtliche Hilfstätigkeit des Staatsoberhauptes)이라고 설명한 바 있습니다.[1] 물론 오늘날 양자 간 어떤 본질적 차이가 있다고는 할 수 없고 따라서 그 개념 구별도 절대적 요구는 아닙니다.[2] 그러나 이를 통하여 행정 관념의 윤곽을 다소 명확히 할 수 있을 뿐 아니라, 사법심사의 한계 문제와 관련하여 통치행위 문제를 별도로 고찰해야 할 필요도 있습니다.

I. 개념과 인정 여부 및 근거

1. 개념

통치행위란 일반적으로 '고도의 정치적 성격을 지닌 국가최고기관의 행위', 또는 '고도의 정치성을 띠어 사법심사로부터 제외되는 국가행위'를 말합니다. 통치행위의 개념은 두 가지 측면을 가집니다. 그것은 첫째, 행위의 고도의 정치성(실체적 개념), 둘째, 사법심사의 배제(형식적·절차적 개념)입니다. 물론 양자는 상호 밀접히 연관되어 있습니다. 즉 통치행위는 입법의 하위에 위치한 단순한 법집행행위가 아니라 고도의 정치성을 띤 고차원의 국가작용이므로 사법심사의 대상이 될 수 없다는 것입니다. 그러나 오늘날 정치성이란 계기는 더 이상 통치행위의 특권을 정당화하는 근거로 인

---

1 O. Mayer, Deutsches Verwaltungsrecht, 3.Aufl., 1924(unveränderter Nachdruck 1969), S.7−13(S.12 Fußnote 18).

2 통치행위에 관하여 상세한 것은 금선화, "통치행위의 인정여부와 판단기준 소고", 『공법연구』 제33집 제1호(2004.11) 한국공법학회; 정연주, "통치행위에 대한 사법심사: 관련 헌법재판소 판례를 중심으로", 저스티스 제95호(2006.12) 한국법학원; 고문현, "통치행위에 관한 소고" 『헌법학연구』 제10권 제3호(2004.09) 사단법인 한국헌법학회 등을 참조.

정되지 않습니다. 또 행정법학에서는 일반적으로 후자 즉 절차적 개념으로서 통치행위가 논의의 대상이 되고 있습니다.

2. 인정 여부 및 근거

헌법상 법치주의의 전면적 관철, 사법심사의 개괄주의 등을 근거로 통치행위 관념 자체를 부정하는 견해도 있지만, 대다수 문헌은 통치행위의 관념을 인정합니다. 다만 그 사법심사 배제의 논거를 달리하는 차이를 보일 뿐입니다. 가령 권력분립의 원리에 따른 사법내재적 한계(권력분립설), 통치행위의 자유재량행위로서의 성격(재량행위설), 사법의 정치화를 막기 위한 정치문제(political question)에 대한 사법부자제에의 요청(사법자제설), 그리고 고도의 정치성을 지닌 최상위의 국가행위로서 통치행위의 독자적 성격(통치행위독자성설) 등이 그것입니다.

II. 통치행위의 내용

통치행위를 긍정하는 입장에 설 때 통치행위로 고려될 수 있는, 일반적으로 거론되는 통치행위의 유형들은 다음과 같습니다.

- 대통령
  국가원수로서 행하는 외교행위
  선전포고 및 전쟁수행행위
  사면·영전의 수여
  행정부 수반으로서 행하는 국무총리등의 임명행위
  법률안 거부
  국가중요정책의 국민투표 부의
  긴급명령의 발포 등

- 국회
  국무총리등 해임건의
  국회의원 징계
  국회조직 및 의사행위 등

그러나 이것은 통치행위의 공식적 목록은 아닙니다. 또 이들 모두가 통치행위라는 이유로 일괄적으로 사법심사로부터 배제된다고 볼 것인지에 대해서도 여전히 논란의 여지가 있습니다.

III. 통치행위의 한계

현대 민주국가에서 통치행위의 관념은 점점 더 축소되거나 제한되고 있습니다. 또 어떤 행위가 통치행위로 간주되어 법원의 심사의 대상에서 제외되었다고 해서 어떤 방법으로도 그에 대한 책임을 물을 수 없는 것은 아닙니다. 통치행위 역시 헌법의 구속을 피할 수 없고, 특히 그 헌법적 수권규정에 따른 제약(특히 목적·요건·절차상 제약)을 벗어날 수 없습니다. 이렇게 볼 때 특히 정치적 성질을 띤 법적 분쟁(politischer Rechtsstreit)은, 적어도 그것이 법적 해결가능성을 지니고 있는 한, 법적 통제를 받아야 한다는 결론에 이릅니다. 요컨대 법의 지배를 받지 않는 선(先)법치국가적 개념범주로서 통치행위란 허용될 수 없습니다.

대법원은 1972년 헌법 제53조에 의한 '대통령의 긴급조치는 헌법적 효력이 있는 고도의 통치행위이므로 사법적 심사의 대상이 되지 않는다'3고 판시했고, '대통령의 비상계엄선포행위는 고도의 군사적 성격을 띠므로 그 선포의 당·부당을 판단할 권한은 국회만이 갖고 있고 그 선포가 당연무효라면 몰라도 사법기관인 법원이 계엄선포요건의 구비 여부나 선포의 당·부당을 심사하는 것은 사법권에 내재하는 본질적 한계를 넘어서는 것'4이라고 판시했습니다.

반면 헌법재판소는 헌법 제76조 제1항에 따른 대통령의 긴급재정경제명령을 통치행위로 보면서도 이를 헌법재판의 대상이라고 확인한 바 있습니다.

> **통치행위인 대통령 긴급재정경제명령의 헌법재판 대상성**
> 가. 대통령의 긴급재정경제명령은 국가긴급권의 일종으로서 고도의 정치적 결단에 의하여 발동되는 행위이고 그 결단을 존중하여야 할 필요성이 있는 행위라는 의미에서 이른바 통치행위에 속한다고 할 수 있으나, 통치행위를 포함하여 모든 국가작용은 국민의 기본권적 가치를 실현하기 위

---

3 대법원 1978. 5. 23. 선고 78도813 판결.
4 대법원 1981. 9. 22. 선고 81도1833 판결.

한 수단이라는 한계를 반드시 지켜야 하는 것이고, 헌법재판소는 헌법의 수호와 국민의 기본권 보장을 사명으로 하는 국가기관이므로 비록 고도의 정치적 결단에 의하여 행해지는 국가작용이라고 할지라도 그것이 국민의 기본권 침해와 직접 관련되는 경우에는 당연히 헌법재판소의 심판대상이 된다.

　나. 부작위위헌확인소원은 기본권보장을 위하여 헌법상 명문으로 또는 헌법의 해석상 특별히 공권력 주체에게 작위의무가 규정되어 있어 청구인에게 그와 같은 작위를 청구할 헌법상 기본권이 인정되는 경우에 한하여 인정되는 것인바, 헌법 제65조 제1항은 국회의 탄핵소추의결이 국회의 재량행위임을 명문으로 밝히고 있고 헌법해석상으로도 국정통제를 위하여 헌법상 국회에게 인정된 다양한 권한 중 어떠한 것을 행사하는 것이 적절한 것인가에 대한 판단권은 오로지 국회에 있다고 보아야 할 것이며, 나아가 청구인에게 국회의 탄핵소추의결을 청구할 권리에 관하여도 아무런 규정이 없고 헌법해석상으로도 그와 같은 권리를 인정할 수 없으므로, 국회에게 대통령의 헌법 등 위배행위가 있을 경우에 탄핵소추의결을 하여야 할 헌법상 작위의무가 있다 할 수 없어 국회의 탄핵소추의결 부작위에 대한 위헌확인소원은 부적법하다.

　다. 긴급재정경제명령은 정상적인 재정운용·경제운용(이 불가능한 중대한 재정·경제상의 위기가 현실적으로 발생하여(그러므로 위기가 발생할 우려가 있다는 이유로 사전적·예방적으로 발할 수는 없다) 긴급한 조치가 필요함에도 국회의 폐회 등으로 국회가 현실적으로 집회될 수 없고 국회의 집회를 기다려서는 그 목적을 달할 수 없는 경우에 이를 사후적으로 수습함으로써 기존질서를 유지·회복하기 위하여(그러므로 공공복지의 증진과 같은 적극적 목적을 위하여는 발할 수 없다) 위기의 직접적 원인의 제거에 필수불가결한 최소의 한도내에서 헌법이 정한 절차에 따라 행사되어야 한다.[5]

　헌법재판소는 2004년 4월 29일 일반사병 이라크파병 위헌확인을 구하는 헌법소원심판에서 '국군의 외국파견결정과 같이 성격상 외교 및 국방에 관련된 고도의 정치적 결단이 요구되는 사안에 대한 국민의 대의기관의 결정은 존중되어야 하며 헌법재판소가 사법적 기준만으로 이를 심판하는 것은 자제되어야 한다'고 판시하면서, '대통령이 2003. 10. 18. 국군(일반사병)을 이라크에 파견하기로 한 결정'의 위헌 여부에 대한 판단은 회피했습니다.[6]

　대법원도 남북정상회담 개최과정에서 북한측에 사업권의 대가 명목으로 송금한 행위가 사법심사의 대상이 되는지 여부가 문제된 사건에서 통치행위의 개념과 그에 대한 사법심사의 가능성을 시인하고 그 범위와 한계를 밝힌 바 있습니다.

　　대북송금과 통치행위

　[1] 입헌적 법치주의국가의 기본원칙은 어떠한 국가행위나 국가작용도 헌법과 법률에 근거하여 그 테두리 안에서 합헌적·합법적으로 행하여질 것을 요구하며, 이러한 합헌성과 합법성의 판단은

5　헌법재판소 1996. 2. 29. 선고 93헌마186 전원재판부 결정; 헌법재판소 1996. 2. 29. 선고 93헌마186 전원재판부 결정.
6　헌법재판소 2004. 4. 29. 선고 2003헌마814 전원재판부 결정(일반사병 이라크파병 위헌확인).

본질적으로 사법의 권능에 속하는 것이고, 다만 국가행위 중에는 고도의 정치성을 띤 것이 있고, 그러한 고도의 정치행위에 대하여 정치적 책임을 지지 않는 법원이 정치의 합목적성이나 정당성을 도외시한 채 합법성의 심사를 감행함으로써 정책결정이 좌우되는 일은 결코 바람직한 일이 아니며, 법원이 정치문제에 개입되어 그 중립성과 독립성을 침해당할 위험성도 부인할 수 없으므로, 고도의 정치성을 띤 국가행위에 대하여는 이른바 통치행위라 하여 법원 스스로 사법심사권의 행사를 억제하여 그 심사대상에서 제외하는 영역이 있으나, 이와 같이 통치행위의 개념을 인정한다고 하더라도 과도한 사법심사의 자제가 기본권을 보장하고 법치주의 이념을 구현하여야 할 법원의 책무를 태만히 하거나 포기하는 것이 되지 않도록 그 인정을 지극히 신중하게 하여야 하며, 그 판단은 오로지 사법부만에 의하여 이루어져야 한다.

[2] 남북정상회담의 개최는 고도의 정치적 성격을 지니고 있는 행위라 할 것이므로 특별한 사정이 없는 한 그 당부를 심판하는 것은 사법권의 내재적·본질적 한계를 넘어서는 것이 되어 적절하지 못하지만, 남북정상회담의 개최과정에서 재정경제부장관에게 신고하지 아니하거나 통일부장관의 협력사업 승인을 얻지 아니한 채 북한측에 사업권의 대가 명목으로 송금한 행위 자체는 헌법상 법치국가의 원리와 법 앞에 평등원칙 등에 비추어 볼 때 사법심사의 대상이 된다.[7]

---

7 대법원 2004. 3. 26. 선고 2003도7878 판결.

제3강
법치행정의 원리

　사람들은 과거 좀처럼 듣지 못했던 '법치주의'란 말을 그 어느 때보다도 자주 들을 수 있었습니다. 박근혜 전 대통령 탄핵심판을 전후하여 '비선조직에 따른 인치' 로 헌법이 부과한 국민주권주의와 법치국가원칙을 위배한 일련의 행위들이 주목받았 기 때문입니다. 그러면 법치주의란 무엇일까요. 간단히 말하면 '사람의 지배', 즉 인 치(人治)가 아닌 법치(法治) 또는 '법의 지배'(Rule of Law)라고 합니다. 헌법재판소는 같 은 맥락에서 법치주의 훼손이 대통령 탄핵사유임을 분명히 했습니다.

> "…… 피청구인의 이와 같은 일련의 행위들은 기업의 임의적 협력을 기대하는 단순한 의견제시나 권고가 아니라 구속적 성격을 지닌 것으로 평가된다. 만약 피청구인이 체육진흥·중소기업 육성·인 재 추천 등을 위해 이러한 행위가 필요하다고 판단했을지라도 법적 근거와 절차를 따랐어야 한다. <u>아무런 법적 근거 없이 대통령의 권한을 이용하여 기업의 사적 자치 영역에 간섭한 피청구인의 행위 는 헌법상 법률유보 원칙을 위반하여 해당 기업의 재산권 및 기업경영의 자유를 침해한 것이다.</u>" [46/89]……
>
> "<u>피청구인이 최○원의 국정 개입을 허용하고 국민으로부터 위임받은 권한을 남용하여 최○원 등 의 사익 추구를 도와주는 한편 이러한 사실을 철저히 은폐한 것은, 대의민주제의 원리와 법치주의 의 정신을 훼손한 행위로서 대통령으로서의 공익실현의무를 중대하게 위반한 것이다.</u>"[56-57/89][1]

1　헌법재판소 2017. 3. 10. 선고 2016헌나1 결정(대통령(박근혜) 탄핵). 이 결정에 대해서는, 2004년의 탄핵사건 이후 학계에서는 대통령 탄핵제도가 정치적 투쟁수단으로 이용될 수 있다 는 우려의 목소리도 있었지만, 두 번째의 탄핵사건은 그럼에도 불구하고 탄핵심판제도가 대통 령의 권력남용에 대처하기 위해 순기능을 할 수 있는 제도임을 보여주었다는 평가가 있습니다 (윤영미, "정치의 사법화와 헌법재판소의 역할 ― 주요 사건에 대한 분석을 중심으로 ―", 헌법논총 제29집(2018), 359-398, 378).

법치행정의 원리는 헌법원칙인 법치주의의 행정법적 표현입니다. 일반적으로 헌법에서 도출되는 행정법의 기본원리로 민주행정의 원리, 법치행정의 원리 그리고 복리행정의 원리가 거론됩니다.2 이 원리들은 내용상 서로 연관되거나 보는 관점에 따라 상대적인 비중을 가질 수 있습니다. 여기서는 법치행정의 원리만을 설명합니다.3

I. 헌법과 행정법의 관계: 구체화된 헌법으로서 행정법?

행정과 행정법은, 프릿츠 베르너(Fritz Werner)의 유명한 공식 「구체화된 헌법으로서 행정법」(Verwaltungsrecht als konkretisiertes Verfassungsrecht)4처럼 각 시대 헌법의 제약을 받습니다. 물론 행정이 헌법의 구성요소에 불과하다거나 행정법이 곧장 헌법에서 전사(轉寫)될 수 있다는 것은 아닙니다. 행정과 행정법은 다시 헌법에 영향을 미칩니다. 헌법의 변동이나 신헌법 제정이 행정에 영향을 미치는 것은 당연한 일이지요. 그러나 이 영향은 즉각 나타나기보다는 헌법변동이 자체적으로 소화되고 뒤이어 행정에 영향을 미치는 시간적 지체를 거쳐 발생합니다. 「헌법에 행정법을 정향시키는 것」(Ausrichtung des Verwaltungsrechts am Verfassungsrecht)은 입법, 사법 및 법학이 동등하게 참여하는 점진적 과정입니다.

> 독일행정법학의 태두인 오토 마이어(Otto Mayer)가 말한 "헌법은 사라지지만 행정법은 존속한다."('Verfassungsrecht vergeht, Verwaltungsrecht besteht': 그의 행정법교과서 제3판 서문)는 명제를 생각해 볼 필요가 있습니다. 이것은 종종 행정의 고유한 항상성(Konstanz)을 말해 주는 명제로 통용되지만, 왕권 몰락과 1919년 바이마르헌법에 의한 의회민주주의 도입을 통해 이루어진 헌법 변화가 행정법에 아무 영향을 미치지 못했다는 역사적 사실을 반영합니다. 그러나 1895/6년에 출간된 오토 마이어의 행정법교과서가 당시의 자유주의적 법치국가에 사상적 신세를

---

2 김남진 교수(행정법 I, 법문사, 2000, 32 이하, 46-47)는 민주주의, 법치국가원리 및 사회국가원리를 들고 있습니다.

3 상세한 것은 김남진, 앞의 책 32 이하를 참조.

4 F. Werner, DVBl 1959, 527. 한편 마우러(Maurer, Allgemeines Verwaltungsrecht, § 2 Rn.1)에 따르면 이러한 명제는, 적어도 그 본질적인 내용에 있어서는 이미 이전에 타당한 것이었다고 합니다. 즉 헌법에 표현된 국가, 국가의 임무 및 권한에 관한 결정들은 그것이 현실이 되기 위해서는 행정에 반영되어야 하며, 그런 한도에서 행정은 "활동하는 헌법"(tätig werdende Verfassung: Lorenz von Stein, Handbuch der Verwaltungslehre, 3.Aufl., 1888, Bd.1, S.6)입니다. 헌법사의 모든 단계에는 각기 고유한 행정유형이 존재하고 있었습니다.

지고 있었다는 점에서 오히려 행정법의 헌법의존성을 보여준 사례이기도 했습니다. 오쎈뷜(Fritz Ossenbühl)은 변화된 헌법에 대한 독일행정법의 저항은 기본법 발효 후에도 한참 동안 관찰될 수 있었지만, 오늘날에는 오히려 행정법의 헌법의존성이 지나칠 정도로 강조되거나 과장되었다고 합니다.[5] 베르너(F.Werner)의 「구체화된 헌법으로서 행정법」이란 명제가 법적용과정에서 헌법의 직접 원용에 대한 지향을 강화시킴으로써 이제 헌법은 더 이상 (단순)법률의 정신적인 상부구조(geistiger Überbau)에 불과한 것으로 간주되는 것이 아니라 법적용자의 일상 작업에서 직접 효력을 발휘하고 있다고 합니다.[6]

II. 법치행정의 원리

법치행정의 원리란, 문자 그대로 행정이 헌법과 법률을 포함하는 의미에서의 「법」에 의해 이루어져야 한다는 원리입니다(Rechtsmäßigkeitsprinzip). 여기에는 그 목적으로서 기본권보장, 그 조직원리로서 권력분립의 원리가 전제되고 있으며,[7] 그 절차적 보장으로 법원에 의한 권리구제제도, 특히 행정재판제도의 확립이 요구됩니다. 법치행정의 원리, 다시 말해서 법률에 의한 행정의 원리는 일반적으로 법률의 우위(Vorrang des Gesetzes)와 법률의 유보(Vorbehalt des Gesetzes)란 두 가지 요소로 이루어집니다.[8]

［법치주의의 역사적 발전］

　'사람이 아닌 법에 의한 통치'란 의미의 법치주의란 본래 행정법이 그러하듯이 본래 구미의 근대 시민혁명을 통해 이루어진 법적 발전의 소산입니다. 그것은 대륙에서는 법치국가의 전개로 나

5　Ossenbühl, in: H.－U.Erichsen und W.Martens (Hrsg), Allgemeines Verwaltungsrecht, S.72(§ 7 I).
6　같은 곳. 한편 이 점은 헌법이 지니는 행정법의 법원으로서의 결정적 중요성을 상기시킵니다.
7　Maurer, § 2 Rn.8(S.17f.).
8　오토 마이어(Otto Mayer)는 일찍이 행정의 법률적합성의 원칙을 ① 법률의 법규창조력(rechtssatzschaffende Kraft des Gesetzes), ② 법률의 우위(Vorrang des Gesetzes), ③ 법률의 유보(Vorbehalt des Gesetzes)라는 세 가지 요소로 정식화했습니다(O. Mayer, aaO, S.64f.). 이 중 '법률의 법규창조력'이란 국민의 대표기관인 의회만이 국민을 구속하는 규범인 법규를 만들 수 있다는 것, 즉, '법률'이란 명칭을 가진 국가의사만이 국민을 구속한다는 것을 의미하는 명제로서, 이러한 법률의 법규창조력은 오늘날에도 원칙적으로 인정됩니다. 그러나 오늘날 법률만이 법규창조력을 갖는 것은 아니므로(가령 행정관습법, 예외적인 법률동위의 명령이 성립할 여지가 있습니다), 이를 법치행정의 원리의 요소로 이해해야 할 필연성은 없습니다.

타났고 영미에서는 「법의 지배」(Rule of Law)[9]의 원리로 출현했습니다. 법치주의의 이 두 가지 현상형태들은 그 사상적 핵심, 즉 국민주권에 입각한 권력 제한의 원리를 제외하고는 여러 가지 면에서, 특히 그 제도적 형성의 측면에서 서로 판이하게 구별됩니다. 학자들이 대륙의 자유주의적 법치국가원리를 형식적 법치주의로 규정하면서 영미의 법의 지배원리를 즐겨 실질적 법치주의라고 부르는 것은 바로 이 두 원리의 내용적·구조적 이질성을 염두에 둔 것입니다. 물론 오늘날 이 두 원리가 특히 전후 대륙법의 실질적 법치주의에로의 전환을 통해 상호접근하는 경향이 나타나고 있습니다. 여기서는 주로 독일을 위시한 유럽 대륙에서 이루어진 법치주의의 역사적 발전만을 설명합니다.

유럽 대륙에서 19세기 자유주의 법치국가의 발전은 전제왕권에 대항한 시민계급의 투쟁과 승리를 통해 주어졌습니다. 이들은 국가적 행정활동을 공공의 안녕과 질서유지를 위한 위험의 방지(Abwehr von Gefahren)로 감축시킬 것과 이러한 법영역 역시 법률의 기속 아래 둘 것을 요구했습니다. 사적, 사회적, 경제적 영역은 자기들 자체의 그리고 자율적인 자유경쟁을 지향하는 조정 메커니즘에 맡겨져야 한다는 것이 이들의 주장이었습니다(*laissez faire, laissez aller*). 이 주장은 이후 역사적 과정을 통해 널리 관철되었고 왕권과 시민계급의 타협을 의미했던 19세기 헌법에 반영되었습니다. 이로써 종래 무제한적이었던 군주의 권력은 기본권과 입법에 있어 국민대표의 동참권에 의해 제한되었습니다. 군주는 여전히 행정권을 장악하고 있었으나, 행정에 의한 자유와 재산권의 침해 - 다시 말해 시민사회 영역에 대한 침해 - 는 국민대표가 승인한 법률이 수권하는 경우에만 허용되었습니다(기본권, 법률의 유보). 이에 따라 자유주의적 법치국가에 전형적인 법률개념, 즉 일반적 국가-시민의 관계에서 자유와 재산권 침해에 관한 법률개념이 확립되었습니다. 급부행정(Leistungsverwaltung) 영역이나 행정조직, 그리고 국가 내부 문제로 간주되었던 특별권력관계는 여전히 군주에 의해, 법률의 제약을 받지 않고 규율되고 있었습니다. '법률에 의한 행정'에 대한 오토 마이어(Otto Mayer)의 공식은 바로 자유주의적 법치국가의 발전을 배경으로 하고 있었던 것이지요.

오늘날 법률에 의한 행정의 원리 역시 헌법상 실질적 법치주의가 행정법을 통해 직접 구체화된 결과입니다. 법률에 의한 행정의 원리는 형식적 법치주의로 표현되었던 자유주의적 법치국가원리를 넘어 실질적 정의를 지향하는 실질적 법치행정의 원리입니다. 법률에 의한 행정의 원리는 이와 같은 법치주의의 현대적 변용을 전제하고 있습니다.

현행헌법에는 법치주의를 직접 명시한 조항은 없습니다. 그러나 헌법전문, 평등원칙을 규정한 제11조, 인신의 자유를 규정한 제12조 제1항, 경제질서의 기본원칙을 규정한 제119조 제1항, 적정한 소득분배를 규정한 제119조 제2항, 인간다운 생활을

---

9 영국에서 법의 지배원리를 체계화한 A.V.Dicey에 따르면 영국에서 법의 지배원칙은 「영국 헌법하에서 개인의 권리에 부여된 보장」으로서, 1) 자의적 권력의 지배에 대한 정규법(regular law)의 절대적 우위, 2) 법 앞의 평등, 3) 인권에 관한 헌법원칙의 판례법적 소산을 내용으로 합니다(Introduction to the Study of the Constitution, 202-205). 이 원리와 그 이후의 발전에 관해서는 김도창, 행정법(상), 1989, 121 이하를 참조.

할 권리를 규정한 제34조 제1항, 권력분립주의에 관한 제40조, 제66조 제4항, 제101조 제1항, 포괄적 위임입법의 금지를 규정한 제75조, 위헌법률심사를 규정한 제107조 제1항 그리고 명령·규칙의 사법심사를 규정한 제107조 제2항 등, 여러 헌법조항에서 실질적 법치주의의 본질적 구성요소와 구현방법들이 규정되어 있습니다. 이 중 특히 제107조 제2항은 법치행정을 법원의 사법심사를 통해 보장하려는 것으로 법치행정의 원리에 관한 가장 직접적인 헌법적 근거로 통용됩니다.

> [관련판례]
>
> "법치국가적 절차에 따르지 않는 공권력의 발동개입은 그것이 위정자의 정치적·정책적 결단이나 국가의 금융정책과 관계된다는 이유로 합헌적인 조치가 될 수는 없으며, 이 경우는 관치경제이고 관치금융 밖에 될 수 없는 것이다. 더 나아가 이는 관(官)의 이상비대화 내지 정경유착의 고리 형성의 요인이 될 수 있습니다. …… 공권력이 아무리 명분이 좋아도 국민의 권리를 제한하고 의무를 부과하는 일은 예측가능한 법률에 근거를 두어야 할 것이고, 이것은 기업의 경영권에 개입하고 제한할 때에도 마찬가지임은 이미 보았거니와, 이 점에서 법률상 근거없는 이 사건 공권력의 행사는 법치국가적 절차를 어긴 것이며, 또 법률상 무권한의 자의적 공권력의 행사였다는 점에서 헌법 제11조 소정의 평등의 원칙의 파생원칙인 자의금지의 원칙도 위반한 것이다. 나아가 이 사건 과정에서 공권력에 의한 전격적인 전면해체 조치로 인하여 위에서 본 바 주거래은행이 바로 전에 자율적으로 세워놓은 자구노력식 지원계획은 제대로 시행해 볼 겨를없이 백지화되게 됨으로써 은행측의 경제의 자율권이 저해된 것은 차치하고, 법률적 근거없이 사영기업의 경영권에 개입하여 그 힘으로 이를 제3자에게 이전시키기 위한 공권력의 행사였다는 점에서 헌법 제119조 제1항·제126조 소정의 개인기업의 자유와 경영불간섭의 원칙을 직접적으로 위반한 것이다. 이에 청구인으로서는 법률상 무권한의 공권력의 행사로 인하여 자의적이고 차별적인 대우를 받지 않을 권리인 평등권 그리고 기업활동의 자유를 침해당하게 된 것이다. 생각건대 부실기업을 그대로 방치할 때 국가 사회적 파급효과가 크다 하더라도 법의 테두리에서 문제를 해결하도록 시도하는 것이 법치행정의 원칙의 준수며, 만일 법이 없으면 공권력개입의 객관적 기준을 세운 법안을 발안한 다음 새 입법을 기다려 그에 의거하여야 할 것이지, 그와 같은 절차가 번거롭다하여 이를 생략한 채 목적이 좋다는 것만 내세워 초법적 수단에 의거하여 마치 국·공영기업의 경영자를 발령하여 바꾸듯이 사영기업의 사실상의 지배주주를 갈고 경영권자를 바꾸는 식의 공권력행사는 시장경제적 법치질서를 파탄시키는 것밖에 되지 못한다."[10]

그런 배경에서 「행정기본법」은 제8조에 '법치행정의 원칙'을 명문화하였습니다. 이로써 법치행정의 원칙은 '행정작용은 법률에 위반되어서는 아니 된다'는 '법률의 우위'와, '국민의 권리를 제한하거나 의무를 부과하는 경우와 그 밖에 국민생활에 중요한 영향을 미치는 경우에는 법률에 근거하여야 한다'는 '법률의 유보', 두 가지 측면에서 법률적 근거를 확보하게 된 셈입니다.

---

10   헌법재판소 1993. 7. 29. 선고 89헌마31 결정(강조 인용자).

1. 법률의 우위

'법률의 우위'란 행정이 법률에 위반하면 안 된다는 것입니다. 법률우위의 원칙은 모든 행정 분야에 대하여 무제한·무조건의 효력을 가집니다. 그것은 첫째, 합헌적 법률의 우위를 의미합니다. 즉 법률도 최고법규인 헌법에 위반해서는 안 된다는 규범논리가 전제되어 있습니다. 아울러 헌법이 직접 행정을 구속한다는 것이 법률우위의 요구입니다. 둘째, 법률의 우위는 모든 파생적 하위법원에 대한 형식적 법률의 우월성을 표현하며, 또 행정이 법률을 적용해야 하며(Anwendungsgebot), 법률을 회피하거나 위반해서는 안 된다(Abweichungs- und Verstoßverbot)는 요구입니다.11

2. 법률의 유보

'법률의 유보'란 행정이 법률에 의한 수권을 받은 때에만 행동할 수 있다는 원칙을 말합니다. 이 원칙은 '법률의 우위'보다 더 많은 것을 요구합니다. 법률의 우위는 기존 법률의 위반을 금하지만(소극적) 이것은 행정활동에 대한 법률의 근거를 요구합니다(적극적). 따라서 특정 법률의 부존재가 행정의 활동을 배제하는 것은 법률의 우위가 아니라 법률의 유보에 따른 결과입니다. 법률의 유보는 행정법 전 분야에 적용되는 법률의 우위와는 달리 그 적용 또는 효력범위(Reichweite)가 무제한적이지 않습니다. 적용범위를 둘러싸고 학설이 대립합니다.

(1) 침해유보설

전통적 견해로 국민의 자유와 권리를 침해·제한하는 경우에만 법률의 수권이 요구된다고 보는 입장입니다. 급부행정 분야나 특별권력관계 내부에서의 행위는 법률유보의 범위에서 제외합니다. 이 견해는 19세기 입헌주의의 헌법적 도구로 발전된 법률의 유보가 당시 군주와 의회의 대립 관계에서 정치적 안전장치(politische Stoßrichtung)로 기능을 수행했다는 역사적 사실을 배경으로 합니다. 즉, 자유주의 헌법운동의 정치적 목표에 따라 오직 시민의 개인적 영역, 다시 말해 <u>자유와 재산권을 침해하는 명령</u>

---

11 Erichsen/Martens, § 5 II, S.61.

들만이 법률에 의한 규율에 "유보되어"(vorbehalten) 있다고 보았습니다.[12] 그러나 침해유보설은 더 이상 현실에 맞지 않는 이론이 되고 말았습니다. 의회제 민주주의의 발전, 급부행정의 비중 확대 그리고 국가 전 영역으로의 헌법 침투로 법률유보의 확대가 요구되었기 때문입니다.[13]

(2) 전부유보설

'모든 행정은 법률의 근거 하에서만 수행된다'고 규정한 오스트리아 연방헌법 제18조 제1항 및 스위스의 학설과 연관하여 모든 행정활동에 법률의 근거를 요구하는 입장입니다. 그러나 실제 이런 극단적인 형태의 전부유보, 즉 철두철미 행정의 전면적인 법률 의존성을 주장하는 경우는 없습니다.[14] 다만 민주주의의 요청이나(Jesch), 법치국가원칙에 입각하여(Rupp), 직접 시민에게 향해진 행정작용 전부에 대하여 법률의 유보를 요구하는, 사회유보설과 관련되어 주장된 견해입니다. 전부유보설에서는 군주권력의 몰락으로 일찍이 왕권에 대한 제한적 요소에 불과했던 의회가 국가 최고기관의 지위에 올랐다는 사실이 강조됩니다. 그러나 의회의 지위로부터 의회 의사행위의 행정권에 대한 우월성이 도출될 수는 있을지 몰라도 전면적인 법률의 유보를 위한 근거는 나오지 않는다는 비판(Ossenbühl)이 있습니다.

(3) 사회(급부행정)유보설

사회적 유보설은 자유 개념의 내용적 변질을 출발점으로 삼아 법률유보의 적용영역을 침해행정을 넘어 급부행정에 확대합니다. 오늘날 자유란 자유주의 시대에서처럼 단지 '국가에 의한 침해의 부존재'(Abwesenheit staatlicher Eingriffe)가 아니라 개인의 국가의존이 전례없이 증가한 상황에서 '국가적 급부에의 참여'(Teilhabe an der staatlichen Leistung)를 요구한다고 봅니다. 따라서 법률의 유보는 침해유보를 넘어 급부행정 전 영역에 확대되어야 한다는 것이지요. 시민에게 변화된 생존조건에서 적극적 사회적 지위(status positivus socialis)를 확보해 주려는 노력은 정당하고 또 사회국가

---

12 Ossenbühl, aaO.
13 Maurer, aaO. § 6 Rn.10(S.86f.).
14 Ossenbühl은 이러한 의미의 전부유보설은 현실적 필요성과 가능성의 견지에서 볼 때 순전한 유토피아에 불과하다고 합니다(§ 5 II, S.63).

원칙에 비추어 당연한 헌법상 요구입니다. 그러나 법률의 유보를 확대한다고 그 목표가 효과적으로 달성되는 것은 아니라는 비판이 있습니다.

(4) 본질성설

이것은 독일 연방헌법재판소가 이른바 사례별 접근방식(Kasuistik)에 의해 발전시킨 이론으로, 국내문헌에서는 '본질성설' 또는 '중요사항유보설'(Wesentlichkeitstheorie)로 불립니다. 모든 중요한 결정은 의회에 유보되어 있다는 견해지요('의회유보': Parlamentsvorbehalt). 본질성의 기준은 간혹 일반적으로 추측되듯이 사물의 본질(Natur der Sache)이 아니라 하나의 규율이 일반공중이나 시민에게 얼마나 중요하고 기본적인가, 결정적인가에 있습니다. 본질성이란 하나의 확정적 개념이 아니라 오히려 일종의 '유동 공식'(Gleitformel)입니다. 예컨대 사안이 일반공중 및/또는 시민에게 중요할수록 입법자에 대한 요구는 더욱 더 높아지며, 규율 밀도(Regelungsdichte)에 관해서도 개별 시민의 기본권들이 결정적으로 침해되거나 위협받을수록, 일반공중에 대한 효과가 큰 비중을 가지면 가질수록 또한 하나의 문제복합체가 공중 사이에 논란되면 될수록, 법률의 규율 또한 더욱 정확하고 상세해져야만 한다는 것입니다. 이 이론은 특히 기본권관련성이란 계기를 강조했다는 점에서 현실적 타당성이 인정됩니다. 그러나 본질성의 구체적 윤곽을 분명히 해야 하는 과제를 안고 있습니다.

(5) 결론

우리 헌법 제37조 제2항은 "국민의 모든 권리와 자유는 국가안전보장·질서유지 또는 공공복리를 위하여 필요한 경우에 한하여 법률로써 제한할 수 있으며..."라고 규정하고 또 제1항에서는 "국민의 자유와 권리는 헌법에 열거되지 아니한 이유로 경시되지 않는다."고 규정합니다. 이 조항은 법률유보의 적용범위에 관한 규정은 아닙니다. 그러나 이 조항은 이 문제에 관해 중요한 규범적 기준을 시사해 줍니다. 즉, '국민의 모든 권리와 자유'에 대한 제한은, 그것이 행정작용에 의한 것이든 기본권을 직접 제한하는 법률에 의한 것이든, 위 조항에 맞게 제정된 법률에 의해야 한다는 것입니다. 이 조항은 기본권제한에 관한 법률유보와 함께 법치주의의 내용으로서 법률의 유보에 대한 헌법적 하한선(Verfassungsminimum)을 그은 셈이지요.[15] 헌법상 사회

---

15 한편 고영훈, 법률유보원칙의 이론과 실제(하), 『판례월보』 제273호, 47은 이를 「법치국가의

적 기본권이나 환경권과 같은 권리들에 대한 제한 역시, 그 직접적 권리성이 인정된다면, 법률유보에 의한 보호를 받습니다. 특히 그 경우 법률유보의 성격이 권리제한적이기보다는 권리형성적인 경우가 일반적이므로, 사회적 기본권의 국가적 보호 또는 구체화 역시 반드시 법률로 해야 한다는 결론에 이릅니다.

생각건대 법률유보의 효력범위에 관한 한 어떠한 특허처방(Patentrezept)도 존재하지 않는다는 슈테른(K. Stern)의 지적은 정당합니다.

이렇게 볼 때, 첫째, 침해유보설이 아니라 침해유보를 논의의 출발점으로 삼아야 합니다. 그것은 최소한의 법률의 유보영역이라 할 수 있으며, 여기서는 침해유보설이 오늘날 더 이상 타당하지 않다는 인식이 전제되어 있습니다. 둘째, 급부행정의 경우 기본권관련성을 가장 우선적으로 고려해야 합니다. 헌법의 기본권규정을 방침규정으로 해석할 어떠한 헌법적 근거도 발견되지 않는다는 헌법해석이 요구됩니다. 다만 법적 규율(Verrechtlichung)이 진전되지 않았거나 성질상 어려운 경우가 있을 수 있습니다. 그런 뜻에서 독일 연방헌법재판소의 사례별 개별화론은 기본적으로 타당합니다. 문제는 그 본질성의 기준을 어떻게 구체화시켜 나갈 것인가입니다.

관련판례

"법률이 자치적인 사항을 정관에 위임할 경우 원칙적으로 헌법상의 포괄위임입법금지원칙이 적용되지 않는다 하더라도, 그 사항이 국민의 권리·의무에 관련되는 것일 경우에는, 적어도 국민의 권리와 의무의 형성에 관한 사항을 비롯하여 국가의 통치조직과 작용에 관한 기본적이고 본질적인 사항은 반드시 국회가 정하여야 할 것인바, 각 국가유공자 단체의 대의원의 선출에 관한 사항은 각 단체의 구성과 운영에 관한 것으로서, 국민의 권리와 의무의 형성에 관한 사항이나 국가의 통치조직과 작용에 관한 기본적이고 본질적인 사항이라고 볼 수 없으므로, 법률유보 내지 의회유보의 원칙이 지켜져야 할 영역이라고 할 수 없다. 따라서 각 단체의 대의원의 정수 및 선임방법 등은 정관으로 정하도록 규정하고 있는 국가유공자등단체설립에관한법률 제11조가 법률유보 혹은 의회유보의 원칙에 위배되어 청구인의 기본권을 침해한다고 할 수 없다."16

―――――

원리에 근거한 기존의(불문의) 일반원칙으로서의 침해유보의 원칙을 명문화한 것」이라고 보고 있습니다.

16 헌법재판소 2006. 3. 30. 선고 2005헌바31 전원재판부 결정(국가유공자등단체설립에관한법률 제11조 위헌소원). 또한 헌법재판소 2001. 4. 26. 선고 2000헌마122 전원재판부 결정(농업기반공사및농지기금관리법 부칙 제6조 단서 위헌확인); 대법원 2007. 10. 12. 선고 2006두14476 판결(주택재개발사업시행인가처분취소)을 참조.

　　가. 이 법 제36조 제1항은 법률유보, 특히 의회유보의 원칙에 위반된다. 공사는 비록 행정기관이 아니라 할지라도 그 설립목적, 조직, 업무 등에 비추어 독자적 행정주체의 하나에 해당하며, 수신료는 특별부담금으로서 국민에게 금전납부의무를 부과하는 것이므로, 공사가 수신료를 부과·징수하는 것은 국민의 재산권에 대한 제한을 가하는 행정작용임에 분명하고, 그 중 수신료의 금액은 수신료 납부의무자의 범위, 수신료의 징수절차와 함께 수신료 부과·징수에 있어서 본질적인 요소이다. 대부분의 가구에서 수상기를 보유하고 있는 현실에서 수신료의 결정행위는 그 금액의 다과를 불문하고 수많은 국민들의 이해관계에 직접 관련된다. 따라서 수신료의 금액은 입법자가 스스로 결정하여야 할 사항이다. 물론 여기서 입법자의 전적인 자의가 허용되는 것은 아니어서, 입법자는 공사의 기능이 제대로 수행될 수 있으며 방송프로그램에 관한 자율성이 보장될 수 있도록 적정한 규모의 수신료를 책정하여야 하고, 공사에게 보장된 방송의 자유를 위축시킬 정도의 금액으로 결정하여서는 아니된다.

　　나. 국회가 수신료금액을 법률로써 직접 규정하는 것에 어려움이 있다면 적어도 그 상한선만이라도 정하고서 공사에 위임할 수도 있고, 공사의 예산을 국회에서 승인토록 하는 절차규정을 둘 수도 있을 것이며, 또 수신료금액의 1차적인 결정권한을 전문성과 중립성을 갖춘 독립된 위원회에 부여하고서 국회가 이를 확정하는 방안도 있을 수 있다.

　　그런데 이 법 제36조 제1항은 국회의 결정 내지 관여를 배제한 채 공사로 하여금 수신료의 금액을 결정하도록 맡기고 있다. … 중략 … 이 법 제36조 제1항은 법률유보원칙(의회유보원칙)에 어긋나는 것이어서, 헌법 제37조 제2항과 법치주의원리 및 민주주의원리에 위반된다 아니할 수 없다.[17]

　　앞서 본 「행정기본법」은 제8조 후단에서 "국민의 권리를 제한하거나 의무를 부과하는 경우와 그 밖에 국민생활에 중요한 영향을 미치는 경우에는 법률에 근거하여야 한다."고 규정하여 법률의 유보의 적용범위에 관한 학설상 논란에 입법적 종지부를 찍은 것처럼 보입니다. 이에 따라 법률의 유보는 침익적 행정과 국민생활에 중요한 영향을 미치는 경우로까지 확대 적용되는 결과가 되었습니다. 이를 침해유보와 의회유보를 아우르는 것으로 본다면 위에서 내린 결론과 궤를 같이하는 것으로 이해할 수 있을 것입니다.

17　헌법재판소 1999. 5. 27. 선고 98헌바70 전원재판부 결정(한국방송공사법 제35조 등 위헌소원).

조리(條理)라니요? - 행정법의 일반원칙

행정법 공부를 하면서 종종 낯선 단어를 만나는 경우가 많습니다. '조리'(條理) 역시 그런 경우입니다. '조리'란 사전적 의미로는 '글이나 말 등의 앞뒤가 들어맞고 체계가 서는 갈피'를 말합니다. '말을 조리 있게 한다'는 그 조리입니다. 하지만 여기서 조리란 그보다는 좀 심오한 개념인데요. 일종의 자연법적 법원리로서 불문 법원(法源) 중 하나를 말합니다. 위키백과에 따르면, 조리란 '사람의 상식으로 판단할 수 있는 사물이나 자연의 본질적 이치'를 말합니다. 경험칙, 사회통념, 사회적 타당성, 신의성실, 사회질서, 형평, 정의, 이성, 법에서의 체계적 조화, 법의 일반원칙 등으로 불리기도 합니다.1 독일에서는 '사물의 본성'(Natur der Sache)이라는 용어를 사용합니다. 사람들이 일상어 의미와 다른 이 개념을 낯설어하는 것은 당연하지요.

오늘날 조리 또는 법의 일반원칙(Allgemeine Rechtsgrundsätze)이 법원으로 효력을 가진다는 것은 학설이나 판례상, 특히 행정법의 특징적 불완비성과 헌법의 행정 구속이란 측면에서 의문의 여지가 없는 사실로 받아들여집니다. 문제는 조리나 법의 일반원칙과 같은 불문 법원리가 법원이 될 수 있느냐 하는 일반적·법이론적 논쟁보다는, 오히려 어떤 법원칙이 행정법의 법원으로 타당할지, 또 그것이 도출되는 법적 근거는 무엇인지를 밝히는 데 있습니다.2

---

1 https://ko.wikipedia.org/wiki/%EC%A1%B0%EB%A6%AC_(%EB%B2%95).
2 이에 관한 상세한 설명은 홍정선, 행정법원론(상), 141 이하를 참조.

Ⅰ. 행정법 일반원칙의 법적 성질

행정법 일반원칙의 법적 성질은 일률적으로 판단할 수 없습니다. 헌법 차원을 획득한 원칙들이 있는가 하면, 법률과 동위, 또는 그 이하의 위계를 지닌 법원리들도 있기 때문입니다. 행정법의 일반원칙은 사실 독자적인 법원의 범주라기보다는 오히려 여러 가지 − 대부분 불문의 − 법규범들을 내용으로 한 일종의 집합개념(Sammelbegriff)이지요. 즉 그것은 불문법원으로서 관습법이나 판례법(Richterrecht: 법관법) 형식을 취할 수도 있고 경우에 따라서는 법률같은 성문법 형식을 통해 표현될 수도 있습니다.

행정법의 일반원칙 중 중요한 것으로 평등의 원칙·행정의 자기구속의 원칙, 비례원칙, 신뢰보호의 원칙 등이 있습니다. 비례원칙은 무엇보다도 기본권제한에 관한 헌법 제37조 제2항을 통하여 구현되고 있고, 평등의 원칙 역시 헌법 제11조에서 명문으로 승인되고 있습니다. 신뢰보호의 원칙은 헌법으로부터 도출되는 법치국가원칙 외에도 국세기본법 제18조 제3항을 통해 또는 그 밖의 판례를 통해 구체화되고 있습니다. 반면 위법한 침익적 행정행위의 취소 자유의 원칙(Grundsatz der freien Rücknahme rechtswidriger, belastender Verwaltungsakte) 같이 관습법적 기초를 지닌 것도 있습니다.

행정법의 일반원칙을 생성·발전시키는 가장 주된 원동력은 판례법입니다.3 행정법의 일반원칙은 대부분 헌법의 기본원리로부터 도출되거나 사법(私法) 법원리의 유추적용(Analogie) 등을 통하여 판례법으로 구체화되어 형성·발전된 법리적 산물입니다.

Ⅱ. 법의 일반원칙: 평등원칙·행정의 자기구속 원칙

요즈음 '갑질' 관행이 적폐 청산의 대상으로 떠오르고 있습니다. '갑질'이란 무엇일까요? 우월적 지위나 권한, 세력 등을 이용하여 사회통념상 정당화될 수 없는 지배력을 행사하거나 이득을 얻는 경우라고 볼 수 있습니다. 그 철학적, 논리적 배경은 바로 평등사상입니다. 사실 우리나라처럼 평등 관념이 강력한 사회도 드뭅니다. 바람직한 현상이냐고요? 아닙니다. 오히려 그만큼 불평등한 구조와 관행이 만연되어

---

3 Erichsen/Martens, § 89ff., S.162f.

있기 때문에 사람들이 그처럼 열렬히 그리고 지나치다 싶을 만큼 집요하게 평등을 요구하고 있는 것 아니겠습니까.

사실 평등원칙은 우리가 헌법을 가졌을 때부터 늘 의심의 여지 없이 헌법적으로 확립되어 있었습니다. 제대로 실현되지 못한 때가 많았을 뿐이지요. 그런 까닭에 평등원칙의 행진이 그 어느 나라보다도 두드러지게 이어져 온 것입니다. 어디까지 갈까요, 평등원칙의 승승장구는?

1. 개념

헌법 차원으로 고양된 법 원칙으로서 평등원칙이 행정작용에 적용되는 것은 자명한 결과입니다. 평등원칙의 내용은 자의의 금지(Willkürverbot), 바꿔 말하면 불합리한 차별의 금지입니다. 합리적 근거가 없는 (따라서 불합리한) 차별은 허용되지 않는다는 뜻이지요. 행정청은 특별한 합리적 사유가 없는 한 행정의 상대방인 국민을 차별해서는 아니 되며, 불합리한 차별은 평등원칙을 위반한 것으로 위헌·위법이란 법적 평가와 제재를 면할 수 없습니다.

> **정신병원과 정신과의원 개설을 각각 허가제와 신고제로 차별화한 의료법규정과 평등 원칙**
>
> "헌법상 평등원칙은 본질적으로 같은 것을 자의적으로 다르게 취급함을 금지하는 것으로서, 일체의 차별적 대우를 부정하는 절대적 평등을 뜻하는 것이 아니라 입법을 하고 법을 적용할 때에 합리적인 근거가 없는 차별을 하여서는 아니 된다는 상대적 평등을 뜻하므로, 합리적 근거가 있는 차별 또는 불평등은 평등의 원칙에 반하지 아니한다(대법원 2007. 10. 29. 선고 2005두14417 전원합의체 판결 등 참조).
>
> … 관련 법령이 정신병원 등의 개설에 관하여는 허가제로, 정신과의원 개설에 관하여는 신고제로 각 규정하고 있는 것은 각 의료기관의 개설 목적 및 규모 등 차이를 반영한 합리적 차별로서 평등의 원칙에 반한다고 볼 수 없다."[4]

「행정기본법」은 제9조에서 "행정청은 합리적 이유 없이 국민을 차별해서는 아니 된다."고 규정하여 평등의 원칙을 명문화하였습니다. 불합리한 차별의 금지를 분명히 한 셈입니다.

평등원칙은 행정규칙에 의해 구체화되어 예외적·부분적으로나마 행정규칙의 대

---

4 대법원 2018. 10. 25. 선고 2018두44302 판결(의료기관 개설신고 불수리 처분 취소 (카) 상고기각).

외적 효력(법규적 효력)을 뒷받침해 주는 근거가 되기도 합니다. 행정규칙은 상당기간 계속 적용됨으로써 하나의 일관된 행정실무 관행을 성립시키고 행정청은 이에 따라 유사한 사안들을 특별한 실질적 근거 없이는 차별할 수 없다는 구속을 받습니다(행정의 자기구속: Selbstbindung der Verwaltung). 만일 행정청이 정당화사유 없이 종전 행정규칙에 따라 성립되어 지속되어 온 실무관행을 벗어난 결정을 내린다면 평등원칙을 위반한 것이 되고, 그로 인해 불평등한 처우를 받은 사람은 (행정규칙의 법규성 여하를 불문하고) 행정소송 등을 통하여 권리구제를 받을 수 있습니다. 그 경우 행정규칙 위반 자체를 근거로 삼지는 못해도, 헌법상 평등원칙 위반을 이유로 행정소송을 제기할 수 있게 됩니다.5

> 【 관련판례 】
> 　[1] 재량준칙은 일반적으로 행정조직 내부에서만 효력을 가질 뿐 대외적인 구속력을 갖는 것은 아니므로 행정처분이 이를 위반하였다고 하여 그러한 사정만으로 곧바로 위법하게 되는 것은 아니고, 다만 그 재량준칙이 정한 바에 따라 되풀이 시행되어 행정관행이 이루어지게 되면 평등의 원칙이나 신뢰보호의 원칙에 따라 행정기관은 상대방에 대한 관계에서 그 규칙에 따라야 할 자기구속을 받게 되므로, 이러한 경우에는 특별한 사정이 없는 한 그에 반하는 처분은 평등의 원칙이나 신뢰보호의 원칙에 어긋나 재량권을 일탈·남용한 위법한 처분이 된다.
> 　[2] 구체적인 규정이 없는 상태에서 공정거래위원회가 과징금 부과처분을 하면서 적용한 기준이 과징금제도와 추가감면제도의 입법 취지에 반하지 않고 불합리하거나 자의적이지 않으며, 나아가 그러한 기준을 적용한 과징금 부과처분에 과징금 부과의 기초가 되는 사실을 오인하였거나 비례·평등의 원칙에 위배되는 등의 사유가 없다면, 그 과징금 부과처분에 재량권을 일탈·남용한 위법이 있다고 보기 어렵다.6

2. 2단계 심사

헌법재판소는 평등권 침해 여부를 자의금지 원칙에 의한 심사와 비례원칙에 의한 심사 두 단계로 심사해 왔습니다.7

5　Maurer, § 24 Rn.21.
6　대법원 2013. 11. 14. 선고 2011두28783 판결(과징금감경결정취소청구).
7　이것은 독일연방헌법재판소의 판례태도와 일맥상통합니다(BVerfG, 1 BvR 2337/00 vom 3.7.2001, Absatz Nr. 1－48). 이에 따르면 일반적 평등원칙은 입법권자에게 규율의 대상 및 차별기준에 따라 단순한 자의금지(Willkürverbot)에서 비례성요건(Verhältnismaßigkeitser－fordernisse)에 의한 엄격한 구속에 이르는 각기 상이한 한계를 부과하는데, 특정 부류의 개인들을 차별대우하는 경우 입법권자는 원칙적으로 엄격한 비례원칙의 구속을 받게 됩니다.

자의심사의 경우에는 차별을 정당화하는 합리적 이유가 있는지만 심사하기 때문에 비교 대상 간 사실상 차이나 입법목적(차별목적)의 발견·확인에 그칩니다.

비례심사의 경우에는 단순히 합리적인 이유의 존부가 아니라 차별을 정당화하는 이유와 차별간 상관관계에 대한 심사, 즉 비교 대상 간 사실상 차이의 성질과 비중 또는 입법목적(차별목적)의 비중과 차별의 정도에 적정한 균형관계가 있는지를 심사하게 됩니다.

그동안 헌법재판소는 평등심사에서 원칙적으로 자의금지 원칙을 기준으로 하여 심사해 왔고, 이따금 비례의 원칙을 기준으로 심사한 것으로 보이는 경우에도 비례심사의 본질에 해당하는 '법익의 균형성(협의의 비례성)'에 대한 본격적 심사를 하는 경우는 찾아보기 어려웠습니다. 그러나 헌법재판소는 1999. 12. 23. 선고 98헌마363 결정에서 평등위반심사를 하면서 '법익의 균형성' 심사에까지 이르는 본격적인 비례심사를 하였고, 이후에도 이러한 판례를 재확인해 오고 있습니다.[8]

엄격한 심사척도에 의할 것인지, 완화된 심사척도에 의할 것인지는 입법자에게 인정되는 입법형성권의 정도에 따라 다르지만, 헌법에서 특별히 평등을 요구하고 있는 경우와 차별적 취급으로 인하여 관련 기본권에 대한 중대한 제한을 초래하게 될 경우에는 입법형성권은 축소되어 보다 엄격한 심사척도가 적용되어야 한다는 것이 헌법재판소의 판례입니다.[9]

헌법재판소는 위 98헌마363 결정에서 제대군인가산점제도는 위 두 경우에 모두 해당한다고 보아 비례심사를 했습니다. 그 이유는, 헌법 제32조 제4항이 "여자의 근로는 특별히 보호를 받으며, 고용·임금 및 근로조건에 있어서 부당한 차별을 받지 아니한다."고 규정하여 근로·고용의 영역에서 특별히 남녀평등을 요구하는데, 제대군인가산점제도는 바로 이 영역에서 남성과 여성을 달리 취급하는 제도이기 때문이고, 또한 헌법 제25조에서 보장한 공무담임권 또는 직업선택의 자유라는 기본권의

또 특정한 사실관계에 대한 차별대우가 간접적으로 특정 부류의 개인들을 차별하는 효과를 가져오는 경우에도 개별적으로 그 같은 차별의 법적 효과를 정당화할 수 있을 만큼 그 종류와 중요성에서 차별사유가 있는지 여부를 심사합니다(vgl. BVerfGE 101, 54 등).

8 헌법재판소 2001. 2. 22. 선고 2000헌마25 전원재판부 결정 국가유공자등예우및지원에관한법률 제34조 제1항 위헌확인; 2001. 6. 28. 선고 2001헌마132 결정(여객자동차운수사업법제73조의2등위헌확인).

9 헌법재판소 1999. 12. 23. 선고 98헌마363 결정(제대군인지원에관한법률 제8조 제1항 등 위헌확인).

행사에 중대한 제약을 초래하는 것이기 때문이었지요.[10]

한편, 헌법재판소는 헌법 제32조 제6항이 근로의 기회에 있어 국가유공자 등을 우대할 것을 명한 경우처럼 헌법상 우대명령의 의미를 지닌 다른 특별한 규정이 있는 경우 비례심사에서도 그 심사기준을 완화할 수 있다고 판시하고 있습니다.[11]

Ⅲ. 비례의 원칙

1. 개념

비례의 원칙(Verhältnismäßigkeitsprinzip)이란 공익상 필요와 권익 침해 사이에 적정한 비례관계(Angemessenheit)가 있어야 한다는 원칙(Verhältnismäßigkeitsgrundsatz im engeren Sinne)을 말합니다. 이 좁은 의미의 원칙과 달리 넓은 의미의 비례원칙은 행정청이 사용한 수단이 위험방지 같은 행정목적 달성에 적합한 것이어야 한다는 적합성(Geeignetheit)의 원칙, 적합한 복수의 조치들 중 상대방 개인과 일반공중에게 최소한의 침해를 미치는 조치를 취해야 한다는 필요성(Erforderlichkeit)의 원칙 또는 최소침해의 원칙(Grundsatz des geringsten Eingriffen), 그리고 그 조치가 의도된 목표에 비추어 명백히 비례 되지 않는 침해를 초래해서는 안 된다는 협의의 비례원칙을 포함합니다.

최소 침해의 원칙과 협의의 비례의 원칙은 개인의 권리를 침해하면서 사용된 수단이 그 조치의 목적이 정당화하는 강도와 범위를 초과해서는 안 된다는 과잉 금지(Übermaßverbot)의 원칙이라는 상위개념으로 통합된다고 합니다(Lerche).

> ┌────────┐
> │ 관련판례 │
> └────────┘
> "비례의 원칙은 법치국가 원리에서 당연히 파생되는 헌법상의 기본원리로서, 모든 국가작용에 적용된다. 따라서 행정목적을 달성하기 위한 수단은 목적달성에 유효·적절하고, 가능한 한 최소침해를 가져오는 것이어야 하며, 아울러 그 수단의 도입에 따른 침해가 의도하는 공익을 능가하여서는 안 된다(대법원 1997. 9. 26. 선고 96누10096 판결 등 참조). 특히 처분상대방의 의무위반을 이유로 한 제재처분의 경우 의무위반의 내용과 제재처분의 양정(量定) 사이에 엄밀하게는 아니더

---

10 헌법재판소 1999. 12. 23. 선고 98헌마363 결정.
11 헌법재판소 2001. 2. 22. 선고 2000헌마25 결정(국가유공자등예우및지원에관한법률제34조 제1항위헌확인).

라도 대략적으로라도 비례 관계가 인정되어야 하며, 의무위반의 내용에 비하여 제재처분이 과중하여 사회통념상 현저하게 타당성을 잃은 경우에는 재량권 일탈·남용에 해당하여 위법하다고 보아야 한다(대법원 2019. 9. 9. 선고 2018두48298 판결 등 참조)."[12]

적합성의 원칙, 필요성의 원칙 및 협의의 비례원칙은 일정한 순서에 따라 적용됩니다. 이 순서는, 가령 위험방지의 임무를 수행해야 할 행정청에 부과된 법적 한계가 단계적으로 점점 좁혀지는 과정을 표현해 주는 것으로, 가령 ① 먼저 적합한 여러 수단을 검토한 후, ② 이들 중에서 최소 침해를 가져오는 수단을 선정하고, ③ 다시 허용되는 수단 중 추구된 목적에 비추어 명백히 비례되지 않는 침해를 초래하는 조치를 배제하는 과정이 그것입니다.[13]

2. 법적 근거

비례원칙은 원래 경찰 및 질서행정법에서 생성·발전되었습니다. 경찰관직무집행법 제1조 제2항은 "이 법에 규정된 경찰관의 직권은 그 직무수행에 필요한 최소한도 내에서 행사되어야 하며 이를 남용하여서는 아니 된다."고 규정하는데 이는 법률이 경찰권 행사의 한계요인으로서 비례원칙을 명문화한 예인 동시에 간접적으로는 비례원칙의 경찰법적 배경을 보여주는 일례이기도 합니다. 그러나 비례원칙은 비단 이러한 경찰·질서행정법상 관계규정의 유무에 구애됨이 없이 기본권제한을 통하여 표현되고 있는 헌법상 법치국가원칙(§ 37 ②)에 법적 근거를 둔 헌법의 기본원리이자 행정법의 일반원칙이라 할 수 있습니다.

관련판례

"국가작용, 특히 <u>입법작용에 있어서의 과잉입법금지의 원칙</u>이라 함은 국가가 국민의 기본권을 제한하는 내용의 입법활동을 함에 있어서 준수하여야 할 기본원칙 내지 입법활동의 한계를 의미하는 것으로서, 국민의 기본권을 제한하려는 입법의 목적이 헌법 및 법률의 체제상 그 정당성이 인정되어야 하고(목적의 정당성), 그 목적의 달성을 위하여 그 방법이 효과적이고 적절하여야 하며(방법의 적절성), 입법권자가 선택한 기본권제한의 조치가 입법목적 달성을 위하여 설사 적절하다 할지라도 가능한 한 보다 완화된 형태나 방법을 모색함으로써 기본권의 제한은 필요한 최소한도에 그치도록 하여야 하며(피해의 최소성), 그 입법에 의하여 보호하려는 공익과 침해되는 사익을 비교

---

12 대법원 2020. 1. 9. 선고 2018두47561 판결(영업정지처분취소); 2020. 6. 4. 선고 2015두39996 판결(사무장 병원의 개설명의인에 대하여 요양급여비용 징수 처분 취소); 2019. 7. 11. 선고 2017두38874 판결(사증발급거부처분취소).

13 Götz, allgemeines Polzei – und Ordnungsrecht, 10.Aufl., 1991, Rn.249, S.129.

교량할 때 보호되는 공익이 더 커야 한다(법익의 균형성)는 법치국가의 원리에서 당연히 파생되는 헌법상의 기본원리의 하나인 비례의 원칙을 말하는 것이고, 우리 헌법은 제37조 제2항에서 입법권의 한계로서 과잉입법금지의 원칙을 명문으로 인정하고 있다."[14]

「행정기본법」은 제10조에서 학설과 판례에 따른 비례원칙의 내용을 비교적 객관적이고 명확하게 반영하였습니다. 행정작용은 다음 원칙에 따라야 합니다.

1. 행정목적을 달성하는 데 유효하고 적절할 것
2. 행정목적을 달성하는 데 필요한 최소한도에 그칠 것
3. 행정작용으로 인한 국민의 이익 침해가 그 행정작용이 의도하는 공익보다 크지 아니할 것

제1호부터 제3호는 적합성(Geeignetheit), 필요성(Erforderlichkeit) 또는 최소침해, 그리고 협의의 비례원칙＝상당성(Angemessenheit)에 각각 해당합니다.

3. 적용분야

비례원칙은 경찰 및 질서행정법에서 생성·발전된 것이지만 오늘날 거의 모든 분야에서 적용됩니다. 행정행위 부관의 한계, 행정행위의 취소 및 철회권의 제한사유, 행정강제에 있어 강제수단의 선택과 실현과정에 대한 제한, 특히 경찰권 행사의 한계 등 다양한 영역에서 구체화되어 적용되고 있고, 급부행정에서도 과잉 급부 금지 원칙의 형태로 구현되고 있습니다.

4. 효력

비례원칙 역시 행정법의 법원으로서 헌법적 수준으로 고양된 법원칙인 이상, 그 위반은 당연히 위법사유를 구성합니다.

---

14 헌법재판소 1992. 12. 24. 선고 92헌가8 결정(강조 인용자).

Ⅳ. 신뢰보호의 원칙

1. 개념

신뢰보호의 원칙(Vertrauensschutzprinzip)이란 행정기관이 한 언동의 정당성 또는 존속성에 대한 개인의 신뢰가 보호되어야 한다는 원칙으로서 신의칙 또는 금반언(禁反言: estoppel)의 법리로부터 도출되는 법치국가의 요청입니다. 가령 과세관청의 명시적 또는 묵시적 언동에 따라 납세자가 조세를 부과받지 않으리라고 신뢰할 만한 충분한 객관적 여건이 존재하였고 그가 실제로 이를 자신의 귀책사유 없이 신뢰하였음에도 불구하고, 과세관청이 그와 같은 납세자의 (보호가치 있는) 신뢰에 배반하는 조치를 함으로써 그의 권익을 침해하였다면, 그 조치는 형식적으로는 합법적일지라도 실질적으로는 법의 근저를 이루는 정의의 이념에 부합되지 않는다고 보는 것입니다. 이 경우 형식적 합법성의 원칙을 희생하여서라도 납세자의 신뢰를 보호하는 것이 실질적 법치주의 또는 법치국가원칙에 부합합니다. 신뢰보호의 원칙은 정의의 이념이 법치국가원칙을 통하여 실질화·구체화된 것이라고 할 수 있습니다.

> ### 비과세의 관행과 신뢰보호의 원칙에 관한 판례
>
> 대법원은 "국세기본법 제18조 제2항(현행 제18조 제3항: 인용자)에 의하면 국세행정의 관행이 일반적으로 납세자에게 받아들여진 후에는, 그것에 위반하여 과세할 수 없게 되어 있는 바, 이 규정은 같은 법 제15조 신의성실의 원칙과 같은 법 제19조 세무공무원의 재량의 한계에 관한 것과 함께, 이른바 <u>징세권력에 대항하는 납세자의 권리를 보장하고 과세관청의 언동을 믿은 일반납세자의 신뢰이익을 보호하는데 그 목적이 있는 것</u>"(대법원 1980. 6. 10. 선고 80누6 판결)이라고 판시했습니다. 이것은 우리나라 세법상 신뢰보호원칙을 일반적으로 선언한 분수령적 판결로 주목을 받았지요. 이 사건15에서 대법원 다수의견은 면허세를 부과할 수 있는 정을 알면서도 피고가 수출확대라는 공익상 필요에서 한 건도 이를 부과한 일이 없었다면 원고는 그것을 믿을 수밖에 없고 그로써 비과세의 관행이 이루어졌다고 보아야 한다며 근거법규가 폐지된 후 1년 3개월이나 지난 뒤에 이미 지나간 4년 동안의 면허세를 일시에 부과처분 한다는 것은 세법상 신의성실이나 납세자가 받아들인 국세행정의 관행을 무시한 위법한 처분이라고 판단한데 반하여, 소수의견은 「조세권자는 강행규정인 조세법규가 정한대로 집행해야 한다는 것이 합법성의 원칙이며, 이러한 합법성의

---

15   이것은 관세법령에 의한 보세품운송면허를 받아 1973년 11월부터 약 4년간 보세품운송을 해 온 원고 주식회사에 대하여 피고 용산구청장이 수출확대라는 공익상 필요에서 그동안 면허세를 부과하지 않다가, 1978년 말 처음으로 위 면허세합계액을 일시에 부과하자, 이에 불복하여 위 면허세부과처분의 취소를 구하는 행정소송을 제기한 사건입니다. 이에 관하여 상세한 것은 김도창, 상, 165 판14를 참조.

원칙은 납세자의 신뢰보호라는 법적 안정성의 원칙에 우월하는 것」이라고 주장했습니다.

신뢰보호의 원칙은 단순히 행정의 합법성 원칙을 배제하는 것이 아니라, 형식적 합법성의 원칙을 희생해서라도 납세자의 신뢰를 보호하는 것이 실질적 법치주의 내지 법치국가원칙에 부합한다는 견지에서 인정되는 것이므로 보다 더 고차적인 법목적에 봉사합니다. 대법원의 판례 역시 같은 입장에 서 있습니다. 행정의 법률적합성의 요청을 법적 안정성 및 그로부터 도출되는 신뢰보호의 요청보다 우선시키는 견해나 위 판결의 소수의견은 타당하지 않습니다.16

> "신의칙이나 국세기본법 제18조 제3항 소정의 조세관행존중의 원칙은 <u>합법성의 원칙을 희생하여서라도 납세자의 신뢰를 보호함이 정의에 부합하는 것으로 인정되는 특별한 사정이 있을 경우에 한하여 적용된다고 할 것</u>"17

2. 법적 근거

(1) 신뢰보호원칙의 헌법적 근거

신뢰보호의 원칙의 법적 근거에 관해서는 몇 가지 학설이 있습니다. 사법원리일 뿐만 아니라 공법에서도 적용되는 법의 일반원칙인 신의성실의 원칙에서 찾는 입장(신의칙설), 법적 안정성의 요청에서 도출하려는 견해(법적 안정성설), 그 밖에 사회국가원칙(Sozialstaatsprinzip), 그리고 기본권에서 근거를 찾으려는 견해 등이 있습니다. 이 중 법치국가원칙에 내포된 법적 안정성에 대한 요청에서 신뢰보호원칙의 헌법적 근거를 찾는 견해가 다수설입니다.18

대법원은 법령의 존속에 대한 신뢰 보호 문제가 다투어진 사건에서 '신뢰를 적절하게 보호함으로써 법적 안정성을 도모하는 것은 법치주의가 요청하는 바'라고 판

---

16 이와 같이 실질적 정의 내지 구체적 타당성을 기하기 위하여 형식적 합법성의 요청을 후퇴시켜야 하는 경우는 죄형법정주의에 따라 보다 엄격한 합법성의 요구가 관철되고 있는 형법에서도 가령 정당행위라든지 위법성조각사유 등과 같은 형태로 시인되고 있음을 볼 수 있습니다. 따라서 유독 행정법에서만 합법성의 형식논리에 사로잡혀 국민의 보호가치있는 신뢰를 희생시켜야 한다는 주장은 타당성을 지닐 수 없다고 봅니다.

17 대법원 1992. 9. 8. 선고 91누13670 판결(강조 인용자).

18 김도창, 상, 161; 김남진, I, 52; 홍정선, 상, 148.

시한 바 있습니다.

> "기존 법질서에 대하여 국민의 합리적이고 정당한 신뢰가 형성되어 있는 경우 이를 적절한 범위에서 보호하여야 한다는 이른바 <u>신뢰보호의 원칙 역시 같은 이유에서 우리 헌법의 기본원리인 법치주의 원리에 속하는 것</u>이라고 할 것이다. 즉, 어떤 법령이 장래에도 그대로 존속할 것이라는 합리적이고 정당한 신뢰를 바탕으로 국민이 그 법령에 상응하는 구체적 행위로 나아가 일정한 법적 지위나 생활관계를 형성하여 왔음에도 국가가 이를 전혀 보호하지 않는다면, 법질서에 대한 국민의 신뢰는 무너지고 현재의 행위에 대한 장래의 법적 효과를 예견할 수 없게 되어 법적 안정성이 크게 저해된다 할 것이므로, <u>입법자는 법령을 개정함에 있어서 이와 같은 신뢰를 적절하게 보호하는 조치를 취함으로써 법적 안정성을 도모하여야 한다는 것이 법치주의 원리가 요청하는 바</u>이라 할 것이다. 물론 이러한 신뢰보호는 절대적이거나 어느 생활영역에서나 균일한 것은 아니고 개개의 사안마다 관련된 자유나 권리, 이익 등에 따라 보호의 정도와 방법이 다를 수 있으며, 새로운 법령을 통하여 실현하고자 하는 공익적 목적이 우월한 때에는 이를 고려하여 제한될 수 있다."[19]

(2) 신뢰보호원칙의 실정법적 표현

신뢰보호의 원칙이 행정법의 일반원칙으로 관심을 받게 된 결정적인 계기는 그것이 종래 단지 법률규정이나 판례를 통한 법령해석의 한계에 대한 동기(Motiv)의 차원에 머무르지 않고, 직접 적용가능한 법원칙(unmittelbar anwendbarer Rechtsgrundsatz)으로 발전하여 독자적인 재판기준으로 적용되기 시작했다는 데 있습니다. 신뢰보호의 원칙은, 독일에서는 일찍이 1976년의 행정절차법에서 실정화되었고, 우리나라에서는 헌법적 근거가 있음에도 불구하고 국세기본법 제18조 제3항과 같은 개별법이 이에 관한 명문 규정을 둔 경우를 제외하고는 여전히 판례에 의해 주로 그것도 취소·철회의 제한사유로서만 고려되어 왔었지요. 신뢰보호의 원칙은 1996년 12월 31일 행정절차법이 제정됨으로써 마침내 일반적인 입법적 근거를 확보했습니다. 행정절차법은 제4조에서 신의성실의 원칙과 함께 신뢰보호의 원칙을 명문화했습니다.

하지만 신뢰보호의 원칙을 분명하게 명문화한 것은 「행정기본법」입니다. 「행정기본법」은 "행정청은 공익 또는 제3자의 이익을 현저히 해칠 우려가 있는 경우를 제외하고는 행정에 대한 국민의 정당하고 합리적인 신뢰를 보호하여야 한다."(§ 12 ①)는 대원칙을 천명한 후 '행정청이 권한 행사의 기회가 있음에도 불구하고 장기간 권한을 행사하지 아니하여 국민이 그 권한이 행사되지 아니할 것으로 믿을 만한 정당

---

19 대법원 2006. 11. 16. 선고 2003두12899 판결(변리사법시행령 부칙 무효확인).

한 사유가 있는 경우에는 그 권한을 행사해서는 아니 된다'(§ 12 ② 본문)고 규정하고 있습니다.

제정이유서에서는 신뢰보호의 원칙은 행정기관의 명시적 또는 묵시적 언동(言動)이 정당하거나 존속할 것이라는 점을 사인이 신뢰하고 이러한 신뢰가 보호할 가치가 있는 경우 그 신뢰는 보호받아야 한다는 대법원 판례 등을 통해 확립된 행정법의 일반원칙이라고 전제하면서 행정청은 공익 또는 제3자의 이익을 현저히 해칠 우려가 있는 경우를 제외하고는 행정에 대한 국민의 정당하고 합리적인 신뢰를 보호하도록 명시한 것이라고 설명합니다. 또한 제2항에 대해서는 실권의 법리로서 행정청에게 취소권, 영업정지권, 철회권 등을 행사할 가능성이 존재했음에도 불구하고 그 권리·권한을 행사하지 않아 그 상대방인 국민이 행정청이 그 권리·권한을 행사하지 않았을 것으로 신뢰할 정당한 사유가 있는 경우 행정청이 그 권리·권한을 행사할 수 없다는 의미라고 풀이합니다.[20]

신뢰보호원칙을 행정기본법에 명문화함으로써 이 원칙이 소급과세금지 등 일부 행정법 분야에 국한되지 않고 행정법 영역 전반에 공통적으로 적용되는 일반적 법원칙임을 선언한 것이라고 하지만, 제1항에서 신뢰보호원칙에 관한 대법원이나 헌법재판소의 판례처럼 그 적용요건을 일반화하여 구체화하지 않았고 반면 제2항에서는 '장기간 권한 불행사에 대한 신뢰의 보호'라는 다소 제한적인 구성요건을 설정하고 있습니다. 주지하듯이 실권의 법리는 신뢰보호 원칙의 결과(corollary)지만 어디까지나 그 부분적인 파생원칙일 뿐입니다. 신뢰보호원칙을 행정법 영역 전반에 공통적으로 적용되는 일반적 법 원칙으로 선언하려는 입법의도와는 논리적으로 잘 들어맞지 않는 것 같습니다. "다만 공익 또는 제3자의 이익을 현저히 해칠 우려가 있는 경우는 예외로 한다."(§ 12 ② 단서)는 단서조항을 두어 이익형량의 요건을 약간 강화해서 명시한 것은 주목할 만합니다.

---

20 이는 대법원 2005. 8. 19. 선고 2003두9817 판결에서 '실권의 법리는 권리자가 권리행사의 기회를 가지고 있음에도 불구하고, 장기간에 걸쳐 그의 권리를 행사하지 아니하였기 때문에 의무자인 상대방이 이미 그의 권리를 행사하지 아니할 것으로 믿을 만한 정당한 사유가 있게 되거나 행사하지 아니할 것으로 추인케 할 경우에 새삼스럽게 그 권리를 행사하는 것이 신의성실의 원칙에 반하는 결과가 될 때 그 권리행사를 허용하지 않는 것을 의미한다'고 판시한 것을 그대로 반영한 것입니다.

3. 신뢰보호의 요건

구체적으로 어떤 경우, 즉 어떤 요건 하에 신뢰보호가 인정될 수 있는지에 관한 일반규정은 없습니다. 다만 행정절차법 제4조와 기존의 학설 및 판례에 비추어 볼 때, 신뢰보호의 원칙의 적용요건으로 적어도 다음과 같은 다섯 가지를 추려낼 수 있습니다.

첫째, 신뢰의 원인·대상이 되는 행정기관의 선행조치가 있었을 것, 둘째, 관계인이 선행조치의 적법성이나 존속을 신뢰했을 것, 셋째, 관계인의 신뢰는 보호가치 있는 것일 것, 넷째, 관계인이 신뢰에 기해 일정한 「처분」(Disposition)을 했을 것, 다섯째, 선행조치에 반하는 행정청의 처분이 있었을 것입니다. 판례 역시 이 같은 요건을 시인하고 있습니다.

> "행정상 법률관계에서 신뢰보호의 원칙이 적용되기 위해서는, 첫째, 행정청이 개인에 대하여 신뢰의 대상이 되는 공적인 견해를 표명하여야 하고, 둘째, 행정청의 견해표명이 정당하다고 신뢰한 데 대하여 개인에게 귀책사유가 없어 그 신뢰가 보호가치 있는 것이어야 하며, 셋째, 개인이 견해표명을 신뢰하고 이에 따라 어떠한 행위를 하였어야 하고, 넷째, 행정청이 견해표명에 반하는 처분을 함으로써 견해표명을 신뢰한 개인의 이익이 침해되는 결과가 초래되어야 하는 것이다."[21]

가령 이러한 요건들을 조세관계에 적용하면, ① 과세관청이 납세자에게 신뢰의 대상이 되는 공적인 견해표명을 하였을 것, ② 과세관청의 견해표명이 정당하다고 신뢰한 데 대하여 납세자에게 귀책사유가 없을 것, ③ 납세자가 그 견해표명을 신뢰하고, 그에 따라 행위를 하였을 것, ④ 과세관청이 위 견해에 반하는 처분을 함으로써 납세자의 이익이 침해되는 결과가 초래되었을 것이란 요건이 충족되어야만 신뢰보호의 원칙이 효과를 발할 수 있게 됩니다.[22]

(1) 신뢰의 원인·대상이 되는 행정기관의 선행조치가 있었을 것

선행조치에는 법령·처분·확언·행정지도 등 국가·공공단체의 모든 행정작용들이 해당하며, 반드시 명시적·적극적인 언동일 것을 요하지 않습니다.[23] 그러나 추상

---

21 대법원 1997. 9. 26. 선고 96누10096 판결(택지개발예정지구지정처분취소등).
22 대법원 1992. 9. 8. 선고 91누13670 판결.
23 대표적으로 김남진, 행정법 I, 53; 박윤흔, 행정법강의(상), 2000, 박영사, 83을 참조.

적 질의에 대한 일반론적 견해표명에 불과한 경우에는 신뢰보호의 원인이 되는 공적 견해 표명이 있었다고 볼 수 없고 적어도 신뢰를 가지게 된 근거가 되었다고 볼 수 있을 만큼 일정한 내용의 의사가 대외적으로 명시 또는 묵시적으로 표시되어야 합니다. 대법원도 조세법률관계에 대해 그 점을 시인합니다.

> "일반적으로 조세법률관계에서 과세관청의 행위에 대하여 신의성실의 원칙이 적용되기 위하여 는 과세관청이 납세자에게 신뢰의 대상이 되는 공적인 견해 표명을 하여야 하고, 또한 국세기본법 제18조 제3항에서 말하는 비과세 관행이 성립하려면 상당한 기간에 걸쳐 과세를 하지 아니한 객관적 사실이 존재할 뿐만 아니라 과세관청 자신이 그 사항에 관하여 과세할 수 있음을 알면서도 어떤 특별한 사정 때문에 과세하지 않는다는 의사가 있어야 하며 위와 같은 <u>공적 견해나 의사는 명시적 또는 묵시적으로 표시되어야 하지만 묵시적 표시가 있다고 하기 위하여는 단순한 과세 누락과는 달리 과세관청이 상당기간의 불과세상태에 대하여 과세하지 않겠다는 의사표시를 한 것으로 볼 수 있는 사정이 있어야 하고, 이 경우 특히 과세관청의 의사표시가 일반론적인 견해표명에 불과한 경우에는 위 원칙의 적용을 부정하여야 할 것이다.</u>"[24]
> "국세기본법 15조, 18조 3항의 규정이 정하는 신의칙 내지 비과세관행이 성립되었다고 하려면 장기간에 걸쳐 어떤 사항에 대하여 과세하지 아니하였다는 객관적 사실이 존재할 뿐만 아니라 과세관청이 자신이 그 사항에 대하여 과세할 수 있음을 알면서도 어떤 특별한 사정에 의하여 과세하지 않는다는 의사가 있고 이와 같은 의사가 대외적으로 명시적 또는 묵시적으로 표시될 것임을 요한다고 해석되며, 특히 그 의사표시가 납세자의 추상적인 질의에 대한 일반론적인 견해 표명에 불과한 경우에는 위 원칙의 적용을 부정하여야 한다."[25]

공적 견해 표명은 원칙적으로 행정기관, 특히 일정한 책임 있는 지위에 있는 관련분야 공무원이 한 것이어야 합니다. 이와 관련, 헌법재판소의 위헌결정은 행정청이 개인에 대하여 신뢰의 대상이 되는 공적인 견해를 표명한 것이라고 할 수 없으므로 그 결정에 관련한 개인의 행위에 대해서는 신뢰보호의 원칙이 적용되지 아니한다는 것이 대법원의 판례입니다.[26]

공적 견해 표명 유무를 판단하는 경우 반드시 행정조직상 형식적인 권한 분장에 구애될 것은 아니고 담당자의 조직상의 지위와 임무, 당해 언동을 하게 된 구체적인 경위 및 그에 대한 국민/주민의 신뢰가능성에 비추어 실질에 따라 판단해야 합니다.[27]

---

24 대법원 1995. 11. 14. 선고 95누10181 판결.
25 대법원 1993. 7. 27. 선고 90누10384 판결.
26 대법원 2003. 6. 27. 선고 2002두6965 판결(시정명령처분취소).
27 대법원 1995. 6. 16. 선고 94누12159 판결(취득세부과처분취소). 이것은 구청장의 지시에 따라 그 소속직원이 적극적으로 나서서 대체 부동산 취득에 대한 취득세 면제를 제의함에 따라 그 약속을 그대로 믿고 구에 대하여 그 소유 부동산에 대한 매각의사를 결정하게 된 경우, 구청장은 지방세법 제4조 및 서울특별시세조례 제6조 제1항의 규정에 의하여 서울특별

대법원은 보건사회부장관의 "의료취약지 병원설립운영자 신청공고"를 통한 국세 및 지방세 비과세 견해표명은 신뢰보호의 요건인 공적 견해 포명에 해당한다고 보았고,[28] '행정청이 대외적으로 공신력 있는 주민등록표상 국적이탈을 이유로 원고의 주민등록을 말소한 행위는 원고에게 간접적으로 국적이탈이 법령에 따라 이미 처리되었다는 견해를 표명한 것이라고 보아야 한다'고 보았습니다.[29]

반면, 개발이익환수에 관한 법률에 정한 개발사업 시행 전, 행정청이 토지 지상에 예식장 등을 건축하는 것이 관계 법령상 가능한지 여부를 질의하는 민원예비심사에 대하여 관련부서 의견으로 개발이익환수에 관한 법률에 '저촉사항 없음'이라고 기재한 경우, 신뢰의 대상이 되는 공적인 견해표명을 한 것이라고는 보기 어렵다고 판시하였고,[30] 폐기물처리업 사업계획에 대한 적정통보만으로 그 사업부지 토지에 대한 국토이용계획변경신청을 승인하여 주겠다는 취지의 공적인 견해 표명을 한 것으로 볼 수 없다고 판시한 바 있습니다.[31] 또 '일반적으로 폐기물처리업 사업계획에 대한 적정통보에 당해 토지에 대한 형질변경허가신청을 허가하는 취지의 공적 견해 표명이 있는 것으로는 볼 수 없고' 더구나 토지의 지목변경 등을 조건으로 그 토지상 폐기물처리업 사업계획에 대한 조건부적정통보에는 토지형질변경허가의 공적 견해 표명이 포함되어 있었다고 볼 수 없다'고 판시했습니다.[32]

또한 대법원은 교육환경평가승인반려처분 취소소송에서 처분청이 보완요청서에서 '휴양 콘도미니엄업이 이 사건 법률조항에 따른 금지행위 및 시설로 규정되어 있지 않다'는 의견을 밝힌 바 있으나, 이는 교육환경평가승인 여부를 판단하기 위한 중간 검토과정에서 관계 법령의 해석에 관한 의견을 제시한 것에 불과하고, 최종적으로 교육환경평가를 승인해주겠다는 취지의 공적 견해를 표명한 것이라고 볼 수 없고, 오히려 수차례 신청인에게 보낸 보완요청서에 의하면 현 상태로는 교육환경평가승인이 어렵다는 취지의 견해를 밝힌 것에 해당하며, 또 휴양 콘도미니엄업이 구 학교보건법에 따라 금지되는 행위 및 시설에 해당하지 않는다고 보았던 행정실무 및 교육청의 의견은 교육환경법이 제정되기 전의 구 학교보건법 조항에 관한 것이므로, 원고의 교육환경평가승인신청과 관련한 공적 견해라고 볼 수 없다고 판시하였습니다.[33]

"행정청이 상대방에게 장차 어떤 처분을 하겠다고 확약 또는 공적인 의사 표명을 하였다고 하

시세인 취득세에 대한 부과징수권을 위임받아 처리하는 과세관청의 지위에 있으므로 부동산 매매계약을 체결함에 있어 표명된 취득세 면제약속은 과세관청의 지위에서 이루어진 것이라고 볼 여지가 충분하고, 또한 위 직원이 비록 총무과에 소속되어 있다고 하더라도 그가 한 언동은 구청장의 지시에 의한 것으로 이 역시 과세관청의 견해표명으로 못 볼 바도 아니라는 이유로, 신의칙 위반주장을 배척한 원심판결을 파기한 사례입니다. 同旨 대법원 1997. 9. 12. 선고 96누18380 판결(토지형질변경행위불허가처분취소).

28 대법원 1996. 1. 23. 선고 95누13746 판결(재산세등부과처분취소).
29 대법원 2008. 1. 17. 선고 2006두10931 판결(국적이탈신고서반려처분취소).
30 대법원 2006. 6. 9. 선고 2004두46 판결(개발부담금부과처분취소).
31 대법원 2005. 4. 28. 선고 2004두8828 판결(국토이용계획변경승인거부처분취소).
32 대법원 1998. 9. 25. 선고 98두6494 판결(토지형질변경허가신청반려처분취소).
33 대법원 2020. 4. 29. 선고 2019두52799 판결(교육환경평가승인반려처분취소청구의소).

더라도, 그 자체에서 상대방으로 하여금 언제까지 처분의 발령을 신청을 하도록 유효기간을 두었는데도 그 기간 내에 상대방의 신청이 없었다거나 확약 또는 공적인 의사 표명이 있은 후에 사실적·법률적 상태가 변경되었다면, 그와 같은 확약 또는 공적인 의사 표명은 행정청의 별다른 의사표시를 기다리지 않고 실효된다."[34]

(2) 관계인이 선행조치의 적법성이나 존속을 신뢰했을 것

관계인이 선행조치의 적법성 또는 유효성을 사실상 신뢰했을 것이 필요합니다. 관계인이 그 선행조치를 아직 인식하지 못했거나 행정행위가 사후 변경의 유보 하에 발급된 경우에는 이 요건을 결여하게 될 것입니다.

(3) 관계인의 신뢰는 보호가치있는 것일 것

관계인의 신뢰는 보호가치 있는 것이어야 합니다. 보호가치(Schutzwürdigkeit)의 유무는 법익형량, 즉 행정의 법률적합성에 대한 공익적 요청과 선행조치 존속에 대한 관계인의 사익을 비교형량하여 판단하며 관계인의 신뢰이익이 적법성 회복에 대한 공익의 요청보다 큰 경우에 인정될 수 있습니다.[35] 그러나 법익형량의 문제는 신뢰의 보호가치 유무에 대한 판단보다는 신뢰보호의 한계로서 행정의 법률적합성과의 관계에서 다룰 수 있고 또 그것이 문헌과 판례의 태도입니다.[36]

신뢰의 보호가치 유무는 이를 적극적으로 따지기보다는 소극적 사유, 즉 신뢰의 보호가치를 박탈 또는 상실시키는 사유를 통해 판단하는 것이 일반적 경향입니다.

신뢰의 보호가치 유무는 다음과 같이 판단합니다. 먼저, 행정청의 견해표명이 정당하다고 신뢰한 데 귀책사유가 없어야 합니다. 귀책사유가 있으면 신뢰의 보호가치는 인정되지 않습니다. 신뢰의 보호가치는 ⓐ 수익자가 부정한 수단으로 처분을 발급받았거나, ⓑ 위법성을 알았거나 알아야 했을 때, 또는 ⓒ 그 위법성이 자신의 책임영역(Verantwortungsbereich)에 속할 경우에는 부정됩니다. 급부결정(Leistungsbescheid)이 그 수익자의 허위신고로 발급된 경우 또는 기타 사유로 그 책임영역에 귀속되는 경우, 즉 관계인에 귀책사유가 있으면 신뢰의 보호가치는 인정될 수 없습니다.

---

34 대법원 1996. 8. 20. 선고 95누10877 판결(주택건설사업승인거부처분취소).
35 Erichsen in Erichsen/Ehlers, AllgVerwR, 12.A., § 29.
36 가령 김남진/김연태, 행정법 I, 제12판, 2002, 49 이하를 참조.

가. 귀책사유가 인정된 사례:

"행정처분에 하자가 있음을 이유로 처분청이 이를 취소하는 경우에도 그 처분이 국민에게 권리나 이익을 부여하는 이른바 수익적 행정행위인 때에는 그 처분을 취소하여야 할 공익상 필요와 그 취소로 인하여 당사자가 입게 될 기득권과 신뢰보호 및 법률생활안정의 침해 등 불이익을 비교·교량한 후 공익상 필요가 당사자가 입을 불이익을 정당화할 만큼 강한 경우에 한하여 취소할 수 있으나, 그 처분의 하자가 당사자의 사실은폐나 기타 사위의 방법에 의한 신청행위에 기인한 것이라면 당사자는 그 처분에 의한 이익이 위법하게 취득되었음을 알아 그 취소가능성도 예상하고 있었다고 할 것이므로 그 자신이 위 처분에 관한 신뢰의 이익을 원용할 수 없음은 물론 행정청이 이를 고려하지 아니하였다고 하여도 재량권의 남용이 되지 않는다."37

[1] 일반적으로 행정상의 법률관계에 있어서 행정청의 행위에 대하여 신뢰보호의 원칙이 적용되기 위하여는, 첫째 행정청이 개인에 대하여 신뢰의 대상이 되는 공적인 견해표명을 하여야 하고, 둘째 행정청의 견해표명이 정당하다고 신뢰한 데에 대하여 그 개인에게 귀책사유가 없어야 하며, 셋째 그 개인이 그 견해표명을 신뢰하고 이에 상응하는 어떠한 행위를 하였어야 하고, 넷째 행정청이 그 견해표명에 반하는 처분을 함으로써 그 견해표명을 신뢰한 개인의 이익이 침해되는 결과가 초래되어야 하며, 마지막으로 위 견해표명에 따른 행정처분을 할 경우 이로 인하여 공익 또는 제3자의 정당한 이익을 현저히 해할 우려가 있는 경우가 아니어야 하는바, 둘째 요건에서 말하는 귀책사유라 함은 행정청의 견해표명의 하자가 상대방 등 관계자의 사실은폐나 기타 사위의 방법에 의한 신청행위 등 부정행위에 기인한 것이거나 그러한 부정행위가 없다고 하더라도 하자가 있음을 알았거나 중대한 과실로 알지 못한 경우 등을 의미한다고 해석함이 상당하고, 귀책사유의 유무는 상대방과 그로부터 신청행위를 위임받은 수임인 등 관계자 모두를 기준으로 판단하여야 한다.

[2] 건축주와 그로부터 건축설계를 위임받은 건축사가 상세계획지침에 의한 건축한계선의 제한이 있다는 사실을 간과한 채 건축설계를 하고 이를 토대로 건축물의 신축 및 증축허가를 받은 경우, 그 신축 및 증축허가가 정당하다고 신뢰한 데에 귀책사유가 있다고 한 사례.

[3] 건축주가 건축허가 내용대로 공사를 상당한 정도로 진행하였는데, 나중에 건축법이나 도시계획법에 위반되는 하자가 발견되었다는 이유로 그 일부분의 철거를 명할 수 있기 위하여는 그 건축허가를 기초로 하여 형성된 사실관계 및 법률관계를 고려하여 건축주가 입게 될 불이익과 건축행정이나 도시계획행정상의 공익, 제3자의 이익, 건축법이나 도시계획법 위반의 정도를 비교·교량하여 건축주의 이익을 희생시켜도 부득이하다고 인정되는 경우라야 한다.38

"원고가 지정업체의 해당 분야에 종사하지 않고 있음에도 이를 숨기고 서울지방병무청 소속 공무원의 복무실태 조사에 응함으로써, 피고가 위와 같은 사정을 인식하지 못한 채 이 사건 복무만료처분을 하게 되었다는 것인바, 피고의 복무만료처분이 위와 같은 원고의 해당 분야 미종사 사실의 은폐행위에 기인한 것이라면, 원고는 그 처분에 의한 이익이 위법하게 취득되었음을 알아 그 취소가능성도 예상할 수 있었다고 할 것이므로, 그 자신이 위 처분에 관한 신뢰이익을 원용할 수 없음은 물론, 피고가 이를 고려하지 아니하고 원고에 대한 복무만료처분 및 산업기능요원편입처분을 취소한 후 현역병입영처분을 하였다고 하여 그것이 과잉금지의 원칙에 위배된다고 볼 수 없다."39

---

37 대법원 1991. 4. 12. 선고 90누9520 판결; 대법원 1990. 2. 27. 선고 89누2189 판결.

38 대법원 2002. 11. 8. 선고 2001두1512 판결(건축선위반건축물시정지시취소).

39 대법원 2008. 8. 21. 선고 2008두5414 판결(산업기능요원복무만료처분취소등).

나. 귀책사유가 부정된 사례:

"행정청이 대외적으로 공신력 있는 주민등록표상 국적이탈을 이유로 원고의 주민등록을 말소한 행위는 원고에게 간접적으로 국적이탈이 법령에 따라 이미 처리되었다는 견해를 표명한 것이라고 보아야 하고, 나아가 행정청의 주민등록말소는 주민등록표등·초본에 공시되어 대내·외적으로 행정행위의 적법한 존재를 추단하는 중요한 근거가 되는 점에 비추어 원고가 위와 같은 주민등록말소를 통하여 자신의 국적이탈이 적법하게 처리된 것으로 신뢰한 것에 대하여 귀책사유가 있다고 할 수 없는바, 따라서 원고는 위와 같은 신뢰를 바탕으로 만 18세가 되기까지 별도로 국적이탈신고 절차를 취하지 아니하였던 것이므로, 피고가 원고의 이러한 신뢰에 반하여 원고의 국적이탈신고를 반려한 이 사건 처분은 신뢰보호의 원칙에 반하여 원고가 만 18세 이전에 국적이탈신고를 할 수 있었던 기회를 박탈한 것으로서 위법하다."[40]

(4) 관계인이 신뢰에 기해 일정한 「처분」(Disposition)을 했을 것

관계인이 신뢰행위(Vertrauensbetätigung), 즉 선행조치를 신뢰하여 그에 따라 어떠한 행위를 했어야 합니다. 신뢰보호를 통하여 보호되는 것은 국민의 행정에 대한 신뢰 그 자체는 아니기 때문입니다. 따라서 관계인이 그 신뢰에 따라 자기의 이해관계에 영향을 미치는 일정한 처분(Disposition: 투자, 건축개시 등)을 했어야 합니다.

(5) 선행조치에 반하는 행정청의 처분이 있을 것

행정청이 위 선행조치에 반하는 처분을 해야 하며, 이로써 그것을 신뢰한 개인의 이익이 침해되는 결과가 초래되어야 합니다.

4. 신뢰보호의 내용·한계

(1) 존속보호 및 보상보호

신뢰보호 원칙의 내용에 관해서는 존속보호를 통한 신뢰보호(Vertrauensschutz durch Bestandsschutz)인가 아니면 보상을 통한 신뢰보호(Vertrauensschutz durch Entschädigung)인가가 문제됩니다. 존속보호를 원칙으로 하는 재산권보장의 경우와 마찬가지로 보

---

40 대법원 2008. 1. 17. 선고 2006두10931 판결(국적이탈신고서반려처분취소). 동사무소가 주민등록에 관한 사무를 처리함에 있어 국적이탈을 한 것으로 착각하여 원고의 주민등록을 말소하였다가 후에 위 주민등록말소가 행정상 착오에 의한 것임을 알고 이를 정정하여 직권재등록하고, 이를 토대로 징병검사통지를 받은 후, 이에 국적이탈신고를 하였으나 반려처분을 받고 그 취소를 청구한 사건.

호가치 있는 신뢰의 대상인 기성법상태의 존속보호가 원칙이지만, 보충적으로 보상을 통한 신뢰보호도 가능하다고 보아야 할 것입니다.

(2) 신뢰보호의 한계

① 이익형량 및 법률적합성원칙과의 관계

신뢰보호의 원칙은 행정의 합법성원칙과 충돌을 전제로 한다는 점에서 근본적인 한계가 있을 수밖에 없습니다. 신뢰보호의 과잉은 자칫 그것이 보호하고자 하는 더 고차원적인 법익, 즉 법치주의를 손상시키는 결과를 가져올 수 있기 때문입니다. 따라서 앞서 본 신뢰보호의 요건이 충족된 경우에도 공익 또는 제3자의 정당한 이익을 해할 우려가 있는 경우, 또는 <u>법익형량의 결과 행정의 합법성 원칙을 당사자의 신뢰보호보다 우선 시켜야 할 정도로 공익의 요청이 우세한 경우에는 신뢰보호를 주장할 수 없다</u>고 보는 것이 일반적입니다. 학설상 법률적합성우위설과 동위설이 대립하지만, 두 가지 법원칙 중 어느 하나를 우선하기보다는 이익형량을 통해 양자간 실천적 조화를 기하는 것이 온당합니다. 대법원 역시 같은 입장입니다.

> [1] 일반적으로 행정상의 법률관계에 있어서 행정청의 행위에 대하여 신뢰보호의 원칙이 적용되기 위하여는, 첫째 행정청이 개인에 대하여 신뢰의 대상이 되는 공적인 견해표명을 하여야 하고, 둘째 행정청의 견해표명이 정당하다고 신뢰한 데에 대하여 그 개인에게 귀책사유가 없어야 하며, 셋째 그 개인이 그 견해표명을 신뢰하고 이에 기해 어떠한 행위를 하였어야 하고, 넷째 행정청이 위 견해표명에 반하는 처분을 함으로써 그 견해표명을 신뢰한 개인의 이익이 침해되는 결과가 초래되는 등의 요건을 필요로 하고, 어떠한 행정처분이 이러한 요건을 충족할 때에는, <u>공익 또는 제3자의 정당한 이익을 해할 우려가 있는 경우가 아닌 한, 신뢰보호의 원칙에 반하는 행위로서 위법하게 된다</u>고 할 것이므로, <u>행정처분이 이러한 요건을 충족하는 경우라고 하더라도 행정청이 앞서 표명한 공적인 견해에 반하는 행정처분을 함으로써 달성하려는 공익이 행정청의 공적 견해표명을 신뢰한 개인이 그 행정처분으로 인하여 입게 되는 이익의 침해를 정당화할 수 있을 정도로 강한 경우에는 신뢰보호의 원칙을 들어 그 행정처분이 위법하다고는 할 수 없다</u>(대법원 1998. 11. 13. 선고 98두7343 판결 참조).
>
> [2] <u>이 사건 처분에 의하여 피고가 달성하려는 학생들의 교육환경과 인근 주민들의 주거환경 보호라는 공익은 이 사건 처분으로 인하여 원고들이 입게 되는 불이익을 정당화할 만큼 강한 경우에 해당한다고 할 것이므로, 같은 취지에서 원고들의 각 숙박시설 건축허가신청을 반려한 이 사건 처분은 신뢰보호의 원칙에 위배되지 않는다.</u>"41

---

41 대법원 2005. 11. 25. 선고 2004두6822, 6839, 6846 판결(건축허가신청반려처분취소). 한편 이 사건 판결에서 대법원은 원심과는 달리, 행정청이 지구단위계획을 수립하면서 그 권장용도를 판매·위락·숙박시설로 결정하여 고시한 행위를 당해 지구 내에서는 공익과 무관하게 언제든지 숙박시설에 대한 건축허가가 가능하리라는 공적 견해를 표명한 것이라고 평가할

② 소급입법 금지와 신뢰보호의 한계

　신뢰보호원칙은 헌법상 소급입법의 금지와 연관되어 문제되기도 합니다. 즉, 헌법 제13조 제2항은 "모든 국민은 소급입법에 의하여……재산권을 박탈당하지 아니한다."고 규정하고 있으므로 새로운 입법으로 과거에 소급하여 과세하거나 또는 납세의무가 존재하는 경우에도 소급하여 중과세하도록 하는 것은 위 헌법조항에 위반됩니다.42 여기서 소급효는 새로운 입법이 효력이 이미 종료된 사실관계나 법률관계에 미치는 경우인 진정소급효(echte Rückwirkung)와 현재 진행 중인 사실관계나 법률관계에 미치는 경우인 부진정소급효(unechte Rückwirkung)로 구분됩니다. 양자는 오로지 시간적 기준, 즉 이미 종료된 과거의 사실 또는 법률관계에 관한 것인지에 따라 구분되는데, 그 허용 여부 판단은 신뢰보호원칙에 따릅니다.43

　진정소급효의 경우, 신뢰보호의 원칙이 강하게 작동하여 원칙적으로 금지됩니다.

　반면, 부진정소급효의 경우에는 소급효를 요구하는 공익과 신뢰보호 요청 사이의 이익형량을 통해 신뢰보호의 관점이 입법자의 형성권에 제한을 가하는 정도가 상대적으로 완화됩니다.

　그러나 진정소급입법도 다음 판례에서 보는 바와 같이, 일반적으로 국민이 소급입법을 예상할 수 있었거나 법적 상태가 불확실하고 혼란스러워 보호할 만한 신뢰이익이 적은 경우, 소급입법에 의한 당사자의 손실이 없거나 아주 경미한 경우 그리고 신뢰보호의 요청에 우선하는 심히 중대한 공익상의 사유가 소급입법을 정당화하는 경우 등에는 예외적으로 허용되므로 그 한도 내에서 신뢰보호가 한계에 부딪히게 됩니다.

> 관련판례
>
> "넓은 의미의 소급입법은, 신법이 이미 종료된 사실관계에 작용하는지 아니면 현재 진행중인 사실관계에 작용하는지에 따라 일응 진정소급입법과 부진정소급입법으로 구분되고, 전자는 헌법적으로 허용되지 않는 것이 원칙이며 특단의 사정이 있는 경우에만 예외적으로 허용될 수 있는 반면, 후자는 원칙적으로 허용되지만 소급효를 요구하는 공익상의 사유와 신뢰보호의 요청 사이의 교량과정에서 신뢰보호의 관점이 입법자의 형성권에 제한을 가하게 된다"(헌법재판소 1995. 10.

수는 없다고 판시했습니다.

42　헌법재판소 1995. 3. 23. 선고 93헌바18 결정 등; 헌법재판소 1998. 11. 26. 선고 97헌바58 전원재판부 결정(농어촌특별세법부칙제3조제3항위헌소원).
43　Maurer, Allgemeines Verwaltungsrecht, 17.Aufl., 2009, § 16 Rn.30.

26. 선고 94헌바12결정; 1996. 2. 16. 선고 96헌가2등결정).44

"부진정소급입법은 원칙적으로 허용되지만 소급효를 요구하는 공익상의 사유와 신뢰보호의 요청 사이의 교량과정에서 신뢰보호의 관점이 입법자의 형성권에 제한을 가하게 되는데 반하여, 기존의 법에 의하여 형성되어 이미 굳어진 개인의 법적 지위를 사후입법을 통하여 박탈하는 것 등을 내용으로 하는 진정소급입법은 개인의 신뢰보호와 법적 안정성을 내용으로 하는 법치국가원리에 의하여 특단의 사정이 없는 한 헌법적으로 허용되지 아니하는 것이 원칙이고, 다만 일반적으로 국민이 소급입법을 예상할 수 있었거나 법적 상태가 불확실하고 혼란스러워 보호할 만한 신뢰이익이 적은 경우와 소급입법에 의한 당사자의 손실이 없거나 아주 경미한 경우 그리고 신뢰보호의 요청에 우선하는 심히 중대한 공익상의 사유가 소급입법을 정당화하는 경우 등에는 예외적으로 진정소급입법이 허용된다."45

[1] 행정처분은 그 근거 법령이 개정된 경우에도 경과규정에서 달리 정함이 없는 한 처분 당시 시행되는 개정 법령과 그에 정한 기준에 의하는 것이 원칙이고, 그 개정 법령이 기존의 사실 또는 법률관계를 적용대상으로 하면서 국민의 재산권과 관련하여 종전보다 불리한 법률효과를 규정하고 있는 경우에도 그러한 사실 또는 법률관계가 개정법령이 시행되기 이전에 이미 완성 또는 종결된 것이 아니라면 이를 헌법상 금지되는 소급입법에 의한 재산권 침해라고 할 수는 없으며, 그러한 개정 법령의 적용과 관련하여서는 개정 전 법령의 존속에 대한 국민의 신뢰가 개정 법령의 적용에 관한 공익상의 요구보다 더 보호가치가 있다고 인정되는 경우에 그러한 국민의 신뢰를 보호하기 위하여 그 적용이 제한될 수 있는 여지가 있을 따름이다(대법원 1995. 11. 21. 선고 94누10887 판결, 대법원 2000. 3. 10. 선고 97누13818 판결 등 참조). 그리고 이러한 신뢰보호의 원칙 위배 여부를 판단하기 위해서는 한편으로는 침해받은 이익의 보호가치, 침해의 중한 정도, 신뢰가 손상된 정도, 신뢰침해의 방법 등과 다른 한편으로는 개정 법령을 통해 실현하고자 하는 공익적 목적을 종합적으로 비교·형량하여야 한다(대법원 2006. 11. 16. 선고 2003두12899 전원합의체 판결 참조).
[2] 정책적·잠정적·일시적 조세우대조치라 할 한시적 법인세액 감면제도를 시행하다가 구 조세특례제한법 제2조 제3항을 신설하면서 법인세액 감면 대상이 되지 아니하는 업종으로 변경된 기업에 대하여 아무런 경과규정을 두지 아니하였다고 하여, 구 조세특례제한법 제2조 제3항이 헌법상의 평등의 원칙, 재산권의 보장, 과잉금지의 원칙, 신뢰보호의 원칙 등에 위반된다고 할 수 없다(헌법재판소 1995. 3. 23. 선고 93헌바18, 31결정, 헌법재판소 2006. 12. 28. 선고 2005헌바59결정 등 참조).46

한편 신뢰보호원칙에 의거한 소급입법금지의 법리는 계획변경이나 계획보장 등 계획과 관련한 사례상황에 대해서도 적용될 수 있습니다. 다만, 계획의 경우 성질상

---

44 헌법재판소 1998. 11. 26. 선고 97헌바58 전원재판부 결정.
45 헌법재판소 1999. 7. 22. 선고 97헌바76, 98헌바50·51·52·54·55(병합) 전원재판부 결정(구수산업법 제2조 제7호등 위헌소원, 공유수면매립법 제6조 제2호등 위헌소원). 독일연방헌법재판소의 판례도 이와 대동소이합니다. BVerfGE 97, 67, 78ff.; 101, 239, 262ff. 또한 Maurer, Staatsrecht, § 17 Rn.105ff.에 제시된 문헌들을 참조.
46 대법원 2009. 9. 10. 선고 2008두9324 판결(법인세부과처분취소).

미래지향적인 내용을 가지는 경우가 일반적이기 때문에 진정소급효의 문제는 현실적으로 거의 발생하지 않는 반면, 부진정소급효의 경우에는 가령 계획변경이 기성의 보호가치 있는 신뢰를 해치고 그것이 계획변경을 통해 달성하려는 공익보다 우월한 경우에는 신뢰보호의 문제가 생길 수 있습니다.[47]

③ 위법행위에 대한 신뢰보호 문제

합법성원칙에 의한 신뢰보호의 한계는 특히 위법한 행위에 대한 신뢰의 경우에 문제됩니다.

> "신의칙이나 국세기본법 제18조 제3항 소정의 조세관행존중의 원칙은 합법성의 원칙을 희생하여서라도 납세자의 신뢰를 보호함이 정의에 부합하는 것으로 인정되는 특별한 사정이 있을 경우에 한하여 적용된다고 할 것이다."[48]

나아가 개인이 위법한 행정규칙이나 행정관행을 신뢰한 경우, 신뢰보호를 근거로 그 위법한 행정규칙·관행들의 준수를 요구할 수 있느냐 하는 문제가 제기됩니다 (「불법의 평등」문제: Gleichheit im Unrecht'). 원칙적으로 이를 부정하는 것이 옳겠지요.[49] <u>헌법재판소는 헌법상 평등은 불법의 평등까지 보장하는 것은 아니라고 판시한 바 있습니다.</u>

[불법의 평등?]
> "… 위 청구인은 관세포탈 등 관세법령 위반이 의심되어 관세 범칙사건의 조사를 받은 경우인데, 위 청구인이 "범칙사건 조사를 통지받지 아니한 자 중에서도 수입가격의 과소신고를 한 자도 상당수 있음에도 범칙사건 조사 통지를 받은 자에게만 매입세액의 불공제라는 불이익을 주는 것은 불평등하다."라고 주장하는 것은, 불법의 평등을 요구하는 것에 지나지 아니하다.
> 그렇다면 관세조사 통지를 받지 아니한 업체와 관세조사 통지를 받은 위 청구인은 평등원칙을 논함에 있어 그 비교대상이 될 수 없고, 더 나아가 <u>헌법상 평등은 불법의 평등까지 보장하는 것은 아니므로</u>, 이 사건 법률조항은 평등원칙에 반한다고 볼 수 없다."[50]

---

47 Maurer, Allgemeines Verwaltungsrecht, 17.Aufl., 2009, § 16 Rn.30.
48 대법원 1992. 9. 8. 선고 91누13670 판결.
49 Randelzhofer, JZ 1973, 536ff.; 홍정선, 행정법원론(상), 103.
50 부가가치세법 제35조 제2항 제2호 등 위헌소원 등(헌법재판소 2016. 7. 28. 선고 2014헌바372, 2016헌바29(병합) 결정).

5. 구체적 적용례

(1) 취소 및 철회의 제한

신뢰보호원칙의 구체적 적용례로 가장 대표적인 것은 역시 수익적 처분, 특히 금전·현물을 급부하거나 그 전제조건이 되는 처분(예: 보조금지급결정)의 취소나 철회를 제한하는 경우입니다. 침익적 처분의 취소·철회 역시 일정한 요건 하에서는 신뢰보호의 견지에서 제한될 수 있습니다. 취소기간은 개별법령에 따라 제한될 수 있겠지만, 신뢰보호의 원칙을 적용하는 과정에서 해석상 제한될 수 있을 것입니다.[51]

(2) 조세법상 적용

국세기본법 제18조 제3항은, 국세행정의 관행이 일반적으로 납세자에게 받아들여진 후에는, 그것에 위반하여 과세할 수 없다고 규정하고 있습니다. 이 조항은 같은 법 제15조 신의성실의 원칙과 제19조 세무공무원 재량의 한계에 관한 것과 함께, 징세권력에 대항하는 납세자의 권리를 보장하고 과세관청의 언동을 믿은 일반납세자의 신뢰이익을 보호하는 데 목적이 있다는 것이 대법원의 판례[52]이며, 신뢰보호의 원칙을 실정화한 것이라는 데 의문이 없습니다.

(3) 확약

확약(Zusicherung)이란 행정청이 국민에게 장차 일정한 행정행위를 하겠다거나 하지 않겠다는 약속의 의사표시를 말합니다. 확약의 구속력은 신뢰보호 원칙에 따라 인정되는 효력입니다.

(4) 계획보장

행정청이 사후에 계획을 변경 또는 폐지할 경우, 계획 존속에 대한 사인의 신뢰를 보호해 줄 것인가, 즉 계획보장청구권(Plangewährleistungsanspruch) 문제가 제기됩니다.[53]

---

51 1987년의 행정절차법안 제31조 제2항 본문은 "위법한 수익처분이 있음을 안 날로부터 1년, 처분이 있은 날로부터 2년을 경과하면 이를 취소할 수 없다."고 규정하고 있었습니다.
52 대법원 1980. 6. 10. 선고 80누6 판결.
53 이에 관해서는 이 책의 행정계획 부분을 참조.

(5) 실권

실권의 법리란 행정기관이 위법상태를 장기간 묵인 또는 방치하다가 나중에 위법성을 주장하여 그 법상태의 존속을 신뢰한 개인에 피해를 줄 경우 행정기관의 위법성 주장을 배제시키는 법리입니다(취소권의 소멸). 실권(Verwirkung)의 법리 역시 신뢰보호원칙의 적용례입니다.

관련판례

"실권 또는 실효의 법리는 법의 일반원리인 신의성실의 원칙에 바탕을 둔 파행원칙인 것이므로 공법관계 가운데 관리관계는 물론이고 권력관계에도 적용되어야 함을 배제할 수는 없다 하겠으나, 그것은 본래 권리행사의 기회가 있음에도 불구하고 권리자가 장기간에 걸쳐 그의 권리를 행사하지 아니하였기 때문에 의무자인 상대방은 이미 그의 권리를 행사하지 아니할 것으로 믿을 만한 정당한 사유가 있게 되거나 행사하지 아니할 것으로 추인케 할 경우에 새삼스럽게 그 권리를 행사하는 것이 신의성실의 원칙에 반하는 결과가 될 때 그 권리행사를 허용하지 않는 것을 의미하는 것."[54]

(6) 공법상 계약

공법상 계약이 체결된 후 법령이 개폐되어 그 효력을 더 이상 유지시키기 곤란한 경우에도, 귀책사유 없는 사인은 신뢰보호의 원칙에 따라 보호를 받아야 합니다. 이 경우에는 존속보호가 아니라 보상보호가 부여되어야 할 것입니다.

6. 위반의 효과

신뢰보호의 원칙의 위반은 당연히 위법사유를 구성합니다. 처분이 신뢰보호의 원칙을 위반한 경우 원칙적으로 취소사유가 되겠지만, 경우에 따라 무효사유가 될 수도 있습니다.

V. 그 밖의 행정법의 일반원칙

그 밖에 신의성실(Treu und Glauben)의 원칙, 부당결부금지(Koppelungsverbot)의 원칙,

---

54 대법원 1988. 4. 27. 선고 87누915 판결.

수인기대가능성(Zumutbarkeit)의 원칙 등도 행정법의 일반원칙 반열에 오를 만합니다.

1. 부당결부금지의 원칙

부당결부금지의 원칙이란 행정주체가 행정작용을 함에 있어 상대방에게 그와 실질적인 관련이 없는 의무를 부과하거나 그 이행을 강제해서는 안 된다는 원칙입니다. 일반적으로 행정작용에 어떤 반대급부를 결부시키기 위해서는 원인과 목적 양면에서 관련성이 있어야 합니다.[55] 이에 반하여 행정행위의 발급 여부를 관계법의 목적을 넘는 상대방의 반대급부에 결부시켜서는 안 됩니다. 가령 개인이 허가등을 신청한 경우 그 공법적 목적을 넘는 경제적 반대급부를 조건으로 허가를 내주어서는 안 된다는 것입니다.[56] 또 공법상 계약에서도 행정주체의 급부에 실질적 관련이 없는 반대급부를 결부시키는 것은 부당결부로 허용될 수 없습니다.

「행정기본법」은 "행정청은 행정작용을 할 때 상대방에게 해당 행정작용과 실질적인 관련이 없는 의무를 부과해서는 아니 된다."(§ 13)고 규정하여 부당결부금지 원칙을 명문화하였습니다. 이 역시 학설과 판례에서 통용되어 온 법리입니다. 부당결부금지의 원칙은 처분뿐만 아니라 모든 "행정작용"에 대해 적용됨을 명시하였다는 데 의미가 있습니다.

1.1. 법적 효력

법치국가원칙과 자의금지에서 유출되는 원칙으로서 헌법적 지위를 가집니다.[57]

1.2. 적용례

우리나라의 경우 행정의 실효성 확보를 위해 새로운 제재수단을 강구한다는 취지에서 도입된 공급거부 같은 조치의 허용 여부를 둘러싸고 부당결부금지원칙이 논

---

55 원인적 관련성과 목적적 관련성을 부당결부금지 원칙의 요건으로 설명하는 정하중, 행정법 개론, 법문사, 제4판, 2010, 55; 류지태·박종수, 행정법신론, 2021, 174 등을 참조.

56 Erichsen/Martens, Allgemeines Verwaltungsrecht, § 10, 19.

57 예컨대 정하중, 앞의 책, 55를 참조.

의되기 시작했습니다. 가령 건축법상 의무 이행 확보를 위해 수도나 전기의 공급을 중단하는 것이 이 부당결부금지원칙에 반하여 위법(위헌)인가 하는 문제가 대두되었습니다. 이 문제는 이후 관계법률(구 건축법 제69조 제2항, 구 수질환경보전법 제21조 제2항 등) 개정으로 공급거부 조항이 삭제되어 해소되었습니다. 그러나 국세징수법 제7조 소정 '관허사업의 제한'처럼 여전히 부당결부금지원칙 위배 여부가 의문시되는 조치들이 남아 있습니다.

「주택법」 제17조 제1항처럼 '사업계획승인권자는 사업계획을 승인할 때 사업주체가 제출하는 사업계획에 해당 주택건설사업 또는 대지조성사업과 직접적으로 관련이 없거나 과도한 기반시설의 기부채납(寄附採納)을 요구하여서는 아니 된다'고 규정하여 부당결부금지의 원칙에 입각하여 기반시설의 기부채납을 제한하는 경우도 있습니다.

부당결부금지 원칙은 다음 판례에서 보듯 부관, 공법상 계약 등과 관련 활용가치가 큽니다.

관련판례

[1] 수익적 행정행위에 있어서는 법령에 특별한 근거규정이 없다고 하더라도 그 부관으로서 부담을 붙일 수 있으나, 그러한 부담은 비례의 원칙, 부당결부금지의 원칙에 위반되지 않아야만 적법하다.

[2] 지방자치단체장이 사업자에게 주택사업계획승인을 하면서 그 주택사업과는 아무런 관련이 없는 토지를 기부채납하도록 하는 부관을 주택사업계획승인에 붙인 경우, 그 부관은 부당결부금지의 원칙에 위반되어 위법하지만, 지방자치단체장이 승인한 사업자의 주택사업계획은 상당히 큰 규모의 사업임에 반하여, 사업자가 기부채납한 토지 가액은 그 100분의 1 상당의 금액에 불과한데다가, 사업자가 그동안 그 부관에 대하여 아무런 이의를 제기하지 아니하다가 지방자치단체장이 업무착오로 기부채납한 토지에 대하여 보상협조요청서를 보내자 그 때서야 비로소 부관의 하자를 들고 나온 사정에 비추어 볼 때 부관의 하자가 중대하고 명백하여 당연무효라고는 볼 수 없다.58

[1] 부당결부금지의 원칙이란 행정주체가 행정작용을 함에 있어서 상대방에게 이와 실질적인 관련이 없는 의무를 부과하거나 그 이행을 강제하여서는 아니 된다는 원칙을 말한다.

[2] 고속국도 관리청이 고속도로 부지와 접도구역에 송유관 매설을 허가하면서 상대방과 체결한 협약에 따라 송유관 시설을 이전하게 될 경우 그 비용을 상대방에게 부담하도록 하였고, 그 후 도로법 시행규칙이 개정되어 접도구역에는 관리청의 허가 없이도 송유관을 매설할 수 있게 된 사안에서, 위 협약이 효력을 상실하지 않을 뿐만 아니라 위 협약에 포함된 부관이 부당결부금지의 원칙에도 반하지 않는다.59

---

58 대법원 1997. 3. 11. 선고 96다49650 판결(소유권이전등기말소).
59 대법원 2009. 2. 12. 선고 2005다65500 판결.

시민이 국가 상대로 권리를 가진다? - 공권론

과거 왕조시대에는 신민(臣民)이 왕을 상대로 권리를 가지거나 행사한다는 것은 꿈에서조차 상상할 수 없었습니다. 오늘날에는 시민이 국가를 상대로 권리를 가질 수 있고 또 그것을 행사할 수 있다는 것이 별반 새삼스럽지 않은 일입니다. 그러나 조금 더 자세히 들여다보면 이런 이야기가 현실이 된 것이 그리 오래된 일이 아니며 또 현재도 그것이 완전히 실현된 것은 아니라는 사실이 드러납니다. 왜 그런지 이제 부터 차근차근 따져 보기로 하지요.

행정법관계도 법률관계, 즉 권리의무관계이므로 공권과 공의무를 기본요소로 합 니다. 공권은 주체에 따라 국가적 공권과 개인적 공권으로 나뉘는데, 여기서는 개인 적 공권만 보겠습니다.

I. 공권의 개념과 반사적 이익

공권(subjektive öffentliche Rechte)[1]이란 일반법이론의 소산인 권리 개념을 전제로

---

1 주관적 공권과 개인적 공권의 개념은 문헌에 따라 전자를 주로 개인적 공권의 의미로 사용하는 언어관용이 없지 않고 또 이론적으로도 「개인의 주관적 공권」이 주로 문제되는 것이어서 자칫 혼동되기 쉽지만, 이를 엄밀히 구별할 필요가 있습니다. 독일어의 'subjektives öffentliches Recht'의 번역인 주관적 공권은 객관적 법(objektives Recht) 내지 법질서(Rechtsordnung)에 대응하는 개념인데 비해, 개인적 공권은 이 주관적 공권을 그 권리주체에 따라 국가와 개인 으로 나눌 때 성립되는 개념입니다. 따라서 주관적 공권의 개념이 상위개념이라 할 수 있습

합니다. 권리가 의사력(Willensmacht)과 이익(Interesse)이란 양면적 계기를 통해 성립하는 「법적 힘」(Rechtsmacht)이라면, 공권은 「자기의 이익을 위해 국가 등 행정주체에게 작위·부작위·수인·급부 등을 요구할 수 있도록 개인에게 주어진 법적 힘」을 말합니다. 공권은 개인뿐 아니라 국가, 그 밖의 단체의 공권으로 나타날 수도 있어 반드시 개인적 공권만을 의미하지는 않습니다. 공권의 개념은 반사적 이익 또는 사실상 이익과의 구별을 통해 더 명확하게 밝혀집니다.

사례 A: 공중목욕탕사건

   을이 최근 영업허가를 받아 운영하고 있는 공중목욕탕으로 인해 영업상 손실을 보던 기존업자 갑은 을에 대한 신규영업허가가 공중목욕장업법 시행세칙 제4조에 기한 도지사의 거리제한 지시에 위반했다는 이유로 그 영업허가의 취소청구소송을 제기했습니다. 대법원은 '원고에게 대한 공중목욕장업경영허가는 경찰금지의 해제로 인한 영업자유의 회복이라고 볼 것이므로 이 영업의 자유는 법률이 직접 공중목욕장업 피허가자의 이익을 보호함을 목적으로 한 경우에 해당하는 것이 아니고, 법률이 공중위생이라는 공공의 복리를 보호하는 결과로서 영업의 자유가 제한됨으로 인하여 간접적으로 관계자인 영업자유의 제한이 해제된 피허가자에게 이익을 부여하게 되는 경우에 해당하는 것이고, 거리의 제한과 같은 위의 시행세칙이나 도지사의 지시가 모두 무효인 이상 원고가 이 사건 허가처분에 의하여 목욕장업에 의한 이익이 사실상 감소된다 하여도 이 불이익은 본건 허가처분의 단순한 사실상의 반사적 결과에 불과하고 이로 말미암아 원고의 권리를 침해하는 것이라고는 할 수 없으므로 원고는 피고의 피고보조참가인에 대한 이 사건 목욕장업허가처분에 대하여 그 취소를 소구할 수 있는 법률상 이익이 없다'고 판시했습니다.[2]

이 사건에서 문제된 법적 관계의 구조는 다음과 같습니다. 대법원의 판단 대상은 새로 목욕장을 개설한 을에 대한 신규허가가 구 공중목욕장업법 시행세칙 제4조의 「분포의 적정」에 관한 규정을 근거로 발급된 도지사의 「공중목욕장 상호간의 거리제한에 관한 지시」에 위반하여 기존업자인 원고 갑의 권리를 침해한 것이므로 이를 취소해 달라는 원고의 청구였습니다.

   니다. 「주관적」 공권의 개념은 「Recht」란 주관적으로는 권리, 객관적으로는 법을 의미한다는 독일어 특유의 언어논리에 바탕을 둔 것이므로 우리의 경우 단순히 「공권」의 개념을 대응시키는 것도 가능합니다.
2   대법원 1963. 8. 13. 선고 63누101 판결.

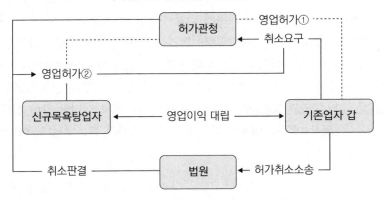

〈사례 A에 있어 법적 관계의 구조〉

이 사건 대법원 판결의 취지는 다음과 같이 요약됩니다.3

첫째, 원고 갑이 자신에 대한 기존의 허가(①)로 인하여 받는 이익은 법률이 직접 피허가자의 이익을 보호하기 때문이 아니라, 법률이 공중위생이라는 공공의 복리를 보호하려는 목적에서 영업의 자유를 제한한 결과 그로 인해 간접적으로 관계자인 영업자유의 제한이 해제된 피허가자에게 이익을 부여한 데 따른 것이다.

둘째, 제3자인 을에 대한 허가로 갑의 목욕장업에 의한 이익이 사실상 감소된다 하여도 이 불이익은 허가처분의 단순한 반사적 결과에 불과하고 따라서 그로 말미암아 갑의 권리가 침해되는 것은 아니다.

대법원은, 명확하지는 않지만 그 논리전개로 보아, 갑이 허가로 인해 받는 이익, 즉, 영업자유의 공공복리에 의한 제한의 해제로 받는 간접적 이익과 갑이 을에 대한 신규허가에 의해 침해되었다고 주장하는 이익을 구별한 것으로 판단됩니다. 앞서 허가를 받은 갑이, 설사 거리제한규정이 적법하다고 할지라도, 이에 위반한 신규허가가 발급되지 않는데 대해 가지는 이익은, 자기에 대한 허가로 인해 받는 이익에 포함되지 않습니다. 갑이 자기에 대한 허가로 받는 이익은 분명히 일반적 금지의 해제에 관한 이익이지 (거리제한에 의한) 제3자에 대한 배타적 이익이라고는 볼 수 없기 때문입니다. 그러나 우선, 기존허가를 통해 영업자유의 제한이 해제됨으로써 갑이 받

---

3 이 사건 판결에서 대법원은 모법에 규정되지 아니한 「분포의 적정」을 사유로 헌법상 영업의 자유를 제한하는 시행세칙은 위헌이므로, '거리의 제한과 같은 위의 시행세칙이나 도지사의 지시가 모두 무효인 이상'이라고 하여 을에 대한 허가처분이 거리제한을 어겼다고 해도 위법은 아니라는 입장을 보였습니다.

는 이익을 간접적 이익이라고 하는 것 자체가, 일반적 금지의 해제로 인한 영업의 자유의 회복이라는 허가의 법적 성질에 반합니다. 회복된 영업의 자유는 바로 기본권으로서의 그것이기 때문입니다. 그러나 여기서 중요한 것은 <u>제3자인 을에 대한 신규허가로 침해되는 것이, 갑의 회복된 영업의 자유가 아니라</u>(갑의 영업의 자유가 을에 대한 신규허가에 의해 침해될 수는 없는 것입니다), 어디까지나 <u>신규 영업과 경쟁관계에서 갑이 입은 영업상 이익이라고 보았다는 점</u>입니다. 대법원은 바로 이러한 갑이 침해당했다고 주장하는 영업상 이익을 법률상 이익이 아니라 반사적 또는 사실상 이익에 불과하다고 본 것입니다.

> 그 밖에도 대법원은 국내 산업의 보호 육성도 그 목적의 하나로 삼는 무역거래법상 수입제한이나 금지조치로 국내 산업체가 받는 이익,4 양곡가공업허가를 받는 이익 등을 반사적 이익으로 보았습니다.5

그러나 대법원은, 또 다른 사건에서는, 제3자에 대한 허가처분의 위법성이 다투어진 점에서 유사한 사례구조였음에도, 사실상 이익과 권리 사이의 구분선을 변경시켰습니다.

> **사례 B: 연탄공장사건**
>
> 주거지역에서 갑이 설치허가를 받아 운영하던 연탄공장으로부터 날아드는 분진, 소음 등으로 피해를 본 인근 지역주민들은 같은 지역주민인 을을 대표로 선임하여 그 연탄공장 설치허가 취소청구소송을 제기했습니다. 이에 대해 법원은 '원고가 주거지역에서 건축법상 건축물에 대한 제한규정이 있음으로 말미암아 현실적으로 어떤 이익을 받고 있다 하더라도, 이는 그 지역 거주의 개개인에게 보호되는 개인적 이익이 아니고, 다만 공공복리를 위한 건축법상의 제약의 결과로서 생기는 반사적 이익에 불과한 것'이라며 원고의 소를 각하했습니다. 그러나 대법원은 '주거지역내에서의 일정한 건축을 금지하고 또한 제한하고 있는 것은 … 공공복리의 증진을 도모하는 데 그 목적이 있는 동시에 주거지역 내에 거주하는 사람의 주거의 안녕과 생활환경을 보호하고자 하는 데도 그 목적이 있다고 해석된다. 따라서 주거지역 내에 거주하는 사람이 받는 이익은 단순한 반사적 이익이나 사실상의 이익이 아니라, 법률에 의하여 보호되는 이익'이라고 판시하여 원고의 주장을 인용했습니다.6

---

4 대법원 1971. 6. 29. 선고 69누91 판결.
5 대법원 1981. 1. 27. 선고 79누433 판결.
6 대법원 1975. 5. 13. 선고 73누96, 97 판결. 또한 주거지역에서의 위법한 자동차 LPG충전소 설치허가에 대한 인근주민의 취소소송을 인용한 대법원 1982. 7. 12. 선고 83누59 판결을 참조.

이 사건을 통해 우리는 첫째, 종래 같았으면 단순한 반사적 이익이나 사실상 이익으로 간주되었을, 제3자인 이웃 주민이 관계법에 따른 건축금지에 관해 갖는 이익이 「법률에 의해 보호되는 이익」으로 인정되었고, 둘째, 그것은 관계법규정(건축법)의 목적에 대한 해석을 통해 인정되었다는 점을 간파할 수 있습니다. 이러한 사실은 후술하는 바와 같이 우리나라에서도 관측되는 행정소송 원고적격의 확대 현상을 이해하는 데 중요한 의미를 지닙니다. 이해를 돕기 위해 사례 B의 구조를 도해하면 다음과 같습니다.

<사례 B에 있어 법적 관계의 구조>

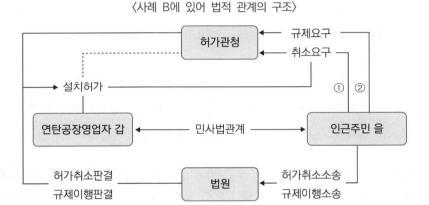

이 사건에서 대법원은 당초 연탄공장의 설치허가에 대한 관계에서는 제3자였던 이웃주민 을의 허가취소소송을 인용했습니다. 허가가 취소되어 적어도 갑은 적법하게는 조업을 할 수 없다는 결과입니다. 이런 결과는 오직 갑이 발급받은 허가 자체가 위법한 것이었을 때에만 달성될 수 있습니다. 그러나 가령, 그 허가 자체가 위법한 것이 아니라 다만 갑의 기존건축물이 건축법상 의무를 위반하였기 때문에 관계행정청이 건축법(현행 건축법) 제79조에 의한 기존건축물에 대한 시정명령을 취할 수 있게 된 경우를 가정한다면, 허가처분취소소송은 문제될 여지가 없고 대신 을에게 행정청을 상대로 건축법 제79조에 의한 시정명령을 요구할 권리가 인정되느냐가 문제될 뿐입니다. 건축법 제79조 제1항은 다만 "허가권자는 대지나 건축물이 이 법 또는 이 법에 따른 명령이나 처분에 위반되면 이 법에 따른 허가 또는 승인을 취소하거나 그 건축물의 건축주·공사시공자·현장관리인·소유자·관리자 또는 점유자(이하 "건축

주등"이라 한다)에게 공사의 중지를 명하거나 상당한 기간을 정하여 그 건축물의 철거·개축·증축·수선·용도변경·사용금지·사용제한, 그 밖에 필요한 조치를 명할 수 있다."고만 규정합니다. 즉, 제79조 제1항은 건축행정청에게 재량을 부여한 규정입니다. 을은 이러한 시정명령청구소송을 제기할 수 있는가? 이 물음에 대한 답은 먼저 실체법상 이와 같은 을의 청구권을 인정할 수 있는지 여부에 따라 주어지며 이것이 긍정되면 그와 관련하여 행정소송법상 이러한 유형의 소송이 허용되는지 물음이 제기됩니다. 먼저 공권의 성립요건을 알아보겠습니다.

II. 공권의 성립요건: 보호규범설(Schutznormtheorie)?

공권의 성립요건으로는 일반적으로 다음 두 가지가 거론됩니다.

첫째, 공법상 법규가 국가 또는 그 밖의 행정주체, 즉 구체적으로는 행정청에게 일정한 의무를 부과하는 강행법규일 것
둘째, 이 강행법규는 공익뿐만 아니라 적어도 사익을 아울러 보호하는 것일 것

법적 힘(법력: Rechtsmacht),7 즉 소구가능성(gerichtliche Durchsetzbarkeit)이 소송법적 문제로서 제외된 점을 제외하면, 기본적으로 뷜러(O. Bühler)에 의해 최초로 정식화된 주관적 공권의 이론8이 여전히 답습되고 있는 셈입니다. 이에 따라 공권의 성립 여부는 다음의 두 가지 요건을 검토함으로써 결정됩니다.

① 행정청에게 일정한 법적 의무를 부과하는 법규범이 존재하는가: 강행규범성
② 그 법규범은 적어도 사익도 아울러 보호하려는 목적을 지니는가: 사익보호규범성

---

7 이것은 물론 권리의 개념에 관한 권리법력설에 있어 "법적 힘"을 말하는 것은 아닙니다. 이에 관해서는 H. Bauer, Geschichtliche Grundlage der Lehre vom subjektiven öffentlichen Recht, 1986, S.138 Fn.63을 참조.

8 Ottmar Bühler, Die subjektiven öffentlichen Rechte und ihr Schutz in der deutschen Verwaltungsrechtsprechung, 1914. 뷜러는 이후 자신의 이론을 재확인했습니다. O. Bühler, Altes und neues über Begriff und Bedeutung der subjektiven öffentlichen Rechte, in: GS W.Jellinek, 1955, S.269ff.(274, 285f.).

후자, 즉 이익보호의 방향은 일단 관계법규의 해석에 따라 주어집니다. 공권의 성립 여부를 관계법규의 보호목적(Schutzzweck)에 따라 결정하는 독일행정법의 지배적 입장은 보호규범이론(Schutznormtheorie)이라고 불립니다.

물론 공권은 단순법률뿐만 아니라 헌법, 행정행위, 공법상 계약, 심지어는 관습법에 의해서도 성립될 수 있습니다. 다만 헌법에 의해 공권이 성립하는 경우 기본권의 공권성을 인정하는 것이 헌법학계의 통설임에도 불구하고, 사회적 기본권이나 헌법상 알 권리에 입각한 정보공개청구권의 구체적 권리성에 관한 논쟁에서 보듯이 학설상 논란이 있음을 유의해야 합니다.[9]

공권과 「법적으로 보호되는 이익」(법적 보호이익)

공권의 성립요건과 관련지워 볼 때 종래의 공권은 「법적으로 보호되는 이익」으로 변했다고 할 수 있습니다. 왜냐하면 공권의 성립은 각각의 법규가 시민 개개인의 이익 보호에 봉사하느냐에 따라 결정되며 따라서 양자를 달리 볼 근거가 없기 때문입니다. 그러나 바우어(Bauer)[10]에 따르면, 독일에서의 종래의 통설이 이러한 주관적 공권의 의미 변화를 명시적으로 승인하고 있지는 않았고, 심지어 오랫동안 '주관적 공권의 법적 보호이익에로의 수렴'에 반대되는 입장을 취하기도 했다고 합니다. 바우어는, 그럼에도 불구하고 법실제적 관점에서 볼 때 양자의 수렴은 오래전부터 이미 현실이 되었다고 지적합니다. 법적용의 실제에서 주관적 공권에 관한 논의는 주로 행정법원법이 규정하는 "권리"(Rechte)의 해석과 연결되어 있는데, 이 경우 통설은 행정법원법 제42조 제2항, 제113조 제1, 5항에서의 "권리"란 주관적 공권과 법적으로 보호되는 이익이라고 설명함으로써 양자를 동일시하지 않는 듯한 입장을 견지하고 있지만, 주관적 공권이 법적용 실무상 문제되는 경우 양자의 구별은 더 이상 무의미하게 되었고 오히려 문제의 초점은 이른바 "보호규범이론" (Schutznormtheorie)으로 옮아가게 되었다는 것입니다. 독일의 동향은 우리나라에서 양자의 구별에 관한 논의가 무익하다는 점을 보여주는 예로 참고할 만합니다.

핵심은 '법률상 이익'의 개념을 통해 종래 공권에 속하지 않는 것으로 인정되어 왔던 보호이익들이 법적 보호이익이란 개념을 매개로 광의의 공권에 포함됨으로써 권리보호의 범위가 확장되고 또 확장되어야 할 수요가 계속 발생할 것이라는 데 있습니다. 전술한 원고적격에 관한 대법원판례의 변천은, 보호범위의 확대라는 내용적

---

9 가령 헌법재판소의 1989년 9월 4일 결정(88헌마22)과 대법원의 1989년 10월 24일 판결(88누9312)은 학계에 적지 않은 논란을 일으켰습니다(가령 김도창, 고시계 1991/8 대담; 김남진, 행정절차상의 문서열람권, 고시계 1991/8, 85 이하; 월간고시 1991/8, 89; 기록등사신청에 대한 헌법소원, 『판례월보』 제255호(1991.12), 36; 행정법 I, 477-478 등, 그리고 그 이후에 나온 헌법재판소 1991년 5월 13일결정(90헌마133) 『판례월보』 제252호, 60 이하를 참조).

10 H. Bauer, Geschichtliche Grundlagen der Lehre von subjektiven öffentlichen Recht, 1986, S.138.

측면에 관한 한, 긍정적 평가를 받을 만합니다. 보호규범이론에 따르면, 공권의 문제는 관계법규정의 해석문제(Auslegungsproblem)로 귀착됩니다.[11] 이것은 위 공중목욕탕 사건에서 연탄공장사건에 이르는 판례변천이 결국 관계법규정의 해석을 통해 이루어졌다는 점에서 우리의 경우에도 그대로 타당합니다.

---

11 Bauer, Geschichtliche Grundlagen, 1986, S.140.

제7강
행정에 대한 사인의 법적 지위

I. 행정에 대한 사인의 지위 강화

행정에 대한 의존성이 커질수록 행정에 대한 사인의 지위 또한 더욱 강화될 수밖에 없습니다. 오늘날 국민의 행정 참여 확대와 개인의 법주체화 및 법적 지위 강화는 거스를 수 없는 대세입니다. 현대 행정법의 역사는 행정과정에서 국민·주민 참여 확대의 역사라 해도 과언이 아닙니다. 행정절차법, 정보공개법, 주민투표법, 주민소송법 등 비교적 최근까지 진행된 입법적 변화가 그러한 발전방향, 그리고 향후에도 지속적으로 강화되어 나갈 추세를 뚜렷이 보여줍니다. 무엇보다도 사인이 행정에 대해 법적 영향력을 행사할 수 있는 가능성을 확보하고 행정절차, 정보공개, 주민투표, 주민소송 등과 같은 법제도적 수단들을 통해 행정과정에 참가하고 영향력을 행사할 수 있게 되기 때문입니다. 한편, 이를 위한 '입법의 행진'보다 더 이른 시기에 전통적인 행정법 영역에서 진행된 법리적 발전 또한 사인의 법적 지위 강화 및 참여 확대라는 거대한 흐름도 주목해야 합니다. 특히 공법관계에서 사인의 법적 주체성을 확립시켜 준 공권 법리의 발전, 특히 공권 개념의 성립과 확대, 개인의 지위를 행정 실체법적 차원에서 강화시키는 데 기여한 무하자재량행사청구권과 행정개입청구권 등 강화된 공권의 등장, 그리고 사인의 공법행위 등이 그 흐름을 이끌어 왔습니다. 행정과정에의 주민참가나 행정절차, 정보공개 문제는 각각 관계되는 곳에서 다루고 여기서는 공권의 확대, 사인의 공법행위를 살펴보겠습니다.

II. 공권의 확대와 강화

공권이라는 개념이 성립하여 수용되었다는 사실 자체가 사인의 법적 주체성이 확립되고 강화되기 시작했음을 의미하지만, 공권은 특히 행정소송법에 반영되어 원고적격의 법리를 통해 확대되기 시작했습니다. 공권 또는 법률에 의해 보호되는 이익의 범위, 특히 원고적격의 확대경향은 우리나라에서도 마찬가지로 관철되어 왔습니다. 고 김도창 교수가 적절히 지적했듯이, 경업자에 의한 신규 인허가처분 취소청구, 또는 주거지역에서의 연탄공장이나 자동차 LPG충전소의 건축으로 거주상의 불이익(소음·진동·공기오염·폭발화재 위험·주택가격 하락 등)을 받는 인근주민에 의한 동 건축허가의 취소청구를 인용한 판례를 비롯하여, 반사적 이익의 보호이익화의 추세가 뚜렷이 나타났습니다.[1]

행정심판법(§ 9)과 행정소송법(§§ 12, 35, 36)은 청구인적격 또는 원고적격이 인정되는 범위를 '법률상 이익이 있는 자'로 규정하여 소송법 차원에서 공권의 확대를 제도화했습니다.[2]

III. 행정법관계에 있어 사인의 지위 강화 – 무하자재량행사청구권·행정개입청구권

1. 무하자재량행사청구권

(1) 의의

법을 적용·집행하는 행정청에 재량이 부여되어 있는 때에도 행정청은 하자 없는 재량행사에 대한 법적 의무를 집니다. 행정청은 재량을 행사할 때 재량권의 한계를 넘거나 법이 재량권을 부여한 목적에 위배되는 행위(남용)를 해서는 안 됩니다. 이러한 재량한계론은 오늘날 더 이상 의문시되지 않는 행정법의 원칙으로 확립되어 있

---

1 김도창, 상, 240 – 241.
2 김도창, 같은 곳.

고, 행정소송법 제27조가 "행정청의 재량에 속하는 처분이라도 재량권의 한계를 넘거나 그 남용이 있는 때에는 법원은 이를 취소할 수 있다."고 규정한 것도 이를 입법적으로 확인한 결과입니다. 만일 어떤 법규정이 행정청에게 재량권을 부여하고 있을 경우, 행정청은 재량의 범위 내에서 선택의 자유를 갖지만 동시에 하자 없는 재량행사의 법적 의무를 집니다. 그렇다면 이 경우, 그 객관적 법적 의무에 행정청의 하자 없는 재량행사를 요구할 개인의 권리가 대응하지 않는가 하는 의문이 제기되지요. 앞서 살펴 본 공권의 성립요건과 관련지어 볼 때, 관건은 재량을 수권하는 그 규정이 개인의 이익도 아울러 보호하려는 것인가에 있습니다. 이 점이 긍정된다면 개인은 행정청에 하자 없는 재량행사를 요구할 권리를 가진다고 말할 수 있습니다. 이것이 무하자재량행사청구권(Anspruch auf fehlerfreie Ermessensausübung)의 법리입니다.

> 주관적 공권으로서 무하자재량행사청구권은 독일행정법의 산물로서 이미 뷜러(Bühler)에 의해 인정되었습니다.3 또한 발터 옐리네크(W. Jellinek)도 자의의 금지, 주의 깊은 심사의 의무, 법적 오류가 있는 고려에 영향을 받아서는 안 된다는 요구 등은 어떤 종류의 자유재량행위에 대해서도 우선하며 이 한도 내에서는 주관적 공권이 효력을 미친다고 지적합니다.4 즉 이들의 기본적인 생각은 재량의 자유는 자의를 의미하지 않으며, 따라서 재량의 하자는 허용되지 않는다는 점이었습니다. 그러나 전후 독일 행정법 발전을 통해 이 청구권이 각광을 받은 것은 그것이 재량권수축(Ermessensschrumpfung) 이론과 결부되었기 때문입니다. 행정청이 재량의 자유를 갖는 것과 대응하여 이해관계를 지닌 개인은 적어도 형식적 권리로서 하자 없는 재량결정을 요구할 권리를 가진다는 것이 인정되었고, 이 때 행정청의 재량은 그에게 재량권을 부여하는 법규 외에도 다른 다수의 법규에 의해 제한될 수 있으며, 사정에 따라 어떤 신청을 거부하는 것이 개념상 필연적으로 재량의 하자를 구성할 경우에는 결과적으로 구체적 내용을 갖는 실체적 권리가 성립할 수 있다는 점에서 다시 한번 제한을 받는다는 것이 인정된 것입니다.5

(2) 인정 여부

무하자재량행사청구권은 극소수의 반론6을 제외하고는 국내 학설에서도 일반적 승인을 얻고 있습니다. 대법원도 이를 인정하는 듯한 태도를 드러낸 바 있습니다.

---

3 Ottmar Bühler, Die subjektiven öffentlichen Rechte und ihr Schutz in der deutschen Verwaltungsrechtsprechung, 1914, S.162.
4 W. Jellinek, Verwaltungsrecht, 3.Aufl., 1948, S.211; AöR Bd.32, S.580ff.(593f.)
5 O. Bachof, Die verwaltungsgerichtliche Klage auf Vornahme einer Amtshandlung, S.93.
6 예컨대 이상규, 상, 180.

"검사의 임용에 있어서 임용권자가 임용여부에 관하여 어떠한 내용의 응답을 할 것인지는 임용권자의 자유재량에 속하므로 일단 임용거부라는 응답을 한 이상 설사 그 응답내용이 부당하다고 하여도 사법심사의 대상으로 삼을 수 없는 것이 원칙이나, 적어도 재량권의 한계일탈이나 남용이 없는 위법하지 않은 응답을 할 의무가 임용권자에게 있고 이에 대응하여 임용신청자로서도 재량권의 한계일탈이나 남용이 없는 적법한 응답을 요구할 권리가 있다고 할 것이며, 이러한 응답신청권에 기하여 재량권남용의 위법한 거부처분에 대하여는 항고소송으로서 그 취소를 구할 수 있다고 보아야 하므로 임용신청자가 임용거부처분이 재량권을 남용한 위법한 처분이라고 주장하면서 그 취소를 구하는 경우에는 법원은 재량권남용여부를 심리하여 본안에 관한 판단으로서 청구의 인용여부를 가려야 한다."[7]

(3) 특성과 내용

무하자재량행사청구권에 관해서는 다음 세 가지 점을 분명히 해 둘 필요가 있습니다:

① 일반적인 무하자재량행사청구권은 존재하지 않으며 또한 일괄적인(schematische) 재량권수축 역시 인정되지 않습니다.[8] 문제는 오로지 특정한 관계법규정의 해석과 사실판단에 의해 해결될 수 있을 뿐입니다.

② 무하자재량행사청구권은 특정내용의 재량행사를 요구하는 것이 아니라 단지 '하자없는' 재량행사를 요구할 수 있는 권리라는 점에서 '형식적 권리'(formeller Anspruch) 라고 할 수는 있지만, 이를 절차법적 의미에서 '형식적'이라고 하는 것은 옳지 않습니다. 그것은 절차가 아니라 결정의 내용을 대상으로 하는 것이기 때문입니다.[9]

③ 무하자재량행사청구권은 재량권수축의 경우, 다시 말해 사안의 성질상 일정한 결정 이외에는 어떤 다른 결정도 하자 없다고 볼 수 없는 경우에는 특정한 내용의 처분을 요구할 청구권이 될 수 있습니다. 바로 여기에 무하자재량행사청구권의 법리가 행정개입청구권 성립의 기초를 제공하게 되는 연결점이 있습니다. 이를 확인시켜 준 것이 1960년 독일연방행정법원의 '띠톱판결'(Bandsäge–Urteil, BVerwGE 11, 95)입니다.

(4) 쟁송수단

현행법상 무하자재량행사청구권을 관철하기 위한 행정쟁송수단으로는 취소소송,

---

7 대법원 1991. 2. 12. 선고 90누5825 판결.
8 Maurer, § 8 Rn.15. S.151.
9 Pietzcker, J., Der Anspruch auf ermessensfehlerfreie Entscheidung, JuS 1982, S.108.

의무이행심판, 부작위위법확인소송을 들 수 있습니다.

① 취소소송

무하자재량행사청구권을 행사했으나 행정청이 이를 거부한 경우 그 상대방이 이 거부처분에 대한 취소소송을 제기할 수 있음은 당연합니다. 취소소송을 인용하는 취소판결이 확정되면 피고 행정청은, 원칙적으로 원심판결의 취지에 따라 위법사유가 된 재량하자를 시정하여 다시 처분을 해야 합니다(행정소송법 § 30 ②, ③). 이 경우 행정청은 여전히 재량권을 지니고 있으므로, 그 위법사유가 된 재량하자를 반복하지 않는 한, 재차 동일한 내용의 처분을 할 수도 있습니다. 반면 재량권이 영으로 수축하는 경우, 다시 말해서 상대방이 신청하였던 특정한 처분 이외의 어떠한 처분도 적법한 재량행사라고 인정될 수 없는 경우에는 당해 처분을 하지 않은 것이 위법사유가 되므로, 행정청은 바로 상대방이 신청한 바와 같은 처분을 해야 합니다.

② 의무이행심판

무하자재량행사청구권에 기하여 의무이행심판이 인용되면 당사자의 신청을 거부하거나 부작위로 방치한 처분의 이행을 명하는 재결이 선고됩니다. 그 경우, 행정청은 지체 없이 이전의 신청에 대하여 재결의 취지에 따라 처분을 하여야 합니다(행정심판법 § 49 ③).

행정심판위원회는 피청구인이 행정심판법 제49조 제3항에도 불구하고 처분을 하지 아니하는 경우에는 당사자가 신청하면 기간을 정하여 서면으로 시정을 명하고 그 기간에 이행하지 아니하면 직접 처분을 할 수 있습니다(행정심판법 § 49 ① 본문). 다만, 그 처분의 성질이나 그 밖의 불가피한 사유로 위원회가 직접 처분을 할 수 없는 경우에는 그러하지 아니합니다(행정심판법 § 49 ① 단서).

인용재결에 따른 처분은, 행정청이 재량권을 부여받았음을 감안할 때, 신청에 대한 하자 없는 재량행사로서의 처분을 의미하며, 재량권 수축이 인정될 경우에만 신청한 대로 특정 처분을 뜻하게 될 것입니다.

③ 부작위위법확인소송

무하자재량행사청구권은 행정청의 하자 없는 재량행사의무를 전제로 하는 것이므로, 상대방의 신청을 부작위로 방치하는 것은 위법한 것이 되며, 이 경우 부작위위법확인소송을 제기하여 그 부작위가 위법임을 확인받을 수 있음은 물론입니다. 확정판결로 부작위의 위법성이 확인되면, 행정청은 판결의 취지에 따라 상대방의 신청에 대하여 처분을 해야 합니다(행정소송법 §§ 38 ②, 30). 그러나 부작위위법확인소송은, 판례와 다수설에 따를 때, 단순히 부작위, 즉 무응답상태의 위법성을 확인하는 데 그치는 소송일 뿐 적극적으로 특정한 처분의무를 확인하는 것은 아니므로, 재량권이 영으로 수축된 경우에는 소송을 통하여 단순한 무응답상태의 위법성을 확인하는 것만으로 무하자재량행사청구권의 실현수단으로는 불충분합니다.[10] 그러나 재량권수축의 경우 부작위위법확인소송의 인용판결에 의하여 확인되는 부작위의 위법성은 바로 특정한 처분의무의 불이행이 위법하다는 것이므로(행정소송법 § 2 ① ii) 판결의 취지에 따른 처분이란 결국 신청된 특정처분을 의미하게 될 것입니다. 그 밖에 재량권수축이 일어나는 경우 이외에는 확정된 인용판결은 행정청에게 하자 없는 재량 행사 의무만을 부담시킬 뿐입니다.

2. 행정개입청구권

행정개입청구권(Anspruch auf Einschreiten)은 무하자재량행사청구권의 법리를 기초로 하여 독일연방행정법원의 판례를 통해 확립된 권리로서 행정청의 개입, 즉 처분 등에 의한 공권력 발동을 요구할 수 있는 권리를 말합니다. 법규상 행정청에게 일정한 공권력발동권이 부여되어 있는 경우(수권규정), 행정청은 공권력발동에 재량을 갖지만, 행정청의 개입에 이해관계를 갖는 개인에게는 무하자재량행사청구권이 인정되며, 사례 상황에 따라 재량권이 수축되었다고 볼 수 있는 경우 그 개인에게 공권력의 발동을 요구할 권리가 인정된다는 것입니다.

> **행정개입청구권의 성립: 띠톱사건**
>
> 행정개입청구권은 전후 독일행정법에서 가장 많이 논의되었던 테마의 하나로 경찰 및 질서행정법 분야에서 이룩된 판례법의 금자탑적 소산입니다. 행정개입청구권에 관한 기본판례(leading case)인 련방행정법원의 이른바 "띠톱판결"("Bandsäge-Urteil")에서 문제된 것은, 주거지역에 설치된 참가인의 석탄제조 및 하역업소가 사용하는 띠톱에서 나오는 먼지와 소음으로 인한 피해를 입고 있던, 인근주민인 원고가 관할건축관청에 대하여 건축경찰상의 금지처분을 취해 줄 것을 청구한 사안이었습니다. 원고가, 피고의 영업은 주거지역에서는 허용될 수 없으며 그로 인한 먼지와 소음은 수인가능한도를 넘는(unzumutbar) 것이라고 주장한데 대하여, 관할행정청은 이 업소의 조업을 건

---

10   김동희, 행정법 I, 98.

축법규에 위반되지 않는 것으로 보아 원고의 주장을 배척했고, 이에 불복하여 제기된 의무이행소송을 인용한 제1심 판결은 베를린고등행정법원에서 원고에게 행정청의 특정행위를 요구할 청구권이 없다는 이유로 파기되었습니다. 건축법상 건축경찰은 건축법의 규정에 합당한 상태를 산출할 권한을 지닐 뿐 의무를 지는 것은 아니라는 것이었지요: 행정개입은 행정청의 재량에 속한다고 본 것입니다. 여기서 문제는 다음과 같은 논리구조를 지니고 있었습니다. 첫째, 건축감독관청은 피고의 조업을 금지할 권한이 있는가? 조업금지는 금지처분으로서 법률의 근거를 요하는데 그것은 일차적으로는 주의 건축법에서, 만일 그러한 규정이 없다면 경찰상 일반수권에서 찾을 일이었습니다. 여기서 고려된 모든 관계법령에 따를 때, 문제는 피고가 자신의 토지를 당시의 건축계획법(연방건축법, 건축이용에 관한 시행령 등)에 위반하여 이용함으로써 공공질서를 침해하는지였습니다. 이 문제가 긍정되는 경우에 비로소 둘째 문제, 즉 원고가 건축감독청에 대하여 참가인에게 금지처분을 취해 달라고 요구할 권리를 갖는가라는 문제가 제기될 수 있었지요. 첫째 문제가 부정된다면 둘째 문제는 아예 제기될 수조차 없는 것이었습니다. 다만 이 사건을 맡은 고등행정법원이 이러한 문제 제기의 논리적 순서를 따르지 않고 – 건축법 위반을 판단하지 않고 – 건축법 위반의 경우에도 원고의 행정개입청구권이 부정된다고 했기 때문에, 아이러니컬하게도 이 사건에 관한 연방행정법원의 판결이 경찰 및 질서행정법상 행정개입청구권에 관한 'leading case'가 될 수 있었다고 꾓즈(Götz) 교수는 지적합니다.[11] 심리절차가 진행되는 동안 참가인의 조업은 건축법에 위배되지 않는다는 사실이 드러났고 그 결과 원고의 청구는 이 이유 하나만으로도 기각될 수 있었을 것이기 때문입니다.

아무튼 연방행정법원은 이 사건에서 경찰법상의 일반수권조항의 해석에 있어 헌법의 규범적 효력을 관철시키기 위한 이론적 기초로서 무하자재량행사청구권(Anspruch auf fehlerfreie Ermessensausübung), '재량수축'(Ermessensreduzierung auf Null)의 법리를 도출해 냄으로써 개인의 주체적 지위를 근본적으로 강화시키는 결정적 전기를 제공했습니다. 그 때까지의 판례와 학설은 시민이 경찰에 대하여 갖는 질서교란적 행위와 상태에 대한 규제조치를 취해 달라는 이행청구권을 부정해 왔지요. 가령 경찰의 개입에서 생겨나는 개인의 혜택은, 경찰의 개입을 수권하는 규범들이 오로지 공익을 위해 정립된 것이기 때문에, 단순한 사실상의 수익으로서 객관적 법의 반사(Reflexe des objektiven Rechts)에 불과하다는 것이 그 이유였습니다. 이 사건에서 원고에게 행정청에 대해 제3자에 대한 규제처분을 요구할 권리가 인정되었다는 것은 따라서 무엇보다도 주체적 지위에서 개인이 갖는 행정에 대한 권리가 이른바 3면적 관계에까지 확대되었다는 사실을 뜻합니다. 여기서 이 판결이 의의는, 그 이론구성의 약점(dogmatische Schwäche)에 관한 논의를 생략한다면, 다음과 같이 요약될 수 있습니다.

첫째, 그것은 경찰개입청구권이 경찰의 재량자유(Ermessensfreiheit der Polizei)에 의해 좌절되지 않는다는 점을 분명히 했습니다. 이를 가능케 한 이론적 근거가 이른바 재량수축의 논리였습니다.

둘째, 그것은 전통적인 이웃관계(隣人關係) 문제에 새로운 양상, 즉 보호청구권(Schutzanspruch)의 측면을 추가시켰습니다. 이 판결에서 문제된 법적 관계의 구조적 특징은, 청구권자의 입장에서 볼 때 형식적으로는 행정청의 (자기에 대한) 수익적 행위를 적극적으로 청구하는 것이나, 질서교란자(Störer) 또는 요구된 행정조치의 상대방인 제3자의 입장을 고려할 때는 실질적으로 그 제3자에 대한 침해행정적 처분의무의 이행이 요구되고 있다는 데 있었습니다. 이러한 보호청구권의 관점이 이 Bandsäge 판결을 통하여 행정법적 수준에서 특히 경찰상 일반수권조항의 원용 및 재해석을 통해 관철되었다는 사실은 우리나라 행정법에 대해서도 의미심장한 함의를 지니고 있습니다.

---

11 Götz, Allgemeines Polizei – und Ordnungsrecht, 10.Aufl., 1991, Vandenhoeck & Ruprecht, Rn.89, S.51f.

행정개입청구권은 건축경찰법 분야에서 무하자재량행사청구권과 재량권수축의 법리가 적용된 결과 인정된 개인의 공권입니다. 따라서 무하자재량행사청구권과 불가분의 관련을 맺고 있습니다. 행정개입청구권이 공권으로 성립할 수 있는지는 공권력 발동을 위한 수권조항을 해석함에 있어 행정청의 개입에 대한 법적 의무(즉 결정재량 및 선택재량의 수축)가 성립할 수 있는지, 그리고 그 수권규정이 사익을 아울러 보호하려는 것으로 볼 수 있는지에 달려 있습니다.

　　독일행정법에서 재량권의 수축을 인정하기 위해 당초 요구되었던 침해될 위험이 있는 법익의 중대성이 오늘날 더 이상 요구되지 않게 됨에 따라 행정개입청구권은 경찰법 분야는 물론, 그 밖의 법영역, 즉 환경오염방지법과 같은 환경보호법이나 원자력법, 공중접객업소법과 같은 영업관계법 등 여러 분야에서 계속 확충되어 나갈 수 있었습니다. 경찰법 영역에서 판례는 일부는 어떤 종류의 법익침해로도 충분하다고 하고, 일부는 비둘기사육으로 인한 불편 초래, 과도한 교통소음, 참기 곤란한 교회 종소리, 교통방해(개인의 차고 앞에 불법주차된 차량의 제거: BVerwGE 37, 112) 등에 대하여 재량권의 수축과 행정개입청구권을 인정한 바 있습니다. 한편 경찰법 영역에서는 주로 경찰상 일반수권조항이 행정개입청구권의 준거규범이 되었던 반면, 그 밖의 법영역에서는 각각의 특별수권조항들이 준거규범으로 원용되고 있습니다.

행정개입청구권을 둘러싼 법적 관계의 구조는 앞서 제시된 연탄공장사건(사례 B)과 매우 흡사합니다. 다만 연탄공장사건에서는 허가처분의 취소가 다투어졌던 데 비해, 여기서는 행정규제권의 발동이 요구되고 있다는 점이 다릅니다.

〈행정개입청구권에 관한 법적 관계의 구조〉

행정개입청구권에 관해서는 다음과 같은 점을 유의할 필요가 있습니다.
① 행정개입청구권은 무하자재량행사청구권의 한 적용례라는 점에서 기본적으

로 성질상 공통점이 있습니다. 즉, <u>일반적 행정개입청구권은 존재하지 않습니다.</u> 행정개입청구권은 오로지 관계법상 개개의 수권규정으로부터 도출되어야 할 권리이며, <u>절차적 권리가 아니라 실체법적 권리</u>입니다. 다만, 이 청구권은 재량권수축을 전제로 성립한다는 점에서 무하자재량행사청구권이 형식적 권리라고 불리는 것과는 다릅니다.

② 행정개입청구권은 적어도 독일행정법상 성립배경을 고려할 때, <u>재량권이 부여된 경우에 발생하는 문제</u>입니다. 논리적으로는 기속행위의 경우에도 넓은 의미의 행정개입청구권이 논의될 여지도 있지만, 별반 논의의 실익이 없습니다. 특히 행정개입청구권을 일부문헌들처럼 광의로 파악하는 경우[12] 제3자에 대한 불이익처분을 구하는 행정개입청구와 사인 간에 허용되어 있는 사법상 권리보호방법간의 경합(경찰개입의 한계로서 보충성원칙: Subsidiaritätsprinzip)이라는 행정개입청구권의 본래적 문제상황이 경시될 수 있다는 점이 고려되어야 합니다.

③ 행정개입청구권은 <u>실체법적 이행청구권의 문제</u>입니다. 그러나 행정개입청구권 문제를 오로지 행정소송법 관점에서 논하거나 소송의 허용성만 가지고 부정하는 것은 옳지 않습니다.

---

12   박윤흔, 행정법강의(상), 162 이하; 석종현, 상, 135 이하 등.

제8강
사인의 공법행위로서 신고

　　원래 신고는 사인의 공법행위의 전형적 유형이기도 했지만, 허가제 아래서 허가보다 약한 가장 완화된 형태의 규제방식을 의미했습니다. 대법원이 '건축법상 신고사항에 관하여 건축을 하고자 하는 자가 적법한 요건을 갖춘 신고만 하면 건축을 할 수 있고, 행정청의 수리 등 별단의 조처를 기다릴 필요는 없다'는 판례를 견지한 것도 그런 맥락이었지요.[1] 학계의 입장도 다르지 않았고 그러한 인식을 배경으로 행정절차법 제40조가 태동하게 된 것입니다. 뿐만 아니라 이러한 흐름은 규제개혁의 기치 아래 허가제를 신고제로 전환하거나 허가대상을 대폭 신고대상으로 변형시키는 입법으로 이어졌지요. 그러나 행정은 생각이 좀 달랐던 모양입니다. 시간이 지나면서 허가제를 완화시킨 신고만으로는 불안했는지 신고에 인·허가 의제효과를 연계시키거나 각종 부수적인 제재조항들을 만들어 통제의 끈을 놓지 않으려는 관성이 나타났고 그 결과 '수리를 요하는 신고'라는 새로운 규제방식이 만들어집니다. 입법권자는 이러한 행정부의 의도를 미필적 고의로 반영했고 사법부 역시 이를 판례를 통해 재확인해 주었습니다. 자칫 수리를 요하는 신고의 비중을 과도하게 확대하거나 허가제에 비해 신고제가 가지는 규제완화방안으로서의 의미와 효과를 크게 손상시키고 결국 신고와 허가를 구분함으로써 사인의 공법행위와 정부규제의 한계를 설정해 온 기성의 규제법체계를 지나치게 교란시키는 결과를 가져올 우려가 있

---

[1]　대법원 1968. 4. 30. 선고 68누12 판결; 1990. 6. 12. 선고 90누2468 판결; 1999. 4. 27. 선고 97누6780 판결; 2004. 9. 3. 선고 2004도3908 판결 등을 참조.

다는 비판이 제기된 것도 바로 그런 맥락입니다. 이제 신고의 주종은 자기완결적인 사인의 공법행위가 아니라 '사인의 신고+관할행정청의 수리'라는 공식에 따른 행정요건적 신고로 허가에 근접하는 새로운 규제방식으로 바뀌었습니다. 이를 어떻게 보아야 할까요?

I. 신고의 개념과 종류

1. 신고의 개념

사인의 공법행위로서 신고란 '사인의 공법적 효과의 발생을 목적으로 행정청에게 일정한 사실을 알리는 행위로서 행정청에 의한 실질적 심사가 요구되지 아니하는 행위'를 말합니다.

2. 사인의 공법행위로서 신고의 종류

사인의 공법행위를 그 효과에 따라 구분하는 것은 특히 사인의 공법행위로서 신고와 관련하여 중요한 의미를 가집니다. 즉, 자기완결적 신고와 행정요건적 신고로 나뉩니다.

(1) 자기완결적 신고

신고서가 행정청에 도달되어 행정청에 대하여 일정한 사항을 통지한 때에 법적효과가 발생하는 신고를 말합니다. '수리를 요하지 아니하는 신고'라고 부르기도 합니다. 수리가 있었더라 하더라도 이는 단지 행정청의 편의를 위한 것일 뿐 사인의 지위에는 아무런 변동이 없습니다.

(2) 행정요건적 신고(수리를 요하는 신고)

사인이 행정청에 대하여 일정한 사항을 통지하고 행정청이 수리함으로써 법적효과가 발생하는 신고를 말합니다. 여기서 '수리'란 사인이 알려온 일정한 사항을 행정청이 유효한 것으로서 받아들이는 행위를 말하며, 행정요건적 공법행위로서 신고는 이를 '수리를 요하는 신고'라고 부르기도 합니다.[2] 영업자 지위 승계처럼 종래 허가제였던 것이 신고제로 변경되면서 여전히 수리를 요하는 경우가 이에 해당합니다. '완화된 허가제'라고도 부르며, 행정요건적 공법행위로서 신고는 실정법상으로는 신고, 등록 등 여러 가지 용어로 표현됩니다. 수리를 요하는 신고는 형식적 심사만을 거치지만, 허가의 경우 실질적 심사를 거친다는 차이가 있습니다.[3]

> **구 재래시장법에 따른 시장관리자 지정의 법적 성격과 효과**
>
> [1]. 구 유통산업발전법(2012. 6. 1. 법률 제11461호로 개정되어 2012. 9. 2. 시행되기 전의 것)에 따른 대규모점포의 개설 등록 및 구 재래시장 및 상점가 육성을 위한 특별법(2007. 12. 27. 법률 제8803호로 개정되기 전의 것)에 따른 시장관리자 지정은 행정청이 그 실체적 요건에 관한 심사를 한 후 수리하여야 하는 이른바 '수리를 요하는 신고'로서 행정처분에 해당한다(대법원 2015. 11. 19. 선고 2015두295 전원합의체 판결, 대법원 2018. 7. 12. 선고 2017다291517, 291524 판결 등 참조).
>
> [2] 이러한 행정처분에 당연무효에 이를 정도의 중대하고도 명백한 하자가 존재하거나 그 처분이 적법한 절차에 의하여 취소되지 않는 한 구 유통산업발전법에 따른 대규모점포개설자의 지위 및 구 재래시장법에 따른 시장관리자의 지위는 공정력을 가진 행정처분에 의하여 유효하게 유지된다고 봄이 타당하다.[4]

대법원은 이미 다수의 판례를 통하여 법령에서 사용되는 신고라는 용어의 의미가 강학상 본래 의미의 신고가 반드시 일치하는 개념이라고 볼 수 없다는 취지의 판시를 한 바 있고, 법령상 허가제 등과 병렬적으로 규정되어 있는 신고제의 경우에도 강학상 본래의 의미에서의 신고와는 다른 의미에서 수리를 기다려 효력이 생기는 것으로 해석하는 사례가 있다고 하면서 양자를 구별하고 있습니다.[5]

> **수리를 요하는 신고의 예**
>
> 수산업법에 따른 신고어업 신고[6]
> 주민등록법에 따른 전입신고[7]

---

2 홍정선, "사인의 공법행위로서 신고의 법리 재검토", 중범김동희교수정년기념논문집, 박영사, 2005.6, 144-162, 151.
3 홍정선, 앞의 글, 152.
4 대법원 2019. 9. 10. 선고 2019다208953 판결(관리비 (차) 상고기각).
5 대법원 2011. 1. 20. 선고 2010두14954 전원합의체 판결(건축(신축)신고불가취소) 중 다수의 견에 대한 대법관 양승태, 대법관 김지형의 보충의견.
6 대법원 2000. 5. 26. 선고 99다37382 판결.
7 대법원 2009. 6. 18. 선고 2008두10997 전원합의체 판결(주민등록전입신고수리거부처분취소).

체육시설의 설치·이용에 관한 법률상 체육시설업신고,[8] 체육시설 회원모집계획서 제출.[9]
식품위생법에 따른 일반음식점영업신고,[10] 영업허가명의변경신고[11]
건축법상 건축주명의변경신고[12]
액화석유가스의 안전 및 사업관리법에 따른 사업 양수에 의한 지위승계신고[13]
건축법 제14조 제2항에 따른 인·허가의제 효과를 수반하는 건축신고[14] 등

(3) 양자의 구별기준

양자의 구별은 분명하지 않은 경우가 많습니다. 신고요건에 따라 형식적 요건만으로 되어 있으면 자기완결적 신고로, 실질적 요건이 규정되어 있으면 행정요건적 신고로 보기도 하고, 관련법률의 취지와 목적에 따라 판단하되 규제완화라는 신고제의 취지를 고려하여 가능한 한 자기완결적 신고로 보는 것이 바람직하다는 견해가 있습니다.[15] 또한 개별법령의 등록과의 차이도 반드시 이론적으로 명료한 것은 아닙니다. 개별법령이 신고와 등록을 구분하여 규정하고 있는 경우에는 신고를 자기완결적신고로, 등록을 행정요건적 신고로 보기도 합니다.[16]

생각건대, 신고의 자기완결적 효과를 인정할 수 있는지 여부, 그리고 행정요건적 연관성 여하는 결국 관계법률의 규율에 따라 판단할 수밖에 없습니다. 즉, 외국환거래법 제18조(자본거래의 신고 등), 산지관리법 제15조(산지전용신고)처럼 해당 법령에 신고 수리 필요 여부에 관한 명문의 규정이 있거나 관련 규정의 해석상 신고에 대한 실질적 심사가 허용되는 경우 등에 한하여 수리를 요하는 신고로 보는 것이 종래 판례의 입장이었음을 고려해야 할 것입니다.[17]

최근에도 대법원은 대도시의 장 등 관할 행정청은 악취배출시설 설치·운영신고

---

8 대법원 1991. 7. 12. 선고 90누8350 판결; 1993. 4. 27. 선고 93누1374 판결.
9 대법원 2009. 2. 26. 선고 2006두16243 판결(골프장회원권모집계획승인처분취소).
10 대법원 2009. 4. 23. 선고 2008도6829 판결.
11 대법원 1990. 10. 30. 선고 90누1649 판결.
12 대법원 1992. 3. 31. 선고 91누4911 판결.
13 대법원 1993. 6. 8. 선고 91누11544 판결 등.
14 대법원 2011. 1. 20. 선고 2010두14954 전원합의체 판결(건축(신축)신고불가취소).
15 정하중, 행정법개론, 2011, 제5판, 115 등.
16 정하중, 같은 곳.
17 대법원 2011. 1. 20. 선고 2010두14954 전원합의체 판결에서 대법관 박시환, 대법관 이홍훈의 반대의견을 참조.

의 수리 여부를 심사할 권한이 있다고 봄이 타당하고 따라서 <u>악취방지법상 악취배출</u>
<u>시설 설치·운영신고는 수리를 요하는 신고에 해당한다</u>고 판시하면서 다음과 같은 근
거를 들었습니다.

　　1) 악취방지법 제8조의2 제1항에 의하면, 악취관리지역 이외의 지역에 설치된 악취배출시설이
신고대상으로 지정·고시되기 위해서는 해당 악취배출시설과 관련하여 악취 관련 민원이 1년 이상
지속되고 복합악취나 지정악취물이 3회 이상 배출허용기준을 초과하는 경우이어야 한다. 즉, 신고
대상 악취배출시설로 지정·고시되었다는 것은 이미 생활환경에 피해가 발생하였다는 것을 의미한
다. 이 경우 <u>신고대상으로 지정·고시된 악취배출시설의 운영자가 제출하는 악취방지계획이 적정한</u>
<u>지 여부를 사전에 검토할 필요성이 크다.</u>
　　2) 악취방지법 제8조의2 제1항, 제2항, 제3항에 의하면, 신고대상 악취배출시설로 지정·고시
되면 해당 악취배출시설을 운영하는 자는 환경부령이 정하는 바에 따라 대도시의 장 등에게 신고
를 하여야 하는데, 그때 악취방지계획도 함께 수립·제출하여야 한다. 악취방지법 시행규칙 제11조
제1항 [별표 4]에 의하면, 악취방지계획에는 악취를 제거할 수 있는 가장 적절한 조치를 포함하여
야 하고, 별지 제2호 서식에서는 악취배출시설 설치·운영신고가 '신고서 작성 → 접수 → 검토 →
결재 → 확인증 발급'의 절차를 거쳐 처리된다고 밝히고 있다. 따라서 <u>악취방지법령에 따라 악취배</u>
<u>출시설 설치·운영신고를 받은 관할 행정청은 신고서와 함께 제출된 악취방지계획상의 악취방지조</u>
<u>치가 적절한지 여부를 검토할 권한을 갖고 있다.</u>
　　3) 또 다른 <u>신고대상 악취배출시설 지정권자인 시·도지사의 권한의 위임</u>에 관하여 규정한 악
취방지법 제24조 제2항의 위임에 따른 악취방지법 시행령 제9조 제3항은 "시·도지사는 법 제24조
제2항에 따라 다음 각호의 권한을 시장·군수·구청장에게 위임한다."라고 규정하면서, 제1호에서
'법 제8조 제1항에 따른 악취배출시설의 설치신고·변경신고의 수리', 제4호에서 '법 제8조의2 제
2항에 따른 악취배출시설의 운영·변경신고의 수리'를 각 들고 있는데, <u>이는 악취배출시설 설치·</u>
<u>운영신고를 받은 관할 행정청에게 신고의 수리 여부를 심사할 권한이 있음을 전제로 한 것이다.</u>[18]

18　대법원 2022. 9. 7. 선고 2020두40327 판결(악취배출시설설치신고반려처분 등 취소의 소:
　　파기환송). 원고가 피고에게 악취배출시설 설치·운영신고를 하였고, 이에 대하여 피고가 원
　　고가 수립·제출한 악취방지계획이 미흡하다는 등의 이유로 이를 반려한 사안에서, <u>원심은</u>
　　<u>악취배출시설 설치·운영신고가 자기완결적 신고에 해당함을 전제로 원고의 악취배출시설 설치·운영</u>
　　<u>신고가 관련 법령에서 정한 형식적인 요건을 갖춘 이상 피고가 이를 수리하였는지 여부와</u>
　　<u>관계없이 그 신고가 피고에게 접수된 때에 효력이 발생하였다고 판단하였으나,</u> 대법원은
　　<u>악취방지법상의 악취배출시설 설치·운영신고는 수리는 요하는 신고에 해당하고,</u> 원고가 <u>대기환경보전</u>
　　<u>법에 따른 대기오염물질배출시설 설치허가를 받았다고 하더라도 악취배출시설 설치·운영신</u>
　　<u>고가 수리된 것으로 간주되지 아니하며,</u> 피고가 원고의 악취배출시설 설치·운영신고를 반려
　　한 것에 재량권 일탈·남용의 잘못도 없다고 보아 원심판결을 파기한 사례입니다.

II. 신고의 법적 효과

1. 자기완결적 신고

자기완결적 신고의 경우 행정절차법에 따라 신고를 관장하는 행정청은 신고서의 기재사항에 하자가 없고, 필요한 구비서류가 첨부되어 있으며, 기타 법령등에 규정된 형식상의 요건에 적합한 신고서가 접수기관에 도달한 때에는 신고의무가 이행된 것으로 봅니다(§ 40 ②).

일반적인 건축신고의 경우, 신고를 한 이상 건축주는 행정청의 수리처분이라는 별도의 조치를 기다리거나 허가처분을 받지 않고서도 건축을 할 수 있다고 보는 것이 원칙입니다.[19] 대법원 2011. 1. 20. 선고 2010두14954 전원합의체 판결도 이 점을 분명히 확인하고 있습니다.

그러나 대법원 2011. 1. 20. 선고 2010두14954 전원합의체 판결이 <u>인·허가 의제 효과를 수반하는 건축신고</u>[20]는 일반적인 건축신고와는 달리, 특별한 사정이 없는 한 행정청이 그 실체적 요건에 관한 심사를 한 후 수리해야 하는 이른바 '<u>수리를 요하는 신고</u>'라고 판시하였기 때문에 이와 같은 자기완결적 건축신고를 운위할 실익이 사실상 거의 소실되고 말았습니다. 건축법 제14조에 의한 건축신고는 그와 같은 (건축허가에 관한) 인·허가 의제 조항(건축법 제11조 제5항)의 적용범위 이외의 경우에만 '일반적인 건축신고'라 할 수 있게 된 셈입니다.[21] 이 점은 최근 대법원의 다음 판례를 통해서도 확인됩니다.

"2017. 1. 17. 개정 전 구 건축법은 가설건축물이 축조되는 지역과 용도에 따라 허가제와 신고제를 구분하면서, 가설건축물 신고와 관련하여서는 국토의 계획 및 이용에 관한 법률에 따른 개

---

19 이것이 종래 판례의 태도이기도 했습니다(대법원 1999. 4. 27. 선고 97누6780 판결).
20 건축법 제11조 제5항에서는 제1항에 따른 건축허가를 받으면 각호에서 정한 허가 등을 받거나 신고를 한 것으로 봅니다. 「국토의 계획 및 이용에 관한 법률」 제56조에 따른 개발행위허가가 대표적인 예입니다.
21 입법론이기는 하지만, 박시환, 이홍훈 대법관이 반대의견에서 별론으로 제시했듯이, '여러 기본적인 법원칙의 근간 및 신고제의 본질과 취지를 훼손하지 아니하는 한도 내에서 건축법 제14조 제2항에 의하여 인·허가가 의제되는 건축신고의 범위 등을 합리적인 내용으로 개정하는 입법적 해결책을 통하여 현행 건축법에 규정된 건축신고 제도의 문제점 및 부작용을 해소하게 된다면' 일반적 건축신고의 성립여지가 확보될 수는 있을 것입니다.

발행위허가 등 인·허가 의제 내지 협의에 관한 규정을 전혀 두고 있지 아니하다. 이러한 신고대상 가설건축물 규제 완화의 취지를 고려하면, 행정청은 특별한 사정이 없는 한 개발행위허가 기준에 부합하지 않는다는 점을 이유로 가설건축물 축조신고의 수리를 거부할 수는 없다."[22]

여기서 '수리를 거부할 수 없다'는 것은 행정청이 수리를 거부함으로써 신고의 법적 효과를 저지 또는 부정할 수 없다는 뜻입니다. 다시 말해 자기완결적 신고는 행정청의 수리행위 없이도 소정의 법적 효과를 발생하므로 '수리를 거부할 수 없고', 반면 '수리를 요하는 신고'는 별도로 행정청의 수리행위가 필요하므로 행정청이 신고 수리를 거부할 수 있다는 것이지요.

한편 건축신고의 반려행위가 항고소송의 대상이 되는 처분에 해당하는지 여부가 문제됩니다. 일반적인 건축신고, 즉 후술하는 대법원 2011. 1. 20. 선고 2010두14954 전원합의체 판결에서 설시하는 인·허가의제 효과를 수반하지 아니 하는 건축신고의 경우, 신고만으로 건축법상 의무가 이행된 것으로 되어 소정의 법적 효과가 발생하게 되며, 따라서 별도의 행정조치가 없어도 쟁송의 여지는 없습니다. 하지만, 행정청이 건축신고를 반려하거나 수리를 거부한 경우에는 문제가 다릅니다. 대법원은 종래 건축신고의 반려행위 또는 수리거부행위가 항고소송의 대상이 아니어서 그 취소를 구하는 소는 부적법하다고 보았으나,[23] 2010년 11월 18일 대법원은 종전 판례를 변경하여 건축신고 반려행위는 항고소송의 대상이 된다고 판시했습니다.

"건축주 등은 신고제하에서도 건축신고가 반려될 경우 당해 건축물의 건축을 개시하면 시정명령, 이행강제금, 벌금의 대상이 되거나 당해 건축물을 사용하여 행할 행위의 허가가 거부될 우려가 있어 불안정한 지위에 놓이게 된다. 따라서 건축신고 반려행위가 이루어진 단계에서 당사자로 하여금 반려행위의 적법성을 다투어 그 법적 불안을 해소한 다음 건축행위에 나아가도록 함으로써 장차 있을지도 모르는 위험에서 미리 벗어날 수 있도록 길을 열어 주고, 위법한 건축물의 양산과 그 철거를 둘러싼 분쟁을 조기에 근본적으로 해결할 수 있게 하는 것이 법치행정의 원리에 부합한다. 그러므로 건축신고 반려행위는 항고소송의 대상이 된다고 보는 것이 옳다."[24]

---

22 대법원 2019. 1. 10. 선고 2017두75606 판결(가설건축물축조신고불수리처분취소).
23 대법원 1967. 9. 19. 선고 67누71 판결; 1995. 3. 14. 선고 94누9962 판결; 1997. 4. 25. 선고 97누3187 판결; 1998. 9. 22. 선고 98두10189 판결; 1999. 10. 22. 선고 98두18435 판결; 2000. 9. 5. 선고 99두8800 판결 등.
24 대법원 2010. 11. 18. 선고 2008두167 전원합의체 판결.

2. 행정요건적 신고(수리를 요하는 신고)

수리를 요하는 신고에서 수리는 사인의 공법행위인 신고의 수리, 즉 단순한 접수라는 의미에서의 수리와는 다른 법적 의미를 가집니다. 수리를 요하는 신고의 경우, 수리는 법적 효과 발생의 요건이 됩니다. 즉, 신고가 있더라도 행정청이 이를 수리하지 않으면 소정의 법적 효과가 발생하지 않습니다. 가령 수리의무가 성립하여 수리를 반려 또는 거부한 것이 위법으로 판명되는 경우에도 적법한 수리가 없는 이상 그에 따른 법적 효과는 발생하지 않습니다.

「행정기본법」은 그동안 판례와 학설을 통해 통용되어 온 '수리를 요하는 신고'의 법리를 수용하여 법령 등으로 정하는 바에 따라 행정청에 일정한 사항을 통지하여야 하는 신고로서 법률에 신고의 수리가 필요하다고 명시되어 있는 경우(행정기관의 내부 업무 처리 절차로서 수리를 규정한 경우는 제외한다)에는 행정청이 수리하여야 효력이 발생한다고 규정하였습니다(§ 34).

대법원은 수산업법 제44조 소정의 어업신고의 법적 성질을 '수리를 요하는 신고'로 보고, 어업신고를 수리하면서 공유수면매립구역을 조업구역에서 제외한 것이 위법하더라도 적법한 수리가 없었기 때문에 적법한 어업신고가 있는 것으로 볼 수 없다고 판시한 바 있습니다.

> 어업의 신고에 관하여 유효기간을 설정하면서 그 기산점을 '수리한 날'로 규정하고, 나아가 필요한 경우에는 그 유효기간을 단축할 수 있도록까지 하고 있는 수산업법 제44조 제2항의 규정 취지 및 어업의 신고를 한 자가 공익상 필요에 의하여 한 행정청의 조치에 위반한 경우에 어업의 신고를 수리한 때에 교부한 어업신고필증을 회수하도록 하고 있는 구 수산업법시행령(1996. 12. 31. 대통령령 제15241호로 개정되기 전의 것) 제33조 제1항의 규정 취지에 비추어 보면, 수산업법 제44조 소정의 어업의 신고는 행정청의 수리에 의하여 비로소 그 효과가 발생하는 이른바 '수리를 요하는 신고'라고 할 것이고, 따라서 설사 관할관청이 어업신고를 수리하면서 공유수면매립구역을 조업구역에서 제외한 것이 위법하다고 하더라도, 그 제외된 구역에 관하여 관할관청의 적법한 수리가 없었던 것이 분명한 이상 그 구역에 관하여는 같은 법 제44조 소정의 적법한 어업신고가 있는 것으로 볼 수 없다.[25]

수리를 요하는 신고의 반려 또는 불수리행위에 대해서는 취소소송 등 행정소송을 제기할 수 있습니다. 즉, 수리를 요하는 신고의 반려는 취소소송의 대상으로서 처분에

---

25   대법원 2000. 5. 26. 선고 99다37382 판결.

해당합니다. 이와 관련하여 대법원은 체육시설의 회원을 모집하고자 하는 자의 회원모집계획서 제출 및 이에 대한 시·도지사 등의 검토결과 통보는 수리를 요하는 신고에 대한 수리행위로서 행정처분에 해당한다고 보고, 이른바 예탁금회원제 골프장의 기존 회원에게, 체육시설업자 등이 제출한 회원모집계획서에 대한 시·도지사의 검토 결과 통보의 취소를 구할 법률상 이익을 가진다고 판시하여 원고적격을 인정한 바 있습니다.

> "구 체육시설의 설치·이용에 관한 법률(2005. 3. 31. 법률 제7428호로 개정되기 전의 것) 제19조 제1항, 구 체육시설의 설치·이용에 관한 법률 시행령(2006. 9. 22. 대통령령 제19686호로 개정되기 전의 것) 제18조 제2항 제1호 (가)목, 제18조의2 제1항 등의 규정에 의하면, 위 법 제19조의 규정에 의하여 체육시설의 회원을 모집하고자 하는 자는 시·도지사 등으로부터 회원모집계획서에 대한 검토결과 통보를 받은 후에 회원을 모집할 수 있다고 보아야 하고, 따라서 체육시설의 회원을 모집하고자 하는 자의 시·도지사 등에 대한 회원모집계획서 제출은 수리를 요하는 신고에서의 신고에 해당하며, 시·도지사 등의 검토결과 통보는 수리행위로서 행정처분에 해당한다."[26]

수리를 요하는 신고의 경우, 행정청이 반드시 수리를 해주어야 할 의무가 성립하는 것은 아닙니다. 물론 행정청이 이를 수리하지 않으면 소정의 법적 효과가 발생하지 않기 때문에, 행정청의 수리 여부에 대한 심사권이 제한되거나 경우에 따라서는 관할행정청의 수리의무가 성립할 수 있습니다. 일례로 대법원은 관할행정청이 무허가 건축물을 실제 생활의 근거지로 삼아 10년 이상 거주해 온 사람의 주민등록전입신고를 거부한 사안에서, 투기나 이주대책 요구 등을 방지할 목적으로 주민등록전입신고를 거부하는 것은 주민등록법의 입법 목적과 취지 등에 비추어 허용될 수 없다고 판시한 바 있습니다.

> 주민들의 거주지 이동에 따른 주민등록전입신고에 대하여 행정청이 이를 심사하여 그 수리를 거부할 수는 있다고 하더라도, 그러한 행위는 자칫 헌법상 보장된 국민의 거주·이전의 자유를 침해하는 결과를 가져올 수도 있으므로, 시장·군수 또는 구청장의 주민등록전입신고 수리 여부에 대한 심사는 주민등록법의 입법 목적의 범위 내에서 제한적으로 이루어져야 한다. 한편, 주민등록법의 입법 목적에 관한 제1조 및 주민등록 대상자에 관한 제6조의 규정을 고려해 보면, 전입신고를 받은 시장·군수 또는 구청장의 심사 대상은 전입신고자가 30일 이상 생활의 근거로 거주할 목적으로 거주지를 옮기는지 여부만으로 제한된다고 보아야 합니다. 따라서 전입신고자가 거주의 목적 이외에 다른 이해관계에 관한 의도를 가지고 있는지 여부, 무허가 건축물의 관리, 전입신고를 수리함으로써 당해 지방자치단체에 미치는 영향 등과 같은 사유는 주민등록법이 아닌 다른 법률에 의하여 규율되어야 하고, 주민등록전입신고의 수리 여부를 심사하는 단계에서는 고려 대상이 될 수 없다.[27]

---

26 대법원 2009. 2. 26. 선고 2006두16243 판결(골프장회원권모집계획승인처분취소).
27 대법원 2009. 6. 18. 선고 2008두10997 전원합의체 판결(주민등록전입신고수리거부처분취

대법원은 의료법이 의료기관의 종류에 따라 허가제와 신고제를 구분하여 규정한 것과 관련하여 그러한 법의 취지는, 신고 대상인 의원급 의료기관 개설의 경우 행정청이 법령에서 정한 요건 이외의 사유를 들어 그 신고 수리를 반려하는 것을 원칙적으로 배제함으로써 개설 주체가 신속하게 해당 의료기관을 개설할 수 있도록 하기 위한 것이므로, '정신과의원을 개설하려는 자가 법령에 규정되어 있는 요건을 갖추어 개설신고를 한 때에, 행정청은 원칙적으로 이를 수리하여 신고필증을 교부하여야 하고, 법령에서 정한 요건 이외의 사유를 들어 의원급 의료기관 개설신고의 수리를 거부할 수는 없다'고 판시한 바 있습니다.

> ### 정신과의원 개설신고 불수리처분의 위법성
> "의료법은 의료기관의 개설 주체가 의원·치과의원·한의원 또는 조산원을 개설하려고 하는 경우에는 시장·군수·구청장에게 신고하도록 규정하고 있지만(제33조 제3항), 종합병원·병원·치과병원·한방병원 또는 요양병원을 개설하려고 하는 경우에는 시·도지사의 허가를 받도록 규정하고 있다(제33조 제4항). 이와 같이 의료법이 의료기관의 종류에 따라 허가제와 신고제를 구분하여 규정하고 있는 취지는, <u>신고 대상인 의원급 의료기관 개설의 경우 행정청이 법령에서 정하고 있는 요건 이외의 사유를 들어 그 신고 수리를 반려하는 것을 원칙적으로 배제함으로써 개설 주체가 신속하게 해당 의료기관을 개설할 수 있도록 하기 위함이다.</u>
> … 관련 법령의 내용과 이러한 신고제의 취지를 종합하여 보면, <u>정신과의원을 개설하려는 자가 법령에 규정되어 있는 요건을 갖추어 개설신고를 한 때에, 행정청은 원칙적으로 이를 수리하여 신고필증을 교부하여야 하고, 법령에서 정한 요건 이외의 사유를 들어 의원급 의료기관 개설신고의 수리를 거부할 수는 없다.</u>"[28]

하지만 <u>수리를 요하는 신고라 하여 행정청이 항상 이를 수리해야 할 의무, 즉 수리하여 소정의 법적 효과를 발생시켜야 하는 기속을 받는 것은 아닙니다.</u> 대법원은 건축법 제14조 제2항에 의한 인·허가의제 효과를 수반하는 건축신고를 행정청이 그 실체적 요건에 관한 심사를 한 후 수리해야 하는 이른바 '수리를 요하는 신고'로 보면서, 「국토의 계획 및 이용에 관한 법률」상 개발행위허가로 의제되는 건축신고가 개발행위허가의 기준을 갖추지 못한 경우, 행정청이 수리를 거부할 수 있다고 판시한 바 있습니다.

> [1] [다수의견] 건축법에서 인·허가의제 제도를 둔 취지는, 인·허가의제사항과 관련하여 건축허가 또는 건축신고의 관할 행정청으로 그 <u>창구를 단일화하고 절차를 간소화하며 비용과 시간을</u>

소). 이 판결에 대한 평석으로는 김중권, 행정법기본연구 III, 2010, 법문사, 79-95를 참조.
28 대법원 2018. 10. 25. 선고 2018두44302 판결(의료기관 개설신고 불수리 처분 취소): 원고가 정신과의원 개설신고를 하였는데 행정청이 법령에서 정하지 않은 공공복리 등 사유를 들어 반려처분을 하자 원고가 그 취소를 구한 사건.

절감함으로써 국민의 권익을 보호하려는 것이지, 인·허가의제사항 관련 법률에 따른 각각의 인·허가 요건에 관한 일체의 심사를 배제하려는 것으로 보기는 어렵다. 왜냐하면, 건축법과 인·허가의제사항 관련 법률은 각기 고유한 목적이 있고, 건축신고와 인·허가의제사항도 각각 별개의 제도적 취지가 있으며 그 요건 또한 달리하기 때문입니다. 나아가 인·허가의제사항 관련 법률에 규정된 요건 중 상당수는 공익에 관한 것으로서 행정청의 전문적이고 종합적인 심사가 요구되는데, 만약 건축신고만으로 인·허가의제사항에 관한 일체의 요건 심사가 배제된다고 한다면, 중대한 공익상의 침해나 이해관계인의 피해를 야기하고 관련 법률에서 인·허가 제도를 통하여 사인의 행위를 사전에 감독하고자 하는 규율체계 전반을 무너뜨릴 우려가 있다. 또한 무엇보다도 건축신고를 하려는 자는 인·허가의제사항 관련 법령에서 제출하도록 의무화하고 있는 신청서와 구비서류를 제출하여야 하는데, 이는 건축신고를 수리하는 행정청으로 하여금 인·허가의제사항 관련 법률에 규정된 요건에 관하여도 심사를 하도록 하기 위한 것으로 볼 수밖에 없다. 따라서 인·허가의제 효과를 수반하는 건축신고는 일반적인 건축신고와는 달리, 특별한 사정이 없는 한 행정청이 그 실체적 요건에 관한 심사를 한 후 수리하여야 하는 이른바 '수리를 요하는 신고'로 보는 것이 옳다.

　　[대법관 박시환, 대법관 이홍훈의 반대의견] '건축법상 신고사항에 관하여 건축을 하고자 하는 자가 적법한 요건을 갖춘 신고만 하면 건축을 할 수 있고, 행정청의 수리 등 별단의 조처를 기다릴 필요는 없다'는 대법원의 종래 견해(대법원 1968. 4. 30. 선고 68누12 판결, 대법원 1990. 6. 12. 선고 90누2468 판결, 대법원 1999. 4. 27. 선고 97누6780 판결, 대법원 2004. 9. 3. 선고 2004도3908 판결 등 참조)를 인·허가가 의제되는 건축신고의 경우에도 그대로 유지하는 편이 보다 합리적인 선택이라고 여겨진다.

　　[2] [다수의견] 일정한 건축물에 관한 건축신고는 건축법 제14조 제2항, 제11조 제5항 제3호에 의하여 국토의 계획 및 이용에 관한 법률 제56조에 따른 개발행위허가를 받은 것으로 의제되는데, 국토의 계획 및 이용에 관한 법률 제58조 제1항 제4호에서는 개발행위허가의 기준으로 주변 지역의 토지이용실태 또는 토지이용계획, 건축물의 높이, 토지의 경사도, 수목의 상태, 물의 배수, 하천·호소·습지의 배수 등 주변 환경이나 경관과 조화를 이룰 것을 규정하고 있으므로, 국토의 계획 및 이용에 관한 법률상의 개발행위허가로 의제되는 건축신고가 위와 같은 기준을 갖추지 못한 경우 행정청으로서는 이를 이유로 그 수리를 거부할 수 있다고 보아야 한다.

　　[대법관 박시환, 대법관 이홍훈의 반대의견] 수리란 타인의 행위를 유효한 행위로 받아들이는 수동적 의사행위를 말하는 것이고, 이는 허가와 명확히 구별되는 것이다. 그런데 다수의견에 의하면, 행정청이 인·허가의제조항에 따른 국토의 계획 및 이용에 관한 법률상 개발행위허가 요건 등을 갖추었는지 여부에 관하여 심사를 한 다음, 그 허가 요건을 갖추지 못하였음을 이유로 들어 형식상으로만 수리거부를 하는 것이 되고, 사실상으로는 허가와 아무런 차이가 없게 된다는 비판을 피할 수 없다. 이러한 결과에 따르면 인·허가의제조항을 특별히 규정하고 있는 입법 취지가 몰각됨은 물론, 신고와 허가의 본질에 기초하여 건축신고와 건축허가 제도를 따로 규정하고 있는 제도적 의미 및 신고제와 허가제 전반에 관한 이론적 틀이 형해화 될 가능성이 있다.29

　　법원이 입법적 해결이 필요한 문제점들을 입법의 현실적 실현가능성 문제나 불확실성 또는 시간적 지연가능성 등 어떤 이유에서든 법해석을 통해 시정해 보려고

29　대법원 2011. 1. 20. 선고 2010두14954 전원합의체 판결(건축(신축)신고불가취소). 이 판결에 대해서는 논란이 있습니다. 비판론으로는 가령 김중권, Quo vadis-신고제? 법률신문 2011.3.7. 제3916호; 김중권, 행정법기본연구 III, 2010, 법문사, 329 이하 등을 참조.

시도하는 것은, 구체적인 권리구제의 관점은 물론 규제목적 달성을 뒷받침한다는 관점에서 나름대로 이해할 수 있습니다. 그러나 이러한 시도는 자칫 수리를 요하는 신고의 비중을 과도하게 확대하거나 허가제에 비해 신고제가 가지는 규제완화방안으로서의 의미와 효과를 크게 손상시키고 결국 신고와 허가를 구분함으로써 사인의 공법행위와 정부규제의 한계를 설정해 온 기성의 규제법체계를 지나치게 교란시키는 결과를 가져올 우려가 있습니다. 물론 이러한 문제가 초래된 근본적인 원인은 겉으로는 규제완화를 내세우면서도 현실적으로는 건축신고에 인·허가 의제효과를 연계시키거나 각종 부수적인 제재조항들을 통해 통제의 끈을 놓치지 않으려는 규제행정기관의 의도와 이를 입법에 그대로 반영한 입법권자의 무책임에 있었습니다. 외관상으로는 인·허가의제조항과 신고제 적용 확대를 통해 획기적인 규제간소화가 이루어진 것 같은 모습을 보였지만, 앞에서 본 바와 같이 사법부의 법해석을 통해 드러난 실상은 그러한 규제완화의 기치와는 판연히 다른 결과가 되었습니다. 대법원은 인·허가의제에 따른 규제의 필요성과 이른바 수리를 요하는 신고의 법리를 연계시켜 결국 그와 같은 '규제의 관성'을 법리적으로 뒷받침해 주는 역할을 수행한 것이지요. 이러한 대법원의 역할은, 결과적으로 보면, 입법권자의 불찰과 규제완화를 표방하면서도 규제의 끈을 놓치지 않으려는 규제행정기관의 매너리즘 또는 진의에 충실한 법해석을 한 셈이었지만, 실은 이 모든 법리적 결과가 건축신고에 대해 건축허가와 같은 효과를 의제한 결과 그에 상응하여 인·허가의제조항까지 준용하도록 한 입법적 불찰에서 비롯된 것입니다. 대법원은 나름대로 건축신고조차 그와 같은 과도한 인·허가의제효과를 가지게 되는 데 따른 폐단과 부작용을 우려하여 수리거부를 통해 건축신고라는 간소화조치의 효과가 남용되는 것을 막아 보고자 시도한 것이라고 선해해 볼 수도 있습니다. 그럼에도 불구하고 앞서 검토한 대법원판례가 자칫 수리를 요하는 신고를 포함한 사인의 공법행위로서 신고의 법리에 대한 심층적인 이론적 뒷받침 없이 과도하게 일반화되어 신고라는 법형식을 '무늬만 규제간소화'일 뿐 사실상 허가와 다름없는 규제개입을 가능케 해주는 수단으로 전락시킬 위험성을 초래하지는 않았는지 반성해 볼 필요가 있습니다.[30]

---

30 이에 관하여 상세한 것은 홍준형, "사인의 공법행위로서 신고에 대한 고찰 — 자기완결적 신고와 수리를 요하는 신고에 관한 대법원판례를 중심으로 —",『공법연구』제40집 제4호 (2012.6)를 참조.

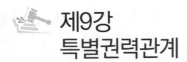

제9강
특별권력관계

　　교도소당국은 복역 중인 갑이 자기의 종전 동료들에게 교도소내의 처우와 교도
관들의 행태를 비난하는 서신을 보내려는 것을 서신 검열 중 밝혀낸 후, 일체의 서
신교환을 차단했습니다. 갑은 이를 감수해야 할까요. 그렇지 않으면 교도소장의 이
러한 조치에 대하여 소송 등을 통하여 보호를 받을 수 있을까요.

　　C 고등학교의 교사 을은 열혈적 도덕주의자로서 중간시험 중 옆의 답안지를 훔
쳐보던 병을 적발하여 뺨을 때렸습니다. 뺨을 맞은 병은 결백을 주장했고 을선생은
이에 더욱 흥분하여 병을 교무실로 데려가 벌을 세웠습니다. 병은 을의 이런 처사를
행정쟁송으로 다툴 수 있을까요.

　　이 두 가지 사례에서 문제를 해결하려면 '특별권력관계'라는 법리를 이해해야
합니다. 두 가지 물음들은 특별권력관계의 법리에 따라, 가령 두 사례 모두, 가령 특
별권력관계에서 벌어진 일이므로 행정쟁송을 통한 권리구제가 주어지지 않는다는 식
으로 달리 응답될 수 있기 때문입니다. 특별권력관계란 과연 무엇이기에 그런 예외
가 인정될 수 있을까요. 그리고 앞서 본 법치행정의 원칙에 비추어 이 법리를 어떻
게 보아야 할까요.

I. 특별권력관계론

1. 특별권력관계의 개념과 유래

특별권력관계란 모든 국민이 국가 또는 지방자치단체의 통치권에 복종하는 지위에 서게 되는 일반권력관계와 구별되는 개념입니다. 즉, 학교, 교정시설 기타 공공시설에의 이용·수용관계, 공무원관계, 병역관계 등 일정한 행정 분야에서 공법상 특별원인(임의적이든 강제적이든)에 의해 성립하는 국가와 시민 간의 특수한 권력관계를 말합니다. 이것은 19세기 말 입헌군주정에서 전개된 독일의 국가학 및 행정학에서 생성된 특별권력관계 이론에 따른 개념입니다.

특별권력관계는 종래 행정내부의 영역, 따라서 법으로부터 자유로운 영역으로 간주되었습니다. 물론 강제적으로 성립되는 특별권력관계의 경우에는 법률의 근거를 필요로 했지만, 이로써 특별권력관계에 속하는 특수한 관계들은 기본권, 법률의 유보 및 사법심사로부터 제외된다는 결과가 달성되었던 것입니다. 행정은 자기 고유의 권리로 특별권력관계의 구체적 내용형성에 필요하다고 생각되는 규율들을 정립할 수 있었을 뿐만 아니라 이 경우 법률의 수권 없이 침해적 처분도 내릴 수 있었습니다. 이러한 규율들이 바로 당시의 견해에 따라 (외부)법적 성격을 결여한 것으로 파악된, 행정규칙이었지요.

2. 특별권력관계론의 해체?

행정에 법치국가의 자유공간을 확보해 준 특별권력관계의 이론은 독일에서는 늦어도 모든 국가 영역에 법치국가의 침투를 요구한 기본법 제정 이후에는 의문시되기에 이르렀습니다. 이런 추세는 시차를 달리하여 우리나라 행정법에서도 기본적으로 관철되었습니다.

> 그럼에도 불구하고 독일의 경우, 특별권력관계는 전통적인 특별권력관계가 그 전형적인 제한들과 함께 관습법적으로 계속 존재하는 것이라고 하거나, 또는 그것이 헌법적으로 규율 내지 전제되고 있다고 주장하는 견해, 나아가 특별권력관계 성립에 대한 임의적인 동의의 계기를 강조한, 다양한 정당화시도들과 함께 훨씬 오래 존속했다고 지적됩니다. 그러나 시간이 갈수록 특별권력관계는 가령 행정내부적 규율 역시 법적 성격을 가진다는 사실이라든지(이로써 그 가장 결정적인 이론적 장애물이 극복되었습니다), 기본권 역시 그 특별한 목적에 따른 제한이 요구되는 경우가 아닌 한,

특별권력관계에서도 적용된다는 점, 나아가 권리보호를 위한 사법심사가 적어도 특별권력관계의 기본관계에 관한 처분들에 대해서는 허용된다고 보아야 한다는 점(예컨대 Ule의 기본관계-업무수행관계구별론1)이 받아들여짐에 따라 본래의 궤도를 이탈하는 또는 부분적인 해체의 길을 걷는 운명을 맞게 되었습니다. 즉, 독일에서 특별권력관계이론의 현상(現狀)은 극히 비관적입니다. Maurer가 적절히 지적하듯이 판례와 압도적인 다수의 견해는 기본권, 법률의 유보 그리고 사법심사에 의한 권리보호가 종래 전통적으로 특별권력관계로 불려왔던 국가-시민간의 관계에서도 마찬가지로 관철된다는 입장을 견지하고 있습니다.[2]

3. 특별권력관계에 관한 학설

특별권력관계의 인정 여부에 관해서는 다음과 같은 학설이 대립합니다.

(1) 부정설

① 전면적·형식적 부정설

민주주의·법치주의가 지배하고 기본권보장에 입각한 현대적 헌법체제하에 있어 공권력의 발동은 반드시 법률의 근거를 요하는 것이므로 헌법·법률의 근거가 없는 한 특별권력관계라는 개념을 인정할 수 없다고 하는 견해입니다.

② 개별적·실질적 부정설

종래 일괄적으로 특별권력관계로 파악되었던 관계들을 개별적으로 그 실질에 따라 판단하려는 견해로 예컨대 공무원 근무관계, 국공립학교 재학관계, 국공립병원 이용관계와 같은 것들은 권력관계가 아니라 계약관계이며, 따라서 법치주의가 전면적으로 적용된다고 합니다.

③ 기능적 재구성설(특수기능적 법률관계론)

특별권력관계를 부정하는 입장에 서면서도 종래 특별권력관계로 파악되어 왔던 제관계들의 부분사회로서의 특수성을 인정하고 그에 따른 고유한 법이론을 재구성하려는 입장입니다.[3]

---

1 Ule, VVDStRL 15, 1957, S.133ff.
2 Maurer, Allgemeines Verwaltungsrecht, 2009, 17.Aufl., § 8 Rn.29.
3 주로 室井力, 園部逸夫, 和田英夫 등 일본학자들의 견해입니다. 김도창, 상, 246을 참조.

(2) 특별권력관계의 수정이론 또는 제한적 긍정설

특별권력관계이론을 변화된 헌법상황에 맞게 수정하려는 시도로 독일에서 전개된 견해입니다. 일반권력관계와 특별권력관계의 본질적 차이를 부정하면서도 특별권력관계의 경우 특수한 행정목적 달성을 위해 법치주의의 완화 여지를 인정하는 입장입니다. 이를테면 군복무관계에 있어 개괄조항에 의한 포괄적 규율권을 인정하는 입법적 결정이 가능하다고 보는 것입니다. 울레(C.H. Ule)는 이른바, 기본관계(Grundverhältnis)와 업무수행관계(Betriebsverhältnis)를 구별하여 전자는 특별권력관계의 발생·변경·종료 등과 같은 개인의 법적 주체로서의 지위에 영향을 미치는 법관계로서 법치주의와 사법심사가 일반권력관계와 다름없이 적용되어야 하는 데 반하여, 후자에 관한 행위는 독립된 법적 주체로서의 개인의 지위에 영향을 미치지 아니 하므로 사법심사의 대상에서 제외된다고 합니다. 그러나 이에 대해서는 이 기본관계와 업무수행관계의 구별이 반드시 용이하지 않고, 모든 업무수행관계에서의 행위(Betriebsakt)를 일괄적으로 사법심사에서 제외할 수 있느냐 하는 등 비판이 제기되고 있습니다.

> **[이른바 부분사회론]**
>
> 김남진교수의 '부분사회론'에 따르면 특별권력관계도 법률이 지배하는 관계인 점에서는 이른바 일반권력관계와 다름이 없고 따라서 기본권이나 법치주의가 일반적으로 타당하다고 합니다. 그의 견해는 그러나 다른 한편으로 국가와 공무원, 학교와 학생과의 관계 등과 같이 일반권력관계와는 그 목적이나 기능을 달리하는 부분사회가 존재하며, 일반권력관계와는 다른 특수한 법적 규율을 받는 특별권력(신분)관계가 존재함도 부인할 수 없다고 합니다. 이 견해는 구성원의 인권보장과 부분사회의 특수한 기능이 실천적 조화(praktische Konkordanz)를 기할 수 있게 함이 그곳에서의 과제가 된다고 하면서, 일반권력관계와 구별되는 특별권력관계 내지 특별신분관계(Sonderstatusverhältnisse)를 인정합니다.[4]

(3) 결론

오늘날 특별권력관계론은 그 전통적 원형이나 수정된 형태 어느 것도 더 이상 타당하지 않습니다. 물론 그렇다고 해서 특별권력관계의 예로 통용되는 관계들 중 일부가 일반적인 행정법관계와 구별되는 특수성을 지니며 또 특수한 법적 규율을 필요로 한다는 점을 부인하는 것은 아닙니다. 그러나 그러한 규율은 법치행정의 원리에 따라 법률에 따라 또는 법률의 수권에 기하여 행해져야 하며 또한 헌법의 기본권

---

4 김남진, 행정법 I, 125.

규정에도 합치되어야 합니다. 이른바 "일반권력관계"라는 것도 통일적이고 포괄적인 법률관계가 아니라 다양한 법관계를 대상으로 하는 집합개념에 불과하다는 사실, 따라서 엄밀히 말하면 모두가 특별법(지위)관계(Sonderrechtsverhältnisse)라고 할 수 있다는 점을 여기서 고려해야 할 것입니다. 또한 종래 특별권력관계로 이해되어 왔던 많은 법적 관계들이 사실상 법적 규율 하에 놓이게 되었다는 현실변화(Verrechtlichung)도 고려해야 함은 물론입니다. 다만 문제는 이들 중 사실상 법적 규율이 이루어지고 있지 않은 법적 관계에 대해 어떤 법적 평가를 내릴 것인지에 있습니다.

> 이와 관련하여, 사립고등학교가 특정 종교의 교리를 전파하는 종교행사에 불참하는 학생들에게 불이익을 줌으로써 신앙을 갖지 아니한 학생에게 참석을 사실상 강제하였고, 학생으로부터 수차례 이의제기가 있었음에도 별다른 조치 없이 계속하여 여러 종교행사를 오랫동안 반복하여 실시한 데 대하여 학생의 기본권(종교에 관한 인격적 법익) 침해, 종립학교에서 허용되는 종교교육의 한계를 넘은 것이므로 위법한 행위라고 보아 원심을 파기한 대법원 2010년 4월 22일 선고 2008다38288전원합의체 판결이 주목을 끌었습니다. 이 판결은 비록 특별권력관계를 직접 다룬 경우는 아니지만, 특히 대법원이, 강제배정에 따른 학교 선택권이나 학생 선발권에 대한 제한이 불가피하다는 점을 뒷받침하기 위한 것이었을지라도, 우리 헌법이 교육제도의 근간으로 삼는 공교육제도 하에서 관련 법률이 사립학교에 대하여 국·공립학교와 구분 없는 규율을 하며 재정지원을 하는 등 사립학교가 공교육체계에 편입되어 있다는 점을 확인한 것은, 향후 국공립학교재학관계 역시 사립학교재학관계와 마찬가지로 특별권력관계에 따른 법적 특수성을 인정하든지 아니면 더 이상 특별권력관계가 아니라고 보든지 간에, 법적 판단의 변화가 생길 수 있는 여지를 남겼다는 점에서 의미가 있다고 평가됩니다.[5]

II. 특별권력관계의 성립, 종류, 내용

1. 특별권력관계의 성립

특별권력관계는 모든 국민 또는 주민과의 관계에서 당연히 성립하는 일반 행정 법관계와는 달리, 공법상 특별한 법률원인이 있는 경우에만 성립합니다. 이 특별한

---

5 대법원 2010. 4. 22. 선고 2008다38288 전원합의체 판결. 이 판결이 사회적 관심을 끈 것은 사립미션스쿨에서도 종교교육의 한계를 넘어서서는 아니 되며 학생의 기본권을 존중해야 한다고 판시하여 학생에 대한 기본권제한의 한계에 관한 지침을 제시했기 때문이지만, 종래 특별권력관계의 하나로 간주되어 온 국공립학교 재학관계에서의 기본권제한의 한계에 관해서도 좋은 시사점을 제시한 것으로 평가할 수 있습니다.

법률원인은 직접 법률의 규정에 의하는 경우와 상대방의 동의에 의하는 경우로 나누어 볼 수 있습니다.

(1) 법률의 규정(강제가입)

직접 법률의 규정에 따라 특별권력관계를 성립시키는 원인의 예로는 수형자의 교도소 수용(「형의 집행 및 수용자의 처우에 관한 법률」 §§ 1, 11), 제1급 감염병환자 등의 강제입원(감염병예방법 § 42) 등을 들 수 있습니다.

(2) 상대방의 동의

그 밖에도 특별권력관계는 당사자의 합의, 즉 상대방의 동의에 의해서도 성립될 수 있습니다. 이때 상대방의 동의는 법률이 동의의무를 부과하는 결과 행해지는 동의(의무적 동의)와 임의적 동의로 나뉩니다. 가령 학령아동의 취학과 같은 경우는 의무적 동의의 예이며, 공무원관계, 국공립학교 입학, 도서관 이용 등은 임의적 동의가 행해지는 경우라고 할 수 있습니다.

2. 특별권력관계의 종류

일반적으로 공법상 근무관계·공법상 영조물이용관계·공법상 특별감독관계·공법상 사단관계로 구분되어 왔으나 오늘날 이들 관계의 법적 성질은 전술한 특별권력관계이론의 동요로 인허여 다양한 각도에서 논란되고 있습니다.

(1) 공법상 근무관계

공무원근무관계, 군복무관계 등이 공법상 근무관계에 속합니다.

> **지방자치단체와 소속 지방소방공무원 사이의 관계**
>
> "지방자치단체와 그 소속 경력직 공무원인 지방소방공무원 사이의 관계, 즉 지방소방공무원의 근무관계는 사법상의 근로계약관계가 아닌 공법상의 근무관계에 해당하고, 그 근무관계의 주요한 내용 중 하나인 지방소방공무원의 보수에 관한 법률관계는 공법상의 법률관계라고 보아야 한다. 나아가 지방공무원법 제44조 제4항, 제45조 제1항이 지방공무원의 보수에 관하여 이른바 근무조건 법정주의를 채택하고 있고, 지방공무원 수당 등에 관한 규정 제15조 내지 제17조가 초과근무수당의 지급 대상, 시간당 지급 액수, 근무시간의 한도, 근무시간의 산정 방식에 관하여 구체적이고 직접적인 규정을 두고 있는 등 관계 법령의 내용, 형식 및 체제 등을 종합하여 보면, 지방소방

공무원의 초과근무수당 지급청구권은 법령의 규정에 의하여 직접 그 존부나 범위가 정하여지고 법령에 규정된 수당의 지급요건에 해당하는 경우에는 곧바로 발생한다고 할 것이므로, 지방소방공무원이 자신이 소속된 지방자치단체를 상대로 초과근무수당의 지급을 구하는 청구에 관한 소송은 행정소송법 제3조 제2호에 규정된 당사자소송의 절차에 따라야 한다."[6]

(2) 공법상 영조물이용관계

국공립대학 재학관계,[7] 국공립병원 입원관계, 교도소 재소관계 등입니다.

(3) 공법상 특별감독관계

공공단체, 공공조합, 국가사무를 위임받은 행정사무수임자 등에 대한 국가 또는 지방자치단체의 감독관계를 말합니다. 종래 국가로부터 특허나 보호를 받는 특허기업·보호회사와 국가와의 관계도 이를 공법상 특별권력관계의 하나로 보았으나, 오늘날은 그렇지 않습니다.[8]

(4) 공법상 사단관계

과거 농지개량조합이나 산림조합 등 공공조합과 조합원과의 관계를 공법상 사단관계로 보았습니다. 농지개량조합[9]과 그 조합원과의 관계에 대하여 판례는, 반드시 분명치는 않지만, 공법상 사단관계로 파악하는 것으로 보입니다.

"농지개량조합과 그 직원과의 관계는 공법상의 특별권력관계로서 징계처분을 받은 직원은 행정소송으로 이를 다투어야 하는 점 등을 비롯하여, … 중략 … 농지개량조합의 존립목적, 조직과 재산의 형성 및 그 활동전반에 나타나는 매우 짙은 공적인 성격을 고려하건대, 이를 공익적 목적을 위하여 설립되어 활동하는 공법인이라고 봄이 상당하다 할 것이다."[10]

---

6 대법원 2013. 3. 28. 선고 2012다102629 판결.

7 헌법재판소는 서울대학교 1994학년도신입생선발입시안에 대한 헌법소원에서 서울대학교와 학생과의 관계를 공법상 영조물이용관계로 보았습니다(헌법재판소 1992. 10. 1. 선고 92헌마68·76(병합) 결정).

8 박윤흔, 행정법강의(상), 186.

9 농지개량조합은 2000년 1월 1일부터「농업기반공사 및 농지관리기금법」(법률 제5759호, 1999. 2. 5. 제정) 부칙 제8조에 의해 해산되어 농업기반공사로 흡수합병되었습니다.

10 헌법재판소 2000. 11. 30. 선고 99헌마190 결정(농업기반공사및농지관리기금법 위헌확인). 同旨 헌법재판소 1991. 3. 11. 선고 90헌마28 결정; 1999. 8. 25. 선고 99헌마454 결정; 대법원 1999. 12. 28. 선고 99다8834 판결; 1998. 10. 9. 선고 97누1198 판결 등.

3. 특별권력관계의 내용

종래 특별권력관계에 있어 특별권력의 내용은 포괄적인 명령권과 징계권을 포함하는 것으로 이해되어 왔습니다. 그러나 만일 특별권력관계를 부정하는 입장에 선다면, 특별권력관계의 내용인 명령권과 징계권 역시 법적 근거를 전제로만 인정될 수 있게 됩니다. 아무튼 특별권력관계로 파악되었던 관계들 중, 그 목적에 따라 행정주체에게 일반적인 수권이 인정되는 경우가 불가피하게 존재할 수 있음은 물론입니다. 특별권력관계의 내용은 대체로 그 종류에 따라 직무상 권력, 영조물권력, 감독권력, 사단권력 등으로 나뉩니다.

> **특별명령(Sonderverordnung)**
>
> 독일행정법의 일부이론은, 종래 행정규칙으로 파악되었던, 특별권력관계에서 집행권이 발하는 명령을 일반행정규칙과 구별되는 독자적인 법형식으로 보아 이를 특별명령이라고 부릅니다(예: 영조물관리자에 의해 발해진 영조물이용규칙). 법규범에서 정한 법형식이 아니라는 점에서 특별명령이 법규범으로서의 효력을 갖는가에 관해서는 논란되고 있지만 이 역시 법률의 근거가 필요하다고 보아야 합니다. 참고로 독일의 지배적인 견해와 판례는 '행정 고유의 입법권'론에 입각한 개념인 특별명령을 인정하지 않습니다. 이에 대해 특별명령이란 개념 자체가 불필요하다는 입장에 서 있는 마우러(Maurer)에 따르면, 이를 행정규칙으로 보는 견해 역시 이미 설득력을 상실하였고 시민과의 관계를 규율하는 영조물규정 및 이용규정은 각각의 법적 요건을 고려하여 자치법규, 법규명령 또는 일반처분으로 보아야 한다고 합니다.[11]

III. 특별권력관계와 기본권, 법치주의 및 사법심사

법치주의와 기본권의 효력은 특별권력관계에서도 관철되어야 합니다. 따라서 기본권을 제한하기 위해서는 헌법 제37조 제2항의 일반적 법률유보에 따라 법률의 근거가 필요합니다. 또 헌법 제37조 제2항의 기본권제한의 한계(본질적 내용의 침해금지)를 준수해야 합니다. 반면, 종래 특별권력관계로 보아 온 공무원관계처럼 헌법 스스로 근로삼권을 부정 또는 제한하는 규정(제33조)을 두고 또 이를 법률에서 구체화시킨 경우(국가공무원법 § 66)도 있습니다.

특별권력관계에서의 행위에 대한 사법심사 가능성에 관해서는 종래 전면적 부

---

11   Maurer, §§ 8 Rn.31, 24 Rn.14.

정설(절대적 구별설의 입장)과 제한적 긍정설(상대적 구별설 또는 수정설의 입장)이 주장되었지만, 행정쟁송법상 처분성이 인정될 경우 사법심사의 대상이 된다는 데 의문이 있을 수 없습니다.

한편, 특별권력관계에서의 행위에 대한 사법심사의 범위나 내용에 관한 한, 판례의 태도는 여전히 전통적인 시각을 크게 벗어나지 않았었지요. 일례로 대법원은 장교 2명이 그들을 포함한 장교 5명 명의로 명예선언이란 의식행사를 가지고 기자회견을 한 행위가 군인복무규율 제38조가 금지하고 있는 "군무 외의 집단행위"에 해당한다며 다음과 같이 판시한 바 있었습니다:

> 「군인의 "군무 외의 집단행위"를 금지한 군인복무규율 제38조는 헌법 제39조, 국군조직법 제6조, 제10조 제2항, 군인사법 제47조, 제47조의2의 각 규정에 근거하여, 그리고 군인의 대외발표 사항이 군사기밀에 저촉되는 사항, 적을 이롭게 하는 사항, 군의 위신을 손상시키는 사항 등인지 여부에 관한 지휘관이나 참모총장에 의한 검열, 승인 등을 규정하고 있는 육군보도업무규정 제3조 제10호, 제14조, 제18조, 제20조의 각 규정은 위 헌법, 국군조직법, 군인사법의 각 규정 및 군인복무규율 제182조 제1항에 근거하여 군인의 기본권을 제한하고 있는 규정으로 보아야 할 것이며 이는 특수한 신분관계에 있는 군인에 대하여 국방목적수행상 필요한 군복무에 관한 군율로서 그 규제가 합리성을 결여하였다거나 기본권의 본질적인 내용을 침해하고 있다고 볼 수도 없으므로 위 각 규정을 위헌 또는 무효의 규정이라고 볼 수 없다. 따라서 원심이 위 각 규정이 위헌이라 볼 수 없다고 한 판단은 결국 정당하고 거기에 소론과 같이 기본권제한이나 특별권력관계에 관한 법리를 오해한 위법이 있다고 할 수 없다.」[12]

그러나 대법원은 최근 위 판례와는 미묘한 뉘앙스를 지닌 판결을 내리기 시작했습니다. 예컨대, 군인이 상관의 지시와 명령에 대하여 헌법소원 등 재판청구권을 행사한 경우, 그것이 위법·위헌인 지시와 명령을 시정하려는 데 목적이 있을 뿐, 군 내부의 상명하복관계를 파괴하고 명령불복종 수단으로서 재판청구권의 외형만을 빌리거나 그 밖에 다른 불순한 의도가 없다면, 정당한 기본권 행사이므로 군인의 복종의무를 위반하였다고 볼 수 없다고 판시하였습니다.[13]

---

12 대법원 1991. 4. 23. 선고 90누4839 판결(파면처분취소).

13 대법원 2018. 3. 22. 선고 2012두26401 전원합의체 판결(전역처분등취소). 이 판결에는 대법관 고영한, 대법관 조희대, 대법관 박상옥, 대법관 이기택의 반대의견이 붙어 있습니다: "군인을 포함하여 모든 국민이 헌법상 재판청구권을 가짐은 다툼의 여지가 없다. 그러나 재판청구권이 절대적, 무제한적인 권리는 아닐 뿐만 아니라, 재판청구권의 행사 의도나 목적 또는 방법에 따라서는 사후에 그 행사자가 형사처벌을 받거나 민사상 손해배상책임을 지기도 하고 징계처분을 받을 수도 있다. 군 지휘관의 직무상 명령이 명백히 위법한 것이 아닌 이상 부하인 군인은 복무규율에 따라 이에 복종할 의무가 있다. 그런데 상관의 명령에 대한 복종

"군인이 일반적인 복종의무가 있는 상관의 지시나 명령에 대하여 재판청구권을 행사하는 경우에는 재판청구권이 군인의 복종의무와 외견상 충돌하는 모습으로 나타날 수 있다.

그러나 상관의 지시나 명령 그 자체를 따르지 않는 행위와 상관의 지시나 명령은 준수하면서도 그것이 위법·위헌이라는 이유로 재판청구권을 행사하는 행위는 구별되어야 한다. 법원이나 헌법재판소에 법적 판단을 청구하는 것 자체로는 상관의 지시나 명령에 직접 위반되는 결과가 초래되지 않으며, 재판절차가 개시되더라도 종국적으로는 사법적 판단에 따라 위법·위헌 여부가 판가름 나므로 재판청구권 행사가 곧바로 군에 대한 심각한 위해나 혼란을 야기한다고 상정하기도 어렵다. 상관의 지시나 명령을 준수하는 이상 그에 대하여 소를 제기하거나 헌법소원을 청구하였다는 사실만으로 상관의 지시나 명령을 따르지 않겠다는 의사를 표명한 것으로 간주할 수도 없다. 종래 군인이 상관의 지시나 명령에 대하여 사법심사를 청구하는 행위를 무조건 하극상이나 항명으로 여겨 극도의 거부감을 보이는 태도 역시 모든 국가권력에 대하여 사법심사를 허용하는 법치국가의 원리에 반하는 것으로 마땅히 배격되어야 한다.

따라서 군인이 상관의 지시나 명령에 대하여 재판청구권을 행사하는 경우에 그것이 위법·위헌인 지시와 명령을 시정하려는 데 목적이 있을 뿐, 군 내부의 상명하복관계를 파괴하고 명령불복종 수단으로서 재판청구권의 외형만을 빌리거나 그 밖에 다른 불순한 의도가 있지 않다면, 정당한 기본권의 행사이므로 군인의 복종의무를 위반하였다고 볼 수 없다."

대법원의 태도는 육군사관학교 생도가 4회에 걸쳐 학교 밖에서 음주하였다는 이유로 퇴학처분을 당한 사안에서 한층 더 분명히 드러납니다. 대법원은 사관생도의 특수한 신분관계를 인정하고 그 존립 목적 달성을 위하여 필요한 한도 내에서 일반 국민보다 상대적으로 기본권이 더 제한될 수 있다고 전제하면서도, 그러나 모든 사적 생활에서까지 예외 없이 금주의무 이행을 요구하는 것은 사관생도의 일반적 행동자유권은 물론 사생활의 비밀과 자유를 지나치게 제한하는 것이라고 판시하여, 원고에 대한 퇴학처분이 적법하다고 한 원심을 파기환송하였습니다.

｢사관생도의 학교 밖 음주 사건｣

[1] 사관생도는 군 장교를 배출하기 위하여 국가가 모든 재정을 부담하는 특수교육기관인 육군3사관학교의 구성원으로서, 학교에 입학한 날에 육군 사관생도의 병적에 편입하고 준사관에 준하는 대우를 받는 특수한 신분관계에 있다(육군3사관학교 설치법 시행령 제3조). 따라서 그 존립 목적을 달성하기 위하여 필요한 한도 내에서 일반 국민보다 상대적으로 기본권이 더 제한될 수 있으나, 그러한 경우에도 법률유보원칙, 과잉금지원칙 등 기본권 제한의 헌법상 원칙들을 지켜야 한다(대법원 2018. 3. 22. 선고 2012두26401 전원합의체 판결 참조).

으로 참을 수 없는 불이익이 발생한다면, 부하로서는 우선 군인복무규율에 따라 내부적 해결을 위한 진지한 노력을 하여야 하고, 그에 따른 해결이 이루어지지 않는다면 법이 정한 다른 구제방법을 찾아야 한다. 만약 이와 달리 군대 내에서 발생하는 모든 불이익에 대해, 군인들이 언제라도 자유로이, 일반 법령이 정한 군대 밖의 국가기관의 구제절차를 통해 불이익의 해소를 시도하는 것이 정당화된다면, 국군의 조직력은 와해되고, 그로 인한 위험은 전체 국민이 떠안게 될 것이다."

[2] 사관학교의 설치 목적과 교육 목표를 달성하기 위하여 사관학교는 사관생도에게 교내 음주 행위, 교육·훈련 및 공무 수행 중의 음주 행위, 사적 활동이라 하더라도 신분을 나타내는 생도 복장을 착용한 상태에서 음주하는 행위, 생도 복장을 착용하지 않은 상태에서 사적 활동을 하는 때에도 이로 인하여 사회적 물의를 일으킴으로써 품위를 손상한 경우 등에는 이러한 행위들을 금지하거나 제한할 필요가 있음은 물론이다. 그러나 여기에 그치지 않고 사관생도의 모든 사적 생활에서까지 예외 없이 금주의무를 이행할 것을 요구하는 것은 사관생도의 일반적 행동자유권은 물론 사생활의 비밀과 자유를 지나치게 제한하는 것이다. 나아가 사관생도 행정예규 제12조에서 사관생도의 모든 사적 생활에서까지 예외 없이 금주의무를 이행할 것을 요구하면서, 그 제61조에서 사관생도의 음주가 교육 및 훈련 중에 이루어졌는지 여부나 음주량, 음주 장소, 음주 행위에 이르게 된 경위 등을 묻지 않고 일률적으로 2회 위반 시 원칙으로 퇴학조치하도록 정한 것은 사관학교가 금주제도를 시행하는 취지에 비추어 보더라도 사관생도의 기본권을 침해하는 것이다.[14]

종래 특별권력관계로 통용되던 관계들은 오늘날 대부분 법적 규율을 받고 있습니다. 따라서 그 한도 내에서 법치주의의 불침투성은 더 이상 문제되지 않지요. 그러나 특별권력의 포괄적 지배권의 당연한 귀결로 정당화되었던 일반적 명령이나 징계조치들을 재량개념에 의해 뒷받침하려는 경향도 상존합니다. 이러한 현상은 특별권력관계의 목적 달성을 위해 또는 그 특성을 고려할 때 불가피한 부분도 없지 않으나 법이론적으로는 많은 문제를 남깁니다. 특별권력관계에서의 행위가 재량행위인지 여부는 특별권력관계의 특수성이 아니라, 후술하는 재량과 불확정개념에 관한 일반원칙으로 해결할 문제입니다.

---

14   대법원 2018. 8. 30. 선고 2016두60591 판결.

행정작용법
(행정의 행위형식)

제10강
행정은 어떤 법적 수단을 사용하는가?
– 행위형식론

　행정은 임무 수행을 위해 어떤 수단들을 쓸까요? 행정의 병기고에는 다양한 수단들이 준비되어 있습니다. 단순한 사실작용에서 행정의 법정립(입법)에 이르는 다양한 법형식들이 그 목적 달성을 위한 수단으로 투입될 수 있다는 것이지요. 이 다양한 활동형식에 구조와 체계를 부여하는 작업이 '행위형식론'(Handlungsformenlehre)의 과제입니다.

　행정의 행위형식론은 주로 독일행정법의 영향을 받아 「행정행위」(Verwaltungsakt)를 중심개념으로 하여 전개되어 왔습니다. 종래 행정소송법상 열기주의(Enumerativprinzip)하에서 행정행위가 권리보호의 길을 열어주는 임무(rechtsschutzeröffnende Aufgaben)를 띠면서 행위형식론의 중심을 차지했고 따라서 재판상 권리보호의 문제도 이를 준거로 논의될 수 밖에 없었습니다. 이 점은 독일행정법의 특징적 성격을 말해 주는 측면으로, 프랑스행정법이 이익의 계기를 전면에 내세워 '공역무'(service public)의 관념을 중심으로 발전했던 것과 의미 있는 대조를 이룹니다. 행정행위를 중심개념으로 했다는 것은 권력행정, 즉 행정이 우월적 의사주체로서 국민에 대하여 명령하고 강제하는 권력적 계기를 중심으로 행정작용의 내용을 검토해 왔다는 것을 의미합니다. 물론 이러한 사정은 오늘날 이미 극복되었습니다.[1] 일례로 독일연방행정절차법(VwVfG)

1　Schmidt–Aßmann, Rechtsformen des Verwaltungshandelns, DVBl 1989, 533ff.(535); O. Bachof, Die Dogmatik des Verwaltungsrechts vor den Gegenwartsaufgaben der Verwaltung, in: VVDStRL 30(1972), S.193–244, 특히 발제요지 23–25를 참조.

제9조가 행정계약(verwaltungsrechtlicher Vertrag)을 행정행위와 함께 동등한 위치에 놓고 규율하고 있는 것은 이미 학설·판례에 의해 승인된 결과2를 입법적으로 비준한 결과입니다. 그럼에도 불구하고 행정행위가 행위형식론에서 차지하는 중심적 지위는 변함이 없고 이 점은 프랑스행정법에서도 마찬가지입니다.3

행위형식론의 변천, 즉 행위형식의 다양화 및 중점변화가 현대행정법의 추세임은 부정할 수 없습니다. 그러나 다른 한편, 행위형식의 변화가 우리 행정법 논의에 충분히 반영되지 못하고 있는 것도 사실입니다. 가령 행정법관계의 특질을 주로 행정행위의 특질에 대입시켜 고찰하는 문헌 대다수가 답습해 온 서술방식이 일례인데 이런 사고방식은 오늘날 날로 다양화되는 행정의 활동형식을 고려할 때 더 이상 타당할 수 없습니다.

행위형식론은 형식의 관념(Formenidee)과 체계의 관념(Systemidee)의 결합에 입각합니다.4 즉, 그것은 행정활동의 복잡한 현실로부터 각각의 행위요소들을 추출하여 그 의미를 행위와의 관련 하에 분석하고(Formung), 다시 이를 유형화된 행위형식의 체계(Systemfolgen)에 위치 지웁니다. 행정활동의 법형식들은 따라서 각각 특별한 법적 규율을 받는 유형화된 행위의 단편들(vertypte Handlungsausschnitte)이라 할 수 있습니다. 행위형식론은 그 이와 같은 법적 효과의 형식에 의한 통제를 통해 비로소 그 행정법상의 효용을 발휘하게 됩니다. 행정의 행위형식론은, 무엇보다도 법실무 측면에서, 첫째, 구체적으로 각각의 행위에 어떠한 법적 요건과 효과, 쟁송수단 등을 결부시킬 것인가 하는 문제를 해결하는 데 기여할 뿐만 아니라, 둘째, 어떤 행위형식이 특정 행위유형에 해당하지 않을 경우 일종의 유추(類推)를 통해 가장 근사한 정형적 행위형식에 대한 법적 규율을 발견하여 그것에 적용할 수 있도록 합니다(기준 제공의 기능). 특히 후자의 기능은 행정활동형식의 다양화라는 현대행정의 추세에 따라 이른바 비정식적 행정활동(informales Verwaltungshandeln)이 행정목적 달성의 수단으로 점점 더 빈번히 활용되고 있다는 점을 감안할 때, 결코 포기할 수 없는 실제적 가치를 지닙니다.

---

2 이에 관해서는 Efstration, Die Bestandskraft des öffentlich–rechtlichen Vertrages, 1988, S.82ff.; Schmidet–Aßmann/Krebs, Städtebauliche Verträge, 1988을 참조. 이것은 또한 소송법적으로도 확인되고 있는데 특히 확인소송에 대한 관심이 현저히 커진 것이 그 예입니다 (Schmidt–Aßmann, DVBl 1989, 535).

3 J. Rivero, Droit Administratif, 13e éd.(1990), Dalloz, n° 91, p.114.

4 Schmidt–Aßmann, DVBl 1989, S.533.

행정활동의 종류와 형태는 행정의 그것과 마찬가지로 매우 다양합니다. 또한 새로운 행위유형이 계속 대두되고 있습니다. 기존의 행위유형들 역시 날로 복잡다양화하거나 변형되는 경향을 보이고 있습니다. 일례로 「행정기본법」은 제20조에 "행정청은 법률로 정하는 바에 따라 완전히 자동화된 시스템(인공지능 기술을 적용한 시스템을 포함한다)으로 처분을 할 수 있다. 다만, 처분에 재량이 있는 경우는 그러하지 아니하다."는 규정을 두었는데 이는 이미 오래전부터 활용되어 온 '자동적 처분'을 명문화한 결과입니다. 이들 행위유형들을 모두 통일적인 체계에 의해 분류, 포착하기란 결코 쉬운 일이 아닙니다. 그러나 대체로 행정의 활동형식은 다음 기준으로 체계적으로 유형화시킬 수 있습니다. 즉, 행정활동은 귀속되는 법영역을 기준으로 공법행위와 사법행위로 나누고, 전자를 법적 효과의 발생여하 및 양태에 따라 법적 행위와 사실행위로 나누며, 법적 행위를 다시 행정의 외부관계(대국민관계)에 대한 것인지 내부관계에 관한 것인지에 따라 각각의 활동형식을 유형화하여 귀속시킬 수 있습니다.

가장 전형적인 행위형식은 법적 행위, 특히 외부관계에서 구체적 법적 효과를 발생하는 법적 행위들입니다. 외부적·구체적 법적 행위들은 형태구조(formation de l'acte)에 따라 일방적 행위(acte unilatéral)와 쌍방적 또는 다면적 행위(acte bi ou plurilatéral)로

〈행정의 활동형식〉

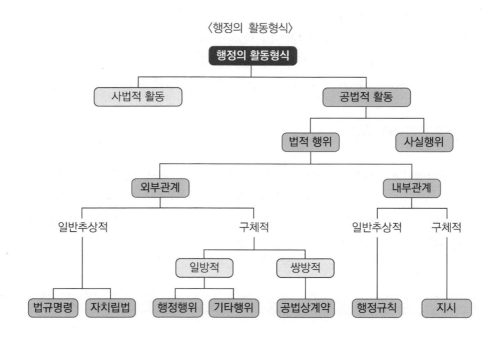

나뉘며, 전자의 예로는 단독행위인 행정행위, 합성행위(예: 합의제기관의 의결), 후자의 예로는 둘 또는 복수의 의사 합치로 성립하는 공법상 계약과 합동행위가 있습니다.

I. 행정행위

1. 행위행식의 기준으로서 행정행위

경찰관의 교통신호, 조세부과처분, 건축허가, 영업허가, 징집영장의 교부, 토지 수용처분 등과 같은 행정조치들은 우리가 일상생활에서 가장 빈번히 접하는 행정작용의 유형들입니다. 그러나 이처럼 광범위한 분야에서 행해지는 다양한 종류의 행위들은 모두가 공통적인 성질을 띠고 있어 공통된 법적 규율을 받습니다. 이 다양한 행위들을 묶어 주는 개념이 바로 행정행위(Verwaltungsakt: décision exécutoire)입니다. 행위형식론에서 행정행위란 행위형식은 단연 중심적 지위를 차지합니다. 물론 그 비중은 행정법의 현대적 변용과정에서 많이 약화되고 변질되었지만, 적어도 기준 설정의 측면에서는 오늘날에도 기본적으로 유지되고 있습니다.

행정행위는, 일면 사적 자치(Privatautonomie)의 구현수단인 사법상 법률행위와, 타면 행정작용의 다른 법형식들과 구별됩니다. 따라서 행정작용의 가장 표준적인 행위형식으로서 행정행위의 개념을 분명히 할 필요가 있습니다. 행정행위의 개념은 그 효력 및 쟁송방법의 특수성과 관련하여 행정법상 행위형식론의 중심적 고찰대상입니다.

2. 행정행위의 개념

행정행위는 강학상 개념입니다. 그것은 처분, 결정, 허가, 면제 같은 실정법 개념들을 공통적으로 인식하고 그 법적 규율을 탐구할 수 있게 해주는 이론적 목표에 봉사합니다. 행정행위의 개념은 범위에 따라 최광의·광의·협의·최협의 네 가지로 나뉩니다. 그러나 아의 세 가지 개념들이 쓰이는 경우는 드물고,[5] 최협의 행정행위

---

5 이에 관하여 상세한 것은 김도창, (상), 1992, 359 이하를 참조.

개념만 사용됩니다. 행정행위란 「행정청이 법 아래서 구체적 사실에 대한 법집행으로서 하는 권력적 단독행위인 공법행위」로 정의됩니다.

행정행위의 개념을 규명하려면 다른 행위형식들과 무엇이 다른지, 차이를 밝혀야 합니다. 그러려면 행정행위 개념의 구성요소들을 분석할 필요가 있습니다. 아래 도식에서 보듯 그 개념요소들은 ① 행정청의 행위일 것, ② 공법행위일 것, ③ 법적 규율을 내용으로 하는 법적 행위(외부적 행위·직접적 법적 효과·의사표시), ④ 권력적 단독행위일 것 등으로 나닙니다.

〈행정행위의 개념요소와 체계상 위치〉

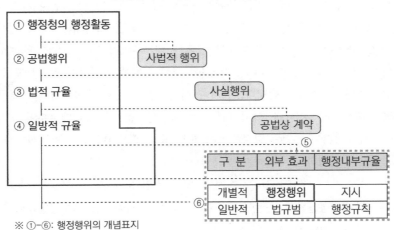

※ ①-⑥: 행정행위의 개념표지

(1) 행정청의 행위

행정행위는 「행정청」이 하는 행위입니다. 행정청이란 일반적으로 '행정주체의 의사를 결정하여 외부적으로 표시할 수 있는 권한을 가진 기관'을 말합니다.[6] 여기에는 국가·지방자치단체의 기관 외에도 공무수탁사인(Beliehene)이 포함됩니다. 입법기관이나 사법기관도 그 소속공무원을 임명하는 등 행정적 기능을 수행하는 한도 내에서 이에 해당됨은 물론입니다.

---

6 이 경우 행정상 권리·의무의 귀속주체와 행위주체의 구별이 전제되고 있는 셈입니다. 국가기관의 경우 이를 행정관청, 지방자치단체의 경우를 행정청, 양자를 합하여 행정청이라고 부르는 것이 일반적입니다(김남진, 행정법 II, 법문사, 2000, 11).

(2) 공법상 행위

이 점에서 사법(私法)행위(가령 국고작용)와 구별됩니다. 행정행위가 공법행위라는 것은 그 법률적 효과에 관한 것이 아니라 행위의 근거에 관한 것입니다.

(3) 법적 규율을 내용으로 하는 법적 행위

행정행위는 법적 규율(Regelung)을 내용으로 하는 법적 행위라는 점에서 사실행위(schlichte Verwaltungshandeln; Realakte)와 구별됩니다. 사실행위는 첫째, 정신작용을 요소로 하지 않고 외계적 사실(사건)을 요소로 하는 점, 둘째, 행위 자체에 법적 효력이 인정되지 않는다는 점에서 행정행위와 구별됩니다.7 사실 행정작용은 가령 도로·하천공사, 장부·서류의 정리, 임검검사, 수거, 무허가건물철거의 대집행, 익사자를 위한 원조강제처럼 오히려 사실행위인 경우가 대부분이라고 해도 과언은 아니며,8 이에 대한 권익구제의 필요성이 행정행위에 대한 구제에 못지않게 절실하고 중요하다는 점은 말할 나위가 없습니다. 그러나 사실행위의 실제적 중요성에도 불구하고 그 법적 역할은 2차적입니다. 왜냐하면 이들 사실행위는 실은 그 대부분이 행정결정을 준비하거나 선행하는 행정결정을 집행하고 또는 행정서비스를 수행하는 등 일정한 행정결정을 실행하는 행위이기 때문입니다.9 물론 사실행위에서는 어떤 법적 효과도 발생하지 않는 경우가 일반적이지만, 일정한 법률효과가 결부되는 경우도 있습니다. 예를 들면 경찰관의 순찰이 단순한 사실행위일지라도 공무집행방해죄에 의해 보호되고, 압수된 마약의 폐기처분으로 소유권이 소멸되거나, 도로공사 등 공토목공사로 국민의 권리를 침해하면 손해배상의 문제를 발생시키는 것과 같습니다. 그러나 이와 같은 사실행위의 법적 효과는 어디까지나 간접적으로(de manière indirecte) 발생하는 효과일 뿐입니다. 그것은 행정행위에 있어 법이 행정청의 의사결정 및 표시에 법적 효과를 부여하게 되는 계기, 즉 의사결정 및 표시를 통한 법적 규율로서의 계기를 결여하므로 이 점에서 행정행위의 법적 효과와는 동일시할 수 없습니다. 법적 규율의 내용은 다음과 같습니다.

---

7 김도창, 상, 356.

8 이 점은 김도창교수(상, 356 각주 13)가 옳게 지적한 바와 같습니다.

9 Rivero, Droit Administratif, p.113, n ° 90. 리베로는 이를 'opérations administratives'라고 하여 행정결정(décision)과 구별합니다.

① 외부적 행위

행정행위는 행정조직 내부에서의 행위가 아니라 외부 관계, 즉 대국민 관계에서 상대방인 개인에 대해 권리·의무의 변동을 가져오는 행위입니다. 따라서 행정조직 내부에서 상급관청이나 상관이 발하는 지시나 명령 등은 행정행위가 아니며 행정규칙 역시 행정행위가 아닙니다.

② 직접적·법적 효과

행정행위는 직접 법적 효과를 발생하는, 다시 말해서 권리·의무의 발생·변경·소멸 등의 권리변동을 가져오는 행위여야 하므로, 법적 효과를 발생시킬 수 있는 단순한 추상적 가능성만을 지닌 행위 또는 그런 법적 효과를 지니지 않는 행정지도나 도로청소 등과 같은 행위는 행정행위가 아닙니다. 그러나 환경문제나 소비자보호문제 등과 관련하여 이 요건이 완화될 여지가 있습니다. 사실행위도 그것이 수인의무(Duldungspflicht)를 수반하는 경우(예: 수색·체포, 감염병환자의 강제격리 등)에는 행정행위에 해당합니다.[10]

③ 의사의 표시

행정행위는 원칙적으로 의사의 표시를 요소로 하며, 여기에 일정한 법적 효과가 주어지는 법적 행위라는 것이 통설적 설명입니다. 물론 행정행위는 행정청의 의사(심리)표시만으로 법적 효과가 발생하기도 하고, 의사표시와 다른 요소(예컨대 상대방의 참여나 신청, 부관, 감독관청의 인가)가 결합하여 법적 효과를 발생하는 경우가 있습니다.

④ 구체적 사실에 대한 법집행

행정행위는 구체적 사실에 대한 법집행입니다. 이 요건은 무엇보다도 행정행위가 입법행위가 아니라는 점을 밝혀줍니다.

법적 규율의 유형은 위 표에서 보듯 그 수범자(Adressat)의 특정 여부에 따라 일반성/개별성과 그 규율대상인 사안의 내용(Regelungsgehalt)에 따라 구체성/추상성의 표지에 따라 각각 구분됩니다.

이 경우 개별적·구체적 규율이 가장 전형적인 행정행위에 해당됩니다. 또한 일반적·추상적 규율이 법규범에 해당된다는 점도 의문의 여지가 없습니다. 그리고 아

---

10 홍정선, 상, 276.

<행정행위에 있어 법적 규율의 유형>

구별기준		사안의 특정 여부	
		구체적	추상적
수범자	개별적	① 행정행위	③ 행정행위
	일반적	② 일반처분	법규범

래 그림에서 ②에 해당되는 일반처분(Allgemeineverfügung) 역시 행정행위의 범주에 든다는 것은 분명합니다. 즉, 불특정인에 대한 특정사안의 규율로서, 예컨대 경부고속도로 서울－수원 하행선구간에 대하여 판교 방면 차량진출을 무기한으로 금지하는 고시가 있다면, 또는 모년 모일 일정 장소에서의 집회를 금지한다면 바로 그런 경우에 해당합니다. 그러나 ③의 경우 극히 드물기는 하지만, 예컨대 도로가 결빙하려고 하면 이를 방지하라는 지시,[11] 또는 댐의 물이 위험수위를 넘으면 수문을 열라는 지시[12] 등을 생각할 수 있는데, 이런 경우들은 「구체적 사실에 대한 법집행」에 해당된다고 볼 수 없습니다. 그러나 이러한 규율들도 자세히 살펴보면 어느 정도 반복적인 효과를 지니기는 하지만, 결국 일정한 사정의 발생을 조건으로 구체적인 행위의무를 부과한 것이므로, 예컨대, 안면방해를 이유로 22시 이후에는 음악을 연주하지 말라는 금지와 그 본질적인 차이를 갖는 것은 아니라고 할 수 있습니다.[13] 개별적·구체적 규율뿐만 아니라 일반적·구체적 규율(일반처분), 그리고 사안의 성질에 따라 개별적·추상적 규율로 볼 수 있는 경우도 「구체적 사실에 대한 법집행」으로서 행정행위에 해당합니다. 행정심판법(§ 2 ② 1호)과 행정소송법(§ 2 ② 1호)의 "처분" 개념도 「구체적 사실에 대한 법집행」을 구성요소로 삼고 있습니다.

일반처분의 예는 도로통행금지, 입산금지, 도로의 공용개시 및 공용폐지, 민방위경보 등 증가일로에 있습니다. 문제는 개개의 사안에 대한 규율(Einzelfallregelung)로서 행정행위와 일반적 규율로서 법규범 사이에 위치하는, 전통적인 구별에 잘 들어맞지 않는 내용을 지닌 다양한 법적 행위들 － 예컨대 구속적 행정계획, 교통표지판

---

11 OVG Münster OVGE 16, 289.

12 Wolff/Bachof, VerwR I § 46 VI a 4.

13 이 같은 규율도 행정행위의 성질을 지닌다고 보는 것이 독일의 통설이며 이것은 어쨌든 결과적으로 행정행위에 속한다고 할 수 있습니다(Erichsen/Martens, § 11 II 6.a.).

이나 교통신호등 같은 유형의 행위들의 법적 성질을 판정하기가 그리 쉽지 않다는 것입니다. 이 문제는 특히 이들 유형의 행위들의 법적 성질 여하에 따라 법적 규율이나 권리구제방법이 달라질 수 있기 때문에 중요합니다. 먼저 구속적 행정계획의 경우 판례와 학설은 이를 행정처분에 해당한다고 보고 있습니다.[14]

한편 교통표지판이나 교통신호등의 경우 판례는 아직 없지만 대체로 독일행정법에서 이해하듯,[15] 이를 일반처분으로 보는 데 문제가 없을 것입니다.[16]

(4) 권력적 단독행위

행정행위는 권력적 단독행위, 즉 일방적 규율(einseitige Regelung)로서, 일면 비권력적 작용과, 타면 공법상 계약이나 공법상 합동행위와 구별됩니다. 일방적인 행위인 한, 상대방의 협력이나 동의, 또는 타행정청의 승인 등이 요구되는 경우에도 행정행위임에는 변함이 없습니다. 공무원임명 같이 상대방의 동의가 요구되는 행위는 '쌍방적 행정행위'라 불리기도 하는데 '쌍방적'이란 말은 계약을 연상시키므로 「협력을 요하는 행정행위」(mitwirkungsbedürftiger Verwaltungsakt)라는 개념을 사용하는 것이 나을 것입니다.[17]

3. 실정법상 처분의 개념

「행정기본법」은 처분을 "행정청이 구체적 사실에 관하여 행하는 법 집행으로서 공권력의 행사 또는 그 거부와 그 밖에 이에 준하는 행정작용"으로 정의하여(§ 2 4호) 종래의 행정쟁송법 및 행정절차법에 따른 처분개념을 그대로 반영하였습니다.

행정심판법과 행정소송법은 처분을 "행정청이 행하는 구체적 사실에 관한 법집

---

14 김동희, 행정법 I, 172−173. 대법원은 구 도시계획법 제12조 소정의 도시계획결정이 고시되면 도시구역 안의 토지나 건물소유자의 토지형질변경, 건축물의 신축·개축 또는 증축 등 권리행사가 제한을 받게 되므로 고시된 행정계획결정은 특정개인의 권리 내지 법률상의 이익을 개별적·구체적으로 규제하는 효과를 가져오는 행정청의 처분으로 행정소송의 대상이 된다고 판시한 바 있습니다(대법원 1982. 3. 9. 선고 80누105 판결).

15 예컨대 Maurer, S.158 § 9 Rn.21.

16 이상규, 상, 296; 홍정선, 상, 278 등.

17 홍정선, 282; Scholz, Bd.II, 30.

행으로서의 공권력의 행사 또는 그 거부와 그 밖에 이에 준하는 행정작용"으로 정의합니다(§ 2 ② 1호). 이는 종래 판례의 처분개념을 권리구제의 폭을 넓히기 위해 확대한 것이고 특히 "공권력의 행사 또는 그 거부"뿐만 아니라, "그 밖에 이에 준하는 행정작용"을 포함시킨 점이 주목됩니다.[18] 행정절차법도 같은 처분개념을 채용하고 있습니다(행정절차법 제2조 제2호).

　　처분개념에는 행정소송법 제2조에서 규정하는 협의의 "처분", 즉 전통적인 행정행위[19]와, 광의의 처분, 즉 공권력의 행사·거부에 해당하는 권력적 사실행위(예: 쓰레기하치장의 설치, 감염병환자의 강제격리, 토지출입조사, 불량식품 검사를 위한 수거, 대집행의 실행 등)뿐만 아니라 "그 밖에 이에 준하는 행정작용"이란 규정을 통해 "앞으로의 시대적 수요에 따라 학설·판례를 통하여, … 이른바 형식적 행정처분의 개념 아래 거론되는 행정작용들이 이 범주에서 논의될 수 있을 것"으로 기대되고 있습니다.[20] 이렇게 본다면, 위 법조항에 따른 처분의 개념은 해석론상 당연히 강학상의 행정행위 개념보다는 넓은 것이 될 수밖에 없고,[21] 구체적으로 "그 밖에 이에 준하는 행정작용"이 무엇인가는 결국 학설발전과 판례형성을 통하여 밝혀지기를 기대하는 수밖에 없습니다. 그러나 이 "처분"개념을 해석하는 문제와 이를 바탕으로 새로이 형식적 행정행위개념을 정립하는 문제는 별개의 문제입니다. 문제는 무엇을 기준으로 위의 협의의 처분과의 동가치성을 인정할 것인가에 있고 이에 따라 다음에 논의하는 행정행위 효력의 특수성 인정 여부 및 인정범위 여하가 결정되기 때문입니다. 특히 문제가 되는 것은 사실행위 중 행정쟁송에 의한 권리구제가 필요하다고 인정되는 경우일진대, 상대방의 수인의무를 발생시키는 권력적 사실행위의 경우에는 전술한 바와 같이 처분의 개념에 해당하는 것으로 보고, 그 밖의 경우에는 처분성을 인정할 것이 아니라

18　김도창, 상, 688.
19　이와 관련하여 행정심판법(§ 1)과 행정소송법(§ 1)은 행정쟁송의 대상을, 「…처분 그 밖에 공권력의 행사·불행사」라고 규정하고 있는데 이 중 "처분"이란 실체적 행정행위를 의미한다고 합니다(김도창, 상, 756).
20　김도창, 상, 756.
21　만일 「행정청이 행하는 구체적 사실에 관한 법집행으로서 공권력의 행사와 그 거부」에 권력적 사실행위가 포함된다고 해석하여 이에 처분성을 인정한다면, 적어도 그 한도에서는 행정소송법상 처분개념이 실체적 행정행위개념보다는 넓게 되는 결과가 됩니다. 그러나 이것은 어디까지나 행정소송법 제2조 제1항 제1호의 해석에 관한 개별적 문제이지, 행정행위의 개념을 사실행위 일반에까지 확대하는 문제와 직접적인 관련은 없습니다.

적합한 소송형태를 확충시켜 나감으로써 해결을 모색하는 것이 정도일 것입니다.

4. 행정행위의 종류와 내용

행정행위는 발령권자·내용·재량의 유무·법적 효과·상대방의 협력 필요 여부·대상·형식요건 등에 따라 다양하게 분류될 수 있습니다. 이 분류기준들은 행정행위의 내용이나 효과에 따른 규율 차이를 분석할 수 있게 해주는 설명 도구가 됩니다.

행정행위를 내용에 따라 분류해 보면 다음과 같습니다.

가장 전통적 분류방법으로 민법상 법률행위 분류방식을 유추하여 행정행위가 의사표시를 요소로 하는지 또는 의사표시 이외의 정신작용(인식·판단 등)을 내용으로 하는지에 착안합니다. 이에 따르면, 행정행위는 크게 법률행위적 행정행위와 준법률행위적 행정행위로 나뉘고, 법률행위적 행정행위는 다시 명령적 행위와 형성적 행위로 구분됩니다.

명령적 행위란 일정한 의무를 부과하거나 해제하는 행위로 작위·부작위·수인·급부 등의 의무를 부과하는 하명, 일반적/상대적 금지를 해제하는 허가,[22] 특정한 경우에 한하여 작위·수인·급부 등의 의무를 해제해 주는 면제 등이 해당됩니다. 명령적 행위는 개인이 원래 향유하고 있는 자유를 제한하거나 회복시키는 효과를 지닐 뿐만 아니라 이에 위반할 경우에는 강제집행이나 행정벌이 부과되는 효과를 지닌다는 점에서 일반적으로 기속행위로 평가되어, 요건·효과 면에서 엄격한 법적 제한을 받게 됩니다.

형성적 행위란 반면 기존의 자유를 제한·회복시키는 명령적 행위와는 달리, 새로운 권리나 능력 등의 법적 지위를 설정·변경·박탈하는 행위, 즉, 상대방의 이행을 기다리지 않고 직접 법률관계 변동을 초래하는 행위를 말합니다.

설권행위로서 특허, 포괄적 법률관계 설정행위로서 공무원임명, 귀화허가, 변경행위로서 광업법상 광구변경, 탈권행위로서 광업허가취소를 위시하여 타인 간 법률행위의 효력을 완성시켜 주는 보충행위로서 인가, 타인을 대신해 행위를 하고 그 효과를 본인에게 귀속시키는 공법상 대리가 전형적 예입니다. 종래 이들 행위는 상대방에

---

22 허가가 명령적 행위에 해당되는가는 후술하는 바와 같이 논란의 여지가 있습니다.

게 이익을 준다는 점에서 재량행위로 보았으나, 관계법규정에 따라 개별적으로 판단할 문제입니다. 준법률행위적 행정행위로는 확인·공증·통지·수리 등이 있습니다.

　행정행위의 분류에 있어 법률행위적 행정행위와 준법률행위적 행정행위의 구분은 특히 후자의 경우 의사표시의 계기, 다시 말해서 행정청의 의사에 따라 법률효과가 발생하는 것이 아니라는 것을 근거로 재량의 여지가 없으며 따라서 부관을 붙일 수 없다는 법리와 결부되어 있습니다. 그러나 의사표시를 기준으로 법률행위적 행정행위와 준법률행위적 법률행위를 구별하는 전통적 입장23은 오늘날 다각적으로 재검토되고 있습니다.24 또한 행정행위의 내용적 분류방법 역시, 특히 경제행정법과 관련하여 종래 명령적 행위로만 파악되었던 영업허가의 형성적 행위로서의 성질이 인정되어야 한다는 주장 또는 허가와 특허의 상대화론25이 대두되는 와중에서 점차 의문시되고 있습니다. 그러나 이 분류법을 바탕으로 각기 상이한 법적 결과를 결부시키는 전통적 견해가 여전히 통설적 지위를 차지하고 또 그런 분류방식이 행정행위의 내용 분류의 기초가 되고 있는 점을 전혀 도외시할 수는 없을 것입니다.

23　이 견해는 일찍이 독일에서 코르만(E. Kormann)의 주장("System der rechtsgeschäftlihcen Staatsakte, 1910")을 일본 학자들(특히 美濃部, 田中二郎 등)이 받아들여 통설화한 것입니다. 그러나 독일에서는 이미 오래전 옐리넥크(W. Jellinek, Verwaltungsrecht, 3. Aufl., 1931, Neudruck 1966, S.259)로부터 비판을 받았습니다.

24　김남진, 준법률행위적 행정행위의 문제점, 고시연구 1992/5, 38 이하; 석종현, 일반행정법(상), 323-324; 鹽野 宏, 행정법 I, 91-92 등을 참조. 반면 준법률행위적 행정행위에 대하여 부관의 가능성을 인정하면서도 법률행위적 행정행위와 준법률행위적 행정행위의 분류를 인정하는 견해도 있습니다(박윤흔, 행정법강의(상), 300).

25　가령 최영규, 영업규제의 법제와 그 수단에 관한 연구, 155 이하를 참조.

〈행정행위의 내용적 분류〉

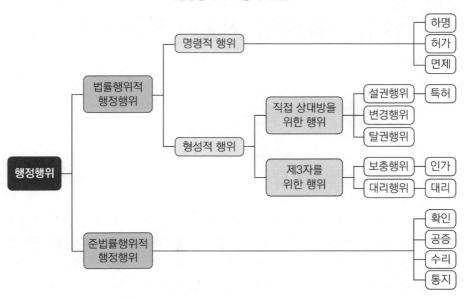

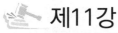

제11강
행위형식론: 재량행위, 재량이 자유인가요?

우리는 종종 '~부 장관이 또는 ~담당기관이 재량을 가진다'는 말을 듣습니다. 별 뜻 없는 사무적 얘기로 흘려 들을 수도 있지만 민원을 넣은 사람의 입장에서는 자칫 사업의 착수나 성공 여부에 심각한 영향을 미치는 무시무시한 말이 되기도 하고 경우에 따라서는 그 '재량'을 유리하게 이끌기 위해 뇌물이나 특혜를 동원하는 등 부정부패를 가져오는 원인이 되기도 합니다. 실제로 경제학자들 가운데에는 '재량이야말로 부패의 근원'이라는 생각을 가진 사람들이 적지 않지요. 그러나 재량은 '만악의 근원'이 아닙니다. 잘 설계되고 본래 취지나 용법대로만 행사된다면 오히려 지혜의 열쇠가 될 수 있습니다. 만일 입법자가 전지전능해서 행정청의 권한을 모두 샅샅이 분석하여 요건과 효과를 명확히 정해 놓을 수만 있다면 '재량', 즉 '선택의 여지'란 개념은 아예 불필요하게 되겠지요. 하지만 현실은 그렇지 못합니다. 아니 오히려 발생가능한 모든 사례상황을 미리 예측하는 것은 신의 영역이어서 그런 일은 꿈도 꿀 수 없을 것입니다. 그렇다면 어쩔 수 없이 행정에게 그런 '선택의 여지'를 남겨야 하는 것일까요. 아닙니다. 입법은 입법이고 행정은 행정입니다. 오히려 행정이 대처해야 하는 상황이 복잡다양하고 변화무쌍하므로 행정에게 적합한 조치를 선택할 수 있는 여지, 즉 권한을 부여하는 것이 합리적이라는 생각, 그런 불확실성의 상황에 적극적·능동적으로 대처할 수 있는 역량이야말로 행정의 본령이라는 철학에서 재량의 개념이 나오는 것이지요. 그런 뜻에서 재량은 결코 '필요악'도 아닙니다. 오히려 현대행정의 과제를 해결해 나가기 위해 없어서는 안 될 법기술적 해법입니다. 재량은 입법자가 법을 만들고 여러 가지 이유에서 남겨놓은 영역에서 행정에 던져 준 불가피한 선택의 여지가 아니라 법을 만들면서 행정이 유념해서 (입법의 영역을 넘어) 입법정신을 살리는 구체적인 선택을 할 수 있도록 부탁한 역할이자 임무입니다. 행정재량의 문제는 입법과 행정, 그리고 사법이 교착하는 행정법의 중추(中樞) 영역에 속합니다.

재량의 사전적 의미는 '자기 생각대로 헤아려서 처리함'입니다. '잰다'(ermessen), '헤아린다'는 개념이 드러납니다. 하지만 그 핵심은 재고 헤아림을 통한 '선택의 여지'(Spielraum)에 있습니다. 행위 여부나 내용을 선택할 수 있는 여지가 재량의 핵심입니다.

전통적 분류방식은 행정행위를 법에 의한 기속 여하에 따라 기속행위와 재량행위로 나눕니다. 그러나 재량의 문제는 '행정행위의 한 종류', 즉 하위범주인 '재량행위'만의 문제는 아닙니다. 재량은 헌법이나 행정법 등 공법 분야를 넘어 일반 모든 법 영역에서 특정 행위유형에 구애됨이 없이 성립·사용할 수 있는 개념이기 때문입니다.

> **민간투자사업 추진 방식 선택에 관한 재량**
>
> "구 사회기반시설에 대한 민간투자법(2016. 3. 2. 법률 제14044호로 개정되기 전의 것, 이하 '민간투자법'이라 한다)은 일정한 사회기반시설을 민간투자법이 정하는 절차에 따라 시행할 수 있도록 정하고 있을 뿐이고, 민간투자자가 사회기반시설을 설치하여 운영하는 사업을 민간투자법에 따라서만 추진하여야 한다는 '적용우선 규정'을 명문으로 두고 있지 않으므로, 민간투자법이 민간투자법에 따른 민간투자사업 이외에 다른 개별 법률에 근거한 다른 방식의 민간투자사업을 허용하지 아니하는 취지라고 보기는 어렵다. 따라서 다른 개별 법률이 다른 방식의 민간투자사업을 허용하고 있는 이상, 행정청에는 민간투자법 이외에 다른 개별 법률에 근거해서도 다른 방식으로 민간투자사업을 추진할 수 있는 재량이 있다고 봄이 타당하고, 이는 대상시설이 민간투자법상 사회기반시설에 해당하여 민간투자법에 따른 민간투자사업 방식이 가능한 경우에도 마찬가지이다."[1]

재량의 문제는 불확정법개념과 함께 행정법의 기본개념 문제로 법치행정의 원리와 연관 지어 논의하는 것이 올바른 접근입니다. 이 점은 법규 해석과 구체적 사실 확정 및 포섭(Subsumtion)을 통해 법적 효과 산출에 이르는 법적용의 논리구조를 통해서도 분명히 확인할 수 있습니다.

법규의 해석상 어떤 법규정이 행정청에게 행위 여부나 내용에 관한 선택의 여지를 부여하고 있다고 판단되는 경우, 행정청은 재량권을 가진다고 말할 수 있습니다(재량의 수권).

1　대법원 2020. 4. 29. 선고 2017두31064 판결(우선협상대상자지위배제처분취소).

예컨대 「집회 및 시위에 관한 법률」 제20조 제1항 제2호에 따라 신고되지 않은 집회나 시위는 관할경찰서장에 의해 해산될 수 있습니다. 관할경찰서장은 이에 따라 해산을 명할 권한을 갖지만 그렇게 해야 할 의무를 지는 것은 아닙니다. 다시 말해서 그는 해산명령을 할 것인가 또는 하지 않을 것인가 라는 두 가지 가능성 사이에서 선택권을 가집니다. 또한 수수료에 관한 법령이 예컨대 3만원에서 5만원 사이의 수수료를 징수할 수 있도록 정하고 있는 경우, 행정청은 그 범위 내에서 수수료를 스스로 정할 수 있습니다. 전자의 경우 행정청이 갖는 재량을 결정재량(Entschließun-gsermessen), 후자의 경우 선택재량(Auswahlermessen)이라고 부릅니다.

반면 기속행위란 법이 일정한 요건이 충족되면 그 효과로 일정한 행정행위를 해야 한다고 규정한 경우 이에 따라 행해지는 행정행위, 즉 법이 행정청에게 결정이나 선택의 여지를 주지 않았다는 의미에서, 「기속된」 행정행위를 말합니다. 따라서 기속행위와 재량행위의 구분은 행정행위 자체의 본질 또는 성질의 차이에서 나오는 것이 아니라, 법이 행정청에게 재량권을 수권했느냐 아니면 법적 기속을 가했느냐에 따라 판단해야 할 문제입니다.

재량행위란 개념범주는 「행정행위의 하위개념」이 아닙니다. 일반적으로 법령이 「필요한 조치를 취할 수 있다」고 규정하는 경우 그 필요한 조치는 비단 행정행위에 한정되지 않습니다. 즉, 재량은 사실행위에서도 인정될 수 있는 개념입니다. 재량행위 문제는 곧 재량권 문제이고, 재량권행사에 의한 행위가 반드시 행정행위일 것을 전제로 하는 것은 아닙니다(재량과 불확정개념 문제는 행정법의 기본개념으로 논의하는 것이 마땅하지만, 다만 독자의 혼란을 피하기 위해 일반적 서술방식에 따릅니다).

한편 행정법령에서 사용되는 법개념 중에는 불확정적인 것이 적지 않습니다. '필요한 경우', '상당한 이유', '공공의 안녕질서 또는 풍속을 해치는'(관세법 § 234), '교통에 위험을 일으키게 하거나 교통에 뚜렷이 방해될 우려'(도로교통법 § 72 ①), '홍수로 인한 재해의 발생을 방지하거나 줄이기 위하여 긴급한 조치가 필요한 때'(하천법 § 41 ②) 등과 같은 규범적 개념들이 그 예입니다.[2] 이들 법개념의 불확정성은 사실상 불가피한 측면이 있고 법목적에 따라 유용하다고도 볼 수 있습니다. 그 경우 행정청이

---

2 종래 불확정개념을 「주간」, 「야간」, 「일몰 후」 같이 지각할 수 있고 따라서 객관적으로 확정할 수 있는 경험적 개념(Empirische Begriffe) 또는 사실적·기술적 개념(faktische, deskriptive Begriffe)과 주관적 평가의 여지가 있는 규범적 개념(normative Begriffe) 또는 가치관련적 개념(wertbezogene Begriffe: K. Engisch)으로 나눠 후자를 재량이 부여된 경우로 보거나 사법심사가능성을 부정하는 입장이 있었으나 경험개념과 가치개념의 구별 자체가 불명확하다는 점에서 더 이상 주장되지 않습니다.

그 개념의 해석에 관하여 판단여지를 가지느냐, 그렇다면 그것은 재량권을 의미하느냐가 문제되는데, 이를 불확정개념 또는 엄밀히 불확정법개념(unbestimmte Rechtsbegriffe)이라고 합니다. 이 문제는 재량 문제와 연관되어 있습니다. 재량행위와 기속행위의 문제는 행정행위와 그 법적 근거 그리고 사법심사에 있어 행정의 구속과 자유의 문제입니다.3

Ⅰ. 기속행위와 재량행위의 구별

1. 구별의 필요성

기속행위와 재량행위를 구별할 필요성, 즉 실익은 다음과 같습니다.

(1) 행정소송과의 관계

기속행위의 흠은 원칙적으로 위법성 문제지만, 재량을 그르치면 부당의 문제가 됩니다. 법률이 행정청의 '위법'처분에 대하여 개괄적으로 행정소송을 제기하도록 허용하는 경우, 재량행위는 통상 위법성 문제가 없기 때문에, 원칙적으로 행정소송의 대상이 될 수 없다고 여길 수도 있습니다.4 그러나 현행법에 재량사항을 사법심사에서 제외한다는 명문의 규정은 없습니다. 오히려 행정소송법은 제27조에서 「행정청의 재량에 속하는 처분이라도 재량권의 한계를 넘거나 그 남용이 있는 때에는 법원은 이를 취소할 수 있다」고 규정하여 재량사항 역시 법이 인정하는 범위 내에서 취소소송의 대상이 될 수 있음을 분명히 하고 있습니다. 게다가 어떤 행위가 재량행위인지 기속행위인지는 본안심리를 통해서만 밝혀질 수 있는 것이지, 소송요건심사과정에서 미리 결정할 수 있는 문제는 아니라는 것이 통설과 판례입니다(청구기각설).5 그렇다면 양자의 구별 실익은 행정소송의 대상성 여부가 아니라, 단지 행정청이 일정한 행정

---

3 C.H. Ule, Zur Anwendung unbestimmter Rechtsbegriffe im Verwaltungsrecht, Gedächtnisschrift für W. Jellinek, S.314.

4 김도창, 상, 380.

5 김도창, 상, 391(각주 16).

행위를 위해 부여된 재량권의 내적·외적 한계를 넘지 않는 한, 설령 재량행사가 타당하지 못하더라도 위법의 문제가 발생하지 않을 뿐이라는 법적 효과의 차이에 있다고 보아야 하겠지요.

> **기속행위와 재량행위에 대한 사법심사 방식**
>
> "행정행위를 기속행위와 재량행위로 구분하는 경우 양자에 대한 사법심사는, 전자의 경우 그 법규에 대한 원칙적인 기속성으로 인하여 법원이 사실인정과 관련 법규의 해석·적용을 통하여 일정한 결론을 도출한 후 그 결론에 비추어 행정청이 한 판단의 적법 여부를 독자의 입장에서 판정하는 방식에 의하게 되나, 후자의 경우 행정청의 재량에 기한 공익판단의 여지를 감안하여 법원은 독자의 결론을 도출함이 없이 당해 행위에 재량권의 일탈·남용이 있는지 여부만을 심사하게 되고 이러한 재량권의 일탈·남용 여부에 대한 심사는 사실오인, 비례·평등의 원칙 위배 등을 그 판단 대상으로 한다(대법원 2001. 2. 9. 선고 98두17593 판결, 2005. 7. 14. 선고 2004두6181 판결 등 참조)."[6]

(2) 부관의 허용 여부

기속행위와 재량행위의 구별은 부관의 허용 여부에 중요한 차이를 가져옵니다. 행정행위의 부관은 재량행위에만 붙일 수 있다는 것이 다수설이자 판례이기 때문입니다. 「행정기본법」 역시 제17조에서 행정청은 처분에 재량이 있는 경우 부관을 붙일 수 있고(제1항), 재량이 없는 경우에는 법률에 근거가 있는 경우에 부관을 붙일 수 있다고 규정합니다(제2항).

반면 기속행위라고 하여 부관을 붙일 수 없는 것은 아니며, 재량행위도 언제나 부관을 붙일 수 있는 것은 아니라는 비판이 제기됩니다.[7] 이 견해에 따르면 양자의 구별로 부관의 허용여부가 좌우되는 것은 아니라고 합니다. 그러나 이 견해 역시 일반적으로 기속행위에 부관을 붙일 수 있다는 주장이 아니라, 법률요건의 충족을 확보할 필요가 있다고 판단되는 때 등 일정한 경우에 한하여 기속행위에 대해서도 부관을 붙일 수 있다는 것이므로, 그 한도 내에서 양자의 구별이 무의미하다고는 볼 수 없습니다.

> **판례**
>
> "일반적으로 기속행위나 기속적 재량행위에는 부관을 붙일 수 없고, 가사 부관을 붙였다 하더라도 이는 무효의 것이다. 따라서 감독관청이 사립학교법인의 이사회소집 승인을 하면서 소집일시·장

---

6 대법원 2007. 5. 31. 선고 2005두1329 판결(도로점용허가거부처분취소등). 또한 대법원 2005. 7. 14. 선고 2004두6181 판결(건축허가신청반려처분취소).

7 김남진, 행정법 I, 282 이하.

소를 지정한 것은 기속재량행위에 붙인 부관으로 무효이다."8

"채광계획인가는 기속재량행위에 속하는 것으로 보아야 하며, 일반적으로 기속재량행위에는 부
관을 붙일 수 없고 가사 부관을 붙였다 하더라도 이는 무효이므로, 주무관청이 채광계획의 인가를
함에 있어 '규사광물 이외의 채취금지 및 규사의 목적외 사용금지'를 조건으로 붙인 것은 광업법
등에 의하여 보호되는 광업권자의 광업권을 침해하는 내용으로서 무효이다."9

(3) 그 밖의 견해

그 밖에 재량행위와 기속행위의 구별 필요성을, 재량행위에는 확정력(불가변력)이
인정되지 않는다는 점에서 찾는 견해가 있으나, 재량행위도 취소·변경이 자유로운
것은 아니라는 비판을 받습니다. 구별 필요성을 공권의 성립가능성과 연관시키기도
합니다만, 기속행위의 근거법에서 공권을 도출하는 문제는 기속행위와 재량행위의
구별과는 전혀 별개의 문제입니다.

(4) 결론

법이 행정청에게 재량을 부여한 것은 행정목적 수행의 탄력성과 융통성을 고려
한 것으로 유용한 것일 뿐만 아니라 복잡다양하고 변화무쌍한 행정수요의 성격상 불
가피하다고 볼 수 있습니다. 그러나 재량이란 법이 의식적으로 행정의 적법성과 합
목적성 사이의 조화를 꾀하기 위해 부여한 것이라는 점을 유념해야 합니다. 재량의
문제를 행정의 법적용과정에서 법치행정의 원리와 마주치는 문제로 다루어야 할 이
유가 바로 거기에 있습니다.

2. 학설

(1) 요건재량설

재량은 행정행위 요건사실의 인정, 즉, 요건사실 해당성에 관한 판단에 있다는
견해로, 행정법규가 처분을 할 수 있다는 수권규정만 두고 처분의 요건에 관해서는
아무런 규정을 두지 않은 경우(공백규정)와 '공익상 필요'만을 요구하는 경우(종국목적)
에는 공익재량(자유재량)에 속하고, 개개의 행정활동에 특유한 중간적인 직접목적을

---

8 대법원 1988. 4. 27. 선고 87누1107 판결.
9 대법원 1997. 6. 13. 선고 96누12269 판결.

처분의 요건으로 규정하고 있을 때(중간목적)에는 **기속재량**이 성립한다고 합니다. 공익목적은 모든 행정활동에 공통된 종국목적일 뿐, 개개의 행정활동은 그것에 특유한 중간적인 직접목적을 통해서만 이 종국목적을 실현할 수 있는 것이므로, 공백규정의 경우나 법이 종국목적만 규정하는 경우에는 행정청이 스스로 그 직접목적을 정할 수 있음을 의미하는 반면, 법이 중간목적을 직접 규정하는 경우 당해 행정활동의 기준이 일의적으로 확정되어 행정청이 이에 기속을 받는 것(기속재량)이라고 합니다.

이 견해는 첫째, 행정행위의 종국목적과 중간목적의 구분 자체가 불분명하고, 둘째, 법규정에 지나치게 편중함으로써 결과적으로 행정의 자유영역을 확대했을 뿐 아니라, 법률문제인 요건인정을 재량문제로 오인한 것이라는 비판을 받습니다.

(2) 효과재량설

재량은 행정행위의 요건이 아니라 법률효과의 선택(작위·부작위, 복수행위 간의 선택)에 있다는 견해로, 기속재량과 공익재량의 구별은 법률효과 선택의 여지가 있는지 여부에 따라 결정된다고 합니다. 법에 특별한 규정이 있는 경우를 제외하고는 행정행위의 성질, 즉 수익적 행위인가 부담적 행위인가에 따라 기속/재량행위 여부를 결정할 수 있다고 보는 이 견해는 일본과 우리나라에서 오랫동안 지배적 학설이었습니다.[10] 이에 따르면 개인의 자유나 권리를 제한하거나 의무를 부과하는 **침익적 행위**는 기속행위이고, 개인에 새로운 권리를 설정하거나 이익을 부여하는 **수익적 행위**는, 법이 특히 개인에게 그 권리·이익을 요구할 수 있는 권리를 인정하는 경우외에는, 원칙적으로 자유재량행위이며, 또 개인의 권리·의무에 **영향**을 미치지 않는 행위는 법이 특별한 제한을 두고 있지 않는 이상, **자유재량행위**라고 봅니다.[11]

이 견해는 재량개념을 축소하여 사법심사의 영역을 확대한 공적을 무시할 수 없지만,[12] 첫째, 급부행정의 영역에서 수익적 행위 역시 그 요건이 일의적으로 규정되어 기속행위로 볼 수 있는 경우가 적지 않고, 둘째, 정책재량이나 전문기술 지식을 요하는 기술재량(예컨대 학위수여 거부나 학생 징계 등)에 속하는 사항은 불이익처분일지라도 사법심사의 대상으로 하기 어렵다는 점에서 비판되고 있습니다.

---

10 김남진 교수(행정법 I, 230)는 행위의 성질을 기준으로 삼는다는 점에서 성질설이라고 합니다.
11 김동희, 행정법 I, 241.
12 藤田宙靖, 行政法 I, 1986, 82.

일부의 학자들은 불확정개념의 사법심사에 관해 주장된 독일의 이론, 특히 바호프(Bachof)나 울레(Ule)의 견해를 판단여지설이란 이름하에 재량행위와 기속행위의 구별을 위한 학설의 하나로 소개하고 있으나 이는 타당하지 않습니다. 학설의 혼동은, 예컨대 「불확정개념에 의하여 행위의 요건이 정하여져 있는 때에도 재량행위가 있음을 인정하는 견해」(이상규, 상, 282)라고 하거나, 또는 판단여지설을 요건재량설과 구별하면서도, 위의 학설들과 동일한 차원에서 고려하는 서술방식(김도창. 상, 386 이하)에서 나타나고 있습니다. 재량과 불확정법개념이 서로 구별되는 것임은 우리나라에서도 대체로 인정되고 있고(김남진, 행정법 I, 225-226), 그것이 또한 독일의 확고한 판례와 통설입니다. 이 점을 감안한다면, 판단여지설은 후술하는 불확정개념의 적용과 사법심사에 관한 문제에서 다루는 것이 옳습니다.

(3) 평가

요건재량설과 효과재량설이 각기 문제점을 지니고 있음은 이미 앞에서 본 바와 같습니다. 대부분의 학자들이 재량행위의 판단기준을 개개의 행정법규의 문언상 표현뿐만 아니라 그 취지나 목적, 행위의 성질을 합리적으로 고려해서 결정하려는 절충적 경향을 보이는 것도 바로 그 때문입니다. 그러나 재량행위와 기속행위의 구별이 행위 자체의 성질로부터 처음부터 규정되는 것이 아님을 인식할 필요가 있습니다. 문제는 어떤 행정행위가 행정청의 재량에 속하는지 를 판단하는 데 있는 것이기 때문입니다. 그것은 일차적으로 관계법규정의 해석문제입니다.

여기서는 먼저 법규정의 문언으로부터 출발해야 할 것입니다. 만일 수권법규가 문언상 '할 수 있다'라는 표현으로 규정하는 경우(가능규정: Kann-Vorschrift)에는 기본적으로 재량권을 부여하는 것으로, 반대로 '하여야 한다', '할 수 없다', '하여서는 아니 된다', 또는 '한다'라고 되어 있으면 기속행위가 성립하는 것으로 이해할 수 있습니다.

반면, 요건재량은 한계적 사례에서 예외적으로 인정될 수 있는 판단여지를 제외하고는 인정하기 어렵습니다. 재량 수권으로 표현된 입법자의 의사와 불확정개념을 통해 표출된 입법기술상의 한계를 동일시할 수는 없기 때문입니다. 불확정개념은 사실 불확정적이기는 하지만 의연 「법개념」(Rechtsbegriff)입니다. 그 최종적 해석권한은 행정청이 아니라 법원이 가지는 것입니다. 따라서 판단여지가 인정되는 경우에도 그 인정 범위는 행정청이 아니라 법원이 정해야 하는 것이므로, 이는 재량과는 구별해야 합니다.

그러나 법규정 문언상의 표현은 일응의 추정을 가능케 하는 단서일 뿐, 절대적 기준은 아닙니다. 가령 법령의 목적이나 사안의 성질상, 법령이 가능규정의 형식을 취하면서도 실질적으로는 이를 합리적인 정당화사유에 의하여 뒷받침될 때에만 수권한다는 취지로 해석되는 경우에는, 이를 법령 문언에도 불구하고 행정의 독자적인 판단을 제한하는 기속규정으로 보아야 할 경우가 충분히 있을 수 있습니다.

> 가령 구 사무관리규정(1991.6.19. 공포: 대통령령 13390호)은 제33조 제2항에서 '공문서를 보존하고 있는 행정기관은 행정기관이 아닌 자가 문서의 열람 또는 복사를 요청하는 때에는 비밀 또는 대외비로 분류된 문서이거나 특별한 사유가 있는 경우를 제외하고는 이를 허가할 수 있다'고 규정하고 있었습니다.[13] 그러나 사무관리규정 제33조 제2항이 '할 수 있다'라는 문언형식을 취했을지라도 이는 규정 취지상 재량권을 부여한 것이 아니라 오히려 기속규정으로 보아야 한다는 것이 대법원의 판단이었습니다. 대법원은 '사무관리규정 제33조 제2항에 의한 행정기관의 정보공개 허가여부는 기밀에 관한 사항 등 특별한 사유가 없는 한 반드시 정보공개청구에 응해야 하는 기속행위로서 행정기관에 대하여 정보공개에 대한 재량권을 부여하고 있다고 해석할 수 없는 것'[14]이라고 판시했고, 1992년 6월 23일 청주시정보공개조례의 재의결취소사건에서 이를 재확인함으로써, 구 사무관리규정 제33조 제2항이 문언 형식으로 보아 행정기관에게 재량권을 부여하고 있다는 것을 전제로 청주시정보공개조례상 정보공개의무조항이 공개 여부에 관한 행정기관의 재량적 판단권한을 박탈한 것으로 위법하다고 주장한 청주시장의 주장을 배척했습니다.[15]

그 밖에 공백규정이나 법문의 표현이 불분명할 경우에는 문제된 행위의 실질을 종합적으로 평가함으로써 법이 의식적으로 행정청의 재량의 자유(Ermessensfreiheit)를 부여한 것으로 볼 수 있는지를 판단해야 할 것입니다. 그 경우 법적 효과도 고려해야 함은 물론입니다.[16] 다만, 수익적 행위 역시 기속행위로 판단될 수 있는 경우도 있을 수 있습니다.

요약하면, 다음과 같습니다.

---

13 1999. 12. 7. 법개정으로 이 조항 자체가 삭제되었습니다.
14 대법원 1989. 10. 24. 선고 88누9312 판결.
15 반면 대법원은 1984년 1월 31일의 판결에서 "행정행위가 기속행위인지 재량행위인지 나아가 재량행위라고 할지라도 기속재량인지 또는 자유재량에 속하는 것인지의 여부가 우선 객관적으로 명백하지 않고 또 행정행위의 전제가 되는 사실의 존부 확정과 그 상당성 및 적법성의 인정은 전혀 당해 행정청의 기능에 속하는 것으로 상대적으로 행정청의 재량권도 확대된다고 할 것이므로 어떤 행정처분의 기준을 정한 준칙 등을 그 규정의 형식이나 체제 또는 문언에 따라 이를 일률적으로 기속행위라고 규정지을 수는 없다."고 판시한 바 있었습니다 (대법원 1984. 1. 31. 선고 83누451 판결).
16 同旨 김유환, 현대 행정법강의, 2016, 박영사, 94. 김유환 교수는 또한 '기본권 관련 행위는 기속행위로 해석될 가능성이 크고 공익 실현과 관련되는 행위는 재량행위로 해석될 가능성이 크다'고 합니다. 그러나 공익과 무관한 행정행위는 생각하기 어렵고 '공익 실현과 관련되는 행위'의 범위가 너무 넓지 않을까요.

1. 관계법규정의 해석문제이므로 출발점은 법규정 문언에 있습니다. 요건재량은 한계적 예외사례에서 인정되는 판단여지를 제외하고는 부정됩니다.
2. 그러나 법규정 문언이나 표현은 '일응 추정'을 위한 단서일 뿐, 절대적 기준은 아닙니다.
3. 공백규정이나 법문의 표현이 불분명할 경우 행위의 실질을 종합적으로 평가하여 법이 행정에 재량의 자유를 부여한 것인지 판단하되, 법적 효과도 고려해야 합니다.

3. 판례

종래 판례 중에는 불이익처분을 기속재량행위로 보거나 특정인에게 권리를 설정하는 행위는 행정청의 재량에 속한다는 취지로 판시한 것들이 적지 않았습니다. 그런 판례들은 효과재량설에 가까운 것으로 이해됩니다.

> 자동차운수사업법에 의한 자동차운수사업의 면허는 특정인에게 권리를 설정하는 행위로서 법령에 특별히 규정된 바가 없으면 행정청의 재량에 속하며(대법원 1990.7.13. 선고 90누2918 판결), 공유수면매립면허는 설권행위인 특허의 성질을 가지므로 원칙적으로 행정청의 자유재량에 속한다는 판례(대법원 1989.9.12. 선고 88누9206 판결), 예외적인 개발행위의 허가는 상대방에게 수익적인 것이 틀림이 없으므로 그 법률적 성질은 재량행위 내지 자유재량행위에 속하며(대법원 2004.03.25. 선고 2003두12837 판결), 구 여객자동차 운수사업법에 의한 개인택시운송사업면허는 특정인에게 권리나 이익을 부여하는 이른바 수익적 행정행위로서 법령에 특별한 규정이 없는 한 재량행위라고 본 판례(대법원 2007.03.15. 선고 2006두15783 판결)가 그런 예입니다.

대법원은 이후에도 '특정인에게 권리나 이익을 부여하는 이른바 수익적 행정처분은 법령에 특별한 규정이 없는 한 재량행위'라고 판시한 바 있습니다.[17]

그러나 대법원은 "어느 행정행위가 기속행위인지 재량행위인지 나아가 재량행위라고 할지라도 기속재량행위인지 또는 자유재량에 속하는 것인지의 여부는 이를 일률적으로 규정지을 수는 없는 것이고, 당해 처분의 근거가 된 규정의 형식이나 체제 또는 문언에 따라 개별적으로 판단하여야 한다."고 판시하였고,[18] 이후에도 동일

---

17 대법원 2014. 5. 16. 선고 2014두274 판결(예방접종으로인한장애인정거부처분취소): 예방접종으로 인한 질병, 장애 또는 사망의 인정 여부 결정이 보건복지가족부장관의 재량에 속한다고 판시한 사례입니다.
18 대법원 1995. 12. 12. 선고 94누12302 판결(주택조합설립인가신청거부처분취소).

한 입장을 재확인해 오고 있습니다.[19]

> "어느 행정행위가 기속행위인지 재량행위인지 여부는 이를 일률적으로 규정지을 수는 없는 것이고, 당해 처분의 근거가 된 규정의 형식이나 체재 또는 문언에 따라 개별적으로 판단하여야 한다(대법원 2001. 2. 9. 선고 98두17593 판결, 대법원 2011. 7. 14. 선고 2011두5490 판결 등 참조). 또한 침익적 행정행위의 근거가 되는 행정법규는 엄격하게 해석·적용하여야 하고 그 행정행위의 상대방에게 불리한 방향으로 지나치게 확장해석하거나 유추해석하여서는 안 되며, 그 입법취지와 목적 등을 고려한 목적론적 해석이 전적으로 배제되는 것은 아니라 하더라도 그 해석이 문언의 통상적인 의미를 벗어나서는 아니 된다(대법원 2008. 2. 28. 선고 2007두13791, 13807 판결 등 참조)."[20]

대법원의 판례는 개별화론을 기본으로 삼고 부분적으로 효과재량의 요소 등을 고려 또는 반영하는 입장으로 보입니다.

물론 대법원의 판례 가운데 효과재량설의 입장을 취한 것으로 판단되는 것들이 있고, 또한 "토지의 형질변경허가는 그 허가기준 및 금지요건이 불확정개념으로 규정된 부분이 많아 그 요건에 해당하는지 여부를 판단함에 있어서는 행정청에 재량권이 부여되어 있다 할 것"이라고 판시하여,[21] 이른바 불확정법개념에 대한 판단에 있어 일종의 요건재량을 인정하는 듯 한 뉘앙스를 보이는 판례들이 있기 때문에 이를 단일한 관점으로 집약하기는 어렵습니다. 하지만 대법원이 위에서 본 개별화론 입장을 취하는 것은 분명하고, 다만 그 개별적 판단과정에서 부분적으로 효과재량의 요소와 불확정법개념에 대한 판단에서 재량의 여지를 고려, 수용하는 입장을 취한 것으로 이해할 수 있겠습니다.

그와 같은 맥락에서 대법원은 다음 일련의 판례에서 보는 바와 같이, 공무원의 승진임용에 관해서는 임용권자에게 일반 국민에 대한 행정처분이나 공무원에 대한 징계처분에서와는 비교할 수 없을 정도의 광범위한 재량이 부여되어 있으며, 지방공무원 승진 예정 인원 산정과 관련하여 장래에 발생할 불확실한 상황에 대한 예측이 필요한 요건에 관한 행정청의 재량적 판단은 내용이 현저히 불합리하지 않은 이상

---

19 대법원 1998. 4. 28. 선고 97누21086 판결(폐기물처리사업부적정통보취소).
20 대법원 2013. 12. 12. 선고 2011두3388 판결(유가보조금전액환수및지급정지처분취소). 또한 대법원 2018. 10. 4. 선고 2014두37702 판결; 2020. 6. 4. 선고 2015두39996 판결(사무장 병원의 개설명의인에 대하여 요양급여비용 징수 처분) 등을 참조
21 대법원 2012. 12. 13. 선고 2011두29205 판결(건축불허가처분취소). 그 밖에도 대법원 2005. 7. 14. 선고 2004두6181 판결 등을 참조.

폭넓게 존중되어야 한다고 판시한 바 있습니다.

공무원 승진임용에 관하여 임용권자에게 부여된 인사재량의 범위

"교육부장관은 승진후보자 명부에 포함된 후보자들에 대하여 일정한 심사를 진행하여 임용제청 여부를 결정할 수 있고 승진후보자 명부에 포함된 특정 후보자를 반드시 임용제청을 하여야 하는 것은 아니며, 또한 교육부장관이 임용제청을 한 후보자라고 하더라도 임용권자인 대통령이 반드시 승진임용을 하여야 하는 것도 아니다. 이처럼 공무원 승진임용에 관해서는 임용권자에게 일반 국민에 대한 행정처분이나 공무원에 대한 징계처분에서와는 비교할 수 없을 정도의 광범위한 재량이 부여되어 있다. 따라서 승진후보자 명부에 포함된 후보자를 승진임용에서 제외하는 결정이 공무원의 자격을 정한 관련 법령 규정에 위반되지 아니하고 사회통념상 합리성을 갖춘 사유에 따른 것이라는 주장·증명이 있다면 쉽사리 위법하다고 판단하여서는 아니 된다."22

[1] 지방공무원의 승진임용에 관해서는 임용권자에게 일반 국민에 대한 행정처분이나 공무원에 대한 징계처분에서와는 비교할 수 없을 정도의 광범위한 재량이 부여되어 있다. 따라서 승진임용자의 자격을 정한 관련 법령 규정에 위배되지 아니하고 사회통념상 합리성을 갖춘 사유에 따른 것이라는 일응의 주장·증명이 있다면 쉽사리 위법하다고 판단하여서는 아니 된다. 특히 임용권자의 인사와 관련한 행위에 대하여 형사처벌을 하는 경우에는 임용권자의 광범위한 인사재량권을 고려하여 해당 규정으로 인하여 임용권자의 인사재량을 부당히 박탈하는 결과가 초래되지 않도록 처벌규정을 엄격하게 해석·적용하여야 할 것이다. 따라서 "누구든지 시험 또는 임용에 관하여 고의로 방해하거나 부당한 영향을 미치는 행위를 하여서는 아니 된다."라고 규정하는 지방공무원법 제42조의 '임용에 관하여 부당한 영향을 미치는 행위'에 해당하는지를 판단함에 있어서도 임용권자가 합리적인 재량의 범위 내에서 인사에 관한 행위를 하였다면 쉽사리 구성요건해당성을 인정하여서는 아니 된다.

[2] 지방공무원법은 공무원의 결원 발생 시 발생한 결원 수 전체에 대하여 오로지 승진임용의 방법으로 보충하도록 하거나 그 대상자에 대하여 승진임용 절차를 동시에 진행하도록 규정하지 않고, 제26조에서 "임용권자는 공무원의 결원을 신규임용·승진임용·강임·전직 또는 전보의 방법으로 보충한다."라고 규정하여 임용권자에게 다양한 방식으로 결원을 보충할 수 있도록 하고 있다. 그리고 지방공무원법 및 '지방공무원 임용령'에서는 인사의 공정성을 높이기 위한 취지에서 임용권자가 승진임용을 할 때에는 임용하려는 결원 수에 대하여 인사위원회의 사전심의를 거치도록 하고 있다(지방공무원법 제39조 제4항, 지방공무원 임용령 제30조 제1항). 즉, 승진임용과 관련하여 인사위원회의 사전심의를 거치는 것은 임용권자가 승진임용 방식으로 인사권을 행사하고자 하는 것을 전제로 한다. 이와 달리 만약 발생한 결원 수 전체에 대하여 동시에 승진임용의 절차를 거쳐야 한다고 해석하면, 해당 기관의 연간 퇴직률, 인사적체의 상황, 승진후보자의 범위, 업무 연속성 보장의 필요성이나 재직가능 기간 등과 무관하게 연공서열에 따라서만 승진임용이 이루어지게 됨에 따라 임용권자의 승진임용에 관한 재량권이 박탈되는 결과가 초래될 수 있으므로, 임용권자는 결원 보충의 방법과 승진임용의 범위에 관한 사항을 선택하여 결정할 수 있는 재량이 있다고 보아야 할 것이다.

[3] 징계에 관해서는 인사위원회의 징계의결 결과에 따라 징계처분을 하여야 한다고 분명하게 규정하고 있는 반면(지방공무원법 제69조 제1항), 승진임용에 관해서는 인사위원회의 사전심의를 거치도록 규정하였을 뿐 그 심의·의결 결과에 따라야 한다고 규정하고 있지 않으므로, 임용권자는

22　대법원 2018. 3. 27. 선고 2015두47492 판결(교장임용거부처분무효확인의소).

인사위원회의 심의·의결 결과와는 다른 내용으로 승진대상자를 결정하여 승진임용을 할 수 있다. '지방공무원 임용령' 제38조의5가 '임용권자는 특별한 사유가 없으면 소속 공무원의 승진임용을 위한 인사위원회의 사전심의 또는 승진의결 결과에 따라야 한다.'라고 규정하고 있으나 위 규정은 지방공무원법의 구체적인 위임에 따른 것이 아니므로 그로써 임용권자의 인사재량을 배제한다고 볼 수 없으며, 문언 자체로도 특별한 사유가 있으면 임용권자가 인사위원회의 심의·의결 결과를 따르지 않을 수 있음을 전제하고 있으므로 임용권자로 하여금 가급적 인사위원회의 심의·의결 결과를 존중하라는 취지로 이해하여야 한다(대법원 2020. 12. 10. 선고 2019도17879 판결 참조).[23]

[1] 지방공무원 승진임용에 관해서는 임용권자에게 일반 국민에 대한 행정처분이나 공무원에 대한 징계처분에서와는 비교할 수 없을 정도의 매우 광범위한 재량이 부여되어 있으므로 승진임용자의 자격을 정한 관련 법령 규정에 위배되지 아니하고 사회통념상 합리성을 갖춘 사유에 따른 것이라는 일응의 주장·증명이 있다면 쉽사리 위법하다고 판단하여서는 안 된다(대법원 2018. 3. 27. 선고 2015두47492 판결 등 참조). 특히 승진후보자명부에 있는 후보자들 중에서 어느 후보자가 승진임용에 더욱 적합한지는 임용권자의 정성적 평가가 필요한 사항이다. 행정청의 전문적인 정성적 평가 결과는 그 판단의 기초가 된 사실인정에 중대한 오류가 있거나 그 판단이 사회통념상 현저하게 타당성을 잃어 객관적으로 불합리하다는 등의 특별한 사정이 없는 한 법원이 그 당부를 심사하기에는 적절하지 않으므로 가급적 존중되어야 한다(대법원 2018. 6. 15. 선고 2016두57564 판결 등 참조).

[2] 지방공무원 승진임용에서 승진 예정 인원은 임용권자가 연간 퇴직률, 증원 예상 인원 등을 고려하여 장래의 승진임용 예정일자를 기준으로 결원을 예측·추산한 결과이므로, 그 결과가 실제 승진임용일자에 발생한 결원과 다소 차이가 있다는 이유만으로 승진 예정 인원의 산정이 위법하다고 단정할 수 없다. 장래에 발생할 불확실한 상황에 대한 예측이 필요한 요건에 관한 행정청의 재량적 판단은 내용이 현저히 불합리하지 않은 이상 폭넓게 존중되어야 하기 때문이다(대법원 2017. 3. 15. 선고 2016두55490 판결 등 참조).[24]

4. 기속재량의 문제

기속재량이란 개념은 원래 재량행위를 공익재량(자유재량)과 기속재량으로 구분하여 후자에 대해서는 기속행위와 마찬가지로 재판통제가 미치도록 하려는 의도에서 안출된 개념이었습니다.[25] 그러나 오늘날 재량행위 역시 재판통제의 대상이 되기 때문에 그러한 개념 구별은 실익을 상실하고 말았습니다. 재량행위의 법적 통제가 일반적으로 인정되는 이상, 양자의 구분에는 이론적 근거도 없고 실익도 없다는 지적이 나오고 있는 것도 바로 그 때문이지요:[26] '자유재량 아닌 재량 없고 기속재량 아

---

23 대법원 2022. 2. 11. 선고 2021도13197 판결(지방공무원법위반).
24 대법원 2020. 12. 10. 선고 2019도17879 판결(직권남용권리행사방해 등).
25 南博方·原田尚彦·田村悦一, 行政法, 1988, 166 등.
26 김동희, 행정법 I, 237－239 등.

닌 재량 없다!'27 그러나 판례는 학계의 비판에도 아랑곳없이 줄곧 '기속재량'이란 개념을 사용하면서 기속재량행위를 재량행위에 가까운 것으로 이해하려는 태도를 유지해왔습니다. 그 결과 학설은 재량행위에 대한 통제를 넓히기 위하여 기속행위와 가까운 개념으로 기속재량을 거론하는 데 비해, 판례는 재량권 일탈, 남용 심사를 가능케 하기 위하여 기속재량을 재량행위와 가깝게 보는 경향이 있어 개념적 혼란이 있습니다.28

판례는 관계법규에 비추어 어떤 처분을 기속행위로 보아야 한다는 당사자(행정청 또는 처분의 상대방)의 주장을 배척하고 처분의 성질을 기속재량행위라고 판시해오고 있는데 그 유형은 대체로 (1) 수익처분에 있어 기속과 같은 효과, (2) 수익처분에 있어 기속의 회피, (3) 침익처분에 있어 재량과 같은 효과, 세 가지입니다.29

판례가 기속재량의 관념을 인정하게 된 가장 주된 이유는 관계법령의 규정형식만 가지고 보면 재량행위와 기속행위의 한계선 상에 있어 기속행위인 것처럼 볼 여지도 있지만, 기속행위로 인정하게 되면 공익상 중대한 문제가 생기거나 사익이 부당하게 침해될 것으로 여겨지는 경우 법원이 공익과 사익을 비교형량하여 처분의 적법 여부를 판단할 수 있게 하려는 데 있습니다. 관계법령에 규정된 불확정개념의 해석·적용에 관한 판단여지의 문제를 재량권의 남용·일탈이라는 시각에서 심사권을 행사해 온 판례의 태도 역시 같은 맥락에서 이해될 수 있습니다.30

그러나 대법원의 판례 취지와는 달리 "기속행위나 기속적 재량행위에는 부관을 붙일 수 없고 가사 부관을 붙였다 하더라도 무효"라고 판시하면서 기속재량행위의 개념을 기속행위에 준하는 것으로 본 판례들31이 있어 논리적 일관성이 의문시되기도 합니다.

이렇게 볼 때, 판례에서 인정된 기속재량행위는 재량의 정도가 약하여 기속행위와 가까운 행위로서, 굳이 구분하자면 재량행위의 일종으로 성질상 자유재량행위와 절대적으로 구분되지는 않지만, 특정 부류 행위에 대하여 재량 남용·일탈 여부 심사

---

27 김남진, 행정법 I, 제6판, 1997, 227.

28 백윤기, 미국 행정소송상 엄격심사원리에 관한 연구 — 한국판례와의 비교분석을 중심으로 —, 서울대학교 법학박사학위논문, 1995.2, 284.

29 상세한 것은 홍준형, 행정법, 2017, 법문사, 143−144를 참조.

30 백윤기, 앞의 글.

31 대법원 1995. 6. 13. 선고 94다56883 판결(소유권이전등기말소).

를 가능케 하는 도구개념이라 할 수 있습니다.[32] 판례상 인정되어 온 '제한된 재량행위'라는 의미의 기속재량행위와 기속행위의 일종으로 간주되는 학설상 기속재량행위와는 개념상 뉘앙스가 있음을 알 수 있습니다.

대법원의 판례는 구체적 타당성 면에서는 수긍할 부분이 없지 않습니다. 그러나 기속재량행위를 인정하는 논리적 근거나 범위가 애매하며, 그 개념을 반드시 인정해야만 할 것인지 의문이 있다는 점에서 군이 기속재량의 관념을 따로 인정할 필요가 없다는 비판이 제기됩니다.[33] 물론 전체적으로 볼 때 판례상 기속재량행위로 인정된 사례는 재량행위로 인정된 사례에 비해 극히 적지만, 대법원이 기속재량의 개념을 고수함으로써 기속행위와 재량행위 사이에 지나치게 외연이 넓은 기속재량의 영역을 설정하고 또 그러면서도 설득력 있는 논리적 근거를 제시하지 못하고 있어 개념상 혼란이 초래되고 있기 때문입니다. 이는 재량행위와 기속행위를 도식적인 개념적 기준에 따라 구별해 온 기존의 불연속성모델의 문제점을 보여주는 사례이기도 합니다. 이 문제를 풀기 위해서는 실정법규의 규정내용과 양식에 따라 재량과 기속을 척도로 삼아 연속적인 행정결정권의 스펙트럼을 통해 재량과 기속을 이해하는 새로운 재량이론의 틀인 행정재량의 연속성 모델이 필요합니다.[34]

II. 재량의 하자와 사법심사

1. 재량의 하자

재량에도 한계가 있고 그 한계를 넘으면 부당이 아니라 위법이 됩니다. 오늘날 이론과 실무 양면에서 더 이상 의문시되지 않는 재량의 한계 법리는 행정소송법 제27조에서 명문화되어 있습니다. 여기서 한 걸음 더 나아가 「행정기본법」은 제21조(재량행사의 기준) 행정청은 재량이 있는 처분을 할 때에는 관련 이익을 정당하게 형량하여야 하며, 그 재량권의 범위를 넘어서는 아니 됩니다.

---

32 서원우, 앞의 글 참조.
33 백윤기, 앞의 글, 284.
34 상세한 것은 홍준형, 한국행정법의 쟁점, 2018, 서울대학교출판문화원, 139－143을 참조.

행정소송법은 재량의 한계를 넘은 경우와 재량을 남용한 경우를 위법사유, 즉, 재량하자로 명시하고 있지만, 그 밖에도 일반적으로 재량권의 일탈 또는 유월(Ermessensüberschreitung), 재량권의 남용(Ermessensmißbrauch), 재량권의 불행사(Ermes-sensnichtgebrauch), 재량행위에 의한 기본권 및 행정법의 일반원리에 대한 침해(Verstoß gegen Grundrechte und allgemeine Verwaltungsgrundsätze) 등이 재량행위의 위법성을 구성하는 사유로 받아들여져 왔습니다.[35]

예컨대 식품위생법 제75조 제1항 및 같은 항 제1호에 따르면, 식품의약품안전처장 또는 특별자치시장·특별자치도지사·시장·군수·구청장은 영업자가 제4조부터 제6조까지 등을 위반한 경우에는 영업허가 또는 등록을 취소하거나 6개월 이내의 기간을 정하여 그 영업의 전부 또는 일부를 정지하거나 영업소 폐쇄(제37조 제4항에 따라 신고한 영업만 해당한다. 이하 이 조에서 같다)를 명할 수 있다고 규정하는데,[36] 영업정지처분사유에 해당하는 유해식품판매행위에 대하여 영업정지처분을 내리면서 정지기간을 1년으로 하였다면, 이는 그러한 영업정지처분이 재량행위라고 하더라도 법이 설정한 한도를 넘은 것이므로 위법하게 됩니다('재량권 유월'). 반면, 가령 시장이 평소의 사감으로, 또는 동종영업을 경영하는 자기 부인의 업체를 유리하게 할 목적으로 영업자에게 경미한 위반행위를 이유로 영업소폐쇄처분을 내렸다면 이것은 식품위생법 규정의 법취지를 위배할 뿐만 아니라(목적위배), 위반사유와 행정제재 간 적정한 비례를 잃은 처분이므로(비례원칙 위반) 위법한 처분이 됩니다('재량권 남용'). 만일 시장이 그 재량에 속하는 영업자의 유해식품판매행위에 대한 행정제재의 권한이 없는 것으로 잘못 판단하여 수수방관하거나, 행정제재를 부과할 것인지를 고려조차 하지 않았다면 이는 재량권의 불행사가 됩니다. 또한 시장이 행정제재에 대한 재량을 행사함에 있어 영업자의 종교를 이유로 동종의 위법행위를 한 다른 영업자에 비해 불평등한 내용의 처분을 내렸다면 이는 헌법상 평등원칙을 위반한, 따라서 위법한 재량행위가 됩니다.

「행정기본법」 제21조에 따라 재량처분시 '관련 이익의 정당한 형량' 의무가 명문화된 셈이어서 관련 이익 형량 의무 위반 역시 재량의 하자로 인정되었다고 할 수 있습니다. 관련 이익의 정당한 형량을 전혀 하지 않은 채 처분을 하였다면 재량권 불행사로서 그 자체로 재량권 일탈·남용에 해당한다는 다음 판례에 비추어 볼 때 전혀 새로운 결과는 아니지만, 그 논리적 전제로서 재량처분시 관련 이익의 정당한 형량 의무를 명문화하였다는 데 의의가 있습니다.

---

35 Maurer, § 7 Rn.11ff.

36 2022년 6월 10일 법개정으로 신설된 단서조항(2022. 12. 11.부터 시행)에 따라 식품접객영업자가 제13호(제44조 제2항에 관한 부분만 해당한다)를 위반한 경우로서 청소년의 신분증 위조·변조 또는 도용으로 식품접객영업자가 청소년인 사실을 알지 못하였거나 폭행 또는 협박으로 청소년임을 확인하지 못한 사정이 인정되는 경우에는 대통령령으로 정하는 바에 따라 해당 행정처분을 면제할 수 있게 되었습니다.

"처분의 근거 법령이 행정청에 처분의 요건과 효과 판단에 일정한 재량을 부여하였는데도, 행정청이 자신에게 재량권이 없다고 오인한 나머지 처분으로 달성하려는 공익과 그로써 처분상대방이 입게 되는 불이익의 내용과 정도를 전혀 비교형량하지 않은 채 처분을 하였다면, 이는 재량권 불행사로서 그 자체로 재량권 일탈·남용으로 해당 처분을 취소하여야 할 위법사유가 된다."37

과연 구체적으로 어떠한 경우가 위에서 제시된 개개의 재량하자에 해당하는지 불분명하거나 또 재량권의 남용과 일탈이 중첩되는 경우가 있습니다. 그 뿐만 아니라, 우리의 판례와 이론도 종종 재량권의 남용과 일탈을 혼동하기도 합니다. 이 점을 고려할 때, 예시적 의미 이외에 재량하자의 유형을 엄밀히 구별하는 것이 실익이 있을지 의문이 있고 따라서 재량행위의 위법사유 또는 재량 한계 위반 정도로 이해해도 무방하겠지요.38

"공정거래위원회가 부당한 공동행위에 대하여 위반행위의 기간 및 그동안의 이익 규모 등을 참작하여 과징금을 정함에 있어 위반행위기간이 아닌 기간을 포함시켜 매출액을 산정하고 그것을 과징금 부과기준 매출액으로 삼은 경우, 이는 과징금 부과 재량행사의 기초가 되는 사실인정에 오류가 있다고 할 것이므로 과징금납부명령이 재량권을 일탈·남용한 것으로서 위법하게 된다."39

[1] 공무원인 피징계자에게 징계사유가 있어서 징계처분을 하는 경우 어떠한 처분을 할 것인가는 징계권자의 재량에 맡겨진 것이므로, 그 징계처분이 위법하다고 하기 위해서는 징계권자가 재량권의 행사로서 한 징계처분이 사회통념상 현저하게 타당성을 잃어 징계권자에게 맡겨진 재량권을 남용한 것이라고 인정되는 경우에 한한다. 그리고 공무원에 대한 징계처분이 사회통념상 현저하게 타당성을 잃었는지 여부는 구체적인 사례에 따라 직무의 특성, 징계의 원인이 된 비위사실의 내용과 성질, 징계에 의하여 달성하려고 하는 행정목적, 징계 양정의 기준 등 여러 요소를 종합하여 판단하여야 하고, 특히 금품수수의 경우는 수수액수, 수수경위, 수수시기, 수수 이후 직무에 영향을 미쳤는지 여부 등이 고려되어야 한다.
[2] 경찰공무원이 그 단속의 대상이 되는 신호위반자에게 먼저 적극적으로 돈을 요구하고 다른 사람이 볼 수 없도록 돈을 접어 건네주도록 전달방법을 구체적으로 알려주었으며 동승자에게 신고 시 범칙금 처분을 받게 된다는 등 비위신고를 막기 위한 말까지 하고 금품을 수수한 경우, 비록 그 받은 돈이 1만 원에 불과하더라도 위 금품수수행위를 징계사유로 하여 당해 경찰공무원을 해임 처분한 것은 징계재량권의 일탈·남용이 아니다.40

한편 「행정기본법」은 제22조 제2항에서 제재처분을 위한 재량행사의 기준을 제

---

37 대법원 2020. 6. 4. 선고 2015두39996 판결; 2019. 7. 11. 선고 2017두38874 판결(사증발급 거부처분취소); 2016. 8. 29. 선고 2014두45956 판결 등.
38 김동희, 행정법 I, 250 이하; 홍정선, 행정법원론(상), 298.
39 대법원 2006. 9. 22. 선고 2004두7184 판결(시정명령등취소).
40 대법원 2006. 12. 21. 선고 2006두16274 판결(해임처분취소).

시하고 있습니다. "제재처분"이란 '법령등에 따른 의무를 위반하거나 이행하지 아니하였음을 이유로 당사자에게 의무를 부과하거나 권익을 제한하는 처분'을 말하며, 다만, 제30조 제1항 각호에 따른 행정상 강제는 제외됩니다(§ 2 제5호). 이에 따라 행정청은 재량이 있는 제재처분을 할 때에는 다음 사항을 고려하여야 합니다.

1. 위반행위의 동기, 목적 및 방법
2. 위반행위의 결과
3. 위반행위의 횟수
4. 그 밖에 제1호부터 제3호까지에 준하는 사항으로서 대통령령으로 정하는 사항

여기서 제4호의 기준은 위반행위자의 귀책사유 유무와 그 정도 및 위반행위자의 법 위반상태 시정·해소를 위한 노력 유무로 정해져 있습니다(「행정기본법시행령」 § 3).[41]

2. 재량행위에 대한 사법심사

재량의 하자가 위법사유라면 당연히 사법심사의 대상이 됩니다(행정소송법 § 27). 과거에는 재량행위의 사법심사를 아예 처음부터 부정하는 입장도 없지 않았지만(각하설), 어떤 행위가 재량행위인지 여부는 본안심리를 통해서만 밝혀질 수 있는 문제이므로 본안심리를 통해 일정행위가 행정청의 재량에 속하고, 재량이 그 법적 한계 내에서 행사되었음이 판명될 때 비로소 청구기각을 해야 한다는 견해가 지배적입니다(기각설). 재량 하자, 즉 재량권의 일탈·남용에 관해서는 그 재량에 의한 행정행위의 효력을 다투는 사람이 진다는 것이 판례입니다.[42]

재량행위에 대한 사법심사에 있어 법원은 행정청의 재량에 기한 공익판단의 여지를 감안하여 독자의 결론을 도출함이 없이 당해 행위에 재량권의 일탈·남용이 있는지 여부만을 심사하고, 이러한 재량권의 일탈·남용 여부에 대한 심사는 사실오인,

---

41 참고로 「행정기본법」은 제22조 제1항에서 제재처분의 근거가 되는 법률에는 제재처분의 주체, 사유, 유형 및 상한을 명확하게 규정하여야 하며, 그 경우 제재처분의 유형 및 상한을 정할 때에는 해당 위반행위의 특수성 및 유사한 위반행위와의 형평성 등을 종합적으로 고려하여야 한다고 규정하고 있으나 이는 제재처분 근거법률에 대한 입법의 기준 또는 준수사항을 규정한 것으로 그 근거법률에 대한 직접적인 구속력을 가지는 것은 아니다.

42 대법원 1987. 12. 8. 선고 87누861 판결; 2019. 7. 4. 선고 2016두47567 판결; 2022. 9. 7. 선고 2021두39096 판결(여객자동차운송사업계획변경개선명령취소 (차) 파기환송) 등.

비례·평등의 원칙 위배 등을 그 판단 대상으로 한다는 것이 대법원의 판례입니다.[43]

교육환경법상 교육환경보호구역에서의 건축허가와 교육환경평가서 승인

이러한 견지에서 교육환경평가 불승인 통보를 재량행위라고 보면서도 그 재량의 여지를 제한적으로 새긴 대법원 판례가 주목됩니다. 이에 따르면 교육환경평가서 승인제도[44]는 대규모 건축물의 건축 등 국민의 재산권 행사를 원칙적으로 금지하거나 제한하려는 것이 아니라, 재산권과 교육환경권의 조화를 도모함으로써 건전하고 지속 가능한 개발과 함께 교육환경보호의 실효성을 확보하기 위한 것이며, 교육환경법령 및 건축 관련법령은 교육환경평가서의 승인을 건축허가의 요건으로 하거나 불승인을 그 제한 사유로 정하고 있지 않는 바, 교육환경법 제9조에서 금지하는 행위나 시설에 해당하지 않는 한 교육환경보호구역에서도 건축주는 원칙적으로 관할 행정청의 건축허가를 받아 대규모 건축물을 건축할 수 있다고 합니다. 그러나 "교육환경평가서 승인제도의 입법 연혁과 취지, 특성 등을 종합하여 볼 때, 교육환경보호구역에서 대규모 건축물을 건축하려는 자가 제출한 <u>교육환경평가서를 심사한 결과 그 내용 중 교육환경 영향평가 결과와 교육환경 보호를 위한 조치계획이 이 사건 평가 기준에 부합하거나 그 이상이 되도록 할 수 있는 구체적인 방안과 대책 등이 포함되어 있다면, 교육감은 원칙적으로 제출된 교육환경평가서를 승인하여야 하고</u>, 다만 교육환경보호를 위하여 추가로 필요한 사항을 사업계획에 반영할 수 있도록 사업시행자에게 권고하는 한편 사업시행으로 인한 교육환경의 피해를 방지하기 위하여 교육환경평가서의 승인 내용과 권고사항의 이행 여부를 계속적으로 관리·감독할 권한과 의무가 있을 뿐"이라고 판시하였습니다.[45]

---

43 대법원 2001. 2. 9. 선고 98두17593 판결; 대법원 2005. 7. 14. 선고 2004두6181 판결; 대법원 2014. 4. 10. 선고 2012두16787 판결; 대법원 2022. 8. 31. 선고 2021두46971 판결(계고처분취소 (라) 파기환송) 등을 참조.

44 '교육환경평가제도'는 택지개발 등의 경우 상업성 용지가 우선적으로 개발되고 외곽 자투리 땅에 학교를 짓는 일이 빈번해지면서 신설학교의 교육환경이 위협받게 되자 학교용지를 선정할 때부터 주변의 유해요인을 사전에 평가하도록 함으로써 신설학교의 교육환경을 보호하기 위하여 2007. 4. 27. 법률 제8391호로 개정된 학교보건법 제6조의2에 따라 처음으로 도입되었습니다. 이후 2016. 2. 3. 법률 제13937호로 「교육환경 보호에 관한 법률」(교육환경법)이 제정되면서 교육환경보호구역에서 대규모 건축물을 건축하려는 자도 교육환경평가서의 승인을 받도록 함으로써, 교육환경평가를 통한 교육환경의 보호 범위가 신설학교뿐만 아니라 기존학교에까지 확대되었습니다.

45 대법원 2020. 10. 15. 선고 2019두45739 판결. 초등학교 인근의 교육환경보호구역에서 주상복합건물인 이 사건 건물을 신축하려는 계획을 가진 사업자가 교육환경평가서를 부산광역시교육장에게 제출하였으나 건물 신축으로 인해 인근 초등학교의 교육환경을 침해하거나 침해할 우려가 있다는 이유로 교육환경평가서 불승인을 통보를 받고 제기한 항고소송에서 교육환경평가서가 평가기준에 부합한다고 판단하면서 교육환경평가서 승인 여부에 관하여도 피고에게 폭넓은 재량권이 있음을 전제로 이 사건 교육환경평가서를 불승인한 통보가 적법하다고 판단한 원심판결을 파기환송한 사건입니다.

제12강
허가와 특허, 인가, 그리고 확약

종래에는 행정행위의 내용을, 의사표시란 요소를 기준으로 법률행위적 행정행위와 준법률행위적 행정행위로 나누고 전자를 다시 명령적 행위와 형성적 행위로 구분해왔습니다. 여기서는 행정행위를 그 내용에 따라 명령적 행위와 형성적 행위, 확인적 행위, 그리고 그 밖의 행위로 구분합니다. 주의할 점은 행정행위의 명칭은 모두 학문상 명칭일 뿐 실제 법령 용어와 일치하는 것은 아니라는 점입니다. 예컨대 법령에서 '면허'라는 명칭을 사용하더라도, 그것이 강학상 허가인지 특허인지는 그 행위의 성질을 실질적으로 검토하여 판단해야 합니다.

I. 허가

1. 개념

허가는 하명 또는 명령(Befehl), 면제(Dispens) 등과 함께 일정한 의무를 부과하거나 해제하는 행위인 명령적 행위(befehlender VA)에 속합니다. 법령에 따른 일반적·상대적 금지를, 특정한 경우에 해제하여, 적법하게 행위를 할 수 있게 허용해 주는 행위, 즉 자연적 자유를 회복시켜 준다는 점에서 '금지의 해제'인 셈이지요. 그 「금지」란 「상대적 금지」, 즉 「허가유보부 금지」(Verbot mit Erlaubnisvorbehalt)입니다.

허가는 이를테면, 건널목에 내려져 있는 차단기 앞에서 검문을 한 결과, 별다른 이상이 없으면 차단기를 올려 통과시키는 것(Maurer의 비유)과 같습니다. 여기서 허가의 개념을 분명히 하기 위해 그것이 전제하고 있는 일반적·상대적 금지의 취지를 반추할 필요가 있습니다. 즉, 입법자가 일정한 행위(예컨대 건축)를 금하는 것은 그것이 일반적으로 금지되어야 하기 때문이 아니라(건축 자체는 반사회적 행위가 아닙니다), 개개의 구체적인 경우 사전에 관계법규정(건축법등)의 위반여부를 허가관청이 심사하도록 할 필요가 있기 때문입니다. 그 심사결과가 긍정적으로 나오면, 그 (건축)허가신청은 적법한 것이 되며 따라서 허가관청은 (건축)허가를 내주어야 합니다. 건축허가에서 논의의 출발점은 건축의 자유(Baufreiheit)에 있습니다. 즉, 건축주는, 타인의 권리를 침해하지 않는 한, 본래 자기의 토지 위에 자유로이 건축을 할 수 있는 권리를 가집니다. 건축법 제5조는 이 법의 적용이 매우 불합리하다고 인정되는 대지나 건축물로서 대통령령으로 정하는 것에 대하여는 건축주등의 신청을 받아 이 법의 기준을 완화하여 적용할 수 있도록 하고, 제14조는 제11조에 해당하는 허가대상 건축물이라 하더라도 일정 규모 이하의 소규모건축이나 소규모용도변경 등은 건축관청에게 신고함으로써 건축허가를 받은 것으로 본다고 규정하고 있는데, 이는 바로 이러한 건축의 자유를 전제로 한 규정입니다. 건축의 자유는 질서유지 또는 공공복리를 이유로 제한을 받습니다(헌법 제37조 제2항의 기본권적 법률유보). 그러나 건축의 자유에 대한 제한은 절대적 금지가 아니라 상대적 금지, 즉 허가유보부금지이며 허가관청은 건축주가 법이 정한 허가요건을 충족하면 건축의 자유를 회복시켜 주어야 합니다. 건축주는 허가요건 충족을 조건으로 '건축의 자유'와 건축허가발급청구권(Rechtsanspruch auf Baugenehmigung)을 가집니다. 다음에 보는 허가의 성질에 관한 논란은 허가의 이러한 자유권적 기초를 철저히 고려하지 못한 데서 연유하는 것으로 판단됩니다.

학문상 허가에 해당하는 행위를 법령이 허가라는 말 이외에 면허·인허·특허·인가·승인·등록·취소·지정 등과 같은 용어로 표현하는 경우가 있다는 점, 반면 허가라는 용어를 쓰면서도 실질은 특허나 인가에 해당하는 행위를 지칭하는 경우가 있다는 점에 유의할 필요가 있습니다.

2. 성질

허가의 성질에 관해서는 그것이 재량행위이냐 또는 기속행위이냐 하는 점과 명령적 행위이냐 아니면 형성적 행위이냐 하는 점이 다투어지고 있습니다.

2.1. 명령적 행위인가 형성적 행위인가

종래 허가의 성질을 명령적 행위로 파악해 온 데 대하여 '허가는 단순한 자연적 자유의 회복에 그치지 않고, 제한을 해제하여 적법한 권리행사를 가능케 해주는 행위이므로 형성적 행위의 성질을 가지며, 그 점에서 허가와 특허의 구분은 상대화되고 있다'는 반론이 제기됩니다.

예컨대 김도창 교수는 "원래 허가는, 국민의 자연적 자유 내지 헌법상 자유를 전제로 하는 자유주의적 개념인데 대하여, 특허는 역사적으로 군주의 특권으로 간주되는 국가의 독점권을 개인에게 부여함을 의미하였다는 점에서 군권적 개념으로서의 색채가 농후하였기 때문에, 양자의 구별의 역사적 의의가 있었습니다. 그러나 오늘날의 헌법 아래서는, 양자 모두 직업선택의 자유의 보장과 관련이 있는 것으로, 특허도 국민의 본래의 자유의 회복이라는 면이 있는가 하면, 허가도 단순한 자유회복(Dürfen) 이상으로 적법하게 어떤 이익을 향유할 수 있는 지위의 설정(Können)으로 보려는 경향이 늘고 있습니다. 따라서 양자의 구별은 상대화되어 가고, 그 법적 성질이 융합되는 경향(허가의 특허화, 특허의 허가화)마저 볼 수 있다."고 지적합니다.1 참고로 독일에서의 지배적 경향도 허가를 형성적 행위로 보고 있습니다.2

생각건대, 허가는 그 개념의 전제인 일반적·상대적 금지라는 측면에서는 명령적 행위로서 성질을 가집니다. 그러나 허가에 따른 금지의 해제란 실질적으로 사인에게 적법한 권리행사를 할 수 있는 법적 지위를 설정해 주는 효과, 즉 형성적 효과라 할 수 있습니다. 따라서 허가는 형성적 행위의 성질을 아울러 가진다고 보아야 할 것입니다.

헌법재판소는 1989년 12월 22일 토지거래허가제와 허가를 받지 아니 한 토지거래행위를 처벌할 것을 규정하고 있는 구 국토이용관리법 제21조의 3 제1항과 제31조의 2의 위헌심판청구에 관한 결정(88헌가13)에서 합헌결정을 내린 바 있습니다. 이 사건에서 직접 언급되지는 않았으나 국토이용관리법 제21조의 3 제1항에 의한 「허가」의 법적 성질이 문제됩니다. 이 규정에 의한 허가가 과연 「강학상의 허가」에 해당하느냐 아니면 「인가」에 해당하느냐, 또는 양자의 합체행위로서의 「인허」에 해당하느냐가 다투어질 수 있는데, 김남진교수는 이를 인가로 보는데 반하여,3 고 양승두교수는 이를 허가와 인가의 성질을 모두 가지고 있는 '인허'라고 보고 있습니다.4 이와 관련하여 일본의 농지법 제3조의 허가를 통상 허가와 인가의 합체행위 또는 명령적 행위와 형성적 행위의 합체행위로 보는 藤田宙靖의 견해5가 소개되고 있습니다. 이것은 허가의 법적 성질이 특허에 대한 관계에서뿐만 아니라 인가에 대한 관계에서 다양화될 수 있다는 점을 말해 주는 일례입니다.

1 김도창, 일반행정법론(상), 401−402.
2 Maurer, § 9 Rn.45, S.178; Wolff/Bachof, S.391 u.a.
3 김남진, 행정법 II, 1989, 387 각주 4.
4 '행정행위의 내용상 분류에 관한 한 고찰', 서원우교수 화갑기념논문집, 1991, 369−379 소수, 376, 379; 同旨, 서원우, 수정판 부동산공법, 1985, 62.
5 藤田宙靖, 新版行政法 I(總論), 1986, 145−146, 註 10.

2.2. 기속행위인가 재량행위인가

허가는 특별히 권리를 설정해 주는 행위가 아니라 공익을 위해 제한되었던 자유를 회복시켜 주는 것이므로 허가관청은 허가요건이 충족되는 한 반드시 허가를 내줄 기속을 받고 따라서 허가는 기속행위(기속재량행위)라는 것이 통설적 견해입니다.

> "구 건축법(1991.5.31. 법률 제4381호로 전문개정되기 전의 것) 제5조 제1항 소정의 건축허가권자는 건축하고자 하는 건축물이 같은 법, 도시계획법 등의 관계법규에서 정하는 어떠한 제한에도 배치되지 않는 이상 당연히 건축허가를 하여야 하고 관계법규에서 정하는 제한사유 이외의 사유를 들어 허가신청을 거부할 수 없다."[6]

> "식품위생법상 대중음식점영업허가는 성질상 일반적 금지에 대한 해제에 불과하므로 허가권자는 허가신청이 법에서 정한 요건을 구비한 때에는 허가하여야 하고 관계법규에서 정하는 제한사유 이외의 사유를 들어 허가신청을 거부할 수 없다."[7]

이에 대해 허가에는 기속행위와 재량행위가 모두 있을 수 있다는 반론이 제기됩니다.[8]

생각건대, 허가는 형식적으로 볼 때에는 수익적 행위이나 실질적으로 볼 때에는 이미 헌법상 국민에게 인정되어 있는 일반적 행동자유권(allgemeine Handlungsfreiheit)를 회복시키는데 불과하다는 점에서 국가의 급부를 인정함으로써 시민의 권리영역을 확장시키는 수익적 행위의 본래적 유형과는 구별됩니다. 마찬가지로 허가의 거부는 형식적으로는 수익적 행정행위의 거부지만 실질적으로는 자연적 자유와 권리의 침해를 의미하게 됩니다. 따라서 허가는, 적어도 허가의 개념을 위와 같이 이해하는 한, 성질상 기속행위라고 보아야 할 것입니다.

한편 대법원은 1999. 8. 19. 선고 98두1857 전원합의체 판결에서 준농림지역내 숙박시설 설치 등 토지이용행위제한에 관한 조례에 따라 구체적인 건축제한지역 지정·고시가 행하여지지 아니하였다 하더라도, 조례에서 정한 기준에 맞는 지역에 해당하는 경우에는 건축허가를 거부할 수 있다고 판시함으로써 허가의 법적 성질에 관한 기존 견해를 변경한 것이 아닌가 하는 의문을 불러일으켰습니다. 그러나 관계법

---

6 대법원 1992. 11. 24. 선고 92누12865 판결.
7 대법원 1993. 5. 27. 선고 93누2216 판결.
8 김남진, 행정법 I, 252.

령의 해석을 통해 허가거부의 재량을 도출한 것일 뿐 허가의 법적 성질을 정면으로 판단한 것은 아니어서 이를 판례변경으로 보기는 문제가 있었습니다.[9] 이 판결 다수의견의 관심사는 건축허가를 거부할 수 있는 재량, 즉 거부재량을 도출하는 데 있었습니다. 그런 관심은 이후에도 계속되었고, 결국 다음에서 보듯 '토지의 형질변경행위를 수반하는 건축허가는 결국 재량행위에 속한다'는 판례로 이어지고 있습니다.

> "국토의계획및이용에관한법률에서 정한 도시지역 안에서 토지의 형질변경행위를 수반하는 건축허가는 건축법 제8조 제1항의 규정에 의한 건축허가와 국토의계획및이용에관한법률 제56조 제1항 제2호의 규정에 의한 토지의 형질변경허가의 성질을 아울러 갖는 것으로 보아야 할 것이고, … 중략 … 같은 법 제56조 제1항 제2호의 규정에 의한 *토지의 형질변경허가는 그 금지요건이 불확정개념으로 규정되어 있어 그 금지요건에 해당하는지 여부를 판단함에 있어서 행정청에게 재량권이 부여되어 있다고 할 것이므로,* 같은 법에 의하여 지정된 도시지역 안에서 토지의 형질변경행위를 수반하는 건축허가는 결국 재량행위에 속한다."[10]

대법원은 최근에도 국토계획법에 따른 토지의 형질변경행위를 수반하는 건축허가는 재량행위에 속한다는 기존의 입장을 재확인한 바 있습니다.[11]

그렇다고 해서 대법원이 건축허가를 기속행위라고 보는 입장을 포기하거나 변경한 것은 아닙니다. 토지의 형질변경행위를 수반하는 건축허가는 결국 재량행위에 속한다고 판시하면서도 다음과 같이 판단하고 있기 때문입니다.

> "건축허가권자는 건축허가신청이 건축법 등 관계 법규에서 정하는 어떠한 제한에 배치되지 않는 이상 당연히 같은 법조에서 정하는 건축허가를 하여야 하고, 중대한 공익상의 필요가 없는데도 관계 법령에서 정하는 제한사유 이외의 사유를 들어 요건을 갖춘 자에 대한 허가를 거부할 수는 없다(대법원 2003. 4. 25. 선고 2002두3201 판결, 대법원 2009. 9. 24. 선고 2009두8946 판결 등 참조)."[12]

---

9 이에 관하여는 김동희, 건축허가처분과 재량, 『행정판례연구』 V, 한국행정판례연구회편, 서울대학교 출판부, 2000, 17-32를 참조. 김동희교수는 여기서 이 판례는 형식적 관점에서는 종래의 판례를 변경한 것은 아니지만, 이 사건의 경우 관계법령의 형식적 또는 문법적 해석에 따르면 당해 건축행위는 허용된다고 볼 수 없는 것임에도 불구하고, 그 목적론적 해석에 따라 당해 건축행위는 허용되지 아니하는 것이라고 하고 있고 보면, 그것은 내용적으로는 종래 판례의 실질적 변경이라고 할 수 있을 것이라고 지적합니다(같은 글, 30).

10 대법원 2005. 7. 14. 선고 2004두6181 판결. 同旨 대법원 2013. 10. 31. 선고 2013두9625 판결; 2010. 2. 25. 선고 2009두19960 판결.

11 대법원 2016. 10. 27. 선고 2015두48426 판결.

12 대법원 2010. 2. 25. 선고 2009두19960 판결.

그러나 위 대법원의 판례에는 유의할 점이 있습니다. 대법원은 건축허가가 기속 행위에 해당하고, '피고행정청으로서는 중대한 공익상의 필요를 들지 못하는 이상 건축허가처분을 할 의무가 있다 할 것'이라고 판시하고 있으나, '기속행위를 거부할 만한 중대한 공익상 필요'가 있으면 건축허가를 거부할 수 있음을 시사하고 있기 때문 입니다.13 여기서 건축허가를 기속행위로 보면서도 '중대한 공익상 필요가 있는 경 우에는 건축허가를 거부할 수 있다'고 전제한 데 대하여 어떠한 근거로 그런 예외를 도출했는지 이론상 의문이 남습니다.14

2.3. 종류

일반적으로 강학상 허가는 그 문제되는 영역에 따라 경찰허가·재정허가·군정 허가 등으로 구별되며 허가의 대상에 따라 대인적 허가(운전면허)·대물적 허가(차량검 사합격처분)·혼합적 허가(주유소영업허가)로 나뉩니다. 특히 후자의 구분은 그 이전성 유 무 판단에 의미가 있는데, 대인적 허가의 이전이나 양도는 금지되며, 이전성은 원칙 적으로 대물적 허가에 관해서만 인정됩니다. 혼합적 허가는 보통 허가대상의 물적 기준과 아울러 허가출원자의 인적 결격사유가 규정되어 있는 경우로서, 이 경우에는 원칙적으로 이전성이 인정되지 않습니다. 관계법에 따라 영업의 양도가능성을 인정 하되 신고의무를 부과하는 경우가 있습니다.

예컨대 식품위생법은 제38조 제1항에서 영업허가를 받을 수 없는 사유(결격사유) 를 규정하고 있는데, 같은 법 제39조 제1항에서는 영업자가 영업을 양도하거나 사망 한 경우 또는 법인이 합병한 경우에는 그 양수인·상속인 또는 합병 후 존속하는 법 인이나 합병에 따라 설립되는 법인은 그 영업자의 지위를 승계하며, 다만, 영업자의 지위를 승계한 자는 총리령으로 정하는 바에 따라 1개월 이내에 그 사실을 관할관청

---

13 이러한 전제 위에서 대법원은 "피고는 원고 4의 건축허가신청을 거부한 이 사건 처분의 사 유로 '국회단지' 일대에서 난개발 및 도시슬럼화를 방지하기 위한 계획적인 개발이 검토되고 있음을 들고 있으나, 위와 같은 사유는 기속행위를 거부할 만한 중대한 공익상 필요에 해당 하지 않는다."고 판시하고 있습니다(대법원 2010. 2. 25. 선고 2009두19960 판결).

14 대법원은 이전에도 위 판례와 동일한 태도를 취했고(대법원 1992. 12. 11. 선고 92누3038 판결, 대법원 2009. 9. 24. 선고 2009두8946 판결 등), 이후 대법원 2012. 11. 22. 선고 2010 두19270 전원합의체 판결(건축허가신청불허가처분취소)을 통해서도 동일한 입장을 유지한 바 있습니다.

(식품의약품안전처장 또는 특별자치시장·특별자치도지사·시장·군수·구청장)에게 신고하도록 하고 있습니다.

　반면, 이와는 달리 같은 법 제39조 제2항은 같은 법 제29조 제2항 각호, 즉 「민사집행법」에 따른 경매, 「채무자 회생 및 파산에 관한 법률」에 따른 환가, 「국세징수법」, 「관세법」 또는 「지방세징수법」에 따른 압류재산의 매각, 그 밖에 이들에 준하는 절차 중 어느 한 절차에 따라 영업 시설의 전부를 인수한 자는 그 영업자의 지위를 승계하며, 그 경우 종전의 영업자에 대한 영업 허가·등록 또는 그가 한 신고는 그 효력을 잃는다고 규정하고 있습니다.

　여기서 후자의 경우, 영업허가의 이전성을 부정하는 데 대해서는 의문이 없으나, 전자의 경우 영업자 지위의 승계가 그 영업허가의 승계까지도 포함하는지 여부가 문제됩니다. 생각건대, 영업허가와 허가의 객관적 대상이 된 영업 자체는 서로 구별되어야 하지만,15 같은 법 제39조 제2항의 반대해석상 특별한 사정이 없는 한 영업허가도 이전된다고 보아야 할 것입니다.

　　　대법원은 양도인에 대한 사유로 양수인에 대하여 영업정지처분을 할 수 있는지 여부에 대하여 "공중위생관리법 제11조 제5항에서 영업소 폐쇄명령을 받은 후 6개월이 지나지 아니한 경우에는 동일한 장소에서는 그 폐쇄명령을 받은 영업과 같은 종류의 영업을 할 수 없다고 규정하고 있는 점 등을 고려하여 볼 때 <u>영업정지나 영업장 폐쇄명령은 모두 대물적 처분으로 보아야 할 것이므로, 양수인이 그 양수 후 행정청에 새로운 영업소 개설 통보를 하였다 하더라도, 그로 인하여 영업 양도·양수로 영업소에 관한 권리·의무가 양수인에게 이전하는 법률효과까지 부정되는 것은 아니므로, 만일 어떠한 공중위생 영업에 대하여 그 영업을 정지할 위법사유가 있다면, 관할 행정청은 그 영업이 양도·양수되었다 하더라도 그 업소의 양수인에 대하여 영업정지처분을 할 수 있다.</u>"고 판시함으로써 영업장 폐쇄명령의 대물적 처분성을 근거로 그 이전가능성을 시인한 바 있습니다.16 이 판결은 행정제재적 처분을 받은 후 영업장을 양도하는 방법으로 행정처분의 효력을 면탈하여 행정처분을 받은 영업장에 대한 이권을 환수하거나 영업을 계속하는 관행을 근절시키기 위한 배경에서 나온 것으로서, 공중위생영업에 대한 행정처분을 대물적 처분으로 보고 그 이전성을 인정한 것입니다. 한편 이 같은 배경에서 공중위생관리법은 2002년 8월 26일의 개정법에서 제11조의3을 신설하여 행정제재처분효과의 승계를 명문화하기에 이릅니다. 이에 따라, ① 공중위생영업자가 그 영업을 양도하거나 사망한 때 또는 법인의 합병이 있는 때에는 종전의 영업자에 대하여 법 제11조 제1항의 위반을 사유로 행한 행정제재처분의 효과는 그 처분기간이 만료된 날부터 1년간 양수인·상속인 또는 합병후 존속하는 법인에 승계되고, ② 공중위생영업자가 그 영업을 양도하거나 사망한 때 또는 법인의 합병이 있는 때에는 법 제11조 제1항의 위반을 사유로 하여 종전의 영업자에 대하여 진행중인 행정제재처분 절차를 양수인·상속인 또는 합병 후 존속하는 법인에 대하여

15　홍정선, 행정법원론(상), 303.
16　대법원 2001. 11. 9. 선고 2001두5064 판결.

속행할 수 있으며, ③ 다만, 이러한 승계는 '양수인이나 합병 후 존속하는 법인이 양수하거나 합병할 때에 그 처분 또는 위반사실을 알지 못한 경우'에는 적용되지 않습니다(같은 조 제3항). 한편, 식품위생법 제78조도 이와 대동소이한 조항을 두고 있습니다.

2.4. 허가의 요건

허가는 출원에 대하여 발급되는 것이 보통입니다. 출원이 허가의 필요요건인지, 또 출원과 다른 내용으로 허가가 발급될 수 있는지(수정허가)에 관해서는 논란이 있으나 허가는 원칙적으로 출원을 요한다고 보지만, 출원이 예컨대 소제기에 의해 소송의 개시 여부 및 대상이 확정되는 효과가 발생하는 것과 같이 허가발급을 위한 심사 여부 및 심사범위를 결정하는 구속력을 갖는 것은 아니라는 점에서 절대적 요건으로 요구되는 것은 아니라고 이해하는 것이 타당합니다. 출원이 없는 허가나 수정허가는 그 효력이 일정기간 부동상태에 있다가 상대방의 동의가 있음으로써 그 효력이 완성된다고 볼 수 있습니다.[17] 판례 또한 출원과 다른 내용의 허가가 당연무효는 아니라는 입장을 취하고 있습니다.[18] 한편, 허가는 보통 특정인에게 발급되지만 불특정다수인에 대한 일반처분으로서 발급될 수도 있습니다(다수설). 허가는 원칙적으로 불요식행위입니다. 그 밖에 허가의 요건에 관해서는 각각 관계법의 규정에 따라 다양하게 규정되고 있으므로 일률적으로 논할 수 없습니다. 다만 허가 요건을 정한 법령 규정들은, 경우에 따라 가령 영업허가의 경우 그 전제가 된 상대적 금지가 곧 영업의 자유를 제한한다는 점에서 헌법 제37조 제2항의 기본권제한의 법률유보를 위반할 수 있다는 점을 유의할 필요가 있습니다. 법률상 근거 없이 공중목욕탕 분포의 적정을 규정한 공중목욕장업법 시행세칙은 직업선택의 자유를 제한하는 것으로서 위헌무효라는 대법원판례가 있습니다.[19]

17　김남진, 행정법 I, 253.
18　대법원 1985. 11. 26. 선고 85누382 판결.
19　대법원 1963. 8. 22. 선고 63누97 판결. 이와 유사한 판례로는 시의 예규에 의한 양곡가공시설물 설치장소에 대한 거리제한의 위법을 선언한 대법원 1981. 1. 27. 선고 79누433 판결이 있습니다. 반면 이와 달리 주유소위치변경신청 불허가처분사건에서 주유소거리제한은 적법하다고 판시한 바 있습니다(대법원 1974. 11. 26. 선고 74누110 판결).

2.5. 허가의 효과

허가의 효과는 일반적 금지를 해제하는데 있습니다. 이로써 허가를 받은 자는 적법하게 허가된 행위를 할 수 있습니다. 그러나 이미 앞에서 설명한 바와 같이 이는 허가로 회복된 자연적 자유에 의한 것이지 허가로 어떤 권리가 새로이 설정된 데 따른 것은 아닙니다.

> "건축허가는 행정관청이 건축행정상 목적을 수행하기 위하여 수허가자에게 <u>일반적으로 행정관청의 허가 없이는 건축행위를 하여서는 안 된다</u>는 상대적 금지를 관계 법규에 적합한 일정한 경우에 해제하여 줌으로써 일정한 건축행위를 하여도 좋다는 자유를 회복시켜 주는 행정처분일 뿐 수허가자에게 어떤 새로운 권리나 능력을 부여하는 것이 아니고, 건축허가서는 허가된 건물에 관한 실체적 권리의 득실변경의 공시방법이 아니며 추정력도 없으므로 건축허가서에 건축주로 기재된 자가 건물의 소유권을 취득하는 것은 아니므로, 자기 비용과 노력으로 건물을 신축한 자는 그 건축허가가 타인의 명의로 된 여부에 관계없이 그 소유권을 원시취득한다."[20]

반면 피허가자가 동종영업을 하는 제3자와의 경쟁관계에 있어 자신에 대한 허가로써 일반적 금지가 해제된 결과 받는 독점적 이익은, 허가 자체로 인한 이익이 회복된 자연적 자유로서 권리인 것과는 달리, 반사적 이익인 경우도 있을 수 있습니다. 그러나 그것이 과연 단순한 반사적 이익에 불과한지 또는 법이 보호하는 이익에 해당하는지는 관계법규정의 해석에 따라 결정될 문제입니다. 이에 관한 판례변천은 이미 주관적 공권을 설명하면서 살펴본 바 있습니다.

무허가행위의 경우 행정상 강제집행이나 행정벌이 부과되는 것과 별도로, 행위 자체의 효력은 부인되지 않는 것이 일반적입니다. 특히 이것은 허가 없이 한 사법상 거래행위와 관련하여 의미가 있습니다. 예외적으로 법령이 무허가행위의 무효를 명시한 경우도 있습니다.

II. 특허와 인가: 형성적 행위

형성적 행위(gestaltender VA)란 새로운 권리나 능력 등의 법적 지위를 설정 · 변경 ·

---

20 대법원 2002. 4. 26. 선고 2000다16350 판결(소유권보존등기등말소).

박탈하는 행위, 즉, 상대방의 이행을 기다리지 않고 직접 법률관계의 변동을 초래하는 행위를 말하며, 좁은 의미의 설권행위로서 특허, 포괄적 법률관계설정행위로서 공무원임명·귀화허가, 변경행위로서 광업법상 광구변경, 탈권행위로서 광업허가취소를 위시하여 타자의 법률행위의 효력을 완성시켜 주는 보충행위로서 인가, 제3자를 대신하여 일정한 행위를 하고 그 효과를 그에게 귀속시키는 공법상 대리 등이 이에 해당합니다.

1. 특허

1.1. 개념

여기서 말하는 특허(Konzession)란 좁은 의미의 특허로 권리설정행위를 뜻합니다. 실정법상 면허·허가 등으로 표현되기도 합니다. 특허는 공기업특허, 공물사용권특허와 같이 특허된 권리의 내용이 공권의 성질을 지닌 것과 광업권이나 어업권같이 사권(물권)의 성질을 띠는 경우가 있습니다(광업법 § 10; 수산업법 § 16). 그 밖에 판례상 특허로 인정된 것으로 보세구역의 설영특허, 공유수면매립, 여객자동차운수사업면허 등이 있습니다.

1.2. 특허의 성질

종래 특허는 상대방에게 이익을 주는 것이라는 이유에서 재량행위로 보았습니다. 그러나 특성의 성질은 관계법규정을 고려하여 개별적으로 판단해야 할 문제입니다. 특허와 허가는 전자가 설권행위라는 점에서 구별되지만, 양자의 구별이 상대화되고, 그 법적 성질이 융합되는 경향(허가의 특허화, 특허의 허가화)마저 나타나고 있습니다.

1.3. 특허의 효과

특허의 효과는 제3자에게 대항할 수 있는 새로운 법률상의 힘을 부여하는 데 있습니다. 특허의 종류에 따른 효과, 특히 이전성 문제는 허가에 관하여 설명한 것과 같습니다.

2. 인가

2.1. 개념

인가란 행정청이 타인의 법률행위를 동의로써 보충하여 그 행위의 효력을 완성시켜 주는 행정행위를 말합니다. 보충행위라고도 합니다. 예컨대 여객자동차운송사업 양도·양수에 대한 국토교통부장관 또는 시·도지사의 인가(여객자동차운수사업법 § 15 ②), 공공조합 설립인가, 사립학교 설립인가(고등교육법 § 4 ②), 학교법인 합병에 대한 교육부장관의 인가(사립학교법 § 36 ②) 등을 들 수 있습니다.

2.2. 대상

인가의 대상은 제3자의 행위로서, 허가 등의 경우와는 달리 반드시 법률행위이어야 하며 법률행위인 한 공법행위든 사법행위든 무방합니다.[21]

2.3. 인가의 효과

인가가 이루어지면 제3자 간의 법률적 행위의 효과가 완성됩니다. 인가는 법률행위를 대상으로 하는 것이므로 그 효과는 당해 법률행위에 한하여 발생하고 따라서 이전성이 없습니다. 무인가의 효력은 당연히 무효로 돌아가며 강제집행이나 처벌의 문제를 발생시키지 않습니다.[22]

2.4. 인가와 기본행위

인가와 기본행위의 관계는 특히 하자의 문제와 관련되어 문제됩니다. 이를 유형별로 나누어 살펴보면, ⓐ 양자가 모두 적법하거나, 위법한 경우 각각 완전한 유효와 무효의 결과가 됩니다. ⓑ 기본행위가 부존재 또는 무효인 경우 인가는 설령 그

---

21 가령 김동희, 행정법 I, 2001, 267; 홍정선, 행정법원론(상), 2001, 308 등.
22 김철용, 행정법 I, 13판, 2010, 204.

것이 적법하더라도 그 대상을 결여하므로 무효입니다.[23] 이것은 기본행위가 사후에 효력을 상실하는 경우에도 마찬가지입니다. ⓒ 기본행위는 적법하나 인가만 무효인 경우에는 무인가행위가 된다고 볼 것입니다. 따라서 법률행위의 효력이 완성되지 않습니다. ⓓ 기본행위가 취소할 수 있는 행위인 경우에는 적법한 인가가 있더라도 취소될 수 있습니다. ⓔ 기본행위에 하자가 있는 경우에는 기본행위를 쟁송의 대상으로 삼을 것이지 인가를 다툴 것은 아니라는 것이 확립된 판례입니다.

> "재건축주택조합의 조합장 명의변경에 대한 시장, 군수 또는 자치구 구청장의 인가처분은 종전의 조합장이 그 지위에서 물러나고 새로운 조합장이 그 지위에 취임함을 내용으로 하는 재건축주택조합의 조합장 명의변경 행위를 보충하여 그 법률상의 효력을 완성시키는 보충적 행정행위로서, 그 기본행위인 조합장 명의변경에 하자가 있을 때에는 그에 대한 인가가 있다 하더라도 조합장 명의변경이 유효한 것으로 될 수 없는 것이므로, 기본행위인 조합장 명의변경이 적법·유효하고 보충행위인 인가처분 자체에만 하자가 있다면 그 인가처분의 취소를 구할 수 있는 것이지만, <u>기본행위에 하자가 있다고 하더라도 인가처분 자체에 하자가 없다면 따로 그 기본행위의 하자를 다투는 것은 별론으로 하고 기본행위의 하자를 내세워 바로 그에 대한 행정청의 인가처분의 취소를 구할 수는 없다.</u>"[24]

III. 인허가의제

1. 인허가의제의 개념

앞에서 본 인가나 허가와는 달리 법률에서 하나의 인·허가를 받으면 그와 관련된 인·허가를 받은 것으로 보는 경우가 있습니다. 이를 "인허가의제"라고 부르는데, 「행정기본법」은 '하나의 인허가("주된 인허가")를 받으면 법률로 정하는 바에 따라 그와 관련된 여러 인허가("관련 인허가")를 받은 것으로 보는 것'으로 정의합니다(§ 24 ①). 예컨대 「건축법」(§ 11 ⑤)은 건축허가를 받으면 「국토의 계획 및 이용에 관한 법률」 제56조에 따른 개발행위허가, 「산지관리법」 제14조에 따른 산지전용허가, 「농지법」 제34조에 따른 농지전용허가, 「도로법」 제61조에 따른 도로점용허가, 「하천법」 제33조에 따른 하천점용허가 등을 받은 것으로 본다고 규정하는데, 이에 따라 건축

---

23 대법원 1980. 5. 27. 선고 79누196 판결.
24 대법원 2005. 10. 14. 선고 2005두1046 판결(주택조합변경인가처분취소).

허가를 받으면 개발행위허가, 산지전용허가, 농지전용허가, 도로점용허가, 하천점용허가 등 다른 법률에 따른 관련 인허가를 받은 것으로 간주됩니다. 여기서 건축허가는 '주된 인허가'가 되고 개발행위허가, 산지전용허가 등은 '관련 인허가'가 되는 것이지요.

인허가의제는 법률에 의한 관련 인허가 의제이므로 인가나 허가 같은 행정행위 형식은 아닙니다. 하지만 인허가의제를 받기 위해서는 주된 인허가를 신청해야 하므로(§ 24 ②) 그 주된 인허가는 법률의 규정에 따라 관련 인허가 의제효과가 수반되는 특수한 행위형식이라고 볼 수 있습니다.

인허가의제는 절차간소화 등 규제완화 목적으로 1973년 「산업기지개발촉진법」에 처음 도입된 이후 100개가 넘는 법률에 자리를 잡았습니다.[25] 하지만 이와 관련하여 관련 인허가들을 의제함으로써 자칫 각종 행정규제의 잠탈을 조장하는 요인이 될 수도 있다는 우려도 뒤따랐습니다.[26] 이 제도는 뒤에서 보는 바와 같이 창구단일화나 절차간소화 등을 통해 비용·시간을 절감하여 국민 권익을 증진하려는 취지이지 행정능률만 앞세워 관련 인허가 심사를 일체 배제하려는 것은 아니라고 이해되고 있습니다.[27]

그러나 인허가의제 근거법률의 규정 방식·내용 등이 상이하고, 관련 인허가의 절차적 요건 준수, 사후 관리·감독 등에 관한 명확한 원칙이나 기준이 없었기 때문에 그로 인한 법 적용상의 혼란을 해소하기 위하여 「행정기본법」에서 인허가의제에 대한 공통적인 절차와 집행 기준을 명문화한 것입니다. 「행정기본법」은 인허가의제를 받을 수 있는 기준(절차)으로 관련 인허가 필요서류의 제출, 관할 행정청과의 협

---

25 법제처, 행정기본법 해설서(2021. 12.), 239; 법제처, 행정기본법 조문별 해설(2021.4), 96. 인허가의제의 연혁에 관해서는 정태용. (2017). "인·허가의제의 효력범위에 관한 고찰", 「법제」 제4호(2017), 219 이하를 참조.

26 인허가의제제도에 대한 비판으로는 정남철, "행정기본법상 인허가의제 제도의 법적 쟁점과 개선방안", 『행정법학』 제21호(2021.9) 한국행정법학회 등을 참조. 정남철 교수는 개별법에서 규정하는 인허가의제가 너무 광범위하고 포괄적이며, 인허가의제의 문제점을 개선하기 위해 의제되는 관련 인허가의 수나 의제효과의 범위 등을 단계적으로 축소하는 것이 바람직하다고 합니다.

27 대법원 2018. 11. 29. 선고 2016두38792 판결(임대주택건설사업계획승인처분취소); 2015. 7. 9. 선고 2015두39590 판결(건축허가처분취소); 2011. 1. 20. 선고 2010두14954 전원합의체 판결 등.

의, 협의를 요청받은 관련 인허가 행정청의 조치 의무 등을 규율하고 있습니다.

집중효와 인허가의제

인허가의제는 종종 독일연방행정절차법(VwVfG) 제75조 제1항 및 개별법에 따른 계획확정결정(Planfeststellungsbeschluß)의 집중효(Konzentrationswirkung)와 비교됩니다.[28] 집중효는 행정절차의 촉진·간소화(Beschleunigungs und Vereinfachungsinstrument)를 취지로 주로 행정절차법, 그 밖의 개별법에 따라 계획확정결정의 효력으로 인정되는 것이므로 우리나라 행정절차법상 계획확정결정이 인정되지 않는 이상 그대로 원용하기에는 적합하지 않고, 인허가의제와 동일시할 수도 없습니다(정태용, 2017, 220). 참고로 집중효의 본질, 대상, 범위 등에 관해서는 실체적 집중인지 아니면 절차적 집중에 불과한지 등 많은 학설 대립이 있지만, 형식적 집중(formelle Konzentration) 즉 관할 이동(Zuständigkeitsverlagerung) 및 절차 집중에 그치고 실체적 집중(materielles Konzentration)에는 미치지 아니한다고 합니다. 즉 계획확정결정은 그 결정이 없었으면 필요했을 모든 행정청의 인허가 관련 결정들과 그에 관한 절차 및 절차관련규정들을 대체하지만 해당 인허가에 필요한 실체법적 요구까지 대체하는 것은 아니라는 것이지요. 계획확정행정청(Planfeststellungsbehörde)은 원래 계획확정결정 이전의 행정청과 동일하게 관련 실체법규정들을 준수해야 하며, 가령 계획확정결정들은 원래의 환경법상 행정행위와 마찬가지로 해당 환경법상 관계규정들을 준수해야 한다는 것입니다.[29]

「행정기본법」 제24조는 인허가의제의 기준에 관한 일반법에 해당합니다. 개별 법률에 인허가의제에 관한 특별한 규정이 있으면, 그 개별 법률의 규정이 우선 적용됩니다. 만약 개별 법률에 특별 규정이 없으면 인허가의제의 기준에 관해서는 제24조를 적용하게 됩니다.[30]

---

28 그 밖에도 절차간소화 및 촉진(Verfahrensvereinfachung— und beschleunigung)을 위한 독일의 법제로는 EU의 역무제공지침(Dienstleistungsrichtlinie: DLRL)을 반영한 독일연방행정절차법 제42조a(§ 42a VwVfG)에 따른 허가의제(Genehmigungsfikton), 의제적 허가면제(fiktive Genehmigungsfreistellung) 등이 있습니다.

29 Kopp/Ramsauer, VwVfG Kommentar, 2005. 9.Aufl., § 75 7, 7a−7b, S. 1383−1384. 집중효에 관해서는 한귀현, "독일행정법상의 집중효에 관한 연구", 『법제연구』 제26호(2004), 한국법제연구원, 249−276; 박종국, "獨逸法上의 計劃確定決定의 集中效", 『법제』 통권 제555호(2004.3), 법제처, 6−42; 홍준형, "행정절차법상 계획확정절차 도입의 필요성", 『토지보상법연구』, 한국토지보상법연구회, 139−181; 홍준형, "적법절차와 행정절차법"(2018년 6월 22일 한국공법학회 국제학술대회 발표논문) 등을 참조. 집중효와 행정기본법상 인허가의제의 비교는 조인성, "행정기본법(안)상 인허가 의제제도와 토지행정법상 인허가 의제제도 비교분석", 『토지공법연구』 제93집, 한국토지공법학회, 23−48을 참조.

30 법제처, 행정기본법 해설서(2021.12), 240. 법제처는 같은 곳에서 「행정기본법」 제24조에 따른 후속 입법 및 법제정비의 필요성을 밝히고 있습니다.

2. 인허가의제의 기준(절차)

「행정기본법」은 제24조에서 '인허가의제의 기준'이란 제목 아래 인허가의제의 개념과 절차를 규율하고 있습니다.

2.1. 인허가의 신청

인허가의제를 받으려면 당연히 주된 인허가를 신청하여야 합니다. 그 경우 인허가를 신청하면서 반드시 관련 인허가 의제 처리를 신청할 의무가 있는지 문제됩니다. 이에 대하여 대법원은 관련 인허가 의제 제도는 사업시행자의 이익을 위하여 만들어진 것이므로, 사업시행자가 반드시 관련 인허가 의제 처리를 신청할 의무가 있는 것은 아니라고 판시한 바 있습니다.

> "어떤 개발사업의 시행과 관련하여 여러 개별 법령에서 각각 고유한 목적과 취지를 가지고 요건과 효과를 달리하는 인허가 제도를 각각 규정하고 있다면, 그 개발사업을 시행하기 위해서는 개별 법령에 따른 여러 인허가 절차를 각각 거치는 것이 원칙이다. 다만 어떤 인허가의 근거 법령에서 절차간소화를 위하여 관련 인허가를 의제 처리할 수 있는 근거 규정을 둔 경우에는, 사업시행자가 인허가를 신청하면서 하나의 절차 내에서 관련 인허가를 의제 처리해줄 것을 신청할 수 있다. 관련 인허가 의제 제도는 사업시행자의 이익을 위하여 만들어진 것이므로, 사업시행자가 반드시 관련 인허가 의제 처리를 신청할 의무가 있는 것은 아니다."[31]

2.2. 관련 인허가 필요서류의 제출

인허가의제를 받으려면 주된 인허가를 신청할 때 관련 인허가에 필요한 서류를 함께 제출하여야 하며, 다만, 불가피한 사유로 함께 제출할 수 없는 경우에는 주된 인허가 행정청이 별도로 정하는 기한까지 제출할 수 있습니다(§ 24 ②). 여기서 '불가피한 사유'란 가령 선행하는 절차 또는 처분을 거치는 중이거나 거치지 않아 사실상 관련 서류를 제출할 수 없는 경우로 해석됩니다.[32]

---

[31] 대법원 2020. 7. 23. 선고 2019두31839 판결(건축허가취소처분취소).
[32] 법제처, 행정기본법 해설서, 242. 「도시 및 주거환경정비법」 제57조 제3항을 참고할 수 있습니다.

2.3. 협의

「행정기본법」은 "주된 인허가 행정청은 주된 인허가를 하기 전에 관련 인허가에 관하여 미리 관련 인허가 행정청과 협의하여야 한다."고 규정하여 인허가의제의 효력에 상응하는 사전절차로서 협의의무를 명문화하였습니다(§ 24 ③). 이와 관련 '협의'의 법적 성질을 어떻게 볼 것인지(구속력 및 그 범위와 정도 등), 어떤 경우에 '협의'가 있었다고 볼 것인지가 문제됩니다.

먼저 협의의 법적 성질이 문제됩니다. 종래 인허가의제에서의 협의를 실질상 동의로 볼 것인지 아니면 단순한 기관 간 자문으로 볼 것인지 논란이 있었습니다. 원스톱행정을 통한 민원인의 편의도모라는 인허가의제의 취지와 "협의"라는 법문언에 비추어 특별한 경우를 제외하고는 의제되는 인허가 담당기관과의 협의는 자문에 불과하다고 보는 견해(협의설)와 실체집중을 부인하는 한 의제되는 인허가업무 담당기관의 권한을 존중하여야 하므로 의제되는 인허가기관의 협의는 실질적으로 동의에 해당한다고 보는 견해가 대립해 왔습니다.[33] 판례는 이에 대한 명확한 입장을 표명하지 않고서, 다만, 주된 인허가를 관할하는 행정청이 의제되는 인허가의 요건들을 각각 심사하여 그 요건이 충족되는 경우에 한하여 주된 허가를 발급하여야 한다고 판시하고 있습니다. 즉, 다음에서 보듯이, 건축법에서 인허가의제 제도를 둔 취지는 각각의 의제되는 인허가 요건에 관한 일체의 심사를 배제하려는 것은 아니므로, 가령 도시계획시설인 주차장에 대한 건축허가신청을 받은 행정청으로서는 건축법상 허가 요건뿐 아니라 국토의 계획 및 이용에 관한 법령이 정한 도시계획시설사업에 관한 실시계획인가 요건도 충족하는 경우에 한하여 이를 허가해야 한다는 것입니다.

> "건축법에서 인허가의제 제도를 둔 취지는, 인허가의제사항과 관련하여 건축허가의 관할 행정청으로 창구를 단일화하고 절차를 간소화하며 비용과 시간을 절감함으로써 국민의 권익을 보호하려는 것이지, 인허가의제사항 관련 법률에 따른 각각의 인허가 요건에 관한 일체의 심사를 배제하려는 것으로 보기는 어려우므로, 도시계획시설인 주차장에 대한 건축허가신청을 받은 행정청으로

---

[33] 이에 관해서는 박균성, 행정법강의 제15판, 박영사, 2018, 449를 참조. 동의설은 조인성, "법(안)상 인허가 의제제도와 토지행정법상 인허가 의제제도 비교분석", 『토지공법연구』 제93집(2021), 35; 정남철, 앞의 글, 108 등을 참조. 이 견해가 상대적으로 더 우세한 견해로 보입니다.

서는 건축법상 허가 요건뿐 아니라 국토의 계획 및 이용에 관한 법령이 정한 도시계획시설사업에 관한 실시계획인가 요건도 충족하는 경우에 한하여 이를 허가해야 한다."[34]

"국토계획법이 정한 일정한 용도지역 안에서 토지의 형질변경행위를 수반하는 <u>건축신고의 수리는</u> 건축법 제14조 제2항, 제11조 제5항, 제6항의 <u>인허가 의제로 인해 건축법상 건축신고와 국토계획</u> <u>법상 개발행위허가의 성질을 아울러 갖게 되므로, 국토계획법상의 개발행위허가를 받은 것으로 의</u> <u>제되는 건축신고가 국토계획법령이 정하는 개발행위허가기준을 갖추지 못한 경우 행정청으로서는</u> <u>이를 이유로 그 수리를 거부할 수 있다</u>(대법원 2011. 1. 20. 선고 2010두14954 전원합의체 판 결, 대법원 2017. 10. 26. 선고 2017두50188 판결 등 참조)."[35]

생각건대, 인허가의제에 있어 관련 인허가 행정청과 협의의 권한이나 책임의 주체는 어디까지나 주된 인허가 행정청이라고 보아야 할 것입니다. 관련 인허가 행정청의 동의가 있었다고 해서 그 한도 내에서 면책되는 것이 아니라 그와의 협의를 거쳐 주된 인허가 발급 여부를 결정함으로써 그 권한을 행사하는 동시에 그에 대한 행정적 책임을 지는 것이라고 보아야 합니다. 이렇게 볼 때, 주된 인허가 행정청이 관련 인허가 행정청과 협의를 하여야 한다는 것은 해당 행정청의 동의가 없으면 주된 인허가를 할 수 없다는 의미의 결정적인 구속력을 가지는 것은 아니며, 따라서 협의를 동의로 보기에는 무리가 있습니다. 법이 '동의'라는 표현을 피하고 '협의'라는 용어를 쓴 것은 관련 인허가 행정청에 주도적·결정적인 '동의권'을 부여하기보다는 오히려 관련 인허가 행정청이 각각 의제되는 인허가 요건 충족 여부를 심사하도록 하고 주된 인허가 행정청이 그 의견을 제출받아(상호 의견 불일치의 여지도 배제할 수 없겠지요) 인허가의제가 수반되는 주된 인허가 발급결정을 할 수 있도록 하려는 데 입법취지를 둔 것이라고 판단됩니다. 의제되는 관련인허가 행정청이 관할행정청으로서 심사한 결과(의견)는 주된 인허가 행정청이 특별한 사정이 없는 한 배척하기 어렵다는 의미에서 사실상 구속효 또는 구속적 영향력을 가진다고 볼 수 있겠지만, 후자의 동의 없이는 인허가의 제효과가 수반되는 인허가를 발급할 수 없다는 의미로 볼 수는 없을 것입니다. 이를 단순한 자문이라고 보기는 어렵지만 그렇다고 형식적으로 관련 행정청의 동의가 있어야 주된 행정청의 인허가가 가능하다는 결론을 내리기에는 무리가 있습니다. 협의의 '성립'을 동의라고 보는 견해도 있으나,[36] 「행정기본법」은 단지 협의를 하여야 한

---

34 대법원 2015. 7. 9. 선고 2015두39590 판결(건축허가처분취소).

35 대법원 2019. 7. 4. 선고 2018두49079 판결(건축신고반려처분취소).

36 정남철, 앞의 글, 108.

다고만 할 뿐 협의의 '성립'과 '불성립'을 가리고 그에 따라 법적 효과를 차등화하고 있지는 않습니다. 다시 말해 협의가 불성립하면 주된 인허가 행정청은 인허가의제효과가 수반되는 인허가를 할 수 없다고 규정하지는 않는다는 것이지요.

물론 이 조항은 훈시규정이 아니라 강행규정이므로 주된 인허가 행정청은 그 인허가를 하기 전에 반드시 관련 인허가 행정청과 협의를 하여야 하며, 협의를 하지 않으면 위법을 면할 수 없습니다. 따라서 협의 의무 자체는 그런 의미에서 법적 구속력을 가집니다.

개별 법률에서 협의를 위한 협의회를 구성·운영할 수 있도록 하는 규정을 두는 경우도 있습니다(「도시개발법」 § 19). 「행정기본법 시행령」 제4조에서는 주된 인허가 행정청은 인허가의제에 관한 협의의 신속한 진행이나 이견 조정을 위해 필요하다고 인정하는 경우에는 관련 인허가 행정청과 협의·조정을 위한 회의를 개최할 수 있도록 하고 있습니다.

또한 「행정기본법 시행령」은 제5조 제1항에서 관련 인허가 행정청은 관련 인허가에 필요한 절차를 거쳐야 하는 경우에는 그 절차의 내용, 절차에 걸리는 시간 및 절차 이행에 필요한 사항을 주된 인허가 행정청에 통지하도록 하여, 인허가의제와 관련한 주된 인허가 행정청과 관련 인허가 행정청과의 협의가 원활히 이루어질 수 있도록 하였습니다. 주된 인허가 행정청이 주된 인허가를 한 경우에는 지체없이 관련 인허가 행정청에 그 사실을 통지하도록 하여 인허가의제 처리 상황에 대한 정보 공유가 이루어지도록 하였습니다. 주된 인허가가 있은 후 변경이 있었던 때에도 또한 같습니다.

다음 어떤 경우에 '협의'가 있었다고 볼 것인지가 문제됩니다.

우선, 협의는 주된 인허가 행정청이 사전에, 즉 주된 인허가를 하기 전에 미리, 관련 인허가 행정청과 관련 인허가에 관하여 해야 합니다. 관련 인허가의 실체적 요건를 누가 심사할 것인지에 대해 「행정기본법」은 명시적으로 규정하고 있지 않지만, 인허가의제 제도의 취지에 비추어 볼 때, 주된 인허가 행정청이 관련 인허가에 대한 협의권을 가지는 것이므로, 관련 인허가 요건 심사 역시 주된 인허가 행정청의 소관이라고 판단됩니다.[37] 판례 역시 그와 같은 입장으로 보입니다.[38] 반면 법제처는 인

---

37 홍정선, 행정기본법 해설, 박영사, 2021, 182.
38 대법원 2016. 8. 24. 선고 2016두35762 판결; 2011. 1. 20. 선고 2010두14954 전원합의체

허가 의제 협의 시 관련 인허가 행정청은 해당 법령에 따라 협의를 해야 하며, 해당 법령에 따른다는 것은, 결국 해당 법령에 따른 실체적 심사를 하여야 함을 내포한다고 보아야 하므로, 주된 인허가 행정청과 더불어 관련 인허가 행정청도 관련 인허가에 대해서는 해당 법령에 따라 실체적 심사를 하고 그 결과를 가지고 주된 인허가 행정청과 협의하는 것이 타당하다는 입장입니다.[39] 제24조 제5항의 수범자가 관련 인허가 행정청로 설정되어 있고 또 관련 인허가 행정청의 소관 인허가요건에 대한 실체적 심사권과 적극적 협의의무를 강조한 견해로서 주된 인허가 행정청의 협의권·협의의무를 부정하는 것은 아닙니다. 하지만 제24조 제3항의 수범자가 주된 인허가 행정청임은 부정할 수 없습니다. 따라서 관련 인허가 행정청은 소관 인허가요건에 대한 실체적 심사 결과를 바탕으로 협의에 응하되 인허가의제효과를 발생시키는 결정권은 어디까지나 주된 인허가 행정청이 가진다고 보아야 할 것입니다.

협의요청이 있으면 관련 인허가 행정청은 자신의 의견을 제출하게 되는데, 「행정기본법」은 협의 지연으로 인허가의제의 제도취지가 몰각되지 않도록 일정한 기간 내에 의견을 제출하지 아니하면 협의가 된 것으로 간주하도록 하였습니다. 즉 관련 인허가 행정청은 제3항에 따른 협의를 요청받으면 그 요청을 받은 날부터 20일 이내(제5항 단서에 따른 절차에 걸리는 기간은 제외)에 의견을 제출하여야 하며(§ 24 ④), 이 경우 그 기간(민원 처리 관련 법령에 따라 의견을 제출하여야 하는 기간을 연장한 경우에는 그 연장한 기간) 내에 협의 여부에 관하여 의견을 제출하지 아니하면 협의가 된 것으로 봅니다(§ 24 ④).

반면 관련 인허가 행정청이 협의요청을 받아 그 의견을 제출하면 이에 관하여 주된 인허가 행정청과의 의견교환이 이루어지겠지요. 의제되는 관련 인허가 행정청이 관할 행정청으로서 심사한 결과(의견)는 주된 인허가 행정청이 특별한 사정이 없는 한 배척하기 어렵다는 의미에서 사실상 구속효 또는 구속적 영향력을 가지게 됩니다. 주된 행정청과 관련 행정청 사이에 서로 의견이 불일치할 수도 있는데 그 경우 주된 인허가 행정청이 관련 인허가 행정청의 의견을 어떤 기준으로, 어디까지 고려해야 하는지에 관하여 법은 침묵하고 있습니다. 관련 인허가 행정청의 의견을 전혀 무시하거나 의사결정에 반영하지 않을 경우, 실질상 협의가 없었던 것과 다름이 없다고 볼 경우도 없지 않겠지만 주된 인허가 행정청 일단 협의요청을 하고 의견을

판결.

39 법제처, 행정기본법 해설서, 246.

제출 받은 이상 행정청 상호 간에 다소 이견이 있었다고 하여 막 바로 협의의무 위반이라 하기는 어렵지 않을까 생각합니다.

「행정기본법」은 협의를 요청받은 관련 인허가 행정청은 해당 법령을 위반하여 협의에 응해서는 아니 된다고 규정합니다(§ 24 ⑤). 관련 인허가 행정청은 주된 인허가 행정청으로부터 요청받은 협의사항에 대해 협의를 할 때에는 해당 법령에서 정한 실체적 요건에 따라야 하고, 법률에 별도 규정이 있는 경우에는 절차적 요건도 준수하여야 합니다. 제24조 제5항은 의제될 인허가의 실체적 요건을 충족하는 경우에 한하여 해당 인허가에 대한 의제효과가 부여될 수 있다는 판례(대법원 2015. 7. 9. 선고 2015두39590 판결)를 반영한 것으로서 관련 인허가 행정청으로 하여금 협의 과정에서 관련 인허가의 실체적 요건을 충족하는 경우에만 협의를 해주도록 한 것입니다.[40] 또한 이 조항은 관련 인허가 행정청이 협의과정에서 위법한 의견을 제출하지 못하도록 할 뿐만 아니라 오히려 위법한 협의를 거부할 수 있는 법적 근거로도 활용될 수 있다는 점에서 이중적인 의미를 가집니다.

3. 인허가의제의 효과

인허가의제의 효과는 '주된 인허가를 받았을 때 관련 인허가를 받은 것으로 본다'는 데 있습니다(§ 25 ①).

한편 개별 법률에서 관련 인허가를 받기 위한 절차를 규정하고 있는 경우 해당 절차를 거쳐야만 인허가의제 효과가 발생하는지를 둘러싸고 종래 논란이 있었습니다.[41] 「행정기본법」은 이를 입법적으로 해결하였습니다. 즉, 절차간소화, 규제완화 등 인허가의제 본연의 입법취지를 고려하여 관련 인허가에 필요한 심의, 의견 청취 등의 절차는 거치지 않아도 되고,[42] 법률에 인허가의제 시에도 해당 절차를 거친다는 명시적인 규정이 있는 경우에만 이를 거치도록 하였습니다(§ 24 ⑤).

인허가의제의 효과를 좀 더 구체적으로 살펴보면 다음과 같습니다.

---

40 법제처, 행정기본법 해설서, 245.
41 법제처, 행정기본법 해설서, 247-248.
42 법제처, 같은 책, 248.

3.1. 인허가의제 효과 발생의 조건과 범위

「행정기본법」은 인허가의제의 조건이자 범위를 '제24조 제3항·제4항에 따라 협의가 된 사항'에 대해서 주된 인허가를 받았을 때에만 관련 인허가를 받은 것으로 본다고 명시하고 있습니다(§ 25 ①). 따라서 관련 인허가 중 협의가 누락되거나 협의가 되지 않은 사항에 대해서는 관련 인허가를 받은 것으로 의제되지 않습니다. 또한 협의가 가능하다는 사실만으로 인허가가 의제되는 것도 아닙니다. 또한 앞에서 살펴본 바와 같이 관련 인허가 행정청과의 '협의'가 있더라도 인허가의제로 의제되는 각각의 인허가 요건 심사가 면제되는 것은 아닙니다.[43]

주된 인허가로 인해 관련 인허가를 받은 것으로 의제하는 경우, 그 의제의 효과는 주된 인허가의 해당 법률에 규정된 효과에 한하는지 아니면 관련 인허가의 근거 법률에 규정된 효과에까지 미치는지가 문제됩니다. 종래 판례는 "주된 인허가의 해당 법률에 규정된 효과에 한하여 발생한다."는 입장을 취했습니다.[44]

「행정기본법」은 제25조 제2항에서 인허가의제의 효과는 '주된 인허가의 해당 법률에 명시된 관련 인허가'에 한하여 발생한다고 규정함으로써, 의제되는 관련 인허가의 근거 법률에 따른 재의제가 허용되지 않음을 분명히 하였습니다. 인허가의제의 의제를 원칙적으로 인정하지 않음으로써 인허가의제의 남용·오용을 방지하려는 취지입니다.[45]

3.2. 인허가의제 효과의 발생 시점

인허가의제의 효과가 발생하는 시점은 '주된 인허가를 받은 때'입니다. 판례의 입장도 같습니다.[46]

---

43 대법원 2015. 7. 9. 선고 2015두39590 판결; 2021. 3. 11. 선고 2020두42569 판결(중소기업 창업사업계획승인불허가처분취소) 등
44 대법원 2016. 11. 24. 선고 2014두47686 판결.
45 법제처, 같은 책, 258−259.
46 대법원 2018. 10. 25. 선고 2018두43095 판결.

3.3. 부분 인허가의제의 허용 여부

부분 인허가의제의 허용 여부에 관하여는 논란의 여지가 있습니다. "협의가 된 사항에 대해서는 주된 인허가를 받았을 때 관련 인허가를 받은 것으로 본다."고 규정한 제25조 제1항을 반대해석하면 주된 인허가 행정청과 관련 인허가 행정청 사이에 협의가 된 관련 인허가에 대해서만 부분적으로 의제효과가 발생한다는 결론이 나옵니다. 판례 또한 같은 입장으로 보입니다.

> "구 주한미군 공여구역주변지역 등 지원 특별법(2008. 3. 28. 법률 제9000호로 개정되기 전의 것, 이하 '구 지원특별법'이라 한다) 제29조의 인허가의제 조항은 목적사업의 원활한 수행을 위해 행정절차를 간소화하고자 하는 데 입법 취지가 있는데, 만일 사업시행승인 전에 반드시 사업 관련 모든 인허가의제 사항에 관하여 관계 행정기관의 장과 협의를 거쳐야 한다고 해석하면 일부의 인허가의제 효력만을 먼저 얻고자 하는 사업시행승인 신청인의 의사와 맞지 않을 뿐만 아니라 사업시행승인 신청을 하기까지 상당한 시간이 소요되어 그 취지에 반하는 점, 주한미군 공여구역주변지역 등 지원 특별법이 2009. 12. 29. 법률 제9843호로 개정되면서 제29조 제1항에서 인허가의제 사항 중 일부만에 대하여도 관계 행정기관의 장과 협의를 거치면 인허가의제 효력이 발생할 수 있음을 명확히 하고 있는 점 등 구 지원특별법 제11조 제1항 본문, 제29조 제1항, 제2항의 내용, 형식 및 취지 등에 비추어 보면, 구 지원특별법 제11조에 의한 사업시행승인을 하는 경우 같은 법 제29조 제1항에 규정된 사업 관련 모든 인허가의제 사항에 관하여 관계 행정기관의 장과 일괄하여 사전 협의를 거칠 것을 요건으로 하는 것은 아니고, 사업시행승인 후 인허가의제 사항에 관하여 관계 행정기관의 장과 협의를 거치면 그때 해당 인허가가 의제된다고 보는 것이 타당하다."[47]

이와 관련하여, 앞서 본 판례에서 대법원은 건축주가 '부지 확보' 요건을 완비하지는 못한 상태이더라도 가까운 장래에 '부지 확보' 요건을 갖출 가능성이 높다면, 건축행정청이 추후 별도로 국토계획법상 개발행위(토지형질변경) 허가를 받을 것을 명시적 조건으로 하거나 또는 당연히 요청되는 사항이므로 묵시적인 전제로 하여 건축주에 대하여 건축법상 건축허가를 발급하는 것이 위법하다고 볼 수는 없다고 판시한 바 있는데, 이 역시 같은 맥락에서 이해할 수 있습니다.

> "어떤 인허가의 근거 법령에서 절차간소화를 위하여 관련 인허가를 의제 처리할 수 있는 근거 규정을 둔 경우에는, 사업시행자가 인허가를 신청하면서 하나의 절차 내에서 관련 인허가를 의제 처리해줄 것을 신청할 수 있다. 관련 인허가 의제 제도는 사업시행자의 이익을 위하여 만들어진 것이므로, 사업시행자가 반드시 관련 인허가 의제 처리를 신청할 의무가 있는 것은 아니다.

---

47 대법원 2012. 2. 9. 선고 2009두16305 판결. 同旨 대법원 2018. 11. 29. 선고 2016두38792 판결 등.

만약 건축주가 '부지 확보' 요건을 완비하지는 못한 상태이더라도 가까운 장래에 '부지 확보' 요건을 갖출 가능성이 높다면, 건축행정청이 추후 별도로 국토의 계획 및 이용에 관한 법률(이하 '국토계획법'이라 한다)상 <u>개발행위(토지형질변경) 허가를 받을 것을 명시적 조건으로 하거나 또는 당연히 요청되는 사항이므로 묵시적인 전제로 하여 건축주에 대하여 건축법상 건축허가를 발급하는 것이 위법하다고 볼 수는 없다.</u>

그러나 건축주가 건축법상 건축허가를 발급받은 후에 국토계획법상 개발행위(토지형질변경) 허가절차를 이행하기를 거부하거나, 그 밖의 사정변경으로 해당 건축부지에 대하여 국토계획법상 개발행위(토지형질변경) 허가를 발급할 가능성이 사라졌다면, 건축행정청은 건축주의 건축계획이 마땅히 갖추어야 할 '부지 확보' 요건을 충족하지 못하였음을 이유로 이미 발급한 건축허가를 직권으로 취소·철회하는 방법으로 회수하는 것이 필요하다."[48]

그러나 대법원은, 같은 판결에서 인허가의제 협의에 관한 특별한 규정을 두고 있는 「건축법」 제11조 제5항 및 제6항과 관련해서는, 비록 건축허가의 요건을 충족하고 있다 하더라도 관련 인허가 중 어느 하나의 요건을 충족하지 못한 경우에는 행정청은 건축허가를 발급하면서 해당 관련 인허가에 대해서만 의제효과가 부여되지 않은 것으로 처리해서는 안 되고, 아예 건축허가의 발급을 거부해야 한다는 입장을 분명히 표명하고 있습니다.

건축법상 인허가의제에 있어 개발행위 허가기준 미비시 건축허가 발급 여부

"건축법 제11조 제1항, 제5항 제3호, 국토의 계획 및 이용에 관한 법률(이하 '국토계획법'이라 한다) 제56조 제1항 제1호, 제57조 제1항의 내용과 체계, 입법 취지를 종합하면, <u>건축주가 건축물을 건축하기 위해서는 건축법상 건축허가와 국토계획법상 개발행위(건축물의 건축) 허가를 각각 별도로 신청하여야 하는 것이 아니라, 건축법상 건축허가절차에서 관련 인허가 의제 제도를 통해 두 허가의 발급 여부가 동시에 심사·결정되도록 하여야 한다.</u> 즉, <u>건축주는 건축행정청에 건축법상 건축허가를 신청하면서 국토계획법상 개발행위(건축물의 건축) 허가 심사에도 필요한 자료를 첨부하여 제출하여야 하고, 건축행정청은 개발행위허가권자와 사전 협의절차를 거침으로써 건축법상 건축허가를 발급할 때 국토계획법상 개발행위(건축물의 건축) 허가가 의제되도록 하여야 한다.</u>

이를 통해 건축법상 건축허가절차에서 건축주의 건축계획이 국토계획법상 개발행위 허가기준을 충족하였는지가 함께 심사되어야 한다. <u>건축주의 건축계획이 건축법상 건축허가기준을 충족하더라도 국토계획법상 개발행위 허가기준을 충족하지 못한 경우에는 해당 건축물의 건축은 법질서상 허용되지 않는 것이므로, 건축행정청은 건축법상 건축허가를 발급하면서 국토계획법상 개발행위(건축물의 건축) 허가가 의제되지 않은 것으로 처리하여서는 안 되고, 건축법상 건축허가의 발급을 거부하여야 한다.</u> 건축법상 건축허가절차에서 국토계획법상 개발행위 허가기준 충족 여부에 관한 심사가 누락된 채 건축법상 건축허가가 발급된 경우에는 그 건축법상 건축허가는 위법하므로 취소할 수 있다. 이때 건축허가를 취소한 경우 건축행정청은 개발행위허가권자와의 사전 협의를 통해 국토계획법상 개발행위 허가기준 충족 여부를 심사한 후 건축법상 건축허가 발급 여부를 다시 결정하여야 한다."[49]

---

48 대법원 2020. 7. 23. 선고 2019두31839 판결.
49 대법원 2020. 7. 23. 선고 2019두31839 판결.

4. 인허가의제와 행정쟁송

4.1. 의제가 거부되거나 또는 의제된 관련 인허가에 대한 쟁송제기

행정청이 주된 인허가를 하면서 특정 관련 인허가에 대한 의제효과를 부여하지 않거나 배제할 경우 그 인허가의제 효과의 부인이나 배제를 대상으로 행정쟁송을 제기하여 다툴 수 있는지, 그리고 의제효과가 부여된 관련 인허가의 전부 또는 일부에 대하여 직접 행정쟁송으로 다툴 수 있는지 여부가 문제됩니다. 이를 협의된 사항에 대해서만 의제효과가 부여되는 경우와 일괄하여 의제효과가 부여되는 경우로 나누어 살펴보겠습니다.

먼저, 협의된 사항에 대해서만 의제효과가 부여되는 경우, 행정청이 특정한 관련 인허가에 대한 의제효과를 부여하지 않으면 이를 직접 행정쟁송으로 다툴 수 있다고 봅니다. 그리고 의제효과가 부여된 특정한 관련 인허가에 대해 다투고자 하는 이해관계인은 해당 관련 인허가를 대상으로 쟁송을 제기할 수 있다는 것이 판례의 입장입니다.

> "구 주택법(2016. 1. 19. 법률 제13805호로 전부 개정되기 전의 것) 제17조 제1항에 따르면, 주택건설사업계획 승인권자가 관계 행정청의 장과 미리 협의한 사항에 한하여 승인처분을 할 때에 인허가 등이 의제될 뿐이고, 각호에 열거된 모든 인허가 등에 관하여 일괄하여 사전협의를 거칠 것을 주택건설사업계획 승인처분의 요건으로 규정하고 있지 않다. 따라서 인허가 의제 대상이 되는 처분에 어떤 하자가 있더라도, 그로써 해당 인허가 의제의 효과가 발생하지 않을 여지가 있게 될 뿐이고, 그러한 사정이 주택건설사업계획 승인처분 자체의 위법사유가 될 수는 없다. 또한 의제된 인허가는 통상적인 인허가와 동일한 효력을 가지므로, 적어도 '부분 인허가 의제'가 허용되는 경우에는 그 효력을 제거하기 위한 법적 수단으로 의제된 인허가의 취소나 철회가 허용될 수 있고, 이러한 직권 취소·철회가 가능한 이상 그 의제된 인허가에 대한 쟁송취소 역시 허용된다. 따라서 주택건설사업계획 승인처분에 따라 의제된 인허가가 위법함을 다투고자 하는 이해관계인은, 주택건설사업계획 승인처분의 취소를 구할 것이 아니라 의제된 인허가의 취소를 구하여야 하며, 의제된 인허가는 주택건설사업계획 승인처분과 별도로 항고소송의 대상이 되는 처분에 해당한다."[50]

다음, 일괄하여 의제효과가 부여되는 경우, 앞에서 살펴본 「건축법」 제11조 제5항은 건축허가가 발급되면 토지형질변경허가 등 관련 인허가에 대해 일괄하여 의제

---

50 대법원 2018. 11. 29. 선고 2016두38792 판결. 의제된 인허가의 처분성을 인정한 판례에 대한 비판으로는 정해영, "의제된 인허가의 처분성", 아주법학 통권 제13권 제2호(2019.8) 아주대학교 법학연구소, 53－79를 참조.

효과를 부여하고 있으므로, 관련 인허가 중 어느 하나의 요건을 충족하지 못하는 경우에는 건축허가를 발급하면서 해당 인허가의 의제효과만을 배제해서는 안 되고 건축허가에 대한 거부처분을 내려야 한다는 것이 판례의 입장입니다.[51] 따라서 행정청이 건축불허가처분의 사유로 관련 인허가(예: 형질변경허가)의 요건을 충족하지 못함을 들고 있는 경우 이를 다투려면 건축불허가처분을 대상으로 쟁송을 제기해야 하지, 이와는 별개로 요건을 충족하지 못한 관련 인허가(예: 형질변경허가)에 대한 쟁송을 제기하는 것은 허용되지 않습니다.

> "건축허가를 받으면 토지형질변경허가 등이 의제되는 경우, 건축불허가처분을 하면서 그 처분사유로 건축불허가 사유뿐만 아니라 형질변경불허가 사유를 들고 있다고 하여 그 건축불허가처분 외에 별개로 형질변경불허가처분이 존재하는 것은 아니므로, 건축불허가처분에 관한 쟁송과는 별개로 형질변경불허가처분에 관한 쟁송을 제기하여 다투어야 하는 것은 아니다." 마찬가지로, 건축허가의 발급에 의해 일괄적으로 인허가의제 효과가 발생한 경우에 의제된 특정 인허가에 대해 다툼이 있는 이해관계인은 해당 인허가가 아니라 주된 인허가인 건축허가에 대해 쟁송으로 다투어야 할 것이다."[52]

4.2. 주된 인허가가 취소되면 의제된 관련 인허가의 효력도 상실되는지 여부

주된 인허가가 취소되면 의제효과가 부여된 관련 인허가도 모두 효력을 상실하는지 문제됩니다. 이에 관해 「행정기본법」은 별다른 규정을 두고 있지 않습니다. 주된 인허가가 취소되면 의제된 인허가도 모두 효력을 상실한다는 견해,[53] 주된 인허가가 취소되어도 의제된 인허가를 그대로 유지하는 것이 필요한 경우에는 의제된 인허가는 효력을 유지한다는 견해[54]가 대립합니다. 대법원은 도시정비법상 사업시행계획이 당연 무효이거나 법원의 확정판결로 취소된다면 그로 인하여 의제된 사업인정도 효력을 상실한다고 판시한 바 있습니다.

> "구 도시 및 주거환경정비법(2017. 2. 8. 법률 제14567호로 전부 개정되기 전의 것, 이하 '도시정비법'이라 한다)상 사업시행인가는 사업시행계획에 따른 대상 토지에서의 개발과 건축을 승인하여 주고, 덧붙여 의제조항에 따라 토지에 대한 수용 권한 부여와 관련한 사업인정의 성격을 가진다. 따라서 어느 특정한 토지를 최초로 사업시행 대상 부지로 삼은 사업시행계획이 당연무효이

---

51 대법원 2020. 7. 23. 선고 2019두31839 판결.
52 대법원 2001. 1. 16. 선고 99두10988 판결.
53 김중권, 행정법, 2021, 229.
54 홍정선, 앞의 책, 190.

거나 법원의 확정판결로 취소된다면, 그로 인하여 의제된 사업인정도 효력을 상실한다."[55]

4.3. 의제된 인허가 취소·철회사유가 발생한 경우 그 인허가만 취소·철회할 수 있는지 여부

주된 인허가에 따라 관련 인허가에 대한 의제효과가 발생한 후 관련 인허가에 취소·철회사유가 발생한 경우 행정청은 그 인허가만을 취소·철회할 수 있는지 문제됩니다. 이미 앞에서 본 바와 같이, 협의된 관련 인허가만 의제 효과가 발생하는 경우 관련 인허가에 취소·철회사유가 발생하면 해당 관련 인허가에 대한 취소·철회가 가능하고, 이러한 직권 취소·철회가 가능한 이상 그 의제된 인허가에 대한 쟁송취소역시 허용된다고 보는 것이 판례의 태도입니다.[56]

5. 인허가의제의 사후관리 등

「행정기본법」은 제26조에서 인허가의제의 사후관리 등을 규정하고 있습니다. 이에 따르면, 인허가의제의 경우 관련 인허가 행정청은 관련 인허가를 직접 한 것으로 보아 관계 법령에 따른 관리·감독 등 필요한 조치를 하여야 합니다(§ 26 ①). 주된 인허가가 있은 후 이를 변경하는 경우에는 제24조·제25조 및 제26조 제1항을 준용하도록 되어 있습니다(§ 26 ②). 인허가의제의 방법, 그 밖에 필요한 세부 사항은 대통령령으로 위임되어 있습니다(§ 26 ③).

Ⅳ. 행정법상 확약

1. 개념

행정행위는 행정의 행위형식에서 중심적 위치를 차지하는 기본유형입니다. 그러

---

55 대법원 2018. 7. 26. 선고 2017두33978 판결.
56 대법원 2018. 11. 29. 선고 2016두38792 판결.

나 행정의 수요에 따라 행정행위와 유사한 행위유형들이 그 행정행위 해당 여부를 둘러싼 논란을 일으키면서 속속 발전되어 왔습니다. 이 한계적 유형의 행위형식들 중 중요한 것으로 확약, 예비결정, 가행정행위, 일부허가, 교시 등이 있습니다. 여기서는 확약만 살펴보겠습니다.

확약(Zusicherung)이란 행정청이 국민에 대하여 <u>장차 일정한 행정행위를 하겠다든가 또는 안 하겠다는 약속의 의사표시</u>를 말합니다. 1987년의 행정절차법 입법예고안은 제25조 제1항에서 확약을 「행정청이 어떠한 행정처분을 하거나 하지 아니할 것을 약속하는 행위」로 규정한 바 있습니다. 독일 연방행정절차법 제38조는, 종래 행정판례에서 인정되던, '행정청의 공적 확언은 그 행정청에게 행정의 자기구속의 효력을 미친다'는 법리를 수용하여 확약을 행정의 활동형식으로 제도화하였습니다. 확약은 이처럼 독일행정법의 산물입니다.

우리나라에서는 비교적 늦은 2022년 1월 11일 <u>행정절차법 개정법률 제40조의2</u>를 통해 제도화되었습니다. 행정법상 확약은 행정절차법에 도입되기 전에도 학계에서 비교적 일찍부터 신뢰보호 원칙에 근거를 둔 활동형식으로 인정되어 왔습니다. 법규, 행정관습에 따라 종래 '내인가'·'내허가'·'일차인가'·'일차면허' 등의 이름으로 확약의 법리가 실제로 관철되었습니다.[57] 이러한 배경에서 제40조의2 제1항은 '법령등에서 당사자가 신청할 수 있는 처분을 규정하고 있는 경우 행정청은 당사자의 신청에 따라 장래에 어떤 처분을 하거나 하지 아니할 것을 내용으로 하는 의사표시를 할 수 있다'고 규정하였습니다.

2. 법적 성질

2.1. 확약은 행정행위인가

제40조의2 제1항에 따르면 확약이란 '법령등에서 당사자가 신청할 수 있는 처분을 규정하고 있는 경우 행정청은 당사자의 신청에 따라 장래에 어떤 처분을 하거나 하지 아니할 것을 내용으로 하는 의사표시'를 말합니다. 확약의 법적 성질과 관련하여

---

57 김도창, 상, 429.

행정행위 여부가 논란됩니다. 확약을 행정행위의 일종으로 보는 견해가 다수설58이지만, 종국적 규율의 성질을 결여하므로 독자적 행위형식이라는 견해59도 있습니다.

생각건대, 확약은 자기구속 의지에 의거하여 처분의 의무를 부담하는 것이므로 행정행위의 개념적 징표인 법적 규율에 해당한다고 볼 수 있습니다. 그러나 법적 규율의 내용은 일반 행정행위의 그것과는 다른 특성을 띱니다. 확약의 행위기초가 되었던 사실적·법적 상황이 변경되면 사정변경의 원칙에 따라 확약의 구속성은 상실되기 때문입니다. 독일연방행정절차법 제38조 제3항이 「확약의 전제가 되었던 사실 및 법적 상황이 변경되어 행정청이 사후에 발생한 사실을 알았더라면 확약을 하지 않았으리라고 인정될 경우 또는 법적 이유에서 확약을 할 수 없었으리라고 인정될 경우에는 그 행정청은 더 이상 자기가 행한 확약에 구속되지 아니 한다」고 규정하는 것도 바로 확약의 그런 성질을 염두에 둔 것이지요.

우리 행정절차법도 그와 유사한 맥락에서 제40조의2 제4항에 확약을 한 후에 확약의 내용을 이행할 수 없을 정도로 법령등이나 사정이 변경된 경우 또는 확약이 위법한 경우에는 행정청은 확약에 기속되지 아니한다는 규정을 두고 있습니다.

만일 행정행위의 경우 이같은 행위기초 및 법적 변동이 있어 그 구속력을 박탈하기 위해서는 별도로 사정변경의 원칙에 따른 행정행위의 철회가 요구된다는 점에 비추어 볼 때,60 확약은 행정행위와는 다른 특질을 지닌다고 할 수 있습니다. 확약의 행정행위 여부에 관한 논의의 실익은 주로 행정행위에 관한 규율의 적용 여부를 결정하는 데 있습니다. 따라서 확약의 독자성을 인정하되 그 성질이 허용하는 한 행정행위에 관한 규율을 준용하는 것이 타당합니다.

> 대법원은 "자동차운송사업양도양수계약에 기한 양도양수인가신청에 대하여 피고 시장이 내인가를 한 후 위 내인가에 기한 본인가신청이 있었으나 자동차운송사업양도양수인가신청서가 합의에 의한 정당한 신청서라고 할 수 없다는 이유로 위 내인가를 취소한 경우, 위 <u>내인가의 법적 성질이 행정행위의 일종으로 볼 수 있든 아니든</u> 그것이 행정청의 상대방에 대한 의사표시임이 분명하고 피고가 위 내인가를 취소함으로써 다시 본인가에 대하여 따로이 인가 여부의 처분을 한다는 사정

---

58 김도창, 일반행정법론(상), 429; 박윤흔, 행정법강의(상), 394; 이상규, 신행정법론(상), 330 등.
59 김남진, 행정법 I, 370; 변재옥, 행정법강의 I, 313. 김남진 교수 역시, 비록 행정행위설을 부정한다는 뜻을 분명히 밝히고 있기는 하지만, 실정법이 확약에 행정행위에 관한 일부조항을 준용시키는 경우, 확약을 행정행위에 준하는 것으로 보는 것은 무방하다고 합니다(동교수, 기본문제, 288).
60 대법원 1984. 11. 13. 선고 84누269 판결.

이 보이지 않는다면 위 내인가취소를 인가신청을 거부하는 처분으로 보아야 할 것"[61]이라고 판시하여 내인가의 행정행위 여부에 대한 판단을 회피했습니다. 다만 본처분을 하지 않은 상태에서 내인가를 취소하면 이로써 본처분으로서 인가거부처분이 있는 것이라고 보아 내인가취소의 종국성과 법적 효과를 시인하고 있습니다. 그러나 이후 대법원은 "어업권면허에 선행하는 우선순위결정은 행정청이 우선권자로 결정된 자의 신청이 있으면 어업권면허처분을 하겠다는 것을 약속하는 행위로서 강학상 확약에 불과하고 행정처분은 아니므로", 우선순위결정에 공정력이나 불가쟁력과 같은 효력은 인정되지 아니한다고 판시함으로써 확약이 행정처분이 아니라는 점을 분명히 했습니다.[62]

2.2. 재량행위인가

어떤 행정행위의 발급에 대해 확약을 할 것인지 여부는 행정청의 의무에 합당한 재량에 속합니다.[63] 물론 그 대상 행위가 재량에 속하는 행위인가 기속행위인가는 별개의 문제입니다.

2.3. 확약과 교시·예비결정·일부허가와의 비교

확약은 자기구속의 의지를 내용으로 한다는 점에서 비구속적인 법률적 견해 표명인 교시(Auskunft: 고지)와 다르고, 또 장래의 규율을 약속하는 것이라는 점에서 제한된 사항에 관한 것이지만 종국적 규율을 내용으로 하는 예비결정(Vorbescheid)·일부허가(Teilgenehmigung)와도 구별됩니다.[64] 쌍방행위인 공법상 계약에서 표명된 급부약속과 비교할 때 확약은 일방적 행위의 성질을 가진다는 점에서 구별되지만, 급부약속인 이상 확약이든 공법상 계약이든 실질적으로 동일한 성질을 가진다고 볼 수도 있습니다.[65]

---

61 대법원 1991. 6. 28. 선고 90누4402 판결.
62 대법원 1995. 1. 20. 선고 94누6529 판결(행정처분취소).
63 홍정선, 상, 376.
64 신보성, 다단계 행정과정의 법적 고찰, 고시연구 1992/5, 63 이하를 참조.
65 이에 관한 독일의 사례로는 BVerwGE 49, 359, 362를 참조.

3. 확약의 요건

확약은 그 대상 행정행위(예컨대 공무원임용, 조세감면조치, 외국과의 합작증권회사 설립인가 등)가 당해 행정청의 권한 범위에 속하는 적법한 것이어야 합니다. 행정절차법 제40조의2 제4항은 확약이 위법한 경우에는 행정청은 확약에 기속되지 아니한다고 규정하고 있습니다.

확약의 대상이 가능하고 확정적이어야 함은 물론입니다. 확약은 재량행위뿐만 아니라 기속행위에 대해서도 가능합니다. 기속행위의 경우는 이설이 없지 않으나, 법적 불안정을 제거할 필요성(예지이익, 대처이익)은 마찬가지이므로 가능하다고 보아야 합니다(다수설).[66] 요건사실(예: 과세요건사실)이 완성된 후에도 개인의 이익보호 견지에서 확약은 가능하다는 것이 다수설입니다.[67]

확약의 절차나 형식에 관한 한 일반적 규정이 없어 불요식행위로 볼 여지도 있지만, 법은 제40조의2 제2항에서 '확약은 문서로 하여야 한다'고 못 박고, 제3항에서 행정청은 '다른 행정청과의 협의 등의 절차를 거쳐야 하는 처분에 대하여 확약을 하려는 경우에는 확약을 하기 전에 그 절차를 거쳐야 한다'고 규정하고 있습니다.

4. 효과

4.1. 구속력

확약의 효과는 행정청이 상대방에 대하여 확약된 대로의 행정행위를 해야 할 의무를 부담한다는 데 있습니다. 이러한 구속력(Verbindlichkeit)은 신뢰보호의 원칙에 의해 인정되는 것이며 따라서 상대방은 당해행정청에 대하여 그 확약에 따를 것을 요구할 수 있고 나아가 그 이행을 청구할 수 있습니다. 다만 현행법상 의무이행소송은 허용되지 않고, 의무이행심판, 거부처분취소소송 또는 부작위위법확인소송을 제기할 수 있습니다.

---

66 김남진, 행정법 I, 372; 박윤흔, 행정법강의(상), 396; 홍정선, 행정법원론(상), 377.
67 박윤흔, 행정법원론(상), 396을 참조.

"공유수면매립에 있어서 1차매립준공인가를 할 때의 조건으로 국가에 귀속시키기로 정한 특정 토지부분이 아닌 다른 매립지를, 2차매립준공인가를 하면서 임의로 국가에 귀속시킨 조치는 매립 면허에 근거가 없어 위법한 것이다."[68]

4.2. 사정변경에 의한 구속력의 상실

확약의 행위기초가 되었던 사실적·법적 상황이 변경되면 이른바 사정변경의 원칙에 따라 확약의 구속성은 상실됩니다. 확약의 기초가 되었던 사실 및 법상태가 사후적으로 변경되면 확약은 별도의 의사표시 없이도 효력을 상실합니다. 이 점에서 확약의 구속력은 행정행위의 구속력보다 약하고 불안정적입니다.

행정절차법 제40조의2 제4항에 따르면 행정청은 확약을 한 후에 확약의 내용을 이행할 수 없을 정도로 법령등이나 사정이 변경된 경우에는 확약에 기속되지 않습니다.

이와 관련, 주택건설촉진법상 사전결정제도가 신설되기 전에 주택건설사업 승인 신청을 하기에 앞서 구 건축법상 사전결정을 받은 경우, 행정청이 그 건축법상의 사전결정에 기속되어 주택건설촉진법상의 주택건설사업계획을 반드시 승인하여야 하는 것은 아니고, 주택건설사업승인 거부처분이 구 건축법상의 사전결정에 배치된다는 이유만으로 위법하게 되는 것은 아니라고 판시한 바 있습니다.

"행정청이 상대방에게 장차 어떤 처분을 하겠다고 확약 또는 공적인 의사표명을 하였다고 하더라도 그 자체에서 상대방으로 하여금 언제까지 처분의 발령을 신청을 하도록 유효기간을 두었는데도 그 기간 내에 상대방의 신청이 없었다거나 확약 또는 공적인 의사표명이 있은 후에 사실적·법률적 상태가 변경되었다면 그와 같은 확약 또는 공적인 의사표명은 행정청의 별다른 의사표시를 기다리지 않고 실효된다고 할 것인바, 건축법상의 사전결정은 앞서 본 바와 같이 피고가 장차 건축법상의 건축허가처분을 하겠다는 의사표시일 뿐이지 장차 촉진법상의 주택건설사업계획승인처분을 하겠다는 내용의 확약 또는 공적인 의사표명이라고는 할 수 없고, 또한 앞서 본 주택건설사업계획 입지심의와 건축물건축계획 심의가 대전직할시장이 장차 주택건설사업계획승인처분을 하겠다는 내용의 확약 또는 공적인 의사표명이라고 하더라도 그 유효기간 1년 이내에 원고가 그 승인신청을 하지 아니함으로써 실효되었다고 할 것이므로, 피고가 위 건축법상의 사전결정과 주택건설사업계획 입지심 및 건축물건축계획 심의와는 달리 원고의 승인신청을 거부하는 내용의 이 사건 거부처분을 하였더라도 그것이 위법하다고는 할 수 없다 할 것이다."[69]

---

68 대법원 1987. 4. 14. 선고 86누233 판결.
69 대법원 1996. 8. 20. 선고 95누10877 판결(주택건설사업승인거부처분취소).

"어업권면허에 선행하는 우선순위결정은 행정청이 우선권자로 결정된 자의 신청이 있으면 어업권면허처분을 하겠다는 것을 약속하는 행위로서 강학상 확약에 불과하고 행정처분은 아니므로, 우선순위결정에 공정력이나 불가쟁력과 같은 효력은 인정되지 아니하며, 따라서 우선순위결정이 잘못되었다는 이유로 종전의 어업권면허처분이 취소되면 행정청은 종전의 우선순위결정을 무시하고 다시 우선순위를 결정한 다음 새로운 우선순위결정에 기하여 새로운 어업권면허를 할 수 있다."[70]

물론 확약의 구속력도 확약이 행정행위의 경우와 마찬가지의 사유에 의해 취소·철회됨으로써 상실될 수 있습니다. 행정청이 당초의 증여액을 근거로 비과세통지를 한 후 이에 반해 새롭게 조사결정된 증여액을 근거로 과세한 경우 행정청의 내부규정에 의한 비과세통지는 이 과세처분에 의해 철회·취소된 것이라고 본 사례가 있습니다.[71]

5. 확약 불이행의 통지

행정절차법 제40조의2 제5항에 따라 행정청은 확약이 확약을 한 후에 확약의 내용을 이행할 수 없을 정도로 법령등이나 사정이 변경되거나 확약이 위법한 경우 중 어느 하나에 해당하여 확약을 이행할 수 없는 경우에는 지체없이 당사자에게 그 사실을 통지하여야 합니다.

---

70 대법원 1995. 1. 20. 선고 94누6529 판결(행정처분취소).
71 대법원 1982. 10. 26. 선고 81누69 판결.

제13강
"No보다는 Yes, but": 행정행위의 부관

될 수도 있는데 그저 안 된다고 하는 것만이 능사일까요. 행정기관에 인허가를 신청하는 사람들에게는 이만저만 심각한 문제가 아닙니다. 안 된다고 하는 것보다는 이런 저런 조건을 맞추면 가능하다고 하는 게 행정의 상대방은 물론 사회 전체의 이익, 즉 공익을 위해서도 더 나은 경우가 많습니다. "No보다는 Yes, but"이라는 이야기입니다.

부관은 행정실무상 특히 영업허가나 건축허가의 발급과 관련하여 중요한 역할을 수행하고 있습니다. 완전한 허가를 내주기에는 다소 문제가 있지만 허가신청을 단순히 거부할 게 아니라, 일정한 의무이행을 조건으로 인·허가를 발급하는 것이 더 법목적에 합당한 결과가 될 수 있습니다. 즉, 행정행위에 부관이 필요한 경우는, 마우러의 비유에 따르면, 엄격한 거절("Nein") 대신에 유보부 승락("Ja, aber")이 더 나은 경우를 말합니다.[1] 이로써 탄력성 있는 행정이 가능하게 되고 또 국민의 이해관계에도 부응할 수 있습니다. 나아가 부관은 인·허가에 지장이 되는 법적·사실적 장애를 제거 또는 해소하는 방법으로도 활용가치가 있습니다. 그러나 부관의 무분별한 남용으로 자칫 과도한 규제와 후견을 조장할 위험성도 유의해야 합니다.

---

1 Maurer, aaO., Rn.2.

Ⅰ. 부관의 개념과 종류

1. 부관의 개념

행정행위의 부관(부관: Nebenbestimmung zu Verwaltungsakten)이란 행정행위의 효과를 제한 또는 보충하기 위한 부가적 규율을 말합니다. 행정행위의 부관은 직접 법규의 규정에 의해 행정행위의 효과를 제한·보충하는 법정부관과는 다릅니다. 가령 광업법에서 광업허가의 효과를 등록을 조건으로 발생하도록 규정한 경우(§ 28), 그 조건은 주된 행정행위의 효과를 제한하는 것이기는 하지만 행정청의 부가적 규율의 소산이 아니라 법령에 의하여 직접 규정된 결과이므로 행정행위의 부관과는 구별되어야 합니다. 행정행위의 부관은 가령 건축허가나 영업허가를 발급하면서 허가관청이 일정한 조건이나 의무를 부가하는 경우에 볼 수 있는 바와 같이, 주된 행정행위의 규율을 수정·변경하는 효과를 지니므로 그 주된 행정행위에 대하여 종된 규율이라고 부를 수 있습니다. 법령상 표현으로는 "조건"이란 용어가 사용되기도 합니다.

「행정기본법」은 제17조에서 행정청은 처분에 재량이 있는 경우 부관을 붙일 수 있고(제1항), 재량이 없는 경우에는 법률에 근거가 있는 경우에 부관을 붙일 수 있다고 규정합니다(제2항).

한편, 위와 같은 정의는 다수설이 행정행위의 부관을 「행정행위의 효과를 제한하기 위하여 주된 의사표시에 부가된 종된 의사표시」로 정의하고 있는 것과 다릅니다. 다수설이 이러한 의사표시라는 계기를 부관의 개념규정 차원에서 중시하고 있는 이유는 이미 앞에서 본 바와 같이 법률행위적 행정행위와 준법률행위적 행정행위를 구별하고 후자에는 부관을 붙일 수 없다는 입장을 취하고 있다는 데서 찾을 수 있습니다. 그러나 이러한 법률행위적 행정행위와 준법률행위적 행정행위의 구별이 반드시 타당할 것인가에 의문이 있다는 점, 그리고 준법률행위적 행정행위에 대해서도 부관을 붙일 수 있는 경우가 있다는 점을 고려할 때, 부관을 종된 「의사표시」라고 정의하는 데에는 문제가 있다고 할 수 있습니다.2 행정행위의 개념에 있어 보다 결

---

2 박윤흔 교수(행정법강의(상), 378)는 준법률행위적 행정행위에 의사표시의 효과를 제한하는 부관은 붙일 수 없을지라도 「특별한 의무의 부과」(부담)와 「요건을 보충」하기 위한 부관은 붙일 수 있는 것이므로 부관을 「주된 행위에 붙여진 종된 규율」로 정의하면서도, 그렇다고

정적인 것은 전술한 바와 같이 그「법적 규율」로서의 계기이므로, 여기서는 부관 역시 행정행위의「주된 규율」(Hauptregelung)에 부가된 부대적 규율(zusätzliche Regelung)로서 이해함이 마땅합니다. 다시 말해서 행정행위가 포함하고 있는 규율은 부가적 규율, 곧 부관에 의해 보충되거나 제한될 수 있다고 해야 할 것입니다.3 이렇게 보면 부관의 부종성(Abhängigkeit)은 행정행위와 그에 대한 부관의 관계를 통해 그 개념을 설명해 주는 불가결한 요소라 할 수 있습니다. 물론, 부관의 종류 중 부담은 그 부관으로서 성질여하가 독립적 쟁송가능성과 함께 논란되지만, 비록 부담이 독립된 행정행위일지라도, 주된 행정행위와 관련을 맺고 있고 또 주행정행위의 효력에 존속 여부를 의존하므로 부관으로서 부종성을 인정하는 데 지장이 없습니다.

2. 부관의 종류

행정행위의 부관의 종류로는 대체로 기한·조건·철회권유보, 부담 및 사후부담의 유보를 드는 것이 일반입니다.「행정기본법」은 제17조 제1항에서 조건, 기한, 부담, 철회권의 유보 등을 열거하고 있으나 이는 한정적 열거가 아니고 예시적 의미로 이해됩니다.

그중 특히 조건과 기한은 법기술적으로 볼 때 행정행위의 법적 효력의 발생과 소멸을 일정시점 또는 일정한 사실발생에 의존시킨다는 점에서, 전형적인 행정법적 제도가 아니라 여타의 법영역, 예컨대 민법에서도 찾아볼 수 있는 일반적 부관이라고 할 수 있습니다.

2.1. 기한(Befristung)

기한이란 행정행위의 침익적 또는 수익적 효과, 행정행위의 규율을 일정한 시점에 의해 발생 또는 종료시키거나 그 규율을 일정한 기간에 국한하는 경우를 말합니다. 조건과 마찬가지로 그것은 시기(정지적 기한), 종기(해제적 기한)로 나누어지며, 만일

행정행위를 법률행위적 행정행위와 준법률행위적 행정행위로 분류하는 것을 부인하는 것은 아니라고 합니다.

3 Maurer, § 12 Rn.1.

효력기간이 부가된 경우에는 시기와 종기가 동시에 정해진 것이 됩니다. 예컨대, 몇 년 며칠부터 허가한다거나 몇 년 며칠까지, 또는 몇 년 며칠부터 몇 년 며칠까지 허가하는 경우가 각각 그런 경우에 해당합니다. 후술하는 바와 같이 기한은 조건과 흡사하나 기한에 있어서는 확정기한이든 불확정기한이든 그 도래가 확실하다는 점에서 조건과 구별됩니다.

[참고판례]

"일반적으로 행정처분에 효력기간이 정하여져 있는 경우에는 그 기간의 경과로 그 행정처분의 효력은 상실되고, 다만 허가에 붙은 기한이 그 허가된 사업의 성질상 부당하게 짧은 경우에는 이를 그 허가 자체의 존속기간이 아니라 그 허가조건의 존속기간으로 보아 그 기한이 도래함으로써 그 조건의 개정을 고려한다는 뜻으로 해석할 수는 있지만(대법원 1995. 11. 10. 선고 94누11866 판결, 대법원 2004. 11. 25. 선고 2004두7023 판결 등 참조), 그와 같은 경우라 하더라도 그 허가기간이 연장되기 위하여는 특별한 사정이 없는 한, 그 종기(종기)가 도래하기 전에 그 허가기간의 연장에 관한 신청이 있어야 하며, 만일 그러한 <u>연장신청이 없는</u> 상태에서 허가기간이 만료하였다면 그 허가의 효력은 상실된다고 보아야 한다."[4]

"당초에 붙은 기한을 허가 자체의 존속기간이 아니라 허가조건의 존속기간으로 보더라도 그 후 당초의 기한이 상당 기간 연장되어 연장된 기간을 포함한 존속기간 전체를 기준으로 볼 경우 더 이상 허가된 사업의 성질상 부당하게 짧은 경우에 해당하지 않게 된 때에는 관계 법령의 규정에 따라 허가 여부의 재량권을 가진 행정청으로서는 그 때에도 허가조건의 개정만을 고려하여야 하는 것은 아니고 재량권의 행사로서 더 이상의 기간연장을 불허가할 수도 있는 것이며, 이로써 허가의 효력은 상실된다."[5]

2.2. 조건(Bedingung)

조건이란 행정행위의 효과발생 또는 소멸을 장래의 불확실한 사실(사건)에 의존시키는 것을 말합니다. 이 중, 효력의 발생 여부에 관한 조건을 정지조건(aufschiebende Bedingung), 효력의 소멸에 관한 조건을 해제조건(auflösende Bedingung)이라고 하는데, 예컨대 전자에는 주차장설치를 조건으로 한 건축허가가, 후자에는 면허일로부터 "3개월 내에 공사에 착수할 것"을 조건으로 하는 공유수면매립허가가 각각 해당합니다. 조건에 있어 장래발생사실의 불확실성은 그 사실의 발생 시기뿐만 아니라 발생

---

4 대법원 2007. 10. 11. 선고 2005두12404 판결(보전임지전용허가취소처분무효확인).

5 대법원 2004. 3. 25. 선고 2003두12837 판결(개발제한구역내행위허가(기간연장)신청불허가처분취소).

여부에 관해서도 존재할 수 있습니다. 이처럼 조건은 전술한 기한과 매우 흡사한 내용을 지닌 부관이라 할 수 있으나, 양자는, 조건의 경우 행정행위의 법적 효력이 시간적으로 일의적으로 확정되어 있지 않고 다만 불확실한 사실 발생에 의존한다는 점에서(시간적 계기의 결여) 구별됩니다.

2.3. 철회권유보(Widerrufsvorbehalt)

철회권유보란 해제조건의 한 특별한 경우라 볼 여지도 없지 않지만, 행정행위의 효력 소멸을 초래하는 사실 발생이 행정청의 철회권 행사로 성립한다는 점에 특징을 지닙니다. 이것은 수명자에게 사후적인 철회가능성을 예고하며 이로써 보호가치 있는 신뢰의 발생을 차단하는 효과가 있습니다. 허가·특허 등 수익적 행정행위의 경우 일정한 철회사유를 사전에 예정함으로써 철회할 수 있다는 형태로 부과되는 경우가 일반이지만,[6] 철회사유의 한정 없이 다만 철회할 수 있다는 식으로도 행해질 수 있는데 그 경우 철회권 제한 문제가 생깁니다.

> **취소권의 유보와 조리상 제한에 관한 판례**
>
> "취소권을 유보한 경우에 있어서도 무조건적으로 취소권을 행사할 수 있는 것이 아니고 취소를 필요로 할 만한 공익상의 필요가 있는 경우에 한하여 취소권을 행사할 수 있다.[7]

2.4. 부담(Auflage)

부담이란 수익적 행정행위에 작위·부작위·수인 등의 의무를 결부시킨 부관을 말합니다. 예컨대 영업허가를 발급하면서 일정 시설의무를 부과하거나 요식업허가시 각종의 행위제한을 가하는 경우입니다. 부담은 조건이나 기한과 달리 행정행위의 일부분이 아니라 추가적으로 부과된 의무이므로 독립된 행정행위입니다. 그러나 주된 행정행위와 관련을 맺고 있고 또한 주행정행위의 효력에 존속 여부를 의존하므로 부

---

6 일례로 행정청이 종교단체에 대하여 기본재산전환 인가를 함에 있어 인가조건을 부가하고 그 불이행시 인가를 취소할 수 있도록 한 경우, 그 인가조건의 의미는 철회권을 유보한 것이라고 본 판례가 있습니다(대법원 2003. 5. 30. 선고 2003다6422 판결).

7 대법원 1962. 2. 22. 선고 4293행상42 판결.

관으로 볼 수 있습니다.

부담의 법적 특성은 조건과의 구별을 통해 분명히 밝혀집니다. 가령 공중접객업소 영업허가를 발급하면서 일정한 시설 설치의무를 추가적으로 부과할 경우, 이를 정지조건으로 혹은 부담으로도 볼 수 있겠지요. 부담부 행정행위에서 주된 행정행위는 즉시 효력을 발생합니다. 부담의 이행 여부는 주행정행위의 효력요건이 아니기 때문입니다. 반면 정지조건부 행정행위는 정지조건이 충족되었을 때 비로소 효력이 발생합니다. 따라서 시설설치의무를 무엇으로 보느냐에 따라 뚜렷한 효과 차이가 생깁니다. 부담으로 보면 피허가자는 적법하게 영업을 할 수 있는데 반해, 정지조건으로 보면 시설 설치시까지 적법하게 영업을 할 수 없는 결과가 됩니다.

부담은 추가로 의무를 부과하는 것이므로 독립하여 강제집행의 대상이 됩니다. 반면 정지조건은 그 자체로 의무를 부과하는 것이 아니어서 강제집행의 대상이 되지 않습니다. 정지조건은 단지 주행정행위의 효력발생만을 저지할 뿐, 독자적으로 의무를 부과하는 것은 아닙니다.

> 조건과 부담의 차이는 사비니(von Savigny)의 고전적 공식을 통해 단적으로 드러납니다: "조건은 … 정지시키지만 강제하지는 않는다; 부담(Modus=Auflage)은 강제하지만 정지시키지는 않는다."[8]

2.5. 사후부담의 유보(Auflagenvorbehalt)

사후부담의 유보란 행정행위에 결부된, 행정청이 사후에 부담을 부과할 수 있다는(또는 기존부담을 보충 또는 변경할 수 있다는) 내용의 의사표시를 말합니다. 이것은 주로 독일행정법상 논란되어 오다 행정절차법(§ 36 ② Nr.5)에 실정화된 개념을 우리나라 학자들이 받아들여 인정하고 있는 부관이지만 그 법적 특성에 관해서는 아직도 논란이 많습니다. 특히 이를 철회권유보의 한 형태로 보아 독자적 가치를 부정하는 견해가 있습니다.[9] 생각건대, 일부 학자들이 적절히 지적하는 바와 같이, 이러한 유형의 행위는 급변하는 행정환경의 현실에 탄력적으로 적용할 수 있는 수단을 제공한다는 점에서 쉽사리 부인할 수 없는 유용성을 가지고 있으므로 부관 본래의 기능에 부합

---

8 Savigny, System des heutigen Römischen Rechts, Bd.III, 1840, S.231.
9 이상규, 신행정법론(상), 322; 김철용, 고시계, 1977/12, 81.

하는 것이라고 할 수 있습니다. 이 사후부담의 유보는 일면 행정행위의 존속력을 그 수익자에게 불리하게 약화하는 것이라는 점에서 법적 규율의 성질을 띠고 있고, 타면, 부담 그 자체와 마찬가지로 행정행위의 일부가 아니므로, 독자적 행정행위의 성질을 갖는 것으로 보아야 할 것입니다(부종적 행정행위: Nebenverwaltungsakt).

2.6. 법률효과의 일부배제

이것은 행정행위의 효과의 일부를 배제하는 내용의 부관으로서 예컨대 택시의 영업허가를 부여하면서 동시에 격일제 운행을 요구하는 것이 그 예입니다. 이와 관련하여 관광객 수송용에 국한된 조건부 면세수입차는 다른 용도에 사용할 수 없다는 판례10가 있었습니다. 이를 부관의 일종으로 설명하는 것이 일반적이나, 부관이 아니라 행정행위의 효과의 내용적 제한으로 보아야 한다는 견해도 있습니다.11 법률효과의 일부배제에 관해서는 문자 그대로 법률이 부여한 효과를 배제하는 것이므로 법률의 근거가 필요하다는 것이 지배적인 입장입니다.

참고로 부관을 비교하면 다음과 같습니다(실선은 시간적으로 계속되는 행정행위의 효력을 의미합니다).

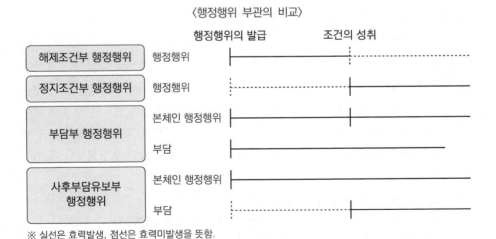

〈행정행위 부관의 비교〉

※ 실선은 효력발생, 점선은 효력미발생을 뜻함.

---

10 대법원 1972. 5. 31. 선고 72누94 판결.
11 서원우, 고시계 1985/11, 50.

II. 부관의 한계

1. 부관의 허용성(가능성)

어떤 경우에 부관을 붙일 수 있느냐 하는 문제에 관하여, 부관은 ① 법률행위적 행정행위에 한하여, ② 재량행위에만 붙일 수 있다는 것이 주류적 견해이자 판례의 태도입니다. 대법원은 부관은 재량행위 또는 수익적 행정처분에 붙일 수 있고, "기속 행위나 기속재량행위에는 부관을 붙일 수 없고 붙였다 하더라도 이는 무효"라는 입장을 견지해 오고 있습니다.[12]

> **관리처분계획 인가에 기부채납 부담을 붙일 수 있는지 여부**
>
> "관리처분계획 및 그에 대한 인가처분의 의의와 성질, 그 근거가 되는 도시정비법과 그 시행령 상의 위와 같은 규정들에 비추어 보면, 행정청이 관리처분계획에 대한 인가 여부를 결정할 때에는 그 관리처분계획에 도시정비법 제48조 및 그 시행령 제50조에 규정된 사항이 포함되어 있는지, 그 계획의 내용이 도시정비법 제48조 제2항의 기준에 부합하는지 여부 등을 심사·확인하여 그 인 가 여부를 결정할 수 있을 뿐 <u>기부채납과 같은 다른 조건을 붙일 수는 없다</u>고 할 것이다."[13]

다수설과 판례에 대해서는 다음과 같은 비판이 있습니다. 첫째, 법률행위적 행정행위와 준법률행위적 행정행위의 구별이 반드시 타당할 것인가에 의문이 있고, 준법률행위적 행정행위에 대해서도 부관을 붙일 수 있는 경우가 있으며(예: 귀화허가는 부관과 친하지 않다는 점, 공증의 성질을 갖는 여권에 유효기간을 붙일 수 있다는 점[14]), 둘째, 부관의 허용성을 재량행위에만 절대적으로 국한시킬 것은 아니기 때문입니다. 법률규정에 의하여 기속행위에도 부관을 붙일 수 있는 경우가 인정될 수 있다는 것입니다.

다수설처럼 재량행위에 부관을 붙일 수 있다는 데 대해서는 의문의 여지가 없습니다. 다수설과 판례가 기속행위에 관해서는 전적으로 부관을 붙일 수 없다고 주장하는 것은 옳지 않지만, 반면 소수설[15]이 아무런 제한 없이 독일 행정절차법 제36조

---

12 대법원 1988. 4. 27. 선고 87누1106 판결.

13 대법원 2012. 8. 30. 선고 2010두24951 판결(사업시행변경인가처분등일부무효확인).

14 변재옥, 행정법강의 I, 308은 이를 준법률행위에 기한을 붙인 것이 아니라 여행허가처분상 여행 기간을 공적으로 증명한 것에 불과하다고 봅니다. 그러나 여권 없이 사실상 해외여행을 할 수 없는 제약을 받을지라도, 여권발급에 해외여행의 권리에 대한 일반적 금지가 전제되어 있다고는 볼 수 없으므로, 이를 여행허가처분으로 볼 수는 없을 것입니다. 同旨, 김남진, 기본문제, 219.

15 김남진, 행정법 I, 283.

제1항을 들어 기속행위에 대해서도 부관을 붙일 수 있다고 주장하는 것도 수긍할 수 없습니다. 독일 행정절차법 제36조 제1항은 "행정행위에 대해 청구권이 성립하는 경우, 그 행정행위에는, 법규에 의해 허용되어 있거나 행정행위의 법률상 요건 충족을 확보하기 위한 경우에 한하여 부관을 붙일 수 있다."고 규정하는데, 여기서 청구권의 대상이 되는 행정행위란 곧 기속행위를 말하는 것이므로 이 규정의 본래 취지는 부관은 원칙적으로 재량행위에만 붙일 수 있다는 뜻으로 해석됩니다. 다만, 예외적으로 법률에 특별한 규정이 있거나 행정행위의 법률적 요건 충족을 확보하기 위한 경우에만 부관이 허용될 뿐이라는 것입니다.[16]

그렇다면 기속행위에는 원칙적으로 부관을 붙일 수 없는 반면, 재량행위에 대해서는 원칙적으로 부관을 붙일 수 있다는 결론에 이릅니다.

> 앞에서 식품위생법상 영업허가를 기속행위로 보았지요. 이 경우 허용되는 부관(조건)은 기속행위에도 부관을 붙일 수 있다는 사실을 뒷받침하는 예라기보다는 오히려 부관을 붙일 수 없는 기속행위인 허가에 법률이 특별한 규정을 두어(식품위생법 § 37 ②) 부관의 가능성을 열어놓은 결과로 보아야 할 것입니다.

「행정기본법」은 제17조 제1항과 제2항에서 각각 '행정청은 처분에 재량이 있는 경우에는 부관을 붙일 수 있고' '재량이 없는 경우에는 법률에 근거가 있는 경우에 부관을 붙일 수 있다'고 규정하여 그동안 학설상 논란을 입법적으로 해결하였습니다.

2. 부관의 내용상 한계(자유성·실체적 적법요건)

부관이 법령에 어긋나지 않아야 하며, 부관의 내용이 가능한 것이어야 한다는 것은 당연합니다. 또한 부관에 대하여 재량의 한계에 관한 일반적 법리(비례의 원칙, 평등의 원칙, 이익형량의 원칙 등)가 적용된다는 점도 재론을 요하지 않습니다.

그 밖에 부관의 내용상 한계로 중요한 것은, 부관은 주된 행정행위의 목적에 위배되어서는 안 된다는 것입니다.[17] 이는 '행정청은 행정작용을 할 때 상대방에게 해당 행정작용과 실질적인 관련이 없는 의무를 부과해서는 아니 된다'는 부당결부금지(Koppelungsverbot)의 원칙에 의해 정당화됩니다(「행정기본법」 § 13). 「행정기본법」 제17

---

16 Maurer, § 12 Rn.19, S.292f.
17 독일 행정절차법 제36조 제3항은 이를 명문으로 규정하고 있습니다.

조 제4항은 부관에 대해 부당결부금지원칙·비례원칙을 적용하여 그 내용적 한계, 즉 합법성의 요건을 다음과 같이 구체화하고 있습니다.[18]

1. 해당 처분의 목적에 위배되지 아니할 것
2. 해당 처분과 실질적인 관련이 있을 것
3. 해당 처분의 목적을 달성하기 위하여 필요한 최소한의 범위일 것

앞서 본 바와 같이 「주택법」 제17조 제1항처럼 '사업계획을 승인할 때 해당 주택건설사업 또는 대지조성사업과 직접적으로 관련이 없거나 과도한 기반시설의 기부채납을 요구하여서는 아니 된다'고 규정하여 과도한 기부채납 부담은 부당결부금지의 원칙에 위반되어 허용되지 않는다고 명시하는 경우도 있습니다.

참고판례

"수산업법 제15조에 의하여 어업의 면허 또는 허가에 붙이는 부관은 그 성질상 허가된 어업의 본질적 효력을 해하지 않는 한도의 것이어야 하고 허가된 어업의 내용 또는 효력 등에 대하여는 행정청이 임의로 제한 또는 조건을 붙일 수 없다."[19]

"재량행위에 있어서는 관계 법령에 명시적인 금지규정이 없는 한 행정목적을 달성하기 위하여 조건이나 기한, 부담 등의 부관을 붙일 수 있고, 그 부관의 내용이 이행 가능하고 비례의 원칙 및 평등의 원칙에 적합하며 행정처분의 본질적 효력을 저해하지 아니하는 이상 위법하다고 할 수 없다."[20]

"수익적 행정행위에 있어서는 법령에 특별한 근거규정이 없다고 하더라도 그 부관으로서 부담을 붙일 수 있으나, 그러한 부담은 비례의 원칙, 부당결부금지의 원칙에 위반되지 않아야만 적법하다고 할 것이다. 기록에 의하면, 원고의 이 사건 토지중 2,791㎡는 자동차전용도로로 도시계획시설결정이 된 광1류6호선에 편입된 토지이므로, 그 위에 도로개설을 하기 위하여는 소유자인 원고에게 보상금을 지급하고 소유권을 취득하여야 할 것임에도 불구하고, 소외 인천시장은 원고에게 주택사업계획승인을 하게 됨을 기화로 그 주택사업과는 아무런 관련이 없는 토지인 위 2,791㎡를 기부채납하도록 하는 부관을 위 주택사업계획승인에 붙인 사실이 인정되므로, 위 부관은 부당결부금지의 원칙에 위반되어 위법하다고 할 것이다."[21]

---

18 이는 부관에도 부당결부금지원칙과 비례원칙이 적용됨을 확인한 규정이라고 합니다(법제처. 행정기본법해설서, 148). 원인적 관련성과 목적적 관련성을 부당결부금지원칙의 내용으로 보는 견해(류지태·박종수, 행정법신론, 2021, 174)에 따르면 1호와 3호가 목적적 관련성을 반영한 것으로 볼 여지도 있겠지만, 그 보다는 1호는 비례원칙의 제1요소로서 적합성의 원칙을, 3호는 비례원칙의 제2요소로서 필요성 또는 최소침해의 원칙을 반영한 것으로 볼 수 있겠습니다.

19 대법원 1990. 4. 27. 선고 89누6808 판결.

20 대법원 2009. 10. 29. 선고 2008두9829 판결(주택건설사업계획변경승인처분부관취소); 1992. 4. 28. 선고 91누4300 판결; 2004. 3. 25. 선고 2003두12837 판결 등을 참조.

21 대법원 1997. 3. 11. 선고 96다49650 판결.

[1] 공무원이 인·허가 등 수익적 행정처분을 하면서 상대방에게 그 처분과 관련하여 이른바 부관으로서 부담을 붙일 수 있다 하더라도, 그러한 <u>부담은 법치주의와 사유재산 존중, 조세법률주의 등 헌법의 기본원리에 비추어 비례의 원칙이나 부당결부의 원칙에 위반되지 않아야만 적법한 것인바, 행정처분과 부관 사이에 실제적 관련성이 있다고 볼 수 없는 경우 공무원이 위와 같은 공법상의 제한을 회피할 목적으로 행정처분의 상대방과 사이에 사법상 계약을 체결하는 형식을 취하였다면 이는 법치행정의 원리에 반하는 것으로서 위법하다.</u>

[2] 지방자치단체가 골프장사업계획승인과 관련하여, 사업자로부터 기부금을 지급받기로 한 증여계약은 공무수행과 결부된 금전적 대가로서 그 <u>조건이나 동기가 사회질서에 반하므로 민법 제103조에 의해 무효라고 본 사례.</u>[22]

3. 부관 사후부가의 허용성(시간적 한계)

행정행위를 한 후 사후에 부관을 붙일 수 있는지에 관해서는 부정설과 부담에 한해서만 가능하다고 보는 견해, 그리고 법규나 행정행위 자체가 예상했거나 상대방의 동의가 있을 때에는 가능하다고 보는 견해가 대립합니다. 이 문제는 부관의 허용성에 관한 것이라기보다는 행정행위의 부분적 변경가능성에 관한 것입니다. 만일 부관의 사후부가가 행정행위의 부분적 폐지를 의미한다면 행정행위의 폐지(취소·철회)에 관한 법리를 적용해야 할 것입니다.

「행정기본법」은 제17조 제3항에서 일정한 조건 하에 처분을 한 후에 부관을 새로 붙이거나 종전의 부관을 변경할 수 있다고 명시하고 있습니다. 그 조건은 법률에 근거가 있거나 당사자의 동의가 있는 경우, 그리고 사정이 변경되어 부관을 새로 붙이거나 종전의 부관을 변경하지 아니하면 해당 처분의 목적을 달성할 수 없다고 인정되는 경우입니다. 아래에서 보는 바와 같은 기존 학설과 판례의 입장을 반영하여 명문화한 것으로 생각됩니다.[23]

---

22 대법원 2009. 12. 10. 선고 2007다63966 판결.

23 그러나 법제처(행정기본법해설서, 180)에 따르면, 이 조항의 취지는 사후부관을 일반적으로 허용하는데 있는 것은 아니라고 합니다. 사후부관 또는 부관의 사후변경을 적극적으로 허용하려는 것이 아니라 국민의 예측가능성을 고려하여 부관을 붙이는 경우 가급적 주된 행정행위 시에 부가하여야 하고, 사후부관이나 부관의 사후변경은 불가피한 경우에 제한적으로 활용되어야 한다고 합니다.

┌─────────────┐
│ 부관의 사후 부가 │
└─────────────┘

　"본체인 행정처분에 이미 부담이 부가되어 있는 상태에서 그 의무의 범위 또는 내용 등을 변경하는 부관의 사후변경은, 법률에 명문의 규정이 있거나 그 변경이 미리 유보되어 있는 경우 또는 상대방의 동의가 있는 경우에 한하여 허용되는 것이 원칙이지만, 사정변경으로 인하여 당초에 부담을 부가한 목적을 달성할 수 없게 된 경우에도 그 목적 달성에 필요한 범위 내에서 예외적으로 허용된다고 볼 것이다."[24]

　"여객자동차 운수사업법(이하 '여객자동차법'이라 한다) 제85조 제1항 제38호에 의하면, 운송사업자에 대한 면허에 붙인 조건을 위반한 경우 감차 등이 따르는 사업계획변경명령(이하 '감차명령'이라 한다)을 할 수 있는데, 감차명령의 사유가 되는 '면허에 붙인 조건을 위반한 경우'에서 '조건'에는 운송사업자가 준수할 일정한 의무를 정하고 이를 위반할 경우 감차명령을 할 수 있다는 내용의 '부관'도 포함된다. 그리고 부관은 면허 발급 당시에 붙이는 것뿐만 아니라 면허 발급 이후에 붙이는 것도 법률에 명문의 규정이 있거나 변경이 미리 유보되어 있는 경우 또는 상대방의 동의가 있는 경우 등에는 특별한 사정이 없는 한 허용된다. 따라서 관할 행정청은 면허 발급 이후에도 운송사업자의 동의하에 여객자동차운송사업의 질서 확립을 위하여 운송사업자가 준수할 의무를 정하고 이를 위반할 경우 감차명령을 할 수 있다는 내용의 면허 조건을 붙일 수 있고, 운송사업자가 조건을 위반하였다면 여객자동차법 제85조 제1항 제38호에 따라 감차명령을 할 수 있으며, 감차명령은 행정소송법 제2조 제1항 제1호가 정한 처분으로서 항고소송의 대상이 된다."[25]

III. 부관의 흠(하자)과 쟁송가능성

1. 흠있는 부관과 주행정행위의 효력

　이는 하자에 관한 일반이론에 의해 해결할 문제입니다. 즉, 부관의 흠이 중대하고 명백한 때에는 무효의 법적 효과가 따르고 그렇지 않은 경우에는 단순위법이란 법적 효과가 인정됩니다. 부관이 무효인 경우에는 부관만 무효라는 설, 전체가 무효가 된다는 설 등이 있었으나 현재의 통설은 무효인 부관이 본체인 행정행위의 중요요소 또는 본질적 요소를 이루는 때에 한하여 본체인 행정행위를 무효로 만든다고 봅니다.[26] 문제는 무엇을 기준으로 중요요소 여하를 판단하느냐에 있는데, 우선 행정행위와 부관의 내용과 그 관련성을 객관적으로 고려해야 하겠지만, 결국 행정청이

24　대법원 1997. 5. 30. 선고 97누2627 판결(토지굴착등허가처분중부담무효확인). 同旨 대법원 2006. 9. 22. 선고 2004두13325 판결; 2007. 12. 28. 선고 2005다72300 판결 등을 참조.
25　대법원 2016. 11. 24. 선고 2016두45028 판결(감차처분취소).
26　대법원 1985. 7. 9. 선고 84누604 판결.

무효인 그 부관이 없이도 동일한 주행정행위를 하려고 했을 것으로 인정할 수 있느냐 하는 것이 관건이 됩니다. 이 점이 부정된다면 따라서 부관부행정행위 전체가 무효가 되게 되며, 긍정될 경우에는 그것은 부관이 붙지 않은 행정행위가 될 것입니다.

한편 부관이 단순위법인 경우에는 부관은 설령 위법할지라도 취소되지 않는 한 유효하고, 또 부관이 주된 행정행위의 본질적 구성부분을 이루는 경우가 아니면 부관의 위법성은 주행정행위 효력에 영향을 미치지 않습니다. 그러나 부관이 주행정행위의 본질적 구성부분을 이룰 경우 부관의 위법성은 주행정행위, 나아가 전체 행정행위를 위법하게 만듭니다.[27]

부관이 단순위법한 것이고 또 본체인 행정행위의 본질적 구성부분을 이룬다고 볼 수 없는 경우에는 결국 위법성을 다툴 수 없다는 결과가 됩니다. 가령 독립된 행정행위의 성질을 갖지 않는 조건이나 기한 같은 부관의 경우, 독립적 쟁송가능성에 장애가 있기 때문입니다. 물론 무효인 부관의 경우에도 무효등확인소송을 제기할 필요가 있을 경우 마찬가지 문제가 생깁니다.

2. 부관에 대한 독립적 쟁송가능성

흠있는 부관이 붙은 행정행위에 있어 그 부관만을 따로 떼어 독립된 쟁송의 대상으로 할 수 있는지 문제됩니다. 통설과 판례는 부관은 본래 주된 행정행위와 합하여 하나의 행정행위를 이루는 것이므로 이를 원칙적으로 부정하며, 다만 부담의 경우만 예외적으로 독립적 쟁송의 가능성을 시인합니다. 즉, 부담은 주행정행위의 일부를 구성하는 것이 아니라 독립된 규율로 주행정행위의 존재를 전제로 할 뿐이므로 부담은 독립된 행정쟁송 대상이 될 수 있다는 것입니다.

> 대법원은 "행정행위의 부관은 행정행위의 일반적인 효력이나 효과를 제한하기 위하여 의사표시의 주된 내용에 부가하는 종된 의사표시이지 그 자체로서 직접 법적효과를 발생하는 독립된 처분이 아니므로 현행 행정쟁송제도 아래서는 부관 그 자체만을 독립된 소송의 대상으로 삼을 수 없는 것이 원칙이나(당원 1985.6.25.선고 84누579 판결 참조), 행정행위의 부관 중에서도 행정행위에 부수하여 그 행정행위의 상대방에게 일정한 의무를 과하는 행정청의 의사표시인 부담의 경우에는

---

27 이에 관하여 대법원은 "도로점용허가의 점용기간은 행정행위의 본질적인 요소에 해당한다고 볼 것이어서 부관인 점용기간을 정함에 있어서 위법사유가 있다면 이로써 도로점용허가처분 전부가 위법하게 된다."(대법원 1985. 7. 9. 선고 84누604 판결)는 입장을 보인 바 있습니다.

<u>다른 부관과는 달리 행정행위의 불가분적 요소가 아니고 그 존속이 본체인 행정행위의 존재를 전</u>
<u>제로 하는 것일 뿐이므로 그 자체로서 행정쟁송의 대상이 될 수 있다.</u>"고 판시한 바 있습니다.28

통설과 판례에 대해서는 부관에 하자가 있는 경우 주된 행위와 부관을 포함하여 전체로서 부관부행정행위를 다투되 일부취소의 판결('부진정일부취소소송')을 구해야 한다는 견해,29 「소의 이익이 있는 한 모든 부관에 대해 독립하여 행정소송을 제기하는 것이 가능하다」는 등 반론이 제기되고 있습니다. 이 중 후설은 「부관의 본체인 행정행위와의 불가분성(Untrennbarkeit)은 쟁송을 이유있게 하는 것과 관계되는 것이지, 쟁송의 허용성과 관계되는 것은 아니기 때문」이라는 것을 근거로 제시하고 있습니다.30 그러나 독립적 쟁송가능성이란 어디까지나 부관만을 소송대상으로 삼는 경우에 문제되는 것인데 그 독립된 행정행위로서의 성질, 즉, 처분성이 인정되지 않는 경우까지를 독립적 쟁송의 대상으로 포함시키는 데는 무리가 있습니다.31 다만, 문제는 그 독립적 쟁송가능성에 의문이 없는 부담의 경우, 부담 자체가 취소소송의 대상으로 취소될 수 있다고 할지라도, 그 결과 본체인 행정행위가 부담 없는 행정행위로 남을 것인지 아니면 그 본질적 관련여하에 따라 위법한 행정행위가 될 것인지에 있으며, 통설과 판례의 입장은 당연히 전자의 결과를 인정하는 것으로 생각됩니다. 이 입장이 행정의 상대방에게 보다 유리한 해결책으로서(조건의 경우보다도 유리) 타당함은 물론입니다.

그러나 여전히 의문이 있습니다. 가령 행정청이 취소된 부담이 없이도 동일한 주행정행위를 하려고 했으리라고 인정할 수 없는 경우에도 '부담 없는 행정행위'라는 의도되지 않은 법적 결과를 행정청에게 강제하는 결과가 되는 것이 아니냐 하는 의문이 제기되기 때문입니다.32

---

28 대법원 1992. 1. 21. 선고 91누1264 판결. 그러나 이 판결은, 그 명백한 설시에도 불구하고, 문제된 수토대부과의 처분성이 부정되어 결국 공유수면매립면허조건상 수토대납부의무를 정한 것을 부관으로 볼 수 없게 하는 결과가 되고 말았습니다. 그 밖에 "면허의 유효기간은 그 면허처분에 붙인 부관이며, 이러한 부관에 대해서는 독립한 행정소송을 제기할 수 없다."는 판례(대법원 1986. 8. 19. 선고 86누202 판결)가 있습니다.
29 김도창, 일반행정법론(상), 375; 이상규, 신행정법론(상), 328; 김동희, 행정법 I, 278 이하.
30 김남진, 행정법 I, 288–289.
31 김남진 교수는 이 '부관만의 취소'를 누구나 인정하는 처분의 일부취소에 해당한다는 점을 환기시키고 있습니다(행정법 I, 289, 각주 53).
32 이에 관하여 보다 상세한 것은 Maurer, § 12 Rn.13을 참조.

3. 부관의 무효와 그 이행으로 한 사법상 법률행위의 효력

부관의 무효는 그 이행으로 한 사법상 법률행위에 어떤 영향을 미칠까요. 대법원은 '취소사유가 될 수 있음은 별론으로 하고 그 법률행위 자체를 당연히 무효화하는 것은 아니며' 부관이 불가쟁력을 얻더라도 그 이행으로 한 법률행위의 효력은 별도로 다툴 수 있다고 판시했습니다.

> "행정처분에 부담인 부관을 붙인 경우 그 부관의 무효화에 의하여 본체인 행정처분 자체의 효력에도 영향이 있게 될 수는 있지만, 그 처분을 받은 사람이 그 부담의 이행으로서 사법상 매매 등의 법률행위를 한 경우에는 그 부관은 특별한 사정이 없는 한 그 법률행위를 하게 된 동기 내지 연유로 작용하였을 뿐이므로 이는 그 법률행위의 취소사유가 될 수 있음은 별론으로 하고 그 법률행위 자체를 당연히 무효화하는 것은 아니며(대법원 1995. 6. 13. 선고 94다56883 판결, 대법원 1998. 12. 22. 선고 98다51305 판결 참조), 행정처분에 붙은 부담인 부관이 제소기간의 도과로 확정되어 이미 불가쟁력이 생겼다면 그 하자가 중대하고 명백하여 당연 무효로 보아야 할 경우 이외에는 누구나 그 효력을 부인할 수 없을 것이지만, 그 <u>부담의 이행으로서 하게 된 사법상 매매 등의 법률행위는 그 부담을 붙인 행정처분과는 어디까지나 별개의 법률행위이므로 그 부담의 불가쟁력의 문제와는 별도로 그 법률행위가 사회질서 위반이나 강행규정에 위반되는지 여부 등을 따져보아 그 법률행위의 유효 여부를 판단하여야 한다.</u>"[33]

---

33 대법원 2009. 6. 25. 선고 2006다18174 판결(채무부존재확인).

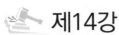

제14강
위법해도 취소 전까지는 따라야 한다?
– 행정행위 효력의 프리미엄

　　모든 법적 행위는 그 본래의 효력이 발생해야 의미가 있습니다. 행정행위 역시 마찬가지입니다. 그러나 행정행위는 위법해도 취소되기 전까지는 상대방을 구속하는 힘을 가진다고 합니다. 가령 과세처분이 위법해도 당연무효가 아닌 이상 취소되기 전까지는 세금을 내야하고 그러지 못하면 체납처분을 받을 위험을 감수해야 합니다. 그 구속력에 일종의 프리미엄이 붙은 셈입니다. 어째서 그럴까요? 행정행위의 효력을 좀 더 알아보아야 하겠습니다.

　　행정행위는 효력발생요건을 충족시킴으로써 그 규율에 따른 법률적 효력을 발생하게 됩니다. 물론 그 법률적 효력의 내용은 물론 행정행위의 종류에 따라 일정하지 않습니다. 그러나 일반적으로 행정행위는 적어도 구속력·공정력·존속력·강제력 등을 발생합니다.

1. 구속력

　　적법·유효한 행정행위는 그 내용에 따라 당사자를 구속하는 법적 효과를 발생하는데 이를 구속력(내용상의 구속력) 또는 기속력이라고 부릅니다. 구속력은 행정행위가 법적 규율로서 발생시키는 가장 본래적인 효력으로서 통상 행정행위의 성립·발효시부터 그 취소나 철회가 있을 때까지 지속적으로 당사자, 즉 처분청과 그 상대방을 구속하는 힘입니다. 이러한 의미에서 행정행위는 일방적 규율로서의 성질에도 불구하고 쌍방적 구속력을 가집니다.

구속력은 모든 행정행위에 당연히 인정되는 실체법적 효력으로 그 구체적인 내용은 행정행위의 규율 내용에 따라 다릅니다. 예컨대 하명의 경우에는 일정한 의무의 이행을 부과하는 것이 되고 형성적 행위의 경우에는 권리·의무의 형성이 이루어지는 효력이 발생합니다. 법령 또는 부관에 의한 특별한 제한이 없는 한, 행정행위는 성립·발효와 동시에 구속력을 발합니다.

2. 공정력

2.1. 개념

행정행위의 공정력이란, 통설적인 설명에 따르면, 행정행위가 그 적법요건 흠이 있을지라도 그것이 중대·명백하여 당연무효로 인정되는 경우를 제외하고는 권한 있는 기관에 의해 취소되기 전까지는 상대방은 물론 행정청과 제3자(모든 국가기관을 포함)를 아울러 구속하는 잠정적인 통용력 내지 유효성(Wirksamkeit)을 말합니다. 공정력은 행정행위가 실체법적으로 적법하다는 것을 추정시키는 것이 아니라, 단지 잠정적으로 행정행위의 구속력을 통용시키는 절차법적 효력이라고도 설명됩니다.[1]

> 대법원은 "행정처분이 아무리 위법하다고 하여도 그 하자가 중대하고 명백하여 당연무효라고 보아야 할 사유가 있는 경우를 제외하고는 아무도 그 하자를 이유로 무단히 그 효과를 부정하지 못하는 것으로, 이러한 행정행위의 공정력은 판결의 기판력과 같은 효력은 아니지만 그 공정력의 객관적 범위에 속하는 행정행위의 하자가 취소사유에 불과한 때에는 그 처분이 취소되지 않는 한 처분의 효력을 부정하여 그로 인한 이득을 법률상 원인 없는 이득이라고 말할 수 없는 것(대법원 1994. 11. 11. 선고 94다28000 판결 등 참조)"이라고 판시한 바 있습니다.[2]

전통적인 공정력개념에 대해서는 유력한 반론이 제기됩니다. 이 견해는, 첫째, 행정행위의 직접 상대방(또는 이해관계인)에 대한 구속력과 제3의 국가기관(처분청 이외

1　가령 김철용, 행정법 I, 제13판, 2010, 258−259를 참조. 공정력을 행정행위의 상대방과 이해관계인에 대해서만 미치는 효력으로 보는 견해(김남진·김연태, 행정법 I, 법문사, 2007, 251 이하; 홍정선, 행정법원론(상), 박영사, 2009, 363; 류지태, 행정법신론, 신영사, 2005, 180; 박균성, 행정법(상), 박영사, 2009, 114 등)도 나오고 있습니다.
2　대법원 2007. 3. 16. 선고 2006다83802 판결(부당이득금반환).

의 행정기관 및 처분취소소송의 수소법원 이외의 법원)에 대한 구속력은 그의 근거와 내용을 달리하므로 양자를 각각 분리하여 고찰함이 타당하며, 둘째, 공정력 또는 예선적 효력의 본체는 다만 행정행위의 상대방 등이 취소소송의 방법을 통해 흠이 있다고 여기는 행정행위의 효력을 부정하게 만들어 놓은 행정쟁송제도의 반사적 결과에 지나지 않으므로 이것을 진정한 의미의 행정행위 구속력의 일종으로 볼 수 없다는 점을 근거로 듭니다.3 이에 따르면, 공정력이란 「행정행위가 무효가 아닌 한, 행정행위(처분)로 인하여 법률상 이익을 침해받은 자는 행정쟁송을 통해서만 그의 효력을 부인할 수 있게 하는 구속력」4으로, 행정행위의 존속효(Bestandskraft)를 넘어서 그 구속을 받는 당사자 외에 모든 국가기관에 그 유효성의 통용력을 확장하는 것을 내용으로 하는 구성요건적 효력 또는 요건사실적 효력(Tatbestandswirkung)과는 구별된다고 합니다.5 이 견해는 독일행정법상 「하자에 구애받지 않는 법적 유효성」(fehlerunabhängige Rechtswirksamkeit)과 유효한 행정행위는 모든 국가기관이 존중하여야 하여 '주어진 요건사실로서'(als gegebener Tatbestand) 그들의 결정의 기초로 삼아야 한다는 구성요건적 효력을 별개로 파악하는 경향과 일본에서 종전의 공정력이론에 대한 반성을 토대로 공정력을 취소소송 등 실정법제도의 반사적 결과로 파악하려는 경향6들을 배경으로 하고 있습니다.

생각건대, 우리 행정법상 공정력의 개념을 「취소소송 등 실정법제도의 반사적 결과」 또는 「하자에 구애받지 않는 법적 유효성」으로 파악하는 것은 행정우월적 사고의 소산인 공정력개념을 오늘날의 법치행정의 원리를 통해 비판적으로 감축 또는 순화시키는 의미가 있고 또 이론상으로도 별반 무리가 없는 것으로 보입니다. 이러한 의미에서 행정행위의 유효성이란 예선적 유효성(vorläufige Wirksamkeit)이며 그것은 출소기간의 도과나 쟁송취소의 실패에 의해, 다시 말해서 형식적 존속력의 발생에 의해 비로소 종국적인 존속력으로 전환됩니다.7 그러나 그렇다고 곧바로 행정행위에 특유한 효력에 구성요건적 효력을 추가시켜야 할 논리필연적인 이유는 없습니다.

---

3 김남진, 행정법 I, 300−301.
4 김남진, 행정법 I, 301.
5 홍정선, 상, 321.
6 이에 관해서는 김도창, 상, 438(그리고 각주 5, 6)을 참조.
7 Maurer, § 9 Rn.39.

구성요건적 효력이 특히 문제되는 경우는 주로 종래 선결문제라는 이름 아래 다뤘던 문제영역인데, 공정력의 내용인 유효성의 통용범위가 문제되었기 때문입니다. 구성요건적 효력이란 바로 구속력(Bindungswirkung)의 주관적 범위를 확장하는 문제입니다. 독일에서 구성요건적 효력을 '유효한 행정행위(rechtswirksamer VA)가 존재하는 한 모든 행정기관과 법원 등 국가기관이 이를 존중하고 또 그들의 결정의 전제요건(Tatbestand)으로 삼아야 한다는 효력'으로 정의하고 있는 것은 이미 유효한 행정행위, 즉 그 '예선적 유효성'을 전제로 하고 있음을 보여줍니다. 예선적 유효성이란 바로 공정력을 의미하는데, 그렇다면 구성요건적 효력이란 결국, 우리 용어법으로 말하자면 공정력의 효과 또는 확장이지 공정력 자체라고는 볼 수 없습니다.

취소소송의 수소법원 이외의 법원이 선결문제가 된 행정행위의 위법성에 대한 판단권을 가지는지는 논란되고 있습니다. 이를 공정력의 범위 문제로 다루느냐 아니면 그것과 별도로 구성요건적 효력의 내용으로 다루느냐에 따라 결론이 달라지지는 않습니다. 이렇게 본다면 통설 입장도 적어도 공정력의 법치국가적 순화가 전제된다면 부당하다고 보기는 어렵습니다.8

2.2. 근거

(1) 이론적 근거

종래 행정행위와 판결의 동질성 또는 유사성을 전제로 행정청이 권한내에서 행한 행정행위는 그 유효성도 확인된 것이므로, 당해 행정청이 그 스스로의 확인을 유지하는 한 상대방 등을 구속하는 힘을 갖는다는 자기확인설(Otto Mayer), 행정행위는 행정청이 우월적 지위에서 행하는 것이므로 그 효력은 국가적 권위에서 나오는 것이라는 국가권위설(Forsthoff), 공정력의 근거를 프랑스에서 통용되는 예선적 특권(le privilège du préalable de l'administration)의 이론에서 찾는 예선적 특권설 등이 주장되었지만 비교법적 의의 이상을 인정하기는 어렵습니다.

공정력의 이론적 근거는 오늘날 법적 안정성의 논리에 있는 것으로 이해되고 있습니다. 즉, 공정력은 행정행위의 적법성에 대한 의심이 있을 경우 누구나 그 효력을

---

8 김철용, 행정법 I, 제13판, 2010, 265, 각주 4.

부인할 수 있다고 한다면 행정목적 달성을 저해함은 물론 행정법관계의 안정성을 유지할 수 없을 것이라는 이유에서 행정의 실효성 및 상대방의 신뢰보호 등을 보장하기 위해 인정된 것이며 취소소송제도는 바로 이러한 취지에서 비롯된 것이라고 보는 것입니다.

(2) 실정법적 근거

종래 행정행위의 공정력을 명시적으로 인정하는 실정법상의 근거는 없었습니다. 다만 행정행위의 직권취소를 규정하고 있는 개별법적 규정들이나 항고쟁송제도(취소심판·취소소송) 및 그 제기기간을 한정하고 있는 행정심판법, 행정소송법 및 기타 단행법규정들은 이러한 공정력의 승인을 전제로 한 실정법적 규정으로 이해되어 왔습니다. 「행정기본법」은 제15조에서 "처분은 권한이 있는 기관이 취소 또는 철회하거나 기간의 경과 등으로 소멸되기 전까지는 유효한 것으로 통용된다. 다만, 무효인 처분은 처음부터 그 효력이 발생하지 아니한다."라고 규정하여 종래 학계와 실무에서 통용되어 온 공정력 법리를 명문화하였습니다.9

공정력의 근거를 행정상의 자력집행제도(행정대집행법·국세징수법 등)에서 찾는 견해10도 있지만 이들 규정은 행정행위의 집행력의 근거로 보아야 합니다. 또한 행정쟁송법이 채택한 집행부정지원칙도 공정력을 간접으로 인정한 것으로 보거나 그것을 전제로 하는 것으로 보는 견해11가 있으나 이는 옳지 않습니다. 행정심판이나 행정소송의 제기에 집행정지효를 부여할 것인가는 입법정책의 문제로 공정력 인정 여부와 직접적인 관련은 없기 때문입니다. 우리와는 반대로 집행정지원칙을 취하는 독일행정쟁송법에서도 「하자에 구애받지 않는 법적 유효성」이 인정되고 있음을 유의할 필요가 있습니다. 행정행위의 유효성(Wirksamkeit des Verwaltungsaktes)을 규정한 독일 행정절차법 제43조는 제2항에서 행정행위가 철회 또는 취소 그 밖의 방법으로 폐지되거나 기간 만료 그 밖의 사유로 효력이 완료되지 않은 한 유효성을 유지한다(bleibt wirksam)고 규정하는 한편, 제3항에서는 무효인 행정행위(nichtiger Verwaltungsakt)는 유효하지 아니 하다(unwirksam)라고 규정하여 단순위법인 행정행위에 「하자에 구애받지 않는 유효성」이 인정된다는 것을 전제하고 있습니다.

---

9 이와 관련하여 공권력과 국민 사이의 힘의 균형을 심각하게 훼손할 수 있고 향후 판례와 이론의 발전방향이 제약될 우려가 있다는 등의 이유로 공정력의 법제화에 반대하는 견해로 이현수, "포스트 코로나 시대 행정기본법의 역할", 행정법 혁신과 나아갈 미래: 2020 행정법포럼 자료집, 2020, 102를 참조.

10 이상규, 상, 355, 각주 18; 변재옥, 행정법강의 I, 325.

11 김도창, 상, 440; 김남진, 행정법 I, 302; 김동희, 행정법 I, 288.

공정력은 실정법을 바탕으로 인정되는 행정행위의 효력입니다. 이와 같은 실정법을 바탕으로 하지 않는 초법적·선험적인 공정력이 있을 수 없음은 물론입니다. 판례는 통설적 입장에서 공정력을 행정행위의 효력으로 인정합니다.12

2.3. 공정력이 미치는 범위와 한계

(1) 무효인 행정행위

공정력은 무효인 행정행위에 대해서는 인정되지 않습니다. 행정행위의 흠이 중대·명백한 경우까지 그 유효성의 통용력을 인정하는 것은 법적 안정성이란 공정력이 인정된 본래취지에 어긋나기 때문입니다. 다만 이에 관해서는 무효와 취소의 상대화론, 또는 이론상 무효사유와 취소사유를 절대적으로 구별할 수 있는지 의문이 제기되고 있습니다.

(2) 공정력과 입증책임

공정력이 취소소송에서 입증책임에 영향을 미치는지 문제됩니다. 이에 관해서는 공정력을 적법성의 추정이 아니라 유효성의 통용력으로 파악하는 통설이나 취소소송제도의 반사적 효과에 불과한 것으로 보는 소수설의 입장, 어느 쪽에 의하든지 간에 공정력은 입증책임의 소재와는 무관하다고 보게 됩니다. 따라서 취소소송의 경우에도 일반 민사소송상의 입증책임분배원칙(법률요건분류설)에 따라, 권리발생 요건사실(처분의 적법요건충족사실)에 관해서는 행정청이, 권리장애 요건사실(처분의 위법성)에 대해서는 원고가 입증책임을 지게 됩니다.

2.4. 공정력과 선결문제판단권

(1) 문제의 소재

민사소송, 형사소송 등에서 본안판단의 전제로서 제기되는 행정행위의 위법성 또는 유효 여부에 관한 문제를 선결문제(Vorfrage)라고 합니다. 우리나라에서는 선결

---

12 대법원 2007. 3. 16. 선고 2006다83802 판결(부당이득금반환).

문제의 심판권의 문제를 공정력과 관련시켜 설명하는 것이 다수설과 판례의 태도입니다.

행정소송법은 제11조 제1항에서 「처분등의 효력 유무 또는 존재 여부가 민사소송의 선결문제로 되어 당해 민사소송의 수소법원이 이를 심리·판단하는 경우에는」 행정소송의 소송참가(§ 17), 행정심판기록의 제출명령(§ 25), 직권심리(§ 26) 및 소송비용에 관한 재판의 효력(§ 33)에 관한 규정들을 준용할 것을, 동 제2항에서는 수소법원이 그 처분등을 행한 행정청에게 그 선결문제로 된 사실을 통지해야 한다고 규정하고 있습니다. 그런데 이 조항은 종래의 학설과 판례에서 의견의 일치를 본 사항에 관해 명문의 규정을 둔 것일 뿐, 선결문제에 관해 특정한 견해를 수용한 것은 아니라는데 별다른 이견이 없습니다. 선결문제심판권의 소재 문제는 여전히 학설과 판례에 맡겨져 있습니다.

(2) 민사사건의 경우

민사사건의 경우, 가령 집을 철거당한 사람이 그 철거명령의 위법을 주장하며 국가배상을 청구한 경우(판례는 이런 경우 국가배상소송을 일관되게 민사소송으로 다뤄 왔습니다), 민사소송 수소법원이 그 철거명령의 위법성을 심사할 수 있는지, 부정설과 긍정설이 대립합니다.

부정설13은 행정행위(철거명령)가 당연무효가 아닌 한 민사소송의 수소법원은 이를 심리·판단할 수 없다는 견해로 ① 공정력의 효과, ② 취소소송의 배타적 관할권, ③ 취소소송의 민사소송에 대한 특수성, 또는 ④ 현행 행정소송법 제11조가 「처분의 효력 유무 또는 존재 여부」가 민사소송의 선결문제로 된 경우에 관해서만 규정하고 있다는 점을 근거로 듭니다. 반면 긍정설14은 공정력은 절차적 효력에 불과하므로 행위를 실질적으로 적법한 것으로 만드는 것은 아니며 따라서 행정행위의 효력을 부정(취소)하지 않는 한도에서 위법성을 판단하는 것은 무방하다고 합니다. 판례는, 효력 유무 판단과 위법 여부 판단을 구분하여, 전자에 관해서는 행정행위가 당연무효

---

13 이상규, 신행정법론(상), 358; 김철용, 국가배상법 제2조에서 정한 배상책임의 요건, 한태연 박사 화갑기념논문집, 543; 이재성, 사법행정, 1974.8.

14 박윤흔, 행정법강의(상), 134; 변재옥, 행정법강의 I, 329; 김동희, 행정법 I, 289 – 290; 강구철, 행정법 I, 425; 김남진, 행정법 I, 307.

가 아닌 한 민사법원이 행정행위의 효력 유무를 판단할 수 없고, 후자의 경우에는 선결문제로서 행정행위의 위법 여부를 판단할 수 있다는 입장을 취하고 있습니다.

① 행정행위의 효력유무에 대한 선결문제판단권을 부인한 판례:
"국세 등의 부과 및 징수처분 등과 같은 행정처분이 당연무효임을 전제로 하여 민사소송을 제기한 때에는 그 행정처분의 당연무효인지의 여부가 선결문제이므로, 법원은 이를 심사하여 그 행정처분의 하자가 중대하고 명백하여 당연무효라고 인정될 경우에는 이를 전제로 하여 판단할 수 있으나 그 하자가 단순한 취소사유에 그칠 때에는 법원은 그 효력을 부인할 수 없다 할 것이다."15

"조세의 과오납이 부당이득이 되기 위하여는 납세 또는 조세의 징수가 실체법적으로나 절차법적으로 전혀 법률상의 근거가 없거나 과세처분의 하자가 중대하고 명백하여 당연무효이어야 하고, 과세처분의 하자가 단지 취소할 수 있는 정도에 불과할 때에는 과세관청이 이를 스스로 취소하거나 항고소송절차에 의하여 취소되지 않는 한 그로 인한 조세의 납부가 부당이득이 된다고 할 수 없다(대법원 1987.7.7. 선고 87다카54판결 참조). 원래 행정처분이 아무리 위법하다고 하여도 그 하자가 중대하고 명백하여 당연무효라고 보아야 할 사유가 있는 경우를 제외하고는 아무도 그 하자를 이유로 무단히 그 효과를 부정하지 못하는 것으로, 이러한 행정행위의 공정력은 판결의 기판력과 같은 효력은 아니지만 그 공정력의 객관적 범위에 속하는 행정행위의 하자가 취소사유에 불과한 때에는 그 처분이 취소되지 않는 한 처분의 효력을 부정하여 그로 인한 이득을 법률상 원인 없는 이득이라고 말할 수 없게 하는 것이다."16

② 행정행위의 위법성에 관한 선결문제판단권을 인정한 판례:
"계고처분이 위법임을 이유로 배상을 청구하는 취지로 인정될 수 있는 사건에 있어, 미리 그 행정처분의 취소판결이 있어야만 그 위법임을 이유로 피고에게 배상을 청구할 수 있는 것은 아니다."17
"재개발사업 시행자가 분양신청을 하지 아니한 토지의 소유자에 대하여 대지 및 건축시설을 분양하지도 아니하고 청산금도 지급하지 아니하기로 하는 분양처분고시는 행정처분의 성질을 지닌 것이므로 그것이 적법한 행정소송의 절차에 의하여 취소되지 아니하는 한 법원도 그 처분에 기속되어 그 행정처분의 내용과 달리 청산금을 지급하라고 명할 수는 없지만, 그와 같이 대지 및 건축시설도 분양하지 아니하고 청산금도 지급하지 아니한 채 분양처분고시를 하여 재개발구역 내에 다른 사람이 소유하고 있던 토지의 소유권을 상실시켰다면 재개발사업 시행자는 그 한도에서 재개발사업을 위법하게 시행하였으므로 그 토지의 소유자에 대하여 불법행위의 책임을 지고, 이는 도시재개발사업 시행자가 서울특별시 도시재개발사업조례 제2조 제1호 소정의 '기존 무허가건축물'에 해당하는 건축물에 대하여 그 일부 면적만을 인정하여 그에 상응한 분양을 하고 그 차액부분에 대하여 청산금을 지급하지 아니한 채 분양처분고시를 한 경우에도 마찬가지이다."18

선결문제로 된 행정행위의 효력이 당연무효에 해당하거나 행정행위의 부존재가 인정될 경우에는 긍정설이나 부정설 모두 민사소송의 수소법원의 선결문제심판권을

---

15 대법원, 1973. 7. 10. 선고 70다1439 판결.
16 대법원 1994. 11. 11. 선고 94다28000 판결.
17 대법원 1972. 4. 28. 선고 72다337 판결.
18 대법원 2007. 6. 29. 선고 2006다60441 판결.

인정하는데 다툼이 없습니다. 그렇다면 문제는 오로지 행정행위의 단순 위법 여하가 선결문제로 될 경우인데, 이 경우 행정행위에 인정되는 잠정적 유효성으로서의 공정력이 영향을 미칠 것인지 문제됩니다. 전통적인 공정력이론에 입각한 통설이나 판례의 입장에서 볼 때, 물론 이론이 있으나, <u>선결문제로 된 행정행위의 위법성을 판단하는 것은 그 효력을 부인하는 것이 아니므로 가능하다</u>고 볼 수 있을 것입니다.19 선결문제에 관한 판단권소재에 관하여 공정력이 아니라 구성요건적 효력이 상관성을 지닌다고 보는 입장에서도 민사법원이 선결문제 심리를 통해 문제된 행정행위의 효력을 소멸시키는 것은 아니기 때문에 그 한도에서 행정행위의 위법성을 판단할 수 있으며 이는 구성요건적 효력에 모순되는 것은 아니라고 보는 것이 일반적입니다.20 요컨대, 선결문제판단권의 소재를 공정력의 문제로 보든 구성요건적 효력의 문제로 보든 <u>① 민사수소법원이 선결문제로 된 행정행위의 위법성을 판단할 수 있고, ② 당연무효가 아닌 한 행정행위의 효력을 부정하는 것은 불가능하다</u>는 것을 인정하는 점에서는 차이가 없습니다.

그러나 적어도 단순위법의 경우 선결문제로 된 행정행위의 위법성을 판단할 수 있는 권한을 인정하는 입장에 서는 한, 그것이 구성요건적 효력에 기인하는 것인지 또는 공정력에 기인하는 것인지를 따질 실익은 이론구성상 흥미 외에는 그다지 크지 않습니다. <u>관건은 선결문제판단권의 소재에 관한 문제가 재판관할의 문제라는 점을</u> 분명히 인식하는 데 있습니다. 즉, 헌법상(§ 107 ②) 행정소송의 '통일관할주의'와 행정소송법상 행정법원의 취소소송 제1심 관할을 어떻게 조화시켜 해석할 것인지가 관건입니다. 헌법 제107조 제2항이 「명령·규칙 또는 처분이 헌법이나 법률에 위반되는 여부가 재판의 전제가 된 경우에는 대법원은 이를 최종적으로 심사할 권한을 가진다」고 규정하는 이상, 원칙적으로 각급 법원이 처분의 위법성을 심사할 권한을 가지며,21 여기에는 선결문제로서 처분의 위법성 문제도 당연히 「재판의 전제가 된 경우」에 해당한다고 볼 수 있습니다. 다만 <u>출소기간 제한이나 취소소송 제1심을 피고 소재지관할 행정법원으로 한 행정소송법의 재판관할 특칙은 헌법상(§ 102 ③) 각급법원의 종류와 심급제에 관한 법률유보에 따른 것으로 독자적인 헌법적 정당성이 있습니다.</u>

---

19 박윤흔, 행정법강의(상), 134; 변재옥, 행정법강의 I, 329; 김동희, 행정법 I, 290.
20 김남진, 행정법 I, 307; 홍정선, 상, 326-327.
21 대법원 1966. 12. 6. 선고 66누100 판결.

그렇다면, 민사소송 수소법원이 선결문제판단권을 근거로 단순위법의 경우까지 처분의 효력을 부정할 수 있다고 하는 것은 이러한 재판관할상 제약을 무의미하게 만드는 결과가 되어 수긍하기 어렵습니다.

(3) 형사사건의 경우

형사사건에서 일정한 범죄구성요건의 충족 여부를 판단함에 있어 행정행위의 위법 여부가 선결문제로 제기되는 경우, 수소법원이 당해 행정행위의 위법 여부를 스스로 심사할 수 있는가 하는 문제가 제기되는데, 이에 관해서도 부정설[22]과 긍정설[23]의 대립이 있습니다.

학설 중에는 공정력의 근거가 되는 행정의 실효성 확보와 피고인의 인권보장을 위한 형사법 특유의 원칙이 조화되는 접점에서 해결책을 찾아야 한다는 견해가 있습니다. 이에 따르면 처벌규정을 두고 있는 법률의 취지, 당해 행정행위의 종류, 당해 행정행위의 실효성이 요구되는 강도, 당해 행정행위의 위법성 자체를 사인이 별도로 다툴 가능성과 한계 등을 고려하여 개별적·구체적으로 판단되어야 한다고 합니다.[24] 그러나 피고인의 인권보장이라는 형사법의 요청을 형사재판에서 수소법원의 선결문제심판권 인정의 기준으로 삼을 수 있는지는 의문이 없지 않습니다. 형사재판에서도 행정행위의 효력 (박탈) 유무에 관한 한, 단순위법의 경우에는 선결문제판단권을 부인하되, 당연무효인 경우와 단순위법시 그 위법성 판단권은 인정하는 민사재판에서의 논리를 달리 적용할 이유는 없지 않을까 생각됩니다.

판례는 분명하지는 않지만, 몇 가지 유형으로 나누어 볼 수 있습니다.

먼저, 형사재판에서 수소법원의 선결문제판단권을 인정한 판례로, 구 도시계획법상 도시계획위반죄의 전제가 된 원상복구 시정명령의 위법성을 직접 판단한 것이 있습니다.

대법원은 형질을 변경한 자가 아닌 피고인에 대하여 발해진 원상복구의 시정명령은 위법하고, 따라서 위법한 위 시정명령을 따르지 않았다고 하여 피고인을 같은 법 제92조 제4호에 정한 조치

---

22 이상규, 상, 359.
23 김남진, 행정법 I, 309; 서원우, 행정처분의 공정력과 형사재판의 관계, 월간고시, 1979/9, 129; 홍정선, 상, 327.
24 김철용, 행정법 I, 제13판, 2010, 263.

명령등 위반죄로 처벌할 수는 없으며, 그 <u>시정명령을 당연무효로 볼 수 없다 하더라도 그것이 위법한 처분으로 인정되는 한</u>, 이 사건 도시계획위반죄가 성립될 수 없다고 판시했습니다.[25]

또 그리 선명하지는 않지만, 구 온천법상 시설개선명령의 적법 여부가 형사재판의 선결문제가 된 사건에서 시설개선명령의 적법성을 적극적으로 판단한 사례가 있습니다.

> "동래구청장의 시설개선명령은 온천수의 효율적인 수급으로 온천의 적절한 보호를 도모하기 위한 조치로서, 위 온천법 제15조가 정하는 온천의 이용증진을 위하여 특히 필요한 명령이라 할 것이니 이를 이행하지 아니하여 이에 위반한 피고인 등의 행위는 온천법 제26조 제1호, 제15조의 구성요건을 충족하였다고 할 것이다."[26]

반면 대법원 판례 중에는 다음에 보는 바와 같이 일견 형사재판에서 행정행위의 위법 여하에 관하여 수소법원의 선결문제판단권을 부정하는 듯한 뉘앙스를 지닌 판례도 있습니다.

> "사위의 방법으로 <u>연령을 속여 발급받은 운전면허는 비록 위법하다고 하더라도</u>, 도로교통법 제65조 제3호의 허위 기타 부정한 수단으로 운전면허를 받은 경우에 해당함에 불과하여 <u>취소되지 않는 한 그 효력이 있는 것이라 할 것이므로 그러한 운전면허에 의한 운전행위는 무면허운전이라 할 수 없다.</u>"[27]

김남진교수는 이 판결을 부정설을 취한 판례로 인용하는 일부 학자의 견해[28]에 반대하면서, 이 판례는 행정행위의 위법 여부에 관한 것이 아니라 행정행위의 존재 여부에 관한 것이라고 합니다.[29]

생각건대, 이 경우는 면허의 존재 여부가 선결문제로 되어 사위(詐僞)에 의한 면허발급처분의 유효성이 인정된 사례입니다. 따라서 위 판례에서 '취소되지 않는 한 그 효력이 있는 것'이라고 한 것은 '취소되지 않는 한 유효한 것'이라는 취지이고 그러한 의미에서 <u>공정력을 승인한 것</u>으로 보는 것이 타당합니다. 운전면허라는 행정행위의 위법 여하를 판단한 것이 아니라 (또는 수소법원이 그 위법을 판단할 수 없다는 것이 아

---

25 대법원 1992. 8. 18. 선고 90도1709 판결(도시계획법위반).
26 대법원 1986. 1. 28. 선고 85도2489 판결.
27 대법원 1982. 6. 8. 선고 80도2646 판결.
28 이상규, 상, 359; 김동희, 행정법 I, 291–292.
29 김남진, 행정법, I, 297, 각주 34.

니라) '무면허운전'이란 구성요건 충족 여부를 판정하면서 선결문제로 된 「취소되지 않은, 사위에 의한 면허의 유효성」을 받아들인 것이기 때문입니다.

2.5. 구성요건적 효력 – 또는 요건사실적 효력

구성요건적 효력 또는 요건사실적 효력(Tatbestandswirkung)이란 유효한 행정행위 (rechtswirksamer VA)가 존재하는 한 모든 행정기관과 법원 등 국가기관을 구속하는 힘을 말합니다. 즉, 다른 행정기관이나 법원은 유효한 행정행위의 존재를 승인하고 이를 자신의 결정의 기초로 삼아야 한다는 것입니다(Maurer, § 11 Rn.8). 이 개념은 본래 독일행정소송법상 형성판결의 효력으로 인정된 구성요건적 효력 내지 형성판결의 구속력에서 유래합니다.

구성요건적 효력이란 한 행정청 또는 법원의 행위가 다른 행정청 또는 법원이 일정한 규율을 했거나 또는 하지 않았거나 하는 사실에 의존할 경우 성립하는 개념이라고 할 수 있습니다. 다른 기관의 규율은 당해 행정청이나 법원이 결정을 내릴 때 해석해야 하는 법률요건의 구성부분(Bestandteil des Tatbestandes)이 됩니다. 이 경우 당해 행정청이나 법원은 다른 기관이 내린 결정의 유효 여부, 즉 무효인지만 심사할 수 있을 뿐, 그 적법 여부를 심사하여 그 효력을 부정할 수 없습니다. 왜냐하면 행정행위 위법성의 효과는 단지 그 취소가능성일 것인데, 행정행위의 취소권은 오로지 그 처분청 또는 그것이 계속된 관할법원만이 가지기 때문입니다. 앞서 든 판결에서 문제된 무면허운전에 관하여, 형사법원은 피고가 현재에는 면허를 가지고 있지 않지만 종전에 갖고 있던 자기의 운전면허가 위법하게 박탈되었다고 주장할지라도, 그 면허취소의 적법 여부를 심사할 수 없고 따라서 그의 무면허운전사실을 인정하지 않을 수 없습니다. 반면 법원이, 피고가 사위로 면허를 취득했다는 사실에 정당한 의심을 갖고 있을지라도, 그가 일단 면허를 보유하고 있는 이상(면허취소는 관할 행정청의 권한이므로) 무면허운전으로 처벌해서는 안 됩니다. 이 예에서 도출되는 결론을 우리는 일단 구성요건적 효력의 결과라 볼 수 있겠지요. 그러나 이 경우, 특히 후자의 경우, 구성요건적 효력이란 오로지 관계법률이 「무면허운전」이란 구성요건 규정을 통해 유효한 면허보유 여부를 전제조건으로 삼았기 때문에 인정될 수 있습니다. 그 경우 관계법은 면허의 적법성이 아니라 유효성을 전제로 하고 있기 때문에 법원은 적법성에 의심이 있을지라도 당연무효가 아닌 한 면허의 법적 존재를 시인할 수밖에 없습니다. 이렇듯 어떤 행정행위가 구성요건적 효력을 가지는지 여부는 행위 자체의 효력이 아니라, 관계법규정에 따라 결정되는 것이지 일반적으로 모든 행정행위에 구성요건적 효력을 인정할 수 있는 것은 아닙니다.

3. 강제력

행정행위가 일정한 의무의 부과를 내용으로 하는 경우, 상대방이 이 의무를 이행하지 않는 때에는 행정법상의 제재를 가하거나(제재력: 예컨대 행정벌의 부과), 일정한 요건하에 자력으로 그 이행을 강제할 수 있는 가능성(집행력)이 부여되는데 이를 강제력이라고 합니다.

강제력은, 종래 행정행위에 내재하는 당연한 속성으로 파악되었던 것과는 달리 오늘날 행정목적의 달성을 위해 특별히 법적으로 인정되는 효력으로 이해되고 있습니다(통설). 행정행위의 집행력에 관한 일반적 실정법적 근거로는 행정대집행법과 국세징수법을 들고 있습니다.

4. 확정력(존속력)

4.1. 개념

행정행위는 무효인 경우를 제외하고는 일정 기간(출소기간)이 경과하거나 기타 사유로 상대방이 행정행위의 효력을 더 이상 다툴 수 없게 되는 힘(불가쟁력: Unanfechtbarkeit)을 가지며 또 일정 부류의 행정행위는 이를 발한 행정청 자신도 임의로 취소·변경·철회할 수 없는 구속력(불가변력: Unabänderlichkeit)을 가집니다. 이를 일반적으로 소송법 개념을 유추하여 확정력(Rechtskraft) 또는 존속력(Bestandskraft)이라 부릅니다.

존속력의 내용은 소송법에서 확정력이 형식적 확정력과 실질적 확정력으로 나뉘는 것과 같이 형식적 존속력과 실질적 존속력으로 나누어 파악하는 것이 일반적입니다. 통상 전자를 불가쟁력으로, 후자를 불가변력으로 부릅니다.

'확정력'보다 '존속력'이 더 적합한 용어입니다. 이유는 행정행위와 판결이 서로 달라 소송법 개념의 유추에 한계가 있기 때문입니다: 첫째, 행정행위의 경우, 행정청은 법원과 달리 독립된 제3자가 아니라 직접 당사자로서 결정을 내리는 것이므로 출발점이 다르고, 둘째, 행정행위는 판결 수준의 적법성 보장을 수반하지 않을 뿐 아니라 미래지향적 형성수단으로서 변화된 상황에 적응해야 하므로 법원의 판결처럼 확고한 존속가능성을 갖지 못한다는 차이가 있습니다.

4.2. 불가쟁력

행정행위는 무효인 경우를 제외하고는 출소기간이 지나거나 당사자가 쟁송의 제기를 포기하는 등 사유로 인하여 상대방이 통상의 쟁송절차로는 더 이상 다툴 수 없게 되는 상태에 이르게 됩니다. 이 경우 행정행위가 불가쟁력(Unanfechtbarkeit)을 발생했다고 합니다. 이는 소송법상 형식적 확정력에 상응하는 개념입니다.

> **[행정행위의 확정력]**
> "일반적으로 행정처분이나 행정심판재결이 불복기간의 경과로 인하여 확정될 경우 그 확정력은, 그 처분으로 인하여 법률상 이익을 침해받은 자가 당해 처분이나 재결의 효력을 더 이상 다툴 수 없다는 의미일 뿐, 더 나아가 판결에 있어서와 같은 기판력이 인정되는 것은 아니어서 그 처분의 기초가 된 사실관계나 법률적 판단이 확정되고 당사자들이나 법원이 이에 기속되어 모순되는 주장이나 판단을 할 수 없게 되는 것은 아니다. 따라서 종전의 산업재해요양보상급여취소처분이 불복기간의 경과로 인하여 확정되었더라도 요양급여청구권이 없다는 내용의 법률관계까지 확정된 것은 아니며 원고로서는 소멸시효에 걸리지 아니한 이상 다시 요양급여를 청구할 수 있고 그것이 거부된 경우 이는 새로운 거부처분으로서 그 위법여부를 소구할 수 있다."[30]

> **[제소기간 도과로 불가쟁력이 생긴 행정처분의 변경을 요구할 신청권 유무]**
> "제소기간이 이미 도과하여 불가쟁력이 생긴 행정처분에 대하여는 개별 법규에서 그 변경을 요구할 신청권을 규정하고 있거나 관계 법령의 해석상 그러한 신청권이 인정될 수 있는 등 특별한 사정이 없는 한 국민에게 그 행정처분의 변경을 구할 신청권이 있다 할 수 없다."[31]

---

30 대법원 1993. 4. 13. 선고 92누17181 판결. 또한 같은 취지의 대법원 2019. 10. 17. 선고 2018 두104 판결(도로점용허가처분무효확인등: 서울특별시 서초구청장의 도로점용허가처분에 대하여 서초구 주민들이 주민소송을 제기한 사건)을 참조.
31 대법원 2007. 4. 26. 선고 2005두11104 판결(주택건설사업계획승인처분일부무효등).

4.3. 불가변력

(1) 개념

행정행위가 위법하거나 공익에 반하면 행정청은 이를 취소 또는 철회할 수 있습니다. 그러나 행정행위 중에는 그것을 발한 행정청 자신도 임의로 취소·변경·철회할 수 없는 경우가 있습니다. 그러한 경우 그 행정행위의 효력을 실질적 존속력(materielle Bestandskraft) 또는 불가변력(Unabänderlichkeit)이라고 부릅니다.[32]

> 판례
>
> 「국민의 권리와 이익을 옹호하고 법적 안정을 도모하기 위하여 특정한 행위에 대하여는 행정청이라 하여도 이것을 자유로이 취소·변경·철회할 수 없다는 행정행위의 불가변력은 당해 행정행위에 대해서만 인정되는 것.」[33]

판결은 상소기간의 도과 또는 상소권 포기 등으로 인해 형식적으로 확정되면 실질적 확정력을 갖게 됩니다. 행정행위 역시 제소기간의 도과, 행정쟁송의 포기 등으로 실질적 존속력을 발생합니다. 그러나 판결과 행정행위 간의 소송법적 유추는 형식적 존속력(불가쟁력)의 경우와는 달리 실질적 존속력(불가변력)과는 직접적인 상관성이 없습니다. 행정행위의 유효성, 정확히 말해서, 예선적 유효성(vorläufige Wirksamkeit)은 출소기간의 도과나 쟁송취소의 실패로 발생하는 형식적 존속력에 의해 종국적인 존속력으로 바뀜으로써 행정행위의 존재와 유효성이 법적으로 확보됩니다.[34] 그러나 불가쟁력을 발생한 행정행위도 처분청에 대한 관계에서는 사후적인 사유에 의해 취소·철회됨으로써 그 존속력이 제거될 수 있고, 다만 일정 부류의 행정행위에 한하여 처분청에게 취소·변경을 금지하는 불가변력이 발생할 때에만 그 존속력이 확보될 수 있을 뿐입니다. 이렇듯 실질적 존속력은, 소송법상 실질적 확정력과는 달리, 특별한 경우에 한하여 인정되는, 「제한된 취소가능성」, 즉 불가변력으로 이해된다는 차이가 있습니다.

한편 수익적 행정행위 같은 일정한 내용의 행정행위에 관하여 그 성질상 취소·

---

32 불가변력에 대한 이론적 고찰로는 홍준형, 불가변력, 신뢰보호, 그리고 행정상 이중위험의 금지, 『행정판례연구』 V, 한국행정판례연구회편, 서울대학교 출판부, 2000, 33-67을 참조.
33 대법원 1974. 12. 10. 선고 73누129 판결.
34 Maurer, § 9 Rn.39.

철회의 자유가 제한되는 경우가 있는데 이를 또한 불가변력의 한 내용으로 파악하는 견해가 있습니다. 불가변력을 넓게 파악하는 입장입니다만, 이를 실질적 존속력의 문제가 아니라 취소·철회권제한의 문제로 보아야 한다는 견해가 더 설득력이 있습니다.

(2) 불가변력이 인정되는 행위

불가변력은 모든 행정행위에 공통된 효력이 아니라 다음의 특별한 경우에만 인정된다고 보는 것이 지배적인 견해입니다.

① 준사법적·분쟁해결적 행정행위: 행정심판 재결
② 취소권이 제한되는 경우: 수익적 행정행위(이론 있음).
③ 법령상 특별한 규정이 있을 경우: 예컨대「공익사업을 위한 토지 등의 취득 및 보상에 관한 법률」 제86조 제1항은 토지수용위원회의 재결은 「민사소송법」상 확정판결이 있은 것으로 본다고 규정하는데, 그 재결서 정본이 집행력있는 판결의 정본과 동일한 효력을 가진 것으로 인정되는 것은 행정행위의 불가변력에 의한 것이라기보다는 법령의 규정에 의한 것이라고 보아야 할 것입니다.
④ 기타 공공복리의 요청에 의해 불가변력을 인정하는 견해35

그러나 무효 행위는 존속력이 발생할 여지가 없으므로 불가변력도 문제될 여지가 없습니다.

4.4. 형식적 존속력과 실질적 존속력의 관계

형식적 존속력(불가쟁력)은 행위의 상대방이나 기타 이해관계자에 대한 구속을 내용으로 함에 비해 실질적 존속력(불가변력)은 처분청 등 행정기관에 대한 구속을 내용으로 한다는 점에서 구별됩니다. 그 밖에도 불가쟁력이 발생한 행위도 불가변력이 없는 경우에는 행정청이 이를 취소·변경할 수 있으며, 불가변력이 있는 행위라 하더라도 쟁송제기기간이 경과하기 전에는 그 상대방이나 이해관계자가 쟁송을 제기하여 이를 다툴 수 있다는 점에서 양자는 그 목적과 관심의 방향을 달리함을 볼 수 있습니다.

---

35 이상규, 상, 362.

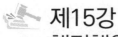

제15강
행정행위의 흠(하자): 행정병리학

　행정행위에도 질병이 있을 수 있나요? 그렇습니다. 행정행위의 질병을 흠(瑕疵)이라 부르고, 행정행위의 흠, 즉 그 종류와 내용, 법적 영향과 효과를 다루는 문제영역을 하자론이라고 합니다. 일종의 행정병리학(Verwaltungs‒Pathologie)인 셈이지요. 행정병리학으로서 하자론은 나중에 살펴 볼 행정쟁송법을 통해 구체화되고 동시에 응답을 얻게 됨으로써 다시 행정행위론이라는 행정생리학(Verwaltungs‒Physiologie)에 되먹임(feedback) 또는 반영됩니다.

　행정행위는, 우선 행정행위로 성립하고 이를 전제로 그 효력 발생에 필요한 조건들을 충족해야만 본래의 효력을 완전히 발휘할 수 있습니다. 다시 말해 행정행위는 일정한 성립 및 효력발생요건을 갖출 때에만 그 존재를 인정받고 또 효력을 발생할 수 있습니다. 그러나 이러한 순차적인 논리적 조건충족단계가 실제 행정행위의 발급과정에서 엄밀히 구별될 수 있는 것은 아닙니다. 오히려 행정행위는 주체·내용·절차·형식 등에 관한 조건을 갖춘 일정한 규율 또는 의사표시가 이루어짐으로써 일거에 성립하고 동시에 효력을 발생하게 되는 것이 보통입니다.[1]

　행정행위가 공정력, 존속력 등 강화된 효력을 발휘하려면 그 성립요건을 갖추어 성립해 있어야 한다는 것은 당연한 이야기겠지요. 내부적·외부적으로 성립한 행정행위는 보통 그 유효요건을 갖추면 일단 효력을 발생합니다. 그러나 행정행위가 적법한 행위로서 효력을 가지려면 적법요건을 충족해야만 합니다. 행정행위가 이 요건을

　1　김도창, 상, 432.

충족하지 못한 경우에는 흠(하자)있는 행정행위가 됩니다. 요컨대 행정행위는 적법요건을 갖추어야 완전한 효력을 발휘할 수 있습니다.

행정행위의 흠에 관한 일반법은 없습니다. 이에 관한 법적 규율은 특별한 법령의 규정이 없는 한, 주로 판례와 학설의 형성에 맡겨져 있습니다. 따라서 행정행위의 흠과 그 법적 효과에 관한 논의 역시 주로 학설과 판례에 따를 수밖에 없습니다. 여기서는 행정행위의 흠(하자)의 문제를 무효·취소의 구별을 중심으로 다루어 보겠습니다.

1. 행정행위 흠의 법적 효과

행정행위 흠의 법적 효과에 관한 한, 획일적으로 『행정행위의 흠=행정행위의 부적법=법적 효력 부정(무효)』이라는 도식은 성립하지 않습니다. 행정행위의 흠이 가져오는 법적 효과는 흠의 종류와 법침해의 정도에 따라 취소가능성 또는 무효로 나뉩니다. 흠이 중대하고 명백한 경우에는 행정행위를 무효로 만들지만, 그에 이르지 않는 단순위법의 경우 행정행위는 상대방이나 이해관계자의 쟁송을 통하여 또는 직권으로 취소할 수 있을 뿐입니다. 무효와 취소를 행정행위의 흠이 가져오는 법적 효과로서 구별하는 문제는, 양자의 구별이 바로 흠의 종류와 정도에 따라 도출된 것이므로, 결국 무효사유와 취소사유의 구별에 귀착됩니다.

행정행위의 흠에 관한 고찰은 첫째, 무효와 취소의 구별 필요성 문제, 둘째, 무효사유와 취소사유의 구별기준 문제를 대상으로 합니다. 다만, 흠 있는 행정행위를 취소하는 경우, 직권취소에 관해서는 다음에 설명하고, 쟁송취소에 관해서는 각각 관련되는 행정쟁송법에 대한 논의로 미룹니다. 여기서는 일반행정법 차원에서 위 두 가지 문제, 그리고 행정행위의 무효사유만을 구체적으로 검토합니다. 그 밖에 행정행위의 흠과 관련하여, 행정행위의 흠의 승계문제, 흠 있는 행정행위의 치유와 전환이 문제됩니다.

2. 행정행위의 무효와 취소

흠 있는 행정행위는 일반적으로 흠의 정도나 존재양태에 따라 취소할 수 있는 것과 무효인 것으로 나뉩니다(중대·명백설). 그런데 취소할 수 있는 행정행위는 흠이 있음에도 불구하고 권한 있는 기관이 그것을 취소할 때 까지는 유효한 행정행위로서 통용된다는 의미에서 「흠에 구애 받지 않는 법적 유효성」(fehlerunabhängige Rechtswirksamkeit)을 가집니다. 흠의 유무는 행정행위의 적법성과 부적법성(위법성)을 가름하는 기준이 되지만 반드시 그 유효 여부를 결정하는 기준은 아닙니다.

3. 법적 효과로서 무효와 취소의 구별

행정행위 흠의 법적 효과가 무효와 취소로 나뉜다면, 과연 양자를 왜 구별해야 하는 것일까요. 흠있는 행정행위를 일률적으로 무효로 간주하지 않고, 흠이 있어 위법할지라도 권한 있는 기관이 취소할 때까지는 통용되는 잠정적 유효성(vorläufige Rechtswirksamkeit) 또는 「흠에 구애받지 않는 법적 유효성」을 가지도록 한 근거는 주로 행정법상 법적 안정성을 고려하고 행정행위에 대한 상대방의 신뢰를 보호하려는 데 있습니다.

(1) 행정쟁송법상 규율의 차이

무효와 취소를 구별해야 하는 까닭은 무엇보다도 행정심판법과 행정소송법이 행정행위의 무효와 취소의 주장방법을 달리 규정하고 있기 때문입니다. 즉, 쟁송의 방법(취소쟁송·무효확인쟁송), 행정소송 제기요건의 차이(출소기간 제한 여부 등), 사정재결 및 사정판결의 적용 여부(논란 있음), 선결문제로서 주장될 경우 수소법원의 판단권 여하 등에서 양자는 달리 취급되고 있습니다. 다만 종래 판례2상 인정되어 왔던 「무효선언을 구하는 취소소송」이 현행 행정소송법에서도 인정되는 한, 그 한도에서 소송형태상 차이가 완화될 수 있습니다. 또 「무효선언을 구하는 취소소송」에 출소기간 제한 같은 절차적 제한이 적용되는지 여부에 관한, 종래 크게 논란되던 문제에 관하여, 판례가 이를 긍정하는 한, 그 점에서도 차이가 완화됩니다.3

(2) 행정행위의 효력: 공정력·강제력·불가쟁력

무효인 행정행위에 대해서는 공정력이나 불가쟁력 같은 행정행위의 효력이 발생

---

2 대법원 1953. 6. 23. 선고 4285행상2 판결 등.
3 구행정소송법 제2조 소원전치주의 적용을 인정한 판례: 대법원 1976. 2. 24. 선고 75누128 판결; 동법 제5조 제소기간 적용을 인정한 판례: 대법원 1982. 6. 22. 선고 81누424 판결.

할 여지가 없습니다. 특히 무효인 행정행위에 대해서는, 취소할 수 있는 행정행위의 경우와는 달리, 상대방인 사인이 그 효력을 부인할 수 있고, 만약 행정청이 무효인 행정행위를 강제적으로 집행할 경우에는 이에 대항할 수 있고 그것은 공무집행방해죄를 구성하지 않는다는 점에서 양자를 구별할 필요성이 실제적으로 뒷받침됩니다.

(3) 기타

흠(하자)의 치유는 취소할 수 있는 행정행위에 대해서만, 전환은 오로지 무효인 행정행위에 대해서만 인정될 수 있다는 것이 통설이므로, 이 역시 둘을 구별할 또 하나의 이유가 됩니다.

4. 행정행위의 흠(하자): 무효사유와 취소사유

4.1. 구별기준에 관한 학설

무효사유와 취소사유의 구별기준에 관해서는 크게 두 가지 방향으로 학설이 전개되어 왔습니다. 먼저, 흠의 구별기준을 흠 자체의 성질에서 구하는 지배적인 경향으로, 특히 어떠한 기준으로 무효사유인 흠을 판정할 것이냐에 따라 중대설, 중대명백설(Evidenztheorie[4])로 구분되나 현재에는 주로 후자만이 주장됩니다. 그 밖에 중대명백성설에서 출발하면서도 법적 안정성의 요청을 고려할 필요가 없는 경우 그 흠의 존재가 명백하지 않더라도 행정행위의 무효를 인정하는 명백성보충요건설,[5] 중대 또는 명백설[6]이 있습니다. 또 다른 방향은 흠의 효과를 개별화함으로써 나아가서는 무효와 취소의 상대화를 주장하는 견해(Gaston Jèze와 v. Hippel, Forsthoff)입니다.[7]

---

4 독일에서 연방행정절차법 제44조 제1항에 입법적으로 수용되었습니다. '명백설'(Evidenztheorie)이란 표현은 일종의 생략의 결과지만 정확한 용어는 아니라고 합니다. 왜냐하면 그것은 예전이나 지금이나 객관적 명백성(Offenkundigkeit) 뿐만 아니라 흠의 중대성(Schwere)을 기준으로 삼는 이론이기 때문입니다(Maurer, § 10 Rn.31, S.219).

5 김동희, 행정법 I, 1997, 284－287; 김남진, 행정법 I, 1997, 325.

6 김성수, 행정법 I, 법문사, 1998, 270－272; 권한없는 자의 행정행위(95.9.11자 법률신문)를 참조.

7 이에 관해서는 김도창, 상, 464 이하를 참조.

사실 중대명백설을 일률적으로 적용할 경우 구체적 타당성을 기할 수 없는 경우가 생깁니다. 문제를 해결하려면 우선 중대명백설의 입장에서 그 법익형량적 측면을 재검토하여 이를 실질적 정의와 법적 안정성의 함수로 재구성할 필요가 있습니다. 경우에 따라 법적 안정성의 요청을 고려할 필요가 없는 경우에는 그 흠의 존재가 명백하지 않더라도 행정행위의 무효를 인정하는 이론적 수정이 필요합니다. 그렇다고 해서 중대명백설의 법리를 탈피할 필요는 없고, 반드시 당연무효의 인정 범위를 넓혀야 하는 것도 아닙니다.[8] 이러한 논리는 다음에 보는 바와 같이 대법원 1995. 7. 11. 선고 94누4615 판결의 소수의견을 통해 수용되었습니다.

　가. [다수의견] 하자있는 행정처분이 당연무효가 되기 위하여는 그 하자가 <u>법규의 중요한 부분을 위반한 중대한 것으로서 객관적으로 명백한 것이어야 하며</u> 하자가 중대하고 명백한 것인지 여부를 판별함에 있어서는 그 법규의 목적, 의미, 기능 등을 목적론적으로 고찰함과 동시에 구체적 사안 자체의 특수성에 관하여도 합리적으로 고찰함을 요한다.
　[반대의견] <u>행정행위의 무효사유를 판단하는 기준으로서의 명백성은 행정처분의 법적 안정성 확보를 통하여 행정의 원활한 수행을 도모하는 한편 그 행정처분을 유효한 것으로 믿은 제3자나 공공의 신뢰를 보호하여야 할 필요가 있는 경우에 보충적으로 요구되는 것으로서, 그와 같은 필요가 없거나 하자가 워낙 중대하여 그와 같은 필요에 비하여 처분 상대방의 권익을 구제하고 위법한 결과를 시정할 필요가 훨씬 더 큰 경우라면 그 하자가 명백하지 않더라도 그와 같이 중대한 하자를 가진 행정처분은 당연무효라고 보아야 한다.</u>
　나. [다수의견] 조례제정권의 범위를 벗어나 국가사무를 대상으로 한 무효인 서울특별시행정권한 위임조례의 규정에 근거하여 구청장이 건설업영업정지처분을 한 경우, 그 처분은 결과적으로 <u>적법한 위임 없이 권한 없는 자에 의하여 행하여진 것과 마찬가지가 되어 그 하자가 중대하나,</u> 지방자치단체의 사무에 관한 조례와 규칙은 조례가 보다 상위규범이라고 할 수 있고, 또한 헌법 제107조 제2항의 "규칙"에는 지방자치단체의 조례와 규칙이 모두 포함되는 등 이른바 규칙의 개념이 경우에 따라 상이하게 해석되는 점 등에 비추어 보면 위 <u>처분의 위임과정의 하자가 객관적으로 명백한 것이라고 할 수 없으므로 이로 인한 하자는 결국 당연무효사유는 아니라고 봄이 상당하다.</u>
　[반대의견] 구청장의 건설업영업정지처분은 그 상대방으로 하여금 적극적으로 어떠한 행위를 할 수 있도록 금지를 해제하거나 권능을 부여하는 것이 아니라 소극적으로 허가된 행위를 할 수 없도록 금지 내지 정지함에 그치고 있어 그 처분의 존재를 신뢰하는 <u>제3자의 보호나 행정법 질서에 대한 공공의 신뢰를 고려할 필요가 크지 않다는 점,</u> 처분권한의 위임에 관한 조례가 무효이어서 결국 처분청에게 권한이 없다는 것은 극히 중대한 하자에 해당하는 것으로 보아야 할 것이라는 점, 그리고 다수의견에 의하면 위 영업정지처분과 유사하게 규칙으로 정하여야 할 것을 조례로 정하였거나 상위규범에 위반하여 무효인 법령에 기하여 행정처분이 행하여진 경우에 그 처분이 무효로 판단될 가능성은 거의 없게 되는데, 지방자치의 전면적인 실시와 행정권한의 하향분산화 추세에 따라 앞으로 위와 같은 성격의 하자를 가지는 행정처분이 늘어날 것으로 예상되는 상황에서 이에 대한 법원의 태도를 엄정하게 유지함으로써 행정의 법적합성과 국민의 권리구제실현을 도모하여야 할 현

8　이에 관해서는 홍준형, "행정행위 무효이론의 재검토", 『행정논총』 제36권 제1호(1988) 서울대학교 행정대학원, 187－209를 참조.

실적인 필요성도 적지 않다는 점 등을 종합적으로 고려할 때, 위 영업정지처분은 그 처분의 성질이나 하자의 중대성에 비추어 그 하자가 외관상 명백하지 않더라도 당연무효라고 보아야 한다.[9]

최근에도 법령의 규정에 관한 법리가 아직 명백하게 밝혀지지 않아 해석에 다툼의 여지가 있었을 경우 과세관청이 그 규정을 잘못 해석하여 한 과세처분의 무효 여부를 둘러싸고 논란이 있었습니다. 2018. 7. 19. 선고 2017다242409전원합의체 판결에서 다수의견은 법령 규정에 관한 법리가 아직 명백하게 밝혀지지 않아 해석에 다툼의 여지가 있었을 경우 과세관청이 그 규정을 잘못 해석하여 한 과세처분을 당연무효라고 할 수 없다고 판시하여 기존의 판례를 재확인하였습니다.[10]

원고가 과세처분에 따라 2009~2015년 귀속 종합부동산세를 납부하였는데, 그후 2015. 6. 관련사건의 대법원 판결이 선고되어 종합부동산세 계산식에 관한 법리가 밝혀졌고, 그 법리에 따르면 원고가 납부한 종합부동산세가 정당한 세액을 초과하는 금액이었음이 드러난 사안에서, 원고에 대한 2009~2014년 귀속 종합부동산세 과세처분 당시에는 관련사건 대법원 판결에 의한 법리가 명백히 밝혀지지 않은 상태였으므로, 그 과세처분에 과세관청이 법령의 규정을 잘못 해석하여 종합부동산세를 과다하게 부과한 하자가 있다 하더라도, 그 하자가 명백하다고 할 수 없어 그 과세처분을 당연무효라고 할 수는 없다는 이유로 상고를 모두 기각한 것입니다.

반면 다수의견과는 달리, 잘못된 과세 법리를 적용하여 내려진 과세처분은 비록 처분 당시 과세 법령에 대한 해석에 다툼의 여지가 있었다 하더라도 당연무효로 보아야 하고, 법령에 대한 잘못된 해석으로 인한 불이익을 납세의무자에게 전가해서는 안 된다는 반대의견이 나와 주목을 끌었습니다. 이에 따르면, 과세처분이 무효로 인정되려면 하자의 중대성과 명백성이 요구되지만, 과세처분에 적용된 과세법리가 납세의무 관련 법령을 잘못 해석·적용한 데에서 비롯되었음이 대법원판결로 확인된 경우까지 그 판결 선고 이전에 하자의 명백성 요건이 결여되었다는 점을 내세워 하자가 무효사유가 될 수 없다고 해서는 안 된다는 것입니다.

---

9 대법원 1995. 7. 11. 선고 94누4615 판결(건설업영영업정지처분무효확인). 이에 대한 평석으로는 오진환, 조례의 무효와 그 조례에 근거한 행정처분의 당연무효 여부, 『인권과 정의』 제231호(1995.11) 대한변호사협회, 153 이하; 제232호(1995.12), 129 이하, 제233호(1996.01), 138 이하; 오진환, 조례의 무효와 그 조례에 근거한 행정처분의 당연무효 여부, 『특별법연구』 제5권(1997), 136－183을 참조.
10 대법원 2018. 7. 19. 선고 2017다242409 전원합의체 판결(부당이득금(타) 상고기각).

"납세의무에 관한 법령이 충분히 명확하지 못하여 해석에 다툼의 여지가 있다면 그러한 법령에 바탕을 둔 세금의 부과·신고·납부는 조세법률주의 원칙에 역행하는 것으로서 그 효력이나 정당성을 인정받기 어렵다.

　　과세처분에 납세의무에 관한 법령을 잘못 해석한 중대한 하자가 있고, 그로써 납세의무 없는 세금이 부과·납부된 경우, 그 과세처분의 효력을 무효로 보지 않는 것은 잘못된 법령 해석으로 인한 불이익을 과세관청이 아닌 납세의무자에게 전가시키는 결과가 되어 납득할 수 없다.

　　과세관청이 어느 법률관계나 사실관계에 대하여 법령의 규정을 적용할 수 있다는 해석론에 기초하여 과세처분을 하였으나, <u>그 해석론이 잘못되었다는 법리가 뒤늦게나마 분명하게 밝혀져 과세처분에 정당성이 없다는 사정이 확인되었으면, 국가는 충분한 구제수단을 부여하여 이를 바로잡을 필요가 있을 뿐 아니라 바로잡는 것이 마땅하다. 국가가 그러한 구제수단을 마련하지 않거나 구제수단을 제한한 채 납부된 세액의 반환을 거부하고 그 이익을 스스로 향유한다면, 국민의 권리와 재산을 지킨다는 본연의 존립 목적에 반하는 것이다.</u>

　　<u>과세처분이 무효로 인정되기 위하여 하자의 중대성과 명백성을 모두 갖추어야 한다고 보더라도, 적어도 과세처분에 적용된 과세법리가 납세의무에 관한 법령을 잘못 해석·적용한 데에서 비롯되었음이 대법원판결로 확인된 경우까지 그 판결 선고 이전에 하자의 명백성 요건이 결여되었다는 점을 내세워 하자가 무효사유가 될 수 없다고 하여서는 안 된다.</u>

　　<u>이상에서 본 바와 같이 과세처분에 적용된 과세법리가 납세의무에 관한 법령을 잘못 해석·적용한 결과 정당한 세액을 초과하는 세금이 부과·납부된 경우 그 과세처분에 있는 하자는 무효사유가 된다고 보아야 한다."[11]</u>

　　반면 헌법재판소는 일찍이 1994. 6. 30. 선고 92헌바23결정에서 이러한 논리를 정면에서 수용했습니다. 즉, '일반적으로는 행정처분의 근거가 되는 법규범이 상위 법규범에 위반되어 무효인가 하는 점은 그것이 헌법재판소 또는 대법원에 의하여 유권적으로 확정되기 전에는 어느 누구에게도 명백한 것이라고 할 수 없으므로 원칙적으로 행정처분의 당연무효사유에는 해당할 수 없다'고 하면서도, '행정처분 자체의 효력이 쟁송기간 경과 후에도 존속 중인 경우, 특히 그 처분이 위헌법률에 근거하여 내려진 것이고 그 행정처분의 목적달성을 위하여서는 후행 행정처분이 필요한데 후행 행정처분은 아직 이루어지지 않은 경우, <u>그 행정처분을 무효로 하더라도 법적 안정성을 크게 해치지 않는 반면에 그 하자가 중대하여 그 구제가 필요한 경우에 대해서는 예외를 인정하여 이를 당연무효사유로 보아서 쟁송기간 경과 후에라도 무효확인을 구할 수 있는 것이라고 보아야 한다</u>'고 판시한 바 있습니다.[12]

11　대법원 2018. 7. 19. 선고 2017다242409 전원합의체 판결 중 대법관 김신, 권순일, 김재형, 박정화의 반대의견. 이 판결에는 그 밖에도 다수의견에 대한 대법관 이기택, 대법관 조재연의 보충의견, 반대의견에 대한 대법관 김신, 대법관 권순일의 보충의견이 각각 붙어 있습니다.

12　헌법재판소 1994. 6. 30. 선고 92헌바23 결정 다수의견.

한편 대법원은 비록 행정청의 행위인 행정행위가 아니라 사인의 공법행위인 취득세 신고행위라는 예외적인 경우에 관한 것이기는 하지만 명백성보충요건설의 논리와 유사한 판단을 보이기도 했습니다.

> "취득세 신고행위는 납세의무자와 과세관청 사이에 이루어지는 것으로서 <u>취득세 신고행위의 존재를 신뢰하는 제3자의 보호가 특별히 문제되지 않아 그 신고행위를 당연무효로 보더라도 법적 안정성이 크게 저해되지 않는 반면,</u> 과세요건 등에 관한 중대한 하자가 있고 그 법적 구제수단이 국세에 비하여 상대적으로 미비함에도 위법한 결과를 시정하지 않고 납세의무자에게 그 신고행위로 인한 불이익을 감수시키는 것이 과세행정의 안정과 그 원활한 운영의 요청을 참작하더라도 납세의무자의 권익구제 등의 측면에서 현저하게 부당하다고 볼 만한 특별한 사정이 있는 때에는 <u>예외적으로 이와 같은 하자 있는 신고행위가 당연무효라고 함이 타당하다."</u>[13]

지극히 타당한 판결이지만 어디까지나 사인의 공법행위인 신고에 관한 것일 뿐, 행정행위, 즉 처분의 효력에 관한 판단은 아닙니다. 향후 대법원의 이 판단이 처분의 무효에 관해서까지 확장될 수 있을지는 좀 더 귀추를 주목해 보아야 할 것 같습니다.

여기서는 독일, 일본, 우리나라의 통설과 판례[14]인 중대명백설에 따라 설명합니다.

4.2. 중대명백설에 따른 무효사유와 취소사유의 구별기준

법적 안정성의 원칙은 행정행위의 (우선 잠정적인, 그러나 쟁송제기기간 경과 후에는 종국적인) 존재를, 있을 수 있는 법적 흠에도 불구하고 유지시키는 근거가 됩니다. 그러나 법적 안정성의 원칙은, 행정행위가 중대하고 명백한 흠이 있는 경우에는 더 이상 타당할 수 없고 이 때에는 오히려 실질적 정의의 원칙이 우선되어야 한다는 것이 중대명백설의 근거입니다. 그리하여, 중대명백설은 흠이 중대하고 동시에 그것이 명백할 경우 행정행위는 무효가 되며 그중 어느 한 요소라도 결여하면 단순위법으로 취소사유를 구성하는 데 불과하다고 합니다. 여기서 중대성이란 행정행위의 발령근거가 된 법규가 중대한 것이 아니라 당해 행정행위가 그 적법요건을 충족시키지 못함으로써 지니게 되는 흠이 중대하다는 의미입니다. 일부 학설은 능력규정인가 명령규

---

13 대법원 2009. 2. 12. 선고 2008두11716 판결(취득세부과처분무효확인). 또한 대법원 2009. 4. 23. 선고 2009다5001 판결(취득세반환)을 참조.
14 대법원 1961. 12. 21. 선고 4294행상6 판결.

정인가, 강행규정인가 임의규정인가에 따라 판단해야 한다고 하나, 법규의 실제상 그 성질의 구별이 용이하지 않기 때문에 이에 대해 의문을 표시하는 견해도 표명되고 있습니다.[15] 요컨대, 흠의 중대성이란 어디까지나 법침해의 심각성이므로 이를 판단하기 위해서는 위반된 행정법규의 종류, 목적, 성질, 기능 등과 함께 그 위반의 정도도 아울러 고려되어야 합니다.[16] 판례 역시 '하자가 중대하고 명백하여 당연무효로 되는 것인가 또는 취소할 수 있음에 불과한 것인가는 그 법률의 목적·의미·기능 등을 목적론적으로 고찰함과 동시에 그 구체적 사안 자체의 특수성에 관하여도 합리적으로 고찰함을 요한다'고 하여 보다 광범위한 고려의 필요성을 강조하고 있습니다.[17] 다음 판례에서 대법원의 태도가 분명히 드러납니다.

> **하자 중대 명백 판단**
>
> 하자 있는 행정처분이 당연무효가 되기 위해서는 그 하자가 법규의 중요한 부분을 위반한 중대한 것으로서 객관적으로 명백한 것이어야 하며, 하자가 중대하고 명백한지 여부를 판별할 때에는 그 법규의 목적, 의미, 기능 등을 목적론적으로 고찰함과 동시에 구체적 사안 자체의 특수성에 관하여도 합리적으로 고찰함을 요한다. 행정청이 어느 법률관계나 사실관계에 대하여 어느 법률의 규정을 적용하여 행정처분을 한 경우에 그 법률관계나 사실관계에 대하여는 그 법률의 규정을 적용할 수 없다는 법리가 명백히 밝혀져 그 해석에 다툼의 여지가 없음에도 행정청이 위 규정을 적용하여 처분을 한 때에는 그 하자가 중대하고도 명백하다고 할 것이나, 그 법률관계나 사실관계에 대하여 그 법률의 규정을 적용할 수 없다는 법리가 명백히 밝혀지지 아니하여 그 해석에 다툼의 여지가 있는 때에는 행정관청이 이를 잘못 해석하여 행정처분을 하였더라도 이는 그 처분 요건사실을 오인한 것에 불과하여 그 하자가 명백하다고 할 수 없다(대법원 2009. 9. 24. 선고 2009두2825 판결 참조).[18]
>
> 대법원은 위헌·위법한 시행령이라 할지라도 그 시행령의 무효를 선언한 대법원판결이 없는 상태에서 그에 근거하여 이루어진 처분은, 그 시행령 규정의 위헌 내지 위법 여부가 해석상 다툼의 여지가 없을 정도로 명백하였다고 인정되지 아니하는 이상 객관적으로 명백한 것이라 할 수 없으므로, 당연무효라 할 수 없다고 판시한 바 있습니다.[19]

흠의 명백성은, 흠의 존재가 당사자의 주관적 판단이나 법률전문가의 인식능력

---

15 석종현, 상, 372; 홍정선, 상, 337.

16 김동희, 행정법 I, 303−304.

17 대법원 1965. 10. 19. 선고 65누83 판결; 同旨 대법원 2005. 6. 24. 선고 2004두10968 판결 (전출명령등취소) 등.

18 대법원 2012. 11. 29. 선고 2012두3743 판결(보조금회수처분취소등)

19 대법원 1997. 5. 28. 선고 95다15735 판결. 또한 대법원 2007. 6. 14. 선고 2004두619 판결 (청소년유해매체물결정및고시처분무효확인)을 참조.

이 아니라 통상적인 주의력과 이해력을 갖춘 일반인의 판단에 따를 때 누구의 의심도 허용하지 않을 만큼 객관적으로 확실한가에 따라 결정됩니다. 그럼에도 불구하고 「명백성」은 반드시 명백하다고 볼 수 없는 경우도 있습니다. 구체적인 사안에서 어떤 행정행위가 중대하고 명백한 흠(위법)을 지니고 있는지 여부에 관해 의문이 있을 수 있습니다. 바로 그런 이유에서 독일 행정절차법은 제44조 제2항에서 언제나 행정행위를 무효로 한드는 절대적 무효사유와 제3항에서 결코 행정행위의 무효를 가져오지 않는 몇 가지 법침해를 열거하고 있습니다. 이는 향후 행정절차법 개정에 참고해 볼만한 점입니다. 다만, 입법적 해결을 보지 못한 현행법에서는 결국 판례와 학설을 통해 밝혀진 무효사유를 유형화하여 법적 불확실성을 제거해 나갈 수밖에 없을 것입니다.

대법원은 흠의 명백성과 관련하여, "하자가 명백하다고 하기 위하여는 그 사실관계 오인의 근거가 된 자료가 외형상 상태성을 결여하거나 또는 객관적으로 그 성립이나 내용의 진정을 인정할 수 없는 것임이 명백한 경우라야 할 것이고 <u>사실관계의 자료를 정확히 조사해야 비로소 그 하자 유무가 밝혀질 수 있는 경우라면 이러한 하자는 외관상 명백하다고 할 수는 없다</u>."고 판시한 바 있습니다.[20] 같은 맥락에서 대법원은 행정청이 사전환경성검토협의를 거쳐야 할 대상사업에 관하여 법의 해석을 잘못한 나머지 세부용도지역이 지정되지 않은 개발사업 부지에 대하여 사전환경성검토협의를 할지 여부를 결정하는 절차를 생략한 채 승인 등의 처분을 한 사안에서, 하자가 객관적으로 명백하다고 할 수 없다고 판시했습니다.[21]

---

20 대법원 2004. 4. 16. 선고 2003두7019 판결(채무부존재확인).
21 대법원 2009. 9. 24. 선고 2009두2825 판결(개발사업시행승인처분취소).

제16강
행정행위의 흠도 전염되나요?

　행정행위의 하자도 마치 전염병이나 바이러스처럼 다른 행정행위로 옮아갈까요? 조금 이상한 물음이지만 대답은 '일정한 조건 아래서 그렇다'입니다.

　가령 건물철거명령이 있은 후 그것을 전제로 대집행이 이루어지는 경우처럼 두 개 이상의 행정행위가 연속으로 행해지는 경우 선행행위의 하자가 후행행위에 승계되는가, 다시 말해서 선행행위의 흠을 이유로 후행행위를 다툴 수 있느냐는 것이 행정행위의 흠의 승계 문제입니다.

　흠이 있는 조세 부과처분(선행행위)을 전제로 하여 행해진 체납처분(후행행위)의 위법성을 다투는 경우, 만일 선행행위인 과세처분에 대해 쟁송을 제기할 수 있는 기간이 지나지 않은 이상, 이를 다툴 수 있을 것이고, 또 만일 과세처분의 흠이 중대·명백하여 당연무효라면 언제나 이를 주장할 수 있으므로 당연히 체납처분의 원인무효를 주장할 수 있을 것입니다. 그러나 만일 과세처분의 흠이 단순위법에 불과하고 이에 대한 쟁송제기기간이 지나 당해처분이 불가쟁력을 발생한 경우에는, 적어도 선행행위 자체에 대해서는 더 이상 그 위법성을 다툴 수 없으므로, 후행행위의 효력을 다투기 위하여 선행행위의 흠(위법성)의 승계 여부가 문제되는 것입니다. 여기서 행정행위 흠의 승계문제는 선행행위가 무효인 경우와 선행행위가 아직 불가쟁력을 발생하지 않은 경우에는 문제될 여지가 없음을 알 수 있습니다.

　권리 위에 잠자던 사람을 보호해 주어야 할까요? 아니면 법적 안정성을 위하여 권리구제를 배제해야 할까요? 혹 권리 위에 잠을 잤더라도 특별한 사정이 있거나 변명의 여지가 있다면 구제를 해 주어야 할까요? 변명의 여지는 어떤 조건, 어떤 사유로 인정할 수 있을까요? 이것이 하자 승계의 문제입니다.

Ⅰ. 문제의 해결방법

1. 전통적 견해: '하자승계론'

종래의 통설은 예외적으로 선행행위와 후행행위가 동일목적을 위하여 일련의 단계적 절차로 연속하여 행해져 서로 결합하여 하나의 법률효과를 발생시키는 경우, 즉 선행행위와 후행행위가 일련의 절차를 구성하면서 하나의 효과를 목적으로 하는 경우에만 하자 승계를 인정합니다. 즉, ① 둘 이상의 행정행위가 연속적으로 행해지기는 하지만 서로 독립하여 각각 별개의 효과를 지니는 경우에는, 선행행위가 당연 무효가 아닌 한 그 흠이 후행행위에 승계되지 않으며, ② 다만, 선행행위와 후행행위가 일련의 절차를 구성하며 하나의 효과를 목적으로 할 경우(예, 체납처분시 압류와 매각, 대집행시 계고와 대집행영장에 의한 통지·대집행실행·비용징수)에는 예외적으로 선행행위의 흠이 후행행위에 승계된다고 합니다.[1] 판례 역시 같은 입장이었지요.

하자승계에 관한 판례

1. 하자 승계가 부정된 경우
"구 경찰공무원법(1982.12.31 법률 제3606호로 개정되기 전) 법 제50조 제1항에 의한 직위해제처분과 같은 조 제3항에 의한 면직처분은 후자가 전자의 처분을 전제로 한 것이기는 하나, 각각 단계적으로 별개의 법률효과를 발생하는 행정처분이어서 선행 직위해제처분의 위법사유가 면직처분에는 승계되지 아니한다 할 것이므로 선행된 직위해제 처분의 위법사유를 들어 면직처분의 효력을 다툴 수는 없다 할 것"[2]

"도시계획수립에 있어 도시계획법 제16조의 2 소정의 공청회를 열지 아니 하고 공공용지의 취득 및 손실보상에 관한 특례법 제8조 소정의 입주대책을 수립하지 아니하였다 하더라도 이는 절차상 위법으로서 취소사유에 불과하고 그 하자가 도시계획결정 또는 도시계획사업시행인가가 무효라고 할 수 있을 정도로 중대하고 명백하다고는 할 수 없으므로 이러한 위법을 선행처분인 도시계획결정이나 사업시행인가 단계에서 다투지 아니하였다면 그 쟁송기간이 이미 도과한 후인 수용재결단계에 있어서는 위 도시계획수립행위의 위와 같은 위법을 들어 재결처분의 취소를 구할 수는 없다고 할 것이다."[3]

"액화석유가스판매사업허가처분에 하자가 있다고 하더라도 위 하자는 그 처분 자체를 무효라고 볼 정도로 중대하고 명백한 하자라고 볼 수 없으므로 그와 같은 하자가 취소사유가 되는 위법한 것이라도 그 처분이 취소될 때까지는 누구도 그 효력을 부인할 수 없을 뿐 아니라, 이는 선행처분

---

1 김도창, 상, 481; 이상규, 상, 377-378; 김동희, 행정법 Ⅰ, 307 이하 등.
2 대법원 1984. 9. 11.선고 84누191 판결(직권면직처분취소:). 평석: 직권면직처분취소사건, 김남진, 법률신문 1581호, 121.
3 대법원 1990. 1. 23. 선고 87누947 판결.

인 액화석유가스판매사업허가 단계에서 다투었어야 할 것이고 그 쟁송기간이 이미 경과한 후인 사업개시신고 단계에 있어서는 그 효력을 다툴 수 없고, 또 선행처분인 사업허가처분에 위와 같은 하자가 있다고 하여 후행처분인 사업개시신고반려처분도 당연히 위법한 것은 아니다."[4]

2. 하자 승계가 인정된 경우

"대집행의 계고·대집행영장에 의한 통지·대집행의 실행·대집행에 요한 비용의 납부명령 등은 타인이 대신하여 행할 수 있는 행정의무의 이행을 의무자의 비용부담하에 확보하고자 하는, 동일 목적을 위하여 단계적인 일련의 절차로 연속하여 행하여지는 것으로서, 서로 결합하여 하나의 법률효과를 발생시키는 것이므로, 선행처분인 계고처분이 하자가 있는 위법한 처분이라면, 비록 그 하자가 중대하고도 명백한 것이 아니어서 당연무효의 처분이라고 볼 수 없고 대집행의 실행이 이미 사실행위로서 완료되어 그 계고처분의 취소를 구할 법률상의 이익이 없게 되었으며 또 대집행 비용납부명령 자체에는 아무런 하자가 없다고 하더라도, 후행처분인 대집행비용납부명령의 취소를 청구하는 소송에서 청구원인으로 선행처분인 계고처분이 위법한 것이기 때문에 그 계고처분을 전제로 행하여진 대집행비용납부명령도 위법하다는 주장을 할 수 있다고 보아야 할 것이다."[5]

"동일한 행정목적을 달성하기 위하여 단계적인 일련의 절차로 연속하여 행하여지는 선행처분과 후행처분이 서로 결합하여 하나의 법률효과를 발생시키는 경우, 선행처분이 하자가 있는 위법한 처분이라면, 비록 하자가 중대하고도 명백한 것이 아니어서 선행처분을 당연무효의 처분이라고 볼 수 없고 행정쟁송으로 효력이 다투어지지도 아니하여 이미 불가쟁력이 생겼으며 후행처분 자체에 는 아무런 하자가 없다고 하더라도, 선행처분을 전제로 하여 행하여진 후행처분도 선행처분과 같은 하자가 있는 위법한 처분으로 보아 항고소송으로 취소를 청구할 수 있다."[6]

2. 또 다른 해법? – 규준력이론

통설과 달리 행정행위의 흠의 승계문제를 선행행위의 후행행위에 대한 구속력 문제로서 파악하여 이론을 구성해야 한다는 견해가 주장됩니다. "하자의 승계"의 문제를 행정행위의 구속력 또는 규준력(Maßgeblichkeit 또는 기결력 präjudizielle Wirkung)의 한계 문제로 파악하는 견해로, 둘 이상의 행정행위가 동일한 효과를 추구하는 경우 선행행위는 후행행위에 대하여 일정한 범위에서 구속력을 가지며 그 구속력이 미치는 범위 내에서 후행행위에 대하여 선행행위의 효과(내용적 구속력)와 다른 주장을 할 수 없게 된다고 합니다.[7]

---

4 대법원 1991. 4. 23. 선고 90누8756 판결.
5 대법원 1993. 11. 9. 선고 93누14271 판결; 1993. 2. 9. 선고 92누4567 판결.
6 대법원 1993. 2. 9. 선고 92누4567 판결(안경사면허취소처분취소).
7 김남진, 기본문제, 251 이하.

그리고 규준력이 미치는 한계를 소송법상의 기판력의 그것과 유사하게 다음과 같이 설명합니다.[8] 즉, ① 사물적 한계: 양자가 동일한 목적을 추구하며 법적 효과가 궁극적으로 일치되어야 하고, ② 대인적 한계: 후행행위에 대하여 법적 이해관계 있는 자 및 후행행위와 법적 관련을 맺는 모든 국가기관(처분청·행정심판기관·수소법원)에 구속력이 미치며, ③ 시간적 한계: 선행행위의 사실 및 법상태가 유지되는 한도 안에서 구속력이 미치고, ④ 추가적 요건으로서 예측성과 수인가능성: 그 한계 내에서 구속력이 인정되어도 그 결과가 개인에게 지나치게 가혹한 결과를 초래하지 않는 범위에서 구속력이 미친다고 합니다.

3. 평가와 결론

「어떤 행정행위의 하자가 다른 행정행위에 승계」되는지 여부에 관한 종래의 관점은 의문의 여지가 있습니다. 즉, 일정한 행정행위의 흠은 오로지 그 행위의 흠일 뿐이므로, 문제는 흠이 「승계되는지 여부」가 아니라, 불가쟁상태에 있는 선행행위의 흠 또는 위법성을 후행행위의 효력을 다투는 근거로 주장할 수 있느냐 하는 문제이기 때문입니다. 그러나 그렇다고 해서 위 규준력이론이 지적하듯 「"하자의 승계"론을 통해서는 선행행정행위의 후행행정행위에 대한 구속력의 문제가 충분히 해명되지 않은 것」으로 볼 것인지는 의문입니다. 독일에서 「하자 승계 여부」가 아니라 「불가쟁력을 발생한 행정행위의 실질적 존속력이 어떤 범위에서 동일 당사자 사이에서의 후속행정절차상 효력을 미치는가」가 문제되고 존속력을 갖게 된 행정행위의 기결력(präjudizielle Wirkung)이란 용어가 나타났던 것은 사실입니다.

그러나 이 문제는 독일행정법에서도 정설로 확립되지는 못 했습니다. 예컨대, 연방행정법원의 판결(BVerwGE 48, 271)에서 문제된 것은, 도시계획외곽지역에 건축허가 없이 통나무 오두막집을 지은 원고가 사후에 이에 대한 건축허가를 신청했으나 거부되었고 이 거부처분이 불가쟁력을 발생한 후, 당해 건축관청이 철거명령을 발하여 이를 철거하는 처분을 함으로써 원고가 이에 대한 취소소송을 제기한 사례였습니다. 이 경우 그 철거처분의 적법성은 그 오두막집이 건축법에 내용적으로 위반된다는 것을 전제로 하고 있습니다. 이 사안에서 불가쟁력을 발생한 거부처분의 실질적 존속력이 어떤 범위에서 동일 당사자사이에서 이루어지는 후속행정절차상 효력을 미치는가에 관하여 학설은 다음과 같이 대립되었습니다. ① 불가쟁력을 발한 건축허가거부처분에 입각하여 그 오두막집이 건축법에 내용적으로 위배됨이 확정된 것이므로 그 선행처분(거부처분)의 재심사는 허용되지 않는다는 견해[9]에 반하여, ② 연방행정법원은 존속력이 이 경우 후속절차에 효력을 미치지 않는다고 판시했습니다.[10] 즉, 행정의 불필요한 사무반복에 대한 우려를 과소평가할 수는 없지만, 결정적인 것은

---

8 같은 책, 257 이하.

9 Kopp, VwVfG Vorb 35, 27; DVBl 1983, 397; Merten, NJW 1983, 1996.

10 BVerwGE 48, 274; 同旨 BGHZ 90, 22/3.

오히려, 존속력을 가지게 된 선행처분이 후행처분을 구속하지 않는다고 보아야만 후행처분 역시 포괄적인 재판적 통제의 압력 하에 놓이게 된다는 점이며, 이것이 재산권에 대한 가능한 한 효과적인 권리보호의 요청에 부합된다는 것입니다. ③ 이에 비하여 절충설은 존속력은 동일한 절차의 대상에 관해서만 효력을 미친다고 합니다. 즉, 건축허가절차와 건축물 철거에 관한 절차는 절차의 목적을 달리합니다. 따라서 연방행정법원 판결에 결과적으로 동조하게 된다는 것입니다.[11]

한편 실질적 존속력은, 행정행위의 규율이 처분청과 상대방을 구속하지만, 그 구속력은 판결과는 달리 판결의 실질적 확정력에 상당하는 것은 아니라는 것이 독일에서의 중론입니다.[12] 즉, 그것은 특별한 경우에 한해 인정되는, 구속력(Bindungswirkung)과 「제한된 취소가능성」(beschränkte Aufhebbarkeit), 즉, 불가변력과의 관련 하에서 파악되는 개념으로 이해되며[13] 통상 실질적 존속력이 문제되는 것은 이와 같이 제한된 취소가능성이란 의미에서라고 합니다.[14]

그렇다면, 「하자의 승계」 문제를 실질적 존속력의 효력 범위 및 한계문제로 파악해야 한다는 구속력 이론은 수긍하기 어렵겠지요. 실질적 존속력과 규준력은 획일적으로 확정될 수 있는 것이 아니고, 그 내용적 효력범위는 궁극적으로 각각의 실체법 규정에 의존합니다.[15]

행정행위의 예선적 유효성이 출소기간 도과나 쟁송취소 실패에 따라 발생되는 불가쟁력(형식적 존속력)에 의해 종국적인 존속력으로 바뀜으로써 행정행위의 존재와 유효성이 법적으로 확보되지만,[16] 이로써 위법한 행정행위가 적법하게 되는 것은 아

---

11 Krebs, VerwArch 1976, 411; Stelkens/Bonk/Leonhardt, VwVfG Kommentar, 3.Aufl., 1983, 43, 7. 반대로 외국인추방처분이 불가쟁력을 발한 경우 그 외국인이 추방처분의 사후적 기한설정을 신청한 경우, 절차의 목적이 동일하므로 선행추방처분의 적법성을 다시 심사할 필요는 없다고 합니다(BVerwG, DÖV 1979, 829, 830; 나아가 Erichsen/Knoke, NVwZ 1983, 191; Braun, Die präjudizielle Wirkung bestandskräftiger Verwaltungsakte, 1982; Rez, DVBl 1983, 476을 참조).

12 Stelkens, Verwaltungsverfahren, 1991, Rn.482, S.172.

13 소송법적 개념과 비교하자면, 실질적 존속력을 구속력(Bindungswirkung)으로 파악하면 이 소송법상의 실질적 확정력에 상당하는 개념이 될 것이고, 이를 「제한된 취소가능성」(beschränkte Aufhebbarkeit)으로 파악하면 법원이 자기의 판결에 구속된다는 자박력(Selbstbindungswirkung)에 상응하는 것이 될 것이지만 이러한 비교는 이 개념들이 각기 고유한 규율에 따르게 되었으므로 더 이상 유용하지 않다고 합니다(Maurer, 17. Aufl., § 11, Rn.7, S.282).

14 Maurer, § 11 Rn.5ff.

15 Stelkens, aaO, Rn.482, S.172; Badura, in Erichsen, AllgVerwR, 10.A. § 38 Rn.46. 이와 관련하여 앞에서 소개한 BVerwGE 48, 271이 행정행위의 존속력의 효력범위(Tragweite)는 모든 법영역이나 모든 종류의 행정행위에 관해 판단될 수 있는 것은 아니라고 판시한 것을 참고할 필요가 있습니다.

16 Maurer, § 9 Rn.39.

닙니다. 행정행위는 불가쟁력 발생으로 「강화된 존속력」(gesteigerte Bestandkraft)을 지닐 뿐, 불가쟁력을 발생한 행정행위도 처분청에 대한 관계에서는 취소·철회될 수 있고 따라서 존속력을 상실할 수 있습니다. 다만 실질적 존속력, 즉 불가변력은 앞서 행정행위의 효력과 관련하여 보았듯이 일정한 부류의 행정행위에서만 발생하는 것이어서 이를 일반화할 수는 없습니다.

흠이 있는 과세처분(선행행위)을 전제로 행해진 체납처분(후행행위)의 위법성을 다투는 경우, 선행행위인 과세처분을 더 이상 다툴 수 없게 되었을지라도 이로써 당연히 선행과세처분이 적법해지는 것은 아닙니다. 문제는 이 경우 후행체납처분의 위법 주장을 허용한다면 그로 인해 행정행위의 불가쟁력을 인정한 법제도적 취지(행정행위 효력의 조속 확정을 통한 법적 안정성의 확보)가 몰각될 것인지 여부입니다. 결국 선행처분과 후행처분의 실질적 관계를 고려해야만 답할 수 있는 문제입니다. 물론 그 경우 후행 체납처분은 단지 선행처분을 집행하기 위한 것에 불과하여, 과세처분이 있으면 그 집행가능성 또한 이미 예고된 것으로 볼 여지가 있습니다. 따라서 과세처분의 위법성을, 출소기간 내에, 먼저 다투어야 했다고 말할 수 있겠지요. 그러나 이런 결론을 선행처분의 흠이 단순위법이라는 것만으로 일반화시킬 수 있을까요? 만일 후행처분과 선행처분이 동일 목적 달성을 위한 일련의 절차적 연속과정에서 행해진 것이라면, 국민의 입장에서는 선행처분이 불가쟁상태에 들어갔더라도 후행처분의 위법성을 다투면서 선행처분의 위법성을 주장할 수 있어야 하지 않을까요. 통설에 근본적 잘못이 있는 것일까요?

대법원은 위법한 개별공시지가결정과 이를 기초로 한 과세처분에 관한 사건에서 하자의 승계에 관한 종래의 입장을 고수하면서도 '선행처분의 후행처분에 대한 구속력'의 인정 여부를 판단함으로써 주목을 끌었습니다. 대법원의 판결요지는 다음과 같습니다:

가. 두개 이상의 행정처분이 연속적으로 행하여지는 경우 선행처분과 후행처분이 서로 결합하여 1개의 법률효과를 완성하는 때에는 선행처분에 하자가 있으면 그 하자는 후행처분에 승계되므로 선행처분에 불가쟁력이 생겨 그 효력을 다툴 수 없게 된 경우에도 선행처분의 하자를 이유로 후행처분의 효력을 다툴 수 있는 반면 선행처분과 후행처분이 서로 독립하여 별개의 법률효과를 목적으로 하는 때에는 선행처분에 불가쟁력이 생겨 그 효력을 다툴 수 없게 된 경우에는 선행처분의 하자가 중대하고 명백하여 당연무효인 경우를 제외하고는 선행처분의 하자를 이유로 후행처분의 효력을 다툴 수 없는 것이 원칙이나 선행처분과 후행처분이 서로 독립하여 별개의 효과를 목적으로 하는 경우에도 선행처분의 불가쟁력이나 구속력이 그로 인하여 불이익을 입게 되는 자에게 수인한도를 넘는 가혹함을 가져오며, 그 결과가 당사자에게 예측가능한 것이 아닌 경우에는 국민의 재판받을 권리를 보장하고 있는 헌법의 이념에 비추어 선행처분의 후행처분에 대한 구속력은 인정될 수 없다.

나. 개별공시지가결정은 이를 기초로 한 과세처분과는 별개의 독립된 처분으로서 서로 독립하

여 별개의 법률효과를 목적으로 하는 것이나, 개별공시지가는 이를 토지소유자나 이해관계인에게 개별적으로 고지하도록 되어 있는 것이 아니어서 토지소유자 등이 개별공시지가결정 내용을 알고 있었다고 전제하기도 곤란할 뿐만 아니라 결정된 개별공시지가가 자신에게 유리하게 작용될 것인지 또는 불이익하게 작용될 것인지 여부를 쉽사리 예견할 수 있는 것도 아니며, 더욱이 <u>장차 어떠한 과세처분 등 구체적인 불이익이 현실적으로 나타나게 되었을 경우에 비로소 권리구제의 길을 찾는 것이 우리 국민의 권리의식임을 감안하여 볼 때</u> 토지소유자 등으로 하여금 결정된 개별공시지가를 기초로 하여 장차 과세처분이 이루어질 것에 대비하여 항상 토지의 가격을 주시하고 개별공시지가결정이 잘못된 경우 정해진 시정절차를 통하여 이를 시정하도록 요구하는 것은 부당하게 높은 주의의무를 지우는 것이라고 아니할 수 없고, <u>위법한 개별공시지가결정에 대하여 그 정해진 시정절차를 통하여 시정하도록 요구하지 아니하였다는 이유로 위법한 개별공시지가를 기초로 한 과세처분 등 후행 행정처분에서 개별공시지가결정의 위법을 주장할 수 없도록 하는 것은 수인한도를 넘는 불이익을 강요하는 것으로서 국민의 재산권과 재판받을 권리를 보장한 헌법의 이념에도 부합하는 것이 아니라고 할 것이므로,</u> 개별공시지가결정에 위법이 있는 경우에는 그 자체를 행정처분으로 보아 그 위법여부를 다툴 수 있음은 물론 이를 기초로 한 과세처분 등 행정처분의 취소를 구하는 행정소송에서도 선행처분인 개별공시지가결정의 위법을 독립된 위법사유로 주장할 수 있다고 해석함이 타당하다.[17]

대법원은 이후에도 표준지공시지가결정과 이를 토대로 한 수용재결과 관련, 수용보상금 증액 청구 소송에서도 선행처분으로서 그 수용대상 토지 가격 산정의 기초가 된 비교표준지공시지가결정의 위법을 독립한 사유로 주장할 수 있다고 판시함으로써 위 판례를 재확인한 바 있습니다.[18]

대법원의 이 일련의 판례들은 종래의 통설과 판례의 입장을 변경했다기보다는 오히려 그것을 전제로 하되,[19] 위 새로운 이론의 일부를 수용하여 구체적 타당성을 기하고자 한 결과로 읽힙니다. 하자승계 여부에 관해 종래 대법원이 의거했던 기준의 개괄성, 모호성과 그로 인한 부당한 결과를 시정하려는 시도로 그 이론적 지향이 바람직함은 물론입니다.

대법원은 다음에 보는 바와 같이 위 전통적 견해에 따른 종래의 판례를 계속 재확인하고 있습니다:

"<u>선행행위와 후행행위가 서로 독립하여 각각 별개의 법률효과를 목적으로 하는 때에는 선행행위의 하자가 중대하고 명백하여 당연무효인 경우를 제외하고는 선행행위의 하자를 이유로 후행행위의 효력을 다툴 수 없다.</u>"[20]

---

17 대법원 1994. 1. 25. 선고 93누8542 판결(양도소득세등부과처분취소: 강조 인용자).
18 대법원 2008. 8. 21. 선고 2007두13845 판결(토지보상금).
19 이 점은 위 판결 '가'의 앞부분에서 명백히 드러납니다.
20 대법원 2000. 9. 5. 선고 99두9889 판결(도시계획시설변경결정등취소).

"보충역편입처분 등의 병역처분은 구체적인 병역의무부과를 위한 전제로서 징병검사 결과 신체 등위와 학력·연령 등 자질을 감안하여 역종을 부과하는 처분임에 반하여, 공익근무요원소집처분은 보충역편입처분을 받은 공익근무요원소집대상자에게 기초적 군사훈련과 구체적인 복무기관 및 복무분야를 정한 공익근무요원으로서의 복무를 명하는 구체적인 행정처분이므로, 위 두 처분은 후자의 처분이 전자의 처분을 전제로 하는 것이기는 하나 각각 단계적으로 별개의 법률효과를 발생하는 독립된 행정처분이라고 할 것이므로, 따라서 보충역편입처분의 기초가 되는 신체등위 판정에 잘못이 있다는 이유로 이를 다투기 위하여는 신체등위 판정을 기초로 한 보충역편입처분에 대하여 쟁송을 제기하여야 할 것이며, 그 처분을 다투지 아니하여 이미 불가쟁력이 생겨 그 효력을 다툴 수 없게 된 경우에는, 병역처분변경신청에 의하는 경우는 별론으로 하고, 보충역편입처분에 하자가 있다고 할지라도 그것이 당연무효라고 볼만한 특단의 사정이 없는 한 그 위법을 이유로 공익근무요원소집처분의 효력을 다툴 수 없다."[21]

"두 개 이상의 행정처분을 연속적으로 하는 경우 선행처분과 후행처분이 서로 독립하여 별개의 법률효과를 목적으로 하는 때에는 선행처분에 불가쟁력이 생겨 그 효력을 다툴 수 없게 된 경우에는 선행처분의 하자가 중대하고 명백하여 당연무효인 경우를 제외하고는 선행처분의 하자를 이유로 후행처분의 효력을 다툴 수 없는 것이 원칙이다. 그러나 선행처분과 후행처분이 서로 독립하여 별개의 효과를 목적으로 하는 경우에도 선행처분의 불가쟁력이나 구속력이 그로 인하여 불이익을 입게 되는 자에게 수인한도를 넘는 가혹함을 가져오며, 그 결과가 당사자에게 예측가능한 것이 아닌 경우에는 국민의 재판받을 권리를 보장하고 있는 헌법의 이념에 비추어 선행처분의 후행처분에 대한 구속력은 인정될 수 없다."[22]

한편 대법원은 최근 기존의 법리를 재확인하면서도, 선행처분시 실질적으로 행정절차법에 정한 처분절차를 준수하지 않는 등 그 상대방에게 방어권행사 및 불복의 기회가 보장되지 않은 경우에는, 권리구제의 형평을 고려하여 선행처분에 대해 제소

---

21 대법원 2002. 12. 10. 선고 2001두5422 판결(공익근무요원소집처분취소).

22 대법원 2013. 3. 14. 선고 2012두6964 판결: 갑을 친일반민족행위자로 결정한 친일반민족행위진상규명위원회의 최종발표(선행처분)에 따라 지방보훈지청장이 독립유공자 예우에 관한 법률('독립유공자법') 적용 대상자로 보상금 등의 예우를 받던 갑의 유가족 을 등에 대하여 독립유공자법 적용배제자 결정(후행처분)을 한 사안에서, 진상규명위원회가 갑의 친일반민족행위자 결정 사실을 통지하지 않아 을은 후행처분이 있기 전까지 선행처분의 사실을 알지 못하였고, 후행처분인 지방보훈지청장의 독립유공자법 적용배제결정이 자신의 법률상 지위에 직접적인 영향을 미치는 행정처분이라고 생각했을 뿐, 통지를 받지도 않은 진상규명위원회의 친일반민족행위자 결정처분이 자신의 법률상 지위에 영향을 주는 독립된 행정처분이라고 생각하기는 쉽지 않았을 것으로 보여, 을이 선행처분에 대하여 일제강점하 반민족행위진상규명에 관한 특별법에 의한 이의신청절차를 밟거나 후행처분에 대한 것과 별개로 행정심판이나 행정소송을 제기하지 않았다고 하여 선행처분의 하자를 이유로 후행처분의 효력을 다툴 수 없게 하는 것은 을에게 수인한도를 넘는 불이익을 주고 그 결과가 을에게 예측가능한 것이라고 할 수 없어 선행처분의 후행처분에 대한 구속력을 인정할 수 없으므로 선행처분의 위법을 이유로 후행처분의 효력을 다툴 수 있음에도, 이와 달리 본 원심판결에 법리를 오해한 위법이 있다고 한 사례.

기간 내에 취소소송을 제기하지 않았더라도 후행처분에 대한 쟁송절차에서 비로소 선행처분의 위법성을 다투는 것이 허용되어야 한다고 판시한 바 있습니다.

[1] 근로복지공단이 사업주에 대하여 하는 '개별 사업장의 사업종류 변경결정'은 행정청이 행하는 구체적 사실에 관한 법집행으로서의 공권력의 행사인 '처분'에 해당한다. 사업주로 하여금 국민건강보험공단을 상대로 개개의 산재보험료 부과처분을 다투도록 하는 것보다는, 분쟁의 핵심쟁점인 사업종류 변경결정의 당부에 관해서 그 판단작용을 한 행정청인 근로복지공단을 상대로 다투도록 하는 것이 소송관계를 간명하게 하는 방법일 뿐만 아니라, 분쟁을 조기에 근본적으로 해결하는 방법이기도 하다. 바로 이러한 취지에서 이미 대법원은, 근로복지공단이 사업주의 사업종류 변경 신청을 거부하는 행위가 항고소송의 대상인 '거부처분'에 해당한다고 판시한 바 있다(대법원 2008. 5. 8. 선고 2007두10488 판결).

[2] 근로복지공단의 사업종류 변경결정에 따라 국민건강보험공단이 사업주에 대하여 하는 각각의 산재보험료 부과처분도 항고소송의 대상인 처분에 해당하므로, 사업주는 각각의 산재보험료 부과처분을 별도의 항고소송으로 다툴 수 있다.

[3] 근로복지공단의 사업종류 변경결정에 사업주가 행정심판법 및 행정소송법에서 정한 기간 내에 불복하지 않아 불가쟁력이 발생한 때에는 그 결정이 중대·명백한 하자가 있어 당연무효가 아닌 한, 사업주는 그 사업종류 변경결정에 기초하여 이루어진 각각의 산재보험료 부과처분에 대한 쟁송절차에서는 선행처분인 사업종류 변경결정의 위법성을 주장할 수 없다고 봄이 타당하다. 다만 근로복지공단이 사업종류 변경결정을 하면서 실질적으로 행정절차법에서 정한 처분절차를 준수하지 않아 사업주에게 방어권행사 및 불복의 기회가 보장되지 않은 경우에는 이를 항고소송의 대상인 처분으로 인정하는 것은 사업주에게 조기의 권리구제기회를 보장하기 위한 것일 뿐이므로, 이 경우에는 사업주가 사업종류 변경결정에 대해 제소기간 내에 취소소송을 제기하지 않았다고 하더라도 후행처분인 각각의 산재보험료 부과처분에 대한 쟁송절차에서 비로소 선행처분인 사업종류 변경결정의 위법성을 다투는 것이 허용되어야 한다.[23]

---

23 대법원 2020. 4. 9. 선고 2019두61137 판결(사업종류변경처분등취소청구의소).

제17강
행정행위 하자도 치유가 될까요?

  행정행위의 흠 또는 하자도 마치 질병이나 상처처럼 치유될 수 있을까요? 행정행위의 흠도 치유가 가능할까요? 좀 생뚱맞은 이 물음에 대한 대답도 앞에서 본 하자 승계의 경우처럼 '일정한 조건 아래 그렇다'입니다.

  흠있는 행정행위에는 흠의 종류와 정도에 따라 무효 또는 취소가능성이란 법적 효과가 결부되어야 법치행정의 원리에 합당하지만, 경우에 따라서는 행정행위에 흠이 있더라도 이를 유지시키거나 다른 행위로 전환하는 것이 법적 생활의 안정·신뢰보호에 더 적합한 결과를 가져올 수도 있기 때문입니다. 이러한 견지에서 민법처럼 명문의 규정(취소할 수 있는 행위의 추인에 관한 민법 제143조 내지 제146조, 무효인 법률행위의 전환에 관한 제138조)이 없는 행정법에서도 흠있는 행정행위의 치유(Heilung)와 전환(Umdeutung)이 학설과 판례를 통해 인정되고 있습니다. 그러나 실제 흠의 치유나 전환은 행정청이 그 처분의 효력 유지를 위하여 주장하는 것이 대부분이므로 그 요건을 명확히 하고 해석도 엄격히 할 필요가 있습니다.1

---

1 김동희, 행정법 I, 311−312.

I. 흠의 치유

행정행위 흠의 치유란, 성립 당시에는 적법요건에 하자가 있었으나 그 하자의 원인이 되었던 법적 요건을 사후에 보완하거나 그 하자가 행정행위의 취소원인이 될 만한 가치를 상실하게 됨으로써 행정행위의 효력을 유지하도록 하는 것을 말합니다. 하자의 치유를 인정하는 이유는 신뢰보호·법적 안정성·공공복리, 행정행위의 불필요한 반복 회피에 있다고 이해됩니다.2

법치주의 또는 법치행정의 원리에 비추어 볼 때 하자있는 행정행위가 하자의 치유를 통해 적법하게 되는 결과가 허용되어서는 안 된다는 것이 원칙입니다. 그러나 행정행위의 하자를 보완하거나 사후에 일정한 사정변경이 있어 하자있는 행정행위의 법적 효과를 인정하더라도 국민의 권리와 이익을 침해할 우려가 없다고 인정되는 경우에는 그 하자가 치유되었다고 보는 것이 불필요한 행정행위를 반복하지 않고 행정의 효율성을 기할 수 있는 방법이겠지요.

> "하자 있는 행정행위에 있어서 하자의 치유는 행정행위의 성질이나 법치주의의 관점에서 <u>원칙적으로 허용될 수 없고, 행정행위의 무용한 반복을 피하고 당사자의 법적 안정성을 보호하기 위하여 국민의 권익을 침해하지 아니하는 범위 내에서 예외적으로만 허용된다</u>."3

따라서 하자의 치유를 인정하는 경우에도 그 인정범위와 요건은 법치행정의 원칙에 비추어 엄격히 제한되어야 할 것입니다. 그러나 그동안 하자의 치유를 허용할 것인지, 허용하는 경우 어느 범위에서 어떠한 요건하에 허용할 것인지 하는 문제에 대해서는 아무런 법적 규율이 이루어지지 않았고, 행정절차법 역시 이에 관한 명시적 규정을 두지 않았습니다. 그 결과 그 효과 면에서 결코 경시할 수 없는 중요성을 지닌 이 문제의 해결은 판례와 학설에 맡겨져 있었습니다. 따라서 하자 치유 법리의 내용은 무엇이며 또 문제점은 없는지를 규명하는 것은 향후 이에 대한 행정절차법의 규율을 위한 필수적인 준비작업이 될 것입니다. 이러한 관점에서 하자 치유의 허용성·한계, 하자 치유의 사유와 효과 등에 관한 법적 문제를 검토해 보고자 합니다.

---

2 김도창, 일반행정법론(상), 1993, 청운사, 484.
3 대법원 2001. 6. 26. 선고 99두11592 판결(개발부담금부과처분취소).

II. 행정행위 하자 치유의 허용 여부 및 한계

1. 행정행위 하자 치유의 허용 여부

행정행위의 적법 여부는 처분시를 기준으로 판단해야 한다는 것이 통설과 판례의 태도입니다. 이에 따르면 하자있는 행정행위는 그 처분시에 위법한 행정행위로 판단되는 것이지 이후에 추완행위나 그 밖의 사정에 의해 보완되어 적법하게 된다는 것은 법치주의의 원리에 비추어 원칙적으로 인정될 수 없다는 결과가 됩니다.

> "행정처분의 적법 여부는 특별한 사정이 없는 한 그 처분 당시를 기준으로 하여 판단하여야 하고, 처분청이 처분 이후에 추가한 새로운 사유를 보태어 처분 당시의 흠을 치유시킬 수는 없다 할 것이다(대법원 1987. 8. 18. 선고 87누235 판결 참조). 따라서 피고의 1994. 5. 12.자 원고에 대한 이 사건 징병검사명령은 그 병역의무 부과의 전제가 되는 국외여행허가가 취소되어 원고에게 고지되지 않은 상태에서 발하여진 것이므로 위법하다 할 것이고, <u>비록 위 징병검사명령 후에 위 국외여행허가 취소처분의 통지가 원고에게 적법하게 고지되었다 하더라도 이미 위법하게 된 이 사건 징병검사명령이 적법하게 되는 것은 아니라 할 것</u>이어서, 원심이 피고의 원고에 대한 이 사건 징병검사명령을 취소한 조치는 옳다고 여겨지고, 거기에 상고이유의 주장과 같은 위법이 있다고 할 수 없다."[4]

그러나 하자의 치유는 행정행위의 성질이나 법치주의의 관점에서 볼 때 원칙적으로는 허용될 수 없을지라도, 예외적으로 행정행위의 무용한 반복을 피하고 당사자의 법적 생활안정을 기한다는 취지에서는 허용될 수 있다고 보는 것이 대법원의 입장입니다. 다만, 그런 경우에도 국민의 권리와 이익을 침해하지 않는 범위에서 구체적으로 사정에 따라 합목적적으로 판단하여 그 허용 여부를 결정해야 한다고 합니다.

> "행정소송에서 행정처분의 위법 여부는 행정처분이 있을 때의 법령과 사실상태를 기준으로 하여 판단하여야 하고, 처분 후 법령의 개폐나 사실상태의 변동에 의하여 영향을 받지는 않는다고 할 것이고, 하자 있는 행정행위의 치유는 행정행위의 성질이나 법치주의의 관점에서 볼 때 원칙적으로 허용될 수 없는 것이고, 예외적으로 행정행위의 무용한 반복을 피하고 당사자의 법적 안정성을 위해 이를 허용하는 때에도 국민의 권리나 이익을 침해하지 않는 범위에서 구체적 사정에 따라 합목적적으로 인정하여야 한다."[5]

---

4 대법원 1996. 12. 20. 선고 96누9799 판결(징병검사명령처분취소).
5 대법원 2002. 7. 9. 선고 2001두10684 판결(토지수용이의재결처분취소).

한편, 대법원은 납세고지서의 필요적 기재사항을 누락한 하자에 관한 한, 국세징수법, 법인세법, 소득세법, 지방세법 등의 당해 근거규정들은 단순한 세무행정상의 편의를 위한 훈시규정이 아니라 헌법과 국세기본법에 규정된 조세법률주의의 원칙에 따라 과세관청의 자의를 배제하고 신중하고도 합리적인 과세처분을 하게 함으로써 조세행정의 공정을 기함과 아울러 납세의무자에게 부과처분의 내용을 자세히 알려주어 이에 대한 불복 여부의 결정과 불복신청의 편의를 주려는 데 그 근본취지가 있으므로 강행규정으로 보아야 하며,6 따라서 납세고지서에 세액산출근거 등의 기재사항이 누락되었거나 과세표준과 세액의 계산명세서가 첨부되지 않았다면 적법한 납세의 고지라고 볼 수 없고 그러한 납세고지의 하자는 납세의무자가 그 나름대로 산출근거를 알고 있다거나 사실상 이를 알고서 쟁송에 이르렀다 하더라도 치유되지 않는다고 판시함으로써 하자 치유의 허용성을 엄격히 제한한 바 있습니다.7

> "납세고지서에 과세연도, 세목, 세액 및 그 산출근거, 납부기한과 납부장소 등의 명시를 요구한 국세징수법 제9조나 과세표준과 세액계산명세서의 첨부를 명한 구 법인세법(1993. 12. 31. 법률 제4664호로 개정되기 전의 것) 제37조, 제59조의5, 구 법인세법시행령(1993. 12. 31. 대통령령 제14080호로 개정되기 전의 것) 제99조 등의 규정이 단순한 세무행정상의 편의를 위한 훈시규정이 아니라, 헌법과 국세기본법에 규정된 조세법률주의의 원칙에 따라 과세관청의 자의를 배제하고 신중하고도 합리적인 과세처분을 하게 함으로써 조세행정의 공정을 기함과 아울러 납세의무자에게 부과처분의 내용을 자세히 알려주어 이에 대한 불복 여부의 결정과 불복신청의 편의를 주려는데 그 근본취지가 있으므로, 이 규정들은 강행규정으로 보아야 하고, 따라서 납세고지서에 세액산출 근거 등의 기재사항이 누락되었거나 과세표준과 세액의 계산명세서가 첨부되지 않았다면 적법한

---

6 과거 국세징수법 등에서 납세고지서 기재사항을 규정한 것을 징수행정에 적용할 준칙으로서 훈시적 규정에 불과하다고 보고 납세고지서에 세목과 세액 등만을 간략하게 기재하여 납세의무자에게 통지하던 것이 세무행정의 관행이었던 시절이 있었지요. 조세법규를 조세행정의 공익성 확보라는 법익을 납세자의 권리구제라는 사익보호에 우선시킨 과거의 통치권우월적 사고방식에서 유래한(오진환, 납세고지서의 기재사항과 송달, 재판자료 제60집(1993.10), 조세사건에 관한 제문제 (상) 155－219, 182, 1993) 이 판례는 이후 지방세에 관련한 대법원 1982. 5. 11. 선고 81누319 판결을 필두로 하여 법인세에 관한 1983. 3. 23. 선고 81누139 판결, 1994. 6. 14. 선고 93누11944 판결 등을 통해 시정되었습니다. 납세고지서의 기재사항에 관한 규정은 강행규정으로서 그 법정의 기재사항이 누락된 경우에는 위법하여 취소대상이 된다는 것은 대법원의 확립된 판례가 되었습니다(소순무, 납세고지서 기재사항 하자의 치유, 대법원판례해설 제24호, 법원도서관 1995.9.26).

7 물론 납세고지서의 기재사항의 누락 또는 미비라고 하여 모두 취소사유가 되는 것은 아닙니다. 그 하자의 유형이 다양하기 때문에 그 효과도 납세고지의 하자의 유형에 따라 달라집니다. 일정한 경우에는 그 하자가 경미하여 부과처분의 효력에 영향을 미치지 아니하는 경우가 있습니다(오진환, 앞의 논문, 175－182).

납세의 고지라고 볼 수 없으며, 위와 같은 납세고지의 하자는 납세의무자가 그 나름대로 산출근거를 알고 있다거나 사실상 이를 알고서 쟁송에 이르렀다 하더라도 치유되지 않는다."[8]

또한 대법원은 위와 유사한 판단을 전제로 누락된 하자를 치유하여 부과할 세액이 당해 하자 있는 과세처분의 세액을 초과하는 경우에도 자산합산대상소득에 대한 기재를 누락한 납세고지서에 의하여 한 과세처분의 하자는 치유되지 아니 한다고 판시한 바 있습니다.[9]

2. 행정행위 하자 치유의 한계

하자의 치유가 인정되는 경우에도 그 하자를 치유하기 위한 추완행위가 무한정으로 허용된다고는 볼 수는 없을 것입니다. 하자의 치유는 법치주의의 원칙에 비추어 예외적으로만 인정되며, 인정되는 경우에도 어디까지나 국민의 권리와 이익을 침해하지 않는 범위에서만 허용되고, 또 그 허용 여부도 국민의 권리와 이익을 침해하지 않는 범위에서 구체적 사정에 따라 합목적적으로 가려 판단해야 한다는 것이 판례의 입장이었습니다. 판례의 입장이 타당하다면, 하자의 치유에는 내용상으로나 시간적으로 일정한 한계가 있다고 보아야 할 것입니다. 마찬가지 견지에서 대다수 문헌도 일반적으로 행정행위 하자 치유에 일정한 한계가 있음을 인정합니다.

(1) 무효인 행정행위와 하자의 치유의 가부

하자의 치유(Heilung)를 취소할 수 있는 행정행위 외에 당연무효인 행위에 대해서도 인정할 것인지 문제됩니다. 이에 대하여 하자의 치유는 취소사유에 한하여 인정되며 당연무효의 경우에는 허용되지 아니한다는 것이 지배적인 학설이자 확립된 판례입니다.[10] 무효인 행정행위의 경우 하자 치유를 인정할 수 없다는 것은 당연무

8　대법원 2002. 11. 13. 선고 2001두1543 판결(법인세등부과처분취소) 등. 이들 판례에 대한 평석으로는 오진환, 앞의 논문; 소순무, 앞의 논문; 김백영, 과세처분의 형식상의 하자와 그 치유, 사법행정 제347호(1989.11) 등을 참조.

9　대법원 2002. 7. 23. 선고 2000두6237 판결(종합소득세부과처분취소).

10　이에 관하여 상세한 것은 이강국, "행정행위의 하자의 치유", 『행정판례연구』 III(1996) 한국행정판례연구회, 91–119, 110–111을 참조. 판례는 대법원 1997. 5. 28. 선고 96누5308 판결(토지등급수정무효확인); 1996. 4. 12. 선고 95누18857 판결(퇴직급여부지급처분취소); 서

효라는 법적 효과의 종국성을 고려할 때 타당한 결론이며, 학설상 거의 반론도 없습니다.11

(2) 행정행위 내용의 하자와 그 치유가능성

하자의 치유가 비단 절차상 하자뿐만 아니라 행정행위의 하자 일반에 대하여 허용된다고 볼 수 있을지 문제됩니다.

독일에서는 행정절차법상 하자의 사후보완(Nachholung)에 의한 치유(Heilung)는 오로지 절차 및 형식의 하자에 관해서만 인정됩니다(§ 45). 하자의 치유를 행정행위의 하자 일반에 대해 인정하는 인상을 주는 우리 논의 경향과는 대단히 흥미로운 대조점입니다. 독일 행정절차법 제45조 제1항은 「제44조에 의해 행정행위를 무효로 만들지 않는 소정의 절차 및 형식요건의 침해는, 행정행위 발급에 필요한 신청이 사후에 제출된 경우, 필요한 이유제시가 사후에 이루어진 경우, 필요한 관계인의 청문이 사후에 실시된 경우, 협력을 요하는 행정행위에 있어서 그 발급에 요구되는 위원회의 의결이 사후에 행해진 경우, 다른 행정청의 필요적 협력이 사후보완된 경우에는 행위의 효력에 영향을 미치지 아니한다(unbeachtlich)」고 규정하여 하자의 치유는 절차상 하자, 그것도 신청요건의 하자, 처분이유 제시의무 불이행, 청문절차 하자, 위원회 기타 행정기관 등 필요적 협력이 결여된 경우에만 인정될 수 있음을 분명히 합니다.

우리나라의 경우 행정절차법이나 관계법령에 명시적 규정은 없으나, 판례를 통하여 적어도 처분의 내용에 관한 하자의 치유는 허용하지 않는 방향으로 나가는 것이 바람직하지 않을까 생각됩니다. 이와 관련하여 하자가 행정처분의 내용에 관한 것이라는 사정을 고려하여 하자의 치유를 인정치 않은 원심의 판단을 정당하다고 본 판례가 있어 주목을 끕니다.

울고법 1995. 6. 1. 선고 제2특별부 94구32940 판결 및 이 사건 상고심 판결 대법원 1996. 2. 27. 선고 95누9617 판결(퇴직급여청구반려처분취소)을 참조.

11 다만 무효·취소의 상대화를 전제로 무효에도 치유를 인정하는 견해(김철용, 고시연구 1975/10, 29)도 있습니다. 그러나 무효·취소의 상대화의 문제는 하자치유의 문제와는 일단 별개의 문제로서 양자 간의 상대화경향에도 불구하고 당연무효라고 볼 수 있는 행정행위의 경우 하자의 치유를 인정할 것인지는 별도로 고찰되어야 할 것입니다. 참고로 독일행정절차법 제45조 제1항은 절차 및 형식의 하자에 한하여 하자의 추완 및 치유가 허용되는 경우를 명시적으로 규정하고 있는데, 이에 따르면 무효인 행정행위의 경우 아예 치유가 문제되지 않습니다.

"이 사건이 원심법원에 계속 중이던 1989. 11. 16.에 피고가 참가인회사에 대하여 기점 대구, 경유지 서대구 인터체인지, 고속도로, 신평, 고속도로, 종점 부산으로 된 노선면허를 함으로써 노선 흠결의 하자가 치유되었다는 주장에 대하여 원심은, 행정처분의 적법여부는 그 처분 당시의 사정을 기준으로 판단하여야 하고 하자있는 행정처분에 대한 사후적 치유를 인정하는 것은 행정행위의 성질이나 법치주의의 관점에서 허용될 수 없다는 이유로 이를 배척하였다.

행정행위의 성질이나 법치주의의 관점에서 볼 때 하자있는 행정행위의 치유는 원칙적으로 허용될 수 없을 뿐만 아니라 이를 허용하는 경우에도 국민의 권리와 이익을 침해하지 않는 범위에서 구체적 사정에 따라 합목적적으로 가려야 할 것인바(당원 1983.7.26.선고 82누420 판결 참조), 이 사건 처분에 관한 하자가 행정처분의 내용에 관한 것이고 새로운 노선면허가 이 사건 소제기 이후에 이루어진 사정 등에 비추어 하자의 치유를 인정치 않은 원심의 판단은 정당하고, 거기에 소론이 지적하는 바와 같은 법리오해의 위법이 있다 할 수 없다."(강조 인용자)[12]

도로점용허가 및 점용료부과처분의 변경처분과 하자의 치유

[1] 도로점용허가는 도로의 일부에 대한 특정사용을 허가하는 것으로서 도로의 일반사용을 저해할 가능성이 있으므로 그 범위는 점용목적 달성에 필요한 한도로 제한되어야 한다. 도로관리청이 도로점용허가를 하면서 특별사용의 필요가 없는 부분을 점용장소 및 점용면적에 포함하는 것은 그 재량권 행사의 기초가 되는 사실인정에 잘못이 있는 경우에 해당하므로 그 도로점용허가 중 특별사용의 필요가 없는 부분은 위법하다.

이러한 경우 도로점용허가를 한 도로관리청은 위와 같은 흠이 있다는 이유로 유효하게 성립한 도로점용허가 중 특별사용의 필요가 없는 부분을 직권취소할 수 있음이 원칙이다. 다만 이 경우 행정청이 소급적 직권취소를 하려면 이를 취소하여야 할 공익상 필요와 그 취소로 당사자가 입을 기득권 및 신뢰보호와 법률생활 안정의 침해 등 불이익을 비교 교량한 후 공익상 필요가 당사자의 기득권 침해 등 불이익을 정당화할 수 있을 만큼 강한 경우여야 한다. 이에 따라 도로관리청이 도로점용허가 중 특별사용의 필요가 없는 부분을 소급적으로 직권취소하였다면, 도로관리청은 이미 징수한 점용료 중 취소된 부분의 점용면적에 해당하는 점용료를 반환하여야 한다.

[2] 행정청은 행정소송이 계속되고 있는 때에도 직권으로 그 처분을 변경할 수 있고, 행정소송법 제22조 제1항은 이를 전제로 처분변경으로 인한 소의 변경에 관하여 규정하고 있다. 점용료 부과처분에 취소사유에 해당하는 흠이 있는 경우 도로관리청으로서는 당초 처분 자체를 취소하고 흠을 보완하여 새로운 부과처분을 하거나, 흠 있는 부분에 해당하는 점용료를 감액하는 처분을 할 수 있다. 한편 흠 있는 행정행위의 치유는 원칙적으로 허용되지 않을 뿐 아니라, 흠의 치유는 성립 당시에 적법한 요건을 갖추지 못한 흠 있는 행정행위를 그대로 존속시키면서 사후에 그 흠의 원인이 된 적법 요건을 보완하는 경우를 말한다. 그런데 앞서 본 바와 같은 흠 있는 부분에 해당하는 점용료를 감액하는 처분은 당초 처분 자체를 일부 취소하는 변경처분에 해당하고, 그 실질은 종래의 위법한 부분을 제거하는 것으로서 흠의 치유와는 차이가 있다.

그러므로 이러한 변경처분은 흠의 치유와는 성격을 달리하는 것으로서, 변경처분 자체가 신뢰보호 원칙에 반한다는 등의 특별한 사정이 없는 한 점용료 부과처분에 대한 취소소송이 제기된 이후에도 허용될 수 있다. 이에 따라 특별사용의 필요가 없는 부분을 도로점용허가의 점용장소 및 점용면적으로 포함한 흠이 있고 그로 인하여 점용료 부과처분에도 흠이 있게 된 경우, 도로관리청으로서는 도로점용허가 중 특별사용의 필요가 없는 부분을 직권취소하면서 특별사용의 필요가 없는 점용장소 및 점용면적을 제외한 상태로 점용료를 재산정한 후 당초 처분을 취소하고 재산정한

---

12   대법원 1991. 5. 28. 선고 제1부 90누1359 판결(시외버스운송사업계획변경인가처분취소).

점용료를 새롭게 부과하거나, 당초 처분을 취소하지 않고 당초 처분으로 부과된 점용료와 재산정된 점용료의 차액을 감액할 수도 있다.[13]

(3) 하자치유의 시간적 한계

특히 문제가 되는 것은 하자의 치유가 허용되는 경우에도 일정한 시간적 한계에 의해 제한을 받는다고 볼지 여부입니다. 이에 대하여 대법원은 일찍이 '하자의 치유를 허용하려면 늦어도 과세처분에 대한 불복 여부의 결정 및 불복신청에 편의를 줄 수 있는 상당한 기간 내에 추완행위를 해야 한다'는 입장을 취해 왔습니다. 따라서 당해 처분에 대한 행정소송이 제기되어 계속 중인 때에는 그 사이에 납세고지서의 송달이나 오랜 기간(4년)의 경과 등 하자를 보완하는 사실이 발생하더라도 하자의 치유를 인정할 수 없다는 것입니다.

> "법인세법 등이 과세처분에 과세표준과 세액의 계산명세서 등을 첨부하여 고지하도록 규정한 취의는 단순한 세무행정상의 편의에 기한 훈시규정이 아니라 헌법과 국세기본법이 규정하는 조세법률주의의 원칙에 따라 처분청으로 하여금 자의를 배제하고 신중하고도 합리적인 처분을 행하게 함으로써 조세행정의 공정성을 기함과 동시에 납세의무자에게 부과처분의 내용을 상세히 알려서 불복여부의 결정 및 그 불복신청에 편의를 주려는 취지에서 나온 것이라고 해석되어 이와 같은 여러 규정은 강행규정으로서 납세고지서에 그와 같은 기재가 누락되면 그 과세처분 자체가 위법하게 되고 하자있는 처분으로서 취소대상이 되는 것이므로(당원 1982.3.23. 선고 81누139 판결 참조) 과세관서의 이 사건의 경우와 같은 추완행위는 그것이 세액을 확정고지하는 일련의 절차로서 무용한 부과처분의 반복을 피한다는 뜻에서는 일단 이에 의하여 이 하자는 치유될 수 있다고 할 것이나 위 설시와 같이 과세처분에 과세표준과 세액의 계산명세서 등을 첨부하여 고지하도록 한 것은 납세의무자에게 부과처분의 내용을 상세히 알려서 불복여부의 결정 및 불복신청에 편의를 주려는 데에도 그 취지가 있으므로 이 치유를 허용하려면 늦어도 과세처분에 대한 불복여부의 결정 및 불복신청에 편의를 줄 수 있는 상당한 기간 내에 하여야 한다고 할 것인바 원심이 이와 같은 취지에서 피고의 원심 확정사실과 같은 뒤늦은 납세고지서의 송달로서는 이 과세처분의 하자가 치유되었다고 보기 어렵다고 판시한 조치는 정당하여 아무 위법이 없다."[14]

대법원은 하자의 치유로 인하여 처분에 대한 불복 여부의 결정 및 불복신청에 지장을 주어서는 안 된다는 견지에서 당초 결여된 법적 요건을 사후에 보완하는 행위로 인해 처분에 대한 불복 여부의 결정, 불복신청에 지장이 초래되었는지 여부에 주목하고 있습니다.

---

13 대법원 2019. 1. 17. 선고 2016두56721, 56738 판결(도로점용료부과처분취소).
14 대법원 1983. 7. 26. 선고 82누420 판결.

"과세관청이 과세처분에 앞서 납세의무자에게 보낸 과세예고통지서 등에 의하여 납세의무자가 그 처분에 대한 불복 여부의 결정 및 불복신청에 전혀 지장을 받지 않았음이 명백하다면, 이로써 납세고지서의 흠결이 보완되거나 하자가 치유된다고 보아야 하나, 이와 같이 납세고지서의 하자를 사전에 보완할 수 있는 서면은 법령 등에 의하여 납세고지에 앞서 납세의무자에게 교부하도록 되어 있어 납세고지서와 일체를 이룰 수 있는 것에 한정되는 것은 물론, 납세고지서의 필요적 기재 사항이 제대로 기재되어 있어야 한다."(강조 인용자)[15]

하자의 치유는 이를 인정하는 경우에도 시간적으로 일정한 한계 내에서만 허용된다고 보는 판례와 통설의 태도는 그 법치주의와의 관계 면에서 볼 때 기본적으로 타당합니다. 따라서 하자 치유를 위한 추완은 그 처분에 대한 불복 여부 결정 및 불복신청에 편의를 줄 수 있는 상당한 기간 내에, 늦어도 당해 처분에 대한 소 제기 이전에 해야 한다는 결론에 이릅니다.[16]

"하자의 치유를 허용하려면 늦어도 과세처분에 대한 불복여부의 결정 및 불복신청에 편의를 줄 수 있는 상당한 기간 내에 하여야 한다고 할 것이므로 위 과세처분에 대한 전심절차가 모두 끝나고 이 사건 소송이 계류 중인 1982.11.13. 세액산출근거의 통지가 있었다고 하여 이로써 위 과세처분의 하자가 치유되었다고는 볼 수 없다고 할 것이다(당원 1983.7.26. 선고 82누420 판결 참조)."[17]

"피고가 이 사건 소송계속중인 1982.6.22. 이 사건 납세고지서의 세액산출근거를 밝히는 보정통지를 한 흔적을 찾아볼 수 있으나 이것을 종전에 위법한 부과처분을 스스로 취소하고 새로운 부과처분을 한 것으로 볼 수 없는 이상 이미 항고소송이 계속 중인 단계에서 위와 같은 보정통지를 하였다 하여 그 위법성이 이로써 치유된다 할 수도 없는 것이다(당원 1983.7.26. 선고 82누420 판결)."[18]

그러나 하자의 치유에 있어 시간적 한계를 그와 같이 일률적으로 정할 수는 있을지는 의문입니다. 물론 그렇게 봄으로써 그 법치주의의 예외로서의 성격을 고려하고 권리구제에 만전을 기할 수 있다는 주장도 일리가 없는 것은 아닙니다. 그러나 특히 처분의 성질이나 내용에 따라 하자 치유의 인정 여부에 대한 판단이 달라질 수 있을 뿐만 아니라 행정소송의 제기 이후 하자 치유를 인정해도 처분의 상대방에게 권리구제의 장애를 초래하지 않는 경우도 있을 수 있기 때문입니다. 판례에서 제시된 바

---

15 대법원 1998. 6. 26. 선고 96누12634 판결(취득세등부과처분취소).
16 앞에서 본 대법원 1991. 5. 28. 선고 90누1359 판결에서도 하자의 치유사유가 된 새로운 노선면허가 소제기 이후에 이루어진 사정을 고려하여 하자의 치유를 부정한 원심판결을 유지한 바 있습니다.
17 대법원 1984. 4. 10. 선고 83누393 판결.
18 대법원 1988. 2. 9. 선고 83누404 판결.

와 같이 하자의 치유는 행정행위의 성질이나 법치주의의 관점에서 볼 때 원칙적으로 허용될 수 없다는 점과 예외적으로 하자의 치유를 인정함으로써 행정행위의 무용한 반복을 피하고 당사자의 법적 생활의 안정을 기한다는 점을 비교형량하여 하자 치유의 시간적 한계를 판단하는 법익형량적 태도가 바람직하지 않을까 생각됩니다.

3. 하자 치유의 사유

치유의 사유로는 일반적으로 ① 흠결된 요건의 사후보완(예컨대 무권대리인의 추인, 허가나 등록요건의 사후충족, 요식행위의 형식 추완 등), ② 장기간 방치로 인한 법률관계의 확정(하자 있는 행정행위의 내용 실현), ③ 취소를 불허하는 공익상 요구의 발생(하자 있는 토지수용에 의한 댐 건설), ④ 사실상 공무원·표현대리 등이 거론됩니다.[19] 그러나 이에 대해서는 ②와 ③은 행정행위 취소권의 제한으로 보아야 하며 ①만이 치유사유라는 견해[20]가 유력하게 주장됩니다. 아울러 ①의 요건은 대체로 형식과 절차상 요건을 의미하는 것으로 보는 견해[21]도 있습니다. 생각건대 하자 있는 행정행위가 장기간 방치됨으로써 법률관계가 확정되는 경우는 대부분 그 행정행위가 더 이상 취소될 수 없는 불가쟁상태에 돌입한 경우라고 보아야 할 것이고, 취소를 불허하는 공익상 사유가 생겨 취소가 불가능해진 경우라 하더라도 그것은 어디까지나 그 공익상 사유에 따라 취소를 불허할 것인지 문제로 파악해야 할 것입니다. 이렇게 볼 때 ②와 ③은 하자 치유의 사유에 해당하지 않는다고 생각합니다. ④ 역시 하자의 치유 문제라기보다는 신뢰보호의 견지에서 인정되는 예외적 효과로 다룰 문제입니다.

> "원심은 피고의 이 사건 과세처분의 하자가 치유되었다는 주장에 대하여 <u>행정행위의 취소원인인 하자의 보완, 관계 행정청의 추인, 행정처분을 장기간 방치함으로 인한 행정목적의 달성, 또는 법률관계의 확정 등으로 행정처분의 하자가 치유되는 것이 보통</u>이지만 위 세율, 과세표준, 산출근거 등을 아울러 고지하도록 규정한 취지가 조세행정의 공정성의 확보와 납세의무자에게 그 부과처분에 대한 불복여부의 결정과 그 불복신청에 편의를 주려는데 있다고 봐야 하므로 그렇다면 피고 주장과 같은 위 <u>뒤늦은 납세고지서의 송달이나 오랜 기간(4년)의 경과로 위 각 과세처분의 하자가 치유되었다고 보기 어렵다</u>고 판시하였는바 이와 같은 원심조치에 소론 이유 불비의 위법이 있다고

---

19 김도창, 상, 484.
20 김남진, 행정법 I, 2002, 291; 김동희, 행정법 I, 2002, 318; 김철용, 행정법 I, 박영사, 1999, 190.
21 홍정선, 행정법원론(상), 박영사, 2003, 338.

할 수 없으므로 상고논지 또한 그 이유 없음이 명백하다."[22]

4. 행정행위 하자 치유의 효과

하자 치유의 효과는 행정행위가 소급하여 법적 효력을 유지하는 데 있습니다. 즉 당해 행정행위는 처음부터 하자가 없었던 것과 마찬가지로 적법한 행정행위로 효력을 발생하게 됩니다.

> "결손처분의 취소처분은 결손처분된 당해 국세의 부과제척기간과는 관계없이 국세징수권의 소멸시효기간 내에 이루어지면 되는 것이고, 또 구 국세징수법(1999. 12. 28. 법률 제6053호로 개정되기 전의 것) 제86조 제2항이 정하는 바에 따라 과세관청이 체납자에게 은닉된 재산이 있음을 발견하고 지체없이 결손처분을 취소함과 동시에 압류처분을 하고 그 압류통지서와 결손처분취소통지서를 바로 체납자에게 송달하였으나 체납자의 주소 변경 등으로 송달이 지연된 경우에는 비록 압류처분 당시에는 결손처분 취소의 효력이 발생하지 않았다고 하더라도 사후에 취소통지서가 송달되어 결손처분 취소의 효력이 발생함으로써 압류처분의 하자가 치유되는 것으로 보아야 할 것이고, 이와 같이 결손처분이 적법하게 취소되면 취소의 소급효에 의하여 결손처분은 당초부터 없었던 것으로 되어 결손처분된 국세는 소급하여 소멸하지 않는 것으로 보게 된다(대법원 1994. 9. 30. 선고 94다8457 판결 참조)."[23]

---

22   대법원 1983. 7. 26. 선고 82누420 판결.
23   대법원 2004. 7. 22. 선고 2003두11117 판결(압류처분취소).

제18강
하자 있어도 함부로 취소 못한다?

　　임용한 지 10년이 넘어 공무원 채용 시험시 독립유공자 유족에게 적용됐던 가산점이 소멸돼 합격 처분을 취소한다는 내용의 통보를 받은 공무원이 있습니다. 자신의 할아버지가 독립유공자로 잘못 등록됐다는 것이 그 이유였습니다. 그의 할아버지는 지난 1963년 독립운동가를 발굴, 포상하는 과정에서 건국공로훈장을 받았고, 그는 독립유공자 예우에 관한 법률 등에 따라 취업 지원 대상에 해당돼 공무원 채용 시험 과정에서 가산점을 적용받아 합격했습니다. 하지만 국가보훈처가 그의 할아버지가 당초 정부가 포상하려던 대상자가 아니라는 사실을 확인하고 이를 인사혁신처에 알리자, 인사혁신처가 이를 근거로 합격 취소를 통보한 것입니다. 난데없는 벼락을 맞은 그는 몹시 분개하여 행정심판과 행정소송을 제기합니다. 승산이 있을까요?

　　행정행위는 어떤 경우에 취소 또는 철회할 수 있을까요? 또 행정행위를 취소하거나 철회하면 어떤 문제가 생길까요? 이 문제는 행정행위의 폐지(Aufhebung)와 그 체계적 관계라는 맥락에서 바라볼 필요가 있습니다.

　　행정행위의 폐지란 행정청 또는 법원의 특별한 결정으로 행정행위의 법적 유효성(Rechtswirksamkeit)을 제거하는 것을 말합니다. 행정행위의 구속력은 그 행위에 흠이 있는 경우 직권취소 또는 쟁송취소로 제거될 수 있습니다. 한편, 행정행위가 아무런 흠 없이 적법하게 성립한 경우라도, 사후에 그 효력을 더 이상 존속시킬 수 없는 새로운 사정이 발생하면 장래에 향하여 그 효력의 전부 또는 일부를 상실시킬 수 있습니다(행정행위의 철회). 행정행위의 유효성을 제거할 수 있는 방법으로는 기본적으로 직권취소, 쟁송취소 및 철회(Widerruf)가 있습니다. 이를 총칭하여 행정행위의 폐지

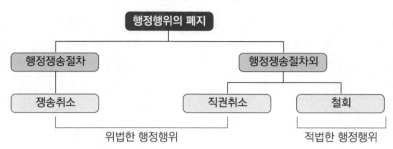

〈행정행위의 폐지〉

(Aufhebung)라고 합니다.1

　　종래 직권취소든 쟁송취소든 흠 있는 행정행위에 관한 것이라는 점에서 흠이 없는 적법한 행정행위의 철회와 준별하는 경향이 지배적이었으나, 오늘날에는 취소와 철회의 차이보다는 철회와 직권취소의 성질상 유사성이 오히려 강조되는 경향입니다.2

취소와 철회의 차이

　　그럼에도 불구하고 취소와 철회는 여전히 성질상 차이가 있습니다. 전자는 위법한 행정행위에 관한 것으로 행정행위의 흠의 교정에 봉사하며, 따라서 체계상 행정행위의 위법성의 법적 효과와 연관되는 제도인데 비하여, 후자는 원래 적법한 행정행위의 효력을 그 기초가 된 사실 및 법관계의 변화 또는 단순히 그것을 존속시킬 필요성이 상실됨으로 인하여 제거하는 것이기 때문입니다. 다만, 철회가 적법한 행정행위를 기본대상으로 하는 것은 사실이지만, 반드시 그 적법성을 전제로 하는 것은 아니고 철회사유가 있는 한, 위법한 행위라도 철회할 수 있다는 점, 그리고 직권취소의 경우에도 일반적으로 위법한 행정행위뿐만 아니라 부당한 행정행위 역시 직권취소의 대상이 된다는 점을 고려해야 합니다.

　　아무튼, 그런 경향을 고려한다면 취소와 철회의 차이보다는 직권취소와 쟁송취소의 차이를 구별하는 것이 더 중요한 문제가 될 것입니다. 따라서 직권취소에 관해서는 행정행위의 철회와 함께 설명하고, 쟁송취소에 관해서는 각각 행정쟁송법에 대한 논의로 미루겠습니다. 참고로 직권취소와 쟁송취소의 차이점을 요약하면 다음의 표와 같습니다.

1　물론 일반적으로는 폐지를 직권취소와 철회의 상위개념으로 보고 있고, 또 학자에 따라서는 철회를 '폐지'라고 부르는 경우도 있으나 여기서는 이러한 취소(협의)와 철회의 상위개념으로 파악합니다.

2　김도창, 일반행정법론(상), 503; 서원우, 현대행정법론(상), 485; 박윤흔, 행정법강의(상), 439; 김남진, 행정법 I, 348 등.

〈직권취소와 쟁송취소의 비교〉

비교항목	직권취소	쟁송취소
주목적	행정목적 실현(합목적성) 우선	권리구제(적법성) 우선
취소권자	행정청(처분청·감독청)	행정청(처분청·재결청)·법원
대상	수익적 행위·침익적 행위	침익적 행위(복효적 행위도 포함)
사유	공익침해	권익침해
절차	일반법 없고 개별규정에 의거	행정심판법·행정소송법에 의거
절차정도	절차가 덜 엄격	엄격한 분쟁해결절차에 의거
절차개시	행정청의 독자적 판단	상대방의 쟁송 제기에 따름
기간제한	기간 제한 규정 없음	쟁송 제기기간 제한 있음
취소범위	적극적 변경도 가능	소극적 변경만 가능
효과	불소급, 예외적 소급; 특별한 경우에만 불가변력발생	소급이 원칙, 불가변력 발생

Ⅰ. 행정행위의 직권취소

1. 개념

행정행위의 직권취소(Rücknahme)란 유효한 행정행위를 그 행위에 위법 또는 부당한 흠이 있음을 이유로 직권으로 효력을 소멸시키는 것을 말합니다. 이러한 의미의 취소는 종래 최협의의 취소에 해당하는 것으로,3 유효한 행위의 효력을 소멸시킨다는 점에서 처음부터 효력이 없는 무효선언과 구별되며, 흠이 있는 행위의 효력을 소멸시키는 것인 점에서 적법한 행위의 효력을 사후에 새로운 사정에 따라 소멸시키는 철회와도 구별됩니다.

「행정기본법」은 제18조에서 위법 또는 부당한 처분의 취소에 대한 규정을 두고

3　직권취소와 쟁송취소를 합해서 '협의의 취소', 여기에 다시 무효선언과 철회를 더하여 '광의의 취소'라고 부르는 경우도 있고(김도창, 상, 487 이하), 철회를 취소라고 부를 때도 있으나, 개념상 혼동을 초래할 여지가 있으므로 여기서는 취소를 직권취소의 의미로 한정하여 사용합니다.

있습니다. 이에 따르면, 행정청은 위법 또는 부당한 처분의 전부나 일부를 소급하여 취소할 수 있고, 다만, 당사자의 신뢰를 보호할 가치가 있는 등 정당한 사유가 있는 경우에는 장래를 향하여 취소할 수 있습니다(§ 18 ①). 또한 수익적 처분을 취소하려는 경우에는 당사자에 귀책사유가 있는 경우를 제외하고는 취소로 인하여 당사자가 입게 될 불이익을 취소로 달성되는 공익과 비교·형량(衡量)할 의무를 부과하였습니다 (§ 18 ②).

2. 취소권자와 취소권의 근거

(1) 처분청

처분청이 행정행위를 할 수 있는 권한 중에는 취소권이 포함된다는 것이 통설과 판례의 태도입니다. 학설도 행정행위 수권규정 외에 별도로 취소에 법적 근거를 요하지 않는다고 보고 있고(다수설), 판례 역시 "행정처분에 하자가 있는 경우에는 법령에 특별히 취소사유를 규정하고 있지 아니하여도 행정청은 그가 행한 위법한 행정처분을 취소할 수 있다."고 합니다.[4]

(2) 감독청

법령상 명문의 규정이 있는 경우(정부조직법 §§ 11, 16; 지방자치법 § 169 등)에는 의문이 없으나, 그렇지 않은 경우 감독청이 하위행정청(처분청)의 행위를 취소할 수 있는 권한을 가지는지에 관해 견해가 대립합니다.

① 소극설

감독청은 처분청에 대해 취소를 명할 수 있을 뿐 스스로 취소할 수는 없다는 견해로[5] 지휘명령권과 취소권은 별개의 개념이라고 하거나 감독청에 의한 취소는 처분청의 권한을 침해하는 결과를 가져오기 때문이라고 합니다.[6]

---

4 대법원 1982. 7. 27. 선고 81누271 판결.
5 김철용, 행정행위의 취소, 고시계 1977/5, 24; 동교수, 행정법 I, 2000, 207(김철용 교수는 여기서 소극설이 다수의 견해라고 합니다); 박윤흔, 행정법강의(상), 440-441; 변재옥, 행정법강의 I, 372.
6 김남진 교수도 종래에는 소극설에 동조하고 있었으나 감독청의 감독권에는 취소·정지권도

② 적극설

감독청에 의한 취소는 교정적·사후적 통제수단이므로 감독의 목적달성을 위해서는 감독청이 당연히 취소권을 가진다고 합니다.[7]

③ 결론

행정청의 권한이란 각 행정기관의 소관사무의 한계를 의미하는 것으로 배분의 원리에 의해 인정되는 것입니다. 상급 감독관청의 감독권이라 하여도 스스로 하급관청의 처분권한을 직접 행사할 수 있는 권한까지 포함하는 것은 아닙니다. 마찬가지로 처분의 취소권도 그 감독권에 포함되는 것은 아니라고 하는 것이 옳지요.

> 행정청의 권한은 일면 행정의 입장에서 사무중복, 권한 행사의 마찰이나 애로를 방지하고 각 행정기관 간 업무영역을 조정함으로써 행정의 통일성을 기하기 위하여, 타면 국민이 소관 행정청을 명확히 알 수 있도록 객관적으로 명확하게 규정되어야 할 필요가 있습니다.[8] 독일 행정법에서는 상급관청은, 법률에 특별한 규정이 없는 한, 하급관청의 소관사무에 관하여 직접 결정할 권한(직접개입권: Selbsteintrittsrecht der höheren Behörde)이 없다는 것이 일반적으로 통용되고 있습니다.[9]

상급감독청의 직접개입(Selbsteintritt) 또는 권한의 대위를 의미하는 감독청의 취소권이 인정되려면 별도의 특별한 근거가 필요합니다. 정부조직법(§§ 11 ②, 18 ②)이나 지방자치법(§ 188 ①)이 명문의 규정을 둔 것은 바로 그런 이유에서입니다. 행정심판에서 행정심판위원회가 직접 취소권을 가지는 것은 바로 행정심판법이 이심효(Devolutiveffekt[10])를 인정하기 때문이며, 이 점 직권취소에 관해서도 참고가 됩니다.

포함되어 있다고 봄이 타당하며 감독청의 취소권을 명문화한 규정(정부조직법 10조, 15조, 지방자치법 157조 등)이 많은 것도 바로 그런 맥락에서 이해되지만, 그 취소권의 행사는, 먼저 처분청에 대해 취소를 명한 다음, 처분청이 불응하는 경우 감독청이 직접 취소하는 방식으로 함이 바람직하다고 합니다(김남진, 행정법 I, 351).

7 이상규, 신행정법론(상), 396; 김동희, 행정법 I, 318; 홍정선, 행정법원론(상), 351.

8 Maurer, § 21 Rn.46, S.455.

9 Maurer, § 21 Rn.49, S.456; Pietzner/Ronellenfitsch, Das Assessorexamen im Öffentlichen Recht, 7.Aufl., 1991, § 27 Rn.11f., S.277.

10 이심효(Devolutiveffekt)란 본래 소송법적 개념으로서 상소(Rechtsmittel)의 제기로 인해 법률적 쟁송이 상급심으로 이송된다는 소송법상 상소제도의 특수한 효과를 말합니다. 준사법적 절차인 행정심판제도에 있어서도 행정심판의 제기에 대하여 이와 유사한 내용의 이심효가 인정됩니다. 행정심판이 제기됨으로써 심판청구된 사건이 재결청의 심리대상이 되고 또 이에 대해 재결청의 취소 또는 의무이행재결 등이 행해질 수 있게 되는 법적 효과가 발생하기 때문입니다. 물론 행정심판에서의 이심효는 재결청의 관할을 성립시키기는 하지만 처분

따라서 법령에 특별한 근거가 없는 한 감독청은 직접 처분청의 처분을 취소할 수 없고 다만 감독권에 의거하여 취소를 명할 수 있을 뿐입니다.

3. 취소사유

법령상 명문으로 취소사유가 규정되어 있을 때에는 그에 따르면 되므로 문제가 없으나 그렇지 않은 경우 취소사유를 밝힐 필요가 있습니다. 통설적 설명에 의할 때, 쟁송취소에서와는 달리 단순위법인 행정행위뿐만 아니라 부당한 행정행위까지도 직권취소의 대상이 된다는 점에 주의를 요합니다. 단순위법인 행위란 이미 본 바와 같이 무효사유에 이르지 않는 흠을 지닌 행정행위이지만, 부당한 행위란 위법에도 이르지 않는 공익 위반 또는 합목적성의 결여를 말하므로,[11] 여기서 다시 직권취소와 철회의 개념적 차이가 완화될 수 있음을 알 수 있습니다.

4. 취소권의 제한

일반적으로 직권취소에 관해서는 「취소의 자유」(freie Rücknehmbarkeit)가 이야기됩니다. 그러나 여기서 자유란 어디까지나 직권취소의 재량을 전제로 하는 것이고 따라서 재량의 한계 내에서의 자유일 뿐입니다. 또 수익적 행정행위의 직권취소는 신뢰보호의 원칙에 의해 강력한 제한을 받으므로,[12] 「취소의 자유」란 보편적으로 사용될 수 없는 개념은 아닙니다. 과거에는 행정의 자유로운 취소를 원칙으로 보았고 따라서 행정청은 행정행위에 흠이 있으면 언제든지 이를 취소할 수 있다고 하는 것이 지배적인 경향이었습니다. 그러나 취소의 자유보다는 「취소권 제한」이 더 현실적 상관성을 가진다는 점은 의문의 여지가 없습니다.[13]

청의 관할을 종료시키지는 못한다는 점에서 하급심의 관할을 종료시키고 상급심의 관할을 성립시키는 상소의 경우와는 다릅니다(Pietzner/Ronellenfitsch, aaO, § 3 Rn.3(S.22); § 25 Rn.2ff., S.259; § 27 Rn.11ff.).

11 이에 관해서는 김남진, I, 352(여기서 공서양속 위반, 경미한 절차나 형식을 결여한 경우도 포함되고 있습니다)를 참조.

12 우리 나라의 통설입니다. 참고로 독일의 경우 이것은 행정절차법 제48조 제2항 및 동제3항에 의해 입법적으로 명문화되어 있습니다.

13 김도창, 상, 492; 김남진, 행정법 I, 353.

따라서 문제는 직권취소는 어떤 범위에서 허용되는가라는 물음을 통해 제기되어야 마땅합니다. 이에 관한 한, 쟁송취소의 경우에는 이른바 사정재결(행정심판법 § 33) 및 사정판결(행정소송법 § 28)이란 예외적 제도를 제외하면 별반 논의될 실익이 없습니다. 반면 직권취소의 경우에는 일면 행정의 적법성 원칙과 타면 법적 안정성의 요청 및 신뢰보호의 원칙과 관련하여 중요한 쟁점들이 제기됩니다. 즉, 위법한 행정행위의 직권취소에 관해서는 이들 이익을 비교형량하여 당해 행정행위를 취소함으로써 얻는 가치가 취소하지 않음으로써 얻게 될 가치보다 큰 경우에 한하여 취소할 수 있다는 이익형량의 문제가 전면에 등장합니다.

직권취소의 허용 여부는 특히 직권취소의 대상이 되는 행정행위의 효과에 따라 결과가 달라집니다. 따라서 침익적 행위와 수익적 행위의 취소를 각각 나누어 고찰할 필요가 있습니다.

4.1. 침익적 행위의 취소

(1) 재량취소의 원칙

위법한 침익적 행위의 취소의 경우에도 위법한 행정행위의 제거를 요구하는 행정의 적법성원칙과 기존의 또한 불가쟁력을 발생한 행정행위의 유지를 요구하는 법적 안정성의 원칙이 대립하고 있다는 점에서 다음에 설명하는 수익적 행위의 취소와 근본적 차이는 없지만, 그와는 반대로 여기서는 행정의 적법성 원칙이 행정행위의 상대방의 이익으로 작용한다는 데 그 특징이 있습니다. 다시 말해서 이 경우 행정행위의 취소는 상대방의 이익으로 적법성의 회복을 가져온다는 것입니다. 이러한 이유에서 흠 있는 침익적 행위는 불가쟁력의 발생 여부를 불문하고 처분청의 재량에 따라 취소될 수 있는 것이 원칙입니다.[14]

(2) 직권취소에 있어 재량권의 한계

재량에 의한 직권취소의 경우에도 재량권 한계 법리에 따라 취소가 제한될 수

---

14 참고로 독일행정절차법 제48조 제1항 제1문은 「위법한 행정행위는 불가쟁상태에 들어 간 후에도 전부나 일부에 관해 장래에 향하여 또는 소급적으로 취소될 수 있다」고 규정하고 있습니다.

있습니다. 물론 행정 측에서 볼 때는, 비록 신뢰보호의 원칙을 원용하는 것이 실제상 곤란한 경우가 많겠지만, 법적 안정성을 근거로 행정행위를 존속시켜야 한다고 주장하는 것도 충분히 있을 수 있는 일입니다. 뿐만 아니라 재량취소의 원칙 역시 재량권의 한계에 관한 일반법리에 따라 제한되는 것은 당연합니다. 따라서 행정청은 침익적 행정행위를 취소할 경우, 행정의 적법성원칙과 법적 안정성의 원칙을 그 비중에 따라 비교형량하여 그 결과를 그 재량행사의 지침으로 삼아야 합니다. 이와 같은 '취소재량'의 한계는 일면 취소불가능이란 법적 결과를 가져올 수 있으나, 반면, 경우에 따라서는(흠의 중대성, 관계자에 대한 부담의 정도, 일반공중에 대한 효과 등) 재량권수축의 법리에 의해 취소의 의무화라는 결과를 초래할 수도 있습니다.

4.2. 수익적 행위의 취소

(1) 취소권제한의 원칙

한 때 독일에서는 특히 1950년 중반까지 '위법한 수익적 행위는 행정의 법률적 합성 원칙에 따라 원칙적으로 언제나 취소할 수 있다'는 견해가 지배적이었습니다. 그러나 이러한 견해는 오늘날 더 이상 타당하지 않습니다. 그에 대신하여 수익적 행위의 취소는 헌법상 법치주의로부터 도출되는 신뢰보호 원칙에 의해 근본적 제한을 받는다는 견해가 일반적으로 통용됩니다.

(2) 취소권제한의 근거

수익적인 행위의 직권취소의 문제는 두 개의 상충하는 행정법의 기본원칙에 따라 지배되고 있습니다. 즉, 적법한 상태의 회복을 요구하는, 따라서 위법한 행위의 취소를 요구하는 행정의 적법성원칙과 수익적 행위로 이익을 받은 자가 행정행위의 존속에 대해 가지는 신뢰의 보호를 요구하는, 따라서 위법한 행정행위의 유지를 요구하는 신뢰보호의 원칙이 서로 대립하게 됩니다. 이때, 위법한 수익적 행위의 취소는 단지 행정의 적법성 원칙에 의해서뿐만 아니라, 신뢰보호의 원칙에 따라 판단되어야 합니다. 그러나 이 두 가지 행정법원리가 상호 충돌하게 되므로 행정청은 구체적인 사례에서 어느 원리가 더 큰 비중을 갖게 되는지를 비교형량함으로써 그에 따라 행정행위의 취소 여부를 결정해야 합니다.

독일의 경우 수익적 행위에 대한 취소권제한의 근거가 되는 신뢰보호의 원칙은 역시 예선적 유효성 및 존속력을 뒷받침해 주는 법적 안정성의 원칙에서 도출되는 것으로 이해되고 있습니다. 신뢰보호에 의한 취소권제한에 대한 독일연방행정법원의 판례이론은 학설상 압도적인 지지를 받았으나, Forsthoff처럼(VerwR S.262f.) 행정의 적법성 원칙의 무조건적 존중을 전제로 신뢰보호를 '법에 반하는'(*contra legem*) 것으로서 거부하는 견해[15]도 있었습니다. 물론 이 견해는 신뢰보호는 법에 반하는 것이 아니라 헌법적인 근거와 요구에 따른 것이라고 반박되었습니다. 연방행정법원의 판례는 바로 행정법의 일반원리가 헌법에 연관되어 발전하고 실현되는 과정에 대한 하나의 표준적 사례라는 것입니다.[16] 행정절차법 제48조의 규정은 이와 같은 판례와 학설발전을 입법적으로 반영한 것이며 다만 부분적으로는 보상부 취소의 가능성을 열어놓은 점에서 새로운 규율을 담고 있다고 볼 수 있습니다.

(3) 신뢰보호원칙의 적용기준

어떤 경우에 수익처분의 취소가 제한되는지(수익자의 신뢰가 보호될 수 있는지)가 문제됩니다. 이에 관한 일반규정은 없습니다. 행정절차법에 채택되지 못한 1987년의 행정절차법안 제31조를 일단 참고할 수 있겠지만, 거기에도 구체적인 규정은 들어있지 않습니다. 한편, 이에 관하여 수익처분의 직권취소에 적용될 법원칙을 탐구하기 위한 학자들의 노력을 바탕으로 다양한 내용의 기준 또는 원칙들이 제시되고 있는데,[17] 이는 주로 독일에서의 이론 및 입법 발전에 많은 영향을 받은 결과입니다.[18] 참고로 독일연방행정법원의 판례이론에 따르면, 신뢰보호는 ① 수익자가 행정행위의 존속을 신뢰했을 것, ② 그의 신뢰는 보호가치 있는 것일 것, ③ 그의 신뢰이익이 적법성의 회복에 대한 공익상 요청보다 크다고 판단될 것이란 요건하에 인정됩니다. 우리 판례도 신뢰보호의 원칙을 이익형량을 통해 시인하고 있습니다.

> "소위 수익적 행정처분을 취소하거나 중지시키는 경우에는 이미 부여된 그 국민의 기득권을 침해하는 것이 되므로, 비록 취소 등의 사유가 있다고 하더라도 그 취소권 등의 행사는 기득권의 침해를 정당화할 만한 중대한 공익상의 필요 또는 제3자의 이익보호의 필요가 있는 때에 한하여 상대방이 입는 불이익과 비교·교량하여 결정하여야 하고, 그 처분으로 인하여 공익상의 필요보다 상대방이 받게 되는 불이익 등이 막대한 경우에는 재량권의 한계를 일탈한 것으로서 그 자체가 위법임을 면치 못한다."[19]

---

15 Forsthoff, Lehrbuch des Verwaltungsrechts, S.262f.

16 Maurer, § 11 Rn.25.

17 예컨대 김남진, 행정법 I, 354 이하.

18 김남진, 행정법 I, 354, 각주 14.

19 대법원 1990. 10. 10. 선고 86누6433 판결.

신뢰의 보호가치는 ⓐ 수익자가 부정한 수단으로 행정행위를 발급받았거나, ⓑ 그가 위법성을 알았거나 또는 알아야 했을 때, 또는 ⓒ 그 위법성이 자기의 책임영역에 속할 경우에는 부정된다고 합니다.[20] 이 역시 대법원의 판례를 통해 확인되고 있습니다.

> "행정처분에 하자가 있음을 이유로 처분청이 이를 취소하는 경우에도 그 처분이 국민에게 권리나 이익을 부여하는 이른바 수익적 행정행위인 때에는 그 처분을 취소하여야 할 공익상 필요와 그 취소로 인하여 당사자가 입게 될 기득권과 신뢰보호 및 법률생활안정의 침해 등 불이익을 비교·교량한 후 공익상 필요가 당사자가 입을 불이익을 정당화할 만큼 강한 경우에 한하여 취소할 수 있으나, 그 처분의 하자가 당사자의 사실은폐나 기타 사위의 방법에 의한 신청행위에 기인한 것이라면 당사자는 그 처분에 의한 이익이 위법하게 취득되었음을 알아 그 취소가능성도 예상하고 있었다고 할 것이므로 그 자신이 위 처분에 관한 신뢰의 이익을 원용할 수 없음은 물론 행정청이 이를 고려하지 아니하였다고 하여도 재량권의 남용이 되지 않는다."[21]

위와 같은 학설과 판례를 배경으로 「행정기본법」은 수익적 처분을 취소하려는 경우 당사자가 입게 될 불이익을 그로 인해 달성되는 공익과 비교·형량(衡量)하여야 한다는 명문의 규정을 두었습니다(§ 18 ② 본문). 행정청이 제18조 제1항에 따라 당사자에게 권리나 이익을 부여하는 처분을 취소하려는 경우에는 취소로 인하여 당사자가 입게 될 불이익을 취소로 달성되는 공익과 비교·형량하여야 하며(§ 18 ② 본문), 다만, 다음 각호의 어느 하나에 해당하면 그렇지 않습니다(§ 18 ② 단서).

1. 거짓이나 그 밖의 부정한 방법으로 처분을 받은 경우
2. 당사자가 처분의 위법성을 알고 있었거나 중대한 과실로 알지 못한 경우

수익적 처분의 하자나 취소 필요성에 대한 증명책임은 처분청에게 있다는 것이 판례입니다.

> **수익처분의 취소와 취소필요성에 대한 증명책임의 소재**
>
> "일정한 행정처분으로 국민이 일정한 이익과 권리를 취득하였을 경우에 종전 행정처분을 취소하는 행정처분은 이미 취득한 국민의 기존 이익과 권리를 박탈하는 별개의 행정처분으로 취소될 행정처분에 하자 또는 취소해야 할 공공의 필요가 있어야 하고, 나아가 행정처분에 하자 등이 있다고 하더라도 취소해야 할 공익상 필요와 취소로 당사자가 입게 될 기득권과 신뢰보호 및 법률생활안정의 침해 등 불이익을 비교·교량한 후 공익상 필요가 당사자가 입을 불이익을 정당화할 만

---

20 Maurer, aaO.
21 대법원 1991. 4. 12. 선고 90누9520 판결.

큰 강한 경우에 한하여 취소할 수 있는 것이며, <u>하자나 취소해야 할 필요성에 관한 증명책임은 기존 이익과 권리를 침해하는 처분을 한 행정청에 있다.</u>"22

(4) 구체적 적용례

판례와 학설을 통해 나타난 취소권제한의 구체적인 적용례를 살펴보면, 실질적 존속력(불가변력)을 갖는 준사법적 행위 또는 합의제행정청의 행위,23 확인적 행위(당선인결정, 국가시험합격자결정), 하자의 치유나 다른 행위로 전환이 인정되는 행위에 대해서는 직권취소가 제한됩니다. 한편 사정재결이나 사정판결이 인정되는 행위의 경우 취소가 제한된다는 견해24가 있으나, 어떤 행위의 취소 여부가 사정재결이나 사정판결의 대상이 되는지는 오로지 쟁송절차에 따라 권한 있는 기관에 의해 결정될 문제이며, 일단 소정의 쟁송절차에 따라 재결 또는 판결이 내려진 이후에는 그 기속력에 의해 직권취소의 문제는 더 이상 생기지 않는다는 점에서 적절한 지적이라고 볼 수 없습니다. 그 밖에 금전급부나 가분적 현물급여를 내용으로 하는 행정행위의 경우 상대방이 당해 행위의 존속을 믿었고 이러한 신뢰가 보호가치 있는 것인 때에도 취소가 제한되며, 취소가 개인의 법생활의 안정에 중대한 장해를 가져오는 경우, 예컨대 포괄적 신분관계의 설정인 귀화허가나 공무원임명, 또는 인가 등과 같은 사인의 법률행위의 효력을 완성시켜 주는 행위에 대해서도 취소가 제한된다고 합니다.25

> [행정에 있어 이중처분의 금지]
> "행정청이 일단 행정처분을 한 경우에는 <u>행정처분을 한 행정청이라도 법령에 규정이 있는 때,</u> <u>행정처분에 하자가 있는 때, 행정처분의 존속이 공익에 위반되는 때, 또는 상대방의 동의가 있는</u> <u>때 등의 특별한 사유가 있는 경우를 제외하고는 행정처분을 자의로 취소(철회의 의미를 포함한다.</u> <u>아래에서도 같다)할 수 없다</u>고 할 것인바(대법원 1990. 2. 23. 선고 89누7061 판결 참조), 선행처분인 여수경찰서장의 면허정지처분은 비록 그와 같은 처분이 도로교통법시행규칙 제53조 제1항 [별표 16]에서 정한 행정처분기준에 위배하여 이루어진 것이라 하더라도 그와 같은 사실만으로 곧바로 당해 처분이 위법하게 되는 것은 아닐 뿐더러, 원고로서는 그 면허정지처분이 효력을 발생함으로써 그 처분의 존속에 대한 신뢰가 이미 형성되었다 할 것이고 또한 그와 같은 처분의 존속이 현저히 공익에 반한다고는 보이지 아니하므로, 동일한 사유에 관하여 보다 무거운 면허취소처분을 하기 위하여 이미 행하여진 가벼운 면허정지처분을 취소하는 것은 선행처분에 대한 당사자의 신뢰

---

22 대법원 2012. 3. 29. 선고 2011두23375 판결(공상공무원비해당자결정취소).
23 예: 심계원의 판정의 취소가능성을 부정한 대법원 1963. 7. 25. 선고 63누65 판결.
24 홍정선, 상, 353.
25 김동희, 행정법 I, 320.

및 법적 안정성을 크게 저해하는 것이 되어 허용될 수 없다 할 것이다.

　원심이 그 이유는 다소 다르나 선행처분인 여수경찰서장의 운전면허정지처분의 취소가 허용되지 않는다고 보아 그 후에 이루어진 이 사건 운전면허취소처분은 동일한 사유에 관한 이중처분으로서 위법하다고 본 결론에 있어서는 정당하다.[26]

　한편, 취소기간에 관해서는 개별법령상 규정을 제외하면 현행법상 제한이 없으나, 신뢰보호의 원칙을 적용하는 과정에서 해석상 기간 제한이 부과될 수도 있습니다.

4.3. 제재처분의 제척기간 경과에 따른 취소의 제한

　「행정기본법」은 제23조에서 법령 등의 위반행위가 종료된 날부터 5년이 지나면 원칙적으로 해당 위반행위에 대하여 인가·허가 등의 정지·취소·철회, 등록 말소, 영업소 폐쇄와 정지를 갈음하는 과징금 부과 처분을 할 수 없도록 하여 제재처분의 제척기간을 도입하였습니다. 이에 따라 법령 등의 위반행위가 종료된 날부터 5년이 지나면 원칙적으로 해당 위반행위에 대하여 인가·허가 등의 취소를 할 수 없게 됩니다(§ 23 ①). 물론 이러한 취소의 제척은 일정한 사유가 있을 때, 즉 거짓이나 그 밖의 부정한 방법으로 인허가를 받거나 신고를 한 경우, 당사자가 인허가나 신고의 위법성을 알고 있었거나 중대한 과실로 알지 못한 경우, 정당한 사유 없이 행정청의 조사·출입·검사를 기피·방해·거부하여 제척기간이 지난 경우, 그리고 제재처분을 하지 아니하면 국민의 안전·생명 또는 환경을 심각하게 해치거나 해칠 우려가 있는 경우에는 적용되지 않습니다(§ 23 ②).

　행정청은 행정심판의 재결이나 법원의 판결에 따라 제재처분이 취소·철회된 경우에는 재결이나 판결이 확정된 날부터 1년(합의제행정기관은 2년)이 지나기 전까지는 그 취지에 따른 새로운 제재처분을 할 수 있습니다(§ 23 ③).

　한편, 다른 법률에서 제1항 및 제3항의 기간보다 짧거나 긴 기간을 규정하고 있

26　대법원 2000. 2. 25. 선고 99두10520 판결(자동차운전면허취소처분취소). 대법원의 이 사건 판결은 종래의 신뢰보호의 요건과는 상당한 뉘앙스를 풍기면서 선행 면허정지처분보다 무거운 후행 면허취소처분을 동일한 사유에 관한 이중처분으로 위법하다고 판시했다는 점에서 행정상 이중위험(Double Jeopardy) 금지의 법리를 천명한 것으로 생각됩니다. 이 판결에 대한 평석으로는 홍준형, 불가변력, 신뢰보호, 그리고 행정상 이중위험의 금지, 『행정판례연구』 V, 한국행정판례연구회편, 서울대학교 출판부, 2000, 33-67을 참조.

으면 그 법률에서 정하는 바에 따르도록 되어 있습니다(§ 23 ④).

5. 취소의 성질 및 효과

직권취소는 행정행위로서의 법적 성질을 가진다는 점에서 여느 행정행위와 마찬가지의 법적 규율하에 놓이게 됩니다. 따라서 행정행위 일반에 대하여 요구되는 제 요건을 충족해야 하며, 또한 취소행위의 흠이 단순위법에 불과한 경우에도 유효성의 통용력을 갖게 됩니다. 이러한 유효성이 잠정적인 성질을 띠는 것임은 이미 앞에서 설명한 바와 같습니다.

직권취소의 효과는 소급하는 것이 원칙일 것이나, 다른 한편 취소에 의해 기성의 법률관계나 이에 대한 당사자의 신뢰를 침해하는 결과가 될 수 있다는 점에서 반드시 소급해야 하는 것은 아닙니다. 그러므로 독일 행정절차법이 장래효(ex nunc)와 소급효(ex tunc)의 두 가지 가능성을 모두 인정하는 것처럼 소급적일 수도 장래에 향하여 효력을 갖는 것일 수도 있다고 해야 할 것입니다. 취소의 효과는 구체적 가치판단에 따라 합리적으로 해결해야 한다는 견해(흠의 효과의 개별화: v. Hippel; Herrnritt)를 원용하는 입장27도 같은 취지로 보입니다.

> [관련판례]
> "행정처분의 취소의 효과는 행정처분이 있었던 때에 소급하는 것이나 취소되기까지의 기득권을 침해할 수 없는 것이 원칙이다."28

「행정기본법」은 행정청이 위법 또는 부당한 처분의 전부나 일부를 소급하여 취소할 수 있고 당사자의 신뢰를 보호할 가치가 있는 등 정당한 사유가 있는 경우에는 장래를 향하여 취소할 수 있다고 명문의 규정을 두었습니다(§ 18 ①).

6. 취소의 흠과 법적 효과

직권취소 역시 행정행위인 한, 그 흠의 법적 효과에 관해서는 앞에서 설명한 일

---

27 김도창, 상, 498.
28 대법원 1962. 3. 8. 선고 4294민상1263 판결.

반원리가 타당함은 물론입니다. 무효사유인 흠이 있는 취소처분의 경우 이 점은 의문이 없습니다. 그러나 직권취소에 취소사유인 흠이 있는 경우 이를 다시 직권으로 취소할 수 있는지에 대해서는 견해의 대립이 있습니다. 예컨대 기존의 영업허가처분(원처분)에 대한 취소처분을 다시 취소할 수 있는지 문제됩니다. 이에 대해서는 법령에 명문의 규정이 없는 한, 취소되어 이미 소멸한 행정행위의 효력을 다시 소생시킬 수는 없으므로 취소처분을 취소하여 원처분을 소생시키려면 원처분과 같은 내용의 행위를 다시 할 수밖에 없다는 견해(소극설)와 직권취소 역시 행정행위의 일종이므로 하자가 있으면 행정행위 취소에 관한 일반원칙에 따라 취소할 수 있다는 견해(적극설)가 대립합니다. 후자가 통설이지만 판례의 태도는 일정치 않습니다.29

> 관련판례
>
> "위 목포세무서장은 처분청으로서 위 취소처분을 취소나 철회할 수 있는 것이라 할 것이고, 권한있는 행정청에 의하여 행정행위의 취소가 다시 취소되었다면, 그것이 당연무효가 아닌 이상 민사소송절차에서 법원은 그 효력을 부인할 수 없는 것이다."30
>
> "행정행위를 일단 취소한 후에는 그 취소처분의 위법이 중대하고 명백한 경우, 무효선언으로서의 취소와 법률이 명문으로 규정한 소원(행정심판) 또는 행정소송의 절차에 의한 경우를 제외하고는 그 취소처분 자체의 위법을 이유로 다시 그 취소처분을 취소함으로써 시초의 행정행위의 효력을 회복시킬 수는 없다."31

II. 행정행위의 철회

1. 개념

행정행위의 철회(Widerruf)란 적법 유효한 행정행위에 대해 사후적으로 그 효력의 전부 또는 일부를 장래에 향해 소멸시키는 것을 말합니다. 이러한 의미에서 철회

---

29 김도창 교수(상, 500, 각주 판7)는 적극설을 주류적 판례태도라고 하며, 홍정선교수(상, 356)는 대법원 1979. 5. 8. 선고 77누61 판결을 근거로 판례의 입장을 소극설로 간주하고 있습니다. 그러나 대체로 판례의 입장은 취소처분의 재취소를 인정하는 것으로 보입니다(김도창, 같은 곳을 참조).

30 대법원 1969. 9. 23. 선고 69다1217 판결.

31 대법원 1979. 5. 8. 선고 77누61 판결.

(실정법상 취소라고 불리는 경우도 있습니다)는 적법한 행위의 효력을 사후에 새로운 사정에 따라 소멸시키는 행위라는 점에서 처음부터 효력이 없는 행위에 대한 무효선언과, 위법 또는 부당한 흠이 있음을 이유로 직권으로 효력을 소멸시키는 취소와도 구별되며, 의사표시가 아니라 일정한 사실의 발생으로 인해 행정행위의 효력이 소멸하는 행정행위의 실효와도 다릅니다.

> [1] 행정행위의 취소는 일단 유효하게 성립한 행정행위를 그 행위에 위법 또는 부당한 하자가 있음을 이유로 소급하여 그 효력을 소멸시키는 별도의 행정처분이고, 행정행위의 철회는 적법요건을 구비하여 완전히 효력을 발하고 있는 행정행위를 사후적으로 그 행위의 효력의 전부 또는 일부를 장래에 향해 소멸시키는 행정처분이므로, 행정행위의 취소사유는 행정행위의 성립 당시에 존재하였던 하자를 말하고, 철회사유는 행정행위가 성립된 이후에 새로이 발생한 것으로서 행정행위의 효력을 존속시킬 수 없는 사유를 말한다.
> [2] 관할청이 사립학교법인에 대하여 한 기존의 자금차입허가의 취소사유가 사립학교법인이 허가에 따라 차입한 자금을 법인회계에 수입조치하지 아니하고 본래의 허가 용도가 아닌 다른 용도에 사용하였다는 것으로서, 이는 허가처분의 효력이 발생하여 자금차입행위가 유효하게 이루어진 이후에 비로소 이행할 수 있는 것들이고 허가처분 당시에 그 처분에 위와 같은 흠이 존재하였던 것은 아니므로, 위와 같은 취소처분은 그 명칭에 불구하고 행정행위의 철회에 해당하는 것으로서 위 자금차입허가의 효력은 장래에 향하여 소멸한다.[32]

직권취소와 철회는 원인·효과·권한기관 면에서 차이가 있지만, 본질적인 차이가 있는 것은 아니라는 이유에서 양자 구별의 상대성 이야기가 나옵니다.[33]

직권취소와 철회의 상대화경향이 특히 그 취소 및 철회권 제한 측면에서 진전되어 온 것은 사실이지만, 그렇다고 이를 연역적으로 전제하여 양자간 본질상 차이가 전혀 없다고 할 수는 없습니다. 철회는 개념상 행정행위의 위법성을 주된 근거로 하고 있지 않다는 점, 다시 말해 적법한 행위의 효력을 사후적으로 박탈시킨다는 점에서 직권취소와 구별되는 것입니다. 이렇게 볼 때, 철회에 법적 근거가 필요한가 하는 문제는 일률적으로 판단될 문제가 아니라, 철회의 원인이 되는 사유, 신뢰보호의 요청 및 철회의 구체적 효과와 밀접한 관련을 갖는 문제입니다. 이 점은 뒤에 보듯이 침익적 행정행위 철회의 경우보다는 수익적 행정행위의 철회에서 더 잘 확인할 수 있습니다. 이러한 관점에서 수익적 행정행위를 철회하기 위해서는, 철회가 법령상 규정되어 있는 경우, 상대방의 귀책사유에 기인하는 경우 또는 처음부

---

32 대법원 2006. 5. 11. 선고 2003다37969 판결(채무부존재확인).
33 석종현, 상, 407.

터 철회권이 유보된 경우를 제외하고는, 법적 근거가 필요하다는 원칙에서 출발해야 할 것입니다.[34]

2. 철회사유

학설과 판례에 따르면, 철회사유는 ① 법령에 철회사유가 규정되어 있는 경우, ② 의무위반이 있는 사정변경이 있는 경우, ③ 부관에서 철회권이 유보된 경우, 또는 부담의 불이행, ④ 중대한 공익상 필요가 발생한 경우 등이 있습니다.

> **행정행위의 철회사유**
>
> "행정행위를 한 행정청은 그 취소(철회)사유가 법령에 규정되어 있는 경우뿐만 아니라 의무위반이 있는 사정변경이 있는 경우, 좁은 의미의 취소(철회)권이 유보된 경우, 또는 중대한 공익상의 필요가 발생한 경우 등에도 그 행정처분을 취소(철회)할 수 있는 것이다."[35]

> **사정변경이 생겼거나 또는 중대한 공익상의 필요에 따른 철회**
>
> "행정처분을 한 처분청은 비록 처분 당시에 별다른 하자가 없었고, 또 그 처분 후에 이를 취소할 별도의 법적 근거가 없다 하더라도 원래의 처분을 존속시킬 필요가 없게 된 사정변경이 생겼거나 또는 중대한 공익상의 필요가 발생한 경우에는 그 효력을 상실케 하는 별개의 행정행위로 이를 취소할 수 있다 할 것인 바, 병역법시행령 제96조 제7항에 제6항의 규정에 의하여 병역면제의 처분을 받은 자가 영주할 목적으로 귀국하거나 1년 이상 국내에서 취업 또는 체류하고 있는 경우에는 병역면제의 처분과 국외여행허가를 취소하고 병역의무를 부과할 수 있다고 규정한 것은 위와 같이 법리상 당연히 인정되는 병역면제처분의 취소(철회)사유를 예시적으로 규정한 것이라고 봄이 상당하므로 위 병역법시행령의 규정을 모법의 위임이 없거나 그에 반하는 무효의 규정이라고 볼 수는 없다."[36]

> **공익에 적합하지 않게 된 경우의 철회**
>
> "하자없는 건축허가도 사정의 변경으로 건축허가의 존속이 공익에 적합하지 않게 되었을 때에는 이를 철회할 수 있다."[37]

---

34 김동희교수(행정법 I, 324−325)는 이와 유사한 견지에서 「철회가 상대방의 귀책사유에 기인하는 경우를 제외하고는 당해행위의 존속에 대한 상대방의 신뢰보호의 요청은 매우 큰 것이므로 철회사유는 제한적으로 인정되어야 할 것」이라고 하나, "법률의 규정이 없는 경우에도 … 「행정행위의 효력을 더 이상 존속시킬 수 없는 사유」가 발생한 경우에는 원칙적으로 철회가 가능하다."고 함으로써 소극설에 가담한 것으로 보입니다.

35 대법원 1984. 11. 13. 선고 84누269 판결.

36 대법원 1995. 5. 26. 선고 94누8266 판결(병역면제취소처분취소 파기환송).

37 대법원 1989. 10. 24. 선고 89누2431 판결.

시정지시 위반에 따른 철회

　"원고가 건평 97.65㎡의 주택 건축허가를 받고서도 처음부터 건평 102.17㎡의 사찰형건물의 건축공사에 착수하였고 감독관청의 시정지시에도 불구하고 계속 공사를 강행해 온 이상, 건축허가를 취소(철회)당함으로써 입는 손해가 비록 크다 하더라도 이는 스스로 자초한 것이어서 감수하여야 하므로 건축허가취소처분은 적법하다."[38]

부관에 철회권이 유보된 경우 또는 부담의 불이행

　"시설사용승인을 얻지 못할 경우에는 허가사항을 취소할 것이라는 부관이 고지되지 않았을 경우, 허가후 장기간 그 영업시설을 하지 못하였다고 하여, 구축산물가공처리법 제10조 소정의 허가취소사유인 공익을 해한 것에 해당된다고 단정할 수 없다."[39]

　「행정기본법」은 이러한 학설과 판례를 반영하여 적법하게 성립된 처분이라도 적법한 처분이 다음 각호의 어느 하나에 해당하는 경우에는 그 처분의 전부 또는 일부를 장래를 향하여 철회할 수 있다는 것을 명문화하였습니다(§ 19 ①).

　1. 법률에서 정한 철회 사유에 해당하게 된 경우
　2. 법령등의 변경이나 사정변경으로 처분을 더 이상 존속시킬 필요가 없게 된 경우
　3. 중대한 공익을 위하여 필요한 경우

　다만, 「행정기본법」 제19조 제1항에 규정되지 않은 일반적인 철회 사유로 드는 철회권 유보 사유의 발생과 부담 불이행의 경우에는 법률적 근거가 없더라도 그 자체로 철회 사유가 됩니다.[40] 반면 제19조 제1항 제3호에 따른 '중대한 공익상의 필요'는 다른 철회사유가 동원될 수 없는 경우를 위한 포괄적 철회 사유로 볼 수도 있겠지만, 적극적인 공익 실현 차원에서 접근하여 철회를 남용할 경우 신뢰보호를 훼손할 우려가 있으므로, 공공복리에 대한 중대한 불이익을 제지하기 위한 경우에 허용되는 것으로 신중하게 접근할 필요가 있겠습니다.[41]

3. 철회권의 제한

　앞서 본 바와 같이 직권취소와 철회는 특히 그 취소 및 철회권 제한의 측면에서

38　대법원 1986. 1. 21. 선고 85누612 판결.
39　대법원 1971. 6. 30. 선고 70누142 판결.
40　법제처. 행정기본법해설서, 199.
41　법제처. 같은 곳.

상대화하는 경향이 있습니다. 철회의 경우 철회사유, 장래효 등 일부 특성에 따른 결과를 제외하고는 취소권 제한의 경우와 대동소이한 법논리가 작용하는 것도 그런 이유입니다.

「행정기본법」은 행정청은 처분을 철회하려는 경우에는 철회로 인하여 당사자가 입게 될 불이익을 철회로 달성되는 공익과 비교·형량하여야 한다고 규정하여 법익형량의무를 명문화하였습니다(§ 19 ②). 「행정기본법」이 제재처분의 제척기간을 도입함에 따라 법령 등의 위반행위가 종료된 날부터 5년이 지나면 원칙적으로 해당 위반행위에 대한 제재로서 인가·허가 등을 철회할 수 없게 됨은 취소의 경우와 동일합니다(§ 23 ①).

그 밖에 철회권 제한에 관하여 상세한 설명은 생략합니다. 아래의 표에서 직권취소와 철회, 그리고 쟁송취소의 특성을 비교해 볼 수 있겠습니다.

〈직권취소, 철회, 쟁송취소의 비교〉

	수익적 행정행위	침익적 행정행위
직권취소	• 공익상 필요·기득권·신뢰보호 및 법률생활안정의 침해 등 불이익을 비교형량하여 공익상 필요가 당사자가 입을 불이익을 정당화할 만큼 강한 경우에 한하여 취소 • 손실보상 필요	• 재량에 의한 취소 • 재량권 한계에 따른 제한(재량권수축) • 손실보상 불필요
철회	• 당사자에게 귀책사유가 있거나 철회권유보 등 특별한 사정이 없는 한, 법적 근거 필요(통설은 반대) • 신뢰보호원칙상 엄격한 제한 • 손실보상 필요	• 재량에 의한 취소 • 재량권 한계에 따른 제한 • 손실보상 불필요
쟁송취소	• 제3자효 행위를 제외하고는 문제되지 않음	• 이유 있을 경우 의무적 취소

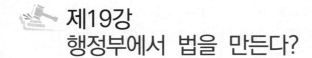

제19강
행정부에서 법을 만든다?

　　법은 입법부, 즉 국회에서 만든다는 것은 누구나 잘 알고 있는 사실입니다. 하지만 행정부에서도 국회 못지않게 법을 만듭니다. 이렇게 행정부가 사실상 입법에 관여하고 있다는 것은, 지나치기 쉽지만, 엄연한 사실입니다.

　　실제로 법률하위명령(대통령령, 총리령, 부령)이 그 수나 중요성 면에서 법률 못지않은 비중을 지니고 있다는 점은 법령통계에서 잘 드러납니다.

〈현행 법령(2023. 2. 1. 기준)〉

구분		건수
헌법		1
법령	법률	1,600
	대통령령	1,868
	총리령	97
	부령	1,325
	기타(국회규칙 등)	362
	소계	5,252
법령	조례	106,784
	규칙	27,786
	기타(훈령 등)	822
	소계	135,392
총계		140,645

※ 유효기간 지난 법령은 제외, 국가법령정보센터에 수록된 현재 유효 법령만을 기준으로 집계한 통계.

〈연도별 법령현황(2023. 2. 1. 현재)〉

구분 연도	법률		대통령령		총리령·부령		계	
	법령수	전년대비 증감	법령수	전년대비 증감	법령수	전년대비 증감	법령수	전년대비 증감
2022	1,594	14	1,893	42	1,437	27	4,924	83
2021	1,580	56	1,851	61	1,410	55	4,841	172
2020	1,524	40	1,790	68	1,355	29	4,669	137
2019	1,484	36	1,722	30	1,326	23	4,532	89
2018	1,448	31	1,692	27	1,303	18	4,443	76
2017	1,417	20	1,665	27	1,285	15	4,367	62
2016	1,397	1,397	1,638	1,638	1,270	1,270	4,305	4,305

※ 이 통계는 법령 공포대장을 기준으로 집계한 통계로서 유효기간이 지난 법령도 명시적으로 폐지절차를 밟지 않는 한 현황에 포함되어 있어 위 국가법령정보센터에 수록된 현재 유효한 법령을 기준으로 집계한 통계와 다름: 법제처 홈페이지 자료 https://www.moleg.go.kr/esusr/mpbStaSts/stastsList.es?mid=a10109040100&srch_csf_cd=120001)

위 통계에서 보듯 국회에서 만드는 법률보다 행정부에서 만든 명령들이 수적으로도 훨씬 많고 내용 면에서도 국민생활에 더 직접적이고 실질적인 영향을 미치는 경우가 많습니다. 그렇다면 입법권자는 자신의 입법권을 아무렇게나 제한 없이 행정부에 위임할 수 있는 것일까요?

우리는 여기서 독일 나치독재를 가져온 '수권법'(Ermächtigungsgesetz)의 흑역사, 그 위험성을 상기하게 됩니다. 1933년 독일 연방의회는 '민족과 국가의 위난을 극복하기 위한 법률'(Gesetz zur Behebung der Not von Volk und Reich)이란 미명 아래 나치 독일 정권에 입법권을 무제한으로 위임하는 수권법을 통과시킴으로써 히틀러의 일당독재로 가는 문을 열어 놓았습니다. 이로써 당시 바이마르헌법은 사실상 사문화됩니다. 그리고 이 법률을 기반으로 히틀러는 급기야 대통령의 권한까지 한 손에 장악해서 2차 세계대전을 일으키고 인류역사에서 돌이킬 수 없는 참화를 끼치게 됩니다.

정부에게 입법에 관여할 수 있는 권한을 부여한다고 반드시 행정부 권력집중과 독재를 허용하는 것은 아닙니다. 또 행정부가 날로 막중해지는 임무를 효과적으로 달성할 수 있도록 입법 관여권을 부여하는 것은 특히 우리가 겪었던 압축성장을 이끌어 온 발전국가의 관점에서는 불가피한 선택일 수도 있었습니다.

그러나 조건이 있습니다. 어떠한 명분으로든 입법 위임을 통해 입법권이 행정부에게 넘어가는 결과가 되어서는 안 되기 때문입니다. 바로 그런 이유에서 헌법은 제 40조에서 입법권은 국회에 속한다는 의회입법의 원칙을 천명하고 제75조와 제95조 두 개 조항을 두어 위임입법의 한계를 명시하고 있는 것입니다.

> 제75조 대통령은 <u>법률에서 구체적으로 범위를 정하여 위임받은 사항</u>과 법률을 집행하기 위하여 필요한 사항에 관하여 <u>대통령령</u>을 발할 수 있다.

> 제95조 국무총리 또는 행정각부의 장은 <u>소관사무</u>에 관하여 <u>법률이나 대통령령의 위임</u> 또는 직 권으로 <u>총리령 또는 부령</u>을 발할 수 있다.

이미 현실은 위임입법의 전성시대에 접어든지 오랩니다. 그리고 이 전성기가 끝 나거나 수그러들지는 않을 전망입니다.

「행정기본법」은 행정의 입법활동에 관한 법적 근거를 명문화하였습니다. 헌법 등 상위법령 위반 금지나 그에 따른 절차의 준수의무는 법치행정의 원칙의 당연한 결 과라고 볼 수 있지만, 국민·이해관계자 의견 수렴, 관계 기관과의 충분한 협의, 알기 쉬운 입법 등 행정의 입법활동시 준수해야 할 사항과 현실에 맞지 아니하거나 불합리 한 규정의 신속 정비 등을 규정한 것은 진일보한 내용입니다. 그동안 법제처의 소관 업무를 뒷받침하는 「법제업무운영규정」이 대통령령으로 되어 있는 점을 감안하면 이 조항이 그 법률의 위임 근거 역할을 할 수 있겠습니다. "행정의 입법활동의 절차 및 정부입법계획의 수립에 관하여 필요한 사항은 정부의 법제업무에 관한 사항을 규율 하는 대통령령으로 정한다."는 제4항에 그와 같은 고려가 반영되어 있습니다(§ 38 ④).

국가나 지방자치단체가 법령등을 제정·개정·폐지하고자 하거나 그와 관련된 활동(법률안의 국회 제출과 조례안의 지방의회 제출을 포함하며, 이하 이 장에서 "행정의 입법활동"이 라 한다)을 할 때에는 헌법과 상위 법령을 위반해서는 아니 되며, 헌법과 법령등에서 정한 절차를 준수하여야 합니다(§ 38 ①).

행정의 입법활동은 다음 기준에 따라야 합니다(§ 38 ②).

1. 일반 국민 및 이해관계자로부터 의견을 수렴하고 관계 기관과 충분한 협의를 거쳐 책임 있게 추진되어야 한다.
2. 법령등의 내용과 규정은 다른 법령등과 조화를 이루어야 하고, 법령등 상호 간에 중복되거나 상충되지 아니하여야 한다.
3. 법령등은 일반 국민이 그 내용을 쉽고 명확하게 이해할 수 있도록 알기 쉽게 만들어져야 한다.

국가나 지방자치단체는 제1항에 따른 법령등을 수시로 점검하여 현실에 맞지 아니하거나 불합리한 규정은 신속하게 정비하여야 하며(§ 38 ②), 정부는 매년 해당 연도에 추진할 법령안 입법계획("정부입법계획")을 수립하여야 합니다(§ 38 ③).[1]

Ⅰ. 법규명령

1. 행정의 활동형식으로서 법규명령

법규명령이란 일반적으로 행정권이 정립하는 법규범을 말합니다. 법규명령은 일반·추상적인 규정으로서 법규적 효력, 즉 행정권 자신뿐만 아니라 국민을 「법」으로서 구속하는 힘(대외적 구속력)을 가지는 규범으로 정의됩니다. 헌법상 국회입법의 원칙(헌법 § 40) 아래에서도 행정의 전문·기술성, 행정현실의 탄력적 규율 요청 등으로 말미암아 행정권에 의한 위임입법은 불가피한 측면이 있습니다. 또한 양적인 면에서도 법규명령이 행정법의 법원(法源)으로서 가지는 비중은 법률 못지않은 수준입니다. 한편 법규명령은 동시에 행정의 수단, 즉 행위형식이기도 합니다. 이 점에서 법규명령은 이중적 성격(ambivalenter Charakter)을 지닙니다.[2] 법규명령의 행정수단으로서의 성격은 그 발령기관이 행정조직상 위계질서의 정점에서 멀수록, 따라서 직접적인 집행임무를 처리해야 할 필요성이 강할수록 더욱 더 현저하게 나타납니다. 법규명령은 행정이 형식적 법률을 집행하고 적용할 경우 개개의 사안뿐만 아니라 광범위한 불특정다수의 유사한 사안들을 통일적으로 규율하는 효과를 지닌 행정수단입니다.

요컨대, 법규명령은 광범위한 효력범위를 갖고 다수의 국민을 상대방으로 하는 그리고 장기간에 걸친 행정의 규율 및 형성을 위한 수단입니다.[3] 이 같은 법규명령의 이중적 성격은 법치행정의 원리와 관련하여 두 가지 상이한 수준에서 반영됩니

---

1 「법제업무운영규정」 제2장 정부입법계획의 수립·시행의 모법에 해당하는 조항이라고 볼 수 있습니다.
2 이 점은 후술하는 자치법규인 조례도 마찬가지입니다(물론 그 주된 비중은 지방자치단체의 법규범으로서의 성격에 있다고 할 수 있습니다).
3 Maurer, aaO., § 13 Rn.2. 이러한 의미에서 슐레스비히-홀슈타인 주행정법률이 법규명령에 관한 규정들(§§ 53ff.)의 표제를 "명령을 통한 행정작용"(Verwaltungshandeln durch Verordnung)이라고 붙인 것도 지당한 것이라고 합니다.

다. 먼저 법규명령은 법규범으로서 상위법인 헌법·법률과의 관계에서 수권의 문제, 내용상 한계의 문제를 발생시키며 이는 곧 위임입법의 한계(백지위임·포괄적 위임의 금지, 골격입법의 문제), 규범통제(Normenkontrolle)의 문제 등으로 귀결됩니다. 이는 법치행정의 원리의 내용으로 이미 논의된 바 있습니다. 반면 법규명령은 그 자체가 일종의 행정수단으로 행정의 합법성 원칙의 구속을 받는 행정작용이기도 하므로 이에 대한 법률의 구속 문제가 생깁니다. 「행정의 법률에 의한 구속」 역시 법치행정 원리의 결과입니다. 법규명령은 법치행정의 원리가 중첩적으로 관철되어야 할 문제영역입니다.

법규명령은 헌법·법률·국제법규 등 행정법의 다른 성문법원들과 제정권자·수권의 근거 등에서 구별되며, 기타의 행정활동형식들과도 구별됩니다. 가령 그것은 일반추상적 법규범이라는 점에서 원칙적으로 개별구체적 규율의 성질을 갖는 행정행위와 다르고, 대외적 구속력을 갖는 규범이라는 점에서 원칙적으로 행정 내부에서만 효력을 갖는 행정규칙과도 다릅니다.

2. 법규명령의 종류

법규명령은 수권의 범위·근거에 따라 비상명령(Ausnahmeverordnung), 법률대위명령(gesetzesvertretende Verordnung: 헌법 제76조의 긴급명령, 긴급재정·경제명령), 법률종속명령(gesetzesabhängige Verordnung: 위임명령과 집행명령)으로, 발령권의 소재, 즉 발령권자에 따라, 대통령령·총리령·부령, 중앙선거관리위원회규칙, 감사원규칙 등으로 나뉩니다.

현행헌법상 법규명령은 원칙적으로 법률종속 명령인 위임명령과 집행명령(헌법 제75조), 발령권자에 따라서는 대통령령(헌법 제75조)·총리령·부령(헌법 제95조)의 형태로 제정됩니다. 헌법 제107조 제2항의 명령이란 이러한 법규명령을 말합니다. 예외적으로 법규명령은 헌법 제76조에 따라 법률과 동등한 효력을 가지는 긴급명령, 긴급재정·경제명령으로 제정될 수 있습니다.

3. 법규명령의 근거와 한계

법규명령은 헌법과 법률, 또는 상위명령의 근거가 있는 경우에만 제정될 수 있으며 각각 그 수권 근거에 따라 일정한 한계가 따릅니다.

3.1. 위임명령의 근거와 한계

(1) 헌법상 위임입법의 규율: 법률의 유보와 포괄적 위임의 금지

위임명령의 근거와 한계를 규율하는 법원리는 헌법상 위임입법에 관한 규율, 특히 법률의 유보와 포괄적 위임의 금지를 통하여 표현됩니다. 즉, 위임명령은 (집행명령과 달리) 법률의 개별적·명시적 수권에 의해서만 발할 수 있습니다(법률의 유보). 위임명령을 만들려면 단순히 이를 수권하는 법률이 존재한다는 것만으로는 부족하고 법률이 구체적으로 그 법규명령의 제정에 관하여 내용, 목적 그리고 적용기준·범위 등을 명확히 규정하고 제한하여 수권해야 합니다(특별수권의 원칙: Prinzip der Spezialermächtigung): 포괄적 위임은 금지됩니다(포괄적 위임 금지 원칙). 입법권을 위임하는 것이므로 수권법률에서는 당연히 입법 위임임을 명확히 하고 수임기관을 특정해야 합니다.4

입법권 비위임 또는 위임금지의 원칙(*delgata potesta non potest delegari*: non-delegation principle) 또는 백지위임 금지 등과 같이 종래 주로 입법권에게 부과되어 왔던 위임입법의 한계원리는 고도로 복잡다양하고 급속히 변화하는 행정환경에서 더 이상 그 엄격성을 유지할 수 없게 되었습니다. 전문기술적 사항에 관한 규율을 법률하위명령 제정권의 위임을 통하여 행정부에 맡겨야 한다는 것은 오늘날 입법현실에서는 보편적으로 관측되는 현상입니다. 법규명령의 제정은 "수권-법률"(Ermächtigungs-Gesetze)에 의거하여, 그러나 행정권 고유의 규범적 재량권 위임(selbständige Vollmacht normativen Ermessens)에 따라 행해지는 법정립작용으로서 신속하고 탄력적인, 분야별 전문가에 의한 행정작용을 가능케 합니다. 특히 경제행정이나 개발행정, 사회행정 등 다양한 분야에서 광범위한 위임이 이루어지고 있습니다.

> 예컨대 가장 전형적인 영업허가의 준거법이라 할 수 있는 식품위생법은 식품 또는 식품첨가물의 제조업, 가공업, 운반업, 판매업 및 보존업, 기구 또는 용기·포장의 제조업, 식품접객업의 시설기준을 보건복지부령에 위임하고(§ 36 ①), 이 중 '대통령령으로 정하는 영업을 하려는 자는 대통령령으로 정하는 바에 따라 …… 허가를 받아야 한다.'고 규정하여(§ 37 ①), 허가의 대상과 동법 제38조에 의한 영업허가 등의 제한 등을 제외하고 매우 광범위한 요건 및 절차를 하위법령에 위임하고 있습니다. 이것은 식품위생법에만 특유한 현상은 아니고 공중위생영업의 신고(공중위생관

---

4 박윤흔, 행정법강의(상), 225. 법령에서 장관이 정하도록 위임하고 어떠한 형식으로 할 것인지 규정하지 않았다 하여 이를 훈령으로 정할 수 있는 것은 아니고 그 위임의 취지는 문교부령으로 정하라는데 있다고 해석한 사례(대법원 1969. 2. 25. 선고 68다2196 판결)가 있습니다.

리법 § 3 ①③), 사행행위 영업허가(「사행행위 등 규제 및 처벌특례법」 §§ 3, 4 ①) 등, 정도 차는 있으나 대부분의 영업허가에 공통된 현상입니다.[5]

그러나 헌법상 국회입법의 원칙에 따라 입법권자는 특히 법률의 유보가 적용되는 범위 안에서는 배타적인 결정권자로 등장하며, 따라서 입법권 위임에는 일정한 법적 한계가 따릅니다. 포괄적 위임 금지, 즉 행정권에 대한 입법사항에 관한 규율의 수권은 법률에서 구체적으로 범위를 정하여 위임하는 경우에 한하여 허용된다는 원칙이 헌법으로부터 도출됩니다(헌법 § 75). 이것은 입법권자에 대한 헌법적 제약이며, 위임명령 모법의 헌법적합성 요건입니다.

이 경우 위임입법의 한계는 <u>단순히 법률이 수권하였을 뿐만 아니라 '구체적으로 범위를 정하여'</u> 위임한 경우에 한하여 또 그 범위 내에서만 입법사항을 정할 수 있다는 것입니다.

문제는 단지 법률의 유보의 적용분야에 국한되지 않고 법률 유보의 적용을 전제로 하여 입법권자가 어느 정도까지 입법권을 스스로 행사해야 하는지, 이에 대한 헌법적 결정의 기준을 찾아내는 것입니다. 위임입법의 한계 문제는 법률의 유보의 예외에 관한 문제가 아니라 오히려 법률의 유보를 전제로 하여 제기되는 문제입니다.

> "어떠한 사항을 법규로 규율할 것인가의 여부는 특단의 사정이 없는 한 입법자의 정치적, 경제적, 사회적 각종 고려 하에서 정하여지는 입법정책의 문제이므로, 국민이 국회에 대하여 일정한 입법을 해달라는 청원을 함은 별론으로 하고, <u>법률의 제정을 소구하는 헌법소원은 헌법상 기본권보장을 위하여 명시적인 입법위임이 있었음에도 입법자가 이를 방치하고 있거나 헌법해석상 특정인에게 구체적인 기본권이 생겨 이를 보장하기 위한 국가의 행위 내지 보호의무가 발생하였음에도 불구하고 국가가 아무런 입법조치를 취하지 않고 있는 경우가 아니면 원칙적으로 인정될 수 없다</u> 할 것이다."[6]

(2) 위임명령의 규율사항에 관한 한계

위임의 일반적 요건으로부터 도출되는 위임명령의 한계는 무엇보다도 위임명령은 법률이 구체적 범위를 정하여 위임한 사항 외에 입법사항에 관하여 새로이 규정하는 것은 허용되지 않는다는 데서 주어집니다. 즉 모법상 아무런 규정이 없는

---

5 최영규, 영업규제의 법제와 그 수단에 관한 연구(서울대학교 박사학위논문), 1993, 46, 각주 93.

6 헌법재판소 1992. 12. 24. 선고 90헌마174 결정(강조 인용자); 同旨 헌법재판소 1989. 3. 17. 선고 88헌마1 결정; 1989. 9. 29. 선고 89헌마13 결정.

입법사항에 관해 하위명령이 규정을 두는 것은 위임입법의 법적 한계를 위배하는 것입니다.

"특정 사안과 관련하여 법률에서 하위 법령에 위임을 한 경우 하위 법령이 위임의 한계를 준수하고 있는지 여부를 판단할 때는 당해 법률 규정의 입법 목적과 규정 내용, 규정의 체계, 다른 규정과의 관계 등을 종합적으로 살펴야 하는바, 위임 규정 자체에서 그 의미 내용을 정확하게 알 수 있는 용어를 사용하여 위임의 한계를 분명히 하고 있는데도 그 <u>문언적 의미의 한계를 벗어났는지 여부나, 수권 규정에서 사용하고 있는 용어의 의미를 넘어 그 범위를 확장하거나 축소하여서 위임 내용을 구체화하는 단계를 벗어나 새로운 입법을 하였는지 여부</u> 등도 고려되어야 한다."[7]

당구장출입제한

헌법재판소는 1993년 5월 13일 체육시설설치이용에 관한 법률 시행규칙 제5조에 대한 헌법소원에서 '당구장출입문에 18살 미만자 출입금지표시를 달도록 한 이 규칙조항은 다른 체육시설 업자와 달리 당구장업자에게만 차별을 두는 것'이라며 위헌결정을 내렸습니다. '죄형법정주의는 형벌불소급의 원칙과 함께 형사법에 관한 헌법의 2대원칙'이라는 전제 위에서 제시된 결정이유는 다음과 같습니다: "<u>형사법은 원칙적으로 형식적 의미의 법률의 형태로 제정되어야 하고 다만 부득이 예외적으로 행정부에서 법규명령의 형태로 제정하는 경우라 하더라도 그 법규명령에는 반드시 구체적이고 명확한 법률상의 위임근거규정이 있어야 비로소 가능한 것</u>이라 할 것이다. 즉 형벌법규라고 하더라도 일정사항의 위임이 불가능하지는 않지만 죄형법정주의의 원칙에 비추어 보건대 <u>최소한도 범죄의 구성요건의 윤곽만큼은 수권규정 자체에서 예측될 수 있어야 한다.</u> 「체육시설의 설치·이용에 관한 법률」 제22조 제3항에 의하면 동법 제5조의 시설, 설비 중 안전 또는 위생기준에 미달하여 시정명령을 받고 이를 위반한 자에 대하여 6개월이하의 징역 또는 200만원이하의 벌금에 처하도록 규정되어 있는 바, 그렇다면 이 사건 심판대상규정(동법 시행규칙 제5조)은 위 각 처벌조항의 구성요건에 해당된다고 할 것이므로 비록 처벌의 전제절차로서 "시정명령"이 구성요건의 일부로 제한 규정되어 있기는 하지만 <u>죄형법정주의의 존재이유에 비추어 그것이 모법의 규정에서 전혀 예측할 수 없는 내용이라면 허용될 수 없는 것</u>이다. 그러한 의미에서도 심판대상규정이 모법의 위임의 범위내의 규정이라고 인정하기는 어려울 것이다."[8]

「공무원보수규정」의 근속가봉 제한조항의 위임한계 위반 여부

정년 또는 최고호봉을 초과하여 근무한 군인의 근속가봉에 관한 보수를 정한 구 군인보수법 (2008. 1. 17. 법률 제8843호로 개정되기 전의 것) 제10조는 보수수급권자에 관한 재산권인 보

---

7 대법원 2010. 4. 29. 선고 2009두17797 판결(기반시설부담금부과처분취소).

8 헌법재판소 1993. 5. 13. 선고 92헌마80 결정. 또한 헌법재판소는 같은 결정에서 「체육시설의설치·이용에관한법률」과 동시행령이 당구장을 포함한 골프장, 탁구장, 볼링장 등 19가지 체육시설에 대해 미성년자의 출입을 제한하는 아무런 규정을 두지 않았음에도 불구하고 "문화체육부장관이 이 법 시행규칙을 제정하면서 당구장에 대해서만 18살 미만자 출입금지표시를 달도록 한 것은 아무런 법률적 근거 없이 당구장업자에게만 불이익을 주는 것으로 헌법상 평등권에 위배된다."고 판시했습니다.

수청구권을 형성하는 법률이고, 군인의 근속가봉을 일정한 횟수 내로 제한하고 있는 공무원보수규정 제30조의2 제3항은 구 군인보수법 제10조에 의하여 형성된 보수청구권의 내용을 불리하게 제한하는 것으로서 법에서 구체적인 범위를 정하여 위임하고 있어야 하지만, 구 군인보수법은 제23조에서 '법 시행에 필요한 사항에 관하여 대통령령으로 정한다'고 규정하였을 뿐 제10조에 관한 위임 규정을 별도로 두고 있지 않다. 그러므로 <u>구 군인보수법 제10조가 형성한 재산권인 군인의 근속가봉에 관한 보수청구권의 내용을 제한한 공무원보수규정 제30조의2 제3항은 모법의 위임 없이 제정되었고 모법이 허용하고 있는 규율 범위를 벗어난 것으로서 무효</u>이다.[9]

법률의 시행령은 그 법률의 위임이 없으면 개인의 권리·의무에 관한 내용을 변경·보충하거나 법률에 규정되지 아니한 새로운 내용을 정할 수는 없습니다. 그러나 시행령의 내용이 모법의 입법 취지와 관련 조항 전체를 유기적·체계적으로 살펴보아 모법 해석상 가능한 것을 명시한 데 불과하거나 모법 조항의 취지에 근거하여 이를 구체화하기 위한 것인 경우에는 모법의 규율 범위를 벗어난 것으로 볼 수 없으므로, 따라서 모법에 직접 위임하는 규정을 두지 않았다고 하더라도 무효로 볼 수 없다는 것이 대법원의 판례입니다.

> "법률 하위의 법규명령은 <u>법률에 의한 위임이 없으면 개인의 권리·의무에 관한 내용을 변경·보충하거나 법률이 규정하지 아니한 새로운 내용을 정할 수는 없지만, 법률의 시행령이나 시행규칙의 내용이 모법의 입법 취지와 관련 조항 전체를 유기적·체계적으로 살펴보아 모법의 해석상 가능한 것을 명시한 것에 지나지 아니하거나 모법 조항의 취지에 근거하여 이를 구체화하기 위한 것인 때에는 모법의 규율 범위를 벗어난 것으로 볼 수 없으므로, 모법에 이에 관하여 직접 위임하는 규정을 두지 아니하였다고 하더라도 이를 무효라고 볼 수는 없다.</u>"[10]

위임명령의 한계는 그 밖에도 입법권의 일반적 한계로부터 주어집니다. 가령 위임명령은 헌법·법률 등 상위법령의 내용을 위배할 수 없습니다(법률의 우위). 또한 헌법상 국민주권주의, 기본권존중주의, 권력분립의 원리 등의 한계, 국제법상의 한계, 사실상의 한계 등이 입법권의 한계요인으로 작용합니다.

> 가령 헌법 제37조 제2항에서 입법권의 한계로서 규정된 과잉입법금지 또는 비례의 원칙이 위임명령에 적용되는 것은 당연합니다. 헌법재판소는 "국가작용, 특히 입법작용에 있어서의 과잉입법금지의 원칙이라 함은 국가가 국민의 기본권을 제한하는 내용의 입법활동을 함에 있어서 준수하여

---

9 대법원 2009. 5. 21. 선고 2005두1237 전원합의체 판결.

10 대법원 2020. 4. 9. 선고 2015다34444 판결(법무사사무원승인취소처분무효확인등). 그 밖에 대법원 2016. 12. 1. 선고 2014두8650 판결(법인세징수처분취소): 원천징수의무자인 원고가 원천징수법인세 징수처분의 취소를 구한 사례); 대법원 2009. 6. 11. 선고 2008두13637 판결 등 참조.

야 할 기본원칙 내지 입법활동의 한계를 의미하는 것으로서, 국민의 기본권을 제한하려는 입법의 목적이 헌법 및 법률의 체제상 그 정당성이 인정되어야 하고(목적의 정당성), 그 목적의 달성을 위하여 그 방법이 효과적이고 적절하여야 하며(방법의 적절성), 입법권자가 선택한 기본권제한의 조치가 입법목적 달성을 위하여 설사 적절하다 할지라도 가능한 한 보다 완화된 형태나 방법을 모색함으로써 기본권의 제한은 필요한 최소한도에 그치도록 하여야 하며(피해의 최소성), 그 입법에 의하여 보호하려는 공익과 침해되는 사익을 비교교량할 때 보호되는 공익이 더 커야 한다(법익의 균형성)는 법치국가의 원리에서 당연히 파생되는 헌법상의 기본원리의 하나인 비례의 원칙을 말하는 것이고, 우리 헌법은 제37조 제2항에서 입법권의 한계로서 과잉입법금지의 원칙을 명문으로 인정하고 있다."고 판시한 바 있습니다.[11]

(3) 헌법상 법률사항

헌법에서 명문으로 '법률로써' 정하도록 정한 사항, 즉 전속적 법률사항(국적취득 요건 § 2 ①; 재산권의 내용·한계 § 23 ①; 공용침해의 요건·보상 § 23 ③; 조세의 종목·세율 § 59; 죄형법정주의 § 12 등)을 법규명령에 위임할 수 없다는 것은 헌법상 당연한 결과입니다.

한편 이들 사항에 관하여 적어도 그 기본적 내용은 법률로 규정되어야 하지만, 전적으로 법률로 규율되어야 하는 것은 아니고 일정한 범위에서의 행정입법에 대한 위임은 허용된다는 견해[12]가 피력되고 있습니다. 그러나 전속적 법률주의사항이라고 하면서 이를 다시 일정한 범위에서 행정입법에 위임할 수 있다고 하는 것은 과연 무슨 의미인지 이해하기 어렵습니다. 문제는 그 헌법규정이 무엇까지를 법률로써 정하도록 하고 있느냐를 밝히는데 있습니다. 만일 헌법상 법률사항의 객관적 범위가 밝혀진다면 이에 관하여는 반드시 법률로 정해야 한다는 것이 헌법의 결정이지 다시 「일정한 범위에서 행정입법에의 위임」을 인정할 여지는 없는 것입니다. 이 점을 무시하고 다시 행정입법에 위임이 가능하다고 서술하는 것은, 혹 세법상 위임입법의 한계가 준수되지 않는 경우가 비일비재한 현실을 염두에 둔 것이 아닌가 추측되기도 하지만, 이러한 태도는 적어도 해석론상으로는 받아들일 수 없습니다.[13] 가령 헌법 제59조의 해석상 「조세의 종목과 세율」이라고 되어 있으나 해석상 납세의무자·과세물건·과세시기·과세방법 등도 법률로 정해야 하는 것이라고 이해되고 있는데, 이들 사항에 관하여는 반드시 법률로 정해야만 헌법 제59조에 합치되는 것입니다. 물론 이 밖의 사항에 관하여 법규명령에 위임하는 것은 무방합니다. 반면 <u>조세의 종목·세율에 관하여는 어디까지나 법률로 정해야지 이를 일정한 범위내에서 행정입법에 위임한다면 이는 바로 헌법이 금하는 바인</u> 것입니다.

---

11 헌법재판소 1992. 12. 24. 선고 92헌가8 결정.

12 박윤흔, 행정법강의(상), 227; 김남진, 행정법 I, 173; 김동희, 행정법 I, 135; 홍정선, 행정법원론(상), 241.

13 한편 지방세의 부과·징수에 관한 조례에의 위임(지방자치법 § 152, 지방세법 § 2), 관세의 경우, 또는 긴급재정·경제명령의 경우와 같은 조세법률주의의 예외는 별개의 문제입니다.

(4) 처벌규정의 위임 문제

처벌규정의 위임이 가능한지가 문제됩니다. 일반적으로 헌법상 죄형법정주의의 원칙상 처벌규정의 위임은 허용되지 않습니다. 논란이 없진 않으나 처벌대상인 행위의 규정, 즉 구성요건 부분과 처벌규정을 나누어, 전자에 관해서는 ① 구성요건의 구체적 기준을 정하고 다만 그 범위 내에서 세부 사항을 정하도록 한 경우, 후자의 경우에는 ② 형의 최고·최소한도를 정하고 그 범위 내에서 구체적 사항을 위임하는 것은 허용된다는 것이 판례·통설의 입장입니다.

(5) 재위임의 문제

법률에서 위임한 사항의 전부 또는 일부를 다시 위임하는 것(Subdelegation, Weiterermächtigung)이 허용되는지 문제됩니다. 헌법에 명문의 규정은 없으나 전면적 재위임은 입법권을 위임한 법률 자체의 내용을 권한 없이 변경하는 결과를 가져오므로 허용되지 않으며, 세부적 사항의 보충을 위임하는 것은 가능하다는 것이 일반적 견해입니다. 헌법 제95조는 바로 그런 뜻에서 총리령·부령의 수권근거로 '대통령령의 위임'을 들고 있는 것입니다.[14] 이와 관련하여 수권법률이 명문의 규정을 두어 원수임자(primäre Delegatare)에게 재위임을 허용한 경우에는 재위임이 허용되지만, 재위임 또한 법규명령으로써 해야 한다고 규정한 독일 기본법(제80조 제1항 제4문)을 참고할 필요가 있습니다.

재위임의 허용 여부

"법률에서 위임받은 사항을 전혀 규정하지 않고 모두 재위임하는 것은 '위임받은 권한을 그대로 다시 위임할 수 없다'는 복위임금지의 법리에 반할 뿐 아니라 수권법의 내용변경을 초래하는 것이 되고, 대통령령 이외의 법규명령의 제정·개정절차가 대통령령에 비하여 보다 용이한 점을 고려할 때 하위의 법규명령에 대한 재위임의 경우에도 대통령령에의 위임에 가하여지는 헌법상의 제한이 마땅히 적용되어야 할 것이다. 따라서 법률에서 위임받은 사항을 전혀 규정하지 아니하고 그대로 하위의 법규명령에 재위임하는 것은 허용되지 않으며 위임받은 사항에 관하여 대강(대강)을 정하고 그 중의 특정사항을 범위를 정하여 하위의 법규명령에 다시 위임하는 경우에만 재위임이 허용된다(헌법재판소 1996. 2. 29. 94헌마13 결정: 판례집, 8-1, 126, 163)."[15]

---

14 박윤흔, 행정법강의(상), 229; 김동희, 행정법 I, 136.
15 헌법재판소 2002. 10. 31. 2001헌라1 전원재판부 결정(강남구청과 대통령간의 권한쟁의).

　구 「정보통신망 이용촉진 및 정보보호등에 관한 법률」(2001. 1. 16. 법률 제6360호) 제42조는 '청소년유해매체물의 표시방법'을 시행령에 위임하고 있고, 동 시행령(2001. 8. 25. 대통령령 제17344호) 제21조 제3항은 전자적 표시방법의 구체적인 내용을 다시 정보통신부장관이 고시하도록 위임하고 있습니다. 이러한 재위임이 헌법상 허용되는지 여부에 대하여 헌법재판소는 다음과 같이 판시하고 있습니다:

　　"일반적으로 법률에서 위임받은 사항을 전혀 규정하지 않고 재위임하는 것은 위임금지의 법리에 반할 뿐 아니라 수권법의 내용변경을 초래하는 것이 되고, 부령의 제정·개정절차가 대통령령에 비하여 보다 용이한 점을 고려할 때 재위임에 의한 부령의 경우에도 위임에 의한 대통령령에 가해지는 헌법상의 제한이 당연히 적용되어야 할 것이므로 <u>법률에서 위임받은 사항을 전혀 규정하지 아니하고 그대로 재위임하는 것은 허용되지 않으며 위임받은 사항에 관하여 대강을 정하고 그 중의 특정사항을 범위를 정하여 하위법령에 다시 위임하는 경우에만 재위임이 허용된다</u>(헌재 1996. 2. 29. 94헌마213, 판례집 8-1, 147, 163 ; 헌재 2002. 7. 18. 2001헌마605, 판례집 14-2, 84, 101). 이러한 판시는 대통령령이 '부령'에 재위임한 것에 관한 것이지만, 시행령 제21조 제3항이 '정보통신부장관의 고시'에 재위임한 경우도 같은 법리가 적용된다고 볼 것이다(위 2001헌마605결정 참조).
　　시행령 제21조 제1항은 '음성·문자 또는 영상에 의한 표시'를 규정하고 제2항은 인터넷상의 청소년유해물에 대해서는 이에 추가하여 '전자적 표시'를 할 것을 규정하고 있다. 그렇다면 시행령 제21조 제3항에서 위임한 '전자적 표시'의 내용은 인터넷 매체를 통한 청소년유해 정보가 청소년에게 이용되지 않도록 하기 위한 전자적, 기술적 표시방법을 지칭한다고 볼 것이므로, 그 <u>대강을 정하고 보다 구체적인 특정 사항을 다시 범위를 정하여 정보통신부장관고시에 다시 위임한 것으로 볼 수 있다. 따라서 시행령 제21조 제3항이 재위임의 헌법적 한계를 벗어났다고 할 수 없다.</u>"[16]

3.2. 집행명령의 근거와 한계

　위임명령과 달리 집행명령은 새로운 입법사항을 정하는 것이 아니어서 법률의 명시적 수권이 없이도 발령될 수 있습니다. 다만 집행명령은 법률 또는 상위명령의 집행을 위하여 필요한 사항만 규정할 수 있습니다. 만일 상위법령 집행을 위하여 필요한 구체적인 형식·절차 이외에 새로이 입법사항을 규정하면 집행명령은 위법한 명령이 될 것입니다. 그러나 실제 위임명령과 집행명령이 동일한 명령에 혼재하기 때문에 그 한계가 불분명해지는 경우가 종종 있습니다.

16　헌법재판소 2004. 1. 29. 2001헌마894 전원재판부 결정(정보통신망이용촉진및정보보호등에 관한법률 제42조 등 위헌확인).

4. 법규명령의 흠과 그 효과

적법요건에 흠이 있으면 그 법규명령은 위법한 법규명령이 됩니다. 가령 법규명령이 형식적 요건을 충족시키지 못했거나, 충분한 수권근거를 갖추지 못하였거나 또는 내용상 상위법령을 위반한 경우를 생각할 수 있습니다. 위법한 법규명령은 무효(nichtig)입니다.

세법상 위임명령의 하자와 그 효력

[1] 조세법률주의 원칙은 과세요건 등 국민의 납세의무에 관한 사항을 국민의 대표기관인 국회가 제정한 법률로써 규정하여야 하고, 법률을 집행하는 경우에도 이를 엄격하게 해석·적용하여야 하며, 행정편의적인 확장해석이나 유추적용을 허용하지 아니함을 뜻한다. 그러므로 법률의 위임 없이 명령 또는 규칙 등의 행정입법으로 과세요건 등에 관한 사항을 규정하거나 법률에 규정된 내용을 함부로 유추·확장하는 내용의 해석규정을 마련하는 것은 조세법률주의 원칙에 위배된다.

[2] 일반적으로 법률의 위임에 따라 효력을 갖는 법규명령의 경우에 위임의 근거가 없어 무효였더라도 나중에 법 개정으로 위임의 근거가 부여되면 그때부터는 유효한 법규명령으로 볼 수 있다. 그러나 법규명령이 개정된 법률에 규정된 내용을 함부로 유추·확장하는 내용의 해석규정이어서 위임의 한계를 벗어난 것으로 인정될 경우에는 법규명령은 여전히 무효이다.

[3] (가) 구 상속세 및 증여세법(2003. 12. 30. 법률 제7010호로 개정되어 2010. 1. 1. 법률 제9916호로 개정되기 전의 것) 제41조 제1항(이하 '개정 전 법률 조항'이라고 한다)은 특정법인과의 일정한 거래를 통하여 최대주주 등이 '이익을 얻은 경우'에 이를 전제로 '이익의 계산'만을 시행령에 위임하고 있음에도 구 상속세 및 증여세법 시행령(2003. 12. 30. 대통령령 제18177호로 개정되어 2014. 2. 21. 대통령령 제25195호로 개정되기 전의 것) 제31조 제6항(이하 '시행령 조항'이라고 한다)은 특정법인이 얻은 이익이 바로 '주주 등이 얻은 이익'이 된다고 보아 증여재산가액을 계산하도록 하였다. 또한 개정 전 법률 조항에 의하면 특정법인에 대한 재산의 무상제공 등이 있더라도 주주 등이 '실제로 얻은 이익이 없다면' 증여세 부과대상에서 제외될 수 있으나, 시행령 조항에 의하면 특정법인에 재산의 무상제공 등이 있는 경우 그 자체로 주주 등이 이익을 얻은 것으로 간주되어 증여세 납세의무를 부담하게 된다. 결국, 시행령 조항은 모법인 개정 전 법률 조항의 규정 취지에 반할 뿐만 아니라 위임범위를 벗어난 것이다.[17]

법규명령의 경우에는 행정행위와 달리 유효와 무효의 중간단계, 즉 취소가능성(Aufhebbarkeit)이란 상태가 존재하지 않습니다.[18] 그러나 행정행위에서와 같이 '흠의 정도'에 따라 그 효력을 구분하는 것이 다수의 견해인 것으로 보입니다. 즉, 흠이 중대·명백한 경우의 명령은 무효이며, 중대·명백한 정도에 이르지 않는 경우에는 취

---

17 대법원 2017. 4. 20. 선고 2015두45700 전원합의체 판결(증여세부과처분취소).
18 김남진, 행정법 I, 175; 홍정선, 상, 244; Maurer, § 13 Rn.15. 김남진교수는 이를 현행법상 법규명령의 취소소송이 인정되어 있지 않기 때문이라고 합니다(김남진, 기본문제, 166; 행정법 I, 195).

소할 수 있는 명령이 된다는 것입니다.

참고로 초기 판례 중 "원래 대통령령은 법령의 효력을 가진 것으로서 행정소송법상 행정처분이라고 할 수 없다고 해석함이 타당할 것이지만, 법령의 효력을 가진 명령이라도 그 효력이 다른 행정행위를 기다릴 것 없이 직접적이고 현실적으로 그 자체로서 국민의 권리훼손 기타 이익침해의 효과를 발생케 되는 성질의 것이라면 행정소송법상 처분이라고 보아야 할 것이요 따라서 그에 관한 이해관계자는 그 구체적 관계사실과 이유를 주장하여 그 명령의 취소를 법원에 구할 수 있을 것"이라고 판시한 것[19]이 있습니다. 그러나 이 판례는 예외적으로 처분적 법규명령의 처분성을 인정한 판례이므로 일반화할 수는 없습니다. 오히려 판례는, 이 문제를 특별히 밝혀 판단하고 있지는 않지만, 법규명령의 흠의 효과로서 무효와 취소를 구별하지 않고, 줄곧 하자있는 법규명령이 무효임을 인정하는 입장에 서 있는 것으로 보입니다.[20]

한편, 하위법령의 상위법령 저촉 여부가 명백하지 않은 경우, 하위법령의 의미를 상위법령에 합치되는 것으로 해석하는 것도 가능하다면 하위법령이 상위법령에 위반된다는 이유로 쉽게 무효를 선언할 것은 아니라는 것이 대법원 판례입니다. 합헌적 법률해석(verfassungskonforme Auslegung des Gesetzes) 원칙처럼 '합법적 법령해석'(rechtskonforme Auslegung der Rechtsverordnungen)의 원칙을 천명한 셈입니다.

"국가의 법체계는 그 자체로 통일체를 이루고 있으므로 상·하 규범 사이의 충돌은 최대한 배제되어야 하며 또한 규범이 무효라고 선언될 경우에 생길 수 있는 법적 혼란과 불안정 및 새로운 규범이 제정될 때까지의 법적 공백 등으로 인한 폐해를 회피할 필요성이 있음에 비추어 보면, 하위법령의 규정이 상위법령의 규정에 저촉되는지가 명백하지 아니한 경우에, 관련 법령의 내용과 입법 취지 및 연혁 등을 종합적으로 살펴 하위법령의 의미를 상위법령에 합치되는 것으로 해석하는 것도 가능한 경우라면, 하위법령이 상위법령에 위반된다는 이유로 쉽게 무효를 선언할 것은 아니다."[21]

"어느 시행령이나 조례의 규정이 모법에 저촉되는지가 명백하지 않은 경우에는 모법과 시행령 또는 조례의 다른 규정들과 그 입법 취지, 연혁 등을 종합적으로 살펴 모법에 합치된다는 해석도 가능한 경우라면 그 규정을 모법위반으로 무효라고 선언해서는 안 된다. 이러한 법리는 국가의 법체계는 그 자체 통일체를 이루고 있는 것이므로 상·하규범 사이의 충돌은 최대한 배제되어야 한다는 원칙과 더불어, 민주법치국가에서의 규범은 일반적으로 상위규범에 합치할 것이라는 추정원칙에 근거하고 있을 뿐만 아니라, 실제적으로도 하위규범이 상위규범에 저촉되어 무효라고 선언되는 경우에는 그로 인한 법적 혼란과 법적 불안정은 물론, 그에 대체되는 새로운 규범이 제정될 때까지의 법적 공백과 법적 방황은 상당히 심각할 것이므로 이러한 폐해를 회피하기 위해서도 필요하다(대법원 2014. 1. 16. 선고 2011두6264 판결 등 참조)."[22]

---

19 대법원 1954. 8. 19. 선고 4286행상37 판결.
20 김남진, 행정법 I, 175-176. 同旨 대법원 1988. 5. 24. 선고 88누1073 판결.
21 대법원 2016. 12. 15. 선고 2014두44502 판결(이행강제금부과처분취소).
22 대법원 2021. 4. 8. 선고 2015두38788 판결(원인자부담금부과처분무효확인 (바)상고기각).

5. 법규명령의 폐지

법규명령은 그 효력을 장래에 향하여 소멸시키려는 행정권의 명시적·직접적 의사표시, 즉 폐지로써 폐지됩니다. 법규명령의 폐지는 그 대상인 명령과 동위 또는 상위의 법령에 의해서만 가능합니다. 법규명령은 또한 그와 내용상 충돌되는 동위 또는 상위의 법령의 제정(간접적 폐지), 법정부관(예: 한시법의 경우 종기의 도래, 일몰규제(sunset regulation)시 규제기한의 도래)의 성취 또는 근거법령의 소멸 등으로 인하여 실효됨으로써 소멸될 수도 있습니다.

6. 법규명령의 통제

현대행정국가에 있어 위임입법의 확대는 이미 거역할 수 없는 대세지만 법규명령의 비중이 증대되면 될 수록 그에 대한 통제의 필요성도 커지지 않을 수 없습니다. 법규명령의 통제는 이러한 상황에서 의회제적 민주주의와 법치국가원칙으로부터 파생된 국회입법의 원칙을 관철시키기 위한 제어방법으로서 의미를 가집니다. 법규명령의 통제는 그 주체에 따라 국회와 국민에 의한 정치적 통제와 사법적 통제, 행정적 통제로 분류될 수 있습니다.

6.1. 정치적 통제

법규명령은 의회와 민중에 의해 정치적으로 통제될 수 있습니다. 가령 의회는 정부불신임, 탄핵, 예산심의 등을 통한 간접적 통제방법에 의하거나 법규명령에 대한 직접적인 동의·승인권을 유보함으로써 직접적으로 법규명령을 통제할 수도 있습니다. 이 중 후자의 예로는 가령 독일의 동의권유보(Zustimmungs— und Mitwirkungsvorbehalt), 영국의 의회제출절차(laying process), 미국의 입법적 거부권(legislative veto) 등을 들 수 있습니다. 우리나라에 그와 같은 제도는 도입되어 있지 않습니다. 다만, 국회법은 제98조의2에서 "중앙행정기관의 장은 법률에서 위임한 사항이나 법률을 집행하기 위하여 필요한 사항을 규정한 대통령령·총리령·부령·훈령·예규·고시등이 제정·개정 또는 폐지된 때에는 10일 이내에 이를 국회 소관상임위원회에 제출해야 합니다. 다만, 대통령령의 경우에는 입법예고를 하는 때(입법예고를 생략하는 경우에는 법제처장에게 심사를 요청하는 때를 말한다)에도 그 입법예고안을 10일 이내에 제출하여야 한다."고 규정하여 대통령령등 법규명령 등의 국회제출제를 도입했습니다. 이는 일종의 의회제출절차를 제도화한 셈이지만, 국회법은 이들 법규명령들의 국회 (소관 상임위) 제출만을 의무화하는데 그치고 있어 제출의무 불이행시 제재등 법적 효과나 후속조치에 관하여는 침묵하고 있기 때문에 실효성이 있을지 의문이 제기됩니다.

국회법은 2005년 7월 28일의 개정법에서 이 제도의 실효성을 확보하기 위한 다소 강화된 수단들을 도입했습니다. 즉, 기간 내에 제출하지 못한 경우에는 그 이유를 소관상임위원회에 통지하도록 하고(같은 조 ②), 상임위원회가 위원회 또는 상설소위원회를 정기적으로 개회하여 그 소관중앙행정기관이 제출한 대통령령·총리령 및 부령에 대하여 법률 위반 여부등을 검토하여 당해 대통령령등이 법률의 취지 또는 내용에 합치되지 아니하다고 판단되는 경우에는 소관중앙행정기관의 장에게 그 내용을 통보할 수 있도록 하는 한편, 그 경우 중앙행정기관의 장은 통보받은 내용에 대한 처리 계획과 그 결과를 지체 없이 소관상임위원회에 보고하여야 한다고 규정했습니다(③). 또한 전문위원은 제3항의 규정에 의한 대통령령등을 검토하여 그 결과를 당해위원회 위원에게 제공하도록 했습니다(④).

2015년 5월 29일, 제19대 국회에서 여·야 국회의원 211명의 찬성으로 가결된 국회법 개정법률안은 국회법 제98조의2 규정의 내용을 한층 더 강화하여 중앙행정기관이 제출한 대통령령 등에 대해 상임위원회가 법률에의 위반 여부를 검토하여 수정·변경을 요구할 수 있도록 하고, 중앙행정기관의 장에게 수정·변경을 요구 받은 사항의 처리 및 소관 상임위원회에의 결과 보고 의무를 부과했습니다. 정치권과 언론, 법조계, 학계에 치열한 논란을 불러 일으켰던 이 개정안은 같은 해 6월 25일 대통령의 거부권 행사로 무산되고 말았지요.

법규명령에 대한 정치적 통제는 국회의 국정조사 및 감사를 통하여 이루어질 수 있습니다.

한편 민중적 통제방법으로는 법규명령제정과정에 대한 참가제도라든지 입법청원, 법령안의 입법예고 등을 생각할 수 있는데 현행법상 청원과 입법예고제가 실시되고 있습니다.

6.2. 사법적 통제

사법에 의한 통제는 곧 재판 통제입니다. 재판 통제 방법으로는 통상의 행정소송 외에 추상적·구체적 규범통제제도, 헌법소원 등이 있으나, 추상적 규범통제제도는 채택되어 있지 않고, 법규명령의 위헌·위법성을 재판의 전제가 된 때에 한하여 부수적으로 통제하는 구체적 규범통제방법과 헌법소원이 주된 통제수단이 됩니다. 법규명령이 직접 국민의 법적 지위에 영향을 미치는 처분적 성격을 띨 때에는 예외적으로 취소소송의 대상이 될 수 있습니다. 헌법재판소가 시사한 바 있듯이 일정한 조건하에 법률의 제정을 소구하는 헌법소원이 인정된다면,23 법률의 명시적 위임이 있었음에도 수임자가 이를 방치하고 있을 때에는 법규명령 제정을 소구하는 헌법소원도 가능하겠지요. 실제로 헌법재판소는 구 군법무관임용법 제5조 제3항 및 군법무관임용등에관한법률 제6조가 군법무관의 봉급과 그 밖의 보수를 법관 및 검사의 예에 준하여 지급하도록 하는 대통령령을 제정할 것을 규정하였는데, 대통령이 해당 대통령령을 제정하지 않는 것이 청구인들(군법무관들)의 기본권을 침해한 것이라고 판시한 바 있습니다.24

1. 우리 헌법은 국가권력의 남용으로부터 국민의 자유와 권리를 보호하려는 법치국가의 실현을 기본이념으로 하고 있고, 자유민주주의 헌법의 원리에 따라 국가의 기능을 입법·행정·사법으로 분립하여 견제와 균형을 이루게 하는 권력분립제도를 채택하고 있어, 행정과 사법은 법률에 기속되므로, 국회가 특정한 사항에 대하여 행정부에 위임하였음에도 불구하고 행정부가 정당한 이유 없이 이를 이행하지 않는다면 권력분립의 원칙과 법치국가의 원칙에 위배되는 것이다.

2. 가. 구 군법무관임용법 제5조 제3항은 1967. 3. 3. 제정되어 2000. 12. 26. 폐지되었고, 군법무관임용등에관한법률 제6조는 2000. 12. 26. 제정되었다. 그러나 해당 시행령은 지금까지 제정된바 없다. 위 구법조항과 현행법 조항은 자구 내용만 일부 달라졌을 뿐 기본적으로 내용이 동일하다. 그렇다면 위 구법조항 시행시부터 약 37년간 해당 시행령에 관한 입법부작위 상태가 지속되고 있다.

나. 행정부가 위임 입법에 따른 시행명령을 제정하지 않거나 개정하지 않은 것에 정당한 이유가 있었다면 그런 경우에는 헌법재판소가 위헌확인을 할 수는 없다. 그러한 정당한 이유가 인정되기 위해서는 그 위임입법 자체가 헌법에 위반된다는 것이 명백하거나, 행정입법 의무의 이행이 오히려 헌법질서를 파괴하는 결과를 가져옴이 명백할 정도는 되어야 할 것이다.

다. 이 사건 입법부작위의 정당한 이유로써 거론된 '타 병과 장교와의 형평성 문제'는 시행령 제정의 근거가 되는 법률의 개정을 추구할 사유는 될 수 있어도, 해당 법률에 따른 시행령 제정을 거부하는 사유는 될 수 없다. 또한 '예산상의 제약'이 있다는 논거도 예산의 심의·확정권을 국회가 지니고 있는 한 이 사건에서 입법부작위에 대한 정당한 사유라고 하기 어렵다.

라. 한편 법률이 군법무관의 보수를 판사, 검사의 예에 의하도록 규정하면서 그 구체적 내용을 시행령에 위임하고 있다면, 이는 군법무관의 보수의 내용을 법률로써 일차적으로 형성한 것이고, 따라서 상당한 수준의 보수청구권이 인정되는 것이라 해석함이 상당하다. 그러므로 이 사건에서 대통령이 법률의 명시적 위임에도 불구하고 지금까지 해당 시행령을 제정하지 않아 그러한 보수청구권이 보장되지 않고 있다면 그러한 입법부작위는 정당한 이유 없이 청구인들의 재산권을 침해하는 것으로써 헌법에 위반된다.

이후 대법원도 같은 견지에서 행정입법 부작위로 인한 보수청구권 침해를 불법행위로 판시했습니다.

---

23 헌법재판소 1992. 12. 24. 선고 90헌마174 결정.
24 헌법재판소 2004. 2. 26. 선고 2001헌마718 결정(입법부작위 위헌확인).

"입법부가 법률로써 행정부에게 특정한 사항을 위임했음에도 불구하고 행정부가 정당한 이유 없이 이를 이행하지 않는다면 권력분립의 원칙과 법치국가 내지 법치행정의 원칙에 위배되는 것으로서 위법함과 동시에 위헌적인 것이 되는바, 구 군법무관임용법(1967. 3. 3. 법률 제1904호로 개정되어 2000. 12. 26. 법률 제6291호로 전문 개정되기 전의 것) 제5조 제3항과 군법무관임용 등에 관한 법률(2000. 12. 26. 법률 제6291호로 개정된 것) 제6조가 군법무관의 보수를 법관 및 검사의 예에 준하도록 규정하면서 그 구체적 내용을 시행령에 위임하고 있는 이상, 위 법률의 규정들은 군법무관의 보수의 내용을 법률로써 일차적으로 형성한 것이고, 위 법률들에 의해 상당한 수준의 보수청구권이 인정되는 것이므로, <u>위 보수청구권은 단순한 기대이익을 넘어서는 것으로서 법률의 규정에 의해 인정된 재산권의 한 내용이 되는 것으로 봄이 상당하고, 따라서 행정부가 정당한 이유 없이 시행령을 제정하지 않은 것은 위 보수청구권을 침해하는 불법행위에 해당한다.</u>"[25]

6.3. 행정적 통제

법규명령은 행정권 내부에서 상급행정기관의 감독, 국가의 지방자치단체에 대한 감독 등을 통해 또는 정부입법절차를 통해 통제될 수 있고, 행정기관·공무원의 법령심사권[26]을 통해서도 통제될 수 있습니다.

---

25 대법원 2007. 11. 29. 선고 2006다3561 판결.
26 김남진, 월간고시, 1991/1, 48. 다만 법령의 적용배제권은 인정되지 않는다고 합니다.

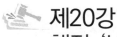

제20강
행정 '내부법'(Innenrecht)이 있다는데: 행정규칙

이번엔 '내부법' 이야기입니다. 행정법에서는 전통적으로 안과 밖이라는 이원적 범주가 지배해 왔습니다. 행정조직 내부에서 필요한 조직의 운영이나 사무처리의 준칙을 보통 행정규칙이라고 합니다. 이것은 내부법이고 외부법, 즉 외부관계에 적용되는 법규는 아닙니다. 법원이나 국민을 기속하는 효력이 있는 법규가 아니라는 뜻이지요. 반면 다른 쪽에서는 이와 상반되는 얘기가 들립니다. 행정규칙의 일반적 효력으로서가 아니라, 행정기관에 법령의 내용을 보충할 권한을 부여한 법령규정의 효력에 의하여 그 내용을 보충하는 기능을 갖게 된다고 합니다. 행정규칙은 법령의 위임한계를 벗어나지 아니하는 한 그와 결합하여 대외적인 구속력이 있는 법규명령으로서의 효력을 가진다고 합니다. 또 형식과 내용의 불일치, 형식의 과잉이니 부족이니 혼란스런 이야기도 나옵니다. 어찌된 일일까요? 자세히 들여다보고 따져 볼 필요가 있습니다.

행정규칙은 사실상 법규 못지않은 영향력을 지닐 수 있지요. 그러나 공포가 필요하지도 않기 때문에 일반 국민이 알기 어렵고 따라서 예측가능성도 떨어집니다. 국민생활에 영향을 미치는 행정규칙의 투명화, 예측가능성 확보, 법치국가적 통제 강화 등을 위해 데이터베이스를 구축하여 공개하기 위한 노력이 이루어져 온 이유입니다. 그런 까닭에 행정규칙의 법적 효력과 통제에 좀 더 진지한 관심을 기울일 필요가 있습니다.

I. 행정규칙의 개념과 유형

1. 개념

행정규칙(Verwaltungsvorschriften: VV)이란, 상급행정청 또는 상급자가 하급행정청 또는 하급직원에 대하여 행정조직 내부에서 행정조직의 운영, 행정사무의 처리(법률집행·재량행사·행정절차 등)를 규율하기 위하여 발하는 일반추상적 규정을 말합니다.[1] 행정조직의 위계상 상급자는 하급자에 대해 소관사무에 관한 직무상 명령권 (Weisungskompetenz)을 가지는데 이 명령권은 개별적 지시나 일반적 지시 또는 일반추 상적인 규범의 형태로 행사됩니다.

> 가령 구청장은 부하직원에게 출장명령을 발하거나 관할구역내의 모든 불법건축물의 철거를 지 시하거나 구청소속 각부서장의 부재시 상호적 권한대리에 관한 규정을 발할 수 있는데, 이 중 일 반추상적인 규범의 형태로 발해지는 것이 바로 행정규칙[2]입니다.

법적 성질, 효력, 발령근거의 필요 여부 등 논란이 있지만, 행정규칙은 일정한 예외를 제외하고는, 행정의 내부법(Innenrecht)으로서 법규가 아니므로 외부적 구속력 이 없고 따라서 법률의 근거 없이도 집행권의 고유권한으로 발할 수 있다는 것이 통 설입니다. 따라서 행정규칙을 행정상 '입법'의 일종이라고 하거나 '행정입법'의 형태 를 띤 행위형식이라고 말하는 것은 문제가 있습니다. 행정규칙은 다음과 같은 문제 영역과 관계를 맺고 있습니다.

① 법원론: 행정규칙을 법원(法源)으로 볼 수 있는지가 문제된다.
② 법률의 유보: 법률 또는 법규명령으로 규율되어야 할 사항은 행정규칙으로 규율할 수 없다.
③ 재량·판단여지의 법리: 법률로 규율된 영역에서 행정규칙은 재량 또는 판단여지가 인정되는 범위 내에서만 발해질 수 있다.
④ 행위형식론: 행정규칙 또한 그 자체로서 특수한 종류의 행위형식이다.
⑤ 행정조직: 행정규칙은 행정의 위계구조를 전제조건으로 하는 제도이다.

---

1 이에 관하여는 김동희, 행정법 I, 143; Ossenbühl, in: Erichsen/Martens, allgemeines Verwaltungsrecht, Rn.31; Maurer, aaO, § 24 Rn.1 등을 참조.
2 행정규칙에 관한 용어례는 일정치 않으며 「행정규칙」 외에도 예규·운영지침·통첩·규정·행 정명령 등 다양한 용어가 사용되고 있으나 이를 총칭하는 개념으로 「행정규칙」이 통용되고 있습니다.

행정규칙은 자체로서 특수한 종류의 행정작용 형식입니다.[3] 이것은 행정조직상 상급기관이 그 지휘·감독권에 의거하여 하급기관의 권한행사를 지휘할 수 있도록 함으로써 행정이 전체로서 통일성을 기할 수 있도록 해 줍니다. 또 행정규칙은 제한된 범위에서 국민에게 중대한 법적 영향을 미칠 수 있습니다. 고도과학기술행정 등 분야에 따라 법률의 유보에 입각한 법적 규율(Verrechtlichung)이 극히 미흡한 수준에 머무르는 경우가 많기 때문에 행정규칙이 중요한 역할을 수행합니다(예: 자금지원 교부지침: Subventionsrichtlinie). 법적 성질을 둘러싼 아직도 진행 중인 논란에도 불구하고, 행정규칙을 행위형식의 일종으로 다뤄야 할 이유입니다.[4]

2. 행정규칙의 유형

행정규칙은 넓은 뜻에서 특별권력관계와 행정조직 내부에서 정립되는 일반추상적 규정으로 보아 조직규칙(예: 사무분장규정), 근무규칙(예: 훈령), 영조물규칙(예: 국립대학교 학칙)으로 분류할 수 있습니다. 여기서는 행정규칙을 그 내용과 형식에 따라 분류해 살펴보기로 합니다.

2.1. 내용에 따른 분류

(1) 조직 및 근무규칙

조직 및 근무규칙(Organisations – und Dienstvorschriften)이란 행정기관이 보조기관 또는 소속관서의 설치·조직·권한배분·사무처리절차 등을 정하기 위하여 또는 상급기관이 하급기관의 직무수행을 지속적으로 규율하기 위하여 발하는 행정규칙을 말합니다. 관청 내부의 사무분장규정, 사무처리규정 같은 조직규칙[5]과 훈령·지시·예규·

---

3 독일에서 행정규칙을 행정조직의 위계구조를 전제로 하는 제도라고 보아 행정조직법의 차원에서 다루고 있음은 유의할 만한 점입니다(Maurer, § 24 Rn.6).
4 김남진, 국가의 경제에의 참여와 개입, 『공법연구』 제16집(1988), 107 및 거기 인용된 Jürgen Becker, Öffentliche Unternehmen als Gegenstand des Wirtschaftsverwaltungsrechts, DÖV 1984, 317 등을 참조.
5 조직규칙의 규율범위는 행정조직법정주의로 인하여 제한되어 있습니다.

일일명령 같은 근무규칙이 포함됩니다.

(2) 해석규칙

해석규칙(norminterpretierende VV, Auslegungsrichtlinie)이란 법규, 특히 불확정 개념의 통일적 적용을 기하기 위하여 해석지침을 정하는 행정규칙을 말합니다. 이것은 하급 기관에게 법 해석적용의 일관된 준거를 제공함으로써 법의 통일적 적용을 보장하는 기능을 합니다.

(3) 재량준칙

재량준칙(ermessenslenkende VV, Ermessensrichtlinie)이란 상급기관이 하급기관에게 재량행사의 일반적 기준을 정해주기 위하여 발하는 행정규칙을 말합니다. 이것은 행 정청의 통일적이고 균일한 재량행사를 확보해 주는 기능을 합니다.

> **간소화지침(Vereinfachungsanweisungen)**
> 이것은 독일에 있어 대량적 행정처분에 대해 그 통일적 처분기준을 설정하기 위하여 발하는 행 정규칙을 말합니다. 간소화지침은 특히 세법상 합산과세, 조세감면의 기준설정, 평가지침 등에 의 한 조세부과과정을 단순화하는데 봉사합니다.[6]

(4) 법률대체적 또는 법률보충적 행정규칙

적용할 법률이 존재하지 아니하거나 개괄적으로만 규정되어 있어 구체화가 필 요한 경우 이를 대체 또는 보충하기 위하여 발하는 행정규칙이 법률대체적 또는 법 률보충적 행정규칙(gesetzesvertretende oder normkonkretisierende VV)[7]입니다.

2.2. 실정법상 형식에 따른 분류

「행정기본법」 제2조 제1호에서 "법령등"을 "법령"과 "자치법규"(나목 지방자치단체 의 조례 및 규칙)로 나누어 정의하면서, 가목에서 다시 "법령"을 다음 세 가지로 구분

---

6 Erichsen/Martens, § 7 Rn.37.
7 독일에서는 그 예로 자금지원 교부지침(Subventionsrichtlinie), 대기환경기준(TA Luft), 상수 원보호구역지침(Richtlinie für Trinkwasserschutzgebiete), 공업규격기준(DIN: Deutsches Institut für Normung e.V.) 등이 거론됩니다.

하고 있습니다. 첫째, 법률 및 대통령령·총리령·부령(가목 1)), 둘째, 국회규칙·대법원규칙·헌법재판소규칙·중앙선거관리위원회규칙 및 감사원규칙(가목 2)), 그리고 이들 첫째와 둘째 유형의 법령의 위임을 받아 중앙행정기관(「정부조직법」 및 그 밖의 법률에 따라 설치된 중앙행정기관)의 장이 정한 훈령·예규 및 고시 등 '행정규칙'(가목 3))이 그것입니다. 이에 따라 위 가목 1)과 2)의 위임을 받아 중앙행정기관(「정부조직법」 및 그 밖의 법률에 따라 설치된 중앙행정기관)의 장이 정한 훈령·예규 및 고시 등이 '행정규칙'이란 상위개념으로 포용되고 있습니다. 그러나 중앙행정기관외에 지방자치단체도 그 소관업무의 범위 안에서 행정규칙을 제정할 수 있다는 것을 배제할 수는 없을 것입니다. 그런 이유에서 「행정기본법」 제2조 제1호 가목 3)의 '행정규칙'은 이론상 행정규칙에 대한 일반적·포괄적 정의라고 볼 수 없습니다. 일반적으로 행정규칙은 실정법상 형식에 따라 고시와 훈령으로 나뉘며, 훈령은 다시 좁은 의미의 훈령·지시·예규·일일명령으로 세분됩니다. 행정규칙의 세부 유형으로 거론되는 규범들은 다음과 같습니다.

(1) 고시

고시란 행정기관이 법령이 정하는 바에 따라 일정한 사항을 불특정다수의 일반인에게 공표하는 행정규칙을 말합니다. 그러나 고시라는 이름으로 발해지는 행정의 행위형식은 행정규칙 말고도 다양한 법적 성질을 띤 경우가 적지 않습니다.

> **고시의 유형**
>
> 일반적으로 고시의 법적 성질은 일률적으로 판단될 것이 아니라 고시에 담겨진 내용에 따라 구체적인 경우마다 달리 결정됩니다. 즉, <u>고시가 일반·추상적 성격을 가질 때에는 법규명령 또는 행정규칙에 해당하지만, 고시가 구체적인 규율의 성격을 가진다면 행정처분에 해당</u>한다는 것이 헌법재판소의 판례입니다.[8] 고시는 「국토의 계획 및 이용에 관한 법률」에 의한 도시관리계획결정의 고시, 용도지역·용도지구·용도구역의 지정·고시, 도로법에 의한 도로구역결정의 고시 등처럼 불특정다수인의 권리의무를 권력적으로 규율하는 일반처분에 해당할 수 있고, 준법률행위적 행정행위(통지)의 성질을 띠는 경우도 있습니다. 가령 토지보상법에 따른 사업인정의 고시는 기업자에게 사업인정이 주어졌다는 객관적 사실의 통지로서 공고에 해당합니다. 고시는 정부가 결정된 유류정책의 내용을 공표하는 경우와 같이 단순한 사실행위로 행해질 수도 있습니다.

---

8 헌법재판소 1998. 4. 30. 선고 97헌마141 결정; 헌법재판소 2004. 1. 29. 선고 2001헌마894 전원재판부 결정(정보통신망이용촉진및정보보호등에관한법률 제42조 등 위헌확인).

(2) 훈령(광의)

「행정업무의 효율적 운영에 관한 규정」9 제4조는 '공문서'를 법규문서·지시문서·공고문서·비치문서·민원문서 및 일반문서로 나누고, 그중 법규문서는 헌법·법률·대통령령·총리령·부령·조례 및 규칙 등에 관한 문서를(§ 4 1호), 지시문서는 훈령·지시·예규 및 일일명령 등 행정기관이 그 하급기관이나 소속 공무원에 대하여 일정한 사항을 지시하는 문서로 정의합니다(§ 4 2호). 여기서 지시문서, 즉 그 문서에 담긴 지시가 행정규칙에 해당한다고 볼 수 있습니다.

① 훈령

상급기관이 하급기관에 대하여 장기간에 걸쳐 그 권한의 행사를 일반적으로 지시(지휘·감독)하기 위하여 발하는 명령입니다. 이것은 특정 공무원 개인에 대한 명령으로서 그 개인의 직무에 대하여 구속력을 지닌 직무명령과는 구별됩니다. 공무원 교체시 직무명령은 상대방이 바뀌어 무의미해지지만, 훈령은 공무원 개인이 교체되더라도 구속력을 가집니다.

② 지시

상급기관이 직권 또는 하급기관의 문의에 따라 개별적·구체적으로 발하는 명령입니다. 엄밀히 볼 때, 이것은 일반추상적 규율이 아니므로 행정규칙에 해당한다고 보기 어렵습니다.10

③ 예규

행정사무의 통일을 기하기 위하여 반복적 행정사무의 처리기준을 제시하는 법규문서 외의 문서입니다.

④ 일일명령

당직·출장·시간외근무·휴가 등 일일업무에 관한 명령입니다.

---

9 행정환경 변화에 대응하여 정부의 일하는 방식을 개선해야 한다는 요구가 대두됨에 따라 기존의 문서 관리 위주의 규정에서 협업과 지식행정, 영상회의의 활성화 등 최근 변화하는 업무수행 방식을 포괄할 수 있도록 하기 위하여 「사무관리규정」이 2011. 12. 21. 「행정업무의 효율적 운영에 관한 규정」(대통령령 제23383호)으로 제명을 바꾸어 전부 개정되었습니다.
10 김남진, 행정법 I, 195.

II. 행정규칙의 법적 성질과 효력

1. 행정규칙의 법적 성질

행정규칙의 법원성과 법규성은 크게 논란되고 있습니다. 행정규칙의 법원성에 관한 논의는 우선 그 용어법에서부터 혼선이 있지요. 즉 법원(Rechtsquelle)의 개념을 외부법(Außenrecht: 우리나라에서의 '법규' 개념)에 국한시킨다면, '행정규칙은 외부, 즉 대국민적인 구속력이 없다'는 전통적 견해에 따르면 행정규칙의 법원성도 부정할 수밖에 없습니다. 그러나 반면 법원의 개념을 '모든 법적 규정들'(alle Rechtssätze) 또는 '행정사무처리의 기준'으로 파악한다면 행정규칙의 법원성은 인정될 터이고, 다만 단지 법원 중 외부법과 내부법을 구별할 필요가 생길 뿐입니다. 반면 행정규칙의 외부적 효력을 인정한다면 당연히 그 법원성이 인정되겠지요. 한편 '행정규칙의 법규성'이란 이름 아래 그 대외적 효력(Außenwirkung)의 유무, 즉 그 대국민적 구속력 여부가 다투어지고 있으므로, 혼란을 회피하기 위해서라도 법규성이란 개념 대신 대외적 효력이란 말을 사용하여 문제를 다루는 것이 바람직할 것입니다. 우리나라에서는 이러한 의미에서 행정규칙의 법규성 문제가 논의되고 있습니다.

2. 행정규칙의 효력

2.1. 행정내부적 효력

행정규칙은 행정조직 내부에서 그 권한행사를 지휘·감독하기 위하여 발하는 명령이므로, 그 대외적 효력 여하와는 별도로 행정내부적 효력을 지닙니다. 행정규칙의 수범자로 된 행정청이나 공무원은 그 직무상 복종의무(dienstrechtliche Gehorsamspflicht)에 따라 행정규칙을 준수하고 적용해야 합니다. 반면 행정규칙은 일방적·편면적 구속력을 지니므로 행정의 자기구속이 성립되는 경우 외에는 이를 발한 행정청 자신을 구속하지 않습니다. 그 효력이 미치는 범위(Reichweite)는 행정조직법상 지휘·감독권 또는 소관사무의 범위와 일치합니다. 따라서 가령 기획재정부장관이 발한 행정규칙은 행정안전부 소속기관이나 공무원에게는 구속력이 없습니다. 또 행정규칙의 효력은 행정주체 내부에 국한되므로,[11] 가령 어느 한 지방자치단체에서 발해진 행정규칙이 다른 지방자치단체에서 구속력을 발할 수 없음은 물론이지요. 다만 지방자치단체가 수행하는 단체위임사무처럼 국가가 법적 통제뿐만 아니라 전문통제(Fachaufsicht) 권한을 가지는 경우 예외적으로 국가가 이에 관해 발령한 행정규칙은 지방자치단체의 기관에 대해서도 구속력을 가집니다. 행정규칙의 구속력은 공무원법상 징계책임에 의해 뒷받침되기도 합니다.

2.2. 대외적 효력

행정규칙은 그 수권의 기초나 규율범위 면에서 볼 때 행정조직 내부에서의 명령 내지 규범정립작용에 불과한 것이므로 원칙적으로 대외적 구속력이 없습니다. 물론 행정규칙도 행정내부적 구속력이 있기 때문에 사실상 대외적 구속력을 발휘하는 경우가 빈번한 것은 사실입니다. 그렇지만 이것은 어디까지나 법이 직접 의도하지 않은 사실상의 결과일 뿐이고, 이러한 사실상의 외부효에 기하여 법적 통제 문제가 제기되는 것도 당연하지만, 그렇다고 이를 행정규칙의 외부효와 동일시할 수는 없습니다.

(1) 원칙: 행정규칙은 대외적 구속력을 갖지 않습니다.

행정규칙은 원칙적으로 대외적 구속력이 없습니다.

> ┌─────────────┐
> │ 구체적 적용례 │
> └─────────────┘
>
> "훈령이란 행정조직 내부에 있어서 그 권한의 행사를 지휘 감독하기 위하여 발하는 행정명령으로서 훈령·예규·통첩·지시·고시·각서 등 그 사용명칭여하에 불구하고 공법상의 법률관계 내부에서 준거할 준칙 등을 정하는데 그치고 대외적으로는 아무런 구속력을 가지는 것이 아니다."[12]
>
> "국세청의 기본통칙은 과세관청 내부에 있어서 세법의 해석기준 및 집행기준을 시달한 행정규칙에 불과하고, 법원이나 국민을 기속하는 효력이 있는 법규가 아니므로(대법원 1992. 12. 22. 선고 92누7580 판결, 2004. 10. 15. 선고 2003두7064 판결 등), 기본통칙 그 자체가 과세처분의 적법한 근거가 될 수 없음은 조세법률주의의 원칙상 당연하다."[13]

---

11 Maurer, § 24 Rn.18.
12 대법원 1983. 6. 14. 선고 83누54 판결.
13 대법원 2007. 2. 8. 선고 2005두5611 판결(종합소득세부과처분취소).

"'행정규칙'은 상위법령의 구체적 위임이 있지 않는 한 행정조직 내부에서만 효력을 가질 뿐 대외적으로 국민이나 법원을 구속하는 효력이 없다. 다만 행정규칙이 이를 정한 행정기관의 재량에 속하는 사항에 관한 것인 때에는 그 규정 내용이 객관적 합리성을 결여하였다는 등의 특별한 사정이 없는 한 법원은 이를 존중하는 것이 바람직하다. 그러나 행정규칙의 내용이 상위법령에 반하는 것이라면 법치국가원리에서 파생되는 법질서의 통일성과 모순금지 원칙에 따라 그것은 법질서상 당연무효이고, 행정내부적 효력도 인정될 수 없다. 이러한 경우 법원은 해당 행정규칙이 법질서상 부존재하는 것으로 취급하여 행정기관이 한 조치의 당부를 상위법령의 규정과 입법 목적 등에 따라서 판단하여야 한다(대법원 2019. 10. 31. 선고 2013두20011 판결 등 참조)."[14]

이처럼 상급행정기관이 소속 공무원이나 하급행정기관에 대하여 세부적인 업무처리절차나 법령의 해석·적용 기준을 정해 주는 '행정규칙'은 상위법령의 구체적 위임이 없는 한 행정조직 내부에서만 효력을 가질 뿐 대외적으로 국민이나 법원을 구속하는 효력이 없다는 것이 확립된 판례이자 통설입니다.[15] 물론 대외적 구속력이 없다고 해서 법원이 이를 전적으로 무시할 수 있는 것은 아닙니다. 이와 관련하여 행정규칙이 이를 정한 행정기관의 재량에 속하는 사항에 관한 것인 때에는 그 규정 내용이 객관적 합리성을 결여하였다는 등 특별한 사정이 없는 한 법원은 이를 존중하는 것이 바람직하다는 것이 대법원의 판례입니다.[16]

(2) 예외: 행정규칙이 대외적 구속력을 가지는 경우

행정규칙이 예외적으로 대외적 구속력을 갖는 경우가 있습니다. 법령에서 행정규칙으로 행정청에 법령의 구체적 내용을 보충할 권한을 부여한 경우, 또는 평등원칙이나 신뢰보호의 원칙에 따라 행정기관이 규칙에 따라야 할 자기구속을 받는 경우에는 대외적 구속력을 가집니다.

이 점은 헌법재판소도 명시적으로 확인한 바 있습니다. 즉 헌법재판소는 "이른바 행정규칙은 일반적으로는 대외적 구속력을 갖는 것이 아니며, 다만 행정규칙이 행정관청에 법령의 구체적 내용을 보충할 권한을 부여한 경우 또는 평등의 원칙이나 신뢰보호의 원칙에 따라 행정기관이 규칙에 따라야 할 자기구속을 당하는 경우에는 대외적 구속력을 갖게 되나, 교육위원회의 인사관리규칙은 행정조직내부의 사무지침에 불과하고 그 변경으로 말미암아 인사 대상자의 기본적 권리나 법적 이익이 침해받는다고 할 수 없으므로 위 인사관리규칙은 헌법소원 심판청구의 대상이 될 수 없

---

14 대법원 2020. 11. 26. 선고 2020두42262 판결(과태료부과처분취소).
15 대법원 2019. 7. 11. 선고 2017두38874 판결, 헌법재판소 2004. 10. 28. 선고 99헌바91 결정 등 참조.
16 대법원 2019. 1. 10. 선고 2017두43319 판결; 2019. 10. 31. 선고 2013두20011 판결.

다."고 판시하였습니다.[17]

① 평등원칙에 따른 경우

평등원칙은 또한 행정규칙을 통해 구체화됨으로써 예외적·부분적으로나마 행정규칙에 대외적 효력(법규적 효력)을 부여해 주는 근거가 되기도 합니다. 즉 행정규칙은 상당기간 계속 적용됨으로써 하나의 일관성 있는 행정실무상 관행을 성립시키며, 이에 따라 행정청은 특별한 실질적 근거 없이 유사한 사례를 차별적으로 취급할 수 없다는 구속을 받습니다(행정의 자기구속: Selbstbindung der Verwaltung). 이 경우 평등원칙은 행정규칙을 대외적 효력을 갖는 법규로 전환시키는 전환규범(Umschaltnorm)으로 기능합니다.[18] 만일 행정청이 아무런 정당화사유 없이 개개의 사안에서 종전 행정규칙에 따라 지속된 실무관행을 벗어난 결정을 내린다면, 평등원칙 위반으로 평가되고, 따라서 이로 인해 불평등한 처우를 받은 국민은 (행정규칙의 법규성 여하를 불문하고) 행정쟁송을 통하여 권리구제를 받을 수 있습니다. 그러한 경우 국민은 정작 '행정규칙의 위반' 자체를 근거로 삼을 수는 없을지라도, 행정청이 이를 통하여 헌법상 평등원칙을 위반했다는 것을 이유로 행정소송을 제기할 수 있습니다.[19]

② 신뢰보호의 원칙에 따른 경우

행정규칙은 또한 신뢰보호의 원칙에 따라 개인이 행정기관에 대하여 그가 제정·공포한 행정규칙을 준수할 것을 요구할 권리를 가진다고 인정되는 때에도 대외적 구속력을 가질 수 있습니다.[20] 그러나 엄밀히 따져 볼 때 과연 신뢰보호의 원칙을 근거로 막바로 행정규칙의 대외적 구속력을 인정할 수 있을 것인지에 대해서는 의문의 여지가 있습니다. 왜냐하면 행정규칙은 행정내부에서 행정청이나 공무원을 수범자로 하여 의무를 부과하는 것이므로, 행정규칙만으로는 신뢰보호의 요건, 즉 행정의 의사표명이나 기타의 언동으로 말미암아 행정규칙이 행정청뿐만 아니라 자기에 대해서도 법적 효력을 가질 것(rechtserheblich)이라는 개인의 기대가 성립하였다고 볼 수 있어야 한다는 요건을 충족시킬 수 없는 경우가 일반적일 것입니다. 행정규칙

---

17 헌법재판소 1990. 9. 3. 선고 90헌마13 결정.
18 이것은 독일 연방행정법원의 판례이기도 합니다(BVerwGE 58, 45, 49).
19 Maurer, § 24 Rn.21.
20 헌법재판소 1990. 9. 3. 선고 90헌마13 결정; Klein, Festgabe für Forsthoff, S.179ff.

이 공고되었다 하여도 사정이 달라지는 것은 아니지요. 왜냐하면 행정규칙은 어디까지나 행정청이나 그 소속 공무원에 대해 발해지는 것이지 국민을 상대방으로 하여 발령되는 것은 아니기 때문입니다. 이렇게 본다면 행정규칙이 신뢰보호의 원칙에 의하여 대외적 구속력을 갖기 위해서는 단순히 행정규칙이 제정·공포되었다는 것만으로는 부족하고 신뢰보호를 위한 그 밖의 요건들을 충족시켜야 한다고 해야 할 것입니다. 가령 행정규칙이 구체적인 상황과 관련하여 특정인에 대한 일종의 확약의 의미를 갖는 것으로 인정될 수 있는 경우에는 신뢰보호의 원칙에 따라 그 대외적 효력을 가진다고 볼 수 있습니다.[21]

③ '규범구체화적 행정규칙'의 경우

행정규칙이 외부적 구속력을 가지는 또 하나의 예외는 앞서 소개한 헌법재판소의 결정이 적시한 바와 같이 법령이 행정규칙으로 행정관청에 법령의 구체적 내용을 보충할 권한을 부여한 경우에 성립합니다. 이와 같이 법령이 행정규칙으로 행정관청에 법령의 구체적 내용을 보충할 권한을 부여한 경우 행정규칙이 외부적 구속력을 가진다고 하는 것은 독일 연방행정법원의 '빌' 판결(Whyl-Urteil)을 계기로 전개되어 국내 일부 문헌에서 수용된, 이른바 '규범구체화적 행정규칙'의 법리와 무관하지 않습니다.

> **참고사항: '빌' 판결(Whyl-Urteil)과 규범구체화 행정규칙의 법리**
>
> 이 법리는 1985년 12월 19일 독일 연방행정법원(제7부)의 '빌' 판결(Whyl-Urteil)에서 비롯된 것입니다. 연방행정법원은 "배출공기 또는 지표수를 통한 방사능유출량에 대한 일반적 산출기준은 규범구체화 지침(normkonkretisierende Richtlinie)으로서 또한 행정법원들을 구속한다."고 판시하였습니다(BVerwGE 72, 300, 301).[22] 연방행정법원에 따르면, 그 지침이란 단지 규범해석 행정규칙(norminterpretierende Verwaltungsvorschrift)과는 달리 규범상 설정된 한계 내에서 행정법원을 구속한다고 합니다. 법원은 오로지 이 지침이 자의적 조사에 근거한 것인지 여부와, 허가관청이 이러한 산출기준을 적용함에 있어, 그러한 방식으로 정해진 방사선피폭량(노출기준치)을 토대로, 개개의 변수에 관해 현존하는 불확정성에도 불구하고 충분히 수용가능한 평가를 내릴 수 있다고 볼 수 있는지 여부에 관해서만 심사할 수 있다는 것입니다. 이 판결을 계기로 규범구체화적 행정규칙이란 개념이 탄생되었지만 그 법적 실체의 근거나 적용한계가 확립된 것은 아니었습니다. 이후 연방행정법원은 1986년의 대기오염기준에 관한 행정규칙인 'TA-Luft'를 법률의 근거에 의해 발해진, 연방이미씨온보호법 제1조, 제3조 및 제5조의 요건들을 구체화하기 위한 행정규

---

21 Maurer, § 24, Rn.24, S.557.
22 이 판결의 내용에 관하여 상세한 것은 최정일, 법규범구체화행정규칙의 법적 성질 및 효력, 『판례월보』 제264호, 34 이하; 독일에서의 행정규칙의 법적 성질 및 효력 — 특히 규범구체화행정규칙을 중심으로 —, 서울대학교 법학박사학위논문, 1995, 193 이하를 참조.

칙에 해당한다고 보았지만, 그 밖의 다른 주장에 대해서는 확연히 후퇴하는 태도를 보였습니다.[23] 이 판결을 둘러싸고 과연 규범구체화 행정규칙과 같은 법적 실체가 독일의 법원체계에서 인정될 수 있는지, 그리고 그것에 어떠한 법적 효과가 결부될 수 있는지에 관해서 법해석론상 완전히 규명된 것은 아니라는 관측이 나왔습니다.[24] 물론 연방행정법원의 '뷜' 판결이 법원의 통제를 행정의 증대된 책임과 최종결정권을 위하여 후퇴시켜 왔던 연방최고법원들의 일반적 경향에 부합되는 것은 사실이지만, 이후 연방헌법재판소는 원자력법상 허가를 행정규칙의 법적 성질 판단과 관련하여 특수 사례(Sonderfall)로 지칭한 바 있습니다.[25]

연방행정법원은 대기환경기준(TA Luft), 상수원보호구역지침(Richtlinien für Trinkwasser-schutzgebiete) 주로 환경법과 기술법 분야에서 "일반적으로 인정된 기술기준"이나 "과학기술 수준" 등과 같은 불확정법개념을 구체화하는 수단으로 규범구체화 행정규칙을 인정해 왔고 2004년에는 사회법 분야에서 '청구권구체화 행정규칙'(anspruchskonkretisierende Verwaltungsvorschrift)을 인정하면서 기본법상 법치국가원칙과 효과적인 권리보호 보장(Garantie des effektiven Rechtsschutzes: Art. 19 Abs. 4 GG)으로부터 제3자에 직접적 외부효를 미치는 행정규칙은 이해관계자들에게 전면적으로 공지되어야 한다는 요구를 도출하면서 이러한 종류의 행정규칙들은 공고되지 아니하면 효력을 가질 수 없다고 판시했습니다.[26]

한편 유럽재판소(EuGH)는 일련의 판례를 통해 TA Luft 등 대외적 구속력을 결여한 행정규칙은 유럽연합 지침(Richtlinie)의 전환조치로 적절치 않으며, 독일 국내법원들이 TA Luft 등을 규범구체화 행정규칙으로 보아 외부효력을 인정해 왔다는 독일정부의 주장을 일축하여 독일 공법학계에 충격을 주었습니다.[27]

대법원의 판례 중에는 법률보충적인 행정규칙이 성립할 수 있음을 시인하여 그러한 행정규칙, 규정이 당해법령의 위임한계를 벗어나지 아니하는 한 이들과 결합하여 대외적인 구속력이 있는 법규명령으로서 효력을 가질 수 있음을 인정한 것이 있습니다.

"상급행정기관이 하급행정기관에 대하여 업무처리지침이나 법령의 해석적용에 관한 기준을 정하여서 발하는 이른바 행정규칙은 일반적으로 행정조직내부에서만 효력을 가질 뿐 대외적인 구속력을 갖는 것은 아니지만, 법령의 규정이 특정행정기관에게 그 법규명령의 구체적 사항을 정할 수

---

23 BVerwG, NVwZ 1988, 824, 825.

24 Hill, Normkonkretisierende Verwaltungsvorschriften, NVwZ 1989, 402.

25 BVerfG, DVBl 1989, 94.

26 BVerwG, Urteil des fünften Senats vom 25. November 2004, Az. 5 CN 1.03,

27 지하수유럽지침 판결(EuGH, Urt. v. 28.2.1991 – Rs C–131/88); 아황산가스유럽지침 판결(EuGH, Urt. v. 30. 5. 1991 – Rs C–361/88) 등. 이에 관해서는 송동수, "규범구체화 행정규칙과 법규범체계의 재정비 – 독일 행정규칙이론과 유럽재판소 판결을 중심으로 –", 『토지공법연구』 제39집(2008.2), 289–304, Hoppe/Otting, Verwaltungsvorschriften als ausreichende Umsetzung von rechtlichen und technischen Vorgaben der Europäischen Union?, NuR 1998, 64 등을 참조. 이후 유럽재판소의 판례를 존중하여 독일은 유럽지침의 전환을 법규명령으로 대체하는 등 입법조치를 단행했습니다.

있는 권한을 부여하면서 그 권한행사의 절차나 방법을 특정하고 있지 아니 한 관계로 수임행정기관이 행정규칙의 형식으로 그 법령의 내용이 될 사항을 구체적으로 정하고 있다면 <u>그와 같은 행정규칙, 규정은 행정규칙이 갖는 일반적 효력으로서가 아니라, 행정기관에 법령의 내용을 보충할 권한을 부여한 법령규정의 효력에 의하여 그 내용을 보충하는 기능을 갖게 된다 할 것이므로 이와 같은 행정규칙, 규정은 당해 법령의 위임한계를 벗어나지 아니하는 한 그것들과 결합하여 대외적인 구속력이 있는 법규명령으로서의 효력을 갖게 된다.</u>"28

[1] <u>법령의 규정이 특정 행정기관에 그 법령 내용의 구체적 사항을 정할 수 있는 권한을 부여하면서 그 권한 행사의 절차나 방법을 특정하고 있지 않아 수임행정기관이 행정규칙인 고시의 형식으로 그 법령의 내용이 될 사항을 구체적으로 정하고 있는 경우, 그 고시가 당해 법령의 위임 한계를 벗어나지 않는 한, 그와 결합하여 대외적으로 구속력이 있는 법규명령으로서 효력을 가진다.</u>

[2] <u>산지관리법 제18조 제1항, 제4항, 같은 법 시행령 제20조 제4항에 따라 산림청장이 정한 '산지전용허가기준의 세부검토기준에 관한 규정'(2003. 11. 20. 산림청 고시 제2003-71호) 제2조 [별표 3] (바)목 가.의 규정은 법령의 내용이 될 사항을 구체적으로 정한 것으로서 당해 법령의 위임 한계를 벗어나지 않으므로, 그와 결합하여 대외적으로 구속력이 있는 법규명령으로서 효력을 가진다.</u>

[3] 법령상의 어떤 용어가 별도의 법률상의 의미를 가지지 않으면서 일반적으로 통용되는 의미를 가지고 있다면, 상위규범에 그 용어의 의미에 관한 별도의 정의규정을 두고 있지 않고 권한을 위임받은 하위규범에서 그 용어의 사용기준을 정하고 있다 하더라도 하위규범이 상위규범에서 위임한 한계를 벗어났다고 볼 수 없으며, 행정규칙에서 사용하는 개념이 달리 해석할 여지가 있다 하더라도 행정청이 수권의 범위 내에서 법령이 위임한 취지 및 형평과 비례의 원칙에 기초하여 합목적적으로 기준을 설정하여 그 개념을 해석·적용하고 있다면, 개념이 달리 해석할 여지가 있다는 것만으로 이를 사용한 행정규칙이 법령의 위임 한계를 벗어났다고는 할 수 없다.29

또한 '지방자치단체는 … 법령의 범위 안에서 자치에 관한 규정을 제정할 수 있다'고 규정한 헌법 제117조 제1항에 따른 '법령'에 법률 이외에 헌법 제75조 및 제95조 등에 의거한 '대통령령', '총리령' 및 '부령'과 같은 법규명령이 포함되는 것은 물론이지만, "<u>법령의 직접적인 위임에 따라 수임행정기관이 그 법령을 시행하는데 필요한 구체적 사항을 정한 것이면, 그 제정형식은 비록 법규명령이 아닌 고시, 훈령, 예규 등과 같은 행정규칙이더라도, 그것이 상위법령의 위임한계를 벗어나지 아니하는 한, 상위법령과 결합하여 대외적인 구속력을 갖는 법규명령으로서 기능하게 된다고 보아야 한다.</u>"고 판시한 헌법재판소의 판례에 따르면(헌법재판소 1992. 6. 26. 선고 91헌마25 결정, 판례집 4, 444, 449), 헌법 제117조 제1항의 '법령'에는 법규명령으로서 기능하는 행정규칙이 포함된다고 해석하게 됩니다.30

---

28 대법원 1987. 9. 29. 선고 86누484 판결.
29 대법원 2008. 4. 10. 선고 2007두4841 판결(건축불허가처분취소).
30 헌법재판소 2002. 10. 31. 선고 2001헌라1 전원재판부 결정(강남구청과 대통령간의 권한

한편, 행정규칙에 대한 위임입법이 허용되는지 여부 등에 대하여 헌법재판소는 입법자에게 상세한 규율이 불가능하여 행정부에게 필요한 보충을 할 책임이 인정되고 극히 전문적인 식견에 좌우되는 영역에서는 행정기관에 의한 구체화의 우위가 불가피하게 있을 수 있다는 이유에서 제한적으로 행정규칙에 대한 위임입법이 인정될 수 있다고 판시한 바 있습니다.

> **행정규칙에 대한 위임입법의 허용 여부 및 한계**
>
> 1. 오늘날 의회의 입법독점주의에서 입법중심주의로 전환하여 일정한 범위 내에서 행정입법을 허용하게 된 동기가 사회적 변화에 대응한 입법수요의 급증과 종래의 형식적 권력분립주의로는 현대사회에 대응할 수 없다는 기능적 권력분립론에 있다는 점 등을 감안하여 헌법 제40조와 헌법 제75조, 제95조의 의미를 살펴보면, 국회입법에 의한 수권이 입법기관이 아닌 행정기관에게 법률 등으로 구체적인 범위를 정하여 위임한 사항에 관하여는 당해 행정기관에게 법정립의 권한을 갖게 되고, 입법자가 규율의 형식도 선택할 수도 있다 할 것이므로, 헌법이 인정하고 있는 위임입법의 형식은 예시적인 것으로 보아야 할 것이고, 그것은 법률이 행정규칙에 위임하더라도 그 행정규칙은 위임된 사항만을 규율할 수 있으므로, 국회입법의 원칙과 상치되지도 않는다. 다만, 형식의 선택에 있어서 규율의 밀도와 규율영역의 특성이 개별적으로 고찰되어야 할 것이고, 그에 따라 입법자에게 상세한 규율이 불가능한 것으로 보이는 영역이라면 행정부에게 필요한 보충을 할 책임이 인정되고 극히 전문적인 식견에 좌우되는 영역에서는 행정기관에 의한 구체화의 우위가 불가피하게 있을 수 있다. 그러한 영역에서 행정규칙에 대한 위임입법이 제한적으로 인정될 수 있다.
> 2. 행정규칙은 법규명령과 같은 엄격한 제정 및 개정절차를 요하지 아니하므로, 재산권 등과 같은 기본권을 제한하는 작용을 하는 법률이 입법위임을 할 때에는 "대통령령", "총리령", "부령" 등 법규명령에 위임함이 바람직하고, 금융감독위원회의 고시와 같은 형식으로 입법위임을 할 때에는 적어도 행정규제기본법 제4조 제2항 단서에서 정한 바와 같이 법령이 전문적·기술적 사항이나 경미한 사항으로서 업무의 성질상 위임이 불가피한 사항에 한정된다 할 것이고, 그러한 사항이라 하더라도 포괄위임금지의 원칙상 법률의 위임은 반드시 구체적·개별적으로 한정된 사항에 대하여 행하여져야 한다.[31]

쟁의).

31 헌법재판소 2004. 10. 28. 선고 99헌바91 결정. 이 결정에 대해서는 "우리 헌법은 제40조에서 국회입법의 원칙을 천명하면서 예외적으로 법규명령으로 대통령령, 총리령과 부령, 대법원규칙, 헌법재판소규칙, 중앙선거관리위원회규칙을 한정적으로 열거하고 있는 한편 우리 헌법은 그것에 저촉되는 법률을 포함한 일체의 국가의사가 유효하게 존립될 수 없는 경성헌법이므로, 법률 또는 그 이하의 입법형식으로써 헌법상 원칙에 대한 예외를 인정하여 고시와 같은 행정규칙에 입법사항을 위임할 수는 없다."는 재판관 권 성, 재판관 주선회, 재판관 이상경의 반대의견이 붙어 있습니다.

III. 행정규칙의 적법요건·흠과 그 효과

1. 행정규칙의 적법요건

행정규칙이 적법하게 성립하여 효력을 발생하기 위하여는 정당한 권한을 가진 기관(주체)이 상위법령에 저촉되지 않고 명확하며 또 실현가능한 내용(내용)으로 소정의 절차와 형식을 갖추어 제정되어야 합니다. 그러나 행정규칙은 원칙적으로 대외적 구속력을 갖지 않으므로 공포가 필요하지 않습니다. 행정규칙은 적당한 방법으로 통보되고 도달하면 효력을 발생합니다.

> "구 소득세법시행령(1989.8.1. 대통령령 제12767호로 개정되기 전의 것) 제170조 제4항 제2호에 의하여 국세청장이 지정하는 거래(이하 투기거래라고 합니다)를 규정한 재산제세조사사무처리규정(국세청훈령 제980호) 제72조 제3항은 그 형식은 행정규칙으로 되어 있으나, 위 소득세법시행령의 규정을 보충하는 기능을 가지면서 그와 결합하여 법규명령과 같은 효력(대외적 효력)을 가지는 것으로서 법령의 위임한계를 벗어났다는 등 특별한 사정이 없는 한 양도소득세의 실지거래가액에 의한 과세의 법령상의 근거가 되는 것이나, 위와 같은 국세청장의 투기거래의 지정은 법령 그 자체는 아닌 것이므로 이를 국세청장으로 하여금 지정하게 하였다고 하여도 이것만 가지고 위 소득세법시행령의 규정이 헌법에 위배된다고 할 수 없고, 재산제세조사사무처리규정 제72조 제3항 제5호는 "부동산을 취득하여 1년 이내에 양도한 때"라고 되어 있어 그 규정내용이 명확하므로 조세법률주의에 어긋나는 무효의 규정이라고 할 수도 없다.
> 전항의 국세청훈령은 국세청장이 구 소득세법시행령 제170조 제4항 제2호에 해당할 거래를 행정규칙의 형식으로 지정한 것에 지나지 아니하므로 적당한 방법으로 이를 표시, 또는 통보하면 되는 것이지, 공포하거나 고시하지 아니하였다는 이유만으로 그 효력을 부인할 수 없다."[32]

그러나 행정규칙의 원칙적 내부법(Innenrecht)적 특성을 이유로 공고가 불필요하다고 일반화하는 것은 문제가 있습니다. 행정규칙이 예외적으로 외부적 구속력를 가진다고 인정된다면 그에 상응하여 공고 등 이해관계인이 알 수 있도록 하는 절차를 거치도록 해야 하지 않을까요. 독일의 경우 2004년 11월 25일 연방행정법원 판결에서 판시한 바와 같이, 제3자에 직접적인 외부효를 미치는 행정규칙은 이를 이해관계자들 모두가 알 수 있게끔 공고할 필요가 있고, 공고되지 아니하면 효력을 가질 수 없다고 보아야 할 것입니다.[33]

한편, 행정 각부의 장이 정하는 고시가 비록 법령에 근거를 둔 것이라고 하더라

---

32 대법원 1990. 5. 22. 선고 90누639 판결.
33 BVerwG, Urteil des fünften Senats vom 25. November 2004, Az. 5 CN 1.03,

도 그 규정 내용이 근거 법령의 위임 범위를 벗어난 경우, 법규명령으로서 대외적 구속력을 인정할 여지가 없다고 하여, 농림부고시인 농산물원산지 표시요령 제4조 제2항의 규정 내용이 근거 법령인 구 농수산물품질관리법 시행규칙에 따라 고시로써 정하도록 위임된 사항에 해당한다고 할 수 없어 법규명령으로서 대외적 구속력을 가질 수 없다고 한 판례가 있습니다.[34]

2. 행정규칙의 흠과 그 효과

앞에서 본 적법요건에 흠이 있으면 그 행정규칙은 위법한 행정규칙이 됩니다. 가령 행정규칙이 내용상 상위법령을 위반한 경우를 생각할 수 있습니다. 대법원 판례도 행정규칙의 내용이 상위법령에 반하는 것이라면 법치국가원리에서 파생되는 법질서의 통일성과 모순금지 원칙에 따라 그것은 법질서상 당연무효이고, 행정내부적 효력도 인정될 수 없다고 합니다.[35] 만일 행정기관이 그와 같은 상위법령에 반하는 행정규칙에 따라 행정조치를 하였다면, 법원은 해당 행정규칙이 법질서상 부존재하는 것으로 취급하여 그 행정조치의 당부를 상위법령의 규정과 입법 목적 등에 따라서 판단하여야 한다고 합니다.[36]

위법한 행정규칙은 무효(nichtig)입니다. 이는 행정행위와는 다르고 법규명령과는 같은 점입니다: 행정규칙의 흠의 효과로서 유효와 무효의 중간단계, 즉 취소가능성(Aufhebbarkeit)이란 상태는 존재하지 않습니다.

> "행정기관이 소속 공무원이나 하급행정기관에 대하여 세부적인 업무처리절차나 법령의 해석·적용 기준을 정해 주는 '행정규칙'은 상위법령의 구체적 위임이 있지 않는 한 조직 내부에서만 효력을 가질 뿐 대외적으로 국민이나 법원을 구속하는 효력이 없다. 행정규칙이 이를 정한 행정기관의 재량에 속하는 사항에 관한 것인 때에는 그 규정 내용이 객관적 합리성을 결여하였다는 등의 특별한 사정이 없는 한 법원은 이를 존중하는 것이 바람직하다. 그러나 행정규칙의 내용이 상위법령이나 법의 일반원칙에 반하는 것이라면 법치국가원리에서 파생되는 법질서의 통일성과 모순금지 원칙에 따라 그것은 법질서상 당연무효이고, 행정내부적 효력도 인정될 수 없다. 이러한 경우 법원은 해당 행정규칙이 법질서상 부존재하는 것으로 취급하여 행정기관이 한 조치의 당부를 상위법령의 규정과 입법 목적 등에 따라서 판단하여야 한다."[37]

---

34 대법원 2006. 4. 28. 자 2003마715 결정(과태료처분결정에대한재항고).
35 2019. 10. 31. 선고 2013두20011 판결.
36 같은 2013두20011 판결.
37 대법원 2020. 5. 28. 선고 2017두66541 판결(공급자등록취소무효확인등청구).

Ⅳ. 행정규칙의 통제

행정규칙을 행정 내부법이라고 해서 그 현실적 영향력을 도외시한 채 법치국가적 통제범위 밖에 방치하는 것은 결코 바람직하지 않습니다. 행정절차법은 고시 등 행정규칙의 제·개정에 관한 절차규정을 두지 않았습니다. 의견수렴 등 사전심사, 공포 등 절차를 거치지 않고도 효력을 발생하게 되어 있어 행정규칙에 대한 사전적 통제수단이 전무한 상태입니다. 특히 규범구체화적 행정규칙이나 규범보충적 행정규칙의 입안시 입법예고를 의무화할 필요가 있습니다.38

행정규칙의 통제는 그 주체에 따라 국회와 국민에 의한 정치적 통제와 사법적 통제, 행정적 통제로 분류될 수 있습니다. 이 중 가장 주된 통제는 행정규칙의 성질을 감안할 때 역시 행정내부적 통제라고 할 수 있습니다. 상세한 설명은 생략합니다.

Ⅴ. 특수문제: 행정규칙에 있어 형식과 내용의 불일치

1. 법규명령의 형식을 띤 행정규칙

1.1. 학설

행정규칙은 보통 고시·훈령·예규 등의 형식을 취하지만, 종종 법규명령의 형식을 띠는 경우도 있습니다. 이처럼 행정규칙 사항을 법규명령 형식으로 정한 경우, 즉 「형식의 과잉」에 의한 규정을 행정규칙으로 볼 것인지 아니면 법규명령으로 볼 것인지, 적극설과 소극설이 대립합니다.

행정규칙으로만 정해야 할 행정규칙 고유의 규율사항이 무엇인지가 반드시 분명하지 않을 뿐만 아니라, 행정권으로서는 위임의 근거가 존재하는 한 동일한 사항을 행정규칙으로 규율하지 않고 법규명령으로 규율할 수 있으므로 적극설, 이를 법규명령으로 보는 것이 타당합니다.

---

38 같은 맥락에서 송동수, 앞의 글(301-302)을 참조.

1.2. 판례

판례는 종래 소극설 입장에 서 있었으나, 적극설로 선회하는 경향을 띠기도 하고 다시 소극설로 기우는 듯한 태도를 보이는 등 다소 일관성이 없는 모습을 보이고 있습니다.

(1) 과거의 판례

종래 부령인 시행규칙 또는 지방자치단체의 규칙으로 정한 행정처분의 기준의 법적 성질에 관하여 대법원은 이를 부령이라는 형식에도 불구하고 행정규칙으로 보았습니다.

> "자동차운수사업법 제31조 제2항의 규정에 따라 제정된 자동차운수사업법 제31조등에 의한 사업면허취소처분등의 처분에 관한 규칙(1989.4.20. 교통부령 제905호)이 형식은 부령으로 되어 있으나 그 규정의 성질과 내용이 자동차운수사업면허의 취소처분 등에 관한 사무처리 기준과 처분 절차 등 행정청내의 사무처리준칙을 규정한 것에 불과한 것이어서 이는 교통부장관이 관계행정기관 및 직원에 대하여 그 직무권한의 지침으로 발한 행정조직 내부에 있어서의 행정명령의 성질을 가지는 것이고 따라서 위 규칙은 행정조직 내부에서 관계 행정기관이나 직원을 구속함에 그치고 대외적으로는 국민이나 법원을 구속할 수 없다."[39]

이후에도 대법원은 대법원 1995. 10. 17. 선고 94누14148 전원합의체 판결에서 "규정형식상 부령인 시행규칙 또는 지방자치단체의 규칙으로 정한 행정처분의 기준은 행정처분 등에 관한 사무처리기준과 처분절차 등 행정청 내의 사무처리준칙을 규정한 것에 불과하므로 행정조직 내부에 있어서의 행정명령의 성격을 지닐 뿐 대외적으로 국민이나 법원을 구속하는 힘이 없고, 그 처분이 위 규칙에 위배되는 것이라 하더라도 위법의 문제는 생기지 아니하고, 또 위 규칙에서 정한 기준에 적합하다 하여 바로 그 처분이 적법한 것이라고도 할 수 없으며, 그 처분의 적법 여부는 위 규칙에 적합한지의 여부에 따라 판단할 것이 아니고 관계 법령의 규정 및 그 취지에 적합한 것인지 여부에 따라 개별적·구체적으로 판단하여야 한다."고 판시함으로써 기존의 판례를 유지하였고, 그 다수의견에서, 행정처분에 효력기간이 정해져 있고 그

---

39 대법원 1991. 11. 8. 선고 91누4973 판결. 이 판례에서 문제된 시행규칙은 종래 훈령으로 정해졌던 것을 법원이 그 법규성을 부인했던 것(대법원 1983. 9. 13. 선고 82누285 판결) 대응하여 교통부가 같은 내용의 것을 법률개정을 통하여 교통부령으로 제정한 것이었습니다.

기간이 경과한 후에는 행정명령에 불과한 각종 규칙상 행정처분 기준에 관한 규정에서 위반 횟수에 따라 가중처분하게 되어 있다 하여 법률상의 이익이 있는 것으로 볼 수는 없다고 판시했습니다. 그러나 이 판결은 대법원 2006. 6. 22. 선고 2003두1684 전원합의체 판결에서 대법원 2003. 10. 10. 선고 2003두6443 판결 등을 비롯한 같은 취지의 판결들과 함께 모두 번복됩니다.

(2) 적극설을 취한 경우

대법원은 시외버스운송사업의 사업계획변경 기준 등에 관한 구 여객자동차 운수사업법시행규칙 제31조 제2항 제1호, 제2호, 제6호의 법적 성질을 법규명령으로 보았습니다.

> "구 여객자동차 운수사업법 시행규칙(2000. 8. 23. 건설교통부령 제259호로 개정되기 전의 것) 제31조 제2항 제1호, 제2호, 제6호는 구 여객자동차 운수사업법(2000. 1. 28. 법률 제6240호로 개정되기 전의 것) 제11조 제4항의 위임에 따라 시외버스운송사업의 사업계획변경에 관한 절차, 인가기준 등을 구체적으로 규정한 것으로서, 대외적인 구속력이 있는 법규명령이라고 할 것이고, 그것을 행정청 내부의 사무처리준칙을 규정한 행정규칙에 불과하다고 할 수는 없다."[40]

또한 대법원은 2006. 6. 22. 선고 2003두1684 전원합의체 판결에서, 제재적 처분이 그 처분에서 정한 제재기간의 경과로 인하여 효과가 소멸되었으나, 부령인 시행규칙 또는 지방자치단체의 규칙의 형식으로 정한 처분기준에서 제재적 행정처분을 받은 것을 가중사유나 전제요건으로 삼아 장래 제재적 행정처분을 하도록 정하고 있는 경우, 부령으로 정한 처분기준의 법적 성질(법규명령인지 여부)에 대한 판단은 유보하였으나 그 규칙의 구속력을 인정했습니다.

> "제재적 행정처분의 가중사유나 전제요건에 관한 규정이 법령이 아니라 규칙의 형식으로 되어 있다고 하더라도, 그러한 규칙이 법령에 근거를 두고 있는 이상 그 법적 성질이 대외적·일반적 구속력을 갖는 법규명령인지 여부와는 상관없이, 관할 행정청이나 담당공무원은 이를 준수할 의무가 있으므로 이들이 그 규칙에 정해진 바에 따라 행정작용을 할 것이 당연히 예견되고, 그 결과 행정작용의 상대방인 국민으로서는 그 규칙의 영향을 받을 수밖에 없다."

(3) 소극설을 취한 경우

대법원은 이후 위 2003두1684 판결과는 사뭇 다른 뉘앙스의 판례들을 내놓아,

---

40 대법원 2006. 6. 27. 선고 2003두4355 판결(시외버스운송사업계획변경인가처분취소).

과거의 소극설로 회귀한 것이 아닌가 하는 추측을 낳았지요. 가령 2007. 9. 20. 선고 2007두6946 판결에서 다음과 같이 판시함으로써 다시 종래의 판례를 확인했기 때문입니다.

[1] 제재적 행정처분의 기준이 부령의 형식으로 규정되어 있더라도 그것은 행정청 내부의 사무처리준칙을 정한 것에 지나지 아니하여 대외적으로 국민이나 법원을 기속하는 효력이 없고, 당해 처분의 적법 여부는 위 처분기준만이 아니라 관계 법령의 규정 내용과 취지에 따라 판단되어야 하므로, 위 처분기준에 적합하다 하여 곧바로 당해 처분이 적법한 것이라고 할 수는 없지만, 위 처분기준이 그 자체로 헌법 또는 법률에 합치되지 아니하거나 위 처분기준에 따른 제재적 행정처분이 그 처분사유가 된 위반행위의 내용 및 관계 법령의 규정 내용과 취지에 비추어 현저히 부당하다고 인정할 만한 합리적인 이유가 없는 한 섣불리 그 처분이 재량권의 범위를 일탈하였거나 재량권을 남용한 것이라고 판단해서는 안 된다.
[2] 약사의 의약품 개봉판매행위에 대하여 구 약사법(2007. 4. 11. 법률 제8365호로 전문 개정되기 전의 것) 제69조 제1항 제3호, 제3항, 같은 법 시행규칙(2005. 10. 7. 보건복지부령 제332호로 개정되기 전의 것) 제89조 [별표 6] '행정처분의 기준'에 따라 업무정지 15일의 처분을 사전통지하였다가, 그 후 같은 법 제71조의3 제1항, 제2항, 같은 법 시행령(2007. 6. 28. 대통령령 제20130호로 개정되기 전의 것) 제29조 [별표 1의2] '과징금 산정기준'에 따라 업무정지 15일에 갈음하는 과징금 부과처분을 한 것이 재량권의 범위를 일탈하거나 재량권을 남용한 것으로 보기 어렵다.[41]

이후에도 대법원은 직접 명시하지는 않았지만, 유사한 입장을 시사한 바 있습니다.

"식품위생법 제58조 제1항에 의한 영업정지 등 행정처분의 적법 여부는 같은 법 시행규칙(2008. 6. 20. 보건복지가족부령 제22호로 개정되기 전의 것) 제53조 [별표 15]의 행정처분기준에 적합한 것인가의 여부에 따라 판단할 것이 아니라 법의 규정 및 그 취지에 적합한 것인가의 여부에 따라 판단하여야 하는 것이고, 행정처분으로 인하여 달성하려는 공익상의 필요와 이로 인하여 상대방이 받는 불이익을 비교·형량하여 그 처분으로 인하여 공익상 필요보다 상대방이 받게 되는 불이익 등이 막대한 경우에는 재량권의 한계를 일탈한 것으로서 위법하다(대법원 1997. 11. 28. 선고 97누12952 판결)."[42]

한편, 대법원은 최근 공공기관의 운영에 관한 법률 제39조 제3항의 위임에 따라 제정된 기획재정부령인 '공기업·준정부기관 계약사무규칙' 제15조 제1항의 법적 성격이 문제된 사건에서 '법령에서 행정처분의 요건 중 일부 사항을 부령으로 정할 것을 위임한 데 따라 시행규칙 등 부령에서 이를 정한 경우에 그 부령의 규정은 국민에

---

41 대법원 2007. 9. 20. 선고 2007두6946 판결(과징금부과처분취소).
42 대법원 2010. 4. 8. 선고 2009두22997 판결(영업정지처분취소).

대해서도 구속력이 있는 법규명령에 해당한다'고 전제하면서도, '법령의 위임이 없음에
도 법령에 규정된 처분 요건에 해당하는 사항을 부령에서 변경하여 규정한 경우'에는
그 부령의 규정은 '행정청 내부의 사무처리 기준 등을 정한 것으로서 행정조직 내에서
적용되는 행정명령의 성격을 지닐 뿐 국민에 대한 대외적 구속력은 없다'고 판시하여
미묘한 뉘앙스를 보였습니다. 이 판결에서 대법원은 '법령의 위임이 있고 그 위임의
범위를 넘지 않으면 법규명령에 해당한다'고 판단하고 있어, 그 한도 내에서는 적극
설의 방향으로 선회한 것이 아닌가 추정할 여지를 남기고 있습니다. 반면, 위임 범위
를 넘어(위임 근거 없이) 발령된 부령 규정은 행정규칙에 불과하다고 판시한 점은 소극
설의 연장선 상에 선 것이 아닌가 하는 의구심을 불러일으킵니다. 부령이면 부령이고
상위법에 그 위임근거가 없다면 이는 이 부령의 위법사유가 될 뿐이고, 그 부령은 의
당 헌법 제107조 제2항의 위헌·위법 명령규칙심사의 대상이 되어 마땅합니다. 위법
한 부령이 행정규칙으로 전환되는 것은 아닐 터인데, 대법원은 그 경우 법령해석권을
행사하여 그 부령의 법적 구속력을 부정하고 이를 행정규칙으로 본 것이지요.

> [1] 법령에서 행정처분의 요건 중 일부 사항을 부령으로 정할 것을 위임한 데 따라 시행규칙
> 등 부령에서 이를 정한 경우에 그 부령의 규정은 국민에 대해서도 구속력이 있는 법규명령에 해당
> 한다고 할 것이지만, 법령의 위임이 없음에도 법령에 규정된 처분 요건에 해당하는 사항을 부령에
> 서 변경하여 규정한 경우에는 그 부령의 규정은 행정청 내부의 사무처리 기준 등을 정한 것으로서
> 행정조직 내에서 적용되는 행정명령의 성격을 지닐 뿐 국민에 대한 대외적 구속력은 없다고 보아
> 야 한다. 따라서 어떤 행정처분이 그와 같이 법규성이 없는 시행규칙 등의 규정에 위배된다고 하
> 더라도 그 이유만으로 처분이 위법하게 되는 것은 아니라 할 것이고, 또 그 규칙 등에서 정한 요
> 건에 부합한다고 하여 반드시 그 처분이 적법한 것이라고 할 수도 없다. 이 경우 처분의 적법 여
> 부는 그러한 규칙 등에서 정한 요건에 합치하는지 여부가 아니라 일반 국민에 대하여 구속력을 가
> 지는 법률 등 법규성이 있는 관계 법령의 규정을 기준으로 판단하여야 한다.
> [2] 공공기관법 제39조 제3항에서 부령에 위임한 것은 '입찰참가자격의 제한기준 등에 관하여
> 필요한 사항'일 뿐이고, 이는 그 규정의 문언상 입찰참가자격을 제한하면서 그 기간의 정도와 가중·감
> 경 등에 관한 사항을 의미하는 것이지 처분의 요건까지를 위임한 것이라고 볼 수는 없다. 따라서
> 이 사건 규칙 조항에서 위와 같이 처분의 요건을 완화하여 정한 것은 상위법령의 위임 없이 규정
> 한 것이므로 이는 행정기관 내부의 사무처리준칙을 정한 것에 지나지 않는다.43

그러나 대법원은 최근 '제재적 행정처분의 기준이 부령 형식으로 규정되어 있더
라도 그것은 행정청 내부의 사무처리준칙을 규정한 것에 지나지 않아 대외적으로 국
민이나 법원을 기속하는 효력이 없다'는 종래의 입장을 일반화하는 방식으로 재확인

---

43 대법원 2013. 9. 12. 선고 2011두10584 판결(부정당업자제재처분취소).

한 바 있습니다.

"제재적 행정처분의 기준이 부령 형식으로 규정되어 있더라도 그것은 행정청 내부의 사무처리 준칙을 규정한 것에 지나지 않아 대외적으로 국민이나 법원을 기속하는 효력이 없다. 따라서 그 처분의 적법 여부는 처분기준만이 아니라 관계 법령의 규정 내용과 취지에 따라 판단하여야 한다. 그러므로 처분기준에 부합한다 하여 곧바로 처분이 적법한 것이라고 할 수는 없지만, 처분기준이 그 자체로 헌법 또는 법률에 합치되지 않거나 그 기준을 적용한 결과가 처분사유인 위반행위의 내용 및 관계 법령의 규정과 취지에 비추어 현저히 부당하다고 인정할 만한 합리적인 이유가 없는 한, 섣불리 그 기준에 따른 처분이 재량권의 범위를 일탈하였다거나 재량권을 남용한 것으로 판단해서는 안 된다(대법원 2007. 9. 20. 선고 2007두6946 판결 등 참조)."[44]

(4) 대통령령의 경우

대법원은 제정형식이 대통령령인 경우에는 그 내용이 제재적 처분기준임에도 법규명령으로서 효력을 부인하지 않습니다. 다음에 보는 판례에서 적극설적 입장이 분명히 드러납니다.

"당해 처분의 기준이 된 주택건설촉진법시행령 제10조의3 제1항 [별표 1]은 주택건설촉진법 제7조 제2항의 위임규정에 터잡은 규정형식상 대통령령이므로 그 성질이 부령인 시행규칙이나 또는 지방자치단체의 규칙과 같이 통상적으로 행정조직 내부에 있어서의 행정명령에 지나지 않는 것이 아니라 대외적으로 국민이나 법원을 구속하는 힘이 있는 법규명령에 해당한다."고 판시하였고,[45] "구 청소년보호법(1999. 2. 5. 법률 제5817호로 개정되기 전의 것) 제49조 제1항, 제2항에 따른 같은법시행령(1999. 6. 30. 대통령령 제16461호로 개정되기 전의 것) 제40조 [별표 6]의 위반행위의종별에따른과징금처분기준은 법규명령이기는 하나 모법의 위임규정의 내용과 취지 및 헌법상의 과잉금지의 원칙과 평등의 원칙 등에 비추어 같은 유형의 위반행위라 하더라도 그 규모나 기간ㆍ사회적 비난 정도ㆍ위반행위로 인하여 다른 법률에 의하여 처벌받은 다른 사정ㆍ행위자의 개인적 사정 및 위반행위로 얻은 불법이익의 규모 등 여러 요소를 종합적으로 고려하여 사안에 따라 적정한 과징금의 액수를 정하여야 할 것이므로 그 수액은 정액이 아니라 최고한도액이다."[46]

"국민건강보험법 제85조 제1항, 제2항에 따른 같은 법 시행령(2001. 12. 31. 대통령령 제17476호로 개정되기 전의 것) 제61조 제1항 [별표 5]의 업무정지처분 및 과징금부과의 기준은 법규명령이기는 하나 모법의 위임규정의 내용과 취지 및 헌법상의 과잉금지의 원칙과 평등의 원칙 등에 비추어 같은 유형의 위반행위라 하더라도 그 규모나 기간ㆍ사회적 비난 정도ㆍ위반행위로 인하여 다른 법률에 의하여 처벌받은 다른 사정ㆍ행위자의 개인적 사정 및 위반행위로 얻은 불법이익의 규모 등 여러 요소를 종합적으로 고려하여 사안에 따라 적정한 업무정지의 기간 및 과징금의 금액을 정하여야 할 것이므로 그 기간 내지 금액은 확정적인 것이 아니라 최고한도라고 할 것".[47]

---

44 대법원 2018. 5. 15. 선고 2016두57984 판결(입찰참가자격제한처분취소(자) 파기환송).

45 대법원 1997. 12. 26. 선고 97누15418 판결(주택건설사업영업정지처분취소).

46 대법원 2001. 3. 9. 선고 99두5207 판결(과징금부과처분취소).

47 대법원 2006. 2. 9. 선고 2005두11982 판결.

대법원의 이러한 판례들은, 재량권을 전제로 한 모법의 위임에 따른 처분기준이 법규명령의 성질을 가진다고 할 때 생기는 재량행사의 경직성을 회피하려는 취지에서 나온 것이라고 이해됩니다. 앞서 소개한 구 식품위생법시행규칙 제53조 [별표 15]의 행정처분기준과 관련한 대법원 2010. 4. 8. 선고 2009두22997 판결의 판시태도 역시 같은 맥락에서 이해될 수 있습니다.

2. 행정규칙의 형식을 띤 법규명령

반면 고시·훈령 등 행정규칙의 형식으로 제정되었으나 법률보충적인 규율내용을 포함한 규정, 즉 「형식의 부족」에 의한 규정48을 법규명령으로 볼 것인지 아니면 행정규칙으로 볼 것인지에 관하여 적극설과 소극설이 대립합니다. 생각건대, 이 규정은 내용상 법률 또는 상위법령의 구체적 위임에 기하여 제정되는 것이므로 실질적으로 법규보충적 의의를 지닌다고 보아야 할 것입니다. 그러므로 이를 법규명령으로 보아야 하며 판례 또한 같은 입장입니다.49

> 1. 국세청훈령인 재산제세조사사무처리규정의 대외적 구속성을 인정한 판례
> 피고 마포세무서장은, 세칭 대지사건으로 세인 이목을 끌었던 원고 이모씨가 사회적 물의를 일으킨 부동산투기업자로 판명되었다 하여 그가 자기소유토지를 양도한 뒤 제출한 양도소득세 예정신고내용을 인정하지 않고 대지의 실지거래에 의한 양도차익에 의거, 기납부세액을 차감한 세액을 부과했다. 원고는 이에 불복, 마포세무서장을 상대로 양도소득세부과처분취소청구소송을 제기하였고 이에 대해 원심(1986.6.11 서울고법)은, 소득세법의 규정에 따라 국세청장이 훈령으로 정한 재산제세조사사무처리규정은, 비록 국세청장, 지방국세청장 및 세무서장의 부동산거래특별조사나 관계기관의 조사로 투기로 판명된 거래 등의 과세요건을 구체적으로 열거하고 있을지라도, 대외적, 일반적 구속력을 가지지 못하므로 피고가 이에 의거하여 과세처분을 한 것은 법령에 근거가 없는 부적법한 처분이라고 판시했지요. 그러나 대법원은 국세청훈령의 대외적 구속성을 인정함으로써 원고의 주장을 받아 들였습니다.50
>
> 2. 석유판매업허가기준 고시의 대외적 구속성을 인정한 판례
> "석유사업법 제12조 제1항, 제2항, 같은법시행령 제9조 제1항 [별표1]의 규정에 따라 주유소 상호간의 거리기준을 시·읍 지역은 500m 이상, 면 지역은 1,000m 이상이라고 규정하고 있는

---

48 가령 「물가안정에 관한 법률」 제2조에 의하여 긴요물품등의 가격 또는 최고가액을 고시하는 경우 또는 대외무역법 제19조에 의한 지식경제부장관의 전략물자고시 등이 그러한 예들입니다.

49 박윤흔, 행정법강의(상), 248–249.

50 대법원 1987. 9. 29. 선고 86누484 판결.

석유판매업(주유소)허가기준고시(경상북도 고시 제1992-362호)는 석유사업법 및 같은법시행령의 규정이 도지사에게 그 법령 내용의 구체적인 사항을 정할 수 있는 권한을 부여하면서 그 권한 행사의 절차나 방법을 정하지 아니하고 있는 관계로 도지사가 규칙의 형식으로 그 법령의 내용이 될 사항을 구체적으로 규정한 것으로서, 이는 당해 석유사업법 및 같은 법시행령의 위임한계를 벗어나지 아니하는 한 그 법령의 규정과 결합하여 대외적인 구속력이 있는 법규명령으로서의 효력을 갖게 된다."[51]

3. 생수판매 제한 식품제조영업허가기준 고시의 대외적 구속성을 인정하면서도 위헌무효로 본 판례

가. 식품제조영업허가기준이라는 고시는 공익상의 이유로 허가를 할 수 없는 영업의 종류를 지정할 권한을 부여한 구 식품위생법제23조의3 제4호에 따라 보건사회부장관이 발한 것으로서, 실질적으로 법의 규정내용을 보충하는 기능을 지니면서 그것과 결합하여 대외적으로 구속력이 있는 법규명령의 성질을 가진 것이다.

나. 위 "가"항의 고시가 헌법상 보장된 기본권을 침해하는 것으로서 헌법에 위반될 때에는 위 고시는 효력이 없는 것으로 볼 수밖에 없으므로, 원고들이 위 고시에 따라서 지게 되는 의무를 이행하지 아니하였다는 이유로 원고들에 대하여 과징금을 부과하는 제재적 행정처분을 하는 것은 위법하다 할 것이고, 국민의 모든 자유와 권리는 국가안전보장 질서유지 또는 공공복리를 위하여 필요한 경우에 한하여 법률로써 제한할 수 있으며, 제한하는 경우에도 자유와 권리의 본질적인 내용을 침해할 수 없음은 헌법 37조 2항(위 고시가 시행될 당시 시행 중이던 구 헌법 35조 2항도 같다)이 규정하고 있는 바인데, 위 고시는 공익을 위하여 필요한 경우에는 영업 등의 허가를 제한할 수 있다는 구 식품위생법의 관계규정에 따라 발하여진 것이므로, 보존음료수제조업의 허가를 제한할 수 있는 법률상의 근거는 있다고 할 것이지만, 위 고시가 국민의 기본권을 제한하는 것으로서 국가 안전보장 질서유지 또는 공공복리를 위하여 필요한 것이 아니거나, 또는 필요한 것이라고 하더라도 국민의 자유와 권리를 덜 제한하는 다른 방법으로 그와 같은 목적을 달성할 수 있다든지, 위와 같은 제한으로 인하여 국민이 입게 되는 불이익이 그와 같은 제한에 의하여 달성할 수 있는 공익보다 클 경우에는 이와 같은 제한은 비록 자유와 권리의 본질적인 내용을 침해하는 것이 아니더라도 헌법에 위반되는 것이다.[52]

---

51 대법원 1995. 3. 10. 선고 94누8556 판결(석유판매업(주유소)허가신청반려처분취소). 이 사건에서 대법원은 위 고시를 행정청 내부의 사무처리준칙으로 보고 그 고시에 정하여진 거리기준에 불과 50m정도 못미치는 주유소허가신청을 반려한 처분을 재량권 남용, 일탈로 본 원심판결을 파기했습니다.

52 대법원 1994. 3. 8. 선고 92누1728 판결(과징금부과처분취소). 이 판례를 둘러싼 논쟁으로 김성수, 생수판매제한 고시의 성격, 법률신문 1994. 6. 13. 2318호, 15, 윤진수, 보존음료수의 판매제한조치의 위헌 여부, 『인권과 정의』(대한변호사협회 편), 제221호(1995/1), 94; 보존음료수의 판매제한과 헌법, 『특별법연구』 제5권(특별소송실무연구회편), 1007, 1−33, 6의 각주 1을 참조.

제21강
불확실성에 대처하는 방법, 행정계획

    현대는 계획의 시대입니다. 물론 국가의 계획 수립(staatliche Planung)은 어제 오늘의 일은 아니고 이미 오래 전에 출현한 현상입니다. 그러나 행정계획이 현대행정의 총아로 등장한 것은 제2차 세계대전 이후입니다.[1] 계획은 '위기의 딸'(Tochter der Krise)[2]이라 불릴 만큼 전후 세계의 불확실성과 위험 증대에 대한 '국가의 보검'으로 활용되었습니다. 행정의 중점이 장기성·종합성을 요하는 사회국가적 복리행정으로 전환되면서 계획의 행정수단으로서 가치와 중요성이 새로이 부각되었고 또 양적으로도 확대되기에 이르렀습니다(사회국가의 진전). 이러한 배경에서 행정수요에 계획적·능동적으로 대응할 새로운 행정의 활동형식으로서 계획행정이 필요했고(변화된 행정수요의 충족) 아울러 인간의 예측능력, 즉 사회의 발전방향에 관한 조사·분석 및 장래예측의 기술적 조건들이 진전됨에 따라 계획의 수립·책정을 가능케 하는 여건이 조성될 수 있었습니다(기술조건의 진보).[3]

    계획작용의 범위와 강도는 일반적으로 국가작용의 활성화 정도에 따라 결정됩니다. 위험방지에 주 임무를 둔 질서국가였던 19세기의 자유주의적 법치국가에서 계획작용은 소극적이었고, 국가는 이니셔티브를 행사하는 것이 아니라 주로 공공의 안녕과 질서의 교란행위에 대하여 반응하는 데 불과했지요. 반면 위험방지뿐만 아니라

---

1 Erichsen/Martens, § 21, Rn.1.

2 J.H. Kaiser, Planung III, 1968, S.7.

3 김도창, 상, 336; Erichsen/Martens, § 21, Rn.2; Weichmann, in: J.H. Kaiser, Planung III, S.39f.; Forsthoff, S.303.

급부행정 및 사회형성에 임무를 지닌 현대 사회적 법치국가에서 계획은 국가작용의 주요수단으로 각광을 받고 있습니다.

I. 행정계획의 개념

행정계획의 개념은 일반적으로 행정주체가 일정한 행정 목표를 설정하고, 서로 관련되는 행정수단의 종합, 조정을 통하여 목표로 제시된 장래 일정한 시점에 일정한 질서를 실현하기 위한 구상 또는 활동기준의 설정행위를 말합니다.[4]

> **동적 과정으로서의 계획과 그 산물로서 계획**
> 동적 과정(Process)으로서 계획활동(Planung)과 그 산물로서 정적·구체적인 계획은 개념상 구별됩니다. 일부의 문헌에서 계획(Plan)과 기획(Planung)을 구별하여 각각 기획은 계획을 수립하는 행위를 의미하는 것으로, 계획은 기획의 산물로 파악하는 것[5]도 일리가 있습니다.

행정작용은 크게 집행활동과 계획활동으로 나뉩니다. 전자는 법률의 규정이나 행정부가 발한 지침을 실현시키는 작용인 데 비하여, 후자는 입법부나 행정부에 의하여 미리 결정된 목표와 범위 내에서 스스로 목표를 확정하고 그 목적달성을 위하여 사용해야 할 수단을 결정하는 작용, 즉 그 한도에서 자기 스스로를 목적지향적으로 프로그램하는 작용입니다. 현대행정은 극히 역동적이고 복합적인 행정수요를 충족시켜야 할 때가 많지요. 아무리 좋은 내용의 정책결정이라도 각개의 결정들이 실기하거나 상호간 조정이나 연계를 결여한 채 추진되어 의외의 부작용을 초래하거나

---

4 계획의 개념은 법적 의미내용을 지닌 개념으로서보다는 법사실적 맥락에서 형성·사용되는 것이 일반이며, 또 계획주체, 상대방, 내용, 효력범위, 기간, 효과 및 법적 구속력 등에 따라 다양하게 분화되는 계획의 특성, 즉 잡종성(Heterogenität)으로 말미암아 하나의 통일적·포용적 개념을 형성하기가 어렵습니다. 그렇기 때문에 계획을 행정법상 독자적인 행위형식이라고도 할 수 없고, 계획이란 오히려 각각의 특징 및 준거법에 따라 각양각색의 극히 이질적 현상들에 대한 집합개념(Sammelbezeichnung)이라고 해야 할 것입니다(Maurer, § 16 Rn.13; Erichsen/Martens, § 22 Rn.1ff.).

5 Maurer, § 16 Rn.14; Erichsen/Martens, § 21 Rn.1; 김남진, 행정법 I, 377; 김도창, 상, 336; 홍정선, 행정계획의 개념과 기능, 고시연구 1992/5, 51. 한편 'Plan'과 'Planung'을 동일한 의미의 개념으로 파악하는 견해에 관해서는 Hoppe, in: Isensee/Kirchhof, HdbStR, Bd.III, § 71 Rn.3을 참조.

문제를 더욱 악화시키는 예를 우리는 드물지 않게 경험하고 있습니다. 이렇듯 행정의 과제는 그 성질상 개개의 명령, 금지 및 인허가 같은 개별적 결정만으로는 달성될 수 없는 경우가 많습니다. 따라서 각종 정책을 장기적 전망에 따라 종합적·장기적 계획을 수립하여 추진해 나가야 할 필요가 생기기 마련입니다. 행정계획은 정책적 목표들을 달성시킬 수 있는 수단의 모색입니다. 계획의 결과는 미래지향적이고 역동적이며, 가변적입니다. 행정계획의 개념적 특징은 목표의 설정·행정수단의 종합화·행정과 국민간 매개로 요약됩니다.

II. 행정계획의 법형식적 특성·성질 및 법적 근거

1. 법형식적 특성

행정행위의 근거규범(수권규범)이 「요건 – 효과」 구조로 된 가정명제(Wenn – Dann Schema) 또는 조건프로그램인 것과는 달리, 계획의 근거규범은 「목적 – 수단」(Zweck – Mittel Schema)의 구조를 띤 목적프로그램이라는 점에 공통적 특색이 있습니다. 그러나 그 법형식적 특징은 각각의 계획의 수준이나 대상분야에 따라 다양하게 나타납니다. 가령 경제사회개발 5개년계획처럼 정치적 계획은 국가지도적 목표계획으로서 발전을 일정한 방향으로 유도하는 유도계획이자 종합적 계획의 특징을 지니고 따라서 그 효력도 주로 행정에 대한 구속력에 국한되는 것이 일반적인데 비해, 행정계획은 구체적인 대상을 가지며 또 행정에 대해서뿐만 아니라 대국민적 구속력을 지니는 경우가 많습니다.

2. 행정계획의 법적 성질

행정계획의 법적 성질에 대해서는 견해가 대립합니다.[6] ① 입법행위설은 행정계획이 국민의 자유·권리에 관계되는 법규범을 정립하는 행위로서 일반적 구속력을

---

6 이에 관하여는 강의중, 행정계획의 법적 형식, 고시연구 1989/5, 182 이하를 참조.

가질 수 있다고 하며, ② 행정행위설은 행정계획중에는 법관계의 변동이라는 효과를 가져오는 행정행위의 성질을 갖는 것이 있다고 하며, ③ 복수성질설은 행정계획중에는 법규명령적인 것도 있고 행정행위적인 것도 있을 수 있다고 하고, ④ 독자성설 또는 계획행위설은 행정계획은 법규범도 아니고 행정행위도 아닌 특수한 성질의 것 또는 이물질(*aliud*)이지만 구속력을 가지는 것이라고 합니다. 생각건대, 행정계획의 법적 성질은 그 구체적인 법형식에 따라 개별적으로 판단해야 할 것입니다. 다양한 각종 유형의 계획들을 단일한 국법행위형식에 포괄하는 것은 불가능할 뿐만 아니라, 계획은 법령, 자치법규(조례) 또는 일반처분(가령 고시)의 형식 외에 행정규칙이나 직접 아무런 법적 구속력을 갖지 않는 비구속적 지침, 예측계획·전망의 형식으로도 수립 될 수 있기 때문입니다.7 다만 행정계획의 법적 성질을 그 기본적 유형별로 살펴본 다면, 대체로 홍보적 계획은 일종의 정보제공 또는 안내행위로서 사실행위의 성질을 띠는데 비하여, 유도적 계획은 주로 행정계획의 공표를 통하여 구속력 발생의 의사 (Bindungswille)가 표명되었다고 볼 수 있는지의 여부에 따라 각각 법적 행위로서 구속 적 계획과 사실행위로서 비구속적 계획으로 판단해야 할 것입니다. 다만 후자의 경 우에도 신뢰보호의 요건이 충족될 경우에는 그 구속성을 시인해야 할 것입니다. 반 면 명령적 계획의 경우에는 대부분 입법권자가 그 법형식을 명시적으로 예정하고 있 어 그 형식적 효력에 관한 한 별 문제가 없으나, 실질적 구속력에 관하여는 개별구 체적인 사례에 따라 판단해야 할 것입니다. 만일 법령상 명문의 규정이 없을 때에는 다시금 그 계획주체, 내용 및 구속력에 따라 그 법적 성질을 판단해야 할 것입니다.8

3. 행정계획의 법적 근거

행정청이 소관사무에 관하여 행정계획을 수립하기 위하여 법적 근거 또는 수권 이 있어야 하는지 문제됩니다. 행정계획 중에는 행정기관의 구상 또는 행정의 지침 에 불과하여 대내외적으로 이렇다 할 법적 효과를 발생하지 않는 계획도 적지 않습 니다. 비구속적 계획의 경우에는 조직법상 개괄적 수권 이외에 별도의 법적 근거나 수권이 요구되지는 않는다고 할 수 있습니다. 즉 비구속적 계획으로서 단순히 행정

---

7 Maurer, § 16 Rn.18, S.381; 강의중, 앞의 글, 85.
8 Maurer, § 16 Rn.23.

지침의 구실을 하는 데 그치는 계획은 원칙적으로 특별한 (작용)법적 근거를 요하지 않습니다.

그러나 국토계획법에 따른 도시·군관리계획처럼 용도지역 또는 개발제한구역 안에서 일정한 행위를 제한하는 등 국민에게 직접 법적 효과를 미치는 대국민 구속력을 지니는 행정계획은 법률의 근거를 요합니다.

또한 대국민적 구속력 없이 행정만 구속하는 행정구속적 계획이라 하더라도 다른 행정청의 권한행사에 관계되는 행정계획이나 법정 행정절차에 변동을 가져오는 행정계획은 법적 수권을 요합니다. 특히 각종 계획들 상호간에 규범적 상하관계 또는 구속관계가 인정되는 경우가 그런 예입니다. 가령 국토기본법에 따른 국토종합계획·도종합계획·시군종합계획·지역계획 및 부문별계획들 상호간에는 일정한 상하관계가 존재합니다. 즉, 국토종합계획은 도종합계획 및 시군종합계획의 기본이 되며, 부문별계획과 지역계획은 국토종합계획과 조화를 이루어야 하고(국토기본법 § 7 ①), 도종합계획은 당해 도의 관할구역 안에서 수립되는 시군종합계획의 기본이 되며(§ 7 ②), 국토종합계획은 20년을 단위로 하여 수립하되, 도종합계획·시군종합계획·지역계획 및 부문별계획의 수립권자는 국토종합계획의 수립주기를 감안하여 그 수립주기를 정하도록 의무화되어 있습니다(§ 7 ③). 아울러, 국토기본법의 국토종합계획은, 군사에 관한 계획을 제외하고는, 다른 법령에 따라 수립되는 국토에 관한 계획에 우선하며 그 기본이 됩니다(§ 8).

III. 행정계획의 절차

1. 행정계획수립절차의 일반적 모델

행정계획의 수립에 관한 일반 행정절차법이나 통칙 규정은 없습니다. 다만 2022년 1월 11일 행정절차법 개정법률에 신설된 제40조의4(행정계획)에 따라 행정청에게 국민의 권리의무에 직접 영향을 미치는 계획을 수립하거나 변경·폐지할 때에는 관련된 여러 이익을 정당하게 형량할 의무가 부과되고 있습니다. 이 조항은 행정계획에 대한 절차적 규율의 초석으로서 의미가 있고 향후 이를 둘러싼 학설과 판례의 전개, 후속입법 등을 주목해 볼 필요가 있지만, 행정절차법상 행정계획절차는 여전히 입법적 공백으로 남아 있습니다.

　일반적으로 행정계획은 입안, 의견조정, 결정 및 공고 과정을 통하여 수립됩니다. 행정계획은 직·간접으로 국민생활에 중대한 영향을 주기 때문에 이를 수립·확정할 경우 전문지식의 도입·활용, 계획의 정당성·합리성 확보 및 계획 상호간 조정, 관계인의 이해조절, 민주적 통제의 확보 등 여러 요인이 빠짐없이 충실히 고려되어야 합니다.

(1) 조사·심의·상급행정기관의 승인 등

　행정계획은 그 전문성·신중성을 확보하기 위하여 각종 전문분야별 심의기구의 자문·조사를 거치는 것이 보통입니다(예: 국토기본법 제26조에 따른 국토정책위원회의 국토종합계획 심의). 또한 행정계획이란 다양한 행정수단의 조정·종합화를 의미하는 것이므로 전체적 통일성과 조화를 기하기 위하여 사전에 관계기관과 협의를 거치도록 하는 것이 일반적입니다(국토계획법 § 18 ③). 특히 행정계획들 가운데에는 상급행정기관이나 관할행정기관의 승인을 받도록 되어 있는 것들이 적지 않습니다.

(2) 이해관계인의 참여

　행정계획은 직접·간접으로 관계인의 권리·이익에 지대한 영향을 미치게 되므로 관계법이 이해관계인에게 의견진술이나 자기권리의 주장을 위한 기회를 보장하는 것이 일반적입니다. 가령 국토교통부장관, 시·도지사, 시장 또는 군수가 도시·군관리계획을 입안하는 경우 주민의 의견을 듣고, 그 의견이 타당하다고 인정되는 때에는 이를 도시·군관리계획안에 반영하도록 하는 등 주민 및 지방의회의 의견청취를 의무화한 경우(국토계획법 § 28), 특별시장·광역시장·도지사·특별자치도지사, 국토교통부장관 등 도시개발지정권자가 도시개발구역을 지정하고자 할 때에는 당해 도시개발구역에 대한 도시개발사업의 계획을 수립하도록 하면서(도시개발법 § 4 ①), 국토교통부장관, 시·도지사 또는 대도시 시장이 도시개발구역을 지정(대도시 시장이 아닌 시장·군수 또는 구청장의 요청에 의하여 지정하는 경우를 제외)하고자 하거나 대도시 시장이 아닌 시장·군수 또는 구청장이 도시개발구역의 지정을 요청하려고 하는 경우에는 공람이나 공청회를 통하여 주민이나 관계 전문가 등으로부터 의견을 들어야 하며, 공람이나 공청회에서 제시된 의견이 타당하다고 인정되면 이를 반영하도록 의무화한 것이 그 대표적인 예입니다(도시개발법 § 7 ①).

이와 관련, '묘지공원과 화장장의 후보지를 선정하는 과정에서 서울특별시, 비영리법인, 일반기업 등이 공동발족한 협의체인 추모공원건립추진협의회가 후보지 주민들의 의견을 청취하기 위하여 그 명의로 개최한 공청회는 행정청인 피고가 이 사건 도시계획시설결정이라는 처분을 함에 있어 당해 처분의 영향이 광범위하여 널리 의견을 수렴할 필요가 있다고 스스로 인정하여 개최한 공청회가 아니므로, 그 공청회를 개최함에 있어 행정절차법에서 정한 절차를 준수하여야 하는 것은 아니라'는 판례가 있습니다.9

(3) 지방자치단체의 참가

행정계획이 지방자치단체와 밀접한 관련을 맺는 경우에는 당해 지방자치단체와의 협의 또는 그 의견청취를 위한 절차가 마련되는 것이 일반적입니다.

(4) 공고

행정계획의 내용을 일반 공중에게 주지시켜 불측의 손해가 없도록 함으로써 예측가능성과 관계인의 협력을 기하기 위한 절차로서 행정계획을 공고하도록 하는 것이 일반적입니다. 가령, 도시개발구역 지정권자에게 도시개발구역을 지정하거나 개발계획을 수립한 때에는 대통령령이 정하는 바에 따라 관보 또는 공보에 고시하고 그 도시개발구역을 관할하는 시장·군수 또는 구청장에게 관계서류 사본을 송부해야 하며, 관계서류를 송부받은 시장·군수 또는 구청장은 이를 일반에게 공람시켜야 한다고 규정한 경우가 대표적인 예입니다(도시개발법 § 9 ①).

> **구 도시계획법상 공고의무의 정도**
>
> "도시계획법 제16조의2 제2항, 같은법시행령 제14조의2 제6항 각 규정의 내용과 취지에 비추어 보면, 도시계획안의 내용을 일간신문에 공고함에 있어서는 도시계획의 기본적인 사항만을 밝히고 구체적인 사항은 공람절차에서 이를 보충하면 족하다."10

2. 문제점

현재 행정계획 절차에 대한 규율은 2022년 1월 11일 신설된 행정절차법 제40조의 4 이익형량조항 외에는 일반법이 없고, 다만 각각의 개별 단행법에 산재한 규정들에 맡겨져 있습니다. 그러나 이들 단행법률상 계획확정절차는 내용이 미흡하거나

---

9 대법원 2007. 4. 12. 선고 2005두1893 판결(도시계획시설결정취소 '원지동 추모공원 사건').
10 대법원 1996. 11. 29. 선고 96누8567 판결.

통일성이 결여되어 있습니다. 그나마 다른 행정주체나 행정기관과의 정책조정을 위한 절차일 뿐, 이해관계인의 권익보호나 주민참여를 위한 절차는 크게 미흡한 실정입니다.[11] 따라서 행정계획 수립·확정과정에 이해관계인·주민 참여의 기회를 확보하고 계획에 대한 절차적 통제를 보장할 필요가 있습니다.

Ⅳ. 행정계획의 법적 통제와 행정구제

1. 행정계획의 법적 통제

행정계획 역시 직접·간접으로 국민생활에 중대한 영향을 주는 것이므로 이를 적절히 통제함으로써 국민의 권익을 보호하는 문제가 중요한 과제로 대두됩니다. 행정계획의 통제방법으로는 상급행정청의 감독권행사나 협의·승인 등을 통한 절차상 통제, 행정심판 등과 같은 행정내부적 통제, 국회의 예산심의, 국정조사 및 감사, 해임건의 등을 통한 입법부에 의한 통제, 법원에 의한 사법심사 및 헌법재판소에 의한 통제(재판적 통제), 그리고 계획과정에 대한 주민의 참여, 청원 등 국민에 의한 통제 등을 생각할 수 있습니다. 상세한 논의는 생략하고, 행정계획의 사법적 통제에서 특히 문제되는 계획재량의 문제, 행정계획의 절차적 통제, 그리고 계획에 대한 권리구제를 중심으로 간략히 살펴보겠습니다.

1.1. 계획재량과 사법심사

(1) 계획재량

계획재량이란 계획의 수립·변경 등에 관하여 행정에게 부여된 계획상 형성의 자유를 말합니다. 계획의 근거규범은 조건명제(Konditionalprogramme)가 아니라 목적의 설정과 형량의 원칙(Abwägungsgrundsätze)로 구성된 목적명제(Finalprogramme)의 성질을

---

11 있다고 해도 일부의 법률에 극히 간략한 절차가 규정되어 있을 뿐이라고 합니다(박윤흔, 행정법강의(상), 282).

띱니다. 목적명제에는 전자의 경우에 발생하는 포섭의 과정이 예정되고 있지 않습니다. 이같은 계획−규범에서는 법률요건과 법률효과의 구별이 말소되며 나아가 불확정법개념과 재량의 수권 사이의 구별도 본래적 의의를 잃게 됩니다. 계획재량은 바로 그런 이유에서 일면 통상의 재량과, 타면 불확정법개념의 판단여지와 구별되는 개념입니다.[12] 계획재량이란 판단여지(Beurteilungsspielraum)나 평가특권(Einschätzungs−prärogativ)처럼 규범의 요건규정 면에 존재하는 것이 아니며, 또 통상적인 재량처럼 규범의 효과규정 면에 존재하는 것도 아니기 때문입니다. 그런 배경에서 '계획재량'이란 표현보다 '계획상 형성의 자유'(planerische Gestaltungsfreiheit)라는 표현이 선호됩니다. 계획−법률은 통상 계획이 추구해야 할 목적과 그에 의하여 촉진 또는 보호되어야 할 이익만을 규정하는 데 그치며, 계획의 요건·효과 등에 관하여는 규정하지 아니하고 공백규정으로 하고 있는 경우가 많습니다. 행정은 이러한 법률에 의하여 부여된 임무의 범위 내에서는 독자적인 판단에 따라 행동할 형성의 자유를 가집니다. 다만 행정은 법령에 따라 관계 제이익을 형량해야 합니다.

2022년 1월 11일의 개정법률은 제40조의4를 신설하여 "행정청은 행정청이 수립하는 계획 중 국민의 권리·의무에 직접 영향을 미치는 계획을 수립하거나 변경·폐지할 때에는 관련된 여러 이익을 정당하게 형량하여야 한다."고 명시하였습니다. 이로써 계획에 대한 최소한의 법적 통제를 위한 근거로서 '형량원칙'(Abwägungsgebot)이 명문화되었습니다.

형량의 과정은 단순한 법적용과는 구별되는 과정이며 법원은 계획심사에 있어 이러한 계획기관의 형량을 자기 자신의 형량으로 대체하여서는 안 됩니다. 형량은 계획기관에게 부과된 절차로 이를 기초로 계획재량의 행사가 이루어집니다. 그러나 행정은 그 법률상 구속과 한계를 준수해야 하며, 그 준수 여부는 사법심사의 대상이 됩니다(계획재량의 남용금지).

계획재량의 이론은 본래 독일에서 연방건설법전(BauGB) 제1조에 의한 건설기본계획(Bauleitplanung)의 결정 또는 기타 공간관련부문계획의 수립에 있어 행정이 가지는 계획고권의 행사와 관련하여 재량통제를 가능하게 하기 위한 이론으로 성립·발전되어 온 것입니다. 이에 따르면 계획의 결정에 있어서는 모든 중요사정과 관계 제

---

12 재량과 판단여지, 계획재량의 3분론에 관해서는 문병효, 행정법 방법론, 2020, 187−197을
    참조.

이익, 가령 공장 유치, 취업 확대와 환경조건 유지 등과 같은 법익들간의 조정·형량이 요구됩니다(형량원칙: Abwägungsgebot). 즉, 계획재량이 인정되어 있는 경우에도 관계 제이익의 정당한 형량 여부가 그 계획규범 적용의 적법 여부의 기준이 됩니다. 이러한 형량원칙이 침해되었다고 볼 수 있는 경우로는 가령 계획수립기관이 ① 요구된 조사·형량을 하지 않은 경우(형량의 결여: Abwägungsausfall), ② 형량에 있어 고려해야 할 이해관계를 고려하지 않은 경우(형량의 결함: Abwägungsdefizit), 또는 ③ 명백한 형량의 과오나 불평등 등을 들 수 있습니다.[13]

(2) 계획재량의 사법심사

계획재량에 대한 사법심사는 통상 그 계획주체에게 광범위한 계획상 형성의 자유가 인정된다는 점에서, 다음 판례를 통해 확인할 수 있듯이, 현실적으로 매우 제한되는 경향을 보입니다.

> "개발제한구역지정처분은 건설부장관이 법령의 범위 내에서 도시의 무질서한 확산 방지 등을 목적으로 도시정책상의 전문적·기술적 판단에 기초하여 행하는 일종의 행정계획으로서 그 입안·결정에 관하여 광범위한 형성의 자유를 가지는 계획재량처분이므로, 그 지정에 관련된 공익과 사익을 전혀 비교교량하지 아니하였거나 비교교량을 하였더라도 그 정당성과 객관성이 결여되어 비례의 원칙에 위반되었다고 볼 만한 사정이 없는 이상, 그 개발제한구역지정처분이 재량권을 일탈·남용한 위법한 것이라고 할 수 없을 것인데, 이 사건 개발제한구역지정의 경위 및 필요성, 개발제한구역의 지정에도 불구하고 토지구획정리사업이 계속 시행되어 완료된 점, 도시화되어 가는 주변 지역의 상황 및 이 사건 토지의 지역적 위치 등 여러 사정에 비추어 보면, 비록 위 토지구획정리사업이 시행되던 토지들 중 일부에 대하여만 이 사건 개발제한구역지정처분을 하였다고 하더라도 그 처분이 재량권을 현저히 일탈·남용한 것으로 볼 수 없다."[14]

대법원은 대학시설 유치를 위한 울산광역시의 도시계획시설결정에 대해 지역의 교육여건 개선 등의 공익과 지역 내의 토지나 건물 소유자들이 입게 되는 권리행사 제한 등의 사익의 이익형량에 정당성과 객관성을 결여한 하자가 있어 위법하다고 판시한 바 있습니다.[15]

> "행정계획이라 함은 행정에 관한 전문적·기술적 판단을 기초로 하여 도시의 건설·정비·개량 등과 같은 특정한 행정목표를 달성하기 위하여 서로 관련되는 행정수단을 종합·조정함으로써 장

---

13 Götz, Allgemeines Verwaltungsrecht, S.30.
14 대법원 1997. 6. 24. 선고 96누1313 판결(토지수용이의재결처분취소등).
15 대법원 2006. 9. 8. 선고 2003두5426 판결(울산도시계획시설(학교)결정취소).

래의 일정한 시점에 있어서 일정한 질서를 실현하기 위한 활동기준으로 설정된 것으로서, 구 도시계획법(2000. 1. 28. 법률 제6243호로 전문 개정되기 전의 것) 등 관계 법령에는 추상적인 행정목표와 절차만이 규정되어 있을 뿐 행정계획의 내용에 관하여는 별다른 규정을 두고 있지 아니하므로 행정주체는 구체적인 행정계획을 입안·결정함에 있어서 비교적 광범위한 형성의 자유를 가지는 것이지만, 행정주체가 가지는 이와 같은 형성의 자유는 무제한적인 것이 아니라 그 행정계획에 관련되는 자들의 이익을 공익과 사익 사이에서는 물론이고 공익 상호간과 사익 상호간에도 정당하게 비교교량하여야 한다는 제한이 있으므로, 행정주체가 행정계획을 입안·결정함에 있어서 이익형량을 전혀 행하지 아니하거나 이익형량의 고려 대상에 마땅히 포함시켜야 할 사항을 누락한 경우 또는 이익형량을 하였으나 정당성과 객관성이 결여된 경우에는 위법하다."[16]

기피시설 입지갈등 사례로 오랫동안 주목을 끌었던 '원지동 추모공원 사건'에서도 대법원은 기존의 판례를 재확인하면서, '원고들이 이 사건 추모공원 규모의 적정성과 환경·교통상의 문제에 관하여 제기하는 사유만으로는 피고가 행정계획의 일환으로 이 사건 도시계획시설결정을 함에 있어 이익형량을 전혀 행하지 아니하거나 이익형량의 고려 대상에 마땅히 포함시켜야 할 사항을 누락한 경우 또는 이익형량을 하였으나 정당성과 객관성이 결여되었다고 볼 수 없다'고 한 원심의 판단은 정당하다고 판시했습니다.

"행정계획이라 함은 행정에 관한 전문적·기술적 판단을 기초로 하여 도시의 건설·정비·개량 등과 같은 특정한 행정목표를 달성하기 위하여 서로 관련되는 행정수단을 종합·조정함으로써 장래의 일정한 시점에 있어서 일정한 질서를 실현하기 위한 활동기준으로 설정된 것으로서, 도시계획법 등 관계 법령에는 추상적인 행정목표와 절차만이 규정되어 있을 뿐 행정계획의 내용에 관하여는 별다른 규정을 두고 있지 아니하므로 행정주체는 구체적인 행정계획을 입안·결정함에 있어서 비교적 광범위한 형성의 자유를 가지는 것이지만, 행정주체가 가지는 이와 같은 형성의 자유는 무제한적인 것이 아니라 그 행정계획에 관련되는 자들의 이익을 공익과 사익 사이에서는 물론이고 공익 상호간과 사익 상호간에도 정당하게 비교교량하여야 한다는 제한이 있으므로, 행정주체가 행정계획을 입안·결정함에 있어서 이익형량을 전혀 행하지 아니하거나 이익형량의 고려 대상에 마땅히 포함시켜야 할 사항을 누락한 경우 또는 이익형량을 하였으나 정당성과 객관성이 결여된 경우에는 그 행정계획결정은 형량에 하자가 있어 위법하게 된다."[17]

"종래 매립지 등 관할 결정의 준칙으로 적용되어 온 지형도상 해상경계선 기준이 가지던 관습법적 효력은 위 지방자치법의 개정에 의하여 변경 내지 제한되었다고 보는 것이 타당하고, 안전행정부장관은 매립지가 속할 지방자치단체를 정할 때에 상당한 형성의 자유를 가지게 되었다. 다만 그 관할 결정은 계획재량적 성격을 지니는 점에 비추어 위와 같은 형성의 자유는 무제한의 재량이 허용되는 것이 아니라 여러 가지 공익과 사익 및 관련 지방자치단체의 이익을 종합적으로 고려하

---

16 앞의 2003두5426 판결.
17 대법원 2007. 4. 12. 선고 2005두1893 판결. 또한 대법원 2012. 1. 12. 선고 2010두5806 판결(완충녹지지정의해제신청거부처분의취소) 등을 참조.

여 비교·교량해야 하는 제한이 있다. 따라서 안전행정부장관이 위와 같은 <u>이익형량을 전혀 행하지</u> <u>않거나 이익형량의 고려 대상에 마땅히 포함시켜야 할 사항을 누락한 경우 또는 이익형량을 하였</u> <u>으나 정당성·객관성이 결여된 경우에는 그 매립지가 속할 지방자치단체 결정은 재량권을 일탈·남</u> <u>용한 것으로서 위법하다고 보아야 한다."18</u>

1.2 계획변경신청권과 계획변경청구권의 인정 여부

(1) 학설

계획변경청구권, 즉 행정계획의 변경 또는 폐지를 청구할 권리가 인정되는지 여부에 대하여 학설은 적극설과 소극설로 나뉘고 있으나 대체로 부정적인 경향을 띠고 있습니다. 적극설은 주로 당사자의 권리구제를 위해 도시계획변경신청권을 인정할 필요가 있다는 점을 강조합니다.[19] 특히 판례상 거부처분의 처분성 인정 요건인 도시계획변경에 대한 법규상 또는 조리상 신청권을 도출하는 데 초점을 맞추고 있습니다. 즉, 도시계획변경에 관한 신청권을 부인하게 되면 도시계획변경거부의 처분성을 인정할 수 없어 취소소송의 제기가 불가능하게 되므로, 도시계획변경 거부결정의 위법성 여부에 대한 재판청구권을 보장할 필요가 있다고 하거나,[20] 「국토의 계획 및 이용에 관한 법률」 제26조 소정의 도시계획입안제안권을 근거로, 도시계획변경에 대한 법규상 또는 조리상 신청권이 인정된다고 하고,[21] 또 도시계획변경신청거부에 의해 제3자의 기본권이 침해받게 되는 경우 예외적으로 도시계획변경거부의 처분성을 인정할 수 있다고 합니다.[22] 한편 장기미집행 도시계획시설의 경우에 대해 계획변경신청권을 인정할 수 있다는 견해[23]도 있습니다.

---

18 대법원 2013. 11. 14. 선고 2010추73 판결(새만금방조 제일부구간 귀속지방자치단체결정 취소).

19 정남철, 획변경청구권의 법적 문제 - 도시계획변경신청권의 예외적 인정에 대한 비판적 고찰 -, 『토지공법연구』 제48집(2010.2) 한국토지공법학회, 49-67, 56.

20 김정중, "도시계획변경 거부의 처분성", 행정재판실무연구집 재판자료(법원도서관) 제108집 (2005.12), 59-92, 90-91.

21 김종보, 건축법의 이해, 박영사, 2008, 564; 이선희, "도시계획입안 신청에 대한 도시계획입안권자의 거부행위가 항고소송의 대상이 되는 행정처분에 해당하는지 여부", 대법원판례해설 제50호, 156.

22 김해룡, "도시계획변경청구권의 성립요건", 『행정판례연구』 IV, 1999. 8, 105-116.

23 김종보, 앞의 책, 564-569.

반면, 소극설은 도시계획 수립 및 변경에 있어 일반적으로 계획행정청에 광범위한 형성의 자유가 보장되어 있으므로, 계획수립청구권 및 계획변경신청권은 허용되지 않는다는 입장입니다. 소극설이 다수설입니다.24

(2) 판례

계획변경청구권의 인정 여부에 대해 우리나라 대법원의 판례는 일찍부터 다분히 부정적 경향을 띠며 형성되기 시작했습니다. 과거 대법원은 도시계획변경신청 불허처분에 대한 취소소송에서 행정계획이 일단 확정된 후에는 어떤 사정변동이 있다고 하여 지역주민에게 일일이 그 계획의 변경 또는 폐지를 청구할 권리를 인정해 줄 수 없다고 판시한 바 있습니다.25

그러나 몇 가지 특수한 사례상황을 전제로 계획변경신청권 또는 계획변경청구권을 인정하는 듯 한 뉘앙스를 지닌 판례들이 나와 주목을 끌었습니다. 학계에서는 논란이 없지는 않았지만 대체로 대법원이 예외적으로 계획변경신청권 또는 계획변경청구권을 인정한 것으로 받아들이는 분위기입니다. 그런 예외적인 경우로는 첫째, 계획변경의 거부가 실질적으로 다른 처분을 거부하는 결과가 되는 경우, 둘째, 도시계획입안 제안권이 인정되는 경우, 셋째, 장기미집행 도시계획시설의 변경을 구하는 경우, 넷째, 재산권행사의 제한 등의 이유로 용도구역 지정 해제 등 계획변경을 요구한 경우가 있습니다.

> 실제로 대법원은 후술하듯 '자신의 토지를 완충녹지에서 해제해 달라는 원고들의 신청을 거부한 처분은 원고들의 재산권 행사를 과도하게 제한한 것으로서, 행정계획을 입안·결정함에 있어 이익형량을 전혀 행하지 아니하였거나 이익형량의 정당성·객관성이 결여된 경우에 해당한다'고 판단한 원심의 판단을 받아들이면서, 그 밖에 계획변경 신청의 거부를 거부처분으로 볼 수 있는 경우로서 행정주체가 구 국토의 계획 및 이용에 관한 법률 제26조에 의한 주민의 도시관리계획입안 제안에 대하여 이를 받아들여 도시관리계획결정을 할 것인지 여부를 결정하는 경우와 도시계획시설구역 내 토지 등을 소유하고 있는 주민이 장기간 집행되지 아니한 도시계획시설의 결정권자에 대하여 도시계획시설의 변경을 신청하여 이에 대한 수용 여부를 결정하는 경우를 예시한 바 있습니다.26

---

24 정남철, 앞의 글, 57; 류해웅, 토지공법론, 제4판, 삼영사, 2004, 300 등을 참조.

25 대법원 1984. 10. 23. 선고 84누227 판결. 또한 대법원 1989. 10. 24. 선고 89누725 판결(공원조성계획취소거부처분취소) 등을 참조. 이러한 판례는 이후에도 재확인되었습니다: 대법원 1990. 9. 28. 선고 89누8101 판결; 1995. 4. 28. 선고 95누627 판결(국토이용계획변경승인신청반려처분취소); 2003. 9. 26. 선고 2003두5075 판결(국토이용계획변경신청불허처분취소) 등.

26 대법원 2012. 1. 12. 선고 2010두5806 판결(완충녹지지정의해제신청거부처분의취소): 원고

한편 대법원은 최근 산업단지개발계획상 산업단지 안의 토지 소유자로서 산업단지개발계획에 적합한 시설을 설치하여 입주하려는 자에게 산업단지지정권자 또는 그로부터 권한을 위임받은 기관에 대하여 산업단지개발계획의 변경을 요청할 수 있는 법규상 또는 조리상 신청권이 인정되며 이러한 신청에 대한 거부행위는 항고소송의 대상이 되는 행정처분에 해당한다고 판시한 바 있습니다.

> "산업입지에 관한 법령은 산업단지에 적합한 시설을 설치하여 입주하려는 자와 토지 소유자에게 산업단지 지정과 관련한 산업단지개발계획입안과 관련한 권한을 인정하고, 산업단지 지정뿐만 아니라 변경과 관련해서도 이해관계인에 대한 절차적 권리를 보장하는 규정을 두고 있다. 또한 산업단지 안에는 다수의 기반시설 등 도시계획시설 등을 포함하고 있고, 국토의 계획 및 이용에 관한 법률의 해석상 도시계획시설부지 소유자에게는 그에 관한 도시·군관리계획의 변경 등을 요구할 수 있는 법규상 또는 조리상 신청권이 인정된다고 해석되고 있다. 헌법상 재산권 보장의 취지에 비추어 보면 토지의 소유자에게 위와 같은 절차적 권리와 신청권을 인정한 것은 정당하다고 볼 수 있다. 이러한 법리는 이미 산업단지 지정이 이루어진 상황에서 산업단지 안의 토지 소유자로서 종전 산업단지개발계획을 일부 변경하여 산업단지개발계획에 적합한 시설을 설치하여 입주하려는 자가 종전 계획의 변경을 요청하는 경우에도 그대로 적용될 수 있다.
> 그러므로 산업단지개발계획상 산업단지 안의 토지 소유자로서 산업단지개발계획에 적합한 시설을 설치하여 입주하려는 자는 산업단지지정권자 또는 그로부터 권한을 위임받은 기관에 대하여 산업단지개발계획의 변경을 요청할 수 있는 법규상 또는 조리상 신청권이 있고, 이러한 신청에 대한 거부행위는 항고소송의 대상이 되는 행정처분에 해당한다고 보아야 한다."[27]

위 대법원의 판례에 따르면, 관계법령상 주민이 도시계획입안을 제안할 수 있는 권리를 가지는 경우 이를 근거로 계획변경신청권은 인정되지만, 이는 어디까지나 행정청으로 하여금 계획변경신청 자체를 접수하여 그 반영 여부를 판단함에 있어 형량의무를 이행하도록 하는 데 그칠 뿐, 그 이상으로 계획을 신청한 내용대로 변경할 것을 요구할 수 있는 권리를 의미하는 것은 아니라는 점을 알 수 있습니다. 행정청은 계획변경 여부를 결정함에 있어 여전히 형량의 원칙과 형량하자의 법리에 따라 판단해야 할 문제라고 보는 것입니다.

소유의 토지를 도시계획시설인 완충녹지로 유지해야 할 공익상의 필요성이 소멸하였다고 볼 수 있으므로 이 토지를 완충녹지에서 해제하여 달라는 원고들의 신청을 거부한 처분은 원고들의 재산권 행사를 과도하게 제한한 것으로서, 행정계획을 입안·결정함에 있어 이익형량을 전혀 행하지 아니하였거나 이익형량의 정당성·객관성이 결여된 경우에 해당한다고 판단한 원심의 판단이 정당하다고 본 사례.

27 대법원 2017. 8. 29. 선고 2016두44186 판결(산업단지개발계획변경신청거부처분취소). 이 판례는 대법원 2017. 8. 29. 선고 2016두44186 판결을 재확인한 것입니다.

[1] 행정계획은 특정한 행정목표를 달성하기 위하여 전문적 · 기술적 판단을 기초로 관련되는 행정수단을 종합 · 조정함으로써 장래의 일정한 시점에 일정한 질서를 실현하기 위한 활동기준으로 설정된 것으로서, 「국토의 계획 및 이용에 관한 법률」(이하 '국토계획법'이라 한다) 등 관계 법령에서 추상적인 행정목표와 절차가 규정되어 있을 뿐 행정계획의 내용에 관하여는 별다른 규정을 두고 있지 않으므로 행정주체는 구체적인 행정계획의 입안 · 결정에 관하여 광범위한 형성의 재량을 가진다. 다만 그러한 형성의 재량은 무제한적인 것이 아니라, 관련되는 제반 공익과 사익을 비교 · 형량하여야 한다는 제한이 있다. 행정주체가 행정계획을 입안 · 결정할 때 이러한 이익형량을 전혀 하지 않거나 이익형량의 고려 대상에 마땅히 포함시켜야 할 사항을 누락한 경우, 또는 이익형량을 하였으나 정당성과 객관성이 결여된 경우에는 재량권을 일탈 · 남용한 것으로 위법하다고 보아야 한다(대법원 2007. 4. 12. 선고 2005두1893 판결 등 참조).

[2] 어떤 개발사업이 '자연환경 · 생활환경에 미치는 영향'과 같이 장래에 발생할 불확실한 상황과 파급효과에 대한 예측이 필요한 요건에 관한 행정청의 재량적 판단은 그 내용이 현저히 합리적이지 않다거나 상반되는 이익이나 가치를 대비해 볼 때 형평이나 비례의 원칙에 뚜렷하게 배치되는 등의 사정이 없는 한 폭넓게 존중되어야 한다. 그리고 이 경우 행정청의 당초 예측이나 평가와 일부 다른 내용의 감정의견이 제시되었다는 등의 사정만으로 쉽게 행정청의 판단이 위법하다고 단정할 것은 아니다(대법원 2017. 3. 15. 선고 2016두55490 판결 등 참조). 또한 이때 해당 개발사업 자체가 독자적으로 생활환경과 자연환경에 미칠 수 있는 영향을 분리하여 심사대상으로 삼을 것이 아니라, 기존의 주변 생활환경과 자연환경 상태를 기반으로 그에 더하여 해당 개발사업까지 실현될 경우 주변 환경에 총량적 · 누적적으로 어떠한 악영향을 초래할 우려가 있는지를 심사대상으로 삼아야 한다(대법원 2020. 7. 23. 선고 2020두36007 판결 참조).

[3] 이 사건 토지는 국토계획법에 따른 보전관리지역, 계획관리지역으로 지정되어 있으므로, 지정 후의 사정변경으로 인하여 숲과 녹지가 이미 복구 불가능할 정도로 훼손되어 더 이상 기존 계획제한을 유지할 필요를 인정하기 어렵다고 볼 만한 특별한 사정이 없는 한, 그 자연환경을 보전할 필요가 여전히 높다고 보아 이 사건 토지 위에 화장장을 도시 · 군관리계획시설로서 설치하고자 하는 도시 · 군관리계획의 입안을 거부한 피고의 재량적 판단은 폭넓게 존중되어야 한다. 또한 원고가 이미 장례식장, 묘지, 납골당 등으로 구성된 추모공원을 운영하고 있는 상황에서, 여기에 화장장까지 추가로 설치 · 운영함으로써 인근 마을과 군인아파트에 거주하는 주민들의 생활환경에 미칠 총량적 · 누적적인 영향이 그리 크지 않다고 보기도 어렵다. 따라서 화장장을 설치할 공익상의 필요 등 원심이 판시한 사정을 고려하더라도 원고의 입안 제안을 거부한 이 사건 처분이 정당성과 객관성을 결여하여 재량권을 일탈 · 남용한 것이라고 단정하기 어렵다.[28]

일반적으로 계획변경결정을 둘러싼 재량통제과정은 형량원칙에 따른 이익형량 의무가 성립하며 이로부터 법규상 또는 조리상 신청권으로서 계획변경신청권이 도출

---

28 대법원 2020. 9. 3. 선고 2020두34346 판결(군관리계획입안제안신청반려처분취소(차) 파기환송): 사시설을 운영하고 있는 원고가 기존 장사시설 인근 토지에서 도시 · 군계획시설로서 화장장을 설치 · 운영하고자 그 인근 토지를 도시 · 군계획시설인 화장장 부지로 결정해 달라는 내용의 도시 · 군관리계획입안제안을 하였으나 피고로부터 거부처분을 받아 그 거부처분의 취소를 구한 사안에서, 피고의 처분에 재량권 일탈 · 남용이 있다고 판단한 원심판결을 파기한 사례입니다.

되고 이를 거부할 경우 그 거부행위의 처분성이 인정되어 쟁송이 개시됨으로써 시작됩니다. 다른 한편으로는 형량원칙으로부터 도출되는 이익형량의무를 다하지 아니할 경우 형량의 하자가 성립하는데, 그 경우 법규상 또는 조리상 신청권으로서 계획변경신청권이 인정되는데도 계획변경신청을 반려 또는 거부함으로써 이익형량의무를 전혀 이행하지 아니 한 경우는 물론, 그 밖에 계획행정청이 행정계획의 입안·결정, 특히 변경 여부를 결정함에 있어 (계획변경신청을 받아들이고도) 이익형량을 전혀 행하지 아니하거나 이익형량의 고려 대상에 마땅히 포함시켜야 할 사항을 누락한 경우 또는 이익형량을 하였으나 정당성과 객관성이 결여된 경우에는 그 계획결정은 형량에 하자가 있어 위법하게 됩니다. 아울러 형량의 하자, 즉 재량의 일탈·남용의 법리는 계획변경결정시 하자 없는 재량행사를 요구할 수 있는 권리를 성립시키는 법적 토대가 되며, 경우에 따라 계획변경결정시 재량의 수축, 즉 특정한 계획변경청구를 인용하는 것만이 계획재량에 합당한 유일한 대안으로 남게 되는 경우에는 용도구역 지정해제 같이 특정한 내용의 계획변경을 요구할 수 있는 법적 청구권이 성립하게 됩니다.29

1.3. 절차적 통제

계획수립에 관하여 광범위한 형성의 자유 또는 계획재량이 인정되므로, 계획결정의 실질적·내용적 타당성을 통제할 수 있는 경우란 실제상 극히 기대하기 어렵습니다. 그리하여 형량과정의 통제를 가능케 할 계획수립과정을 절차적으로 규율할 필요가 생기게 됩니다. 따라서 그 실체적 통제의 곤란을 보완할 수 있는 방법으로 계획과정의 절차적 통제에 주목하지 않을 수 없습니다. 다만 행정절차법에는 2022년 신설한 이익형량조항을 제외하면 계획절차에 대한 통칙 규정이 마련되어 있지 않습니다. 그러므로 행정계획의 수립과정에 대한 법적 통제를 가능케 할 계획확정절차의 제도화가 시급히 요구됩니다. 특히 계획의 수립과정에 대한 이해관계인·주민의 참여 기회의 보장, 전문적 심의기구의 설치, 계획의 공표에 관한 절차적 보장 등이 우선적으로 요구됩니다.

---

29 이러한 대법원 판례에 대한 상세한 분석으로는 홍준형, "계획변경청구권과 계획변경신청권", 『행정판례연구』 XVII−1, 2012, 53−91을 참조.

2. 행정계획과 행정구제

행정계획의 결정 또는 변경 등으로 인하여 권익을 침해받은 경우 어떤 방법으로 이를 구제받을 것인가가 문제됩니다. 가령 계획에 의하여 행위제한 등 직접 법률상의 이익을 침해받은 경우, 또는 공단조성계획이나 중소기업육성계획을 믿고 투자하였다가 그 계획이 변경되거나 취소됨으로 인하여 손해를 받은 경우 등을 상정할 수 있습니다. 다만 행정계획 중에는 비구속적 성질을 지닌 것도 적지 않으므로 이 경우 그로 인하여 사실상 손해를 입었다고 하더라도 그것은 행정계획의 직접적인 효과가 아니라 반사적 효과에 불과하여 행정구제의 여지가 없는 경우가 많을 것입니다. 그러므로 행정계획을 둘러싼 행정구제는 주로 구속적 행정계획, 그중에서도 특히 대국민적 구속력을 지닌 계획과 관련하여 문제되는 것이라 할 수 있습니다. 이에 관하여는 행정쟁송과 손해전보의 문제로 나누어 특히 중요한 문제들을 살펴보기로 합니다.

2.1. 행정쟁송

(1) 행정심판

행정심판법(§ 3 ①)은 '행정청의 처분과 부작위에 대하여 다른 법률에 특별한 규정이 있는 경우를 제외하고는 이 법에 의하여 행정심판을 제기할 수 있다'고 규정합니다. 따라서 행정계획에 관한 한 행정심판법에 따른 행정심판은 행정계획의 처분성이 인정될 경우에 한해 또 다른 법률에 특별한 규정이 없을 경우에만 문제될 수 있습니다. 그러나 행정계획의 처분성은 논란이 있고, 비구속적 행정계획이나 행정청만을 구속하는 행정계획(단순 행정구속적 계획)의 경우 부정되며, 나아가 각종의 행정계획 근거법상 행정심판에 갈음하는 특별 절차가 규정될 수 있으므로, 그 한도에서 행정심판법의 적용은 제한됩니다.

(2) 계획의 처분성문제

행정계획의 처분성에 관하여는 가령 구 도시계획법상 도시계획결정의 처분성을 둘러싸고 종래 소극설과 적극설이 대립하였으나, 대국민적 구속력을 지닌 구속적 계획의 경우, 그 구체적 사안에 대한 구속적 규율로서 효력이 인정되는 이상 처분성을 인정하는 것이 타당하다고 봅니다. 판례 역시 그와 같은 입장을 명백히 밝힌 바 있습니다.

도시계획결정의 처분성을 인정한 판례

"도시계획법 제12조 소정의 도시계획결정이 고시되면 도시계획구역 안의 토지나 건물소유자의 토지형질변경, 건축물의 신축·개축 또는 증축 등 권리행사가 일정한 제한을 받게 되는 바, 이런 점에서 볼 때 고시된 도시계획결정은 특정개인의 권리 내지 법률상의 이익을 개별적이고 구체적으로 규제하는 효과를 가져 오게 하는 행정청의 처분이라 할 것이고 이는 행정소송의 대상이 되는 것이라 할 것"[30]

구속적 행정계획: 건축법상 도시설계

"건축물에 대한 규제는 '건축물로 인한 위험발생방지목적'의 건축법상의 규제와 '건축물과 도시기능의 유기적 관련 및 합리적인 토지이용관계의 확보에 그 목적'이 있는 도시계획법상의 규제로 나눌 수 있는데, 도시설계의 법적 근거와 그 목적 등이 건축법에 규정되어 있다고 하더라도, 도시설계의 목적은 도시의 기능과 미관을 증진하는 것에 있다고 할 것이므로 도시설계에 의한 건축물에 대한 규제는 도시계획법상의 건축물에 대한 규제로서의 성격을 갖는다고 할 것이다. 따라서, 이러한 도시설계에 의한 건축물규제의 성격과 도시설계와 관련한 건축법규정에 비추어 보면, <u>도시설계는 도시계획구역의 일부분을 그 대상으로 하여 토지의 이용을 합리화하고, 도시의 기능 및 미관을 증진시키며 양호한 도시환경을 확보하기 위하여 수립하는 도시계획의 한 종류로서 도시설계지구 내의 모든 건축물에 대하여 구속력을 가지는 구속적 행정계획의 법적 성격을 갖는다고 할 것이다.</u>"[31]

구속적 행정계획의 처분성

"구 도시 및 주거환경정비법(2007. 12. 21. 법률 제8785호로 개정되기 전의 것)에 따른 주택재건축정비사업조합은 관할 행정청의 감독 아래 위 법상 주택재건축사업을 시행하는 공법인으로서, 그 목적 범위 내에서 법령이 정하는 바에 따라 일정한 행정작용을 행하는 행정주체의 지위를 가진다 할 것인데, 재건축정비사업조합이 이러한 행정주체의 지위에서 위 법에 기초하여 수립한 사업시행계획은 인가·고시를 통해 확정되면 이해관계인에 대한 구속적 행정계획으로서 독립된 행정처분에 해당하고, 이와 같은 사업시행계획안에 대한 조합 총회결의는 그 행정처분에 이르는 절차적 요건 중 하나에 불과한 것으로서, 그 계획이 확정된 후에는 항고소송의 방법으로 계획의 취소 또는 무효확인을 구할 수 있을 뿐, 절차적 요건에 불과한 총회결의 부분만을 대상으로 그 효력 유무를 다투는 확인의 소를 제기하는 것은 허용되지 아니하고, 한편 이러한 항고소송의 대상이 되는 행정처분의 효력이나 집행 혹은 절차속행 등의 정지를 구하는 신청은 행정소송법상 집행정지신청의 방법으로서만 가능할 뿐 민사소송법상 가처분의 방법으로는 허용될 수 없다."[32]

---

30 대법원 1982. 3. 9. 선고 80누105 판결.

31 헌법재판소 2003. 6. 26. 선고 2002헌마402 결정(고양일산지구도시설계시행지침 제33조 제3항 위헌확인).

32 대법원 2009. 11. 2. 자 2009마596 결정(가처분이의). 또한 대법원 2009. 9. 17. 선고 2007다2428 전원합의체 판결(총회결의무효확인)을 참조.

관리처분계획의 구속성

"재건축조합이 행정주체의 지위에서 도시정비법 제48조에 따라 수립하는 <u>관리처분계획은 정비사업의 시행 결과 조성되는 대지 또는 건축물의 권리귀속에 관한 사항과 조합원의 비용 부담에 관한 사항 등을 정함으로써 조합원의 재산상 권리·의무 등에 구체적이고 직접적인 영향을 미치게 되는 구속적 행정계획으로서 조합이 행하는 독립된 행정처분에 해당한다</u>(대법원 2009. 9. 17. 선고 2007다2428 전원합의체 판결; 2009. 10. 15. 선고 2009다10638, 10645 판결 등 참조)."[33]

도시기본계획의 비구속성

"구 도시계획법(2002. 2. 4. 법률 제6655호 국토의 계획 및 이용에 관한 법률 부칙 제2조로 폐지) 제19조 제1항 및 도시계획시설결정 당시의 지방자치단체의 도시계획조례에서는, 도시계획이 도시기본계획에 부합되어야 한다고 규정하고 있으나, <u>도시기본계획은 도시의 장기적 개발방향과 미래상을 제시하는 도시계획입안의 지침이 되는 장기적·종합적인 개발계획으로서 행정청에 대한 직접적인 구속력은 없다.</u>"[34]

(3) 사실행위인 행정계획과 당사자소송

행정계획 중에는 처분성을 인정할 수 없는 것이 많습니다. 그렇다고 이에 대한 행정쟁송, 특히 행정소송의 가능성을 아예 범주적으로 부인해서는 아니 됩니다. 이러한 맥락에서 비처분적 행정계획에 관한 분쟁을 행정소송을 통하여 해결할 수 있는가, 그렇다면 어떤 종류의 행정소송에 의할 것인가가 문제됩니다. 이것은 행정계획의 법적 성질에 따라 달리 판단해야 할 문제입니다. 요컨대 행정계획중에서 가령 홍보적 계획처럼 사실행위의 성질을 띠거나, 유도적 계획의 경우에도 계획의 공표를 통하여 구속력 발생의 의사(Bindungswille)가 표명되었다고 볼 수 없어 사실행위로 볼 수밖에 없는 행정계획에 대해서는 관계법규정의 해석을 통하여 공법상 당사자소송이 권리보호의 형태로 활용될 수 있을 것입니다.

2.2. 손해전보

행정계획으로 말미암아 손실이 발생해도 재산권에 대한 사회적 제약 또는 지역적 구속성을 이유로 보상이 배제되는 경우가 적지 않으나, 그 손실에 '특별한 희생'으로서의 성질이 인정되는 이상 보상이 주어져야 할 것입니다. 또 행정계획이 실체

---

33 대법원 2012. 8. 30. 선고 2010두24951 판결(사업시행변경인가처분등일부무효확인).
34 대법원 2007. 4. 12. 선고 2005두1893 판결(도시계획시설결정취소 원지동 추모공원 사건).

적으로 또는 절차적으로 위법하여 국민에게 손해를 끼쳤을 때 국가배상의 문제가 제기 될 수 있음은 물론입니다.

2.3. 계획의 변경과 신뢰보호: 계획보장의 문제

행정계획에서도 공익적 견지에서 계획의 변경이나 폐지가 요구되는 경우가 생깁니다. 그러나 객관적으로 필요한 한계를 넘은 자의적인 계획의 변경·폐지는 계획의 존속을 신뢰한 사인의 이해관계에 중대한 영향을 미치게 됩니다. 이와 같이 행정계획은 그 본질상 안정성과 신축성간의 긴장관계(Spannungsverhältnis von Stabilität und Flexibilität)에 서 있습니다.[35] 행정계획은 한편으로는 그 수범자들, 특히 경제분야에서 활동하는 시민들에 대하여 일정한 행위, 처분 및 투자에의 유인을 제공하는 것을 본래적 취지와 목적으로 합니다. 그러나 이것은 시민들이 계획의 존속을 신뢰할 수 있다는 것을 전제로 합니다(신뢰보호의 문제). 다른 한편으로 행정계획은 일정한 정치·경제·사회적 분야에서의 사정을 출발점으로 삼는 동시에 그것을 조종·향도하고자 합니다. 그 사정들이 변경되거나 처음부터 잘못 판단되었을 경우에는 그 계획들은 그에 따라 본래목적에 맞게 시정되지 않으면 안 됩니다(계획변경의 문제). 이러한 긴장관계에서 제기되는 것이 바로 계획보장(Plangewährleistung)의 문제입니다. 여기서 관건은 계획의 취소·변경 또는 불준수에 있어 계획의 주체와 그 상대방 사이에 위험을 배분하는 데 있습니다. 이러한 견지에서 행정계획의 변경·폐지 등으로 인한 권익침해에 대해 적절한 구제방법을 강구해야 할 필요가 생깁니다. 구제방법으로는 원상회복이나 손실보상, 그리고 신뢰보호의 견지에서 행정계획의 존속을 요구할 수 있는 계획집행청구권 또는 계획보장청구권을 사인에게 인정하는 방법 등을 생각해 볼 수 있습니다.

계획보장청구권(Plangewährleistungsanspruch)이란 무엇보다도 국가적 계획들의 준수 및 지속성 보장에 대한 개인의 실체법상의 권리로서, 일반적인 계획의 존속(Planfortbestand), 계획의 이행(준수 및 집행: Planbefolgung) 또는 계획변경시 경과조치 및 적응을 위한 지원조치(Übergangsregelung und Anpassungshilfe), 손실보상(Entschädigung) 등을 목적으로 합

---

35 Maurer, § 16, Rn.26.

니다. 가령 신도시조성계획에 따라 조성된 아파트단지에 당초 도시계획상 아파트지구 앞에 녹지지구나 단독주택지구가 들어설 것을 신뢰하고 입주한 주민들이, 입주후 도시계획의 변경·폐지 또는 도시계획에 반하는 관계행정청의 결정으로 인해 녹지나 단독주택 대신 고층아파트가 들어서게 된 경우, 당초 계획의 존속 및 이에 따른 고층아파트건설의 중지 또는 기성건축물의 철거 등을 청구할 수 있는지가 문제됩니다. 또한 보충적으로 계획 변경이나 중도폐지로 인해 재산 손실이 발생한 경우 계획보장청구권에 의거 손실보상을 청구할 수 있는지가 문제됩니다.

> 대법원은 행정청이 용도지역을 자연녹지지역으로 지정결정하였다가 그보다 규제가 엄한 보전녹지지역으로 지정결정하는 내용으로 도시계획을 변경한 경우, 신뢰보호의 원칙이 적용되지 않는다고 판시함으로써 신뢰보호의 원칙에 의한 계획존속의 보장이라는 의미에서의 도시계획변경결정취소청구는 받아들일 수 없다는 입장을 분명히 한 바 있습니다.

> "행정청이 용도지역을 자연녹지지역으로 지정결정하였다가 그보다 규제가 엄한 보전녹지지역으로 지정결정하는 내용으로 도시계획을 변경한 경우, 행정청이 용도지역을 자연녹지지역으로 결정한 것만으로는 그 결정 후 그 토지의 소유권을 취득한 자에게 용도지역을 종래와 같이 자연녹지지역으로 유지하거나 보전녹지지역으로 변경하지 않겠다는 취지의 공적인 견해표명을 한 것이라고 볼 수 없고, 토지소유자가 당해 토지 지상에 물류창고를 건축하기 위한 준비행위를 하였더라도 그와 같은 사정만으로는 용도지역을 자연녹지지역에서 보전녹지지역으로 변경하는 내용의 도시계획변경결정이 행정청의 공적인 견해표명에 반하는 처분을 함으로써 그 견해표명을 신뢰한 개인의 이익이 침해되는 결과가 초래된 것이라고도 볼 수 없다는 등의 이유로, 신뢰보호의 원칙이 적용되지 않는다." 36

고권적 계획작용에 결부된 위험의 배분을 규율하기 위한 법적 수단으로서 계획보장은 확정적인 윤곽을 가진 법제도라기보다는 다양한 유형의 청구권들과 관련된 문제영역이라 할 수 있습니다. 그 개개의 청구권의 인정 여하는 일괄적으로 판단될 수 없고, 각각의 문제된 계획의 법형식과 내용에 따라 달라질 수밖에 없는 문제입니다. 여기서는 개괄적으로 다음과 같은 점을 지적하는 데 그칩니다: 계획보장은 이미 앞에서 살펴본 바와 같은 각종 행정계획 중 특히 향도적 또는 조성적 계획의 경우에 현실적인 중요성을 가집니다. 지시적 또는 홍보적 계획의 경우에는 그 자체로서 국가적 보장이 배제될 수 있겠지만, 명령적 또는 규범적 계획의 경우 계획 변경에 대해서는 원칙적으로 법률에 의한 손실보상을 인정하는 입법적 해결책이 요망됩니다.

---

36 대법원 2005. 3. 10. 선고 2002두5474 판결(도시계획변경결정취소청구).

제22강
행정을 계약으로도 하나요?

　　행정계약? 계약으로 행정임무를 수행하는 것도 가능한가요? 행정은 여전히 행정의 우월적 지위를 전제로 한 일방적 조치인 행정행위를 주된 활동방식으로 삼고 있지요. 그런 맥락에서 볼 때 행정을 계약 형식으로 수행한다는 것은 왠지 어색한 느낌을 줍니다. 행정을 계약으로도 할 수 있느냐는 것이 그리 이상한 물음은 아닌 사정이지요. 하지만 답은 '그렇다'입니다. 행정의 행위형식, 그것도 비권력적 행위형식으로서 계약을 택할 수 있을 뿐더러, 시간이 갈수록 계약에 의한 행정이 더욱 더 각광을 받고 있는 것도 사실입니다.

　　비권력적 행위형식으로서 공법상 계약이 각광을 받게 된 것은 현대행정이 사회국가 이념에 세례를 받으면서였습니다. 현대적 급부행정의 임무 수행을 위해서는 행정행위를 중심으로 한 권력적 행위형식만으로는 불충분하고 그보다 더 탄력적으로 그리고 효과적으로 활용될 수 있는 새로운 행정의 활동수단이 필요했습니다. 이에 따라 행정행위의 중심적 지위는 점차 감퇴한 반면 공법상 계약은 행정행위를 보충하는 행위형식으로 주목을 받았습니다.[1] 오늘날 공법상 계약은 행정행위에 의해 規律되던 영역을 넘어 새로운 적용분야(가령 행정의 우월적 지위가 인정되지 않아 일방적으로 規律하기 곤란한 분야)를 개척하면서 단지 행정행위를 보완하는 데 머물지 않고 그 자체 독자적 행위형식으로서 지속적으로 영역을 확대해 나가고 있습니다.

　　행정의 새로운 행위형식으로 부각된 공법상 계약은 특히 경제행정, 특히 급부행정·경제촉진 및 조성행정의 수단으로서 활용가치를 지닙니다. 무엇보다도 시민을 단순한

1　W.‒R. Schenke, Probleme der modernen Leistungsverwaltung, DÖV 1989, 370.

신민(Untertan)이 아니라 독자적 법적 주체이면서 행정의 파트너로 인정함으로써 가능한 한 행정현실에 대한 공동책임을 지도록 한다는 현대 법치행정·민주행정의 이념에 부합되는 행위형식입니다.[2] 사실 현대국가의 기능변천에 따라 급부행정 분야에서 사법상 계약과 행정행위의 중간형태인 공법상 계약에 의한 행정이 증가하였고, 공법상 당사자소송 같은 권리보호방법을 통해 권리구제의 장애가 제거되면서 공법상 계약의 유용성이 인식되었습니다. 공법상 계약은 ① 개별·구체적 사정에 즉응한 탄력적 행정목적 달성을 가능케 하며, ② 합의에 의한 행정을 실현할 수 있고, ③ 사실·법률관계가 불명확할 때 문제 해결을 용이하게 해 줄 수 있으며 ④ 법률지식이 없는 자에 대해서도 교섭을 통해 문제를 이해시켜 합의에 이를 수 있고, ⑤ 사회정책 추진수단으로 활용 가능하다는 점 등 비권력적 행정의 주된 행위형식으로 부정할 수 없는 가치를 가집니다.[3]

「행정기본법」은 행정의 전문화·다양화에 대응하여 공법상 법률관계에 관한 계약을 통해서도 행정이 이루어질 수 있도록 공법상 계약의 법적 근거를 마련하려는 취지에서 '법령등을 위반하지 아니하는 범위에서 행정목적을 달성하기 위하여 필요한 경우에는 공법상 법률관계에 관한 계약, 즉 공법상 계약을 체결할 수 있다'(§ 27 ① 제1문)고 규정하고 있습니다.[4]

Ⅰ. 공법상 계약 일반

1. 개념

'공법상 계약'(öffentlich-rechtlicher Vertrag)이란 공법적 효과의 발생을 목적으로 하는 복수당사자 사이의 반대방향 의사표시의 합치로 성립하는 공법행위를 말합니다.[5]

---

2 Maurer, § 14 Rn.24, S.335.
3 김남진, 행정법 Ⅰ, 392.
4 「행정기본법」안은 과거 「행정절차법」에서 누락되었던 공법상 계약에 관한 조항을 두었습니다. 다만 국회 법제사법위원회 심사과정에서 공법상 계약의 체결 방법, 변경 요구, 해지 사유 등에 관한 일반적 사항을 규정한 조항이 삭제되어 '공법상 계약의 체결'에 관한 조항만 남았습니다.
5 참고로 독일연방행정절차법 제54조 제1문은 일반적인 계약개념에 따라 그 대상에 착안하여

공법상 계약에 있어 행정청(Behörde)은 자신이 속한 '권리능력을 가진 행정주체를 대표하는 지위에서'(als Repräsentant der rechtsfähigen Verwaltungsträgers) 계약을 체결하게 됩니다.6

　　공법상 계약은 행정행위와 마찬가지로 실정법상 개념이 아니라, 일정한 유형의 공법행위의 성질에 착안하여 구성된 학문상 개념입니다. 이것은 특히 공법과 사법의 이원적 구분 및 독립된 행정재판제도를 가진 독일에서 성립한 개념으로서, 같은 행정제도국가인 프랑스에서 독일보다 훨씬 일찍부터 생성하여 통용되어 온 '행정계약'(contrat administratif)이나 사법적 바탕 위에서 형성된 영미의 '정부계약'(government contract)과는 구별되고 있습니다.7

　　'행정계약'이란 「행정주체와 국민 사이 또는 행정주체 상호간에 직접 또는 간접으로 행정목적을 수행하기 위하여 이루어지는 합의」를 말합니다. 이러한 의미의 행정계약은 행정주체가 당사자인 모든 계약, 즉 공법상 계약과 사법상 계약을 모두 포함합니다.8 행정계약을 이렇게 파악하는 것은 공·사법이원론을 부인 또는 완화하는 입장에서 행정계약을 독자적 행정형식으로 구성하려는 노력이라고 볼 수 있습니다(「행정계약론」9). 최근 우리 학계에도 '공법상 계약'보다는 '행정계약'의 개념을 사용하려는 경향이 나타납니다.10 그러나 공·사법 이원적 구별이 유지되는 이상, 공법상 계약과 사법상 계약은 적용법규나 법원리에 차이가 있고, 양자에 각각 적용되는 당사자소송과 민사소송도 그 재판관할, 소의 변경 등 차이가 있기 때문에(행정소송법 §§ 40−44), 그런 의미의 행정계약 관념(행정계약론)을 취하는데 무리가 따릅니다.11

　　「행정기본법」에 따르면, 행정청은 법령등을 위반하지 아니하는 범위에서 행정목적을 달성하기 위하여 필요한 경우에는 공법상 법률관계에 관한 계약, 즉 공법상 계약을 체결할 수 있고(§ 27 ① 제1문), 그 경우 계약의 목적 및 내용을 명확하게 적은

　　공법적 영역에서 법률관계를 발생시키고 변경 또는 소멸시키는 계약을 공법상 계약이라고 정의합니다.

6　Maurer, § 14, Rn.8, S.368.
7　이에 관하여는 김도창, 상, 513을 참조.
8　김도창, 일반행정법론(상), 511; 김동희, 행정법 I, 203 등.
9　今村成和, 行政法入門, p.119; 室井力, 行政法の爭点, p.30.
10　이에 관해서는 김대인, "행정계약에 관한 연구", 서울대학교 박사학위청구논문, 2006 등을 참조.
11　박윤흔, 행정법강의(상), 534 이하.

계약서를 작성하여야 합니다(§ 27 ① 제2문).

「행정기본법」 제27조는 공법상 계약에 관한 일반법입니다. 따라서 공법상 계약에 관한 특별한 규정이 개별 법률에 없으면 제27조가 적용됩니다. 하지만 제27조에 규정되지 않은 공법상 계약에 관한 사항은 그 성질이 허용하는 범위 내에서 「민법」을 유추 적용할 수밖에 없을 것입니다.12 또한 공법상 계약은 「행정절차법」의 적용대상에서 제외되어 있습니다. 제27조는 단순 선언적 규정이 아니라 강행규정이고 효력규정이므로 공법상 계약을 체결하는 행정청과 상대방은 제27조를 준수해야 합니다.13

2. 다른 행위형식과의 구별

(1) 사법상 계약과의 구별

공법상 계약은 복수당사자간 의사 합치에 따라 일정한 법률효과를 발생하는 점에서는 사법상 계약과 같으나, 공법적 효과의 발생을 목적으로 하고 공익을 위한 것이라는 점이 다릅니다.

실례로 국책사업인 '한국형 헬기 개발사업'(Korean Helicopter Program)에 개발주관사업자 중 하나로 참여하여 국가 산하 중앙행정기관인 방위사업청과 '핵심구성품 개발협약'을 체결한 한 주식회사가 협약 이행 과정에서 환율변동 및 물가상승 등 외부요인 때문에 협약금액 초과비용 발생을 주장하면서 국가를 상대로 초과비용의 지급을 구하는 민사소송을 제기했으나, 대법원은 그 협약의 법률관계는 공법관계에 해당하므로 이에 관한 분쟁은 행정소송으로 제기하여야 한다고 판시한 사례가 있습니다.

> [1] 과학기술기본법 제11조, 구 국가연구개발사업의 관리 등에 관한 규정, 항공우주산업개발촉진법 등이 규정한 관계조항들의 입법 취지와 규정 내용, 위 협약에서 국가는 갑 회사에 '대가'를 지급한다고 규정하고 있으나 이는 국가연구개발사업규정에 근거하여 국가가 갑 회사에 연구경비로 지급하는 출연금을 지칭하는 데 다름 아닌 점, 위 협약에 정한 협약금액은 정부의 연구개발비 출연금과 참여기업의 투자금 등으로 구성되는데 위 협약 특수조건에 의하여 참여기업이 물가상승 등을 이유로 국가에 협약금액의 증액을 내용으로 하는 협약변경을 구하는 것은 실질적으로는 KHP 사업에 대한 정부출연금의 증액을 요구하는 것으로 이에 대하여는 국가의 승인을 얻도록 되어 있는 점, 위 협약은 정부와 민간이 공동으로 한국형헬기 민·군 겸용 핵심구성품을 개발하여 기술에

---

12 홍정선, 행정기본법 해설, 박영사, 2021, 195.
13 홍정선, 앞의 책, 196.

대한 권리는 방위사업이라는 점을 감안하여 국가에 귀속시키되 장차 기술사용권을 갑 회사에 이전하여 군용 헬기를 제작·납품하게 하거나 또는 민간 헬기의 독자적 생산기반을 확보하려는 데 있는 점, KHP사업의 참여기업인 갑 회사로서도 민·군 겸용 핵심구성품 개발사업에 참여하여 기술력을 확보함으로써 향후 군용 헬기 양산 또는 민간 헬기 생산에서 유리한 지위를 확보할 수 있게 된다는 점 등을 종합하면, 국가연구개발사업규정에 근거하여 국가 산하 중앙행정기관의 장과 참여기업인 갑 회사가 체결한 위 협약의 법률관계는 공법관계에 해당하므로 이에 관한 분쟁은 행정소송으로 제기하여야 한다.

[2] 원고가 고의 또는 중대한 과실 없이 행정소송으로 제기하여야 할 사건을 민사소송으로 잘못 제기한 경우, 수소법원으로서는 만약 행정소송에 대한 관할도 동시에 가지고 있다면 이를 행정소송으로 심리·판단하여야 하고, 행정소송에 대한 관할을 가지고 있지 아니하다면 당해 소송이 이미 행정소송으로서 전심절차 및 제소기간을 도과하였거나 행정소송의 대상이 되는 처분 등이 존재하지도 아니한 상태에 있는 등 행정소송으로서 소송요건을 결하고 있음이 명백하여 행정소송으로 제기되었더라도 어차피 부적법하게 되는 경우가 아닌 이상 이를 부적법한 소라고 하여 각하할 것이 아니라 관할법원에 이송하여야 한다.[14]

공공계약과 물가 변동 계약금액 조정 규정 특약

국가를 당사자로 하는 계약이나 공공기관의 운영에 관한 법률의 적용 대상인 공기업이 일방 당사자가 되는 계약은 국가 또는 공기업(이하 '국가 등'이라 한다)이 사경제의 주체로서 상대방과 대등한 지위에서 체결하는 사법(私法)상의 계약으로서 본질적인 내용은 사인 간의 계약과 다를 바가 없으므로, 법령에 특별한 정함이 있는 경우를 제외하고는 서로 대등한 입장에서 당사자의 합의에 따라 계약을 체결하여야 하고 당사자는 계약의 내용을 신의성실의 원칙에 따라 이행하여야 하는 등[구 국가를 당사자로 하는 계약에 관한 법률(2012. 12. 18. 법률 제11547호로 개정되기 전의 것, 이하 '국가계약법'이라 한다) 제5조 제1항] 사적 자치와 계약자유의 원칙을 비롯한 사법의 원리가 원칙적으로 적용된다.

… 공공계약의 성격, 국가계약법령상 물가변동으로 인한 계약금액 조정 규정의 내용과 입법 취지 등을 고려할 때, 위 규정은 국가 등이 사인과의 계약관계를 공정하고 합리적·효율적으로 처리할 수 있도록 계약담당자 등이 지켜야 할 사항을 규정한 데에 그칠 뿐이고, 국가 등이 계약상대자와의 합의에 기초하여 계약당사자 사이에만 효력이 있는 특수조건 등을 부가하는 것을 금지하거나 제한하는 것이라고 할 수 없으며, 사적 자치와 계약자유의 원칙상 그러한 계약 내용이나 조치의 효력을 함부로 부인할 것이 아니다.

다만 국가를 당사자로 하는 계약에 관한 법률 시행령(이하 '국가계약법 시행령'이라 한다) 제4조는 '계약담당공무원은 계약을 체결함에 있어서 국가계약법령 및 관계 법령에 규정된 계약상대자의 계약상 이익을 부당하게 제한하는 특약 또는 조건을 정하여서는 아니 된다'고 규정하고 있으므로, 공공계약에서 계약상대자의 계약상 이익을 부당하게 제한하는 특약은 효력이 없다. 여기서 어떠한 특약이 계약상대자의 계약상 이익을 부당하게 제한하는 것으로서 국가계약법 시행령 제4조에 위배되어 효력이 없다고 하기 위해서는 그 특약이 계약상대자에게 다소 불이익하다는 점만으로는 부족하고, 국가 등이 계약상대자의 정당한 이익과 합리적인 기대에 반하여 형평에 어긋나는 특약을 정함으로써 계약상대자에게 부당하게 불이익을 주었다는 점이 인정되어야 한다. 그리고 계약상대자의 계약상 이익을 부당하게 제한하는 특약인지는 그 특약에 의하여 계약상대자에게 생길 수 있는 불이익의 내용과 정도, 불이익 발생의 가능성, 전체 계약에 미치는 영향, 당사자들 사이의 계

14　대법원 2017. 11. 9. 선고 2015다215526 판결(정산금청구).

약체결과정, 관계 법령의 규정 등 모든 사정을 종합하여 판단하여야 한다.15

(2) 행정행위와의 구별

공법상 계약은 공법적 효과를 발생한다는 점에서는 행정행위와 다르지 않지만, 복수당사자 사이의 의사의 합치로써 이루어진다는 점에서 행정청의 우월한 일방적 의사결정에 의한 단독행위인 행정행위와 구별되며, 특히 협력을 요하는 행정행위(쌍방적 행정행위)와 구별됩니다.

> [1] 행정청이 자신과 상대방 사이의 법률관계를 일방적인 의사표시로 종료시켰다고 하더라도 곧바로 의사표시가 행정청으로서 공권력을 행사하여 행하는 행정처분이라고 단정할 수는 없고, 관계 법령이 상대방의 법률관계에 관하여 구체적으로 어떻게 규정하고 있는지에 따라 의사표시가 항고소송의 대상이 되는 행정처분에 해당하는지 아니면 <u>공법상 계약관계의 일방 당사자로서 대등한 지위에서 행하는 의사표시인지를 개별적으로 판단하여야 한다</u>(대법원 1996. 5. 31. 선고 95누10617 판결, 대법원 2014. 4. 24. 선고 2013두6244 판결 등 참조).
> [2] 중소기업기술정보진흥원장이 갑 주식회사와 중소기업 정보화지원사업 지원대상인 사업의 지원에 관한 협약을 체결하였는데, 협약이 갑 회사에 책임이 있는 사업실패로 해지되었다는 이유로 협약에서 정한 대로 지급받은 정부지원금을 반환할 것을 통보한 사안에서, <u>중소기업 정보화지원사업에 따른 지원금 출연을 위하여 중소기업청장이 체결하는 협약은 공법상 대등한 당사자 사이의 의사표시의 합치로 성립하는 공법상 계약에 해당하는 점</u>, 구 중소기업 기술혁신 촉진법(2010. 3. 31. 법률 제10220호로 개정되기 전의 것) 제32조 제1항은 제10조가 정한 기술혁신사업과 제11조가 정한 산학협력 지원사업에 관하여 출연한 사업비의 환수에 적용될 수 있을 뿐 이와 근거 규정을 달리하는 중소기업 정보화지원사업에 관하여 출연한 지원금에 대하여는 적용될 수 없고 달리 지원금 환수에 관한 구체적인 법령상 근거가 없는 점 등을 종합하면, <u>협약의 해지 및 그에 따른 환수통보는 공법상 계약에 따라 행정청이 대등한 당사자의 지위에서 하는 의사표시로 보아야 하고, 이를 행정청이 우월한 지위에서 행하는 공권력의 행사로서 행정처분에 해당한다고 볼 수는 없다.</u>16

(3) 공법상 합동행위와의 구별

공법상 계약과 공법상 합동행위는 양자는 복수당사자의 의사 합치로 성립하는 점에서는 같지만 전자가 서로 반대방향의 의사 합치로 성립하고 원칙적으로 양당사

---

15 대법원 2017. 12. 21. 선고 2012다74076 전원합의체 판결(부당이득금반환등). 이 판결에는 위 계약금액 조정 규정은 공공계약에 대하여 사적 자치와 계약 자유의 원칙을 제한하는 것으로서 강행규정 또는 효력규정에 해당하며, 따라서 공공계약의 당사자인 국가와 그 상대방은 공공계약 체결 이후 물가변동이나 환율변동에 따른 손실의 위험을 공정하고 형평에 맞게 배분하기 위하여 계약금액을 조정하여야 하고, 이를 배제하는 약정은 효력이 없다는 대법관 고영한, 대법관 김재형의 반대의견이 붙어 있습니다.
16 대법원 2015. 8. 27. 선고 2015두41449 판결(정보화지원사업참여제한처분무효확인).

자에게 상반되는 법률효과(일방이 권리를 가지면 상대방은 의무를 지는 것과 같이)를 발생하는 반면, 후자는 동일방향의 의사 합치이며, 법률효과도 당사자 모두에게 같은 의미를 가진다는 점에서 다릅니다.

II. 공법상 계약의 종류

1. 주체에 따른 분류

(1) 행정주체 상호간의 계약

공법상 계약은 행정주체 상호간, 가령 국가와 공공단체 또는 공공단체 상호간에서도 성립할 수 있습니다. 당사자중 어느 일방에 대하여 우월적 지위를 인정할 수 없고 따라서 어느 한편의 일방적 규율에 맡기는 것이 적절치 못하기 때문에 공법상 계약이 활용될 여지가 생깁니다. 공공단체 상호간 사무위탁, 도로 또는 하천 경비분담 협의, 도로관리에 관한 협의, 법률의 규정에 의한 동일한 과세물건에 대한 과세협정, 기타 공무수행에 관한 협정 등이 그 예입니다.

(2) 행정주체와 사인간 계약

공법상 계약의 또 다른 형태로는 행정주체, 즉 국가 또는 공공단체와 사인 사이에 성립하는 계약이 있습니다. 이것이 가장 전형적인 공법상 계약의 형태입니다. 특별권력관계 설정 합의(예: 지원입대, 공중보건 채용 등 전문직공무원 채용계약, 영조물이용관계 설정), 임의적 공용부담(예: 문화재, 학교용지·도로용지 기증, 청원경찰 비용부담), 공법상 보조계약(예: 장학금지급계약), 행정사무 위임(예: 사인 신청 별정우편국 지정, 교육행정사무위임 위한 협의), 지방자치단체와 사인 간 환경관리협약 등이 그 예입니다.

실례로 부산시 서면의 지하도 건설과 관련하여 부산시와 건설업자간에 계약이 체결되었는데 그 내용은 업자의 부담으로 지하도를 건설하되, 건설비와 지하도 점용료의 액수가 일치되는 기간까지 지하도 및 부설상가부지의 점용허가를 부여한다는 것이었지요. 이러한 계약은 행정주체와 사인 간에 체결된 공법상 계약의 성질을 지닙니다.17 또한 보조금교부 역시 종래에는 이른바 이단계설

---

17 김남진, "국가의 경제에의 참여와 개입", 『공법연구』 제16집, 1988, 110.

(Zweistufentheorie)에 의하여 행정행위인 교부결정(승인: Bewilligung)과 사법상 계약인 대부계약(이행: Abwicklung)이 결합된 것으로 보는 견해가 지배적이었으나 오늘날에는 이를 공법상 계약으로 보는 견해가 우세합니다.[18]

(3) 사인 상호간의 계약

공법상 계약은 사인들 간에서도 일정한 공법상 법률관계의 형성을 목적으로 체결될 수 있습니다. 그러나 공법상 계약은 공법상 법률관계의 형성(발생·소멸·변동)을 목적으로 하는 합의로써 성립하는 것이므로 사인 상호간의 공법상 계약은 오로지 이들이 그 공법상 권리·의무의 귀속을 결정할 수 있는 처분권(Dispositionsbefugnis)을 가지는 경우에만 체결할 수 있습니다.[19] 「공익사업을 위한 토지 등의 취득 및 보상에 관한 법률」 제26조에 따른 공익사업을 위한 토지의 취득을 위한 사업시행자와 토지소유자 간 협의의 경우가 그 예입니다.

순수한 사인이 아니라 공무수탁사인의 지위를 가지는 사업시행자와 토지소유자 간 토지보상 관련법에 따른 협의취득 또는 보상 협의의 경우 종래 사법상 계약설과 공법상 계약설이 대립하였고, 후설이 통설적 입장이었지만, 판례는 이를 사업시행자가 사경제주체로서 행하는 사법상 매매 내지 사법상 계약의 실질을 가진다고 보고 있습니다.[20]

2. 성질에 따른 분류

(1) 대등계약

대등계약(koordinationsrechtlicher Vertrag)이란 원칙적으로 대등한 지위의 계약당사자간에 체결되는 공법상 계약으로 행정주체 상호간(국가와 공공단체 또는 공공단체 상호간)에 성립하는 계약이 그 예입니다. 대등계약은 행정행위로는 규율할 수 없는 법률관계에 관한 것입니다.

---

18 Maurer, § 17, Rn.11ff., S.397ff., Rn.25, S.402.
19 Erichsen/Martens, § 25 Rn.9.
20 대법원 1992. 10. 27. 선고 91누3871 판결; 2004. 9. 24. 선고 2001다68713 판결.

(2) 종속계약

종속계약(subordinationsrechtlicher Vertrag)이란 상하관계에 놓인 당사자 사이의 계약을 말합니다. 가령 행정주체와 사인 사이의 계약이 그 예입니다. 행정행위 발급의무를 정하는 처분－준비계약(Verwaltungsakt－Vorbereitungsgeschäft), 행정행위를 대체하는 처분－대체계약(Verwaltungsakt－Ersatzgeschäft), 행정행위와 아무런 직접적 관계가 없는 경우가 있습니다.

Ⅲ. 공법상 계약의 법적 근거와 한계

1. 공법상 계약의 허용 여부·자유성

국가의사의 우월성을 전제로 공법상 계약의 성립가능성을 부인하는 견해(Otto Mayer)도 없지 않았으나 공법상 계약의 허용성을 긍정하는 견해가 지배적입니다.[21] 법령이 행정주체에게 상대방에 대한 우월한 의사력을 부여하지 않은 경우 당사자간 의사 합치에 의한 처리를 배제할 합리적 이유도 없고, 급부행정의 발달에 따라 유용성이 널리 인정되기 때문입니다. 공법상 계약의 가능성을 인정하는 경우에도 법치행정의 원리와의 관계에서 법률의 근거 없이도 공법상 계약이 가능한지 여부에 관하여는 견해가 대립합니다. 부정설은 공법상 계약을 인정한다고 하더라도, 법령이 특히 허용하고 있는 경우에 한하여 성립할 수 있는 것으로 봅니다. 공법상 계약을 엄격한 법규적 기속을 받는 행정행위의 일종으로 보거나 전부유보적 관점에서 파악하는 결과입니다. 반면 긍정설은 공법상 계약은 공권력 발동으로 이루어지는 행정행위와는 다른 행위형식의 유형으로, 비권력관계에서 당사자간 의사합치에 의하여 성립하는 것이므로, 사법상 계약과 마찬가지로 반드시 명시적인 법적 근거 없이도 성립할 수 있다고 합니다. 생각건대, 행정에게 행위형식 선택의 자유가 인정되는 이상, 비권력적 작용으로서 공법상 계약의 법적 효력은 의사의 합치에 기인하는 것이므로(pacta

---

21 주지하는 바와 같이 독일의 경우 그 허용성은 연방행정절차법 제54조로 입법적으로 해결되었습니다.

sunt servanda !) 공법상 계약의 자유성은 인정되어야 할 것입니다.

이러한 논란은 「행정기본법」 제27조에 공법상 계약의 법적 근거가 명문화됨에 따라 일단 종지부를 찍은 것으로 볼 수 있습니다. 하지만 그렇다고 모든 행정영역에서 아무런 제한 없이 공법상 계약이 가능하다는 것은 아닙니다. 행정행위에 갈음하여 공법상 계약을 체결하려면 그에 대한 법적인 근거가 필요하고, 또 침익적 행정작용을 내용으로 하는 공법상 계약은 허용되지 않는다고 보아야 합니다.22

2. 공법상 계약의 한계

행정의 행위형식으로서 공법상 계약이 남용되면 법치행정의 원리와의 충돌이나 공행정의 상업화를 가져올 우려가 있습니다. 무엇보다도 법률의 우위 원칙에서 오는 공법상 계약의 한계가 따릅니다. 공법상 계약은 그 내용이 실정법을 위반해서는 안 됩니다. 공법상 계약의 남용도 용납될 수 없습니다. 가령 기속행위의 경우 그 행위형식에 관하여 공법상 계약이 금지되어 있지 않은 이상 행정주체는 행정행위 대신에 공법상 계약을 체결할 수 있으나, 법률이 이미 규정한 것을 합의할 수밖에 없는 제약을 받습니다. 규범집행계약(Normenvollzugsverträge)은 별반 현실적 의미가 없다고도 할 수 있겠지만, 복잡한 사안이나 급부관계 및 공급관계에서 발생하는 쌍무적 권리의무를 규율하는데 합목적적 행위형식이 될 수도 있습니다. 공법상 계약은 원칙적으로 법률의 강행규정에 위반해서는 안 됩니다. 공법상 계약의 본래적 적용분야는 행정청에게 재량권이 부여된 경우입니다. 재량권을 통해 부여된 차등적 행위에 대한 권한은 바로 시민과의 합의를 통해서도 실현될 수 있지요. 그 경우에도 재량권의 법적 한계를 준수해야 합니다. 가령 재량에 속하는 특정 영업의 허가 대신 행정청이 허가를 발급하되 허가기간 종료 후에는 영업시설 일체를 무상으로 국가에 제공한다는 내용의 계약을 체결하는 것은 원칙적으로 허용되지 않습니다. 이와 관련 종종 실무상 활용되는 기부채납(寄附採納)의 허용 여부가 문제되어야 할 것입니다. 또한 독일 연방행정절차법 제58조 제1항이 명시적으로 규정한 바와 같이 제3자의 권리나 법률상 이익을 침해하는 계약은 그 제3자의 동의가 필요합니다. 제3자의 동의 없이 계약

22　법제처, 행정기본법 해설서, 2021, 274.

당사자 이외에 제3자의 비용부담을 전제로 하는 공법상 계약 역시 허용되지 않는다고 보아야 합니다.

요컨대 ① 강행법규에 저촉되지 아니하는 범위 안에서, ② 규범집행계약이 인정되는 경우를 제외하고는 원칙적으로 비권력행정 분야에서 인정되는 것으로 보아야 할 것입니다.

> **공중보건의 채용계약해지와 공법상 당사자소송**
>
> "현행 실정법이 전문직공무원인 공중보건의사의 채용계약 해지의 의사표시는 일반공무원에 대한 징계처분과는 달라서 항고소송의 대상이 되는 처분 등의 성격을 가진 것으로 인정되지 아니하고, 일정한 사유가 있을 때에 관할 도지사가 채용계약 관계의 한쪽 당사자로서 대등한 지위에서 행하는 의사표시로 취급하고 있는 것으로 이해되므로, 공중보건의사 채용계약 해지의 의사표시에 대하여는 대등한 당사자간의 소송형식인 공법상의 당사자소송으로 그 의사표시의 무효확인을 청구할 수 있는 것이지, 이를 항고소송의 대상이 되는 행정처분이라는 전제하에서 그 취소를 구하는 항고소송을 제기할 수는 없다."[23]

공법상 계약은 위에서 본 바와 같은 법적 한계와는 별도로 그 '공법적 성격'에 비추어 계약 내용의 공익적합성과 계약 투명성에 대한 요구에 부응해야 합니다. 그런 배경에서 「행정기본법」은 공법상 계약에 공공성과 제3자의 이해관계 고려의무를 부과하고 있습니다. 즉 행정청은 공법상 계약의 상대방을 선정하고 계약 내용을 정할 때 공법상 계약의 공공성과 제3자의 이해관계를 고려하여야 합니다(§ 27 ②).

---

[23] 대법원 1996. 5. 31. 선고 95누10617 판결(공중보건의사전문직공무원채용계약해지처분취소등).

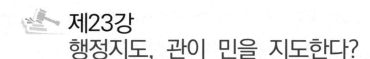

제23강
행정지도, 관이 민을 지도한다?

　　건축법상 허가조건을 갖춰 오피스텔 건축허가를 신청했는데 관할 행정청에게서 정부의 오피스텔 신축 억제 정책에 위배된다는 등의 이유로 신청을 반려 당했습니다. 인근주민의 집단민원이 우려된다는 이유로 자동차정비업 허가 신청을 반려 당한 사례도 있습니다. 물가상승이 우려된다며 공중목욕탕 요금을 올리지 말라고도 합니다. 괘씸죄가 두려워 울며 겨자먹기로 따를 수밖에 없지만 억울하기 짝이 없습니다. 이처럼 납득하기 어려운 일들이 종종 일어나는데, 근거가 뭐냐고 물어보면 '행정지도'라는 답이 돌아옵니다. 관이 민을 지도한다니 요즘 세상에 말이 됩니까? 이렇게 반문하지만 어찌 해 볼 도리가 없습니다. 분명히 관이 개입하여 영향을 미쳤는데 딱히 공식화된 행위가 불분명하여 과연 무엇을 대상으로 어떻게 다툴지도 막연하기 짝이 없습니다. 행정소송을 통해 다툴 수 있을지 법률전문가에게 물어보아도 그리 시원한 답변을 얻지 못합니다. 무슨 일일까요?

Ⅰ. 행정지도의 개념과 쟁점

　　행정지도란 일반적으로 「행정기관이 <u>행정목적의 달성을 위하여 상대방의 임의적 협력을 기대하여 행하는 비권력적 사실행위</u>」라고 정의됩니다. 원래 「행정지도」란 실정법상의 용어가 아니라 행정실무상 지도, 권고, 요망, 권장, 장려, 조언 등으로 표현되는 행정작용의 범주였습니다. 그러나 1996년 제정된 행정절차법은 행정지도의 개념을 "행정기관이 그 소관사무의 범위 안에서 일정한 행정목적을 실현하기 위하여 특정인에게 일정한 행위를 하거나 하지 아니하도록 지도·권고·조언 등을 하는 행정작용"으로 정의하면서 이를 실정화했습니다(§ 2 ⅲ).

이에 따르면 행정지도는 ① 행정기관이 그 소관사무의 범위 안에서, ② 일정한 행정목적 실현을 위하여, ③ 특정인에게 일정한 행위를 하거나 하지 아니하도록 지도·권고·조언등을 하는 행정작용이라는 세 가지 요소로 파악할 수 있습니다. 이 중 ③의 요소는 비권력적 사실행위를 가리키는 것이고, ①은 행정지도의 권한상 한계를 밝힌 것이며, ②는 행정지도의 목적을 한정한 것이므로, 강학상 행정지도 개념과 대체로 일치하는 개념입니다.

행정지도는 중앙과 지방을 막론하고 빈번히 활용되는 수단입니다. 특히 지방자치단체는 행정지도의 기준으로 요강, 지침 등을 제정하고 이에 따라 건축행위, 택지개발, 백화점진출 등이 초래하는 지역적 혼란과 분쟁을 조정하기 위하여 조직적으로 행정지도를 전개하고 있습니다. 그리하여 「지침행정」, 행정지도에 의한 행정이 전국 각지의 지방자치단체에서 선호되는 가장 강력하고 실효성 있는 행정수단의 하나로 등장하고 있는 것이지요.

행정지도는 상대방의 임의적 협력을 기대하여 행하는 비권력적 사실행위라는 점에서, 물론 법적 근거에 의하여 행해지는 경우도 있으나, 별도의 실정법적 근거 없이도 행해질 수 있다고 보는 것이 일반적입니다. 그러나 비권력적인 것이라 하지만, 행정지도는 사실상 상대방에게 거역하기 곤란한 심각한 영향력을 갖는 경우가 많습니다. 가령 정부가 권장하는 종자를 심으면 금융지원이나 우선수매 등과 같은 인센티브를 준다고 할 때, 이 「권장사항」에 따르지 않는 것은 그런 혜택에서 배제되는 결과를 가져오는 것이므로 적극적 불이익처분 못지않은 제재적 효과를 발휘합니다. 또한 일정한 행정지도사항에 따르지 않을 경우 직접적·법적 제재는 아닐지라도 세무조사와 같은 간접적 제재를 받을 수 있기 때문에 그 상대방의 입장에서 볼 때 행정지도는 권력적 행정작용 못지않은 사실상 구속력을 발휘하는 경우가 비일비재하지요. 그리하여 행정지도는 법령상 근거가 없거나 이를 행할 구체적인 기준이 정해져 있지 않은 경우에도 사용될 수 있다는 점에서 행정기관이 선호하는 행정수단이 되고 있고, 나아가 지침이란 형식을 띤 행정지도가 범용됨에 따라 법에 의한 행정이 아니라 「지침에 의한 행정」 또는 「행정지도에 의한 행정」이 될 수 있다는 우려를 낳고 있습니다. 행정지도의 사실상 구속력을 고려할 때 그 법적 통제를 통해 법치국가원칙이 형식화·공동화되는 것을 방지하는 것이 관건이 됩니다.

II. 행정지도의 종류

1. 법령의 근거에 따른 분류

(1) 법령의 직접적 근거에 따른 행정지도

행정지도는 반드시 법령의 근거를 필요로 하는 것은 아니지만, 법령이 직접 이에 대한 규정을 두고 있는 경우도 적지 않습니다. 경제관계법령이 특히 대종을 이룹니다.

> 해양수산부장관의 양식산업 관련 기술개발 지원(양식산업발전법 § 61), 농림축산식품부장관의 농림식품과학기술 정보의 수집·분석 및 보급 촉진(농림식품과학기술육성법 § 9의2), 중소기업의 경영 합리화와 기술 향상 지원(중소기업기본법 § 6), 농어촌관광휴양지사업자나 농어촌민박사업자의 지도(농어촌정비법 § 88) 등이 그 예입니다.

(2) 법령의 간접적 근거에 따른 행정지도

법령이 행정지도에 관하여 직접 규정을 두지는 않았으나, 행정행위를 발할 수 있는 권한, 즉 처분권을 배경으로 일차적으로 행정지도가 행해지는 경우도 적지 않습니다.

> **│ 사립학교법에 따른 관할청의 학교법인에 대한 시정요구 변경통보의 법적 성질 │**
>
> "관할청이 학교법인에 대하여 부동산 매각과 관련된 당초의 시정요구사항을 이행하지 아니할 경우 사립학교법 제20조의2의 규정에 따라 임원취임승인을 취소하겠다고 계고한 바에 따라서 임원취임승인을 취소함과 동시에 임시이사를 선임하고 당초의 시정요구사항을 변경하는 통보를 한 경우, 관할청이 한 당초의 사립학교법상의 시정요구는 임원취임승인취소처분이 행하여짐으로써 같은 법 제20조의2 제2항 소정의 목적을 달성하여 실효되었다고 할 것이고, 한편 그 상태에서 발하여진 관할청의 시정요구 변경통보는 관할청이 가지는 같은 법 제4조 소정의 일반적인 지도·감독권에 기한 것으로서 임시이사들로 임원진이 개편된 학교법인에 대한 행정지도의 성격을 지니는 새로운 조치라고 할 것인바, 그렇다면 당초의 시정요구는 관할청의 시정요구 변경통보에 의하여 소급하여 취소되었다고 볼 수 없으므로 위 임원취임승인취소처분에 같은 법 제20조의2 제2항 소정의 시정요구를 결여한 하자가 있다고 할 수 없고, 또한 위 시정요구 변경통보를 같은 법 제20조의2 제2항에 근거를 둔 시정요구로 볼 수 없으므로 시정요구 변경통보에 시정기간을 두지 아니하였다고 하여 임원취임승인취소처분에 시정기간을 두지 아니한 하자가 있다고 할 수도 없다."[1]

---

1 대법원 2002. 2. 5. 선고 2001두7138 판결(취임승인취소처분등취소).

(3) 전혀 법령에 근거가 없는 행정지도

법령에 직접 또는 간접의 근거 없이 행정주체가 그 소관사무에 관하여 일반적 권한에 의거하여 행정지도를 하는 경우가 이에 해당합니다.

2. 기능에 의한 분류

(1) 규제적 행정지도

행정목적 달성이나 공익에 장애가 될 행위를 예방, 억제하기 위한 지도입니다. 자연환경보호를 위한 오물투기방지 지도, 물가상승 억제를 위한 행정지도 등이 그 예입니다.

(2) 조정적 행정지도

이해대립이나 과당경쟁을 조정하기 위한 행정지도로서, 공정경쟁 및 동반성장의 촉진(중소기업기본법 § 10), 중소벤처기업부장관의 사업조정에 관한 권고(「대·중소기업 상생협력촉진에 관한 법률」 § 33), 노사간 쟁의지도 등이 그 예입니다.

(3) 조성적 행정지도

생활지도, 장학지도, 직업지도 또는 기술지도 등과 같이 일정한 질서 형성을 촉진하기 위하여 관계자에게 기술, 지식을 제공하거나 조언을 하는 행정지도를 말합니다.

Ⅲ. 행정지도의 존재이유 및 문제점

1. 존재이유

그렇다면 행정지도의 존재이유는 무엇일까요? 그것은 (1) 행정기능의 확대에 따른 법령의 보완, (2) 규제의 효율성·편의성, (3) 산업·기술·정보 등의 제공, (4) 행정의 권력성완화와 동의의 도출 네 가지로 집약됩니다.

(1) 행정기능의 확대에 따른 법령의 보완

행정지도는 행정기능 확대와 그에 따른 행정책임의 증대에 존재이유를 두고 생성·전개된 행위형식입니다. 급부행정의 대두는 행정기능의 확대를 단적으로 보여주는 예이지요. 행정의 대상이나 수요가 계속 확대·다양화하고 변화하는 상황에서 행정의 모든 분야에서 필요한 법령을 완비하는 것은 입법기술상 불가능하고, 설령 완비했다 하더라도 나중에 가서 기존법령이 부적당하게 되는 결과가 생기기 마련입니다. 입법이 불비하거나 행정환경이 변화한 경우 행정기관은 적기에 공익상 필요한 조치를 해야 하는데 행정지도는 이때 유용한 행위형식이 됩니다.

(2) 규제의 효율성·편의성

법령이 공권력 발동을 허용하는 경우에도 그 절차가 까다롭거나 상대방의 저항을 받을 가능성, 필요 이상으로 상대방의 명예나 신용을 해할 우려가 있다는 난점이 따르는 반면, 상대방의 협력을 바탕으로 한 비권력적·임의적 수단에 의하는 것이 불필요한 마찰이나 저항을 회피하고 행정목적을 효율적으로 달성하는 방법이 될 수 있습니다. 또한 현대행정의 과제 중에는 획일적인 법적 규제에 적합하지 않은 것도 적지 않습니다. 그 경우 임기응변적이고 신축적인 행정의 대응을 가능케 하는 수단으로 행정지도를 활용할 수 있습니다.

(3) 산업·기술·정보 등의 제공

행정지도는 특히 경제분야에서 최신 과학·기술·정보를 제공해 주는 수단이 됩니다. 눈부신 과학기술 발전에 따른 지능정보사회의 도래, 급변하는 경제정세에 대처하기 위해서는 그 책임을 국민 개개인에게 맡기기보다는 행정주체가 필요한 지식, 신기술 및 정보를 국민에게 제공하고 일정한 방향으로 국민을 유도할 수 있는 행정지도가 유효적절한 수단이 될 수 있습니다.

(4) 행정의 권력성완화와 동의의 도출

행정지도는 법치국가원칙의 틀 안에서 잘만 활용된다면 권력성을 완화함으로써 상대방의 납득과 합의 아래 원활한 행정목적 달성을 가능케 해줍니다. 즉 행정지도는 권력행정에 대한 저항을 비권력행정을 통한 협조로 대체할 수 있다는 장점이 있습니다.

2. 문제점

행정지도의 존재이유나 활용가치는 어디까지나 행정지도 본연의 취지가 십분 발휘될 경우에만 실현될 수 있지요. 오히려 행정지도의 실태를 보면 적지 않은 문제점들이 드러납니다.

⑴ 사실상 강제성

행정지도는 본래 상대방의 임의적 협력 또는 동의를 바탕으로 행해지는 것인데, 실제로는 행정주체가 우월적 지위에서 행정지도를 하면서 그 실효를 기하려고 구속적인 조치를 취함으로써 사실상 강제성을 띠게 되고 그 결과 법치주의를 공동화시킬 우려가 있습니다.[2]

⑵ 한계의 불명확

행정지도는 반드시 법령에 의거하여 행해지는 것은 아니기 때문에 기준이 명확하지 않고 책임소재도 불분명한 경우가 많습니다. 행정지도가 필요한 한계를 넘어 시행될 우려가 있습니다.

⑶ 행정구제수단의 불완전

행정지도는 상대방의 임의적 협력을 전제로 하는 비권력적 사실행위이기 때문에 행정쟁송 대상에서 제외되고 행정상 손해배상에도 애로가 따릅니다. 직무집행에 해당해도 위법성이나 인과관계 인정이 용이하지 않지요. 행정지도로 권익침해를 받아도 구제가 어렵습니다.

3. 행정지도의 실태

행정지도의 실태를 보면, 긍정적인 측면 보다는 부정적인 측면이 훨씬 많이 나타나고 있습니다. 행정지도라는 미명 아래 법이 무시되거나 법령의 규정을 위반하는

---

2 서원우, 행정지도의 공과와 평가, 상, 하, 고시연구 83/6-7.

행정지도가 행해지는 경우가 적지 않지요. 행정지도라는 이름으로 적법한 신청을 거부하거나 유보시키는 경우, 등록제가 행정지도에 의하여 사실상 허가제처럼 운영된다든지 하는 경우가 그것입니다.

> 실제로 이러한 현상은 건축법의 허가조건을 충족한 오피스텔건축허가신청을 정부의 오피스텔 신축억제정책에 위배된다는 등의 이유로 반려한 사례,3 인근주민의 집단민원을 이유로 자동차정비 업허가신청을 반려한 사례,4 기존에 유사한 단체가 있음을 이유로 사회단체등록을 거부한 사례5 등 여러 가지 사례들을 통해 잘 드러나고 있습니다.

행정지도가 수행하는 역할과 기능의 중대성에 비추어 행정절차법, 행정소송법의 개정 등을 통하여 법적 규율을 강화함으로써 단점을 최소화할 수 있는 입법적 개선이 필요합니다.

Ⅳ. 행정지도의 절차

행정절차법은 행정지도의 방식, 의견제출, 다수인을 대상으로 하는 행정지도에 관한 규정을 두고 있습니다.

1. 행정지도의 원칙

행정절차법은 제48조에서 '행정지도의 원칙'을 두 가지로 천명합니다. 즉, 행정지도는 그 목적달성에 필요한 최소한도에 그쳐야 하며, 상대방의 의사에 반하여 부당하게 강요하여서는 안 된다는 것(§ 48 ①), 그리고 상대방이 행정지도에 따르지 않았다는 이유로 불이익한 조치를 하여서는 안 된다는 것입니다(§ 48 ②).

---

3 서울고법 1990. 10. 18. 선고 90구4794 판결.
4 서울고법 1989. 9. 3. 선고 89구14627 판결.
5 대법원 1989. 12. 26. 선고 87누308 판결.

2. 행정지도의 방식

행정지도를 행하는 자는 그 상대방에게 해당 행정지도의 취지·내용 및 신분을 밝혀야 하며, 행정지도가 말로 이루어지는 경우 상대방이 그러한 사항을 기재한 서면의 교부를 요구하면 직무 수행에 특별한 지장이 없으면 이를 교부해야 합니다(§ 49 ②).

3. 의견제출

행정지도의 상대방은 해당 행정지도의 방식·내용 등에 관하여 행정기관에 의견제출을 할 수 있습니다(§ 50). 행정지도가 종종 사실상 구속력을 가질 여지가 있어 상대방에게 의견제출 기회를 부여함으로써 행정지도가 그 방식이나 내용 면에서 본연의 한계를 넘지 않도록 하려는 취지에 따른 것으로 이해됩니다.

4. 다수인을 대상으로 하는 행정지도 절차

다수인을 대상으로 하는 행정지도의 절차에 관하여 행정절차법은 행정기관이 같은 행정목적을 실현하기 위하여 많은 상대방에게 행정지도를 하고자 하는 때에는 특별한 사정이 없는 한 행정지도에 공통적인 내용이 되는 사항을 공표하도록 의무화함으로써 투명성과 예측가능성을 확보하도록 했습니다(§ 51).

V. 행정지도, 그래도 실효성은 있어야 하는데

행정지도는 상대방의 임의적 협력을 기대하여 행하는 비권력적 사실행위이므로 원칙적으로 직접 법적 구속력이 없습니다. 다만 행정지도가 비권력적인 것이라 하여 전혀 사실상의 구속력을 결여하는 것은 아니며, 행정지도는 사실상 상대방에게 거역하기 곤란한 심각한 영향력을 갖는 경우가 많다는 점은 이미 본 바와 같습니다. 반면 행정지도 역시 행정목적의 달성을 위한 수단이므로 어떻게 그 실효성을 확보할 것인가 하는 문제를 안고 있지요. 일반적으로 행정지도의 실효성은 행정기관의 정책결정이나 의지를 존중하는 경제계나 국민의 의식, 홍보(행정광보), 언론의 태도, 여론

등과 같은 사실적 요인에 의해서도 확보될 수 있지만 행정법적 관점에서는 크게 다음과 같은 억제적 조치와 장려적 조치들이 관심의 대상이 됩니다.

1. 억제적 조치

일정한 행정지도에 따르지 않을 경우 직접적·법적 제재는 아닐지라도 경고나 공표 등과 같은 간접적 제재를 가함으로써 그 실효성을 확보하는 방법이 빈번히 사용됩니다. 예를 들면 연말연시 체불임금을 해소하기 위한 행정지도라든지 부동산투기 억제를 위한 행정지도를 하고 이에 따르지 않으면 체불임금업체나 부동산투기자의 명단을 공표한다든지, 세무조사를 실시하는 등 상대방에게 사실상 불이익을 주는 경우가 그 예입니다. 이러한 방법이 실제상 정식의 법적 규제보다 오히려 더 효과적일 수 있다는 점은 물론입니다. 그러나 상대방에게 세무사찰등 행정지도와 직접 관련이 없는 법적 규제를 강화하는 방법은 특별한 법령의 근거가 없는 한, 법치행정의 원리, 비례의 원칙에 비추어 허용되어서는 안 됩니다.

> 참고로 대법원은 병무청장이 병역법 제81조의2 제1항에 따라 병역의무 기피자의 인적사항 등을 인터넷 홈페이지에 게시하는 등의 방법으로 공개하는 것은 특정인을 병역의무 기피자로 판단하여 그 사실을 일반 대중에게 공표함으로써 그의 명예를 훼손하고 그에게 수치심을 느끼게 하여 병역의무 이행을 간접적으로 강제하려는 조치로서 병역법에 근거하여 이루어지는 공권력의 행사에 해당하므로 병무청장의 공개결정은 항고소송의 대상이 되는 행정처분으로 보아야 한다고 판시한 바 있습니다.[6]

2. 장려적 조치

정부가 권장하는 종자를 심으면 금융지원이나 우선수매 등과 같은 인센티브를 준다든지, 중소기업계열화촉진을 위한 지도를 하고 그에 따르는 모범업체를 시범기업체로 선정하여 필요한 지원을 하는 등 행정지도에 순응하는 상대방에게 일정한 이익이나 혜택을 제공하는 방법입니다. 그 밖에도 행정지도에 따르는 자에게 보조금, 저리융자, 원자재 구입의 알선, 기술지도, 관급공사나 구매에 있어 우선발주 등 각종 편의를 제공하는 경우를 상정할 수 있습니다. 이러한 방법은 주로 조성적 행정지도와

---

6 대법원 2019. 6. 27. 선고 2018두49130 판결(인적사항공개처분취소청구(사) 상고기각).

결부되는 것이 보통입니다. 그러나 이 같은 장려적 조치는 그 「권장사항」에 불응하면 그 같은 혜택으로부터 배제되는 결과가 되므로 적극적 불이익처분 못지않은 제재적 효과를 지니는 것이라고 할 수 있고, 또 경우에 따라서는 그러한 수익을 받지 못한 경쟁자(경업자)와의 관계에서 경쟁의 자유를 침해하는 결과를 초래할 수 있습니다.

VI. 행정지도의 법적 근거와 한계

1. 행정지도의 법적 근거

행정지도에도 법률의 유보가 적용되는지 문제됩니다. 일반적으로 행정지도는 비권력적 사실행위의 성질을 지니므로, 전부유보설의 입장에 서지 않는 한, 특별한 법률의 근거 없이도 일반적 조직법상 권한에 의거하여 행해질 수 있습니다. 행정지도는 상대방의 임의적 협력을 전제로 하는 것으로서 그 자체로는 아무런 법적 효과도 발생하지 않는 사실행위이며 따라서 법률의 유보에 관한 어느 학설을 따르든 간에 행정지도를 위하여 법령상 일반적 권한 외에 개별·구체적인 법률의 근거까지 요구된다고 하지 않는 것이 일반적이고 또 타당합니다.[7] 다만 행정지도 중에서도 억제적 조치가 결부된 경우 법률의 근거가 있어야 하겠지요.[8]

한편 조성적 행정지도에는 법률의 근거가 불필요하지만 규제적 행정지도는 법률의 근거를 요한다는 견해[9]가 있는 반면, 이에 대해 법적 규율의 실질적 의의가 별로 없다는 반론[10]도 있습니다.

2. 행정지도의 법적 한계

행정지도는 특별한 법률의 근거 없이 조직법상 권한 범위 안에서 허용되지만,

---

7 물론 행정지도에 대하여 법률이 직접 근거규정을 두는 경우가 증가되고 있으나, 이는 법적 권위의 부여 또는 행정청의 책임 등을 분명히 하려는 입법정책적 고려에 따른 것인 데 불과합니다.
8 행정지도의 법적 규제의 필요성에 관하여는 박윤흔, 행정법강의(상), 559－560을 참조.
9 김원주, 고시연구 1977/10, 47; 변재옥, 행정법강의 I, 422.
10 김동희, 행정법 I, 190－191.

공행정 일반에 인정되는 법규·조리상 한계가 따릅니다. 행정지도는 ① 법규에 위반할 수 없고, ② 특히 조직법상 목적·임무·소관사무·권한의 범위를 넘을 수 없다는 제한을 받으며, ③ 그 밖에 비례원칙·평등의 원칙·신뢰보호의 원칙 등 행정법의 일반원칙에 구속을 받습니다.

행정절차법 제48조에 따라 행정지도는 목적 달성에 필요한 최소한도에 그쳐야 하고, 상대방의 의사에 반해 부당하게 강요하여서는 아니 되며(§ 48 ①) 행정지도에 따르지 않는다는 이유로 불이익한 취급을 할 수 없습니다(§ 48 ②). 이 역시 행정지도의 일반법적 한계가 됩니다.

VII. 행정지도와 행정구제

1. 행정쟁송에 의한 구제

행정지도는 자체로는 아무런 법적 효과를 발생하지 않는 비권력적 사실행위이기 때문에 원칙적으로 행정쟁송의 대상이 되지 않습니다. 다만, 행정지도 불응을 이유로 불이익처분을 하거나 경고같은 행정지도를 전제로 후속처분이 행하여진 경우에는 행정지도의 흠을 이유로 후속처분의 효력을 다툴 수 있습니다. 특히 규제적 행정지도나 조정적 행정지도는 강제성과 계속성을 띤다는 점에서 처분성을 인정하는 견해가 있습니다.

> **참고판례**
>
> "항고소송의 대상이 되는 행정처분은 행정청의 공법상의 행위로서 상대방 또는 기타 관계자들의 법률상 지위에 직접적인 법률적 변동을 일으키는 행위를 말하는 것이므로 세무당국이 소외회사에 대하여 특정인과 주류거래를 일정한 기간 중지해 줄 것을 요청한 행위는 권고 내지 협조를 요청하는 권고적 성격의 행위로서 소외회사나 특정인의 법률상의 지위에 법률상의 변동을 가져오는 행정처분이라고 볼 수 없는 것이므로 항고소송의 대상이 될 수 없다."[11]
>
> "교육인적자원부장관의 대학총장들에 대한 이 사건 학칙시정요구는 고등교육법 제6조 제2항, 동법시행령 제4조 제3항에 따른 것으로서 그 법적 성격은 대학총장의 임의적인 협력을 통하여 사실상의 효과를 발생시키는 행정지도의 일종이지만, 그에 따르지 않을 경우 일정한 불이익조치를

---

11 대법원 1980. 10. 27. 선고 80누395 판결.

예정하고 있어 사실상 상대방에게 그에 따를 의무를 부과하는 것과 다를 바 없으므로 단순한 행정지도로서의 한계를 넘어 규제적·구속적 성격을 상당히 강하게 갖는 것으로서 헌법소원의 대상이 되는 공권력의 행사라고 볼 수 있다."[12]

2. 행정상 손해전보에 의한 구제

'공무원의 직무집행'에 행정지도도 포함된다고 할 수 있으므로 그 한도 내에서는 국가배상책임 성립가능성을 배제할 수 없습니다(통설·판례[13]). 그러나 행정지도는 상대방의 임의적 동의 내지 협력을 전제로 하여 행해지는 것이므로 '동의는 불법행위의 성립을 조각한다'는 법언에 따라 손해배상청구권의 성립을 인정하기 곤란한 경우가 많지요. 또한 행정지도와 손해의 발생 사이에 인과관계를 인정하기 곤란한 경우도 적지 않습니다.[14]

관련 판례

대법원은 강제성을 띠어 그 한계를 일탈한 행정지도는 위법한 행정지도에 해당하여 불법행위를 구성하며 따라서 행정지도를 한 지방자치단체는 그로 인한 손해배상책임을 지는 반면, 행정지도가 강제성을 띠지 않은 비권력적 작용으로서 행정지도의 한계를 일탈하지 아니하였다면, 그로 인하여 상대방에게 어떤 손해가 발생하였다 하더라도 지방자치단체는 그에 대한 손해배상책임이 없다고 합니다. 즉, 대법원은 "1995. 1. 3. 행한 행정지도는 그에 따를 의사가 없는 원고에게 이를 부당하게 강요하는 것으로서 행정지도의 한계를 일탈한 위법한 행정지도에 해당하여 불법행위를 구성하므로, 피고는 1995. 1. 3.부터 원고가 피고로부터 "원고의 어업권은 유효하고 향후 어장시설공사를 재개할 수 있으나 어업권 및 시설에 대한 보상은 할 수 없다."는 취지의 통보를 받은 1998. 4. 30.까지 원고가 실질적으로 어업권을 행사할 수 없게 됨에 따라 입은 손해를 배상할 책임이 있고, 나아가 피고는 원고의 어업면허를 취소하거나 어업면허를 제한하는 등의 처분을 하지 아니한 채 원고에게 양식장시설공사를 중단하도록 하여 어업을 하지 못하도록 함으로써 실질적으로는 어업권이 정지된 것과 같은 결과를 초래하였으므로, 결국 어업권이 정지된 경우의 보상액 관련 규정을 유추 적용하여 손해배상액을 산정하여야 하며, 1995. 1. 3. 이전의 피고의 행정지도가 강제성을 띠지 않은 비권력적 작용으로서 행정지도의 한계를 일탈하지 아니하였다면, 그로 인하여 상대방에게 어떤 손해가 발생하였다 하더라도 행정기관은 그에 대한 손해배상책임이 없다."고 판시한 바 있습니다.[15]

---

12 헌법재판소 2003. 6. 26. 선고 2002헌마337 결정(학칙시정요구 등 위헌확인).

13 대법원 1969. 4. 22. 선고 68다2225 판결.

14 하급심 판결 중에 '법령의 근거도 없이 "판매금지종용"을 하였다면 이는 불법행위를 구성할 뿐만 아니라 원고들이 위 책자들을 시판불능으로 입은 손해의 인과관계가 있다'고 판시한 것이 있습니다. 서울민사지법 1989. 9. 26. 선고 88가합4039 판결.

15 대법원 2008. 9. 25. 선고 2006다18228 판결.

한편 적법한 행정지도로 인하여 발생한 특별한 희생·손실에 대해서는 법령에 특별한 규정이 없는 한 손실보상청구권이 성립하지 않습니다. 가령 조업단축 권고에 의하여 예상수익을 상실한 업주나 농촌진흥청의 통일벼 재배 장려에 따랐다가 기후조건의 악화·병충해 등으로 인한 수확량감소로 손해를 입은 농민의 경우 '적법한 공권력행사로 인한 손실보상'을 인정하기 어렵습니다. 그러나 행정지도를 신뢰하였다가 불측의 손실을 입은 피해자에게 신뢰보호의 원칙에 따라 적정한 보상을 인정하지 않는다면 이는 법치국가의 요청에 부합하지 않는 결과가 됩니다.16 물론 해결방안은 입법론적 차원에서 모색해야 할 것입니다.

16　서원우, 상, 542.

행정과정법

  우리나라 행정법은 대륙법의 전통을 이어받아 주로 그 실체법적 측면, 내용과 결과로서의 행정결정만을 중시한 나머지 행정작용이 이루어지는 과정에 대한 관심이 소홀했습니다. 그러나 현대국가에서 행정활동의 양적·질적 확대현상이 진전됨에 따라 행정의 동태적 과정을 총합적으로 고려해야 한다는 반성이 특히 미국에서 전개된 행정과정론과 함께 대두되었습니다. 사실 행정절차법의 제정은 대륙법계인 독일행정법에서도 그 이론적 발전을 가능케 한 결정적 계기가 됩니다. 이를 통해 국가와 개인 간의 관계가 법적 주체간의 관계로 재구성되고 실질화되었기 때문입니다. 복잡다기한 행정현실에서는 무엇이 최선의 결정인가에 대한 법적 판단보다는 어떠한 과정을 거쳐 해결책을 찾을 것인가에 대한 법적 보장이 더 중시되지 않을 수 없습니다. 이 점은 현대행정의 과제를 수행하기 위해 점점 확대되어 온 행정재량의 경우 절차적 통제의 중요성이 강조되는 것만을 보아도 분명히 드러납니다.

  오늘날 행정은 정책을 수립하여 집행하는 복합적 과정이자 행정서비스를 제공하는 과정으로 이해됩니다. 행정과정에 대한 법적 규율도 이에 걸맞은 내용을 담아야 합니다. 이를 가능케 하는 것이 바로 행정절차이며, 행정과정에 있어 정보의 공개 및 보호라 할 수 있습니다. 전체로서 행정정책이 수립·집행되는 과정을 거시적 행정과정이라 한다면 행정절차는 미시적 행정과정이라 할 수 있고,1 정보공개와 개인정보보호는 행정과정 참여를 가능케 하기 위한 전제조건이 됩니다. 이들 제도적 수단

1　塩野 宏, 日本行政法論(서원우·오세탁공역), 법문사 1996, 207.

은 결국 행정과정에 대한 참가와 공동생산을 수로화함으로써 행정의 타당성과 공정성을 증진시키고 법치행정 및 민주행정의 원리를 실현하는 데 봉사합니다.

행정의 능률·탄력성 확보를 중시하여 행정의 절차적 규제를 소홀히 취급하는 행정국가관은 오늘날 더 이상 타당하지 않습니다. 특히 기본권보장을 이념으로 하는 실질적 법치국가에 이르러서는 행정의 공정성과 적정성의 보장이 요청되고, 행정에 대한 국민의 능동적 참여를 통한 민주적 통제가 불가피하게 되었습니다. 이에 따라 절차적 규제로서 행정절차의 필요성은 오늘날 더 이상 의문시되지 않고 있습니다. 행정절차의 존재이유는 행정의 민주화에 있으며, 특히 행정의 투명성·예측가능성(Transparenz und Überschaubarkeit)과 접근가능성(Zugänglichkeit)의 확보, 이를 바탕으로 한 이익대변(Interessenvertretung) 기회·참가(Partizipation)2의 보장, 「절차를 통한 정당성」(Legitimation durch Verfahren) 및 행정능률(Verwaltungseffizienz)의 고려 등에서 찾을 수 있습니다.3

2　P. Badura, Das Verwaltungsverfahren, in: Erichsen/Martens, Allgemeines Verwaltungsrecht, 9.Aufl., 1992, § 39 Rn.8, S.442. 정치적 테마 및 프로그램으로서 참여는 행정의 차원을 초월하여 복지국가적 관료적 국가주의(wohlfahrtsstaatlicher bürokratischer Etatismus)에 대해 민주주의의 토대, 가능성 및 한계를 모색하는 문제입니다. 이처럼 행정결정에 대한 참여의 문제는 엄밀히 말하면 행정절차법의 범주를 넘어서는 문제입니다. 이런 뜻에서 행정절차에 대한 법치국가적 보장의 목적은 법적 청문권의 보장(rechtliches Gehör)에 있지 이해관계인 등의 범주확대와 이들의 절차형성 및 결정에의 참여를 내용으로 하는 '참여'에 있는 것은 아닙니다. 그러나 경험적으로 보아 이 상이한 목표들은 결국 실정헌법상 국가적 의사형성에 대한 조직적 이익의 영향을 제도화하는 데에서 합류하게 된다고 합니다.

3　후펜(Hufen, DVBl 1988, 69ff.)은 일면 결과지향 및 전면적 재판통제(gerichtliche Vollkontrolle)와, 타면 절차를 결정과정으로 해석하는 관점 및 "절차를 통한 정당화"(Luhmann, Legitimation durch Verfahren, 1969; Scharpf, Die politischen Kosten des Rechtsstaates, 1970)가 이 문제영역을 특징지우고 있다고 합니다. 행정절차의 기능·목적에 관하여는 Schmidt−Aßmann, Institute gestufter Verwaltungsverfahren: Vorbescheid und Teilgenehmigung, in: Verwaltungsrecht zwischen Freiheit, Teilhabe und Bindung, FS aus Anlaß des 25jährlichen Bestehens des BVerwG, 1978, S.569; Kopp, Beteiligung, Rechts− und Rechtsschutzpositionen im Verwaltungsverfahren, in: FS BVerwG, S.390ff. 등을 참조.

Ⅰ. 처분절차

1. 개관

행정절차법은 통칙에서 처분의 신청에 관한 절차를 규정하는 한편(§ 17), 다수의 행정청이 관여하는 처분의 지연방지를 위한 상호협조의무(§ 18), 신청에 대한 처리기간의 설정·공표(§ 19), 처분기준의 설정·공표(§ 20), 불이익처분의 사전통지의무(§ 21)를 규정하고 있습니다.

처분이란 '행정청이 행하는 구체적 사실에 관한 법집행으로서의 공권력의 행사 또는 그 거부와 그 밖에 이에 준하는 행정작용'으로 정의되어 있습니다(§ 2 ii).

처분은 원칙적으로 문서의 방식으로 하도록 의무화되어 있습니다(§ 24). 이것은 처분내용의 명확성을 확보하고 처분의 존부에 관한 다툼을 방지하여 처분상대방의 권익을 보호하기 위한 것이므로, 이를 위반한 처분은 하자가 중대·명백하여 무효라는 것이 대법원의 판례입니다.[4]

행정절차법이 행정절차의 필수요소로서 그동안 개별법령 규정과 판례를 통하여 부분적으로 인정되어 왔던 이유제시 제도를 도입한 것(§ 23)은 주목할 만한 일입니다. 처분문서의 실명화(§ 24 ②), 처분이유의 사후제시(§ 24 ① 후단)도 긍정적으로 평가할 만합니다.

2. 처분기준의 설정·공표

법은 제20조에서 처분절차와 관련하여 처분기준의 설정·공표제도를 규정하고 있습니다. 즉 행정청은 필요한 처분기준을 해당 처분의 성질에 비추어 될 수 있는 한 구체적으로 정하여 공표해야 하며(기존 처분기준을 변경하는 경우에도 또한 같습니다. § 20 ①), 다만 제1항에 따른 처분기준을 공표하는 것이 해당 처분의 성질상 현저히 곤란하거

---

4 대법원 2019. 7. 11. 선고 2017두38874 판결: 사증발급거부처분취소: 국내에서 유명가수로 활동하다 미국 시민권을 취득하여 병역의무를 면했다는 비난을 받았던 재외동포에 대한 입국금지결정이 있는 경우에 행정청이 그에 구속되어 아무런 재량을 행사하지 않고 사증발급 거부처분을 한 것이 적법한지가 문제된 사건입니다.

나 공공의 안전 또는 복리를 현저히 해치는 것으로 인정될 만한 상당한 이유가 있는 경우에는 처분기준을 공표하지 아니할 수 있다고 규정합니다(§ 20 ③).

2022년 1월 11일의 개정법률(법률 제18748호)은 제20조 제2항을 신설하여「행정기본법」제24조에 따른 인허가의제의 경우에도 처분기준 설정·공표의무를 부과하였습니다. 즉 그 경우 관련 인허가 행정청은 관련 인허가의 처분기준을 주된 인허가 행정청에 제출하여야 하고, 주된 인허가 행정청은 제출받은 관련 인허가의 처분기준을 통합하여 공표하여야 합니다. 처분기준을 변경하는 경우에도 또한 같습니다(§ 20 ②).

또 법은 당사자등에게 공표한 처분기준이 불명확한 경우 해당 행정청에 대하여 그 해석 또는 설명을 요청할 수 있는 권리를 부여하는 한편, 당사자등이 이러한 권리를 행사한 경우 행정청은 특별한 사정이 없는 한 거부할 수 없도록 강제하고 있습니다.

처분기준 설정·공표의 제도적 취지는 행정청에게 국민의 구체적인 권리·의무에 직접적인 영향을 주는 처분의 기준을 미리 정하여 공표할 의무를 부과하고 또 처분의 상대방이나 이해관계인에게 행정청에 대하여 그 처분기준을 제시해 줄 것을 요구할 권리를 부여함으로써 행정의 투명성과 예측가능성을 확보해 주는 동시에 처분에 대한 불복을 용이하게 하여, 궁극적으로는 행정의 공정타당성과 법적 안정성을 확보하려는 것으로 이해됩니다.

처분기준의 설정·공표에 관하여는 처분기준의 의미와 범위, 처분기준 설정의무의 내용, 처분기준의 설정·공표의무의 불이행시 법적 효과, 처분기준 해명요청권의 내용 및 행사방법 등 아직 많은 문제들이 명확히 밝혀지지 않고 있습니다.5

처분기준 공표에 관하여 대법원은 처분의 성질상 처분기준을 미리 공표하면 행정목적을 달성할 수 없게 되거나 행정청에 재량권을 부여하여 탄력적 처분이 이루어지도록 하는 것이 오히려 공공 안전·복리에 더 적합한 경우도 있으므로, 그런 경우에는 처분기준을 따로 공표하지 않거나 개략적으로만 공표할 수도 있다고 판시한 바 있습니다.

---

5 이에 관하여 상세한 것은 홍준형, 행정절차법상 처분기준의 설정·공표, 고시계 1997/7, 33－45를 참조.

   "행정절차법 제20조는 제1항에서 "행정청은 필요한 처분기준을 해당 처분의 성질에 비추어 되
도록 구체적으로 정하여 공표하여야 한다. 처분기준을 변경하는 경우에도 또한 같다."라고 정하면
서, 제2항에서 "제1항에 따른 처분기준을 공표하는 것이 해당 처분의 성질상 현저히 곤란하거나
공공의 안전 또는 복리를 현저히 해치는 것으로 인정될 만한 상당한 이유가 있는 경우에는 처분기
준을 공표하지 아니할 수 있다."라고 정하고 있다.
   이와 같이 행정청으로 하여금 처분기준을 구체적으로 정하여 공표하도록 한 것은 해당 처분이
가급적 미리 공표된 기준에 따라 이루어질 수 있도록 함으로써 해당 처분의 상대방으로 하여금 결
과에 대한 예측가능성을 높이고 이를 통하여 행정의 공정성, 투명성, 신뢰성을 확보하며 행정청의
자의적인 권한행사를 방지하기 위한 것이다. 그러나 처분의 성질상 처분기준을 미리 공표하는 경
우 행정목적을 달성할 수 없게 되거나 행정청에 일정한 범위 내에서 재량권을 부여함으로써 구체
적인 사안에서 개별적인 사정을 고려하여 탄력적으로 처분이 이루어지도록 하는 것이 오히려 공공
의 안전 또는 복리에 더 적합한 경우도 있다. 그러한 경우에는 행정절차법 제20조 제2항에 따라
처분기준을 따로 공표하지 않거나 개략적으로만 공표할 수도 있다(대법원 2008. 4. 24. 선고
2006두9283 판결, 대법원 2011. 8. 25. 선고 2008두5148 판결 등 참조)."[6]

   행정절차법상 처분기준 설정·공표제의 도입취지에 비추어 볼 때 대법원의 판례
는 논란의 여지가 있습니다. 처분의 특성에 따라 공표의무의 예외를 인정하거나 그
구체성의 정도를 완화할 필요가 있을 수 있겠지만, 어떤 경우에 처분기준 공표가 '처
분의 성질상 현저히 곤란하거나 공공의 안전 또는 복리를 현저히 해친다'고 판단할
지가 관건이 되는데, 위 사건의 경우 '공증인가는 지역별 사정과 공증수요를 고려하
여 결정하여야 하므로 성질상 처분기준을 공표하는 것이 현저히 곤란한 경우에 해당
한다'는 이유로 행정절차법 제20조 제2항에 따른 처분기준 설정·공표의무의 면제
또는 완화를 인정한 것이 타당한지 의문이 제기될 수 있기 때문입니다.

   행정절차법은 제20조 제4항에서 당사자등에게 '공표된 처분기준이 명확하지 아
니한 경우 해당 행정청에 그 해석 또는 설명을 요청할 수 있으며, 이 경우 해당 행정
청은 특별한 사정이 없으면 그 요청에 따라야 한다'고 규정하여 '처분기준해석·설명
요청권'(여기서는 이를 '처분기준해명청구권'이라 약칭합니다)을 인정하고 있습니다. 1987년의
법안은 제24조 제3항의 규정에서 처분기준 제시 신청권을 인정하고 있었으나, 행정
절차법은 그 수위를 낮추어 이를 '공표된 처분기준이 불분명한 경우 그 해석 또는
설명을 요청할 수 있는 권리'로 제도화한 것입니다.

   처분기준해명청구권은 개별적 사안에 있어 구체적 처분과 관련하여 구체화될

---

6 대법원 2019. 12. 13. 선고 2018두41907 판결(인가공증인인가신청반려처분취소청구의소).

수 있는 처분기준설정·공표요구권과 함께 처분기준제도의 실효성을 담보해 줄 수 있는 거점이 됩니다.

그러나 이 권리는 '공표된 처분기준이 명확하지 아니한 경우'에 한하여 행사할 수 있고, 또 그 효력도 상대방인 행정청이 '특별한 사정이 없는 한' 이에 응해야 한다는데 그친다는 점에서 단축된 청구권에 불과합니다. 문제는 행정청이 '특별한 사정'이 없는데도 이에 불응할 경우 이 권리를 어떻게 관철시킬 것인가 하는데 있습니다. 이미 앞서 본 바와 같은 처분기준의 설정·공표의무의 위반처럼 처분기준의 해석·설명의무의 위반이 처분의 독립적 취소사유로 인정될 여지가 있다면 그 실효성은 적지 않을 것입니다. 소송법 차원에서 이 '절차적 청구권'을 관철시키려면 결국 행정심판, 거부처분취소소송과 부작위위법확인소송을 활용할 수밖에 없습니다.

설정·공표된 처분기준의 법적 구속력은 그 법형식의 성질에 따라 달라지겠지만, 가령 재량준칙으로 정한 처분기준 위반이 재량권 일탈이나 남용으로 다루는 경우도 생각할 수 있겠지요.

> **과징금 산정·부과지침과 재량하자**
>
> 구 독점규제및공정거래에관한법률 시행령(1999. 3. 31. 대통령령 제16221호로 개정되기 전의 것)은 그 부과기준에 대하여는 규정하고 있지 아니한 데, 피고는 법에서 정한 과징금의 구체적인 부과액수의 산정을 위하여 내부적으로 '과징금산정방법및부과지침'(이하 '지침'이라 한다)을 제정하여 시행하고 있으므로, <u>위 지침이 비록 피고 내부의 사무처리준칙에 불과한 것이라고 하더라도 이는 법에서 정한 금액의 범위 내에서 적정한 과징금 산정기준을 마련하기 위하여 제정된 것임에 비추어 피고로서는 과징금액을 산출함에 있어서 위 지침상의 기준 및 법에서 정한 참작사유를 고려한 적절한 액수로 정하여야 할 것이고, 이러한 과징금 부과의 재량행사에 있어서 사실오인, 비례·평등의 원칙위배, 당해 행위의 목적위반이나 동기의 부정 등의 사유가 있다면 이는 재량권의 일탈·남용으로서 위법하다</u> 할 것이다.[7]

한편 처분기준 사전 공표의무와 관련하여, 대법원은 <u>"행정청이 행정절차법 제20조 제1항의 처분기준 사전공표 의무를 위반하여 미리 공표하지 아니한 기준을 적용하여 처분을 하였다고 하더라도, 그러한 사정만으로 곧바로 해당 처분에 취소사유에 이</u>

---

7 대법원 2002. 9. 24. 선고 2000두1713 판결(시정명령등취소): 건축사회의 법위반행위에 대하여 경쟁제한성이 크다는 이유로 공정거래위원회가 내부적으로 제정한 '과징금산정방법및부과지침'상의 과징금 부과기준의 2배에 상당하는 금액을 과징금으로 일률적으로 부과한 경우, 그 경쟁제한성이 위 지침상의 부과기준액의 2배에 해당하는 과징금을 일률적으로 부과하는 것을 용인할 수 있을 정도로 크다고 할 수 없는 이상, 그 과징금 납부명령은 재량권의 일탈·남용으로 위법하다고 본 사례입니다.

를 정도의 흠이 존재한다고 볼 수는 없다.”고 판시하여 제도 도입의 취지를 후퇴시킨 것이 아닌가 하는 의문의 소지를 낳았습니다.[8] 다만 대법원은 '그 처분에 적용한 기준이 상위법령 규정이나 신뢰보호 원칙 등 같은 법의 일반원칙을 위반하였거나 객관적으로 합리성이 없다고 볼 구체적 사정이 있다면' 그 처분은 위법으로 평가할 수 있다고 판시하여 공표되지 않은 기준에 따른 처분에 대한 법적 통제가능성을 분명히 하고 있습니다.

> 일정한 기간마다 심사하여 권리나 법적 지위의 갱신 여부를 판단하는 이른바 '갱신제'의 경우, 처분상대방은 합리적인 기준에 의한 공정한 심사를 받아 그 기준에 부합되면 특별한 사정이 없는 한 갱신되리라는 기대를 가지고 갱신 여부에 관하여 합리적인 기준에 의한 공정한 심사를 요구할 권리를 가지며, 여기서 '공정한 심사'란 '갱신 여부가 행정청의 자의가 아니라 객관적이고 합리적인 기준에 의하여 심사되어야 할 뿐만 아니라, 처분상대방에게 사전에 심사기준과 방법의 예측가능성을 제공하고 사후에 갱신 여부 결정이 합리적인 기준에 의하여 공정하게 이루어졌는지를 검토할 수 있도록 심사기준이 사전에 마련되어 공표되어 있어야 함을 의미한다'고 설시하여(대법원 2011. 1. 13. 선고 2010두1835 판결 등 참조) 처분기준 사전공표의무의 법적 구속력을 구체화하였습니다. 따라서 사전에 공표한 심사기준 중 경미한 사항을 변경하거나 다소 불명확하고 추상적이었던 부분을 명확하게 하거나 구체화하는 정도를 뛰어넘어, 심사대상기간이 이미 경과하였거나 또는 상당 부분 경과한 시점에서 갱신 여부를 좌우할 정도로 중대하게 변경하는 것은 갱신제의 본질과 사전에 공표된 심사기준에 따라 공정한 심사가 이루어져야 한다는 요청에 정면으로 위배되는 것이므로, 갱신제 자체를 폐지하거나 갱신상대방의 수를 종전보다 대폭 감축할 수밖에 없도록 만드는 중대한 공익상 필요가 인정되거나 관계 법령이 제·개정이 되었다는 등의 특별한 사정이 없는 한, 허용되지 않는다고 판시한 것입니다.[9]

---

8 대법원 2020. 12. 24. 선고 2018두45633 판결.

9 대법원 2020. 12. 24. 선고 2018두45633 판결. 문화체육관광부장관이 원고에 대한 갱신제 심사대상기간 만료 후인 2016. 3. 23.경 종전 처분기준의 각 평가영역·항목·지표 및 배점 등을 일부 변경하고, 변경된 처분기준을 미리 공표하지 않은 채 갱신심사에 적용하여 전담여행사 갱신 거부처분을 내리자 원고가 제기한 취소소송에서, 피고가 사후적으로 변경된 처분기준에 따라 원고에 대한 전담여행사 갱신 거부를 결정한 것은, 전담여행사 갱신제 자체를 폐지하거나 중대한 공익상 필요나 관계 법령 제·개정 등의 다른 특별한 사정이 없는 한, 처분기준 사전공표 제도의 입법취지에 반하고, 갱신제의 본질 및 적법절차원칙에서 도출되는 공정한 심사 요청에도 반하므로 위법하다고 판단하여 파기환송한 사건입니다.

3. 불이익처분의 사전통지

3.1. 원칙

법은 제21조 제1항에서 불이익처분에 사전통지의무를 부과하고 있습니다. 이것은 행정청이 불이익처분에 앞서 그 당사자등에게 사전에 그 사실을 알 수 있도록 처분 원인이 되는 사실과 처분의 내용 및 법적 근거 등을 통지하도록 함으로써 의견진술 등 방어준비를 할 수 있도록 하려는 취지입니다. 청문을 실시하려면 청문이 시작되는 날부터 10일 전까지 같은 사항을 당사자등에게 통지해야 합니다(§ 21 ②).

3.2. 예외

사전통지의무는 다음과 같은 사유가 있는 경우에는 면제됩니다(§ 21 ④). 그러나 그 경우에도 통지를 하는 것은 무방합니다.

1. 공공의 안전 또는 복리를 위하여 긴급히 처분을 할 필요가 있는 경우
2. 법령등에서 요구된 자격이 없거나 없어지게 되면 반드시 일정한 처분을 하여야 하는 경우에 그 자격이 없거나 없어지게 된 사실이 법원의 재판등에 의하여 객관적으로 증명된 때
3. 해당 처분의 성질상 의견청취가 현저히 곤란하거나 명백히 불필요하다고 인정될 만한 상당한 이유가 있는 경우

위와 같은 예외는 행정의 효율성을 고려한 결과지만, 당사자는 본인에게 왜 처분의 사전 통지가 이루어지지 않았는지 그 이유를 알 수 없다는 문제가 있었습니다. 이에 2014년 12월 30일의 개정법(법률 제12923호)은 해당 처분을 할 때 당사자등에게 통지를 하지 아니하는 사유를 함께 알리도록 하되, 신속한 처분이 필요한 경우에는 처분 후 그 사유를 알릴 수 있도록 했습니다(§ 21 ⑥). 이에 따라 당사자등에게 알리는 경우에는 제24조를 준용합니다(§ 21 ⑦).

한편, 위 제21조 제4항 제3호의 해석과 관련하여, 행정절차법의 목적과 사전통지 및 의견제출의 기회 부여절차를 둔 취지에 비추어, 사전통지 및 의견제출의 기회 부여절차는 엄격하게 지켜져야 할 것이므로 그 예외사유 역시 엄격하게 해석해야 한다고 판시한 사례가 있습니다.

판례

　[1] 행정절차법의 목적과 사전통지 및 의견제출의 기회부여절차를 두게 된 취지에 비추어 보면, 사전통지 및 의견제출의 기회부여절차는 엄격하게 지켜져야 할 것이므로 그 예외사유가 되는 행정절차법 제21조 제4항 제3호의 '당해 처분의 성질상 의견청취가 현저히 곤란하다거나 명백히 불필요하다고 인정될 만한 상당한 이유'도 엄격하게 해석하여야 하고, … 생략.

　[2] 행정절차법시행령 제13조는 행정절차법 제21조 제4항 제3호의 내용을 보충하는 것으로서 그 각호에 규정된 사유가 있으면 행정청이 국민에게 의무를 가하거나 권익을 제한하는 처분을 하는 경우에 사전통지절차와 의견제출의 기회부여절차를 거치지 않을 수 있게 함으로써 행정처분을 받는 국민의 권리를 제한하고 있음에도 불구하고, 같은법시행령의 모법인 행정절차법에 같은 법 제21조 제4항 제3호가 규정하고 있는 '당해 처분의 성질상 의견청취가 현저히 곤란하거나 명백히 불필요하다고 인정될 만한 상당한 이유가 있는 경우'에 포함될 수 있는 경우에 관하여 대통령령에 위임한다는 아무런 근거규정을 찾아볼 수 없고, 행정처분의 상대방의 권리를 제한하는 같은법시행령 제13조의 규정을 법률을 현실적으로 집행하는 데 필요한 세부적인 사항에 관한 집행명령의 범주에 포함되는 것이라고 볼 수도 없으므로, 같은법시행령 제13조의 규정은 법률의 위임이 없는 무효인 규정이다.[10]

　2014년 1월 28일의 개정법(법률 제12347호)은 "처분의 전제가 되는 사실이 법원의 재판 등에 의하여 객관적으로 증명된 경우 등 제4항에 따른 사전 통지를 하지 아니할 수 있는 구체적인 사항은 대통령령으로 정한다."고 규정하여 처분의 사전통지 생략사유를 대통령령에서 구체화할 법적 근거를 마련하고(§ 21 ⑤), 위임근거를 둘러싼 시비를 입법적으로 해소했습니다.

사전통지나 의견제출 기회 제공의 예외 사유의 판단기준

　행정절차법 제21조 제1항, 제3항, 제4항, 제22조에 의하면, 행정청이 당사자에게 의무를 부과하거나 권익을 제한하는 처분을 하는 경우 '해당 처분의 성질상 의견청취가 현저히 곤란하거나 명백히 불필요하다고 인정될 만한 상당한 이유가 있는 경우' 등에 한하여 처분의 사전통지나 의견청취를 하지 아니할 수 있다. 따라서 행정청이 침해적 행정처분을 하면서 당사자에게 사전통지를 하거나 의견제출의 기회를 주지 아니하였다면, 사전통지나 의견제출의 예외적인 경우에 해당하지 아니하는 한, 처분은 위법하여 취소를 면할 수 없다.

　그리고 여기에서 '의견청취가 현저히 곤란하거나 명백히 불필요하다고 인정될 만한 상당한 이유가 있는 경우'에 해당하는지는 해당 행정처분의 성질에 비추어 판단하여야 하며, 처분상대방이 이미 행정청에 위반사실을 시인하였다거나 처분의 사전통지 이전에 의견을 진술할 기회가 있었다는 사정을 고려하여 판단할 것은 아니다.[11]

10　서울행정법원 2005. 2. 2. 선고 2004구합19484 판결(과밀부담금부과처분취소: 확정). 참고로 행정절차법 시행령 제13조는 '사전통지의 예외사유'란 표제 아래 법 제21조 제4항 제3호 소정의 "당해처분의 성질상 의견청취가 현저히 곤란하거나 명백히 불필요하다고 인정될만한 상당한 이유가 있는 경우"를 열거하고 있었습니다.
11　대법원 2016. 10. 27. 선고 2016두41811 판결(시정명령처분취소등).

영유아보육법상 평가인증취소처분은 이로 인하여 원고에 대한 인건비 등 보조금 지급이 중단되는 등 원고의 권익을 제한하는 처분에 해당하며, 보조금 반환명령과는 전혀 별개의 절차로서 보조금 반환명령이 있으면 피고 보건복지부장관이 평가인증을 취소할 수 있지만 반드시 취소하여야 하는 것은 아닌 점 등에 비추어 보면, 보조금 반환명령 당시 사전통지 및 의견제출의 기회가 부여되었다 하더라도 그 사정만으로 이 사건 평가인증취소처분이 구 행정절차법 제21조 제4항 제3호에서 정하고 있는 사전통지 등을 하지 아니하여도 되는 예외사유에 해당한다고도 볼 수 없으므로, 구 행정절차법 제21조 제1항에 따른 사전통지를 거치지 않은 이 사건 평가인증취소처분은 위법하다.[12]

3.3. 사전통지의 대상

법 제21조 제1항은 사전통지의무를 불이익처분, 즉 당사자에게 의무를 과하거나 권익을 제한하는 처분에 대하여 부과합니다. 따라서 수익처분에 대해서는 사전통지를 하지 않아도 무방합니다. 여기서 다음과 같은 경우 사전통지를 해야 하는지 여부가 문제됩니다.

(1) 당사자 이외의 이해관계인에게 불이익 효과를 미치는 처분의 경우

당사자에게는 수익적 효과를 갖지만 그 이외의 자, 즉 당사자 이외의 이해관계인에게는 불이익을 주는 처분의 경우, 이를 법 제21조 제1항에서 말하는 불이익처분으로 볼 것인지가 문제됩니다. 제21조 제1항에서 불이익처분을 당사자에 대한 것으로 한정하고 있기 때문에 문제가 됩니다. 학설은 한결같지 않습니다. 문언상 사전통지의 대상이 '당사자'에 대한 처분으로 한정되어 있다는 이유에서 부정하는 견해도 있으나, 당사자에 대한 처분으로 불이익을 받는 이해관계인에게도 사전통지를 해 주어야 할 필요성이 있다는 점, 사전통지절차란 당사자 등의 의견청취를 위한 절차이므로 행정청이 직권 또는 신청에 따라 행정절차에 참여하게 한 이해관계인에게 의견제출의 기회를 부여하고 있다는 점(§ 22 ③), 그리고 법 제21조 제1항에서 '당사자등에게 통지해야 한다'고 규정한 것은 이해관계인이 비록 자신에 대한 처분이 아니더라도 사전통지를 받을 필요가 있다는 것을 전제로 한 것이라는 점 등을 고려할 때 '행정청이 직권 또는 신청에 따라 행정절차에 참여하게 한 이해관계인'에게 불이익을 주는 처분을 사전통지의 대상에서 배제할 이유는 없으므로 긍정설이 타당하다고

---

12 대법원 2016. 11. 9. 선고 2014두1260 판결(보조금반환등취소 (아) 파기자판(일부)).

봅니다.13 대법원 판례의 입장은 분명치 않습니다. 다만, 유원시설업자 또는 체육시설업자 지위승계신고를 수리하는 처분의 경우 종전의 유원시설업자 또는 체육시설업자도 불이익을 받을 수 있으므로 그 처분에 대하여 직접 그 상대가 되는 자에 해당하며, 따라서 행정청으로서는 그 신고를 수리하는 처분을 하는 경우 행정절차법 소정의 당사자에 해당하는 종전의 유원시설업자 또는 체육시설업자에 대하여 위 규정 소정의 행정절차를 실시하고 처분을 해야 한다고 판시하여, 지위승계와 같은 경우 당사자의 범위를 처분의 직접 당사자에 국한시키지 않겠다는 입장을 취한 바 있습니다.

> "행정절차법 제21조 제1항, 제22조 제3항 및 제2조 제4호의 각 규정에 의하면, 행정청이 당사자에게 의무를 과하거나 권익을 제한하는 처분을 함에 있어서는 당사자 등에게 처분의 사전통지를 하고 의견제출의 기회를 주어야 하며, 여기서 <u>당사자라 함은 행정청의 처분에 대하여 직접 그 상대가 되는 자를 의미한다</u>. 한편 관광진흥법 제8조 제2항, 제4항, 체육시설법 제27조 제2항, 제20조의 각 규정에 의하면, 공매 등의 절차에 따라 문화체육관광부령으로 정하는 주요한 유원시설업 시설의 전부 또는 체육시설업의 시설 기준에 따른 필수시설을 인수함으로써 그 유원시설업자 또는 체육시설업자의 지위를 승계한 자가 관계 행정청에 이를 신고하여 행정청이 이를 수리하는 경우에는 종전의 유원시설업자에 대한 허가는 그 효력을 잃고, 종전의 체육시설업자는 적법한 신고를 마친 체육시설업자로서의 지위를 부인당할 불안정한 상태에 놓이게 된다. 따라서 <u>행정청이 관광진흥법 또는 체육시설법의 규정에 의하여 유원시설업자 또는 체육시설업자 지위승계신고를 수리하는 처분은 종전의 유원시설업자 또는 체육시설업자의 권익을 제한하는 처분이라 할 것이고,</u> 종전의 유원시설업자 또는 체육시설업자는 그 처분에 대하여 직접 그 상대가 되는 자에 해당한다고 봄이 상당하므로, 행정청으로서는 그 신고를 수리하는 처분을 함에 있어서 행정절차법 규정 소정의 당사자에 해당하는 종전의 유원시설업자 또는 체육시설업자에 대하여 위 규정 소정의 행정절차를 실시하고 처분을 하여야 한다(대법원 2003. 2. 14. 선고 2001두7015 판결 등 참조)."14

(2) 신청에 대한 거부처분

신청에 대한 거부처분이 '불이익처분'에 해당하는지에 관하여는 학설이 대립합니다. 신청을 했어도 아직 당사자에게 권익이 부여되지 않았으므로 신청을 거부하더라도 직접 당사자의 권익을 제한하는 것이 아니며, 상대방의 신청에 의한 것이라는 점에서 이미 의견진술의 기회를 준 것이라는 것 등을 이유로 부정하는 견해15와 신청에 대한 거부처분은 분명히 당사자의 권익을 제한하는 처분이며, 일본의 경우와

---

13 同旨 김철용, 행정법 I, 제13판, 2010, 394 등.

14 대법원 2012. 12. 13. 선고 2011두29144 판결(유원시설업허가처분 등 취소).

15 박균성, 행정법강의, 제2판, 2005, 404; 김동희, 행정법 I, 제12판, 377 등. 박균성 교수는 갱신허가거부처분의 경우 이를 불이익처분이라 보면서 자신의 견해를 '원칙상 소극설'이라 칭합니다.

달리 우리 행정절차법은 신청에 의한 처분과 불이익처분을 전혀 구분하지 않고 포괄적으로 규정하고 있으므로 일본에서의 해석론을 그대로 적용해서는 안 된다는 이유를 들어 긍정하는 견해[16]가 있습니다. 판례는 소극설 입장입니다.

> 판례
>
> "행정절차법 제21조 제1항은 행정청은 당사자에게 의무를 과하거나 권익을 제한하는 처분을 하는 경우에는 미리 처분의 제목, 당사자의 성명 또는 명칭과 주소, 처분하고자 하는 원인이 되는 사실과 처분의 내용 및 법적 근거, 그에 대하여 의견을 제출할 수 있다는 뜻과 의견을 제출하지 아니하는 경우의 처리방법, 의견제출기관의 명칭과 주소, 의견제출기한 등을 당사자 등에게 통지하도록 하고 있는바, 신청에 따른 처분이 이루어지지 아니한 경우에는 아직 당사자에게 권익이 부과되지 아니하였으므로 특별한 사정이 없는 한 신청에 대한 거부처분이라고 하더라도 직접 당사자의 권익을 제한하는 것은 아니어서 신청에 대한 거부처분을 여기에서 말하는 '당사자의 권익을 제한하는 처분'에 해당한다고 할 수 없는 것이어서 처분의 사전통지대상이 된다고 할 수 없다."[17]

생각건대 법 제21조 제1항에 따른 불이익처분 중 '당사자의 권익을 제한하는 처분'이란 권익제한이 인정되는 한 그 범위를 제한할 여지가 없지요. 신청에 대한 거부처분의 경우 결국 무엇을 거부하느냐에 따라 권익제한 여부에 대한 판단이 달라질 수 있을 것인데, 어떤 (수익적) 처분을 구할 아무런 법적 지위 없이 한 신청을 거부한 경우라면 몰라도, 그 거부처분에 권익을 제한하거나 제한한 것으로 평가할 수 있는 내용이 포함되어 있다면 의당 여기서 말하는 불이익처분에 해당한다고 보아야 할 것입니다. 신청권을 근거로 처분성이 인정되면, 신청을 했다가 거부당한 자는 별도의 판단 없이 행정소송법 제12조의 법률상 이익이 있는 것으로 보아 원고적격을 인정하는 것이 판례인데, 그런 판례에 비추어 보더라도 신청권에 기한 거부처분의 '권익제한성'을 부인할 수 없을 것입니다. 또한 신청에 대한 거부처분은 이미 의견진술의 기회를 준 것이라는 논거도 이를 일반화할 수 없으므로,[18] 긍정설의 입장이 타당합니다.

---

16 김철용, 행정법 I, 제13판, 2010, 394-395; 오준근, 행정절차법, 340-341; 김성수, "참여와 협력시대의 한국 행정절차법", 현대공법이론의 제문제(석종현박사화갑기념논문집), 2003, 552; 윤형한, "사전통지의 대상과 흠결의 효과",『행정판례연구』(한국행정판례연구회) X, 219; 최계영, "거부처분의 사전통지-법치행정과 행정의 효율성의 조화-",『행정법연구』, 제18호, 행정법이론실무학회, 269 이하 등.

17 대법원 2003. 11. 28. 선고 2003두674 판결(임용거부처분취소).

18 김철용, 앞의 책, 395.

앞서 지적했지만, 일본 행정수속법 제2조 제4호는 불이익처분을 '직접' 당사자의 권리를 제한하는 처분으로 정의해 놓고도 그 단서조항에서 거부처분을 불이익처분에서 제외하고 있습니다. 김철용교수에 따르면, 이는 일본의 입법자들이 독일의 학설과 판례를 면밀히 검토한 결과 내린 입법정책적 판단이라고 합니다. 반면 우리 입법자는 행정절차법을 제정하면서 일본의 행정수속법이 불이익처분 속에서 거부처분을 제외하는 규정을 두고 있다는 것을 알고 있었지만 일본 입법자와 다른 입법정책적 판단을 하였고, 이는 우리나라와 일본의 행정절차법의 중대한 차이점의 하나라는 것이지요.19 극히 타당한 지적입니다.

4. 의견청취절차

4.1. 의견청취의 의의와 종류

의견청취는 처분절차에 있어 사전통지, 처분기준의 공표와 함께 가장 본질적인 중요성을 가지는 요소입니다.20 의견청취절차는 "누구도 변명의 기회를 부여받지 않고 비난받아서는 아니 된다", "양 당사자로부터 들어라"라는 법언에 의해 표현되는 이른바 자연적 정의(natural justice)를 구현하기 위한 절차로서 주요 입헌주의 민주국가들과 함께 우리 헌법이 구가하고 있는 법치국가원칙에서 도출되는 당연한 요청이라 할 수 있습니다. 개인의 권익을 침해하는 행정결정을 당사자인 본인의 참여가 보장되지 못한 상태에서 이루어지도록 방치한다면 이는 개인을 단순히 국가통치권의 객체로만 취급하는 것으로서 헌법이 보장하는 인간의 존엄과 가치와 부합하지 않는 결과가 되기 때문입니다. 이러한 견지에서 행정절차법은 의견청취를 위한 청문과 의견제출, 그리고 공청회절차를 제도화한 것입니다.

의견청취절차는 처분의 내용, 종류 또는 사안의 경중에 따라 의견제출, 청문, 공청회, 세 가지로 나뉩니다. 의견청취는 원칙적으로 약식절차인 의견제출의 방식으로 하고(§ 22 ③), 다만 일정한 요건하에서만 청문과 공청회를 실시하도록 되어 있습니다 (§ 22 ① ②).

법은 제22조 제4항에서 당사자가 의견진술의 기회를 포기한다는 뜻을 명백히 표시한 경우와 제21조 제4항 각호의 하나에 해당하는 경우, 즉 공공의 안전 또는 복

---

19 김철용, "신청에 대한 거부처분과 처분의 사전통지 대상 ─ 대법 2003. 11. 28. 선고 2003두 674 판결 ─", 인권과 정의(2005.9) 제349호, 140─152, 151.

20 이에 관하여는 석종현, "의견제출과 청문", 고시계 1997/7, 60─69를 참조.

리를 위하여 긴급히 처분을 할 필요가 있는 경우, 법령 등에서 요구된 자격이 없거나 없어지게 되면 반드시 일정한 처분을 해야 하는 경우에 그 자격이 없거나 없어지게 된 사실이 법원의 재판 등에 의하여 객관적으로 증명된 경우, 해당 처분의 성질상 의견청취가 현저히 곤란하거나 명백히 불필요하다고 인정될 만한 상당한 이유가 있는 경우에는 의견청취를 생략할 수 있도록 하고 있습니다.

> **청문절차를 결여한 처분의 위법 여부 등**
>
> 1. 행정청이 특히 침해적 행정처분을 할 때 그 처분의 근거 법령 등에서 청문을 실시하도록 규정하고 있다면, 행정절차법 등 관련 법령상 청문을 실시하지 않아도 되는 예외적인 경우에 해당하지 않는 한, 반드시 청문을 실시하여야 하며, 그러한 절차를 결여한 처분은 위법한 처분으로서 취소사유에 해당한다(대법원 2007. 11. 16. 선고 2005두15700 판결 참조).
> 2. 한편 행정절차법 제22조 제4항, 제21조 제4항 제3호에 의하면, "해당 처분의 성질상 의견청취가 현저히 곤란하거나 명백히 불필요하다고 인정될 만한 상당한 이유가 있는 경우"나 "당사자가 의견진술의 기회를 포기한다는 뜻을 명백히 표시한 경우"에는 청문 등 의견청취를 하지 아니할 수 있는데, 여기에서 '의견청취가 현저히 곤란하거나 명백히 불필요하다고 인정될 만한 상당한 이유가 있는 경우'에 해당하는지는 해당 행정처분의 성질에 비추어 판단하여야 하며, 처분상대방이 이미 행정청에게 위반사실을 시인하였다거나 처분의 사전통지 이전에 의견을 진술할 기회가 있었다는 사정을 고려하여 판단할 것은 아니다(대법원 2016. 10. 27. 선고 2016두41811 판결 참조).[21]

행정청은 청문·공청회 또는 의견제출을 거친 때에는 신속히 처분하여 해당 처분이 지연되지 아니하도록 해야 합니다(§ 22 ⑤).

4.2. 의견제출

(1) 개념

의견제출은 법이 인정하는 의견청취의 원칙적 형태이자 최소한으로서 약식절차입니다. 의견제출이란 '행정청이 어떠한 행정작용을 하기에 앞서 당사자등이 의견을 제시하는 절차로서 청문이나 공청회에 해당하지 아니하는 절차'로 정의되고 있습니다(§ 2 vii).

---

21 대법원 2017. 4. 7. 선고 2016두63224 판결(개인택시운송사업면허취소처분취소). 또한 대법원 2013. 11. 14. 선고 2013두13631 판결(별도보상적용제외처분무효확인등)을 참조.

(2) 적용범위

법은 의견제출의 방법을 널리 허용하고 제출된 의견의 진정 여부를 확인할 수 있도록 하면 족하다는 견지에서, 행정청이 당사자에게 의무를 과하거나 권익을 제한하는 처분을 함에 있어, 청문이나 공청회가 실시되는 경우를 제외하고, 당사자등에게 반드시 의견제출의 기회를 주도록 했습니다(§ 22 ③).

이것은 당사자에게 의무를 부과하거나 권익을 침해하는 처분에 해당하지 않는 경우, 즉 수익적 처분의 경우에는, 청문과 공청회가 실시되는 경우외에는, 의견제출의 기회를 주지 않아도 된다는 취지로 해석됩니다. 그러나 급부행정의 경우 수익적 처분을 하지 않는 것이 침익적 처분을 하지 않는 것 못지않은 침해적 결과를 가져올 수 있다는 점에서 의견제출절차를 침익적 처분에 국한시킨 것이 바람직한지는 매우 의문스럽습니다.[22]

(3) 의견제출의 방법과 효과 등

당사자등은 처분 전 그 관할행정청에 서면·구술로 또는 정보통신망을 이용하여 의견제출을 할 수 있고(§ 27 ①), 그 주장을 입증하기 위한 증거자료등을 첨부할 수 있습니다(§ 27 ②).

행정청은 당사자등이 구술로 의견제출을 한 때에는 서면으로 그 진술의 요지와 진술자를 기록해야 하며(§ 27 ③), 처분을 할 때 당사자등이 제출한 의견이 상당한 이유가 있다고 인정하는 경우에는 이를 반영해야 합니다(§ 27의2 ①). 행정청은 당사자등이 제출한 의견을 반영하지 아니하고 처분을 한 경우 당사자등이 처분이 있음을 안 날부터 90일 이내에 그 이유의 설명을 요청하면 서면으로 그 이유를 알려야 하며, 다만, 당사자등이 동의하면 말, 정보통신망 또는 그 밖의 방법으로 알릴 수 있습니다(§ 27의2 ②). 법은 정당한 이유 없이 제출기한 내 의견이 제출되지 않을 경우, 절차의 지체를 방치하는 것은 바람직하지 않다는 판단에서, 이를 의견이 없는 것으로

---

22 또한 신청에 의한 수익적 처분에 해당하는 '민원사무'의 처리절차를 규정하고 있는 「행정규제 및 민원사무기본법」과의 관계, 분리주의적 입법의 문제점과 대안에 관하여는 졸고, "'96 행정절차법시안의 내용과 문제점", 97; 한국법제연구원, 『공정 행정 구현을 위한 행정절차법 제정 방안 - 1994.7. 총무처 행정절차법 시안과 관련하여 -』(현안분석 95-1), 58 등을 참조.

간주하여 행정처분을 할 수 있도록 하고 있습니다(§ 27 ④).

의견제출의 경우 청문의 경우처럼 문서 열람·복사 요청에 대한 법적 근거 조항이 없습니다. 당사자등은 정보공개법에 따라 처분과 관련된 정보의 열람·복사를 청구할 수 있습니다.23

4.3. 청문

(1) 개념과 의의

청문(hearing)이란 '행정청이 어떠한 처분을 하기 앞서 당사자등의 의견을 직접 듣고 증거를 조사하는 절차'를 말합니다(§ 2 v). 청문은 의견청취의 핵심 절차입니다. 청문절차에서 당사자등은 사안에 대하여 의견을 진술하고 사실을 주장하거나 증거를 제출할 수 있고 상대방이 제시한 증거나 사실, 그리고 청문주재자에 의한 직권조사결과에 대하여 반증할 수 있는 공격방어권을 가집니다. 청문절차는 당사자등에게 단순한 진술기회만을 부여하는 데 그치지 않고 적극적인 공격과 방어를 통한 실체적 진실의 발견을 목적으로 하고 있다는 점에서 일종의 사실심형 청문절차에 해당합니다.

행정절차법은 청문에 관해 비교적 상세한 규정을 두고 있습니다. 즉, 청문주재자 및 그 신분보장(§ 28), 청문주재자의 제척·기피·회피(§ 29), 청문의 공개(§ 30), 청문의 진행(§ 31), 청문의 병합·분리(§ 32), 증거조사(§ 33), 청문조서(§ 34), 청문의 종결(§ 35), 청문의 재개(§ 36), 문서 열람(§ 37) 등을 규정하고 있습니다. 청문 통지에 관한 규정은 처분의 사전통지 관련 조항인 제21조 제2항에 포함되어 있습니다.

(2) 청문의 실시

행정절차법은 종래 법령등에서 청문 실시를 규정하거나 행정청이 필요하다고 인정하는 경우에만 청문을 하도록 규정했습니다(§ 22 ①). 그러나 2014년 1월 28일 개정법은 일정한 불이익처분의 경우 의견제출기한 내에 당사자등이 신청하면 반드시 청문을 실시하도록 했습니다.

첫째, 법령등에서 청문을 실시하도록 규정한 경우(필요적 청문) 청문 실시는 그 법

---

23 同旨 김철용, 앞의 책, 401.

령등에 따른 당연한 결과입니다. 그런 예로는 건설산업기본법 제86조(국토교통부장관이 제82조 및 제83조에 따라 영업정지·과징금부과 또는 등록말소를 하려는 경우), 국유재산법 제37조(관리청이 제36조에 따라 행정재산의 사용허가를 취소하거나 철회하려는 경우), 「국토의 계획 및 이용에 관한 법률」 제136조(개발행위허가 등의 취소), 방송법 제101조(방송사업자 및 중계유선방송사업자에 대한 재허가 또는 재승인의 거부 등을 할 경우) 등이 있습니다.

둘째, 그 밖에 청문은 행정청이 필요하다고 인정하는 경우 실시할 수 있습니다 (임의적 청문). 법 제22조 제1항 제1항 및 같은 항 제2호는 행정청에 청문 실시 여부에 관한 재량을 부여한 것으로 새기는 것이 일반적입니다. 경우에 따라 재량 수축이 인정되어 청문을 실시해야 할 기속을 받거나 편파적 청문실시로 재량하자(평등원칙 위반)가 성립할 여지가 있습니다.[24]

셋째, 다음과 같은 불이익처분을 하는 경우에는 반드시 청문을 실시해야 합니다. 이것은 행정절차법에 따라 당사자등의 신청으로 실시하는 일종의 필요적 청문이라 할 수 있고, 그 경우 당사자등은 청문신청권을 가집니다.

　　가. 인허가 등의 취소
　　나. 신분·자격의 박탈
　　다. 법인이나 조합 등의 설립허가의 취소

청문의 성패는 청문의 공정성, 특히 공정한 청문에 대한 당사자등의 신뢰와 기대에 달려 있습니다. 이러한 배경에서 행정절차법은 청문주재자의 임명 또는 위촉, 청문주재자의 직무상 독립성 등 신분보장에 관한 사항을 규정하고 있습니다.

첫째, 청문의 공정성은 무엇보다도 청문주재자의 선정이 공정타당하게 이루어진다는 전제 없이는 실현될 수 없습니다. 따라서 청문주재자 선정의 공정성을 확보하는 것이 무엇보다도 중요하지요. 청문절차의 공정성을 강화하기 위하여 2019년 12월 10일의 개정법률은 청문주재자 선정의 공정성을 담보하는 조항들을 보완하였습니다. 이에 따르면, 행정청은 소속 직원 또는 대통령령으로 정하는 자격을 가진 사람 중에서 청문 주재자를 공정하게 선정하여야 합니다(§ 28 ①). 종래 "청문주재자 선정이 공정하게 이루어지도록 노력하여야 한다."고 규정했던 것을 분명히 하여 해석상 퇴행

24　백윤기, "금융행정에서의 법치주의의 구현", 현대공법학의 과제(최송화교수화갑기념논문집), 박영사, 2002, 531; 박정훈, "부정당업자의 입찰참가자격제한의 법적 제문제", 법학 제46권 제1호, 서울대학교 법학연구소, 306 등.

의 여지를 배제한 것이지요. 아울러 법은 청문을 주재하려는 직원이 해당 처분업무를 처리하는 부서에 근무하는 경우에는 청문을 주재할 수 없도록 하였습니다. 즉 청문 주재자의 제척·기피·회피사유를 규정한 제29조 제1항에 "자신이 해당 처분업무를 처리하는 부서에 근무하는 경우. 이 경우 부서의 구체적인 범위는 대통령령으로 정한다."는 제5호를 신설하였습니다. 청문의 당사자인 처분권자가 청문을 주재하게 되는 모순은 물론이고 이해관계 충돌(conflict of interest) 여지를 배제한 것입니다. 2022년 1월 11일의 개정법률은 제28조 제2항을 신설하여 공정하고 전문적인 청문을 위하여 다수 국민의 이해가 상충되는 처분이나 다수 국민에게 불편이나 부담을 주는 처분 등을 하는 경우에는 청문 주재자를 2명 이상으로 선정할 수 있도록 하였습니다.

둘째, 청문주재자 선정이 공정타당하게 이루어진다 하더라도 그 직무상 독립성이 보장되지 않으면 청문의 제도적 취지를 살릴 수 없게 됩니다. 이에 법은 "청문 주재자는 독립하여 공정하게 직무를 수행하며, 그 직무 수행을 이유로 본인의 의사에 반하여 신분상 어떠한 불이익도 받지 아니한다."고 규정하고 있습니다(§ 28 ④).

셋째, 청문주재자의 책임성을 확보하는 것도 중요합니다. 이에 법은 공무원 의제조항을 두었습니다. 즉, 선정된 청문 주재자는 「형법」이나 그 밖의 다른 법률에 따른 벌칙을 적용할 때에는 공무원으로 봅니다(§ 28 ⑤).

행정청은 청문이 시작되는 날부터 7일 전까지 청문 주재자에게 청문과 관련한 필요한 자료를 미리 통지하여야 합니다(§ 28 ③).

4.4. 공청회

종래 공청회는 다른 법령등에서 공청회를 개최하도록 규정하고 있는 경우나 해당 처분의 영향이 광범위하여 널리 의견을 수렴할 필요가 있다고 행정청이 인정하는 경우에 실시하게 되어 있었습니다(§ 22 ②). 그러나 2019년 12월 10일 개정된 행정절차법(법률 제16778호, 시행 2020. 6. 11)은 국민생활에 큰 영향을 미치는 처분으로서 대통령령으로 정하는 처분에 대하여 일정 수 이상의 당사자 등이 공청회 개최를 요구하는 경우 공청회를 개최하도록 의무화하였습니다. 행정절차법 제22조 제2항에 따라, 행정청은 처분을 할 때 다음 각호의 어느 하나에 해당하는 경우에는 공청회를 개최합니다.

1. 다른 법령등에서 공청회를 개최하도록 규정하고 있는 경우
2. 해당 처분의 영향이 광범위하여 널리 의견을 수렴할 필요가 있다고 행정청이 인정하는 경우
3. 국민생활에 큰 영향을 미치는 처분으로서 대통령령으로 정하는 처분에 대하여 대통령령으로 정하는 수 이상의 당사자등이 공청회 개최를 요구하는 경우

공청회는 국민의 의견을 적극적으로 반영하고 행정절차에 국민의 참여를 확대하는 통로가 될 수 있는 의견청취제도지만 그 개최 여부가 법령등에서 거치도록 규정된 경우를 제외하고는 행정청의 임의적 선택에 맡겨져 있었기에 종래 거의 활용되지 못해 실효성이 의문시되고 있었지요. 이러한 배경에서 법개정으로 공청회를 활성화할 수 있는 법제도적 틀이 마련되었다고 볼 수 있고 향후 그 활용 여부가 주목됩니다.

법 제22조 제2항 제3호에 따른 "대통령령으로 정하는 처분"이란 다음 어느 하나에 해당하는 처분을 말합니다(시행령 § 13의3 ① 본문). 다만, 행정청이 해당 처분과 관련하여 이미 공청회를 개최한 경우는 제외됩니다(시행령 § 13의3 ① 단서).

1. 국민 다수의 생명, 안전 및 건강에 큰 영향을 미치는 처분
2. 소음 및 악취 등 국민의 일상생활과 관계되는 환경에 큰 영향을 미치는 처분

위와 같은 처분에 대하여 당사자등은 그 처분 전(해당 처분에 대하여 행정청이 의견제출 기한을 정한 경우에는 그 기한까지)에 행정청에 공청회의 개최를 요구할 수 있으며(시행령 § 13의3 ②), 법 제22조 제2항 제3호에서 말하는 "대통령령으로 정하는 수"는 30명으로 정해져 있습니다(시행령 § 13의3 ③).

공청회와 관련하여 또 한 가지 주목되는 것은 온라인공청회입니다. 2022년 1월 11일의 개정법률은 제38조의2 제2항을 신설하여 종전에는 오프라인공청회와 병행하여서만 개최할 수 있었던 것을 바꿔, 국민의 생명·신체·재산의 보호 등 국민의 안전 또는 권익보호 등의 이유로 오프라인공청회를 개최하기 어려운 경우 등에는 정보통신망을 이용한 공청회, 즉 온라인공청회를 단독으로 개최할 수 있게 하였습니다. 코로나바이러스19의 장기화 등으로 인해 온라인 중심으로 빠르게 변화하는 행정환경을 반영한 결과입니다.

온라인공청회는 제38조에 따른 공청회와 병행하여서만 실시할 수 있되(§ 38의2 ①), 다음 어느 하나에 해당할 경우에는 단독으로 개최할 수 있습니다(§ 38의2 ②).

1. 국민의 생명·신체·재산의 보호 등 국민의 안전 또는 권익보호 등의 이유로 제38조에 따른 공청회를 개최하기 어려운 경우
2. 제38조에 따른 공청회가 행정청이 책임질 수 없는 사유로 개최되지 못하거나 개최는 되었으나 정상적으로 진행되지 못하고 무산된 횟수가 3회 이상인 경우
3. 행정청이 널리 의견을 수렴하기 위하여 온라인공청회를 단독으로 개최할 필요가 있다고 인정하는 경우. 다만, 제22조 제2항 제1호 또는 제3호에 따라 공청회를 실시하는 경우는 제외한다.

온라인공청회는 접근 및 참여의 개방성이 핵심입니다. 그런 뜻에서 법은 온라인 공청회를 실시하는 경우에는 누구든지 정보통신망을 이용하여 의견을 제출하거나 제출된 의견 등에 대한 토론에 참여할 수 있도록 하였습니다(§ 38의2 ④). 같은 맥락에서 법은 행정청에게 온라인공청회를 실시하는 경우 의견제출 및 토론 참여가 가능하도록 적절한 전자적 처리능력을 갖춘 정보통신망을 구축·운영하도록 책무를 부과하고 있습니다(§ 38의2 ③).

공청회든 온라인공청회든 행정청이 그 결과를 충분히 반영하지 않으면 소기의 성과를 거둘 수 없겠지요. 그런 뜻에서 법은 제39조의2를 신설하여 행정청이 처분을 할 때에 공청회, 온라인공청회 및 정보통신망 등을 통하여 제시된 사실 및 의견이 상당한 이유가 있다고 인정하는 경우에는 이를 반영하여야 한다고 규정하였습니다(§ 39의2). 법적 구속력이나 실효성은 미지수이지만 적어도 공청회 등을 요식절차로 전락시키거나 그 결과를 전혀 무시하는 행태를 억제하고 또 법적으로 다툴 수 있는 거점이 될 수 있을 것으로 기대됩니다.

5. 처분이유의 제시

5.1. 제도의 취지

행정절차법은 처분이유제시제도를 도입했습니다. 이것은 종래 '이유부기'라고 지칭되었던 행정절차제도의 가장 핵심적인 요소를 이루는 제도입니다.25 처분이유제시제도는 처분을 발령하게 된 기초가 된 법적·사실적 근거를 처분에 제시(부기)하도록 하는 제도를 말합니다. 무엇보다도 처분을 받은 국민이 처분의 이유를 손쉽게 또 명확히 알 수 있어야만 그 처분에 따른 권리를 행사하거나 의무를 이행할 수 있게

---

25 이에 관하여는 류지태, 행정절차로서의 이유부기의무, 고시계 1997/7, 46−59를 참조.

될 뿐만 아니라 그에 대한 불복방법을 강구할 수 있게 되기 때문입니다. 특히 재량처분에 있어 처분이유제시제도는 행정의 공정타당성을 확보해 줄 수 있는 핵심적 수단이 됩니다. 이 제도는 행정청이 그 처분의 법적·사실적 근거를 명시하도록 함으로써 행정청의 자의적 결정이 이루어질 수 있는 여지를 배제하는 동시에 처분청과 감독청이 스스로 처분의 적법타당성을 재심사하도록 하고(통제기능: Kontrollfunktion), 처분의 상대방 또는 그 밖의 이해관계인이 이를 기초로 하여 차후 행정구제절차에 대처할 수 있도록 하며(권리구제 기능: Rechtsschutzfunktion), 처분에 대한 행정쟁송에서 행정심판기관이나 법원으로 하여금 처분의 근거가 된 법적·사실적 관점을 검토하고 그 적법타당성을 최종적으로 확인할 수 있도록 해줍니다(해명 기능: Klarstellungsfunktion). 아울러 이유제시제도는 처분을 그 법적·사실적 근거와 절차적으로 결합시킴으로써 그 적법·타당성을 확보하는 기능, 행정행위의 상대방으로 하여금 행정행위의 법적·사실적 근거와 그에 관한 행정청의 견해를 평가할 수 있도록 하여 처분의 정당성을 받아들이도록 하는 설득기능(Befriedungsfunktion), 청문을 실질적으로 보강하는 기능 등을 가집니다.[26]

5.2. 이유제시의무의 내용

(1) 이유제시의 대상과 시기

행정절차법은 행정청은 처분을 함에 있어 다음과 같은 경우를 제외하고는 당사자에게 그 근거와 이유를 제시하도록 의무화하고 있습니다(§ 23 ①).

1. 신청내용을 모두 그대로 인정하는 처분인 경우
2. 단순·반복적인 처분 또는 경미한 처분으로서 당사자가 그 이유를 명백히 알 수 있는 경우
3. 긴급을 요하는 경우

여기서 말하는 처분은 제23조 제1항의 문언상 권리를 제한하거나 의무를 부과하는 행위, 즉 부담적 행정행위에 국한되지 않으며, 수익적 행정행위 및 복효적 행정행위 등을 포함하는 것으로 해석됩니다. 다만, 위와 같은 예외적인 경우에는 이유제

---

26 이에 관하여는 홍준형/김성수/김유환, 행정절차법제정연구; 류지태, 앞의 글, 47 및 그곳에 인용된 문헌을 참조.

시제도의 취지에 비추어 이유를 제시해야만 할 필요가 없다고 보아 이유제시의무를 면제한 것입니다. 물론 그 경우 이유제시를 할 의무는 없을지라도 이유를 제시하는 것은 무방합니다.

처분의 이유는 처분을 할 때 처분과 함께 제시되어야 합니다. 그렇게 해야 이유제시제도의 취지를 살릴 수 있으므로, 사후 이유제시는 인정되지 않습니다. 즉 처분시 이유를 제시하지 않았다가 처분 후 이유를 제시해도 제23조에 따른 이유제시의무를 다한 것이 되지는 않습니다.

제23조 제1항 제2호 및 제3호에 따라 단순·반복적인 처분 또는 경미한 처분으로서 당사자가 그 이유를 명백히 알 수 있는 경우와 긴급을 요하는 경우에는 이유제시를 할 필요가 없습니다. 그러나 법은 그 경우에도 처분 후 당사자가 요청하면 그 근거와 이유를 제시해야 한다고 규정하여 사후적 이유제시를 인정합니다(§ 23 ②). 그러나 이것은 어디까지나 예외적으로 사후적 이유제시의무가 부과되는 경우이므로, '사후에 상대방의 요구가 있는 경우 이유를 제시해야 한다'는 식으로 일반화되어서는 아니 됩니다.

(2) 이유제시의 정도

법은 이유제시의무의 내용으로서 "근거와 이유"를 제시하도록 하고 있는데 여기서 '근거'와 '이유'의 개념을 둘러싸고 논란의 여지가 없지 많습니다.27 행정절차법이 '근거'와 '이유'의 개념을 엄밀히 구별하여 규정한 것인지는 분명하지 않습니다. 1987년의 법안은 '행정처분의 법적 근거와 사실상의 이유'를 제시하도록 하였고 (§ 23), 총무처의 1994년시안은 '법률상·사실상의 이유'를 제시하도록 하고 있었습니다. 이렇게 볼 때 법 제23조의 '근거와 이유'는 결국 '처분을 하게 된 법적 근거와 사실상의 이유'를 의미하는 것으로 통합적으로 해석하는 것이 바람직합니다. 일본 행정수속법의 경우 거부처분과 불이익처분에 관하여 '이유'의 제시를 요구하고 있고 (§ 8 ①, § 14 ①), 독일 행정절차법 서면에 의한 행정행위 또는 서면에 의하여 확정된 행정행위에 대하여 '이유'의 제시를 요구하는 점(§ 39 ①)에 비추어, '근거'와 '이유' 양자를 엄밀히 구별할 실익은 없으므로, 통틀어 '처분이유'라고 부르는 것이 좋을 것

---

27 가령 류지태, 앞의 글, 50-51.

입니다.

처분을 할 때 제시해야 할 이유가 얼마나 구체적이고 상세해야 하는지에 대하여 행정절차법은 침묵하고 있습니다. 그러나 이유제시제도의 본래 취지에 비추어 볼 때, 적어도 처분의 상대방 또는 그 밖의 이해관계인이 이를 기초로 하여 차후 행정 구제절차에 대처할 수 있고, 또 처분에 대한 행정쟁송에 있어 행정심판기관이나 법원이 처분의 근거가 된 법적·사실적 관점을 검토하여 그 적법타당성을 최종적으로 확인할 수 있을 정도로 구체적이어야 한다고 보는 것이 옳습니다. 처분의 근거법령, 해당 조항 및 문언, 그리고 해당 근거법조를 적용하게 된 원인사실 및 포섭 (Subsumtion)의 경위를 명시하고, 재량행위의 경우 재량행사의 전후과정을 제시해야 할 것입니다. 물론 사실적 이유에 관한 한, 처분을 하게 된 사정 전부에 대하여 일일이 근거를 제시할 필요는 없으며, 주로 법률요건 해당사실(주요사실)의 골자만 제시하면 됩니다.

> 판례
>
> "면허의 취소처분에는 그 근거가 되는 법률이나 취소권유보의 부관 등을 명시하여야 함은 물론 처분을 받은 자가 어떠한 위반사실에 대하여 당해 처분이 있었는지를 알 수 있을 정도로 사실을 적시할 것을 요하며, 이와 같은 취소처분의 근거와 위반사실의 적시를 빠뜨린 하자는 피처분자가 처분 당시 그 취지를 알고 있었다거나 그후 알게 되었다 하여도 치유될 수 없다고 할 것인바, 세무서장인 피고가 주류도매업자인 원고에 대하여 한 이 사건 일반주류도매업면허취소통지에 "상기 주류도매장은 무면허 주류판매업자에게 주류를 판매하여 주세법 제11조 및 국세법사무처리규정 26조에 의거 지정조건위반으로 주류판매면허를 취소합니다."라고만 되어 있어서 원고의 영업기간 과 거래상대방 등에 비추어 원고가 어떠한 거래행위로 인하여 이 사건 처분을 받았는지 알 수 없 게 되어 있다면 이 사건 면허취소처분은 위법하다."[28]

한편, 대법원은 당사자가 근거규정 등을 명시하여 신청한 인·허가 등을 거부하는 처분을 하면서 당사자가 근거를 알 수 있을 정도로 상당한 이유를 제시한 경우에는 구체적 조항 및 내용까지 명시하지 않았더라도 그로 말미암아 그 처분이 위법한 것이 될 수 없다고 판시함으로써 거부처분의 경우 이유제시 정도를 그 이외의 불이익 처분의 경우보다 완화한 바 있었고,[29] 이후에도 동일한 법리를 재확인하고 있습니다.

---

28 대법원 1990. 9. 11. 선고 90누1786 판결. 평석: 송동원, 면허등의 취소처분에 명시해야 할 이유기재의 정도와 그 취지, 대법원판례해설 14, 327.

29 대법원 2002. 5. 17. 선고 2000두9812 판결. 이에 대한 평석으로 조해현, "행정처분의 근거 및 이유제시의 정도", 『행정판례연구』 VIII(2003.12) 123-144; 김철용, "처분이유제시의 정

"행정절차법 제23조 제1항은 "행정청은 처분을 할 때에는 다음 각호의 어느 하나에 해당하는 경우를 제외하고는 당사자에게 그 근거와 이유를 제시하여야 한다."라고 정하고 있다. 이는 행정청의 자의적 결정을 배제하고 당사자로 하여금 행정구제절차에서 적절히 대처할 수 있도록 하는 데 그 취지가 있다. 따라서 처분서에 기재된 내용, 관계 법령과 해당 처분에 이르기까지 전체적인 과정 등을 종합적으로 고려하여, 처분 당시 당사자가 어떠한 근거와 이유로 처분이 이루어진 것인지를 충분히 알 수 있어서 그에 불복하여 행정구제절차로 나아가는 데 별다른 지장이 없었던 것으로 인정되는 경우에는 처분서에 처분의 근거와 이유가 구체적으로 명시되어 있지 않았다고 하더라도 이를 처분을 취소하여야 할 절차상 하자로 볼 수 없다(대법원 2013. 11. 14. 선고 2011두18571 판결 등 참조)."[30]

　"행정절차법 제23조 제1항은 '행정청은 처분을 하는 때에는 당사자에게 그 근거와 이유를 제시하여야 한다.'고 규정하고 있는바, 일반적으로 당사자가 근거규정 등을 명시하여 신청하는 인·허가 등을 거부하는 처분을 함에 있어 당사자가 그 근거를 알 수 있을 정도로 상당한 이유를 제시한 경우에는 당해 처분의 근거 및 이유를 구체적 조항 및 내용까지 명시하지 않았더라도 그로 말미암아 그 처분이 위법한 것이 된다고 할 수 없다(대법원 2002. 5. 17. 선고 2000두8912 판결 참조).
　이러한 법리에 비추어 기록을 살펴보면, 이 점과 관련된 원심의 다음과 같은 판단, 즉 피고가 이 사건 주택건설사업계획 승인신청의 일괄처리사항에 포함된 토지형질변경허가를 구체적으로 언급하면서 그 신청을 반려한 이 사건 처분에 있어서 그 처분이 있기까지의 경과에 비추어 보면 원고로서는 도시계획위원회 심의 결과 녹지보전 등의 사유로 토지형질변경을 불허한다는 결정을 하고 이에 따라 피고가 구 주택건설촉진법 제33조 제1항에 의하여 이 사건 신청을 반려한 것임을 충분히 알 수 있었다고 할 것이므로 피고가 근거 규정을 구체적으로 표시하지 않았다고 하여 그 처분 자체를 위법하다고 할 수 없다는 원심의 판단 역시 정당한 것으로 충분히 수긍할 수 있고, 따라서 이 부분 원심판결에 행정처분의 근거와 이유 제시의무에 관한 법리오해의 위법이 없다."[31]

　"행정청은 처분을 하는 때에는 원칙적으로 당사자에게 그 근거와 이유를 제시하여야 한다(행정절차법 제23조 제1항). 당사자가 신청하는 허가 등을 거부하는 처분을 하면서 당사자가 그 근거를 알 수 있을 정도로 이유를 제시한 경우에는 처분의 근거와 이유를 구체적으로 명시하지 않았더라도 그로 말미암아 그 처분이 위법하다고 볼 수는 없다(대법원 2002. 5. 17. 선고 2000두8912 판결 참조). 이때 '이유를 제시한 경우'는 처분서에 기재된 내용과 관계 법령 및 당해 처분에 이르기까지의 전체적인 과정 등을 종합적으로 고려하여, 처분 당시 당사자가 어떠한 근거와 이유로 처

　도 - 대상판결 대법원 2002. 5. 17. 선고 2000두9812 판결, 『인권과 정의』(2009.8), 96 이하 등을 참조.

30　대법원 2019. 12. 13. 선고 2018두41907 판결(인가공증인인가신청반려처분취소청구의소): 피고가 이 사건 처분을 하면서 '공증인의 적정 배치, 민원인의 편의 등 공익상 이유'라고 처분의 근거와 이유를 제시하였고, 그 의미가 모호하거나 구체적이지 않다고 보기도 어렵다는 점을 이유로 행정절차법 제23조 제1항을 위반한 절차상 하자는 없다고 판단한 원심의 판단을 확인한 사례입니다.

31　대법원 2007. 5. 10. 선고 2005두13315 판결(주택건설사업계획승인신청서반려처분취소). 김철용 교수는 처분이유제시 유형화의 위험(Gefahr der Schematisierung)이라는 관점에서 이 판결을 비판합니다(행정법 I, 제13판, 407).

분이 이루어진 것인지를 충분히 알 수 있어서 그에 불복하여 행정구제절차로 나아가는 데 별다른 지장이 없었다고 인정되는 경우를 뜻한다(대법원 2009. 12. 10. 선고 2007두20362 판결 참조). 이 사건 처분서는 아무런 실질적인 내용 없이 단순히 신청을 불허한다는 결과만을 통보한 것이다. 기록에 나타나 있는 이 사건 처분에 이르기까지 전체적인 과정 등을 살펴보더라도 원고가 이 사건 신청이 거부된 정확한 이유를 알았거나 또는 알 수 있었다는 정황을 확인할 수 없다. 그리하여 원고가 이 사건 소송에서 처분사유를 잘못 확정하여 주장하였고 법원도 원심에 이르기까지 잘못 확정된 처분사유를 바탕으로 심리를 진행하게 되었다는 점에서 원고가 처분에 불복하여 행정구제절차로 나아가는 데에도 지장이 있었다고 볼 수 있다. 사정이 이러하다면 이 사건 처분은 근거와 이유를 제시하지 않은 것으로서 위법하다고 보아야 한다."[32]

5.3. 이유제시의 하자와 그 법적 효과

(1) 개설

이유제시의무를 준수하지 않은 경우 그 법적 효과가 문제됩니다. 행정청이 소정의 이유제시를 하지 않은 경우(형식적 하자)와 이유를 제시하기는 하였으나 제시한 이유가 내용면에서 해당 처분의 적법성을 뒷받침할 수 없는 것으로 판명된 경우(내용적 하자)가 문제됩니다.

(2) 이유제시를 하지 않은 경우

행정청이 처분시 법 제23조 소정의 이유제시를 하지 아니한 경우 그것이 해당 처분을 위법한 것으로 만드는지, 또 사후에 이유제시를 추완할 수 있는지 문제됩니다.

먼저, 행정절차법 제23조에 따른 이유제시를 하지 아니한 경우, 그것은 명백한 법률위반으로서 해당 처분을 위법한 처분으로 만드는 결과를 가져온다고 보아야 할 것입니다. 이유제시를 전혀 결여한 처분은 경우에 따라 무효라고 볼 여지도 있습니다.[33]

둘째, 이러한 이유제시의무의 흠결을 사후에 치유할 수 있는지는(처분이유의 사후

---

32 대법원 2017. 8. 29. 선고 2016두44186 판결. 이 판결은 대법원 2017. 8. 29. 선고 2016두44186 판결; 2002. 5. 17. 선고 2000두8912 판결 등 일련의 판례를 재확인한 것으로, 산업단지개발계획 변경신청에 대한 행정청의 거부행위에 관하여 처분성을 인정하고, 그 거부처분이 근거와 이유를 제시하지 아니한 절차적 하자가 있어 위법하다고 본 사례입니다.

33 최송화, 법치행정과 공익, 310; 김철용, 행정법 I, 제13판, 2010, 407. 반면 정하중, 행정법개론, 제7판, 2013, 377에서는 어느 경우나 취소사유에 해당하며 판례 역시 같은 입장이라고 합니다.

추완: Nachholen der Begründung) 학설상 논란되고 있습니다. 하자의 치유를 인정하면 해당 절차가 가지는 절차법적 의의가 제대로 평가되지 못하는 결과가 된다는 이유에서 하자의 치유가능성을 부정하는 견해[34]에 대하여 행정절차의 절차법적 의미와 실체법적 관련성을 함께 고려해야 한다는 견지에서, 일반적으로 하자의 치유를 인정할 수 있는 것은 아니지만, 일정한 조건하에 하자의 치유가 허용되는 것으로 보아야 한다고 주장합니다(제한적 긍정설).[35] 생각건대 행정절차법 제23조 제1항과 제2항을 통해 어디에도 이유제시의무를 이행하지 않은 경우 사후추완을 통한 하자의 치유를 인정하는 근거는 발견되지 않습니다. 물론 이유제시를 하지 않은 하자의 치유를 일정한 조건하에 인정해야 할 필요가 있다고 하더라도, 모처럼 행정절차법 제정을 통해 구체화된 이유제시의무를 이행하지 않은 경우에 사후추완의 여지를 남기는 것이 바람직한지는 의문입니다. 또한 하자치유의 조건을 구체화하려면 보다 명확한 입법권자의 의사가 있어야 한다는 이유에서, 제한적으로 하자의 치유가능성을 인정하는 데 문제가 없지는 않습니다. 판례의 입장은 반드시 명확하지 않지만, 다음 판례는 부정적인 입장을 추론케 합니다.

> **[판례]**
> "허가의 취소처분에는 그 근거가 되는 법령이나 취소권유보의 부관 등을 명시하여야 함은 물론 처분을 받은 자가 어떠한 위반사실에 대하여 당해처분이 있었는지를 알 수 있을 정도의 사실의 적시를 요한다고 할 것이므로 이와 같은 <u>취소처분의 근거와 위반사실의 적시를 빠뜨린 하자는 피처분자가 처분당시 그 취지를 알고 있었다거나 그후 알게 되었다고 하여도 이로써 치유될 수는 없다.</u>"[36]

다만 하자의 치유에 관하여 대법원은 '행정행위가 이루어진 당초에 그 행정행위의 위법사유가 되는 하자가 사후의 추완행위 또는 어떤 사정에 따라 보완되었을 경우에는 행정행위의 무용한 반복을 피하고 당사자의 법적 생활안정을 기한다는 입장에서는 이 하자는 치유되고 당초의 위법한 행정행위가 적법·유효한 행정행위로 전환될 수 있으나' '행정행위의 성질이나 법치주의의 관점에서 볼 때 하자있는 행정행위의 치유는 원칙적으로 허용될 수 없는 것일 뿐만 아니라 이를 허용하는 경우에도

---

34 서원우, 행정상의 절차적 하자의 법적 효과, 서울대 법학(1986.9), 50.
35 가령 류지태, 앞의 글, 54-55. 여기서 고 류지태교수는 ⓐ 행정기관 스스로에 의한 추완행위가 있을 것, ⓑ 일정한 시간적 한계 하에서만 인정될 것, ⓒ 하자추완행위의 소급효의 제한, ⓓ 하자추완행위로 인하여 당사자에게 불이익이 없을 것을 요건으로 제시한 바 있습니다.
36 대법원 1987. 5. 26. 선고 86누788 판결; 1984. 7. 10. 선고 82누551 판결.

국민의 권리와 이익을 침해하지 않는 범위에서 구체적 사정에 따라 합목적적으로 가려야 한다'는 입장을 표명해 오고 있으므로37 이러한 판례가 처분이유제시의무의 불이행이라는 절차상 하자에 대해서도 그대로 적용될 것인지 여부가 주목됩니다.

(3) 처분이유의 내용에 하자가 있는 경우

처분이유가 처분을 정당화하는데 불충분하거나 부적합한 경우 행정절차법상의 이유제시의무는 준수되었다 할지라도 해당 처분이 위법하다는 결과가 됩니다. 즉 이유의 위법이라는 결과가 되는 것입니다. 이 경우 역시 처분이유로 잘못 제시된 사실상의 근거나 법적 근거를 변경함으로써 하자의 치유를 인정할 수 있느냐 하는 문제(처분의 근거변경: Nachschieben von Gründen)가 제기됩니다. 처분사유의 사후변경(추가·변경)은 이를 원칙적으로 허용된다는 것이 일반적입니다. 행정소송법에 준거 규정은 없으나, 학설은 허용되는 것으로 보고 있습니다.

대법원의 판례 역시 '당초 처분의 근거로 삼은 사유와 기본적 사실관계가 동일하다고 인정되는 한도 내에서'라는 조건 아래 그 허용성을 인정하고 있습니다.38

산림형질변경허가거부처분과 처분사유 변경

[1] 행정처분의 취소를 구하는 항고소송에 있어서는 실질적 법치주의와 행정처분의 상대방인 국민에 대한 신뢰보호라는 견지에서 처분청은 당초 처분의 근거로 삼은 사유와 기본적 사실관계에 있어 동일성이 있다고 인정되지 않는 별개의 사실을 들어 처분사유로 주장함은 허용되지 아니하나, 당초 처분의 근거로 삼은 사유와 기본적 사실관계에 있어서 동일성이 있다고 인정되는 한도 내에서는 다른 사유를 추가하거나 변경할 수 있고, 여기서 기본적 사실관계의 동일성 유무는 처분사유를 법률적으로 평가하기 이전의 구체적인 사실에 착안하여 그 기초가 되는 사회적 사실관계가 기본적인 점에서 동일한지 여부에 따라 결정된다.

[2] 주택신축을 위한 산림형질변경허가신청에 대하여 행정청이 거부처분을 하면서 당초 거부처분의 근거로 삼은 준농림지역에서의 행위제한이라는 사유와 나중에 거부처분의 근거로 추가한 자연경관 및 생태계의 교란, 국토 및 자연의 유지와 환경보전 등 중대한 공익상의 필요라는 사유는 기본적 사실관계에 있어서 동일성이 인정된다고 한 사례.39

---

37 대법원 1983. 7. 26. 선고 82누420 판결 (법인세등부과처분취소); 同旨 대법원 1991. 5. 28. 선고 90누1359 판결.

38 대법원 1989. 12. 8. 선고 88누9299 판결; 1996. 9. 6. 선고 96누7427 판결: 주류면허 지정조건 중 제6호 무자료 주류판매 및 위장거래 항목을 근거로 한 면허취소처분에 대한 항고소송에서, 지정조건 제2호 무면허판매업자에 대한 주류판매를 새로이 그 취소사유로 주장하는 것은 기본적 사실관계가 다른 사유를 내세우는 것으로서 허용될 수 없다고 한 사례.

39 대법원 2004. 11. 26. 선고 2004두4482 판결(산림형질변경불허가처분취소).

당초 처분의 근거가 된 사유가 존재하지 않거나 정당화될 수 없어 취소소송에서 행정청이 새로운 사유를 주장하여 처분의 적법성을 주장하는 것을 허용한다면 원고에게 예기치 못한 법적 불안을 초래하는 결과가 되는 반면 법원이 이를 불허하고 취소판결을 내린 경우, 그 이후 행정청이 새로운 사유를 근거로 동일한 취지의 처분을 발할 수 있는 이상, 분쟁은 종결되기보다는 다시 새로운 처분에 대한 취소소송을 제기해야 하는 문제가 생깁니다. 원고의 입장에서도 이러한 결과는 특히 구처분과 신처분의 시간적 차이로 인한 법적 불안을 의미하게 될 것이므로 바람직하지 못합니다. 이렇게 볼 때 일정한 범위 안에서 처분사유의 사후변경을 인정하는 것이 타당하다고 생각합니다. 다만 그 허용요건과 한계 설정이 문제로 될 것입니다.[40]

---

40 이에 관하여 상세한 것은 홍준형, 행정구제법, "처분사유의 추가·변경" 부분을 참조.

제25강

절차를 그르쳐도 괜찮나요? – 절차하자의 효과

절차에 흠이 있더라도 처분이 항상 위법하게 되는 것은 아니라는 이야기가 있습니다. 과연 그럴까요? 절차상 흠이 있어도 취소가 되지 않는다면 행정절차법은 도대체 무슨 소용이 있는 것인가 의문이 듭니다. 행정절차의 흠은 어떤 법적 효과를 가져오는가? 절차하자의 효과 문제입니다. 그런 경우가 인정되는지, 또 어떤 경우에 그런 결과가 인정되는지 들여다보겠습니다.

이 문제는 비단 처분절차뿐만 아니라 입법예고절차 등 그 밖의 행정절차 일반에 관해서도 제기될 수 있습니다. 그러나 절차 하자의 문제는 주로 처분절차 하자가 처분에 어떤 법적 영향을 미치는지에 초점을 맞추어 논의되었습니다.

I. 처분절차의 흠과 그 법적 효과

1. 쟁점

처분절차에 있어 절차하자는 앞에서 살펴 본 행정절차법상 처분에 관한 절차적 요건 전반에 걸쳐 성립할 수 있습니다. 처리기간, 처분기준의 설정·공표라든가 사전통지절차의 위배, 청문 등 의견청취절차와 관련한 하자, 이유제시의무의 위배 등 그런 예는 무궁무진합니다. 따라서 절차하자의 법적 효과는 절차의 유형에 따라 개별·구체적으로 고찰해야 할 문제이기는 하지만, 일반적·공통적으로 다음 두 가지 문제들, 즉, 첫째, 처분에 관한 절차하자가 처분을 위법하게 만드는지 여부, 둘째, 그럴 경우 그 절차하자는 취소사유인지 아니면 무효사유인지, 절차하자는 치유될 수 있는지 여부를 검토해 볼 필요가 있습니다.

2. 절차하자가 처분을 위법하게 만드는지 여부(위법 여부)

처분을 함에 있어 법적으로 요구된 행정절차를 준수하지 아니하면 그 처분(행정행위)은 절차상 하자있는 행정행위로서 위법이라는 평가를 면할 수 없음이 원칙입니다. 그러나 절차하자가 해당 처분 전체(자체)를 위법하게 만드는지, 따라서 절차상 하자만을 이유로 해당 처분(행정행위)을 취소할 수 있는지에 대해서는 학설이 대립합니다.

(1) 소극설

독일의 행정절차법 제46조를 예로 들면서 행정의 신속·능률과 국민의 권리보호와의 조화라는 견지에서 행정행위의 내용상 하자가 있는 경우가 아니면 절차나 형식상의 하자만을 이유로 하여 취소를 구할 수는 없다고 합니다. 절차상 하자를 이유로 취소하더라도 그 내용에 흠이 없는 한 다시 절차상 하자를 시정하여 동일한 내용의 처분을 할 것이기 때문에 절차하자만을 이유로 취소를 허용하는 것은 행정경제의 요청에 반한다는 것입니다.

처분을 재량처분과 기속처분으로 나누어 전자의 경우 절차의 흠이 있으면 그 처분이 위법하게 되지만, 후자의 경우에는 처분의 실체에 흠이 없는 한 절차의 흠만으로 처분이 위법하게 되는 것은 아니라고 하는 견해도 소극설에 속합니다.[1]

(2) 적극설

절차의 위법은 내용상의 하자의 경우와 마찬가지로 그 자체로서 해당 행정행위의 취소사유가 된다고 합니다(통설). 그렇게 보지 않을 경우 절차적 규제가 유명무실해질 우려가 있고, 재량처분의 경우 적법한 절차를 거칠 경우 반드시 동일한 처분을 반복한다고 볼 수 없기 때문에 처분의 내용이 달라질 수 있으므로, 절차하자를 위법

---

[1] 김남진, "행정절차상 하자의 효과", 고시연구(1997.2), 30 이하; 정하중, 행정법개론, 제4판, 2010, 402. 박균성, 행정법강의, 제2판, 2005, 424는 이 견해를 절충설로 분류합니다.

사유로 보아야 한다고 합니다.[2]

(3) 판례

과거 행정절차법 제정 이전 판례는 일관되지 않았습니다. 하천법·국가공무원법 등 법률에 정해진 청문을 결여한 채 발해진 행정처분을 위법한 처분으로 취소해 왔고,[3] 심지어는 건축사사무소등록취소처분의 취소사건에서 행정규칙의 성질을 지닌 건설부장관의 훈령[4]이 정한 청문을 결여한 채 발해진 처분도 이를 위법한 처분으로 판시하기도 했습니다.[5]

반면 '「자동차운수사업법 제31조등의 규정에 의한 사업면허의 취소등의 처분에 관한 규칙」(1982.7.31 교통부령 제742호) 제5조 제1항 소정의 진술 또는 변명의 기회를 주지 않고 행한 자동차운수사업면허 취소처분으로 위법의 문제는 생기지 않는다'[6]'이라고 판시하거나 '국민의권익보호를위한행정절차에관한훈령에 따라 1990.3.1.부터 시행된 행정절차운영지침에 따른 의견 청취와 이유 명시 의무를 위반해도 위법하지 않다'고 판시하기도 했습니다.[7]

그러나 뒤에서 보듯이 행정절차법 시행 이후에는 확연히 적극설의 입장을 취하는 판례들이 주조를 이루고 있습니다.

생각건대, 법령에 따라 처분 전에 거쳐야 할 행정절차를 거치지 않고서 행한 행정처분은 의당 절차법을 포함하는 실정법을 위반한 처분으로 위법한 처분으로 평가

---

2 김철용, 행정법 I, 제13판, 2010, 420 – 421 등.

3 대법원 1969. 3. 31. 선고 68누179 판결; 1977. 6. 28. 선고 77누96 판결; 1977. 8. 23. 선고 77누26 판결; 1988. 5. 24. 선고 87누388 판결; 1991. 7. 9. 선고 91누971 판결 등.

4 「건축사사무소의 등록취소 및 폐쇄처분에 관한 규정」(1979. 9. 6. 건설부훈령 제447호) 제9조는 「건축사사무소의 등록을 취소하고자 할 때에는 미리 당해 건축사에 대하여 청문을 하거나 필요한 경우에 참고인의 의견을 들어야 한다. 다만 정당한 사유없이 청문에 응하지 아니하는 경우에는 그러하지 아니하다」라고 규정하고 있습니다.

5 대법원 1984. 9. 11. 선고 83누166 판결. 이 판결의 평석으로 김남진, 법률신문 1984. 11. 5. 12면을 참조. 그러나 석호철, 청문절차에 관한 제반판례의 검토, 『인권과 정의』(1994.7) 제215호, 110에서는 이 판례는 하나밖에 없는 것으로 대법원의 명확한 입장을 드러낸 것이라 단정하기는 곤란하고 오히려 해당 사건만을 해결하기 위한 결론의 하나라고 합니다.

6 대법원 1984. 2. 28. 선고 89누551 판결이 여기서 원용되고 있습니다.

7 대법원 1994. 8. 9. 선고 94누3414 판결(유형문화재지정고시처분취소). 또한 대법원 1987. 2. 10. 선고 84누350 판결을 참조(이에 관한 비판으로는 김남진, 기본문제 946 이하를 참조).

되어야 할 것입니다.8

　　그런 배경에서 대법원은 최근 과세전적부심사를 청구할 수 있는 기간이 경과하지 아니하여 원고가 과세전적부심사 청구를 하기도 전에 소득금액변동 통지처분을 한 경우 이는 납세자의 절차적 권리를 침해한 것으로서 그 하자가 중대·명백하여 무효이고, 이에 기초한 배당소득세 본세 징수처분 및 가산세 부과처분 역시 아무 근거가 없어 무효라고 판단한 바 있습니다.9

　　다만 절차하자로 인한 위법처분이라 하여도 이를 처분의 폐지(직권 및 쟁송취소)란 결과 또는 그 밖에 일정한 법적 제재와 결부시킬 것인지는 입법정책의 문제라 할 수 있습니다.10

　　　독일의 경우 종래 행정절차법 제46조(Folgen von Verfahrens- und Formfehlern)에서 "제44조에 따라 무효가 아닌 행정행위에 대하여 그것이 절차, 형식 또는 지역적 관할에 관한 규정을 위반하여 행해졌다는 이유만으로 그 폐지(Aufhebung)를 청구하는 것은 하등 다른 내용의 결정이 행해질 수 없었으리라고 인정되는 경우에는 허용되지 않는다."고 규정하고 있었기에 이 조항의 해석·입법론적 타당성 여부, 위헌 여부등을 둘러싸고 치열한 논쟁이 전개되어 왔습니다.11 이 조항의 취지는 절차법이란 실체법에 봉사하는 것이며 행정의 결정은 원칙적으로 그 내용이 적법한 이상, 그 결정의 실체적 적정성에 관하여 아무런 의미가 없는 절차위반 때문에 재판상 통제되어서는 안 된다는 데 있다고 설명됩니다.12 이에 대해서는 위 조항이 행정능률과 권리구제라는 요청을 조화시킨 것이라는 이유에서 이를 긍정하는 견해13와 이 조항을 「법률의 자살기도」(Selbstmordversuch des Gesetzes)라고 하거나(Erichsen),14 '행정청이 위반하더라도 그 결과 행정행위의

8　그리하여 후펜(Hufen, DVBl 1988, 70)은 「절차에 관한 실정법을 위반하여 성립된 행정행위는 위법」이란 단순한 논리를 감안할 때, 절차상 하자의 범주에 따라 위법성을 차별화하거나 위법성과 절차상 하자의 관계를 아직 규명되지 않은 문제로 치부하는 것은 불필요하다고 합니다.

9　대법원 2016. 12. 27. 선고 2016두49228 판결(배당소득세등부과처분취소). 대법원은 이 판결에서 사전구제절차로서 과세전적부심사 제도의 기능과 이를 통해 권리구제가 가능한 범위, 이 제도가 도입된 경위와 취지, 납세자의 절차적 권리 침해를 효율적으로 방지하기 위한 통제방법과 더불어, **헌법 제12조 제1항에서 규정하고 있는 적법절차의 원칙은 형사소송절차에 국한되지 아니하고, 세무공무원이 과세권을 행사하는 경우에도 마찬가지로 준수하여야 하는 점**(대법원 2016. 4. 15. 선고 2015두52326 판결 등 참조) 등을 근거로 제시했습니다.

10　Hufen, aaO, S.71; Badura, in: Allgemeines Verwaltungsrecht, 9.Aufl., § 41 Rn.35, S.480.

11　Paul Stelkens, Verwaltungsverfahren, 1991, Rn.526, S.187을 참조.

12　Ossenbühl, NVwZ 1982, 471; Badura, in: Allgemeines Verwaltungsrecht, § 41 Rn.35, S.480.

13　Ossenbühl, Verwaltungsverfahren zwischen Verwaltungseffizienz und Rechtsschutzauftrag, NVwZ 1982, 465ff.; R. Wahl, VVDStRL 41, 151ff.; J. Pietzker, VVDStRL 41, 193ff.

14　Erichsen, Das Bundesverwaltungsgericht und die Verwaltungsrechtswissenschaft, DVBl

무효나 폐지를 초래하지 않는 행정절차법이란 법치국가적 절차원리를 보장하기에 적합치 못한 것'이란 견지에서 이를 비판하는 견해[15]가 대립하고 있었습니다.

이후 제46조는 1996년 9월 12일 승인절차촉진법(GenBeschlG)에 의해 "제44조에 따라 무효가 아닌 행정행위에 대하여, 그것이 절차, 형식 또는 지역적 관할에 관한 규정을 위반하여 행해졌다는 이유만으로는, 그 규정 위반이 해당 행위의 내용을 결정함에 있어 영향을 미치지 않았음이 명백한(offensichtlich) 경우에는, 그 폐지(Aufhebung)를 청구할 수 없다."고 개정되어 그 폐지청구 배제사유가 더욱 넓어졌지요.[16]

이처럼 행정행위의 내용에 영향을 주지 않은 절차상의 하자만으로는 행정행위의 존속에 영향을 주지 않는다는 행정절차법 제46조는 그 한도 내에서 결국 절차규범의 준수를 요구할 수 있는 개인의 권리를 부인하는 것이 됩니다. 이처럼 국법이 행정기관에게는 권리와 권한을 부여하면서 국민에게는 주관적 권리에 의한 행동가능성(Aktionspotentiale) 결여를 이유로 행정부 및 사법부에 대하여 법률을 관철시킬 수 없도록 하고, 또 국가권위의 일방통행로(Einbahnstraße der Staatsautorität)를 설정하는 것은 법치국가원칙이나 행정의 법률적합성 원칙과 부합하지 않는다는 룹(Rupp)의 비판[17]이 다시금 음미될 필요가 있습니다.

어떤 형태로든 독일 행정절차법 제46조와 같은 명시적 규정이 결여되어 있는 우리의 법 상황에서 이 문제는 추상적으로 행정절차 일반에 대해서가 아니라 구체적 사례상황에서 행정청이 불이행한 행정절차의 종류와 관계법규정의 취지·성질에 따라 판단해야 할 문제입니다.

원칙적으로는 법률이 명문의 규정을 두어 일정한 행정절차를 거칠 것을 강제하는 경우(강행규정) 또는 법률에 명문의 규정은 없더라도 일정한 행정절차의 실시의무가 헌법상 기본권이나 적법절차의 요청으로부터 도출될 수 있는 경우 이를 거치지 않고서 행해진 행정처분은 적어도 위법한 처분으로서 취소될 수 있다고 보아야 할 것입니다.[18]

특히 행정절차법이 일정한 요건하에 행정절차를 실시하도록 규정하고 있는 경우, 가령 행정절차법 제22조에 따른 의견청취절차의 경우, 다른 법령 등에서 청문을

1978, 569ff.[577]; H.H. Rupp, Bemerkungen zum verfahrensfehlerhaften Verwaltungsakt, in: FS für O. Bachof, 1984, S.151ff.[153].

15 Ule, Verwaltungsreform als Verfassungsvollzug, in: Recht im Wandel, 1965, S.71; ders., Rechtsstaat und Verwaltung, 140; H. – W. Laubinger, Grundrechtsschutz durch Gestaltung des Verwaltungsverfahrens, VerwArch. Bd.73, 1982, S.60ff., 77f.

16 개정법에 따른 해석상 변화에 관하여는 Kopp/Ramsauer, Verwaltungsverfahrensgesetz, Kommentar, 9.Aufl., 2005, § 46 Rn.2.

17 H.H. Rupp, in: FS für Bachof, S.167.

18 학설상으로는 이러한 흠을 오히려 무효사유로 보아야 할 경우가 많을 것이라는 견해가 유력하다고 합니다(김도창, 상, 539).

실시하도록 규정하고 있는데도 그러한 청문을 이행하지 아니하고 처분을 하였다면 이는 해당 법령 및 행정절차법 제22조의 규정에 반하는 위법한 처분이라고 보아야 할 것입니다. 판례 역시 다음에 보는 바와 같이 그러한 입장에 서 있는 것으로 보이며, 특히 사전통지, 의견청취, 이유제시 절차 하자에 관한 한 확고한 입장이 아닌가 생각됩니다.[19]

> 「근본적으로, 비록 실체적 적법성을 갖춘 처분이라도 절차적 적법성이 결여되면 위법한 처분이 되고 만다. 실체적 적법성과 절차적 적법성은 법치주의의 두 기둥이므로, 행정행위를 함에 있어서 법이 규정한 절차를 지켜야만 비로소 법의 지배를 통하여 정의가 실현될 수 있기 때문이다. 특히 이 사건 처분과 같이 주식 전부를 강제로 무상소각하는 것을 내용으로 하는 등 처분의 실질적 상대방인 주주나 임원들의 권리의무에 중대한 영향을 미치는 경우에는 더욱 그러하다. 적법한 사전통지나 의견제출 절차를 거친다면 행정처분의 방향을 수정하는 등 실체적인 측면에도 영향을 미칠 가능성이 존재한다는 측면도 간과되어서는 안 된다. 특히 중요한 점은, 목적과 능률에 치중한 나머지 혹시라도 절차를 경시하는 일이 있어서는 아니 된다는 것이다. 이 사건과 관련하여 "실질적인 내용상의 흠과는 달리 절차나 형식상의 흠은 실체성과는 무관하므로 행정행위를 취소해서는 안 된다."거나 "청문 내지 의견제출 절차의 결여 등 절차나 형식상의 흠은 사후에 치유될 수 있고, 이 사건과 같이 사후의 재판절차를 통하여 절차나 형식상의 흠이 사실상 치유되었다면 행정처분이 유효하다고 보아야 한다."는 등의 주장이 존재한다. 그러나 만일 그렇다면, 행정기관으로서는 행정절차를 지킬 필요가 없어져서 행정절차법은 형해화되고 법치주의 원칙이 심각하게 훼손되고 만다. 왜냐하면, 취소 대상이 되지 않으므로 누구나 사전통지나 의견제출의 절차를 무시할 가능성이 있을 것이고, 취소 대상이 된다고 하더라도 이를 무시한 다음, 추후에 이를 지키지 않은 것이 문제가 되면 그 경우에 한하여 사후의 통지, 또는 그에 대한 재판절차에서의 의견 제출로써 얼마든지 빠져나갈 수가 있기 때문이다.」[20]

주민대표나 주민대표 추천에 의한 전문가의 참여 없이 이루어지는 등 입지선정위원회의 구성방법이나 절차가 위법한 경우에는 그 하자 있는 입지선정위원회의 의결에 터잡아 이루어진 폐기물처리시설입지결정처분도 위법하게 된다는 것이 판례의 입장입니다.[21]

또한 대법원은 행정청이 침해적 행정처분을 하면서 당사자에게 사전통지를 하거나 의견제출의 기회를 주지 아니하였다면 사전통지를 하지 않거나 의견제출의 기

---

19 이에 관해서는 오준근, "행정절차법 시행 이후의 행정절차 관련 행정판례의 동향에 관한 몇 가지 분석", 『행정판례연구』 VII, 81 이하를 참조.
20 서울행정법원 1999. 8. 31. 선고 99구23709, 99구23938, 99구24160(병합) 판결(부실금융기관결정등처분취소).
21 대법원 2003. 11. 14. 선고 2003두7118 판결(생활폐기물처리시설입지의결정·고시처분취소). 아울러 대법원 2002. 4. 26. 선고 2002두394 판결 등을 참조.

회를 주지 않아도 되는 예외사유에 해당하지 않는 한 처분은 위법하여 취소를 면할 수 없다고 판시해 오고 있습니다.

실례로, 행정청이 온천지구임을 간과하여 지하수개발·이용신고를 수리하였다가 행정절차법상 사전통지를 하거나 의견제출 기회를 주지 아니한 채 그 신고수리처분을 취소하고 원상복구명령의 처분을 한 경우, 행정지도방식에 의한 사전고지나 그에 따른 당사자의 자진 폐공의 약속 등의 사유만으로는 사전통지 등을 하지 않아도 되는 행정절차법 소정의 예외의 경우에 해당한다고 볼 수 없다는 이유에서 처분을 위법으로 판시하였고,[22] 행정절차법 제21조 제4항 제3호의 '의견청취가 현저히 곤란하거나 명백히 불필요하다고 인정될 만한 상당한 이유가 있는지 여부'는 당해 행정처분의 성질에 비추어 판단해야 하는 것이지, 청문통지서의 반송 여부, 청문통지의 방법 등에 의하여 판단할 것은 아니며, 또한 <u>행정처분의 상대방이 통지된 청문일시에 불출석하였다는 이유만으로 행정청이 관계 법령상 그 실시가 요구되는 청문을 실시하지 아니한 채 침해적 행정처분을 할 수는 없을 것이므로, 행정처분의 상대방에 대한 청문통지서가 반송되었다거나, 행정처분의 상대방이 청문일시에 불출석하였다는 이유로 청문을 실시하지 아니하고 한 침해적 행정처분은 위법하다</u>고 판시한 바 있습니다.[23]

반면 대법원은 "행정청이 처분절차에서 관계법령의 절차 규정을 위반하여 절차적 정당성이 상실된 경우에는 해당 처분은 위법하고 원칙적으로 취소하여야 한다."고 전제하면서도, "<u>다만 처분상대방이나 관계인의 의견진술권이나 방어권 행사에 실질적으로 지장이 초래되었다고 볼 수 없는 특별한 사정이 있는 경우에는, 절차 규정 위반으로 인하여 처분절차의 절차적 정당성이 상실되었다고 볼 수 없으므로 해당 처분을 취소할 것은 아니다</u>(대법원 2018. 3. 13. 선고 2016두33339 판결 등 참조)."라고 판시하여 절차 하자의 효과가 반드시 처분의 위법으로 귀결되는 것은 아니라는 입장을 표명한 바 있습니다.[24]

또한 대법원은 지방공무원 승진임용에 관해서는 인사위원회의 사전심의를 거치도록 규정하였을 뿐(제39조 제4항) 그 심의·의결 결과에 따라야 한다고 규정하지 않았고, 비록 「지방공무원 임용령」 제38조의5가 '임용권자는 특별한 사유가 없으면 소속 공무원의 승진임용을 위한 인사위원회의 사전심의 또는 승진의결 결과에 따라야 한다.'라고 규정하였으나, 모법의 구체적인 위임 없이 만들어진 규정이므로 이로써 임용권자의 인사재량을 배제한다고 볼 수 없을 뿐만 아니라, 그 문언 자체로도 특별한

---

22 대법원 2000. 11. 14. 선고 99두5870 판결(지하수개발이용수리취소및원상복구명령취소).
23 대법원 2001. 4. 13. 선고 2000두3337 판결(영업허가취소처분취소).
24 대법원 2021. 2. 4. 선고 2015추528 판결; 2021. 1. 28. 선고 2019두55392 판결.

사유가 있으면 임용권자가 인사위원회의 심의·의결 결과를 따르지 않을 수 있음을 전제로 하고 있으므로, 임용권자로 하여금 가급적 인사위원회의 심의·의결 결과를 존중하라는 취지로 이해하여야 한다면서, <u>임용권자가 인사위원회의 심의·의결 결과와는 다른 내용으로 승진대상자를 결정하여 승진임용을 한 것을 위법하다고 볼 수 없다</u>고 판시한 바 있습니다.25

> 대법원은 심지어 지방자치단체의 장이 승진후보자명부 방식에 의한 5급 공무원 승진임용 절차에서 인사위원회의 사전심의·의결 결과를 참고하여 승진후보자명부상 후보자들에 대하여 승진임용 여부를 심사·결정하지 아니 하고, <u>미리 승진후보자명부상 후보자들 중에서 승진대상자를 실질적으로 결정한 다음 그 내용을 인사위원회 간사, 서기 등을 통해 인사위원회 위원들에게 '승진대상자 추천'이라는 명목으로 제시하여 인사위원회로 하여금 자신이 특정한 후보자들을 승진대상자로 의결하도록 유도한 행위</u>에 대하여, 승진후보자명부에 포함된 후보자들 중에서 승진대상자를 결정할 최종적인 권한을 가진 임용권자로서 인사위원회의 심의·의결 결과와는 다른 내용으로 승진대상자를 결정하여 승진임용을 하는 것이 허용되는 이상, <u>임용권자가 미리 의견을 조율하는 차원에서 승진대상자 선정에 관한 자신의 의견을 인사위원회에 제시하는 것이 위법하다고 볼 수는 없다</u>고 판시한 바 있습니다. <u>인사위원회 사전심의 제도의 취지에 부합하지 않다는 점에서 바람직하지 않다고 볼 수 있지만, 그것만으로는 직권남용권리행사방해죄의 구성요건인 '직권의 남용' 및 '의무 없는 일을 하게 한 경우'로 볼 수 없다</u>고 본 것입니다.26

개발사업에 대한 승인처분 이전 단계에서 거쳐야 하는 환경영향평가에 관한 판례에 대해서도 되씹어 볼 부분이 있습니다. 대법원은 다음에 보는 바와 같이 환경영향평가를 거쳐야 함에도 이를 거치지 않은 대상사업 승인은 당연무효라는 확고한 입장을 취해 왔습니다.

> 환경영향평가를 거쳐야 할 대상사업에 대하여 환경영향평가를 거치지 아니하였음에도 불구하고 승인 등 처분이 이루어진다면, 사전에 환경영향평가를 함에 있어 평가대상지역 주민들의 의견을 수렴하고 그 결과를 토대로 하여 환경부장관과의 협의내용을 사업계획에 미리 반영시키는 것 자체가 원천적으로 봉쇄되는바, 이렇게 되면 환경파괴를 미연에 방지하고 쾌적한 환경을 유지·조성하기 위하여 환경영향평가제도를 둔 입법 취지를 달성할 수 없게 되는 결과를 초래할 뿐만 아니라 환경영향평가대상지역 안의 주민들의 직접적이고 개별적인 이익을 근본적으로 침해하게 되므로, 이러한 행정처분의 하자는 법규의 중요한 부분을 위반한 중대한 것이고 객관적으로도 명백한 것이라고 하지 않을 수 없어 당연무효이다.27

---

25 대법원 2022. 2. 11. 선고 2021도13197 판결. 또한 대법원 2020. 12. 10. 선고 2019도17879 판결, 교장임용제청의 구속력을 부인한 대법원 2018. 3. 27. 선고 2015두47492 판결(교장임용거부처분무효확인의소)을 참조.

26 대법원 2020. 12. 10. 선고 2019도17879 판결.

27 대법원 2006. 6. 30. 선고 2005두14363 판결(국방군사시설사업실시계획승인처분무효확인).

반면 같은 사건에서 대법원은 "보전임지의 전용에 관하여 사전에 산림청장과 협의를 거치지 아니한 절차상의 하자에 대해서는 비록 협의를 거치지 아니하였다고 하더라도 이는 당해 승인처분을 취소할 수 있는 원인이 되는 하자 정도에 불과하고 그 승인처분이 당연무효가 되는 하자에 해당하는 것은 아니라고 봄이 상당하다."고 판시하여 사전협의 절차의 불이행이 승인처분의 당연무효를 가져오는 것은 아니라고 판시합니다(대법원 2000. 10. 13. 선고 99두653 판결 등 참조).

또한 환경영향평가를 거치기는 했지만 그 내용이 부실한 경우에는 다음에 보는 바와 같이 그 부실의 정도가 환경영향평가제도를 둔 입법 취지를 달성할 수 없을 정도이어서 환경영향평가를 하지 아니한 것과 다를 바 없는 정도의 것이라고 볼 특별한 사정이 없는 한 그 부실로 인하여 당연히 당해 승인 등 처분이 위법하게 되는 것이 아니라고 합니다.

> "구 환경영향평가법(1997. 3. 7. 법률 제5302호로 개정 전의 것) 제4조에서 환경영향평가를 실시하여야 할 사업을 정하고, 그 제16조 내지 제19조에서 대상사업에 대하여 반드시 환경영향평가를 거치도록 한 취지 등에 비추어 보면, 같은 법에서 정한 환경영향평가를 거쳐야 할 대상사업에 대하여 그러한 환경영향평가를 거치지 아니하였음에도 승인 등 처분을 하였다면 그 처분은 위법하다 할 것이나, 그러한 절차를 거쳤다면, 비록 그 환경영향평가의 내용이 다소 부실하다 하더라도, 그 부실의 정도가 환경영향평가제도를 둔 입법 취지를 달성할 수 없을 정도이어서 환경영향평가를 하지 아니한 것과 다를 바 없는 정도의 것이 아닌 이상 그 부실은 당해 승인 등 처분에 재량권 일탈·남용의 위법이 있는지 여부를 판단하는 하나의 요소로 됨에 그칠 뿐, 그 부실로 인하여 당연히 당해 승인 등 처분이 위법하게 되는 것이 아니다."[28]

결과적으로 환경영향평가를 아예 거치지 않거나 그에 준하는 경우가 아니라면 그 하자의 법적 효과는 매우 제한되는 셈이지요. 판례의 태도가 비판의 여지를 남기는 이유입니다.[29]

3. 취소사유인지 아니면 무효사유인지 여부

절차하자를 처분의 위법사유로 보는 경우에도 이를 취소사유로 볼 것인지 아니

---

28 대법원 2001. 6. 29. 선고 99두9902 판결(경부고속철도서울차량기지정비창건설사업실시계획 승인처분취소).
29 이에 대하여 상세한 것은 홍준형, "환경영향평가에 대한 행정소송의 법적 쟁점", 『행정법연구』(2010) 제28호, 행정법이론실무학회, 2010 하반기를 참조.

면 무효사유로 볼 것인지 견해가 갈립니다. 통설은, 명문의 규정이 없는 한, 중대명백설에 따라 판단할 문제라고 봅니다. 즉 문제된 절차의 흠이 중대하고 동시에 명백한 때에는 무효이고 그렇지 않을 경우에는 취소사유에 불과하다는 것입니다. 판례는 대체로 중대명백설에 입각하여 판단하는 것으로 보입니다.[30] 이미 앞에서 보았듯이 환경영향평가를 거쳐야 함에도 거치지 않은 대상사업 승인은 당연무효라는 것이 판례의 확고한 입장입니다. 그 밖에 다음과 같은 사례에서도 절차하자가 당연무효사유로 인정되고 있습니다.

> "구「폐기물처리시설 설치촉진 및 주변지역 지원 등에 관한 법률」에 정한 입지선정위원회가 그 구성방법 및 절차에 관한 같은 법 시행령의 규정에 위배하여 군수와 주민대표가 선정·추천한 전문가를 포함시키지 않은 채 임의로 구성되어 의결을 한 경우, 그에 터 잡아 이루어진 폐기물처리시설 입지결정처분의 하자는 중대한 것이고 객관적으로도 명백하므로 무효사유에 해당한다."[31]

> "과세예고 통지 후 과세전적부심사 청구나 그에 대한 결정이 있기도 전에 과세처분을 하는 것은 원칙적으로 과세전적부심사 이후에 이루어져야 하는 과세처분을 그보다 앞서 함으로써 과세전적부심사 제도 자체를 형해화시킬 뿐만 아니라 과세전적부심사 결정과 과세처분 사이의 관계 및 그 불복절차를 불분명하게 할 우려가 있으므로, 그와 같은 과세처분은 납세자의 절차적 권리를 침해하는 것으로서 그 절차상 하자가 중대하고도 명백하여 무효라고 할 것이다."[32]

II. 절차하자의 치유 문제

하자의 치유에 관해서는 이미 앞에서 다뤘지만, 여기서는 절차 하자의 치유가 문제입니다. 처분에 절차상 하자가 있지만 행정청이 나중에 이를 보완하면 그 흠이 치유되었다고 볼 수 있을까요? 이 문제는 판례상 무효인 처분의 경우 하자 치유가 인정되지 않으므로 절차하자가 취소사유인 경우에만 제기됩니다. 절차 하자의 치유를 허용할지에 관해 학설이 대립합니다.

---

30 김철용, 행정법 I, 421은 절차의 흠이 위법한 경우 대체로 취소원인으로 보는 것 같다고 하면서 '행정청이 침해적 행정처분을 함에 즈음하여 청문을 실시하지 않아도 되는 예외적인 경우에 해당하지 않는 한 반드시 청문을 실시해야 하고, 그 절차를 결여한 처분은 위법한 처분으로서 취소 사유에 해당합니다.'고 판시한 대법원 2001. 4. 13. 선고 2000두3337 판결을 듭니다.

31 대법원 2007. 4. 12. 선고 2006두20150 판결(폐기물처리시설설치승인처분무효확인등).

32 대법원 2016. 12. 27. 선고 2016두49228 판결(배당소득세등부과처분취소).

먼저, 긍정설로는 행정심판은 물론 행정소송 단계에서도 허용된다고 보는 입장과 실체상 흠과 달리 절차상 흠의 치유는 허용된다고 보면서 절차의 중요성 여하에 따라 치유의 허용 여부를 차별화하려는 입장이 있습니다. 반면 절차하자의 치유를 인정하면 행정절차제도의 취지에 반하여, 절차 및 형식의 하자에 한하여 하자의 사후보완(Nachholung)에 의한 치유(Heilung)를 전심절차 종료시까지 인정하는 독일 행정절차법(§ 45) 같은 조항이 없는 이상, 그와 같은 결과를 원용할 수는 없으며, 하자의 사후보완을 무작정 인정할 경우 악용될 소지가 있다는 이유에서 원칙적으로 절차하자의 치유는 허용되지 않는다는 견해가 있습니다.[33]

과거 행정절차법 시행 이전에는 절차의 흠은 사후보완으로 치유된다고 보는 견해가 지배적이었고 판례 역시 같은 입장을 취한 것이 많았습니다. 그러나 적어도 행정절차법이 시행된 이후에는 법령에 특별한 규정이 없는 한, 절차하자라고 해서 그 사후보완에 의한 치유를 무분별하게 인정하는 것은 곤란하지 않을까 생각합니다. 물론 절차하자의 치유가능성을 범주적으로 부정하는 것도 현실적이지 않지만, 모처럼 행정절차법이 그 절차적 규율을 정착시켜 가는 상황에서 독일과 같은 명문의 규정도 없이 하자치유를 허용하는 것도 온당치 못합니다. 요컨대 절차하자의 치유 역시 법치주의 관점에서 법익형량을 통해 제한적으로만 허용된다고 보아야 할 것이고, 특히 하자치유가 허용된다고 볼 경우에도 그 추완행위는 해당 처분에 대한 불복 여부의 결정 및 불복신청에 편의를 줄 수 있는 상당한 기간 내에, 늦어도 해당 처분에 대한 행정심판 또는 소 제기 이전에 해야 한다고 보아야 할 것입니다.

---

33 석호철, "청문절차에 관한 제반 판례의 검토", 『특별법연구』 제5권, 특별소송실무연구회, 106; 김철용, 행정법 I, 제13판, 2010, 423-424.

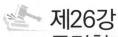

제26강
투명한 행정을 향한 길: 정보공개

Ⅰ. 지능정보사회와 정보공개법

　　현대사회에 있어 정보는 권력과 자본의 결정요인입니다. 「정보화사회」 또는 「정보사회」[1]의 진전은 구조적 불평등을 심화·증폭시킵니다. 정보의 독점, 정보의 유통·접근에서의 불평등, 정보의 지배와 개인의 정보통제권 상실 또는 정보유통으로부터의 소외, 이러한 기술들은 바로 이러한 현대정보사회가 목도하고 있는 사회문제의 핵심을 단적으로 표상해 주고 있습니다. 새삼 강조할 필요도 없이 소수에 의한 정보의 독점은 경제적 독점과 불평등을 확대재생산할 뿐만 아니라 사회의 민주화를 위한 그동안의 모든 노력을 수포로 돌아가게 할 것입니다. 이러한 현상은 전례없는 속도와 양상으로 진행되어 온 '정보사회', 여기서 한 걸음 더 나아간 '지능정보사회'에서 더욱 두드러지게 나타납니다. 이러한 견지에서 「정보사회」의 대두와 이에 대한 공법적 대응의 요청이 제기되는 것은 당연한 결과입니다.[2] 그러한 공법적 대응의 주된

1　「정보화사회」는 일반적으로 「기존의 언론매체의 확대에 추가하여 컴퓨터를 중심으로 한 정보처리 및 통신기술의 비약적인 진보에 따라 데이타(Data)의 이용가치가 높아지고, 사회에 유통하는 데이타가 거대한 분량에 이르게 됨에 따라 일련의 사회구조의 변혁을 일으키는 상황」이라고 파악되고 있습니다(김철수, 정보화사회와 기본권보호, 정보화사회의 공법적 대응, 한국공법학회, 1989, 5면; 김남진, 정보화사회와 행정법체계의 재구성, 월간고시 1991/8, 83; 석종현, 월간고시, 1991/12, 67.

2　우리 나라에서는 일찍이 1989년 한국공법학회가 주최한 국제학술대회 "정보화사회의 공법적 대응"과 1992년 2월 20일의 제25회 학술발표회 등을 통하여 이 문제가 다루어졌습니다. 특히 여론의 각별한 주목을 받았던 청주시의회의 정보공개조례와 이를 둘러싼 소송에 대한 대

문제영역 중 하나가 바로 정보공개 문제입니다.

　　예상을 초월하여 급속한 발전을 이룬 현대정보통신기술이 최근 몇 십년간 — 특히 그 저장용량의 폭발적 증대, 데이터 처리속도의 단축 및 정보통신의 발전으로 인하여 — 국가행정의 위험방지, 계획 및 기타의 급부행정의 가능성을 현저하게 개선시킨 것은 부인할 수 없는 사실입니다.3 그러나 정보 및 정보기술의 중요성 그리고 이와 결부된 새로운 위험의 잠재요인이 커지면 커질수록 그만큼 정보에 관한 개인의 보호청구권(Schutzansprüche)의 보장도 더욱더 불가결한 것이 됩니다. 그리하여 지능정보사회의 위력적인 영향력, 그리고 전자정보시스템에 저장되어 기술적으로 얼마든지 가능하게 된 컴퓨터매칭 등을 통한 데이터남용의 우려로부터 배태된 적극적 대결의지가 결국 정보공개에 관한 법형성을 촉진시키지 않을 수 없습니다.

　　행정정보의 공개는 연혁상 행정처분의 상대방이나 이해관계인이 행정절차에서 권익보호에 필요한 행정정보를 얻을 수 있도록 접근을 보장하는 사전 행정절차의 일환으로 문제 되었습니다. 그 점에서 행정정보 공개제도는 행정절차의 일부분이기도 합니다.4 그리하여 정보공개를 넓은 의미에서 행정과정의 구성요소로 보아 행정절차법의 일부로 다루는 입장도 있으나, 이를 완결된 독립적 법제도로 파악하려는 경향이 지배적입니다.5 즉 행정정보공개제도는 행정절차와 밀접한 관련을 맺으면서도 그 자체 독자적인 제도이기 때문에 이를 행정절차법 수준에 국한된 문제로 볼 수는 없습니다. 행정정보의 공개는 행정절차의 일환으로서 또는 그와 별도로 독자적 의미를 지니는 정보접근의 절차적 보장으로서, 행정과정에 대한 주민참여·민주적 통제의 기틀이 되고 국민의 「알 권리」에서 나오는 정보공개청구권을 실현하는 문제입니다.

　　법원의 판결(대법원 1992. 6. 23. 선고 92추17 판결)은 이러한 일련의 과정에 있어 하나의 분수령을 이루는 사건이었습니다.

3　Sieber, Informationsrecht und Recht der Informationstechnik, NJW 1989, 2569ff.[2570].

4　실제로 가장 모범적인 정보공개의 제도화를 실현한 미국의 경우, 연방헌법 수정 제1조에서 출판의 자유를 보장함을 근거로, 1946년에 연방행정절차법(Administrative Proceduere Act)이 공공정보(Public Information)에 관한 제3조를 두고 있었으나 1966년 이를 수정·확대한 정보자유법(Freedom of Information Act: FOIA)이 수차의 개정을 겪으며 발전하였다는 것은 주지의 사실입니다.

5　구병삭, 1989, 정보공개법제정의 방향과 과제, 『공법연구』 제17집, 21-23.

II. 정보공개법에 따른 정보공개

1. 정보공개의무를 지는 공공기관

이 법의 적용범위와 관련하여 어디까지를 "공공기관"으로 볼 것인지가 문제됩니다. 법 제2조 제3호에 따르면 "공공기관"이란 다음과 같은 기관을 말합니다.

> 가. 국가기관
>   1) 국회, 법원, 헌법재판소, 중앙선거관리위원회
>   2) 중앙행정기관(대통령 소속기관과 국무총리 소속기관을 포함한다) 및 그 소속기관
>   3) 「행정기관 소속 위원회의 설치·운영에 관한 법률」에 따른 위원회
> 나. 지방자치단체
> 다. 「공공기관의 운영에 관한 법률」 제2조에 따른 공공기관
> 라. 「지방공기업법」에 따른 지방공사 및 지방공단
> 마. 그 밖에 대통령령으로 정하는 기관

정보공개법 시행령 제2조에 따르면 법 제2조 제3호 마목에서 "대통령령으로 정하는 기관"이라 함은 다음 어느 하나를 말하는 것으로 규정되어 있습니다.

> 1. 「유아교육법」, 「초·중등교육법」, 「고등교육법」에 따른 각급 학교 또는 그 밖의 다른 법률에 따라 설치된 학교
> 2. 삭제
> 3. 「지방자치단체 출자·출연 기관의 운영에 관한 법률」 제2조 제1항에 따른 출자기관 및 출연 기관
> 4. 특별법에 따라 설립된 특수법인
> 5. 「사회복지사업법」 제42조 제1항에 따라 국가나 지방자치단체로부터 보조금을 받는 사회복지법인과 사회복지사업을 하는 비영리법인
> 6. 제5호 외에 「보조금 관리에 관한 법률」 제9조 또는 「지방재정법」 제17조 제1항 각호 외의 부분 단서에 따라 국가나 지방자치단체로부터 연간 5천만원 이상의 보조금을 받는 기관 또는 단체. 다만, 정보공개 대상 정보는 해당 연도에 보조를 받은 사업으로 한정한다.

한편, 대법원은 정보공개법시행령에서 사립대학교를 정보공개의무 있는 공공기관의 하나로 지정한 것은 모법의 위임범위를 벗어나지 않은 것으로 적법하다고 판시한 바 있습니다.[6] 또한 방송법이라는 특별법에 따라 설립 운영되는 한국방송공사(KBS)는 공공기관의 정보공개에 관한 법률 시행령 제2조 제4호의 '특별법에 의하여

---

6 대법원 2006. 8. 24. 선고 2004두2783 판결(정보공개거부처분취소).

설립된 특수법인'으로서 정보공개의무가 있는 공공기관의 정보공개에 관한 법률 제2조 제3호의 '공공기관'에 해당한다고 판시한 바 있습니다.7

2. 행정정보의 공개

2.1. 정보공개청구권자

정보공개를 청구할 수 있는 자는 '모든 국민'입니다(§ 5 ①). 이처럼 모든 국민에게 정보공개청구권을 보장했다는 데 정보공개법 제정의 의의가 있습니다. '모든 국민'에는 대한민국 국적을 지닌 모든 자가 포함되며, 비단 자연인뿐만 아니라 공·사법인, 그리고 법인격이 없더라도 대한민국 국민으로 구성된 모든 종류의 단체(조합, 협회 등)가 포함되는 것으로 해석됩니다. 권리나 법률상 이익 기타 이해관계의 유무를 불문합니다. 다만 외국인에 대해서는 별도로 대통령령으로 정하도록 위임되어 있습니다(§ 5 ②).8 한편 지방자치단체는 '모든 국민'에 해당하지 아니 한다는 하급심 판례가 있습니다.

> 알권리는 기본적으로 정신적 자유 영역인 표현의 자유 내지는 인간의 존엄성, 행복추구권 등에서 도출된 권리인 점, 정보공개청구제도는 국민이 국가·지방자치단체 등이 보유한 정보에 접근하여 그 정보의 공개를 청구할 수 있는 권리로서 이로 인하여 국정에 대한 국민의 참여를 보장하기 위한 제도인 점, 지방자치단체에게 이러한 정보공개청구권이 인정되지 아니한다고 하더라도 헌법상 보장되는 행정자치권 등이 침해된다고 보기는 어려운 점, 오히려 지방자치단체는 공권력기관으로서 이러한 국민의 알권리를 보호할 위치에 있다고 보아야 하는 점 등에 비추어 보면, 지방자치단체에게는 알권리로서의 정보공개청구권이 인정된다고 보기는 어렵고, 나아가 공공기관의 정보공개에 관한 법률 제4조, 제5조, 제6조의 각 규정의 취지를 종합하면, 공공기관의 정보공개에 관한 법률은 국민을 정보공개청구권자로, 지방자치단체를 국민에 대응하는 정보공개의무자로 상정하고 있다고 할 것이므로, 지방자치단체는 공공기관의 정보공개에 관한 법률 제5조에서 정한 정보공개청구권자인 '국민'에 해당되지 아니한다.9

---

7 대법원 2010. 12. 23. 선고 2008두13101 판결.
8 외국인의 정보공개청구권에 관한 입법례에 대해서는 김석준/강경근/홍준형, 열린 사회, 열린 정보, 1993, 비봉출판사, 112-113을 참조.
9 서울행정법원 2005. 10. 12. 선고 2005구합10484 판결(확정 정보비공개결정처분취소).

2.2. 비공개대상정보

(1) 비공개사유

정보공개법은 제9조 제1항에서 비공개대상정보를 8가지로 열거하여 정보공개의 대상에서 제외하고 있습니다. 공공기관은 비공개대상으로 열거된 정보에 대해서는 이를 공개하지 아니할 수 있습니다(§ 9 ①). 공공기관이 법적으로 허용되는 범위 안에서 그런 정보를 공개하는 것은 무방하다고 해석됩니다. 공공기관은 제1항 어느 하나에 해당하는 정보가 기간의 경과 등으로 인하여 비공개의 필요성이 없어진 경우에는 그 정보를 공개대상으로 해야 합니다(§ 9 ②).

여기서 "공공기관은 다음 각호의 어느 하나에 해당하는 정보에 대하여는 이를 공개하지 아니할 수 있다."고 규정한 정보공개법 제9조 제1항을 공공기관에게 공개 거부 여부에 대한 재량을 수권한 것으로 해석할 수 있느냐, 다시 말해 그러한 비공개대상정보를 공개하지 아니할 수도 있으나 공개할 수도 있다는 의미로 해석할 수 있느냐 하는 것이 문제가 됩니다. 이 역시 같은 조항이 '공개하지 아니할 수 있다'는 가능규정을 두었기 때문에 생기는 문제입니다.

정보공개법의 취지를 최대한 실현하기 위하여 그 문언상 표현을 근거로 정보공개법 제9조 제1항에 열거된 유형에 해당하는 정보도 공공기관의 재량에 의하여 공개할 수 있다는 해석도 가능하다고 할 수도 있겠지만,10 정보공개법 제9조 제1항 각호에서 규정한 비공개대상정보들은 그 내용 면에서는 대부분이 공개금지대상으로 해야 마땅한 정보들입니다. 만일 어떤 정보가 정보공개법 제9조 제1항 제2호가 비공개사유로 규정한 "공개될 경우 국가안전보장·국방·통일·외교관계등 국가의 중대한 이익을 해할 우려가 있다고 인정되는 정보"에 해당한다면, '이를 공개하지 아니할 수 있다'고 규정한 동 제1항 본문 문언에도 불구하고, 그 성질상 공개할 수 없도록 해야 할 것입니다. 그런 뜻에서 정보공개법 취지에 비추어, 이들 비공개사유는 공개금지의 의미로 해석하는 것이 옳을 것입니다.11 그 한도 내에서 비공개사유 조항은 이들 중요정보를 공개로부터 보호하기 위한 정보보호법의 의미를 가질 수도 있습니다.

---

10 박균성, 행정법론(상), 제5판, 507.
11 경건, "행정정보의 공개", 행정작용법(김동희교수정년퇴임기념논문집), 2005, 900.

물론 정보공개법상 이들 비공개사유를 공개금지의 의미로 해석한다고 해서 반드시 그 정보들이 공개로부터 보호되는 것은 아닙니다. 정보공개법은 비공개대상 정보의 공개에 대한 제재장치를 마련해 두고 있지 않기 때문입니다. 그러한 정보의 비공개는 오히려 각각의 정보에 관하여 이를 비밀 또는 비공개로 하는 각각의 관련법령에 따라 비로소 확보될 수 있을 뿐입니다.

다만, 비공개대상 정보를 무단으로 공개한 경우 관계법령에 처벌 등에 대한 근거규정이 없는 경우에도 공무원법상의 수비의무위반으로 징계를 받거나 형법상 공무상 비밀누설죄로 처벌을 받을 수 있는데, 그러한 경우 '이를 공개하지 아니할 수 있다'고 규정한 정보공개법 제7조 제1항 본문의 규정을 정당화사유 또는 위법성조각사유로 원용할 수 없도록 해석하는 것이 정보공개법의 입법취지에 부합된다고 생각합니다. 그런 이유에서 '공개하지 아니할 수 있다'는 가능규정에도 불구하고 비공개사유의 내용에 따라서는 이를 공개금지의 의미로 해석해야 할 경우가 있을 수 있다는 것입니다.

이와 관련, 지방자치단체의 도시공원위원회의 회의관련자료 및 회의록을 공개시기 등에 관한 아무런 제한 규정 없이 공개해야 한다는 취지의 지방자치단체의 조례안이 구 정보공개법 제7조 제1항 제5호에 위반된다고 본 판례가 있습니다.

> "지방자치단체의 도시공원에 관한 조례에서 규정된 도시공원위원회의 심의사항에 관하여 위 위원회의 심의를 거친 후 시장이나 구청장이 위 사항들에 대한 결정을 대외적으로 공표하기 전에 위 위원회의 회의관련자료 및 회의록이 공개된다면 업무의 공정한 수행에 현저한 지장을 초래한다고 할 것이므로, 위 위원회의 심의 후 그 심의사항들에 대한 <u>시장 등의 결정의 대외적 공표행위가 있기 전까지는 위 위원회의 회의관련자료 및 회의록은 공공기관의정보공개에관한법률 제7조 제1항 제5호에서 규정하는 비공개대상정보에 해당한다</u>고 할 것이고, 다만 시장 등의 결정의 대외적 공표행위가 있은 후에는 이를 의사결정과정이나 내부검토과정에 있는 사항이라고 할 수 없고 위 위원회의 회의관련자료 및 회의록을 공개하더라도 업무의 공정한 수행에 지장을 초래할 염려가 없으므로, <u>시장 등의 결정의 대외적 공표행위가 있은 후에는</u> 위 위원회의 회의관련자료 및 회의록은 같은 법 제7조 제2항에 의하여 공개대상이 된다고 할 것인바, <u>지방자치단체의 도시공원에 관한 조례안에서 공개시기 등에 관한 아무런 제한 규정 없이 위 위원회의 회의관련자료 및 회의록은 공개하여야 한다고 규정하였다면 이는 같은 법 제7조 제1항 제5호에 위반된다</u>고 할 것이다."[12]

같은 조 제2항은 "공공기관은 제1항 각호의 1에 해당하는 정보가 기간의 경과 등으로 인하여 비공개의 필요성이 없어진 경우에는 해당 정보를 공개대상으로 하여야 한다."고 규정하고 있는데, 여기서 '비공개의 필요성'이라 한 것은 표현상 강도는

12 　대법원 2000. 5. 30. 선고 99추85 판결(공원조례중개정조례안무효).

떨어지지만, 제1항 각호에 열거된 정보는 이를 비공개, 즉 공개금지 대상으로 한다는 것을 전제한 것이라고 볼 수 있습니다. 같은 항 제7호는 "법인·단체 또는 개인의 경영·영업상 비밀에 관한 사항으로서 공개될 경우 법인등의 정당한 이익을 현저히 해할 우려가 있다고 인정되는 정보"를 비공개대상으로 하고 있는데, 이 경우 역시 같은 호 단서에서 예외적 공개대상으로 한 "사업활동에 의하여 발생하는 위해로부터 사람의 생명·신체 또는 건강을 보호하기 위하여 공개할 필요가 있는 정보"나 "위법·부당한 사업활동으로부터 국민의 재산 또는 생활을 보호하기 위하여 공개할 필요가 있는 정보"에 해당하는 정보 외에는 공개가 허용되지 않는다고 해석해야 할 것입니다. 그럼에도 불구하고 가령 행정절차법에 따른 청문절차에서 당사자등이 그러한 정보의 열람·복사를 요구하고 행정청이 이를 공개하려 하는 경우에는 제3자에 대한 통지 및 의견청취에 관한 정보공개법 제11조 제3항, 제3자의 이의신청에 관한 제21조 제1항의 규정이 적용되며, 만일 행정청이 해당 정보를 공개한 경우에는 제21조 제2항의 규정에 따라 행정심판 및 행정소송을 통해 공개결정의 집행정지, 취소 등을 구하거나 국가배상법에 따른 손해배상을 청구할 수 있을 것입니다.

(2) 비공개사유의 내용

① 다른 법령에 따른 비밀·비공개정보

법은 다른 법률 또는 법률에서 위임한 명령(국회규칙·대법원규칙·헌법재판소규칙·중앙선거관리위원회규칙·대통령령 및 조례로 한정합니다)에 따라 비밀이나 비공개사항으로 규정된 정보를 제1차적 비공개정보로 명시하고 있습니다(법 제9조 제1항 제1호).

> **공개금지 법령의 의미와 교육공무원승진규정**
>
> [1] 공공기관의 정보공개에 관한 법률 제9조 제1항 제1호에서 '법률이 위임한 명령'에 의하여 비밀 또는 비공개 사항으로 규정된 정보는 공개하지 아니할 수 있다고 할 때의 '법률이 위임한 명령'은 정보의 공개에 관하여 법률의 구체적인 위임 아래 제정된 법규명령(위임명령)을 의미한다.
> [2] 교육공무원법 제13조, 제14조의 위임에 따라 제정된 교육공무원승진규정은 정보공개에 관한 사항에 관하여 구체적인 법률의 위임에 따라 제정된 명령이라고 할 수 없고, 따라서 교육공무원승진규정 제26조에서 근무성적평정의 결과를 공개하지 아니한다고 규정하고 있다고 하더라도 위 교육공무원승진규정은 공공기관의 정보공개에 관한 법률 제9조 제1항 제1호에서 말하는 법률이 위임한 명령에 해당하지 아니하므로 위 규정을 근거로 정보공개청구를 거부하는 것은 잘못이다.13

---

13 대법원 2006. 10. 26. 선고 2006두11910 판결(정보비공개결정취소).

검찰보존사무규칙과 형사소송법 제47조의 공개금지법령 해당 여부

[1] 검찰보존사무규칙이 검찰청법 제11조에 기하여 제정된 법무부령이기는 하지만, 그 사실만으로 같은 규칙 내의 모든 규정이 법규적 효력을 가지는 것은 아니다. 기록의 열람·등사의 제한을 정하고 있는 같은 규칙 제22조는 <u>법률상의 위임근거가 없어 행정기관 내부의 사무처리준칙으로서 행정규칙에 불과하므로</u>, 위 규칙상의 열람·등사의 제한을 공공기관의 정보공개에 관한 법률 제9조 제1항 제1호의 '다른 법률 또는 법률에 의한 명령에 의하여 비공개사항으로 규정된 경우'에 해당한다고 볼 수 없다.

[2] <u>"소송에 관한 서류는 공판의 개정 전에는 공익상 필요 기타 상당한 이유가 없으면 공개하지 못한다."</u>고 정하고 있는 형사소송법 제47조의 취지는, 일반에게 공표되는 것을 금지하여 소송관계인의 명예를 훼손하거나 공서양속을 해하거나 재판에 대한 부당한 영향을 야기하는 것을 방지하려는 취지이지, 당해 사건의 고소인에게 그 고소에 따른 공소제기내용을 알려주는 것을 금지하려는 취지는 아니므로, 이와 같은 형사소송법 제47조의 공개금지를 공공기관의 정보공개에 관한 법률 제9조 제1항 제1호의 '다른 법률 또는 법률에 의한 명령에 의하여 비공개사항으로 규정된 경우'에 해당한다고 볼 수 없다.[14]

② 중대한 국가이익관련정보

법은 공개될 경우 국가안전보장·국방·통일·외교관계등 국가의 중대한 이익을 해할 우려가 있다고 인정되는 정보를 공개대상에서 제외하고 있습니다(법 제9조 제1항 제2호).

보안관찰 관련 통계자료의 정보공개법 제9조 소정의 비공개대상정보 해당 여부

[다수의견] 보안관찰처분을 규정한 보안관찰법에 대하여 헌법재판소도 이미 그 합헌성을 인정한 바 있고, <u>보안관찰법 소정의 보안관찰 관련 통계자료는</u> 우리나라 53개 지방검찰청 및 지청관할 지역에서 매월 보고된 보안관찰처분에 관한 각종 자료로서, 보안관찰처분대상자 또는 피보안관찰자들의 매월별 규모, 그 처분시기, 지역별 분포에 대한 전국적 현황과 추이를 한눈에 파악할 수 있는 구체적이고 광범위한 자료에 해당하므로 '통계자료'라고 하여도 그 함의(함의)를 통하여 나타내는 의미가 있음이 분명하여 가치중립적일 수는 없고, 그 통계자료의 분석에 의하여 대남공작활동이 유리한 지역으로 보안관찰처분대상자가 많은 지역을 선택하는 등으로 위 정보가 북한정보기관에 의한 간첩의 파견, 포섭, 선전선동을 위한 교두보의 확보 등 북한의 대남전략에 있어 매우 유용한 자료로 악용될 우려가 없다고 할 수 없으므로, 위 정보는 공공기관의정보공개에관한법률 제7조 제1항 제2호 <u>소정의 공개될 경우 국가안전보장·국방·통일·외교관계 등 국가의 중대한 이익을 해할 우려가 있는 정보</u>, 또는 제3호 소정의 공개될 경우 국민의 생명·신체 및 재산의 보호 기타 공공의 안전과 이익을 현저히 해할 우려가 있다고 인정되는 정보에 해당한다.

[반대의견] 보안관찰법 소정의 보안관찰 관련 통계자료 자체로는 보안관찰처분대상자나 피보안관찰자의 신상명세나 주거지, 처벌범죄, 보안관찰법의 위반내용 등 구체적 사항을 파악하기 어려운 자료이므로, 위 정보를 악용하려 한다고 하더라도 한계가 있을 수밖에 없으며, 국민의 기본권인 알권리를 제한할 정도에 이르지 못하고, 간첩죄·국가보안법위반죄 등 보안관찰 해당범죄에 관한

---

14 대법원 2006. 5. 25. 선고 2006두3049 판결(사건기록등사불허가처분취소).

사법통계자료를 공개하는 뜻은 사법제도의 경우 그것이 공정·투명하게 운영되고 공개될수록 그 제도에 대한 국민의 신뢰가 쌓이고, 국민의 인권 신장에 기여한다는 데 있는 것이고, 보안관찰법은 남·북한이 대치하고 있는 현상황에서 우리의 자유민주적 기본질서를 유지·보장하기 위하여 필요한 제도로서 합헌성이 확인된 제도이므로, 북한이나 그 동조세력이 위 정보를 토대로 국내의 인권상황을 악의적으로 선전하면서 보안관찰법의 폐지를 주장한다 하더라도 보안관찰법에 의한 보안관찰제도가 헌법상 제 기본권 규정에 위반하지 않는 한, 보안관찰법의 집행 자체를 인권탄압으로 볼 수는 없으며, 오히려 위 정보를 투명하게 공개하지 않음으로써 불필요한 오해와 소모적 논쟁, 이로 인한 사회불안의 야기와 우리나라의 국제적 위상의 저하 등의 문제가 발생할 소지를 배제할 수 없는 이상, 위 정보의 투명한 공개를 통한 보안관찰제도의 민주적 통제야말로 법집행의 투명성과 공정성을 확보함과 동시에 공공의 안전과 이익에 도움이 되고, 인권국가로서의 우리나라의 국제적 위상을 제고하는 측면도 있음을 가벼이 여겨서는 안 될 것이라는 등의 이유로, 위 정보는 공공기관의정보공개에관한법률 제7조 제1항 제2호 또는 제3호 소정의 비공개대상정보에 해당하지 아니한다.15

그러나 위 다수의견은 국가이익관련 비공개대상정보의 범위를 너무 넓게 설정하였고 또 그 기준이 지나치게 불명확·모호하다는 점에서 비판의 여지가 있습니다. 제2호의 국가안전보장·국방·통일·외교관계에 관한 정보만 해도 범위가 매우 광범위한데 거기다가 다시 '~등 국가의 중대한 이익을 해할 우려가 있다고 인정되는 정보'를 추가하고 있으니, 이 조항은 사실상 '정보공개의 지뢰밭'이라고 해도 지나친 말이 아닙니다. 특히 정보공개법 제4조 제3항에서 국가안전보장 관련 정보에 대해서는 아예 이 법이 적용되지 아니하게 되어 있을 뿐만 아니라, 제18조 제3항에서 국익관련정보에 대한 재판상 비공개조항을 도입함으로써 자칫 국익관련정보 자체가 공개대상에서 제외될 소지가 있다는 것이 문제점으로 지적됩니다.16

③ 공개되면 국민의 생명·신체 및 재산 보호에 현저한 지장을 초래할 우려가 있는 정보

공개될 경우 국민의 생명·신체 및 재산의 보호에 현저한 지장을 초래할 우려가 있다고 인정되는 정보는 공개대상에서 제외됩니다(법 제9조 제1항 제3호). 그 증명책임은 처분청인 피고에게 있다는 것이 판례입니다.17

④ 형사사법관련정보

'진행 중인 재판에 관련된 정보와 범죄의 예방, 수사, 공소의 제기 및 유지, 형

---

15 대법원 2004. 3. 18. 선고 2001두8254 전원합의체 판결(정보비공개결정처분취소).
16 성낙인, 정보공개법의 정립과 개정 방향, 2000. 7. 26. 행정자치부 주최 「정보공개법 개정을 위한 공청회」 발표논문.
17 대법원 2012. 6. 18. 선고 2011두2361 전원합의체 판결(정보공개청구거부처분취소).

의 집행, 교정, 보안처분에 관한 사항으로서 공개될 경우 그 직무수행을 현저히 곤란하게 하거나 형사피고인의 공정한 재판을 받을 권리를 침해한다고 인정할 만한 상당한 이유가 있는 정보' 역시 공개대상에서 제외됩니다(법 제9조 제1항 제4호).

　　형사사법 관련 정보를 공개대상에서 제외한 것은 이러한 활동에서 요구되는 비밀유지의 필요성을 고려할 때 불가피한 측면이 없지 않습니다.[18] 그러나 범죄의 수사, 공소의 제기 및 유지에 관한 사항 외에 범죄의 예방에 관한 사항, 형의 집행, 교정, 보안처분에 관한 정보를 '직무수행의 현저한 곤란'이나 '형사피고인의 공정한 재판을 받을 권리의 침해'라는 기준에 의해 공개대상에서 배제시킨 것은 이 분야에 관한 한 사실상 정보공개제도를 유명무실화시킬 수 있는 독소적 요인입니다. 범위가 지나치게 광범위하고 또 그 제외기준이 불명확합니다.

> **정보공개법 제9조 제1항 제4호의 '진행중인 재판 관련 정보'**
>
> "공공기관이 보유·관리하는 모든 정보를 원칙적 공개대상으로 하면서도, 재판의 독립성과 공정성 등 국가의 사법작용이 훼손되는 것을 막기 위하여 제9조 제1항 제4호에서 '진행 중인 재판에 관련된 정보'를 비공개대상정보로 규정하고 있다. 이와 같은 정보공개법의 입법 목적, 정보공개의 원칙, 위 비공개대상정보의 규정 형식과 취지 등을 고려하면, 법원 이외의 공공기관이 위 규정이 정한 '진행 중인 재판에 관련된 정보'에 해당한다는 사유로 정보공개를 거부하기 위하여는 <u>반드시 그 정보가 진행 중인 재판의 소송기록 그 자체에 포함된 내용의 정보일 필요는 없으나, 재판에 관련된 일체의 정보가 그에 해당하는 것은 아니고 진행 중인 재판의 심리 또는 재판 결과에 구체적으로 영향을 미칠 위험이 있는 정보에 한정된다</u>고 봄이 상당하다(대법원 2011. 11. 24. 선고 2009두19021 판결 참조)."[19]

> **정보공개법 제9조 제1항 제4호의 '수사'에 관한 정보의 의미**
>
> "법 7조 1항 4호는 '수사'에 관한 사항으로서 공개될 경우 그 직무수행을 현저히 곤란하게 한다고 인정할 만한 상당한 이유가 있는 정보를 비공개대상정보의 하나로 규정하고 있는바, 그 취지는 수사의 방법 및 절차 등이 공개되는 것을 막고자 하는 것으로서, <u>수사기록 중의 의견서, 보고문서, 메모, 법률검토, 내사자료 등이 이에 해당한다</u>고 할 것이다(헌법재판소 1997. 11. 27. 94헌마60결정 참조). 한편 이 사건 정보에는 의견서, 수사보고서, 첩보보고서 등의 문서가 포함되어 있음을 알 수 있는바, 위 문서들은 법 7조 1항 4호에서 규정한 '수사'에 관한 사항으로서 비공개대상정보에 해당하는 것으로 보인다."[20]

> **수용자자비부담물품 판매수익금 등 관련 회계자료 등의 공개 여부**
>
> "수용자자비부담물품의 판매수익금과 관련하여 교도소장이 재단법인 교정협회로 송금한 수익금

18　미국의 정보자유법 역시 (a) (7)에서 유사한 규정을 두고 있습니다.
19　대법원 2018. 9. 28. 선고 2017두69892 판결(정보공개거부처분취소).
20　대법원 2003. 12. 26. 선고 2002두1342 판결(정보비공개처분취소).

총액과 교도소장에게 배당된 수익금액 및 사용내역, 교도소직원회 수지에 관한 결산결과와 사업계획 및 예산서, 수용자 외부병원 이송진료와 관련한 이송진료자 수, 이송진료자의 진료내역별(치료, 검사, 수술) 현황, 이송진료자의 진료비 지급(예산지급, 자비부담) 현황, 이송진료자의 진료비총액 대비 예산지급액, 이송진료자의 병명별 현황, 수용자신문구독현황과 관련한 각 신문별 구독신청자 수 등에 관한 정보는 구 공공기관의정보공개에관한법률(2004. 1. 29. 법률 제7127호로 전문 개정되기 전의 것) 제7조 제1항 제4호에서 비공개대상으로 규정한 '형의 집행, 교정에 관한 사항으로서 공개될 경우 그 직무수행을 현저히 곤란하게 하는 정보'에 해당하기 어렵다."[21]

⑤ 공공업무의 특성상 또는 의사결정과정 중에 있어 비공개로 해야 할 정보

감사·감독·검사·시험·규제·입찰계약·기술개발·인사관리·의사결정과정 또는 내부검토과정에 있는 사항 등으로서 공개될 경우 업무의 공정한 수행이나 연구·개발에 현저한 지장을 초래한다고 인정할 만한 상당한 이유가 있는 정보는 비공개대상으로 되어 있습니다(법 제9조 제1항 제5호). 법은 공개할 경우 업무의 공정한 수행이나 연구·개발에 현저한 지장을 초래할 우려가 있는 업무로서 감사·감독·검사·시험·규제·입찰계약·기술개발·인사관리와 같이 업무특성상 공개에 적합하지 않는 경우를 열거하는 한편, 전혀 다른 각도에서 '의사결정과정 또는 내부검토과정에 있는 사항등'과 같이 의사결정과정(decision making process), 내부검토과정과 같이 행정기관에서 종결되지 아니한 사항을 비공개사유로 설정했습니다. 전자의 경우 그 범위가 포괄적으로 설정되어 자칫 과도한 제한을 초래할 우려가 있습니다. 대법원이 공정한 업무수행에 지장을 초래할 염려가 있는지 여부를 비교적 엄격히 심사, 판단한 것도 바로 그런 맥락에서 이해됩니다.

판례상 이러한 비공개사유에 해당하여 정보공개가 부정된 사례들은 다음과 같습니다.

| 문제은행 출제방식의 치과의사 국가시험 문제지와 정답지 공개 여부 |

[1] 공공기관의 정보공개에 관한 법률 제9조 제1항 제5호는 시험에 관한 사항으로서 공개될 경우 업무의 공정한 수행에 현저한 지장을 초래한다고 인정할 만한 상당한 이유가 있는 정보는 공개하지 아니할 수 있도록 하고 있는바, 여기에서 시험정보로서 공개될 경우 업무의 공정한 수행에 현저한 지장을 초래하는지 여부는 <u>같은 법 및 시험정보를 공개하지 아니할 수 있도록 하고 있는 입법 취지, 당해 시험 및 그에 대한 평가행위의 성격과 내용, 공개의 내용과 공개로 인한 업무의 증가, 공개로 인한 파급효과 등을 종합하여 개별적으로 판단</u>되어야 한다.
[2] <u>치과의사 국가시험에서 채택하고 있는 문제은행 출제방식</u>이 출제의 시간·비용을 줄이면서도 양질의 문항을 확보할 수 있는 등 많은 장점을 가지고 있는 점, 그 시험문제를 공개할 경우 발

---

21 대법원 2004. 12. 9. 선고 2003두12707 판결(정보공개거부처분취소).

생하게 될 결과와 시험업무에 초래될 부작용 등을 감안하면, 위 <u>시험의 문제지와 그 정답지를 공</u>
<u>개하는 것은 시험업무의 공정한 수행이나 연구·개발에 현저한 지장을 초래한다고 인정할 만한 상</u>
<u>당한 이유가 있는 경우에 해당</u>하므로, 공공기관의 정보공개에 관한 법률 제9조 제1항 제5호에 따
라 이를 공개하지 않을 수 있다고 한 사례.[22]

독립유공자 공적심사위원회 회의록의 공개 여부

"독립유공자 등록에 관한 신청당사자의 알권리 보장에는 불가피한 제한이 따를 수밖에 없고 관
계 법령에서 제한을 다소나마 해소하기 위해 조치를 마련하고 있는 점, 공적심사위원회의 심사에
는 심사위원들의 전문적·주관적 판단이 상당 부분 개입될 수밖에 없는 심사의 본질에 비추어 공
개를 염두에 두지 않은 상태에서의 심사가 그렇지 않은 경우보다 더 자유롭고 활발한 토의를 거쳐
객관적이고 공정한 심사 결과에 이를 개연성이 큰 점 등 <u>위 회의록 공개에 의하여 보호되는 알권</u>
<u>리의 보장과 비공개에 의하여 보호되는 업무수행의 공정성 등의 이익 등을 비교·교량해 볼 때, 위</u>
<u>회의록은 정보공개법 제9조 제1항 제5호에서 정한 '공개될 경우 업무의 공정한 수행에 현저한 지</u>
<u>장을 초래한다고 인정할 만한 상당한 이유가 있는 정보'에 해당함에도 이와 달리 본 원심판결에</u>
<u>비공개대상정보에 관한 법리를 오해한 위법이 있다.</u>"[23]

반면 다음 사례에서 보는 바와 같이 대법원은 이 비공개사유의 인정 여부에 대
하여 비교적 엄격한 입장을 취해 왔습니다.

사법시험 2차시험 답안지열람이 사법시험업무의 수행에 현저한 지장을 초래하는지 여부

"사법시험 제2차 시험의 답안지 열람은 <u>시험문항에 대한 채점위원별 채점 결과의 열람과 달리</u>
사법시험업무의 수행에 현저한 지장을 초래한다고 볼 수 없다."[24]

도시공원위원회의 회의관련자료 및 회의록 공개와 업무 공정수행에 현저한 지장 초래 여부

"지방자치단체의 도시공원에 관한 조례에서 규정된 도시공원위원회의 심의사항에 관하여 위 위
원회의 심의를 거친 후 시장이나 구청장이 위 사항들에 대한결정을 대외적으로 공표하기 전에 위
위원회의 회의관련자료 및 회의록이 공개된다면 업무의 공정한 수행에 현저한 지장을 초래한다고
할 것이므로, 위 위원회의 심의 후 그 심의사항들에 대한 <u>시장 등의 결정의 대외적 공표행위가 있</u>
<u>기 전까지는 위 위원회의 회의관련자료 및 회의록은 공공기관의정보공개에관한법률 제7조 제1항</u>
<u>제5호에서 규정하는 비공개대상정보에 해당</u>한다고 할 것이고, 다만 시장 등의 결정의 대외적 공표
행위가 있은 후에는 이를 의사결정과정이나 내부검토과정에 있는 사항이라고 할 수 없고 위 위원

---

22 대법원 2007. 6. 15. 선고 2006두15936 판결(정보공개거부처분취소).
23 대법원 2014. 7. 24. 선고 2013두20301 판결(행정정보공개청구거부처분취소): 갑이 친족인
    망 을 등에 대한 독립유공자 포상신청을 하였다가 독립유공자서훈 공적심사위원회의 심사를
    거쳐 포상에 포함되지 못하였다는 내용의 공적심사 결과를 통지받자 국가보훈처장에게 '망
    인들에 대한 공적심사위원회의 심의·의결 과정 및 그 내용을 기재한 회의록' 등의 공개를
    청구하였는데, 국가보훈처장이 위 회의록은 정보공개법 제9조 제1항 제5호에 따라 공개할
    수 없다는 통보를 한 사안입니다.
24 대법원 2003. 3. 14. 선고 2000두6114 판결(답안지열람거부처분취소).

회의 회의관련자료 및 회의록을 공개하더라도 업무의 공정한 수행에 지장을 초래할 염려가 없으므로, 시장 등의 결정의 대외적 공표행위가 있은 후에는 위 위원회의 회의관련자료 및 회의록은 같은 법 제7조 제2항에 의하여 공개대상이 된다고 할 것"25

의사결정과정 또는 내부검토과정에 있는 비공개정보

[1] '공개될 경우 그 직무수행을 현저히 곤란하게 한다고 인정할 만한 상당한 이유가 있는 정보'라 함은 구법 제1조의 정보공개제도의 목적 및 구법 제7조 제1항 제4호의 규정에 의한 비공개대상정보의 입법 취지에 비추어 볼 때 당해 정보가 공개될 경우 범죄의 예방 및 수사 등에 관한 직무의 공정하고 효율적인 수행에 직접적이고 구체적으로 장애를 줄 고도의 개연성이 있고, 그 정도가 현저한 경우를 의미한다고 할 것이며, 여기에 해당하는지 여부는 비공개에 의하여 보호되는 업무수행의 공정성 등의 이익과 공개에 의하여 보호되는 국민의 알권리의 보장과 국정에 대한 국민의 참여 및 국정운영의 투명성 확보 등의 이익을 비교·교량하여 구체적인 사안에 따라 신중하게 판단되어야 한다.

[2] 구법 제8조 제2항은 정보공개청구의 대상이 이미 널리 알려진 사항이라 하더라도 그 공개의 방법만을 제한할 수 있도록 규정하고 있을 뿐 공개 자체를 제한하고 있지는 아니하므로, 공개청구의 대상이 되는 정보가 이미 다른 사람에게 공개하여 널리 알려져 있다거나 인터넷이나 관보 등을 통하여 공개하여 인터넷검색이나 도서관에서의 열람 등을 통하여 쉽게 알 수 있다는 사정만으로는 소의 이익이 없다거나 비공개결정이 정당화될 수는 없다.

[3] 검찰21세기연구기획단의 1993년도 연구결과종합보고서는 검찰의 의사결정과정 또는 내부검토과정에 있는 사항 등으로서 공개될 경우 업무의 공정한 수행이나 연구·개발에 현저한 지장을 초래한다고 인정할 만한 상당한 이유가 있는 정보에 해당한다고 볼 여지가 있다.26

국가 수준 학업성취도평가 자료의 공개와 공정한 업무 수행에 현저한 지장 초래 여부

[1] 공공기관의 정보공개에 관한 법률 제9조 제1항 제5호에서 규정하는 '공개될 경우 업무의 공정한 수행에 현저한 지장을 초래한다고 인정할 만한 상당한 이유가 있는 경우'란 공개될 경우 업무의 공정한 수행이 객관적으로 현저하게 지장을 받을 것이라는 고도의 개연성이 존재하는 경우를 의미한다.

[2] 알 권리와 학생의 학습권, 부모의 자녀교육권의 성격 등에 비추어 볼 때, 학교교육에서의 시험에 관한 정보로서 공개될 경우 업무의 공정한 수행에 현저한 지장을 초래하는지 여부는 공공기관의 정보공개에 관한 법률의 목적 및 시험정보를 공개하지 아니할 수 있도록 하고 있는 입법 취지, 당해 시험 및 그에 대한 평가행위의 성격과 내용, 공개의 내용과 공개로 인한 업무의 증가, 공개로 인한 파급효과 등을 종합하여, 비공개에 의하여 보호되는 업무수행의 공정성 등의 이익과 공개에 의하여 보호되는 국민의 알 권리와 학생의 학습권 및 부모의 자녀교육권의 보장, 학교교육에 대한 국민의 참여 및 교육행정의 투명성 확보 등의 이익을 비교·교량하여 구체적인 사안에 따라 신중하게 판단하여야 한다.

[3] '2002년도 및 2003년도 국가 수준 학업성취도평가 자료'는 표본조사 방식으로 이루어졌을 뿐만 아니라 학교식별정보 등도 포함되어 있어서 그 원자료 전부가 그대로 공개될 경우 학업성취도평가 업무의 공정한 수행이 객관적으로 현저하게 지장을 받을 것이라는 고도의 개연성이 존재한

---

25 대법원 2000. 5. 30. 선고 99추85 판결(공원조례중개정조례안무효).
26 대법원 2008. 11. 27. 선고 2005두15694 판결(정보공개거부처분취소등).

다고 볼 여지가 있어 공공기관의 정보공개에 관한 법률 제9조 제1항 제5호에서 정한 비공개대상 정보에 해당하는 부분이 있으나, '2002학년도부터 2005학년도까지의 대학수학능력시험 원데이터'는 연구 목적으로 그 정보의 공개를 청구하는 경우, 공개로 인하여 초래될 부작용이 공개로 얻을 수 있는 이익보다 더 클 것이라고 단정하기 어려우므로 그 공개로 대학수학능력시험 업무의 공정한 수행이 객관적으로 현저하게 지장을 받을 것이라는 고도의 개연성이 존재한다고 볼 수 없어 위 조항의 비공개대상정보에 해당하지 않는다.

[4] 기관이 아닌 개인이 타인에 관한 정보의 공개를 청구하는 경우에는 구 공공기관의 개인정보보호에 관한 법률(2007. 5. 17. 법률 제8448호로 개정되기 전의 것)에 의할 것이 아니라, 공공기관의 정보공개에 관한 법률 제9조 제1항 제6호에 따라 개인에 관한 정보의 공개 여부를 판단하여야 한다.27

광역시 교육감 산하 위원회 소속 위원의 인적 사항이 비공개대상 정보라 할 수 없다고 판단한 원심을 파기한 사례도 있습니다.

"피고 산하에는 공무원승진심사위원회 이외에도 여러 종료의 위원회가 존재하고 있고, 그 위원회의 활동 내용에 따라서는 그 소속 위원의 인적 사항이 공개되는 것만으로도 피고 업무의 공정한 수행 등에 현저한 지장을 초래한다고 인정할 만한 사정이 있음을 알 수 있으므로, 원심이 피고가 주장하는 바와 같은 피고 산하 위원회 소속 위원의 인적 사항에 관한 정보 등이 공공기관의정보공개에관한법률 제7조 제1항 제5호에 정한 비공개대상 정보에 해당하는지 여부를 판단하기 위하여는 피고 산하 위원회의 종류 및 그 활동내용, 그 소속 위원의 자격·임기 및 연임 여부, 그 위원의 인적 사항이 공개될 경우에 예상되는 공정한 업무수행에 있어서의 지장 정도 등을 살펴보지 않으면 아니 된다."28

한편 의사결정 과정 또는 내부검토 과정을 이유로 비공개할 경우, 비공개결정 통지를 할 때 의사결정 과정 또는 내부검토 과정의 단계 및 종료 예정일을 함께 안내하고, 의사결정 과정 및 내부검토 과정이 종료되면 청구인에게 이를 통지하도록 의무화하고 있습니다(§ 9 ① 제5호 단서). 이것은 2020년 12월 22일의 법개정(법률 제17690호)으로 추가된 내용입니다.

⑥ 비공개대상 '개인정보'

법은 제9조 제1항 제6호에서 '해당 정보에 포함되어 있는 성명·주민등록번호 등 「개인정보 보호법」 제2조 제1호에 따른 개인정보로서 공개될 경우 사생활의 비밀 또는 자유를 침해할 우려가 있다고 인정되는 정보'를 공개대상에서 제외시키고 있습니다. 다만, 다음에 열거된 경우는 예외적으로 공개대상입니다.

---

27 대법원 2010. 2. 25. 선고 2007두9877 판결(정보공개거부처분취소등).
28 대법원 2003. 5. 16. 선고 2001두4702 판결(정보부분공개결정취소).

가. 법령에서 정하는 바에 의하여 열람할 수 있는 정보

나. 공공기관이 공표를 목적으로 작성하거나 취득한 정보로서 개인의 사생활의 비밀과 자유를 부당하게 침해하지 않는 정보

다. 공공기관이 작성하거나 취득한 정보로서 공개하는 것이 공익 또는 개인의 권리구제를 위하여 필요하다고 인정되는 정보

라. 직무를 수행한 공무원의 성명·직위

마. 공개하는 것이 공익을 위하여 필요한 경우로서 법령에 따라 국가 또는 지방자치단체가 업무의 일부를 위탁 또는 위촉한 개인의 성명·직업

먼저, 공개대상에서 제외되는 정보는 '해당 정보에 포함되어 있는 성명·주민등록번호 등 「개인정보 보호법」 제2조 제1호에 따른 개인정보'입니다.[29]

> **정보공개법상 개인정보 비공개조항과 개인정보 보호법의 관계**
>
> "구 「공공기관의 정보공개에 관한 법률(2020. 12. 22. 법률 제17690호로 개정되기 전의 것, 이하 '구 정보공개법'이라 한다)」과 「개인정보 보호법」의 각 입법목적과 규정 내용, 구 정보공개법 제9조 제1항 제6호의 문언과 취지 등에 비추어 보면, 구 정보공개법 제9조 제1항 제6호는 공공기관이 보유·관리하고 있는 개인정보의 공개 과정에서의 개인정보를 보호하기 위한 규정으로서 「개인정보 보호법」 제6조에서 말하는 '개인정보 보호에 관하여 다른 법률에 특별한 규정이 있는 경우'에 해당한다. 따라서 공공기관이 보유·관리하고 있는 개인정보의 공개에 관하여는 구 정보공개법 제9조 제1항 제6호가 「개인정보 보호법」에 우선하여 적용된다."[30]

다음으로, 구법에서와 달리, 이름이나 주민등록번호 등에 의하여 식별가능한 개인정보라도 무제한 공개대상에서 제외되는 것이 아니라 '공개될 경우 개인의 사생활의 비밀 또는 자유를 침해할 우려가 있다고 인정되는 정보'만이 비공개대상으로 한

29　참고로 이 사건 처분 이후 2020. 12. 22. 개정된 정보공개법 제9조 제1항 제6호는 규율 대상인 '성명·주민등록번호 등 개인에 관한 사항' 부분을 '성명·주민등록번호 등 「개인정보 보호법」 제2조 제1호에 따른 개인정보'로 구체화하여, 위 조항이 규율하는 정보가 「개인정보 보호법」상 개인정보임이 보다 분명하게 되었습니다.

30　대법원 2021. 11. 11. 선고 2015두53770 판결: 서울지방변호사회가 피고 법무부장관을 상대로 '제3회 변호사시험 합격자 명단'의 정보공개를 청구하자, 피고가 2014. 4. 25. 변호사시험 합격자 명단은 구 정보공개법 제9조 제1항 제6호 소정의 '공개될 경우 개인의 사생활의 비밀 또는 자유를 침해할 우려가 있다고 인정되는 정보'에 해당한다는 이유로 한 비공개결정을 다툰 사건에서 제3회 변호사시험 합격자 성명이 공개될 경우 그 합격자들의 사생활의 비밀 또는 자유를 침해할 우려가 있다고 하더라도 그 비공개로 인하여 보호되는 사생활의 비밀 등 이익보다 공개로 인하여 달성되는 공익 등 공개의 필요성이 더 크므로 위 정보는 「개인정보 보호법」 제18조 제1항에 의하여 공개가 금지된 정보에 해당하지 아니하고 구 정보공개법 제9조 제1항 제6호 단서 다목에 따라서 공개함이 타당하다고 판단하였고, 대법원이 원심 판단을 수긍한 사례입니다.

정된다는 점에 유의할 필요가 있습니다.

참고로, 정보공개법 시행 이전의 사안이지만, 대법원은 개인의 사생활의 비밀과 자유를 침해할 우려가 있다는 등의 이유로 재개발사업에 관한 정보의 공개를 청구한 사건에서 원고의 청구를 배척한 바 있었지요:

"원심은, 원고가 공개를 청구한 이 사건 자료 중 일부는 개인의 인적사항, 재산에 관한 내용이 포함되어 있어서 공개될 경우에는 타인의 사생활의 비밀과 자유를 침해할 우려가 있으며, 이 사건 자료의 분량이 합계 9,029매에 달하기 때문에 이를 원고에게 공개하기 위하여는 피고의 행정업무에 상당한 지장을 초래할 가능성이 있고, 이 사건 자료의 공개로 인하여 원고가 주장하는 바와 같은 공익이 실현된다고 볼 수도 없다는 이유를 들어 이 사건 자료의 공개청구를 거부하는 내용의 이 사건 처분의 취소를 구하는 원고의 청구를 배척하였는바, 기록과 관계 법령에 비추어 보면 이와 같은 원심의 사실인정 및 판단은 옳고, 거기에 상고이유로서 주장하는 바와 같은 위법이 있다고 할 수 없다.[31]

그러나 대법원은 비공개대상 개인정보의 범위를 확대하는 경향을 보입니다. 즉, 정보공개법의 개정 연혁, 내용 및 취지와 헌법상 보장되는 사생활의 비밀 및 자유의 내용[32]을 종합해 볼 때, 정보공개법 제9조 제1항 제6호 본문의 규정에 따라 비공개대상이 되는 정보에는 구 정보공개법상 '개인식별정보'뿐만 아니라 그 외에 정보의 내용을 구체적으로 살펴 '개인에 관한 사항의 공개로 인하여 개인의 내밀한 내용의 비밀 등이 알려지게 되고, 그 결과 인격적·정신적 내면생활에 지장을 초래하거나 자유로운 사생활을 영위할 수 없게 될 위험성이 있는 정보'도 포함된다고 새겨야 한다는 것입니다.

> **정보공개법 제9조 제1항 제6호 본문 소정의 비공개대상으로서 개인정보의 범위**
>
> "구 공공기관의 정보공개에 관한 법률(2004. 1. 29. 법률 제7127호로 전부 개정되기 전의 것, 이하 '구 정보공개법'이라 한다) 제7조 제1항 제6호 본문에서 비공개대상정보의 하나로 규정되어 있었던 '당해 정보에 포함되어 있는 이름·주민등록번호 등에 의하여 특정인을 식별할 수 있는 개인에 관한 정보'를 2004. 1. 29. 법률 제7127호로 전부 개정된 공공기관의 정보공개에 관한 법률 제9조 제1항 제6호 본문에서 '당해 정보에 포함되어 있는 이름·주민등록번호 등 개인에 관한 사항으로서 공개될 경우 개인의 사생활의 비밀 또는 자유를 침해할 우려가 있다고 인정되는 정보'로 개정한 연혁, 내용 및 취지 등에 헌법상 보장되는 사생활의 비밀 및 자유의 내용을 보태어 보

---

31 대법원 1997. 5. 23. 선고 96누2439 판결(행정정보비공개결정처분취소). 참조판례: 대법원 1989. 10. 24. 선고 88누9312 판결; 1992. 6. 23. 선고 92추17 판결.

32 일반적으로 사생활의 비밀은 국가 또는 제3자가 개인의 사생활영역을 들여다보거나 공개하는 것에 대한 보호를 제공하는 기본권이며, 사생활의 자유는 국가 또는 제3자가 개인의 사생활의 자유로운 형성을 방해하거나 금지하는 것에 대한 보호를 의미합니다(헌법재판소 2003. 10. 30. 선고 2002헌마518 결정 등 참조).

면, 정보공개법 제9조 제1항 제6호 본문의 규정에 따라 비공개대상이 되는 정보에는 구 정보공개법상 <u>이름·주민등록번호 등 정보의 형식이나 유형을 기준으로 비공개대상정보에 해당하는지 여부를 판단하는 '개인식별정보'뿐만 아니라 그 외에 정보의 내용을 구체적으로 살펴 '개인에 관한 사항의 공개로 인하여 개인의 내밀한 내용의 비밀 등이 알려지게 되고, 그 결과 인격적·정신적 내면생활에 지장을 초래하거나 자유로운 사생활을 영위할 수 없게 될 위험성이 있는 정보'도 포함된다</u>고 새겨야 한다. 따라서 불기소처분 기록 중 피의자신문조서 등에 기재된 피의자 등의 인적사항 이외의 진술내용 역시 개인의 사생활의 비밀 또는 자유를 침해할 우려가 인정되는 경우 정보공개법 제9조 제1항 제6호 본문 소정의 비공개대상에 해당한다고 할 것이다."[33]

이 판결에는 "정보공개법 제9조 제1항 제6호 본문 소정의 '해당 정보에 포함되어 있는 이름·주민등록번호 등 개인에 관한 사항으로서 공개될 경우 개인의 사생활의 비밀 또는 자유를 침해할 우려가 있다고 인정되는 정보'의 의미와 범위는, 구 정보공개법 제7조 제1항 제6호 본문 소정의 '해당 정보에 포함되어 있는 이름·주민등록번호 등에 의하여 특정인을 식별할 수 있는 개인에 관한 정보'와 다르지 않다고 새기는 것이 정보공개법의 문언뿐 아니라 그 개정 경위 및 취지, 종래 대법원 판례가 취한 견해, 관련 법령과의 조화로운 해석에 두루 부합하면서 국민의 알권리를 두텁게 보호하는 합리적인 해석"이라는 별개의견이 제시되었습니다.[34]

생각건대, 별개의견에서 설시하듯 '정보공개법의 개정 경위와 종래 대법원 판례가 취한 견해 등을 종합하면, 정보공개법 개정은 종래 대법원 판례의 취지를 그대로 입법에 반영하여 개인의 사생활의 비밀 또는 자유를 침해할 우려가 있는지 여부를

---

33 대법원 2012. 6. 18. 선고 2011두2361 전원합의체 판결(정보공개청구거부처분취소): 원심이 제1심 판결을 인용하여, 피고가 비공개결정한 정보 중 관련자들의 이름을 제외한 주민등록번호, 직업, 주소(주거 또는 직장주소), 본적, 전과 및 검찰 처분, 상훈·연금, 병역, 교육, 경력, 가족, 재산 및 월수입, 종교, 정당·사회단체가입, 건강상태, 연락처, 전화 등의 개인에 관한 정보는 개인에 관한 사항으로서 그 공개로 인하여 개인의 내밀한 내용의 비밀 등이 알려지게 되고 그 결과 인격적·정신적 내면생활에 지장을 초래하거나 자유로운 사생활을 영위할 수 없게 될 위험성이 있는 정보에 해당한다고 보아 이를 비공개대상정보로, 위 각 정보를 제외한 나머지 개인에 관한 정보는 비공개대상정보에 해당하지 않는다고 판단한 것은 정당하다고 본 사례. 同旨 대법원 2016. 12. 15. 선고 2012두11409, 11416(병합) 판결(심리생리검사 관련 자료 일체 등에 대한 정보공개청구 사건).

34 위 판결에 대한 전수안, 이인복, 이상훈, 박보영 대법관의 별개의견. 이 별개의견은 피고의 정보비공개결정처분이 위법하다고 본 원심판단을 수긍할 수 있으므로 상고를 기각해야 한다는 다수의견의 결론에는 찬성하나, 불기소처분 기록 중 피의자신문조서 등에 기재된 피의자 등의 인적사항 이외의 진술내용이 개인의 사생활의 비밀 또는 자유를 침해할 우려가 인정되는 경우 정보공개법 제9조 제1항 제6호 본문 소정의 비공개대상에 해당한다는 등의 다수의견의 인식과 논리에는 견해를 달리합니다.

비공개대상정보의 해당 여부에 관한 판단기준으로 명확하게 규정한 것일 뿐, 구 정보공개법 제7조 제1항 제6호 본문의 '이름·주민등록번호 등에 의하여 특정인을 식별할 수 있는 개인에 관한 정보'를 정보공개법 제9조 제1항 제6호 본문의 '이름·주민등록번호 등 개인에 관한 사항'으로 표현을 변경함으로써 비공개대상정보를 더 넓게 확대하고자 한 것이 아니므로' 위 판결의 다수의견은 수긍하기 어렵습니다.

> **법무부장관이 지방변호사회의 변호사시험 합격자명단 공개 청구를 거부한 사건**
>
> 변호사는 다른 직업군보다 더 높은 공공성을 지닐 뿐만 아니라, 변호사에게는 일반 직업인보다 더 높은 도덕성과 성실성이 요구되고(변호사법 제1조, 제2조 참조) 그 직무수행은 국민들의 광범위한 감시와 비판의 대상이 되므로, 변호사시험 합격 여부, 합격연도 등을 포함한 해당 변호사에 관한 정보를 공개함으로써 얻을 수 있는 법적 이익이 적지 않은 점, 변호사법 제76조 제1항에 따라 의뢰인에게 사건을 수임하고자 하는 변호사에 대한 정보를 제공할 의무가 있는 지방변호사회인 원고는 소속 변호사들에 대한 정확한 정보를 보유하고 있어야 하고, 변호사시험 합격자들에 관한 최소한의 인적사항인 성명이 기재된 명단을 확보하여 해당 신청자가 적법한 자격을 갖춘 변호사인지를 더 쉽게 확인할 필요성이 있는 점(변호사법 제7조 제1항, 제2항, 제3항 참조) 등에 비추어, 제3회 변호사시험 합격자 성명(이하 '이 사건 정보'라 한다)이 공개될 경우 그 합격자들의 사생활의 비밀 또는 자유를 침해할 우려가 있다고 하더라도 그 비공개로 인하여 보호되는 사생활의 비밀 등 이익보다 공개로 인하여 달성되는 공익 등 공개의 필요성이 더 크므로 이 사건 정보는 「개인정보 보호법」제18조 제1항에 의하여 공개가 금지된 정보에 해당하지 아니하고 구 정보공개법 제9조 제1항 제6호 단서 다목에 따라서 공개함이 타당하다.[35]

한편, 개인식별정보 중 예외적 공개대상으로 '공개하는 것이 공익 또는 개인의 권리구제를 위하여 필요하다고 인정되는 정보'에 해당하는지 여부는 특히 빈번히 문제가 되고 있습니다.

> **'공개하는 것이 개인의 권리구제를 위하여 필요하다고 인정되는 정보' 해당 여부의 판단**
>
> [1] 공공기관의 정보공개에 관한 법률 제9조 제1항 제6호 본문에 따른 비공개대상정보에는 성

---

35 대법원 2021. 11. 11. 선고 2015두53770 판결: 서울지방변호사회가 피고 법무부장관을 상대로 '제3회 변호사시험 합격자 명단'의 정보공개를 청구하자, 피고가 2014. 4. 25. 변호사시험 합격자 명단은 구 정보공개법 제9조 제1항 제6호 소정의 '공개될 경우 개인의 사생활의 비밀 또는 자유를 침해할 우려가 있다고 인정되는 정보'에 해당한다는 이유로 한 비공개결정을 다툰 사건에서 제3회 변호사시험 합격자 성명이 공개될 경우 그 합격자들의 사생활의 비밀 또는 자유를 침해할 우려가 있다고 하더라도 그 비공개로 인하여 보호되는 사생활의 비밀 등 이익보다 공개로 인하여 달성되는 공익 등 공개의 필요성이 더 크므로 위 정보는 「개인정보 보호법」 제18조 제1항에 의하여 공개가 금지된 정보에 해당하지 아니하고 구 정보공개법 제9조 제1항 제6호 단서 다목에 따라서 공개함이 타당하다고 판단하였고, 대법원이 원심 판단을 수긍한 사례입니다.

명·주민등록번호 등 '개인식별정보'뿐만 아니라 그 외에 정보의 내용에 따라 '개인에 관한 사항의 공개로 인하여 개인의 내밀한 내용의 비밀 등이 알려지게 되고, 그 결과 인격적·정신적 내면생활에 지장을 초래하거나 자유로운 사생활을 영위할 수 없게 될 위험성이 있는 정보'도 포함된다. 따라서 불기소처분 기록이나 내사기록 중 피의자신문조서 등 조서에 기재된 피의자 등의 인적사항 이외의 진술내용 역시 개인의 사생활의 비밀 또는 자유를 침해할 우려가 인정되는 경우에는 위 비공개대상정보에 해당한다.

[2] 공공기관의 정보공개에 관한 법률 제9조 제1항 제6호 단서 (다)목은 '공공기관이 작성하거나 취득한 정보로서 공개하는 것이 공익이나 개인의 권리 구제를 위하여 필요하다고 인정되는 정보'를 비공개대상정보에서 제외하고 있다. 여기에서 '공개하는 것이 개인의 권리구제를 위하여 필요하다고 인정되는 정보'에 해당하는지는 비공개에 의하여 보호되는 개인의 사생활의 비밀 등의 이익과 공개에 의하여 보호되는 개인의 권리구제 등의 이익을 비교·교량하여 구체적 사안에 따라 신중히 판단하여야 한다.

[3] 공공기관의 정보공개에 관한 법률(이하 '정보공개법'이라고 한다) 제9조 제1항 제4호는 '수사에 관한 사항으로서 공개될 경우 그 직무수행을 현저히 곤란하게 한다고 인정할 만한 상당한 이유가 있는 정보'를 비공개대상정보의 하나로 규정하고 있다. 그 취지는 수사의 방법 및 절차 등이 공개되어 수사기관의 직무수행에 현저한 곤란을 초래할 위험을 막고자 하는 것으로서, 수사기록 중의 의견서, 보고문서, 메모, 법률검토, 내사자료 등(이하 '의견서 등'이라고 한다)이 이에 해당하나, 공개청구대상인 정보가 의견서 등에 해당한다고 하여 곧바로 정보공개법 제9조 제1항 제4호에 규정된 비공개대상정보라고 볼 것은 아니고, 의견서 등의 실질적인 내용을 구체적으로 살펴 수사의 방법 및 절차 등이 공개됨으로써 수사기관의 직무수행을 현저히 곤란하게 한다고 인정할 만한 상당한 이유가 있어야만 위 비공개대상정보에 해당한다. 여기에서 '공개될 경우 그 직무수행을 현저히 곤란하게 한다고 인정할 만한 상당한 이유가 있는 정보'란 당해 정보가 공개될 경우 수사 등에 관한 직무의 공정하고 효율적인 수행에 직접적이고 구체적으로 장애를 줄 고도의 개연성이 있고 그 정도가 현저한 경우를 의미하며, 여기에 해당하는지는 비공개에 의하여 보호되는 업무수행의 공정성 등의 이익과 공개에 의하여 보호되는 국민의 알권리의 보장과 수사절차의 투명성 확보 등의 이익을 비교·교량하여 구체적 사안에 따라 신중히 판단하여야 한다.

[4] 공공기관의 정보공개에 관한 법률은 국민의 알권리를 보장하고 국정에 대한 국민의 참여와 국정 운영의 투명성을 확보함을 목적으로 하고(제1조), 공공기관이 보유·관리하는 정보는 국민의 알권리 보장 등을 위하여 적극적으로 공개하여야 한다는 정보공개의 원칙을 선언하고 있으며(제3조), 모든 국민은 정보의 공개를 청구할 권리를 가진다고 하면서(제5조 제1항) 비공개대상정보에 해당하지 않는 한 공공기관이 보유·관리하는 정보는 공개 대상이 된다고 규정하고 있을 뿐(제9조 제1항) 정보공개 청구권자가 공개를 청구하는 정보와 어떤 관련성을 가질 것을 요구하거나 정보공개청구의 목적에 특별한 제한을 두고 있지 아니하므로 정보공개 청구권자의 권리구제 가능성 등은 정보의 공개 여부 결정에 아무런 영향을 미치지 못한다.36

[1] 【다수의견】정보공개법 제9조 제1항 제6호 본문에 따라 비공개대상이 되는 정보에는 구 공공기관의 정보공개에 관한 법률(2004. 1. 29. 법률 제7127호로 전부 개정되기 전의 것, 이하 같다)의 이름·주민등록번호 등 정보 형식이나 유형을 기준으로 비공개대상정보에 해당하는지를 판단하는 '개인식별정보'뿐만 아니라 그 외에 정보의 내용을 구체적으로 살펴 '개인에 관한 사항의 공개로 개인의 내밀한 내용의 비밀 등이 알려지게 되고, 그 결과 인격적·정신적 내면생활에 지장을

---

36 대법원 2017. 9. 7. 선고 2017두44558 판결(불기소사건기록등열람등사불허가처분취소).

초래하거나 자유로운 사생활을 영위할 수 없게 될 위험성이 있는 정보'도 포함된다고 새겨야 한다. 따라서 불기소처분 기록 중 피의자신문조서 등에 기재된 피의자 등의 인적사항 이외의 진술내용 역시 개인의 사생활의 비밀 또는 자유를 침해할 우려가 인정되는 경우 정보공개법 제9조 제1항 제6호 본문 소정의 비공개대상에 해당한다.

【대법관 전수안, 대법관 이인복, 대법관 이상훈, 대법관 박보영의 별개의견】정보공개법 제9조 제1항 제6호 본문 소정의 '당해 정보에 포함되어 있는 이름·주민등록번호 등 개인에 관한 사항으로서 공개될 경우 개인의 사생활의 비밀 또는 자유를 침해할 우려가 있다고 인정되는 정보'의 의미와 범위는, 구 공공기관의 정보공개에 관한 법률 제7조 제1항 제6호 본문 소정의 '당해 정보에 포함되어 있는 이름·주민등록번호 등에 의하여 특정인을 식별할 수 있는 개인에 관한 정보'와 다르지 않다고 새기는 것이 정보공개법의 문언뿐 아니라 개정 경위 및 취지, 종래 대법원판례가 취한 견해, 관련 법령과의 조화로운 해석에 두루 부합하면서 국민의 알권리를 두텁게 보호하는 합리적인 해석이다.

[2] 고소인이, 자신이 고소하였다가 불기소처분된 사건기록의 피의자신문조서, 진술조서 중 피의자 등 개인의 인적사항을 제외한 부분의 정보공개를 청구하였으나 해당 검찰청 검사장이 공공기관의 정보공개에 관한 법률 제9조 제1항 제6호에 해당한다는 이유로 비공개결정을 한 사안에서, 비공개결정한 정보 중 관련자들의 이름을 제외한 주민등록번호, 직업, 주소(주거 또는 직장주소), 본적, 전과 및 검찰 처분, 상훈·연금, 병역, 교육, 경력, 가족, 재산 및 월수입, 종교, 정당·사회단체가입, 건강상태, 연락처 등 개인에 관한 정보는 개인에 관한 사항으로서 공개되면 개인의 내밀한 비밀 등이 알려지게 되고 그 결과 인격적·정신적 내면생활에 지장을 초래하거나 자유로운 사생활을 영위할 수 없게 될 위험성이 있는 정보에 해당한다고 보아 이를 비공개대상정보에 해당한다고 본 원심판단을 수긍한 사례.37

사면실시건의서와 그와 관련된 국무회의 안건자료에 관한 정보공개

[1] 구 공공기관의 정보공개에 관한 법률(2004. 1. 29. 법률 제7127호로 전문 개정되기 전의 것) 제7조 제1항 제6호 단서 (다)목에서 정한 '공개하는 것이 공익을 위하여 필요하다고 인정되는 정보'에 해당하는지 여부는 비공개에 의하여 보호되는 개인의 사생활 보호 등의 이익과 공개에 의하여 보호되는 국정운영의 투명성 확보 등의 공익을 비교·교량하여 구체적 사안에 따라 신중히 판단하여야 한다.

[2] 사면대상자들의 사면실시건의서와 그와 관련된 국무회의 안건자료에 관한 정보는 그 공개로 얻는 이익이 그로 인하여 침해되는 당사자들의 사생활의 비밀에 관한 이익보다 더욱 크므로 구 공공기관의 정보공개에 관한 법률(2004. 1. 29. 법률 제7127호로 전문 개정되기 전의 것) 제7조 제1항 제6호에서 정한 비공개사유에 해당하지 않는다.38

생각건대, 그 같은 정보에 해당하는지 여부는 비공개로 보호되는 개인의 사생활 보호 등의 이익과 공개에 의하여 보호되는 개인의 권리구제 등의 이익, 그리고 공개로 보호되는 국정운영의 투명성 확보 그 밖의 공익의 증진 등 관계 제이익을 비교·교량하여 구체적 사안에 따라 신중히 판단해야 할 것입니다. 판례 또한 같은 견지에

---

37 대법원 2012. 6. 18. 선고 2011두2361 전원합의체 판결(정보공개청구거부처분취소).
38 대법원 2006. 12. 7. 선고 2005두241 판결.

서 있습니다. 즉, 대법원은 정보공개법 제9조 제1항 제6호 단서 다. 목의 '공개하는 것이 개인의 권리구제를 위하여 필요하다고 인정되는 정보'에 해당하는지 여부'에 대해서도 동일한 판단기준을 제시하고 있습니다.

개인식별정보 비공개 원칙과 '개인 권리구제에 필요한 정보'인지 여부의 판단

"'공개하는 것이 개인의 권리구제를 위하여 필요하다고 인정되는 정보'에 해당하는지 여부는 비공개에 의하여 보호되는 개인의 사생활의 비밀 등의 이익과 공개에 의하여 보호되는 개인의 권리구제 등의 이익을 비교·교량하여 구체적 사안에 따라 신중히 판단하여야 한다."[39]

"'공개하는 것이 개인의 권리구제를 위하여 필요하다고 인정되는 정보'에 해당하는지 여부는 비공개에 의하여 보호되는 개인의 사생활의 비밀 등의 이익과 공개에 의하여 보호되는 개인의 권리구제 등의 이익을 비교·교량하여 구체적 사안에 따라 개별적으로 판단하여야 할 것인바, 이 사건 정보와 같은 수사기록에 들어 있는 특정인을 식별할 수 있는 개인에 관한 정보로는 통상 관련자들의 이름, 주민등록번호, 주소(주거 또는 근무처 등)·연락처(전화번호 등), 그 외 직업·나이 등이 있을 것인데, 그 중 관련자들의 이름은 수사기록의 공개를 구하는 필요성이나 유용성, 즉 개인의 권리구제라는 관점에서 특별한 사정이 없는 한 원칙적으로 공개되어야 할 것이고, 관련자들의 주민등록번호는 동명이인의 경우와 같이 동일성이 문제되는 등의 특별한 사정이 있는 경우를 제외하고는 개인의 권리구제를 위하여 필요하다고 볼 수는 없으므로 원칙적으로 비공개하여야 할 것이며, 관련자들의 주소·연락처는 공개될 경우 악용될 가능성이나 사생활이 침해될 가능성이 높은 반면, 증거의 확보 등 개인의 권리구제라는 관점에서는 그 공개가 필요하다고 볼 수 있는 경우도 있을 것이므로 개인식별정보는 비공개라는 원칙을 염두에 두고서 구체적 사안에 따라 개인의 권리구제의 필요성과 비교·교량하여 개별적으로 공개 여부를 판단하여야 할 것이고, 그 외 직업, 나이 등의 인적사항은 특별한 경우를 제외하고는 개인의 권리구제를 위하여 필요하다고 볼 수는 없다고 할 것이다."[40]

'공개하는 것이 공익을 위하여 필요하다고 인정되는 정보' 해당 여부의 판단

[1] '공개하는 것이 공익을 위하여 필요하다고 인정되는 정보'에 해당하는지 여부는 비공개에 의하여 보호되는 개인의 사생활 보호 등의 이익과 공개에 의하여 보호되는 국정운영의 투명성 확보 등의 공익을 비교·교량하여 구체적 사안에 따라 신중히 판단하여야 한다.
[2] 지방자치단체의 업무추진비 세부항목별 집행내역 및 그에 관한 증빙서류에 포함된 개인에 관한 정보는 '공개하는 것이 공익을 위하여 필요하다고 인정되는 정보'에 해당하지 않는다.[41]

"이 사건 정보 중 개인의 성명은 원심이 공개를 허용하지 않은 다른 정보들과 마찬가지로 개인의 신상에 관한 것으로서 그 정보가 공개될 경우 해당인의 사생활이 침해될 염려가 있다고 인정되는 반면, 원심이 공개대상으로 삼은 개인의 성명 외의 나머지 거래내역 등의 공개만으로도 오송유치위가 오송분기역 유치와 관련하여 청원군으로부터 지급받은 보조금의 사용내역 등을 확인할 수 있을 것으로 보이므로, 개인의 성명의 비공개에 의하여 보호되는 해당 개인의 사생활 비밀 등의

---

39 앞의 대법원 2011두2361 판결. 또한 대법원 2009. 10. 29. 선고 2009두14224 판결을 참조.
40 대법원 2003. 12. 26. 선고 2002두1342 판결(정보비공개처분취소).
41 대법원 2003. 3. 11. 선고 2001두6425 판결(행정정보비공개결정처분취소).

이익은 국정운영의 투명성 확보 등의 공익보다 더 중하다고 할 것이다."[42]

다른 한편 공공기관이 보유·관리하고 있는 제3자 관련정보의 경우, 제3자의 비공개요청이 있다는 사실만 가지고 비공개사유를 인정할 수는 없다는 것이 대법원의 판례입니다.

> **제3자 관련정보의 비공개요청과 공개 여부**
>
> "제3자와 관련이 있는 정보라고 하더라도 당해 공공기관이 이를 보유·관리하고 있는 이상 정보공개법 제9조 제1항 단서 각호의 비공개사유에 해당하지 아니하면 정보공개의 대상이 되는 정보에 해당한다. 따라서 정보공개법 제11조 제3항, 제21조 제1항의 규정은 공공기관이 보유·관리하고 있는 정보가 제3자와 관련이 있는 경우 그 정보 공개 여부를 결정할 때 공공기관이 제3자와의 관계에서 거쳐야 할 절차를 규정한 것에 불과할 뿐, 제3자의 비공개요청이 있다는 사유만으로 정보공개법상 정보의 비공개사유에 해당한다고 볼 수 없다."[43]

⑦ 영업비밀관련정보

법 제9조 제1항 제7호는 '법인·단체 또는 개인("법인등")의 경영·영업상 비밀에 관한 사항으로서 공개될 경우 법인등의 정당한 이익을 현저히 해할 우려가 있다고 인정되는 정보'를 공개대상에서 제외시키고 있습니다. 다만, 그런 범주에 해당하는 경우에도 해당 정보가 '사업활동에 의하여 발생하는 위해로부터 사람의 생명·신체 또는 건강을 보호하기 위하여 공개할 필요가 있는 정보'와 '위법·부당한 사업활동으로부터 국민의 재산 또는 생활을 보호하기 위하여 공개할 필요가 있는 정보'에 해당하는 경우에는 예외입니다. 이 정보들은 공개대상이 됩니다.

> **영업비밀과 정보공개 여부에 대한 판단**
>
> [1] 국민의 정보공개청구권은 법률상 보호되는 구체적인 권리이므로, 공공기관에 대하여 정보의 공개를 청구하였다가 공개거부처분을 받은 청구인은 행정소송을 통하여 그 공개거부처분의 취소를 구할 법률상의 이익이 있고, 공개청구의 대상이 되는 정보가 이미 다른 사람에게 공개되어 널리 알려져 있다거나 인터넷 등을 통하여 공개되어 인터넷검색 등을 통하여 쉽게 알 수 있다는 사정만으로는 소의 이익이 없다거나 비공개결정이 정당화될 수 없다.
>
> [2] 공공기관의 정보공개에 관한 법률의 입법 목적 등을 고려하여 보면, 제9조 제1항 제7호에

---

42 대법원 2009. 10. 29. 선고 2009두14224 판결(행정정보공개거부처분취소). 대법원은, 그럼에도 개인의 성명을 공개하지 아니한 부분도 위법하다고 판단한 원심은, 법 제9조 제1항 제6호에서 정한 비공개대상정보에 관한 법리를 오해하여 판결에 영향을 미친 위법이 있다고 하여 파기환송했습니다.

43 대법원 2008. 9. 12. 선고 2008두8680 판결(정보공개거부처분취소).

서 정한 '법인 등의 경영·영업상 비밀'은 '타인에게 알려지지 아니함이 유리한 사업활동에 관한 일체의 정보' 또는 '사업활동에 관한 일체의 비밀사항'을 의미하는 것이고, 그 공개 여부는 공개를 거부할 만한 정당한 이익이 있는지 여부에 따라 결정되어야 하는바, 그 정당한 이익이 있는지 여부는 앞서 본 공공기관의 정보공개에 관한 법률의 입법 취지에 비추어 이를 엄격하게 판단하여야 할 뿐만 아니라, 국민에 의한 감시의 필요성이 크고 이를 감수하여야 하는 면이 강한 공익법인에 대하여는 보다 소극적으로 판단하여야 한다.

[3] 방송사의 취재활동을 통하여 확보한 결과물이나 그 과정에 관한 정보 또는 방송프로그램의 기획·편성·제작 등에 관한 정보는 경쟁관계에 있는 다른 방송사와의 관계나 시청자와의 관계, 방송프로그램의 객관성·형평성·중립성이 보호되어야 한다는 당위성 측면에서 볼 때 '타인에게 알려지지 아니함이 유리한 사업활동에 관한 일체의 정보'에 해당한다고 볼 수 있는바, 개인 또는 집단의 가치관이나 이해관계에 따라 방송프로그램에 대한 평가가 크게 다를 수밖에 없는 상황에서, 공공기관의 정보공개에 관한 법률에 의한 정보공개청구의 방법으로 방송사가 가지고 있는 방송프로그램의 기획·편성·제작 등에 관한 정보 등을 제한 없이 모두 공개하도록 강제하는 것은 방송사로 하여금 정보공개의 결과로서 야기될 수 있는 각종 비난이나 공격에 노출되게 하여 결과적으로 방송프로그램 기획 등 방송활동을 위축시킴으로써 방송사의 경영·영업상의 이익을 해하고 나아가 방송의 자유와 독립을 훼손할 우려가 있다. 따라서 <u>방송프로그램의 기획·편성·제작 등에 관한 정보로서 방송사가 공개하지 아니한 것은, 사업활동에 의하여 발생하는 위해로부터 사람의 생명·신체 또는 건강을 보호하기 위하여 공개할 필요가 있는 정보나 위법·부당한 사업활동으로부터 국민의 재산 또는 생활을 보호하기 위하여 공개할 필요가 있는 정보를 제외하고는, 공공기관의 정보공개에 관한 법률 제9조 제1항 제7호에 정한 '법인 등의 경영·영업상 비밀에 관한 사항'에 해당할 뿐만 아니라 그 공개를 거부할 만한 정당한 이익도 있다고 보아야 한다.</u>[44]

⑧ 특정인이해관련정보

법은 공개될 경우 부동산투기, 매점매석 등으로 특정인에게 이익 또는 불이익을 줄 우려가 있다고 인정되는 정보를 비공개대상으로 삼고 있습니다(법 제9조 제1항 제8호). 이처럼 부동산 투기·매점매석 등으로 특정인에게 이익 또는 불이익을 줄 우려가 있는 정보를 비공개사유로 한 것은 이례적이지만 나름 정보공개제도의 남용을 경

---

44 대법원 2010. 12. 23. 선고 2008두13101 판결. 한국방송공사(KBS)가 황우석 교수의 논문조작 사건에 관한 사실관계의 진실 여부를 밝히기 위하여 제작한 '추적 60분' 가제 "새튼은 특허를 노렸나"인 방송용 60분 분량의 편집원본 테이프 1개에 대하여 정보공개청구를 하였으나, 한국방송공사가 정보공개청구접수를 받은 날로부터 20일 이내에 공개 여부결정을 하지 않아 비공개결정을 한 것으로 간주된 사안에서, 위 정보는 방송프로그램의 기획·편성·제작 등에 관한 정보로서, 공공기관의 정보공개에 관한 법률 제9조 제1항 제7호에서 비공개대상 정보로 규정하고 있는 '법인 등의 경영·영업상 비밀에 관한 사항으로서 공개될 경우 법인 등의 정당한 이익을 현저히 해할 우려가 있다고 인정되는 정보'에 해당함에도 이와 달리 판단한 원심판결에 법리를 오해한 위법이 있다고 한 사례입니다. 같은 취지의 판례로 대법원 2020. 5. 14. 선고 2020두31408, 2020두31415(병합) 판결; 2018. 4. 12. 선고 2014두5477 판결(정보공개거부처분취소청구의소); 2011. 11. 24. 선고 2009두19021 판결 등을 참조.

계한 결과라고 이해할 여지도 있습니다. 그러나 부동산투기나 매점매석, 특정인에 대한 이익과 불이익이라는 개념 모두가 불확정적이고 모호한 개념이서 자칫 확장해석될 우려도 없지 않습니다. 하지만 적용례는 거의 없습니다.

2.3. 비공개 세부기준과 점검

정보공개법은 제9조 제3항에서 공공기관은 제1항 각호의 범위에서 해당 공공기관의 업무 성격을 고려하여 비공개 대상 정보의 범위에 관한 세부 기준("비공개 세부기준")을 수립하고 이를 정보통신망을 활용한 정보공개시스템 등을 통하여 공개하도록 의무화하고 있습니다. 또한 공공기관(국회·법원·헌법재판소 및 중앙선거관리위원회는 제외)은 이에 따라 수립된 비공개 세부 기준이 제1항 각호의 비공개 요건에 부합하는지 3년마다 점검하고 필요한 경우 비공개 세부 기준을 개선하여 그 점검 및 개선 결과를 행정안전부장관에게 제출하도록 하였습니다. 이는 2020년 12월 22일 개정법률에서 신설된 내용으로 법적 불확실성을 줄이고 비공개 기준을 현행화함으로써 정보공개의 예측가능성과 적실성을 확보하려는 취지라고 이해됩니다.

2.4. 정보공개청구와 권리남용

정보공개청구가 권리의 남용에 해당하는 것이 명백한 경우에도 정보공개청구권의 행사를 허용해야 하는지 여부가 분명치 않아 논란의 여지가 있습니다. 이와 관련하여, 교도소에 복역 중인 청구인이 지방검찰청 검사장에게 자신에 대한 불기소사건 수사기록 중 타인의 개인정보를 제외한 부분의 공개를 청구하였으나 검사장이 구 공공기관의 정보공개에 관한 법률 제9조 제1항 등에 규정된 비공개 대상 정보에 해당한다는 이유로 비공개 결정을 한 사안에서, 대법원은 정보를 취득 또는 활용할 의사가 전혀 없이 정보공개 제도를 이용하여 사회통념상 용인될 수 없는 부당한 이득을 얻으려 하거나, 오로지 공공기관의 담당공무원을 괴롭힐 목적으로 정보공개청구를 하는 경우처럼 권리의 남용에 해당하는 것이 명백한 경우에는 정보공개청구권의 행사를 허용하지 아니하는 것이 옳다고 판시했습니다.[45]

---

45 대법원 2014. 12. 24. 선고 2014두9349 판결(정보비공개결정처분취소): 원고가 정보에 접근

　"구 공공기관의 정보공개에 관한 법률(2004. 1. 29. 법률 제7127호로 전문 개정되기 전의 것)의 목적, 규정 내용 및 취지에 비추어 보면 정보공개청구의 목적에 특별한 제한이 없으므로, 오로지 상대방을 괴롭힐 목적으로 정보공개를 구하고 있다는 등의 특별한 사정이 없는 한 정보공개의 청구가 신의칙에 반하거나 권리남용에 해당한다고 볼 수 없다."[46]

2.5. 공개청구 대상 정보의 특정 정도

　정보공개 청구시 대상 정보를 어느 정도로 특정해야 하느냐에 관하여 대법원은 사회일반인의 관점에서 청구대상정보의 내용과 범위를 확정할 수 있을 정도로 특정해야 한다고 합니다.

공개청구 대상 정보의 특정 정도

　[1] 공공기관의 정보공개에 관한 법률 제10조 제1항 제2호는 정보의 공개를 청구하는 자는 정보공개청구서에 '공개를 청구하는 정보의 내용' 등을 기재할 것을 규정하고 있는바, 청구대상정보를 기재함에 있어서는 사회일반인의 관점에서 청구대상정보의 내용과 범위를 확정할 수 있을 정도로 특정함을 요한다.

　[2] 정보비공개결정의 취소를 구하는 사건에 있어서, 만일 공개를 청구한 정보의 내용 중 너무 포괄적이거나 막연하여서 사회일반인의 관점에서 그 내용과 범위를 확정할 수 있을 정도로 특정되었다고 볼 수 없는 부분이 포함되어 있다면, 이를 심리하는 법원으로서는 마땅히 공공기관의 정보공개에 관한 법률 제20조 제2항의 규정에 따라 공공기관에게 그가 보유·관리하고 있는 공개청구정보를 제출하도록 하여 이를 비공개로 열람·심사하는 등의 방법으로 공개청구정보의 내용과 범위를 특정시켜야 하고, 나아가 위와 같은 방법으로도 특정이 불가능한 경우에는 특정되지 않은 부분과 나머지 부분을 분리할 수 있고 나머지 부분에 대한 비공개결정이 위법한 경우라고 하여도 정보공개의 청구 중 특정되지 않은 부분에 대한 비공개결정의 취소를 구하는 부분은 나머지 부분과 분리하여 이를 기각하여야 한다.

　[3] 공공기관의 정보공개에 관한 법률에 따라 공개를 청구한 정보의 내용이 '대한주택공사의 특정 공공택지에 관한 수용가, 택지조성원가, 분양가, 건설원가 등 및 관련 자료 일체'인 경우, '관련 자료 일체' 부분은 그 내용과 범위가 정보공개청구 대상정보로서 특정되지 않았다고 한 사례.[47]

하는 것을 목적으로 정보공개를 청구한 것이 아니라, 청구가 거부되면 거부처분의 취소를 구하는 소송에서 승소한 뒤 소송비용 확정절차를 통해 자신이 그 소송에서 실제 지출한 소송비용보다 다액을 소송비용으로 지급받아 금전적 이득을 취하거나, 수감 중 변론기일에 출정하여 강제노역을 회피하는 것 등을 목적으로 정보공개를 청구하였다고 볼 여지가 큰 점 등에 비추어 원고의 정보공개청구는 권리를 남용하는 행위로서 허용되지 않는다고 한 사례.

46　대법원 2006. 8. 24. 선고 2004두2783 판결(정보공개거부처분취소).
47　대법원 2007. 6. 1. 선고 2007두2555 판결(정보비공개결정처분취소). 또한 대법원 2018. 4. 12. 선고 2014두5477 판결(정보공개거부처분취소청구의소).

2.6. 제3자에 대한 통지·의견청취

정보공개청구를 받은 공공기관은 공개 대상 정보의 전부 또는 일부가 제3자와 관련이 있다고 인정할 때에는 그 사실을 제3자에게 지체 없이 통지해야 하며, 필요한 경우에는 그의 의견을 들을 수 있습니다(§ 11 ③). 이것은 공개청구된 정보를 공개할 경우 본인의 권익이나 사생활의 비밀을 침해할 우려가 있는 경우처럼 공개청구된 정보와 이해관계를 가지는 제3자의 권익을 보호하려는데 취지를 둔 것입니다. 그러나 제3자의 권익을 실질적으로 보호하려면 이처럼 공공기관의 임의적 판단에 따라 의견청취를 할 수 있도록 하는 데 그칠 것이 아니라 제3자에게 공개 여부에 관한 결정을 내리기 전에 의견제출기회를 보장해 주는 것이 필요합니다. 정보는 한번 알려지면 돌이킬 수 없게 되는 것이기 때문입니다. 그러한 취지에서 법 제21조 제1항은 제11조 제3항에 따라 공개청구된 사실을 통지받은 제3자는 통지받은 날부터 3일 이내에 해당 공공기관에 공개하지 아니할 것을 요청할 수 있도록 하고 있습니다.

2.7. 정보 공개의 방법과 절차

법은 제14조에서 제17조까지의 규정을 두어 부분공개, 전자적 공개, 즉시처리 가능 정보의 공개, 비용부담 등에 관한 규정을 두고 있습니다.

> **보유하다 폐기한 정보와 정보부존재의 증명책임**
>
> "정보공개제도는 공공기관이 보유·관리하는 정보를 그 상태대로 공개하는 제도로서 공개를 구하는 정보를 공공기관이 보유·관리하고 있을 상당한 개연성이 있다는 점에 대하여 원칙적으로 공개청구자에게 증명책임이 있다고 할 것이지만, 공개를 구하는 정보를 공공기관이 한 때 보유·관리하였으나 후에 그 정보가 담긴 문서등이 폐기되어 존재하지 않게 된 것이라면 그 정보를 더 이상 보유·관리하고 있지 아니하다는 점에 대한 증명책임은 공공기관에게 있다.
>
> 교도소직원회운영지침과 재소자자변물품공급규칙이 폐지되었다 하여 곧바로 교도소장이 그 정보가 담긴 문서들을 보관·관리하지 않고 있다고 단정할 수는 없다."[48]

> **원본공개의 원칙**
>
> "공공기관의정보공개에관한법률상 공개청구 대상이 되는 정보란 공공기관이 직무상 작성 또는

---

[48] 대법원 2004. 12. 9. 선고 2003두12707 판결(정보공개거부처분취소).

취득하여 현재 보유·관리하고 있는 문서에 한정되는 것이기는 하나, 그 <u>문서가 반드시 원본일 필요는 없다.</u>"[49]

한편 법 제14조는 공개청구된 정보가 비공개사유에 해당하는 부분과 공개가 가능한 부분이 혼합되어 있는 경우로서 공개 청구의 취지에 어긋나지 아니하는 범위에서 두 부분을 분리할 수 있는 때에는 비공개사유에 해당하는 부분을 제외하고 공개해야 한다고 규정하고 있습니다. 이는 공개대상정보와 비공개정보가 섞여 있는 경우 일종의 '가분리행위(可分離行爲) 이론'(théorie de l'acte détachable) 또는 '합리적으로 분리 가능한 기록 부분'(reasonably segregable portion of a record)의 공개를 규정한 미국 정보자유법 제552조 (b)(5 U.S.C. § 552(b))와 유사한 견지에서 공개대상정보만을 공개하도록 한 것입니다. 그러나 공개배제를 정당화하는 이유를 청구인에게 서면으로 소명하도록 하는 것이 바람직합니다.

> 대법원은 이를 전제로 부분공개가 가능한데도 공개를 거부한 경우 법원은 거부처분 중 공개가 가능한 정보에 관한 부분만을 취소해야 한다고 판시하고 있습니다. 실례로, 지방자치단체의 업무추진비 세부항목별 집행내역 및 관련 증빙서류의 공개를 거부한 처분에 대해 제기된 취소소송에서 법원이 행정청의 정보공개거부처분의 위법 여부를 심리한 결과 <u>공개를 거부한 정보에 비공개대상 정보에 해당하는 부분과 공개가 가능한 부분이 혼합되어 있고 공개청구의 취지에 어긋나지 아니하는 범위 안에서 두 부분을 분리할 수 있음을 인정할 수 있을 때에는, 위 정보 중 공개가 가능한 부분을 특정하고 판결의 주문에 행정청의 위 거부처분 중 공개가 가능한 정보에 관한 부분만을 취소한다고 표시해야</u> 한다고 판시했습니다.[50] 또한 대법원은 '행정청이 공개를 거부한 정보 중 법인의 계좌번호, 개인의 주민등록번호, 계좌번호 등에 해당하는 정보를 제외한 나머지 부분의 정보를 공개하는 것이 타당하다고 하면서 판결 주문에서 정보공개거부처분 전부를 취소한 것은 위법하다.'고 판시한 바 있습니다.[51]

공공기관은 제11조에 따라 정보의 공개를 결정한 경우에는 공개의 일시 및 장소 등을 분명히 밝혀 청구인에게 통지해야 하며(§ 13 ①), 비공개결정, 즉 정보를 공개하지 않기로 결정한 경우에는 그 사실을 청구인에게 지체 없이 문서로 통지해야 합니다. 이 경우 비공개사유와 불복의 방법 및 절차를 구체적으로 밝혀야 합니다(§ 13 ④).

---

49 대법원 2006. 5. 25. 선고 2006두3049 판결(사건기록등사불허가처분취소).
50 대법원 2003. 3. 11. 선고 2001두6425 판결(행정정보비공개결정처분취소).
51 대법원 2009. 4. 23. 선고 2009두2702 판결(정보공개거부처분취소).

[1] 공공기관의정보공개에관한법률 제1조, 제3조, 제6조는 국민의 알권리를 보장하고 국정에 대한 국민의 참여와 국정운영의 투명성을 확보하기 위하여 공공기관이 보유·관리하는 정보를 모든 국민에게 원칙적으로 공개하도록 하고 있으므로, 국민으로부터 보유·관리하는 정보에 대한 공개를 요구받은 공공기관으로서는 같은 법 제7조 제1항 각호에서 정하고 있는 비공개사유에 해당하지 않는 한 이를 공개하여야 할 것이고, 만일 이를 거부하는 경우라 할지라도 대상이 된 정보의 내용을 구체적으로 확인·검토하여 어느 부분이 어떠한 법익 또는 기본권과 충돌되어 같은 법 제7조 제1항 몇 호에서 정하고 있는 비공개사유에 해당하는지를 주장·입증하여야만 할 것이며, 그에 이르지 아니한 채 개괄적인 사유만을 들어 공개를 거부하는 것은 허용되지 아니한다.

[2] 행정처분의 취소를 구하는 항고소송에 있어서, 처분청은 당초 처분의 근거로 삼은 사유와 기본적 사실관계가 동일성이 있다고 인정되는 한도 내에서만 다른 사유를 추가하거나 변경할 수 있고, 여기서 기본적 사실관계의 동일성 유무는 처분사유를 법률적으로 평가하기 이전의 구체적인 사실에 착안하여 그 기초인 사회적 사실관계가 기본적인 점에서 동일한지 여부에 따라 결정되며 이와 같이 기본적 사실관계와 동일성이 인정되지 않는 별개의 사실을 들어 처분사유로 주장하는 것이 허용되지 않는다고 해석하는 이유는 행정처분의 상대방의 방어권을 보장함으로써 실질적 법치주의를 구현하고 행정처분의 상대방에 대한 신뢰를 보호하고자 함에 그 취지가 있고, 추가 또는 변경된 사유가 당초의 처분시 그 사유를 명기하지 않았을 뿐 처분시에 이미 존재하고 있었고 당사자도 그 사실을 알고 있었다 하여 당초의 처분사유와 동일성이 있는 것이라 할 수 없다.

[3] 당초의 정보공개거부처분사유인 공공기관의정보공개에관한법률 제7조 제1항 제4호 및 제6호의 사유는 새로이 추가된 같은 항 제5호의 사유와 기본적 사실관계의 동일성이 없다고 한 사례.52

3. 정보공개 거부 또는 비공개 결정에 대한 불복구제

정보공개에 관한 불복구제절차는 공공기관내 자체심사(자기통제: Selbstkontrolle)와 사법부에 의한 심사(제3자통제: Fremdkontrolle) 두 단계로 나뉩니다. 법은 공개 여부결정에 대한 구제절차를 크게 이의신청, 행정심판 및 행정소송의 세 가지 단계로 나누고 있는데, 이의신청은 자기통제에, 행정심판과 행정소송은 제3자통제에 각각 해당합니다.

그중에서도 특히 행정소송은 정보공개에 관한 사법적 불복구제절차입니다. 물론 정보공개와 관련된 공공기관의 처분·부작위에 대하여 헌법재판소에 의한 헌법소원 등이 제기될 수도 있습니다. 그렇지만 행정소송은 통상적인 권리구제절차의 최종단계에 해당합니다. 법은 제20조에서 "청구인이 정보공개와 관련한 공공기관의 결정에 대하여 불복이 있거나 정보공개 청구 후 20일이 경과하도록 정보공개 결정이 없는

---

52 대법원 2003. 12. 11. 선고 2001두8827 판결(정보공개청구거부처분취소).

때에는 행정소송법에서 정하는 바에 따라 행정소송을 제기할 수 있다."고 규정하고 있습니다(§ 20 ①). 대법원은 정보공개법의 목적, 규정 내용 및 취지 등에 비추어, 국민의 정보공개청구권은 법률상 보호되는 구체적인 권리이므로, 공공기관에 정보공개를 청구하였다가 공개거부처분을 받은 청구인은 행정소송을 통하여 그 공개거부처분의 취소를 구할 법률상 이익이 있다고 판시한 바 있습니다.53

한편 정보공개청구자가 특정한 것과 같은 정보를 공공기관이 보유·관리하고 있지 않은 경우, 정보공개청구자는 원칙적으로 해당 정보에 대한 공개거부처분에 대하여 취소를 구할 법률상 이익이 없으며, 그 정보를 더 이상 보유·관리하고 있지 않다는 데 대한 증명책임은 공공기관에게 있다는 것이 대법원의 판례입니다.

> "공공기관의 정보공개에 관한 법률(이하 '정보공개법'이라고 한다)에서 말하는 공개대상 정보는 정보 그 자체가 아닌 정보공개법 제2조 제1호에서 예시하고 있는 매체 등에 기록된 사항을 의미하고, 공개대상 정보는 원칙적으로 공개를 청구하는 자가 정보공개법 제10조 제1항 제2호에 따라 작성한 정보공개청구서의 기재내용에 의하여 특정되며, 만일 <u>공개청구자가 특정한 바와 같은 정보를 공공기관이 보유·관리하고 있지 않은 경우라면 특별한 사정이 없는 한 해당 정보에 대한 공개거부처분에 대하여는 취소를 구할 법률상 이익이 없다.</u> 이와 관련하여 공개청구자는 그가 공개를 구하는 정보를 공공기관이 보유·관리하고 있을 상당한 개연성이 있다는 점에 대하여 입증할 책임이 있으나, 공개를 구하는 정보를 공공기관이 한때 보유·관리하였으나 후에 그 정보가 담긴 문서들이 폐기되어 존재하지 않게 된 것이라면 그 <u>정보를 더 이상 보유·관리하고 있지 않다는 점에 대한 증명책임은 공공기관에 있다.</u>"54

행정소송이 제기된 경우 재판장은 필요하다고 인정되는 때에는 당사자를 참여시키지 아니하고 제출된 공개청구정보를 비공개로 열람·심사할 수 있습니다(§ 20 ②). "행정소송의 대상이 제9조 제1항 제2호에 따른 정보중 국가안전보장·국방 또는 외교관계에 관한 정보의 비공개 또는 부분공개 결정처분인 경우에 공공기관이 그 정보에 대한 비밀지정의 절차, 비밀의 등급·종류 및 성질과 이를 비밀로 취급하게 된 실질적인 이유 및 공개를 하지 아니 하는 사유 등을 입증하는 때에는 해당 정보를 제출하지 아니하게 할 수 있습니다(§ 20 ③).

공개 청구하는 정보를 공공기관이 보유·관리하고 있을 상당한 개연성이 있다는 점에 대해서는 원칙적으로 공개청구자에게 증명책임이 있지만, 정보를 공공기관이 한 때 보유·관리하였으나 후에 그 정보가 담긴 문서등이 폐기되어 존재하지 않게

---

53 대법원 2003. 3. 11. 선고 2001두6425 판결(행정정보비공개결정처분취소).
54 대법원 2013. 1. 24. 선고 2010두18918 판결(정보공개거부처분취소).

되었다면 그 정보를 더 이상 보유·관리하고 있지 않다는 사실의 증명책임은 공공기관에 있다는 것이 대법원 판례입니다.[55]

현행 행정소송법에 따른 행정소송제도가 국민의 권리보호를 실효적으로 보장하기에 여러 가지 결함을 지닌 제도라는 인식이 팽배해 왔음을 고려할 때 법이 이에 대한 아무런 대안을 마련하지 않은 것도 역시 심각한 문제점입니다. 여기서 행정소송제도의 문제점을 일일이 상론할 수는 없으나 그중 가장 중요한 결함 두 가지만을 지적한다면 가구제절차가 불비하다는 점과 행정상 이행소송이 인정되지 않고 있다는 점을 들 수 있습니다.

전자는 정보공개소송의 특수성에 비추어 특히 절실히 요구되는 제도인데 행정소송법은 이에 관한 효과적인 제도보장을 하지 못하고 있습니다. 현행법상 취소소송에 관하여 인정되고 있는 집행정지제도는 그 요건이 너무 엄격할 뿐만 아니라 비공개결정의 취소를 구하는 소송에 있어 집행정지결정이 있어도 비공개결정의 효력이나 집행, 절차의 속행을 정지한다는 것이 별반 의미를 가질 수 없고 이를 통해서 정보공개청구에 대한 적극적인 가처분과 같은 효과를 기대할 수 없습니다. 후자에 관해서는 정보공개소송은 결국 이행소송의 형태로 제기되고 또 허용되어야 그 본래적 목적을 달성할 수 있는 것인데 이러한 형태의 소송이 허용되지 않고 있다는 점을 지적하지 않을 수 없습니다. 결국 현행법상 허용되는 비공개결정(또는 법 제9조 제4항의 규정에 따라 의제된 비공개결정)에 대한 취소소송은 설령 그것이 인용된다 하더라도 그 효과는 행정소송법 제30조 제2항과 제34조에 따른 간접강제에 의해서만 뒷받침될 수 있을 뿐입니다. 우선 비공개결정에 대한 취소소송의 인용판결이 확정되는 데 걸리는 시간(상고기간)과 행정소송법 제34조 제1항에 따른 수소법원이 정하는 '상당한 기간'이 경과한 뒤에야 그러한 간접강제의 효력이 나타날 터인데 이때에는 정보공개가 이미 무의미해질 경우가 적지 않을 것입니다. 또 정보보유기관이 새로운 이유를 들어 정보공개를 거부할 수 있으므로 그러한 경우 정보공개소송을 통한 정보공개에 관한 권리구제는 더욱 더 지연될 가능성이 있습니다. 이러한 요인들은 결국 정보공개에 관한 권리구제에서 요구되는 신속성을 저해함으로써 정보공개소송이 오히려 정보공개에 관한 불복구제수단이기 보다는 정보공개를 지연시키거나 시민의 정보공개 요구

---

55 대법원 2013. 1. 24. 선고 2010두18918 판결(정보공개거부처분취소).

를 사보타지하는 방편으로 악용될 우려를 낳게 됩니다.[56]

따라서 정보공개에 관한 불복절차 중 정보공개소송은 현행 행정소송법에 맡길 것이 아니라 정보공개법의 차원에서 정보공개의 특수성을 고려한 특별한 규율을 행하고 그 밖의 사항에 관해서만 행정쟁송법의 보충적 적용을 인정하는 데 그쳐야 할 것입니다.

법은 제21조에서 제3자의 이의신청권과 행정심판제기권, 그리고 일종의 '역(逆)정보소송'(Reverse FOIA Suit) 내지 '정보보전소송'에 해당하는 행정소송을 제기할 수 있는 절차적 가능성을 열어 놓았습니다. 즉, 제11조 제3항에 따라 공개청구된 사실을 통지받은 제3자는 통지받은 날부터 3일 이내에 해당 공공기관에 대하여 자신과 관련된 정보를 공개하지 아니할 것을 요청할 수 있고(§ 21 ①), 비공개요청에도 불구하고 공공기관이 공개결정을 할 때에는 공개결정이유와 공개실시일을 명시하여 지체 없이 문서로 통지해야 하며, 제3자는 해당 공공기관에 문서로 이의신청을 하거나 행정심판 또는 행정소송을 제기할 수 있습니다. 이 경우 이의신청은 통지를 받은 날부터 7일 이내에 해야 합니다(§ 21 ②). 공공기관은 제2항에 따른 공개결정일과 공개실시일의 사이에 최소한 30일의 간격을 두어야 합니다(§ 21 ③).

한편 공공기관이 청구정보를 증거 등으로 법원에 제출하여 법원을 통하여 그 사본을 청구인에게 교부 또는 송달되게 하여 결과적으로 청구인에게 정보를 공개하는 셈이 되었다고 하더라도, 이러한 우회적인 방법은 정보공개법이 예정하고 있지 아니한 방법으로서 정보공개법에 따른 공개라고 볼 수는 없으므로, 해당 정보의 비공개결정의 취소를 구할 소의 이익은 소멸되지 않는다는 것이 대법원의 판례입니다.[57]

정보공개법이 비밀유지법이 되어서도 안 되지만 비밀침해법이어서도 아니 됩니다. 정보공개의 취지에 비추어 보다 우월적인 법익을 보호하기 위하여 최소한의 불가피한 범위 내에서 비공개사유들이 시인되는 것이라면, 그러한 법익의 우월성이 인정되는 비공개정보에 대한 접근이 허용되어서는 아니 됩니다. 정보공개법은 부수적으로 개인정보보호법과 함께 보호가치 있는 정보의 보호를 위한 법, 나아가 정보의

---

56 또한 바로 그런 이유에서 정보공개에 관한 가처분제도의 도입이 검토될 필요가 있는 것이기도 합니다.
57 대법원 2016. 12. 15. 선고 2012두11409, 11416(병합) 판결(심리생리검사 관련 자료 일체 등에 대한 정보공개청구 사건); 2004. 3. 26. 선고 2002두6583 판결.

취득·보유·유통 등에 관한 통일적 법질서를 구축하기 위한 제도적 토대 기능도 있습니다. 가령 국가 안보에 관한 중대한 정보가 정보공개라는 명분 아래 우리 경쟁국이나 적대관계에 있는 단체에게 유출되는 것을 방치할 수는 없을 것이고 비공개로 해야 할 기업의 영업비밀이나 개인의 프라이버시 관련 정보가 경쟁기업이나 상업적 이해관계를 지닌 단체·개인에게 함부로 유출되는 것을 내버려 둘 수도 없습니다.

역(逆)정보소송 내지 정보보전소송은 1970년대 중반 이래 미국에서 심각하게 대두된 문제였던 정부기관이 보유하는 기업비밀이나 영업관련정보의 보호를 위한 하나의 대안으로 인정되었던 것입니다. 따라서 정보공개법은 보호가치 있는 비밀이나 정보 보호를 위한 효과적인 방법을 마련하는 데에도 노력을 아끼지 말아야 합니다. 그러나 법은 제21조 제2항에서 제3자의 행정소송제기권을 규정하면서도 관련 규율을 구체화하지 않고 행정소송법에 맡겨 버림으로써 행정소송제도의 결함과 문제점도 그대로 승계되는 결과가 되었습니다.

행정강제법

제27강
행정의 실효성을 확보하는 방법

행정이 법을 집행하고 공익을 실현하려면 국민에게 의무를 부과하거나 어떤 행위를 금지해야 하는 경우가 생깁니다. 행정작용이 본연의 목적을 달성하려면 행정법상 의무의 이행을 강제하거나 의무위반에 대하여 제재를 가하는 등 실효성 확보 수단이 필요합니다. 그렇다면 행정기관은 어떻게 행정의 실효성을 확보할 수 있을까요? 반대로 시민의 입장에서는 사정이 다릅니다. 예를 들어 무리한 행정대집행으로 주택이나 상점을 철거당하는 피해를 입었다면 어떻게 다투고 또 구제를 받을 수 있을까요? 실제로 재개발·재건축 관련 강제집행과정에서 철거용역의 폭력으로 피해를 입거나 인권을 침해당하는 경우도 드물지 않습니다. 그런 경우 어떻게 해야 할까요?

행정이 강제처분을 하려면 법치행정의 원칙상 법률에 명시적 근거가 필요합니다. 우리나라는 1953년 독일의 행정집행법(Verwaltungsvollstreckungsgesetz) 같은 일반법은 없고 행정대집행법 등 단행법과 분야별 개별법에서 산발적인 규율이 이루어지고 있을 뿐입니다.

I. 행정의 실효성 확보의 체계와 분류

1. 행정의 실효성 확보의 체계

실효성 확보수단의 체계화와 분류는 학설에 맡겨져 있습니다. 종래 행정작용의 실효성확보 수단에 관한 논의는 행정벌과 행정강제(Verwaltungszwang)를 양축으로 하여 전개되어 왔습니다. 전자를 행정법상 의무위반에 대한 제재수단으로, 후자를 행정법상 의무이행을 강제하기 위한 행정상 강제집행(대집행·행정상 강제징수·집행벌·직접강제), 행정상 즉시강제·행정조사 등 강제수단으로 각각 준별하는 전통적 사고방식이 배경을 이루고 있었습니다. 그러나 양자는 「제재」와 「강제」라는 법적 조치의 논리구조·태양에서는 구별되지만 행정법상 의무이행을 강제적으로 확보한다는 측면에서는 단지 상대적으로만 구별될 뿐입니다. 행정강제가 직접적 의무이행 확보 수단이라면 행정벌은 간접적인 의무이행 확보 수단으로 기능하는 것이기 때문입니다. 또 전통적인 의무이행 확보 수단들이 변화된 현실에서 기능적 한계를 드러냄에 따라 이를 보완하기 위한 새로운 유형의 수단들이 등장하여 널리 활용되고 있기도 합니다.

2. 행정의 실효성 확보 수단의 분류

행정법상 의무이행 확보를 위한 수단으로는 행정상 강제집행(대집행·행정상 강제징수·집행벌·직접강제)과 행정벌(행정형벌 및 행정질서벌), 행정상 즉시강제, 행정조사 등이 거론됩니다.

「행정기본법」은 행정청은 행정목적을 달성하기 위하여 필요한 경우에는 법률로 정하는 바에 따라 필요한 최소한의 범위에서 다음 각호의 어느 하나에 해당하는 조치를 할 수 있다는 규정(§ 30 ①)을 두어 기존의 학설에서 통용되어 온 행정상 강제수단들을 명문화하였습니다.

1. 행정대집행: 의무자가 행정상 의무(법령등에서 직접 부과하거나 행정청이 법령등에 따라 부과한 의무)로 타인이 대신하여 행할 수 있는 의무를 이행하지 아니하는 경우 법률로 정하는 다른 수단으로는 그 이행을 확보하기 곤란하고 그 불이행을 방치하면 공익을 크게 해칠 것으로 인정될 때에 행정청이 의무자가 하여야 할 행위를 스스로 하거나 제3자가 하게 하고 비용을 의무자로부터 징수하는 것(§ 30 ① 제1호)
2. 이행강제금의 부과: 의무자가 행정상 의무를 이행하지 아니하는 경우 행정청이 적절한 이행기간을 부여하고, 그 기한까지 행정상 의무를 이행하지 아니하면 금전급부의무를 부과하는 것(§ 30 ① 제2호)
3. 직접강제: 의무자가 행정상 의무를 이행하지 아니하는 경우 행정청이 의무자의 신체나 재산에 실력을 행사하여 그 행정상 의무의 이행이 있었던 것과 같은 상태를 실현하는 것(§ 30 ① 제3호)
4. 강제징수: 의무자가 행정상 의무 중 금전급부의무를 이행하지 아니하는 경우 행정청이 의무자의 재산에 실력을 행사하여 그 행정상 의무가 실현된 것과 같은 상태를 실현하는 것(§ 30 ① 제4호)
5. 즉시강제: 현재의 급박한 행정상의 장해를 제거하기 위한 경우로서 다음 각 목의 어느 하나에 해당하는 경우에 행정청이 곧바로 국민의 신체 또는 재산에 실력을 행사하여 행정목적을 달성

하는 것(§ 30 ① 제5호)
  가. 행정청이 미리 행정상 의무 이행을 명할 시간적 여유가 없는 경우
  나. 그 성질상 행정상 의무의 이행을 명하는 것만으로는 행정목적 달성이 곤란한 경우

　행정상 강제 조치에 관하여 「행정기본법」에서 정한 사항 외에 필요한 사항은 따로 법률로 정하도록 되어 있습니다(§ 30 ②). 향후 가칭 '행정강제법' 제정을 기대해 볼 수 있을 것입니다.

　한편 형사(刑事), 행형(行刑) 및 보안처분 관계 법령에 따라 행하는 사항이나 외국인의 출입국·난민인정·귀화·국적회복에 관한 사항에 관하여는 이 절을 적용하지 아니합니다(§ 30 ③). 이와 아울러 건축법 등 행정규제법 이행 확보를 위한 수단으로 널리 이용되어 온 이행강제금의 부과에 대해서도 법적 제한을 가하는 조항을 두었고 (§ 31), 직접강제의 요건(§ 32), 즉시강제의 보충성과 최소한의 원칙, 절차(§ 3)를 규정 하였습니다.[1]

　한편 앞서 본 전형적인 행정강제 수단 외에 금전적 제재, 인·허가 취소·정지, 행정상 공표(예: 식품위생법 § 84) 등 새로운 유형이 널리 활용되고 있습니다.

행정절차법 개정법률에 따른 '위반사실의 공표'

　행정절차법은 2022년 1월 11일의 개정법률 제40조의3에서 '위반사실 등의 공표'라는 표제하에 행정상 공표의 법적 근거를 명시한 바 있습니다. 행정청은 법령에 따른 의무를 위반한 자의 성명·법인명, 위반사실, 의무 위반을 이유로 한 처분사실 등(이하 "위반사실등"이라 한다)을 법률로 정하는 바에 따라 일반에게 공표할 수 있습니다(§ 40조의3 ①).

　행정청은 위반사실등의 공표를 하기 전에 사실과 다른 공표로 인하여 당사자의 명예·신용 등이 훼손되지 아니하도록 객관적이고 타당한 증거와 근거가 있는지를 확인하여야 하며(§ 40조의3 ②), 위반사실등의 공표를 할 때에는 미리 당사자에게 그 사실을 통지하고 의견제출의 기회를 주어야 합니다. 다만, 다음 각호의 어느 하나에 해당하는 경우에는 예외입니다(§ 40조의3 ③).

　1. 공공의 안전 또는 복리를 위하여 긴급히 공표를 할 필요가 있는 경우
　2. 해당 공표의 성질상 의견청취가 현저히 곤란하거나 명백히 불필요하다고 인정될 만한 타당한 이유가 있는 경우
　3. 당사자가 의견진술의 기회를 포기한다는 뜻을 명백히 밝힌 경우

　의견제출의 기회를 받은 당사자는 공표 전에 관할 행정청에 서면이나 말 또는 정보통신망을 이용하여 의견을 제출할 수 있습니다(§ 40조의3 ④). 의견제출의 방법과 제출 의견의 반영 등에 관하여는 제27조 및 제27조의2를 준용하도록 되어 있는데, 이 경우 "처분"은 "위반사실등의 공표"로 봅니다(§ 40조의3 ⑤).

1　다만, 이 절은 이 법률의 공포후 2년이 경과한 날, 즉 2023년 3월 24일부터 시행됩니다.

위반사실등의 공표는 관보, 공보 또는 인터넷 홈페이지 등을 통하여 하도록 되어 있습니다(§ 40 조의3 ⑥).

행정청은 위반사실등의 공표를 하기 전에 당사자가 공표와 관련된 의무의 이행, 원상회복, 손해배상 등의 조치를 마친 경우에는 위반사실등의 공표를 하지 아니할 수 있습니다(§ 40조의3 ⑦).

한편 행정청은 공표된 내용이 사실과 다른 것으로 밝혀지거나 공표에 포함된 처분이 취소된 경우에는 그 내용을 정정하여, 정정한 내용을 지체 없이 해당 공표와 같은 방법으로 공표된 기간 이상 공표하여야 하며, 다만, 당사자가 원하지 아니하면 공표하지 아니할 수 있습니다(§ 40조의3 ⑧).

전통적 관점에서는 이 중 행정벌이나 금전적 제재, 인허가의 취소·정지와 같은 수단들은 과거의 의무위반에 대한 제재인데 비하여, 행정상 강제집행은 장래에 향하여 의무를 강제적으로 실현하는 수단이라는 점에서 준별된다고 합니다. 그러나 행정의 의사를 관철시킨다는 측면에서는 전자는 후자처럼 직접적 강제수단은 아닐지라도 간접적 의무확보수단이라고 볼 수 있어 둘 사이에 절대적 차이가 있는 것은 아닙니다.

〈행정작용의 실효성확보수단 개요〉

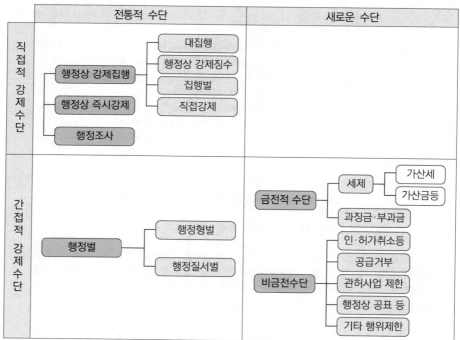

II. 행정상 강제집행

행정상 강제집행(Verwaltungsvollstreckung)이란 행정법상 의무불이행에 대하여 행정청이 장래에 향하여 강제적으로 그 의무자로 하여금 의무를 이행시키거나 이행된 것과 같은 상태를 실현하는 작용을 말합니다. 「행정기본법」은 '강제징수'를 "의무자가 행정상 의무 중 금전급부의무를 이행하지 아니하는 경우 행정청이 의무자의 재산에 실력을 행사하여 그 행정상 의무가 실현된 것과 같은 상태를 실현하는 것"이라고 정의합니다(§ 30 ① 제4호).

행정상 강제집행은 의무의 존재·불이행을 전제로 한다는 점에서 이를 전제로 하지 않는 행정상 즉시강제와 다르고, 단순한 자료획득을 위한 조사를 목적으로 하는 행정조사와도 다릅니다. 또 강제집행(Zwangsvollstreckung)이긴 하지만 행정청 스스로 자신의 판단과 수단에 의하여 행정법상 의무를 강제로 실현시키는 작용이라는 점(자력집행)에서 제3자인 법원에 의해서야 비로소 실현되는 민사상 강제집행(타력집행)과도 구별됩니다.

> 물론 행정청 자신에 의한 강제집행도 집행명의(Vollstreckungstitel)를 필요로 한다는 점에서는 민사상 강제집행의 경우와 다르지 않습니다. 다만 행정상 강제집행의 경우에는 행정청이 행정행위를 발함으로써 그 집행명의를 스스로 창출할 수 있다는 데 특징이 있습니다. 여기서 다시금 행정행위가 행정상 강제집행에서도 중심개념의 지위를 가짐을 볼 수 있습니다: 행정상 강제집행은 행정법상 의무의 존재를 전제로 하는 것이므로 이러한 행정법상의 의무를 발생시키는 근거가 되는 행위는 지체되면 위험이 발생할 긴급사유나 즉시집행력을 지닌 공법상 계약에 따른 의무 외에는 과세처분이나 경찰처분, 징집명령 등과 같이 명령·금지를 내용으로 하는 명령적 행정행위인 것이 보통일 것입니다.[2]

한편 행정상 강제집행과 행정벌은 행정법상 의무이행을 확보하는 수단이라는 점에서 공통되나 전자는 장래에 대한 의무이행의 직접적 강제인 데 비하여 후자는 과거의 의무위반에 대한 제재로서 간접적으로(심리적 강제) 의무이행을 확보하려는 방법이라는 점에서 구별됩니다.

---

2 Maurer, § 20 Rn.2, 6−8: Erichsen/Martens, § 20 Rn.2f.

1. 행정상 강제집행의 근거

1.1. 행정상 강제집행과 법률의 유보

과거 독일, 일본 등 대륙법계에서는 명령권은 강제권(집행권)도 포함하므로 강제가 새로운 의무를 부과할 경우에만 법률의 근거가 필요하다고 이해되었습니다. 이러한 사고방식은 오늘날 법치행정의 원리가 예외 없이 관철되는 상황에서는 더 이상 타당하지 않습니다.3 행정상 강제집행은 설령 새로운 의무를 부과하지 않을지라도 별도의 법률의 근거가 필요합니다.

1.2. 행정상 강제집행의 실정법적 근거

행정상 강제집행의 실정법적 근거로는 「행정기본법」(§ 30 ① 제4호·②) 외에, 일반법으로 ① 대집행에 관한 행정대집행법, ② 국세징수법이 있고, 그 밖에 특례법으로 ③ 「공익사업을 위한 토지 등의 취득 및 보상에 관한 법률」(§ 89), 출입국관리법(§ 62) 등이 있습니다. 이 중 국세징수법은 본래 국세징수에 관하여 적용되는 것이지만 여러 법률이 이를 준용하고 있어(예: 지방세기본법 § 98, 「공익사업을 위한 토지 등의 취득 및 보상에 관한 법률」§ 90 등), 사실상 공법상 금전급부 의무의 강제집행에 관한 일반법으로 기능한다고도 말할 수 있습니다.

2. 행정상 강제집행의 종류

행정상 강제집행의 수단으로는 대집행, 행정상 강제징수, 집행벌, 직접강제 등이 있으나, 집행벌과 직접강제는 극소수의 단행법에서만 규정되고 있을 뿐 그 예가 많지 않습니다. 이들 강제집행수단의 선택은 각기 차별적으로만 허용되고 있고, 어떤 특정한 의무불이행에 대하여 허용되는 강제수단들 중 어느 것을 적용할지는 그 집행을 담당한 행정청이 의무에 합당한 재량에 의하여 판단할 문제입니다. 하지만,

---

3 Erichsen/Martens, § 20 Rn.3.

이에 관한 행정청의 판단은 그로 인한 침해가 필요 최소한에 그치는 방법을 택해야 한다는 점에서 다시금 필요성의 원칙 및 협의의 비례원칙(Grundsätze der Erforderlichkeit und Verhältnismßigkeit)의 제약을 받습니다.[4]

〈행정상 강제집행의 대상과 준거법〉

강제집행의 종류	집행대상이 되는 의무의 종류	준거법
행정대집행	대체적 작위의무	행정대집행법
행정상 강제징수	공법상 금전급부의무	국세징수법
집행벌	부작위의무, 비대체적 작위의무	–
직접강제	대체적 작위의무, 비대체적 작위의무, 부작위·수인의무	개별 단행법

행정상 강제집행의 수단으로 가장 빈번히 사용되는 것은 대집행과 행정상 강제징수입니다. 그리고 이행강제금(「행정기본법」 § 30 ① 제2호) 역시 건축법 등 행정규제법 이행 확보를 위한 수단으로 널리 이용되고 있습니다.

III. 행정대집행

1. 대집행의 개념

행정대집행(Ersatzvornahme)은 대체적 작위의무의 불이행에 대한 일반적 강제수단입니다. 즉 대체적 작위의무를 당해 의무자가 이행하지 않을 때 행정청이 그 의무를 스스로 행하거나(자기집행: Selbstvornahme) 제3자로 하여금 이를 행하게 하고(제3자집행: Fremdvornahme) 그 비용을 의무자로부터 징수하는 행위를 말합니다.[5] 가령 하천·도

---

4 Maurer, § 20 Rn.19.
5 자기집행의 경우 직접강제와의 구별이 명확하지 않기 때문에 입법론상 이를 직접강제로 보아 요건과 절차를 정비함이 바람직하다는 견해(김남진, 행정법 I, 497)도 있고, 또 양자의 구별은 애매하여 가령 가옥철거를 보통의 방법이 아니고 소각 또는 폭파하는 등 행정청이 대체적으로 집행한다는 한계를 넘어서 실현한다면, 대집행이 아니고 직접강제라고 보는 견해(박윤흔, 행정법강의(상), 581)도 있습니다. 한편 독일의 경우 행정집행법 제10조는 제3자집행만을

로·공원·항만 등 공물을 불법점용하고 있는 건축물철거를 위해 빈번히 사용되는 행정강제 수단입니다.

토사채취등 영리추구를 위한 하천의 불법점용의 경우 또는 개축한 건물이 행정청계획도로에 저촉되고 철공장으로 사용되고 있으며 주택지구에 위치하는 경우에 행정대집행이 행해질 수 있습니다.[6] 한편 행정대집행법이 법원의 판결등 채무명의 없이 행정대집행을 할 수 있다고 규정하였다 하여 헌법에 위반된다고는 볼 수 없다는 판례[7]가 있습니다.

대집행에 관하여는 건축법 제85조처럼 행정대집행법의 특례를 정하는 등 각 개별법이 특별한 규정을 둔 경우에는 그에 따르지만, 그 밖에는 행정대집행법이 일반적으로 적용됩니다.

> **행정대집행의 특례 인정 여부**
>
> "도로법 제65조 제1항은 "관리청은 반복적, 상습적으로 도로를 불법 점용하는 경우나 신속하게 실시할 필요가 있어서 행정대집행법 제3조 제1항과 제2항에 따른 절차에 의하면 그 목적을 달성하기 곤란한 경우에는 그 절차를 거치지 아니하고 적치물을 제거하는 등 필요한 조치를 취할 수 있다."고 규정하고 있는바, 위 규정의 취지는 교통사고의 예방과 도로교통의 원활한 소통을 목적으로 도로 관리청으로 하여금 반복·상습적인 도로의 불법점용과 같은 행위에 대하여 보다 적극적이고 신속하게 대처할 수 있도록 하기 위하여, 행정대집행법 제3조 제1항 및 제2항에서 정한 대집행 계고나 대집행영장의 통지절차를 생략할 수 있도록 하는 행정대집행의 특례를 인정하는 데에 있다. 따라서 위 규정은 <u>일반인의 교통을 위하여 제공되는 도로로서 도로법 제8조에 열거된 도로를 불법 점용하는 경우 등에 적용될 뿐 도로법상 도로가 아닌 장소의 경우에까지 적용된다고 할 수 없고, 토지대장상 지목이 도로로 되어 있다고 하여 반드시 도로법의 적용을 받는 도로라고 할 수는 없다.</u>"[8]

인정하나, 대부분의 란트에서는 주로 자기집행을 직접강제로 함으로써 행정이 지제 될 비용부담을 회피하려는 재정적인 이유에서 양자를 인정하고 있습니다(Maurer, § 20 Rn.14).

6 대법원 1967. 7. 18. 선고 66누94 판결.

7 대법원 1968. 3. 19. 선고 63누172 판결.

8 대법원 2010. 11. 11. 선고 2009도11523 판결(특수공무집행방해): 서울시청 및 중구청 공무원들이 행정대집행법이 정한 계고 및 대집행영장에 의한 통지절차를 거치지 아니한 채 '서울광장'에 무단설치된 천막의 철거대집행에 착수하였고, 이에 피고인들을 비롯한 '광우병위험 미국산 쇠고기 전면 수입을 반대하는 국민대책회의' 소속 단체 회원들이 몸싸움을 하거나 천막을 붙잡고 이를 방해한 사안에서, '서울광장'은 행정대집행의 특례규정이 적용되는 도로법상 도로라고 할 수 없으므로 위 철거대집행은 구체적 직무집행에 관한 법률상 요건과 방식을 갖추지 못한 것으로서 적법성이 결여되었고 따라서 피고인들이 위 공무원들에 대항하여 폭행·협박을 가하였더라도 특수공무집행방해죄는 성립되지 않는다는 이유로, 같은 취지에서 피고인들에 대해 무죄를 선고한 원심판단을 수긍한 사례.

물론 실제로는 각개별법에서 행정대집행법이 정하는 바에 따라 대집행을 할 수 있다고 규정하는 것이 통례입니다.

한편 아무런 권원 없이 국유재산에 설치한 시설물에 대하여 행정청이 행정대집행을 할 수 있음에도 민사소송의 방법으로 그 시설물의 철거를 구하는 것은 허용되지 아니 한다는 것이 대법원의 판례입니다.[9]

2. 대집행의 주체

대집행 권한은 불이행된 의무를 부과하는 처분을 한 행정청 또는 관할행정청이 가집니다.

3. 대집행의 요건

행정대집행 제2조에서 규정하는 대집행의 요건을 살펴보면 다음과 같습니다.

3.1. 대체적 작위의무의 불이행

대집행을 하려면 먼저 법률에 따라 직접 명령되었거나 또는 법률에 의거한 행정청의 명령에 의한 행위로서 타인이 대신하여 행할 수 있는 행위의무를 의무자가 이행하지 않았어야 합니다.

(1) 의무의 기초

대집행의 원인이 되는 의무불이행에 있어 의무는 법령에 따라 직접 부과된 것과 법령에 의거한 행정청의 처분(명령적 처분)에 따른 의무를 모두 포함합니다. 의무의 법적 기초가 될 수 있는 것은 행정대집행법 제2조에서 명시하고 있듯이, 법률뿐 아니라, 법규명령등을 포함한 일체의 공법적 성질을 띤 법령입니다. 사법상 의무는 대집행의 대상이 되지 못합니다. 협의취득시 건물소유자가 협의취득대상 건물에 대하여

---

9 대법원 2009. 6. 11. 선고 2009다1122 판결(가건물철거및토지인도).

약정한 철거의무는 공법상 의무가 아닐 뿐만 아니라, 공익사업을 위한 토지 등의 취득 및 보상에 관한 법률 제89조에서 정한 행정대집행법의 대상이 되는 '이 법 또는 이 법에 따른 처분으로 인한 의무'에도 해당하지 아니하므로 위 철거의무에 대한 강제적 이행은 대집행의 방법으로 실현할 수 없다는 판례가 있습니다.10

(2) 대체적 작위의무의 불이행

대집행의 대상이 되는 의무는 대체적 작위의무(예: 불법광고물 제거의무)여야 합니다. 가령 징집명령에 따른 응소의무와 같은 일신전속적 의무나 야간안온방해 금지 같은 부작위의무, 수인의무는 대집행의 대상이 되지 못합니다.

① 부작위의무의 대체적 작위의무로의 전환

도로나 공원부지를 불법 점용하여 그 위에 공작물을 설치한 경우, 그러한 불법 점용 및 공작물설치는 아직 그것만으로는 부작위의무의 위반에 불과하여 대집행의 대상이 될 수 없습니다. 행정대집행법 제2조는 대집행의 대상이 되는 의무를 '법률(법률의 위임에 따른 명령, 지방자치단체의 조례 포함)에 따라 직접 명령되었거나 또는 법률에 의거한 행정청의 명령에 따른 행위로서 타인이 대신하여 행할 수 있는 행위'라고 규정하고 있으므로, 대집행을 하기 위해서는 법령에 따라 직접 명령되거나 법령에 근거한 행정청의 명령에 따른 의무자의 대체적 작위의무 위반행위가 있어야 합니다. 따라서 법령상 금지되어 있는 불법공작물의 설치행위(부작위의무위반)가 있는 경우, 부작위의무를 대체적 작위의무로 전환시키는 별도의 법적 근거가 없는 한, 막바로 관할행정청이 당해 불법공작물의 철거를 명하는 처분을 하거나 그 불이행을 이유로 대집행을 할 수는 없습니다. 법령상 부작위의무로부터 그 위반행위나 결과를 시정해야 한다는 작위의무가 도출되는 것은 아니며, 또 부작위의무를 규정한 법령조항으로부터 그 위반행위에 대한 시정명령권의 법적 근거가 도출되는 것은 아니기 때문입니다. 요컨대, 그런 경우 대집행을 하려면 부작위의무를 대체적 작위의무로 전환시키고 이를 전제로 위법한 결과의 시정을 위한 행정청의 권한을 뒷받침해 줄 별도의 법적 근거가 필요합니다. 이렇게 보는 것이 법치국가원칙에 합치되는 결론입니다.11

---

10 대법원 2006. 10. 13. 선고 2006두7096 판결(건물철거대집행계고처분취소).
11 박윤흔, 행정법강의(상), 583.

판례 또한 동일한 입장입니다.

> "대집행계고처분을 하기 위한 요건: 대집행계고처분을 하기 위하여는 <u>법령에 의하여 직접 명령</u>
> <u>되거나 법령에 근거한 행정청의 명령에 의한 의무자의 대체적 작위의무 위반행위가 있어야 한다</u>
> (대법원 1996. 6. 28. 선고 96누4374 판결 참조)."[12]

> "단순한 부작위의무의 위반, 즉 관계 법령에 정하고 있는 절대적 금지나 허가를 유보한 상대적
> 금지를 위반한 경우에는 당해 법령에서 그 위반자에 대하여 위반에 의하여 생긴 유형적 결과의 시
> 정을 명하는 행정처분의 권한을 인정하는 규정(예컨대, 건축법 제69조, 도로법 제74조, 하천법 제
> 67조, 도시공원법 제20조, 옥외광고물등관리법 제10조 등)을 두고 있지 아니한 이상, <u>법치주의의</u>
> <u>원리에 비추어 볼 때 위와 같은 부작위의무로부터 그 의무를 위반함으로써 생긴 결과를 시정하기</u>
> <u>위한 작위의무를 당연히 끌어낼 수는 없으며, 또 위 금지규정(특히 허가를 유보한 상대적 금지규</u>
> <u>정)으로부터 작위의무, 즉 위반결과의 시정을 명하는 권한이 당연히 추론(추론)되는 것도 아니라고</u>
> <u>할 것이다.</u>"[13]

법령은 금지규정을 두면서 그와 별도로 금지규정에 위반한 행위나 결과를 시정
하기 위한 별도의 수권규정을 두는 경우가 많습니다. 건축법 제79조, 도로법 제83조,
하천법 제69조, 「도시공원 및 녹지 등에 관한 법률」 제45조, 「옥외광고물등 관리법」
제10조 등이 그 예입니다. 가령 도로법 제83조는 법령 위반자 등에 대하여 공사의
중지, 공작물의 개축, 물건의 이전, 그 밖에 필요한 처분을 하거나 조치를 명할 수
있다고 규정하는데, 이것은 부작위의무위반을 작위의무로 전환시키고 그에 대한 행
정의 조치권을 수권한 법적 근거가 됩니다. 이 규정을 근거로 시정명령을 하고 그
불이행을 이유로 행정대집행을 하는 경우를 생각할 수 있을 것입니다.

> "용도위반 부분을 장례식장으로 사용하는 것이 관계법령 위반이라는 이유로 장례식장의 사용을
> 중지할 것과 이를 불이행할 경우 행정대집행법에 의하여 대집행하겠다는 내용의 이 사건 처분은,
> 이 사건 처분에 따른 '장례식장 사용중지 의무'가 원고 이외의 '타인이 대신'할 수도 없고, 타인이
> 대신하여 '행할 수 있는 행위'라고도 할 수 없는 비대체적 부작위 의무에 대한 것이므로, 그 자체
> 로 위법함이 명백하다."[14]

---

12 대법원 2010. 6. 24. 선고 2010두1231 판결(행정대집행계고처분취소): 행정청이 토지구획정
   리사업의 환지예정지를 지정하고 그 사업에 편입되는 건축물 등 지장물의 소유자 또는 임차
   인에게 지장물의 자진이전을 요구한 후 이에 응하지 않자 지장물의 이전에 대한 대집행을
   계고하고 다시 대집행영장을 통지한 사안에서, 위 계고처분 등은 <u>행정대집행법 제2조에 따</u>
   <u>라 명령된 지장물 이전의무가 없음에도</u> 그러한 의무의 불이행을 사유로 행하여진 것으로 위
   법하다고 한 사례.
13 대법원 1996. 6. 28. 선고 96누4374 판결.
14 대법원 2005. 9. 28. 선고 2005두7464 판결(장례예식장사용중지계고처분취소).

② 토지·건물의 인도의무

토지·건물 인도의무의 경우 반출·인도 자체는 대체적 성질을 띤다 할지라도 그 점유자의 퇴거는 대체성이 없어 대체적 작위의무로 볼 수 없기 때문에 대집행 대상이 될 수 없습니다.[15]

작위의무라 하더라도 퇴거의무처럼 타인이 대신 이행할 수 없는 작위의무는 대집행의 대상이 되지 않습니다.

> **수용대상 토지의 인도의무가 행정대집행법에 따른 대집행의 대상이 될 수 있는지 여부**
>
> "피수용자 등이 기업자에 대하여 부담하는 수용대상 토지의 인도의무에 관한 구 토지수용법 (2002. 2. 4. 법률 제6656호 공익사업을 위한 토지 등의 취득 및 보상에 관한 법률 부칙 제2조로 폐지) 제63조, 제64조, 제77조 규정에서의 '인도'에는 명도도 포함되는 것으로 보아야 하고, 이러한 명도의무는 그것을 강제적으로 실현하면서 직접적인 실력행사가 필요한 것이지 대체적 작위의무라고 볼 수 없으므로 특별한 사정이 없는 한 행정대집행법에 의한 대집행의 대상이 될 수 있는 것이 아니다."[16]

> **퇴거의무와 대집행의 대상 여부**
>
> [1] 도시공원시설인 매점의 관리청이 그 공동점유자 중의 1인에 대하여 소정의 기간 내에 위 매점으로부터 퇴거하고 이에 부수하여 그 판매 시설물 및 상품을 반출하지 아니할 때에는 이를 대집행하겠다는 내용의 계고처분은 그 주된 목적이 매점의 원형을 보존하기 위하여 점유자가 설치한 불법 시설물을 철거하고자 하는 것이 아니라, 매점에 대한 점유자의 점유를 배제하고 그 점유이전을 받는 데 있다고 할 것인데, 이러한 의무는 그것을 강제적으로 실현함에 있어 직접적인 실력행사가 필요한 것이지 대체적 작위의무에 해당하는 것은 아니어서 직접강제의 방법에 의하는 것은 별론으로 하고 행정대집행법에 의한 대집행의 대상이 되는 것은 아니다.
>
> [2] 지방재정법 제85조는 철거 대집행에 관한 개별적인 근거 규정을 마련함과 동시에 행정대집행법상의 대집행 요건 및 절차에 관한 일부 규정만을 준용한다는 취지에 그치는 것이고, 그것이 대체적 작위의무에 속하지 아니하여 원칙적으로 대집행의 대상이 될 수 없는 다른 종류의 의무에 대하여서까지 강제집행을 허용하는 취지는 아니다.[17]

그러나 행정청이 행정대집행의 방법으로 건물철거의무의 이행을 실현할 수 있는 경우, 대집행 실시에 앞서 철거의무자를 해당 건물에서 퇴거시키기 위해 별도로 퇴거를 명하는 집행권원(민사판결)을 확보하여 민사집행을 실시하여야 하는 것은 아니며 그와 같은 민사소송은 허용되지 아니 한다는 것이 대법원의 판례입니다.

---

15 박윤흔, 행정법강의(상), 582－583; 김동희, 행정법 I, 398; 홍정선, 행정법원론(상), 432.
16 대법원 2005. 8. 19. 선고 2004다2809 판결(가처분이의).
17 대법원 1998. 10. 23. 선고 97누157 판결(시설물철거대집행계고처분취소).

"관계법령상 행정대집행의 절차가 인정되어 행정청이 행정대집행의 방법으로 건물의 철거 등 대체적 작위의무의 이행을 실현할 수 있는 경우에는 따로 민사소송의 방법으로 그 의무의 이행을 구할 수 없다(대법원 1990. 11. 13. 선고 90다카23448 판결, 대법원 2000. 5. 12. 선고 99다18909 판결 등 참조). 한편, 건물의 점유자가 철거의무자일 때에는 건물철거의무에 퇴거의무도 포함되어 있는 것이어서 별도로 퇴거를 명하는 집행권원이 필요하지 않다(대법원 2008. 12. 24. 선고 2007다75099 판결 참조).

따라서 행정청이 행정대집행의 방법으로 건물철거의무의 이행을 실현할 수 있는 경우에는 건물철거 대집행 과정에서 부수적으로 그 건물의 점유자들에 대한 퇴거 조치를 할 수 있는 것이고, 그 점유자들이 적법한 행정대집행을 위력을 행사하여 방해하는 경우 형법상 공무집행방해죄가 성립하므로(대법원 2011. 4. 28. 선고 2007도7514 판결 참조), 필요한 경우에는「경찰관직무집행법」에 근거한 위험발생 방지조치 또는 형법상 공무집행방해죄의 범행방지 내지 현행범체포의 차원에서 경찰의 도움을 받을 수도 있다."[18]

3.2. 다른 수단으로는 그 이행확보가 곤란할 것

대체적 작위의무의 불이행이 있다고 하여 곧바로 대집행을 할 수 있는 것은 아닙니다. 대집행은 다른 수단으로는 그 이행확보가 곤란한 경우 부득이한 수단으로서만 발동될 수 있습니다(보충성). '다른 수단'이란 침익성이 더 경미한 수단을 의미하며 따라서 그러한 다른 수단이 있을 경우에는 그에 의거해야 합니다(비례의 원칙). 다만 집행벌이나 직접강제 등은 여기서 말하는 경미한 수단으로서는 고려될 수 없을 것입니다.

3.3. 그 불이행의 방치가 심히 공익을 해하는 것일 것

대집행은 그 대상이 되는 불이행의 방치가 심히 공익을 해할 경우에만 가능합니다. 즉 의무불이행이 있더라도 이를 방치하는 것이 현저히 공익에 반하지 않으면 대

---

18 대법원 2017. 4. 28. 선고 2016다213916 판결(건물퇴거). 이 사건에서 원고(행정청이 속한 지방자치단체)는, 퇴거의무와 같은 비대체적 작위의무의 경우 행정대집행의 대상이 되지 않으므로 퇴거를 구하는 민사판결을 받아야 한다는 대법원 1998. 10. 23. 선고 97누157 판결에 따라 퇴거청구 소송을 제기하였으나, 원고가 원용한 97누157 판결은 적법한 건물에서 처분상대방의 점유를 배제하고 그 점유이전을 받기 위하여 행정대집행 계고처분을 한 사안에 관한 것으로서 그 처분의 주된 목적이 건물의 인도라는 비대체적 작위의무의 이행을 실현하고자 하는 경우이어서 행정대집행의 대상이 될 수 없다고 판단한 사례였으므로, 이 사건에 원용하기에는 적절하지 않다고 밝힌 바 있다.

집행은 허용되지 않습니다. 이와 같이 불이행의 방치가 「심히 공익을 해할 것」인지 여부는 행정대집행법 제2조에서 문언상 '할 수 있다'고 규정하고 있음(가능규정: Kann – Vorschrift)을 근거로 이를 대집행주체인 행정청의 재량적 판단에 맡겨져 있다고 보는 견해,[19] 이 규정이 대집행주체인 행정청의 자유재량을 허용한 것은 아니라는 견해,[20] 이러한 요건의 존부에 관한 판단은 기속행위라는 견해,[21] 그리고 이 규정은 「심히 공익을 해할 것」이란 불확정개념에 의한 것이므로 적어도 재량과 판단여지를 구별하는 입장을 취하는 한, 그곳에서는 재량이 아니라 판단여지의 존부가 문제되고 있다 보아야 할 것이라는 견해[22]가 대립합니다. 생각건대, 행정대집행법의 문언이 가능규정의 형태를 취하고는 있으나, 전체적으로 볼 때 이것은 그러한 요건이 충족된 경우에 한하여 대집행이 허용된다는 취지이지 요건 존부의 판단을 행정청의 재량에 맡기는 취지는 아닙니다. 반면 이 규정은 행정청의 재량을 인정하지 않고 불확정개념을 사용하고 있으나 그렇다고 막바로 판단여지의 성립을 전제로 삼아서는 안 됩니다. 판단여지란 이미 재량행위론에서 본 바 있듯이 제한된 예외적 경우에만 인정될 수 있는 것이기 때문입니다. 행정법상 의무불이행의 강제적 실현을 의미하는 대집행요건의 판단에 관하여 판단여지가 인정된다고 볼 수는 없습니다. 이러한 견지에서 결국 의무불이행을 방치함이 「심히 공익을 해」하지 않는데도 대집행을 하면 위법임을 면할 수 없다는 결론이 나옵니다(기속행위설). 이 요건의 존부에 대한 판단은 전면적인 사법심사의 대상입니다. 대법원 역시 이 요건의 존부를 전면적으로 사법적 판단의 대상으로 삼고, 다만 이를 대집행으로 실현되는 공익과 불이행방치시 침해되는 공익을 비교형량함으로써 판단하려는 입장을 취한 바 있습니다.[23]

　　물론 구체적으로 어떤 경우가 「심히 공익을 해하는」 것인가에 관하여는 이를

19　김동희, 행정법 I, 399. 다만 여기서 김동희교수는 그 주장을 '그 불이행을 방치하는 것이 심히 공익을 해하는 것일 것'이라는 요건에만 국한시키지 않고 '할 수 있다'라는 가능규정을 근거로 대집행 전반에까지 확장하면서, '대집행의 요건이 충족된 경우에도 행정청은 대집행을 할 것인지의 여부에 대한 재량적 판단을 할 수 있는 것'이며 대집행을 하지 않는 경우 '그 부작위의 위법을 이유로 의무이행쟁송을 제기하거나 또는 손해배상을 구할 수는 없다 할 것'이라고 기술하고 있습니다.

20　김도창, 일반행정법론(상), 511.

21　이상규, 신행정법론(상), 477; 석종현, 일반행정법(상), 534.

22　김남진, 행정법 I, 499.

23　대법원 1991. 3. 12. 선고 90누10070 판결.

일률적으로 말할 수 없고 구체적인 사례상황에 따라 판례와 학설을 고려하여 판단할 문제입니다.

　　이에 관하여 판례는 '개축한 건물이 행정청계획도로에 저촉되고, 철공장으로 사용되고 있으며 주택지역에 위치하는 경우'(대법원 1967. 7. 18. 선고 66누94 판결), '건물이 소방도로계획선을 침범하여 건축된 경우'(대법원 1969. 9. 23. 선고 69누94 판결)에는 심히 공익을 해한다고 보며 또 '건물건축시에 관계당국으로부터 아무런 제지나 경고를 받지 않았더라도, 무허가로 축조된 불법건축물을 그대로 방치한다면 불법건축물을 단속하는 당국의 권능을 무력화하여 건축행정의 원활한 수행을 위태롭게 하는 등 공익을 심히 해친다고 볼 것'이라고 합니다. 반면, '개축한 건물이 대지 경계선으로부터 민법 제242조 소정의 거리를 두지 아니하고, 이미 전소유자부터 점유사용한 귀속재산인 대지 약 0.25평을 침범한 경우'(대법원 1967. 1. 31. 선고 66누127 판결)는 공익을 심히 해하는 경우에 해당하지 않는다고 보았습니다. 한편 대집행의 상당수는, 박윤흔교수의 지적에 따르면, 하천·도로·공원·항만 등 공물의 불법점용건축물을 제거하기 위한 것으로, 이 중에는 위법한 모래채취등 영리추구를 위한 불법점용도 있으나 대부분 저소득자 등이 주거장소를 마련하기 위하여 불가피하게 공물을 불법점용한 사례라고 합니다. "공물관리의 관점에서 보면, 마땅히 불법점용물건을 대집행에 의하여 제거하여야 하겠지만, 문제의 근본적인 해결을 위하여서는 공물관리의 관점에서 대집행을 행함과 동시에 주거시설의 알선, 실업자구제, 생활보호 등 종합행정적인 관점에서 여러 가지 행정상 조치를 취하는 것이 필요하다."[24]고 합니다. 행정대집행법 제2조는 이러한 관점을 고려할 수 있는 중요한 돌파지점(Einbruchstelle)을 제공합니다. 즉 그 경우 막 바로 대집행의 칼을 휘두를 것이 아니라 '불이행을 방치함이 공익을 심히 해할 때', 그것도 박윤흔교수가 말하는 생존배려 차원에서 종합행정적 조치들이 선행되어 수포로 돌아갔을 때 비로소, 대집행을 할 수 있다고 해석할 수 있기 때문입니다.

4. 대집행의 법률관계와 절차

4.1. 대집행의 법률관계

　　대집행으로 발생하는 법률관계는 행정청 스스로 의무자가 해야 할 행위를 하는 경우인 자기집행(Selbstvornahme)과 제3자로 하여금 하게 하는 제3자집행(Fremdvornahme)의 경우로 나뉩니다. 전자는 행정청과 의무자 간의 대집행 및 비용징수에 관한 이면적 법률관계가 발생하는 데 비하여 후자는 다음 그림에서 보는 바와 같이 행정청과 의무자 외에 대집행을 실행할 제3자와의 삼면적 법률관계가 문제됩니다.

24　박윤흔, 행정법강의(상), 584, 각주 2.

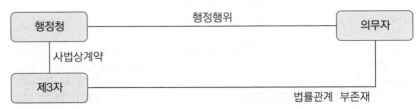

〈제3자에 의한 대집행에 있어 법률관계〉

제3자집행에서 삼면적 법률관계는 다시 두 가지 측면을 가집니다. 즉 행정청과 집행을 대행할 제3자간 법률관계는 원칙적으로 양자간에 체결된 사법상 계약(도급계약 또는 용역계약)에 따라 규율되는 반면(사법관계), 행정청과 의무자간에는 전적으로 공법적 법률관계가 성립합니다. 반면 의무자와 대행업자인 제3자 사이에는 아무런 직접적 법률관계도 발생하지 않습니다. 다만 의무자는 공법상 제3자에 의한 대집행(가령 자기토지에의 출입)을 수인해야 합니다.

여기서 이런 질문을 해 봅니다. 바로 이런 법률관계의 부재에 문제가 있는 것은 아닐까요? 대집행과정에서 철거용역의 폭력으로 피해를 입거나 인권을 침해당하는 일이 사라지지 않는 이유는 무엇일까요? 그런 경우 어떻게 해야 할지 막막한 사람들에게 행정법은 다투고 구제받을 수 있는 방법을 제공하고 있는 것일까요?

제3자는 의무자가 아니라 위 사법상 계약에 따라 행정청을 상대방으로 하는 비용지급청구권(Vergütungsanspruch)을 가지며, 행정청은 다시 의무자에 대하여 대집행비용을 징수할 수 있는 공법상 비용상환청구권(Erstattungsanspruch)을 가집니다. 이 비용상환청구권 역시 비용납부명령 같은 행정행위를 통해 행사될 수 있고 행정상 강제집행에 따라 강제징수될 수 있습니다. 공법과 사법이 대집행이란 하나의 공법적 목적으로 연결되는 또 하나의 예입니다.[25]

---

25 반면 부어마이스터(Burmeister, JuS 1989, 256ff.) 같이 이러한 양분적 해결방법에 반대하면서 통합적으로 동의를 요하는 행정행위에 의해 일방적으로 성립하는 공법상 사용(öffentlich – rechtliche Indienstnahme durch einen zustimmungsbedürftigen Verwaltungsakt)으로 파악하려는 견해도 있습니다(이에 관하여는 Maurer, § 20 Rn.14를 참조).

4.2. 대집행의 절차

대집행의 절차는 다음 네 가지 단계로 나뉩니다.

(1) 계고

대집행을 하려면 상당한 이행기한을 정하여 그 기한까지 이행되지 아니할 때에는 대집행을 한다는 뜻을 미리 문서로써 계고하여야 합니다. 이 경우 행정청은 상당한 이행기한을 정함에 있어 의무의 성질·내용 등을 고려하여 사회통념상 해당 의무를 이행하는 데 필요한 기간이 확보되도록 하여야 합니다(행정대집행법 § 3 ①).

계고는 통지행위인 준법률행위적 행정행위라는 것이 통설26·판례27이며, 따라서 당연히 행정쟁송의 대상이 됩니다. 계고는 문서에 의하여(그렇지 않은 계고는 무효입니다) 이행할 의무의 내용을 구체적으로 특정해야 합니다. 상당한 이행기한이란 사회통념상 이행에 필요한 기한입니다. 대집행의 요건은 계고할 때 이미 충족되어 있어야 합니다. 대집행의 계고는 법률에 특별한 규정(예: 건축법 § 85)이나 비상시 또는 위험이 절박한 경우에는 생략될 수 있습니다(§ 3 ③).28

(2) 대집행영장에 의한 통지

의무자가 계고를 받고도 지정된 기한까지 의무를 이행하지 아니한 경우에는 당해 행정청은 대집행영장에 의하여 대집행의 시기·대집행책임자의 성명 및 대집행비용의 개산액을 의무자에게 통지해야 합니다(§ 3 ②). 계고의 경우처럼 예외적으로 이를 생략할 수 있습니다.

---

26 이에 반하여 김남진 교수(월간고시, 1990/9, 142)는 이를 효과상 작위의무를 부과하는 하명이라고 합니다.

27 대법원은 행정대집행법 제3조 제1항의 계고처분은 '그 처분 자체만으로는 행정적 법률효과를 발생하는 것은 아니나, 본조 제2항의 대집행영장을 발급하고 대집행을 하는 데 전제가 되는 것이므로 행정처분이라 할 수 있다'고 판시한 바 있습니다(대법원 1962. 10. 18. 선고 62누117 판결).

28 한편 김남진 교수는 이 경우는 대집행이 아니라 후술하는 즉시집행의 개념에 해당하는 것이라고 합니다(기본문제, 352).

(3) 대집행의 실행

대집행은 대집행영장에 기재된 시기에 대집행책임자에 의하여 실행됩니다. 대집행을 하기 위하여 현장에 파견되는 집행책임자는 그가 집행책임자라는 것을 표시한 증표를 휴대하여 대집행시에 이해관계인에게 제시하여야 합니다(행정대집행법 § 4 ③).

대집행의 실행은 사실행위이지만 의무자에게 수인의무를 발생시킵니다. 대집행 실행에 대한 항거가 있을 경우 이를 실력으로 배제할 수 있는지에 관하여는 의문이 있으나 항거배제를 인정하는 독일의 행정집행법(VwVG) 제15조와 같은 명문의 규정이 없는 우리나라의 경우 폭력에 이르지 않는 최소한의 실력행사는 대집행의 실행에 포함된다고 볼 수 있을지라도,29 일반적으로 실력에 의한 항거의 배제를 대집행실행권에 포함된 것으로 볼 수는 없을 것입니다. 다만 그와 같은 항거는 공무집행방해죄를 구성할 수 있고 이 경우 경찰관직무집행법 제5조에 따라 즉시강제를 통하여 배제할 수 있습니다.30

행정청(대집행을 실행하는 제3자를 포함)은 해가 뜨기 전이나 해가 진 후에는 대집행을 할 수 없습니다. 다음 어느 하나에 해당하는 경우에는 예외입니다(§ 4 ①).

1. 의무자가 동의한 경우
2. 해가 지기 전에 대집행을 착수한 경우
3. 해가 뜬 후부터 해가 지기 전까지 대집행을 하는 경우에는 대집행의 목적 달성이 불가능한 경우
4. 그 밖에 비상시 또는 위험이 절박한 경우

이처럼 해 뜨기 전이나 해가 진 후 대집행을 금지한 것은 2015년 5월 18일 법 개정의 결과입니다. 심야·새벽 시간에 대집행을 할 경우 대집행을 당하는 의무자에게 충격과 불안을 초래하거나 인권침해나 예기치 못한 사고 등 각종 폐해를 초래할 수 있음을 우려한 경험적 반성에 따른 것이지요.

법은 또한 행정청에게 대집행을 할 때 대집행 과정에서의 안전 확보를 위하여 필요하다고 인정하는 경우 현장에 긴급 의료장비나 시설을 갖추는 등 필요한 조치를 하도록 하였습니다(§ 4 ②).

---

29 김동희, 행정법 I, 401; 홍정선, 행정법원론(상), 436.
30 일본에서는 成田국제공항건설부지 수용을 위한 대집행에 대한 주민들의 저항을 이런 방법으로 배제한 바 있습니다.

(4) 비용징수

대집행에 소요된 일체의 비용은 당해 행정청이 의무자로부터 징수합니다. 이로써 대체적 작위의무가 금전급부의무로 치환되는 셈입니다.[31] 비용의 징수는 실제에 요한 비용액과 그 납부기일을 정해 의무자에게 문서(비용납부명령서)로 납부고지함으로써 하며(§ 5), 그 기일까지 납부하지 않으면 국세징수법의 예에 의하여 강제징수합니다(§ 6 ①).

행정대집행소요비용의 부담에 관한 판례

[1] 대한주택공사가 구 대한주택공사법(2009. 5. 22. 법률 제9706호 한국토지주택공사법 부칙 제2조로 폐지) 및 구 대한주택공사법 시행령(2009. 9. 21. 대통령령 제21744호 한국토지주택공사법 시행령 부칙 제2조로 폐지)에 의하여 대집행권한을 위탁받아 공무인 대집행을 실시하기 위하여 지출한 비용은 행정대집행법 절차에 따라 국세징수법의 예에 의하여 징수할 수 있다.

[2] 대한주택공사가 관계법령에 따라 대집행권한을 위탁받아 공무인 대집행을 실시하기 위하여 지출한 비용을 행정대집행법 절차에 따라 국세징수법의 예에 의하여 징수할 수 있음에도 민사소송 절차에 의하여 그 비용의 상환을 청구한 사안에서, 행정대집행법이 대집행비용의 징수에 관하여 민사소송절차에 의한 소송이 아닌 간이하고 경제적인 특별구제절차를 마련해 놓고 있으므로, 위 청구는 소의 이익이 없어 부적법하다.[32]

"수질 및 수생태계 보전에 관한 법률 제15조 제2항(이하 '이 사건 조항'이라 한다)은 같은 조 제1항 제1호 또는 제2호에서 정한 행위로 인하여 공공수역이 오염되거나 오염될 우려가 있는 경우에 '그 행위자의 사업주'가 그 해당 물질을 제거하는 등 오염의 방지·제거를 위한 조치를 하여야 함을 규정하고 있는바, 환경정책기본법 제7조가 자기의 행위 또는 사업활동으로 인하여 환경오염 또는 환경훼손의 원인을 야기한 자는 그 오염·훼손의 방지와 오염·훼손된 환경을 회복·복원할 책임을 지며, 환경오염 또는 환경훼손으로 인한 피해의 구제에 소요되는 비용을 부담함을 원칙으로 한다고 규정하고 있는 점 등에 비추어 보면, 이 사건 조항에 규정된 '그 행위자의 사업주'는 자기의 사업활동을 위하여 자기의 영향력 내에 있는 행위자를 이용하는 자로서 그 행위자의 같은 조 제1항 제1호 또는 제2호에서 정한 행위로 인하여 공공수역이 오염되거나 오염될 우려가 있는 경우의 사업자를 가리킨다고 할 것이다. 따라서 자기의 사업활동을 위하여 자기의 영향력 내에 있는 행위자를 이용하는 사업자는, 특별한 사정이 없는 한 그 행위자가 발생시킨 수질오염에 대하여 '그 행위자의 사업주'로서 이 사건 조항에 따른 방제조치 의무를 부담한다고 보아야 할 것이다."[33]

---

31 박윤흔, 행정법강의(상), 586.
32 대법원 2011. 9. 8. 선고 2010다48240 판결.
33 대법원 2011. 12. 13. 선고 2011두2453 판결(행정대집행소요비용납부명령취소).

5. 대집행에 대한 구제

대집행에 대하여 불복이 있으면 행정심판을 제기할 수 있고(§ 7), 법원에 행정소송을 제기할 수 있습니다(§ 8). 대집행실행을 기준으로 하여 단계별로 살펴보면 다음과 같습니다.

> 건축허가를 받아 건축물을 완공하였더라도 건축허가가 취소되면 그 건축물은 철거 등 시정명령의 대상이 되고 이를 이행하지 않은 건축주 등은 건축법 제80조에 따른 이행강제금 부과처분이나 행정대집행법 제2조에 따른 행정대집행을 받게 되며, 나아가 건축법 제79조 제2항에 따라 다른 법령상의 인·허가 등을 받지 못하게 되는 등의 불이익을 입게 된다. 따라서 건축허가취소처분을 받은 건축물 소유자는 그 건축물이 완공된 후에도 여전히 위 취소처분의 취소를 구할 법률상 이익을 가진다고 보아야 한다.[34]

5.1. 대집행실행 전의 구제

논란이 없진 않지만 계고는 대집행영장 교부의 기초가 되는 법적 행위이고 대집행영장에 의한 통지 또한 대집행수인의무를 확정하는 행위로서 행정청에게 대집행권한을 부여하는 것인 이상 각각 준법률행위적 행정행위로서 독자적 의의를 지닌 대집행의 필요절차이므로 행정쟁송의 대상이 된다는 것이 지배적인 견해입니다(통설·판례). 대집행의 실행도 사실행위로서 실행단계에 이르면 단기간에 종료되어 버리는 것이 보통이므로 소의 이익이 없게 되는 경우가 많은 것은 사실이지만, 상대방에게 수인의무를 발생시키는 이상 대집행의 실행은 권력적 사실행위로서 (또는 이를 행정행위로 보는 견해[35]에 따라 행정행위로서) 행정쟁송의 대상이 된다고 보아야 할 것입니다(권력적 사실행위의 처분성[36]). 설령 그 처분성이 부인되는 경우에도 행정심판의 대상은 될 수 없겠으나 행정소송의 가능성을 부정하는 것은 타당하지 않습니다. 행정소송법은 항고소송 외에도 공법상 당사자소송을 행정소송의 종류로 제도화하고 있고 따라서 사실행위인 대집행의 실행을 중지해 달라는 중지 또는 부작위청구소송이 공법상 당사자소송의 형태로 제기될 수 있는 여지가 있기 때문입니다.

---

34   대법원 2015. 11. 12. 선고 2015두47195 판결(건축허가처분취소).
35   홍정선, 상, 437.
36   이에 관하여는 졸저, 행정구제법, 255 이하를 참조.

5.2. 대집행실행 후의 구제

대집행의 실행행위는 쟁송을 제기할 겨를도 없이 완료되는 경우가 많습니다. 행정쟁송은 대집행이 종료된 이후에는 권리보호의 이익을 상실하게 되는 경우가 일반적입니다.

관련판례

"이미 대집행이 사실행위로서 실행이 완료된 이후에 그 행위의 위법을 이유로 하여 그 처분의 취소 또는 무효확인을 구하는 소송은 권리보호의 이익이 없다."[37]

"대집행계고처분 취소소송의 변론종결 전에 대집행영장에 의한 통지절차를 거쳐 사실행위로서 대집행의 실행이 완료된 경우에는 행위가 위법한 것이라는 이유로 손해배상이나 원상회복 등을 청구하는 것은 별론으로 하고 처분의 취소를 구할 법률상 이익은 없다."[38]

다만 행정심판법 제9조 제1항 및 행정소송법 제12조에 따라 대집행의 실행 이후에도 대집행의 취소로 인해 회복되는 법률상 이익이 있는 경우에는 취소심판 및 취소소송을 제기할 수 있습니다. 또한 대집행의 실행이 완료되어 그 계고처분의 취소를 구할 법률상 이익이 없게 된 경우에도 권리구제가 전혀 불가능해지는 것은 아니지요. 행정행위 하자의 승계에 관하여 이미 살펴본 바와 같이 대집행의 계고·대집행영장에 의한 통지·대집행의 실행·대집행비용납부명령 등은 동일목적을 위하여 단계적인 일련의 절차로 연속하여 행하여지는 것으로서, 서로 결합하여 하나의 법률효과를 발생시키는 것이므로, 대집행비용납부명령 자체에는 아무런 하자가 없다고 하더라도, 후행처분인 대집행비용납부명령의 취소를 청구하는 소송에서 청구원인으로 선행처분인 계고처분이 위법을 이유로 하여 그 계고처분을 전제로 발급된 대집행비용납부명령의 위법을 주장할 수 있다고 보는 것이 대법원의 판례이자 통설의 태도이기 때문입니다.[39]

한편 대집행의 종료 후에도 이로 인한 국가배상법에 따른 손해배상을 청구하거나 당사자소송에 의한 결과제거청구권의 행사를 통하여 원상회복을 청구할 수 있을 것입니다. 또한, 대집행비용산정의 위법을 이유로 한 비용납부명령의 취소·변경을

---

37   대법원 1993. 11. 9. 선고 93누14271 판결; 1971. 4. 20. 선고 71누22 판결.
38   대법원 1993. 6. 8. 선고 93누6164 판결.
39   대법원 1993. 11. 9. 선고 93누14271 판결.

소구하거나 과다산정되어 청구된 비용을 납부한 경우 공법상 부당이득반환청구권이 행사될 수도 있습니다.

Ⅳ. 이행강제금

1. 이행강제금의 개념

이행강제금이란 의무자가 행정상 의무를 이행하지 아니하는 경우 행정청이 적절한 이행기간을 부여하고, 그 기한까지 행정상 의무를 이행하지 아니하면 금전급부의무를 부과하는 것을 말합니다(§ 30 ① 제2호).

이행강제금은 종래 집행벌(Zwangsstrafe) 또는 강제금(Zwangsgeld)의 일종으로 다뤄졌던, 행정상 의무 이행을 강제하기 위해 금전급부의무를 부과하는 행정상 강제수단입니다. 일정한 기간 내에 의무이행이 없으면 일정한 금전적 제재를 부과한다고 계고하고 그래도 이행이 없을 때에는 금전적 부담을 부과하는 방식으로 행해집니다. 이것은 의무자를 심리적으로 압박함으로써 장래에 향하여 의무를 이행하도록 만드는 행정강제 수단(Beugmittel)이라는 점에서 과거의 위법행위에 대한 반작용(Reaktion auf begangenes Unrecht)인 행정벌과는 구별되지만, 행정벌과는 목적을 달리하는 것이므로 병과될 수도 있습니다.

이행강제금은 대체성이나 비대체성, 작위나 부작위 등 행정상 의무 불이행의 태양을 가리지 않고 부과할 수 있습니다. 주로 부작위의무나 비대체적 작위의무의 불이행을 대상으로 하겠지만 대체적 작위의무의 불이행에 대해서도 부과할 수 있습니다.[40]

건축법상 시정명령 불이행시 이행강제금을 부과하는 경우 등 각종 행정규제 법령의 이행 확보를 위한 수단으로 널리 활용되고 있습니다. 실례로 건축법 제80조는 허가권자로 하여금 제79조 제1항에 따라 시정명령을 받은 후 시정기간 내에 시정명령을 이행하지 아니한 건축주등에 대하여 그 시정명령의 이행에 필요한 상당한 이행기한을 정하여 그 기한까지 시정명령을 이행하지 아니하면 이행강제금을 부과하도록

---

40 헌법재판소 2004. 2. 26. 선고 2001헌바80 등 전원재판부 결정(개발제한구역의지정및관리에관한특별조치법 제11조 제1항 등 위헌소원).

하고 있습니다.

"구 건축법(2014. 5. 28. 법률 제12701호로 개정되기 전의 것, 이하 같다)상 이행강제금은 시정명령의 불이행이라는 과거의 위반행위에 대한 제재가 아니라, 시정명령을 이행하지 않고 있는 건축주등에 대하여 다시 상당한 이행기한을 부여하고 그 기한 안에 시정명령을 이행하지 않으면 이행강제금이 부과된다는 사실을 고지함으로써 의무자에게 심리적 압박을 주어 시정명령에 따른 의무의 이행을 간접적으로 강제하는 행정상의 간접강제 수단에 해당한다(헌법재판소 2011. 10. 25. 선고 2009헌바140 결정 등 참조). 그리고 구 건축법 제80조 제1, 4항에 의하면 그 문언상 최초의 시정명령이 있었던 날을 기준으로 1년 단위별로 2회에 한하여 이행강제금을 부과할 수 있고, 이 경우에도 매 1회 부과시마다 구 건축법 제80조 제1항 단서에서 정한 1회분 상당액의 이행강제금을 부과한 다음 다시 시정명령의 이행에 필요한 상당한 이행기한을 정하여 그 기한까지 시정명령을 이행할 수 있는 기회(이하 '시정명령의 이행 기회'라 한다)를 준 후 비로소 다음 1회분 이행강제금을 부과할 수 있다고 할 것이다(대법원 2010. 6. 24. 선고 2010두3978 판결 등 참조).

따라서 비록 건축주등이 장기간 시정명령을 이행하지 아니하였다 하더라도, 그 기간 중에는 시정명령의 이행 기회가 제공되지 아니하였다가 뒤늦게 시정명령의 이행 기회가 제공된 경우라면, 그 시정명령의 이행 기회 제공을 전제로 한 1회분의 이행강제금만을 부과할 수 있고, 시정명령의 이행 기회가 제공되지 아니한 과거의 기간에 대한 이행강제금까지 한꺼번에 부과할 수는 없다고 보아야 한다. 그리고 이를 위반하여 이루어진 이행강제금 부과처분은 과거의 위반행위에 대한 제재가 아니라 행정상의 간접강제 수단이라는 이행강제금의 본질에 반하여 구 건축법 제80조 제1항, 제4항 등 법규의 중요한 부분을 위반한 것으로서, 그러한 하자는 중대할 뿐만 아니라 객관적으로도 명백하다고 할 것이다."[41]

「행정기본법」은 행정강제수단의 일종으로서 이행강제금에 대한 일반법적 근거를 마련하는 한편(§ 30 ① 제2호), 이행강제금의 부과 근거가 되는 법률의 준수사항을 정하고, 행정청의 가중·감경 사유 및 부과절차를 규율하고 있습니다(§ 31).

2. 이행강제금 근거법률의 준수사항

「행정기본법」은 이행강제금 부과의 근거가 되는 법률에는 이행강제금에 관한 다음 각호의 사항을 명확하게 규정하여야 하며(§ 31 ① 본문), 다만, 제4호 또는 제5호를 규정할 경우 입법목적이나 입법취지를 훼손할 우려가 크다고 인정되는 경우로서 대통령령으로 정하는 경우는 제외한다고 규정하고 있습니다(§ 31 ① 단서).

---

41 대법원 2016. 7. 14. 선고 2015두46598 판결(이행강제금부과처분무효확인 등).

1. 부과·징수 주체
2. 부과 요건
3. 부과 금액
4. 부과 금액 산정기준
5. 연간 부과 횟수나 횟수의 상한

제31조 제1항은 이행강제금에 관한 입법의 기준 또는 준수사항을 규정한 것으로 그 근거법률에 대한 직접적인 구속력을 가진다고 보기는 어렵습니다.

3. 이행강제금의 가중 및 감경 사유

「행정기본법」은 행정청이 다음 사항을 고려하여 이행강제금의 부과 금액을 가중하거나 감경할 수 있는 법적 근거를 일반법 차원에서 명문화하고 있습니다(§ 31 ②).

1. 의무 불이행의 동기, 목적 및 결과
2. 의무 불이행의 정도 및 상습성
3. 그 밖에 행정목적을 달성하는 데 필요하다고 인정되는 사유

위와 같은 기준 또는 사유를 고려하여 이행강제금의 가중이나 감경의 가능성을 부여함으로써 구체적 타당성을 기하려는 취지로 이해됩니다.

4. 부과절차

이행강제금에 대한 「행정기본법」의 규율 중 핵심은 그 부과절차를 규제하고 있다는데 있습니다. 즉, 행정청은 이행강제금을 부과하기 전에 미리 의무자에게 적절한 이행기간을 정하여 그 기한까지 행정상 의무를 이행하지 아니하면 이행강제금을 부과한다는 뜻을 문서로 계고(戒告)하여야 합니다(§ 31 ③). 또한 의무자가 제3항에 따른 계고에서 정한 기한까지 행정상 의무를 이행하지 아니한 경우 이행강제금의 부과 금액·사유·시기를 문서로 명확하게 적어 의무자에게 통지하여야 합니다(§ 31 ④). 이는 일반법인 행정절차법에 대한 일종의 특별법의 성격을 가지는 절차법적 규율에 해당합니다.

5. 이행강제금의 반복 부과 및 징수

행정청은 의무자가 행정상 의무를 이행할 때까지 이행강제금을 반복하여 부과할 수 있습니다. 다만, 의무자가 의무를 이행하면 새로운 이행강제금의 부과를 즉시 중지하되, 이미 부과한 이행강제금은 징수하여야 합니다(§ 31 ⑤).

행정청은 이행강제금을 부과받은 자가 납부기한까지 이행강제금을 내지 아니하면 국세강제징수의 예 또는 「지방행정제재·부과금의 징수 등에 관한 법률」에 따라 징수하도록 되어 있습니다(§ 31 ⑥).

한편 행정법상 의무이행 확보를 위해 행정대집행과 이행강제금의 부과 중 어느 하나를 선택할 수 있는지, 그리고 양자를 병과할 수 있는지가 문제됩니다. 대체적 작위의무 위반의 경우 행정대집행이 효율적인 수단이 될 수 있지만 이행강제금의 부과도 불가능하지는 않습니다. 헌법재판소도 같은 입장입니다.

> "전통적으로 행정대집행은 대체적 작위의무에 대한 강제집행수단으로, 이행강제금은 부작위의무나 비대체적 작위의무에 대한 강제집행수단으로 이해되어 왔으나, 이는 이행강제금제도의 본질에서 오는 제약은 아니며, 이행강제금은 대체적 작위의무의 위반에 대하여도 부과될 수 있다. 현행 건축법상 위법건축물에 대한 이행강제수단으로 대집행과 이행강제금(제83조 제1항)이 인정되고 있는데, 양 제도는 각각의 장·단점이 있으므로 행정청은 개별사건에 있어서 위반내용, 위반자의 시정의지 등을 감안하여 대집행과 이행강제금을 선택적으로 활용할 수 있으며, 이처럼 그 합리적인 재량에 의해 선택하여 활용하는 이상 중첩적인 제재에 해당한다고 볼 수 없다.
> 건축법 제78조에 의한 무허가 건축행위에 대한 형사처벌과 건축법 제83조 제1항에 의한 시정명령 위반에 대한 이행강제금의 부과는 그 처벌 내지 제재대상이 되는 기본적 사실관계로서의 행위를 달리하며, 또한 그 보호법익과 목적에서도 차이가 있으므로 헌법 제13조 제1항이 금지하는 이중처벌에 해당한다고 할 수 없다."[42]

다만, 비례원칙에 따라 덜 침해적인 방법을 고려해야 하므로 무제한적·임의적 선택권이 인정된다고 볼 수는 없습니다.[43]

또 직접강제는 행정대집행과 이행강제금 부과의 방법으로는 행정상 의무 이행을 확보할 수 없거나 그 실현이 불가능하다고 인정되는 경우 또는 다른 수단으로는 행정목적을 달성할 수 없는 경우에만 보충적으로 실시할 수 있습니다(「행정기본법」 §§ 32, 33).

---

42 헌법재판소 2004. 2. 26. 선고 2001헌바80 등 전원재판부 결정(개발제한구역의지정및관리에 관한특별조치법 제11조 제1항 등위헌소원).

43 홍정선, 앞의 책, 216.

반면 행정상 강제집행은 의무 불이행을 전제로 하지만 즉시강제는 의무 부과와 동시에 이루어지므로 선택의 문제가 발생하지 않고, 강제징수 역시 금전급부의무를 대상으로 한다는 점에서 행정대집행 등과는 선택의 문제가 발생할 여지가 없습니다.[44]

V. 과징금

행정법상 의무의 이행을 확보하기 위한 여러 가지 금전적 수단들이 활용되고 있습니다. 대표적인 예로는 세제상 수단이 있지만 그 밖에 과징금, 부과금 등의 공적 부과금을 부과하는 방식이 널리 사용되어 왔습니다. 이들은 의무불이행에 대한 제재로서 뿐만 아니라 일종의 시장유인적 규제의 수단으로서 위법행위에 따른 경제적 수익을 박탈하거나 비용−수익(Cost−Benefit) 유인에 의해 사회적으로 바람직하지 못한 행위를 규제하기 위하여 활용됩니다.[45]

행정법상 과징금이란 주로 경제법상 의무에 위반한 자가 당해 위반행위로 경제적 이익을 얻을 것이 예정되어 있는 경우에 당해 의무위반행위로 인한 불법적 이익을 박탈하기 위하여 그 이익액에 따라 과하여지는 일종의 행정제재금으로서,[46] 의무위반에 따른 불법적 이익을 전면적으로 박탈함으로써 간접적으로 의무이행을 강제하는 효과를 얻고자 하려는 취지에서 도입된 제도입니다.[47] 가령 공정거래위원회는 공정거래법 제3조의2에서 규정한 시장지배적 지위의 남용금지에 위반하는 행위가 있을 때에는 당해 시장지배적 사업자에 대하여 가격의 인하, 당해 행위의 중지, 시정명령을 받은 사실의 공표 기타 시정을 위한 필요한 조치를 명할 수 있으나(§ 5) 과징금을 부과할 수도 있습니다. 공정거래위원회는 시장지배적 사업자가 남용행위를 한 경

---

44 홍정선, 앞의 책, 217; 법제처, 행정기본법 해설서, 303.

45 세제상 수단에 관해서는 홍준형, 행정법, 2017, 법문사, 607−609를, 부과금에 관해서는 같은 책, 611−612; 시민을 위한 환경법입문, 2021, 박영사, 61−62, 169−172, 238−243 등을 각각 참조바랍니다.

46 박윤흔, 행정법강의(상), 645.

47 과징금제도에 관해서는 조성규, "전기통신사업법상 과징금제도에 관한 고찰", 행정법연구 제20호, 행정법이론실무학회, 119; 홍대식, "공정거래법상 과징금 제도의 현황과 개선방안", 행정법연구 제18호(2007.하반기), 135−164 등을 참조.

우에는 당해 사업자에 대하여 대통령령이 정하는 매출액(대통령령이 정하는 사업자의 경우에는 영업수익)에 100분의 3을 곱한 금액을 초과하지 아니하는 범위 안에서 과징금을 부과할 수 있습니다. 다만, 매출액이 없거나 매출액 산정이 곤란한 경우로서 대통령령이 정하는 경우에는 10억원을 초과하지 아니하는 범위 안에서 과징금을 부과할 수도 있습니다(§ 6).

그러나 이러한 전형적 과징금과는 달리, 「인허가사업에 관한 법률상 의무위반을 이유로 단속상 그 인허가사업을 정지해야 할 경우에 이를 정지시키지 아니하고 사업을 계속하게 하되, 사업을 계속함으로써 얻은 이익을 박탈하는 행정제재금」을 의미하는 변형된 과징금이 점차 일반화되고 있습니다(일반적 또는 변형과징금). 이러한 변형과징금의 유용성은 가령 대중교통수단에 대한 운수사업면허의 취소·정지로 인하여 공중의 교통수요를 충족하는데 차질이 생기는 상황을 상정하면 쉽게 알 수 있지요. 변형과징금은 이 경우 대중교통의 혼란을 회피하면서 동시에 벌금형의 일반화에 따른 전과자양산의 효과를 피할 수 있다는 점에서 가치를 지닙니다. 가령 대기환경보전법 제37조 제1항은 시·도지사에게 다음 각호의 어느 하나에 해당하는 배출시설을 설치·운영하는 사업자에 대하여 제36조에 따라 조업정지를 명하여야 하는 경우로서 그 조업정지가 주민의 생활, 대외적인 신용·고용·물가 등 국민경제, 그 밖에 공익에 현저한 지장을 줄 우려가 있다고 인정되는 경우 등 그 밖에 대통령령으로 정하는 경우에는 조업정지처분을 갈음하여 2억원 이하의 과징금을 부과할 수 있는 권한을 부여하고 있습니다.

1. 「의료법」에 따른 의료기관의 배출시설
2. 사회복지시설 및 공동주택의 냉난방시설
3. 발전소의 발전 설비
4. 「집단에너지사업법」에 따른 집단에너지시설
5. 「초·중등교육법」 및 「고등교육법」에 따른 학교의 배출시설
6. 제조업의 배출시설
7. 그 밖에 대통령령으로 정하는 배출시설

과징금은 조업정지를 명해야 할 경우지만 조업을 정지시키지 않으면서 그 위반사항에 대한 제재를 가하는 수단이 됩니다. 변형과징금에 있어 「이익의 박탈」이란 전형적 과징금의 경우와는 달리 위반행위자에 대한 단속적 의미에서의 금전적 부담을 의미할 뿐이고, 불법이익의 전면적 박탈이나 기대이익의 박탈과는 다르다는 점에

특색을 지닙니다.48 변형과징금은 공중위생관리법(§ 11의2), 여신전문금융업법(§ 58 ②), 여객자동차운수사업법(§ 88), 전기사업법(§ 12 ④), 석탄산업법(§ 21 ④) 등에서 그 예를 볼 수 있습니다. 변형과징금의 법적 성질에 관하여는 행정제재설, 과태료설, 속죄금설, 금전적 제재설 등이 대립합니다.

　　종래 과징금부과에 관한 일반법은 없었습니다. 그러던 터에 「행정기본법」이 제28조와 제29조 두 개의 조항을 할애하여 과징금에 관한 일반법으로서 과징금의 기준과 과징금 납부기한 연기 및 분할 납부를 규율하게 되었습니다. 과징금은 금전적 부담을 내용으로 하는 제재의 일종이므로 법치행정의 원칙에 따라 개별법률에 구체적 근거가 있는 경우에만 부과될 수 있습니다. 한편 과징금의 징수에 관하여 국세 또는 지방세체납처분의 예에 의하도록 한 것에 대하여는, 단순한 행정의무 위반이나 영업정지처분에 갈음하는 과징금을 조세와 같이 강제징수하는 것은 너무 가혹한 것이라는 비판이 제기되기도 합니다.49

공정거래법상 과징금과 이중처벌금지원칙 등

　　공정거래법 제23조(불공정거래행위의 금지)제1항의 규정을 위반하는 행위가 있을 때에 당해사업자에 대하여 대통령령이 정하는 매출액에 100분의 2(제7호의 규정에 위반한 경우에는 100분의 5)를 곱한 금액을 초과하지 아니하는 범위 안에서 부과하는 공정거래법 제24조의2에 의한 과징금처럼 일정한 의무위반이 있으면 그에 따라 경제적 이득을 취득했을 것이라는 추정 아래 그 추정적 이득금액을 과징금으로 부과하여 환수하는 제도에 대해서는 벌금·과태료와 실질적 차이가 없기 때문에 이중처벌의 문제 등 헌법적 문제가 발생할 소지가 있다고 지적됩니다.50 그러나 대법원은 "구 독점규제및공정거래에관한법률(1999. 2. 5. 법률 제5813호로 개정되기 전의 것) 제23조 제1항 제7호, 같은 법 제24조의2 소정의 부당지원행위를 한 지원주체에 대한 과징금은 그 취지와 기능, 부과의 주체와 절차 등을 종합할 때 부당지원행위의 억지(억지)라는 행정목적을 실현하기 위한 입법자의 정책적 판단에 기하여 그 위반행위에 대하여 제재를 가하는 행정상의 제재금으로서의 기본적 성격에 부당이득환수적 요소도 부가되어 있는 것이라고 할 것이어서 그것이 <u>헌법 제13조 제1항에서 금지하는 국가형벌권 행사로서의 처벌에 해당한다고 할 수 없으므로 구 독점규제및공정거래에관한법률에서 형사처벌과 아울러 과징금의 부과처분을 할 수 있도록 규정하고 있다 하더라도 이중처벌금지원칙이나 무죄추정원칙에 위반된다거나 사법권이나 재판청구권을 침해한다고 볼 수 없고</u>, 또한 같은 법 제55조의3 제1항에 정한 각 사유를 참작하여 부당지원행위의 불법의 정도에 비례하여 상당한 금액의 범위 내에서만 과징금을 부과할 수 있도록 하고 있음에 비추어 비례원칙에 반한다고 할 수도 없다."고 판시한 바 있습니다.51

48　신봉기, 경제규제법상 과징금제도, 한국공법학회 제28회 학술발표회 발표문, 32.
49　신봉기, 앞의 글, 39 및 각주 24에 인용된 문헌을 참조.
50　김철용, 행정법 I, 제13판, 2010, 463.
51　대법원 2004. 4. 9. 선고 2001두6197 판결(시정조치및과징금부과처분취소).

과징금 부과 여부에 관해서는 통상 행정청의 재량이 인정되는 것이 일반적입니다. 따라서 과징금 부과에 대해서도 재량통제에 관한 일반법리가 그대로 적용됩니다. 이와 관련하여 과징금 납부명령이 재량권을 일탈하였다고 인정되는 경우, 법원은 그 일탈 여부만 판단할 수 있을 뿐 직접 적정한 과징금 수준을 판단할 수 없으므로 그 전부를 취소할 수밖에 없다는 것이 판례입니다.

> "처분을 할 것인지 여부와 처분의 정도에 관하여 재량이 인정되는 과징금 납부명령에 대하여 그 명령이 재량권을 일탈하였을 경우, 법원으로서는 재량권의 일탈 여부만 판단할 수 있을 뿐이지 재량권의 범위 내에서 어느 정도가 적정한 것인지에 관하여는 판단할 수 없어 그 전부를 취소할 수밖에 없고, 법원이 적정하다고 인정하는 부분을 초과한 부분만 취소할 수는 없다."[52]

「행정기본법」에 따르면 행정청은 법령등에 따른 의무를 위반한 자에 대하여 법률로 정하는 바에 따라 그 위반행위에 대한 제재로서 과징금을 부과할 수 있습니다 (§ 28 ①).

과징금의 근거가 되는 법률에는 과징금에 관한 다음 각호의 사항을 명확하게 규정하여야 합니다(§ 28 ②).

1. 부과·징수 주체
2. 부과 사유
3. 상한액
4. 가산금을 징수하려는 경우 그 사항
5. 과징금 또는 가산금 체납 시 강제징수를 하려는 경우 그 사항

이는 과징금의 근거가 되는 법률에 대한 입법적 기준 또는 준수사항을 정한 것이어서 그런 법률을 직접 구속하는 효력을 가진다고 보기는 어렵습니다.

과징금은 한꺼번에 납부하는 것을 원칙으로 합니다(§ 29 본문). 그러나 「행정기본법」은 납부기한을 연기하거나 분할 납부할 수도 있는 길을 열어 놓았습니다. 즉, 행정청은 과징금을 부과 받은 자가 다음 어느 하나에 해당하는 사유로 과징금 전액을 한꺼번에 내기 어렵다고 인정될 때에는 그 납부기한을 연기하거나 분할 납부하게 할 수 있으며, 이 경우 필요하다고 인정하면 담보를 제공하게 할 수 있습니다(§ 29 단서).

---

52 대법원 2009. 6. 23. 선고 2007두18062 판결(시정명령등취소).

1. 재해 등으로 재산에 현저한 손실을 입은 경우
2. 사업 여건의 악화로 사업이 중대한 위기에 처한 경우
3. 과징금을 한꺼번에 내면 자금 사정에 현저한 어려움이 예상되는 경우
4. 그 밖에 제1호부터 제3호까지에 준하는 경우로서 대통령령으로 정하는 사유가 있는 경우

VI. 직접강제

직접강제(unmittelbarer Zwang)란 행정법상 의무불이행에 대하여 직접적으로 의무자의 신체나 재산에 실력을 가하여 의무의 이행이 있었던 것과 동일한 상태를 실현하는 강제수단을 말합니다. 「행정기본법」은 이를 "의무자가 행정상 의무를 이행하지 아니하는 경우 행정청이 의무자의 신체나 재산에 실력을 행사하여 그 행정상 의무의 이행이 있었던 것과 같은 상태를 실현하는 것"이라고 정의합니다(§ 30 ① 제3호).

직접강제는 대체적 작위의무뿐만 아니라 비대체적 작위의무 및 부작위·수인의무 등 모든 유형의 의무불이행에 대하여 부과될 수 있고 직접적·유형적 실력, 보조수단 및 무기 등에 의하여 실행됩니다. 이것은 가장 강력한 의무이행확보수단이기는 하지만, 그 실력성과 권리에 대한 침해정도로 인하여 일반적인 강제수단으로서는 채용되지 않고 최후의 수단으로서(als ultima ratio) 그리고 예외적으로 개별법의 근거에 따라서만 허용됩니다.53

가령 식품위생법은 제79조에서, 식품의약품안전청장, 시·도지사 또는 시장·군수·구청장에게 제37조 제1항 또는 제4항을 위반하여 허가받지 아니하거나 신고하지 아니하고 영업을 하는 경우 또는 제75조 제1항 또는 제2항에 따라 허가가 취소되거나 영업소 폐쇄명령을 받은 후에도 계속하여 영업을 하는 경우에는 해당 영업소를 폐쇄하기 위하여 관계 공무원에게 다음 각호의 조치를 하게 할 수 있도록 수권하고 있습니다(공중위생관리법 § 11에도 유사한 규정이 있습니다).

1. 해당 영업소의 간판 등 영업 표지물의 제거나 삭제
2. 해당 영업소가 적법한 영업소가 아님을 알리는 게시문 등의 부착
3. 해당 영업소의 시설물과 영업에 사용하는 기구 등을 사용할 수 없게 하는 봉인(封印)

한편 의무이행확보수단의 개선작업의 일환으로 안전관리분야, 식품제조분야, 의약품제조분야, 환경보전분야, 기타 사회질서와 관련된 분야에서 직접강제를 도입하여 대처하려는 움직임이 있었습니다.54

---

53 출입국관리법(§ 45), 군사시설보호법(§ 25) 등에서 단편적으로 규정하고 있습니다.
54 박윤흔, 행정법강의(상), 590.

직접강제에 대하여도 필요성 및 비례의 원칙(협의)이 그 입법 및 적용의 한계로서 고려되어야 함은 물론입니다.[55] 「행정기본법」이 제32조 제1항에서 "직접강제는 행정대집행이나 이행강제금 부과의 방법으로는 행정상 의무 이행을 확보할 수 없거나 그 실현이 불가능한 경우에 실시하여야 한다."라고 규정한 것도 같은 취지입니다.

직접강제를 실시하기 위하여 현장에 파견되는 집행책임자는 그가 집행책임자임을 표시하는 증표를 보여 주어야 합니다(§ 30 ②). ③ 직접강제의 계고 및 통지에 관하여는 이행강제금에 관한 제31조 제3항 및 제4항을 준용하도록 되어 있습니다(§ 30 ③).

VII. 즉시강제

1. 개념과 특성

행정상 즉시강제(sofortiger Zwang)란 일반적으로 「행정법상 의무의 존재를 전제함이 없이 목전의 급박한 위험을 제거하기 위하여 또는 그 성질상 의무를 명해서는 그 목적을 달성하기 어려운 경우 직접 사인의 신체 또는 재산에 실력을 가하여 행정상 필요한 상태를 실현하는 작용」을 말합니다. 현존하는 위험상황을 고려할 때 행정행위의 발급과 후속 집행절차를 기다릴 수 없고 즉각적 조치를 취하지 않으면 안 되는 경우가 빈번히 발생합니다. 가령 경찰관이 순찰중 절도가 주택에 침입하려는 것을 포착하거나 유조차 전복으로 기름이 유출되어 지하수를 오염시킬 지경에 이른 것을 발견했을 경우가 그런 예입니다. 이러한 사례에서 경찰관은 즉시 또는 직접, 선행하는 행정행위를 전제로 함이 없이, 절도의 주거침입을 배제하거나(직접강제의 경우) 유류오염제거업자를 동원, 기름을 퍼내도록 하는 등 필요한 조치를 취할 수 있습니다. 이처럼 선행 처분을 전제로 하지 않은 긴급처분을 행정상 즉시강제라고 통칭합니다.

「행정기본법」은 이를 "의무자가 행정상 의무를 이행하지 아니하는 경우 행정청이 의무자의 신체나 재산에 실력을 행사하여 그 행정상 의무의 이행이 있었던 것과 같은 상태를 실현하는 것"이라고 정의합니다(§ 30 ① 제3호).

---

55 Götz, Allgemeines Polizei- und Ordnungsrecht, 10.Aufl.(1991), Rn.316.

한편, 종래 통설에 의한 개념이 지나치게 포괄적이라고 비판하면서 이러한 광의의 즉시강제개념에 대한 대안으로서 「대집행과 직접강제를 행함에 있어 긴급한 사유가 있어 계고·수단의 확정과 같은 절차를 생략하여 즉시로 행하는 작용」이란 의미의 협의의 즉시강제(즉시집행: sofortiger Vollzug)의 개념을 사용하여야 한다는 견해가 주장되고 있습니다.[56] 이 견해는 주로 독일법상의 개념형성을 염두에 둔 견해입니다.[57] 독일행정법상 대집행 및 직접강제와 같은 강제수단은, 그 강제수단발동의 필요성은 있으나, 행정청이 금지 또는 명령을 발동해야 했을 상대방을 찾을 수 없거나 그에 대한 조치가 성공가능성이 없을 경우, 예외적으로 선행하는 집행력 있는 행정행위 없이도 발동될 수 있습니다. 그와 같이 「선행행정행위」를 통한 우회 없이 허용되는 강제수단이 바로 일정 처분의 직접시행(unmittelbare Ausführung einer Maßnahme)과 즉시집행(sofortiger Vollzug, Sofortvollzug)입니다. 전자는 경찰법(프로이센경찰행정법 제44조)에서 유래하고 후자는 일반행정집행법에서 유래하는 제도지만, 양자는 사실상 동일한 기능을 수행합니다. "직접시행은 집행능력 있는 기본처분의 존재에 대한 의제(Fiktion)에 입각한 것인데 비해, 즉시집행의 경우에는 이러한 의제가 결여되어 있을 뿐입니다."[58] 따라서 양자 사이에 어떤 본질적인 차이가 있는 것은 아니라는 점을 알 수 있습니다. 또한 굇츠(Götz)에 의하면 프로이센법상 직접시행은 무엇보다도 선행하는 경찰처분 없이 발동된 강제조치에 대하여 경찰처분에 대한 경우와 마찬가지의 쟁송수단을 열어주려는 의미를 가지고 있었다고 합니다. 따라서 이는 (당시) 권리보호에 관건이 되었던 경찰처분의 개념을 확대한 개념이라는 것이지요.[59] 여기서 직접시행이란 개념은 연혁상 행정소송에 의한 권리보호의 가능성을 열어주기 위하여 의제에 의하여 처분개념을 개재시킴으로써 성립된 것임을 알 수 있습니다. 그렇다면 후술하는 행정조사를 즉시강제로부터 분리시키는 것은 필요할지라도, 그 밖에 우리 행정법상 즉시강제를 독일법의 즉시집행·직접시행으로 구분하고 전자만 협의의 개념으로 다루어야 할 실익이 있을지는 의문입니다.

행정상 즉시강제와 행정조사는 후자가 정보·자료의 수집을 직접 목적으로 한다는 점에서 구별됩니다. 물론 즉시강제는 그것이 지닌 강제성의 계기에서 비권력적 행정조사(질문등)와 구별되나 권력적 행정조사와 구별되는 것은 아닙니다. 즉시강제는 그 밖에도 긴급성, 구체적·완결적 결과의 직접실현 등의 면에서 행정조사와 차이점

---

56 김남진, 행정법 I, 512 이하: 동교수, 기본문제, 350 이하.

57 한편 독일에서도 용어가 통일돼 있지는 않으며, 가령 일부에서는 행정집행법(VwVG) 제6조에 의한 'sofortiger Vollzug', 'Sofortvollzug', 'sofortiger Zwang'으로, 일부에서는 'unmittelbare Ausführung'으로 표현하고 있다고 한다(Maurer, § 20 Rn.25).

58 Götz, Allgemeines Polizei— und Ordnungsrecht, 10.Aufl., 1991, Rn.299. 마우러(Maurer, § 20 Rn.25) 역시 양자에 있어 문제되는 것은 결국 동일한 것으로, 경찰 또는 기타 집행기관들로 하여금 선행하는 행정행위없이도 즉각적인 조치를 할 수 있도록 수권(Ermächtigung zum sofortigen Tätigwerden)하는데 있다고 합니다. 양자를 굳이 구별한다면 즉시집행은 강제수단으로서 오직 (추정적인) 의무자의 의사에 반하여 발동될 수 있는데 비하여 직접시행은 경찰처분으로서 가령 토지소유자가 유류로 오염된 토양을 경찰측에서 한 사업자를 즉시 사용하여 제거하는 데 동의하는 경우처럼 당사자가 동의한 경우에도 발동될 수 있다는 점이 다르다고 합니다.

59 Götz, aaO.

을 지니고 있습니다. 행정상 즉시강제는 구체적인 의무의 존재와 의무자에 의한 의무불이행을 전제로 하지 않는다는 점에서 직접강제와 구별되며, 행정벌처럼 과거에 행해진 행정상 위법행위에 대한 것이 아니라 행정상 필요한 상태의 장래적 실현이라는 점에서 행정벌과도 구별됩니다. 행정상 즉시강제와 행정상 강제집행은 양자 모두 행정법상 필요한 상태의 실현을 위한 행위라는 점에서는 공통되나 前者는 반드시 의무가 부과되었을 것을 전제로 하지 않는데 비해 後者는 의무의 부과 및 그 의무자에 의한 불이행사태를 전제로 한다는 점에서 구별됩니다(통설).⁶⁰

2. 행정상 즉시강제의 근거

2.1. 이론적 근거

행정상 즉시강제는 과거 대륙법, 특히 독일에서는 경찰행정 분야에서 생성된 국가의 일반긴급권이론에 따라 법률의 근거 없이도 행사될 수 있다고 정당화되었고, 영·미에서는 불법방해의 자력제거라는 법리에 의거하여 정당화되었습니다. 그러나 오늘날 법치국가원칙이 전면적으로 관철되는 상황에서 이론적 근거가 아니라 실정법적 근거가 필요합니다.

2.2. 실정법적 근거

행정상 즉시강제는 침익적 행정작용이므로 이를 위하여 실정법, 특히 법률의 근거가 요구된다는 것은 법치행정의 요소인 법률의 유보 원칙에 따르면 극히 자명합니다. 행정상 즉시강제의 근거법으로는 "즉시강제는 다른 수단으로는 행정목적을 달성할 수 없는 경우에만 허용되며, 이 경우에도 최소한으로만 실시하여야 한다."고 규정

---

60 김남진 교수는 기술한 것처럼 협의의 즉시강제, 즉 즉시집행의 개념을 사용하면서, 통설이 말하는 즉시강제도 행정법상 의무의 불이행을 전제로 하는 경우(가령 도로교통법 제43조에 의한 경찰관의 위험방지조치로서 위법차량의 정지조치 등) 양자의 구별은 행정법상 의무의 존부가 아니라 일부절차의 생략 여부라고 합니다(김남진, 행정법 I, 513). 그러나 경찰관의 정차조치의 경우에도 의무의 부과를 의제하는 것이 직접시행의 개념임은 이미 설명한 바와 같습니다.

한 「행정기본법」(§ 33 ①), 그리고 사실상 일반법적 기능을 수행해 온 경찰관직무집행법과 기타 소방기본법, 감염병예방법, 「마약류 관리에 관한 법률」, 식품위생법 등 각 분야에 대한 단행법들이 있습니다.

3. 행정상 즉시강제의 한계

행정상 즉시강제를 하려면 법적 근거가 필요합니다. 그러나 관계법이 불확정개념이나 포괄적 수권규정으로 되어 있어 그 요건, 실력행사의 종류·방법·정도 등에 관하여 행정청이 광범위한 재량의 여지를 가지는 경우가 많습니다. 그러나 즉시강제에는 한계가 따릅니다. 즉 그 성질·목적 등과 관련하여 ① 위해발생이 목전에 급박하고(급박성), ② 다른 수단으로는 그 목적달성이 곤란한 경우에만 발동될 수 있으며(보충성), ③ 또 그 발동은 필요한 최소한도에 그쳐야 합니다(비례의 원칙).

「행정기본법」도 같은 취지에서 "즉시강제는 다른 수단으로는 행정목적을 달성할 수 없는 경우에만 허용되며, 이 경우에도 최소한으로만 실시하여야 한다."고 규정하고 있습니다(§ 33 ①). 또한 경찰관직무집행법도 제1조 제2항에서 "이 법에 규정된 경찰관의 직권은 그 직무수행에 필요한 최소한도내에서 행사되어야 하며 이를 남용하여서는 아니 된다."고 규정합니다.

4. 행정상 즉시강제와 영장주의

행정상 즉시강제에도 헌법 제12조 제3항 및 제16조에 의한 영장주의가 적용되는지에 관하여는 학설이 대립합니다.

4.1. 영장불요설

헌법상 영장주의는 본래 범죄수사절차에서 형사사법권의 남용을 방지하기 위하여 인정된 것이므로 행정상 즉시강제에는 적용이 없다는 견해입니다.

4.2. 영장필요설

헌법상 영장주의를 형사사법권의 발동에 국한되는 것으로 보는 것은 헌법규정의 부당한 축소해석으로서 기본권을 침해하는 결과가 되며, 따라서 헌법상 명문의 규정이 없는 한, 영장주의는 행정상 즉시강제에도 일반적으로 적용되는 것이라고 합니다.

4.3. 절충설

원칙적으로 영장필요설에 입각하면서 행정목적 달성을 위하여 불가피하다고 인정할 만한 특별한 사유가 있으면 행정상 즉시강제는 영장주의의 적용을 받지 않는다고 합니다(다수설).

4.4. 결론

이 문제는 일면 헌법상 영장주의의 기본정신과 타면 행정상 즉시강제를 인정한 제도적 취지를 비교형량하여 판단할 문제입니다. 이러한 관점에서 보면 행정상 즉시강제의 내용이 형사사법절차인 체포·구금·압수·수색 등과 동가치적인 경우에는 영장주의가 일반적으로 적용된다고 봄이 헌법상 영장주의의 취지에 부합됩니다. 따라서 즉시강제에 대해서도 원칙적으로 영장주의가 타당하며, 따라서 영장주의의 배제 또는 제한은 법률에 특별한 규정이 있는 경우에만 가능하다고 봅니다. 다만, 앞서 든 사례처럼 기름유출로 인한 급박한 환경위해의 발생 등 분초를 다투는 긴급사유가 있을 경우에는 위해방지에 관한 경찰법상 개괄조항이 인정된다면 이에 따라 또는 관계 법률에 이에 관한 명문의 근거가 없더라도 긴급피난의 법리에 따라 행정상 즉시강제의 발동을 정당화할 여지도 배제할 수 없을 것입니다.61

하나의 조치가 실질적으로 행정상 즉시강제와 형사사법의 목적을 아울러 달성하기 위하여 발동되는 경우에 영장이 필요하다는 것은 당연합니다. 가령 조세범처벌절차법 제3조, 관세법 제296조

---

61 한편 이와 같은 경우에 일부에서 요구하는 사후영장제도는 국민의 권익보호에 실질적인 의미를 갖지 않는다고 지적됩니다(김동희, 행정법 I, 422).

등이 범칙사건조사를 위한 압수등에 영장을 요한다고 규정하는 것은 이러한 의미입니다. 또 각종 관계법들이 증표의 제시(「독점규제 및 공정거래에 관한 법률」§ 50 ④), 소속경찰관서의 장에 대한 사후보고(경찰관직무집행법 § 5 ③) 등을 규정하는 것은 영장주의의 정신을 행정법적 수준에서 존중하기 위한, 그러나 영장주의를 대체하는 규정들이라 할 수 있습니다.

한편, 「행정기본법」은 이러한 학설상 논란에 대해 직접 언급하지는 않고(§ 33 ①), 단지 "즉시강제를 실시하기 위하여 현장에 파견되는 집행책임자는 그가 집행책임자임을 표시하는 증표를 보여 주어야 하며, 즉시강제의 이유와 내용을 고지하여야 한다."고만 규정하고 있습니다(§ 33 ②).

5. 행정상 즉시강제의 수단

행정상 즉시강제의 내용으로 강제수단은 경찰상 즉시강제에 관한 일반법인 경찰관직무집행법을 비롯해 각각의 개별법에 규정되어 있습니다.

5.1. 경찰관직무집행법상의 수단

대인적 강제수단으로는 보호조치(§ 4), 위험발생의 방지조치로서 억류·피난(§ 5), 범죄의 예방·제지(§ 6), 장구·무기의 사용(§§ 10, 11)이 있고, 대물적 강제수단으로는 무기·흉기·위험물의 임시영치(§ 4 ③)가 있으며, 대가택 강제수단으로는 위험방지를 위한 출입(§ 7)이 있습니다.

5.2. 각 개별법상의 수단

대인적 강제수단으로는 강제건강진단(감염병예방법 § 46 ①), 강제격리(감염병예방법 § 42 ②) 등이 있고, 대물적 강제수단으로는 불법청소년유해매체물의 수거(청소년보호법 § 44 ①), 물건의 제거·이동(소방기본법 § 25 ③), 폐기(식품위생법 § 72, 약사법 § 71 ③)가 있으며, 대가택 강제수단으로는 수색(조세범처벌절차법 § 8) 등이 있습니다.

6. 행정상 즉시강제에 대한 구제

행정상 즉시강제는 사인의 신체·재산에 실력을 가하는 행위에 의하여 실시되는 것이 일반이므로 권익침해의 소지가 대단히 큽니다. 따라서 이를 구제받을 수 있는 적절한 구제제도가 마련되지 않으면 안 됩니다. 현행법상 행정상 즉시강제에 대한 구제는 그 적법성 여부를 기준으로 다음과 같이 나누어 설명할 수 있습니다.

6.1. 적법한 즉시강제에 대한 구제

행정상 즉시강제가 적법한 경우에도 그로 인하여 특정인에게 그 귀책사유 없이 특별한 손실이 발생한 때에는 이를 전보해줄 필요가 있습니다. 이에 관하여는 각각의 개별법이 규정을 두고 있는 경우도 있으나(소방기본법 § 49의2, 자연재해대책법 § 68), 그러한 명문의 규정이 없더라도 헌법 제23조 제3항에 의하여 또는 수용유사침해·수용적 침해의 법리에 의하여 또 경우에 따라서는 희생보상의 법리에 따라 보상을 청구할 수 있다고 보아야 할 것입니다.

6.2. 위법한 행정상 즉시강제에 대한 구제

(1) 행정쟁송

위법한 즉시강제에 대하여 행정쟁송을 제기하여 그 취소를 구할 수 있는지에 관하여는 즉시강제가 사실행위이므로 이를 부인하는 견해도 없지 않으나, 즉시강제는 일반적으로 단순사실행위가 아니라 권력적 사실행위의 성질을 띠므로 그 처분성을 인정할 수 있고 또 앞에서 본 바와 같이 즉시강제 중에는 직접시행(unmittelbare Ausführung)의 경우처럼 관념적으로나마 명령 또는 금지의 행정행위가 매개된 경우에는 당연히 이를 처분으로 볼 수 있으므로 항고쟁송의 대상이 된다고 보아야 합니다. 다만 즉시강제는 행위의 신속한 종료를 특징으로 하는 것이어서 행정심판법 제9조 제1항 단서 및 행정소송법 제12조 단서에 의한 경우를 제외하고는 권리보호의 이익을 상실해버리는 경우가 많습니다. 그 경우 손해배상이나 결과제거·원상회복을 구하는 길밖에 없는데, 즉시강제와 손해발생 사이에 인과관계 인정이 어려운 경우도 적지 않습니다.

행정상 즉시강제 또는 행정대집행과 같은 사실행위는 그 실행이 완료된 이후에 있어서는 그 행위의 위법을 이유로 하는 손해배상 또는 원상회복의 청구를 하는 것은 몰라도 그 사실행위의 취소를 구하는 것은 권리보호의 이익이 없다.[62]

(2) 행정상 손해배상

위법한 즉시강제로 인하여 신체 또는 재산상의 손해를 입었을 때에는 국가배상법에 따라 국가 또는 당해 지방자치단체에 대하여 손해배상을 청구할 수 있습니다.

(3) 기타 구제수단

① 정당방위등

위법한 즉시강제에 대하여는 정당방위의 법리에 따라 이에 저항하여도 형법상 공무집행방해죄를 구성하지 않으며(형법 § 21) 또 민사상 손해배상책임을 발생시키지도 않습니다(민법 § 761). 물론 이러한 정당방위는 어디까지나 예외적인 상황에서 인정되는 것이므로 즉시강제에 대한 구제수단이라기보다는 사인의 법적 대항수단이라고 보아야 할 것입니다.

② 기타수단

위법한 즉시강제에 대하여는 그 밖에도 공무원의 형법상 책임, 특별법(경찰관직무집행법) 및 공무원법상 책임을 물을 수 있으나 이들은 본래적 의미의 행정상 즉시강제에 대한 구제수단은 아니라 할 것이며, 또 이에 관한 청원, 고소·고발도 가능하지만 즉시강제에 대한 행정구제수단으로서 특별한 의미는 없습니다.

---

62 대법원 1965. 5. 31. 선고 65누25 판결.

행정구제법

제28강
행정으로부터 권익을 침해당한 경우: '행정구제'

　행정기관에게서 억울하게 권리나 이익을 침해당하면 어떻게 해야 할까요? 헌법은 대통령이나 장관은 물론 중앙과 지방의 모든 공직자들에게 국민을 위해 봉사할 것을 요구하고 있지만 현실은 그렇지 않습니다. 갖가지 형태로 국민이 행정기관으로부터 억울한 일을 당하는 경우가 늘상 일어나고 있습니다. 그런 일이 있어서는 안 되겠지만 행정법은 그런 일이 늘 일어날 수 있다는 전제에서 출발합니다. 그런 경우 어떤 방법으로든 침해당한 국민의 권익을 구제해 줄 수 있는 공정하고 실효성 있는 방안을 마련되어어야 한다는 것은 헌법의 요구이기도 합니다.

　행정구제(Verwaltungsrechtsschutz)란 행정작용으로 인하여 자기의 권리·이익이 침해되었거나 침해될 것이라 주장하는 자가 국가기관(법원, 행정기관, 헌법재판소 등)에 원상회복, 손해전보 또는 문제된 행정작용의 취소·변경이나 기타 피해구제·예방조치 등을 요구하고 이에 응해 사건을 심리·판정하는 일련의 절차로 이에 관한 법을 총칭하여 행정구제법이라 부릅니다.

　행정구제는 법치국가원리를 실질적으로 구현하는 제도인 동시에 필수적인 구성요소입니다. 법치국가에서 행정은 적법·타당하게 행해져야 하며 또 개인의 기본권을 존중해야 합니다. 따라서 행정이 법치국가적 요구에 반하여 개인의 권리·이익을 침해하면 의당 그에 대한 구제가 주어져야 하고 이를 가능케 하는 제도가 행정구제입니다.

　행정구제와 행정구제법의 존재이유는 무엇보다도 위법·부당한 행정작용으로부터 국민의 권리를 보호하는 데 있습니다. 행정법 전 체계에서 행정구제법이 차지하는 지위는 특히 "권리구제가 권리에 선행한다."(Remedies precede Right: *ubi remedium, ibi ius*)는 영국의 법언에서 드러나듯이 실제상으로도 중요하고 또 핵심적입니다. 사실 역사적으로 보면, 행정구제야말로 행정법의 형성을 가져 온 가장 결정적인 메커니즘 이었지요. 물론 오늘날 행정법의 병리학적 파악이 갖는 의미는 행정법의 체계적 발전을 통해 많이 완화되고 있습니다. 그럼에도 불구하고, 행정법이 여전히 그리고 그 주요 부분에서 행정의 법적 통제에 관한 법이라고 이해되고 있는 이상, 행정구제법의 중요성은 여전히 강조되어야 합니다.

현행법상 행정구제를 받는 가장 주된 방법으로는 행정상 손해전보와 행정쟁송이 있습니다. 전자는 행정작용으로 국민이 입은 손해를 금전적으로 전보(塡補), 즉 되갚아 주는 제도로 위법한 행정작용으로 인한 권익침해에 대해서는 행정상 손해배상(국가배상)이, 적법한 행정작용으로 인한 권익침해에 대해서는 이해조정수단인 행정상 손실보상이 주어집니다. 후자는 행정기관이 행한 행위(또는 부작위)의 효력 또는 법률관계의 당부를 다투는 방법인데, 다시 행정심판과 행정소송으로 나뉩니다. 전통적인 행정구제법의 내용은 이와 같이 크게 네 가지 전형적인 사후적 구제방법에 대한 법적 규율로 구성되어 왔습니다.

현대 행정구제법은 행정에 대한 사후적 권리구제와 법적 통제를 중심으로 한 전통적 ˙체계를 기본적으로 유지하면서도 다양한 시각변화와 중점이동 경향을 보입니다. 행정구제는 국민의 권익을 실질적이고 효과적으로 보호할 수 있어야 하므로 전형적인 행정구제수단을 지속적으로 개선해 나가야 합니다. 행정구제법이 점차 행정절차나 옴부즈만(Ombudsman)제도, 행정과 관련된 각종 분쟁조정제도 등 행정에 대한 절차적ㆍ사전적 통제를 지향하여 발전하는 양상을 보이는 것이 바로 그 변화의 결과입니다. 그런 까닭에 우리는 전형적인 행정구제제도뿐 아니라 비전형적인 행정구제방법에 관해서도 적절한 관심을 기울일 필요가 있습니다. 특히 1998년부터 시행된 행정절차법에 따라 법적 기반을 확보한 행정절차제도 역시 사전적 권리구제기능을 수행할 수 있습니다. 그러나 행정구제론의 중점은 어디까지나 전형적인 양대 행정구제제도에 관한 논의에 있습니다. 그 이유는 첫째, 옴부즈만제도 등 비전형적 수단에 의한 행정구제의 가능성이 여전히 극히 단편적이고 제한적인 경우(각 개별법의 규정에 의한 절차적 권리구제, 국민권익위원회의 고충민원처리 등)에 국한되어 있다는 점, 둘째, 청원이나 진정, 이의신청, 민원사무처리제도 등과 같은 비정식적 행정구제수단들(formlose Rechtsbehelfe)은, 물론 전형적인 행정구제제도들과 상호보충적 관계(Ergänzungsverhältnis)에서 나름대로 고유한 가치를 지니지만, 역시 사법적 내지 준사법적 구제방법으로서 전형적 행정구제제도가 지니는 의의에 비추어 볼 때 보충적·부수적인 비중을 가지는데 불과하다는 점 등에서 찾을 수 있습니다.

I. 국가로부터 손해를 입은 경우: 국가배상

사인이 위법한 행위에 의하여 타인에게 손해를 가한 경우 이를 가해자가 배상해야 한다는 것은 당연한 법적 정의의 요청입니다. 이 원리는 사법(私法)에서는 이미 오래 전부터 불법행위책임의 기초가 되어 왔지요. 그와 대조적으로 국가가(사실은 그 기관구성원인 공무원이) 임무수행과정에서 위법하게 타인에게 손해를 가한 경우 누가 배상책임을 질 것인가에 관한 법은 비교적 근래에 정비되었습니다. 근대 초기까지도 국가의 배상책임은 '주권면책'(Sovereign Immunity)의 이론 또는 「왕은 악을 행할 수 없다」(The King can do no wrong.)는 판례법리에 따라 부정되었습니다. 그 결과 공무원의 불법행위로 인해 개인에게 손해가 발생한 경우에도 국가가 배상책임을 지는 것이 아니라 다만 공무원 개인의 책임만 제한적으로 인정될 뿐이었습니다. 이 '국가무책임' 법리에 입각한 전근대적 법상태는 19세기 후반에야 비로소 프랑스를 필두로 독일에서 그리고 점차 영미 등의 국가에서 극복되기 시작했습니다.

국가배상제도는 오늘날 법치주의 하에서는 당연한 제도로 받아들여집니다. 행정활동은 국민전체를 위해 수행되는 것이므로 만일 그로부터 야기된 손해가 어느 누구에게 대해 전보되지 않는다면 이는 그 차별에 대한 정당화 없이 가해진 사회전체를 위한 희생으로 간주되어야 합니다. 이 경우 그 손해의 배상은 발생한 침해로 파괴된 형평을 회복하는 의미를 가집니다(공적 부담 앞의 평등). 이러한 관점에서 국민이 공권력의 행위로 인해 입은 손해를 배상 받을 수 있다는 가능성은 법치국가의 필수적인 요소일 뿐만 아니라 문명의 한 징표이기도 합니다.[1]

헌법은 제29조 제1항에서 "공무원의 직무상 불법행위로 손해를 받은 국민은 법

---

1 Rivero, 336f. 독일의 경우에도 국가배상책임의 법적 기초는 법치국가원칙(Rechtsstaatsprinzip)에 있으며, 기본법 제34조에 의한 국가배상책임은 기본법 제20조 제3항의 행정의 법률적합성원칙(Grundsatz der Gesetzmäßigkeit)과 기본법 제19조 제4항의 권리보호의 보장을 보완하는 제도로서 파악되고 있습니다(Maurer, § 25 Rn.6).

률이 정하는 바에 의하여 국가 또는 공공단체에 정당한 배상을 청구할 수 있다. 이 경우 공무원 자신의 책임은 면제되지 아니 한다."고 규정하고 있습니다. 이처럼 국가 배상청구권은 단순히 재산권보장의 결과가 아니라 청구권적 기본권의 하나로 헌법에 보장되어 있습니다.

국가배상법은 국가배상책임을 제2조에 따른 공무원의 직무상 불법행위로 인한 책임과 제5조에 따른 영조물설치·관리 하자로 인한 책임, 두 가지 유형으로 구분하여 규정하고 있습니다.

II. 공무원의 위법한 직무행위로 인한 손해배상

헌법 제29조 제1항에 따라 국가배상법은 제2조에서 공무원의 위법한 직무행위로 인한 국가배상책임을 명문으로 인정하고 있습니다. 이에 따르면 국가나 지방자치단체는 공무원 또는 공무를 위탁받은 사인이 직무를 집행하면서 고의 또는 과실로 법령을 위반하여 타인에게 손해를 입히거나, 「자동차손해배상 보장법」에 따라 손해배상의 책임이 있을 때에는 이 법에 따라 그 손해를 배상해야 하고, 그 피해자는 국가 또는 지방자치단체를 상대로 국가배상을 청구할 수 있는 권리를 가집니다(제2조 제1항 본문). 한편 국가배상법은 제2조 제2항에서 "제1항 본문의 경우에 공무원에게 고의 또는 중대한 과실이 있는 때에는 국가나 지방자치단체는 그 공무원에게 구상할 수 있다."(제2항)고 규정하여 가해공무원의 구상책임과 국가 또는 지방자치단체의 구상권을 인정하고 있습니다.

1. 국가배상법 제2조에 따른 배상책임의 요건

1.1. 공무원의 직무행위

국가배상책임의 첫 번째 요건은 배상원인이 되는 행위가 「공무원이 직무를 집행하면서」 행한 것이어야 한다는 것입니다. 나누어 설명하겠습니다.

(1) 공무원

'공무원'이란 가장 넓은 의미의 공무원을 말합니다. 즉, 국가공무원법·지방공무원법 등에 의한 소위 신분상의 공무원뿐만 아니라, 기능적 의미의 공무원, 즉 「널리 공무를 위탁받아 이에 종사하는 모든 자」를 포함합니다(통설·판례2). 예컨대 조세원천징수의무자, 집달관, 각종 위원회위원, 임시고용원, 동원중의 예비군, '교통할아버지',3 구 수산청장으로부터 뱀장어에 대한 수출추천업무를 위탁받은 수산업협동조합4 등이 이에 해당합니다.5

2009년 10월 21일의 법개정으로 제2조 제1항 본문에 규정된 직무집행의 주체에 '공무원' 외에도 '공무를 위탁받은 사인'이 추가되었습니다. 그러나 이 조항은 다시 '공무원 또는 공무를 위탁받은 사인'을 "공무원"으로 총칭하고 있다는 점에서, 결과적으로는 기존의 통설과 판례에서 말하던 것을 그대로 반영한 것에 불과하고 실질적으로 달라진 것은 없습니다.

공무원의 특정 여부에 대해서는 반드시 특정될 필요는 없다는 것이 일반적입니다.6 공무원에 국회, 지방의회, 선거관리위원회 그 밖의 합의제행정청 같은 기관도 포함되는지 여부도 논란이 있으나 포함된다고 보는 것이 피해자구제의 견지에서 옳다고 봅니다.7

---

2   대법원 1980. 11. 2. 선고 70다2253 판결.
3   지방자치단체로부터 '교통할아버지'로 선정되어 어린이 보호, 교통안내, 거리질서 확립 등의 공무를 위탁받아 집행하던 노인이 위탁받은 업무 범위를 넘어 교차로 중앙에서 교통정리를 하다가 교통사고를 발생시킨 경우, 지방자치단체가 국가배상법 제2조 소정의 배상책임을 부담한다고 인정한 원심의 판단을 수긍한 사례(대법원 2001. 1. 5. 선고 98다39060 판결).
4   구 수산청장으로부터 뱀장어에 대한 수출추천업무를 위탁받은 수산업협동조합이 수출제한조치를 취할 당시 국내 뱀장어 양식용 종묘의 부족으로 종묘확보에 지장을 초래할 우려가 있다고 판단하여 추천업무를 행하지 않은 것이 공무원으로서 타인에게 손해를 가한 때에 해당한다고 한 사례(대법원 2003. 11. 14. 선고 2002다55304 판결).
5   한편 판례상 공무원에서 제외된 의용소방대원(대법원 1963. 12. 12. 선고 63다467 판결 등)을 공무원에 포함시켜야 한다는 주장이 유력합니다(김남진, 행정법 I, 656 및 같은 곳 각주 6; 이상규, 신행정법론(상), 532 등).
6   따라서 다수의 경찰공무원에 의한 최루탄발사로 사망한 경우(고 이한열 국가배상사건)에도 국가배상책임 성립에 지장이 없습니다. 김철용, 행정법 I, 2010, 487.
7   김철용, 행정법 I, 2010, 487-488.

대법원은 최근 대한변호사협회는 변호사와 지방변호사회의 지도·감독에 관한 사무를 처리하기 위하여 변호사법에 의하여 설립된 공법인으로서, 변호사등록은 피고 협회가 변호사법에 의하여 국가로부터 위탁받아 수행하는 공행정사무에 해당하며(헌법재판소 2019. 11. 28. 선고 2017헌마 759 결정 참조), 따라서 피고는 "대한변호사협회의 장(長)으로서 국가로부터 위탁받은 공행정사무 인 '변호사등록에 관한 사무'를 수행하는 범위 내에서는 국가배상법 제2조에서 정한 공무원에 해당한다."고 판시한 바 있습니다.[8]

(2) 직무행위

직무행위의 범위에 관해서는 '직무'를 권력작용만을 의미하는 것으로 보는 협의설, 권력작용 이외에 단순공행정작용(관리작용)을 포함한다고 보는 광의설(통설·판례[9]), 그리고 공행정작용인 권력작용과 관리작용뿐 아니라 사경제 작용도 포함한다고 보는 최광의설이 대립합니다.

생각건대, 우리나라나 외국의 입법례를 보더라도 국가의 사경제적 작용에 관해서는 헌법 이전에 이미 민사책임의 성립을 인정하였고 헌법규정은 특히 공행정작용으로 인한 국가배상책임을 인정하는 데 그 의의가 있었다는 점을 감안할 때 광의설에 입각하는 것이 타당합니다. 최광의설은, 국가의 사경제작용을 제외시킬 경우 민법 제756조(사용자책임)가 적용됨으로써 그 선임·감독의무 이행을 이유로 한 면책조항에 의해 국가가 면책될 가능성이 있으므로 대위책임의 원칙에 어긋난다고 하나, 민법이론상 동조의 면책사유가 적용될 여지가 거의 없으며 또 판례도 사용자의 면책을 좀처럼 인정하지 않고 있으므로 타당성이 떨어집니다.[10] 따라서 국가배상법 제2조의 직무행위는 권력적 행정작용, 즉, 공권력의 행사로서 행정행위, 사실행위 등의 행사·불행사(부작위)뿐만 아니라 비권력적 작용인 단순공행정작용(영조물의 설치·관리작용은 제외) 등을 포함한다고 봅니다. 그 밖에 입법작용과 사법작용 역시 일반적으로 국가의 공권력행사이므로 직무행위에 포함된다고 보고 있습니다.[11]

---

8 대법원 2021. 1. 28. 선고 2019다260197 판결.
9 물론 사경제작용을 포함시킨 판결례도 있으나(대법원 1957. 6. 15. 선고 4290민상118 판결) 이후 대법원은 줄곧 광의설을 확립된 판례로 받아들이고 있습니다(대법원 1969. 4. 22. 선고 68다2225 판결; 2004. 4. 9. 선고 2002다10691 판결 등). 한편 대법원이 국가배상법을 민법의 특별법인 사법으로 파악하면서 직무행위에 관해서는 공법적 기준에 입각하고 있음은 흥미로운 측면입니다.
10 곽윤직, 채권각론, 677; 김동희, 행정법 I, 470.
11 김도창, 일반행정법론(상), 622.

(3) 「직무를 집행하면서」

제2조 제1항의 「직무를 집행하면서」란 직무행위 자체는 물론 객관적으로 직무의 범위에 속한다고 볼 수 있는 행위 및 직무와 밀접한 관련이 있는 행위를 포함한다고 해석됩니다.

어떤 행위가 직무행위에 해당되는지를 판단함에 있어서 당해행위가 현실적으로 정당한 권한내에 행해진 것인지 또는 행위자인 공무원이 직무집행의 의사를 가지고 행한 것인지 여부는 문제되지 않으며, 「공무원의 행위의 외관을 객관적으로 관찰하여 공무원의 행위로 보여질 때에는」 여기에 해당한다고 하는 것이 통설과 판례[12]의 태도입니다(외형설). 실례로 인사업무담당 공무원이 다른 공무원의 공무원증 등을 위조한 행위에 대하여 실질적으로는 직무행위에 속하지 않지만 외관상으로 직무집행관련성을 인정한 사례가 있지요.[13] 또한 그 행위가 실질적으로 공무집행행위가 아니라는 사실을 피해자가 알았다 하더라도 무방합니다.[14]

> **관련판례**
>
> 가. 국가 또는 지방자치단체가 소속 공무원의 고의·과실에 의한 불법행위에 기하여 손해배상책임을 부담하기 위하여는 <u>공무원의 불법행위가 직무를 집행함에 당하여 행하여진 것이어야 하고, 공무원의 행위가 본래의 직무와는 관련이 없는 행위로서 외형상으로도 직무범위 내에 속하는 행위라고 볼 수 없을 때에는 공무원의 행위에 의한 손해에 대하여 국가배상법에 의한 국가 또는 지방자치단체의 책임을 인정할 수 없다.</u>
>
> 나. 구청공무원 갑이 주택정비계장으로 부임하기 이전에 그의 처등과 공모하여 을에게 무허가 건물철거세입자들에 대한 시영아파트입주권 매매행위를 한 경우 이는 갑이 개인적으로 저지른 행위에 불과하고 당시 근무하던 세무과에서 수행하던 지방세 부과, 징수 등 본래의 직무와는 관련이 없는 행위로서 <u>외형상으로도 직무범위내에 속하는 행위라고 볼 수 없고,</u> 갑이 그 후 주택정비계장으로 부임하여 을의 문의에 의하여 주택정비계사무실에 허위로 작성하여 비치해 놓은 입주신청 및 명의변경접수대장을 이용하여 세입자들이 정당한 입주권부여 대상자인 양 허위로 확인하여 주었다 하더라도 이는 이미 불법행위가 종료되어 을 등의 손해가 발생된 이후의 범행관여 사이에 상당인과관계를 인정하기 어렵다.[15]

통설과 판례처럼 직무행위에 부수된 행위 또는 직무와 밀접한 관련이 있는 행위를 직무행위에 포함시키는 것은 해석상 충분히 가능할 뿐만 아니라, 국가배상법의

---

12 대법원 1966. 6. 28. 선고 66다781 판결; 1971. 8. 31. 선고 71다13 판결.
13 대법원 2005. 1. 14. 선고 2004다26805 판결.
14 대법원 1966. 6. 28. 선고 66다781 판결.
15 대법원 1993. 1. 15. 선고 92다8514 판결.

본래취지에도 맞습니다. 외형설이란 이에 해당되는지 여부를 판단하기 위하여 객관적인 행위의 외관을 기준으로 삼는 판단기준에 관한 학설이며, 이러한 입장은 객관적으로 볼 때 직무행위의 외관을 띤 행위는 그에 상응한 국민의 신뢰와 배려를 받는다는 점을 고려할 때 타당합니다. 다만 외형설의 실제적용은 반드시 명확한 기준에 의하기보다는 대체로 사례별 개별화 경향을 보이고 있습니다. 판례를 통해 문제되었던 사례16들을 보면 다음과 같습니다.

① 외형상 직무행위와 관련 있는 행위라고 한 사례:
퇴근중의 사고, 공무출장 후 귀대 중 사고(예컨대 중앙정보부소속 지프의 운전병이 상관을 귀대시키고 오던 중 친지와 음주 후 그에게 대리운전을 시키다가 발생한 사고), 감방 또는 소년원 내에서의 사형, 군후생사업, 상관의 명에 의한 이삿짐운반, 훈계권행사로서의 기합, 훈련도중 군인의 휴식 중 평사격, 학군단소속차량의 그 학교교수 장례식 참석차 운행 등.

② 외형상 직무행위와 관련 있는 행위가 아니라고 한 사례:
부대이탈 후 민간인사살, 불법휴대카빈으로 보리밭의 평사격, 군인의 휴식중 비둘기사냥, 가솔린 불법처분 중 발화(운전병이 휘발유부정처분을 위하여 운전차량에서 휘발유를 세수대야에 따라 운반하던 중 일어난 사고), 결혼식참석을 위한 군용차운행, 군의관의 포경수술, 고참병의 훈계살인, 기타 개인적 행위, 사감에 의한 불법행위(준위가 수차 외상술값의 독촉을 받은 불쾌감으로 격분하여 총기탈취, 자물쇠파손, 실탄절취 후 민간주점 주인을 사살한 사건, 상급자로부터 구타당한데 원한을 품고 보초근무 중 근무장소를 이탈하여 절취한 총탄으로 저지른 살인 등), 싸움, 상호장난, 피해자가 불법행위에 가담한 경우 등

1.2. 위법성

(1) 법령위반의 의미

공무원의 가해행위는 「법령에 위반」한 것이어야 합니다. 여기서 법령이란 성문법·불문법을 불문하고 모든 법규를 의미하며, '법령위반'은 곧 위법성을 말합니다. 공무원의 가해행위가 위법한 것인지는 전체 법질서의 관점에서 판단됩니다.

> 전역지연의 위법성
> "구 병역법 제18조 제4항 및 같은법시행령 제28조 제2항 제1호의 각 규정을 검토하면 확정판결에 의한 형의 집행일수만을 현역 복무기간에 산입하지 아니한다는 것이 규정 자체에 의하여 명

---

16 이에 관해서 상세한 것은 박균성, "국가배상법 제2조상의 「직무를 집행함에 당하여」 – 판례를 중심으로", 『국가배상제도의 제문제』, 393 이하를 참조.

백하다는 점에 비추어, … 중략 …나아가 피해자가 구속되어 있던 기간을 제외하고도 잔여 복무일수를 복무한 때로부터 실제로 전역명령을 받은 때까지 전역이 지연되도록 한 육군 참모총장의 행위는 <u>전체 법질서의 관점에서 보아 위법</u>한 것임을 면할 수 없다."[17]

국가배상법상 법령위반의 의미, 즉 위법성의 개념에 대해서는 결과의 위법, 즉 가해행위의 결과인 손해의 위법을 의미하는 것으로 보는 견해(결과불법설)와 이를 행위의 위법으로 이해하는 견해(행위위법설)[18]이 대립합니다. 그리고 다소 관점을 달리하여 위법성을 행위 자체의 적법·위법뿐만 아니라 명문의 규정이 없더라도 공권력행사의 근거법규(특히 권한근거규정) 및 각 행정분야에서의 자연법적 객관법질서(조리)를 종합적으로 고려할 때 인정되는 공무원의 '직무상의 일반적 손해방지의무'의 위반을 포함하는 개념으로 새기는 견해(상대적 위법성설)도 주장됩니다. 대법원은 행위위법설적 경향을 보이고 있습니다.

> **법령에 적합한 직무수행과정에서 개인의 권리를 침해한 경우 국가배상책임**
>
> [1] 국가배상책임은 공무원의 직무집행이 법령에 위반한 것임을 요건으로 하는 것으로서, <u>공무원의 직무집행이 법령이 정한 요건과 절차에 따라 이루어진 것이라면 특별한 사정이 없는 한 이는 법령에 적합한 것</u>이고 그 과정에서 개인의 권리가 침해되는 일이 생긴다고 하여 그 법령적합성이 곧바로 부정되는 것은 아니다.
>
> [2] 경찰관이 교통법규 등을 위반하고 도주하는 차량을 순찰차로 추적하는 직무를 집행하는 중에 그 도주차량의 주행에 의하여 제3자가 손해를 입었다고 하더라도 그 추적이 당해 직무 목적을 수행하는 데에 불필요하다거나 또는 도주차량의 도주의 태양 및 도로교통상황 등으로부터 예측되는 피해발생의 구체적 위험성의 유무 및 내용에 비추어 추적의 개시·계속 혹은 추적의 방법이 상당하지 않다는 등의 특별한 사정이 없는 한 그 <u>추적행위를 위법하다고 할 수는 없다.</u>[19]

대체로 국가배상법상의 위법성은 엄격한 의미의 법령위반뿐만 아니라 인권존중·권력남용금지·신의성실·사회질서 등 원칙의 위반도 포함하며, 행위가 객관적으로 정당성을 결여하고 있음을 의미한다고 설명하는 입장이 통설이자[20] 판례[21]입니

---

17 대법원 1995. 7. 14. 선고 93다16819 판결.
18 행위위법설은 다시 국가배상법상의 위법성을 항고소송에서의 위법성과 같이 공권력행사의 요건법규 위반으로 이해하는 협의의 행위위법설과 행위 자체의 법 위반뿐만 아니라 공권력행사의 근거법규(특히 권한근거규정) 및 각 행정분야에서의 자연법적 객관적 법질서(조리)를 종합적으로 고려할 때 인정되는 공무원의 '직무상의 일반적 손해방지의무'의 위반을 포함하는 개념으로 이해하는 광의의 행위위법설로 나뉩니다(박균성, 행정법론.(상), 2003, 507).
19 대법원 2000. 11. 10. 선고 2000다26807, 26814 판결.
20 김도창, 일반행정법론(상), 629; 김동희, 행정법 I, 474.
21 가령 대법원 2009. 12. 24. 선고 2009다70180 판결을 참조.

다. 이에 대해서는 그 해석이 지나치게 넓고 막연하다는 비판이 제기됩니다.[22]

생각건대, 인권존중·권력남용금지[23]·신의성실(권리남용금지를 포함) 등의 원칙들은 다름 아니라 헌법적 근거를 지닌 행정법의 일반원리로서 당연히 법규에 포함되는 것이므로 이들을 위반한 경우도 법령위반에 포함된다고 보는데 의문이 있을 수 없습니다. 대법원 역시 어린 성폭력범죄피해자에 대한 배려의무를 위배한 것이 위법하다고 판시하거나 구 행형법상 허용되는 유치장에 수용된 피의자에 대한 알몸신체검사가 신체검사의 허용 범위를 일탈하여 위법하다고 판시하여 동일한 입장을 드러낸 바 있습니다.

범죄 피해자의 명예와 사생활의 평온을 보호할 법규상·조리상 의무와 국가배상책임

가. 국가배상책임에 있어 공무원의 가해행위는 법령을 위반한 것이어야 하고, 법령을 위반하였다 함은 엄격한 의미의 법령 위반뿐 아니라 인권존중, 권력남용금지, 신의성실과 같이 공무원으로서 마땅히 지켜야 할 준칙이나 규범을 지키지 아니하고 위반한 경우를 포함하여 널리 그 행위가 객관적인 정당성을 결여하고 있음을 뜻하는 것이므로, 경찰관이 범죄수사를 함에 있어 경찰관으로서 의당 지켜야 할 법규상 또는 조리상의 한계를 위반하였다면 이는 법령을 위반한 경우에 해당한다 (대법원 2002. 5. 17. 선고 2000다22607 판결, 대법원 2005. 6. 9. 선고 2005다8774 판결 등 참조).

나. 경찰관은 그 직무를 수행함에 있어 헌법과 법률에 따라 국민의 자유와 권리를 존중하고 범죄피해자의 명예와 사생활의 평온을 보호할 법규상 또는 조리상의 의무가 있고, 특히 이 사건과 같이 성폭력범죄의 피해자가 나이 어린 학생인 경우에는 수사과정에서 또 다른 심리적·신체적 고통으로 인한 가중된 피해를 입지 않도록 더욱 세심하게 배려할 직무상 의무가 있다.[24]

수용자 알몸신체검사와 국가배상책임

행형법에서 유치장에 수용되는 피체포자에 대한 신체검사를 허용하는 것은 유치의 목적을 달성하고, 수용자의 자살, 자해 등의 사고를 미연에 방지하며, 유치장 내의 질서를 유지하기 위한 것인 점에 비추어 보면, 이러한 신체검사는 무제한적으로 허용되는 것이 아니라 위와 같은 목적 달성을 위하여 필요한 최소한의 범위 내에서 또한 수용자의 명예나 수치심을 포함한 기본권이 부당하게 침해되는 일이 없도록 충분히 배려한 상당한 방법으로 행하여져만 할 것이고, 특히 수용자의 옷을 전부 벗긴 상태에서 앉았다 일어서기를 반복하게 하는 것과 같은 방법의 신체검사는 수용자의

---

22 김남진, 행정법 I, 575. 그러나 김남진교수는 '헌법을 포함한 "법우위의 원칙"'을 강조하고 그 내용을 탐구하는 것이 필요할 것'이라 서술하면서 다소 유보적 태도를 보입니다. 박균성교수 역시 법령위반의 의미를 완화 해석하는 통설에 반대하며 광의의 행위위법설에 동조합니다 (행정법론(상), 509).

23 참고로 권력남용은 대체로 우리나라의 취소소송과 비교될 수 있는 프랑스의 월권소송 (recours pour excés de pouvoir)에서 확고한 취소사유(cas d'ouverture)의 하나로 인정되고 있다는 사실에 주의를 환기합니다. 이에 관해서는 졸고, 프랑스월권소송에 있어서 취소사유에 관한 연구(서울대학교 대학원 법학석사학위논문, 1982)를 참조.

24 대법원 2008. 6. 12. 선고 2007다64365 판결.

명예나 수치심을 심하게 손상하므로 수용자가 신체의 은밀한 부위에 흉기 등 반입이나 소지가 금지된 물품을 은닉하고 있어서 다른 방법(외부로부터의 관찰, 촉진에 의한 검사, 겉옷을 벗고 가운 등을 걸치게 한 상태에서 속옷을 벗어서 제출하게 하는 등)으로는 은닉한 물품을 찾아내기 어렵다고 볼 만한 합리적인 이유가 있는 경우에 한하여 허용된다고 할 것이다.[25]

유치장 신체검사시 브래지어 탈의 조치의 위법성

[1] 국가배상책임에서 공무원의 가해행위는 '법령에 위반한' 것이어야 하고, 법령 위반이라 함은 엄격한 의미의 법령 위반뿐만 아니라 인권존중, 권력남용금지, 신의성실, 공서양속 등의 위반도 포함하여 널리 그 행위가 객관적인 정당성을 결여하고 있음을 의미한다(대법원 2009. 12.24. 선고 2009다70180 판결 등 참조).

[2] 「피의자 유치 및 호송규칙」(2009. 8. 31. 경찰청 훈령 제563호로 개정되기 전의 것. 이하 '이 사건 호송규칙'이라 한다)은 경찰청장이 관련 행정기관 및 그 직원에 대하여 그 직무권한행사의 지침을 발한 행정조직 내부에서의 행정명령의 성질을 가지는 것에 불과하고 법규명령의 성질을 가진 것이라고는 볼 수 없으므로, 이에 따른 처분이라고 하여 당연히 적법한 처분이라고는 할 수 없고, 또한 위법하거나 부당한 공권력의 행사가 오랜 기간 반복되어 왔고 그동안에 그에 대한 이의가 없었다고 하여 그 공권력 행사가 적법하거나 정당한 것으로 되는 것도 아니다(대법원 2001. 10. 26. 선고 2001다51466 판결 등 참조).

[3] 과잉금지의 원칙상 행정목적을 달성하기 위한 수단은 목적달성에 유효·적절하고 또한 가능한 한 최소침해를 가져오는 것이어야 하며 아울러 그 수단의 도입으로 인한 침해가 의도하는 공익을 능가하여서는 아니 된다(대법원 2008. 11. 27. 선고 2008다11993 판결 등 참조).[26]

같은 맥락에서 대법원은 국가가 인간의 생존에 필요한 필수적이면서 기본적인 시설이 갖추어지지 않은 교정시설에 수용자를 수용하는 행위는 인간으로서의 존엄과 가치를 침해하는 것으로서 위법하다고 판시한 바 있습니다.[27]

[1] 국가배상책임에서 공무원의 가해행위는 법령을 위반한 것이어야 한다. 여기에서 법령 위반이란 엄격한 의미의 법령 위반뿐 아니라 인권존중, 권력남용금지, 신의성실과 같이 공무원으로서 마땅히 지켜야 할 준칙이나 규범을 지키지 않고 위반한 경우를 포함하여 널리 그 행위가 객관적인 정당

---

25 대법원 2001. 10. 26. 선고 2001다51466 판결.

26 대법원 2013. 5. 9. 선고 2013다200438 판결. 미국산 쇠고기 수입반대 촛불집회에 참석하였다가 현행범인으로 체포된 원고들에 대하여 피고 소속 여자 경찰관들이 유치장 입감을 위한 신체검사를 하면서 원고들에게 브래지어 탈의를 요구하여 이를 제출받는 조치를 하였으나 유치인에게 피해가 덜 가는 수단을 강구하지 아니한 채 브래지어 탈의를 요구하는 것은 과잉금지에 반한다는 점 등의 사정을 들어 위 조치가 위법하다고 본 사례입니다.

27 대법원 2022. 7. 14. 선고 2020다253287 판결(손해배상(기)). 구치소에 수용된 원고가 과밀수용을 이유로 국가배상을 청구한 이 사건에서 수용자 1인당 도면상 면적이 $2m^2$ 미만인 거실에 수용되었는지를 위법성 판단의 기준으로 삼아 국가배상책임을 인정한 원심판결(수용자 1인당 도면상 면적이 $2m^2$ 미만인 거실에 수용된 기간은 105일)의 기준을 수긍하여 피고의 상고를 기각한 사례입니다.

성을 잃고 있음을 뜻한다(대법원 2020. 4. 29. 선고 2015다224797 판결 등 참조). 따라서 수용자를 교정시설에 수용함으로써 <u>인간으로서의 존엄과 가치를 침해하였다면 그 수용행위는 국가배상책임에서 법령을 위반한 가해행위가 될 수 있다</u>(대법원 2018. 10. 25. 선고 2013다44720 판결 참조).

　[2] 모든 국민은 인간으로서의 존엄과 가치를 가지고, 국가는 개인이 가지는 불가침의 기본적 인권을 보장할 의무를 진다(헌법 제10조). <u>국가가 형벌권을 행사하여 수용자를 교정시설에 수용하는 과정에서 수용자의 기본권을 일정한 범위에서 제한할 수밖에 없다고 하더라도 국가는 수용자가 인간으로서 가지는 존엄과 가치를 침해해서는 안 된다</u>(헌법재판소 2016. 12. 29. 선고 2013헌마142 결정 참조).「형의 집행 및 수용자의 처우에 관한 법률」(이하 '형집행법'이라 한다)에 따르면 수용자의 인권은 최대한 존중되어야 하고(제4조), 교정시설의 거실·작업장·접견실, 그 밖의 수용생활을 위한 설비는 그 목적과 기능에 맞도록 설치되어야 하며, 특히 거실은 수용자가 건강하게 생활할 수 있도록 적정한 수준의 공간과 채광·통풍·난방을 위한 시설이 갖추어져야 한다(제6조 제2항). 따라서 <u>국가가 인간의 생존에 필요한 필수적이면서 기본적인 시설이 갖추어지지 않은 교정시설에 수용자를 수용하는 행위는 인간으로서의 존엄과 가치를 침해하는 것으로서 위법한 행위가 될 수 있다.</u>

　[3] 국가가 수용자를 교정시설에 수용하면서 인간으로서의 존엄과 가치를 침해하였는지는 수용 거실의 수용자 1인당 수용면적, 수용자에게 제공되는 의류, 침구, 음식, 식수, 채광·통풍·냉난방 시설, 위생시설의 상태, 수용자가 거실 밖에서 자유로이 운동하거나 활동할 수 있는 시간과 장소의 제공 정도, 교정시설의 의료 수준 등 수용 환경에 관한 모든 사정을 종합적으로 고려해서 판단해야 한다.

　그런데 수용자가 하나의 거실에 다른 수용자들과 함께 수용된 경우 그 거실 중 <u>화장실을 제외한 부분의 1인당 수용면적이 인간으로서의 기본적인 욕구에 따른 일상생활조차 어렵게 할 만큼 좁다면,</u> 그러한 과밀수용 상태가 예상할 수 없었던 일시적인 수용률의 폭증에 따라 교정기관이 부득이 거실 내 수용 인원수를 조정하기 위해 합리적으로 필요한 정도로 단기간 내에 산발적으로 이루어졌다는 등의 특별한 사정이 없는 한, <u>그 자체로 인간으로서의 존엄과 가치를 침해한다고 봄이 타당하다.</u>

　한편 대법원은 소위 삼청교육으로 인한 피해를 보상하겠다는 대통령과 국방부장관의 담화 발표에 따른 후속조치를 취하지 아니함으로써 피해자의 신뢰를 깨뜨린 데 대하여 국가가 그 신뢰 상실에 따르는 손해를 배상할 책임이 있다고 판시한 바 있습니다.

> **신뢰 상실에 따르는 손해에 대한 국가배상책임**
>
> 　대통령이 담화를 발표하고 이에 따라 국방부장관이 삼청교육 관련 피해자들에게 그 피해를 보상하겠다고 공고하고 피해신고까지 받은 것은, 대통령이 정부의 수반인 지위에서 피해자들인 국민에 대하여 향후 입법조치 등을 통하여 그 피해를 보상해 주겠다고 구체적 사안에 관하여 종국적으로 약속한 것으로서, <u>거기에 채무의 승인이나 시효이익의 포기와 같은 사법상의 효과는 없더라도, 그 상대방은 약속이 이행될 것에 대한 강한 신뢰를 가지게 되고, 이러한 신뢰는 단순한 사실상의 기대를 넘어 법적으로 보호받아야 할 이익이라고 보아야 하므로, 국가로서는 정당한 이유 없이 이 신뢰를 깨뜨려서는 아니 되는바, 국가가 그 약속을 어기고 후속조치를 취하지 아니함으로써 위 담화 및 피해신고 공고에 따라 피해신고를 마친 피해자의 신뢰를 깨뜨린 경우, 그 신뢰의 상실에 따르는 손해를 배상할 의무가 있고, 이러한 손해에는 정신적 손해도 포함된다.</u>[28]

28　대법원 2001. 7. 10. 선고 98다38364 판결.

'법령위반'이 행위가 객관적으로 또는 사회적으로 부정당하다는 것, 다시 말해서 정당성 결여(법적 반가치)를 의미하는 것은 당연합니다. 같은 이유에서 만일 「위법」과 「부당」을 구별하면서 그것이 어느 쪽에 속하는가를 묻는다면, 그것은 「부당」이 아니라 의당 「위법사유」에 해당한다고 대답될 것임은 물론입니다. 다만 공서양속 또는 사회질서의 위배를 민법상 불법행위책임에서와 같이 국가배상법상의 위법으로 볼 것이냐는 문제입니다. 이 문제는 국가배상법의 위법을 어떻게 보느냐에 따라 달라집니다. 통설의 견해에 따르면 공서양속이나 사회질서에 위배된 공무원의 행위는, 명문의 법규를 위반한 경우처럼 곧바로 위법을 구성하지는 않을지라도, 공서양속·사회질서 역시 법질서의 내용을 이루는 것이고, 위법성은 기본적으로 법질서에 비추어 허용되지 않는다는 것이므로,[29] 결국 위법행위라고 보아야 합니다.

(2) 국가가 국민 생명/신체/재산에 절박·중대한 위험 방지를 게을리 했다면?

국가가 국민의 생명, 신체, 재산 등에 대한 절박하고 중대한 위험을 방지하지 못해 피해를 입은 경우 국가배상을 받을 수 있을까요? 특히 형식적 의미의 법령에 작위의무를 인정할 아무런 근거가 없는 경우에는 어떨까요? 그런 경우, 즉 부작위로 인한 국가배상책임의 성립 여부에 대해 대법원은 다음과 같이 판시한 바 있습니다.

"공무원의 부작위로 인한 국가배상책임을 인정하기 위해서는 공무원의 작위로 인한 국가배상책임을 인정하는 경우와 마찬가지로 "공무원이 직무를 집행하면서 고의 또는 과실로 법령을 위반하여 타인에게 손해를 입힌 때"라고 하는 국가배상법 제2조 제1항의 요건이 충족되어야 할 것이다. 여기서 '법령을 위반하여'라고 함은 엄격하게 형식적 의미의 법령에 명시적으로 공무원의 작위의무가 정하여져 있음에도 이를 위반하는 경우만을 의미하는 것은 아니고, 인권존중·권력남용금지·신의성실과 같이 공무원으로서 마땅히 지켜야 할 준칙이나 규범을 지키지 아니하고 위반한 경우를 포함하여 널리 그 행위가 객관적인 정당성을 결여하고 있는 경우도 포함한다. 따라서 <u>국민의 생명·신체·재산 등에 대하여 절박하고 중대한 위험상태가 발생하였거나 발생할 상당한 우려가 있어서 국민의 생명 등을 보호하는 것을 본래적 사명으로 하는 국가가 초법규적·일차적으로 그 위험의 배제에 나서지 아니하면 국민의 생명 등을 보호할 수 없는 경우에는 형식적 의미의 법령에 근거가 없더라도 국가나 관련 공무원에 대하여 그러한 위험을 배제할 작위의무를 인정할 수 있을 것이다. 그러나 그와 같은 절박하고 중대한 위험상태가 발생하였거나 발생할 상당한 우려가 있는 경우가 아닌 한, 원칙적으로 공무원이 관련 법령에서 정하여진 대로 직무를 수행하였다면 그와 같은 공무원의 부작위를 가지고 '고의 또는 과실로 법령을 위반'하였다고 할 수는 없다. 따라서 공무원의 부작위로 인한 국가배상책임을 인정할 것인지 여부가 문제되는 경우에 관련 공무원에 대하여 작위의무를 명하는 법령의 규정이 없는 때라면 공무원의 부작위로 인하여 침해되는 국민의 법익 또는 국</u>

---

29 阿部泰隆, 國家補償法, 90.

국가배상책임의 요건으로서 「법령에 위반」한 공무원의 행위에 작위뿐만 아니라 부작위도 해당한다는 데 대해서는 이론의 여지가 없습니다. 부작위의 경우 「법령 위반」을 판단함에 있어 관건은 작위의무를 위반했는지 여부에 있습니다. 가령 경찰이 본연의 임무를 제대로 수행하지 않아 국민이 피해를 입은 경우 국가배상을 받을 수 있을까요?

경찰관의 긴급구호조치권은 일반적으로 경찰관의 전문적 판단에 기한 합리적인 재량에 위임되어 있으나, 그렇다고 하더라도 구체적 상황에서 경찰관에게 그러한 조치권한을 부여한 취지와 목적에 비추어 볼 때 그 불행사가 현저하게 불합리하다고 인정되는 경우에는, 그러한 불행사는 법령에 위반하는 행위에 해당하게 된다는 판례가 있습니다.[31]

예를 들어 경찰관들이 인질납치범이 운전한다고 의심되는 승용차를 발견, 검문하려는 과정에서 용의자의 도주 위험에 최소한의 조치를 취하지 않아 범인들을 놓쳤고 그 결과 범인이 수사망이 좁혀오자 더 이상 자신을 아는 피해자를 살려둘 수 없다고 생각하여 피해자를 살해한 사건이 있었습니다. 대법원은 이 사건에서 직무상 의무 위반은 피해자에 발생한 피해의 심각성 및 절박한 정도, 그 상황에서 요구되는 경찰관의 초동조치 및 주의의무의 정도, 추가적 범행 발생에 대한 예견가능성 등에 비추어 현저하게 불합리한 것으로 위법하므로, 국가는 경찰관들의 직무집행상 과실로 인해 피해자와 그 유족들이 입은 손해를 배상할 책임이 있다고 판시했습니다.

---

30 대법원 2021. 7. 21. 선고 2021두33838 판결(건축허가신청반려처분취소). 개발제한구역법 시행령과 공간정보관리법 등 관련 법령에 해당 공무원들에게 이 사건 토지의 지목을 더 이상 건축을 할 수 없는 지목으로 변경하여야 할 지목변경의 작위의무 규정이 없고 그와 같은 **절박하고 중대한 위험을 배제할** 초법규적 작위의무가 인정되는 경우가 아니라는 이유로 공무원의 부작위로 인한 국가배상책임을 부정한 사례입니다. 그 밖에도 장병 인성검사에서 자살예측 결과가 나온 경우 자살우려자 식별과 신상파악·관리·처리의 책임이 있는 각급 부대 지휘관 등 관계자의 자살예방의무를 인정한 대법원 2020. 5. 28. 선고 2017다211559 판결; 2001. 4. 24. 선고 2000다57856 판결; 1998. 10. 13. 선고 98다18520 판결 등을 참조.

31 대법원 1996. 10. 25. 선고 95다45927 판결.

"경찰은 범죄의 예방, 진압 및 수사와 함께 국민의 생명, 신체 및 재산의 보호 기타 공공의 안녕과 질서유지를 직무로 하고 있고, 직무의 원활한 수행을 위하여 경찰관직무집행법, 형사소송법 등 관계 법령에 의하여 여러 가지 권한이 부여되어 있으므로, 구체적인 직무를 수행하는 경찰관으로서는 제반 상황에 대응하여 자신에게 부여된 여러 가지 권한을 적절하게 행사하여 필요한 조치를 할 수 있고, 그러한 권한은 일반적으로 경찰관의 전문적 판단에 기한 합리적인 재량에 위임되어 있으나, 경찰관에게 권한을 부여한 취지와 목적에 비추어 볼 때 구체적인 사정에 따라 경찰관이 권한을 행사하여 필요한 조치를 하지 아니하는 것이 현저하게 불합리하다고 인정되는 경우에는 권한의 불행사는 직무상 의무를 위반한 것이 되어 위법하게 된다."[32]

공무원의 부작위로 인한 국가배상책임을 인정하기 위하여는 작위에 의한 경우와 마찬가지로 "공무원이 직무를 집행하면서 고의 또는 과실로 법령을 위반하여 타인에게 손해를 입한 때"라고 하는 국가배상법 제2조 제1항의 요건이 충족되어야 할 것인바, 여기서 '법령을 위반하여'라고 하는 것은 공무원의 작위의무를 명시적으로 규정한 형식적 의미의 법령을 위반한 경우만을 의미하는 것이 아니라, 형식적 의미의 법령에 작위의무가 명시되어 있지 않더라도 국민의 생명·신체·재산 등에 대하여 절박하고 중대한 위험상태가 발생하였거나 발생할 우려가 있어서 국민의 생명 등을 보호하는 것을 본래적 사명으로 하는 국가가 일차적으로 그 위험 배제에 나서지 아니하면 이를 보호할 수 없는 때에 국가나 관련 공무원에 대하여 인정되는 작위의무를 위반한 경우도 포함되어야 할 것이나, 그와 같은 절박하고 중대한 위험상태가 발생하였거나 발생할 우려가 있는 경우가 아닌 한 원칙적으로 관련 법령을 준수하여 직무를 수행한 공무원의 부작위를 가리켜 '고의 또는 과실로 법령을 위반'하였다고 할 수는 없으므로, 공무원의 부작위로 인한 국가배상책임을 인정할 것인지 여부가 문제되는 때에 관련 공무원에 대하여 작위의무를 명하는 법령의 규정이 없다면 공무원의 부작위로 인하여 침해된 국민의 법익 또는 국민에게 발생한 손해가 어느 정도 심각하고 절박한 것인지, 관련 공무원이 그와 같은 결과를 예견하여 그 결과를 회피하기 위한 조치를 취할 수 있는 가능성이 있는지 등을 종합적으로 고려하여 판단하여야 한다(대법원 1998. 10. 13. 선고 98다18520 판결, 대법원 2008. 10. 9. 선고 2007다40031 판결 등 참조).[33]

한편 대법원은 공무원의 직무상 의무위반(특히 부작위)이 문제된 일련의 판례에서 공무원이 직무를 수행하면서 그 근거되는 법령의 규정에 따라 구체적으로 의무를 부여받았어도 그것이 국민의 이익과는 관계없이 순전히 행정기관 내부의 질서를 유지하기 위한 것이거나, 또는 국민의 이익과 관련된 것이라도 직접 국민 개개인의 이익을 위한 것이 아니라 전체적으로 공공 일반의 이익을 도모하기 위한 것이라면 그 의무에 위반하여 국민에게 손해를 가해도 국가 또는 지방자치단체는 배상책임을 부담하지

---

32 대법원 2016. 4. 15. 선고 2013다20427 판결.
33 대법원 2009. 9. 24. 선고 2006다82649 판결. 반면 대법원 1998. 10. 13. 선고 98다18520 판결에서는 AIDS 관리 및 검사·판정상 잘못이 있었지만 같은 논거로 국가배상책임을 부정했습니다.

아니한다는 입장을 견지하여 논란의 여지를 남겼습니다.

상수원수 수질기준유지의무 위반과 국가배상책임

"[1] 일반적으로 국가 또는 지방자치단체가 권한을 행사할 때에는 국민에 대한 손해를 방지하여야 하고, 국민의 안전을 배려하여야 하며, 소속 공무원이 전적으로 또는 부수적으로라도 국민 개개인의 안전과 이익을 보호하기 위하여 법령에서 정한 직무상의 의무에 위반하여 국민에게 손해를 가하면 상당인과관계가 인정되는 범위 안에서 국가 또는 지방자치단체가 배상책임을 부담하는 것이지만, 공무원이 직무를 수행하면서 그 근거되는 법령의 규정에 따라 구체적으로 의무를 부여받았어도 그것이 국민의 이익과는 관계없이 순전히 행정기관 내부의 질서를 유지하기 위한 것이거나, 또는 국민의 이익과 관련된 것이라도 직접 국민 개개인의 이익을 위한 것이 아니라 전체적으로 공공 일반의 이익을 도모하기 위한 것이라면 그 의무에 위반하여 국민에게 손해를 가하여도 국가 또는 지방자치단체는 배상책임을 부담하지 아니한다.

[2] 상수원수의 수질을 환경기준에 따라 유지하도록 규정하고 있는 관련 법령의 취지·목적·내용과 그 법령에 따라 국가 또는 지방자치단체가 부담하는 의무의 성질 등을 고려할 때, 국가 등에게 일정한 기준에 따라 상수원수의 수질을 유지하여야 할 의무를 부과하고 있는 법령의 규정은 국민에게 양질의 수돗물이 공급되게 함으로써 국민 일반의 건강을 보호하여 공공 일반의 전체적인 이익을 도모하기 위한 것이지, 국민 개개인의 안전과 이익을 직접적으로 보호하기 위한 규정이 아니므로, 국민에게 공급된 수돗물의 상수원의 수질이 수질기준에 미달한 경우가 있고, 이로 말미암아 국민이 법령에 정하여진 수질기준에 미달한 상수원수로 생산된 수돗물을 마심으로써 건강상의 위해 발생에 대한 염려 등에 따른 정신적 고통을 받았다고 하더라도, 이러한 사정만으로는 국가 또는 지방자치단체가 국민에게 손해배상책임을 부담하지 아니한다. 또한 상수원수 2급에 미달하는 상수원수는 고도의 정수처리 후 사용하여야 한다는 환경정책기본법령상의 의무 역시 위에서 본 수질기준 유지의무와 같은 성질의 것이므로, 지방자치단체가 상수원수의 수질기준에 미달하는 하천수를 취수하거나 상수원수 3급 이하의 하천수를 취수하여 고도의 정수처리가 아닌 일반적 정수처리 후 수돗물을 생산·공급하였다고 하더라도, 그렇게 공급된 수돗물이 음용수 기준에 적합하고 몸에 해로운 물질이 포함되어 있지 아니한 이상, 지방자치단체의 위와 같은 수돗물 생산·공급행위가 국민에 대한 불법행위가 되지 아니한다."³⁴

반면 대법원은 군행형법과 군행형법시행령에 따른 교도소 등의 경계 감호 관련 직무상 의무는 그 수용자들의 탈주시 그 도주과정에서 일어날 수 있는 2차적 범죄행위로부터 일반 국민의 인명과 재화를 보호하고자 하는 목적도 있으므로, 국가공무원들이 그와 같은 직무상 의무를 위반한 결과 수용자들이 탈주함으로써 일반 국민에게 손해를 입혔다면, 국가는 피해자들이 입은 손해를 배상할 책임이 있다고 판시하기도 했습니다.³⁵

---

34 대법원 2001. 10. 23. 선고 99다36280 판결.
35 대법원 2003. 2. 14. 선고 2002다62678 판결

(3) 행정규칙위반과 부당한 재량처분

행정규칙의 위반과 부당한 재량처분의 경우 여기서 요구되는 법령위반의 성립 여부가 문제됩니다. 이에 관해서는 행정규칙의 대외적 효력이 인정되지 않는 한 그리고 재량처분이 그 법적 한계를 넘지 않는 한 부정적으로 새겨야 합니다. 먼저 행정규칙위반에 관해서 보면 판례는 행정규칙위반은 법령위반에 해당되지 않는다고 보는 데 비하여,36 학설은, 반드시 일치하지는 않지만, 행정규칙 위반도 법령위반(광의)에 해당한다는 것이 다수의 견해로 보입니다.37 그러나 행정규칙이 대외적 구속력을 갖게 되거나 또는 구속력을 가진 것과 마찬가지 결과가 되는 경우가 아니라면, 행정규칙을 위반해도 대국민적 관계에서는 아무런 위법의 문제를 발생시키지 않아 법령위반이 성립하지 않습니다.

부당한 재량처분의 경우, 재량권의 일탈, 남용 등 재량처분을 위법하게 만드는 사유가 있으면 당연히 법령위반이 성립됩니다. 그러나 그런 경우가 아니라면, 재량을 그르쳤다고 법령위반이 성립하는 것은 아닙니다. 법령위반을 널리 법질서에 비추어 본 객관적 부정당성으로 파악한다 할지라도 재량권행사의 '부당'은 법질서가 아니라 어디까지나 합목적성의 견지에서 판단되는 부당성이기 때문입니다. 따라서 부당한 재량처분도, 재량권의 일탈, 남용 등을 이유로 위법이라고 판명되는 경우가 아니면 법령위반에 해당하지 않습니다.38

> **교사의 처벌행위의 위법성**
>
> "교사의 학생에 대한 처벌이 징계권의 행사로서 정당행위에 해당하려면, 그 처벌이 교육상의 필요가 있고, 다른 교육적 수단으로는 교정이 불가능하여 부득이한 경우에 한하는 것이어야 할 뿐

36　대법원 1973. 1. 30. 선고 72다2062 판결.

37　이상규, 신행정법론(상), 537; 김도창, 일반행정법론(상), 629; 김동희, 행정법 I, 475. 한편 독일의 경우 일찍이 경찰관의 총기사용에 관한 직무규정(행정규칙)의 준수는 민법 제839조의 위법성을 배제한다고 한 라이히법원의 판결(RG JW 1906,745)이래 하급직원에 대한 일반적 직무명령 및 개별적 명령과 같은 행정규칙의 위반으로 인한 직무책임이 성립한다는 취지의 연방민사법원(BGHZ)의 판례들이 있습니다(Ossenbühl, in: Erichsen, § 7, Rn.44 m. Fußnote 94).

38　김도창, 일반행정법론(상), 629; 김남진, 행정법 I, 575; 홍정선, 행정법원론(상), 517−518. 한편 김동희 교수(행정법 I, 475)는 부당한 재량행사에 관하여는 원칙적으로 부당성을 이유로 당해 재량처분을 국가배상법상 위법한 처분이라고 볼 수 없으나 구체적 사정과 관련해서는 예외적으로 부당한 처분이 위법한 처분으로 인정될 수도 있다고 합니다.

만 아니라, 그와 같은 경우에도 그 처벌의 방법과 정도에는 사회관념상 비난받지 아니할 객관적 타당성이 있지 않으면 안 된다."[39]

인권보호를 위한 경찰관 직무규칙 위반과 국가배상책임

"'인권보호를 위한 경찰관 직무규칙' 등은 대외적으로는 구속력이 없는 행정규칙인 경찰청훈령에 불과하다 하더라도, 위 직무규칙은 모든 사람의 기본적 인권을 보장하기 위하여 경찰관이 경찰활동 전 과정에서 지켜야 할 직무기준을 정한 것이므로, 경찰업무의 특성상 그 상대방인 피해자 등의 인권 보호에 직접적 영향을 미치는 내용이라면 위 직무기준을 위반한 행위는 위법한 것으로 볼 여지가 있다."[40]

(4) 선결문제로서 위법성판단

행정행위가 권한 있는 기관에 의해 취소되기 전에 그 위법성을 이유로 국가배상을 청구할 수 있는지 여부가 문제가 있습니다. 이는 행정행위의 공정력 또는 구성요건적 효력과 관련된 문제이지만, 취소소송과 국가배상은 각각 그 제도적 취지를 달리한다는 점을 근거로 단순위법의 경우에도 그 행정행위의 취소를 거치지 않고 국가배상을 청구할 수 있다고 보는 것이 통설과 판례의 태도입니다.

(5) 입증책임

일반적으로 직무행위의 위법성에 대한 입증책임은 원고가 집니다. 따라서 직무행위가 법령에 위반한 것이라는 점을 입증하지 못한 데 대한 불이익은 원고에게 귀속됩니다. 한편 피해자는 가해행위를 입증하면 족하고 그 위법성을 입증할 필요가 없다는 견해가 있습니다.[41]

1.3. 고의·과실

국가배상법 제2조에 의한 배상책임은 고의·과실을 요건으로 한다는 점에서 과

---

39 대법원 1991. 5. 28. 선고 90다17972 판결. 이에 관한 평석으로는 조정래, 교사의 체벌이 징계권의 행사로서 정당행위가 되기 위한 요건, 부산판연 판례연구 3(1993.2), 294.

40 서울고법 2007. 8. 16. 선고 2006나108918 판결: 앞서 본 대법원 2008. 6. 12. 선고 2007다64365 판결의 원심판결.

41 박윤흔, 최신행정법강의(상), 688.

실책임주의를 바탕으로 삼고 있습니다. 이 요건은 일반적으로 앞서 살펴본 객관적 요소라 할 수 있는 위법성요건과는 달리 주관적 책임요소로서 파악됩니다. 과실의 개념에 관해서는 이미 앞에서 살펴본 국가배상책임의 본질에 대한 이해와 관련하여 대단히 다양하게 견해가 대립합니다.

(1) 고의·과실의 개념

고의란 일반적으로 일정한 결과발생을 인식한 심리상태를 의미하며 과실은 이러한 결과발생을 부주의로 인식하지 못한 것, 다시 말해서 결과를 인식하지 못한데 대하여 주의의무의 위반이 인정되는 경우를 말하는 것으로 설명됩니다. 공무원의 직무집행상의 과실이란 공무원이 그 직무를 수행함에 있어서 당해 직무를 담당하는 평균인이 통상 갖추어야 할 주의를 다하지 못한 것을 말합니다. 과실은 중과실을 규정하는 국가배상법 제2조 제2항과 비교할 때 경과실을 포함하는 것으로 이해됩니다. 한편 법령해석의 과실도 국가배상법 제2조의 과실에 해당합니다.

<법령해석의 과실>

대법원은 복잡곤란하고 학설·판례상 다투어지고 있는 법령의 해석에 관한 잘못은 평균적 공무원에게 귀책될 수 없다는 소극설을 원칙으로 삼고 있는데 비해, 법규의 무지로 인한 법해석의 잘못에 대해, 학설·판례상의 불확실성이란 특별한 사정이 없는 한, 원칙적으로 공무원의 과실을 인정하고 있습니다. 이로써 법령해석상 공무원의 주의의무에 관한 한, 적어도 두 가지 요건이 판례를 통하여 형성되었다고 볼 수 있습니다. 그것은 첫째, 해석이 어렵고 학설·판례조차 귀일되지 못하여 의의가 없을 수 없는 법령을 해석함에 있어 공무원은 그 나름대로 신중을 기하여 합리적인 근거를 찾아 해석을 하면 되고 그 해석이 대법원에 의해 받아들여지지 않음으로써 결과적으로 위법하게 되어 그 법령의 부당집행이란 결과를 빚었다면 그 이상의 처리를 성실한 평균적 공무원에게 기대하기 어려운 일이므로 다른 특별한 사정이 없는 한 과실이 성립되지 않는다는 것입니다.[42] 둘째, 그 밖의 경우에는 일반적으로 당해 공무원이 비록 관계법규를 몰랐거나 필요한 지식을 갖추지 못했다고 해서 법령해석상의 잘못이 면책되지 않는다는 것입니다[43]:

"일반적으로 행정입법에 관여하는 공무원이 시행령이나 시행규칙을 제정함에 있어서 관계 법규를 알지 못하거나 필요한 지식을 갖추지 못하여 법률 등 상위법규의 해석을 그르치는 바람에 상위법규에 위반된 시행령 등을 제정하게 되었다면 그가 법률전문가가 아닌 행정공무원이라고 하여 과실이 없다고 할 수는

---

42 대법원 1973. 10. 10. 선고 72다2583 판결.
43 대법원 1981. 8. 25. 선고 80다1598 판결. 여기서 대법원은 법령의 근거없이 미성년자혼숙 행위를 이유로 영업허가를 취소한 이 사건 허가취소처분은 공무원의 법령의 해석, 적용상의 과실에 기인한 것으로서 원심이 이를 근거로 국가배상책임을 인정한 것은 정당하다고 판시했습니다.

없으나, 상위법규에 대한 해석이 그 문언 자체만으로는 명백하지 아니하여 여러 견해가 있을 수 있는데다가 이에 대한 선례나 학설·판례 등도 하나로 통일된 바 없어 해석상 다툼의 여지가 있는 경우, 그 공무원이 나름대로 합리적인 근거를 찾아 어느 하나의 견해에 따라 상위법규를 해석한 다음 그에 따라 시행령 등을 제정하게 되었다면, 그와 같은 상위법규의 해석이 나중에 대법원이 내린 해석과 같지 아니하여 결과적으로 당해 시행령 등의 규정이 위법한 것으로 되고 그에 따른 행정처분 역시 결과적으로 위법하게 되어 위법한 법령의 제정 및 법령의 부당집행이라는 결과를 가져오게 되었다고 하더라도, 그와 같은 직무처리 이상의 것을 당해 업무를 담당하는 성실한 평균적 공무원에게 기대하기 어려운 것이므로, 이러한 경우에까지 국가배상법상 공무원의 과실이 있다고 할 수는 없다."[44]

참고로 독일에서는, 법적 인식의 결함은 과실에 해당되는 것으로 파악되고 있습니다. 즉, 직무수행자는 그의 소관업무에 관해 의거할 기준이 되는 법적 규정과 아울러 이에 대한 판례와 학설을 통한 해석내용을 인식하지 않으면 안 됩니다. 다만 객관적으로 존재하는 해석상의 의문이 있을 때에는 그 직무담당자가 나름대로 합당한 견해를 좇는 한, 사후에 그것이 판례에 의해 확인되지 못함으로써 옳지 않았다고 판명되는 경우에도, 과실이 성립하지 않는다고 합니다.[45]

한편 대법원은, 검사는 공익의 대표자로서 실체적 진실에 입각한 국가 형벌권의 실현을 위하여 공소제기와 유지를 할 의무뿐만 아니라 그 과정에서 피고인의 정당한 이익을 옹호하여야 할 의무를 진다는 것을 전제한 다음, 법원이 형사소송절차에서의 피고인의 권리를 실질적으로 보장하기 위하여 마련된 형사소송법 등 관련 법령에 근거하여 검사에게 어떠한 조치를 이행할 것을 명하였고, 관련 법령의 해석상 그러한 법원의 결정에 따르는 것이 당연하고 그와 달리 해석될 여지가 없는 경우라면, 법에 기속되는 검사로서는 법원의 결정에 따라야 할 직무상 의무가 있으며, 그런데도 그런 상황에서 검사가 관련 법령의 해석에 관하여 대법원 판례 등의 선례가 없다는 이유 등으로 법원의 결정에 어긋나는 행위를 하였다면 특별한 사정이 없는 한 당해 검사에게 그 직무상 의무를 위반한 과실이 있다고 판시하였습니다.[46]

---

44 대법원 1997. 5. 28. 선고 95다15735 판결; 2010. 6. 24. 선고 2006다58738 판결 등.

45 Maurer, § 25 Rn.25. 그 밖에 합의부법원(Kollegialgericht)이 직무담당자의 행위를, 공무원에게 법원 이상의 법적 인식을 요구할 수 없기 때문에, 적법한 것으로 판단한 경우에는 원칙적으로 과실이 성립하지 않는다는 판례(BGHZ 73, 161, 164f.; BVerwG NVwZ 1985, 265)가 있습니다. 그러나 이러한 견해에 대하여 마우러는, 그것이 본래의 문제를 오도할 뿐만 아니라, 국가배상소송이 지방법원(Landgericht)에 의해 직무위반이 성립되지 않는다는 이유로 기각될 경우 항소 및 상고심이 아예 처음부터 전망을 잃게 되는 이상한 결과를 초래한다고 비판하고 있습니다.

46 대법원 2012. 11. 15. 선고 2011다48452 판결 손해배상. 법원이 검사의 열람·등사 거부처분에 정당한 사유가 없다고 판단하여 수사서류의 열람·등사를 허용하도록 명한 이상, 법에 기속되는 검사로서는 당연히 법원의 그러한 결정에 지체 없이 따랐어야 할 것인데도 검사가 약 9개월 동안 법원의 결정에 반하여 이 사건 수사서류의 열람·등사를 거부한 것에 대하여 국가배상법 제2조 제1항에서 규정하는 과실이 인정된다고 판단한 사례입니다.

<시위를 저지한 경찰공무원의 과실과 국가배상책임>

　　시위자들이 신고되지 아니한 죄수복 형태의 옷을 집단적으로 착용하고 포승으로 신체를 결박한 채 행진하였다는 이유로 경찰이 곧바로 시위를 저지한 것은 시위의 자유를 과도하게 제한하는 조치로서 위법하나, 시위라는 것은 많은 사람이 관련되고 시위장소 주변의 사람이나 시설에 적지 않은 영향을 줄 수 있는 것이므로, 시위의 적법 여부에 관하여 시위관여자와 다툼이 있을 경우 시위를 허용할 것이냐 아니면 이를 저지할 것이냐의 판단은 경찰공무원이 많은 시간을 두고 심사숙고하여 결정할 수 있는 성질의 것이 아니라 현장에서 즉시 허용 여부를 결정하여 이에 따른 조치를 신속하게 취하여야 할 사항인바, 구 집회및시위에관한법률(1999. 5. 24. 법률 제5985호로 개정되기 전의 것)상 시위의 해산요건으로 신고사항에 미비점이 있는 경우를 명시적으로 들고 있지는 않았으나 그와 같은 경우 미신고의 경우처럼 곧바로 시위를 해산할 수 있느냐, 아니면 이를 이유로 곧바로 당해 시위를 저지해서는 아니 되고 신고사항의 미비점으로 인하여 타인의 법익 기타 공공의 안녕질서에 대하여 직접적인 위험이 초래된 경우에만 그 위험의 방지나 제거에 적합한 제한조치를 할 수 있을 뿐이냐에 관하여 <u>시위 당시까지 이 점에 관한 선례, 학설이나 판례가 없었으며 법률전문가라고 하더라도 이를 선뜻 판단할 수 있는 문제로는 보이지 아니하므로, 시위현장에서 비로소 위와 같은 신고사항의 미비점을 발견한 경찰공무원이 이를 이유로 바로 시위를 저지할 수 있다고 판단한 데에 큰 잘못이 있다고 보이지는 아니하고,</u> 한편 시위자들로서도 죄수복 형태의 옷을 집단적으로 착용하고 포승으로 신체를 결박한 채 행진하려는 것은 신고의 대상이 되는 것임에도 고의로 이를 신고하지 아니한 잘못과 신고 내용과는 달리 차도 일부로 진행한 잘못이 있는 등, 시위자들과 경찰공무원의 과실의 내용과 정도, 특히 경찰공무원들의 과실이 극히 작은 것으로 보이는 점, 그 외 시위의 저지에 이르게 된 경위 등 여러 사정을 공평의 원칙에 비추어 볼 때 국가배상책임을 인정하지 않는 것이 상당하다.[47]

　　고의·과실은 당해 공무원을 기준으로 판단해야 하며 국가가 공무원의 선임·감독을 게을리 하지 않았다는 사실은 국가배상책임의 성립에 영향을 주지 않습니다. 이 점에서 민법 제756조에 의한 사용자책임에서 선임·감독상 고의·과실이 요구되는 것과 구별됩니다.

　　고의·과실을 당해 공무원의 주관적 책임요소로 파악하는 것은 바로 대위책임설의 결과라 할 수 있습니다. 반대로 자기책임설에 의하면 여기서 과실이란 기관과실 또는 역무과실(faute de service)로서 주관적 책임요소로서의 과실이라기보다는 오히려 객관적인 하자에 가까운 개념이 될 것[48]임은 물론입니다.

(2) 과실의 객관화경향

　　과실책임주의로 인한 피해자구제의 난점을 해결하기 위하여 국가배상법상의 과

47　대법원 2001. 10. 9. 선고 98다20929 판결.
48　박균성, 고시계, 1990/8, 104.

실관념을 객관화하려는 시도가 다양하게 나타나고 있습니다.[49] 중요한 것만 소개하면 다음과 같습니다.

① 주의의무의 객관화·고도화

학설·판례의 일반적 경향으로 과실을 주관적 심리상태로 보지 않고 객관적 주의의무의 위반으로 파악하여 그 주의의무의 내용을 고도화하려는 입장이 있습니다.[50] 이 경우 과실판단의 기준은 행위를 한 당해 공무원 개인이 아니라 '의무에 충실한 평균적 공무원'(pflichtgetreue Durchschnittsbeamte)이며 따라서 동일직종에 종사하는 평균적 공무원의 주의력, 즉 각개의 직무수행을 위해 평균적으로 필요한 인식 및 능력이 그 표준이 된다고 합니다.[51] 객관적으로 보아 행정청의 위법한 행위가 요구된 주의의무에 부합되지 않았다는 것을 증명하는 것으로 족하며 또한 가해공무원을 특정할 필요도 없다고 합니다(실제상 불가능한 경우도 많습니다). 이는 어느 공무원의 행위인지 판명되지 않은 경우에도, 그것이 공무원의 행위인 한 국가의 배상책임이 인정되도록 해야 한다는 입장이라 할 수 있습니다.

> 행정처분이 후에 항고소송에서 취소된 경우 국가배상책임의 성립 요건과 그 판단 기준
>
> [1] 어떠한 행정처분이 후에 항고소송에서 위법한 것으로서 취소되었다고 하더라도 그로써 곧 당해 행정처분이 공무원의 고의 또는 과실에 의한 불법행위를 구성한다고 단정할 수는 없지만, 그 행정처분의 담당공무원이 보통 일반의 공무원을 표준으로 하여 볼 때 객관적 주의의무를 결하여 그 행정처분이 객관적 정당성을 상실하였다고 인정될 정도에 이른 경우에는 국가배상법 제2조 소정의 국가배상책임의 요건을 충족하였다고 보아야 한다. 이때 객관적 정당성을 상실하였는지 여부는 침해행위가 되는 행정처분의 태양과 그 목적, 피해자의 관여 여부 및 관여의 정도, 침해된 이익의 종류와 손해의 정도 등 여러 사정을 종합하여 결정하되 손해의 전보책임을 국가 또는 지방자치단체에게 부담시킬 만한 실질적인 이유가 있는지도 살펴서 판단하여야 하며, 이는 행정청이 재결의 형식으로 처분을 한 경우에도 마찬가지이다.
>
> [2] 당해 근로자가 당사자가 되어 진행된 민사사건에서 신체장해의 존부가 다투어지고 신체감정절차를 거쳐 그러한 장해를 인정하지 않는 내용의 판결이 확정되었음에도 산재심사위원회가 특별한 합리적 근거도 없이 객관적으로 확정판결의 내용에 명백히 배치되는 사실인정을 하였다면 이러한 재결은 전문적 판단의 영역에서 행정청에게 허용되는 재량을 넘어 객관적 정당성을 상실한 것으로서 국가배상법 제2조 소정의 국가배상책임의 요건을 충족할 수 있다.[52]

---

49 이에 관하여는 대표적으로 김동희, 국가배상법에 있어서 과실관념에 관한 일고, 고시연구 1988/4를 참조.
50 김남진, 행정법 I, 573 이하를 참조.
51 Maurer, § 25 Rn.24; 김남진, 행정법 I, 574.
52 대법원 2011. 1. 27. 선고 2008다30703 판결.

[1] 어떠한 행정처분이 후에 항고소송에서 취소되었다고 할지라도 그 기판력에 의하여 당해 행정처분이 곧바로 공무원의 고의 또는 과실로 인한 것으로서 불법행위를 구성한다고 단정할 수는 없는 것이고, 그 행정처분의 담당공무원이 보통 일반의 공무원을 표준으로 하여 볼 때 객관적 주의의무를 결하여 그 행정처분이 객관적 정당성을 상실하였다고 인정될 정도에 이른 경우에 비로소 국가배상법 제2조 소정의 국가배상책임의 요건을 충족하였다고 봄이 상당할 것이며, 이 때에 객관적 정당성을 상실하였는지 여부는 피침해이익의 종류 및 성질, 침해행위가 되는 행정처분의 태양 및 그 원인, 행정처분의 발동에 대한 피해자측의 관여의 유무, 정도 및 손해의 정도 등 제반 사정을 종합하여 손해의 전보책임을 국가 또는 지방자치단체에게 부담시켜야 할 실질적인 이유가 있는지 여부에 의하여 판단하여야 한다.

[2] 법령에 의하여 국가가 그 시행 및 관리를 담당하는 시험에 있어 시험문항의 출제 및 정답 결정에 오류가 있어 이로 인하여 합격자 결정이 위법하게 되었다는 것을 이유로 공무원 내지 시험 출제에 관여한 시험위원의 고의·과실로 인한 국가배상책임을 인정하기 위하여는, … 중략 … 제반 사정을 종합적으로 고려하여 시험관련 공무원 혹은 시험위원이 객관적 주의의무를 결하여 그 시험의 출제와 정답 및 합격자 결정 등의 행정처분이 객관적 정당성을 상실하고, 이로 인하여 손해의 전보책임을 국가에게 부담시켜야 할 실질적 이유가 있다고 인정되어야 한다.53

② 조직과실의 이론

위와는 약간 다른 관점에서 독일행정법에서 발전된 '조직과실'(Organisationsverschulden)의 이론을 원용하여 과실을 객관화하려는 시도가 있습니다. 즉, 국가작용의 흠을 행정기관 내부에서 상위공무원(기관장 또는 부서장)에게 귀속시키는 방안입니다. 예컨대 담당자가 휴가중이고 그 직무대행에 관한 규정이 없다는 이유에서 도로교통관청이 필요한 교통표지판을 설치하지 않은 경우 이러한 방치행위로 인해 교통사고가 발생하였다면, 피해자에 대한 관계에 있어서 책임있는 직무담당자가 존재하지 않았다는 사실은 아무런 영향을 주지 못하며 오히려 그 행정청이 — 그 기관장이 — 적정한 직무대행을 조치하지 않았다는 것을 이유로 비난되어야 한다고 합니다.54 이 조직과실의 개념은 부분적으로는 프랑스행정법에서의 '역무과실'(faute de service)에 접근하는 개념으로 이해되고 있습니다.55 우리나라 국가배상법상 과실에 관해 「엄격히 해석할 것이 아니라, '공무원의 위법행위로 인한 국가작용의 흠' 정도로 완화하는 것이 좋을 것」56이라고 설명하는 견해도 이와 같은 이론적 경향을 받아들인 것으로 간주

---

53   대법원 2003. 11. 27. 선고 2001다33789, 33796, 33802, 33819 판결.

54   Maurer, § 25 Rn.24.

55   김남진, 행정법 I, 574; 김동희, 행정법 I, 477.

56   김도창, 일반행정법론(상), 628. 여기서는 과실책임주의가 완화되는 중요한 경우로 공해배상

될 수 있습니다. 다만 이에 대해서는 그와 같이 과실을 확대해석하면 결국 결과책임으로 돌아가고 만다는 비판57이 있습니다.

③ 위법성·과실 일원론

위법성과 과실을 일원적으로 파악함으로써 둘 중 어느 하나가 입증되면 다른 요건은 당연히 충족된 것으로 보아야 한다는 견해가 특히 민법상 불법행위론, 일본에서의 이론전개 및 비교법적 고찰을 배경으로 주장되고 있습니다.

④ 결론: 과실의 객관적 이해

생각건대 국가배상법상 과실은 형법상의 그것과는 달라서 행위자개인의 책임귀속(규범적·사회적 비난!)을 위한 것이 아니라 국가의 배상책임의 성립을 위한 것이므로 행위자 공무원의 주의능력 또는 주의력보다는 객관적 주의의무의 관점에서 과실의 객관화를 시도하는 것이 타당합니다. 여기서 과실의 객관화를 위한 시도가 여러 각도에서 행해지고 있다는 사실은 역으로 과실책임주의에 기초를 둔 현행 국가배상제도가 지니고 있는 권리구제의 불완전성을 말해 주는 것이라는 점을 다시금 음미할 필요가 있습니다. 이렇게 볼 때 국가배상법상의 과실을 민법상의 과실과 같은 개념으로 파악해야 할 필연적 이유는 없으며,58 국가배상에서의 과실은 이른바 조직체로서 국가가 지는 책임을 매개하는 요소의 하나로서 국가에게 귀책되는 객관적인 국가작용의 흠으로 파악되는 것이 옳다고 봅니다.

관련판례

1. 행정상 공표와 주의의무

대법원은 1993월 11월 26일 판결에서 국세청보도자료에 의해 위장증여혐의 부동산투기자 82명에 포함돼 언론에 보도됨으로써 명예훼손을 당했다고 주장한 원고의 국가배상청구소송을 인용하면서 다음과 같이 설시했습니다: "국가기관이 행정목적달성을 위하여 언론에 보도자료를 제공하는 등 행정상 공표의 방법으로 실명을 공개함으로써 타인의 명예를 훼손한 경우, 그 공표된 사람에 관하여 적시된 사실의 내용이 진실이라는 증명이 없더라도 국가기관이 공표당시 이를 진실이라 믿었고 또 그렇게 믿을 만한 상당한 이유가 있다면 위법성이 없는 것이고, 이 점은 언론을 포함한 사인에 의한 명예훼손의 경우에서와 마찬가지라 할 것인 바, 한편 이러한 상당한 이유의 존부의

을 듭니다. 공해배상에서는 ① 고의·과실에 관한 과실책임론이 무과실책임론으로, ② 위법성문제에 관한 권리남용론이 수인한도론으로 ③ 인과관계에 관한 상당인과관계설이 개연성설로 발전되는 경향이 있다고 합니다.

57 이상규, 신행정법론(상), 537.
58 김동희, 행정법 I, 478.

판단에 있어서는, 실명공표 자체가 매우 신중하게 이루어져야 한다는 요청에서 비롯되는 사실조사 능력, 공표된 사실이 진실하리라는 점에 대한 국민의 강한 기대와 신뢰, 공무원의 비밀엄수의무와 법령준수의무 등에 비추어, 사인의 행위에 의한 경우 보다는 훨씬 더 엄격한 기준이 요구된다 할 것이므로, 그 사실이 의심의 여지없이 확실히 진실이라고 믿을 만한 객관적이고도 타당한 확증과 근거가 있는 경우가 아니라면 그러한 상당한 이유가 있다고 할 수 없을 것이다."[59]

이 판결에서 대법원이 '국가기관이 실명을 공표할 경우에는 공권력의 광범한 사실조사능력과 공표된 사실이 진실하리라는 점에 대한 국민의 강한 기대와 신뢰, 또 공무원의 비밀엄수와 법령준수의무 등에 비추어 사인의 행위보다 훨씬 더 엄격한 기준이 요구된다'고 한 것은 피해자구제의 견지에서 주의의무의 내용을 객관적으로 파악하고 이를 고도화하려는 경향을 보여준 것으로 주목됩니다.

2. 복무기간연장의 효과를 지닌 병인사관리규정을 발령 유지시킨 육군참모총장의 직무상 과실
"구 병역법 제18조 제4항 및 같은법시행령 제28조 제2항 제1호의 각 규정을 검토하면 확정판결에 의한 형의 집행일수만을 현역 복무기간에 산입하지 아니한다는 것이 규정 자체에 의하여 명백하다는 점에 비추어, '가'항과 같은 내용의 병인사관리규정을 발령·유지시킨 육군참모총장에게 직무상의 과실이 없다고 할 수 없으며……"[60]

(3) 입증책임

권리구제의 실효를 위한 과실의 객관화 내지 완화의 이유는 고의·과실의 입증책임에도 그대로 관철되어야 할 것입니다. 이러한 견지에서 비록 법문상으로는 공무원의 고의·과실을 국가배상을 청구하는 측에서 입증하도록 되어 있을지라도 이를 무조건 관철하면 피해자에게 지나치게 가혹할 뿐만 아니라 형평에도 맞지 않게 되므로 이를 경감시키기 위해 일응추정(prima facie)이란 민법상의 법리를 원용할 필요가 있다고 봅니다.[61] 즉, 피해자가 공무원의 위법한 직무행위에 의하여 손해가 발생했다는 사실을 입증하면 공무원에게 과실이 있었던 것으로 일응 추정하고 이를 피고인 국가측에서 반증하여 번복하도록 하는 것이 타당할 것입니다.

1.4. 손해의 발생

국가배상책임이 성립하기 위해서는 손해가 발생했어야 합니다.[62]

---

59 대법원 1993. 11. 26. 선고 93다18389 판결.
60 대법원 1995. 7. 14. 선고 93다16819 판결.
61 김도창, 일반행정법론(상), 629.
62 대법원 2016. 8. 30. 선고 2015두60617 판결(폐업처분무효확인등).

행정처분의 이행에 비용이 발생하는 경우에는 특별한 사정이 없는 한 행정처분 당시에 그 비용 상당의 손해가 현실적으로 발생한 것으로 볼 수 있으나, 처분 이후 그 이행의 장애사유가 있어 오랫동안 이행이 이루어지지 않았고, 해당 행정관청에서도 불이행된 상태를 방치하는 등 특별한 사정이 있는 경우에는 손해가 현실화되었다고 인정하기 어렵다는 것이 대법원의 판례입니다. 담당공무원이 법령검토의 잘못으로 원고들의 건축신고를 수리한 뒤 원고들이 건물 신축을 마치고서 사용승인을 신청하였으나, 행정관청이 뒤늦게 당초의 건축신고가 반려되었어야 함을 발견하고 이를 사유로 사용승인 신청을 수리하지 않는 상태가 장기간 지속되고 있었던 사건에서 대법원은 원고들이 해당 건물의 철거 내지 이를 전제로 하는 손해를 현실적·확정적으로 입었는지에 다음과 같이 판시하였습니다:

　[1] 가해자가 행한 불법행위로 인하여 피해자에게 어떤 행정처분이 부과되고 확정되었다면 그 행정처분에 중대하고 명백한 하자가 있어 무효로 되지 아니한 이상 행정처분의 당사자인 피해자는 이를 이행할 의무를 부담하게 된다. 따라서 행정처분의 이행에 비용이 발생하는 경우에는 특별한 사정이 없는 한 행정처분 당시에 그 비용 상당의 손해가 현실적으로 발생한 것으로 볼 수 있다. 그러나 행정처분이 있은 이후 행정처분을 이행하기 어려운 장애사유가 있어 오랫동안 이행이 이루어지지 않았고, 해당 행정관청에서도 이러한 사정을 참작하여 그 이행을 강제하기 위한 조치를 취하지 않고 불이행된 상태를 방치하는 등 특별한 사정이 있는 경우에는 손해가 현실화되었다고 인정하는 데 보다 신중할 필요가 있다. 이와 같은 경우에 행정처분의 이행에 따른 비용 상당의 손해가 현실적·확정적으로 발생하였다고 보기 위해서는 행정처분 당시의 자료와 사실심 변론종결 시점까지 제출된 모든 자료를 종합하여 행정처분의 존재뿐만 아니라 그 행정처분의 이행가능성과 이행필요성이 인정되어야 한다. 가까운 장래에 선행처분의 상대방에게 후행처분이 이루어질 개연성을 인정하기 부족한 경우에는 후행처분에 의하여 부과될 의무이행을 위한 비용 상당의 손해가 확정적으로 발생하였다고 보기는 어렵다.

　[2] 불법행위로 인한 손해배상청구에서 위와 같은 손해의 발생 사실은 행정처분을 받은 당사자인 피해자가 이를 증명하여야 한다(대법원 2020. 7. 9. 선고 2017다56455 판결 참조).63

　손해발생의 요건은 적어도 첫째, 타인에게 손해가 발생하였고, 둘째, 가해행위와 손해발생 사이에 인과관계가 있다고 인정될 때에만 충족될 수 있습니다.

(1) 타인에게 손해가 발생했을 것

　먼저 손해란 가해행위로 인하여 발생한 일체의 손해(불이익)로서 적극적 손해·소극적 손해(정당한 기대이익의 상실)·재산적 손해·생명 및 신체적 손해·정신적 손해64 등을 모두 포함합니다. 또한 발생한 손해는 타인에 대한 것이어야 합니다. '타인'이란 본인, 즉 위법행위를 한 자나 그에 가담한 자를 제외한 모든 피해자(자연인·법인)를 말합니다. 함께 직무를 수행하다가 피해를 입은 공무원도 포함됩니다. 국가·지방자

63　대법원 2020. 10. 15. 선고 2017다278446 판결.
64　국가배상법 제3조 제5항에 생명·신체에 대한 침해로 인한 위자료의 지급을 규정한 것은 명시적으로 규정되지 않았을지라도 재산권침해에 대한 위자료지급을 배제하는 것은 아니라는 판례(대법원 1990. 12. 21. 선고 90다67033)가 있습니다.

치단체 등 행정주체 상호간에도 가해자－피해자의 관계가 성립될 수 있습니다. 단, 피해자가 군인이나 군무원인 경우에는 특례가 있습니다.

(2) 인과관계

공무원의 가해행위와 손해의 발생 사이에는 이른바 상당인과관계가 있어야 합니다. 상당인과관계란 민법의 경우에서와 같이, 경험칙상 어떤 원인에 의해 어떤 결과가 발생했다고 인정되는, 따라서 발생한 결과를 그 원인으로서 주장된 사실에 귀속시킬 수 있는 경우에 성립합니다. 상당인과관계의 유무를 판단함에 있어서는 일반적인 결과 발생의 개연성은 물론 직무상 의무를 부과하는 법령 기타 행동규범의 목적이나 가해행위의 태양 및 피해의 정도 등을 종합적으로 고려해야 한다는 것이 대법원의 판례입니다.65

> "공무원에게 부과된 직무상 의무의 내용이 단순히 공공 일반의 이익을 위한 것이거나 행정기관 내부의 질서를 규율하기 위한 것이 아니고 전적으로 또는 부수적으로 사회구성원 개인의 안전과 이익을 보호하기 위하여 설정된 것이라면, 공무원이 그와 같은 직무상 의무를 위반함으로 인하여 피해자가 입은 손해에 대하여는 상당인과관계가 인정되는 범위 내에서 국가가 배상책임을 지는 것이고, 이때 상당인과관계의 유무를 판단함에 있어서는 일반적인 결과 발생의 개연성은 물론 직무상 의무를 부과하는 법령 기타 행동규범의 목적, 그 수행하는 직무의 목적 내지 기능으로부터 예견가능한 행위 후의 사정, 가해행위의 태양 및 피해의 정도 등을 종합적으로 고려하여야 한다(대법원 1998. 9. 22. 선고 98다2631 판결, 대법원 2003. 4. 25. 선고 2001다59842 판결 등 참조)."66

소방점검시 직무상 의무 위반과 화재사고에 대한 국가배상책임: 군산시 윤락가 화재사건

[1] 공무원에게 부과된 직무상 의무의 내용이 단순히 공공 일반의 이익을 위한 것이거나 행정기관 내부의 질서를 규율하기 위한 것이 아니고 전적으로 또는 부수적으로 사회구성원 개인의 안전과 이익을 보호하기 위하여 설정된 것이라면, 공무원이 그와 같은 직무상 의무를 위반함으로 인하여 피해자가 입은 손해에 대하여는 상당인과관계가 인정되는 범위 내에서 국가가 배상책임을 지는 것이고, 이때 상당인과관계의 유무를 판단함에 있어서는 일반적인 결과 발생의 개연성은 물론 직무상 의무를 부과하는 법령 기타 행동규범의 목적이나 가해행위의 태양 및 피해의 정도 등을 종합적으로 고려하여야 하며, 이는 지방자치단체와 그 소속 공무원에 대하여도 마찬가지이다.

[2] 유흥주점에 감금된 채 윤락을 강요받으며 생활하던 여종업원들이 유흥주점에 화재가 났을 때 미처 피신 못하고 유독가스에 질식해 사망한 경우, 지방자치단체의 담당 공무원이 위 유흥주점의 용도변경, 무허가 영업 및 시설기준에 위배된 개축에 대하여 시정명령 등 식품위생법상 취하여야 할 조치를 게을리 한 직무상 의무위반행위와 위 종업원들의 사망 사이에 상당인과관계가 존재하지 않는다.

---

65 대법원 2003. 2. 14. 선고 2002다62678 판결 등.
66 대법원 2007. 12. 27. 선고 2005다62747 판결.

[3] 유흥주점에 감금된 채 윤락을 강요받으며 생활하던 여종업원들이 유흥주점에 화재가 났을 때 미처 피신하지 못하고 유독가스에 질식해 사망한 경우, 소방공무원이 위 유흥주점에 대하여 화재 발생 전 실시한 소방점검 등에서 구 소방법상 방염 규정 위반에 대한 시정조치 및 화재 발생시 대피에 장애가 되는 잠금장치의 제거 등 시정조치를 명하지 않은 직무상 의무 위반은 현저히 불합리한 경우에 해당하여 위법하고, 이러한 직무상 의무 위반과 위 사망의 결과 사이에 상당인과관계가 존재한다.[67]

우편집배원의 직무상 의무위반과 집행채권자의 손해 사이의 상당인과관계

우편집배원이 압류 및 전부명령 결정 정본을 특별송달하는 과정에서 민사소송법을 위반하여 부적법한 송달을 하고도 적법한 송달을 한 것처럼 우편송달보고서를 작성하여 압류 및 전부의 효력이 발생한 것과 같은 외관을 형성시켰으나, 실제로는 압류 및 전부의 효력이 발생하지 아니하여 집행채권자로 하여금 피압류채권을 전부받지 못하게 함으로써 손해를 입게 한 경우에는, 우편집배원의 위와 같은 직무상 의무위반과 집행채권자의 손해 사이에는 상당인과관계가 있다고 봄이 상당하고, 국가는 국가배상법에 의하여 그 손해에 대하여 배상할 책임이 있다.[68]

국가배상청구권도 소멸시효가 있나요?

국가배상청구권 역시 민사상 손해배상청구권과 마찬가지로 소멸시효가 완성되면 소멸합니다.

〈소위 삼청교육 관련 피해자의 국가에 대한 손해배상청구권의 소멸시효〉
"기록에 의하면 1988. 11. 26. 당시의 대통령은 전임 대통령에 대한 여론이 악화되고 있는 상황에서 국민들에게 전임 대통령에 대한 관용을 호소하는 일방 전임 대통령의 과오를 청산함과 동시에 민주정치를 발전시키기 위한 여러 가지 시정방침의 하나로서 이른바 삼청교육과 관련한 사상자에 대하여는 명예회복 조치와 함께 신고를 받아 피해보상할 것임을 밝히고 국민들의 이해와 협조를 당부하는 내용의 시국관련특별담화를 발표하였고, 이어서 당시의 국방부장관은 같은 해 12. 3. 대통령의 위와 같은 시정방침을 알리는 한편 그에 따른 보상대책을 수립하기 위한 기초자료를 수집할 목적으로 위 피해자 및 유족들에게 일정한 기간 내에 신고할 것을 공고하고 나아가 실제로 신고를 받은 사실을 인정할 수 있는바, 위와 같이 그 경위야 어떠하든 국정의 최고책임자인 대통령이 삼청교육 피해자들에 대한 피해보상의 방침을 밝힌 이상 정부로서는 마땅히 위 피해자들에게 위 담화에서 밝힌 대로 입법조치 등을 통하여 적절한 피해보상을 하여 줄 정치·도의적 책임이 있다고 할 것이지만, 대통령이 위와 같이 담화를 발표한 경위와 취지 및 그 내용 등에 비추어 보면 그것은 사법상의 법률효과를 염두에 둔 것이 아니라 단순히 정치적으로 대통령으로서의 시정방침을 밝히면서 일반 국민들의 이해와 협조를 구한 것에 불과하므로 이로써 사법상으로 위 피해자들에 대한 국가배상채무를 승인하였다거나 또는 시효이익을 포기한 것으로 볼 수는 없다 할 것이고, 대통령에 이어 국방부장관이 위와 같은 담화를 발표하여 신고를 받기까지 하였다고 하여 그 결론이 달라지는 것은 아니라 할 것이다. 따라서 피고가 이 사건 소멸시효의 이익을 포기한 것이라는 원고의 재항변을 받아 들여 피고의 소멸시효항변을 배척한 원심의 조치는 부당하다."[69]

---

67 대법원 2008. 4. 10. 선고 2005다48994 판결(군산시 윤락가 화재사건).
68 대법원 2009. 7. 23. 선고 2006다87798 판결.
69 대법원 1996. 12. 19. 선고 94다22927 판결. 이 사건 판결에는 대법관 1인의 보충의견과 피고 국가의 소멸시효의 항변은 신의성실의 원칙에 어긋난 권리남용에 해당한다는 대법관 4인

<국가의 소멸시효 주장과 권리남용>
　공무원의 직무상 불법행위로 손해를 입은 피해자가 국가배상청구를 하였을 때, 비록 그 소멸시효 기간
이 경과하였다고 하더라도 국가가 소멸시효의 완성 전에 피해자의 권리행사나 시효중단을 불가능 또는 현
저히 곤란하게 하였거나 객관적으로 피해자가 권리를 행사할 수 없는 장애사유가 있었다는 등의 사정이
있어 국가에게 채무이행의 거절을 인정하는 것이 현저히 부당하거나 불공평하게 되는 등 특별한 사정이
있는 경우에는, 국가가 소멸시효 완성을 주장하는 것은 신의성실 원칙에 반하여 권리남용으로서 허용될
수 없다(대법원 2011. 10. 13. 선고 2011다36091 판결 등 참조).[70]

2. 공무원의 구상책임

2.1. 구상책임의 의의

　국가배상법 제2조 제1항 본문에 따라 국가배상책임이 성립하는 경우 당해 공무
원이 고의 또는 중대한 과실이 있는 때에는 국가 또는 지방자치단체는 그 공무원에
게 구상할 수 있습니다(§ 2 ②). 이것은 국가등에게 고의 또는 중대한 과실로 국가배
상책임을 발생시킨 공무원에 대해 구상(Rückgriff, Innenregreß, action récursoire)을 할 수
있게 하는 것이 손해부담의 공평에 맞는다는 견지에서 인정된 결과입니다(구상유보:
Rückgriffsvorbehalt).[71]

2.2. 구상책임의 범위

　국가배상법 제2조 제2항은 공무원의 구상책임을 공무원이 고의 또는 중과실로
국가배상책임을 발생케 한 경우에 한정하고 있습니다. 공무원의 개념은 이미 앞에서
설명한 바와 다르지 않습니다. 반면 고의·중과실은 국가등의 구상권행사를 위한 요
건인 동시에 고의 또는 중과실이 있는 경우에만 구상책임을 지운다는 점에서 구상책
임의 성립범위를 제한하는 기능을 합니다. 즉 그것은 구상제한(Rückgriffslimit)의 요인

의 반대의견이 붙어 있습니다.
70　대법원 2016. 6. 9. 선고 2015다200258 판결.
71　공무원의 내부적 책임(Innenhaftung)으로는 이러한 구상책임 말고도 공무원법상 변상책임
　　등 여러가지가 있음은 물론입니다.

이라 할 수 있습니다.[72] 고의 또는 중과실의 개념은 앞에서 본 바와 같이 민법의 그것에 따르며 중과실이란 사회통념상 요구되는 주의의무 위반의 정도가 특별히 중대한 경우를 말합니다. 그것은 가장 용이하고 누구나 시인할 수 있는 정도의 주의조차 기울이지 않은 경우를 말합니다. 가령 조금만 주의를 하였다면 사고를 일으키지 않을 수 있었다고 판단되는 경우입니다.

대법원 역시 구상권 발생요건으로서의 '중과실'이란 "공무원에게 통상 요구되는 정도의 상당한 주의를 하지 않더라도 <u>약간의 주의를 한다면 손쉽게 위법, 유해한 결과를 예견할 수 있는 경우임에도 만연히 이를 간과함과 같은 거의 고의에 가까운 현저한 주의를 결여한 상태</u>"를 말한다고 보고 있습니다.[73]

한편 국가배상청구권의 소멸시효 기간이 지났으나 국가가 소멸시효 완성을 주장하는 것이 신의성실의 원칙에 반하는 권리남용으로 허용될 수 없어 배상책임이 인정되는데,[74] 이런 경우에도 국가가 고의 또는 중과실이 있는 해당 공무원에게 구상권을 행사할 수 있는지가 문제됩니다. 이에 대해서는 그런 이유로 국가가 배상책임을 이행한 경우에는, 그 소멸시효 완성 주장이 권리남용에 해당하게 된 원인행위와 관련하여 해당 공무원이 그 원인이 되는 행위를 적극적으로 주도하였다는 등 특별한 사정이 없는 한, 국가가 그 공무원에게 구상권을 행사하는 것은 신의칙상 허용되지 않는다는 것이 대법원 판례입니다.[75]

2.3. 구상책임의 성질·범위 및 기능

국가배상법 제2조 제2항은 '공무원이 고의 또는 중대한 과실이 있는 때에는 국가 또는 지방자치단체는 그 공무원에게 구상할 수 있다'고만 규정할 뿐 구상권 행사를 의무화하고 있지는 않습니다. 즉 국가등의 구상의무(Rückgriffspflicht)는 성립하지

---

72 Ossenbühl, Staatshaftungsrecht, § 10 2, S.98.

73 대법원 2003. 2. 11. 선고 2002다65929 판결. 현황조사를 함에 있어 집행관에게 비록 정확하고 충실한 현황조사를 하지 못한 직무상 과실이 있다 하더라도, 그것이 집행관이 현황조사를 함에 있어 기울여야 할 통상의 주의의무를 현저하게 결여한 중대한 과실에 해당한다고 보기는 어렵다고 한 사례입니다.

74 대법원 2016. 6. 9. 선고 2015다200258 판결; 대법원 2011. 10. 13. 선고 2011다36091 판결 등 참조.

75 대법원 2016. 6. 10. 선고 2015다217843 판결(구상금).

않습니다.[76] 그러나 이 규정을 목적론적으로 해석할 때 국가등은 그 예산보전의 견지에서 특별한 사정이 없는 한 구상권을 행사해야 한다고 볼 여지가 있는 것은 사실입니다. 또 고의나 중과실로 국가등에게 배상책임을 발생시킨 공무원이 그 책임을 부담하도록 하는 것이 공평의 원리에 부합됩니다. 그러나 판례는 거꾸로 구상권 행사를 신의칙상 상당성 기준에 의해 제한하는 입장을 보입니다.

구상권 행사요건과 소멸시효 남용에 따른 국가배상책임

　　[1] 국가나 지방자치단체는 해당 공무원의 직무내용, 불법행위의 상황과 손해발생에 대한 해당 공무원의 기여 정도, 평소 근무태도, 불법행위의 예방이나 손실분산에 관한 국가 또는 지방자치단체의 배려의 정도 등 제반 사정을 참작하여 <u>손해의 공평한 분담이라는 견지에서 신의칙상 상당하다고 인정되는 한도 내에서 구상권을 행사할 수 있다</u>(대법원 2008. 3. 27. 선고 2006다70929 판결 등 참조).
　　[2] 공무원의 불법행위로 손해를 입은 피해자의 국가배상청구권의 소멸시효 기간이 지났으나 국가가 소멸시효 완성을 주장하는 것이 신의성실의 원칙에 반하는 권리남용으로 허용될 수 없어 배상책임을 이행한 경우에는, <u>그 소멸시효 완성 주장이 권리남용에 해당하게 된 원인행위와 관련하여 해당 공무원이 그 원인이 되는 행위를 적극적으로 주도하였다는 등의 특별한 사정이 없는 한, 국가가 해당 공무원에게 구상권을 행사하는 것은 신의칙상 허용되지 않는다고 봄이 상당하다.</u>[77]

대법원의 판례는 공무원이 고의나 중과실로 국가등에게 배상책임을 발생시키고도 구상책임에서 면제되는 불합리를 막아야 한다는 당연한 책임주의의 논리보다는 공무원을 예외 없이 국가등에 대한 구상책임에 노출시킴으로써 자칫 공무원의 직무수행이나 사기를 위축시킬 수 있기 때문에 이를 구체적 타당성의 기준으로 완화할 필요가 있다는 정책적 고려를 우선시킨 결과라고 할 수 있습니다. 물론 이러한 판례의 태도에도 일리가 없지는 않습니다. 국가배상책임과 관련하여 정부가 공무원의 고의 또는 중과실을 이유로 구상권을 행사하는 것이 공무원에 대해 위법억지의 기능을 가질 수 있는지 여부는 불확실합니다. 물론 그러한 결과는 이론적으로는 충분히 가

76　Ossenbühl, Staatshaftungsrecht, 4.Aufl., 1991, § 10, S.96; Bettermann, in: Die Grundrechte III/2, S.848; Dagtoglou, in: BK, Art.34 Rn.348.

77　대법원 2016. 6. 9. 선고 2015다200258 판결: 망인이 이 사건 부대에서 상병으로 복무하다가 그 부대 소속 하사와 말다툼 과정에서 그로부터 입술 부위에 총격을 받아 사망하였고, 당시 이 사건 부대의 간부들과 부대원들은 망인의 사인을 자살로 조작하였는데, 그 후 군의문사진상규명결정을 통해 망인의 사인이 밝혀져 망인의 유족들이 국가를 상대로 국가배상청구를 하였고, 국가는 유족들 승소확정판결에 따라 판결금을 지급한 다음, 당시 망인의 사인의 조작, 은폐에 관여한 피고를 상대로 구상금을 청구한 사안에서 국가의 피고에 대한 구상권 행사를 허용한 원심판결을 파기한 사례입니다.

능하고 또 소망스럽기도 합니다. 그러나 현실적으로 그러한 구상권의 행사가 이루어지고 있는지는 극히 부정적입니다. 사실 우리나라 구상제도의 위법억제기능은 거의 유명무실하다는 지적을 받았습니다.[78]

> 정부는 2013년부터 2019년 8월 말까지 약 7년간 제기된 국가소송 2만8501건 중 26.2%인 7456건에서 패소(일부패소 포함)했고, 그 결과 약 1조9000억원의 국가배상금을 부담하였다고 합니다. 이 중 구상권 행사 건수는 53건(2.2%)으로, 그나마 정부가 공무원에 구상금 청구한 금액 82억 원 중 실제 환수된 금액은 11억 원으로 청구 금액의 13.4%에 불과한 것으로 나타났습니다.[79]

이렇듯 전반적으로 저조한 구상권 행사의 실태를 고려할 때 그것이 자칫 공무원이 고의나 중과실로 국가등에게 배상책임을 발생시키고도 구상책임을 면하게 되는 불합리를 초래할 수 있다는 우려도 근거 없는 것이라고는 할 수 없습니다. 이런 이유에서 구상권 행사의 요건이 구비된 경우 구상권 행사를 확대하는 방침도 검토될 수 있겠지만, 거기에는 위와 같은 판례의 태도로 미루어 보아 어쩔 수 없는 한계가 따릅니다. 현실적으로도 고의·중과실로 국가배상책임을 발생시킨 공무원에 대한 구상권의 행사에는 적지 않은 제약이 따르는 것도 사실입니다. 실제로 공무원의 상대적으로 낮은 처우를 근거로 가해공무원의 처지에 대한 배려를 당연시하는 것이 공무원사회의 전반적 분위기임을 고려할 때 구상권 행사의 확대를 기대하기는 곤란합니다. 그렇다면 구상제도는 현실적으로 공무원의 위법행위를 억지하는 요인으로 작용하지 못하고 있다는 결론에 이릅니다. 이 같은 결과는 국가예산의 낭비를 초래할 뿐만 아니라 구상권제도의 위법억지기능을 손상시킨다는 점에서 결코 간과할 수 없는 문제를 남깁니다. 공무원의 위법행위를 억지하려면 피해자에게 가해공무원의 개인책임을 추궁할 수 있는 길을 열어주는 수밖에 없는데, 앞에서 소개한 1994년 4월 12일의 대법원 판결은 이를 정면에서 봉쇄한 것입니다.

---

78 김철용, "공무원개인의 불법행위책임", 『판례월보』 1994, 290, 31 각주 25.
79 국회 법제사법위원회 소속 채이배 바른미래당 의원이 법무부로부터 받은 '국가소송 국가 승·패소 현황 및 국가배상금 현황'. 머니투데이 2019.10.9. 자 기사(공무원 위법에 배상은 '혈세'로…7년간 국가배상금 1.9조원: https://news. mt.co.kr/mtview.php?no=2019100913197615927) 참조.

2.4. 구상권의 행사

공무원의 구상책임이 성립되면 국가 또는 지방자치단체는 그 공무원에게 구상할 수 있습니다. 국가·지방자치단체가 공무원에 대해 구상권을 행사하는 방법으로는 구상금을 봉급, 비용보상청구권 등 당해 공무원이 가지는 금전채권과 상계하는 방법, 행정행위의 성질을 띤 급부명령을 발하고 행정상 강제징수에 의하여 그 이행을 강제하는 방법, 공무원에 대해 구상금지급청구소송을 제기하는 방법 등을 생각할 수 있습니다.

구상사례: 박종철 고문치사사건에 가담한 고문경관에 대한 구상금소송

대법원은 2000년 12월 28일 '87년 박종철 고문치사' 가담 경찰관에 대한 구상금소송에서 국가의 책임을 30% 인정했습니다. 대법원은 당시 고문에 가담한 조한경 전 치안본부 대공과장 등 5명에 대한 구상금청구소송 상고심에서 조씨 등의 상고를 기각하고, "피고들은 국가에게 1억5천여만원을 지급하라"며 원심의 원고 일부승소판결을 확정했습니다. 재판부는 "이 사건 불법행위 당시 대통령이 국정연설에서 학원내 용공세력에 대해 단호히 대처할 것을 강조하는 등 치안업무를 담당하는 공무원에게 용공세력을 색출하고 엄중하게 처벌해 헌정질서를 지켜야 한다는 뜻을 주지시키고 사회전반에 걸쳐 그러한 분위기를 조성했던 점 등 제반 정황을 참작하면 원고에게도 피고들이 박씨를 고문하고 사망에 이르게까지 함에 상당한 책임이 있다."며 "따라서 국가는 70%에 한해 구상권을 행사할 수 있다."고 밝혔습니다.[80]

---

3. 공무원의 국가에 대한 구상권

앞에서 설명한 구상권은 국가나 지방자치단체가 가해 공무원의 고의 또는 중과실로 배상책임을 진 데 대해 그 공무원 개인을 상대로 행사하는 상환청구의 문제였습니다. 이에 반해 가해공무원의 책임이 경과실뿐이라면 그 공무원 개인은 앞서 본 판례에 따라 손해배상책임을 부담하지 않지만, 만일 그 공무원이 피해자에게 손해배상을 한 경우 국가에 대하여 구상권을 행사할 수 있는지가 문제될 수 있습니다. 이에 대해서는 국가배상법에 명문의 규정이 없고 학설상으로도 거의 논의되지 않지만 대법원의 판례에서 해결책을 찾을 수 있습니다. 즉, 대법원은 공중보건의의 국가에

---

80 대법원 2000. 12. 22. 선고 2000다56259 판결. 법률신문 2000. 12. 28. 기사(http://www.law times.co.kr/gisa/main.asp?NEWS_SERIAL=3785&NEWS=N: 정성윤기자 syjung@lawtimes. co.kr).

대한 구상금 지급 청구소송에서, 경과실이 있는 공무원이 피해자에게 손해를 배상하였다면 국가는 자신의 출연 없이 채무를 면하게 되었으므로 공무원은 특별한 사정이 없는 한 국가에 대하여 그 피해자에 대한 국가배상책임의 범위 내에서 공무원이 변제한 금액에 관하여 구상권을 취득한다고 봄이 타당하다고 판시한 바 있습니다.

> "공무원이 직무수행 중 불법행위로 타인에게 손해를 입힌 경우에 국가 등이 국가배상책임을 부담하는 외에 공무원 개인도 고의 또는 중과실이 있는 경우에는 불법행위로 인한 손해배상책임을 진다고 할 것이지만, 공무원에게 경과실이 있을 뿐인 경우에는 공무원 개인은 손해배상책임을 부담하지 아니한다고 할 것이다(대법원 1996. 2. 15. 선고 95다38677 전원합의체 판결 참조). 이처럼 경과실이 있는 공무원이 피해자에 대하여 손해배상책임을 부담하지 아니함에도 피해자에게 손해를 배상하였다면 그것은 채무자 아닌 사람이 타인의 채무를 변제한 경우에 해당하고, 이는 <u>민법 제469조의 '제3자의 변제' 또는 민법 제744조의 '도의관념에 적합한 비채변제'에 해당하여 피해자는 공무원에 대하여 이를 반환할 의무가 없고, 그에 따라 피해자의 국가에 대한 손해배상청구권이 소멸하여 국가는 자신의 출연 없이 그 채무를 면하게 되므로, 피해자에게 손해를 직접 배상한 경과실이 있는 공무원은 특별한 사정이 없는 한 국가에 대하여 국가의 피해자에 대한 손해배상책임의 범위 내에서 공무원이 변제한 금액에 관하여 구상권을 취득한다고 봄이 타당하다.</u>"[81]

---

81 대법원 2014. 8. 20. 선고 2012다54478 판결(구상금): 공중보건의인 갑에게 치료를 받던 을이 사망하자 을의 유족들이 갑 등을 상대로 손해배상청구의 소를 제기하였고, 갑의 의료과실이 인정된다는 이유로 갑 등의 손해배상책임을 인정한 판결이 확정되어 갑이 을의 유족들에게 판결금 채무를 지급한 사안에서, 갑은 공무원으로서 직무 수행 중 경과실로 타인에게 손해를 입힌 것이어서 을과 유족들에 대하여 손해배상책임을 부담하지 아니함에도 을의 유족들에게 손해를 배상한 것이고, 이는 민법 제744조의 도의관념에 적합한 비채변제에 해당하여 을과 유족들의 국가에 대한 손해배상청구권은 소멸하고 국가는 자신의 출연 없이 채무를 면하였으므로, 갑은 국가에 대하여 변제금액에 관하여 구상권을 취득한다고 한 사례입니다.

제29강
국가배상은 받아도 정작 가해자에겐 책임을
묻지 못한다? – 선택적 청구권 문제

　　국가나 지방자치단체가 국가배상법에 따라 손해배상책임을 지는 경우 그와 별도로 피해자가 가해 공무원을 직접 손해배상을 청구할 수 있을까요? 국가배상책임을 단순히 공무원의 직무상 불법행위로 피해자가 입은 손해(액)을 되갚아 주는 문제로 이해한다면 국가가 배상을 했으니 실제 가해행위를 한 공무원에게 책임을 물을 필요는 없다고 여길 수도 있습니다. 그러나 문제가 그리 간단하지는 않습니다. 피해자 입장에서는 가해행위를 한 공무원도 배상책임을 져야 한다고 생각합니다. 징계나 형사처벌을 받는 것은 별도의 문제입니다. 더욱이 과거처럼 국가배상제도를 단순히 손해를 금전적으로 갚아주기 위한 제도로만 보지 않고 국가나 지방자치단체, 그리고 불법행위를 한 공무원에 대한 제재장치로 보는 경향이 있습니다. 이 문제를 '선택적 청구권' 문제라고 부릅니다. 국가배상책임의 본질을 어떻게 볼 것인가와 관련되어 종래 치열한 논란의 대상이 되었던 문제입니다.

Ⅰ. 학설과 판례

1. 학설

1.1. 대위책임설

국가·공공단체의 배상책임은 원래 공무원 개인이 부담해야 하지만 피해자구제의 견지에서 이를 대신하여 지는 책임이라고 보는 입장이므로, 국가가 가해 공무원의 책임을 인수한 이상 선택적 청구권은 인정될 수 없다고 봅니다(다수설). 피해자 보호의 견지에서 충분한 배상자력을 지니고 있는 것은 국가(지방자치단체)라는 점과 가해공무원 개인의 무한책임이 인정되면 이로 인해 공무원의 이니시어티브와 직무수행의욕의 감퇴가 우려되므로 행정의 원활한 기능수행을 보장해야 한다는 점이 그 주된 논거라 할 수 있습니다. 반면 대위책임설의 입장에 서면서 피해구제의 신속·확실을 기한다는 취지에서 선택적 청구가 허용된다는 견해도 있습니다.[1]

1.2. 자기책임설

국가배상책임은 국가의 자기책임이며 민법 제35조에 의한 법인의 불법행위책임에 상응하는 것으로서 가해행위는 국가의 행위인 동시에 공무원 자신의 행위이므로 가해공무원에 대해서도 선택적으로 배상을 청구할 수 있다고 봅니다. 이 견해는 헌법 제29조 제1항 단서를 가해공무원이 피해자에 대하여도 책임을 진다는 의미로 새깁니다. 다만 자기책임설의 입장에 서면서도 고의·중과실의 경우에 한하여 선택적 청구권을 인정하는 견해도 있습니다. 즉 경과실의 경우에도 민법의 규정에 따라 공무원이 개인책임을 지게 되는 것은 국가배상법 제2조 제2항이 경과실의 경우에는 공무원이 국가에 대해 지는 구상책임을 면제한 것과 균형이 맞지 않으므로 그 입법취지를 고려하여 공무원의 민사상 배상책임도 고의·중과실의 경우에 한정되는 것으로

---

[1] 김철수, 헌법학신론, 401. 이 견해는 공무원에 대한 직접청구를 허용하면 특히 배상심의위원회를 거치지 않고 국가배상법의 기준적용도 받지 않으므로 피해자에게 유리하다는 점을 감안한 것이라고 합니다.

보아야 한다는 것입니다.2 반면 자기책임설적 입장에 서면서도 대외적으로는 국가책임만 인정하는 견해도 있습니다.3

1.3. 중간설

국가의 배상책임을 공무원의 위법행위가 경과실에 기한 것인 때에는 자기책임으로, 고의·중과실에 의한 것인 때에는 대위책임으로 보는 견해입니다. 전자의 경우에 한하여 선택적 청구권을 인정합니다. 다만 중간설의 입장에 서면서도 선택적 청구를 부인하는 견해도 있습니다.

2. 판례

판례는 줄곧 선택적 청구권을 인정하는 입장에 서 있었으나,4 대법원 1994. 4. 12. 선고 93다11807 제2부 판결에서 "공무원의 직무상 불법행위로 인하여 손해를 받은 사람은 국가 또는 공공단체를 상대로 손해배상을 청구할 수 있고, 이 경우에 공무원에게 고의 또는 중대한 과실이 있는 때에는 국가 또는 공공단체는 그 공무원에게 구상할 수 있을 뿐, 피해자가 공무원 개인을 상대로 손해배상을 청구할 수 없다."5는 입장으로 선회하여 선택적 청구권을 정면에서 부정했습니다. 이것은 대법원이 판례변경의 절차를 거치지도 않은 채 종전의 판례를 전격적으로 폐기한 것이어서 그것만으로도 적지 않은 우려와 비판의 소지를 지니고 있었습니다. 이 판례에 대해서는 강력한 비판이 제기되었습니다. 가령 우리 헌법이 국가의 배상책임 이외에 따로 공무원의 책임을 명시하고 있는 것(§ 29 ① 단서)은 제1차적으로는 국가내부에서의

---

2 김철용, 국가배상법 제2조에 관한 연구, 건국대학교 박사학위논문, 1975, 129.
3 서원우, 현대행정법론(상), 701
4 대법원 1972. 10. 10. 선고 69다701 판결. 그 밖에 공무원과 국가는 손해배상책임에 관하여 부진정연대채무자 지위에 있다는 판결(대법원 1972. 2. 22. 선고 71다2535 판결)이 있고, 또 집달리의 가해행위에 의한 손해배상청구에 국가책임을 인정한 판결(대법원 1966. 7. 26. 선고 66다854 판결)뿐만 아니라 집달리 자신에 대한 직접청구를 인정한판결(대법원 1966. 1. 25. 선고 65다2318 판결)이 있습니다.
5 대법원 1994. 4. 12. 선고 93다11807 제2부 판결.

공무원의 책임(기관내부에서의 변상책임·공무원법상의 책임)을 명시하는 것이지만 제2차적으로는 '공무원의 국민에 대한 책임'(§ 7 ①), 즉 국민에 대한 형사책임 및 정치적 책임을 밝히는 것이라고 보아야 한다는 주장6이나 경과실인 경우에는 몰라도 고의나 중과실로 국가배상책임을 발생케 한 공무원에 대해서는 직접 배상책임을 지게 해야 한다는 주장7 등이 제기되었지요.

국가가 배상책임을 지는 것과 별도로 공무원 개인이 피해자에게 직접 자기의 행위로 인한 배상책임을 지도록 해야 하는가 하는 문제는 헌법해석의 차원에서 해결되어야 할 문제이지만 동시에 고도의 정책적 판단을 요하는 문제이기도 합니다. 가령 지방자치단체의 재정규모가 확대되는 가운데 각종 개발사업의 인허가를 담당하는 일선 공무원들이 그 직무상의 잘못으로 언제나 피해자에 대해 직접 배상책임을 추궁당할 수 있다고 한다면 이는 직무수행 의욕을 감퇴시킴은 물론 경우에 따라서는 이른바 '복지부동'(伏地不動)을 강요하는 결과가 될 수도 있습니다. 경과실의 경우 가해공무원의 구상책임을 면제한 국가배상법 제2조 제2항의 취지를 고려하는 문제도 제기될 수 있습니다. 그러나 공무원 개인의 책임을 전적으로 부정하는 것은 무엇보다도 헌법해석상 타당하지 않습니다. 나아가 불법행위로 인한 손해배상책임제도의 제재적 기능이 재발견되고 있다는 점이나, 공무원의 면책원칙을 포기하고 있는 주요 외국의 예를 감안하더라도 위 판례는 타당성과 설득력이 약합니다.

대법원은 1996년 2월 15일 전원합의체판결에서 다시금 위 판례를 번복하여 공무원의 개인책임이 배제되는 것은 경과실의 경우에 한하며 고의 또는 중과실의 경우에는 공무원의 개인책임이 인정된다는 입장을 표명했습니다.8

대법원의 판례변경은 고의·중과실의 경우에 공무원 개인책임을 인정했다는 점에서 긍정적인 평가를 받아 마땅합니다. 하지만, 경과실면책의 법적 근거에 관하여는 여전히 이론적 취약점을 보입니다. 이 판결의 다수의견처럼 헌법 제29조 제1항 단서의 규정 자체가 공무원 개인의 구체적인 손해배상책임의 범위까지 규정한 것으

---

6 허영, 한국헌법론, 1994, 763. 따라서 "일부 학자가 공무원의 직무상 불법행위로 인한 공무원자신의 책임(제29조 제1항 단서)과 공무원의 국민에 대한 책임(제7조 제1항)을 별개의 것으로 이해하는 것은 우리 헌법이 지향하는 직업공무원제도의 정신과 조화되기 어렵다고 생각한다."고 합니다.

7 김철용, "공무원개인의 불법행위책임"(『판례월보』 1994, 290), p.31 각주 25.

8 대법원 1996. 2. 15. 선고 95다38677 판결.

로 보기는 어렵다고 할지라도, 국가배상법 제2조 제2항을 해석함에 있어 그 문언과 적용영역을 무시한 채 입법정책적 취지에만 의존하여 경과실면책을 이끌어낸 것은, 경과실면책의 법정책적 타당성에도 불구하고, 법해석론상 논리적 비약이라고 하지 않을 수 없습니다. 별개의견이 정확히 파악한 바와 같이, 위 법 조항은 어디까지나 국가 등과 공무원 사이의 대내적 구상관계에 관한 규정이기 때문입니다. 이 조항은 경과실의 경우 오로지 공무원에 대한 '구상책임'만을 면제하고 있을 뿐입니다. 물론 이로써 그 한도에서 공무집행의 안정성을 확보하려는 것이 법취지임에는 틀림이 없으나, 그렇다고 하여 이 조항이 대외적 관계, 즉 피해자(국민)와 불법행위자(공무원) 본인 사이의 책임관계에 관한 규정이라는 해석은 나올 수 없는 것입니다. 요컨대 국가배상법 제2조 제2항은 가해자인 공무원과 피해자인 국민간의 관계를 규정한 것이 아니므로, 이를 공무원 개인책임에 있어 경과실면책의 근거로 삼은 다수의견은 이론적으로 유지되기 어렵습니다. 그럼에도 불구하고 위 판결의 다수의견은 '공무원의 위법행위가 고의·중과실에 기한 경우에는 비록 그 행위가 그의 직무와 관련된 것이라고 하더라도 그와 같은 행위는 그 본질에 있어서 기관행위로서의 품격을 상실하여 국가 등에게 그 책임을 귀속시킬 수 없으므로 공무원 개인에게 불법행위로 인한 손해배상책임을 부담시키되, 다만 이러한 경우에도 그 행위의 외관을 객관적으로 관찰하여 공무원의 직무집행으로 보여질 때에는 피해자인 국민을 두텁게 보호하기 위하여 국가 등이 공무원 개인과 중첩적으로 배상책임을 부담하되 국가 등이 배상책임을 지는 경우에는 공무원 개인에게 구상할 수 있도록 함으로써 궁극적으로 그 책임이 공무원 개인에게 귀속되도록 하려는 것'이라고 설시하여 국가배상법 제2조 제2항의 적용영역을 가해 공무원과 피해자 간의 관계에까지 확장시키고자 시도하고 있으나, 이는 같은 조항의 문언과 적용영역을 무시한 입론입니다. 대법원은 이 사건 판결에서 법해석의 이름으로 국가배상법 제2조 제2항에서 규정되지 않은 부분을 사실상 규정된 것처럼 취급하는 우를 범하고 있으며, 이는 입법자가 본래 의도하지 않았던 것입니다.

이후 공무원이 직무상 불법행위를 하여 국가나 지방자치단체가 배상책임을 지는 경우 그 가해공무원 개인이 배상책임을 부담하는 것은 고의 또는 중과실이 있는 경우에 한하며, 경과실뿐인 경우에는 공무원 개인은 손해배상책임을 부담하지 않는다는 판례가 정착되었습니다.

하지만 대법원은 이 경과실면책의 법리를 일률적으로 적용하고 있지는 않습니다. 일례로 한국토지공사가 대집행을 위탁받아 실시하다 불법행위로 타인에게 손해를 입힌 경우 위 '경과실면책'의 법리에 따라 고의 또는 중과실이 있는 경우에만 손해배상책임을 진다고 한 원심판결을 파기하면서 한국토지공사는 국가배상법 제2조 소정의 공무원이 아니라 행정주체의 지위를 가지므로 면책을 인정할 수 없다고 판시하였습니다:

> "한국토지공사는 관계법령의 위탁에 의하여 대집행을 수권받은 자로서 공무인 대집행을 실시함에 따르는 권리·의무 및 책임이 귀속되는 행정주체의 지위에 있다고 볼 것이지 지방자치단체 등의 기관으로서 국가배상법 제2조 소정의 공무원에 해당한다고 볼 것은 아니다."9

나아가 경과실면책을 통해 공무집행의 안정성을 확보할 필요가 있는 경우라고 보기 어려운 때에는 그 적용을 배제하기도 합니다.

위법대집행으로 인한 국가배상과 경과실면책 배제

[1] 구 국가배상법(2009. 10. 21. 법률 제9803호로 개정되기 전의 것, 이하 같다) 제2조 제1항 본문 및 제2항에 따르면, 공무원이 공무를 수행하는 과정에서 위법행위로 타인에게 손해를 가한 경우에 국가 등이 손해배상책임을 지는 외에 그 개인은 고의 또는 중과실이 있는 경우에는 손해배상책임을 지지만 경과실만 있는 경우에는 그 책임을 면한다고 해석된다(대법원 2010. 1. 28. 선고 2007다82950, 82967 판결 참조). 위 규정의 입법 취지는 공무원의 직무상 위법행위로 타인에게 손해를 끼친 경우에는 변제자력이 충분한 국가 등에게 선임감독상 과실 여부에 불구하고 손해배상책임을 부담시켜 국민의 재산권을 보장하되, 공무원이 직무를 수행함에 있어 경과실로 타인에게 손해를 입힌 경우에는 그로 인하여 발생한 손해에 대하여 공무원 개인에게는 배상책임을 부담시키지 아니하여 공무원의 공무집행의 안정성을 확보하려는 데에 있기 때문이다(대법원 1996. 2. 15. 선고 95다38677 전원합의체판결 참조).

[2] 이 사건 비단잉어 등을 이전하는 대집행은 원고가 자신의 사업을 시행하기 위하여 반드시 필요한 것으로서 원고의 적극적인 요청에 따른 대집행영장의 발부에 터 잡아 이루어진 것인 점, 원고는 자신의 독자적인 판단에 따라 그 대집행의 실행 여부와 그 시기, 방법 등을 결정한 점, 원고는 이 사건 비단잉어 등의 이전 과정에서 민·형사상 책임이 발생할 경우 이를 책임진다는 조건 아래 대집행영장을 발부받아 대집행을 실행한 것인 점 등을 고려하면, 이 사건 비단잉어 등을 이전하는 대집행의 실행은 공무원의 경과실에 대한 면책을 통해 공무집행의 안정성을 확보할 필요가 있는 경우에 해당한다고 보기 어려우므로, 원고는 집행책임자로 지정된 원고의 직원들과는 달리 그 대집행의 실행으로 인하여 피고가 입은 손해에 대하여 경과실만이 있다는 이유로 배상책임을 면할 수 없다고 보아야 한다.10

공무원 개인의 책임이 면제되는 경과실과 달리 중과실이란 '공무원에게 통상 요구되는 정도의 상당한 주의를 하지 않더라도 약간의 주의를 한다면 손쉽게 위법, 유

---

9 대법원 2010. 1. 28. 선고 2007다82950, 82967 판결.
10 대법원 2014. 4. 24. 선고 2012다36340, 36357 판결.

해한 결과를 예견할 수 있는데도 만연히 이를 간과한 것, 즉 거의 고의에 가까울 정도로 현저한 주의를 결여한 상태를 의미합니다. 또 그 경우 공무원 개인의 책임은 불법행위로 인한 민사상 손해배상책임입니다.

┌─────────────────────────────┐
│ 공무원 중과실에 관한 참고판례 │
└─────────────────────────────┘

"공무원이 직무 수행 중 불법행위로 타인에게 손해를 입힌 경우에 국가나 지방자치단체가 국가배상책임을 부담하는 외에 공무원 개인도 고의 또는 중과실이 있는 경우에는 불법행위로 인한 손해배상책임을 지고, 공무원에게 경과실이 있을 뿐인 경우에는 공무원 개인은 불법행위로 인한 손해배상책임을 부담하지 아니하는데, 여기서 <u>공무원의 중과실이라 함은 공무원에게 통상 요구되는 정도의 상당한 주의를 하지 않더라도 약간의 주의를 한다면 손쉽게 위법·유해한 결과를 예견할 수 있는 경우임에도 만연히 이를 간과함과 같은 거의 고의에 가까운 현저한 주의를 결여한 상태를</u> 의미한다.(대법원 2003.12.26.선고 2003다13307판결 등 참조.)"[11]

"공법인이 국가로부터 위탁받은 공행정사무를 집행하는 과정에서 공법인의 임직원이나 피용인이 고의 또는 과실로 법령을 위반하여 타인에게 손해를 입힌 경우에는, <u>공법인은 위탁받은 공행정사무에 관한 행정주체의 지위에서 배상책임을 부담하여야</u> 하지만, <u>공법인의 임직원이나 피용인은 실질적인 의미에서 공무를 수행한 사람으로서 국가배상법 제2조에서 정한 공무원에 해당하므로 고의 또는 중과실이 있는 경우에만 배상책임을 부담하고 경과실이 있는 경우에는 배상책임을 면한다</u> (대법원 2010. 1. 28. 선고 2007다82950, 82967 판결 등 참조). 한편 공무원의 중과실이란 공무원에게 통상 요구되는 정도의 상당한 주의를 하지 않더라도 약간의 주의를 한다면 손쉽게 위법·유해한 결과를 예견할 수 있는 경우임에도 만연히 이를 간과한 경우와 같이, <u>거의 고의에 가까운 현저한 주의를 결여한 상태를</u> 의미한다(대법원 2011. 9. 8. 선고 2011다34521판결 등 참조)."[12]

---

11 대법원 2011. 9. 8. 선고 2011다34521 판결: 공무원이 내부전산망을 통해 공직후보자에 대한 범죄경력자료를 조회하여 공직선거법 위반죄로 실형을 선고받는 등 실효된 4건의 금고형 이상의 전과를 확인하고도 공직선거 후보자용 범죄경력조회 회보서에 이를 기재하지 않은 사안에서, 중과실을 인정하여 국가배상책임 외에 공무원 개인의 배상책임까지 인정한 원심 판단을 수긍한 사례. 김중권, "공무원의 개인적 배상책임인정의 문제점에 관한 소고", 법률신문 2012. 1. 26. 4002호(http://www.lawtimes.co.kr/LawPnnn/Pnnpp/PnnppContent.aspx?serial = 999&m = pnnpp)를 참조. 반면, 유치원생이 귀가 도중 교통사고로 사망한 사안에서, 담임교사가 귀가에 관한 일정한 조치를 취하는 등 유치원 교사로서 통상 요구되는 주의를 현저히 게을리 한 것으로 볼 수는 없다고 하여, 교사 개인의 손해배상책임을 부정하고 소속 지방자치단체의 손해배상책임만을 인정한 사례로 대법원 1996. 8. 23. 선고 96다19833 판결을 참조.
12 대법원 2021. 1. 28. 선고 2019다260197 판결.

제30강
군인·경찰은 전투·훈련 중 전사, 순직해도 국가 배상을 못 받는다? - 이중배상(?)의 금지

군인이 훈련 중 수류탄을 잘못 투척해 동료 군인들이 죽고 다쳤습니다. 우연히 그 부근에 있던 민간인도 중상을 입는 사고가 일어났습니다. 사람들은 으레 손해배상을 받을 수 있겠지 여깁니다. 그러나 사고 수습 후 이상한 이야기가 나돕니다. 민간인은 국가를 상대로 배상을 청구할 수 있지만 죽고 다친 군인들은 배상을 받을 수 없다고 하네요. 실화일까요? 그렇습니다. 군인은 훈련 중 피해를 입어도 배상을 받을 수 없습니다. 왜냐구요? 국가배상법 제2조 제1항 단서 때문입니다. 군인·군무원·경찰공무원 또는 예비군대원이 전투·훈련 등 직무 집행과 관련하여 전사·순직하거나 공상을 입은 경우에, 다른 법령에 따라 재해보상금·유족연금·상이연금 등의 보상을 지급받을 수 있을 때에는 이 법 및 「민법」에 따른 손해배상을 청구할 수 없도록 했기 때문입니다. 이럴 수가. 이 법률조항은 필경 위헌이리라 생각하며 헌법재판소에 가면 해결할 수 있겠지. 헌법을 뒤져 보니 헌법에도 대동소이한 제29조 제2항이 있습니다. 위헌 시비조차 원천 봉쇄되어 있다는 얘기. 어찌된 일일까요?

I. 군인·경찰관 등에 대한 배상청구권배제조항의 연혁

헌법 제29조 제2항은 "군인·군무원·경찰공무원 기타 법률이 정하는 자가 전투·훈련등 직무집행에 관련하여 받은 손해에 대하여는 법률이 정하는 보상 외에 국가 또는 공공단체에 공무원의 직무상 불법행위로 인한 배상은 청구할 수 없다."고 규정하고 있습니다.[1] 이는 「과거 60년대에서 70년대 초에 걸쳐 논란이 많았던 '이중배상' 문제를 헌법적으로 해결한 구헌법(1972년 헌법 § 26 ②; 1980년 헌법 § 28 ②)의 규정을 답습한 것」[2]입니다.

헌법 제29조 제2항은 속칭 '유신헌법'이라 이름 붙여진 1972년 헌법의 잔재입니다. 본래 군인 등의 국가배상청구권을 배제한 이 조항은 1967년 3월 3일의 국가배상법개정법률(법률 1899호) 제2조 제1항 단서에서 배태된 것입니다.[3] 1950년대 대두되기 시작한 전쟁피해 보상 문제는 특히 국군 월남 파병이 단행된 1960년대 월남전 전사상자수가 크게 증가함에 따라 국가배상소송이 폭주하게 되었습니다.[4] 이에 정부는 국가배상으로 인한 과중한 재정 부담을 해소하기 위하여 국가배상법 개정을 추진, 관철시킵니다. 그러나 학계와 실무계에서 위헌시비가 일고 급기야 이 조항은 대법원에서 위헌판결(대법원 1971.6.22. 선고 70다1010 판결)을 받았습니다. 이 판결은 적어도 제6공화국 이전까지는 유일무이한 위헌판결이었습니다. 그러나 박정희정권은 이에 굴하지 않고 위헌으로 판정된 법률조항과 동일한 내용의 조항을 헌법에 명문화하여 위헌시비를 원천 봉쇄하려고 시도했습니다.[5] 즉 1972년의 유신헌법은 제26조 제2항을 신설하여 대법원의 위헌판결을 계기로 싹트던 법치주의의 맹아를 뿌리째 뽑아내 버렸습니다. 세계헌법사상 유례없는 헌법의 자가당착이 벌어진 셈이지요. 당시 위헌의견을 냈던 9명의 대법원판사 전원이 재임명 탈락했습니다. 이후 총 36%에 달하는 151명의 판사들이 사법권독립을 외치며 사표를 제출했던 사법사상 초유의 '사법파동'이 일어났습니다.[6] 전도(顚倒)된 한국 법치주의의 위상을 적나라하게 보여준 역사적 장면입니다. 일국의 최고법원에서 위헌으로 판정된 법률조항이 얼마 지나지 않아 헌법개정을 통해 헌법의

---

1 김도창, 일반행정법론(상), 634. 이는 영·미의 경우에도 또한 인정되는 제도라고 합니다(영국 국왕소추절차법(CPA) § 10; 미국 연방사법법 FJC § 2680 J).

2 김도창, 일반행정법론(상), 633.

3 대법원은 그 이전에는 군인사망급여의 지급과 국가배상책임의 경합을 인정했습니다(대법원 1962. 2. 28. 선고 4294민상531 판결). 그러나 1967년 7월 11일의 판결(67다1030)에서는 국가배상액에서 유족보상금을 공제한 조치는 정당하다는 태도를 보였다가 다시 이를 번복하여(이 사건 판결을 폐기하여) 공무원연금법상의 유족급여액은 위자료산정에 있어 하나의 참작 사유는 될 수 있으나 손해배상액에서 공제하여서는 안 된다고 판시한 바 있습니다.

4 1966년에는 1959년에 비하여 무려 10배가 넘는 소송건수의 증가를 보였고 국가배상을 위하여 지출된 국고금도 10억원을 초과하게 되었다고 합니다.

5 실제로 대법원은 1977년 6월 7일의 판결(72다1359)에서 「국가배상법 제2조 제1항 단서의 규정이 구 헌법 제26조 기타의 헌법규정에 저촉되어 그 효력이 없다고 볼 수 없다」고 판시한 바 있습니다.

6 이시윤감사원장은 국가배상법 제2조 제1항 단서의 위헌판결을 둘러싼 당시의 상황을 회고하면서 "…그 파장으로 6공헌법에 의한 헌법재판소가 출범되기까지는 헌법재판은 완전히 막을 내렸으며 헌법재판 부재시대가 되었다. 돌이켜 이 사건이 당시에 용기 있었던 다수의견의 대법원판사들에게는 개인희생이었지만, 헌법 감각을 크게 깨우치게 하고 오늘의 헌법재판활성화의 밑거름이 되었음에 의심할 나위없는 역사적인 것이고 획기적인 것이다."라고 기술한 바 있습니다(국가배상법에 대한 감회, 고시계 1992/4, 13).

자리를 찬탈함으로써 법치주의의 가장 핵심인 법률의 헌법적합성 원칙이 치명적으로 유린되고 말았습니다. 이 사실은 알 만한 사람들은 다 알면서도 그동안 거의 거론되지 않았지요. 그러다 언론 일각에서 헌법개정을 다루면서 '위헌 독소조항 유신 당시 헌법 돼 지금까지 남아 있다는 사실'이 부각된 바 있습니다.7 만시지탄이지만 다행입니다.

위 헌법 조항에 따라 국가배상법은 "군인·군무원·경찰공무원 또는 예비군대원이 전투·훈련 등 직무집행과 관련하여 전사(전사)·순직(순직)하거나 공상(공상)을 입은 경우에 본인이나 그 유족이 다른 법령에 따라 재해보상금·유족연금·상이연금 등의 보상을 지급받을 수 있을 때에는 이 법 및 「민법」에 따른 손해배상을 청구할 수 없다."(§ 2 ① 단서)고 규정하여 이른바 이중배상(?)을 금지하고 있습니다.8

II. 국가배상법 제2조 제1항 단서에 의한 손해배상청구권의 배제

1. 적용요건

헌법 및 국가배상법 규정에 따라 국가배상법 및 민법에 따른 손해배상청구권이 배제되는 것은 (1) 군인·군무원·경찰공무원 또는 예비군대원이, (2) 전투·훈련 등 직무집행과 관련하여 전사·순직하거나 공상을 입은 경우, (3) 본인 또는 그 유족이 다른 법령의 규정에 의하여 재해보상금·유족연금·상이연금 등의 보상을 지급받을 수 있을 때입니다.

---

7 중앙일보 2017년 9월 28일자 칼럼, [서소문 포럼] '개죽음' 45년, 유신 대못 45년; 중앙일보 2017년 9월 22일자 기사 [리셋 코리아] 군경은 국가배상 못 받는다, 45년 전 유신 조항 그대로.

8 사실 '이중배상'이란 용어는 공무원의 직무상 불법행위로 인한 손해배상과 군인 등이 순직 또는 공상을 입은 경우에 지급되는 재해보상이나 연금 등은 서로 법적 성질을 달리하는 것이므로 정확한 표현이라 할 수 없습니다(허영, 한국헌법론, 1994, 554−555). 또한 헌법 제 29조 제2항의 정당성 여부를 떠나서 두 가지 제도를 '배상'으로 파악하는 것이 옳지 않음은 분명합니다. 이중'배상'의 금지란 배상과 보상을 개념적으로 구별하는 한 적절한 용어라고 할 수 없으나, 여기서는 종래의 통상적인 용어법에 따라 그렇게 부른 것입니다.

1.1. 인적 요건

손해배상청구권이 배제되는 인적 범위는 군인·군무원·경찰공무원 또는 예비군 대원으로 제한됩니다. 이들을 편의상 특수직 공무원이라 부릅니다. 헌법 제29조 제2항은 공무원의 직무상 불법행위로 인한 배상이 배제되는 사람의 범위를 "군인·군무원·경찰공무원 기타 법률이 정하는 자"로 한정하고 있으나 국가배상법이 예비군대원을 추가한 것입니다. 그러나 현역병으로 입영후 전임되어 경비교도로 임용된 경비교도대원은 이에 해당하지 않습니다.[9] 공익근무요원은 소집되어 군에 복무하지 않는 한 군인이라고 말할 수 없으므로, 비록 병역법 제75조 제2항이 공익근무요원 복무 중 순직한 사람의 유족에게 국가유공자지원법에 따른 보상을 하도록 규정하고 있다고 해도, 국가배상법 제2조 제1항 단서에 따라 손해배상청구가 제한되는 군인·군무원·경찰공무원 또는 향토예비군대원에 해당하지 않는다는 것이 판례입니다.[10]

한편 경찰공무원이란 경찰공무원법의 그것을 말하는 것으로 해석되나, 판례는 비단 경찰공무원법상 경찰공무원에 한하지 않고 의무경찰, 즉 전투경찰대설치법상 전투경찰순경도 위 경찰공무원에 해당한다고 보았습니다.[11]

입법권자가 법률에 의하여 손해배상청구권이 배제되는 인적 범위를 구체화하거나 확대하는 것은 헌법 제29조 제2항에 의하여 허용되지만, 그 경우에도 '기타 법률이 정하는 자'를 정하는 데에는 일정한 헌법적 제약을 받는다고 봅니다. 즉 입법권자는 "위험성이 높은 직무에 종사하는 자에 대하여는 사회보장적 위험부담으로서의 국가보상제도를 별도로 마련함으로써 그것과 경합되는 국가배상청구를 배제하려는"[12] 헌법 제29조 제2항의 입법취지를 고려하여 같은 조항에 명시된 군인·군무원·경찰공무원과 마찬가지로 위험성이 높은 직종에 종사하는 자로서 손해배상청구권을 배제하는 것이 헌법 제29조 제2항의 입법취지에 적합하며, 또 이들에게 다른 법률이 정하는 보상의 가능성이 있는 경우에 한하여 법률로써 손해배상을 배제할 수 있습니다. 이러한 조건에 해당하지 않는 자에 대해서까지 손해배상청구권을 배제하는 것은

---

9 대법원 1993. 4. 9. 선고 92다43395 판결.
10 대법원 1997. 3. 28. 선고 97다4036 판결.
11 대법원 1995. 3. 24. 선고 94다25414 판결.
12 대법원 1995. 3. 24. 선고 94다25414 판결.

법률에 의하더라도 허용될 수 없으며, 그 법률은 위헌임을 면할 수 없습니다.

1.2. 손해발생의 태양에 관한 요건

헌법 및 국가배상법에 따라 특수직 공무원이 받은 모든 손해에 대하여 손해배상이 배제되는 것은 아닙니다. 손해배상이 배제되기 위해서는 이들 특수직 공무원에 해당하는 자가 전투·훈련 등 직무집행과 관련하여 손해를 받은 경우라야 합니다. 헌법 제29조 제2항의 규정을 근거로 한 국가배상법 제2조 제1항 단서에 따르면 '전투·훈련 등 직무집행과 관련하여 전사·순직하거나 공상을 입은 경우'에 한하여 손해배상 청구권이 배제됩니다.

> **전투·훈련 등 직무집행뿐만 아니라 일반 직무집행의 경우도 배상책임 제한되는지 여부**
>
> 2005년 7월의 개정 이전 국가배상법이 '전투·훈련 기타 직무집행에 관련하거나 국방 또는 치안유지의 목적상 사용하는 시설 및 자동차·선함·항공기·기타 운반기구 안에서 전사·순직 또는 공상을 입은 경우'라고 규정하고 있었기 때문에 이 조항이 손해발생의 태양을 군인, 군무원, 경찰공무원 기타 법률이 정하는 자가 전투, 훈련 등 직무집행과 관련하여 손해를 입은 경우로 규정한 헌법 제29조 제2항 보다 범위를 확대한 것이어서 위헌이 아닌지 논란이 있었습니다. 이에 대하여 대법원은 "국가배상법에서 국방 또는 치안유지의 목적상 사용하는 시설 및 자동차, 함선, 항공기 기타 운반기구 안에서 사망하거나 부상한 경우 중 전사, 순직 또는 공상을 입은 경우에 한하여 그 배상청구를 제한하고 있어 결국 헌법 제29조 제2항에서 규정하고 있는 전투, 훈련등 직무집행과 관련하여 사망하거나 부상을 입은 경우에 해당된다 할 것이므로, 국가배상법 제2조 제1항 단서가 <u>헌법 제29조 제2항의 위임범위를 벗어났다고 할 수 없다.</u>"고 판시하여 합헌으로 보았습니다.[13]
>
> 한편 국가배상법 제2조 제1항 단서의 '전투·훈련 등 직무 집행과 관련하여'라는 규정의 해석과 관련하여 전투·훈련이 아닌 일반 직무집행 중 순직했을 때는 보상금 외에 손해배상을 청구할 수 있지 않은가 하는 논란이 있었습니다. 그러나 대법원 2부(주심 양창수 대법관)는 국가배상법상 경찰공무원은 전투·훈련 이외에 <u>일반 직무집행 중 순직한 때에도 이 조항에 따라 손해배상을 청구할 수 없다</u>고 판시했습니다. 대법원은 '경찰공무원 등에 대한 국가의 배상책임을 제한하는 것은 헌법 29조 2항에 따른 것이어서 국가배상법의 문구 개정으로 내용이 바뀌었다고 볼 수 없으며' '보훈급여금 등이 손해배상과 유사한 기능을 하는 면도 있으므로 국가 등의 배상책임을 면제하더라도 기본권을 과도하게 침해한다고 할 수 없으므로' 일반 직무집행에 관한 국가 등의 배상책임은 여전히 제한된다는 결론을 내렸습니다.[14]

---

13 대법원 1994. 12. 13. 선고 93다29969 판결.

14 대법원 2011. 3. 10. 선고 2010다85942 판결: 울릉도 파출소에서 근무했던 최모 순경(소외)이 2007년 12월 낙석사고 발생 신고를 받고 그 지점 주변 교통 정리를 위하여 순찰차를 운전하여 그 사고현장 부근으로 가다가 산에서 떨어진 소형 차량 크기의 낙석이 순찰차를 덮침으로써 사망하자 최모 순경의 부모가 경상북도를 상대로 손해배상을 청구한 사건입니다.

손해배상이 배제되는 것은 '전투·훈련 등 직무집행과 관련하여 전사·순직하거나 공상을 입은 경우'에 한합니다. 이에 관하여 특히 판례상 문제 된 것을 살펴보면 다음과 같습니다.

대법원은 경찰공무원이 숙직실에서 취침 중, 숙직실 방바닥 틈에서 새어 나온 연탄가스에 중독되어 사망한 사건에서 숙직실이 국가배상법 제2조 제1항 단서에서 말하는 전투훈련에 관련된 시설이 아니라는 이유로 원고(피해자의 유족)는 국가배상법상 손해배상을 청구할 수 있는 권리를 가진다고 판시했습니다.15 이에 대해서는 이 판결이 국가배상법 제2조 제1항 단서가 "국방 또는 치안유지의 목적상 사용하는 시설"이라 명시한 것을 간과하고 있고, 보충의견 역시 군인 등의 국가배상 청구를 금지한 취지를 무시하고 있다는 비판이 제기된 바 있습니다.16

한편 대법원은 사병이 휴일에 내무반에서 상급자로부터 훈계를 받던 중 구타당하여 사망한 것은 구타에 사적인 감정이 다소 개재되어 있고 훈계권 행사의 정도가 지나쳐 위법하다고 하여도 국가배상법 제2조 제1항 단서 소정의 직무집행과 관련한 순직에 해당한다고 보았고,17 군 내무반에서 상급자로부터 분실된 보급품을 찾아보라는 지시를 받고도 이를 이행하지 않아 훈계를 받는 과정에서 폭행을 당하고 그로 인하여 사망한 경우도 국가배상법 제2조 제1항 단서 소정의 "순직"에 해당한다고 판시하고 있습니다.18 대법원은 일련의 판결에서 군인의 사망이 국가배상법 제2조 제1항 단서 소정의 "순직"에 해당하는지 여부는 그 군인이 자기의 직무수행과 관련하여 피해를 입었는지 여부에 따라 판단해야 할 것이고, 가해자인 군대 상급자의 구타행위 등이 징계권 또는 훈계권의 한계를 넘어 불법행위를 구성하는지 여부는 순직 여

원심은 경찰공무원인 소외인의 사망은 지방자치단체인 피고의 도로에 관한 설치·관리상의 하자로 인하여 발생하였다고 판단했습니다. 참고로 국가배상법 제2조 제1항 단서는 같은 법 제5조의 경우에 준용된다(국가배상법 § 5 ① 후단). 이 사건에서 1심 재판부는 "경상북도가 이 지역의 낙석 위험을 알고 있었지만 관리의무를 다하지 않았으므로 1억6천여만원을 배상하라"며 원고 일부승소 판결했으나 2심은 "보훈급여 외에 별도의 손해배상을 청구할 수 없다."며 원고패소의 판결을 선고했습니다.

15 대법원 1979. 1. 30. 선고 77다2389 판결.

16 김도창, 일반행정법론(상), 634 판16.

17 대법원 1991. 11. 26. 선고 91다14888 판결(이 판결에 대한 평석으로는 대법원판례해설 16, 605을 참조).

18 대법원 1994. 12. 13. 선고 93다29969 판결; 1993. 5. 14. 선고 92다33145 판결; 1991. 8. 13. 선고 90다16108 판결.

부를 판단하는데 직접적 관계가 없다고 판시하고 있습니다.19 반면 대법원은 전투경찰대원이 국민학교 교정에서 다중범죄 진압훈련을 일단 마치고 점심을 먹기 위하여 근무하던 파출소를 향하여 걸어가다가 경찰서 소속 대형버스에 치어 사망한 사건에서 피해자가 그런 경위로 도로 위를 걷는 것이 진압훈련과정의 일부라고 할 수 없고 또 그가 경찰관 전투복을 착용하였고 전투경찰이 치안업무 보조를 임무로 하고 있더라도 국가배상법 제2조 제1항 단서에서 말하는 전투, 훈련 기타 직무집행과 관련하여 사망한 것이라 단정하기 어렵다고 판시한 바 있습니다.20

1.3. 다른 법령에 따른 보상 가능성

국가배상법 제2조 제1항 단서에 의하여 손해배상이 배제되는 것은 본인 또는 그 유족이 다른 법령의 규정에 따라 재해보상금·유족연금·상이연금등의 보상을 지급받을 수 있을 때에 한합니다. 가령 국가유공자지원법 및 군인연금법의 각 보상규정은 여기서 말하는 "다른 법령의 규정"에 해당하며,21 본인이나 유족이 다른 법령에 따라 재해보상금·유족연금·상이연금 등의 보상을 지급받을 수 있는 한, 실제로 보상을 받았는지는 묻지 않는 것으로 해석됩니다.

┌─ 공무원연금법상 장해보상금지급제도와 이중배상의 금지 ─┐

"구 공무원연금법(1982.12.28. 법률 제3586호로 개정되기 전의 법률) 제33조 내지 제37조 소정의 장해보상금지급제도와 국가배상법 제2조 제1항 단서 소정의 재해보상금 등의 보상을 지급하는 제도와는 취지와 목적을 달리하는 것이어서 두 제도는 서로 아무런 관련이 없다 할 것이므로 구 공무원연금법상의 장해보상금지급규정은 국가배상법 제2조 제1항 단서 소정의 "다른 법령의 규정"에 해당하지 아니하고, 따라서 경찰공무원이 구 공무원연금법의 규정에 의하여 장해보상을 지급받는 것은 국가배상법 제2조 재1항 단서 소정의 "다른 법령의 규정"에 의한 재해보상을 지급받은 것에 해당하지 아니한다."22

한편 대법원은 "다른 법령의 규정에 의하여 재해보상금·유족연금·상이연금등의 보상을 지급받을 수 있을 때에는"이라는 규정을 실질적으로 해석하여 실제로 군

---

19 주 18)의 판례 및 대법원 1988. 10. 11. 선고 88다카2813 판결 등.
20 대법원 1989. 4. 11. 선고 88다카4222 판결.
21 대법원 1994. 12. 13. 선고 93다29969 판결.
22 대법원 1988. 12. 27. 선고 84다카796 판결.

인연금법 또는 국가유공자예우등에관한법률에 따라 재해보상금, 유족연금, 상이연금 등 별도의 보상을 받을 수 없는 경우에는 국가배상법 제2조 제1항 단서가 적용되지 않는다고 판시하였고,[23] 이 같은 판례의 취지를 1997년 2월 14일의 판결에서 재확인한 바 있습니다.

> "[1] 군인·군무원 등 국가배상법 제2조 제1항에 열거된 자가 전투, 훈련 기타 직무집행과 관련하는 등으로 공상을 입은 경우라고 하더라도 군인연금법 또는 국가유공자예우등에관한법률에 의하여 재해보상금·유족연금·상이연금 등 별도의 보상을 받을 수 없는 경우에는 국가배상법 제2조 제1항 단서의 적용대상에서 제외하여야 한다.
> [2] 군인 또는 경찰공무원으로서 교육훈련 또는 직무수행중 상이(공무상의 질병 포함)를 입고 전역 또는 퇴직한 자라고 하더라도 국가유공자예우등에관한법률에 의하여 국가보훈처장이 실시하는 신체검사에서 대통령령이 정하는 상이등급에 해당하는 신체의 장애를 입지 않은 것으로 판명되고 또한 군인연금법상의 재해보상 등을 받을 수 있는 장애등급에도 해당하지 않는 것으로 판명된 자는 위 각 법에 의한 적용대상에서 제외되고, 따라서 그러한 자는 국가배상법 제2조 제1항 단서의 적용을 받지 않아 국가배상을 청구할 수 있다."[24]

판례는 같은 조에서 규정한 별도 보상에 관한 다른 법령의 적용대상이 된다 할지라도 가령 공상판정의 기준에 미달하는 등의 사유로 인하여 치료비보상 외에는 현실적으로 아무런 보상을 받을 수 없는 경우에는 결국 피해자가 다른 법령에 따라 보상을 받을 수 없음에도 국가배상법 제2조 제1항 단서 때문에 피해를 구제받지 못하게 되는 불평등한 결과가 생기므로 이를 시정하려는 사법적극주의·현실주의적 판단에 따른 것으로서 긍정적 평가를 받아 마땅합니다.

비슷한 맥락에서 대법원은 전투·훈련 등 직무집행과 관련하여 공상을 입은 군인 등이 먼저 국가배상법에 따라 손해배상금을 지급받은 후 구 국가유공자법이 정한 보상금 등 보훈급여금의 지급을 청구한 경우 국가배상법에 따라 손해배상을 받았다는 사정을 들어 보상금 등 보훈급여금의 지급을 거부할 수 없다고 판시하여 위와 같은 현실적 관점을 이어가고 있습니다.

국가배상법상 손해배상금 지급을 이유로 한 국가유공자법에 따른 보훈급여금 지급 거부처분 취소

국가배상법 제2조 제1항 단서는 헌법 제29조 제2항에 근거를 둔 규정으로서, 「국가유공자 등 예우 및 지원에 관한 법률」(2013. 5. 22. 법률 제11817호로 개정되기 전의 것, 이하 '구 국가유공자법'이라 한다)이 정한 보상에 관한 규정은 국가배상법 제2조 제1항 단서가 정한 '다른 법령'에

---

23 대법원 1996. 12. 21. 선고 96다42178 판결.
24 대법원 1997. 2. 14. 선고 96다28066 판결.

해당하므로, 구 국가유공자법에서 정한 국가유공자 요건에 해당하여 보상금 등 보훈급여금을 지급받을 수 있는 경우는 구 국가유공자법에 따라 '보상을 지급받을 수 있을 때'에 해당한다(대법원 1994. 12. 13. 선고 93다29969 판결, 대법원 2002. 5. 10. 선고 2000다39735판결 참조). 따라서 군인·군무원·경찰공무원 또는 향토예비군대원(이하 '군인 등'이라 한다)이 전투·훈련 등 직무집행과 관련하여 공상을 입는 등의 이유로 구 국가유공자법이 정한 국가유공자 요건에 해당하여 보상금 등 보훈급여금을 지급받을 수 있는 경우에는 국가배상법 제2조 제1항 단서에 따라 국가를 상대로 국가배상을 청구할 수 없다고 보아야 한다.

그러나 이와 달리 전투·훈련 등 직무집행과 관련하여 공상을 입은 군인 등이 먼저 국가배상법에 따라 손해배상금을 지급받은 다음 구 국가유공자법이 정한 보상금 등 보훈급여금의 지급을 청구하는 경우 피고로서는 다음과 같은 사정에 비추어 국가배상법에 따라 손해배상을 받았다는 사정을 들어 보상금 등 보훈급여금의 지급을 거부할 수 없다고 보아야 한다.[25]

┌─ 직무집행 중 관용차 이용하다 교통사고 당해 보험회사 상대로 한 보험금 지급 청구의 당부 ─┐

1. 구 공무원연금법(2018. 3. 20. 법률 제15523호로 전부 개정되기 전의 것, 이하 '구 공무원연금법'이라고 한다)에 따라 각종 급여를 지급하는 제도는 공무원의 생활안정과 복리향상에 이바지하기 위한 것이라는 점에서 국가배상법 제2조 제1항 단서에 따라 손해배상금을 지급하는 제도와 그 취지 및 목적을 달리하므로, 원고가 구 공무원연금법의 규정에 따라 공무상 요양비를 지급받는 것은 국가배상법 제2조 제1항 단서 소정의 "다른 법령의 규정"에 의한 보상을 지급받는 것에 해당하지 않는다.

2. 국가유공자 등 예우 및 지원에 관한 법률(이하 '국가유공자법'이라고 한다)은 국가배상법 제2조 제1항 단서의 "다른 법령"에 해당할 수 있다. 다만 국가유공자법은 군인, 경찰공무원 등이 국민의 생명·재산 보호와 직접적인 관련이 있는 직무수행 중 상이(傷痍)를 입고 전역하거나 퇴직하는 경우 그 상이 정도가 국가보훈처장이 실시하는 신체검사에서 상이등급으로 판정된 사람을 공상군경으로 정하고(제4조 제1항 제6호) 이러한 공상군경에게 각종 급여가 지급되도록 규정하고 있다. 이에 의하면, 국민의 생명·재산 보호와 직접적인 관련이 있는 직무수행 중 상이를 입은 군인 등이 전역하거나 퇴직하지 않은 경우에는 그 상이의 정도가 위 상이등급에 해당하는지 여부와 상관없이 객관적으로 공상군경의 요건을 갖추지 못하여 국가유공자법에 따른 보상을 지급받을 수 없으므로, '다른 법령에 따라 재해보상금 등의 보상을 지급받을 수 있을 때'의 요건을 갖추지 못하여 관용차 면책약관도 적용될 수 없다.[26]

반면 대법원은 헌법 제29조 제2항 및 국가배상법 제2조 제1항 단서의 입법 취

---

25 대법원 2017. 2. 3. 선고 2014두40012 판결(보훈급여지급비대상결정처분취소): 구 국가유공자법상 지원공상군경 요건에 해당하는 원고가 이미 국가배상법에 따른 손해배상금을 지급받았음을 이유로 구 국가유공자법에 따른 보상금 등 보훈급여금의 지급을 거부한 피고의 보훈급여금 비지급결정의 취소를 구한 사건에서, 구 국가유공자법의 규정, 국가배상법 제2조 제1항 단서의 입법취지 및 구 국가유공자법이 정한 보상과 국가배상법이 정한 손해배상의 목적과 산정방식의 차이 등을 고려하면, 피고는 국가배상법에 따라 손해배상을 받았다는 사정을 들어 보상금 등 보훈급여금의 지급을 거부할 수 없다는 이유로 피고의 보훈급여금 비지급결정이 위법하다고 판단한 원심판결을 수긍한 사례.

26 대법원 2019. 5. 30. 선고 2017다16174 판결(보험금청구).

지에 비추어 다른 법령에 의한 보상금청구권이 시효로 소멸된 경우는 국가배상법 제 2조 제1항 단서 소정의 '다른 법령에 의하여 보상을 받을 수 있는 경우'에 해당하므로 국가배상청구를 할 수 없다고 판시한 바 있습니다.

> "국가 또는 공공단체가 위험한 직무를 집행하는 군인·군무원·경찰공무원 또는 향토예비군대원에 대한 피해보상제도를 운영하여, 직무집행과 관련하여 피해를 입은 군인 등이 간편한 보상절차에 의하여 자신의 과실 유무나 그 정도와 관계없이 무자력의 위험부담이 없는 확실하고 통일된 피해보상을 받을 수 있도록 보장하는 대신에, 피해 군인 등이 국가 등에 대하여 공무원의 직무상 불법행위로 인한 손해배상을 청구할 수 없게 함으로써, 군인 등의 동일한 피해에 대하여 국가 등의 보상과 배상이 모두 이루어짐으로 인하여 발생할 수 있는 과다한 재정지출과 피해 군인 등 사이의 불균형을 방지하고, 또한 가해자인 군인 등과 피해자인 군인 등의 직무상 잘못을 따지는 쟁송이 가져올 폐해를 예방하려는 데에 있고, 또 군인, 군무원 등 이 법률 규정에 열거된 자가 전투, 훈련 기타 직무집행과 관련하는 등으로 공상을 입은 데 대하여 재해보상금, 유족연금, 상이연금 등 별도의 보상제도가 마련되어 있는 경우에는 이중배상의 금지를 위하여 이들의 국가에 대한 국가배상법 또는 민법상의 손해배상청구권 자체를 절대적으로 배제하는 규정이므로, 이들은 국가에 대하여 손해배상청구권을 행사할 수 없는 것인바, 따라서 국가배상법 제2조 제1항 단서 규정은 다른 법령에 보상제도가 규정되어 있고, 그 법령에 규정된 상이등급 또는 장애등급 등의 요건에 해당되어 그 권리가 발생한 이상, <u>실제로 그 권리를 행사하였는지 또는 그 권리를 행사하고 있는지 여부에 관계없이 적용된다고 보아야 하고</u>"[27]

2. 적용효과: 손해배상청구권의 배제

위와 같은 요건이 충족되면 피해자는 국가배상법 및 민법의 규정에 의한 손해배상을 청구할 수 없게 됩니다. 국가배상청구권의 성립 자체가 배제되므로 국가의 배상책임을 전제로 한 법적 결과도 인정될 여지가 없습니다. 즉 국가가 손해배상책임을 진 것을 전제로 한 고의 또는 중과실이 있는 가해공무원에 대한 국가의 구상권 행사나 피해자의 선택적 청구권의 문제가 생길 여지가 없다는 것이지요. 따라서 피해자가 군인·군무원·경찰공무원 또는 예비군대원의 신분을 가지는지 여부에 따라 가해공무원의 책임 여부가 좌우된다는 불합리한 결과가 됩니다. 특히 앞서 본 대법원 판례에 따를 때, 군 내무반에서 구타나 얼차려 같은 가혹행위를 당해 사망한 경

---

27 대법원 2002. 5. 10. 선고 2000다39735 판결. 공상을 입은 군인이 국가배상법에 의한 손해배상청구 소송 도중에 국가유공자 등 예우 및 지원에 관한 법률에 의한 국가유공자 등록신청을 하였다가 인과관계가 없어 공상군경 요건에 해당되지 않는다는 이유로 비해당결정 통보를 받고 이에 불복하지 아니한 후 위 법률에 의한 보상금청구권과 군인연금법에 의한 재해보상금청구권이 모두 시효완성된 사례.

우에도 이는 국가배상법 제2조 제1항 단서에 따른 순직에 해당되어 국가나 가해자에 대하여 손해배상을 청구할 여지가 없게 되고, 가해자 역시 징계 등의 제재를 받을 수 있을 뿐, 국가배상책임의 성립을 전제로 한 국가에 대한 구상책임을 질 여지가 없다는 결과가 됩니다.

국회나 법원의 불법행위에 대해서도 국가배상을 받을 수 있을까?

국회나 법원도 법 위에 있지 않습니다. 그럼에도 불구하고 과거에는 입법과 사법의 잘못으로 피해를 입어도 국가배상책임을 추궁한다는 발상 자체가 드물었고 이례적이었습니다. 그러나 그런 경우 국가가 책임을 면하게 놔두어서는 안 된다는 생각이 폭넓은 공감을 얻기 시작했습니다. 그런 배경에서 국회의 입법작용이나 법원의 사법작용으로 피해를 입은 경우 국가에게 손해배상책임을 지울 수 있는지, 또 어떤 범위에서 인정될 것인지가 문제됩니다. 이에 관한 외국의 입법례를 살펴보면, 나라마다 차이는 있으나 대체로 제한된 범위에서 사법작용이나 입법작용으로 인한 국가배상책임을 인정하는 경향을 보이고 있습니다.[28] 우리나라의 경우, 입법작용이나 사법작용에 대한 국가배상책임이 인정될 수 있느냐 또는 어떤 범위에서 인정될 것이냐에 관해서는 별도의 특별규정이 없는 한, 국가배상법 제2조에 따라 해결할 문제입니다.

Ⅰ. 입법작용과 국가배상책임

입법행위 역시 공권력의 행사이므로 직무행위에 포함됩니다. 법률의 경우 기본권 등 헌법상의 구속을 위반하거나 법률제정절차상의 중대한 하자가 있을 때, 법률하위명령의 경우에는 상위법규 위배시, 그 공권력 행사의 위헌·위법성이 인정될 수 있습니다. 다만 법률 제정의 경우 직무행위 및 위법성에 관한 요건이 충족될 수 있을지라도 국가배상법 제2조 소정의 「고의·과실」요건에 관해서는 난점이 있습니다. 즉, 법률에 의해 직접 권익침해가 이루어진 경우('처분법률'(Maßnahmegesetz)의 경우)나 입법부작위의 경우 모두 과실요건을 충족할 수 있는지가 문제됩니다. 이에 관하여는 국가배상법 제2조의 과실개념을 객관적으로 파악하여 입법작용의 객관적인 하자로 보거나, 합의제기관인 입법기관 전체로 보아서 법률제정에 참가한 국회의원 등의 헌법등 상위법준수의무 또는 헌법상 입법의무를 인식해야 할 주의의무 해태 등을 근거로 과실의 존재를 인정하는 것도 해석론상 가능하지만 실제 적용사례는 많지 않을 것입니다. 김남진교수 역시 우리나라 국가배상법의 해석적용에 있어 과실의 객관화 및 입증책임 완화 경향이 입법상 불법행위책임을 인정하는 데 유리하게 작용할 수 있으나 국가배상법이 명문으로 과실책임주의를 채택하고 있는 이상, 해석론을 통한 극복에는 한계가 있다는 점을 시인합니다.[29] 따라서 궁극적으로는 이에 대한 국가배상법 개정 또는 국회법 개정 등을 통한 입법적 해결이 필요합니다. 주의할 점은 위헌적 법률에 의거한 행정청의 구체적 처분에 의해 국민의 권익이 침해된 경우, 즉 위헌적 법률의 집행의 경우(sog. Beruhens-Fall)에는 앞서 논의한 공무원의 법령해석상 주의의무가 인정될 수 있다면 그 한도 내에서, 국가배상책임이 성립할 수 있다고

---

28 Maurer, § 25 Rn.49; Rivero, 374ff.; 塩野 宏, 행정법 II, 233. 이에 관하여 상세한 것은 홍준형, 행정구제법, 2012, 도서출판 오래, 117-124를 참조. 그 밖에 국가배상제도의 제문제 (1991), 법무부, 553-584에 실린 서원우(특수공무원의 국가배상책임), 김남진(입법·사법상의 불법과 국가책임)을 참조.

29 김남진, 기본문제, 437.

보겠지만,30 이는 위헌적 입법 자체로 인한 국가배상책임이 아니라 오히려 위헌적 법률의 집행(행정작용)에 대한 국가배상책임의 문제라는 것입니다. 위헌적 입법 자체에 의한 재산권침해에 대한 국가배상의 문제와 위헌적 입법에 의거하여 행해진 행정작용으로 인한 재산권침해에 대한 국가배상의 문제는 구별되어야 합니다. 현행 국가배상법 하에서 전자의 경우에는 국회나 국회의원의 고의·과실의 유무가 문제되지만, 후자의 경우에는 위헌적 법률을 집행한 공무원의 고의·과실이 문제되기 때문입니다.

한편 서울민사지법 1992. 8.28. 선고 91가합84035판결 1989년 12월 18일 위헌결정을 받은 국가보위국가회의법 부칙 4항에 근거하여 면직처분을 받은 국회사무처 및 국회도서관 근무자들이 제기한 손해배상청구소송에서 입법상 불법을 이유로 국가의 배상책임을 인정한 바 있습니다.31

그러나 대법원은 국회의원의 입법행위가 국가배상법 제2조 제1항의 위법행위에 해당되는지 여부에 대하여 소극적 입장을 취합니다: "우리 헌법이 채택하고 있는 의회민주주의하에서 국회는 다원적 의견이나 갖가지 이익을 반영시킨 토론과정을 거쳐 다수결의 원리에 따라 통일적인 국가의사를 형성하는 역할을 담당하는 국가기관으로서 그 과정에 참여한 국회의원은 입법에 관하여 원칙적으로 국민 전체에 대한 관계에서 정치적 책임을 질 뿐 국민 개개인의 권리에 대응하여 법적 의무를 지는 것은 아니므로, 국회의원의 입법행위는 그 입법 내용이 헌법의 문언에 명백히 위반됨에도 불구하고 국회가 굳이 당해 입법을 한 것과 같은 특수한 경우가 아닌 한 국가배상법 제2조 제1항 소정의 위법행위에 해당된다고 볼 수 없다."32

〈입법부작위와 국가배상책임〉

[1] 우리 법은 공무원의 직무상 불법행위로 인하여 손해를 입은 민간인이 헌법 및 국가배상법 등에 근거하여 국가 또는 지방자치단체에 대하여 배상청구를 할 수 있도록 보장하는 제도를 계속 유지하여 왔는데, 비록 거창사건으로 인한 피해가 매우 중대하고 피해자의 범위도 넓어 상당한 특수성이 있기는 하지만, <u>거창사건 희생자들의 신원(伸寃)을 위한 진상규명이나 피해배상을 위하여 별도의 특별법을 제정하도록 규정한 헌법상 명시적인 입법위임은 존재하지 아니한다.</u> 그렇다면 거창사건 희생자들의 사망에 관하여 현행 국가배상법의 규정보다 국가의 배상책임을 확대한다든가 혹은 이에 관하여 국가로 하여금 희생자 유족들에게 일정한 보상금을 지급하도록 규정하는 취지의 특별법을 제정할 것인지 여부는 원칙적으로 헌법상 국민의 대의기관으로서 국가의 예산안을 심의·확정하고 법률안을 의결하는 권한을 행사하는 국회(헌법 제49조, 제53조, 제54조 등 참조)와 집행기관으로서 국가 예산을 편성·집행하고 법률안을 공포하는 권한을 행사하는 대통령 및 행정부(헌법 제53조, 제54조, 제89조 등 참조)가 국민 전체의 여론과 국가재정 등을 종합적으로 고려하여 그 재량의 범위 내에서 정책적으로 판단할 문제로 보아야 하고, 6·25 사변을 전후하여 경북 문경이나 전남 함평 등 다른 지역에서 발생한 유사사건에 관한 법적 규율 등 제반 사정에 비추

---

30 오쎈뷜에 의하면 이 경우 공무원이 위헌적인 법령을 그 위헌·위법성에도 불구하고 적용해야 하는지 아니면 그 적용을 거부할 권한(Verwerfungskompetenz)을 갖는지가 문제됩니다. 그는 형식적 법률, 법규명령, 행정규칙 및 조례 등 모두에 대하여 일률적으로 판단할 수는 없으나, 아무튼 분명한 것은 재판상 무효선언이 있기까지는 공무원이 그와 같은 합헌성·적법성이 의문시되는 법령을 적용했다고 해서 과실이 있다고는 할 수 없다고 합니다(Ossenbühl, Staatshaftungsrecht, 4.Aufl., 1991, § 7 5. cc), S.89).

31 정하중, 입법상의 불법에 대한 국가책임의 문제: 서울민사지법 42부 판결 91가합84035에 관련하여, 사법행정 제387호(1993.3), 1993, 한국사법행정학회, 4 이하; 김남진, 행정법 I, 568. 여기서 김남진 교수는 동법이 처분법률에 해당하는데다 헌법재판소에서 위헌결정을 받아 비교적 쉽게 승소판결을 받을 수 있었다고 판단하고 있습니다.

32 대법원 1997. 6. 13. 선고 96다56115 판결.

어 볼 때 헌법의 해석상 거창사건에 관하여 위와 같은 특별법을 추가로 제정해야 하는 구체적인 입법의무가 국가에게 부과된다고 보기는 어렵다[헌법재판소 1996. 6. 13. 선고 93헌마276 결정, 헌법재판소 2003. 5. 15. 선고 2000헌마192, 508(병합) 결정 등 참조].

[2] 우리 헌법이 채택하고 있는 의회민주주의하에서 국회는 다원적 의견이나 각가지 이익을 반영시킨 토론과정을 거쳐 다수결의 원리에 따라 통일적인 국가의사를 형성하는 역할을 담당하는 국가기관으로서 그 과정에 참여한 국회의원은 입법에 관하여 원칙적으로 국민 전체에 대한 관계에서 정치적 책임을 질 뿐 국민 개개인의 권리에 대응하여 법적 의무를 지는 것은 아니므로 국회의원의 입법행위는 그 입법 내용이 헌법의 문언에 명백히 위반됨에도 불구하고 국회가 굳이 당해 입법을 한 것과 같은 특수한 경우가 아닌 한 국가배상법 제2조 제1항 소정의 위법행위에 해당된다고 볼 수 없고(대법원 1997. 6. 13. 선고 96다56115 판결 등 참조), 같은 맥락에서 국가가 일정한 사항에 관하여 헌법에 의하여 부과되는 구체적인 입법의무를 부담하고 있음에도 불구하고 그 입법에 필요한 상당한 기간이 경과하도록 고의 또는 과실로 이러한 입법의무를 이행하지 아니하는 등 극히 예외적인 사정이 인정되는 사안에 한정하여 국가배상법 소정의 배상책임이 인정될 수 있으며, 위와 같은 구체적인 입법의무 자체가 인정되지 않는 경우에는 애당초 부작위로 인한 불법행위가 성립될 여지가 없다.

[3] 거창사건 희생자들의 신원 등을 위하여 원고들이 주장하는 바와 같은 내용의 특별법을 제정할 것인지 여부는 입법정책적인 판단문제로서 이에 관하여 피고 국가가 구체적인 입법의무를 부담한다고 보기 어렵기 때문에, 피고 국가가 현재까지 이러한 특별법을 제정하지 아니하였다는 사정만으로는 거창사건 이후 유족들에 대한 관계에서 부작위에 의한 불법행위가 성립한다고 볼 수 없다.[33]

II. 사법작용과 국가배상책임

사법작용에 관해서는 사법행정과 재판을 나누어 살펴보아야 합니다. 사법행정 작용, 가령 재판의 지연 또는 강제집행이나 구류 등과 같이 행정적 성격을 지닌 작용에 관해서는 일반 행정작용과 마찬가지로 국가배상책임을 인정하는 데 문제가 없습니다.[34] 반면 재판작용의 경우에는 일면 기판력의 존속(Bestand der Rechtskraft) 또는 기판사항의 권위(autorité de la chose jugée)를 보장해야 한다는 법적 안정성의 요구와 타면 권리구제의 요구를 적절히 조화시킬 필요가 있습니다. 예를 들어 패소한 원고가 판결 확정 이후 담당판사가 직무상 의무를 위반하여 판결을 잘못 내렸다는 이유로 손해배상을 청구할 수 있도록 한다면 이미 기판력 있는 확정판결에 의해 종결된 소송사건이 다시금 재개되는 결과가 될 것이기 때문입니다. 이러한 의미에서 법관의 직무상 의무위반이 동시에 형사상 가벌적 행위를 이루는 경우, 즉, 고의적 권한남용이나 고의에 의한 수뢰(§§ 336, 332 II StGB)가 문제되는 경우에만 배상책임을 진다고 명시한 독일민법 제839조 제2항의 규정은 법관을 보호하려는 것이 아니라 확정력의 존속을 보장하려는 것이라는 지적[35]도 이해할 수 있습니다. 그러나 이에 관한 특별한 명문규정이 없는 우리나라의 경우, 재판으로 인한 국가배상책임은, 국가배상법의 일반원칙에 따라 판단해야 할 문제입니다. 다만, 그 책임요건중 과실 및 위법성요건은 판결이 상소·재심으로 파기된 경우에는 그 파기이유나 민사소송법 제422조 소정의 재심사유, 그리고 그 재심사유 발생에 기여한 판사 및 기타 재판에 관여한 자들의 주의의무 위반 여부를 기준으로 판단해야 할 것입니다.[36] 반면, 확정판결에 대하여 재심을 거치지 아니하고 국가배상을 청구하는 경우

---

33 대법원 2008. 5. 29. 선고 2004다33469 판결.
34 同旨 阿部泰隆, 129.
35 Maurer, § 25 Rn.50.
36 일본의 경우 이에 관하여 위법성과 과실을 일원적으로 파악하면서 판결이 상소나 재심에 의

에는 앞서 소개한 일본의 판례가 적절히 설시한 바와 같이 해당 법관이 위법 또는 부당한 목적을 가지고 재판을 행했다는 등 법관이 자신에 부여된 권한의 취지에 명백히 위배하여 권한을 행사했다고 인정할 만한 특별한 사정이 있을 때, 보다 구체적으로는 「사실인정 및 법령의 해석적용에 있어 경험법칙·논리법칙을 현저히 일탈하여 재판관에게 요구되는 양식을 의심할 만한 비상식적인 과오를 범한 것이 당해재판의 심리단계에서 명백히 드러난 경우」에 한하여 국가배상책임이 성립된다고 보는 것이 타당할 것입니다.37 물론 법적 명확성을 기하기 위해서는 입법적 해결이 필요합니다. 각국의 입법례를 보더라도 그렇지요. 대법원은 경매담당 법관의 오인에 의한 배당표 원안 오류로 인한 국가배상책임 인정 여부와 관련하여 경매담당 법관이 위법·부당한 목적을 가지고 있었다거나 법이 법관의 직무수행상 준수할 것을 요구하는 기준을 현저히 위반하였다는 등의 자료를 찾아볼 수 없어 국가배상법상 위법한 행위가 아니라고 판시한 바 있습니다.

〈경매담당 법관의 오인에 의한 직무행위와 국가배상책임〉
"법관이 행하는 재판사무의 특수성과 그 재판과정의 잘못에 대하여는 따로 불복절차에 의하여 시정될 수 있는 제도적 장치가 마련되어 있는 점 등에 비추어 보면, 법관의 재판에 법령의 규정을 따르지 아니한 잘못이 있다 하더라도 이로써 바로 그 재판상 직무행위가 국가배상법 제2조 제1항에서 말하는 위법한 행위로 되어 국가의 손해배상책임이 발생하는 것은 아니고, 그 국가배상책임이 인정되려면 당해 법관이 위법 또는 부당한 목적을 가지고 재판을 하는 등 법관이 그에게 부여된 권한의 취지에 명백히 어긋나게 이를 행사하였다고 인정할 만한 특별한 사정이 있어야 한다고 해석함이 상당하다."38

우리나라에서 법관의 과오를 이유로 국가배상을 받기는 현실적으로 거의 불가능에 가까우리만큼 지난한 일입니다. 실례로 변호사가 자기 사건 패소 판결을 받고 나서 "위법한 판결로 정신적 고통을 입었으니 위자료 1,000만원을 지급하라"며 낸 이례적인 손해배상 소송에서 서울중앙지법 민사1003단독 재판장은

하여 취소된 경우에는 이 판결은 객관적으로 정당성을 가지지 아니하므로 국가배상법상으로도 당연히 위법이라는 결과위법설(위법성개념에 관한 결과불법설과는 다름)과 반대로 양자를 이원적으로 파악하여 법관이 내린 판단은 법관으로서의 통상의 주의의무를 가지고 한 것이라면 마땅히 피할 수 있었을 논리칙, 경험칙에 합치되지 아니하는 불합리한 증거평가에 의거한 경우에만 국가배상법상 위법유책이라는 직무행위기준설(다수판례)이 대립되고 있으나 전자가 과실개념을 객관화하지 않는 이상 양설의 실제적용상의 차이가 있느냐는 분명치 않다고 합니다(阿部泰隆, 126ff.).

37 最判 昭和 57. 3. 12, 行政判例百選 II, 134 사건. 이에 관하여 일본에서는 긍정설과 부정설 및 중간설이 대립되고 있는데 이는 중간설적 견해라 할 수 있습니다(阿部泰隆, 128).

38 대법원 2001. 4. 24. 선고 2000다16114 판결. 임의경매절차에서 경매담당 법관의 오인에 의해 배당표 원안이 잘못 작성되고 그에 대해 불복절차가 제기되지 않아 실체적 권리관계와 다른 배당표가 확정된 경우, 경매담당 법관이 위법·부당한 목적을 가지고 있었다거나 법이 법관의 직무수행상 준수할 것을 요구하고 있는 기준을 현저히 위반하였다는 등의 자료를 찾아볼 수 없어 국가배상법상의 위법한 행위가 아니라고 한 사례. 同旨 대법원 2001. 10. 12. 선고 2001다47290 판결: 압수수색할 물건의 기재가 누락된 압수수색영장을 발부한 법관이 위법·부당한 목적을 가지고 있었다거나 법이 직무수행상 준수할 것을 요구하고 있는 기준을 현저히 위반하였다는 등의 자료를 찾아볼 수 없다면 그와 같은 압수수색영장의 발부행위는 불법행위를 구성하지 않는다고 본 사례.

"사건을 담당한 법관이 위법·부당한 목적을 가지고 있었다거나 법관의 직무수행상 준수기준을 현저히 위반하지 않았다."며 청구를 기각했습니다. 이 문제에 대한 법원의 태도가 잘 드러나는 판결인데 그 근원은 앞서 본 대법원 판례에 있습니다. 한편, 염전주인(염주)들이 정신장애인이거나 정신장애인으로 의심되는 사람들을 임금을 지급하지 않은 채 매우 좋지 않은 주거나 위생상태에서 염전근로자(염부)로 일하게 하여, 염부들이 염주한테 받았던 피해와 관련하여 국가배상을 청구한 이른바 '염전노예'사건에서 제1심은 '염전노예' 피해자가 형사사건에서 "법원이 염전주 측이 제출한 합의서만 믿고 사실상 무죄인 '공소기각' 판결을 내렸다."며 제기한 국가배상청구를 바로 그런 이유로 기각했습니다. 지적장애인 염부들이 써낸 합의서를 재판부가 확인 한번 해보지 않은 것은 잘못이란 주장도 대법원 판례를 꺾지는 못했던 거지요. 다행히 국가배상소송 제1심 판결은 항소심에서 뒤집힙니다. 관계 경찰공무원과 군(郡) 사회복지 담당 공무원 등의 관리·감독 소홀 또는 보호의무 위반을 이유로 대한민국과 군(郡)의 위자료 지급책임을 인정하였고(서울고등법원 2018. 11. 23. 선고 2017나2061141판결(손해배상(국)) 이 판결은 이후 정부가 제기한 상고심에서 대법원의 심리불속행으로 확정되었습니다. 법관의 과오로 인한 국가배상책임을 인정한 leading case는 되지 못했지만, 공무원의 부작위로 인한 국가배상책임의 중요한 선례가 되었습니다.[39]

법관의 재판, 특히 보전처분으로 인한 국가배상책임

1. 법관의 재판에 법령 규정을 따르지 않은 잘못이 있더라도 이로써 바로 재판상 직무행위가 국가배상법 제2조 제1항에서 말하는 위법한 행위로 되어 국가의 손해배상책임이 발생하는 것은 아니다. 법관의 오판으로 인한 국가배상책임이 인정되려면 법관이 위법하거나 부당한 목적을 가지고 재판을 하였다거나 법이 법관의 직무수행상 준수할 것을 요구하고 있는 기준을 현저하게 위반하는 등 법관이 그에게 부여된 권한의 취지에 명백히 어긋나게 이를 행사하였다고 인정할 만한 특별한 사정이 있어야 한다는 것이 판례이다(대법원 2001. 3. 9. 선고 2000다29905 판결, 2001. 4. 24. 선고 2000다16114 판결, 2001. 10. 12. 선고 2001다47290 판결, 대법원 2003. 7. 11. 선고 99다24218 판결 참조).

2. 재판에 대하여 불복절차 또는 시정절차가 마련되어 있는 경우, 법관이나 다른 공무원의 귀책사유로 불복에 의한 시정을 구할 수 없었다거나 그와 같은 시정을 구할 수 없었던 부득이한 사정이 없는 한, 그와 같은 시정을 구하지 않은 사람은 원칙적으로 국가배상에 의한 권리구제를 받을 수 없다(대법원 2003. 7. 11. 선고 99다24218 판결, 대법원 2016. 10. 13. 선고 2014다215499 판결 등 참조).

3. 민사집행법은 보전처분 취소재판에 대한 즉시항고에 대하여 집행정지의 효력을 부여하는 민사소송법 제447조 준용을 배제하고 있다(민사집행법 제286조 제7항, 제287조 제5항, 제288조 제3항, 제307조 제2항). 이는 집행부정지 원칙을 채택함으로써 증가하는 채권자의 위험을 감수하더라도 보전재판의 신속한 절차진행이 더 중요하다고 본 입법자의 결단이라고 할 수 있다. 다만 민사집행법 제289조는 "가압류를 취소하는 결정에 대하여 즉시항고가 있는 경우에, 불복의 이유로 주장한 사유가 법률상 정당한 사유가 있다고 인정되고 사실에 대한 소명이 있으며, 그 가압류를 취소함으로 인하여 회복할 수 없는 손해가 생길 위험이 있다는 사정에 대한 소명이 있는 때에는, 법원은 당사자의 신청에 따라 담보를 제공하게 하거나 담보를 제공하지 아니하게 하고 가압류 취소결정의 효력을 정지시킬 수 있다."라고 정하여 일정한 요건을 갖춘 경우 당사자의 신청에 따

---

39 한국일보 2019. 9. 20.자 기사 "판사 실수로 패소 억울해도… 배상받기는 '하늘의 별 따기'" https://www.hankookilbo.com/News/Read/201909191162767488.

라 가압류취소결정의 효력을 정지시킬 수 있도록 하고 있고, 가처분취소결정에 대해서도 이를 준용하고 있다(민사집행법 제301조). 이러한 효력정지 제도는 법원의 잘못된 보전처분취소결정으로 생길 수 있는 손해를 방지하기 위하여 법률에 규정된 긴급 구제절차라고 할 수 있다. 보전재판의 특성상 신속한 절차진행이 중시되고 당사자 일방의 신청에 따라 심문절차 없이 재판이 이루어지는 경우도 많다는 사정을 고려하여 민사집행법에서는 보전재판에 대한 불복 또는 시정을 위한 수단으로서 즉시항고와 효력정지 신청 등 구제절차를 세심하게 마련해 두고 있다. 재판작용에 대한 국가배상책임에 관한 판례는 재판에 대한 불복절차 또는 시정절차가 마련되어 있으면 이를 통한 시정을 구하지 않고서는 원칙적으로 국가배상을 구할 수 없다는 것으로, 보전재판이라고 해서 이와 달리 보아야 할 이유가 없다.[40]

---

40 대법원 2022. 3. 17. 선고 2019다226975 판결: 이 사건에서 원심은, 원고는 적법한 제소명령 기간 내에 제소를 하였는데 재판부가 제소기간의 만료일을 오인하여 이 사건 가압류취소결정을 하였고 이로 말미암아 원고가 배당을 받지 못하게 되었는데, 이러한 잘못은 비재량적인 절차상 과오이고, 재판부가 재도의 고안을 통해 스스로 경정 조치를 하지도 않은 사정에 비추어 보면, 이는 법관의 직무수행상 준수할 것을 요구하고 있는 기준을 현저하게 위반한 경우에 해당하며, 원고가 이 사건 가압류취소결정에 대해 즉시항고를 제기하면서 민사집행법 제289조에 따른 효력정지 신청을 하지 않았더라도 이는 원고가 즉시항고 제기 당시에 구치소에 수감 중이었고, 항고심 재판부가 직권으로 그 효력정지를 할 수도 있었던 사정에 비추어 국가배상책임이 인정된다고 판시하였습니다. 그러나 대법원은 원고가 이 사건 가압류취소결정으로 인한 긴급한 손해를 방지하기 위해 효력정지를 신청할 기회가 있었음에도 이를 신청하지 않았고, 원심은 원고가 당시 구치소에 수감되어 있었다는 사정을 효력정지를 신청하지 못한 부득이한 사정으로 고려하고 있는 듯하나, 원고가 이 사건 가압류취소결정에 대해 즉시항고를 할 수 있었던 이상 그 사유만으로 효력정지를 신청할 수 없었던 부득이한 사정이 있었다고 보기 어려우며, 나아가 법관이나 다른 공무원의 귀책사유로 효력정지를 신청할 수 없었다는 등의 사정도 찾을 수 없다면서 피고에게 국가배상책임이 있다고 단정한 원심판결은 잘못이라고 판시하였습니다.

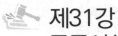

제31강
공공시설 안전 결함으로 손해를 입었다면?

　　공공시설 또는 사회간접자본 내지 하부구조(Infrastruktur)로부터 발생하는 위험의 정도나 영향범위가 확대일로를 걷고 있는 오늘날 그 중요성이 점점 더 커지는 법제도가 바로 국가배상법 제5조에 따른 공공시설 등의 하자로 인한 책임, 즉 '영조물책임'입니다. 유명한 망원동수해사건,[1] 여의도광장질주사건[2] 등을 통하여 그 제도적 가치가 부각된 바 있습니다.

　　국가배상법은 제5조에서 "도로·하천, 그 밖의 공공의 영조물(영조물)의 설치나 관리에 하자(하자)가 있기 때문에 타인에게 손해를 발생하게 하였을 때에는 국가나 지방자치단체는 그 손해를 배상하여야 한다."고 규정하고(§ 5 ① 본문) 이어서 "제1항을 적용할 때 손해의 원인에 대하여 책임을 질 자가 따로 있으면 국가나 지방자치단체는 그 자에게 구상할 수 있다."(§ 5 ②)고 규정하고 있습니다. 이는 공작물책임을 규정한 민법 제758조에 상당하는 규정이지만 그 대상의 범위를 확대하였고 점유자의 면책규정을 두지 않았다는 점이 다릅니다.

1　이에 관하여는 대표적으로 김동희, 하천범람으로 인한 손해에 대한 국가등의 배상책임, 고시계 1989/3을 참조.
2　대법원 1995. 2. 24. 선고 94다57671 판결.

Ⅰ. 배상책임의 성질

국가배상법 제5조에 따른 배상책임은 제2조의 경우와는 달리 과실을 요건으로 하지 않는다는 점에서 무과실책임이라고 보는 것이 통설이었습니다.3 그러나 과실은 필요 없지만 설치·관리의 하자는 필요하다는 점에서 이를 엄격한 의미의 무과실책임으로 볼 수 없다는 반론도 있었습니다.4 판례는 종래 "국가배상법 제5조 소정의 영조물의 설치, 관리상의 하자로 인한 책임은 무과실책임이고, 나아가 민법 제758조 소정의 공작물 점유자의 책임과는 달리 면책사유도 규정되어 있지 않으므로 국가 또는 지방자치단체는 영조물의 설치, 관리상의 하자로 인하여 타인에게 손해를 가한 경우에 그 손해의 방지에 필요한 주의를 해태하지 아니하였다 하여 면책을 주장할 수도 없다."는 입장을 견지했으나,5 후술하는 바와 같이 이후에는 사뭇 다른 경향을 보이고 있습니다.

Ⅱ. 배상책임의 요건

국가배상법 제5조에 따른 배상책임의 요건은 「도로·하천 그 밖의 공공의 영조물」(이하 '영조물'), 「영조물의 설치나 관리의 하자」, 「손해의 발생」 등으로 나누어 볼

---

3 국가배상법 제5조는 일본 국가배상법 제2조를 답습한 것으로서, 민법 제758조에 상응하는 규정으로서 점유자의 면책조항을 두지 않고 그 대상이 공작물에 국한되지 않는다는 점에서 차이가 있습니다. 한편, 우리 민법 제758조는 일본민법 제717조를 계수한 것이고 일본 민법은 독일민법의 공작물책임에 관한 제836조 및 제838조의 영향을 받은 것으로 알려져 있습니다. 일본 국가배상법 제2조는 일본 민법 제717조에 상응하는 것이므로 국가배상법 제5조에 의한 영조물책임 역시 독일민법의 간접적 영향을 받은 것이라 할 수 있습니다. 민법 제758조에 의한 소유자의 책임은 이를 무과실책임으로서 위험책임의 성질을 가진다고 이해되고 있는데(곽윤직, 채권각론, 1994, 689), 이는 허용된 위험에 대한 책임이 아니라 소유자의 교통안전의무(Verkehrssicherungspflicht) 위반에 대한 위법·무과실책임이라는 반론이 있습니다(정하중, 국가배상법 제5조의 영조물의 설치·관리에 있어서 하자의 의미와 배상책임의 성질, 『판례월보』, 1995/7(제298호), 51-61, 57)

4 예컨대 김동희, 행정법 Ⅰ, 493; 김철용, 영조물의 설치·관리의 하자로 인한 손해배상, 고시계, 1974/7.

5 이를 재확인한 판례로 대법원 1994. 11. 22. 선고 94다32924 판결을 참조.

수 있습니다.

1. 공공의 영조물

공공영조물이란 통상 행정조직법이나 급부행정법에서 말하는 영조물이 아니라 그 중에서 공적 목적에 제공된 유체물만을 말합니다. 대체로 학문상 공물에 해당되는 유체물에 해당합니다. 국가배상법 제5조의 「도로·하천」은 바로 이러한 공물의 종류로 예시된 것이지요.

> **공공영조물의 개념**
>
> 공공영조물이란 독일행정법상의 용어인 'öffentliche Anstalt'를 일본에서 '공적 영조물'로 번역한 것을 우리 행정법학자들이 받아들인 것입니다. 본래 영조물이란, 오토 마이어(Otto Mayer)가 정의한 바에 따르면, '행정주체가 일정한 공적 목적을 위해 공용한 인적·물적 총합체'이며 이러한 정의는 일본이나 우리나라에서 일반적으로 채용되고 있습니다. 예컨대 우편·공공도서관·국공립병원 등을 말합니다. 한편 일본에서도 국가배상법 제5조에 의한 공공영조물개념에 해당하는 일본 국가배상법 제2조의 「공의 영조물」 역시 위의 영조물개념 중에서 시설적 부분을 이루는 유체물만을 의미하는 것, 또는 행정주체에 의해 직접 공공의 이용에 제공된 유체물 또는 물적 설비를 의미하는 것으로 새기는 것이 일반이며 또 이를 공물이라고 표현하는 것이 적절하지 않았는가 하는 점이 지적되고 있습니다.6

공공영조물에는 인공공물(도로, 수도, 하수도, 제방, 관공청사, 교사, 병원, 철도시설, 철도건널목보안시설 등)과 자연공물(하천, 호소, 해변 등), 동산(소방차, 항공기 등), 동물(예: 경찰견) 등이 포함됩니다. 따라서 그 대상이 공작물에 국한된 민법 제758조에 비하여 그 적용범위가 넓습니다. 또한 공물인 이상 그것이 국가의 공물이거나 지방자치단체의 공물이거나 불문하며 다만 배상책임자가 다를 뿐입니다. 다만 국가 또는 지방자치단체의 재산(국공유재산)이라도 공물이 아닌 잡종재산으로 인한 손해에 대해서는 본조가 아니라 민법 제758조가 적용됩니다. 대법원은 국가배상법 제5조 제1항 소정의 "공공의 영조물"이란 국가 또는 지방자치단체에 의하여 특정 공공의 목적에 공여된 유체물 내지 물적 설비를 지칭하며, 특정 공공의 목적에 공여된 물이라 함은 일반공중의 자유로운 사용에 직접적으로 제공되는 공공용물에 한하지 아니하고, 행정주체 자신의 사용에 제공되는 공용물도 포함하며 국가 또는 지방자치단체가 소유권, 임차권

---

6 塩野 宏, II, 254; 阿部泰隆, 201.

그 밖의 권한에 기하여 관리하는 경우뿐만 아니라 사실상 관리하는 경우도 포함한다고 판시하고 있습니다.[7]

> **공공영조물에 관한 판례**
>
> 가. 국가배상법 제5조 제1항 소정의 "공공의 영조물"이라 함은 국가 또는 지방자치단체에 의하여 특정 공공의 목적에 공여된 유체물 내지 물적 설비를 지칭하며, 특정 공공의 목적에 공여된 물이라 함은 일반공중의 자유로운 사용에 직접적으로 제공되는 공공용물에 한하지 아니하고, 행정주체 자신의 사용에 제공되는 공용물도 포함하며 국가 또는 지방자치단체가 소유권, 임차권 그 밖의 권한에 기하여 관리하고 있는 경우뿐만 아니라 사실상의 관리를 하고 있는 경우도 포함한다.
>
> 나. 산업기지개발공사가 시 일대에 구획정리사업을 시행하면서 종합운동장 예정부지로 된 토지가 그 후 시 명의로 소유권이전등기가 경료되었으나 그 지상에 아무런 시설도 설치되어 있지 아니한 나대지로서 공용개시가 없는 상태에서 한국모터스포츠연맹의 요구로 그 연맹이 주최하는 자동차경주대회를 위한 사용허가가 되었을 뿐, 시가 그 종합운동장 예정부지를 직접적으로 일반공중의 사용에 제공한 바 없으며, 그 후 그 연맹이 그 토지 위에 시설한 자동차경주에 필요한 방호벽 등 안전시설을 시가 관리한 바도 없다면, 그 종합운동장예정지지나 그 위에 설치된 위 안전시설은 '가'항의 "공공의 영조물"이라 할 수 없다.[8]

2. 설치·관리의 하자

2.1. 영조물 설치·관리의 의미

영조물의 설치란 일반적으로 일정한 시설물의 설계·자재·시공을, 그리고 관리란 그 후의 유지·수선·보관을 말합니다. 그러나 국가배상법 제5조 제1항이 자연공물인 '하천'을 예시하고 있다는 점에서 볼 때 여기서 말하는 관리란 시설물의 관리에 한정되지 않고 보다 널리 공물을 목적에 적합하게 유지·운용하는 것을 의미한다고 보아야 할 것입니다.[9]

---

7 대법원 1995. 1. 24. 선고 94다45302 판결.
8 앞의 94다45302 판결.
9 김동희, 행정법 I, 487−488 및 각주 1.

2.2. 영조물 설치·관리의 하자의 해석

(1) 문제

국가배상법 제5조 제1항은 '공공의 영조물의 하자가 있기 때문에 타인에게 손해를 발생하게 하였을 때'라고 하지 않고 '공공의 영조물의 설치나 관리에 하자가 있기 때문에 타인에게 손해를 발생하게 하였을 때'라고 규정하고 있습니다. 따라서 이를 막 바로 '공공영조물에 물적 하자가 있어 손해를 발생하게 하였을 때' 적용되는 것으로 이해하는 데에는 문제가 있습니다.[10] 그러나 하자란 '법률이나 당사자가 예기하는 것과 같은 상태나 성질이 결여되어 있는 것'을 말하는 것이므로,[11] 그것은 곧 영조물의 객관적 성상에 관한 평가라고 할 수 있습니다. 반면 영조물은 국가·지방자치단체가 설치·관리하고 있는 것이기 때문에 관리주체의 설치·관리행위라는 주관적 요소를 전적으로 무시할 수도 없습니다. 그리하여 영조물의 설치·관리상의 하자를 해석함에 있어서 '설치·관리'(작위·부작위)의 하자에 중점을 두느냐(주관설) 아니면 영조물의 설치·관리의 '하자'에 중점을 두느냐(객관설)에 관하여 견해가 갈리고 있습니다.

(2) 학설

① 객관설

객관설은 영조물의 설치·관리상의 하자가 있다는 것은 객관적으로 영조물의 설치와 그 후의 유지·수선에 불완전한 점이 있어 통상적으로 갖추어야 할 「물적 안전성」을 결여한 것을 말한다고 하며 따라서 설치·관리자의 주관적 의무위반을 요하지 않는다고 봅니다(통설).

---

10 古崎慶長, 營造物の管理の瑕疵の意義, 行政法の爭點(新版), ジュリスト 增刊, 168. 일본의 경우 영조물의 물적 하자가 있을 때 일본국배법 제2조(영조물책임)의 적용을 인정하려는 입장은, 특히 공항 자체에는 물적 하자가 없고 다만 공항에서 발착하는 제트기가 소음 등의 공해를 확산시키는 등 기능적 하자가 있는 때에는 동조의 적용이 불가능하다는 데 난점이 있습니다.
11 岩波國語辭典 第3版, 181.

② 주관설(의무위반설)

주관설(의무위반설)은 반대로 영조물의 설치·관리라고 하는 설치·관리자의 행위 차원에서의 잘못이 있는 경우에만 영조물관리 책임을 인정할 수 있다고 보는 견해입니다. 영조물설치·관리상의 하자를 「설치·관리상 주의의무 위반」으로 보아 국가배상법 제5조에 의한 책임을 무과실책임이 아니라 과실책임이라고 파악하려는 견해도 이와 궤를 같이하는 것이라 할 수 있습니다. 주관설은 하자의 존재 여부를 판단함에 있어 주관적 요소를 도입하는 것은 피해자구제의 견지에서 바람직하지 않다는 비판을 받습니다. 다만 주관설을 취하면서도 과실을 「국가작용의 흠」이라는 객관적 관념으로 파악함으로써 국가배상법 제5조의 하자를 그러한 의미의 과실의 한 형태에 불과한 것으로 보아 동조의 책임을 과실책임으로 파악하거나, 일본에서 주장되고 있는 의무위반설에 따라 영조물책임을 본질적으로 과실책임으로 파악하는 것이 논리적으로 타당하다고 하는 견해[12]가 제기되고 있는데, 이들 견해는 관리자의 안전확보의무를 고도화·객관화된 의무로 파악하는 일본의 의무위반설과 함께, 일종의 변형된 주관설이라 할 수 있습니다. 그러나 이들 견해 역시 결국 국가배상법 제5조에 의한 영조물책임을 완화된 과실책임으로 파악하는 한 주관설에 해당한다고 볼 수 있습니다.

③ 절충설

이것은 영조물의 하자유무를 판단함에 있어 영조물 자체의 객관적 하자뿐만 아니라 때로는 관리상 의무위반이란 관리자의 과오까지도 하자로 인정하려는 견해입니다.[13] 영조물 설치·관리와 관련된 손해는 그것이 물적 하자에 기인한 것이든, 또는 관리행위의 과오에 기인한 것이든 국가배상법 제5조에 의한 배상책임을 성립시킨다고 합니다. '관리의무위반설'이라고도 합니다. 또 '위법·무과실책임설'도 흠을 관리주체의 안전의무 위반으로 보고 있기 때문에[14] 같은 맥락이라고 볼 수 있습니다.

---

12 김동희, 행정법 I, 490−494. 즉, 여기서 하자란 과실과 동의어라고 하며, 구체적으로는 국가배상법 제2조의 과실이 특정과실(faute individuelle)에 해당하는 것이라면 제5조의 하자는 불특정과실(faute anonyme)에 상응하는 것이라고 합니다(김동희, "한국과 프랑스의 국가보상제도의 비교고찰", 『국가배상제도의 제문제』, 378 이하).

13 原田尚彦, 行政法要論, 1984, 245−246.

14 정하중, 행정법개론, 제4판, 2010, 555; 김남진, 행정법 I, 592.

(3) 판례

　　판례는 종래 객관설을 취했으나, 입장이 반드시 일관되지는 않았습니다. 대법원은 일찍이 "영조물설치의 하자라 함은 영조물의 축조에 불완전한 점이 있어 이 때문에 영조물 자체가 통상 다 갖추어야 할 안전성을 갖추지 못한 상태에 있음을 말한다고 할 것이고, 또 영조물 설치의 하자의 유무는 객관적 견지에서 본 안전성의 문제이고, 재정사정(은) … 안전성을 요구하는데 대한 정도 문제로서 참작사유에는 해당할지언정 안전성을 결정지울 절대적 요건이 되지 못 한다."[15]고 하여 명백히 객관설을 취한 바 있습니다.

> **관련판례**
>
> 〈도로결빙사건〉
> "국가배상법 제5조 소정의 영조물의 설치관리상의 하자라 함은 영조물의 설치 및 관리에 불완전한 점이 있어 이 때문에 영조물 자체가 통상 갖추어야 할 안전성을 갖추지 못한 상태에 있는 것을 말하는 것"이고, "지방자치단체가 관리하는 도로 지하에 매설되어 있는 상수도관에 균열이 생겨 그 틈으로 새어 나온 물이 도로 위까지 유출되어 노면이 결빙되었다면 도로로서의 안전성에 결함이 있는 상태로서 설치 관리상의 하자가 있다."고 설시한 후, "국가배상법 제5조 소정의 영조물의 설치·관리상의 하자로 인한 책임은 무과실책임이고 나아가 민법 제758조 소정의 공작물의 점유자의 책임과는 달리 면책사유도 규정되어 있지 않으므로, 국가 또는 지방자치단체는 영조물의 설치관리상의 하자로 인하여 타인에게 손해를 가한 경우에 그 손해의 방지에 필요한 주의를 해태하지 아니하였다 하여 면책을 주장할 수 없다."[16]
>
> 〈여의도광장질주사건〉
> "차량진입으로 인한 인신사고 당시에는 차도와의 경계선 일부에만 이동식 쇠기둥이 설치되어 있고 나머지 부분에는 별다른 차단 시설물이 없었으며, 경비원도 없었던 것은, 평소 시민의 휴식공간으로 이용되는 여의도광장이 통상 요구되는 안전성을 결여하고 있었다 할 것이고, 만약 사고후에 설치된 차단시설물이 이미 설치되어 있었고 경비원이 배치되어 있었더라면 가해자가 승용차를 운전하여 광장내로 진입하는 것을 막을 수 있었거나, 설사 차량진입을 완전히 막지는 못하더라도 최소한 진입시에 차단시설물을 충격하면서 발생하는 소리나 경비원의 경고를 듣고 많은 사람들이 대피할 수 있었다고 보이므로, 차량진입으로 인한 사고와 여의도광장의 관리상의 하자 사이에는 상당인과관계가 있다."[17]

　　그러나 대법원은 객관설 입장을 견지하면서도 사안에 따라 그와 사뭇 다른 주관설 또는 절충설적 입장으로 이해될 수 있는 판례경향을 보여 왔습니다.[18]

15　대법원 1967. 2. 21. 선고 66다1723 판결; 同旨 대법원 1986. 2. 11. 선고 85다카2336 판결.
16　대법원 1994. 11. 22. 선고 94다32924 판결.
17　대법원 1995. 2. 24. 선고 94다57671 판결.
18　대법원 1967. 2. 24. 선고 66다8622 판결; 1993. 7. 27. 선고 93다20702 판결 등.

| 불법주차 차량의 장기간 방치와 도로관리상 하자 |

[1] 도로의 설치 또는 관리·보존상의 하자는 도로의 위치 등 장소적인 조건, 도로의 구조, 교통량, 사고시에 있어서의 교통 사정 등 도로의 이용 상황과 그 본래의 이용 목적 등 제반 사정과 물적 결함의 위치, 형상 등을 종합적으로 고려하여 사회통념에 따라 구체적으로 판단하여야 하는 바, 도로의 설치 후 제3자의 행위에 의하여 그 본래의 목적인 통행상의 안전에 결함이 발생한 경우에는 도로에 그와 같은 결함이 있다는 것만으로 성급하게 도로의 보존상 하자를 인정하여서는 안 되고, 당해 도로의 구조, 장소적 환경과 이용 상황 등 제반 사정을 종합하여 그와 같은 결함을 제거하여 원상으로 복구할 수 있는데도 이를 방치한 것인지 여부를 개별적·구체적으로 심리하여 하자의 유무를 판단하여야 한다.

[2] 편도 1차선으로 도로교통법상 주차금지구역인 도로의 75% 정도를 차지한 채 불법주차되어 있던 차량을 5일간이나 방치한 경우 도로 관리상의 하자가 있다.[19]

특히 1997년 4월 22일자 대법원판결은 바로 그런 관점에서 주목을 끌었습니다.

편도 2차선의 국도를 프라이드 승용차를 운전하여 가다가 반대방향 도로 1차선에 떨어져 있던 길이 120Cm, 직경 2Cm 크기의 U자형 쇠파이프가 번호미상 갤로퍼 승용차 뒷타이어에 튕기어 김강영의 승용차 앞유리창을 뚫고 들어오는 바람에 쇠파이프에 목부분이 찔려 개방성 두개골 골절 등으로 사망한 피해자의 상속인들이 국가를 상대로 하여 국가배상법 제5조에 의한 손해배상을 청구하는 소송을 제기했습니다. 원심인 대구고등법원은 '사고당시 해당 도로 위에 그와 같은 쇠파이프가 떨어져 있었다면 일단 도로의 관리에 하자가 있는 것으로 볼 수 있으나, 내세운 증거에 의하면 사고 당일 09:57부터 10:08 사이(사고 발생 33분 내지 22분 전)에 피고 운영의 과적차량 검문소 근무자 교대차량이 사고장소를 통과하였으나 위 쇠파이프를 발견하지 못한 사실이 인정되고 피고가 관리하는 넓은 국도상을 더 짧은 간격으로 일일이 순찰하면서 낙하물을 제거하는 것은 현실적으로 불가능하다고 볼 것이므로 피고에게 국가배상법 제5조 제1항이 정하는 손해배상책임이 있다 할 수 없다'고 판단하였고,[20] 상고심에서 대법원은 원심의 판단을 유지했습니다.[21]

대법원은 일본에서의 판례경향[22]과 유사한 맥락에서 예측가능성과 결과회피가능성의 결여를 이유로 국가의 배상책임을 부정하였습니다. 대법원은 이 사건 판결에서 도로의 설치 후 제3자의 행위에 의하여 그 본래 목적인 통행상의 안전에 결함이 발생한 경우에는 도로에 그와 같은 결함이 있다는 것만으로 성급하게 도로의 보존상 하자를 인정하여서는 안 되고, 당해 도로의 구조, 장소적 환경과 이용상황 등 제반 사정을 종합하여 그와 같은 결함을 제거하여 원상으로 복구할 수 있는데도 이를 방치한 것인

---

19 대법원 2002. 9. 27. 선고 2002다15917 판결.
20 대구고법 1996. 12. 6. 선고 96나3938 판결.
21 대법원 1997. 4. 22. 선고 97다3194 판결.
22 이에 관하여는 塩野 宏, 日本行政法論(서원우·오세탁공역), 법문사, 1996, 526−533; 芝池 義一, 行政救濟法講義, 有斐閣, 1996, 244−254를 참조.

지 여부를 개별적, 구체적으로 심리하여 하자의 유무를 판단해야 한다'고 판시하여, 하자의 의미나 개념보다는 하자의 판단기준 또는 하자의 유무를 판단함에 있어 고려해야 할 요소에 초점을 맞췄습니다. 대법원의 이 판결을 '설치·관리자의 행위 차원에서의 잘못이 있는 경우에만 영조물관리책임을 인정할 수 있다'는 의미에서의 주관설을 취한 것이라고 볼 수는 없습니다. 반면 '영조물 하자유무 판단에 있어 영조물 자체의 객관적 하자뿐만 아니라 관리자의 관리상 의무 위반이란 인적 요소도 고려해야 한다'는 의미의 절충설로도 보기 어렵습니다. 결국 이 판결은 객관설 입장을 포기하지 않으면서도,[23] 일본 최고재판소 판례[24]와 유사한 맥락에서 영조물하자의 판단기준이란 차원에서 예측가능성, 결과회피가능성 결여를 예외사유로 인정한 것이라 이해해야 합니다.

대법원은 이후 일련의 판례를 통해 그 입장을 더욱 뚜렷하게 표명했습니다. 이에 따르면 안전성의 구비 여부를 판단함에 있어서는 당해 영조물의 용도, 그 설치 장소의 현황 및 이용 상황 등 제반 사정을 종합적으로 고려하여 설치·관리자가 그 영조물의 위험성에 비례하여 사회통념상 일반적으로 요구되는 정도의 방호조치의무를 다하였는지 여부를 그 기준으로 삼아야 하며, 만일 객관적으로 보아 시간적·장소적으로 영조물의 기능상 결함으로 인한 손해발생의 예견가능성과 회피가능성이 없는 경우 즉 그 영조물의 결함이 영조물의 설치·관리자의 관리행위가 미칠 수 없는 상황 아래에 있는 경우임이 입증되는 경우라면 영조물의 설치·관리상 하자를 인정할 수

---

23 대법원 1994. 11. 22. 선고 94다32924 판결이 그 점을 분명히 보여줍니다.

24 최고재판소는 1975년 6월 26일 도로공사표지판(赤色燈標柱)가 다른 차에 의해 넘어졌기 때문에 교통사고가 발생한 사건에서 이 표지판은 사고 직전에 선행차량에 의하여 넘어진 것이고, 관리자가 이를 원상으로 복구하여 안전성을 회복시키는 것은 시간적으로 불가능한 것이었으므로 도로관리에 하자가 있었다고 볼 수는 없다고 판시한 바 있고(最判 昭和 50(1975). 6. 26. 民集 29권 6호, 851), 유명한 1984년 1월 26일의 大東水害訴訟에서는 '통상 예측할 수 있고 회피할 수 있는' 수해에 관하여 배상책임의 성립가능성을 한정하여 당시까지 소극적이었던 수해로 인한 국가배상에 관한 판례의 흐름을 크게 변경시켰습니다(最判 昭和 59(1984). 1. 26. 民集 38卷2號, 53; 行政判例百選II 146事件, 行政法判例 109事件). 특히 후자의 대동수해사건에서 최고재판소는 "하천의 관리에 대한 흠의 유무는 과거에 발생한 수해의 규모, 발생의 빈도, 발생원인, 피해의 성질, 강우상황, 유역의 지형, 기타의 자연적 조건, 토지의 이용상황, 기타의 사회적 조건, 개수를 요하는 긴급성의 유무 및 그 정도 등 제반의 사정을 종합적으로 고려하여 전기 여러 제약 아래서의 동종·동규모의 차천관리의 일반수준 및 사회통념에 비추어 시인할 수 있는 안전성을 갖추고 있다고 인정되는지 여부를 기준으로 판단해야 할 것"이라고 판시한 바 있습니다.

없다는 것입니다.

> **영조물 설치·관리 하자와 방호조치의무**
>
> "국가배상법 제5조 제1항에 정해진 영조물의 설치 또는 관리의 하자라 함은 <u>영조물이 그 용도에 따라 통상 갖추어야 할 안전성을 갖추지 못한 상태에 있음</u>을 말하는 것이며, <u>다만 영조물이 완전무결한 상태에 있지 아니하고 그 기능상 어떠한 결함이 있다는 것만으로 영조물의 설치 또는 관리에 하자가 있다고 할 수 없는 것</u>이고, 위와 같은 안전성의 구비 여부를 판단함에 있어서는 당해 영조물의 용도, 그 설치장소의 현황 및 이용 상황 등 제반 사정을 종합적으로 고려하여 설치·관리자가 그 영조물의 위험성에 비례하여 사회통념상 일반적으로 요구되는 정도의 <u>방호조치의무</u>를 다하였는지 여부를 그 기준으로 삼아야 하며, 만일 객관적으로 보아 시간적·장소적으로 영조물의 기능상 결함으로 인한 <u>손해발생의 예견가능성과 회피가능성이 없는 경우</u> 즉 그 영조물의 결함이 영조물의 설치·관리자의 관리행위가 미칠 수 없는 상황 아래에 있는 경우임이 입증되는 경우라면 <u>영조물의 설치·관리상의 하자를 인정할 수 없다.</u>"[25]

위에서 본 바와 같은 대법원의 판례는 영조물책임에 있어 영조물이 '상대적 안전성'을 갖추면 족하다는 것으로 좀 더 구체화됩니다.

> **영조물 설치·관리 하자와 상대적 안전성**
>
> "국가배상법 제5조 제1항 소정의 '영조물의 설치 또는 관리의 하자'라 함은 영조물이 그 용도에 따라 통상 갖추어야 할 안전성을 갖추지 못한 상태에 있음을 말하는 것으로서, 영조물이 완전무결한 상태에 있지 아니하고 그 기능상 어떠한 결함이 있다는 것만으로 영조물의 설치 또는 관리에 하자가 있다고 할 수 없고, 위와 같은 안전성의 구비 여부는 당해 영조물의 용도, 그 설치장소

---

25 대법원 2001. 7. 27. 선고 2000다56822 판결. 이 사건에서 대법원은 가변차로에 설치된 신호등의 용도와 오작동시에 발생하는 사고의 위험성과 심각성을 감안할 때, 만일 가변차로에 설치된 두 개의 신호기에서 서로 모순되는 신호가 들어오는 고장을 예방할 방법이 없음에도 그와 같은 신호기를 설치하여 그와 같은 고장을 발생하게 한 것이라면, 그 고장이 자연재해 등 외부요인에 의한 불가항력에 기인한 것이 아닌 한 그 자체로 설치·관리자의 방호조치의무를 다하지 못한 것으로서 신호등이 그 용도에 따라 통상 갖추어야 할 안전성을 갖추지 못한 상태에 있었다고 할 것이고, 따라서 설령 적정전압보다 낮은 저전압이 원인이 되어 위와 같은 오작동이 발생하였고 그 고장은 현재의 기술수준상 부득이한 것이라고 가정하더라도 그와 같은 사정만으로 손해발생의 예견가능성이나 회피가능성이 없어 영조물의 하자를 인정할 수 없는 경우라고 단정할 수 없다고 판시했습니다.
이러한 판례는 보행자 신호기가 고장난 횡단보도 상에서 교통사고가 발생한 사안에서도 그대로 유지됩니다. 즉 영조물관리자가 보행자 신호기의 위험성에 비례하여 사회통념상 일반적으로 요구되는 정도의 방호조치의무를 다하였다고 볼 수 없고, 객관적으로 보아 시간적·장소적으로 영조물의 기능상 결함으로 인한 손해발생의 예견가능성과 회피가능성이 없는 경우에 해당한다고 볼 수도 없으므로, 사고 당시 적색등의 전구가 단선되어 있었던 보행자 신호기에는 그 용도에 따라 통상 갖추어야 할 안전성을 갖추지 못한 관리상의 하자가 있어 지방자치단체의 배상책임이 인정되었습니다(대법원 2007. 10. 26. 선고 2005다51235 판결).

의 현황 및 이용 상황 등 제반 사정을 종합적으로 고려하여 설치·관리자가 그 영조물의 위험성에 비례하여 사회통념상 일반적으로 요구되는 정도의 방호조치의무를 다하였는지 여부를 그 기준으로 삼아 판단하여야 하고, 다른 생활필수시설과의 관계나 그것을 설치하고 관리하는 주체의 재정적, 인적, 물적 제약 등을 고려하여 그것을 이용하는 자의 상식적이고 질서 있는 이용 방법을 기대한 상대적인 안전성을 갖추는 것으로 족하며, 객관적으로 보아 시간적·장소적으로 영조물의 기능상 결함으로 인한 손해발생의 예견가능성과 회피가능성이 없는 경우 즉 그 영조물의 결함이 영조물의 설치관리자의 관리행위가 미칠 수 없는 상황 아래에 있는 경우에는 영조물의 설치·관리상의 하자를 인정할 수 없다(대법원 2000. 2. 25. 선고 99다54004 판결, 대법원 2007. 10. 25. 선고 2005다62235 판결 등 참조)."[26]

위와 같은 판례는 이후에도 계속되었고 최근에도 다음에 보는 바와 같이 재확인된 바 있습니다.

"국가배상법 제5조 제1항에 규정된 '영조물 설치·관리상의 하자'는 공공의 목적에 공여된 영조물이 그 용도에 따라 통상 갖추어야 할 안전성을 갖추지 못한 상태에 있음을 말한다. 그리고 위와 같은 안전성의 구비 여부는 영조물의 설치자 또는 관리자가 그 영조물의 위험성에 비례하여 사회통념상 일반적으로 요구되는 정도의 방호조치의무를 다하였는지를 기준으로 판단하여야 하고, 아울러 그 설치자 또는 관리자의 재정적·인적·물적 제약 등도 고려하여야 한다. 따라서 영조물이 그 설치 및 관리에 있어 완전무결한 상태를 유지할 정도의 고도의 안전성을 갖추지 아니하였다고 하여 하자가 있다고 단정할 수는 없고, 영조물 이용자의 상식적이고 질서 있는 이용 방법을 기대한 상대적인 안전성을 갖추는 것으로 족하다(대법원 2002. 8. 23. 선고 2002다9158 판결, 대법원 2013. 10. 24. 선고 2013다208074 판결 등 참조)."[27]

---

26 대법원 2008. 9. 25. 선고 2007다88903 판결. 축구장과 도로 사이에 이격거리를 두지 않았거나, 고수부지에서 허용되는 범위 내에서 축구장과 도로 사이에 자연적, 인공적 안전시설을 설치하지 아니하여 피해자가 사망한 경우 설치·관리상 하자가 있었다고 판단한 사례.

27 대법원 2022. 7. 28. 선고 2022다225910 판결. 원고1은 오토바이를 운전하여 3거리 교차로에서 대기 중, 신호등이 적색신호(보행신호도 적색신호 상태)로 바뀐 상태(신호위반)에서 유턴을 하다가, 반대편에서 직좌 신호에 따라 정상적으로 직진 중이던 차량과 충돌하여 식물인간이 되는 피해를 입었습니다. 원고1이 유턴하던 곳의 신호등에는 좌회전시, 보행신호시 유턴이 가능하다는 보조표지가 있었고, 당시 원고의 진행방향에서 좌회전하는 길은 없는 상태였습니다. 원고들이 피고(지자체)를 상대로 좌회전하는 길이 없음에도 좌회전시 유턴이 가능하다 내용의 보조표지가 영조물의 하자에 해당한다고 주장하며 손해배상을 구한 사건에서 원심은 실제 도로상황에 맞지 않는 잘못된 보조표지는 영조물의 설치·관리상의 하자에 해당한다고 판단하여 원고들의 청구를 일부 인용하였습니다. 그러나 대법원은 위에서 본 '상대적 안전성' 법리를 바탕으로 문제의 보조표지에 신호등의 신호체계 및 교차로의 도로구조와 맞지 않는 부분이 있다고 하더라도 일반적으로 평균적인 운전자의 입장에서 착오나 혼동이 발생할 수 없어 통상 갖추어야 할 안정성이 결여된 설치·관리상 하자가 있다고 보기 어렵다고 판시하여 원심을 파기환송하였습니다.

대법원의 판례경향은 문제를 해결하기보다는 이론과 실제 양면에서 또 다른 문제를 제기합니다. 무엇보다도, 위험사회(Risikogesellschaft)라고 불리는 현대사회에서 영조물로 대표되는 공공기반시설을 이용하다 발생하는 위험, 특히 우리나라의 경우 부실공사 등으로 인한 사고발생 위험에 끊임없이 노출되어 있는 이용자의 처지를 고려할 때, 이런 판례가 사회적 설득력을 가질지 의문이 없지 않기 때문입니다. 일본의 시오노(塩野 宏) 교수는 "국가의 영조물에 대해서는 결과책임을 져야 한다고 하는 입법정책도 고려할 수 있는 바이지만, 그 취지를 입법과정에서 도출한다는 것은 어렵고 그러한 정책은 단지 손해의 공평부담의 이념을 넘어선 세금의 사용방법에 관한 것이기 때문에 그를 위해서는 보다 명확한 입법자의 의도가 필요한 것"이라고 지적하지만,[28] 아무 면책조항을 두지 않은 국가배상법 제5조를 단지 하자 유무의 판단기준에 관한 해석을 통해 예측가능성과 결과회피가능성이 없다는 이유로 배상책임을 부정하려면 오히려 더 명확한 입법자의 의도가 필요하지 않을까 생각합니다.[29] 대법원이 영조물책임의 예외사유(설치·관리 하자의 소극적 요건)에 관하여 해석론적 판단권(interpretational free hand)을 행사함으로써 오히려 권력분립의 원리와의 긴장을 초래한 것은 아닌지 반문할 수밖에 없습니다. 문제의 해결은 입법 수준에서 사회적 합의를 필요로 하며, 엄격한 원인자책임원칙보다는 끊임없이 위험에 노출되어 있는 영조물 이용자의 입장과 위험 배분이라는 관점에서 입법적 해결책을 모색해야 할 것입니다.

(4) 결론

일견 객관설과 주관설(의무위반설)은 그 외관상의 차이에도 불구하고 하자유무의 판정에 있어서 실제상 본질적인 차이를 가져오는 것은 아니라고 할 수 있습니다. 주관설 역시 그 의무위반의 범위를 객관화하려고 하는 경향을 보이고 있기 때문입니다. 그러나 국가배상법 제2조와 제5조의 규정형식상의 명백한 차이를 제2조의 과실을 객관적 과실로 파악하고 제5조의 하자와 동일시함으로써 무시하는 것은 적어도 해석론적 타당성을 갖기 어렵습니다.[30]

---

28 塩野 宏, 일본행정법론, 531.
29 물론 국내문헌과 판례가 인정하는 예외적 면책사유인 천재지변등 불가항력의 경우와는 구별해야 합니다.
30 박윤흔, 행정법강의(상), 707.

문제는 오히려 객관설을 취한다고 반드시 「설치·관리의 하자」를 막 바로 「공공영조물의 물적 하자」로 이해해야 하느냐 하는 데 있습니다. 예컨대 갑문을 열어야할 시간을 지키지 못한 댐관리요원의 명백한 의무위반으로 발생한 수해에 있어서 물론 주관설의 입장에서는 그 배상책임을 인정하는 데 아무런 문제가 없을 것입니다. 그러나 객관설의 입장을 취한다고 꼭 댐 자체에는 객관적 결함이 없었다고 하자의 존재를 부정할 것인지(따라서 배상책임을 부정할지)는 극히 의문입니다. 이 경우에도 사고는 사고 발생 시점에 존재한, 「열려야 할 시간이 지났는데도 아직 열리지 않은(너무 일찍 열린) 갑문」이라는 댐의 작동상 결함(operational failure: 기능적 이유에 의한 객관적 안전성 결여)에 기인한 것이라 보아야 합니다. 이러한 입론은 결국 절충설에 근접하는 결과가 되겠지만, 객관설 입장을 유지하면서 설치·관리 하자의 개념을 작동상 결함에까지 확장하여 피해자를 두텁게 보호한다는 점에서 정당성이 있습니다.

2.3. 영조물 설치·관리 하자의 유형

(1) 자연공물과 설치·관리의 하자

대법원은 다음 판례에서 보는 바와 같이 자연공물로서 하천 관리의 특수성을 인정하고 이를 영조물 설치 하자 유무의 판단에 반영하고 있습니다.

> **[자연영조물로서의 하천 관리의 특수성과 설치상 하자 유무]**
>
> [1] 자연영조물로서의 하천은 원래 이를 설치할 것인지 여부에 대한 선택의 여지가 없고, 위험을 내포한 상태에서 자연적으로 존재하고 있으며, 간단한 방법으로 위험상태를 제거할 수 없는 경우가 많고, 유수라고 하는 자연현상을 대상으로 하면서도 그 유수의 원천인 강우의 규모, 범위, 발생시기 등의 예측이나 홍수의 발생 작용 등의 예측이 곤란하고, 실제로 홍수가 어떤 작용을 하는지는 실험에 의한 파악이 거의 불가능하고 실제 홍수에 의하여 파악할 수밖에 없어 결국 과거의 홍수 경험을 토대로 하천관리를 할 수밖에 없는 특질이 있고, 또 국가나 하천관리청이 목표로 하는 하천의 개수작업을 완성함에 있어서는 막대한 예산을 필요로 하고, 대규모 공사가 되어 이를 완공하는 데 장기간이 소요되며, 치수의 수단은 강우의 특성과 하천 유역의 특성에 의하여 정해지는 것이므로 그 특성에 맞는 방법을 찾아내는 것은 오랜 경험이 필요하고 또 기상의 변화에 따라 최신의 과학기술에 의한 방법이 효용이 없을 수도 있는 등 그 관리상의 특수성도 있으므로, 하천관리의 하자 유무는, 과거에 발생한 수해의 규모·발생의 빈도·발생원인·피해의 성질·강우상황·유역의 지형 기타 자연적 조건, 토지의 이용상황 기타 사회적 조건, 개수를 요하는 긴급성의 유무 및 그 정도 등 제반 사정을 종합적으로 고려하고, 하천관리에 있어서의 위와 같은 재정적·시간적·기술적 제약 하에서 같은 종류, 같은 규모 하천에 대한 하천관리의 일반수준 및 사회통념에 비추어 시인될 수 있는 안전성을 구비하고 있다고 인정할 수 있는지 여부를 기준으로 하여 판단해야 한다.
>
> [2] 관리청이 하천법 등 관련 규정에 의해 책정한 하천정비기본계획 등에 따라 개수를 완료한

하천 또는 아직 개수 중이라 하더라도 개수를 완료한 부분에 있어서는, 위 하천정비기본계획 등에서 정한 계획홍수량 및 계획홍수위를 충족하여 하천이 관리되고 있다면 당초부터 <u>계획홍수량 및 계획홍수위를 잘못 책정하였다거나 그 후 이를 시급히 변경해야 할 사정이 생겼음에도 불구하고 이를 해태하였다는 등의 특별한 사정이 없는 한</u>, 그 하천은 용도에 따라 통상 갖추어야 할 안전성을 갖추고 있다고 봄이 상당하다.[31]

(2) 영조물의 안전성과 수인한도

대법원은 영조물 설치·관리 하자 유무를 판단함에 있어 영조물이 그 용도에 따라 갖추어야 할 안전성을 갖추지 못한 상태에 있는지 여부에 초점을 맞추면서, 그 안전성 결여의 판단기준으로서 환경오염 판단에 적용되어 온 수인한도의 개념을 적용하고 있습니다. 실례로 다음 판례에서 보듯이 매향리 사격장에서 발생하는 소음 등으로 지역주민들이 입은 피해는 사회통념상 참을 수 있는 정도를 넘는 것으로서 사격장의 설치 또는 관리에 하자가 있었다고 판시하였고, 또 김포공항에서 발생하는 소음 등으로 인근 주민들이 입은 피해는 사회통념상 수인한도를 넘는 것으로서 김포공항의 설치·관리에 하자가 있다고 판시한 바 있습니다.

매향리 사격장 소음과 영조물책임

[1] 국가배상법 제5조 제1항에 정하여진 '영조물의 설치 또는 관리의 하자'라 함은 공공의 목적에 공여된 영조물이 그 용도에 따라 갖추어야 할 안전성을 갖추지 못한 상태에 있음을 말하고, 여기서 <u>안전성을 갖추지 못한 상태, 즉 타인에게 위해를 끼칠 위험성이 있는 상태라 함은 당해 영조물을 구성하는 물적 시설 그 자체에 있는 물리적·외형적 흠결이나 불비로 인하여 그 이용자에게 위해를 끼칠 위험성이 있는 경우뿐만 아니라 그 영조물이 공공의 목적에 이용됨에 있어 그 이용상태 및 정도가 일정한 한도를 초과하여 제3자에게 사회통념상 참을 수 없는 피해를 입히는 경우까지 포함된다고 보아야 할 것</u>이고, 사회통념상 참을 수 있는 피해인지의 여부는 그 영조물의 공공성, 피해의 내용과 정도, 이를 방지하기 위하여 노력한 정도 등을 종합적으로 고려하여 판단하여야 한다.

[2] 소음 등을 포함한 공해 등의 위험지역으로 이주하여 들어가서 거주하는 경우와 같이 위험의 존재를 인식하면서 그로 인한 피해를 용인하며 접근한 것으로 볼 수 있는 경우에 그 피해가 직접 생명이나 신체에 관련된 것이 아니라 정신적 고통이나 생활방해의 정도에 그치고, 그 침해행위에 상당한 고도의 공공성이 인정되는 때에는 <u>위험에 접근한 후 실제로 입은 피해 정도가 위험에 접근할 당시에 인식하고 있었던 위험의 정도를 초과하는 것이거나 위험에 접근한 후에 그 위험이 특별히 증대하였다는 등의 특별한 사정이 없는 한 가해자의 면책을 인정하여야 하는 경우</u>도 있을 수 있을 것이나, 일반인이 공해 등의 위험지역으로 이주하여 거주하는 경우라고 하더라도 위험에 접근할 당시에 그러한 위험이 문제가 되고 있지 아니하였고, 그러한 위험이 존재하는 사실을 정확하게 알 수 없었으며, 그 밖에 위험에 접근하게 된 경위와 동기 등의 여러 가지 사정을 종합하여 그와 같은 위험의 존재를 인식하면서 굳이 위험으로 인한 피해를 용인하였다고 볼 수 없는 경우에

---

31 대법원 2007. 9. 21. 선고 2005다65678 판결.

는 그 책임이 감면되지 아니한다고 봄이 상당하다.32

┌─ 김포공항 소음에 대한 영조물책임 ─┐

[1] '영조물 설치 또는 관리의 하자'에 관한 <u>제3자의 수인한도의 기준을 결정함에 있어서는 일반적으로 침해되는 권리나 이익의 성질과 침해의 정도분만 아니라 침해행위가 갖는 공공성의 내용과 정도, 그 지역환경의 특수성, 공법적인 규제에 의하여 확보하려는 환경기준, 침해를 방지 또는 경감시키거나 손해를 회피할 방안의 유무 및 그 난이 정도 등 여러 사정을 종합적으로 고려하여 구체적 사건에 따라 개별적으로 결정하여야 한다.</u>

[2] 일반인이 공해 등의 위험지역으로 이주하여 거주하는 경우라고 하더라도 위험에 접근할 당시에 그러한 위험이 존재하는 사실을 정확하게 알 수 없는 경우가 많고, 그 밖에 위험에 접근하게 된 경위와 동기 등의 여러 가지 사정을 종합하여 그와 같은 위험의 존재를 인식하면서 굳이 위험으로 인한 피해를 용인하였다고 볼 수 없는 경우에는 손해배상액의 산정에 있어 형평의 원칙상 과실상계에 준하여 감액사유로 고려하는 것이 상당하다.33

2.4. 입증책임

영조물의 하자 유무는 당해 영조물의 구조·용법·입지환경·이용상황 등을 여러 사정을 종합적으로 참작하여 개별·구체적으로 그리고 객관적으로 판단해야 합니다. 이러한 영조물의 설치·관리 하자의 입증책임은 원칙적으로 원고에게 있습니다. 이와 관련 하자의 일응추정의 이론을 원용하여 하자의 입증을 완화해야 한다는 주장이 있습니다.34 한편 통설과 판례처럼 하자를 객관설적으로 파악하지 않고, 이를 주관설적으로 파악하면 입증이 곤란한 경우가 적지 않을 것이고 따라서 입증책임을 완화하는 이론적 보완이 절실히 요구될 것입니다. 대법원의 판례에 따르면, '객관적으로 보아 시간적·장소적으로 영조물의 기능상 결함으로 인한 손해발생의 예견가능성과 회피가능성이 없었는지'는 피고가 입증책임을 진다고 보아야 할 것입니다.35

3. 손해의 발생

영조물의 설치·관리상의 하자와 손해발생 사이에 상당인과관계가 있어야 하며

---

32 대법원 2004. 3. 12. 선고 2002다14242 판결.
33 대법원 2005. 1. 27. 선고 2003다49566 판결.
34 김도창, 일반행정법론(상), 642.
35 대법원 1998. 2. 10. 선고 97다32536 판결.

또 타인에게 발생한 손해여야 합니다. 이와 관련하여 대법원은, 영조물 설치·관리의 하자로 인한 사고란 비단 영조물의 설치·관리상 하자만이 손해발생의 원인이 되는 경우만을 말하는 것이 아니고, 다른 자연적 사실이나 제3자의 행위 또는 피해자의 행위와 경합하여 손해가 발생하더라도 영조물의 설치·관리상 하자가 공동원인의 하나가 되는 이상 그 손해는 그 설치·관리 하자에 의하여 발생한 것이라고 해석함이 상당하다고 판시하고 있습니다.36

4. 천재지변 등 불가항력에 따른 경우

천재지변(폭풍우·폭설·가뭄·지진·낙뢰 등)과 같이 인력으로 막을 수 없는 재난이 원인이 되어 영조물에 의한 손해가 발생한 경우에는 불가항력(höhere Gewalt)에 의한 경우로 면책사유가 된다고 보는 것이 일반적입니다.

이와 관련하여 100년 발생빈도의 강우량을 기준으로 책정된 계획홍수위를 초과하여 600년 또는 1,000년 발생빈도의 강우량에 의한 하천의 범람은 예측가능성 및 회피가능성이 없는 불가항력적인 재해로서 그 영조물의 관리청에게 책임을 물을 수 없다고 본 사례가 있습니다.

[1] 하천의 계획홍수위를 결정할 당시에 이미 간선도로의 건설이 상당정도 진척되어 있었던 경우 그 도로의 건설까지 고려하여 계획홍수위를 정하였을 가능성이 있는데다가, 관리청은 도로건설로 둔치가 정비되고 도로가 포장됨으로써 흐르는 유속이 빨라져 오히려 계획홍수위를 낮추는 효과가 있다고 주장하고 있으므로 도로의 건설로 다소 하천의 단면적이 감소된다고 하여 그것만으로 곧 수해의 위험성이 증대되는 것이 경험칙상 명백하다고 할 수는 없을 것이고 이 점은 증거에 의하여 확정하여야 한다고 한 사례.

[2] 자연영조물로서의 하천은 원래 이를 설치할 것인지 여부에 대한 선택의 여지가 없고, 위험을 내포한 상태에서 자연적으로 존재하고 있으며, 간단한 방법으로 위험상태를 제거할 수 없는 경우가 많고, 유수라고 하는 자연현상을 대상으로 하면서도 그 유수의 원천인 강우의 규모, 범위, 발생시기 등의 예측이나 홍수의 발생 작용 등의 예측이 곤란하고, 실제로 홍수가 어떤 작용을 하는지는 실험에 의한 파악이 거의 불가능하고 실제 홍수에 의하여 파악할 수밖에 없어 결국 과거의 홍수 경험을 토대로 하천관리를 할 수밖에 없는 특질이 있고, 또 국가나 하천관리청이 목표로 하는 하천의 개수작업을 완성함에 있어서는 막대한 예산을 필요로 하고, 대규모 공사가 되어 이를 완공하는 데 장기간이 소요되며, 치수의 수단은 강우의 특성과 하천 유역의 특성에 의하여 정해지는 것이므로 그 특성에 맞는 방법을 찾아내는 것은 오랜 경험이 필요하고 또 기상의 변화에 따라 최신의 과학기술에 의한 방법이 효용이 없을 수도 있는 등 그 관리상의 특수성도 있으므로 이와

---

36 대법원 2010. 3. 15. 선고 2008다53713 판결.

같은 관리상의 특질과 특수성을 감안한다면, 하천의 관리청이 관계 규정에 따라 설정한 계획홍수위를 변경시켜야 할 사정이 생기는 등 특별한 사정이 없는 한, 이미 존재하는 하천의 제방이 계획홍수위를 넘고 있다면 그 하천은 용도에 따라 통상 갖추어야 할 안전성을 갖추고 있다고 보아야 하고, 그와 같은 하천이 그 후 새로운 하천시설을 설치할 때 기준으로 삼기 위하여 제정한 '하천시설기준'이 정한 여유고를 확보하지 못하고 있다는 사정만으로 바로 안전성이 결여된 하자가 있다고 볼 수는 없다.[37]

물론 불가항력이 인정되는 경우에도 영조물이 통상적으로 요구되는 물적 안전성은 갖추고 있어야 한다는 것이 통설입니다.

> **[자연재해와 영조물하자]**
>
> 대법원은 산비탈부분이 집중호우로 견디지 못하고 도로 위로 무너져내려 차량 통행을 방해하여 사고가 난 사건에서 "이 사건 사고는 피고(대한민국)의 위 도로의 설치 또는 관리상의 하자로 인하여 일어난 것이라고 보아야 한다. 매년 비가 많이 오는 장마철을 겪고 있는 우리나라와 같은 기후의 여건 하에서 위와 같은 집중호우가 내렸다고 하여 전혀 예측할 수 없는 천재지변이라고 보기는 어렵다."고 판시한 바 있습니다.[38] 한편 대법원 2001. 7. 27. 선고 2000다56822 판결에서는 "가변차로에 설치된 신호등의 용도와 오작동시에 발생하는 사고의 위험성과 심각성을 감안할 때, 만일 원심이 본 바와 같이 가변차로에 설치된 두 개의 신호기에서 서로 모순되는 신호가 들어오는 고장을 예방할 방법이 없음에도 그와 같은 신호기를 설치하여 그와 같은 고장을 발생하게 한 것이라면, 그 고장이 자연재해 등 외부요인에 의한 불가항력에 기인한 것이 아닌 한 그 자체로 설치·관리자의 방호조치의무를 다하지 못한 것으로서 신호등이 그 용도에 따라 통상 갖추어야 할 안전성을 갖추지 못한 상태에 있었다고 할 것"이라고 판시한 바 있습니다.[39]

---

37 대법원 2003. 10. 23. 선고 2001다48057 판결.

38 대법원 1993. 6. 8. 선고 93다11678 판결(芝池義一, 行政救濟法講義, 有斐閣, 1996, 196-198 [45]-2).

39 참고로 대법원은 민법 제758조에 의한 공작물책임이 문제된 북악스카이웨이 도로붕괴사건에서 "공작물의 설치 및 보존의 하자라 함은 그 공작물의 축조 및 보존에 불완전한 흠이 있어 이 때문에 그 공작물 자체가 통상 갖추어야 할 안전성을 갖추지 못한 상태에 있음을 말하는 것이므로, 일반적으로 예상되는 천재지변의 상황에서까지도 항상 완전무결한 상태를 유지할 정도의 고도의 안전성을 갖추지 않았다 하여 그러한 경우까지도 그 공작물의 설치·보존에 하자있다고 할 수 없다."고 판시한 바 있습니다(대법원 1978. 2. 14. 선고 76다1530 판결).

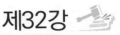

제32강
공용침해로 손실을 입었을 때, 보상은?

　우리나라 헌법은 건국 이래 계속 재산권을 보장하고 있습니다. 재산권은 사유재산제를 전제로 합니다. 재산권 보장은 우리나라 헌법의 정체성을 구성하는 본질적 구성부분입니다. 물론 헌법이 보장하는 재산권은 절대적인 것은 아니지요. 사회 전체의 공익 또는 공공복리를 위하여 제한될 수도 있기 때문입니다. 그러나 공익을 위한 재산권 제한이 불가피한 경우에도 그에 대한 손실을 전혀 보상해 주지 않는다면 이는 재산권의 본질적 부분을 침해하는 결과가 되어 헌법상 사유재산제도의 보장을 공허한 약속으로 전락시키게 될 것입니다. 자신이 소유하던 토지가 종전의 하천법 규정에 따라 하천구역으로 편입되어 국유로 되었지만 그에 대한 보상규정이 없다는 이유로 보상을 받지 못한 토지소유자에게 재산권 보장은 공염불이 되겠지요. 그렇다면 공익사업으로 재산권을 침해당하거나 제한받게 될 때 손실보상을 받을 수 있는 방법은 무엇일까요? 여기서 국가배상과 더불어 국가보상법의 양대 축을 이루는 행정상 손실보상 문제를 만나게 됩니다.

I. 행정상 손실보상

　행정상 손실보상이란 공공필요에 의한 공권력행사로 인해 국민의 재산에 가해진 특별한 손해에 대하여 전체적인 평등부담의 견지에서 행해지는 재산적 보상을 말합니다. 행정상 손실보상은 전술한 바와 같이 국가배상과 더불어 행정상 손해전보체계의 양대 축을 이룹니다.

일반적으로 손실보상의 의의는 첫째, 적법한 행위로 인한 재산권침해에 대한 보상이라는 점, 둘째, 공권력행사로 인한 손실의 보상이라는 점, 셋째, 특별한 희생에 대한 조절적 보상이라는 데 있다고 이해됩니다. 그러나 이들 요소 중 앞의 두 가지는 손실보상의 의의와도 전혀 무관한 것은 아니나 오히려 손실보상의 요건에 속하는 것이라고 보는 것이 보다 합당합니다. 이렇게 보면 손실보상의 의의는 결국 공공필요에 의해 사인의 재산권에 대해 가해진 특별한 희생을 사회전체의 부담으로 돌려 보상한다는 조절적 보상제도라는 점에서 찾을 수 있을 것입니다. 손실보상은 헌법상 재산권에 대한 사회적 제약(공공복리적합의무), 즉 재산권의 내재적 한계를 넘어서는 특별한 희생에 대한 보상입니다. 공공필요에 의해 특정인에게 가해진 이러한 특별한 희생은 사회전체가 공평하게 부담하지 않으면 안 됩니다. 손실보상제도는 이러한 '공적 부담 앞의 평등' 원칙과 재산권보장의 이념에 기초한 행정구제제도라 할 수 있습니다.

II. 행정상 손실보상의 근거

행정상 손실보상의 문제는 현대적 복지국가 헌법에서 인정되고 있는 재산권의 보장 및 사회적 제약(내재적 한계)를 전제로 합니다. 헌법 제23조 제3항은 "공공필요에 의한 재산권의 수용·사용·제한 및 그 보상은 법률로써 하되, 정당한 보상을 지급하여야 한다."고 규정함으로써 손실보상의 헌법적 근거를 명시하고 있습니다. 이러한 규정과 관련하여 어떠한 이유에서 공공필요에 의한 공용침해에 대해 손실보상이 주어져야만 하는가, 즉 손실보상의 근거를 이론적으로 설명하는 것이 문제됩니다. 한편 이러한 손실보상의 헌법적 근거를 바탕으로 각종의 개별법들이 공용수용의 법률적 근거, 요건 및 보상에 관한 규정을 두고 있는 경우에는 이에 따라 손실보상이 주어지는 데 비해, 관계법률에 보상에 관한 규정이 없는 경우 재산권의 침해를 받은 개인이 이 헌법규정을 근거로 하여 직접 보상을 청구할 수 있는지가 헌법 제23조 제3항의 법적 성질과 관련하여 문제됩니다.

1. 손실보상의 이론적 근거

1.1. 학설

손실보상의 근거를 설명하기 위한 이론으로는 다음과 같은 세 가지 학설이 있습니다.

(1) 기득권설

자연법에 의해 주어진 기득권(ius quaesita)은 불가침이고 예외적으로 국가적 긴급사유(ius eminens)에 의한 침해는 보상을 조건으로 하여 허용되며 그러한 기득권에 재산권이 해당된다는 절대주의 시대의 견해입니다.[1] 이 학설은 오늘날 근대적 주권 관념이 형성됨에 따라 기득권 불가침원칙 자체가 포기되었다는 점에서 더 이상 타당성을 유지할 수 없습니다.

(2) 은혜설

극단적인 공익 우선 및 국가권력 절대주의에서 출발하여 공익을 위해 법률에 의한 재산권침해를 당연시하며 따라서 보상은 국가에 의해 주어지는 은혜에 불과한 것이라고 보는 견해지만 이러한 '공익절대주의'가 오늘날 더 이상 타당할 수 없음은 당연합니다.

(3) 특별희생설

공익을 위하여 개인에게 부과된 특별한 희생은 이를 전체의 부담으로 하여 보상하는 것이 정의와 공평에 합치되며, 따라서 손실보상은 특별희생 즉 불평등한 부담을 평등한 부담으로 전화하여 보상함으로써 재산권보장 및 법률생활의 안정을 확보하여 주는데 그 존재이유를 둔다고 합니다. 이 견해는 프랑스 국가보상법의 대원칙으로 확립된 공적 부담 앞의 평등원칙으로 표현되었고 우리 헌법 제11조의 평등원칙이 이러한 의미에서 공적 부담 앞의 평등원칙을 포함하는 것으로 새기는 이상 우리

---

1 이 견해는 1794년 프로이센의 일반란트법(Allgemeines Landrecht für die preußischen Staaten vom 5.2.1794) 총칙 제74, 제75조의 사상적인 배경으로 나타났다고 합니다.

나라에서도 일반적으로 받아들여지고 있습니다.

(4) 평가: 재산권보장 및 공익과 사익의 조화

손실보상제도는 특별희생설 또는 '공적 부담 앞의 평등'원칙에 그 이론적 근거(존재이유)를 두는 것으로 볼 수 있습니다. 그러나 손실, 즉 재산권 침해 결과의 특별희생으로서의 성질이나 공적 부담 앞의 평등 위배라는 측면 못지않게 강조되어야 할 측면이 있습니다. 그것은 근대헌법 이래로 각국의 헌법이 확인하고 있는 재산권보장의 이념과 재산권을 둘러싼 공익과 사익의 대립·조화라는 측면입니다. 첫째, 손실보상제도는 헌법상 재산권보장의 필수적 요소로서 그 존재이유를 가집니다. 물론 헌법이 보장하고 있는 재산권은 절대적인 것은 아닙니다. 그것은 그보다 더 우월한 사회 전체의 공익 또는 공공복리를 위하여 제한될 수 있습니다. 그러나 설령 공익을 위하여 재산권이 침해된 경우에도 전혀 아무런 손실보상이 주어지지 않는다면 이는 재산권의 본질적 부분을 침해하는 결과가 되어, 결국 헌법상 사유재산제도의 보장을 공동화하고 말 것입니다. 그런 결과는 헌법상 재산권보장을 공허한 약속에 불과한 것으로 전락시킬 것이고 동시에 기본권제한의 한계에 관한 헌법 제37조 제2항의 원칙, 헌법 제11조의 평등원칙, 나아가 제10조의 인간의 존엄과 가치 등의 헌법원칙과도 조화될 수 없습니다. 그러므로 손실보상제도는 재산권보장의 상대화를 전제로 하면서도 공익을 이유로 한 재산권침해에 대하여 안전판을 제공하는 재산권보장의 담보체계로서의 의미를 갖는 것이지요. 여기서 두번째, 손실보상제도의 존재이유가 도출됩니다. 즉 손실보상제도는 재산권에 내재하는 사회적 제약과 그것을 넘는 공익상 재산권침해 간에 한계를 설정함으로써 재산권을 둘러싼 공익과 사익의 대립·충돌을 조정하기 위한 재산권보장의 조정체계로서 의미를 가집니다. 그것은 공공복리를 이유로 한 재산권에 대한 제약이 더 이상 보상 없이는 허용될 수 없는 한계를 설정하여 그 한계를 넘는 재산권침해에 대하여 재산권을 침해당한 자가 공동체의 구성원으로서 자기가 부담해야 할 몫을 넘어서는 부분에 대한 가치를 전보함으로써 공익과 사익의 조화를 꾀합니다. 이러한 조정메카니즘 역시 재산권보장의 실질적 구현에 복무하는 기능을 합니다. 이렇게 볼 때 손실보상의 존재이유는 특별희생의 조절적 전보, 공적 부담 앞의 평등을 통하여 헌법상 재산권보장을 실질적으로 담보하고 공익과 사익의 조화를 달성하려는 데 있다고 할 수 있습니다.

2. 손실보상의 법적 근거: 헌법 제23조 제3항의 법적 효력

헌법 제23조 제3항은 "공공필요에 의한 재산권의 수용·사용·제한 및 그 보상은 법률로써 하되, 정당한 보상을 지급하여야 한다."고 규정합니다. 이를 바탕으로 각종 단행법들이 공용수용의 법률적 근거, 요건 및 보상에 관한 규정을 두고 있는 경우에는 이에 따라 손실보상이 주어질 것이므로 문제가 없습니다. 그러나 이들 관계법률에 보상에 관한 규정이 없는 경우 재산권의 침해를 받은 개인이 이 헌법규정을 근거로 하여 직접 보상을 청구할 수 있는지가 헌법 제23조 제3항의 법적 성질과 관련하여 문제됩니다.

2.1. 학설

헌법 제23조 제3항의 법적 성질에 관하여는 다음과 같은 학설들이 대립합니다. 쟁점은 보상규정없는 법률에 의한 재산권의 수용·사용·제한이 행해진 경우 헌법 제23조 제3항을 근거로 직접 손실보상청구권을 행사할 수 있는지로 모아집니다.

(1) 방침규정설

손실보상에 관한 헌법규정은 이른바 입법의 방침을 정한 데 불과하므로 손실보상의 구체적 내용이 법률로써 정해져 있어야만 손실보상청구권이 성립한다고 보는 견해입니다.

(2) 직접효력설

손실보상에 관한 헌법규정은 국민이 이를 근거로 손실보상청구권을 행사할 수 있는 직접적 효력을 갖는다고 보는 입장입니다.[2] 즉 공공필요에 의한 재산권의 수용·사용·제한을 수권하는 법률이 보상규정을 두지 않은 경우에도 헌법 제23조 제3

---

2 김동희 교수(행정법 I, 508)는 직접효력설의 입장에 의하는 경우에도 다수설은 헌법 제23조 제3항이 "수용·사용·제한 및 그 보상은 법률로써 하되"라고 규정하고 있어 법률에 보상규정이 없는 경우 헌법 제23조 제3항에 기하여 직접 보상을 청구할 수는 없는 것으로 본다고 서술하고 있습니다.

항을 근거로 직접 손실보상청구권을 행사할 수 있다고 합니다.3

(3) 위헌무효설

헌법 제23조 제3항에도 불구하고 보상규정이 없는 법률에 의해 수용·사용·제한이 이루어졌을 때에는 그 법률은 위헌무효라는 견해입니다.4 이 견해를 취하는 학자들은 대부분 보상규정을 두지 않은 법률에 의한 수용·사용·제한은 법적 근거가 없는 위법한 작용이 되므로 이에 대하여 국가배상을 청구함으로써 문제를 해결하여야 한다고 주장합니다.5

(4) 간접효력설 또는 유추적용설

공용침해에 관한 보상규정이 없는 경우 헌법 제23조 제1항(재산권보장) 및 제11조(평등원칙)에 근거하고 헌법 제23조 제3항 및 관계규정의 유추해석을 통하여 보상을 청구할 수 있다고 보는 견해입니다.6 이를 주장하는 문헌 중에는 독일의 수용유사침해이론을 도입하여 문제를 해결하고자 하는 견해가 주류를 이룹니다.7

2.2. 판례

판례의 입장은 종래에는 일관되지 못했습니다. 대법원은 1967년 11월 2일의 전원합의부 판결(67다1334)에서 "이 헌법에서 말하는 정당한 보상이라는 취지는 그 손실보상액의 결정에 있어서 객관적인 가치를 완전하게 보상해야 한다는 취지일 뿐만 아니라, 한 걸음 나아가서 그 보상의 시기, 방법 등에 있어서 어떠한 제한을 받아서는

---

3 김동희, 행정법 I, 508.
4 김도창, 일반행정법론(上), 600: 이상규, 신행정법론(上), 574−575; 박윤흔, 행정법강의(上), 729; 류지태, 행정법신론, 355.
5 이상규, 행정법(上), 575; 류지태, 행정법신론, 355..
6 이 견해는 '간접효력규정설'(홍정선, 행정법원론(上), 537) 또는 유추적용설(김동희, 행정법 I, 508−510)로 일컬어집니다. 김남진, 행정법 I, 605; 서원우, 고시계 1990/4, 101; 석종현, 일반행정법(上), 671.
7 김남진교수(행정법 I, 605)는 '헌법이 「보상은 법률로써 하되」라고 규정한 것은, 보상의 구체적 내용이나 방법을 법률에 유보한 것으로 새길 수 있으며, 보상의 여부까지 법률에 유보한 것으로 해석할 필요가 없다'고 하면서 직접효력설에 대해서도 공감을 표시하고 있습니다.

아니 된다는 것을 의미한다고 풀이해야 된다. …… 요컨대, 본 건 징발보상금청구권은 징발보상위원회의 사정이 없더라도 곧 발생된다고 보는 것이 정당한 해석이라고 할 것"이라고 판시하여 직접효력설을 취했으나, 이후 1976년 10월 12일 판결(76다1443)에서는 "개정헌법 시행후에 있어서는 개정전 헌법 제20조 3항의 경우와는 달리, 손실보상을 청구하려면 그 손실보상의 기준과 방법을 정한 法律에 의해서만 가능하다고 풀이하여야 할 것이므로, 원심이 손실보상의 기준과 방법을 정한 법률이 없더라도 손실보상청구가 가능하고 이러한 손실보상은 민사법원이 정하는 바에 의한다는 취지로 판단하였음은 개정헌법 제20조 3항의 규정을 잘못 적용한 것이다."라고 판시함으로써 직접효력설을 명시적으로 포기하였습니다.8 이후 대법원은 1978년 3월 14일 판결(76다1529)에서 사유지가 보상 없이 경찰서부지로 된 사건에서 국가배상의 청구를 인정함으로써 혹 위헌무효설을 취한 것이 아닌가 하는 관측을 불러일으켰고, 또 국유화된 제외지(提外地)의 소유자에 대한 손실보상규정이 없더라도 하천법 제74조의 법의를 유추적용하여 손실을 보상해 주어야 한다고 판시함으로써9 이른바 간접효력설 또는 유추적용설이 주장될 계기를 제공하기도 하였습니다.10

[관련판례]

대법원은 1987년 국유화된 제외지의 소유자에 대한 손실보상규정이 없더라도 하천법 제74조의 법의를 유추적용하여 손실을 보상해 주어야 한다고 판시한 바 있습니다. 즉 "하천법(1971. 1. 19 법률 제2292호로 개정된 것) 제2조 제1항 2호, 제3조에 의하면, 제외지는 하천구역에 속하는 토지로서 법률의 규정에 의하여 당연히 그 소유권이 국가에 귀속된다고 할 것인 바, 한편 동법에서는 위 법의 시행으로 인하여 국유화가 된 제외지의 소유자에 대하여 그 손실을 보상한다는 직접적인 보상규정을 둔 바 없으나, 동법 제74조의 손실보상요건에 관한 규정은 보상사유를 제한적으로

8　이에 관해서는 김철수, '판례비평', 법률신문 1976. 12. 6을 참조.
9　대법원 1987. 7. 21. 선고 84누126 판결.
10　한편 우리나라 대법원이 일관성없이 판결하고 있다는 비판(홍정선, 행정법원론(上), 1995, 537)에 대하여 대법원의 판례가 1972년 유신헌법 제20조 제3항의 개정 이후 일관되어 왔다는 반론이 있습니다(김철용, "계획제한과 손실보상의 실정법적 근거", 고시연구 1996/1, 132-134). 그러나 여기서 인용된 판례중 대법원 1987. 7. 21. 선고 84누126 판결을 유추적용의 예로 볼 것인지 여부와는 무관하게, 대법원 1990. 5. 8. 선고 89부2 결정과 대법원 1992. 11. 24. 선고 92부14 결정 등은 문제된 재산권의 제한이 공공복리에 적합한 것이라 판단하여 위헌이 아님을 확인한 것일 뿐 헌법 제23조 제3항의 직접적 효력을 부인하거나 동 조항을 위헌무효설이 전제로 삼는 불가분조항으로 본 것인지는 의문입니다. 나아가 대법원 1993. 10. 26. 선고 93다6409 판결은 수용유사침해이론의 채택여부를 판단하지 아니하였으므로, 이를 위헌무효설의 입장을 취한 예로 인용한 것은 옳지 않습니다.

열거한 것이라기보다는 예시적으로 열거하고 있으므로 국유로 된 제외지의 소유자에 대하여는 위 법의를 유추적용하여 관리청은 그 손실을 보상하여야 한다."고 판시한 것입니다. 이것은 이후 간접 효력설 또는 유추적용설이 제기될 수 있는 계기를 제공했습니다.[11] 반면 대법원은 구 토지수용법 상 보상을 함이 없이 수용목적물에 대한 공사 등으로 토지소유자 또는 관계인에게 손해를 입힌 경우 이를 불법행위를 구성하는 것으로 보아 손해배상책임을 인정했고,[12] 또 토지구획정리사업법상 사도 등 사유지에 대하여 환지를 지정하지 않고 또 청산금도 지급하지 않고서 행한 환지처분에 대하여 '사유지에 대하여 환지를 지정하지 아니한 것은 위 법규상 어쩔 수 없으나 거기에서 더 나아가 청산금도 지급하지 아니한 채 구획정리사업을 마치고 환지처분의 확정공고를 함으로써 그 토지에 대한 소유권을 상실시킨 것은 토지소유자에 대하여 불법행위를 구성하므로 토지구획정리사업시행자는 청산금 상당액의 손해를 배상할 책임이 있다."고 판시한 바 있습니다.[13] 그러나 이들 판례는 어디까지나 구 토지수용법이나 토지구획정리사업법 등 관계법상 보상규정이 있음을 전제로 그러한 규정에 반하여 보상을 하지 않은 경우에 관한 것이므로 이것을 가지고 대법원의 입장을 보상규정을 두지 않은 법률에 의한 공용침해의 경우 손해배상책임을 인정하는 것으로 보기에는 불충분합니다.

그러나 헌법재판소는 미군정청의 군정법령 제75호에 의하여 수용된 사설철도회사의 주식 및 보상청구권양수인에 의해 제기된 헌법소원심판사건에서 입법자가 법령에 의한 수용에 대하여 그 보상에 관한 법률을 제정하여야 하는 헌법상 명시된 입법의무를 이행하지 않고 있는 것은 입법부작위로서 위헌이라고 판시하여 위헌무효설에 근접하는 입장을 표명한 바 있습니다.[14] 헌법재판소가 이 결정에서 "대한민국의 법령에 의한 수용은 있었으나 그에 대한 보상을 실시할 수 있는 절차를 규정하는 법률이 없는 상태가 현재까지 계속되고 있어", "그 보상에 관한 법률을 제정하여야 하는 입법자의 헌법상 명시된 입법의무가 발생하였고, 대한민국은 그 의무를 이행하지 아니하고 있다 할 것"이라고 판시한 것은 그 한도 내에서, 사실상 위헌무효설의 실질적 논리를 수용한 것이라고 볼 수 있습니다.[15]

---

11 대법원 1987. 7. 21. 선고 84누126 판결. 그러나 이 판결은 비록 '유추적용'이란 표현을 사용하고는 있으나 실제로는 유추적용을 인정한 것이 아니고 하천법 제74조를 직접 적용하여 제외지에 대한 보상을 인정한 것이라고 보는 견해도 있습니다(박윤흔, "계획제한과 손실보상", 고시계 1995/8, 138).

12 대법원 1988. 11. 3. 선고 88마850 결정.

13 대법원 1991. 2. 22. 선고 90다16474 판결.

14 헌법재판소 1994. 12. 29. 선고 89헌마2 결정(판례월보 294호, 1995/3, 58).

15 이러한 태도는 헌법재판소 1994. 6. 30. 선고 92헌가18 결정(전원재판부, 헌재공보 94, 374)에서도 엿보입니다.

"가. 군정법령은 제헌헌법부칙 제100조에 따라 폐지전까지 대한민국의 법령으로서 유효하였으므로 군정법령 제75호에 의하여 이루어진 사설철도회사의 수용은 대한민국에 의한 수용으로 보아야 하고, 동 법령은 수용재산에 대한 소유권귀속주체와 보상의무자를 "조선정부"로 정하였으므로 이 사건 수용은 헌법 제23조 제2항 소정의 "수용"에 해당한다 할 것인데, 동 법령 제4조 및 제5조에 따른 보상절차가 이루어지지 않은 단계에서 폐지법률에 의거 군정법령이 폐지됨으로써 <u>대한민국에 의한 수용은 있었으나 그에 대한 보상을 실시할 수 있는 절차를 규정하는 법률이 없는 상태가 현재까지 계속되고 있다고 할 것이어서, 결국 대한민국의 법률에 근거한 수용에 대하여 그 보상에 관한 법률을 제정하여야 하는 입법자의 헌법상 명시된 입법의무가 발생하였고 대한민국은 그 의무를 이행하지 아니하는 경우에 해당한다</u> 할 것이다.

나. <u>입법자에게 헌법상 입법의무가 있는 경우에도 입법자에게는 입법형성의 자유 또는 입법재량이 인정되므로 입법의 시기 역시 입법자가 자유로이 정할 수 있음이 원칙이라 할 것이나, 가령 입법자가 입법을 하지 않기로 결의하거나 상당기간 내에 입법을 하지 않는 경우에도 입법재량의 한계를 넘는 것이 되어 위헌으로 인정된다</u> 할 것인 바, 이 사건의 경우 사설철도회사의 재산수용에 관한 보상절차규정을 두고 있던 군정법령이 폐지됨으로써 재산수용에 대한 보상절차에 관한 법률이 없게 되어 위 회사의 재산관계권리자 가운데 손실보상청구권을 가진 자 및 이를 승계취득한 청구인이 국가로부터 보상을 받을 길이 없게 되었음에도 30 여년이 지나도록 그 보상을 위한 입법조치를 취하지 않고 있음은 입법자의 형성의 자유의 한계를 넘는 것으로 청구인의 헌법상 보장된 재산권을 침해하여 위헌이라 할 것이다."[16]

그러나 헌법재판소는 단지 입법부작위가 위헌임을 판단했을 뿐 과거의 수용처분이 위헌무효라거나 대한민국정부의 보상거부가 위법이라고는 판단한 것은 아닙니다. 오히려 헌법재판소는 일단 당해 수용처분 자체는 적법했다는 전제에서 출발하고 있는 것으로 보입니다. 이는 위헌무효설중 우리나라 헌법 제23조 제3항을 독일 기본법 제14조 제3항과 같은 불가분조항으로 파악하는 견해가 보상규정을 결여한 법률 자체가 전부 위헌무효라고 주장하는 것과는 사뭇 다른 입장이어서 관심을 끕니다. 그 결과 위헌무효설이 주장하는 바와 같이 당해 수용처분 자체에 대하여 그 위헌을 이유로 한 취소소송[17]이나 국가배상을 통한 구제가 인정될 수 있게 된 것인지는 극

---

16 헌법재판소 1994. 12. 29. 선고 89헌마2 결정.

17 위헌무효설은 재산권의 수용·사용·제한을 수권하면서 보상규정을 결여한 법률이 위헌무효라고 하는데 그 결과 이 법률에 의한 공용침해행위도 위헌무효라는 것인지 아니면 그 침해행위가 성공적으로 취소되는 경우에 결국 무효로 돌아간다는 것인지를 분명히 할 필요가 있습니다. 위헌무효설이 취소소송이나 국가배상을 구제방법으로 고려하고 있는 것을 보면 아마도 보상규정을 결여한 공용침해행위 자체는 당연무효가 아니라는 견지에 선 것으로 보입니다. 이와 관련하여 대법원이 처분이 위헌으로 결정된 법률에 의하여 행해진 경우 그 처분은 당연무효가 아니라 취소할 수 있는 위법한 처분에 불과하다고 판시한 바 있으나 그 타당성이 논란되고 있고 또 손실보상의 경우 위헌무효설이 주장하듯 헌법 제23조 제3항이 불가

히 의문스럽습니다. 이 사건의 경우 이미 30년 전에 행해진 수용처분에 대한 취소소송은 아예 고려의 대상이 될 수 없을 것이고, 국가배상의 경우에도 헌법재판소가 수용처분 자체의 위헌을 확인하고 있지 않은 이상 법령위반의 요건이 충족되기 어려울 뿐 아니라 소멸시효[18] 등으로 인하여 국가배상청구권이 성립할 여지가 없다고 볼 수밖에 없을 것이기 때문입니다. 반면 헌법재판소의 이 사건 결정이 보상입법의무의 불이행의 위헌을 선언한 것이 결과적으로 청구인에게 대한민국정부에 대하여 손실보상청구권의 행사를 가능케 한 것인지도 분명하지는 않습니다. 엄밀히 본다면, 헌법재판소의 이 사건 결정은 이미 구체화된 손실보상청구권에 관하여 그 보상절차에 관한 입법이 이루지지 않은 것을 위헌이라고 판시했을 뿐 폐지법률에 의해 보상규정이 없는 것과 같은 상태가 됨으로 말미암아 수용처분 자체가 위헌이라고는 판단하지 않았으므로, 그 한도에서 위헌무효설의 논거를 전폭적으로 수용한 것으로는 해석할 수 없습니다. 아무튼 전체적으로 이 사건 결정의 논지가 직접효력설과 거리가 멀었던 것만은 분명합니다.

　　그러던 중 헌법재판소는 1998. 12. 24. 선고 89헌마214 결정을 통해 구도시계획법 제21조에 규정된 개발제한구역제도 그 자체는 원칙적으로 합헌적인 규정이지만, 개발제한구역의 지정으로 말미암아 일부 토지소유자에게 사회적 제약의 범위를 넘는 가혹한 부담이 발생하는 예외적인 경우에 대하여 보상규정을 두지 않은 것은 위헌이라는 헌법불합치결정을 내림으로써 보다 분명히 위헌무효설의 입장을 천명했습니다.

분조항이라면 그 요구를 충족시키지 못하는 법률에 의한 수용처분등의 위헌성은 중대하고 명백한 것이라고 보아야 하지 않는가라는 의문이 생기지 않을 수 없습니다. 위헌무효설이 문제의 이러한 측면을 분명히 밝히지 않는 것은 실제적인 권리구제의 측면을 충분히 해명하지 않는 측면과 함께 그 이론이 지닌 한계를 보여주는 증거입니다.

18　이와 관련하여 대법원은 '국가배상법 제2조 제1항 본문 전단 규정에 따른 배상책임을 묻는 사건에 대하여는 동법 8조의 규정에 의하여 민법 766조 소정의 단기소멸시효제도가 적용되는 것'이라고 판시한 바 있다(대법원 1989. 11. 14. 선고 88다카32500 판결. 물론 소멸시효 시기(始期)의 확정이 논란될 여지는 있지만, 대법원은 같은 판결에서 "여기서 가해자를 안다는 것은 피해자가 가해 공무원이 국가 또는 지방자치단체와의 간에 공법상 근무관계가 있다는 사실을 알고, 또한 일반인이 당해 공무원의 불법행위가 국가 또는 지방자치단체의 직무를 집행함에 있어서 행해진 것이라고 판단하기에 족한 사실까지도 인식하는 것을 의미한다."고 판시하고 있어 수용처분 자체에 관한 한 국가배상요건이 충족된다 하더라도 소멸시효에 의해 이를 행사할 수 없게 될 가능성이 큽니다.

구도시계획법 제21조의 규정에 의한 개발제한구역 지정과 손실보상

　"도시계획법 제21조에 의한 재산권의 제한은 개발제한구역으로 지정된 토지를 원칙적으로 지정 당시의 지목과 토지현황에 의한 이용방법에 따라 사용할 수 있는 한, 재산권에 내재하는 사회적 제약을 비례의 원칙에 합치하게 합헌적으로 구체화한 것이라고 할 것이나, 종래의 지목과 토지현황에 의한 이용방법에 따른 토지의 사용도 할 수 없거나 실질적으로 사용·수익을 전혀 할 수 없는 예외적인 경우에도 아무런 보상없이 이를 감수하도록 하고 있는 한, 비례의 원칙에 위반되어 당해 토지소유자의 재산권을 과도하게 침해하는 것으로서 헌법에 위반된다.

　입법자가 도시계획법 제21조를 통하여 국민의 재산권을 비례의 원칙에 부합하게 합헌적으로 제한하기 위해서는, 수인의 한계를 넘어 가혹한 부담이 발생하는 예외적인 경우에는 이를 완화하는 보상규정을 두어야 한다. 이러한 보상규정은 입법자가 헌법 제23조 제1항 및 제2항에 의하여 재산권의 내용을 구체적으로 형성하고 공공의 이익을 위하여 재산권을 제한하는 과정에서 이를 합헌적으로 규율하기 위하여 두어야 하는 규정이다. 재산권의 침해와 공익간의 비례성을 다시 회복하기 위한 방법은 헌법상 반드시 금전보상만을 해야 하는 것은 아니다. 입법자는 지정의 해제 또는 토지매수청구권제도와 같이 금전보상에 갈음하거나 기타 손실을 완화할 수 있는 제도를 보완하는 등 여러 가지 다른 방법을 사용할 수 있다."[19]

2.3. 비판과 결론

　헌법 제23조 제3항의 법적 성질을 판단하기 위해서는 우선 이 조항이 공용침해의 허용성과 손실보상의 필요성 양자에 관련된다는 점을 인식할 필요가 있습니다. 첫째, 헌법 제23조 제3항의 전단은 "공공필요에 의한 재산권의 수용·사용·제한"은 법률로써 할 것을 규정하고 있으므로 법률의 근거 없는 공용침해는 바로 이 헌법조항에 따라 허용되지 않습니다(법률에 의한 공용침해의 허용성). 둘째, 이러한 공용침해로 인한 "보상" 또한 법률로써 해야 하며(제23조 제3항 전단) "정당한 보상을 지급해야 한다."(같은 항 후단)는 것이 또한 헌법의 요구입니다(손실보상의 필요성). 전자의 경우 법률의 근거없이 이루어진 공용침해는 당연히 헌법에 위배되어 위법한 재산권침해라고 보지 않으면 안 됩니다.[20] 문제는 보상규정을 두지 않은 법률에 의한 공용침해가 있

19　헌법재판소 1998. 12. 24. 선고 89헌마214 전원재판부 결정(도시계획법 제21조에 대한 위헌소원).

20　일찍이 대법원이 "우리나라 헌법이 재산권보장을 명정하였던 만큼, 제헌 후 아직 징발에 관한 법률이 규정되기 전에 6·25사변이 발발되었고, 그로 인한 군사상의 긴급한 필요에 의하여 국민의 재산권이 수용 또는 사용되게 되었던 것이라 할지라도 그 수용 또는 사용이 법률의 근거 없이 이루어진 것인 경우에는 그것을 재산권자에 대한 관계에 있어서는 불법행위라고 하지 않을 수 없다."(대법원 1966. 10. 18. 선고 66다1715 판결(특1편, 29))라고 함으로써 법률의 근거 없이 이루어진 수용 또는 사용을 불법행위로 본 것은 이러한 의미에서 타당합니다.

었을 경우 피해자는 어떠한 방법으로 구제를 받을 수 있는가에 있습니다. 손실보상의 법적 근거 또는 헌법 제23조 제3항의 법적 성질에 관한 이제까지의 학설대립은 주로 보상규정을 두지 않은 근거법률에 의해 재산권이 침해된 경우를 둘러싸고 진행되어 온 것이 사실입니다. 먼저 헌법의 (재판)규범적 성격을 단순한 목적론적 해석논리에 의해 몰각시키는 방침규정설이 더 이상 타당성을 갖지 못한다는 점은 말할 나위가 없습니다. 또 실제로 이 견해를 주장하는 학자도 거의 없습니다.

위헌무효설은 일단 그 논리적 일관성면에서는 타당하다고 볼 수 있습니다. 또 위헌무효설이 주장하는 바와 같이 피해자에게 국가배상이 주어진다면, 설사 이 경우 별도로 손실보상청구권이 부인된다고 할지라도, 그 한도 내에서 피해자구제의 측면이 소홀해 질 우려는 없습니다. 그러나 이 경우 국가배상법 제2조의 배상책임의 성립요건이 충족될 수 있는지가 문제입니다.

반면 우리나라 헌법 제23조 제1항과 제3항을 각각 독일 기본법 제14조 제1항과 제3항처럼 존속보장과 가치보장으로 준별하여 제1항은 '재산권의 가치보장의 문제인 손실보상에 관한 규정으로 될 수 없다'고 하는 것은, 적어도 독일 연방헌법재판소의 자갈채취사건결정에서 표명된 독일 기본법 제14조 제1항과 제3항간의 분리모델(Trennungsmodell)[21]을 우리나라 헌법에 직접 대입할 수 없다는 점에서, 타당하다고 보기 어렵습니다.

손실보상청구권의 헌법적 성립을 인정하는 의미에서 직접효력설을 취하는 경우에도 난점이 없는 것은 아닙니다. 즉, 직접효력설에 의할 경우, 법률에 보상규정이 없을 경우 이러한 헌법규정들을 근거로 법원에 보상을 청구하였을 때 법원이 이를 어떻게 판단할 것인가 하는 난점(즉 행사의 문제)이 남습니다. 이것은 법원이 권력분립상 원칙적으로 법형성기능을 갖고 있지 못하다는 점에서 결코 소홀히 지나칠 수 없는 문제점입니다. 따라서 앞에서 본 직접효력설의 논리가 만일 이 경우 헌법상의 규정을 근거로 행사된 손실보상청구소송에서 어떠한 형태로든 법원이 보상규정의 흠결을 보충하여, 다시 말해서 실질적인 법형성기능을 행사하여 보상을 인정해야 한다는 것이라면 이는 사실상 무리가 아닐 수 없습니다. 그러나 그렇다고 이를 이유로 막

---

21 이를 '**분리이론**'(Trennunstheorie)이라고도 부르고, 그 반대입장, 즉 '재산권내용규정으로 구체화된 사회적 기속을 넘어서는 재산권침해는 보상을 요하는 공용수용에 해당한다'는 독일 연방민사법원이 견지해 온 판례태도를 '**경계이론**'(Schwellentheorie)이라고 부릅니다.

바로 당해 근거법률의 위헌판단에로 나아가 문제를 국가배상차원으로 전환시키거나 이른바 수용유사침해의 법리에 의존하여 해결해야 한다는 것은 아닙니다. 물론 우리나라 헌법의 이 규정을 『수용＝동일법률에 의한 침해＋보상』이라는 공식으로 표현되는 독일의 불가분조항(Junktimklausel)과 같은 의미로 해석할 여지22가 전혀 없지는 않을지라도, 보상에 관한 법규정의 해석을 통한 문제해결 가능성을 일거에 부정하는 것은 성급하다고 볼 수밖에 없습니다.

> **참고사항: 수용유사침해보상과 자갈채취사건결정**
>
> 〈수용유사침해보상〉
> 연방법원은 1952년 6월 10일 전원합의부판결(Beschluß vom 10. Juni 1952 -GSZ 2/52 -: BGHZ 6, 270) 이래 일관되게 '당연해석'(Erst-Recht-Schluß)을 통해 국가가 위법하게 재산적 가치있는 시민의 권리를 침해한 경우에는 이를 "수용과 동등한 침해"(수용유사적 침해)로 보고, 적법한 행정작용의 부수적 결과로서 발생한 예기치 못한 비정형적 재산권침해는 이를 "수용적 침해"로 보아 각각 상응하는 손실보상을 해주어야 한다는 판례이론을 견지해 왔는데 이것이 이른바 '수용유사침해 및 수용적 침해 보상의 이론'입니다.
>
> 〈독일 연방헌법재판소의 자갈채취사건결정〉
> 확장된 수용개념에 입각한 연방법원의 판례이론은 1981년 7월 15일 聯邦憲法裁判所의 자갈채취사건결정(Naßauskießungsbeschluß, BVerfGE 58, 300)23으로 심각한 타격을 받았습니다. 이 결정은 종래 연방민사법원에 의하여 계속적으로 확대되어 왔던 수용의 개념을 대폭 축소시켰고 (형식적 수용개념: formeller Enteignungsbegriff), 재산권내용규정(Inhaltsbestimmung)과 수용을 엄격히 준별했으며, 취소소송등 일차적 권리보호(Primärrechtsschutz)와 보상간 선택권을 부정했습니다.24 이로써 수용유사침해나 수용적 침해에 관한 사법부의 법보충권 보다는 재산권의 내용을 구체화하도록 수권을 받은 입법권자의 입법형성권이 보다 우위에 있음이 인정되었고, 동시에 재산권 내용규정에 있어 입법의 한계가 규명되는 계기가 마련되었습니다. 이 결정에서 확인된 수용의 개념은 특정한 공공임무를 실현시키기 위한 의도적이며 고권적인 법적 행위에 의하여 기본법 제14조 제1항 제1문에서 말하는 모든 재산적 가치있는 법적 지위를 전부 또는 일부 박탈하는 행위로 감축되었습니다.25

---

22 예컨대 김남진, 행정법 I, 제4판, 535; 권영성, 헌법학원론, 1994, 567; 허영, 한국헌법론, 1994, 464.

23 사안은 자기소유의 토지 위에서 영업으로 골재채취업을 하려던 원고가 이를 위한 수법(水法)상 허가(wasserrechtliche Genehmigung)를 거부당한 후 민사법원에 그로 인한 수용보상을 청구한 데 대한 것입니다. 원고는 이 소송에서 그와 유사한 사례들에 관하여 수용적 침해로 인한 손실보상(Entschädiung wegen enteignenden Eingriffs)을 인정해 왔던 연방민사법원의 판례를 원용하였습니다.

24 Maurer, § 27, Rn.34.

25 이러한 의미의 수용은 일정 법률에 의거한 행정행위에 의하여(행정수용: Administrativenteignung), 또는 법률에 의하여 직접(법정수용: Legislativenteignung oder Legalenteignung) 행해질 수

〈분리이론과 경계이론〉

독일의 경우 과거 연방법원과 연방행정법원, 그리고 종래의 통설은 각각 우리 헌법의 제23조 제1항 및 제3항에 상응하는 기본법 제14조 제1항과 제3항의 관계를 일종의 '연속성' 또는 '선형' 모델이라 할 수 있는 '경계이론'(Schwellentheorie)에 의해 파악해왔습니다. 이에 따르면, 연방법원과 연방행정법원 간 접근방식의 차이는 있었지만, 재산권침해의 강도가 보상 없이 허용되는 재산권제약으로서 재산권의 내용 및 한계규정의 문턱(Schwelle)을 넘어서면 그 때부터 보상을 요하는 수용이 시작되는 것으로 이해되었습니다. 그 문턱이 어디부터인가를 말해주는 척도에 관하여 연방법원은 헌법상 평등원칙과 특별희생(Sonderopfer)의 관점을 원용했던 데 비해(특별희생에 관한 형식적 기준설!) 연방행정법원은 당초 연방법원의 판례를 추종했으나 이후 침해의 중대성(Schwere)에 착안하여 그 지점을 밝히고자 하는(실질적 기준설) 차이를 보였을 뿐입니다. 그러나 점차 시간이 지나면서 이 두 가지 척도는 점점 서로 수렴하는 경향을 보여왔고 실무상으로는 공권력행사에 의한 재산권침해가 기본법 제14조 제1항 제2문 및 같은 조 제2항에 의한 재산권의 사회적 제약(Sozialpflichtigkeit)에 의해 정당화되지 못하면 언제나 보상을 요하는 수용이 성립한다는 공식이 적용되어 왔습니다. 이것은 우리나라의 경우 헌법 제23조 제3항에 의한 손실보상의 원인이자 요건으로서 재산권침해가 특별희생에 해당해야 한다는 것과 관련하여 형식적 기준설과 실질적 기준설이 대립되어 왔으나 양자의 절충설이 통설적 지위를 차지했던 것과 매우 흡사합니다.

그러나 연방헌법재판소의 자갈채취사건결정은 이 연속선을 끊어 버렸습니다. 이를 '불연속성모델' 또는 '분리이론'(Trennungstheorie)라 부를 수 있습니다. 연방헌법재판소는 기본법 제14조 제1항에 의한 재산권의 내용 및 한계에 관한 규정과 같은 조 제3항에 의한 수용은 헌법조문상의 차이에서 이미 별개의 독자적인 법제도로 보아야 하며, 형식적이고 유형화된 기준들에 의해 구별되어야 한다고 판시했습니다.[26] 종래 양자를 내용적 기준에 의해 점증적으로 구별해 왔던 판례와 통설은 낡은 것이 돼버리고 말았습니다. 따라서 재산권의 내용 및 한계에 관한 법률의 규정이 기본법 제14조 제1항이 허용하는 범위를 넘는 과도한 것인 경우에도 곧바로 수용이 되는 것이 아니라, 위헌적인 재산권내용규정이 될 뿐이라는 것입니다.[27] 그러므로 이처럼 기본법 제14조 제1항과 제3항의 요건을 서로 엄격히 준별하는 입장은 기본법 제14조 제1항에 의한 재산권내용규정이 재산권에 내재하는 사회적 제약성을 고려하더라도 그 당사자가 이를 더 이상 감수하지 않아도 될 정도의 부담을 초래하는 경우에도 여전히 타당한 것으로 간주되었습니다. 또한 연방헌법재판소는 구법하에서 인정되었던 재산적 지위가 법개정의 결과 장래에 향하여 재산권내용규정에 따른 제약으로 바뀌어 버린 경우에도 법개정이전에 존속했던 재산적 지위에 대한 (법정)수용과 재산권내용규정을 중첩적으로 이해할 여지는 없다고 판시했습니다.[28]

연방헌법재판소의 분리이론은 첫째, 법해석론상 재산권에 관한 침해유형들, 즉 원칙적으로 보상없이 가능한 재산권내용규정에 의한 제약과 보상을 요하는 수용을 선명히 구별했다는 점, 둘째, 사법부가 입법부의 의무불이행을 보완할 수 없도록 함으로써 권력분립원칙의 엄격한 준수를 기했다는 점에서 확실히 장점을 지닌 것으로 평가될 수 있습니다. 기본법 제14조 제1항에 의한 재산권의 내용과 한계를 정하는 법률의 규정은 입법권자가 헌법상 재산권으로 인정되는 법익에 관하여 권리의무를 정한 일반추상적인 규정의 결과인 데 비하여, 수용은 기본법 제14조 제1항 제1문에 의해 보호된 구체적, 주관적 법적 지위의 전면적 또는 부분적 박탈이기 때문입니다. 이에 따라 마

있습니다.

26 BVerfGE 58,300(320,331); 52,1(27f.).

27 BVerfGE 79,174(192).

28 BVerfGE 83, 201(211ff.).

우리는 일정한 공적 임무를 실현하려는 의도를 지닌 고권적인 법적 행위에 의해 기본법 제14조 제1항에 의한 재산적 지위가 전면적 또는 부분적으로 박탈되었다는 것을 수용개념의 결정적 기준으로 파악하고 있습니다. 침해의 강도(Intensität)나 질(Qualität)이 아니라 그 형식(Form)과 목적(Zweckrichtung)이 수용의 개념적 기준이 되었다는 것이다.[29] 그렇지만 양자를 구별하는 보다 결정적인 기준은 그 일반추상성과 개별구체성의 짝이라 할 수 있습니다.[30] 예컨대 입법권자가 일반적인 법률개정을 통하여 기존의 권리를 폐지한 경우에도 이것은 수용의 개별구체성을 결여하므로 기본법 제14조 제3항의 적용대상이 아니며, 일반추상적 법개정을 통해 재산적 지위를 전면적으로 박탈해도 그것은 수용이 아니라 재산권의 내용 및 한계에 관한 규정의 결과라고 보기 때문입니다.

그러나 이 두 가지 장점은 연방헌법재판소의 불연속성모델 또는 분리이론에 의하지 않고 종래의 경계이론에 의하더라도 충분히 달성될 수 있다는 사실이 판명되었습니다. 연방헌법재판소가 입법권자의 책무를 강조했던 것은 사법부가 법률에 보상규정이 없는데 (따라서) 위법한 재산권침해에 대해 손실보상을 인정함으로써 입법권자의 권한을 대행하여서는 안 된다는 권력분립적 인식에 배경을 두고 있었습니다. 그러나 이 같은 권력분립에 대한 배려와 사법부의 실질적 입법에 대한 우려는 현재 연방법원이 채용하고 있는 '제1차적 권리보호의 우위'(Prinzip des Vorranges des Primärrechtsschutzes)만을 통해서도 충분히 해소될 수 있습니다. 이에 따르면 수용유사적 침해보상은 그 피해자에게 그 수인가능한 범위 내에서 행사할 수 있는 당해 재산권침해조치에 대한 제1차적 권리구제수단(가령 취소소송 등)이 주어져 있고 또 그가 그러한 권리구제수단을 행사하지 않은 경우에는 허용될 수 없다고 하게 되기 때문입니다. 따라서 그 한도내에서 분리이론을 취할 필요는 없었다고 할 수 있습니다.[31] 또한 보상 없이 가능한 재산권내용규정에 의한 제약과 보상을 요하는 수용을 구별하는 것이 현실적으로 불가능하거나 의문스러운 경우가 적지 않다는 사실이 지적됩니다. 가령 재산권의 내용 및 한계에 관한 일반추상적인 규정이 이에 따라 재산권으로 보호되는 특정한 권리들을 개별적 행위를 통해 제한할 수 있도록 수권하고 있는 경우나 일반추상적인 법률규정에 의하여 수용이 이루어지는 경우(법정수용의 경우)가 있을 수 있는데 이러한 경우에는 연방헌법재판소의 구별기준이 더 이상 도움이 되지 않기 때문입니다.[32] 이러한 사실들은 연방헌법재판소의 판례가 갖는 한계를 의미할 뿐만 아니라 그 법논리성의 회복의 결과 법적 확실성보다는 법리적 복잡성이 초래되었다는 사실을 말해줍니다. 연방헌법재판소가 기본법 제14조 제1항과 제3항간의 연속적 관계를 '단절'시킴에 따라 수용에 해당하지는 않지만 보상은 필요한 재산권내용규정에 의한 재산권침해라는 별도의 손실보상유형이 대두하게 된 것은 불가피한 결과였습니다. '보상을 요하는 재산권내용규정'이란 법리는 연방헌법재판소의 판례가 고수한 분리이론을 보완해 주고 공익을 위한 재산권에 대한 제약을 달성하면서 그로 인한 특별한 부담을 전보해 줄 수 있는 탈출구를 제공해 주는 기능을 수행했으나, 결국 분리이론, 즉 보상 없는 재산권내용규정에 의한 제약과 보상을 요하는 수용의 준별론을 다시금 완화하고 상대화하는 어쩌면 자가당착적인 결과를 초래했다고 해도 과언이 아닙니다.[33] 그리하여 보상을 요하는 재산권내용규정과 관련하여 연방헌법재판소의 판례에 의해 연방법원의 광의의 수용개념이 형식적으로는 포기되었지만 기본법 제14조 제1항 제2문에 의하여 실질적으로 부활한 것이나 다름없다는 비판도 제기될 수 있는 것이지요.

---

29 Maurer, § 27 Rn.27.

30 Detterbeck, 275.

31 Detterbeck, 275; Ossenbühl, Staatshaftungsrecht, 8.Aufl., 1991, 217ff.; Hermes, NVwZ 1990, 733f.

32 Detterbeck, 276.

33 Maurer, § 27 Rn.32.

결국 종래 재산권의 사회적 제약과 수용간의 경계이론의 기준들이, 물론 이번엔 입법권자의 의무라는 차원이기는 하지만, 보상을 요하는 재산권규정의 요건을 탐구하는데 다시 동원되고 있기 때문입니다.34

그 밖에도 연방헌법재판소의 판례는 그것이 수용개념을 엄격히 제한한 결과 오히려 다른 법적 근거에 의한 손실보상청구권들, 특히 수용유사적 침해나 수용적 침해에 대한 손실보상청구권들이 성립할 수 있는 여지를 남기는 역설적인 결과를 초래했다고 지적됩니다. 연방헌법재판소의 판례에 의한 수용의 개념은 의도적인 법적 행위에 국한되는 것이기 때문에 일면 그 개념정의상 의도되지 않은 법적 행위에 의한 수용적 침해와 타면 비단 의도적인 법적 행위에 국한되지 않는 행위에 의한 수용유사적 침해와는 서로 충돌할 여지가 없게 되었기 때문입니다.35

이러한 사실들은 연방헌법재판소의 판례가 종래 수용유사침해보상이론에 수반되었던 법적 불명확성을 해소하기보다는 오히려 문제를 더욱 복잡하게 만들었다는 힐난을 받았습니다.

〈수용유사침해·수용적 침해 보상 이론의 수정〉

당초 자갈채취사건결정 직후 일부문헌을 통하여 치명적 타격을 입은 것으로 여겨졌던36 수용유사침해 및 수용적 침해 보상의 이론은 연방헌법재판소의 자갈채취사건의 핵심적 명제들, 즉 수용개념의 축소, 재산권내용규정과 수용의 준별, 취소소송등 일차적 권리보호와 보상 간 선택권의 부정이라는 법리들의 내용와 한계를 분명히 함으로써 그 이론적 생명력을 일신할 수 있었습니다. 이것은 자갈채취사건결정에서 표명된 연방헌법재판소의 판결취지를 엄밀히 해석함으로써 수용유사침해 및 수용적 침해 보상이론의 수정판(neue Version)이 성립하였음을 의미합니다.37

┌─────────────────────────────────┐
│ 참고사항: 구제적 보상규정의 문제 │
└─────────────────────────────────┘

한편 가령 철도법 제76조 제1항, 원자력법 제96조 제2항, 문화재보호법 제25조 제1항, 소방법 제8조 등과 같이 법률이 막연히 '정당한 보상을 하여야 한다'는 규정만을 두고 있는 경우, 이것은 헌법 제23조 제3항이 규정한 「정당한 보상」을 단순히 재확인한 데 불과한 것이고 보상의 구체적 기준이나 방법 등에 관해 아무런 규정을 두지 않았다는 점에서 그 위헌 여부가 문제됩니다.38 한편 독일의 경우 현실적인 필요나 여러 가지 사정으로 인하여 일부 법률이 이와 같이 구체적인 보상의 방법이나 범위에 관하여 명시적 규정을 두지 않고 다만 '이 법에 의한 조치가 공용침해를 가져오는 경우에는 이에 상당한 보상을 하여야 한다'는 식으로 거의 백지에 가까운 내용의 이른바 '구제적 보상규정'39을 둔 경우 그 위헌여부가 논란된 바 있습니다. 이 문제는 특히 재산권에 관한

---

34 Maurer, § 27 Rn.81.

35 Maurer, § 27 Rn.35, 96.

36 H.Weber, JuS 1982, 853, 855; Scholz, NVwZ 1982, 347; Rupp, NJW 1982 등(상세한 문헌목록은 Maurer, § 26 Rn.33을 참조).

37 이에 대하여 상세한 것은 홍준형, 행정법, 법문사, 2017, 765－791을 참조.

38 한국법제연구원, 현행 공용침해법제의 현황과 개선방향, 현행법제개선방안연구 (1), 1992, 160－161.

39 한편 박상희, 공용침해, 백지형식에 의한 보상규정의 허용여부, 법제연구 창간호, 1991, 249는 이를 「백지형식의 보상규정」으로 옮기고 있습니다. 본래 'salvatorische Klausel'이란 독일법제사에서 유래된 개념으로서 '어떤 법규가 그 보다 우선하는 규정이 없는 경우에 비로소 적용된다'고 규정하는 조항을 말합니다. 1495년 라이히궁정재판소(Reichskammergericht)

'보상을 요하는 재산권내용규정'(Ausgleichspflichtige Inhaltsbestimmung)과 관련하여 논의되었으나,40 연방행정법원은 헌법합치적 해석에 의하여 이를 '적어도 과도기간 동안에는 헌법의 요구에 합치된다'고 보았습니다.41 우리나라의 경우 이들 법률조항 역시 이러한 구제적 보상규정의 성질을 갖는 것으로 볼 수 있는 이상, 반드시 이를 위헌으로 보아야 할 필요는 없을 것입니다. 이를 헌법합치적 해석에 의하여 합헌으로 보되,42 이로써 '정당한 보상'의 구체적 내용에 관한 해석의무가 법원에 귀속된 것이라고 보는 것이 타당합니다.

이상의 논의를 토대로 공공필요에 의해 재산권을 침해당한 국민의 권리보호에 대한 헌법적 요구를 고려할 때 다음과 같은 결론이 나옵니다. 첫째, 손실보상청구권은 헌법 제23조 제1항과 제3항의 통합적 해석을 통하여 법률에 의한 구체화가 있기 전에도 헌법적으로 성립하는 것으로 보아야 합니다. 둘째, 헌법 제23조 제3항에 의하여 공용침해(공공필요에 의한 재산권의 사용·수용·제한)를 정한 법률이 보상규정을 두지 않은 경우에는 그것이 정당한 보상을 배제하는 것으로 해석되는 한 위헌임을 면치 못합니다. 구제적 보상규정이나 관계법규정의 유추해석을 통하여 손실보상이 주어질 수 있는 경우에는 그러하지 않습니다. 셋째, 공공필요에 의한 공용침해를 수권한 법률에 의하여 재산권을 침해당했으나 보상규정이 없다는 이유로 보상청구를 거부당한 자는 그 공용침해의 위헌(제23조 제3항)을 이유로 당해 침해조치의 취소 또는 불법적 결과의 제거를 소구하거나 국가배상을 청구할 수 있고, 선택적으로 그 위헌적인 공용침해가 적법한 공용침해와 동등한 가치를 지닌다는 점을 주장하여 법원에 손실보상을 요구할 수 있습니다. 넷째, 보상규정을 두지 않은 법률의 위헌성, 즉 입법부작위의 위헌성이 헌법재판소에 의하여 확정된 때부터는 보상을 청구받은 행정청은 이를 거부할 수 없고, 거부하면 이로써 위법·유책이 되어 국가배상책임이 성립합니다. 끝으로, 국가

가 설립되어 라이히궁정재판소법에 따라 로마법을 적용하도록 되었지만, 독일의 고유법이 이에 우선 적용되어 독일의 고유법이 없는 경우에 로마법이 적용된다고 하는 조항이 생기게 되었습니다(山田 晟, ドイツ法律用語辭典, 1982, p.337f.). 따라서 이를 '보충적 적용조항' 정도로 번역할 수 있겠지만, 손실보상과 관련하여 이 개념은 '이 법에 의한 조치가 공용침해를 가져오는 경우에는 상당한 보상을 하여야 한다는 식'의 규정을 의미하는 것이므로(Maurer, Rn.40, 1992, S.630f.), 이를「백지형식의 보상규정」보다는「구제적 보상규정」이라 부르는 것이 나을 것 같습니다(同旨 김남진, 도시계획법 제21조(개발제한구역지정)의 위헌심판, 판례월보 266호, 39).

40   이에 관하여는 Maurer, aaO, Rn.67f., S.646f.를 참조.
41   BVerwGE 84, 361, 367f.
42   법제연구원, 앞의 책, 161 이하를 참조.

배상이나 손실보상을 청구하는 소송이 제기된 경우 법원은 국가배상법이 정하는 기준 또는 헌법 제23조 제3항의 정당보상의 기준에 따라 국가에게 보상금의 지급을 선고해야 합니다.

III. 손실보상의 요건(공용침해의 개념)

헌법은 제23조 제3항에서 "공공필요에 의한 재산권의 수용·사용·제한 및 그 보상은 법률로써 하되, 정당한 보상을 지급하여야 한다."고 규정합니다. 이 조항은 공공필요에 의한 재산권의 수용·사용·제한과 그 보상은 이를 반드시 법률에 의해서만 할 수 있다는 의미의 법률유보를 규정함으로써 공공필요에 의한 재산권의 수용·사용·제한 및 보상의 허용요건(Zulässigkeitsvoraussetzung)을 규정한 것이지만, 이와 동시에 손실보상의 구성요건(Tatbestand)의 일부를 규정한 것으로도 해석됩니다. 즉 손실보상이 이루어지기 위해서는 공공필요에 의한 재산권의 수용·사용·제한, 즉 공용침해가 있어야 한다는 요건을 헌법적 수준에서 규정한 것이지요. 그렇다면 손실보상의 요건은 바로 이 공용침해43의 존재로 귀결되는 것이라고 볼 수 있습니다. 공용침해의 성립요건을 살펴보는 것이 필요하다. 공용침해가 성립하기 위해서는 다음과 같은 요건이 충족되어야 합니다.

---

43 김남진 교수는 일찍부터 재산권의 수용·사용·제한을 총칭하는 개념으로 '공용침해'란 용어를 사용해오고 있습니다(행정법 I, 제4판, 1992, 526; 제5판, 1995, 532; 제6판, 2000, 601). 이는 독일 행정법에서 말하는 "Enteignung"의 개념이 19세기 후반 소위 희생보상청구권(Aufopferungsanspruch)에서 유래된 고전적 의미의 공용수용(sog. klassische Enteignung)으로부터 바이마르헌법 제153조 이후 확대되어 본래의 공용수용 외에 공용제한, 공용사용 등을 포함하는 넓은 의미의 개념으로 사용되고 있다는 점을 감안하여 착안된 개념입니다. 물론 「공용수용」에 「넓은 의미의」라는 수식을 붙여 수용·사용·제한을 총칭할 수도 있겠으나 어차피 그럴 것이면 이 공용침해란 개념을 사용하는 것도 그리 나쁘지 않을 뿐 아니라 용어법상 경제적이라는 이점도 있습니다.

1. 공용침해의 대상과 내용: 재산권의 수용·사용·제한

1.1. 공용침해의 대상: 재산권

행정상 손실보상은 재산권의 수용·사용·제한에 대한 보상입니다. 여기서 재산권이란 모든 재산적 가치 있는 법적 지위를 말하며, 민법상의 재산권보다는 넓은 개념입니다. 헌법 제23조 제3항에 의한 재산권은 소유권, 물권, 점유권, 재산적 가치 있는 회원권 및 사원권, 저작권 등 사법상의 권리뿐만 아니라 재산적 가치 있는 모든 공법상의 권리를 포함하는 것으로 새기는 것이 일반적입니다. 독일에서도 공권을 수용대상인 재산권에 해당하는 것으로 보는 것이 지배적이나, 다만 공법상의 청구권이나 급부가 그 권리자에게 배타적이고 그 자신의 이익으로 부여된 것이라고 볼 수 있는지가 관건이 된다고 합니다.[44]

「공익사업을 위한 토지등의 취득 및 보상에 관한 법률」(약칭: "토지보상법")[45]은 손실보상의 대상이 되는 재산권, 즉 사업시행자가 취득 또는 사용하는 대상으로, 토지 및 이에 관한 소유권 외의 권리, 토지와 함께 공익사업을 위하여 필요로 하는 입목, 건물 기타 토지에 정착한 물건 및 이에 관한 소유권 외의 권리, 광업권·어업권 또는 물의 사용에 관한 권리, 토지에 속한 흙·돌·모래 또는 자갈에 관한 권리를 열거하고 있습니다(§ 3).

재산권의 수용·사용에 부수하여 영업을 폐지하거나 휴업함에 따른 영업손실, 즉 일실손실에 대해서는 토지보상법 제77조가 이를 일정한 기준에 따라 보상하도록 규정합니다. 즉, 영업을 폐지하거나 휴업함에 따른 영업손실에 대하여는 영업이익과 시설의 이전비용 등을 고려하여 보상하여야 하며(§ 77 ①), 농업의 손실에 대하여는 농지의 단위면적당 소득등을 고려하여 실제 경작자에게 보상하여야 합니다. 다만, 농지소유자가 당해 지역에 거주하는 농민인 경우에는 농지소유자와 실제 경작자가 협의하는 바에 따라 보상할 수 있고(§ 77 ②), 휴직 또는 실직하는 근로자의 임금손실에 대하여는 「근로기준법」에 의한 평균임금등을 고려하여 보상하여야 합니다(§ 77 ③).

---

44 Maurer, § 26 Rn.44.
45 이 법률은 2002년 2월 4일 구 토지수용법과 구「공공용지의 취득 및 손실보상에 관한 특례법」을 폐지하여 새로이 제정된 것입니다.

한편, 기대이익은 공용침해의 대상이 되는 재산권에 해당하지 않는다고 보는 견해가 있습니다.46 헌법상 재산권보장을 취득보장(Erwerbsschutz)이 아니라 존속보장(Bestandsschutz)으로 이해하는 이상,47 농지가 택지로 변경되리라는 기대나 이득획득의 기대와 같이 단순한 전망이나 기대와 같은 것은 여기서 말하는 공용침해의 대상이라 볼 수 없다. 현존하고 실현가능한 가치요인(Wertfaktoren)도 헌법상 재산권보장에 포함되는 것이라고 볼 수 있을 때에는 공용침해의 대상으로 고려될 수 있습니다. 다만 지하수는 토지의 구성부분이 아니므로 토지소유권의 내용에 포함되지 않으며, 개별점포의 유리한 입지나 번화가에 위치한 주유소의 입지와 같은 것은 사실상 이익이기는 하지만 재산권보장에 의해 보호되는 것으로 보기는 어렵습니다.48

손실보상에 관한 것은 아니지만 이와 관련 대법원의 1995년 5월 23일자 결정을 음미해 볼 가치가 있습니다. 대법원은 "헌법 제35조 제1항은 환경권을 기본권의 하나로 승인하고 있으므로, 사법의 해석과 적용에 있어서도 이러한 기본권이 충분히 보장되도록 배려하여야 하나, 헌법상의 기본권으로서의 환경권에 관한 위 규정만으로서는 그 보호대상인 환경의 내용과 범위, 권리의 주체가 되는 권리자의 범위 등이 명확하지 못하여 이 규정이 개개의 국민에게 직접으로 구체적인 사법상의 권리를 부여한 것이라고 보기는 어렵고, 사법적 권리인 환경권을 인정하면 그 상대방의 활동의 자유와 권리를 불가피하게 제약할 수밖에 없으므로, 사법상의 권리로서의 환경권이 인정되려면 그에 관한 명문의 법률규정이 있거나 관계법령의 규정취지나 조리에 비추어 권리의 주체, 대상, 내용, 행사방법 등이 구체적으로 정립될 수 있어야 한다."고 판시하는 한편, "관할행정청으로부터 도시공원법상의 근린공원내의 개인소유 토지 상에 골프연습장을 설치할 수 있다는 인가처분을 받은데 하자가 있다는 점만으로 바로 그 근린공원 인근 주민들에게 토지소유자에 대하여 골프연습장건설의 금지를 구할 사법상의 권리가 생기는 것이라고는 할 수 없다."고 판시했습니다.49 이 결정에서 대법원은 "도시공원법상 근린공원으로 지정된 공원은 일반 주민들이 다른 사람의 공동사용을 방해하지 않는 한 자유로이 이용할 수 있지만 그러한 사정만으로 인근 주민들이 누구에게나 주장할 수 있는 공원이용권이라는 배타적인 권리를 취득하였다고는 할 수 없다."고 판시한 것입니다. 대법원의 견해에 따른다면 "다른 사람의 공동사용을 방해하지 않는 한 자유로이 이용할 수 있다."는 의미에서의 공원이용권은 재산적 가치 있는 공권에 해당하지 않을 것으로 생각됩니다. 일반적으로 도로등 공물의 보통사용(일반사용)에 관한 이익은 종래 이를 반사적 이익으로 보았으나 오늘날 공권으로 보는 것이 지배적입니다.50 그렇지만 헌법상 기본권으로서 환경권이나 이러한 공원이

---

46 김남진, 행정법 I, 608; 류지태, 행정법신론, 제2판, 1996, 359.

47 Maurer, § 26 Rn.45.

48 Maurer, § 26 Rn.45.

49 대법원 1995. 5. 23. 선고 94마2218 결정. 이 결정은 근린공원 내의 개인 소유 토지위에서 진행중인 골프연습장설치를 반대하는 주민들의 공작물설치금지가처분신청에 대한 것으로, 대법원은 이를 기각했습니다. 이에 관한 평석으로는 윤진수, 환경권 침해를 이유로 하는 유지청구의 허용 여부, 대법원판례해설 23을 참조.

50 대법원이 '누구에게나 주장할 수 있는 배타적인 권리로서 공원이용권'의 취득여부를 문제삼

용권과 같은 공권에 과연 재산적 가치를 인정할 수 있는지, 이들을 공권으로서 공용침해의 대상인 재산권에 해당한다고 볼 것인지에 관해서는 의문이 없지 않습니다.

1.2. 공용침해의 내용: 재산권의 수용·사용·제한

공용침해는 재산권의 수용, 사용 또는 제한을 내용으로 하는 것이어야 합니다. 수용이란 재산권의 전면적 또는 부분적인 박탈을 말하며, 사용이란 수용에 이르지 않는 일시적 사용행위를, 제한이란 소유권자 또는 이용권자의 사용, 수익을 제한하는 행위를 포함한, 수용과 사용을 제외한 재산권에 대한 모든 제약을 말합니다. 공용환지나 도시재개발사업으로 인한 환권 등으로 재산 가치가 하락하는 경우에도 여기서 말하는 재산권에 대한 제약에 해당합니다.[51]

2. 공용침해의 목적: 공공필요

공용침해는 공공필요를 실현시키기 위한 공적 과제의 수행을 위한 것이어야 합니다. 공용침해의 성립요건으로 요구되는 것은 공용침해가 이러한 목적을 지향하는 것이어야 한다는 것일 뿐, 구체적인 공용침해조치가 사실상 공적 임무의 수행을 위한 것이었고 또 공공복리를 위한 것이었는지는 공용침해의 허용요건에 관한 것입니다. 이 점에서 공용침해는 사익의 실현을 위한 강제경매와 구별됩니다.

3. 공용침해의 법형식: 의도적인 공권력행사로서 공법적 행위

공용침해는 공익실현을 위한 의도적인 공권력행사이므로 그 법형식은 공법적 행위여야 합니다. 공용침해는 공익실현을 위한 사인의 재산권 침해행위이므로 공법적 성질을 가집니다.

아 가처분신청을 기각한 것은 타당하다고 볼 수 있으나, 이 사건에서 골프연습장이 설치됨으로써 '다른 사람의 공동사용을 방해하지 않는 한 자유로이 이용할 수 있는 공원이용권'이란 공권의 행사가 방해될 수 있다는 측면이 충분히 고려되지 못한 점은 유감스럽습니다.

51 김남진, 같은 곳; 류지태, 같은 곳; 석종현, 일반행정법(上), 666.

이러한 원인행위와 손실보상의 일체성(Einheitlichkeit)에 근거한 통설(공권설)의 입장과는 반대로 대법원은 손실보상청구권의 법적 성질에 관하여 일관되게 사권설을 고수해 왔습니다(대법원 1969. 12. 30. 선고 69다9 판결; 1990. 12. 21. 선고 90누5689 판결 등). 그러나 대법원은 하천 제외지 토지에 대한 손실보상청구권은 하천구역 편입에 의한 손실보상청구권과 마찬가지로 공법상 권리이며 따라서 그에 관한 쟁송도 행정소송절차에 의하여야 한다고 판시하여 위 규정들에 의한 손실보상청구가 행정소송이 아닌 민사소송의 대상이라고 한 기존의 판결들을 이 판결의 견해에 배치되는 범위 내에서 이를 모두 변경한 바 있습니다:

[1] 법률 제3782호 하천법 중 개정법률(이하 '개정 하천법'이라 한다)은 그 부칙 제2조 제1항에서 개정 하천법의 시행일인 1984. 12. 31. 전에 유수지에 해당되어 하천구역으로 된 토지 및 구 하천법(1971. 1. 19. 법률 제2292호로 전문 개정된 것)의 시행으로 국유로 된 제외지 안의 토지에 대하여는 관리청이 그 손실을 보상하도록 규정하였고, '법률 제3782호 하천법 중 개정법률 부칙 제2조의 규정에 의한 보상청구권의 소멸시효가 만료된 하천구역 편입토지 보상에 관한 특별조치법' 제2조는 개정 하천법 부칙 제2조 제1항에 해당하는 토지로서 개정 하천법 부칙 제2조 제2항에서 규정하고 있는 소멸시효의 만료로 보상청구권이 소멸되어 보상을 받지 못한 토지에 대하여는 시·도지사가 그 손실을 보상하도록 규정하고 있는바, 위 각 규정들에 의한 손실보상청구권은 모두 종전의 하천법 규정 자체에 의하여 하천구역으로 편입되어 국유로 되었으나 그에 대한 보상규정이 없었거나 보상청구권이 시효로 소멸되어 보상을 받지 못한 토지들에 대하여, 국가가 반성적 고려와 국민의 권리구제 차원에서 그 손실을 보상하기 위하여 규정한 것으로서, 그 법적 성질은 하천법 본칙(本則)이 원래부터 규정하고 있던 하천구역에의 편입에 의한 손실보상청구권과 하등 다를 바가 없는 것이어서 공법상의 권리임이 분명하므로 그에 관한 쟁송도 행정소송절차에 의하여야 한다.
[2] 하천법 부칙(1984. 12. 31.) 제2조와 '법률 제3782호 하천법 중 개정법률 부칙 제2조의 규정에 의한 보상청구권의 소멸시효가 만료된 하천구역 편입토지 보상에 관한 특별조치법' 제2조, 제6조의 각 규정들을 종합하면, 위 규정들에 의한 손실보상청구권은 1984. 12. 31. 전에 토지가 하천구역으로 된 경우에는 당연히 발생되는 것이지, 관리청의 보상금지급결정에 의하여 비로소 발생하는 것은 아니므로, 위 규정들에 의한 손실보상금의 지급을 구하거나 손실보상청구권의 확인을 구하는 소송은 행정소송법 제3조 제2호 소정의 당사자소송에 의하여야 한다.[52]

또한 공용침해는 법적 효과의 발생을 주목적으로 하는 구속적 행위이므로 사실행위가 아니라 법적 행위입니다. 공용침해는 의도적인 공권력행사를 통해 행해져야 합니다. 따라서 행정작용의 부수적인 결과로서 우연히 재산권침해의 결과를 가져오는 행위는 공용침해에 해당하지 않습니다.

---

52 대법원 2006. 5. 18. 선고 2004다6207 전원합의체 판결(보상청구권확인). 또한 이를 재확인한 대법원 2016. 8. 24. 선고 2014두46966 판결(손실보상금)을 참조.

4. 공용침해의 적법성문제

일반적으로 공용침해는 적법한 재산권 침해로 간주됩니다. 이 점에서 손실보상은 불법행위로 인한 손해배상과 구별됩니다. 헌법 제23조 제3항에 따라 공공필요에 의한 재산권침해(수용, 사용, 제한)는 법률로써 하도록 되어 있고 또한 정당한 보상이 지급되어야 하는데 이 경우의 보상은 따라서 적법행위에 대한 보상의 성격을 지닙니다.

이러한 진술은 수용등 재산권 침해행위가 그에 대한 손실보상을 규정한 법률의 규정에 의하여 이루어지는 경우, 즉 적법한 재산권침해에 대해서는 타당합니다. 이 경우 손실보상은 적법한 수용등(수용·사용·제한)을 전제로 합니다. 그러나 문제를 좀더 깊이 고찰하면 손실보상 또는 공용침해의 개념을 정의하면서 원인행위의 적법성을 전제하는 것은 타당하지 않음을 알 수 있습니다. 수용등 원인행위의 적법여부는 헌법 제23조 제3항을 어떻게 해석하느냐에 따라 달라질 수 있는 것이기 때문입니다. 즉 헌법 제23조 제3항의 규정을 해석함에 있어, 법률에 의거한 수용, 사용, 제한일지라도 당해 법률이 손실보상규정을 두지 않으면 위헌무효라고 이해한다면 그 수용등은 설령 법률의 규정에 의거한 것일지라도 위법한 행위가 되며, 따라서 이 경우에는 공용침해나 손실보상이 문제될 여지가 없게 되지요. 헌법 제23조 제3항의 규정을 불가분조항(연결조항)으로 해석하는 위헌무효설의 입장에서는 손실보상이 아니라 손해배상만이, 그것도 배상책임요건이 충족될 경우, 문제될 수 있을 뿐입니다. 다시 말해 이 경우 수용등이 적법하기 위해서는 그 근거법률이 보상규정을 두어야 하는데, 그 수용등의 개념을 규정하면서 그 적법성을 전제한다면 순환논리에 빠지게 된다는 것이지요.[53] 공용침해를 「적법한 재산권침해」라고 하거나 손실보상을 「공용침해=적법한 재산권침해」에 대한 보상이라고 이해하는 것은 보상규정을 두지 않은 법률에 의한 공용침해가 적법하다는 전제하에서만 가능한데, 헌법 제23조 제3항이 반드시 그 법률 자체에 보상규정을 두도록 한 것인지는 의문이지만 아무튼 보상규정이 없이 행해진 공용침해는 이를 위헌이라고 보거나 보상규정을 두어 정당한 보상이 이루어질 때까지 합헌은 아니라고 볼 수 있기 때문입니다. 반면 수용유사침해의 한 유형인 위법·무책의 경우로 파악하면서 그에 대한 손실보상이 인정된다고 주장하는 것은 손실보상의 개념요소중 '적법한' 재산권침해라는 요건을 위배하는 자가당착인 결과가 된다. 위헌무효설 이외의 입장에서 보상규정을 두지 않은 법률에 의한 수용등에 대하여 손실보상청구권의 성립을 인정하면서 손실보상을 '적법한' 재산권침해에 대한 보상이라고 정의하는 것은 그 원인행위의 적법성을 인정하는 경우에만 용납될 수 있기 때문입니다. 요컨대 위법·무책의 경우인 수용유사침해에 대한 손실보상이 성립할 수 있는 여지를 인정하면서 '적법성'을 보상원인행위인 수용등의 개념요소로 전제하는 것은 논리적으로 타당하지 않습니다. 그러므로 손실보상의 개념요소로 '적법한' 재산권침해를 드는 것은 단순히 보상규정을 둔 법률에 의한 수용등이 이루어지는 원칙적인 경우에 관한 개방적 설명 정도로 이해하거나, 아니면 그 의미를 대폭 감축하여 법질서가 공용침해의 목적의 정당성을 시인한다는 의미(그러나 법률에 의한 정당한 보상이 없으면 허용될 수 없다는 것을 유보하여) 정도로밖에 이해할 수 없을 것입니다.

---

53 독일기본법 제14조 제3항의 '수용'(Enteignung)의 개념과 관련하여 Maurer(Allgemeines Verwaltungsrecht, § 26 Rn.54, S.651)는 동조 동항의 '불가분조항' 또는 '부대조항'(Junktimklausel)을 전제로 '수용의 성질을 갖는 조치가 적법한지 여부에 관한 물음이 그 조치의 적법성을 전제로 할 수 없는 것은 당연하다'고 지적하고 있습니다.

행정상 손실보상의 개념은 보상원인행위로서 '공공필요에 의한 재산권침해'와 그 법률효과로서 '손실의 보상'이라는 두 가지 요소로 이루어집니다. 여기서 '재산권 침해'는 합헌적인 법률에 의해 재산권침해가 이루어지고 헌법 제23조 제3항에 따라 정당한 보상규정이 주어진 경우에만 적법합니다. 그렇지 않은 경우에는 그 재산권침 해가 설령 '법률에 의하여' 행해졌다고 해도 위헌·위법임을 면할 수 없습니다. 가령 헌법에 합치되지 않는 법률에 의하거나 보상규정을 두지 않아 위헌·위법인 재산권 침해에 대해서도 손실보상을 인정하는 입장(수용유사침해보상이론)에 선다면 행정상 손 실보상은 비단 적법한 재산권침해에 대한 보상에 국한되지 않는 것으로 이해되어야 합니다. 따라서 행정상 손실보상의 개념에 있어 '재산권침해'는 그 자체로서 적법성 을 전제하는 것이 아니라 손실보상 등 헌법이 요구하는 요건들을 충족시킨 경우에 비로소 적법하다는 평가를 받는 것으로 이해하는 것이 옳다고 생각합니다. 손실보상 과 국가배상을 구별하는 소이(所以)는 단순한 적법/부적법의 표지가 아니라 전자의 경우 법이 공공필요에 의하여 의도적으로 공권력에 의한 재산권침해를 가한 데 대한 보상인 데 비하여,[54] 후자의 경우 법이 예상·의도하지 않은 위법한 행위로 인한 손 해를 전보하는 것이라는 데서 찾아야 할 것입니다.

5. 특별한 손해의 발생

5.1. 개설

공용침해가 성립하기 위해서는 재산권에 대한 특별한 희생으로서 손해가 발생 하여야 합니다. 그러나 특별한 손해의 판정기준에 관해서는 논란이 있을 수 있습니 다. 헌법은 재산권의 내용과 한계를 법률로 정하고(제23조 제1항) 그 행사에 관한 공공 복리적합의무를 고려할 것을 요구하고 있기 때문에(동 제2항) 공용침해가 되기 위해서 는 재산권의 내재적·사회적 제약을 넘는 특별한 손해가 존재하여야 합니다. 그러나

---

54 이와 유사한 견지에서 마우러(§ 26 Rn.54)는 수용의 요건 또는 수용의 개념으로부터 적법성 이란 요소를 배제하여 수용이란 '공적 과제의 달성을 위하여 공권력을 행사하여 재산적 가 치있는 법적 지위를 박탈하는 것'(Entziehung einer vermögenswerten Rechtsposition durch gezielten hoheitlichen Rechtsakt zur Erfüllung öffentlicher Aufgaben)이라고 서술하고 있 습니다.

종종 재산권에 가해진 손해가 재산권의 사회적 제약의 표현에 불과한 것인지 아니면 이를 넘어서는 특별한 손해에 해당하는 것인지가 불분명한 경우가 있을 수 있습니다. 만일 재산권의 제약이 그 사회적 제약의 표현일 경우에는 보상이 문제되지 않는데 반해 그것이 특별한 손해로서 공용침해를 구성할 때에는 보상이 주어져야 합니다(헌법 제23조 제3항).[55]

공용침해와 재산권의 사회적 제약은 바로 재산권에 대한 제약이 특별한 희생에 해당하는지에 따라 구별됩니다. 그러나 특별희생으로서 기준에 관해서는 적지 않은 논란이 있습니다. 이에 관하여는 독일에서 주장된, 그러나 대부분의 국내 학자들에 의해 소개·원용되고 있는 이론들을 참고할 수 있습니다. 왜냐하면 우리 헌법 제23조 제1항 및 제2항 역시 재산권의 내용과 한계를 법률에 유보시키는 동시에 재산권의 사회적 제약성을 인정하고 있는 독일기본법 제14조 제1항 제2문 및 동 제2항에서와 마찬가지의 문제상황을 제기하고 있기 때문입니다. 물론 이러한 논의가 이루어진 독일법적 배경도 참고할 가치가 있음은 물론입니다.

5.2. 학설

(1) 형식적 기준설 – 특별희생설(Sonderopfertheorie)

독일 연방법원(BGH)이 제국법원(Reichsgericht)의 개별행위설을 따라 취하고 있으며 학설에 의해 압도적으로 승인된 견해로서 이에 따르면 공용수용이란 "그 형태가 재산권의 박탈(Entziehung)이든 부담(Belastung)이든 불문하고, 특정한 개인 또는 단체를 타인에 비하여 특별하게 그리고 불평등하게 침해하는, 또한 이들에게 타인에게는 요구되지 않은 특별한 희생을 강요하는 재산권의 침해"(BGHZ 2, 270, 280)를 말합니다. BGH는 이로써 공용수용을 평등원칙과 연결시킵니다: 공용수용의 대상자는 특별한 침해를 받았고 따라서 불평등하게 처우되었으므로 그 침해는 보상을 통해 전보되어야 한다. 평등의 원칙(Gleichheitssatz)은 따라서 보상의 원칙(Ausgleichssatz)이 된다는 것입니다.

---

55 독일에서는 이러한 의미에서 보상없는 재산권의 구속과 수용 간의 한계가 문제되고 있으나 이에 관해서는 적지 않은 의문과 논란이 있고 또 사회·경제적, 기술적 발전과 함께 변화될 수 있는 것이므로 언제나 새로이 판단할 필요가 있습니다.

(2) 실질적 기준설

보상의 필요성을 결정하는 관건, 즉 특별희생과 재산권의 사회적 제약의 구별기준을 재산권침해의 실질적 측면에서 찾으려는 견해로, 다음과 같은 다양한 학설들이 있습니다.

① 보호가치설(Schutzwürdigkeitstheorie, Jellinek)

재산권의 보호가치있는 부분이 저촉되거나 침해되는 경우 보상이 필요하다는 견해입니다.

② 수인기대가능성설(Zumutbarkeitstheorie, Stödter, Maunz)

재산권에 대한 침해가 보상 없이도 상대방의 수인(受忍)을 기대할 수 있는 한도를 넘는 경우 보상의 필요성을 인정하는 입장입니다.

③ 사적 효용설(Privatnützigkeitstheorie, Reinhardt)

재산권의 침해가 사적 소유권자의 경제적 형성의 자유를 침해하는 결과를 가져올 경우 보상을 요하는 침해가 된다는 견해입니다.

④ 목적위배설(Zweckentfremdungstheorie, Forsthoff u.a.)

재산권의 침해로 말미암아 침해된 법익이 더 이상 그 기능에 맞게 이용될 수 없게 될 경우 공용침해가 성립된다는 견해입니다.

⑤ 중대성설(Schweretheorie)

독일연방행정법원(BVerwG)은 실질적 관점에서 "침해의 중대성과 침해가 미치는 범위"(Schwere und Tragweite des Eingriffs)에 착안한 중대성설에 따라 특별희생여부를 판단하고 있습니다(BVerwGE 5,143; 15,1).

(3) 사회적 구속성설(Sozialbindungstheorie)

공용침해의 측면에 초점을 맞춰 구별기준을 찾으려 했던 종래의 접근방식과는 정반대로, 재산권의 사회적 구속(Sozialbindung des Eigentums)이라는 측면에서 양자의 구별을 시도하는 입장입니다. 이에 따르면 재산권의 사회적 제약을 넘는 모든 재산권침해는 공용침해(넓은 의미의 공용수용)에 해당합니다. 어떤 재산권의 침해가 기본권에 관한 일반이론상 허용되는 재산권 침해에 해당하는지 검토해야 하며 이에 해당하

지 않으면 공용침해가 성립하게 된다는 것입니다.56

(4) 결론

이상에서 살펴본 독일의 이론들을 그 자체로 우리나라에 직접 원용하는 데에는 무리가 있을 수 있습니다. 그러나 그렇다고 하여 그 이론적 논의가 우리에게 전혀 무의미한 것은 아닙니다. 문제는 손실보상이 요구되는 공용침해와 재산권에 내재하는 사회적 제약의 한계를 발견하는 데 있습니다. 그것은 특히 어떤 법률이 일정한 재산권 침해 가능성을 예정하면서도 아무런 보상규정을 두고 있지 않고 그 법률을 근거로 하여 그 침해 가능성이 구체화된 경우, 손실보상의 필요성과 아울러 그 법률의 합헌성 여부를 판단함에 있어 의미가 있습니다. 우리나라의 경우 종래 사람의 수를 기준으로 특별희생의 여부를 결정한다는 의미의 형식설과 침해의 정도를 기준으로 이를 판단하려는 실질설, 그리고 이 두 가지를 결합시킨 절충설(통설)이 주장되었습니다. 그러나 이러한 학설들은 특별희생의 본질 내지 재산권에 내재하는 사회적 제약성을 규명함에 있어 극히 피상적인 논의 수준을 넘지 못했습니다. 한편 독일의 이론을 소개하고 있는 국내의 문헌들은 대체로 앞에서 본 형식적 기준과 실질적 기준을 절충적으로 고려하는 입장을 취하고 있는 것으로 판단되는데, 이는 독일행정법 판례이론의 동향에 비추어 볼 때 기본적으로 타당하다고 봅니다.57

> **독일의 학설동향**
>
> 마우러(Maurer)의 평가에 따르면, 독일연방법원(BGH)의 특별희생설은 물론 원칙적으로 포기된 것은 아니지만, 일관되게 관철되었다기보다는 많은 판결들에서 실질적 관점으로부터 보충, 수정되었을 뿐 아니라 심지어는 대체되기까지 했다고 합니다. 이러한 과정에서 중요한 역할을 수행한 이론들로 특기할 만한 것은 연방행정법원(BVerwG)의 중대성설(Schweretheorie)과 BGH의 녹지판결(Grünflächenurteil, BGHZ 23,30)에 의해 정립되어 또한 BVerwG(BVerwGE 49,365)에 의해 받아들여진 바 있는 상황구속성설58(Theorie der Situationsgebundenheit)을 들 수 있

---

56 Stein, Staatsrecht, 11. Aufl., 1989, § 27 IV 1. 또한 BVerfGE 20, 351, 358ff.(그러나 이러한 입장은 이후 더 이상 재개되지 않았다고 합니다)

57 홍정선, 행정법원론(上), 1994, 542-543. 예컨대 김남진, 행정법 I, 614-615는 실질적 기준설 중 목적위배설을 바탕으로 한 상황구속성설과의 결합, 그리고 구체적 사례별로 개별화할 필요성을 주장하며, 김동희, 행정법 I, 506-507은 실질적 기준과 형식적 기준을 상호보완적으로 적용해야 한다는 견해를 표명하고 있습니다.

58 이에 따르면 어떤 토지가 위치하는 특별한 사실적 상황(예컨대 자연보호지구나 주택이 밀집된 공업지구)으로부터 특정용도의, 본래는 가능했던, 토지이용(예컨대 건축)을 할 수 없는

습니다. 반면 연방행정법원의 판례는 원칙적으로 구체적 사례에 따라 개별화시키는 중대성설에 입각하면서도 또한 특별희생설(BVerwGE 15,1ff.)이나 상황구속성설과 연결되고 있으며, 이렇게 볼 때 그 이론적 출발점의 차이에도 불구하고 실제적 결과에 있어서는 광범위한 의견의 일치가 이루어지고 있다는 것입니다. 요컨대 양 법원은 모두 "특별희생"의 관념에 입각하고 있으면서 연방법원은 희생의 "특별"성에, 연방행정법원은 특별한 "희생"에 각각 더 중점을 두고 있는 것이라는 점이 강조되고 있습니다.59

5.3. 구체적 적용

(1) 공용수용

공용수용, 즉 재산권의 완전한 박탈(Entzug)은, 그 결과 타인에게 양도되거나 제거 또는 소멸되거나를 불문하고, 언제나 공용수용이지 재산권의 사회적 구속성의 결과는 아니라는 점을 분명히 해 둘 필요가 있습니다. 따라서 현재 일반적으로 손실보상과 관련하여 「보상원인」의 문제로서 다루어지고 있는 특별희생의 개념에 관한 문제는 오로지 재산권의 완전박탈 이외의 재산권침해를 대상으로 한다는 것을 명심해야 합니다.

(2) 공공복리에 적합한 것으로서 감수되어야 할 재산권제한

헌법 제37조 제2항에 따른 기본권제한으로 이해되고 있는 건축허가제나 영업허가시의 거리제한 등과 같은 경우는 공공의 안전, 질서유지 등을 위하여 정당화되는 한도 내에서는 손실보상을 요하는 공용침해에 해당하지 않는 것으로 이해됩니다.60 한편 경우에 따라 가령 문화재관리목적상 보존건물의 개축 제한이나 사적지·명승지보존을 위한 각종 권리행사의 제한도 감수되어야 할 재산권제한으로 볼 수 있는 경우가 적지 않습니다. 또한 식품위생법 제22조 제1항은 식품등의 위해방지·위생관리와 영업질서의 유지를 위하여 필요하면, 영업자나 그 밖의 관계인에게 필요한 서류나 그 밖의 자료의 제출 요구, 관계 공무원으로 하여금 판매를 목적으로 하거나 영업에 사용하는 식품등

의무(Pflichtigkeit)가 성립될 수 있다는 것입니다. 이러한 의무는 그 토지에 부과된 일반적 부담으로서 개별적으로 이에 따른 이용금지(Nutzungsverbot)가 구체화될 경우에는 공용침해가 아니라 재산권의 사회적 제약에 해당될 뿐이라고 하게 됩니다.

59 Maurer, § 27 Rn.35, 그리고 같은 곳 Rn.32ff.
60 홍정선, 행정법원론(上), 543.

또는 영업시설 등에 대하여 하는 검사, 그 검사에 필요한 최소량의 식품등의 무상 수거, 영업에 관계되는 장부 또는 서류의 열람 등을 할 수 있다고 규정하고 있는데, 이 경우 검사를 위한 식품등의 수거는 그것이 최소량을 넘지 않고 또 그 재산적 가치가 사소한 것인 한, 보상을 요하지 않는다. 또한 위험성 있는 물건의 파기는 그것이 경찰법상 위험방지의 범위에서 행해지는 한 보상이 필요 없습니다.[61] 그 밖에도 공공필요에 의하여 상대방으로 하여금 수인을 요구할 수 있다고 기대할 수 있는 경우로는 도로표지판, 교통표지판의 설치라든가 군사시설이나 공공시설로부터 나오는 통상적인 소음(소방서의 사이렌소리, 국민학교의 확성기소리, 군부대의 교회종소리) 등 있습니다.

해상사격으로 인한 어업손실 보상 배제의 위헌여부

[1] 재산권이 그 사회적 기속성으로 인하여 그에 대한 제한이 허용된다고 하더라도 거기에는 일정한 한계가 있고, 재산권에 대한 제한의 허용 정도는 재산권 객체의 사회적 기능, 즉 재산권의 행사가 기본권의 주체와 사회전반에 대하여 가지는 의미에 달려 있다고 할 것인데, 재산권의 행사가 사회적 연관성과 사회적 기능을 가지면 가질수록 입법자에 의한 보다 광범위한 제한이 허용된다. 따라서 재산권에 대한 제약이 비례원칙에 합치하는 것이라면 그 제약은 재산권자가 수인하여야 하는 사회적 제약의 범위 내에 있는 것이라 할 것이다(헌법재판소 2005. 9. 29. 선고 2002헌바84 결정 등 참조).

[2] 구 수산업법(2007. 4. 11. 법률 제8377호로 전부 개정되기 전의 것. 이하 '구 수산업법'이라 한다) 관련규정의 문언·체제·취지 등에 더하여 다음과 같은 사정, 즉 ① 어업허가를 받거나 어업신고가 수리된 자가 갖는 어업에 대한 재산적 이익은 공유수면에서 자유로이 생존하는 수산동식물을 포획할 수 있는 지위로서 어업허가취득이나 수산동식물의 포획에 어떤 대가를 지불하는 것이 아니어서 일반 재산권처럼 보호가치가 확고하다고 보기 어려운 점, ② 한편 어업권의 특성과 그 행사 방식 등에 비추어 그 재산권의 행사가 사회적 연관성과 사회적 기능이 크다고 보이므로 입법자에 의한 보다 광범위한 제한이 허용된다고 보이는 점, ③ 구 수산업법이 손실보상 없이 어업을 제한할 수 있는 사유를 수산자원의 보존 또는 국방상 필요 등 사회적 연관성과 사회적 기능이 크다고 보이는 경우로 제한적으로 규정하고 있는 점, ④ 허가 또는 신고 어업과는 달리 면허어업은 해조류 양식어업 등을 주요대상으로 하여 조업이 제한되는 해역 이외의 장소에서는 조업이 불가능한 사정을 고려하여 보상제외사유로 삼지 않는 등 제한되는 어업의 종류와 특성 및 내용에 따라 보상 여부를 달리 정하고 있는 점 등을 종합하면, 구 수산업법 제81조 제1항 단서 조항에서 허가·신고 어업에 대하여 '국방상 필요하다고 인정하여 국방부장관으로부터 요청이 있을 때'(제3호)에는 '공익사업을위한토지등의취득및보상에관한법률 제4조의 공익사업상 필요한 때'(제5호)와 달리 손실보상 없이 이를 제한할 수 있도록 정한 것이 재산권자가 수인하여야 하는 사회적 제약의 한계를 넘어 가혹한 부담을 발생시킨다고 보기 어려우므로 이 사건 단서조항이 헌법에 위반된다고 볼 수 없다.

[3] 구 수산업법 제34조 제1항이 어업제한사유로 제5호에서 '공익사업을위한토지등의취득및보상에관한법률 제4조의 공익사업상 필요한 때'를 정하여 '국방 및 군사에 관한 사업'에 관한 포괄적

---

61 홍정선, 행정법원론(上), 1994, 543. 또한 형사법상 처벌 종류의 하나인 몰수는 행정법상 제도가 아니며 손실보상을 요하지 않는다고 합니다.

인 규정을 마련하였음에도, 이와 별도로 제3호에서 '국방상 필요하다고 인정하여 국방부장관으로부터 요청이 있을 때'를 정하여 손실보상 여부에 관하여 달리 취급하는 취지에 비추어 보면, 구 수산업법 제34조 제1항에 따른 어업제한사유가 제3호의 요건을 충족하는 이상 제5호에서 정한 공익사업의 하나인 '국방·군사에 관한 사업'의 요건을 동시에 충족할 수 있다고 하더라도, 특별한 사정이 없는 한 제3호가 우선 적용되어 손실보상청구권이 발생하지 아니한다고 보아야 한다.[62]

(3) 지역·지구제에 의한 계획제한

각종 계획법상 지역·지구제에 따라 그 지역·지구 내에 재산권을 가진 자에게 가해지는 계획제한과 관련하여 그것이 보상을 요하는 공용제한인지가 문제됩니다. 일반적으로 도시계획법 등에 의한 각종 계획제한은 사인의 토지이용에 제한을 가하는 것이지만 그 규제가 일반적인 것이므로 보상을 요하지 않는다는 견해가 지배적이었던 데 비하여,[63] 도시계획제한을 둘러싸고 그 보상 여부가 논란되고 있습니다.[64]

> "공익목적을 위한 토지이용·개발의 제한은, 그로 인해 토지를 종래의 목적으로 사용할 수 없거나 더 이상 법적으로 허용된 토지이용방법이 없기 때문에 실질적으로 토지의 사용·수익이 불가능한 경우가 아닌 한, 원칙적으로 토지소유자가 수인해야 하는 재산권 행사의 사회적 제약에 해당한다(대법원 2014. 3. 27. 선고 2010다108197 판결, 헌법재판소 1998. 12. 24. 선고 89헌마 214 결정 참조)."[65]

① 개발제한구역

개발제한구역[66]이란 그린벨트(green belt)라 불리는 공간규제수단으로, '도시의 무질서한 확산을 방지하고 도시주변의 자연환경을 보전하여 도시민의 건전한 생활환경을 확보하기 위하여 도시의 개발을 제한할 필요가 있거나 국방부장관의 요청이 있어 보안상 도시의 개발을 제한할 필요가 있다고 인정되는 경우' 도시·군관리계획으로써 지정하는 도시개발의 제한구역을 말합니다(「개발제한구역의 지정 및 관리에 관한 특별조

---

62 대법원 2016. 5. 12. 선고 2013다62261 판결(손실보상등 (아) 상고기각).

63 홍정선, 행정법원론(上), 543 이하.

64 석종현, 월간고시, 1989/1, 81 이하; 김남진, 월간고시, 1992/9, 14 이하, 법제연구원, 현행 공용침해법제의 현황과 개선방향, 1992, 162 이하를 참조.

65 대법원 2019. 1. 31. 선고 2018두43996 판결(건축복합민원허가신청서 불허가처분취소: 계사 건축허가 기준을 정한 금산군 조례가 상위법령인 가축분뇨법의 위임한계를 벗어났는지 여부(소극)).

66 개발제한구역은 1938년 영국에서 그린벨트법(Green Belt Act)에 의하여 비롯된 것으로서 우리나라의 경우 1971년 구 도시계획법의 개정을 통하여 도입되었습니다.

치법」§ 3 ①).

　　개발제한구역의 지정은 환경보전을 위하여 개발을 억지하는, 단순한 이익형량의 관점을 넘어서서 환경보전에 우월성을 인정하는 환경정책적 고려가 반영된 제도라 할 수 있습니다. 개발제한구역에서는 건축물의 건축 및 용도변경, 공작물의 설치, 토지의 형질변경, 죽목(竹木)의 벌채, 토지의 분할, 물건을 쌓아놓는 행위 또는 「국토의 계획 및 이용에 관한 법률」 제2조 제11호에 따른 도시·군계획사업의 시행을 할 수 없게 되는 제한을 받게 됩니다(같은 법 제12조).[67]

　　구 도시계획법은 개발제한구역의 지정(제21조 제1항)을 받아 재산상 권리행사의 제한을 받은 토지소유자의 손실보상에 관하여 아무런 규정을 두지 않고 있어 문제가 되었습니다. 이에 대하여 대법원은 구도시계획법 제21조 제1항에 의한 제한은 공공복리에 적합한 합리적인 제한으로서 그 제한으로 인한 토지소유자의 불이익은 공공의 복리를 위하여 감수하지 아니하면 안 될 정도의 것이라고 판시하였습니다.[68]

　　대법원의 이러한 태도는 개발제한구역 내 토지소유자등이 개발제한구역지정으로 받는 현실적 피해의 심각성을 도외시한 것일 뿐만 아니라 개발제한구역 내에서의 규제를 모두 일괄적으로 재산권에 내재하는 사회적 제약으로 볼 수 있는지도 극히 의문이라는 점에서 비판을 받았지요. 그 밖에도 개발제한구역의 지정에 관하여는 구역 지정을 다툴 수 있는 행정쟁송수단의 불충분성, 개발제한구역 내 주민들의 생활상의 불편, 개발이익의 불평등한 배분, 개발제한구역의 취지와 현실간의 괴리 등 많은 문제점이 제기되었습니다.[69] 이러한 현실을 배경으로, 우선 해석론적 차원에서 그러한 경우 재산권자에게 가해지는 계획제한을 특별희생으로 보아 수용유사침해로 인한 손실보상 내지 국가배상제도에 의하여 피해자구제의 공백을 메워 나가되, 아울러 이 문제에 대한 입법적 해결책을 강구하는 것이 바람직한 길이라고 판단되었습니다.

　　헌법재판소는 1998년 12월 24일의 전원재판부 결정을 통해 기존의 판례에 근본

67　판례: 「도시계획법 제21조, 동시행령 제20조 제1항 제2호, 동시행규칙 제8조 제4호의 해석상 하천구역 내에서의 토석·사력의 채취는 토지의 형질변경에 해당되고 개발제한구역 내에서 다량의 토석·사력의 채취가 수반되거나 개발제한구역의 지정목적에 지장이 있다고 인정되는 형질변경은 처음부터 허가대상이 되지 아니하는 금지된 행위에 해당한다」(대법원 1990. 7. 10. 선고 90누2055 판결).

68　대법원 1990. 5. 8. 선고 89부2 결정.

69　유해웅, 개발제한구역의 규제에 관한 고찰, 사법행정 1992/7, 41－45.

적인 방향수정을 가했습니다. 헌법재판소는 개발제한구역 지정으로 인하여 토지를 종래의 목적으로 사용할 수 없거나 또는 더 이상 법적으로 허용된 토지이용의 방법 이 없어 실질적으로 토지의 사용·수익의 길이 없는 경우에는 토지소유자가 수인해 야 하는 사회적 제약의 한계를 넘는 것으로 보아야 하며, 이처럼 개발제한구역의 지 정으로 일부 토지소유자에게 사회적 제약의 범위를 넘는 가혹한 부담이 발생하는 예 외적인 경우에 대하여 도시계획법이 보상규정을 두지 않은 것은 위헌이라고 판시하 였습니다.

| 개발제한구역 지정과 재산권 침해의 위헌여부 |

가. 헌법상의 재산권은 토지소유자가 이용가능한 모든 용도로 토지를 자유로이 최대한 사용할 권리나 가장 경제적 또는 효율적으로 사용할 수 있는 권리를 보장하는 것을 의미하지는 않는다. 입법자는 중요한 공익상의 이유로 토지를 일정 용도로 사용하는 권리를 제한할 수 있다. 따라서 토지의 개발이나 건축은 합헌적 법률로 정한 재산권의 내용과 한계 내에서만 가능한 것일 뿐만 아 니라 토지재산권의 강한 사회성 내지는 공공성으로 말미암아 이에 대하여는 다른 재산권에 비하여 보다 강한 제한과 의무가 부과될 수 있다.

나. 개발제한구역을 지정하여 그 안에서는 건축물의 건축 등을 할 수 없도록 하고 있는 도시계 획법 제21조는 헌법 제23조 제1항, 제2항에 따라 토지재산권에 관한 권리와 의무를 일반·추상적 으로 확정하는 규정으로서 재산권을 형성하는 규정인 동시에 공익적 요청에 따른 재산권의 사회적 제약을 구체화하는 규정인바, 토지재산권은 강한 사회성, 공공성을 지니고 있어 이에 대하여는 다 른 재산권에 비하여 보다 강한 제한과 의무를 부과할 수 있으나, 그렇다고 하더라도 다른 기본권 을 제한하는 입법과 마찬가지로 비례성원칙을 준수하여야 하고, 재산권의 본질적 내용인 사용·수 익권과 처분권을 부인하여서는 아니 된다.

다. 개발제한구역 지정으로 인하여 토지를 종래의 목적으로도 사용할 수 없거나 또는 더 이상 법적으로 허용된 토지이용의 방법이 없기 때문에 실질적으로 토지의 사용·수익의 길이 없는 경우 에는 토지소유자가 수인해야 하는 사회적 제약의 한계를 넘는 것으로 보아야 한다.

라. 개발제한구역의 지정으로 인한 개발가능성의 소멸과 그에 따른 지가의 하락이나 지가상승 률의 상대적 감소는 토지소유자가 감수해야 하는 사회적 제약의 범주에 속하는 것으로 보아야 한 다. 자신의 토지를 장래에 건축이나 개발목적으로 사용할 수 있으리라는 기대가능성이나 신뢰 및 이에 따른 지가상승의 기회는 원칙적으로 재산권의 보호범위에 속하지 않는다. 구역지정 당시의 상태대로 토지를 사용·수익·처분할 수 있는 이상, 구역지정에 따른 단순한 토지이용의 제한은 원 칙적으로 재산권에 내재하는 사회적 제약의 범주를 넘지 않는다.

마. 도시계획법 제21조에 의한 재산권의 제한은 개발제한구역으로 지정된 토지를 원칙적으로 지정 당시의 지목과 토지현황에 의한 이용방법에 따라 사용할 수 있는 한, 재산권에 내재하는 사 회적 제약을 비례의 원칙에 합치하게 합헌적으로 구체화한 것이라고 할 것이나, 종래의 지목과 토 지현황에 의한 이용방법에 따른 토지의 사용도 할 수 없거나 실질적으로 사용·수익을 전혀 할 수 없는 예외적인 경우에도 아무런 보상 없이 이를 감수하도록 하고 있는 한, 비례의 원칙에 위반되 어 당해 토지소유자의 재산권을 과도하게 침해하는 것으로서 헌법에 위반된다.

바. 도시계획법 제21조에 규정된 개발제한구역제도 그 자체는 원칙적으로 합헌적인 규정인데, 다만 개발제한구역의 지정으로 말미암아 일부 토지소유자에게 사회적 제약의 범위를 넘는 가혹한 부담이 발생하는 예외적인 경우에 대하여 보상규정을 두지 않은 것에 위헌성이 있는 것이고, 보상

의 구체적 기준과 방법은 헌법재판소가 결정할 성질의 것이 아니라 광범위한 입법형성권을 가진 입법자가 입법정책적으로 정할 사항이므로, 입법자가 보상입법을 마련함으로써 위헌적인 상태를 제거할 때까지 위 조항을 형식적으로 존속케 하기 위하여 헌법불합치결정을 하는 것인 바, 입법자는 되도록 빠른 시일 내에 보상입법을 하여 위헌적 상태를 제거할 의무가 있고, 행정청은 보상입법이 마련되기 전에는 새로 개발제한구역을 지정하여서는 아니 되며, 토지소유자는 보상입법을 기다려 그에 따른 권리행사를 할 수 있을 뿐 개발제한구역의 지정이나 그에 따른 토지재산권의 제한 그 자체의 효력을 다투거나 위 조항에 위반하여 행한 자신들의 행위의 정당성을 주장할 수는 없다.

　　사. 입법자가 도시계획법 제21조를 통하여 국민의 재산권을 비례의 원칙에 부합하게 합헌적으로 제한하기 위해서는, 수인의 한계를 넘어 가혹한 부담이 발생하는 예외적인 경우에는 이를 완화하는 보상규정을 두어야 한다. 이러한 보상규정은 입법자가 헌법 제23조 제1항 및 제2항에 의하여 재산권의 내용을 구체적으로 형성하고 공공의 이익을 위하여 재산권을 제한하는 과정에서 이를 합헌적으로 규율하기 위하여 두어야 하는 규정이다. 재산권의 침해와 공익간의 비례성을 다시 회복하기 위한 방법은 헌법상 반드시 금전보상만을 해야 하는 것은 아니다. 입법자는 지정의 해제 또는 토지매수청구권제도와 같이 금전보상에 갈음하거나 기타 손실을 완화할 수 있는 제도를 보완하는 등 여러 가지 다른 방법을 사용할 수 있다.[70]

　헌법재판소의 헌법불합치결정 후, 1년여가 지나 개발제한구역의 법적 근거를 별도의 단행법으로 전환시키는 입법조치가 단행되었습니다. 2000년 1월 28일 제정된 「개발제한구역의 지정 및 관리에 관한 특별조치법」이 그것입니다. 같은 날 전부 개정된 구 도시계획법 제34조는 '개발제한구역의 지정 또는 변경에 관하여는 따로 법률로 정한다'고 규정하였고, 이로써 개발제한구역제도는 새 법률의 규율을 받게 되었습니다.

　② 환경정책기본법상 특별대책지구

　환경정책기본법은 제38조 제1항에서 환경부장관으로 하여금 환경오염·환경훼손 또는 자연생태계의 변화가 현저하거나 현저하게 될 우려가 있는 지역과 환경기준을 자주 초과하는 지역을 관계 중앙행정기관의 장 및 시·도지사와 협의하여 환경보전을 위한 특별대책지역으로 지정·고시하고, 해당 지역의 환경보전을 위한 특별종합대책을 수립하여 관할 시·도지사에게 이를 시행하게 할 수 있도록 규정하고 있습니다. 그 경우 특별대책지역의 환경개선을 위하여 특히 필요한 경우 대통령령이 정하는 바에 따라 그 지역에서 토지 이용과 시설 설치를 제한할 수 있도록 하는 특별규정을 두면서(§ 38 ②), 손실보상에 관하여는 아무런 규정을 두고 있지 않아 문제가 될

70　헌법재판소 1998. 12. 24. 선고 89헌마214 전원재판부 결정(도시계획법 제21조에 대한 위헌소원).

수 있습니다. 동법 시행령 제13조의 내용으로 보아 이러한 이용 제한은 이른바 재산권의 내재적 제약에 해당하는 것으로 본다는 법취지인 것처럼 보이나, 그 제한이 일시적인 것이라면 몰라도, 일률적으로 그렇게 볼 수 있는지 의문이 없을 수 없습니다. 입법적 개선이 요구됩니다.

6. 공용침해의 허용요건(한계)

헌법 제23조 제3항은 "공공필요에 의한 재산권의 수용·사용·제한 및 그 보상은 법률로써 하되, 정당한 보상을 지급하여야 한다."고 규정함으로써 공용침해의 허용요건(Zulässigkeitsvoraussetzung)을 규정하고 있습니다. 그러나 공용침해가 허용되려면 헌법 제23조 제3항외에도 일반적인 법치국가원칙에서 오는 한계와 기타 근거법상 절차적 조건이 준수되어야 합니다.

(1) 공용침해의 근거(법률유보)

공용침해는 헌법 제23조 제3항에 따라 법률에 의해서만 행해질 수 있습니다. 공용침해는 직접 법률의 규정에 의하거나 법률의 규정에 따른 행정처분 기타 법적 행위에 의해서만 행해질 수 있고, 법률에 근거를 두지 않은 공용침해는 허용되지 않습니다. 헌법 제23조 제3항의 법률유보에 따라 공용침해의 허용여부, 요건, 재산권침해의 범위 등은 입법권자인 국회에 맡겨져 있습니다. 여기서 법률이란 형식적 의미의 법률을 말하는 것이나 경우에 따라서는 헌법에 의하여 법률과 동일한 효력이 부여된 긴급명령이나 조약도 이에 해당될 수 있습니다.

(2) 공공필요와 비례원칙

공용침해는 공공필요에 의해서만 행해질 수 있습니다. 공공필요는 그 재산권침해의 적법성을 정당화하는 실질적 근거이자 한계를 이룹니다. 여기서 말하는 공공필요란 공용침해의 성립요건(개념)에서 요구되었던 공익목적에의 지향만을 의미하는 것이 아니라, 특정의 공용침해조치가 사실상 공공필요를 실현하는데 봉사했는지를 심사하여 그 적법여하를 판단하기 위한 요건입니다. 침해조치가 공공필요에 봉사했는지 여부는 구체적인 사안과 관련하여 판단되어야 합니다. 공공필요란 공익실현과 같은 의미로 해석되는 불확정법개념(unbestimmter Rechtsbegriff)에 속합니다. 따라서 공용침해의 근거법률에서 이를 보다 상세히 규정하는 것은 입법권자의 책무입니다. 구체적인 사안에서 특정 공용침해조치가 공공필요의 충족에 기여했는지를 판단함에 있어서는 공용침해를 통해 기대되는 공익과 피침해자의 재산권보호 이익을 비교형량하여 엄격히 해석하여야 합니다. 이 경우 일반적인 법치국가원칙에서 나오는 비례원칙 (Verhältnismäßigkeitsprinzip)이 관계이익의 형량을 위한 척도가 됩니다. 이에 따라 공용침해는 그 정당한 목적에 비추어 적합하고, 필요하며 또 상당한 것일 때에만 허용되며, 이를 위배하면 위헌의 평가를 면할 수 없습니다.

> **수용권의 남용**
>
> [1] 사업인정이란 공익사업을 토지 등을 수용 또는 사용할 사업으로 결정하는 것으로서 공익사업의 시행자에게 그 후 일정한 절차를 거칠 것을 조건으로 일정한 내용의 수용권을 설정하여 주는 형성행위이므로, 해당 사업이 외형상 토지 등을 수용 또는 사용할 수 있는 사업에 해당한다고 하더라도 사업인정기관으로서는 그 사업이 공용수용을 할 만한 공익성이 있는지의 여부와 공익성이 있는 경우에도 그 사업의 내용과 방법에 관하여 사업인정에 관련된 자들의 이익을 공익과 사익 사이에서는 물론, 공익 상호간 및 사익 상호간에도 정당하게 비교·교량하여야 하고, 그 비교·교량은 비례의 원칙에 적합하도록 하여야 한다. 그뿐만 아니라 해당 공익사업을 수행하여 공익을 실현할 의사나 능력이 없는 자에게 타인의 재산권을 공권력적·강제적으로 박탈할 수 있는 수용권을 설정하여 줄 수는 없으므로, 사업시행자에게 해당 공익사업을 수행할 의사와 능력이 있어야 한다는 것도 사업인정의 한 요건이라고 보아야 한다.
>
> [2] 공용수용은 헌법상의 재산권 보장의 요청상 불가피한 최소한에 그쳐야 한다는 헌법 제23조의 근본취지에 비추어 볼 때, 사업시행자가 사업인정을 받은 후 그 사업이 공용수용을 할 만한 공익성을 상실하거나 사업인정에 관련된 자들의 이익이 현저히 비례의 원칙에 어긋나게 된 경우 또는 사업시행자가 해당 공익사업을 수행할 의사나 능력을 상실하였음에도 여전히 그 사업인정에 기하여 수용권을 행사하는 것은 수용권의 공익 목적에 반하는 수용권의 남용에 해당하여 허용되지 않는다.[71]

(3) 보상규정의 존재

헌법 제23조 제3항에 따라 공용침해에 대한 보상은 이를 법률로 하여야 합니다. 이 경우 법률이 공용침해의 당해 근거법이어야 하는지 아니면 다른 법률(가령 손실보상의 일반법을 상정할 수도 있다)이어도 무방한지가 문제 될 수 있습니다. 헌법 제23조 제3항을 불가분조항으로 이해하는 경우에는 전자로 보겠지만 이에 관하여는 논란의 여지가 있고 헌법 또한 이 문제의 해결에 도움을 주는 명시적인 단서를 결여하고 있다고 보는 것이 정확합니다.

---

71 대법원 2011. 1. 27. 선고 2009두1051 판결(토지수용재결처분취소).

(4) 공용침해의 근거법에 의한 법적 절차의 준수

공용침해가 적법하기 위해서는 그 근거법에 의한 법적 절차를 준수해야 합니다. 이는 당연한 적법성의 요건이지만, 특히 피해자 등 이해관계인의 의사나 견해를 수렴하기 위한 절차의 이행이 요구되고 있는 경우 그러한 절차를 이행하지 않거나 절차이행을 게을리 하는 경우에는 공용침해의 위법사유를 구성한다는 점에 의미가 있습니다.

(5) 정당한 보상

헌법 제23조 제3항에 따라 공용침해가 적법하기 위해서는 재산권침해에 대한 정당한 보상을 지급하여야 합니다. 이것은 입법권자의 책무인 법률에 보상규정을 두는 것만으로는 충족되지 않는 요건입니다. 법률에 보상규정이 있으나 정당한 보상이라 볼 수 없는 경우 또는 법률에 정당한 보상이 규정되어 있음에도 불구하고 정당한 보상이 주어지지 않는 경우에는 공용침해는 위헌·위법으로 돌아가게 됩니다.

> **손실보상의무 미이행과 손해배상책임**
>
> [1] 공익사업의 시행자는 해당 공익사업을 위한 공사에 착수하기 이전에 토지소유자와 관계인에게 보상액 전액을 지급하여야 한다(공익사업을 위한 토지 등의 취득 및 보상에 관한 법률 제62조 본문). 공익사업의 시행자가 토지소유자와 관계인에게 보상액을 지급하지 않고 승낙도 받지 않은 채 공사에 착수함으로써 토지소유자와 관계인이 손해를 입은 경우, 토지소유자와 관계인에 대하여 불법행위가 성립할 수 있고, 사업시행자는 그로 인한 손해를 배상할 책임을 진다.
>
> [2] 공익사업의 시행자가 사전보상을 하지 않은 채 공사에 착수함으로써 토지소유자와 관계인이 손해를 입은 경우, 토지소유자와 관계인이 입은 손해는 손실보상청구권이 침해된 데에 따른 손해이므로, 사업시행자가 배상해야 할 손해액은 원칙적으로 손실보상금이다. 다만 그 과정에서 토지소유자와 관계인에게 손실보상금에 해당하는 손해 외에 별도의 손해가 발생하였다면, 사업시행자는 그 손해를 배상할 책임이 있으나, 이와 같은 손해배상책임의 발생과 범위는 이를 주장하는 사람에게 증명책임이 있다.[72]

---

72 대법원 2021. 11. 11. 선고 2018다204022 판결.

제33강
행정기관과의 분쟁, 어떻게 해결하나?

Ⅰ. 행정기관과 다툼을 해결하는 방법

1. 행정쟁송: 행정심판과 행정쟁송

누구나 입을 모아 '작은 정부'를 말하지만 정부−행정에 대한 의존성은 줄어들기는커녕 날로 커지기만 합니다. 사고가 나거나 문제가 생기면 늘 정부가 나서 해결해 주기를 바라는 경향이 팽배합니다. 반면 정부의 잘못으로 피해를 입거나 행정기관으로부터 억울한 조치를 당하는 일이 늘 일어나지만, 막상 그런 사태가 벌어지면 어떻게 대처할지 막막한 경우가 많습니다. 기업이나 사업자의 입장에서는 섣불리 대응했다가 자칫 '괘씸죄'에 걸릴까 걱정이 들기도 합니다.

민주화가 진전됨에 따라 실력적 강제, 검찰·경찰 등을 통한 권력적 개입 등 권위주의적 사회통제수단들이 퇴조한 반면, 주민들이 행정계획이나 결정에 반대 운동을 전개하는 등 행정과 시민 관계의 변화 경향이 확연히 나타나고 있습니다. 아울러 비정부 시민사회단체들(NGO, NPO, CSO, CBO)의 활동이 활성화되고 이들 시민단체 중심으로 공익변호사활동, 공익소송이 꾸준히 증가하고 있습니다. 행정법은 행정기관을 상대로 한 다툼을 해결할 수 있는 제도적 방안을 마련하여 제공하고 있습니다. 이것을 통틀어 '행정쟁송'(行政爭訟)이라고 부릅니다. 중앙행정심판위원회 홈페이지 (https://www.simpan.go.kr/nsph/sph110.do)에 행정심판에 대한 다음과 같은 안내문이 게재되어 있습니다.

행정기관이 한 각종 행정처분에 대해 불복하는 경우 이의를 제기할 수 있는 절차는 크게 민원, 행정소송, 행정심판 등 3가지가 있습니다.

사안별로 가장 적합한 절차를 이용해야 하겠지만, 일반적으로 행정심판은 결정을 권고의 형식으로 내리는 민원에 비해 행정기관을 구속하는 강력한 법적 효력이 있습니다.

또한, 3심에 유료이면서 위법성만 판단하는 행정소송에 비해서는 신속·간이하고 별도의 비용이 들지 않으면서 위법성, 부당성, 합목적성까지 판단해 구제의 폭은 훨씬 넓어 국민입장에서 매우 효율적이고 편리한 권익구제 제도입니다.

여기서 민원 제기를 제외한 두 가지 길, 즉 행정심판과 행정소송을 합쳐서 "행정쟁송"이라 합니다. 행정쟁송은 행정병리를 고칠 수 있는 통로가 될 뿐만 아니라 행정과 시민 간 관계 형성 및 환류를 가능케 하는 제도적 회로입니다.

"정부에 소송을 거는 것"(suing government)은 임금 앞에 엎드려 살았던 과거 시절에는 꿈도 못 꿀 일이었겠지만 오늘날에는 극히 일상적인 일이 되었습니다. 국민의 권리의식이 강해짐에 따라 행정쟁송이 지속적으로 증가해 왔기 때문입니다.

이러한 사실은 우리나라가 일본처럼 소송회피적 법문화(*Streitvermeidungskultur*)[1]가 아니라 오히려 쟁송친화적 법문화(*Streitbereitschaftskultur*)에 해당한다는 사실을 재확인시켜 줍니다. 사실 우리나라는 가히 '소송국가'(*Prozeßstaat*)라고 해도 무방할 만큼 권리구제 수요가 폭주하는 나라가 되었습니다.

정부나 지방자치단체, 행정기관 등 공공기관에 대한 행정쟁송이 지속적으로 증가해 온 것은 통계적으로도 확인됩니다. 아래 행정소송 접수 및 처리현황이나 행정소송(본안)사건의 연도별·심급별 추이를 보면 그 점을 잘 알 수 있습니다.

특히 2021년 접수된 행정소송(본안)사건의 경우, 제1심 판결에 대한 항소율(항소건수/판결건수×100)은 52.3%에 달하는데(사법연감 2022, 709), 이것은 법원에서 행정소송 1심 판결을 받고도 이에 불복하는 비율이 반 이상이라는 얘기입니다.

국가배상사건 역시 지난 10년간 다소 증감은 있지만 크게 줄지 않고 있습니다. 국가배상이란 국가나 지방자치단체가 자신의 불법행위로 피해를 입은 사람에게 손해를 배상해 주는 제도를 말합니다. 다시 말하면 국가나 지방자치단체가 그 소속 공무원의 직무상 불법행위로 손해를 입은 사람에게 배상책임을 지는 경우입니다.

---

1   Tokiyasu Fujita, Streitvermeidung und Streiterledigung durch informelles Verwaltungshandeln in Japan, NVwZ 1994, 133ff.

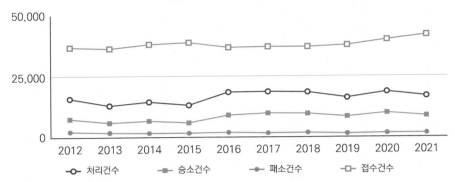

〈행정소송 접수 및 처리현황〉

출처: 국가송무정보시스템
검색: http://www.index.go.kr/potal/main/EachDtlPageDetail.do?idx_cd=1724

〈행정소송사건의 연도별·심급별 추이〉

구분 연도	합계		본 안 사 건								본안외사건(전심급)	
	사건수	지수	상고심	지수	항소심	지수	제1심	지수			사건수	지수
2012	37,584	100.0	2,998	100.0	6,041	100.0	16,942	100.0			11,603	100.0
2013	38,502	102.4	2,854	95.2	6,084	100.7	17,777	104.9			11,787	101.6
2014	40,124	106.8	2,954	98.5	6,431	106.5	17,630	104.1			13,109	113.0
2015	42,521	113.1	3,093	103.2	6,813	112.8	18,271	107.8			14,344	123.6
2016	46,702	124.3	3,778	126.0	7,515	124.4	19,541	115.3			15,868	136.8
2017	49,777	132.4	4,731	157.8	8,506	140.8	21,743	128.3			14,797	127.5
2018	47,930	127.5	3,866	129.0	7,133	118.1	21,442	126.6			15,489	133.5
2019	47,617	126.7	3,437	114.6	6,729	111.4	21,849	129.0			15,602	134.5
2020	48,788	129.8	3,053	101.8	6,513	107.8	22,509	132.9			16,713	144.0
2021	50,753	135.0	3,406	113.6	7,780	128.8	23,868	140.9			15,699	135.3

자료: 사법연감 2022, 709(https://www.scourt.go.kr/img/pub/jur_2022_Book7.pdf)

〈국가배상사건의 심급별 추이〉

구분 연도	접수	처리				
		합계	원고승	원고일부승	원고패	기타
제1심						
2012	1,001	1,006	145	212	242	407
2013	985	1,048	120	319	257	352

연도 \ 구분	접수	처리				
		합계	원고승	원고일부승	원고패	기타
2014	1,121	1,016	150	227	231	408
2015	807	989	163	136	262	428
2016	1,062	879	119	115	206	439
2017	913	1,024	139	101	220	564
2018	1,102	1,109	115	129	188	677
2019	801	810	88	122	227	373
2020	875 (868)	882 (877)	78 (78)	86 (86)	196 (196)	522 (517)
2021	674	637	60	89	162	326
항소심						
2012	464	495	16	74	35	370
2013	541	425	10	85	31	299
2014	568	649	10	119	36	484
2015	406	419	11	74	40	294
2016	310	394	9	50	28	307
2017	436	322	5	40	26	251
2018	364	451	13	31	21	386
2019	627	579	5	44	26	504
2020	249	326	6	49	21	250
2021	228	213	3	28	12	170
상고심						
2012	235	203	–	1	10	192
2013	236	207	–	1	7	199
2014	404	407	–	–	10	397
2015	176	229	–	–	5	224
2016	160	194	–	–	3	191
2017	129	140	–	–	2	138
2018	218	213	–	–	–	213
2019	140	123	–	–	–	119
2020	378 (122)	119 (119)	– (–)	– (–)	– (–)	119 (119)
2021	64	83	–	–	–	83

주: 제1심은 소액사건을 제외하였음

자료: 사법연감 2022, 776(https://www.scourt.go.kr/img/pub/jur_2022_Book8.pdf)

행정심판은 법원에 가기 전에 또는 법원에 가지 않고서 행정부 안에서 자신의 과오를 시정할 수 있는 기회를 줌으로써 국민의 권리·이익을 보호해 주려는 취지에서 만들어진 제도입니다. 행정심판 역시 다음 연도별 사건처리 통계에서도 볼 수 있듯이 지속적으로 증가세를 보여왔습니다. 특히 2014년부터 2022년 12월 11일 현재까지 평균 인용율은 14.1%로, 약 7건 중 1건 꼴로 청구인이 승리한 셈입니다. 아울러 2014년부터 2018년까지 인용율은 15%를 상회하였으나 2019년부터 6% 이상 두드러지게 낮아진 것도 눈길을 끕니다.

〈행정심판 연도별 사건처리 현황〉

구분 년도	접수건수	심리·의결				인용율(%)	취하·이송
		계	인용	기각	각하		
2014	25,301	25,270	4,131	19,164	1,975	16.30	1,068
2015	24,425	24,947	3,933	18,627	2,387	17.40	1,433
2016	26,819	26,080	3,901	19,315	2,864	16.80	1,702
2017	27,918	25,775	3,584	19,105	3,086	15.80	1,307
2018	23,043	25,153	3,814	18,928	2,411	16.80	1,401
2019	24,076	21,534	1,567	14,166	5,801	10.00	1,271
2020	22,367	22,727	1,573	16,783	4,371	8.60	1,094
2021	19,229	18,873	1,710	14,892	2,271	7.90	1,140
2022	19,896	19,907	1,415	14.905	3,587	8.70	1,453
합계	213,074	210,266	25,628	155,885	28,753	14.10	11,869

(2022년도는 2022. 12. 11. 기준)
자료 국민권익위원회(https://www.simpan.go.kr/nsph/sph240.do)

온라인 행정심판의 도입

전자정보처리조직을 통하여 간편하게 행정심판을 청구할 수 있는 시스템이 개발·운영됨에 따라 이와 관련된 법적 근거를 마련해야 한다는 요구가 대두되었고 이에 2010년 1월 25일의 행정심판법개정법률은 제7장(§§ 52-54)을 신설하여 전자정보처리조직을 통한 행정심판의 근거를 마련했습니다. 전자문서를 통한 송달에 관한 근거를 두는 등 온라인 행정심판제도의 운용 근거를 마련하는 한편, 전자정보처리조직을 통한 행정심판제도 운영의 법적 근거를 명확히 함으로써 국민 권리구제 활성화와 행정심판제도 운영의 효율성제고를 도모했습니다.

이처럼 각종 행정쟁송사건이 지속적으로 증가하고 있다는 사실은 그 만큼 공공갈등, 특히 행정과 관련된 갈등이 공식적 분쟁으로 비화하고 현실적으로 시간과 비용, 노력이 많이 소요되는 소송 등 행정분쟁해결제도의 사용빈도가 늘고 있다는 것을 잘 보여줍니다. 하지만 그러한 통계수치를 통해 드러나는 현실은 실제 공공갈등의 극히 일부만이 공식적인 행정쟁송제도를 통해 해소되고 있다는 사실을 가리고 있습니다. '갈등공화국'으로 공인을 받다시피 한 우리나라에서 공공갈등이 사회갈등의 대종을 이룬다면 그 공공갈등 중 제도권, 즉 공식적인 행정쟁송이나 국가배상제도를 통해 해결되는 갈등은 가히 '빙산의 일각'에 불과하다는 것이지요. '정부에 소송걸기'(suing government)라는 아이디어는 바로 그런 맥락에서 실천적 의미를 재발견합니다. 정부에 소송걸기가 활성화되고 이를 통해 충실히 권익구제를 받을 수 있으리라는 사회적 기대가 제대로 응답될 수 있어야 합니다. 그래야만 비로소 공공갈등들이 제도 밖으로 뛰쳐나가 고착되거나 집단갈등으로 확대재생산 되는 악순환에 빠지지 않고 행정쟁송이라는 제도권 안에서 해소될 수 있을 것입니다. 그 결과 우리나라의 사회적 거래비용이 그만큼 낮아져 결국 사회적 평화와 안정, 정부신뢰의 개선으로 이어질 수 있겠지요. 행정쟁송은 이와 같이 행정병리의 치유를 통한 행정과 시민 간의 순기능적 관계 형성을 위한 환류 메커니즘입니다.

2. 행정쟁송의 존재이유

행정쟁송의 존재이유는 국민의 권리보호에 있습니다. 하지만 그것은 동시에 행정의 법적 통제라는 목표에도 봉사합니다. 이 목표의 양면성은 행정법의 기본원리인 법치행정의 원리로부터 나옵니다. 법치국가의 본질이 '국가에 대한 법의 지배' (Herrschaft des Rechts über den Staat), '행정의 적법성'에 있다면 이 질서를 유지하기 위하여 독립된 법원에 의한 감시와 통제가 필요합니다. 이런 맥락에서 행정통제, 즉 행정의 법적 통제는 법치국가의 필수적인 전제조건이 됩니다. 그러나 법치국가 원리의 요소로서 행정통제가 필요한 궁극적 이유 역시 결국 국민의 권리보호로 돌아갑니다. 행정의 법적 통제는 법치국가의 수단이고 국민의 권리보호는 법치국가의 목적으로 상호 불가분 관계에 있습니다. 요컨대 레스(G. Ress)가 적절히 지적했듯이 행정의 적법성원칙이 없는 행정쟁송에 대한 요청은 무의미하며 행정쟁송 없는 법치행정 원리에 대한 요청은 비현실적이기 때문입니다.[2] 행정쟁송은 우선적으로 권리보호의 수단

---

2 G. Ress, Die Entscheidungsbefugnis in der Verwaltungsgerichtsbarkeit — eine re-chtsvergleichende Studie zum österreichischen und deutschen Recht, 1968, Forschungen

(Vehikel)이지만 행정실체법 발전을 촉발시켜 법치주의를 충전시키는 피드백 기능을 합니다.

행정쟁송은 사후적 권리구제절차의 측면과 행정통제제도의 측면을 함께 가지고 있습니다. 이 점은 헌법에 잘 반영되어 있습니다.

헌법은 제101조 제1항에서 행정재판권을 포함한 사법권을 법원에 귀속시키고 제107조 제2항에서는 "명령·규칙 또는 처분이 헌법이나 법률에 위반되는 여부가 재판의 전제가 된 경우에는 대법원은 이를 최종적으로 심사할 권한을 가진다."고 규정함으로써 행정작용에 대한 사법적 심사의 헌법적 근거를 마련하고 있습니다. 또한 제107조 제3항에서는 "재판의 전심절차로서 행정심판을 할 수 있다. 행정심판의 절차는 법률로 정하되, 사법절차가 준용되어야 한다."고 하여 행정심판의 제도화를 헌법적으로 뒷받침하고 있습니다.

3. 낙후된 행정소송법, 아직도 80년대에 머물러 있는 시계

그러나 우리나라 행정소송제도는 주요 선진국들에 비해 한참 낙후되어 있습니다.

현행 행정소송법은 1984년 12월 15일 전면 개정된 것인데, 1962년의 일본 행정사건소송법 모델을 참조한 것이어서 당초 비판을 면치 못했고, 시행과정에서도 많은 문제점을 드러냈습니다. 1994년 법개정이 있었으나, 1984년 법의 근본적 문제는 해소되지 않았습니다. 1984년이면 벌써 30여년이 넘었는데 그동안 우리나라가 겪은 변화를 생각하면 행정소송법이 얼마나 낙후된 것인지는 더 말할 나위가 없을 겁니다.

이 점은 지난 30여 년간 여러 차례 제도개선을 통해 한국형 행정심판제도가 발전되어 온 것과는 확연히 구별되는 사실입니다. 일본과 달리 우리나라는 '소송국가'(Prozeßstaat)라고 해도 무방할 만큼 권리구제 수요가 폭주하는 나라가 되었는데, 1984년 행정소송법개정을 통해 일본이 이미 60년대에 도입한 부작위위법확인소송을 답습한 뒤 30여 년이 흘렀는데도 한 걸음도 나아가지 못했습니다.[3] 우리나라가 제도지체를 벗어나지 못할 때, 오히려 일본은 2004년 행정사건소송법개정법을 통해 의무

---

aus Staat und Recht, Bd.4, Springer Verlag, 41.

3 이상 행정구제법의 과제에 관하여는 졸고, "행정법 50년과 행정구제법",「헌정 50년과 2000년의 과제」(아세아·태평양 공법학회 1998년 학술대회: 1998.7.14), 자료집, 63-67을 참조.

이행소송(의무부과소송) 도입을 성사시켰습니다.4

무엇보다도 위법·부당한 행정조치에 대하여 효과적이고 공백 없는 권리구제(lückenloser Rechtsschutz)를 가능케 할 행정소송법의 개혁이 급선무입니다. 특히 행정소송법 개혁이 가지는 법정책적 의미를 다시금 깊이 되새겨 볼 필요가 있습니다. 공공갈등을 제도권 안에서 해결하는 것이 사회 전체의 견지에서 볼 때 훨씬 비용효과적이고 효율적이라는 사실이 여러 가지 측면에서 드러납니다. 십수 년을 끌었던 새만금개발 관련 공공갈등이 2006년 대법원의 행정소송 판결로 종식되고 천성산 고속철도 건설을 둘러싼 오랜 갈등 역시 대법원 판결로 종결되었습니다. 그런 의미에서 행정소송법 개혁, 특히 의무이행소송제도의 도입은 제도권 바깥에서 엄청난 사회적 비용과 희생을 초래하면서 장기간 고질화되어 온 공공갈등의 해결을 제도권 안으로 끌어 들이는 방법이 될 수 있습니다. 급속한 정부주도 압축성장과정에서 분출될 수밖에 없는 공공갈등들의 많은 부분이 행정소송제도를 통해 해결되고 소화될 수 있다는 사실은 구미의 선진국들의 경험을 통해 여실히 실감할 수 있는 '후지혜'(Hindsight)입니다. 공식적인 분쟁해결수단으로서 행정소송제도가 공공갈등 해결 수단으로 좀 더 많이 더욱 효과적으로 활용될 수 있도록 함으로써 전사회적 행정분쟁비용을 줄이고 정부에 대한 신뢰를 증진시킬 수 있는 제도적 해법이 될 것입니다.

그런 뜻에서 한국의 행정소송법 개혁, 특히 의무이행소송제도의 도입은 더 이상 미룰 수 없는 과제입니다. 의무이행소송의 준대체재로 도입된 부작위위법확인소송은, 판례와 다수설에 따를 때, 「행정의 의무이행을 관철시키기 위한 소송방법」이라고 하기에는 많은 문제점과 한계를 지니고 있습니다.5 일례로 거부처분에 대한 취소소송 역시 승소판결을 얻어도 행정청이 당초와 다른 이유를 들어 재차 거부처분을 할 수 있기 때문에 종국적인 해결책이 되지 못합니다. 그러므로 의무이행소송, 가처

---

4 상세한 소개로는 문성호, "일본의 개정 행정사건소송법 운영 현황과 시사점 – 행정소송법 전면 개정 논의에 즈음하여 – ", 2014, 사법제도비교연구회(편), 사법개혁과 세계의 사법제도[VIII](사법발전재단), 581−637, 584−586을 참조.

5 한편 대법원은 「행정소송법 제3조와 제4조가 행정청의 부작위가 위법하다는 것을 확인하는 소송을 규정하고 있을 뿐 행정청의 부작위에 대하여 일정한 처분을 하도록 하는 의무이행소송에 관하여는 규정하고 있지 아니하여, 행정청의 위법 또는 부당한 부작위에 대하여 일정한 처분을 하도록 청구하는 소송을 허용하지 아니한 것이, 국민의 재산권을 보장한 헌법 제23조에 위배된다고 볼 수 없다」고 판시한 바 있습니다(대법원 1992. 12. 22. 선고 92누13929 판결).

분제도 등 행정의 부작위·태만을 보다 확실하게 시정할 수 있는 적극적인 쟁송수단이 도입이 반드시 이루어져야 합니다.

4. 행정쟁송과 행정통제

행정의 적법성과 합목적성을 보장하기 위해 행정작용을 심사하고 시정하는 제도를 통틀어 행정통제제도라고 부릅니다. 행정쟁송이 이러한 의미의 행정통제에 해당하는 제도임은 물론입니다. 행정통제는 행정쟁송 외에도 다양한 형태의 제도와 절차를 통해 이루어질 수 있습니다.

행정통제의 유형은 통제의 주도권이 누구에 있느냐에 따라 행정내부적 통제(verwaltungsinterne Kontrolle)와 행정외부적 통제(verwaltungsexterne Kontrolle)로 나뉩니다. 전자는 합법성과 합목적성에 관한 공익에 봉사하는, 행정의 자기정화(Selbstreinigung)를 위한 통제로서, 통제가 외부로부터의 문제제기 없이 자체적으로(selbstinitiativ) 실시된다는 점에 특징이 있습니다. 행정내부적 통제는 직권재심사나 주로 행정조직상의 위계제원칙(hierarchisches Prinzip)에 따른 행정감독권에 의해 실시되며 구체적 방법으로는 지시, 하명, 처분의 직권취소 등이 있습니다. 책임 및 통제가 행정조직의 기초가 되는 행정기능과 필수적 상호연관을 맺고 있다는 행정통제 관점에서 볼 때, 행정내부적 통제는 일차적이고 정상적인 통제방식이며, 법원에 의한 통제는 오히려 최후수단(ultima ratio)이라고 할 수 있지요.[6] 반면 후자, 즉 행정외부적 통제는, 통제가 외부로부터 유발된다는(fremdinitiativ) 점에서 전자와 구별됩니다. 행정외부적 통제는 행정의 자기통제(Selbstkontrolle)의 계기가 될 수도 있습니다. 이것은 일차적으로 행정의 적법성과 (또한 부분적으로는) 합목적성에 관한 개인의 이익에 봉사합니다. 여기에는 전형적 권익구제방법(förmliche Rechtsbehelfe)인 행정쟁송과 비전형적 구제방법(formlose Rechtsbehelfe)인 청원, 진정 등이 해당합니다.

한편 2021년 제정된 「행정기본법」은 전형적인 행정구제 외에 실질적으로 국민의 권익구제의 기회를 확대하려는 취지에서 그동안 개별 법령에서 산발적으로 인정되어 왔던 이의신청과 재심사제도에 대한 일반법적 조항들을 신설하였습니다. 간략

---

6 Schmitt—Glaeser는 이것이 올바르게 이해된 권력분립원칙의 결과라고 합니다. W. Schmitt—Glaeser, VVDStRL 31(1973), S.244.

히 살펴보면 다음과 같습니다.

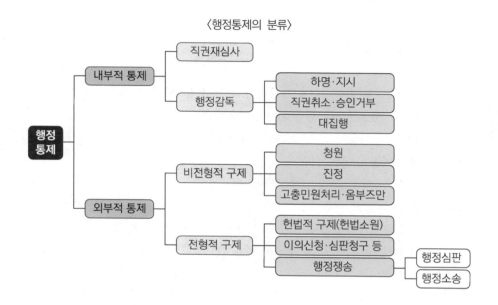

〈행정통제의 분류〉

(1) 처분에 대한 이의신청 확대

어떤 행정처분에 대하여 불만이 있을 경우 이를 처분청에게 전달하여 처분을 시정할 수 있는 기회를 가질 수 있다면 가장 간이·신속하고 효과적으로 권익구제를 받을 수 있게 될 것입니다. 그런 뜻에서 행정심판이나 소송을 제기하기 전에 간편하게 불복할 수 있는 기회를 제공할 필요가 있습니다. 「행정기본법」은 개별 법률에서 이의신청, 불복, 재심 등 다양한 용어와 형태로 허용되어 왔던 이의신청제도를 통일적으로 규율하고 또 확대하기 위하여 행정청의 처분에 대해 이의가 있는 당사자는 행정청에 이의신청을 할 수 있도록 일반적 근거를 마련하였습니다.

종래 이의신청에 관해서는 「민원 처리에 관한 법률」 제35조에 따른 인허가 거부처분에 대한 규율 외에는 일반법이 없었습니다. 그 결과 이의신청 기간 중 행정심판이나 행정소송의 제기기간이 정지되는지 불명확하여 이의신청 기간 중에 행정심판이나 행정소송의 제기기간이 지나 오히려 국민들이 예상하지 못한 불이익을 보는 일도 발생하였습니다. 「행정기본법」 제36조는 이러한 법적 불확실성을 제거하여 이의신청 제도를 활용할 수 있도록 이의신청에 대한 결과를 통보받은 날부터 90일 이내에 행정심판이나 행정소송을 제기할 수 있도록 함으로써 국민의 권리구제 기회를 확대하였습니다.

「행정기본법」에 따르면 행정청의 처분에 대해 이의가 있는 당사자는 처분을 받은 날부터 30일 이내에 해당 행정청에 이의신청을 할 수 있고(§ 36 ①), 행정청은 이의신청을 받은 날부터 14일 이내에 이의신청에 대한 결과를 통지하여야 합니다(§ 36 ② 본문). 또 이의신청을 한 경우에도 그 이의신청과 관계없이 「행정심판법」에 따른 행정심판 또는 「행정소송법」에 따른 행정소송을 제기할 수 있되(§ 36 ③), 이의신청 결과를 통지받은 후 행정심판 또는 행정소송을 제기하려면 결과를 통지받은 날(제2항에 따른 통지기간 내에 결과를 통지받지 못한 경우 같은 항에 따른 통지기간 만료일의 다음 날)부터 90일 이내에 행정심판 또는 행정소송을 제기할 수 있게 되어(§ 36 ④), 이의신청으로 쟁송제기 기한이 단축되는 폐단의 여지를 없앴습니다.

> "국가유공자 비해당결정 등 원결정에 대한 이의신청이 받아들여지지 아니한 경우에도 이의신청인으로서는 원결정을 대상으로 항고소송을 제기하여야 하고, 국가유공자 등 예우 및 지원에 관한 법률 제74조의18 제4항이 이의신청을 하여 그 결과를 통보받은 날부터 90일 이내에 행정심판법에 따른 행정심판의 청구를 허용하고 있고, 행정소송법 제18조 제1항 본문이 "취소소송은 법령의 규정에 의하여 당해 처분에 대한 행정심판을 제기할 수 있는 경우에도 이를 거치지 아니하고 제기할 수 있다."라고 규정하고 있는 점 등을 종합하면, 이의신청을 받아들이지 아니하는 결과를 통보받은 자는 통보받은 날부터 90일 이내에 행정심판법에 따른 행정심판 또는 행정소송법에 따른 취소소송을 제기할 수 있다."[7]

그러나 이의신청과 행정심판·소송을 동시에 제기한 경우에는 행정심판·소송의 제소기간이 정지되지 않습니다.

그리고 다음 사항에 관하여는 이 조항의 적용이 배제됩니다(§ 36 ⑦).

1. 공무원 인사 관계 법령에 따른 징계 등 처분에 관한 사항
2. 「국가인권위원회법」 제30조에 따른 진정에 대한 국가인권위원회의 결정
3. 「노동위원회법」 제2조의2에 따라 노동위원회의 의결을 거쳐 행하는 사항
4. 형사, 행형 및 보안처분 관계 법령에 따라 행하는 사항
5. 외국인의 출입국·난민인정·귀화·국적회복에 관한 사항
6. 과태료 부과 및 징수에 관한 사항

---

7 대법원 2016. 7. 27. 선고 2015두45953 판결.

(2) 처분의 재심사

「행정기본법」은 처분의 재심사제도를 도입하였습니다. 이는 독일 연방행정절차법(VwVfG) 제51조 절차의 재개(Wiederaufgreifen des Verfahrens)[8]에 상응하는 제도로 법령이나 판례에 따라 인정되는 통상적 권익보호 수단에 추가적으로 부여되는 권익보호 제도입니다.

이에 따라 제재처분과 행정상 강제를 제외하고, 처분이 행정심판, 행정소송 및 그 밖의 쟁송을 통하여 다툴 수 없게 된 경우(법원의 확정판결이 있는 경우는 제외)라도 다음 각호의 어느 하나에 해당하는 경우에는 해당 처분을 한 행정청에 처분을 취소·철회하거나 변경하여 줄 것을 신청할 수 있게 되었습니다(§ 37 ①).

1. 처분의 근거가 된 사실관계 또는 법률관계가 추후에 당사자에게 유리하게 바뀐 경우[9]
2. 당사자에게 유리한 결정을 가져다주었을 새로운 증거가 있는 경우[10]
3. 「민사소송법」 제451조에 따른 재심사유에 준하는 사유가 발생한 경우 등 대통령령으로 정하는 경우

---

8 제51조 절차의 재개(Wiederaufgreifen des Verfahrens) ① 행정청은 다음 각호의 어느 하나에 해당하는 경우에는 관계인의 신청에 기하여, 불가쟁력이 발생한 행정행위의 폐지·변경에 관하여 결정을 하여야 한다.
1. 행정행위의 기초가 되는 사실적·법적 상황이 추후에 관계인에게 유리하도록 바뀐 경우;
2. 관계인에게 유리한 결정을 가져다주었을 새로운 증거가 존재하는 경우;
3. 민사소송법 제580조에 준하는 재심의 사유가 주어져 있는 경우.
② 관계인이 중대한 과실 없이 절차재개사유를 종전의 절차에서 특히, 권리구제에 의하여 주장할 수 없었던 경우에만, (재개)신청이 허용된다.
③ 신청은 3월내에 제기하여야 한다. 이 기간은 관계인이 절차재개사유를 알게 된 날로부터 시작한다.
④ 제3조의 규정에 따른 관할행정청이 신청에 관해 결정을 한다; 그 폐지·변경이 강구되는 행정행위가 다른 행정청에 의하여 발급되어진 경우에도 역시 그러하다.
⑤ 제48조 제1항 제1문과 제49조 제1항의 규정은 영향을 받지 아니한다.
9 '사실관계의 변경'은 처분의 결정에 객관적으로 중요하였던 사실이 없어지거나 새로운 사실(과학적 지식 포함)이 추후에 발견되어 관계인에게 유리한 결정을 이끌어 낼 수 있는 경우를 의미하고, '법률관계의 변경'은 처분의 근거 법령이 처분 이후에 폐지되었거나 변경된 경우 등을 의미합니다(행정기본법안 조문별 제정이유서).
10 '새로운 증거'란 1) 처분의 절차나 쟁송 과정에서 사용할 수 없었던 증거, 2) 당사자의 과실 없이 절차진행 당시 제때 습득하지 못하거나 마련할 수 없었던 증거, 3) 당사자의 과실 없이 당사자가 당시에 인지하지 못하고 있었던 증거, 4) 처분 당시 제출되어 있었으나 행정청의 무지, 오판, 불충분한 고려가 있었던 경우 등을 의미합니다(행정기본법안 조문별 제정이유서).

다만 이러한 신청은 해당 처분의 절차, 행정심판, 행정소송 및 그 밖의 쟁송에서 당사자가 중대한 과실 없이 위 각호의 사유를 주장하지 못한 경우에만 할 수 있고(§ 37 ②), 당사자가 위 각호의 사유를 안 날부터 60일 이내에 하여야 하며(§ 37 ③ 본문), 처분이 있은 날부터 5년이 지나면 신청할 수 없습니다(§ 37 ③ 단서).

신청을 받은 행정청은 특별한 사정이 없으면 신청을 받은 날부터 90일(합의제행정기관은 180일) 이내에 처분의 재심사 결과(재심사 여부와 처분의 유지·취소·철회·변경 등에 대한 결정을 포함한다)를 신청인에게 통지하되(§ 37 ④ 본문), 부득이한 사유로 90일(합의제행정기관은 180일) 이내에 통지할 수 없는 경우 그 기간을 만료일 다음 날부터 기산하여 90일(합의제행정기관은 180일)의 범위에서 한 차례 연장할 수 있고, 연장 사유를 신청인에게 통지하여야 합니다(§ 37 ④ 단서).

처분의 재심사 결과 중 처분을 유지하는 결과에 대해서는 행정심판, 행정소송 및 그 밖의 쟁송수단으로 불복할 수 없습니다(§ 37 ⑤).

또한 처분의 취소와 철회는 처분 재심사에 의하여 영향을 받지 않습니다(§ 37 ⑥). 재심사는 다음 어느 하나에 해당하는 사항에 관하여는 적용이 배제됩니다(§ 37 ⑧).

1. 공무원 인사 관계 법령에 따른 징계 등 처분에 관한 사항
2. 「노동위원회법」 제2조의2에 따라 노동위원회의 의결을 거쳐 행하는 사항
3. 형사, 행형 및 보안처분 관계 법령에 따라 행하는 사항
4. 외국인의 출입국·난민인정·귀화·국적회복에 관한 사항
5. 과태료 부과 및 징수에 관한 사항
6. 개별 법률에서 그 적용을 배제하고 있는 경우

II. 행정심판

1. 행정심판의 개념과 존재이유

헌법은 제107조 제3항에서 "재판의 전심절차로서 행정심판을 할 수 있다. 행정심판절차는 법률로 정하되 사법절차가 준용되어야 한다."고 규정하여 행정심판의 헌법적 근거를 정립하였습니다. 여기서 행정심판이란 실질적 의미의 행정심판, 행정심판이란 행정기관에 의한 분쟁해결절차 일반을 말합니다. 가령 현행법상 행정심판, 이의신청(광업법 § 90, 국세기본법 § 55), 재결신청, 심사청구·심판청구(국세기본법 §§ 55 이

하) 등 다양한 명칭으로 표현되는 절차입니다(광의의 행정심판). 반면 형식적 의미의 행정심판은 행정심판법 제1조에서 규정하는 바와 같이 "행정청의 위법 또는 부당한 처분이나 부작위로 침해된 국민의 권리 또는 이익을 구제"하는 절차를 말합니다(제도적 의미의 행정심판). 「행정심판」은 일반적으로 후자, 즉 형식적 의미의 행정심판을 말하는 개념으로 사용됩니다.

> **행정심판과 사법절차의 준용**
>
> 「헌법 제107조 제3항은 "재판의 전심절차로서 행정심판을 할 수 있다. 행정심판의 절차는 법률로 정하되, 사법절차가 준용되어야 한다."고 규정하고 있다. 이 헌법조항은 행정심판절차의 구체적 형성을 입법자에게 맡기고 있지만, 행정심판은 어디까지나 재판의 전심절차로서만 기능하여야 한다는 점과 행정심판절차에 사법절차가 준용되어야 한다는 점은 헌법이 직접 요구하고 있으므로 여기에 입법적 형성의 한계가 있다. 따라서 입법자가 <u>행정심판을 전심절차가 아니라 종심절차로 규정함으로써 정식재판의 기회를 배제하거나, 어떤 행정심판을 필요적 전심절차로 규정하면서도 그 절차에 사법절차가 준용되지 않는다면 이는 헌법 제107조 제3항, 나아가 재판청구권을 보장하고 있는 헌법 제27조에도 위반된다</u> 할 것이다. 반면 <u>어떤 행정심판절차에 사법절차가 준용되지 않는다 하더라도 임의적 전치제도로 규정함에 그치고 있다면 위 헌법조항에 위반된다 할 수 없다. 그러한 행정심판을 거치지 아니하고 곧바로 행정소송을 제기할 수 있는 선택권이 보장되어 있기 때문이다</u>(헌재 2000. 6. 1. 98헌바8, 판례집 12-1, 590, 598).
>
> 한편, 헌법 제107조 제3항은 <u>사법절차가 "준용"될 것만을 요구하고 있으나 판단기관의 독립성과 공정성, 대심적 심리구조, 당사자의 절차적 권리보장</u> 등의 면에서 사법절차의 본질적 요소를 현저히 결여하고 있다면 "준용"의 요청에마저 위반된다고 하지 않을 수 없다(헌재 2000. 6. 1. 98헌바8, 판례집 12-1, 590, 601-602).」[11]

행정심판은 행정소송의 사전구제절차로 기능할 뿐만 아니라 독자적인 행정상 불복·구제절차로서 가치를 지닙니다. 과거 행정심판전치주의에서는 행정소송의 전심절차(Vorverfahren)로서 또는 사실상 행정소송의 제1심 기능을 수행하였으나, 행정심판이 임의절차화함으로써 이 기능은 퇴화되고 독자적 권익구제절차 기능이 전면에 부상하게 되었습니다.

행정심판의 존재이유는 첫째, 자율적 행정통제, 즉 행정의 자기통제 및 행정감독을 가능케 한다는 점, 둘째, 행정의 전문·기술성이 날로 증대됨에 따라 법원의 판단능력의 불충분성이 의문시되는 문제영역들에 있어 행정의 전문지식을 활용할 수 있도록 함으로써 사법기능의 보충을 기대할 수 있다는 점, 셋째, 분쟁을 행정심판단

---

11 헌법재판소 2001. 6. 28. 2000헌바30 전원재판부 결정(구 지방세법 제74조 제1항 등 위헌소원).

계에서 해결할 수 있다면 이를 통하여 법원부담의 경감, 행정능률의 고려, 시간과 비용의 절감(爭訟經濟)을 기할 수 있다는 점 등에 있습니다. 여기서 둘째와 셋째의 존재이유는 행정심판이 효과적인 권익구제절차로서 기능을 수행한다는 전제 아래서만 성립되는데, 만일 그런 전제가 성립되지 않는다면 행정심판은 소송을 통한 권익구제를 지체시키는 장애요인으로 작용할 수도 있다는 점에 유의할 필요가 있습니다.

2. 행정심판법상 행정심판의 종류

일반적으로 행정심판을 행정심판법에 의한 것과 다른 개별법에 의한 것으로 나누고 후자를 특별행정심판이라고 부릅니다.

행정심판법은 제4조에서 특별행정심판의 남설(濫設)을 방지하기 위하여 그 특례의 신설이나 변경을 엄격히 제한하고 있습니다. 즉, 사안의 전문성과 특수성을 살리기 위하여 특히 필요한 경우 외에는 이 법에 따른 행정심판을 갈음하는 특별한 행정불복절차나 이 법에 따른 행정심판 절차에 대한 특례를 다른 법률로 정할 수 없고 (§ 4 ①), 관계 행정기관의 장이 특별행정심판 또는 이 법에 따른 행정심판 절차에 대한 특례를 신설하거나 변경하는 법령을 제정·개정할 때에는 반드시 미리 중앙행정심판위원회와 협의하도록 하고 있습니다(§ 4 ③).

2.1. 취소심판

취소심판이란 '행정청의 위법 또는 부당한 처분을 취소하거나 변경하는 행정심판'입니다(§ 5 i). 위법 또는 부당한 행정처분으로 인하여 권리나 이익을 침해당한 자가 그 재심사를 청구하는 복심적(覆審的) 항고쟁송절차입니다.

취소심판 청구가 이유 있다고 인정되면 취소·변경재결을 합니다. 계쟁처분을 직접 취소·변경하거나(형성재결), 처분청에게 처분의 취소·변경을 명할 수 있습니다 (이행재결: § 43 ③). 다만 심판청구가 이유 있다고 인정되는 경우에도 이를 인용하는 것이 현저히 공공복리에 적합하지 아니하다고 인정할 때 심판청구를 기각하는 사정재결을 할 수 있습니다(§ 44 ①).

"행정심판법 제32조 제3항에 의하면 재결청은 취소심판의 청구가 이유 있다고 인정되는 때에는 처분을 취소 또는 변경하거나 처분청에게 취소 또는 변경할 것을 명한다고 규정하고 있으므로, 행정심판에 있어서 재결청의 재결 내용이 처분청의 취소를 명하는 것이 아니라 처분청의 처분을 스스로 취소하는 것일 때에는 그 재결의 형성력이 발생하여 당해 행정처분은 별도의 행정처분을 기다릴 것 없이 당연히 취소되어 소멸되는 것이다."12

2.2. 무효등확인심판

무효등확인심판이란 '행정청의 처분의 효력 유무 또는 존재 여부를 확인하는 행정심판'입니다(§ 5 ii). 이것은 처분이 무효 또는 부존재인 경우에도 처분의 外觀으로 말미암아 집행의 우려가 있다는 점, 그리고 유효한 행정처분에 대하여 행정청이 이를 무효 또는 부존재로 간주함으로써 상대방의 법률상 이익을 침해할 가능성이 있다는 점을 고려하여 그 유권적 확인을 받을 수 있게 해 주어야 한다는 취지에서 인정되는 행정심판으로서 그 확인의 대상에 따라 다시 유효확인심판, 무효확인심판, 실효확인심판, 존재확인심판 및 부존재확인심판으로 나뉩니다.

심판청구가 이유 있다고 인정되면 행정심판위원회(이하 행정심판과 관련하여 "위원회"라 합니다)는 처분의 효력 유무 또는 존재 여부를 확인하는 재결(유효확인재결, 무효확인재결, 실효확인재결, 존재확인재결 및 부존재확인재결)을 합니다.

2.3. 의무이행심판

의무이행심판이란 '당사자의 신청에 대한 행정청의 위법 또는 부당한 거부처분이나 부작위에 대하여 일정한 처분을 하도록 하는 행정심판'입니다(§ 5 iii). 급부행정 등의 영역에서 개인생활의 행정의존성이 증대됨으로 인하여 거부처분이나 부작위와 같은 소극적 행정작용 또한 적극적인 행정작용으로 인한 권익침해 못잖은 침해적 효과를 갖는다는 사실이 인식되게 되었고 이러한 인식의 전환에 따라 현행 행정심판법을 통하여 신설된 행정심판유형이 이 의무이행심판입니다. 행정심판법이 거부처분이나 부작위에 대하여 공통적으로 의무이행심판을 인정하고 있는 것은 특기할 만한 점

---

12 대법원 1997. 5. 30. 선고 96누14678 판결.

입니다. 이것은 거부처분과 부작위에 대한 소송상의 대응을 거부처분취소소송과 부작위위법확인소송으로 차별화시키고 있는 행정소송법의 태도와 대조적일 뿐만 아니라 사실상 반드시 양자를 차별적으로 취급할 필요가 없다는 것을 시사해 주는 점이기도 합니다. 반면 행정심판법이 처분 개념에 거부처분을 포함시키고 있는 이상, 거부처분에 대해서는 취소심판이나 의무이행심판 어느 하나 또는 양자를 병합 제기할 수 있습니다.

관련판례

"행정심판법 제4조 제3호가 의무이행심판청구를 인정하고 있고 항고소송의 제1심 관할법원이 행정청의 소재지를 관할하는 고등법원으로 되어 있다고 하더라도, <u>행정소송법상 행정청의 부작위에 대하여는 부작위위법확인소송만 인정되고 작위의무의 이행이나 확인을 구하는 행정소송은 허용될 수 없다.</u>"13

의무이행심판은 행정청에게 일정한 처분을 할 것을 명하는 재결을 구하는 것이므로 당연히 이행쟁송에 해당합니다. 이행쟁송으로서의 성질은 거부처분을 통해서든 부작위를 통해서든 이미 발생한 불이행사태 또는 무응답사태를 전제로 하는 것이므로 장래의 의무이행을 구하는 청구는 허용되지 않는다는 점에 한계가 있지요. 거부처분에 대한 의무이행심판은 청구기간의 제한을 받지만 부작위에 대한 의무이행심판은 그런 제한이 없습니다(§ 18 ⑦).

심판청구가 이유 있다고 인정되면 위원회는 지체 없이 신청에 따른 처분을 하거나(형성재결), 처분을 할 것을 피청구인에게 명하는 재결(이행재결)을 합니다(§ 43 ⑤).

(1) 이행재결

신청에 따른 처분을 할 것을 명하는 이행재결은 처분의무의 내용이 기속행위에 대한 것일 경우에는 특정행위의 이행명령이 되지만 단지 선택재량만 부여된 행위에 대한 것일 경우에는 특정행위의 이행명령이 아니라 어떤 내용의 처분이든 신청을 방치하지 말고 지체 없이 재량을 행사하여 처분을 하도록 명하는 재결, 즉 재량행사명령(Bescheidungsanordnung)이 됩니다. 이 경우 행정청은 지체없이 이전 신청에 대해 재결 취지에 따라 처분을 해야 합니다(§ 49 ②).

---

13 대법원 1992. 11. 10. 선고 92누1629 판결.

(2) 직접처분

피청구인이 재결의 취지에 따른 처분을 하지 아니하는 때에는 위원회는 당사자가 신청하면 기간을 정해 서면으로 시정을 명하고 그 기간 내에 이행하지 아니 하면 직접 처분을 할 수 있습니다(§ 50 ①).[14] 다만, 처분의 성질이나 그 밖의 불가피한 사유로 위원회가 직접 처분을 할 수 없는 경우에는 그렇지 않습니다(§ 50 ① 단서)

위원회는 제1항 본문에 따라 직접 처분을 하였을 때에는 그 사실을 해당 행정청에 통보해야 하며, 그 통보를 받은 행정청은 위원회가 한 처분을 자기가 한 처분으로 보아 관계 법령에 따라 관리·감독 등 필요한 조치를 해야 합니다(§ 50 ②).

> '행정심판법 규정에 따라 재결청이 직접 처분을 하기 위하여는 처분의 이행을 명하는 재결이 있었음에도 당해 행정청이 아무런 처분을 하지 아니하였어야 하므로, 당해 행정청이 어떠한 처분을 하였다면 그 처분이 재결의 내용에 따르지 아니하였다고 하더라도 재결청이 직접 처분을 할 수는 없다.'[15]

한편 부작위에 대한 의무이행심판의 인용재결은, 후술하는 부작위위법확인소송의 경우와는 달리, 거부처분에 대한 것과 마찬가지로 '지체 없이 신청에 따른 처분을 하거나 이를 할 것을 명하는' 이행재결이지(§ 43 ⑤) 단순한 응답의무의 부과에 국한되는 것은 아닙니다. 그러나 이행재결이 있어도 당해 행정청이 지체없이 재결의 취지에 따라 이전의 신청에 대한 처분을 하지 않는다면 이행재결을 어떻게 관철시킬 것인가가 문제될 수 있습니다. 구법 하에서는 이러한 문제를 해결할 수 있는 마땅한 방법이 없었습니다. 이 같은 문제점을 감안하여 그 경우 위원회로 하여금 당해 행정청이 처분을 하지 아니하는 때에는 당사자의 신청에 따라 기간을 정하여 서면으로 시정을 명하고 그 기간 내에 이행하지 아니하는 경우에는 당해 처분을 할 수 있도록 하는 규정을 신설하여 이행재결의 이행을 확보하고자 한 것입니다(§ 50 ① 전단).

---

14 행정청이 재결의 취지에 따른 처분의무 불이행에 대한 재결청의 시정명령 및 직접처분 제도는 1995년의 법개정에서 도입된 것을 2010년 1월 25일의 개정법에서 계승한 것입니다. 행정심판법은 종래 그런 경우에 대한 별도의 규정을 두지 않았습니다.

15 대법원 2002. 7. 23. 선고 2000두9151 판결(인용재결직접처분신청거부처분취소).

3. 행정심판의 절차구조

행정심판의 절차구조는 다음 그림에서 보듯 청구인과 피청구인을 당사자로 하는 다툼이 청구인의 심판청구에 의하여 개시되고 이에 대한 위원회가 심리·의결을 거쳐 절차의 최종산물(output)로서 재결을 함으로써 종료되는 일련의 과정으로 이루어집니다. 행정심판은 크게 청구인의 행정심판 제기(심판청구)와 행정심판기관의 심리·재결, 두 단계로 나뉩니다.

〈행정심판의 절차〉

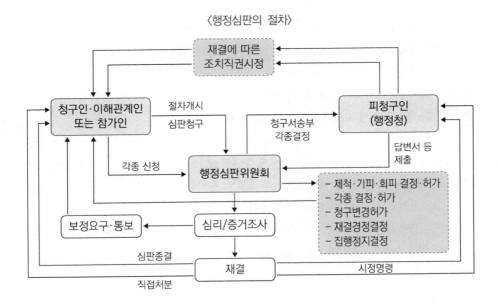

4. 행정심판의 제기요건

행정심판은, 청구인이 될 수 있는 자격, 즉 청구인적격이 있는 자가 심판청구사항인 행정청의 처분 또는 부작위를 대상으로 소정의 방식에 따라 심판청구기간 내에 피청구인인 행정청을 상대방으로 하여 제기해야 합니다. 이러한 심판청구의 요건들은 행정심판의 본안심리를 위하여 충족되어야 하는 요건으로서 그 중 어느 하나를 결여하면 본안에 들어갈 필요 없이 청구를 각하하는 사유가 됩니다. 이를 하나의 표로 나타내면 다음과 같습니다.

- 당사자: 행정심판은 이를 제기할 수 있는 자(자연인·법인; 청구인적격 등)에 의해 올바른 상대
  방을 피청구인으로 하여 관할 행정심판기관에 제기되어야 한다.
- 심판사항: 행정심판을 제기할 수 있는 사항에 관한 것이어야 한다.
- 심판청구의 대상: 행정청의 처분 또는 부작위를 대상으로 한 것이어야 한다.
- 심판청구의 방식: 심판청구는 소정의 방식을 따라야 한다.
- 심판청구기간: 일정한 행정심판은 소정의 청구기간 내에 청구되어야 한다.

4.1. 행정심판의 대상

행정심판법은 행정심판의 대상에 관한 제3조 제1항에서 "행정청의 처분 또는
부작위에 대해서는 다른 법률에 특별한 규정이 있는 경우 외에는 이 법에 따라 행정
심판을 청구할 수 있다."고 규정합니다. 행정심판법은 행정심판사항에 관한 열기주
의(列記主義: Enumerationsprinzip)를 배제하고 포괄적으로 '위법 또는 부당한 처분이나
부작위'를 행정심판의 대상으로 삼고 있습니다.

한편 대통령의 처분 또는 부작위에 대해서는 다른 법률에서 행정심판을 청구할
수 있도록 정한 경우(예: 소청) 외에는 행정심판을 제기할 수 없도록 되어 있습니다
(§ 3 ②). 대통령의 행정수반 및 국가원수로서의 지위를 고려한 때문이라는 것이 일반
적인 설명이지만,16 논란의 여지가 있겠지요.

행정심판의 대상인 처분이나 부작위의 개념, 요건 및 인정범위에 관해서는 뒤에
서 다룰 항고소송의 경우와 기본적으로 다르지 않으므로 여기서 상론은 생략합니다.

4.2. 행정심판기관

행정심판기관이란 행정심판의 청구를 수리하여 이를 심리·판정할 권한을 가진
기관을 말합니다. 일반적으로 행정심판이 제기되어 사건이 행정심판위원회에 계속되
면 이때부터 위원회는 일종의 이심효(Devolutiveffekt)17에 따라 절차의 진행, 계쟁행위

---

16 김철용, 행정법 I, 제13판, 2010, 565.
17 이심효란 원래 심급 이전의 효과를 의미하는 소송법 용어지만, 행정심판의 경우 결정권이
    직근상급행정청으로 이전되는 효과를 말합니다(Hufen, Verwaltungsprozeßrecht, 6.Aufl.,
    2005, § 8 Rn.4).

의 합목적성 및 적법성을 판단함에 있어 원칙적으로 처분청과 동일한 권한을 가지게 됩니다.18 2008년의 행정심판법 개정법률(법률 제8871호, 2008. 2.29 일부개정)은 제5조에서 아예 재결청의 개념을 없애고 행정심판위원회에 재결권을 부여함으로써 행정심판의 준사법적 절차로서의 위상을 크게 강화했습니다. 종래에는 처분청, 의결기관인 행정심판위원회, 그 의결에 따라 재결하는 재결청 등 행정심판과 관련된 기관의 구조가 복잡해서 이용자에게 혼선이 생겼고, 처분청의 답변서가 위원회에 접수되기 전에 반드시 재결청을 경유해야 하고 위원회에서 의결결과를 청구인에게 직접 통보하지 못함에 따라 행정심판사건의 처리기간이 늘어나 신속한 권리구제라는 행정심판제도의 취지에 부합하지 못하는 등 적지 않은 문제가 있었습니다. 그리하여 행정심판 관련 기관에 대한 혼선을 해소하고, 행정심판 처리기간을 단축하여 신속한 권리구제에 기여한다는 취지에서 재결청을 없애고 처분청에서 답변서를 위원회에 바로 송부하도록 하며, 위원회에서 심리를 마치면 직접 재결을 할 수 있도록 한 것입니다.

행정책임과 행정감독의 체제상 균열 등의 문제점, 특히 형성적 인용재결의 경우 행정심판위원회가 일반 행정조직에서 '벗어난' 조직이어서 그 대집행의 정당성이 약하고 자칫 지방자치단체의 자치권이나 사물관할과 마찰을 빚을 우려가 있으며, 명령적 재결 역시 직접처분제도와 관련 유사한 문제점이 생긴다는 비판이 제기되는 등 논란이 없지 않았지만, 지금까지는 큰 차질 없이 제도가 시행되고 있습니다.19

행정심판위원회는 행정심판을 심리·재결하는 행정심판기관으로 합의제행정청의 지위를 가집니다. 행정심판법 제6조는 행정심판위원회를 크게 중앙행정심판위원회, 시·도지사 소속 지방행정심판위원회 및 대통령 소속기관, 독립기관 등에 설치된 행정심판위원회, 세 가지로 나누어 규정하고 있습니다. 자세한 내용은 행정심판법 제6조를, 설치현황은 중앙행정심판위원회 홈페이지(https://www.simpan.go.kr/nsph/sph150.do)를 각각 참조하기 바랍니다. 그 밖에도 개별법에 따른 특별행정심판을 심리·재결하기 위하여 설치된 특별행정심판위원회로 공무원에 대한 징계처분 등 불이익처분에 대한 소청의 재결청인 소청심사위원회(국가공무원법 § 9; 지방공무원법 § 13), 조세심판의

---

18 독일에서는 재결청은 이심효에 따라 행정청으로서 절차의 주재자(Herrin des Verfahrens)가 되며, 절차 대상의 독자적 지배권(Sachherrschaft)을 가진다고 합니다(Hufen, Verwaltungsprzeßrecht, 2005, § 7 Rn.6; § 8 Rn.4).
19 가령 김중권, 행정법기본연구 II, 법문사, 2009, 39, 46을 참조.

조세심판원(국세기본법 § 67 ①) 등이 있습니다.

4.3. 행정심판의 당사자

행정심판법은 행정심판에 당사자개념을 도입하여 이를 대심구조화하는 한편 당사자에게 보충적이나마 구술심리의 기회를 부여함으로써 행정심판의 준사법절차화를 규정한 헌법 제107조 제3항의 취지에 부응하고 있습니다. 이에 따라 행정심판은 청구인과 피청구인간의 대립당사자구조를 취하게 되며 여기에 다시 참가인 및 대리인과 같은 관계인이 관여하게 됩니다.

(1) 청구인

심판의 대상인 처분 또는 부작위에 불복하여 그 취소 또는 변경 등을 위하여 행정심판을 제기하는 자로서 원칙적으로 자연인 또는 법인이어야 합니다. 법인이 아닌 사단 또는 재단도 그 이름으로 심판청구를 하여 청구인이 될 수 있습니다(§ 14).

(2) 청구인적격

행정심판을 청구할 수 있는 자격을 말합니다. 행정심판법 제13조는 취소심판, 무효등확인심판 그리고 의무이행심판의 청구인적격을 각각 「처분의 취소 또는 변경을 구할 법률상 이익」, 「처분의 효력 유무 또는 존재 여부에 대한 확인을 구할 법률상 이익」, 「처분을 신청한 자로서 거부처분 또는 부작위에 대하여 일정한 처분을 구할 법률상 이익」이 있는 자에게 인정합니다. 이는 행정소송법(§§ 12, 35, 36)의 그것과 함께 쟁송법적 차원에서 종래 주관적 공권으로 국한된 청구인적격(원고적격)의 범위를 '법률상 이익이 있는 자'로 확대시킨 학설과 판례를 명문화한 것입니다. '법률상 이익'의 해석을 통해 본래적 의미의 권리뿐 아니라 '법적으로 보호되는 이익'의 구제가능성이 열리게 되었습니다.

① 주관적 공권의 확대와 법률상 이익

이미 앞에서 주관적 공권 또는 법률에 의해 보호되는 이익의 범위, 이른바 청구인적격 또는 원고적격의 확대경향이 우리나라에서도 마찬가지로 진행되어 왔음을 살펴 본 바 있습니다. 즉, "공중목욕장 간의 거리제한규정을 위반한 신규 영업허가에 대한 기존업자의 취소청구를 인정하지 아니하는 등, 아직도 반사적 이익관이 온존되어 온 것이 사실이지만, 타면 경업자에 의한 신규 인·허가처분 취소청구, 또는 주거지역에서의 연탄공장이나 자동차 LPG충전소의 건축으로 거주상의 불이익(소음·진동·공기오염·폭발화재위험·주택가격하락 등)을 받는 인근주민에 의한 동 건축허가의 취소청구를 인용한 판례를 비롯하여, 반사적 이익의 보호이익화 추세를 뚜렷이 볼 수 있다."는 것이었지요.[20] 여기서는 상론하지 않고, 다만 행정심판과 관련하여 특히 문제되는 다음 몇 가지 사항만을 설명합니다.

② 법률상 이익과 행정심판의 이익(협의의 소익)

취소심판의 경우 당해 처분의 직접 상대방인지 여부와 무관하게 그 취소 또는 변경을 구할만한 법률상 이익이 있는 자가 청구인이 될 수 있습니다. "법률상 이익"이란 일반적으로 처분의 근거가 된 실정법규의 해석상 청구인이 주장하는 이익이 당해법규에 의해 보호되고 있는 것으로 인정되는 경우를 말하는 것으로 이해되고 있으며(통설·판례), 따라서 행정심판의 보호대상으로서의 이익입니다. 법률상 이익에 관하여 권리구제설, 법이 보호하는 이익 구제설, 보호가치 있는 이익 구제설 및 행정의 적법성보장설이 대립하는 것도 같은 맥락입니다.

이것은 거부처분 또는 부작위에 대하여 일정한 처분을 구할 법률상 이익이 있는 자가 청구인적격을 갖는 의무이행심판의 경우(§ 9 ③)에도 마찬가지입니다. 이 경우에도 '처분을 구할 법률상 이익'의 유무는 주관적 공권의 성립요건, 즉 강행법규성과 사익보호규범성(보호규범설)을 검토함으로써 결정되는 것으로 이해되고 있기 때문입니다.

그러나 처분의 효과가 기간경과, 처분의 집행 그 밖의 사유로 인하여 소멸된 뒤에도 그 처분의 취소로 인하여 회복되는 법률상 이익이 있는 자는 취소심판의 청구인적격을 가진다고 하는 행정심판법 제13조 제1항 2문의 규정은 그와 같은 보호대상으로서의 법률상 이익이 아니라 보호의 필요성 내지 분쟁의 현실성(또는 협의의 소익)에 관한 것이라 할 수 있습니다.[21] 따라서 이들 두 가지 경우 「법률상 이익」의 개념이 상이한데도 서로 혼동되고 있습니다.

무효등확인심판의 법률상 이익은 '즉시확정의 이익', 즉 당사자 간에 다툼이 있

---

20   김도창, 일반행정법론(상), 240-241.
21   김동희, 행정법 I, 564, 634.

어서 재결로써 공적 확정을 받는 것이 청구인의 법적 지위의 불안정상태를 제기하기 위하여 필요한 경우에만 인정되는 것으로 파악되어 왔으나,22 무효등확인소송의 법률상 이익에 대한 판례가 변경되었기 때문에 이 문제 역시 그와 같은 방향으로 해소된 것으로 보아도 무방할 것입니다.

> 대법원은 2008년 3월 20일 2007두6342 전원합의체 판결에서 무효확인소송의 원고적격에 관한 종래의 판례를 변경하여 행정처분의 근거 법률에 의하여 보호되는 직접적이고 구체적인 이익이 있는 경우에는 행정소송법 제35조에 규정된 '무효확인을 구할 법률상 이익'이 있다고 보아야 하고, 이와 별도로 무효확인소송의 보충성이 요구되는 것은 아니라고 판시한 바 있습니다.23

한편 심판청구의 요건의 하나로 간주되는 청구인적격의 기준으로서 "법률상 이익"이란 '보호의 대상으로서 법률상 이익'을 말하지만, 청구인적격의 유무는 청구인이 사실상 이러한 법률상 이익을 가지고 있는지를 기준으로 판단할 것이 아니라, 청구인이 주장하는 법률상 이익이 존재할 가능성이 있는지 여부를 기준으로 판단해야 합니다(가능성이론: Möglichkeitstheorie). 반면 보호의 필요성을 의미하는 법률상 이익(§ 13 ① 2; § 13 ③)은 청구인적격이 아니라 권리보호의 이익으로서 심판청구의 요건에 해당합니다.

③ 행정심판의 목적과 청구인적격(법률상 이익)

주지하듯 행정심판은 위법한 처분뿐만 아니라 부당한 처분을 대상으로 해서도 제기될 수 있는 것이므로 행정심판의 청구인적격을 「법률상 이익」이 있는 자에 한정하는 행정심판법의 태도가 올바른 것인지를 둘러싸고 많은 논란이 있었습니다.24

요점만을 간추리면, 우선 문제 해결은 행정심판은 부당한 처분에 대해서도 제기될 수 있는 것이라는 데서 출발해야 합니다. 부당한 처분이란 사회통념상 공익에 적합하지 않지만 위법하지는 않은 처분을 말한다고 할 수 있습니다. 가령 재량을 그르치면, 그것이 법이 재량권을 부여한 내적·외적 한계를 넘지 않는 한, 위법이 아니라 부당한 처분이라고 평가되는 바와 같습니다. 행정심판은 이러한 부당한 처분을 대상으로 하여 제기될 수 있습니다. 그렇다면 가령 부당한 처분에 대하여 이를 취소·변

---

22 김도창, 일반행정법론(상), 700; 김동희, 행정법 I, 701-702.
23 대법원 2008. 3. 20. 선고 2007두6342 전원합의체 판결(하수도원인자부담금부과처분취소).
24 예컨대 김남진, 행정쟁송과 법률상 이익, 561 이하를 참조.

경할 법률상 이익을 갖는 자만이 행정심판의 청구인이 될 수 있다는 것은 무엇을 뜻할까요? 그것은 무엇보다도 사실상 이익 또는 반사적 이익을 지니는 데 불과한 자는 행정심판을 제기할 수 없다는 결과가 됩니다. 이러한 결과는 부당한 처분에 대해서도 제기될 수 있음을 특징으로 하는 행정심판의 본질에 반하는가? 법률상 이익을 앞서 본 바와 같이 보호대상으로 파악한다면 직접 또는 간접적으로 법률상 이익을 침해하는 처분이란, 적어도 그것이 다른 법적 근거에 의해 정당화되지 않는 한, 위법한 처분이라고 보지 않을 수 없습니다. 법적 정당화근거 없이 권리나 법률상 이익을 침해하는 것은 당연히 위법이란 평가를 받아야 하기 때문입니다. 그렇다면 거꾸로 어떤 처분으로 자신의 법률상 이익을 침해당한 자만이 그 처분을 다툴 수 있다고 한다면, 다른 정당화사유가 없는 한, 그 처분은 위법한 처분일 것이므로 행정심판은 위법한 처분에 대해서만 제기될 수 있다는 결과가 됩니다. 따라서 행정심판의 청구인적격으로 법률상 이익을 요구하는 행정심판법의 태도는 행정심판의 본질에 반하는 것이라 할 것이므로 정당화될 수 없다는 결론에 이릅니다. 물론 법률상 이익이 '보호의 필요성'을 의미할 경우에는 부당한 처분의 취소·변경을 구할 법률상 이익이 있는 자에게만 청구인적격을 인정한다고 해서 반드시 행정처분의 대상을 축소함으로써 행정심판의 본질에 반하는 결과가 되지는 않을 것입니다. 다만 이러한 가능성은 무효등확인심판의 경우나 의무이행심판의 경우에는 이미 처분의 무효라든지 법적 처분의무의 불이행이라는 사태가 이미 그 위법성을 내포하고 있기 때문에 애당초 적용될 여지가 없습니다. 요컨대 행정심판법이 청구인적격을 '법률상 이익'에 의해 한정한 것은 옳다고 볼 수 없습니다. 행정심판은 반사적 이익(사실상 이익)을 침해받았거나 반사적 이익을 향수하기 위해서도 제기될 수 있는 것입니다. 설령 위법에 이르지 않는 부당한 처분에 의해서도 법률상 이익을 침해하는 것이 가능하다고 가정하고 또 그러한 처분이 존재한다고 할지라도, 이에 대하여 행정심판을 인정해 봤자 그것은 실질적으로는 위법한 처분에 대해서만 행정심판을 인정하는 것과 크게 차이가 나는 것은 아니기 때문입니다. 모처럼 준사법절차화에 대한 헌법적 요구에 따라 권리구제절차로서 개선된 행정심판의 문호를 특별한 이론적 근거 없이 제한하는 것은 어떤 의미에서도 바람직하지 못합니다.[25]

---

[25] 이에 관하여 상세한 것은 졸고, "행정심판의 청구인적격"『공법학의 제문제』, 현재김영훈박사화갑기념논문집, 1995, 법문사, 453-484을 참조.

(3) 피청구인

피청구인이란 심판청구인의 상대방 당사자를 말합니다. 행정심판은 처분을 한 행정청(의무이행심판의 경우에는 청구인의 신청을 받은 행정청)을 피청구인으로 하여 청구해야 합니다(§ 17 ① 본문). 다만, 심판청구의 대상과 관계되는 권한, 즉, 처분이나 부작위에 관계되는 권한이 다른 행정청에 승계된 경우에는 권한을 승계한 행정청을 피청구인으로 해야 합니다(§ 17 ① 단서). 법령에 의해 행정권한이 다른 행정기관, 공공단체 또는 그 기관, 그리고 사인에게 위임·위탁된 경우, 의당 그 위임·위탁을 받은 자가 행정청이 됩니다.

4.4. 심판청구기간

(1) 심판청구기간의 제한과 그 취지

취소심판과 거부처분에 대한 의무이행심판은 소정의 청구기간 내에 청구해야 합니다. 이와 같이 행정심판청구기간을 법정하여 제한한 것은 행정법관계의 신속한 확정을 기함으로써 법적 안정성을 도모하려는 취지입니다. 다만 무효등확인심판과 부작위에 대한 의무이행심판은 청구기간의 제한이 없습니다. 무효나 부존재, 부작위의 성질을 고려한 결과이지요.

한편 각 개별법에 심판청구기간에 관한 특별규정을 두는 경우가 많으므로 이에 유의할 필요가 있습니다(국가공무원법 § 76; 국세기본법 §§ 61, 68; 관세법 §§ 119 ③, 121 등).

① 원칙

행정심판은 처분이 있음을 알게 된 날부터 90일 이내에 청구해야 합니다(§ 27 ①). 그리고 처분이 있었던 날부터 180일이 지나면 청구하지 못합니다(§ 27 ③ 본문). 다만, 정당한 사유가 있는 경우에는 예외입니다(§ 27 ③ 단서). "처분이 있음을 알게 된 날"이란 처분이 있었음을 실제로 안 날을 말합니다.

> "국세기본법의 적용을 받는 처분과 달리 행정심판법의 적용을 받는 처분인 과징금부과처분에 대한 심판청구기간의 기산점인 행정심판법 제18조 제1항 소정의 '처분이 있음을 안 날'이라 함은 당사자가 통지·공고 기타의 방법에 의하여 당해 처분이 있었다는 사실을 현실적으로 안 날을 의미하고, 추상적으로 알 수 있었던 날을 의미하는 것은 아니라 할 것이며, 다만 처분을 기재한 서류가 당사자의 주소에 송달되는 등으로 사회통념상 처분이 있음을 당사자가 알 수 있는 상태에 놓여

진 때에는 반증이 없는 한 그 처분이 있음을 알았다고 추정할 수는 있다."[26]

멀리 떨어져 있는 사람들 사이에 서면으로 하는 경우에는 그 서면이 상대방에게 도달한 날, 공시송달의 경우에는 도달한 것으로 간주되는 날, 그리고 사실행위인 경우에는 그 행위가 있고 그것이 자신의 권리·이익을 침해했다는 인식을 한 날이 됩니다.

> "통상 고시 또는 공고에 의하여 행정처분을 하는 경우에는 그 처분의 상대방이 불특정다수인이고, 그 처분의 효력이 불특정다수인에게 일률적으로 똑같이 적용됨으로 인하여 고시일 또는 공고일에 그 행정처분이 있음을 알았던 것으로 의제하여 행정심판청구기간을 기산하는 것이므로, 관리처분계획에 이해관계를 갖는 자는 고시가 있었다는 사실을 현실적으로 알았는지 여부에 관계없이 고시가 효력을 발생하는 날인 고시가 있은 후 5일이 경과한 날에 관리처분계획인가처분이 있음을 알았다고 보아야 하고, 따라서 관리처분계획인가처분에 대한 행정심판은 그날로부터 60일 이내에 제기하여야 한다."[27]

"처분이 있었던 날"이란 처분이 고지에 의하여 외부에 표시되고 (통상 상대방에게 도달되어) 그 효력이 발생한 날을 말하며 이 180일의 기간을 둔 것은 법적 안정성을 고려한 것입니다. 두 가지 기간 중 어느 하나를 먼저 경과하면 행정심판의 제기는 불가능하게 됩니다.

② 예외

ⓐ 90일에 대한 예외

청구인이 천재지변, 전쟁, 사변, 그 밖의 불가항력으로 인하여 앞에서 본 90일의 기간에 심판청구를 할 수 없었을 때에는, 국내에서는 그 사유가 소멸한 날부터 14일 이내에, 국외에서는 30일 이내에 행정심판을 청구할 수 있습니다(§ 27 ②).

ⓑ 180일에 대한 예외

정당한 사유가 있으면 180일을 경과한 이후에도 행정심판을 제기할 수 있습니다(§ 27 ③ 단서). 무엇이 「정당한 사유」에 해당하는가는 심판기관이 직권으로 조사하여 건전한 사회통념에 입각하여 판단할 것이나 위의 불가항력보다는 넓은 개념입니다. 이러한 「정당한 사유」가 있을 때의 청구기간에 관해서 법이 아무런 규정을 두지

---

26 대법원 2002. 8. 27. 선고 2002두3850 판결(과징금부과처분취소).
27 대법원 1995. 8. 22. 선고 94누5694 판결.

않은 것은 입법적 불비라고 할 수 있지만, 제27조 제2항을 유추하여 사유가 소멸된 때로부터 14일 이내, 국외에서는 30일 이내에 행정심판을 제기할 수 있다고 보는 것이 타당합니다.[28]

③ 기타의 경우

90일과 180일의 기간은 불변기간(Notfrist)입니다(§ 27 ④). 따라서 불가항력 사유(90일의 경우)나 정당한 사유(180일의 경우)가 없는 한, 법원에 의해서도 신축할 수 없습니다.

4.5. 집행정지

행정심판법은 '심판청구가 제기되어도 처분의 효력이나 그 집행 또는 절차의 속행에 영향을 주지 아니한다' 규정하여(§ 30 ①), '집행부정지 원칙'을 취하고 있습니다. 이것은 위법 또는 부당한 처분등에 의한 권익침해를 최소화하려는 권리구제의 관심과 반면 절차남용의 억제 및 처분의 효력·집행의 지속성보장 등 원활한 행정운영에 관한 공익의 요청 중 어디에 상대적 비중과 우선순위를 두느냐에 따라 결정할 입법정책의 문제입니다.[29] 집행부정지 원칙은 행정행위의 공정력 또는 자력집행력의 결과라기보다는 오히려 이를 전제로 한 것입니다.

> 가령 각국의 입법례를 보면 행정행위의 공정력이나 자력집행력과는 필연적 관련이 없이 집행부정지의 원칙(caractère non suspensif)을 채택하는 경우(일본이나 프랑스)와 집행정지의 원칙을 취하여 행정심판 및 행정소송의 제기에 집행정지효(aufschiebende Wirkung)를 인정하는 경우(독일)를 볼 수 있습니다.

그러나 집행부정지 원칙은 행정에게 인정된 공권력의 특권이라고 할 것이므로 국민의 권리보호의 견지에서 반드시 바람직한 것이냐에 관해서는 입법론상 의문의 여지가 있습니다.[30]

집행정지는 예외적으로, 위원회가 처분, 처분의 집행 또는 절차의 속행 때문에

---

28 변재옥, 행정법강의 I, 573.
29 김도창, 일반행정법론(상), 712.
30 홍정선교수는 집행부정지를 지나치게 강조하면 오히려 국민의 권익보호에 침해가 될 수 있음도 고려해야 할 것이라고 합니다(홍정선, 행정법원론(상), 724).

중대한 손해가 생기는 것을 예방할 필요성이 긴급하다고 인정하는 경우, 직권으로 또는 당사자의 신청에 의하여 처분의 효력, 처분의 집행 또는 절차의 속행의 전부 또는 일부의 정지(이하 "집행정지"라 한다)를 결정하는 때에 한하여 인정됩니다(§ 30 ② 본문).

집행정지의 요건과 내용, 절차, 효과 등에 대해서는 취소소송의 집행정지의 경우와 특별히 다르지 않으므로 그쪽에서 다루도록 하겠습니다.

4.6. 임시처분

행정심판법은 제31조에서 집행부정지 원칙하에서 행정심판상 가구제의 기회가 다소 제약될 수 있다는 점을 감안하여 임시처분을 허용하고 있습니다. 행정심판의 청구인이 처분이나 부작위에 의하여 회복하기 어려운 손해를 입게 되는 경우 종전의 집행정지제도만으로는 청구인의 권익을 구제하기가 어려웠던 것이 사실입니다. 이러한 배경에서 행정청의 처분이나 부작위 때문에 발생할 수 있는 당사자의 중대한 불이익이나 급박한 위험을 막기 위하여 당사자에게 임시지위를 부여할 수 있는 임시처분제도를 도입한 것입니다.

법 제31조에 따르면, 위원회는 처분 또는 부작위가 위법·부당하다고 상당히 의심되는 경우로서 처분 또는 부작위 때문에 당사자가 받을 우려가 있는 중대한 불이익이나 당사자에게 생길 급박한 위험을 막기 위하여 임시지위를 정해야 할 필요가 있는 경우에는 직권으로 또는 당사자의 신청에 의하여 임시처분을 결정할 수 있습니다(§ 31 ①). 이 임시처분에 관하여는 집행부정지에 관한 법 제30조 제3항부터 제7항까지를 준용합니다. 이 경우 같은 조 제6항 전단 중 "중대한 손해가 생길 우려"는 "중대한 불이익이나 급박한 위험이 생길 우려"로 봅니다(§ 31 ②). 임시처분은 제30조 제2항에 따른 집행정지로 목적을 달성할 수 있는 경우에는 허용되지 아니합니다(§ 31 ③).

5. 심리의 범위

행정심판의 심리범위는 심판청구의 대상인 처분이나 부작위에 관한 적법성여하의 판단(법률문제)뿐만 아니라 당·부당이란 재량문제를 포함한 사실문제까지 미칩니다.

항고소송에서 처분청은 당초 처분의 근거로 삼은 사유와 기본적 사실관계가 동일성이 있다고 인정되는 한도 내에서만 다른 사유를 추가 또는 변경할 수 있다는 법

리는 행정심판 단계에서도 그대로 적용된다는 것이 판례입니다.31

6. 행정심판의 재결

　재결이란 행정심판이란 쟁송절차과정의 최종적 산출(output)입니다. 즉, 심판청구사건에 대한 위원회의 종국적 판단을 담은 의사표시라 할 수 있습니다. 이것은 처분·부작위의 위법·부당성에 관한 행정법상 다툼에 유권적 판정을 내리는 준사법적 행위이자 동시에 확인적 행정행위로서의 성질을 가집니다. 또한 재결은 위원회에게 재량이 허용되지 않는다는 점에서 기속행위입니다. 행정심판법은 제2조 제3호에서 "재결"이란 행정심판의 청구에 대하여 법 제6조에 따른 행정심판위원회가 행하는 판단을 말한다고 정의하고 있습니다.

6.1. 재결의 내용등

(1) 재결의 범위

　재결의 범위는 심판청구의 대상인 처분이나 부작위의 적법성판단(법률문제) 뿐만 아니라 그 당·부당(사실문제)에 미칩니다. 위원회는 불고불리(不告不理)의 원칙과 불이익변경금지의 원칙에 따라 심판청구의 대상이 되는 처분 또는 부작위 외의 사항에 대해서는 재결하지 못하며(§ 47 ①), 심판청구 대상 처분보다 청구인에게 불이익한 재결을 할 수 없습니다(§ 47 ②).

(2) 재결의 종류와 내용

　일반적으로 재결은 심판청구요건의 불비를 이유로 한 각하재결, 본안심리의 결과 청구의 이유 없음을 이유로 한 기각재결과 청구가 이유 있다고 인정하여 청구의 취지를 받아들이는 인용재결로 나뉩니다. 그중 인용재결은 청구취지를 받아들이는 재결로 청구 내용에 따라 다음 세 가지로 나뉩니다.

31　대법원 2014. 5. 16. 선고 2013두26118 판결(시장정비사업추진계획).

① 취소심판

위원회는 취소심판의 청구가 이유 있다고 인정하면 취소 또는 변경을 내용으로 하는 인용재결을 합니다. 이를 통하여 계쟁처분을 직접 취소 또는 다른 처분으로 변경하거나32(형성재결), 피청구인에게 처분을 취소하거나 다른 처분으로 변경할 것을 명합니다(이행재결: § 43 ③). 다만 심판청구가 이유 있다고 인정되더라도 이를 인용하는 것이 현저히 공공복리에 적합하지 아니하다고 인정할 때에는 심판청구를 기각하는, 사정재결을 할 수 있습니다(§ 44 ①).

② 무효등확인심판

무효등확인심판청구가 이유 있다고 인정되면 위원회는 처분의 효력 유무 또는 존재 여부를 확인하는 확인재결을 합니다(§ 43 ④). 확인재결은 심판청구된 확인의 대상에 따라 다시 유효확인재결, 무효확인재결, 실효확인재결, 존재확인재결 및 부존재확인재결로 나뉩니다.

③ 의무이행심판

의무이행심판청구가 이유 있다고 인정되면 위원회는 지체 없이 신청에 따른 처분을 하거나(형성재결), 처분청에게 그 신청에 따른 처분을 하도록 명하는 재결(이행재결)을 합니다(§ 43 ⑤). 신청에 따른 처분을 할 것을 명하는 이행재결은 그 처분의무의 내용이 기속행위에 대한 것인 경우에는 특정행위의 이행명령이 되지만, 선택재량만이 부여된 행위에 대한 것일 경우에는 특정행위의 이행명령이 아니라 어떤 내용의 처분이든 신청을 방치하지 말고 지체 없이 재량에 따른 처분을 하도록 명하는 재결, 즉 재량행사명령(Bescheidungsanordnung)이 됩니다. 이 경우 당해 행정청은 지체 없이 재결의 취지에 따라 이전의 신청에 대하여 처분을 해야 합니다(§ 49 ②). 부작위에 대한 의무이행심판의 인용재결은, 후술하는 부작위위법확인소송의 경우와는 달리, 거부처분에 대한 것과 마찬가지로 '지체없이 신청에 따른 처분을 하거나 이를 할 것을 명하는'(§ 43 ⑤) 이행재결이지 단순한 응답의무 부과에 그치는 것은 아닙니다.

---

32 이 경우 변경의 의미에 관하여는 취소소송의 경우와는 달리, 행정심판의 본질상 소극적인 일부취소뿐만 아니라 적극적인 변경을 뜻하는 것으로 해석되고 있습니다(김동희, 행정법 I, 586-587).

6.2. 사정재결

사정재결이란, 심판청구가 이유가 있다고 인정하는 경우에도 이를 인용(인용)하는 것이 공공복리에 크게 위배된다고 인정하는 때에 그 심판청구를 기각하는 재결을 말합니다(§ 44 ① 전단). 사정재결은 취소심판과 의무이행심판에만 인정되고 무효등확인심판에는 인정되지 않습니다(§ 44 ③).33 처분이 취소할 수 있는 것인가 또는 무효인가는 심리의 종료단계에서야 비로소 확정되는 경우가 많으므로 무효인 처분에 대해서도 사정재결의 필요가 생길 수 있다는 견해34도 있으나, 처분이 무효라는 사실이 심판의 어느 단계에서 확정되는지에 따라 사정재결의 가능성이 판단될 수 있는 것은 아닐 뿐더러, 어느 때이건 처분이 무효라고 판단되는 이상 행정심판법의 명문규정을 무시하면서까지 이 예외적인 성격을 지닌 재결 방식을 허용한다는 것은 타당하지 않습니다. 또한 이 견해가 이유의 하나로 들고 있는 공법상의 결과제거청구권의 법리는 취소된 처분이든 무효인 처분이든 그 결과 조성된 위법한 상태를 제거하는 데 목적을 지닌 것으로서 그 결과제거의무의 실행이 수인기대가능성(Zumutbarkeit)을 결여한다고 인정되면 바로 그런 이유에서 결과제거청구권에 의한 원상회복이 불가능해질 뿐이지, 이 때 거꾸로 이러한 원상회복의 부정을 위하여 사정재결(행정소송의 경우 사정판결)을 내려야 하거나 내릴 수 있는 것은 아니지요. 사정재결은 어디까지나 처분의 취소·변경 또는 의무이행재결에 관련된 것이지 그 결과제거에 관한 것은 아닙니다.

사정재결은 사익의 보호가 결과적으로 공익에 중대한 침해를 가져올 경우 사회전체의 공익을 우선시킴으로써 이를 시정하려는 데 그 취지를 두고 있다고 파악됩니다. 환언하면 사정재결은 공익과 사익을 공익우선의 견지에서 조절하기 위한 예외적인 제도라 할 수 있습니다. 이것은 종래 소원에는 적용되지 않았던 것을 1984년 개정법에서 신설한 것입니다. 사정재결은 사정판결과 그 요건과 효과 등에 있어 대동소이하므로 상세한 내용은 그쪽으로 미룹니다.

---

33 이러한 결과를 인정하는 것이 또한 통설과 판례의 태도입니다.
34 김남진, 행정법 I, 706. 김남진 교수는 처분이 취소대상인지 무효인지는 심리종료단계에 가서야 확정되는 경우가 많으므로 무효인 처분에 대해서도 사정재결의 필요는 생길 수 있다고 하면서 '그러한 경우는 이른바 공법상 결과제거청구권의 법리를 참작하여 해결함이 타당시된다'고 기술하고 행정소송법상 사정판결도 마찬가지라고 합니다(같은 책, 833−834).

6.3. 재결의 효력

재결은 위원회가 청구인에게 재결서의 정본을 송달한 때로부터 그 효력을 발생합니다. 재결 역시 행정행위로서의 성질을 갖는 이상, 행정행위의 효력 일반에 관한 앞에서의 설명이 그대로 타당합니다. 다만 다음과 같은 점에 유의할 필요가 있습니다.

(1) 형성력

취소·변경의 재결이 형성력을 갖는 것은 당연합니다. 구법 아래에서 판례는 형성력을 부인하는 태도를 취했으나,[35] 현행법은 스스로 취소·변경하거나 처분청에 취소·변경을 명할 수 있다고 규정하므로 더 이상 그 형성력을 의문시할 수 없습니다.

> **관련판례**
>
> "행정심판에 있어서 재결청의 재결내용이 처분청에 취소를 명하는 것이 아니라 처분청의 처분을 스스로 취소하는 것일 때에는 그 재결에 형성력이 발생하여 당해 행정처분은 별도의 행정처분을 기다릴 것 없이 당연히 취소되어 소멸되는 것이어서 그 후 동일한 사안에 대해 처분청이 또 다른 처분을 하였다면 이는 위 소멸된 처분과는 완전히 독립된 별개의 처분이라 할 것이고, 따라서 새로운 처분에 대한 제소기간 준수여부도 그 새로운 처분을 기준으로 판단하여야 한다."[36]

(2) 기속력

① 관계행정청에 대한 기속

심판청구를 인용하는 재결은 피청구인인 행정청과 그 밖의 관계행정청을 기속합니다(§ 49 ①). 따라서 피청구인인 행정청과 관계행정청은 당해 재결을 준수해야 하며 이에 불복하여 항고소송을 제기할 수 없습니다. 인용재결이 있으면 처분청의 불복이 배제되어 그 재결이 마치 확정된 것과 마찬가지의 상태에 돌입하게 되기 때문에 이를 전제로 기속력이 발생합니다. 인용재결에 대한 처분청의 불복 배제는 행정심판의 '재결청'이 본래 처분청의 직근상급행정청이었던 데서 유래하는 결과입니다. 재결청이 내린 인용재결을 처분청이 불복하도록 한다면 행정의 위계질서에 반하는 일종의 하극상의 결과가 될 수 있다는 취지였지요.

---

35 대법원 1975. 11. 25. 선고 74누214 판결.
36 대법원 1994. 4. 12. 선고 93누1879 판결.

인용재결의 기속력은 소극적으로는 반복금지의무, 적극적으로는 재처분의무로 구체화됩니다. 그러나 재결은 그 밖에 심판청구를 한 상대방이나 제3자에 대해서는 구속력을 갖지 않습니다. 이것은 이들이 재결에 대해 행정소송을 제기할 수 있으므로 당연한 결과입니다.

인용재결의 기속력을 인정한 행정심판법 제49조 제1항의 위헌 여부

[1] 공권력의 행사인 국가, 지방자치단체나 그 기관 또는 국가조직의 일부나 공법인은 기본권의 주체가 아니라 단지 국민의 기본권을 보호 내지 실현해야 할 책임과 의무를 지는 지위에 있을 뿐이므로, 지방자치단체의 장인 이 사건 청구인은 기본권의 주체가 될 수 없다.

[2] 헌법 제101조 제1항과 제107조 제2항은 입법권 및 행정권으로부터 독립된 사법권의 권한과 심사범위를 규정한 것일 뿐이다. 헌법 제107조 제3항은 행정심판의 심리절차에서도 관계인의 충분한 의견진술 및 자료제출과 당사자의 자유로운 변론 보장 등과 같은 대심구조적 사법절차가 준용되어야 한다는 취지일 뿐, 사법절차의 심급제에 따른 불복할 권리까지 준용되어야 한다는 취지는 아니다. 그러므로 이 사건 법률조항은 헌법 제101조 제1항, 제107조 제2항 및 제3항에 위배되지 아니한다.

[3] 이 사건 법률조항은 행정청의 자율적 통제와 국민 권리의 신속한 구제라는 행정심판의 취지에 맞게 행정청으로 하여금 행정심판을 통하여 스스로 내부적 판단을 종결시키고자 하는 것으로서 그 합리성이 인정되고, 반면 국민이 행정청의 행위를 법원에서 다툴 수 없도록 한다면 재판받을 권리를 제한하는 것이 되므로 국민은 행정심판의 재결에도 불구하고 행정소송을 제기할 수 있도록 한 것일 뿐이므로, 평등원칙에 위배되지 아니한다.

[4] 행정심판제도가 행정통제 기능을 수행하기 위해서는 중앙정부와 지방정부를 포함하여 행정청 내부에 어느 정도 그 판단기준의 통일성이 갖추어져야 하고, 행정청이 가진 전문성을 활용하고 신속하게 문제를 해결하여 분쟁해결의 효과성과 효율성을 높이기 위해 사안에 따라 국가단위로 행정심판이 이루어지는 것이 더욱 바람직할 수 있다. 이 사건 법률조항은 다층적·다면적으로 설계된 현행 행정심판제도 속에서 각 행정심판기관의 인용재결의 기속력을 인정한 것으로서, 이로 인하여 중앙행정기관이 지방행정기관을 통제하는 상황이 발생한다고 하여 그 자체로 지방자치제도의 본질적 부분을 훼손하는 정도에 이른다고 보기 어렵다. 그러므로 이 사건 법률조항은 지방자치제도의 본질적 부분을 침해하지 아니한다.37

재결의 기속력

행정심판법 제37조가 정하고 있는 재결은 당해 처분에 관하여 재결주문 및 그 전제가 된 요건사실의 인정과 판단에 대하여 처분청을 기속하므로, 당해 처분에 관하여 위법한 것으로 재결에서 판단된 사유와 기본적 사실관계에 있어 동일성이 인정되는 사유를 내세워 다시 동일한 내용의 처분을 하는 것은 허용되지 않는다.38

재결의 기속력이 미치는 범위

"재결의 기속력은 재결의 주문 및 그 전제가 된 요건사실의 인정과 판단, 즉 처분의 구체적 위

---

37 헌법재판소 2014. 6. 26. 자 2013헌바122 결정(행정심판법 제49조 제1항 위헌소원).
38 대법원 2003. 4. 25. 선고 2002두3201 판결(건축불허가처분취소).

법사유에 관한 판단에만 미친다. *따라서 종전 처분이 재결에 의하여 취소되었더라도 종전 처분 시 와는 다른 사유를 들어 처분을 하는 것은 기속력에 저촉되지 아니한다.* 여기서 동일한 사유인지 다른 사유인지는 종전 처분에 관하여 위법한 것으로 재결에서 판단된 사유와 기본적 사실관계에서 동일성이 인정되는 사유인지 여부에 따라 판단하여야 한다(대법원 2005. 12. 9. 선고 2003두 7705 판결 등 참조)."[39]

재결의 기속력과 처분 결정 지체로 인한 배상책임

[1] 행정심판의 재결은 피청구인인 행정청을 기속하는 효력을 가지므로 재결청이 취소심판의 청구가 이유 있다고 인정하여 처분청에 처분을 취소할 것을 명하면 처분청으로서는 재결의 취지에 따라 처분을 취소하여야 하지만, 나아가 재결에 판결에서와 같은 기판력이 인정되는 것은 아니어서 재결이 확정된 경우에도 처분의 기초가 된 사실관계나 법률적 판단이 확정되고 당사자들이나 법원이 이에 기속되어 모순되는 주장이나 판단을 할 수 없게 되는 것은 아니다.

[2] 행정청의 처분을 구하는 신청에 대하여 상당한 기간 처분 여부 결정이 지체되었다고 하여 곧바로 공무원의 고의 또는 과실에 의한 불법행위를 구성한다고 단정할 수는 없고, 행정처분의 담당공무원이 보통 일반의 공무원을 표준으로 하여 볼 때 객관적 주의의무를 결하여 처분 여부 결정을 지체함으로써 객관적 정당성을 상실하였다고 인정될 정도에 이른 경우에 비로소 국가배상법 제 2조가 정한 국가배상책임의 요건을 충족한다.[40]

법령의 규정에 따라 공고하거나 고시한 처분이 재결로써 취소되거나 변경되면 처분을 한 행정청은 지체 없이 그 처분이 취소 또는 변경되었다는 것을 공고하거나 고시해야 하며(§ 49 ④), 법령의 규정에 따라 처분의 상대방 외의 이해관계인에게 통지된 처분이 재결로써 취소되거나 변경되면 처분을 한 행정청은 지체없이 그 이해관계인에게 그 처분이 취소 또는 변경되었다는 것을 알려야 합니다(§ 49 ⑤).

판례

행정심판법 제37조 제1항의 규정에 의하면 재결은 행정청을 기속하는 효력을 가지므로 재결청이 취소심판의 청구가 이유 있다고 인정하여 처분청에게 처분의 취소를 명하면 처분청으로서는 그 재결의 취지에 따라 처분을 취소하여야 하지만, 그렇다고 하여 그 재결의 취지에 따른 취소처분이 위법할 경우 그 취소처분의 상대방이 이를 항고소송으로 다툴 수 없는 것은 아니다.[41]

② 재처분의무

당사자의 신청을 거부하거나 부작위로 방치한 처분의 이행을 명하는 재결이 있으면 행정청은 지체없이 이전의 신청에 대하여 재결의 취지에 따라 처분을 해야 합

---

39 대법원 2017. 2. 9. 선고 2014두40029 판결: 압류처분이 재결의 기속력에 반하는 처분이라 하여 그 무효확인을 구하는 사건.

40 대법원 2015. 11. 27. 선고 2013다6759 판결.

41 대법원 1993. 9. 28. 선고 92누15093 판결.

니다(§ 49 ②).

> [관련판례]
>
> "당사자의 신청을 거부하는 처분을 취소하는 재결이 있는 경우에는 행정청은 그 재결의 취지에 따라 다시 이전의 신청에 대한 처분을 하여야 하는 것이므로 <u>행정청이 그 재결의 취지에 따른 처분을 하지 아니하고 그 처분과는 양립할 수 없는 다른 처분을 하는 것은 위법한 것이라 할 것이고,</u> 이 경우 그 재결의 신청인은 위법한 다른 처분의 취소를 소구할 이익이 있다 할 것이다."[42]
>
> 당사자의 신청을 받아들이지 않은 거부처분이 재결에서 취소된 경우에 행정청은 <u>종전 거부처분 또는 재결 후에 발생한 새로운 사유를 내세워 다시 거부처분을 할 수 있다.</u> 그 재결의 취지에 따라 이전의 신청에 대하여 다시 어떠한 처분을 하여야 할지는 처분을 할 때의 법령과 사실을 기준으로 판단하여야 하기 때문이다.[43]

이행재결은 그 처분의무가 기속행위에 대한 것인 경우에는 신청된 대로의 처분, 즉 특정행위의 이행명령이 되지만, 처분의무가 오로지 선택재량만이 부여된 행위에 대한 것일 경우에는 특정행위의 이행명령이 아니라 어떠한 내용의 처분이든 신청을 방치하지 말고 지체없이 재량에 따른 처분을 하도록 명하는 재결, 즉 재량행사명령이 되며, 다만 재량권의 수축이 인정될 경우에는 기속행위와 동일한 처분을 해야 합니다. 신청에 따른 처분이 절차의 위법 또는 부당을 이유로 재결에 의하여 취소된 경우에도 재결의 취지에 따라 다시 처분을 해야 합니다(§ 49 ③). 만일 그것이 기속행위인 경우에는 사실상 동일한 처분이 이루어지게 될 것입니다.

신청에 따른 처분이 절차의 위법 또는 부당을 이유로 재결로써 취소된 경우에는 법 제49조 제2항을 준용합니다(§ 49 ③).

③ 결과제거의무

행정청은 재결을 통해 취소·변경된 또는 무효임이 확인된 위법한 처분 또는 부작위에 의해 조성된 위법상태를 공법상 결과제거청구권의 법리에 따라 제거해야 할 의무를 집니다.

④ 위원회의 직접 처분

종래 피청구인인 행정청이 재결의 취지에 따른 처분의무를 이행하지 않아도 이

---

42 대법원 1988. 12. 13. 선고 88누7880 판결.
43 대법원 2017. 10. 31. 선고 2015두45045 판결(주택건설사업계획변경승인신청반려처분취소재결취소).

를 시정할 방법이 마땅치 않았다는 문제점이 있어 처분청이 재결의 취지에 따른 처분을 하지 않을 경우, 재결청이 당사자의 신청에 따라 기간을 정하여 서면으로 시정을 명하고 그 기간 내에 이행하지 아니하는 경우에는 당해 처분을 할 수 있도록 하고 있었습니다(구법 § 37 ②). 이 규정의 취지를 새로운 행정심판체제에 맞게 변용하여 법은 위원회에게 직접 처분권을 부여했습니다.

위원회는 피청구인이 제49조 제2항에도 불구하고 처분을 하지 아니하는 경우에는 당사자가 신청하면 기간을 정하여 서면으로 시정을 명하고 그 기간에 이행하지 아니하면 직접 처분을 할 수 있게 되었습니다(§ 50 ① 본문). 다만, 그 처분의 성질이나 그 밖의 불가피한 사유로 위원회가 직접 처분을 할 수 없는 경우에는 그러하지 아니 합니다(§ 50 ① 단서).

위원회는 피청구인인 행정청에 대한 관계에서 직근상급행정청의 지위를 가지지 않으므로 위원회가 법률의 규정에 의하여 직접 처분을 하는 경우 해당 행정청과의 협조가 무엇보다도 중요합니다. 따라서 법은 위원회가 직접 처분을 하였을 때에는 그 사실을 해당 행정청에 통보해야 하며, 그 통보를 받은 행정청은 위원회가 한 처분을 자기가 한 처분으로 보아 관계 법령에 따라 관리·감독 등 필요한 조치를 해야 한다고 규정하고 있습니다(§ 50 ②).

6.4. 재결에 대한 불복

(1) 재결에 대한 행정심판

무용한 행정심판의 반복을 막기 위해 법은 행정심판 재청구를 금지하고 있습니다. 즉, 심판청구에 대한 재결이 있으면 그 재결 및 같은 처분 또는 부작위에 대하여 다시 행정심판을 청구할 수 없습니다(§ 51). 물론 개별법(예컨대 국세기본법)에 다단계 행정심판을 인정하는 특별한 규정이 있는 경우에는 그에 따릅니다.

(2) 원처분주의

행정소송은 후술하는 바와 같이 원처분주의를 취하고 있으므로, 재결에 대한 행정소송은 재결자체에 고유한 위법이 있는 경우에 한합니다(§ 19 단서). 이 경우에는 행정심판을 다시 제기할 수 없으므로(§ 39), 행정심판을 제기하지 않고 직접 취소소송을 제기할 수 있습니다.

> **[관련판례]**
>
> "가. 행정소송법 제19조는 취소소송은 행정청의 원처분을 대상으로 하되(원처분주의), 다만 "재결 자체에 고유한 위법이 있음을 이유로 하는 경우"에 한하여 행정심판의 재결도 취소소송의 대상으로 삼을 수 있도록 규정하고 있으므로 <u>재결취소소송의 경우 재결 자체에 고유한 위법이 있는지 여부를 심리할 것이고, 재결 자체에 고유한 위법이 없는 경우에는 원처분의 당부와는 상관없이 당해 재결취소소송은 이를 기각하여야 한다.</u>
>
> 나. 행정심판법 제39조가 심판청구에 대한 재결에 대하여 다시 심판청구를 제기할 수 없도록 규정하고 있으므로, 이 재결에 대하여는 바로 취소소송을 제기할 수 있다."[44]

---

44 대법원 1994. 1. 25. 선고 93누16901 판결.

정부와 소송하기: 행정소송이란 무엇인가?

행정소송이란 위법한 행정작용으로 인한 권익침해를 구제받기 위하여 독립된 제3자기관인 법원에 제기하는 소송, 다시 말해 행정법상 분쟁에 대한 재판 형식의 쟁송을 말합니다. 행정소송은 일면 행정법상 법률관계에 관한 분쟁해결절차인 행정쟁송이라는 점에서 같은 사법(司法)작용에 속하는 민사소송, 형사소송과 구별되고, 타면 약식쟁송인 행정심판과 달리, ① 심판기관이 독립된 제3자인 법원이며, ② 당사자대립구조(대심구조: adversary system) 아래 구술변론·증거조사 등 당사자의 공격방어권이 절차적으로 보장되어 있다는 점에서 정식쟁송에 해당합니다. 행정소송의 본질에 관해 종래 행정작용설과 사법작용설이 대립했지만, 행정소송의 사법작용성은 더 이상 의문시되지 않습니다.

행정소송의 제도적 목적은 국민의 권리보호와 행정의 법적 통제에 있습니다. 행정소송의 양면적 목표는 행정법의 기본원리인 법치행정의 원리, 즉, 법치국가원칙 또는 「법의 지배」 원리로부터 도출됩니다. 행정소송은 현대 법치국가의 불가결한 구성요소로서, 사후적 권리구제절차로서의 측면과 행정통제제도로서의 측면을 아울러 지니고 있습니다. 그러나 행정소송의 궁극적 목적은 어디까지나 국민의 권익보호입니다. 법치국가원리의 구성요소로서 행정에 대한 법적 통제가 이뤄져야 하는 근본적 이유가 국민의 권리보호에 있기 때문입니다.

행정소송의 절차구조는 다음 그림에서 보는 바와 같이 원고와 피고를 당사자로 하는 다툼이 원고의 소송제기에 의하여 개시되고 이에 대한 심리를 통하여 법원이 절차의 산물(output)로서 판결을 내림으로써 종료되는 일련의 과정으로 이루어집니다. 행정소송은 크게 원고에 의한 취소소송의 제기와 법원의 심리·판결의 두 가지 단계로 나누어 볼 수 있습니다.

〈행정소송의 절차〉

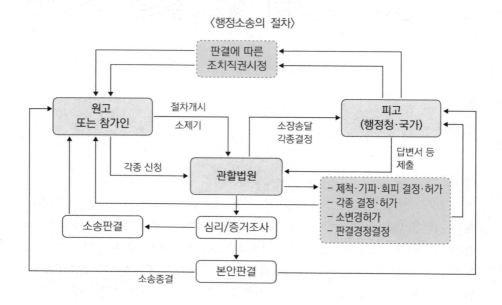

Ⅰ. 행정소송의 제기

행정소송도 일반민사소송과 마찬가지로 원고가 소송을 제기해야만 개시될 수
있습니다. 「소 없으면 재판 없다」는 원칙은 행정소송에 대하여도 타당합니다. 일반
적으로 행정소송의 분쟁해결절차, 즉 사법작용으로서의 본질에서 연유하는 결과입니
다. 행정소송은 그것이 행정통제 목적에 기여할지라도 어디까지나 수동적 절차이지
능동적 절차는 아닙니다.

행정소송이 제기되면 일면 법원·당사자에 대하여, 타면 행정소송의 대상(처분이
나 부작위, 기타 공법상의 법률관계)에 대하여 일정한 효과가 발생하게 됩니다. 행정소송이
제기됨으로써 법원에 대한 관계에서 사건이 계속되게 되며(소송계속), 법원은 이를 심
리하고 판결할 구속을 받게 됩니다. 나아가 당사자는 같은 사건에 대하여 다시 소를
제기하지 못하는 중복제소금지의 효과가 발생합니다. 이를 행정소송 제기의 주관적
효과라 부릅니다. 한편 행정소송이 제기되었다는 것은 소송의 대상이 된 처분의 취

소·효력의 유무나 부작위의 위법여하, 기타 공법상의 법률관계가 소송상 다투어짐을 의미하며, 따라서 이후 소변경등 특별한 사정이 없는 한, 소송의 대상이 객관적으로 확정되는 결과가 됩니다(객관적 효과).

II. 행정소송의 요건심리

1. 요건심리의 대상: 본안판단의 전제요건

행정소송이 제기되면 이를 심리하고 판결할 구속을 받게 된 법원은 먼저 소송이 적법하게 제기되었는지 여부를 심사하게 됩니다. 심사대상은 행정소송이 적법하게 제기되었는가 하는 것입니다. 이를 위하여 충족시켜야 하는 요건들을 일반적으로 '행정소송의 제기요건' 또는 '소송요건'(Prozeßvoraussetzungen)이라고 합니다. 행정소송 본안심리를 위하여 충족되어야 하는 것이므로 본안판단 전제요건(Sachentscheidungsvoraussetzungen)이라고도 합니다.[1]

행정소송의 제기요건에 관한 문제는 본안심리의 필요유무를 결정하는 관건이 되는 문제이므로 법원은 당사자의 주장 유무와 무관하게 이를 직권으로 심사해야 합니다. 만일 그 중 어느 하나만 결여하면 법원은 본안에 들어가지 않고 소를 부적법한 것으로 각하하게 됩니다.

> 민사소송상 소송요건이 승소요건과 결정적으로 다른 것은 소송요건에 관한 한 변론주의(辯論主義)가 적용되지 않는다는 것입니다. 즉 소송요건은 직권탐지의 대상입니다. 이러한 법리는 행정소송법에도 마찬가지로 타당합니다.[2] 가령 처분의 존재에 관하여 대법원은 다음과 같이 판시하고 있습니다: "행정소송에 있어서 쟁송의 대상이 되는 행정처분의 존부는 소송요건으로서 직권조사사항이라 할 것이고 자백의 대상이 될 수는 없다고 할 것이므로 설사 그 존재를 당사자들이 다투지 아니한다고 하더라도, 그 존부에 관하여 의심이 있는 경우에는 이를 직권으로 밝혀 보아야 한다."[3]

1　홍정선, 행정법원론(상), 783.
2　'법원은 필요하다고 인정할 때에는 직권으로 증거조사를 할 수 있고, 당사자가 주장하지 아니한 사실에 대하여도 판단할 수 있다'고 규정하고 있는 행정소송법 제26조에도 불구하고 행정소송에서도 원칙적으로 변론주의가 타당하다는 것이 판례의 태도입니다(변론보충설: 대법원 1986. 6. 24. 선고 85누321 판결).
3　대법원 1986. 7. 8. 선고 84누653 판결.

요건심리에 관하여 특히 유의해야 할 것은 본안심리의 대상이 자칫 소송요건 심사단계에서 심사됨으로써 본안판단의 선취가 이루어지는 일이 없도록 해야 한다는 점이며 이는 특히 다음에 보는 원고적격이나 처분성 등과 같은 특별소송요건과 관련하여 의미를 지닙니다.

2. 일반소송요건과 특별소송요건

행정소송의 제기요건은 앞에서 살펴 본 행정소송의 종류와 관계없이 일반적으로 충족되어야 하는 일반소송요건과 그 밖에 각각의 개별적 소송유형에 한하여 특별히 요구되는 특별소송요건으로 나뉩니다. 먼저 일반소송요건을 살펴보면, 일반적으로 행정소송은 원고가 될 수 있는 자격, 즉 원고적격이 있는 자가 행정청의 처분이나 기타 공법상의 법률관계 등에 관한 다툼을 대상으로 소정의 방식과 출소기간 등을 준수하고 처분을 한 행정청이나 국가·공공단체 등을 피고로 하여4 관할법원에 제기해야 한다고 말할 수 있습니다. 그 밖에 행정소송이 적법하게 제기되기 위하여 충족되어야 할 일반소송요건은 다음과 같습니다.

> **행정소송의 일반소송요건**
> ① 대한민국의 재판권: 대한민국이 재판권을 갖는가
> ② 행정소송사항: 행정소송이 가능한 사항에 관한 것인가
> ③ 법원의 관할권: 법원이 사물 및 토지관할을 가지는가
> ④ 당사자능력: 원고나 피고 등이 당사자가 될 수 있는 능력을 가지고 있는가
> ⑤ 소송능력: 당사자가 소송행위를 할 능력을 가지고 있는가
> ⑥ 소송대리인의 자격: 소송대리인이 적법한 자격을 가지고 있는가
> ⑦ 소제기의 형식: 소정의 방식과 제소기간 등을 준수했는가
> ⑧ 재소금지: 동일한 사안에 대한 확정판결이 있는가
> ⑨ 중복제소금지: 동일 사안에 대한 소송이 다른 법원에 이미 계속되어 있지 않은가
> ⑩ 소의 이익: 소송을 통한 권리보호의 필요가 있는가

일반소송요건들은 행정소송의 종류를 불문하고 일반적으로 충족되어야 할 요건들입니다. 그러나 대부분의 소송요건에 대해서는 행정소송법상 특별한 규정이 있는 경우를 제외하고는 행정소송법 제8조 제2항에 따라 법원조직법, 민사소송법 및 민사

---

4 피고를 잘못 지정하였을 경우 행정소송에서는 원칙적으로 소각하판결을 하는데 이는 그러한 경우 청구기각판결을 하는 민사소송과 다른 점입니다.

집행법의 규정이 준용되므로 대체로 일반 민사소송법의 법리가 그대로 타당하게 됩니다. 그러나 행정소송사항이나 법원의 관할권, 피고능력, 소제기의 형식, 소의 이익과 같은 소송요건들은 행정소송법의 규율로 처리되어야 할 문제입니다. 행정소송사항 즉, 행정소송의 허용성에 관한 문제는 일반적으로 행정소송의 범위와 한계에 관한 문제로 다루어지는데 비하여, 그 밖의 문제들은 각각의 소송종별에 따른 특별소송요건을 검토하면서 관계되는 곳에서 상론하겠습니다.

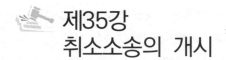

제35강
취소소송의 개시

식당을 운영하다 관할 구청으로부터 시정명령을 받고나서 그 취소를 구하는 소송을 제기하려고 합니다. 무엇을 대상으로 어떻게 준비해야 할까요?

취소소송이란 '행정청의 위법한 처분등을 취소 또는 변경하는 소송'을 말합니다 (§ 4 제1호). 위법한 처분등으로 인하여 권리나 이익을 침해당한 자가 그 재심사를 청구하는 항고소송절차로서 취소소송은 행정소송의 중심적 지위를 차지하고 있습니다 (취소소송중심주의). 행정소송법상 예상할 수 있는 취소소송의 종류로는 처분취소소송(거부처분취소 포함)·처분변경(일부취소)소송·재결취소소송·재결변경(일부취소)소송을 들 수 있고, 그 밖에 판례상 인정되어 온 무효선언을 구하는 의미의 취소소송이 있습니다.

취소소송은 개인의 권리구제를 직접적 목적으로 하는 주관적 소송입니다. 이 소송은 주로 개인이 침익적 처분에 대하여 자기의 권익을 방어하기 위한 수단으로 이용됩니다(방어소송: Abwehrklage). 취소소송은 일단 행정청에 의하여 행해진 처분·재결에 대한 불복을 전제로 그 취소를 구하는 소송이라는 점에서 다른 항고소송과 함께 복심 소송으로서 성질을 가집니다. 한편 일반소송법적인 소송분류론과 관련하여 취소소송이 지니는 유형적 성질에 관해서는, 이를 형성소송으로 보는 형성소송설과 확인소송의 일종으로 보는 확인소송설, 양자의 속성을 모두 갖는 소송이라는 병립설(구제소송설)이 대립하지만, 취소소송은 처분등의 취소·변경을 통하여 직접 법률관계를 변경 또는 소멸시킨다는 점에서 형성소송으로 보는 것이 타당하며 또 통설과 판례[1]

---

1 대법원 1987. 5. 12. 선고 87누98 판결.

의 태도입니다. 생각건대 취소소송의 성질은 취소소송의 소송물과 불가분의 관련을 맺는 문제입니다. 그러나 행정소송의 성질이란 무엇보다도 '소송을 통하여 추구되는 종국목적'(das durch die Klage zu erstrebende Endziel; Klagebegehren)에 의하여 주어지는 것이고, 취소소송을 통하여 추구되는 종국목적은 '위법한 처분등의 취소'에 있으므로, 형성소송설이 옳다고 봅니다. 행정소송법 제29조 제1항은 "처분등을 취소하는 확정판결은 제3자에 대하여도 효력이 있다."고 규정하여 종래 논란되어 온 취소판결의 대세효(對世效)를 명문으로 인정하는데, 이 대세효는 형성소송에 특유한 것이지요.

I. 취소소송의 개시

행정소송법이 규정하는 취소소송의 절차구조는 원고가 피고 행정청의 처분등의 위법을 주장하여 그 취소를 구하는 소송을 제기함으로써 개시되고, 이에 대한 심리를 통하여 법원이 절차의 산물(output)로서 판결을 내림으로써 종료되는 일련의 과정으로 이루어집니다. 따라서 취소소송 역시 행정소송 일반과 마찬가지로 원고의 소송제기와 법원의 심리·판결의 두 가지 단계로 나뉘며, 이러한 절차구조는 비단 취소소송뿐만 아니라, 취소소송의 특수성에 연유하는 부분을 제외하고는, 항고소송 일반에 대하여도 기본적으로 적용됩니다. 행정소송법이 제38조등에서 취소소송 이외의 항고소송에 대한 광범위한 준용규정을 둔 것도 바로 그런 연유입니다.

이미 앞에서 제시한 일반소송요건 이외에 취소소송의 본안심리를 위하여 충족되어야 하는 특별소송요건(besondere Sachurteilsvoraussetzungen)은 다음과 같이 요약됩니다.

취소소송의 제기요건(특별소송요건)
- 당사자: 처분등의 취소를 구할 법률상 이익(원고적격)이 있는 자가 처분청을 피고로 하여 관할법원에 소송을 제기하였는가
- 소송의 대상: 행정청의 처분등을 대상으로 제기한 것인가
- 청구의 취지: 처분등의 위법을 주장하여 그 취소를 구하는 것인가
- 소제기의 방식: 소정의 방식(訴狀등)을 준수했는가
- 소제기기간: 소정의 제소기간을 준수했는가
- 전심절차 경유: 행정심판을 먼저 거쳐야 하는 경우 행정심판의 재결을 거쳤는가

이 중 가장 빈번히 소 각하로 이끄는 요건으로는 처분성(소송의 대상), 원고적격 및 제소기간을 꼽을 수 있습니다. 앞의 두 요건은 곧 상세히 다룰 예정입니다. 제소

기간에 대해서는 최근 대법원의 다음 판례를 참조해 볼 만합니다.

1. 상대방 있는 행정처분은 특별한 규정이 없는 한 의사표시에 관한 일반법리에 따라 상대방에게 고지되어야 효력이 발생하고, 상대방 있는 행정처분이 상대방에게 고지되지 아니한 경우에는 상대방이 다른 경로를 통해 행정처분의 내용을 알게 되었다 하더라도 행정처분의 효력이 발생한다고 볼 수 없다.

취소소송의 제소기간 기산점으로 행정소송법 제20조 제1항이 정한 '처분 등이 있음을 안 날'은 유효한 행정처분이 있음을 안 날을, 같은 조 제2항이 정한 '처분 등이 있은 날'은 그 행정처분의 효력이 발생한 날을 각 의미한다. 이러한 법리는 행정심판의 청구기간에 관해서도 마찬가지로 적용된다.

2. 피고가 인터넷 홈페이지에 원고에 대한 장해등급 결정 내용을 게시한 것만으로는 원고에게 행정절차법 제14조에서 정한 바에 따라 송달이 이루어졌다고 볼 수 없고, 원고가 그 홈페이지에 접속하여 결정 내용을 알게 되었다고 하더라도 마찬가지이다.

또한 피고가 이 사건 처분서를 행정절차법 제14조 제1항에 따라 원고 또는 그 대리인의 주소·거소(居所)·영업소·사무소로 송달하였다거나 같은 조 제3항 또는 제4항에서 정한 요건을 갖추어 정보통신망을 이용하거나 혹은 관보, 공보, 게시판, 일간신문 중 하나 이상에 공고하고 인터넷에도 공고하는 방법으로 송달하였다는 점에 관한 주장·증명도 없다.

3. 이 사건 처분은 상대방인 원고에게 고지되어 효력이 발생하였다고 볼 수 없으므로, 이에 관하여 구 공무원연금법 제80조 제2항에서 정한 심사청구기간이나 행정소송법 제20조 제1항, 제2항에서 정한 취소소송의 제소기간이 진행한다고 볼 수 없다.[2]

II. 취소소송의 대상

1. 처분등

행정소송법은 취소소송의 대상을 '처분등'으로 명시하고 있습니다(§ 19). '처분등'이란 처분과 행정심판에 대한 재결을 말하므로(§ 2 ① i), 결국 취소소송의 대상은 처분과 재결이 됩니다. 처분이란 행정소송법에 따르면 '행정청이 행하는 구체적 사실에 대한 법집행으로서의 공권력의 행사 또는 그 거부와 그 밖에 이에 준하는 행정

---

2 대법원 2019. 8. 9. 선고 2019두38656 판결(장해등급결정처분취소): 피고가 장해등급 결정서를 작성한 날 및 원고가 피고의 홈페이지에 접속하여 그 결정 내용을 알게 된 날이 각각 '처분 등이 있은 날' 및 '처분 등이 있음을 안 날'에 해당한다고 전제하고, 장해등급 결정의 취소를 구하는 이 사건 소가 제소기간 도과 후 제기되었다고 판단한 원심판결을 '행정처분의 효력발생요건' 등에 관한 법리를 오해한 잘못이 있다고 보아 원심판결을 파기환송한 사건.

작용'입니다. 따라서 취소소송의 대상은 ① 행정청이 행하는 구체적 사실에 관한 법집행으로서 공권력의 행사, ② 행정청이 행하는 구체적 사실에 관한 법집행으로서 공권력의 행사의 거부, ③ 그 밖에 이에 준하는 행정작용, 그리고 ④ 재결의 네 가지로 나뉩니다.

행정소송법이 취소소송의 대상을 명시하면서 구법 이래 논란되어 왔던 처분개념을 확대하여 규정한 것은 현대행정의 행위형식의 다양화에 부응하여 국민의 권리구제의 길을 넓히려는 데 취지를 둔 것으로 평가됩니다. 특히 처분 개념에 "공권력의 행사 또는 그 거부"뿐만 아니라, "그 밖에 이에 준하는 행정작용"이 포함되고 있다는 점이 주목되고 있습니다.[3] 그러나 이러한 행정소송법의 태도에 대해서는, 특히 '처분'의 개념을 둘러싸고 많은 논란이 있고 행정소송법 해석상으로도 적지 않은 문제점들이 도사리고 있습니다. 따라서 취소소송의 대상으로 '처분'과 '재결'을 구체적으로 검토해 볼 필요가 있습니다.

2. 처분

2.1. 처분의 개념

행정소송법은 '처분'의 개념을 '행정청이 행하는 구체적 사실에 대한 법집행으로서의 공권력의 행사 또는 그 거부와 그 밖에 이에 준하는 행정작용'으로 정의하고 있습니다. 이 정의규정에도 불구하고 처분을 무엇으로 볼 것인지는 여전히 논란거리입니다. 특히 행정소송법의 처분개념을 학문상 행정행위의 그것과 같은 것으로 볼 것인가, 나아가 「그 밖에 이에 준하는 행정작용」이란 무엇인가를 둘러싸고 논란이 있습니다.[4]

---

3 김도창, 일반행정법론(상), 755.
4 이에 관하여는 김남진, 취소소송의 대상, 사법행정 1991/7; 박윤흔, 취소소송의 대상, 사법행정, 1990/7; 신보성, 행정행위와 처분, 고시계 1984/6 등을 참조.

(1) 학설

① 쟁송법상 개념설(형식적 행정행위론: 이원론)

권익구제의 폭을 넓히려는 취지에서 실체적 행정행위 개념과 별도로 쟁송법상 행정처분 개념을 정립하려는 입장입니다(다수설). 행정소송법상 처분의 개념을 학문상 행정행위 개념보다 넓은, 별개의 개념으로 파악합니다. 즉, ① 강학상 행정행위에 해당하지 않는 행정작용일지라도, 행정행위에 준하여 국민생활을 일방적으로 규율하는 행위로서 국민이 다른 적당한 불복절차를 쉽사리 발견하지 못하는 경우에는, 이들을 널리 취소소송의 대상으로 삼아 구제의 길을 열어야 하며, ② 행위 자체는 공권력행사라는 실체를 결여하고, 따라서 공정력(예선적 효력)이나 불가쟁력 등을 지니지 않지만, 국민에게 계속적으로 사실상 지배력을 미치는 행위는, 민사소송 그 밖에 다른 구제수단이 없는 경우, 형식상으로 처분성을 인정하여 이에 대한 취소소송의 길을 열어 주자는 것입니다.[5] 이들 행위는 본래의 행정행위는 아니나 취소소송의 대상으로 삼기 위하여 형식적으로 행정행위로 본다는 의미에서 '형식적' 행정행위라 부릅니다. 보충적 구제대상의 예로 권력적 사실행위, 일반적 기준설정·행정내부적 결정, 사회보장적 급부결정, 보조금교부결정, 유해공공시설설치행위 또는 행정지도·비권력적 행정조사 등이 거론됩니다.

> **일본에 있어 형식적 행정행위론**
>
> 형식적 행정처분론은 실체법적 행정행위의 개념과는 별도로 행정쟁송법에 타당한 새로운 행정행위개념을 정립하려는 시도로서, '최근 일본 행정법학계의 다수설이 되어 가고 있고 또 판례상으로도 지지경향이 나타나고 있는' 개념이라고 합니다.[6] 즉, 행위 자체는 공권력행사라는 실체를 가지고 있지 않고, 따라서 공정력이나 불가쟁력 등의 효력도 없으며, 항고쟁송의 배타적 관할에 속하지 않는 것일지라도 국민생활을 "일방적으로 규율하는 행위"이거나(原田尙彦), 개인의 법익에 대하여 '계속적으로 사실상의 지배력을 미치는 경우'(兼子仁)에는 항고소송의 대상이 되는 처분성을 인정해야 한다는 것입니다. 따라서 여기에는 실체법상 행정행위에 해당하는 행위외에 행정상 입법·행정규칙·사실행위, 그리고 행정지도와 같은 행위들이 포함된다고 합니다.[7]

---

5 김도창, 일반행정법론(상), 752.
6 이에 관하여는 서원우, 현대행정법론(상), 366 이하; 김도창, 일반행정법론(상), 359, 752 이하; 김창조. 취소소송의 소의 이익,『공법연구』제22집 제3호(1994), 399 이하의 설명을 참조. 형식적 행정처분론은 雄川一郎, 山田幸男 교수의 문제지적을 단서로 하여 原田尙彦, 兼子 仁 교수에 의해 학설로 전개되었다고 합니다(室井 力, 形式的行政處分について, 田中二郎先生古稀記念, 公法の原理(下) I, 1977, 62).
7 김도창, 일반행정법론(상), 752.

② 실체법적 개념설(행정행위설: 일원론)

행정소송법상 처분개념을 학문상 행정행위의 그것과 동일한 것으로 보는 견해로, 먼저 실체법적으로 행정행위의 개념을 정의해 놓고 그 정의에 해당되는 행정행위에 대해서만 연역적으로 처분성을 인정합니다. 대법원의 지금까지의 판례태도는 기본적으로 이러한 정의방식에 가까운 편이었다고 볼 수 있습니다.[8] 이 견해는 학문적 행정행위의 개념이 항고쟁송의 대상이 되는 행정작용을 타행정작용과 구분할 목적에서 정립된 것인 이상 행정소송법상의 처분개념과 동일한 것은 당연하다고 하며,[9] 오히려 행위형식의 다양성을 그대로 인정하고, 처분과 타행정작용과의 구별의 징표를 철저히 탐구함으로써 그에 상응하는 행정구제방법을 모색하는 것이 국민의 권리구제의 폭을 넓히는 길이라고 합니다.[10]

③ 소결

일면 처분의 개념 확대와 타면 비처분적 행정작용에 대한 행정구제수단의 확충 및 기존소송유형의 활용이 경합적으로 추구되는 것도 국민의 권익구제의 목적에 비추어 바람직합니다. 다만 문제는 처분개념을 어디까지 확대할 것이며, 어떤 범위에서 취소소송 이외의 소송유형을 활용·개척할 것인가에 관한 한계를 설정하는 데 있습니다. 처분개념에 관한 행정소송법 규정들은 이에 대한 입법적 선택이고, 따라서 문제의 답은 그 해석을 통해 찾아야 합니다.

현행 행정소송법 해석상 처분의 개념은 ① 행정청이 행하는 구체적 사실에 관한 법집행으로서 공권력의 행사, ② 행정청이 행하는 구체적 사실에 관한 법집행으로서 공권력의 행사의 거부, ③ 그 밖에 이에 준하는 행정작용의 세 가지로 나누어 볼 수 있습니다. 여기서 첫째와 둘째의 개념과 행정행위(최협의)의 개념이 동일한 것인지가 문제됩니다. 먼저 둘째의 개념에 관하여 본다면, 거부처분 역시 소극적 처분인 이상, 첫째의 개념과 구별하여 특별히 취급해야 할 필요는 없습니다(이는 간주거부에 대해서도 마찬가지로 타당합니다). 다음 「행정청이 행하는 구체적 사실에 관한 법집행으로서 공권력의 행사」의 개념이 실체적 행정행위의 그것에 비추어 문제되어야 합니

---

8 김도창, 일반행정법론(상), 751.

9 신보성, 현대행정법의 이론, 1988, 94.

10 종래 이 견해를 주장했던 김남진 교수는 이원설로 학설을 변경한 바 있습니다(김남진, 행정법 I, 774 이하).

다. 실체적 행정행위의 개념은 일반적으로 「행정청이 법아래서 구체적 사실에 대한 법집행으로서 행하는 권력적 단독행위인 공법행위」라고 파악됩니다. 양자가 동일한 것인지 여부는 「공권력의 행사」와 「권력적 단독행위인 공법행위」란 행정행위 개념의 비교에 귀착되는데, 특히 권력적 사실행위가 행정소송법상 「공권력의 행사」에 포함되는지 문제됩니다.

생각건대, 행정소송법 제2조 제1호 규정에 '행정청이 행하는 구체적 사실에 관한 법집행으로서의'라는 구절이 있으나, 이로써 사실행위가 처분개념으로부터 명문으로 배제된 것이라고 해석하는 것은 행정행위의 개념징표로서 '구체적 사실에 관한 법집행'의 의미에 비추어 볼 때 타당하다고 볼 수 없습니다. 이것은 행정행위를 입법 또는 법규명령·행정규칙으로부터 구별하기 위한 것이기 때문입니다. 반면 이원론이 주장하는 바와 같이 권력적 사실행위를 '공권력의 행사'에 해당한다고 볼지는 별개의 문제입니다. 이것은 형식적 행정행위가 어떻든 기본적 요소로 삼고 있는 실체적 행정행위의 개념에 관한 문제로서, 형식적 행정행위론의 당부에 대한 평가 이전의 문제입니다. 그렇다면 '구체적 사실에 대한 법집행'이란 단순한 집행행위까지를 포함하는 개념인가 아니면 구체적 사안에 대한 규율이란 법적 행위의 요소를 의미하는가. 권력적 사실행위를 '공권력의 행사'에 해당하는 것으로 보는 것은, 행정소송법 문언상 적어도 '법적 행위 또는 규율'(Rechtsakt, Regelung)이라는 요소가 나타나고 있지 않은 이상, 해석론상 결코 불가능한 것은 아닙니다. 행정소송법의 문언으로부터 어렵지 않게 처분의 개념에 '행정청이 행하는 구체적 사실에 관한 법집행으로서의' 권력적 사실행위가 포함된다는 결론에 이르게 되기 때문입니다. 또한 입법배경을 보더라도 그 결론이 타당함을 확인할 수 있습니다.11

다만, 권력적 사실행위를 행정소송법상 공권력행사에 포함되는 것으로 해석할 경우, 이에 대한 취소소송이 과연 가능한지가 문제됩니다. 일설은 취소소송에서 취소의 대상은 법적 행위라고 하거나 취소소송은 기존의 법적 효과를 소멸시키는 것을 목적으로 하는 것이라는 점을 이유로12 이를 부정하는 데 반하여, 권력적 사실행

---

11 일본에서는 행정사건소송법이 「처분 그 밖의 공권력의 행사에 해당하는 행위」를 취소소송의 대상으로 규정할 뿐, 명시적 규정을 두지 않은 것은 우리 나라와 사정이 같지만, 권력적 사실행위는 「그 밖의 공권력행사」에 해당하여 처분성이 인정된다고 합니다(鹽野宏, 行政法 II, 91).

12 홍정선, 행정법원론(상), 277. 이러한 입장에서는 「사실행위의 취소」보다는 행정상의 일반이행소송의 인정을 전제로 한 「사실행위의 중지 또는 제거청구」가 더 올바른 문제해결이라고

위의 취소는 위에서 본 바와 같은 권력적 사실행위에 결부된 법적 효과인 수인의무의 해제로서 의미를 가진다는 견해가 대립합니다.[13] 권력적 사실행위에 대한 권익구제방법에 관한 한, 양설은 나름대로 일리가 있습니다. 또한 취소소송의 형성소송으로서 본질이나 권익구제제도로서 행정소송의 확충 및 활용문제를 감안할 때 전자의 견해에도 일리가 있습니다. 그러나 해석론상 후설의 타당성을 부인할 수는 없습니다. 따라서 국민의 입장에서는 권력적 사실행위에 대한 취소소송과 이를 원인으로 하는 공법상 당사자소송을 선택적으로 또는 병합하여 제기하는 것이 바람직하며 또한 가능하다고 봅니다.

끝으로 제기되는 문제는 "그 밖에 이에 준하는 행정작용"이란 무엇을 뜻하는가 하는 것입니다. 유력한 견해에 따르면 이 규정을 통해 "앞으로의 시대적 수요에 따라 학설·판례를 통하여, ... 이른바 형식적 행정처분의 개념 아래 거론되는 행정작용들이 이 범주에서 논의될 수 있을 것"이라고 합니다.[14] 물론 앞에서 전개된 우리의 입장이 형식적 행정행위론이 주장하듯 행정지도나 비권력적 행정조사 등과 같은 사실행위에까지 처분성을 확대하자는 것과 맥을 같이하는 것은 아닙니다. 행정소송법상 "처분" 개념을 해석하는 문제와 이를 바탕으로 새로이 형식적 행정행위 개념을 정립하는 문제는 기본적으로 별개의 문제입니다. 이러한 견지에서, 구체적으로 "그 밖에 이에 준하는 행정작용"이 무엇인가는 결국 학설발전과 판례형성을 통하여 밝혀질 수밖에 없으나, 어떻든 행정소송법상 처분의 개념이 이로써 강학상의 행정행위의 개념 보다 한 걸음 더 넓은 것이 될 수밖에 없다는 것은 분명합니다. 문제는 과연 무엇을 기준으로 협의의 처분과의 동가치성을 인정할 것인가에 있으며, 이에 따라 행정소송법상 취소소송의 대상으로 삼을 것인지 여부가 결정됩니다. 앞에서 본 바와 같이 사실행위 중 행정쟁송법에 의한 권리구제가 필요하다고 인정되는 경우일진데 상대방의 수인의무를 발생시키는 권력적 사실행위의 경우에는 전술한 바와 같이 처분의 개념에 해당하는 것으로 보므로 별 문제가 없으나, 그 밖의 경우에는 무리하게 처분성을 인정할 것이 아니라 그에 적합한 소송형태를 해석론상 또는 입법론상 확충시켜 나가는 방식으로 해결책을 모색하는 것이 정도입니다.

합니다.

13 김동희, 행정법 I, 644-645.

14 김도창, 일반행정법론(상), 756.

(2) 판례

　판례는 처분 개념을 확장한 행정소송법의 입법취지를 도외시하고 오히려 기존의 개념적 틀에 얽매여 행정소송법상 처분 정의규정의 해석·적용을 소홀히 하는 태도를 보여 왔습니다.15

　먼저 대법원은 항고소송의 대상이 되는 행정처분이란 행정청의 공법상 행위로서 특정사항에 대하여 법규에 의한 권리의 설정 또는 의무의 부담을 명하거나 기타 법률상의 효과를 발생하게 하는 등 국민의 권리의무에 직접 관계가 있는 행위를 말하는 것이라고 판시해 오고 있습니다.16 따라서 행정청 내부에서의 행위나 알선, 권유, 사실상의 통지 등과 같이 상대방 또는 기타 관계자들의 법률상 지위에 직접적인 법률적 변동을 일으키지 아니하는 행위 등은 항고소송의 대상이 될 수 없다고 합니다.17

　한편 거부처분의 경우, 대법원은 '행정청이 국민의 신청에 대하여 한 거부행위가 항고소송의 대상이 되는 행정처분이 된다고 하기 위하여는 국민이 그 신청에 따른 행정행위를 해 줄 것을 요구할 수 있는 법규상 또는 조리상 권리가 있어야 하며, 이러한 권리에 의하지 아니한 국민의 신청을 행정청이 받아들이지 아니하고 거부한 경우에는 이로 인하여 신청인의 권리나 법적 이익에 어떤 영향을 주는 것이 아니므로 그 거부행위를 가리켜 항고소송의 대상이 되는 행정처분이라고 할 수 없다'는 판례18를 유지해 오고 있습니다.

　판례에 따르면 항고소송의 대상으로서 '처분'의 존재가 인정되려면 단순히 '행정청이 국민의 신청에 대하여 한 거부행위'가 있는 것만으로는 부족하고, '국민이 그 신청에 따른 행정행위를 해 줄 것을 요구할 수 있는 법규상 또는 조리상의 권리가 있어야 하며', '이러한 권리에 의하지 아니한 국민의 신청을 행정청이 받아들이지 아니하고 거부한 경우에는 이로 인하여 신청인의 권리나 법적 이익에 어떤 영향을 주는 것이 아니기 때문'이라는 것입니다. 이러한 판례의 태도를 해석함에 있어 '신청에 따른 행정행위를 해 줄 것을 요구할 수 있는 법규상 또는 조리상 권리'가 사실심전 제요건 심사단계에서 이미 객관적, 확정적으로 존재할 것을 요구하고 있는 것인지,

---

15　김남진, 기본문제, 508.
16　법원행정처, 법원실무제요 행정, 1997, 89.
17　대법원 1998. 7. 10. 선고 96누6202 판결(민영주택건설사업계획승인조건변경처분취소).
18　대법원 1991. 2. 26. 선고 90누5597 판결.

아니면 원고가 주장하는 바와 같은 '신청에 따른 행정행위를 요구할 수 있는 법규상 또는 조리상 권리'가 존재할 가능성이 있으면 족하고 그 객관적, 확정적 존재 여부는 본안심리에서 판단되면 된다는 의미인지는 불분명합니다. 만일 전자의 의미라면, 법원은 사실심전제요건 심사단계에서 그러한 법규상 또는 조리상 권리가 존재하는지 여부를 확정적으로 판단하여 소 각하 여부를 결정하게 될 것이고, 반대로 후자의 의미라면, 원고에게 '그가 주장하는 바와 같은' 법규상 또는 조리상 권리가 전혀 있을 수 없는 경우가 아닌 한, 그 존재 여부가 확정적으로 밝혀지지 않더라도 소를 각하함이 없이 본안심리에 들어가야 할 것입니다. 이제까지 대법원이 거부행위의 처분성결여를 이유로 소를 각하해온 이유들을 보면 원고에게 '신청에 따른 행정행위를 요구할 수 있는 법규상 또는 조리상 권리'가 없다는 것이 거의 대부분입니다. 즉, 사실심전제요건 심사단계에서 그러한 법규상 또는 조리상 권리가 존재하는지 여부를 심리하여 그 존부를 확정하고 그에 따라 소 각하 여부를 결정하고 있는 것으로 보입니다.

그러나 이러한 판례의 태도는 취소소송의 대상과 원고적격의 구분을 모호하게 만들 뿐만 아니라, 행정소송법상 거부처분의 개념을 부당하게 제한함으로써 국민의 권익구제의 길을 축소시키는 결과를 가져온다는 점에서 비판을 면하기 어렵습니다. 나아가 원고가 사실상 그 신청에 따른 행정행위를 요구할 수 있는 법규상 또는 조리상 권리를 갖고 있느냐의 여부는 소송요건의 문제가 아니라 본안의 문제라는 점을 직시할 필요가 있습니다.

> 국민주택 특별공급신청권의 유무는 본안에서 판단할 사항이므로, 입주권부여를 거부한 행위가 항고소송의 대상인 거부처분이 되는 것을 방해하지 않는다고 한 대법원의 판결은 지당합니다. 대법원은 국가·지방자치단체 등이 건립한 국민주택의 일부를 일정한 자격을 갖춘 무주택세대주(제1호 내지 제11호)에게 특별공급할 수 있도록 하고 있는 주택공급에관한규칙 제15조 제1항의 규정 중 "제5호는 당해주택건설사업의 원활을 기하기 위하여 당해주택건설사업에 협조한 자에게 당해주택을 공급할 때에 한하여 특별공급의 기회를 부여하는 것으로서, 이 조항의 취지는 단순히 사업주체로 하여금 그러한 대상자들에게 특별분양을 할 수 있는 권능을 부여하는데 그치는 것이 아니라 그와 같은 요건을 갖추기 위하여 공공사업에 협력한 자에게 법적인 이익을 부여하고 있는 것이라고 보아야 할 것이니 그들에게는 특별공급신청권(이는 특별공급을 받을 권리와는 다른 개념이다)이 인정된다고 해석하여야 할 것"이라고 전제하면서 다음과 같이 결론짓고 있습니다: "이 사건에서 원고가 협의매수에 응한 자가 아니어서 위 조항에 해당되지 아니한다 하여도 이는 본안에서 판단하여야 할 사항일 따름이다. 그렇다면 피고가 주택공급규칙 제15조 제1항 제5호에 해당함을 이유로 특별분양을 요구하는 원고에게 입주권부여를 거부한 행위는 항고소송의 대상이 되는 거부처분이라 할 것이다."[19]

---

19 대법원 1992. 1. 21. 선고 91누259 판결.

한편, 대법원은 행정청이 국민의 신청에 대하여 한 거부행위가 항고소송의 대상이 되는 행정처분에 해당하는 것이라고 하려면, 그 거부행위가 신청인의 법률관계에 어떤 변동을 일으키는 것이어야 하지만, '신청인의 법률관계에 어떤 변동을 일으키는 것'이라는 의미는 신청인의 실체상 권리관계에 직접적인 변동을 일으키는 경우뿐만 아니라 신청인이 실체상 권리자로서 권리를 행사함에 중대한 지장을 초래하는 경우도 포함한다고 보고 있는데, 이는 위에서 비판한 바와 같은 처분성요건 판단상의 애로를 어느 정도 완화시키려는 취지로 이해됩니다.

> "국민의 적극적 행위 신청에 대하여 행정청이 그 신청에 따른 행위를 하지 않겠다고 거부한 행위가 항고소송의 대상이 되는 행정처분에 해당하는 것이라고 하려면, 그 신청한 행위가 공권력의 행사 또는 이에 준하는 행정작용이어야 하고 그 거부행위가 신청인의 법률관계에 어떤 변동을 일으키는 것이어야 하며 그 국민에게 그 행위발동을 요구할 법규상 또는 조리상의 신청권이 있어야 한다고 할 것인바, 여기에서 '신청인의 법률관계에 어떤 변동을 일으키는 것'이라는 의미는 <u>신청인의 실체상의 권리관계에 직접적인 변동을 일으키는 것은 물론 그렇지 않다 하더라도 신청인이 실체상의 권리자로서 권리를 행사함에 중대한 지장을 초래하는 것도 포함한다고 해석함이 상당하다.</u>"20
>
> [1] 국세기본법 또는 개별 세법에 경정청구권을 인정하는 명문의 규정이 없는 이상 <u>조리에 의한 경정청구권을 인정할 수 없으므로, 납부의무자의 세법에 근거하지 아니한 경정청구에 대하여 과세관청이 이를 거부하는 회신을 하였다고 하더라도 이를 가리켜 항고소송의 대상이 되는 거부처분으로 볼 수 없다.</u>
>
> [2] 원천징수의무자가 원천납세의무자로부터 원천징수대상이 아닌 소득에 대하여 세액을 징수·납부하였거나 징수하여야 할 세액을 초과하여 징수·납부하였다면, 국가는 원천징수의무자로부터 이를 납부받는 순간 아무런 법률상의 원인 없이 부당이득한 것이 되고, 구 국세기본법(2006. 12. 30. 법률 제8139호로 개정되기 전의 것) 제51조 제1항, 제52조 등의 규정은 환급청구권이 확정된 국세환급금 및 가산금에 대한 내부적 사무처리절차로서 과세관청의 환급절차를 규정한 것일 뿐 그 규정에 의한 국세환급금(가산금 포함) 결정에 의하여 비로소 환급청구권이 확정되는 것이 아니므로, <u>국세환급결정이나 이 결정을 구하는 신청에 대한 환급거부결정 등은 납세의무자가 갖는 환급청구권의 존부나 범위에 구체적이고 직접적인 영향을 미치는 처분이 아니어서 항고소송의 대상이 되는 처분으로 볼 수 없다.</u>21

판례는 '신청인의 법률관계에 어떤 변동을 일으키는 것'이라는 의미를 '신청인의 실체상 권리관계에 직접적인 변동을 일으키는 것은 물론 그렇지 않다고 하더라도 신청인이 실체상의 권리자로서 권리를 행사함에 중대한 지장을 초래하는 것'도 포함한다고 해석하거나, 소유권에는 아무런 변동을 초래하지 아니한다고 하더라도, '국민

---

20 대법원 2002. 11. 22. 선고 2000두9229 판결(실용신안권소멸등록처분취소).
21 대법원 2010. 2. 25. 선고 2007두18284 판결(경정거부처분취소).

의 권리행사에 지장을 초래하게 되는 점 등을 고려한다면, 지적 소관청의 이러한 토지분할신청의 거부행위는 국민의 권리관계에 영향을 미치는 것으로서 항고소송의 대상이 되는 처분으로 보아야 할 것'이라고 판시하고 있습니다. 이러한 판례 태도는 결과의 타당성에도 불구하고 법적 불확실성 문제를 남깁니다. '신청인의 권리행사에 중대한 지장' 또는 '지장'을 초래하는 것을 '신청인의 법률관계에 어떤 변동을 일으키는 것'이라 할 것인지도 문제지만, 거부행위를 어떤 경우에 처분으로 인정될 만큼, '신청인의 권리행사에 (중대한) 지장을 초래하는' 것으로 볼 것인지, 판단기준이 불명확하기 때문입니다.

셋째, 권력적 사실행위의 처분성을 인정할 것인지 여부에 대하여 판례는 대체로 긍정하는 것으로 이해되고 있습니다.[22] 가령 수용, 유치나 예치, 영업소폐쇄 등과 같은 권력적 사실행위도 공권력행사에 해당하는 것으로 항고소송의 대상이 되며, 다만, 단기간에 실행행위가 종료되어 버리는 사실행위(예: 위법건물의 철거행위 등)는 소의 이익이 없게 된다고 합니다.[23]

이와 관련 대법원은 방송통신위원회가 지상파 방송사에게 방송법 제100조 제1항, 제4항에 따라 제재조치명령과 함께 고지방송명령을 한 사안에서, 고지방송명령은 권고적 효력만을 가지는 비권력적 사실행위에 해당할 뿐 항고소송의 대상이 되는 행정처분에 해당하지 않는다고 판시한 바 있습니다.[24]

헌법재판소는 권력적 사실행위가 처분에 해당된다는 점을 분명하게 밝히고 있습니다. 헌법재판소는 "수형자의 서신을 교도소장이 검열하는 행위는 이른바 권력적 사실행위로서 행정심판이나 행정소송의 대상이 되는 행정처분으로 볼 수 있으나, 위 검열행위가 이미 완료되어 행정심판이나 행정소송을 제기하더라도 소의 이익이 부정될 수밖에 없으므로 헌법소원심판을 청구하는 외에 다른 효과적인 구제방법이 있다고 보기 어렵기 때문에 보충성의 원칙에 대한 예외에 해당한다."고 판시한 바 있고,[25]

---

22 同旨 유명건, 실무행정소송법, 1998, 박영사, 88.
23 법원행정처, 법원실무제요 행정, 1997, 101.
24 대법원 2015. 3. 12. 선고 2014두43974 판결. 방송통신위원회의 제재사유는 지상파 방송사가 뉴스보도에서 횡령 혐의자의 보석 석방 소식을 전하면서 피고인의 실루엣으로 모 의원의 사진을 사용하여 시청자를 혼동케 하고 그 의원의 명예를 훼손함으로써 지상파 방송으로서의 품위를 유지하지 못하였다는 것이었습니다.
25 헌법재판소 1998. 8. 27. 선고 96헌마398 결정(통신의 자유등 위헌확인).

이전에도 권력적 사실행위가 헌법소원의 대상이 되는 공권력의 행사에 해당한다는 것을 시인해 왔습니다.

"재무부장관이 제일은행장에 대하여 한 국제그룹의 해체준비착수지시와 언론발표 지시는 ······ 형식적으로는 사법인인 주거래 은행의 행위였다는 점에서 행정행위는 될 수 없더라도 그 실질이 공권력의 힘으로 재벌기업의 해체라는 사태변동을 일으키는 경우인 점에서 일종의 권력적 사실행위로서 헌법소원의 대상이 되는 공권력의 행사에 해당한다.

헌법재판소법 제68조 제1항에서 말하는 "다른 법률에 의한 구제절차"는 공권력의 행사 또는 불행사를 직접 대상으로 하여 그 잘못 자체를 다투는 권리구제절차를 의미하는 것이고, 공권력의 행사·불행사의 결과 생긴 효과를 원상회복시키거나 손해배상을 위한 사후적·보충적 구제수단은 포함되지 않는 것인 바, 이 사건 국제그룹 해체와 그 정리조치가 형식상으로는 사법인인 제일은행이 행한 행위이므로 당시 시행되던 구 행정소송법상의 행정소송의 대상이 된다고 단정하기 어렵고, 따라서 당사자에게 그에 의한 권리구제절차를 밟을 것을 기대하기는 곤란하므로 이와 같은 범주의 권력적 사실행위의 경우에는 보충성의 원칙의 예외로서 소원의 제기가 가능하다."[26]

한편, 대법원은 처분성 판단시 행위의 성질, 효과 외에 행정소송제도의 목적 또는 사법권에 의한 국민 권리보호의 기능도 충분히 고려하여, 합목적적으로 판단해야 한다는 목적론적 해석방법[27]을 견지해 오고 있습니다.

"행정청의 어떤 행위가 항고소송의 대상이 될 수 있는지의 문제는 추상적·일반적으로 결정할 수 없고, 구체적인 경우 행정처분은 행정청이 공권력의 주체로서 행하는 구체적 사실에 관한 법집행으로서 국민의 권리의무에 직접적으로 영향을 미치는 행위라는 점을 염두에 두고, 관련 법령의 내용과 취지, 그 행위의 주체·내용·형식·절차, 그 행위와 상대방 등 이해관계인이 입는 불이익과의 실질적 견련성, 그리고 법치행정의 원리와 당해 행위에 관련한 행정청 및 이해관계인의 태도 등을 참작하여 개별적으로 결정하여야 한다."[28]

"행정청의 행위가 항고소송의 대상이 될 수 있는지는 추상적·일반적으로 결정할 수 없고, 구체적인 경우에 관련 법령의 내용과 취지, 행위의 주체·내용·형식·절차, 그 행위와 상대방 등 이해관계인이 입는 불이익 사이의 실질적 견련성, 법치행정의 원리와 그 행위에 관련된 행정청이나 이해관계인의 태도 등을 고려하여 개별적으로 결정하여야 한다. 행정청의 행위가 '처분'에 해당하는지가 불분명한 경우에는 그에 대한 불복방법 선택에 중대한 이해관계를 가지는 상대방의 인식가능성과 예측가능성을 중요하게 고려하여 규범적으로 판단하여야 한다."[29]

---

26 헌법재판소 1993. 7. 29. 선고 89헌마31 결정(공권력행사로 인한 재산권침해에 대한 헌법소원).
27 대법원 1984. 2. 14. 선고 82누370 판결.
28 대법원 2010. 11. 18. 선고 2008두167 전원합의체 판결(건축신고불허(또는반려)처분취소)
29 대법원 2022. 9. 7. 선고 2022두42365 판결(시정명령처분 무효확인 등 청구의 소). 행정청이 유치원 경영자에게 「공공감사에 관한 법률」제23조에 따라 감사결과 및 조치사항을 통보

(3) 결론

이상의 논의로부터 다음과 같은 결론이 나옵니다:

1. 양설은 적어도 그들이 옹호하는 목적과 수단의 관계에 있어 차별적 설득력을 갖지 않으며 일정한 한계에 이르기까지는 상호보완적일 수도 있습니다.
2. 행정소송법 해석상 처분개념은 권력적 사실행위와 "그 밖에 이에 준하는 행정작용"을 포함한다는 점에서 실체적 행정행위 개념보다 넓습니다(일원론의 부정). 그러나 이 <u>처분개념은 실체적 행정행위와 전혀 별개의 개념이라기보다는 그것을 기본적 요소로 하여 행정소송법에 의하여 확장된 개념</u>이라고 보아야 합니다(형식적 행정행위론 대신 확장된 처분개념설).
3. "그 밖에 이에 준하는 행정작용"의 내용이 무엇인가는 앞으로 판례 및 학설 형성을 통해 밝혀져야 할 문제입니다.

2.2. 처분의 내용

행정소송법상 처분개념의 요소는 첫째, 행정청이 행하는 행위일 것, 둘째, 구체적 사실에 관한 법집행으로서의 공권력의 행사 또는 그 거부일 것, 셋째 또는 "그 밖에 이에 준하는 행정작용"에 해당할 것 등입니다. 처분개념과 관련하여 특히 문제되는 것만 간략히 살펴보겠습니다.

(1) 행정청의 행위

행정행위는 「행정청」이 행하는 행위입니다. 「행정청」의 개념은 일반적으로 행정주체의 의사를 결정하여 외부적으로 표시할 수 있는 권한을 가진 기관으로 이해되고 있습니다. 여기에는 국가·지방자치단체의 기관 외에, 공무수탁사인(Beliehene)이

한 뒤, 이후 그와 동일한 내용으로 시정명령을 내리면서 그 근거법령으로 유아교육법 제30조를 명시하였다면, 비록 그 시정명령이 부과하는 의무의 내용은 같을지라도, 「공공감사에 관한 법률」제23조에 따라 통보된 조치사항을 이행하지 않은 경우와 유아교육법 제30조에 따른 시정명령을 이행하지 않은 경우에 당사자가 입는 불이익이 다르므로, 위 시정명령에 대하여도 처분성을 인정하여 그 불복기회를 부여할 필요성이 있다고 보아 원심 판결을 파기한 사례입니다.

포함됩니다. 입법기관이나 사법기관도, 그 소속공무원을 임명하는 등의 행정적 기능을 수행하는 한도 내에서는, 이에 해당됨은 물론입니다(이른바 기능적 행정청 개념).

(2) 구체적 사실에 관한 법집행으로서 공권력의 행사 또는 그 거부

구체적 사실에 관한 법집행으로서의 공권력의 행사 또는 그 거부에는 무엇보다도 실체적 행정행위30와 거부처분, 일반처분 등이 포함됨은 물론이며, 그 밖에도 이미 앞에서 살펴본 바와 같이 권력적 사실행위가 여기에 해당됩니다.

① 구체적 사실에 대한 법집행

'구체적 사실에 대한 법집행'이라는 요건은 처분에서 법정립행위를 배제할 수 있도록 해 줍니다. 법집행은 그 수범자(Adressat)의 특정 여부에 따라 일반성·개별성의 기준으로, 그리고 그 대상인 규율내용(Regelungsgehalt)에 따라서는 구체성·추상성의 기준으로 구분할 수 있습니다. 이 경우 개별적·구체적 규율이 가장 전형적 행정행위에 해당되고, 일반적·추상적 규율이 법규범에 해당된다는 점에 관해서는 의문의 여지가 없습니다. 그리고 일반처분(Allgemeinverfügung) 역시 행정행위의 개념에 속한다는 데에도 의문이 없습니다. 이것은, 불특정인에 대한 특정사안의 규율로서, 예컨대 경부고속도로 서울-수원 하행선 구간에 대하여 무기한으로 판교 방면 차량진출을 금지하는 고시 같은 경우입니다. 개별적·구체적 규율뿐만 아니라 일반적·구체적 규율(일반처분), 그리고 사안의 성질에 따라 개별적·추상적 규율로 볼 수 있는 경우도 「구체적 사실에 대한 법집행」으로서 행정행위에 해당한다고 볼 수 있습니다. 그러나 앞서 밝혔듯이 「구체적 사실에 대한 법집행」이란 기준이 사실행위를 처분에서 배제하는 것은 아닙니다.

「구체적 사실에 관한 법집행」과 일반처분

일반처분은 구체적 사실에 관한 법집행인가. 일반적으로 행정행위는 구체적 사실에 관한 법적 규율이라고 파악되는데 과연 어떠한 기준에 의하여 이를 판단할 것인가 하는 문제에 관해서는, 상대적으로 다수의 견해가 그 확정의 용이성을 이유로 수범자의 개별성(Individualität der Adressaten)을 기준으로 삼고 있습니다. 이에 비해, 독일의 행정절차법 제35조는 규율의 구체성(Konkretheit der Regelung)을 기준으로 삼고 있다고 합니다.31 우리나라 행정심판법(제2조 제1항 제1호) 및 행정소송법(제2조 제1항 제1호)은 물론 독일 행정절차법 제35조 제2문과 같이 일반처분에 관한

---

30 구체적 행위유형에 따른 처분성여하에 관한 사례로는 이상규, 행정쟁송법, 297 이하를 참조.
31 Maurer, § 9 Rn.18.

규정을 별도로 두고 있지 않지만, "처분" 개념의 해석상 수범자의 개별성을 요구하고 있지 않으므로, 일반처분 역시 이 조항들이 요구하고 있는 「구체적 사실에 관한 법집행」인 이상 처분으로 보는 데 문제가 없습니다.

일반처분의 예는 도로통행금지, 입산금지, 도로의 공용개시 및 공용폐지, 민방위경보 등에서 보는 바와 같이, 증가일로에 있습니다. 문제는 개별 사안에 대한 규율(Einzelfallregelung)로서의 행정행위와 일반적 규율로서의 법규범 간 전통적인 구별에 잘 들어맞지 않는 다양한 법적 행위들 – 가령 구속적 행정계획, 교통표지판이나 교통신호등 등과 같은 행위들의 법적 성질을 어떻게 볼 것인지를 판정하기가 쉽지 않다는 데 있습니다. 이 문제는 특히 이들 행위의 법적 성질 여하에 따라 법적 규율이나 권리구제방법이 달라지기 때문에 중요합니다. 구속적 행정계획은 처분에 해당한다고 보는 것이 통설입니다.

한편 교통표지판이나 교통신호등의 경우 대체로 독일행정법에서 이해하는 바처럼[32] 일반처분으로 보는 데 문제가 없을 것입니다.[33]

───────────

처분성에 관한 판례

1. 처분성이 인정된 사례

(1) 공시지가결정

구 국토이용관리법 제29조에 따른 건설부장관의 기준지가고시에 관하여 종래 대법원은 기준지가고시는 그것만으로 구체적인 권리침해가 존재하는 것이 아니므로 이를 처분이라 할 수 없다고 하였으나,[34] 국토이용관리법상 제도를 대치하여 신설된 '지가공시 및 토지등의 평가에 관한 법률' 제6조에 의한 개별공시지가결정의 처분성을 인정하는 판결을 내린 바 있습니다.[35] 대법원은 1993년 1월 16일 판결에서, 「시장·군수·구청장이 산정한 개별토지가격 결정은 토지초과이득세·택지초과소유부담금·개발부담금 산정 등의 기준이 되어 국민의 권리와 의무 또는 법률상 이익에 직접 관계된다고 할 것」이고, 따라서 개별토지가격 결정은 행정소송법상 행정청이 행하는 구체적 사실에 대한 공권력행사로서 행정소송의 대상이 되는 행정처분으로 보아야 한다고 판시했습니다.[36] 이에 따라 개별토지공시지가 결정에 대해서도 과세처분이 나오기 전에 별도로 소송을 제기, 지가산정의 적정 여부를 다툴 수 있게 되었지요.

───────────

32 예컨대 Maurer, S.158 § 9 Rn.21.

33 이상규, 신행정법론(상), 296; 홍정선, 행정법원론(상), 255 등.

34 대법원 1979. 4. 24. 선고 78누242 판결; 조용호, 개별토지가격결정의 행정처분성과 이에 대한 쟁송, 『인권과 정의』, 통권 제207호(1993/11), 77 이하.

35 대법원 1993. 1. 15. 선고 92누12407 판결.

36 법률신문 1993. 2. 15, 11면; 同旨 대법원 1993. 6. 11. 선고 92누16706 판결.

(2) 항정신병 치료제 요양급여 인정기준에 관한 보건복지부 고시의 처분성

대법원은 고시가 일반적·추상적 성격을 가질 때에는 법규명령 또는 행정규칙에 해당하겠지만, 다른 집행행위의 매개 없이 그 자체로서 직접 국민의 구체적인 권리의무나 법률관계를 규율하는 성격을 가질 때에는 항고소송의 대상이 되는 행정처분에 해당하며, 따라서 항정신병 치료제의 요양급여 인정기준에 관한 보건복지부 고시는 다른 집행행위의 매개 없이 그 자체로서 제약회사, 요양기관, 환자 및 국민건강보험공단 사이의 법률관계를 직접 규율하는 것이므로 항고소송의 대상이 되는 행정처분에 해당한다고 판시한 바 있습니다.37

(3) 처분적 조례와 무효확인소송

경기도의회의 두밀분교 폐지를 내용으로 한 경기도립학교설치조례 무효확인소송에서 대법원은 조례가 집행행위의 개입 없이도 그 자체로서 국민의 구체적 권리의무나 법적 이익에 영향을 미치는 등 법률상 효과를 발생하는 경우 그 조례는 항고소송의 대상이 되는 행정처분에 해당한다고 판시한 바 있습니다:

"조례가 집행행위의 개입 없이도 그 자체로서 직접 국민의 구체적인 권리의무나 법적 이익에 영향을 미치는 등의 법률상 효과를 발생하는 경우 그 조례는 항고소송의 대상이 되는 행정처분에 해당하고, 이러한 조례에 대한 무효확인소송을 제기함에 있어서 행정소송법 제38조 제1항, 제13조에 의하여 피고적격이 있는 처분 등을 행한 행정청은, 행정주체인 지방자치단체 또는 지방자치단체의 내부적 의결기관으로서 지방자치단체의 의사를 외부에 표시한 권한이 없는 지방의회가 아니라, 구 지방자치법(1994. 3. 16. 법률 제4741호로 개정되기 전의 것) 제19조 제2항, 제92조에 의하여 지방자치단체의 집행기관으로서 조례로서의 효력을 발생시키는 공포권이 있는 지방자치단체의 장이다."38

(4) '민주화운동관련자 보상금 등의 지급 대상자 결정이 처분인지 여부 이 행정처분인지 여부

[다수의견] '민주화운동관련자 명예회복 및 보상 등에 관한 법률' 제2조 제2호 각 목은 민주화운동과 관련한 피해 유형을 추상적으로 규정한 것에 불과하여 제2조 제1호에서 정의하고 있는 민주화운동의 내용을 함께 고려하더라도 그 규정들만으로는 바로 법상의 보상금 등의 지급 대상자가 확정된다고 볼 수 없고, '민주화운동관련자 명예회복 및 보상 심의위원회'에서 심의·결정을 받아야만 비로소 보상금 등의 지급 대상자로 확정될 수 있다. 따라서 그와 같은 심의위원회의 결정은 국민의 권리의무에 직접 영향을 미치는 행정처분에 해당하므로, 관련자 등으로서 보상금 등을 지급받고자 하는 신청에 대하여 심의위원회가 관련자 해당 요건의 전부 또는 일부를 인정하지 아니하여 보상금 등의 지급을 기각하는 결정을 한 경우에는 신청인은 심의위원회를 상대로 그 결정의 취소를 구하는 소송을 제기하여 보상금 등의 지급대상자가 될 수 있다.

[대법관 김황식, 김지형, 이홍훈의 반대의견] 보상금 등의 지급신청을 한 사람이 심의위원회의 보상금 등의 지급에 관한 결정을 다투고자 하는 경우에는 곧바로 보상금 등의 지급을 구하는 소송을 제기하여야 하고, 관련자 등이 갖게 되는 보상금 등에 관한 권리는 위 법이 특별히 인정하고 있는 공법상 권리이므로 그 보상금 등의 지급에 관한 소송은 행정소송법 제3조 제2호에 정한 국가를 상대로 하는 당사자소송에 의하여야 한다.39

---

37 대법원 2003. 10. 9. 자 2003무23 결정(집행정지).
38 대법원 1996. 9. 20. 선고 95누8003 판결(조례무효확인).
39 대법원 2008. 4. 17. 선고 2005두16185 전원합의체 판결(민주화운동관련자불인정처분취소).

(5) 후보자 명부에 의한 승진심사에서 승진후보자에 대한 승진임용 제외 행위

　[1] 항고소송은 처분 등의 취소 또는 무효확인을 구할 법률상 이익이 있는 자가 제기할 수 있고(행정소송법 제12조, 제35조), 불이익처분의 상대방은 직접 개인적 이익의 침해를 받은 자로서 원고적격이 인정된다.

　[2] 교육공무원법 제29조의2 제1항, 제13조, 제14조 제1항, 제2항, 교육공무원 승진규정 제1조, 제2조 제1항 제1호, 제40조 제1항, 교육공무원임용령 제14조 제1항, 제16조 제1항에 따르면 임용권자는 3배수의 범위 안에 들어간 후보자들을 대상으로 승진임용 여부를 심사하여야 하고, 이에 따라 승진후보자 명부에 포함된 후보자는 임용권자로부터 정당한 심사를 받게 될 것에 관한 절차적 기대를 하게 된다. 그런데 임용권자 등이 자의적인 이유로 승진후보자 명부에 포함된 후보자를 승진임용에서 제외하는 처분을 한 경우에, 이러한 승진임용제외처분을 항고소송의 대상이 되는 처분으로 보지 않는다면, 달리 이에 대하여는 불복하여 침해된 권리 또는 법률상 이익을 구제받을 방법이 없다. 따라서 교육공무원법상 승진후보자 명부에 의한 승진심사방식으로 행해지는 승진임용에서 승진후보자명부에 포함되어 있던 후보자를 승진임용인사발령에서 제외하는 행위는 불이익처분으로서 항고소송의 대상인 처분에 해당한다고 보아야 한다.

　다만 교육부장관은 승진후보자 명부에 포함된 특정 후보자를 반드시 임용제청을 하여야 하는 것은 아니며, 또한 교육부장관이 임용제청을 한 후보자라고 하더라도 임용권자인 대통령이 반드시 승진임용을 하여야 하는 것도 아니다. 이처럼 공무원 승진임용에 관해서는 임용권자에게 일반 국민에 대한 행정처분이나 공무원에 대한 징계처분에서와는 비교할 수 없을 정도의 광범위한 재량이 부여되어 있다. 따라서 승진후보자 명부에 포함된 후보자를 승진임용에서 제외하는 결정이 공무원의 자격을 정한 관련 법령 규정에 위반되지 아니하고 사회통념상 합리성을 갖춘 사유에 따른 것이라는 주장·증명이 있다면 쉽사리 위법하다고 판단하여서는 아니 된다.40

(6) 우선협상대상자선정 및 그 지위배제 처분

　"지방자치단체의 장이 공유재산법에 근거하여 기부채납 및 사용·수익허가 방식으로 민간투자사업을 추진하는 과정에서 사업시행자를 지정하기 위한 전 단계에서 공모제안을 받아 일정한 심사를 거쳐 우선협상대상자를 선정하는 행위와 이미 선정된 우선협상대상자를 그 지위에서 배제하는 행위는 민간투자사업의 세부내용에 관한 협상을 거쳐 공유재산법에 따른 공유재산의 사용·수익허가를 우선적으로 부여받을 수 있는 지위를 설정하거나 또는 이미 설정한 지위를 박탈하는 조치이므로 모두 항고소송의 대상이 되는 행정처분으로 보아야 한다."41

(7) 법무사의 사무원 채용승인 신청에 대한 소속 지방법무사회의 채용승인거부의 처분성

　법무사가 사무원을 채용하기 위하여 지방법무사회의 승인을 받도록 한 것은, 그 사람이 법무사법 제23조 제2항 각호에서 정한 결격사유에 해당하는지 여부를 미리 심사함으로써 법무사 사무원의 비리를 예방하고 법무사 직역에 대한 일반국민의 신뢰를 확보하기 위함이다. 법무사 사무원 채

40　대법원 2018. 3. 27. 선고 2015두47492 판결(교장임용거부처분무효확인의소): 원심은 원고에게 교장 승진임용을 요구할 법규상 또는 조리상 신청권이 인정되지 않는다고 보아 처분성을 부정하고 소 각하하였으나, 대법원은 원심이 거부처분의 신청권 법리를 적용한 것은 잘못이라며 파기환송하면서도, 본안심사에서 승진임용의 특수성이 고려되어야 함을 판시한 사례입니다. 또한 지방공무원의 승진임용에 관한 같은 취지의 판결 대법원 2022. 2. 11. 선고 2021도13197 판결(지방공무원법위반) 참조.

41　대법원 2020. 4. 29. 선고 2017두31064 판결.

용승인은 본래 법무사에 대한 감독권한을 가지는 소관 지방법원장에 의한 국가사무였다가 지방법무사회로 이관되었으나, 이후에도 소관 지방법원장은 지방법무사회로부터 채용승인 사실의 보고를 받고 이의신청을 직접 처리하는 등 지방법무사회의 업무수행 적정성에 대한 감독을 하고 있다. 또한 법무사가 사무원 채용에 관하여 법무사법이나 법무사규칙을 위반하는 경우에는 소관 지방법원장으로부터 징계를 받을 수 있으므로, 법무사에 대하여 지방법무사회로부터 채용승인을 얻어 사무원을 채용할 의무는 법무사법에 의하여 강제되는 공법적 의무이다.

이러한 법무사 사무원 채용승인 제도의 법적 성질 및 연혁, 사무원 채용승인 거부에 대한 불복절차로서 소관 지방법원장에게 이의신청을 하도록 제도를 규정한 점 등에 비추어 보면, 지방법무사회의 법무사 사무원 채용승인은 단순히 지방법무사회와 소속 법무사 사이의 내부 법률문제라거나 지방법무사회의 고유사무라고 볼 수 없고, 법무사 감독이라는 국가사무를 위임받아 수행하는 것이라고 보아야 한다. 따라서 지방법무사회는 법무사 감독 사무를 수행하기 위하여 법률에 의하여 설립과 법무사의 회원 가입이 강제된 공법인으로서 법무사 사무원 채용승인에 관한 한 공권력 행사의 주체라고 보아야 한다.

법무사의 사무원 채용승인 신청에 대하여 소속 지방법무사회가 '채용승인을 거부'하는 조치 또는 일단 채용승인을 하였으나 법무사규칙 제37조 제6항을 근거로 '채용승인을 취소'하는 조치는 공법인인 지방법무사회가 행하는 구체적 사실에 관한 법집행으로서 공권력의 행사 또는 그 거부에 해당하므로 항고소송의 대상인 '처분'이라고 보아야 한다.[42]

(8) 기타

대법원은 그 밖에 '교육감이 학교법인에 대한 감사 실시 후 처리지시를 하고 그와 함께 그 시정조치에 대한 결과를 증빙서를 첨부한 문서로 보고하도록 한 것은, 의무의 부담을 명하거나 기타 법률상 효과를 발생하게 하는 것으로서 항고소송의 대상이 되는 행정처분에 해당한다'고 판시한 바 있고,[43] 지방의회의장에 대한 불신임의결,[44] 지방의회의 의장선거,[45] 소속장관의 변상명령,[46] 정보통신윤리위원회의 청소년유해매체물 결정,[47] 세무조사결정,[48] 건축신고 반려행위 또는 수리거부행위,[49] 등의 처분성을 인정했습니다.

2. 처분성이 부인된 사례

(1) 공정거래위원회의 고발조치 및 고발의결

"이른바 고발은 수사의 단서에 불과할 뿐 그 자체 국민의 권리의무에 어떤 영향을 미치는 것이 아니고, 특히 독점규제및공정거래에관한법률 제71조는 공정거래위원회의 고발을 위 법률위반죄의 소추요건으로 규정하고 있어 공정거래위원회의 고발조치는 사직당국에 대하여 형벌권 행사를 요구하는 행정기관 상호간의 행위에 불과하여 항고소송의 대상이 되는 행정처분이라 할 수 없으며, 더

---

42 대법원 2020. 4. 9. 선고 2015다34444 판결(법무사사무원승인취소처분무효확인등).
43 대법원 2008. 9. 11. 선고 2006두18362 판결(종합특별감사결과처리지시처분취소).
44 대법원 1994. 10. 11. 자. 94두23 결정.
45 대법원 1995. 1. 12. 선고 94누2602 판결.
46 대법원 1994. 12. 2. 선고 93누623 판결.
47 대법원 2007. 6. 14. 선고 2005두4397 판결(청소년유해매체결정취소).
48 대법원 2011. 3. 10. 선고 2009두23617 판결(세무조사결정처분취소·종합소득세등부과처분취소).
49 대법원 2010. 11. 18. 선고 2008두167 전원합의체 판결(건축신고불허(또는반려)처분취소).

욱이 공정거래위원회의 고발의결은 행정청 내부의 의사결정에 불과할 분 최종적인 처분은 아닌 것이므로 이 역시 항고소송의 대상이 되는 행정처분이 되지 못한다."[50]

⑵ 행정청의 결정(처분)에 대한 이의신청을 기각하는 결정

일정한 행정청의 결정(처분)에 대하여 이의신청을 허용하는 법령이 적지 않습니다. 그 경우 이의신청을 불수용 또는 기각하는 결정의 처분성이 문제될 수 있습니다. 대법원은 이러한 경우 민원사무처리에관한법률에 따른 이의신청을 기각한 결정이나 국가유공자법 제74조의18 제1항이 정한 이의신청을 받아들이지 아니하는 결정 등 일련의 사례에서 '이의신청인의 권리·의무에 새로운 변동을 초래하는 공권력의 행사나 이에 준하는 행정작용이라고 할 수 없어, 독자적인 항고소송의 대상이 된다고 볼 수 없다'고 판시해 오고 있습니다:

"민원 이의신청을 받아들이는 경우에는 이의신청 대상인 거부처분을 취소하지 아니하고 바로 최초의 신청을 받아들이는 새로운 처분을 하여야 하는 반면, 이의신청을 받아들이지 아니하는 경우에는 다시 거부처분을 하지 아니하고 그 결과를 통지함에 그칠 뿐이다. 따라서 이의신청을 받아들이지 아니하는 취지의 기각 결정 내지는 그 취지의 통지는, 종전의 거부처분을 유지함을 전제로 한 것에 불과하고 또한 거부처분에 대한 행정심판이나 행정소송의 제기에도 영향을 주지 못하므로, 결국 민원 이의신청인의 권리·의무에 새로운 변동을 초래하는 공권력의 행사나 이에 준하는 행정작용이라고 할 수 없어, 독자적인 항고소송의 대상이 된다고 볼 수 없다고 봄이 상당하다."[51]

⑶ 기타

대법원은 교육부장관의 내신성적산정기준에 관한 시행지침,[52] 도로교통법 제118조에 의한 경찰서장의 통고처분,[53] 수도조례 및 하수도사용조례에 기한 과태료부과처분,[54] 정보통신부장관의 국제전기통신연합에 대하여 한 위성망국제등록신청,[55] 혁신도시최종입지확정처분,[56] 감사원의 징계 요구와 재심의결정[57]등의 처분성을 부인하고 있습니다.

② 공권력행사와 그 거부

공권력행사란 행정주체가 상대방에 대하여 우월한 지위에서 행하는 고권적(hoheitlich) 또는 일방적(einseitig) 행위를 말합니다. 실체적 행정행위가 이에 해당하는 가장 전형적인 경우임은 물론이나, 전술한 바와 같이 권력적 사실행위도 여기에 해당하는 것으로 해석됩니다. 권력적 사실행위란 특정한 행정목적을 위하여 행정청의

---

50 대법원 1995. 5. 12. 선고 94누13794 판결.
51 대법원 2012. 11. 15. 선고 2010두8676 판결(주택건설사업불허가처분취소등). 또한 대법원 2016. 7. 27. 선고 2015두45953 판결(국가유공자(보훈보상대상자)비해당처분취소)을 참조.
52 대법원 1994. 9. 10. 자. 94두33 결정.
53 대법원 1995. 6. 29. 선고 95누4674 판결.
54 대법원 2012. 10. 11. 선고 2011두19369 판결.
55 대법원 2007. 4. 12. 선고 2004두7924 판결(위성궤도망신청처분등취소).
56 대법원 2007. 11. 15. 선고 2007두10198 판결(혁신도시최종입지확정처분취소).
57 대법원 2016. 12. 27. 선고 2014두5637 판결(징계요구취소).

일방적 의사결정에 의하여 국민의 신체·재산 등에 실력으로 행정상 필요한 상태를 실현하는 권력적 행정작용을 말합니다.58 예컨대 임검검사, 수거, 무허가건물철거의 대집행, 익사자를 위한 원조강제(援助强制) 등이 그것입니다. 권력적 사실행위도 그 밖의 사실행위와 마찬가지로 첫째, 정신작용을 요소로 하지 않고 외계적 사실(사건)을 요소로 한다는 점, 둘째, 행위 자체에 법률적 효력이 인정되지 않는다는 점에서 행정행위와 구별되나,59 그 공권력행사의 계기는 공통됩니다.60

공권력행사의 거부가 거부처분을 의미한다는 점은 이미 설명한 바와 같습니다.

[참고판례]

"자동차운송사업법양도양수계약에 기한 양도양수인가신청에 대하여 피고 시장이 내인가를 한 후 위 내인가에 기한 본인가신청이 있었으나 자동차운송사업양도양수인가신청서가 합의에 의한 정당한 신청서라고 할 수 없다는 이유로 위 내인가를 취소한 경우, <u>위 내인가의 법적 성질이 행정행위의 일종으로 볼 수 있든 아니든 그것이 행정청의 상대방에 대한 의사표시임이 분명하고 피고가 위 내인가를 취소함으로써 다시 본인가에 대하여 따로이 인가 여부의 처분을 한다는 사정이 보이지 않는다면 위 내인가취소를 인가신청을 거부하는 처분으로 보아야 할 것이다.</u>"61

"토지의 소유자에게는 환지처분 공고후 사업시행자에 대하여 위와 같은 환지등기의 촉탁을 하여 줄 것을 신청할 조리상의 권리가 있다고 보아야 할 것이므로, 토지의 소유자 중 1인인 원고가 한 환지등기의 촉탁신청을 사업시행자인 피고가 거부하였다면 이는 항고소송의 대상이 되는 행정처분에 해당한다."62

[1] 행정소송법상 거부처분 취소소송의 대상인 <u>'거부처분'</u>이란 '행정청이 행하는 구체적 사실에 관한 법집행으로서의 공권력의 행사 또는 이에 준하는 행정작용', 즉 적극적 처분의 발급을 구하는 신청에 대하여 그에 따른 행위를 하지 않았다고 거부하는 행위를 말하고, 부작위위법확인소송의 대상인 <u>'부작위'</u>란 '행정청이 당사자의 신청에 대하여 상당한 기간 내에 일정한 처분을 하여야 할 법률상 의무가 있음에도 불구하고 이를 하지 아니하는 것'을 말한다(제2조 제1항 제1호, 제2호). 여기에서 '처분'이란 행정소송법상 항고소송의 대상이 되는 처분을 의미하는 것으로서, 행정소송법 제2조의 <u>처분의 개념 정의에는 해당한다고 하더라도 그 처분의 근거 법률에서 행정소송 이외의 다른 절차에 의하여 불복할 것을 예정하고 있는 처분은 항고소송의 대상이 될 수 없다.</u> 검사의 불기소결정에 대해서는 검찰청법에 의한 항고와 재항고, 형사소송법에 의한 재정신청에 의해서만 불복할 수 있는 것이므로, 이에 대해서는 행정소송법상 항고소송을 제기할 수 없다.
[2] <u>형사소송법 제258조 제1항의 처분결과 통지는 불기소결정에 대한 항고기간의 기산점이 되</u>

---

58 杉本, 行政事件訴訟法の解説, p.12.
59 김도창, 일반행정법론(상), 1992, 356.
60 한편 수인의무(Duldungspflicht)를 수반하는 사실행위(예컨대 수색·체포, 감염병환자의 강제격리 등)를 행정행위로 볼 수 있다는 견해(홍정선, 행정법원론(상), 252)가 있습니다.
61 대법원 1991. 6. 28. 선고 90누4402 판결.
62 대법원 2000. 12. 22. 선고 98두18824 판결.

며, 형사소송법 제259조의 공소불제기이유고지 제도는 고소인 등으로 하여금 항고 등으로 불복할지 여부를 결정하는 데 도움을 주도록 하기 위한 것이므로, 이러한 통지 내지 고지는 <u>불기소결정이라는 검사의 처분이 있은 후 그에 대한 불복과 관련한 절차일 뿐 별도의 독립한 처분이 된다고는 볼 수 없다.</u> 만약 검사가 형사소송법 제258조 제1항의 처분결과 통지 의무를 이행하지 않은 경우에는 항고기간이 진행하지 않는 효과가 발생하고, 형사소송법 제259조의 공소불제기이유고지 의무를 이행하지 않은 경우에는 고소인 등이 검사의 불기소결정의 이유를 알 수 없어 그에 대한 불복 여부를 결정하는 데 장애를 초래할 수 있게 되므로, 고소인 등이 검찰청법 제10조 제6항에 따라 '자신에게 책임이 없는 사유로 정하여진 기간 내에 항고를 제기하지 못하여' 그 사유가 해소된 때부터 항고기간이 진행하게 될 여지가 있게 될 뿐이다.[63]

(3) 그 밖에 이에 준하는 행정작용

"그 밖에 이에 준하는 행정작용"이란 앞서 본 행정작용 이외에 구체적 사실에 관한 법집행으로서의 공권력행사 또는 그 거부와 동가치적인 행정의 행위형식을 말합니다. 그러나 이 개념 범주의 구체적 내용은 결국 학설발전과 판례형성에 맡겨져 있습니다. 다만 이런 유형의 행위형식들이 형식적 행정행위의 개념에 포용되는지 여부는 또 다른 문제입니다. 비교적 엄격히 실체적 행정행위의 개념을 고수해 온 판례 경향에 비추어 볼 때 행정행위나 권력적 사실행위 이외의 행위형식들이 "그 밖에 이에 준하는 행정작용"으로 인정받을지는 미지수입니다. 1984년 행정소송법 개정의 취지가 법원에서 사실상 무시되는 게 아닐까 하는 인상을 지울 수 없습니다.

한편 단순한 사실행위,[64] 행정조직 내부에서 행해지는 상급관청의 지시·상관의 명령이나 행정규칙은 행정소송법상 처분에 해당하지 않는다는 것이 판례의 태도입니다.

> [판례]
>   대법원은 "특별한 사정이 없는 한, 행정권 내부에 있어서의 행위라든가, 알선·권유·사실상의 통지 등과 같이 상대방 또는 기타 관계자들의 법률상 지위에 직접적으로 법률적 변동을 일으키지 않는 행위 등은 항고소송의 대상이 될 수 없다."고 보고 있습니다.[65] 또한 <u>감사원의 시정요구(감사원법 § 33 ①)는 이해관계인의 권리관계에 영향을 미치지 아니하고 행정청 사이의 내부적인 의사결정의 경로에 지나지 않아 행정처분을 하게 된 연유에 불과하다</u>는 판례[66]가 있습니다.

---

63 대법원 2018. 9. 28. 선고 2017두47465 판결(부작위위법확인).
64 대법원 1989. 1. 24. 선고 88누3116 판결.
65 대법원 1967. 6. 27. 선고 67누44 판결.
66 대법원 1977. 6. 28. 선고 76누294 판결.

3. 재결

3.1. 개념

행정심판 재결도 처분과 함께 취소소송의 대상이 됩니다. 다만 재결이 취소소송의 대상이 되는 것은 행정소송법 제19조 단서에 따라 재결 자체에 고유한 위법이 있음을 이유로 하는 경우에 한합니다.

3.2. 원처분주의

행정소송법 제19조 단서는 재결취소소송을 재결 자체에 고유한 위법이 있음을 이유로 하는 경우에 한정함으로써 취소소송은 원칙적으로 원처분을 대상으로 한다는 입법주의를 천명한 것입니다(원처분주의). 이것은 곧 원처분과 행정심판의 재결이 원처분에 의하여 통일적으로(als Einheit) 취급되어야 한다는 원칙을 의미합니다.67

3.3. 재결이 취소소송의 대상이 되는 경우

재결은 행정소송법 제19조 단서에 따라 재결 자체에 고유한 위법이 있음을 이유로 하는 경우에 한하여 취소소송의 대상이 될 수 있습니다. '재결 자체에 고유한 위법이 있는 경우'란 재결의 주체, 절차, 내용, 형식 등에 관하여 흠, 즉 위법사유가 있는 것을 말합니다. 판례에 따르면, '재결 자체에 고유한 위법'이란 원처분에는 없고 재결에만 있는 재결청의 권한 또는 구성의 위법, 재결의 절차나 형식의 위법, 내용의 위법 등을 뜻하고, 그중 내용의 위법에는 위법·부당하게 인용재결을 한 경우가 해당합니다.68 행정심판청구가 부적법하지 않음에도 각하한 재결은 심판청구인의 실체심리를 받을 권리를 박탈한 것으로서 원처분에 없는 고유한 하자가 있는 경우에 해당하고, 따라서 위 재결은 취소소송의 대상이 된다고 합니다.69 이 경우 재결을 취

---

67 Schmitt Glaeser, Rn.147, S.92.
68 대법원 1997. 9. 12. 선고 96누14661 판결(공장설립변경신고수리취소처분취소).
69 대법원 2001. 7. 27. 선고 99두2970 판결(용화집단시설지구기본설계변경승인처분취소).

소하는 판결이 확정되면 재결을 한 행정심판위원회는 의당 판결의 취지에 따라 다시 심리·재결을 해야 하겠지만, 각하재결에 대한 취소소송을 제기함이 없이 원처분에 대한 취소소송을 제기하는 것도 가능하고 또 그리 하는 것이 더 쉬운 방법이므로 굳이 각하재결 취소소송을 하고 다시 재결을 받을 필요는 없겠지요.70 대법원 역시 거부처분이 재결에서 취소된 경우, 재결에 따른 후속처분이 아니라 그 재결의 취소를 구하는 것은 실효적이고 직접적인 권리구제수단이 될 수 없어 분쟁해결의 유효적절한 수단이라고 할 수 없으므로 법률상 이익이 없다고 판시한 바 있습니다. 재결취소소송의 피고는 그 재결을 한 행정심판위원회입니다.

> ┌─ **거부처분 취소재결의 취소를 구할 법률상 이익** ─┐
>
> "당사자의 신청을 받아들이지 않은 거부처분이 재결에서 취소된 경우에 행정청은 종전 거부처분 또는 재결 후에 발생한 새로운 사유를 내세워 다시 거부처분을 할 수 있다. 그 재결의 취지에 따라 이전의 신청에 대하여 다시 어떠한 처분을 하여야 할지는 처분을 할 때의 법령과 사실을 기준으로 판단하여야 하기 때문이다. 또한 행정청이 재결에 따라 이전의 신청을 받아들이는 후속처분을 하였더라도 그 후속처분이 위법한 경우에는 재결에 대한 취소소송을 제기하지 않고도 곧바로 후속처분에 대한 항고소송을 제기하여 다툴 수 있다. 나아가 거부처분을 취소하는 재결이 있더라도 그에 따른 후속처분이 있기까지는 제3자의 권리나 이익에 변동이 있다고 볼 수 없고 후속처분 시에 비로소 제3자의 권리나 이익에 변동이 발생하며, 재결에 대한 항고소송을 제기하여 재결을 취소하는 판결이 확정되더라도 그와 별도로 후속처분이 취소되지 않는 이상 후속처분으로 인한 제3자의 권리나 이익에 대한 침해 상태는 여전히 유지된다. 이러한 점들을 종합하여 보면, 거부처분이 재결에서 취소된 경우 재결에 따른 후속처분이 아니라 그 재결의 취소를 구하는 것은 실효적이고 직접적인 권리구제수단이 될 수 없어 분쟁해결의 유효적절한 수단이라고 할 수 없으므로 법률상 이익이 없다."71

3.4. 복효적 행정행위, 특히 제3자효 행정행위의 경우

복효적 행정행위, 특히 제3자효 행정행위에 대한 행정심판청구를 인용하는 재결로 인하여 비로소 권리이익을 침해받게 되는 자는 그 인용재결에 대하여 다툴 필요가 있고, 그 인용재결은 원처분과 내용을 달리하는 것이므로 당연히 항고소송의 대상이 됩니다. 대법원은 그 경우 그 인용재결의 취소를 구하는 것은 원처분에는 없는

---

70 박균성, 행정법론(상), 제15판, 박영사, 2016, 1158. 또 그렇게 하는 것이 실무의 통례라고 합니다(같은 곳).

71 대법원 2017. 10. 31. 선고 2015두45045 판결(주택건설사업계획변경승인신청반려처분취소재결취소 (차) 상고기각).

재결에 고유한 하자를 주장하는 셈이라고 보아 제19조 단서에 따라 그러한 결론을
내리고 있습니다.72

　　제3자효 행정행위에 대한 행정심판의 인용재결로 비로소 권익침해를 받게 되는
자가 그 인용재결의 취소를 구하는 소송을 제기한 경우 이를 행정소송법 제19조 단
서 조항에 따라 허용되는 것으로 보는 것이 판례와 통설의 태도입니다. 반면 이것을
두고 형식은 재결이지만 그 제3자에 대한 관계에서는 독자적인 처분이 되기 때문에
제19조 본문에 따라('처분'으로서) 허용되는 것으로 보는 견해도 있습니다.73 다만, 인
용재결로 인하여 새로이 어떠한 권리이익도 침해받지 않은 경우에는 재결의 취소를
구할 소의 이익을 인정할 수 없겠지요.74 재결 자체에 고유한 위법이 없는 경우에는
원처분의 당부와 상관없이 재결취소소송은 기각될 수밖에 없습니다.75

72　대법원 2001. 5. 29. 선고 99두10292 판결(재결취소). 행정청이 골프장 사업계획승인을 얻은
　　자의 사업시설 착공계획서를 수리한 것에 대하여 인근 주민들이 그 수리처분의 취소를 구하
　　는 행정심판을 청구하자 재결청이 그 청구를 인용하여 수리처분을 취소하는 형성적 재결을
　　한 경우, 그 수리처분 취소 심판청구는 그 대상인 수리행위가 행정심판의 대상이 되지 아니하
　　여 부적법 각하해야 함에도 위 재결은 그 청구를 인용하여 수리처분을 취소하였으므로 재결
　　자체에 고유한 하자가 있다고 본 사례. 이 판결에 대해서는 홍정선, 항고소송의 대상으로서 재
　　결(재결소송): 코리아트윈스CC사건, (최신)행정법판례특강, 제2판, 박영사, 2012, 268-271을
　　참조. 또한 대법원 1997. 12. 23. 선고 96누10911 판결을 참조.
73　김용섭, 행정심판재결에 대한 항고소송, 행정판례평선(한국행정판례연구회편), 박영사, 2011,
　　729.
74　대법원 1995. 6. 13. 선고 94누15592 판결(어업면허취소처분에대한취소재결처분취소): 처분
　　상대방이 아닌 제3자가 당초의 양식어업면허처분에 대해서는 아무런 불복조치를 취하지 않
　　고 있다가 도지사가 그 어업면허를 취소하여 처분상대방인 면허권자가 그 어업면허취소처분
　　의 취소를 구하는 행정심판을 제기하고 이에 재결기관인 수산청장이 그 심판청구를 인용하
　　는 재결을 하자 비로소 그 제3자가 행정소송으로 그 인용재결을 다투고 있는 경우, 수산청
　　장의 그 인용재결은 도지사의 어업면허취소로 인하여 상실된 면허권자의 어업면허권을회복
　　하여 주는 것에 불과할 뿐 인용재결로 인하여 제3자의 권리이익이 새로이 침해받는 것은 없
　　고, 가사 그 인용재결로 인하여 그 면허권자의 어업면허가 회복됨으로써 그 제3자에 대하여
　　사실상 당초의 어업면허에 따른 효과와 같은 결과를 초래한다고 하더라도 이는 간접적이거
　　나 사실적·경제적인 이해관계에 불과하므로, 그 제3자는 인용재결의 취소를 구할 소의 이익
　　이 없다고 본 사례.
75　대법원 1994. 1. 25. 선고 93누16901 판결(투전기영업허가거부처분취소).

제36강
취소소송은 아무나 하나?

선불리 행정소송을 제기했다가 문전에서 퇴짜를 맞기 쉽다? 취소소송은 아무나 하는 게 아니라는 것을 뒤늦게 깨닫습니다. 누구나 제기할 수 있는 게 아니었던가요?

행정소송도 소송당사자, 즉 원고와 피고가 대립하여 다투는 대립당사자구조를 취하는 점에서는 민사소송과 다르지 않습니다. 다만, 행정소송의 경우에는 그 소송종별에 따라 원고와 피고의 지위가 달라질 뿐입니다. 일반적으로 소송의 주체, 즉 소송당사자(원고·피고)나 참가인이 될 수 있는 능력(당사자능력: Beteiligtenfähigkeit, Parteifähigkeit)을 가지는 것은 권리능력 있는 자연인과 법인임이 원칙이지만, 법인이 아닌 사단·재단도 대표자 또는 관리인이 있으면 그 이름으로 당사자가 될 수 있음은 민사소송과 마찬가지입니다(민사소송법 § 52). 당사자능력은 일반적 소송요건의 문제로서 비단 취소소송뿐만 아니라 행정소송 일반에 적용됩니다.

한편 어떤 소송사건에서 당사자가 되기에 적합한 자격, 즉 당사자적격은 일반적으로 소송물인 법률관계의 존부 확정에 대하여 법률상 대립하는 이해관계를 가지는 자가 가지는 것이 원칙입니다. 그러나 취소소송에서는 누가 취소소송을 제기할 자격이 있느냐는 원고적격의 문제가 전면에 등장합니다. 법원에 형식적 소송요건을 갖춘 소가 제기되었다 할지라도 언제나 실체적 재판이 행해지는 것은 아닙니다. 본안판결이 행해지기 위해서는 소의 내용인 당사자의 청구가 국가의 재판제도를 이용하여 해결할 만한 가치 또는 필요성이 있어야 하는바, 이를 소의 이익이라고 합니다. 소의 이익은 일반적으로 ① 청구의 내용이 재판의 대상이 될 수 있는가(소송대상 또는 처분성의 문제), ② 당사자가 구체적인 소송상 청구에 정당한 이익을 가지고 있는가(당사자적격, 특히 원고적격의 문제), ③ 구체적 청구에 대하여 법원이 본안판단을 행할 실익이 인정되는가(권리보호의 필요)의 세 가지 측면을 가집니다. 좁은 의미로 소익이라 할 경우에는 ③만을 가리키지만, 이들 세 가지 측면은 서로 밀접한 관련이 있어 실제로 분리하기 어려운 경우가 많은 것도 사실입니다. 이 중 소송을 제기한 자가 구체적 사안에 관하여 원고가 되기에 적합한 자격을 갖고 있느냐 하는 문제가 원고적격의 문제입니다.

소송에서 당사자가 누구인가는 당사자능력, 당사자적격 등에 관한 문제와 직결되는 중요한 사항이므로, 법원은 직권으로 소송당사자가 누구인가를 확정하여 심리를 진행해야 하며, 이 때 당사자가 누구인가는 소장에 기재된 표시 및 청구의 내용과 원인 사실 등 소장의 전취지를 합리적으로 해석하여 확정해야 한다는 것이 대법원의 판례입니다.[1]

소장에 표시된 원고에게 당사자능력이 인정되지 않는 경우에는 소장의 전 취지를 합리적으로 해석한 결과 인정되는 올바른 당사자능력자로 그 표시를 정정하는 것은 허용되지만,[2] 개인이 자신의 명의로 취소소송을 제기하였다가 항소심에서 원고의 표시를 개인에서 시민단체로 정정하면서 그 단체의 대표자로 자신의 이름을 기재하여 당사자표시정정을 신청하는 것은 임의적 당사자변경으로서 허용되지 아니 한다는 것이 대법원의 판례입니다.[3]

소송은 아무나 할 수 없다는 것이 원고적격의 법리입니다. 좀 더 자세히 살펴보겠습니다.

I. 원고적격의 개념

원고적격이란 구체적인 사건에서 취소소송을 제기할 수 있는 자격, 즉 취소소송의 원고가 될 수 있는 자격을 말합니다. 행정소송법은 이를 처분등의 취소를 구할 법률상의 이익이 있는 자로 명시하고 있습니다. 이에 따라 처분등의 직접 상대방이 아니더라도 그 취소를 구할 법률상 이익이 있는 자는 취소소송을 제기할 수 있습니다.

---

1 대법원 2001. 11. 13. 선고 99두2017 판결.
2 앞의 99두2017 판결.
3 대법원 2003. 3. 11. 선고 2002두8459 판결(사본공개거부처분취소).

행정소송법의 이러한 규율태도는 소송법적 차원에서 종래 주관적 공권에 국한되었던 원고적격의 범위를 '법률상 이익이 있는 자'로 확대해 왔던 학설과 판례의 태도를 명문화한 것이라고 받아들여지고 있습니다. 즉, 이 '법률상 이익'의 해석을 통해 본래적 의미의 권리뿐만 아니라 '법적으로 보호되는 이익'의 침해에 대한 구제가능성이 열리게 되었다는 것입니다. '법률상 이익'이란 소송상 권리보호에 대한 이익 또는 이를 받을 현실적 필요(협의의 소익)가 아니라, 취소소송의 보호대상으로서 이익을 말합니다.

II. 취소소송의 보호대상으로서 「법률상 이익」

취소소송의 원고적격은 취소소송의 보호대상으로서 법률상 이익에 의하여 한정됩니다. 취소를 구할 법률상 이익을 가진 자만이 취소소송의 원고가 될 수 있는 것이지요. 법률상 이익이 무엇을 뜻하는가에 관하여는 종래 권리구제설, 법이 보호하는 이익 구제설, 보호할 가치 있는 이익 구제설 및 행정의 적법성보장설이 대립되어 왔습니다.

1. 권리회복설

취소소송의 목적을 위법한 처분에 의하여 침해된 개인의 권리회복에 두는 견지에서 권리가 침해된 자만이 취소소송을 제기할 수 있다는 견해입니다.

2. 「법률상 보호되는 이익」설

이것은 법률상 이익을 전통적인 의미의 권리뿐만 아니라 관계법에 의하여 보호되고 있는 이익을 아울러 포함하는 것으로 보는 견해로서 위법한 처분에 의해 침해된 이익이 관계법해석상 법적으로 보호되는 것으로 인정될 경우 이 이익의 침해를 받은 자도 당해 처분을 다툴 수 있는 원고적격을 가진다고 봅니다.

3. 「보호가치 있는 이익」설

이는 특정이익이 관계법에 의하여 보호되는 것이라고 볼 수 없는 경우에도 그 실질적 내용이 재판에 의하여 보호될 만한 가치가 있다고 판단되는 경우에는 그와 같은 이익을 침해받은 자에게도 원고적격이 인정된다고 보는 견해입니다. 이것은 이익의 평가에 있어 관계법규정의 해석에 얽매이지 않고 그 실질적 보호가치에 따라 사법적 구제의 허용 여부를 결정하려는 견해입니다. 그러나 이 견해는 보호가치 있는 이익인지 여부도 결국은 입법자에 의하여 판단될 사항이므로 입법자에 의해 그것이 긍정되면 실정법에 수용됨으로써 비로소 권리가 된다는 점에서 비판을 받고 있습니다.[4]

4. 적법성보장설

취소소송의 목적을 행정의 적법성보장에 두고 원고적격을 원고가 침해되었다고 주장하는 이익의 성질에 의해 판단하지 않고 오히려 당해 처분에 대한 소송에서 가장 적합한 지위에 있는 자에게 인정하는 견해로, 취소소송을 객관소송으로 파악하는 입장입니다.

5. 소결

적법성보장설은 우리 행정소송법이 취하고 있는 주관적 소송의 원칙에 반할 뿐만 아니라 취소소송을 민중소송화할 우려가 있다는 점에서 비판될 수 있습니다. 반면 권리회복설에 관하여는, 종래 전통적인 의미의 반사적 이익과의 준별을 전제로 한 주관적 공권의 개념이 오늘날의 변화된 행정환경에서 더 이상 타당할 수 없다는 점에서 비판되며 현재 이러한 학설은 거의 지지를 받지 못하고 있는 실정입니다. 따라서 문제는 법적으로 보호되는 이익설과 보호가치이익설의 대립으로 귀착된다 할 것인데, 오늘날 국민생활의 행정의존성이 현저히 증대되고 있는 상황 하에서 취소소

---

4 김남진, 행정법 I, 754.

송의 보호범위를 확대해야 한다는 것은 불가피한 당위라 할지라도, 역시 행정소송법의 문언상 「법률상」 이익이 요구되고 있다는 점을 도외시할 수는 없을 것입니다.

> 한편 '시외버스 공동정류장에서 불과 70m 밖에 떨어져 있지 않은 인접골목에 따로 甲회사에게 직행버스 정류장 설치를 인가하여 원고회사를 비롯한 업자들이 영업상 막대한 손실을 입게 된 것은 사실상 이익을 침해하는 것만이 아니고 마땅히 보호되어야 할 이익도 침해받는 것'이란 대법원 판결5을 두고 '보호가치이익설'을 취한 것으로 보는 견해도 있지만, 과연 그런지 의문입니다. '마땅히 보호되어야 할 이익'이란 실은 「법이 보호하는 이익이므로 마땅히 보호되어야 하는 것」으로 새겨야 하기 때문입니다.6

생각건대 행정소송법(§§ 12, 35, 36)은 원고적격의 범위를 '법률상 이익이 있는 자'로 규정함으로써, 반드시 본래적 의미의 권리(공권)에 해당하지 않을지라도 법률상 이익인 이상, 그 침해에 대한 구제가능성을 열어 놓은 것으로 해석됩니다. 따라서 "법률상 이익"이란 이러한 의미에서 '법적으로 보호되는 이익'으로 보아야 할 것입니다. '법률상 이익'의 유무는 처분 근거가 된 관계법규 해석상, 적어도 원고가 침해받았다고 주장하는 이익이 당해 법규에 의해 보호되는 것으로 볼 수 있는지 여부에 따라 결정되는 것으로 이해되고 있습니다(통설·판례).

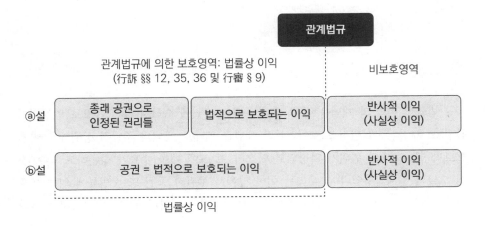

---

5 대법원 1975. 7. 22. 선고 75누12 판결.
6 김남진, 행정법 I, 755 및 각주 11.

[1] 행정처분에 대한 <u>취소소송에서 원고적격이 있는지 여부는, 당해 처분의 상대방인지 여부에 따라 결정되는 것이 아니라 그 취소를 구할 법률상 이익이 있는지 여부에 따라 결정되는 것이다. 여기서 법률상 이익이란 당해 처분의 근거 법률에 의하여 보호되는 직접적이고 구체적인 이익이 있는 경우를 말하며, 간접적이거나 사실적·경제적 이해관계를 가지는 데 불과한 경우는 포함되지 아니한다</u>(대법원 2001. 9. 28. 선고 99두8565 판결 등).

[2] 사증발급은 외국인에게 대한민국에 입국할 권리를 부여하거나 입국을 보장하는 완전한 의미에서의 입국허가결정이 아니라, 외국인이 대한민국에 입국하기 위한 예비조건 내지 입국허가의 추천으로서의 성질을 가진다고 봄이 타당하다.

[3] 외국인에게는 입국의 자유를 인정하지 않는 것이 세계 각국의 일반적인 입법 태도이다. <u>체류자격 및 사증발급의 기준과 절차에 관한 출입국관리법과 그 하위법령의 위와 같은 규정들은, 대한민국의 출입국 질서와 국경관리라는 공익을 보호하려는 취지일 뿐, 외국인에게 대한민국에 입국할 권리를 보장하거나 대한민국에 입국하고자 하는 외국인의 사익까지 보호하려는 취지로 해석하기는 어렵다.</u>

[4] <u>사증발급 거부처분을 다투는 외국인은, 아직 대한민국에 입국하지 않은 상태에서 대한민국에 입국하게 해달라고 주장하는 것으로, 대한민국과의 실질적 관련성 내지 대한민국에서 법적으로 보호가치 있는 이해관계를 형성한 경우는 아니어서, 해당 처분의 취소를 구할 법률상 이익을 인정하여야 할 법정책적 필요성도 크지 않다. 반면, 국적법상 귀화불허가처분이나 출입국관리법상 체류자격변경 불허가처분, 강제퇴거명령 등을 다투는 외국인은 대한민국에 적법하게 입국하여 상당한 기간을 체류한 사람이므로, 이미 대한민국과의 실질적 관련성 내지 대한민국에서 법적으로 보호가치 있는 이해관계를 형성한 경우이어서, 해당 처분의 취소를 구할 법률상 이익이 인정된다고 보아야 한다.</u>[7]

III. 원고적격의 확대

'법률상 이익'의 개념을 통해 종래 주관적 공권에 속하지 않는 것으로 인정되어 왔던 보호이익들이 법적 보호이익이란 개념을 매개로 광의의 주관적 공권에 포함됨으로써 권리보호의 범위가 확장되고 있으며 또 그에 대한 수요가 상존하고 있는 것이 오늘의 문제상황입니다. 우리는 이미 앞에서 주관적 공권 또는 법률에 의해 보호되는 이익의 범위, 이른바 원고적격의 확대경향이 우리나라에서도 마찬가지로 나타

---

7 대법원 2018. 5. 15. 선고 2014두42506 판결(사증발급거부처분취소): 중국 국적 여성인 원고가 한국 국적 남성 A와 혼인하여 결혼이민(F-6) 사증발급을 신청하였으나 A에게 가족부양능력이 결여되었다는 사유로 거부당하자, 원고가 거부처분취소의 소를 제기한 사안에서, 원심은 대상적격 및 원고적격을 인정하여 본안판단(청구인용)을 하였으나, 대법원은 원고적격을 부정하여 파기자판하면서 소를 각하한 사례입니다.

나고 있음을 살펴본 바 있습니다.8

특히 원고적격의 확대경향이 가장 현저하게 나타나고 있는 문제상황은 이웃주민이나 경쟁업자 등의 이해관계가 이른바 제3자효 행정행위(Verwaltungsakt mit Drittwirkung)에 의해 저촉되는 경우로 다음과 같은 판례를 통해 문제의 심각성을 엿볼 수 있습니다.

> [관련판례]
>
> 1. 제3자의 원고적격
> "행정처분의 직접 상대방이 아닌 <u>제3자라 하더라도 당해 행정처분으로 인하여 법률상 보호되는</u> <u>이익을 침해당한 경우에는 그 처분의 취소를 구하는 행정소송을 제기하여 그 당부의 판단을 받을</u> <u>자격이 있고,</u> 여기에서 말하는 법률상 보호되는 이익이라 함은 당해 처분의 근거 법규 및 관련 법규에 의하여 보호되는 개별적·직접적·구체적 이익이 있는 경우를 말하고, 공익 보호의 결과로 국민 일반이 공통적으로 가지는 일반적·간접적·추상적 이익이 생기는 경우에는 법률상 보호되는 이익이 있다고 할 수 없다(대법원 2006. 3. 16. 선고 2006두330 전원합의체 판결, 대법원 2006. 12. 22. 선고 2006두14001 판결 등 참조)."9
>
> "임차인대표회의도 당해 주택에 거주하는 임차인과 마찬가지로 임대주택의 분양전환과 관련하여 그 승인의 근거 법률인 구 임대주택법에 의하여 보호되는 구체적이고 직접적인 이익이 있다고 봄이 상당하다. 따라서 임차인대표회의는 행정청의 분양전환승인처분이 승인의 요건을 갖추지 못하였음을 주장하여 그 취소소송을 제기할 원고적격이 있다고 보아야 한다."10
>
> "<u>행정처분으로서의 통보에 대하여는 그 직접 상대방이 아닌 제3자라도 그 취소를 구할 법률상</u> <u>의 이익이 있는 경우에는 원고적격이 인정되는바,</u> 입회승인을 받은 회원은 일정한 입회금을 납부하고 회사가 지정한 시설을 이용할 때 회사가 정한 요금을 지불하여야 하고 회사는 회원의 입회금을 상환하도록 정해져 있는 <u>이른바 예탁금회원제 골프장에 있어,</u> 체육시설업자 또는 그 사업계획의 승인을 얻은 자가 회원모집계획서를 제출하면서 허위의 사업시설 설치공정확인서를 첨부하거나 사업계획의 승인을 받을 때 정한 예정인원을 초과하여 회원을 모집하는 내용의 회원모집계획서를 제출하여 그에 대한 시·도지사 등의 검토결과 통보를 받는다면 이는 기존회원의 골프장에 대한 법률상의 지위에 영향을 미치게 되므로, 이러한 경우 기존회원은 위와 같은 회원모집계획서에 대한 시·도지사의 검토결과 통보의 취소를 구할 법률상의 이익이 있다고 보아야 한다."11

> [지방법무사회의 법무사 사무원 채용승인 거부처분을 다툴 사무원 채용후보자의 원고적격]
>
> "<u>지방법무사회가 법무사의 사무원 채용승인 신청을 거부하거나 채용승인을 얻어 채용 중인 사람</u> <u>에 대한 채용승인을 취소하면,</u> 상대방인 법무사로서도 그 사람을 사무원으로 채용할 수 없게 되는 불이익을 입게 될 뿐만 아니라, 그 사람도 법무사 사무원으로 채용되어 근무할 수 없게 되는 불이

---

8 이러한 판례변천에 전기가 되었던 것이 연탄공장사건(대법원 1975. 5. 13. 선고 73누96.97 판결)이었다는 것은 이미 앞에서 살펴본 바와 같습니다.

9 대법원 2008. 9. 11. 선고 2006두7577 판결(광업권설정허가처분취소등). 아울러 대법원 2006. 12. 21. 선고 2005두16161 판결(보험약가인하처분취소) 등을 참조.

10 대법원 2010. 5. 13. 선고 2009두19168 판결(분양전환승인의취소).

11 대법원 2009. 2. 26. 선고 2006두16243 판결(골프장회원권모집계획승인처분취소).

익을 입게 된다. 법무사규칙 제37조 제4항이 이의신청 절차를 규정한 것은 채용승인을 신청한 법무사뿐만 아니라 사무원이 되려는 사람의 이익도 보호하려는 취지로 볼 수 있다. 따라서 지방법무사회의 사무원 채용승인 거부처분 또는 채용승인 취소처분에 대해서는 처분 상대방인 법무사뿐만 아니라 그 때문에 사무원이 될 수 없게 된 사람도 이를 다툴 원고적격이 인정되어야 한다.[12]

2. 복효적 행정행위에 대한 재결을 다투는 취소소송과 원고적격

가. 이른바 복효적 행정행위, 특히 제3자효를 수반하는 행정행위에 대한 행정심판청구에 있어서 그 청구를 인용하는 내용의 재결로 인하여 비로소 권리이익을 침해받게 되는 자(예컨대, 제3자가 행정심판청구인인 경우의 행정처분 상대방 또는 행정처분 상대방이 행정심판청구인인 경우의 제3자)는 재결의 당사자가 아니라고 하더라도 그 인용재결의 취소를 구하는 소를 제기할 수 있으나, 그 인용재결로 인하여 새로이 어떠한 권리이익도 침해받지 아니하는 자인 경우에는 그 재결의 취소를 구할 소의 이익이 없다.

나. 처분상대방이 아닌 제3자가 당초의 양식어업면허처분에 대하여는 아무런 불복조치를 취하지 않고 있다가 도지사가 그 어업면허를 취소하여 처분상대방인 면허권자가 그 어업면허취소처분의 취소를 구하는 행정심판을 제기하고 이에 재결기관인 수산청장이 그 심판청구를 인용하는 재결을 하자 비로소 그 제3자가 행정소송으로 그 인용재결을 다투고 있는 경우, 수산청장의 그 인용재결은 도지사의 어업면허취소로 인하여 상실된 면허권자의 어업면허권을 회복하여 주는 것에 불과할 뿐 인용재결로 인하여 제3자의 권리이익이 새로이 침해받는 것은 없고, 가사 그 인용재결로 인하여 그 면허권자의 어업면허가 회복됨으로써 그 제3자에 대하여 사실상 당초의 어업면허에 따른 효과와 같은 결과를 초래한다고 하더라도 이는 간접적이거나 사실적·경제적 이해관계에 불과하므로, 그 제3자는 인용재결의 취소를 구할 소의 이익이 없다.[13]

법률상 이익의 유무에 대한 판단은 독일식의 보호규범이론에 따라, 일차적으로 관계법규정의 해석문제(Auslegungsproblem)로 귀착됩니다.[14] 이것은 '공중목욕탕사건'에서 '연탄공장사건'에 이르는 판례변천이 결국 주관적 공권 또는 법률상 이익에 관한 관계법규정의 해석을 통해 이루어진 것이라는 점에서 우리의 경우에도 그대로 타당합니다. 이와 같은 원고적격에 관한 대법원판례의 변천은, 의문의 여지 없이 그 보호범위의 확대라는 측면에 관한 한, 긍정적인 평가를 받을 수 있습니다.

원고적격에 관한 대법원의 판단 중 주목해야 할 판례들을 소개해 보면 다음과 같습니다.

> **상수원보호구역변경과 공설화장장설치에 대한 원고적격에 관한 판례**
>
> 가. 상수원보호구역 설정의 근거가 되는 수도법 제5조 제1항 및 동 시행령 제7조 제1항이 보호하고자 하는 것은 상수원의 확보와 수질보전일 뿐이고, 그 상수원에서 급수를 받고 있는 지역주

---

12 대법원 2020. 4. 9. 선고 2015다34444 판결(법무사사무원승인취소처분무효확인등).

13 대법원 1995. 6. 13. 선고 94누15592 판결.

14 Bauer, 1986, S.140.

민들이 가지는 상수원의 오염을 막아 양질의 급수를 받을 이익은 직접적이고 구체적으로는 보호하고 있지 않음이 명백하여 위 지역주민들이 가지는 이익은 상수원의 확보와 수질보호라는 공공의 이익이 달성됨에 따라 반사적으로 얻게 되는 이익에 불과하므로 지역주민들에 불과한 원고들에게는 위 상수원보호구역변경처분의 취소를 구할 법률상의 이익이 없다.

나. 도시계획법 제12조 제3항의 위임에 따라 제정된 도시계획시설기준에관한 규칙 제125조 제1항이 화장장의 구조 및 설치에 관하여는 매장및묘지등에관한법률이 정하는 바에 의한다고 규정하고 있어, 도시계획의 내용이 화장장의 설치에 관한 것일 때에는 도시계획법 제12조 뿐만 아니라 매장및묘지등에관한법률 및 같은법시행령 역시 그 근거법률이 된다고 보아야 할 것이므로, 같은법시행령 제4조 제2호가 공설화장장은 20호 이상의 인가가 밀집한 지역, 학교 또는 공중이 수시 집합하는 시설 또는 장소로부터 1,000m 이상 떨어진 곳에 설치하도록 제한을 가하고, 같은법시행령 제9조가 국민보건상 위해를 끼칠 우려가 있는 지역, 도시계획법 제17조의 규정에 의한 주거지역, 상업지역, 공업지역 및 녹지지역 안의 풍치지구 등에의 공설화장장 설치를 금지함에 의하여 보호되는 부근 주민들의 이익은 위 도시계획결정처분의 근거법률에 의하여 보호되는 법률상 이익이다.[15]

공장설립과 낙동강취수장에서 물을 공급받는 부산광역시/양산시 주민들의 원고적격

"행정처분의 직접 상대방이 아닌 자로서 그 처분에 의하여 자신의 환경상 이익이 침해받거나 침해받을 우려가 있다는 이유로 취소소송을 제기하는 제3자는, 자신의 환경상 이익이 그 처분의 근거 법규 또는 관련 법규에 의하여 개별적·직접적·구체적으로 보호되는 이익, 즉 법률상 보호되는 이익임을 입증하여야 원고적격이 인정되고, 다만 그 행정처분의 근거 법규 또는 관련 법규에 그 처분으로써 이루어지는 행위 등 사업으로 인하여 환경상 침해를 받으리라고 예상되는 영향권의 범위가 구체적으로 규정되어 있는 경우에는, 그 영향권 내의 주민들에 대하여는 당해 처분으로 인하여 직접적이고 중대한 환경피해를 입으리라고 예상할 수 있고, 이와 같은 환경상의 이익은 주민 개개인에 대하여 개별적으로 보호되는 직접적·구체적 이익으로서 그들에 대하여는 특단의 사정이 없는 한 환경상 이익에 대한 침해 또는 침해 우려가 있는 것으로 사실상 추정되어 법률상 보호되는 이익으로 인정됨으로써 원고적격이 인정되며, 그 영향권 밖의 주민들은 당해 처분으로 인하여 그 처분 전과 비교하여 수인한도를 넘는 환경피해를 받거나 받을 우려가 있다는 자신의 환경상 이익에 대한 침해 또는 침해 우려가 있음을 증명하여야만 법률상 보호되는 이익으로 인정되어 원고적격이 인정된다(대법원 2006. 3. 16. 선고 2006두330 전원합의체판결, 대법원 2006. 12. 22. 선고 2006두14001 판결 등 참조).

…… 비록 나머지 원고들의 거주지역이 물금취수장으로부터 다소 떨어진 부산광역시 또는 양산시이기는 하나, 수돗물은 수도관 등 급수시설에 의해 공급되는 것이어서 수돗물을 공급받는 주민들이 가지게 되는 수돗물의 수질악화 등으로 인한 환경상 이익의 침해나 침해 우려는 그 거주지역에 불구하고 그 수돗물을 공급하는 취수시설이 입게 되는 수질오염 등의 피해나 피해 우려와 동일하게 평가될 수 있다고 할 것이다. 따라서 물금취수장에서 취수된 물을 수돗물로 공급받는 나머지 원고들로서는 이 사건 공장설립승인처분의 근거 법규 및 관련 법규에 의하여 개별적·구체적·직접적으로 보호되는 환경상 이익, 즉 법률상 보호되는 이익이 침해되거나 침해될 우려가 있는 주민으로서 원고적격이 인정될 수 있다고 할 것이다."[16]

---

15 대법원 1995. 9. 26. 선고 94누14544 판결.
16 대법원 2010. 4. 15. 선고 2007두16127 판결(공장설립승인처분취소).

"구 폐기물처리시설설치촉진및주변지역지원등에관한법률(2002. 2. 4. 법률 제6656호로 개정되기 전의 것) 및 같은법시행령의 관계 규정의 취지는 처리능력이 1일 50t인 소각시설을 설치하는 사업으로 인하여 직접적이고 중대한 환경상의 침해를 받으리라고 예상되는 직접영향권 내에 있는 주민들이나 폐기물소각시설의 부지경계선으로부터 300m 이내의 간접영향권 내에 있는 주민들이 사업 시행 전과 비교하여 수인한도를 넘는 환경피해를 받지 아니하고 쾌적한 환경에서 생활할 수 있는 개별적인 이익까지도 이를 보호하려는 데에 있다 할 것이므로, 위 주민들이 소각시설입지지역결정·고시와 관련하여 갖는 위와 같은 환경상의 이익은 주민 개개인에 대하여 개별적으로 보호되는 직접적·구체적 이익으로서 그들에 대하여는 특단의 사정이 없는 한 환경상의 이익에 대한 침해 또는 침해우려가 있는 것으로 사실상 추정되어 폐기물 소각시설의 입지지역을 결정·고시한 처분의 무효확인을 구할 원고적격이 인정된다고 할 것이고, 한편 폐기물소각시설의 부지경계선으로부터 300m 밖에 거주하는 주민들도 위와 같은 소각시설 설치사업으로 인하여 사업 시행 전과 비교하여 수인한도를 넘는 환경피해를 받거나 받을 우려가 있음에도 폐기물처리시설 설치기관이 주변영향지역으로 지정·고시하지 않는 경우 같은 법 제17조 제3항 제2호 단서 규정에 따라 당해 폐기물처리시설의 설치·운영으로 인하여 환경상 이익에 대한 침해 또는 침해우려가 있다는 것을 입증함으로써 그 처분의 무효확인을 구할 원고적격을 인정받을 수 있다."[17]

"각 관련 규정에 의하면, 폐기물처리시설 설치기관이 1일 처리능력이 100t 이상인 폐기물처리시설을 설치하는 경우에는 폐촉법에 따른 환경상 영향조사 대상에 해당할 뿐만 아니라 환경영향평가법에 따른 환경영향평가 대상사업에도 해당하므로 폐촉법령뿐만 아니라 환경영향평가법령도 위와 같은 폐기물처리시설을 설치하기 위한 폐기물소각시설 설치계획 입지결정·고시처분의 근거 법령이 된다고 할 것이고, 따라서 위 폐기물처리시설설치계획입지가 결정·고시된 지역 인근에 거주하는 주민들에게 위 처분의 근거 법규인 환경영향평가법 또는 폐촉법에 의하여 보호되는 법률상 이익이 있으면 위 처분의 효력을 다툴 수 있는 원고적격이 있다."[18]

[1] 행정처분의 근거 법규 또는 관련 법규에 그 처분으로써 이루어지는 행위 등 사업으로 인하여 환경상 침해를 받으리라고 예상되는 영향권의 범위가 구체적으로 규정되어 있는 경우에는, 그 영향권 내의 주민들에 대하여는 당해 처분으로 인하여 직접적이고 중대한 환경피해를 입으리라고 예상할 수 있고, 이와 같은 환경상의 이익은 주민 개개인에 대하여 개별적으로 보호되는 직접적·구체적 이익으로서 그들에 대하여는 특단의 사정이 없는 한 환경상 이익에 대한 침해 또는 침해 우려가 있는 것으로 사실상 추정되어 법률상 보호되는 이익으로 인정됨으로써 원고적격이 인정된다고 할 것이며, 그 영향권 밖의 주민들은 당해 처분으로 인하여 그 처분 전과 비교하여 수인한도를 넘는 환경피해를 받거나 받을 우려가 있다는 자신의 환경상 이익에 대한 침해 또는 침해 우려가 있음을 입증하여야만 법률상 보호되는 이익으로 인정되어 원고적격이 인정된다고 볼 것이다(대법원 2005. 3. 11. 선고 2003두13489 판결, 2006. 3. 16. 선고 2006두330 전원합의체 판결 등 참조).
[2] 환경정책기본법령상 사전환경성검토협의 대상지역 내에 포함될 개연성이 충분하다고 보이

---

17 대법원 2005. 3. 11. 선고 2003두13489 판결(쓰레기소각장입지지역결정고시취소청).
18 대법원 2005. 5. 12. 선고 2004두14229 판결(폐기물처리시설입지결정및고시처분취소).

는 주민들인 원고들에 대하여는 그 환경상 이익에 대한 침해 또는 침해 우려가 있는 것으로 추정할 수 있고 이는 법률상 보호되는 이익에 해당한다고 해석함이 상당하다.[19]

근거 법규 또는 관련 법규의 종합적 해석과 법률상 이익

"광업권설정허가처분의 근거 법규 또는 관련 법규가 되는 구 광업법(2002. 1. 19. 법률 제6612호로 개정되기 전의 것, 이하 같다) 제10조, 제12조 제2항, 제29조 제1항, 제29조의2, 제39조, 제48조, 제83조 제2항, 제84조 내지 제87조, 제88조 제2항, 제91조 제1항, 구 광산보안법(2007. 1. 3. 법률 제8184호로 개정되기 전의 것) 제1조, 제5조 제1항 제2호, 제7호 등의 규정을 종합하여 보면, 위 근거 법규 또는 관련 법규의 취지는 광업권설정허가처분과 그에 따른 광산 개발과 관련된 후속 절차로 인하여 직접적이고 중대한 재산상·환경상 피해가 예상되는 토지나 건축물의 소유자나 점유자 또는 이해관계인 및 주민들이 전과 비교하여 수인한도를 넘는 재산상·환경상 침해를 받지 아니한 채 토지나 건축물 등을 보유하며 쾌적하게 생활할 수 있는 개별적 이익까지도 보호하려는 데 있으므로, 광업권설정허가처분과 그에 따른 광산 개발로 인하여 재산상·환경상 이익의 침해를 받거나 받을 우려가 있는 토지나 건축물의 소유자와 점유자 또는 이해관계인 및 주민들은 그 처분 전과 비교하여 수인한도를 넘는 재산상·환경상 이익의 침해를 받거나 받을 우려가 있다는 것을 증명함으로써 그 처분의 취소를 구할 원고적격을 인정받을 수 있다."[20]

경업자의 원고적격

"일반적으로 면허나 인·허가 등의 수익적 행정처분의 근거가 되는 법률이 해당 업자들 사이의 과당경쟁으로 인한 경영의 불합리를 방지하는 것도 그 목적으로 하고 있는 경우, 다른 업자에 대한 면허나 인·허가 등의 수익적 행정처분에 대하여 이미 같은 종류의 면허나 인·허가 등의 수익적 행정처분을 받아 영업을 하고 있는 기존의 업자는 경업자에 대하여 이루어진 면허나 인·허가 등 행정처분의 상대방이 아니라 하더라도 당해 행정처분의 취소를 구할 원고적격이 있다."[21]

담배소매영업소간 거리제한규정과 법률상 보호되는 이익

"담배 일반소매인의 지정기준으로서 일반소매인의 영업소 간에 일정한 거리제한을 두고 있는 것은 담배유통구조의 확립을 통하여 국민의 건강과 관련되고 국가 등의 주요 세원이 되는 담배산업 전반의 건전한 발전 도모 및 국민경제에의 이바지라는 공익목적을 달성하고자 함과 동시에 일반소매인 간의 과당경쟁으로 인한 불합리한 경영을 방지함으로써 일반소매인의 경영상 이익을 보호하는 데에도 그 목적이 있다고 보이므로, 일반소매인으로 지정되어 영업을 하고 있는 기존업자의 신규 일반소매인에 대한 이익은 단순한 사실상의 반사적 이익이 아니라 법률상 보호되는 이익이라고 해석함이 상당하다."[22]

19　대법원 2006. 12. 22. 선고 2006두14001 판결(공장설립승인처분취소).
20　대법원 2008. 9. 11. 선고 2006두7577 판결(광업권설정허가처분취소등).
21　대법원 2006. 7. 28. 선고 2004두6716 판결(분뇨등관련영업허가처분취소). 분뇨 등 관련 영업허가를 받아 영업을 하고 있는 기존 업자의 이익이 법률상 보호되는 이익이라고 보아, 기존업자에게 경업자에 대한 영업허가처분의 취소를 구할 원고적격이 있다고 한 사례입니다.
22　대법원 2008. 3. 27. 선고 2007두23811 판결(담배소매인지정처분취소).

"구내소매인과 일반소매인 사이에서는 구내소매인의 영업소와 일반소매인의 영업소 간에 거리 제한을 두지 아니할 뿐 아니라 건축물 또는 시설물의 구조·상주인원 및 이용인원 등을 고려하여 동일 시설물 내 2개소 이상의 장소에 구내소매인을 지정할 수 있으며, 이 경우 일반소매인이 지정된 장소가 구내소매인 지정대상이 된 때에는 동일 건축물 또는 시설물 안에 지정된 일반소매인은 구내소매인으로 보고, 구내소매인이 지정된 건축물 등에는 일반소매인을 지정할 수 없으며, 구내소매인은 담배진열장 및 담배소매점 표시판을 건물 또는 시설물의 외부에 설치하여서는 아니 된다고 규정하는 등 일반소매인의 입장에서 구내소매인과의 과당경쟁으로 인한 경영의 불합리를 방지하는 것을 그 목적으로 할 수 있다고 보기 어려우므로, 일반소매인으로 지정되어 영업을 하고 있는 기존업자의 신규 구내소매인에 대한 이익은 법률상 보호되는 이익이 아니라 단순한 사실상의 반사적 이익이라고 해석함이 상당하므로, 기존 일반소매인은 신규 구내소매인 지정처분의 취소를 구할 원고적격이 없다."[23]

[1] 병무청장이 병역법 제81조의2 제1항에 따라 병역의무 기피자의 인적사항 등을 인터넷 홈페이지에 게시하는 등의 방법으로 공개하는 것은 특정인을 병역의무 기피자로 판단하여 그 사실을 일반 대중에게 공표함으로써 그의 명예를 훼손하고 그에게 수치심을 느끼게 하여 병역의무 이행을 간접적으로 강제하려는 조치로서 병역법에 근거하여 이루어지는 공권력의 행사에 해당하므로 병무청장의 공개결정은 항고소송의 대상이 되는 행정처분으로 보아야 한다.

[2] 병무청 인터넷 홈페이지에 공개 대상자의 인적사항 등이 게시되는 경우 그의 명예가 훼손되므로, 공개 대상자는 자신에 대한 공개결정이 병역법령에서 정한 요건과 절차를 준수한 것인지를 다툴 법률상 이익이 있다.[24]

요컨대, 우리 대법원의 판례경향에 따를 때 법률상 이익이 인정되는 경우는, ① 해당 처분의 근거법규에서 직접 보호하는 이익이라고 해석되는 경우, ② 해당 처분의 근거법규는 아니지만 관련법규, 즉 당해 처분의 목적을 달성하기 위한 일련의 단계적 관계에서 행해진 관련처분들의 근거법규에서 명시적으로 보호하는 이익으로 해석되는 경우, ③ 해당 처분의 근거법규나 관련법규에 그러한 이익을 보호하는 명시적인 규정은 없더라도 그 합리적 해석상 그 법규에서 행정청을 제약하는 이유가 순수한 공

---

23 대법원 2008. 4. 10. 선고 2008두402 판결(담배소매인지정처분취소).

24 대법원 2019. 6. 27. 선고 2018두49130 판결(인적사항공개처분취소청구(사) 상고기각): 병무청장이 '여호와의 증인' 신도인 원고들을 병역의무 기피자로 판단하여 그 인적사항 등을 인터넷 홈페이지에 게시하자 원고들이 이를 다투는 항고소송을 제기한 사안에서, 원심이 병무청장의 인적사항 등 공개결정이 항고소송의 대상인 '처분'에 해당하지 않는다고 판단한 것은 잘못이지만, 병무청장이 대법원 2018. 11. 1. 선고 2016도10912 전원합의체 판결의 취지를 존중하여 상고심 계속 중에 그 공개결정을 직권으로 취소한 이상 소의 이익이 소멸하였으므로 원고들의 소를 각하한 결론은 결국 정당하다고 보아 상고기각한 사례

익의 보호만이 아니라 개별적·직접적·구체적 이익을 보호하는 취지가 포함되어 있다고 해석되는 경우입니다.[25]

법률상 이익 판단에 있어 보호규범의 범위

"행정처분의 직접 상대방이 아닌 제3자라고 하더라도 당해 행정처분으로 인하여 법률상 보호되는 이익을 침해당한 경우에는 취소소송을 제기하여 그 당부의 판단을 받을 자격이 있다. 여기에서 말하는 법률상 보호되는 이익은 당해 처분의 근거 법규와 관련 법규에 의하여 보호되는 개별적·직접적·구체적 이익이 있는 경우를 말하고, 공익보호의 결과로 국민 일반이 공통적으로 가지는 일반적·간접적·추상적 이익과 같이 사실적·경제적 이해관계를 갖는 데 불과한 경우는 포함되지 아니한다. 또 당해 처분의 근거 법규와 관련 법규에 의하여 보호되는 법률상 이익은 당해 처분의 근거 법규의 명문 규정에 의하여 보호받는 법률상 이익, 당해 처분의 근거 법규에 의하여 보호되지는 아니하나 당해 처분의 행정목적을 달성하기 위한 일련의 단계적인 관련 처분들의 근거 법규에 의하여 명시적으로 보호받는 법률상 이익, 당해 처분의 근거 법규 또는 관련 법규에서 명시적으로 당해 이익을 보호하는 명문의 규정이 없더라도 근거 법규와 관련 법규의 합리적 해석상 그 법규에서 행정청을 제약하는 이유가 순수한 공익의 보호만이 아닌 개별적·직접적·구체적 이익을 보호하는 취지가 포함되어 있다고 해석되는 경우까지를 말한다(대법원 2013. 9. 12. 선고 2011두33044 판결 등 참조).[26]

"구 사립학교법(2007. 7. 27. 법률 제8545호로 개정되기 전의 것) 제25조의3은 정식이사 선임에 관하여 상당한 재산을 출연한 자 및 학교 발전에 기여한 자(이하 '상당한 재산출연자 등'이라 한다)의 개별적·구체적인 이익을 보호하려는 취지가 포함되어 있는 것으로 보이고, 상당한 재산출연자 등은 관할청이 정식이사를 선임하는 처분에 관하여 법률상 보호되는 이익을 가진다고 보는 것이 타당하다."[27]

임시이사제도의 취지, 교직원·학생 등의 학교운영에 참여할 기회를 부여하기 위한 개방이사 제도에 관한 법령의 규정 내용과 입법 취지 등을 종합하여 보면, 구 사립학교법(2011. 4. 12. 법률 제10580호 개정 전의 것)과 동 시행령 및 을 법인 정관 규정은 헌법 제31조 제4항에 정한 교육의 자주성과 대학의 자율성에 근거한 갑 대학교 교수협의회와 총학생회의 학교운영참여권을 구체화하여 이를 보호하고 있다고 해석되므로, 갑 대학교 교수협의회와 총학생회는 이사선임처분을 다툴 법률상 이익을 가지지만, 고등교육법령은 교육받을 권리나 학문의 자유를 실현하는 수단으로서 학생회와 교수회와는 달리 학교의 직원으로 구성된 노동조합의 성립을 예정하고 있지 아니하고, 노동조합은 근로자가 주체가 되어 자주적으로 단결하여 근로조건의 유지·개선 기타 근로자의 경제적·사회적 지위의 향상을 도모하기 위하여 조직된 단체인 점 등을 고려할 때, 학교의 직원으로 구성된 노동조합이 교육받을 권리나 학문의 자유를 실현하는 수단으로서 직접 기능한다고 볼 수는 없으므로, 개방이사에 관한 구 사립학교법과 구 사립학교법 시행령 및 을 법인 정관 규정이 학교 직원들로 구성된 전국대학노동조합 을 대학교지부의 법률상 이익까지 보호하고 있는 것으로 해석할 수는 없다고 한 사례.[28]

---

25 대법원 2004. 8. 16. 선고 2003두2175 판결; 김철용, 행정법 I, 제13판, 2010, 658−659.
26 대법원 2014. 12. 11. 선고 2012두28704 판결(2단계BK21사업처분취소).
27 대법원 2013. 9. 12. 선고 2011두33044 판결.
28 대법원 2015. 7. 23. 선고 2012두19496, 19502 판결(이사선임처분취소).

한편 지방자치단체와 국가기관에 대해서도 제한적인 범위에서 원고적격을 인정한 바 있습니다.

먼저, 국가기관의 경우, 대법원은 참가인이 피고 국민권익위원회에 국민권익위원회법에 따른 신고와 신분보장조치 요구를 하였고, 이에 피고 위원회가 참가인의 소속기관의 장인 원고에게 '참가인에 대한 중징계요구를 취소하고 향후 신고로 인한 신분상 불이익처분 및 근무조건상의 차별을 하지 말 것을 요구'하는 내용의 조치요구를 한 사안에서, '비록 원고 시·도선거관리위원회 위원장이 국가기관에 불과하더라도 이 사건에서는 당사자능력 및 원고적격을 가진다고 봄이 상당하다'고 판시함으로써 국가기관에게 원고적격(조치의무를 다툴 법률상 이익)을 인정했습니다. 대법원이 기존의 판례에서 원고적격 판단에 일관되게 적용해 왔던 법률상 이익의 요건, 특히 사익보호규범성 기준을 문제삼지 아니하고 '조치요구의 취소를 구하는 항고소송을 제기하는 것이 유효·적절한 수단이라는 점'을 근거로 삼은 것은 주목할 만하지만, 이 판례는 특수한 법령과 사례상황을 감안한 결과여서 섣불리 일반화하기에는 무리가 있지 않을까 의문이 있었습니다.

> **국가기관의 원고적격**
>
> [1] 국민권익위원회법이 원고에게 피고 위원회의 조치요구에 따라야 할 의무를 부담시키는 외에 별도로 그 의무를 이행하지 아니할 경우 과태료나 형사처벌의 제재까지 규정하고 있는데, 원고가 피고 위원회의 조치요구를 다툴 별다른 방법이 없는 점 등에 비추어 보면, 피고 위원회의 이 사건 조치요구의 처분성이 인정되는 이 사건에서 이에 불복하고자 하는 원고로서는 이 사건 조치요구의 취소를 구하는 항고소송을 제기하는 것이 유효·적절한 수단이라고 할 것이므로, 비록 원고가 국가기관에 불과하더라도 이 사건에서는 당사자능력 및 원고적격을 가진다고 봄이 상당하고, 원고가 피고 위원회의 조치요구 후 참가인에 대하여 파면처분을 하였다고 하더라도 그로 인하여 이 사건 조치요구가 곧바로 실효된다고 할 수 없고, 원고로서는 이 사건 조치요구를 따라야 할 의무를 여전히 부담한다고 할 것이므로, 원고에게는 이 사건 조치요구의 취소를 구할 법률상 이익도 있다고 할 것이다.29

하지만 대법원은 최근 기존의 판례를 재확인하면서, 행정기관의 제재적 조치의 내용에 따라 '구체적 사실에 대한 법집행으로서의 공권력의 행사'에 해당할 수 있고, 그러한 조치의 상대방인 행정기관이 입게 될 불이익도 명확하게 인정될 수 있다는 점을 지적한 뒤 그러한 제재적 조치를 기관소송이나 권한쟁의심판을 통하여 다툴 수

---

29 대법원 2013. 7. 25. 선고 2011두1214 판결(불이익처분원상회복등요구처분취소).

없는 이상, 그 제재적 조치는 상대방에 대한 고권적 권한 행사로서 항고소송을 통한 주관적 구제대상이 될 수 있다고 보는 것이 법치국가의 원리에 부합한다고 설시한 바 있습니다.

> **항고소송에서 행정기관의 원고적격**
>
> [1] 행정소송법 제2조 제1항 제1호는 '처분'을 정의하고 있으면서 처분의 상대방을 제한하는 규정을 두고 있지 않고, 행정소송법 제12조는 '법률상 이익이 있는 자'가 취소소송을 제기할 수 있도록 정하고 있다. 한편 행정소송법 제13조는 행정청에 적어도 피고로서의 당사자능력이 인정된다는 것을 당연한 전제로 하고 있다. 국가기관 등 행정기관 사이에 그 권한의 존부 및 범위에 관하여 다툼이 있는 경우 상급관청의 결정에 따라 해결되거나 '기관소송'이나 '권한쟁의심판'으로 다루어진다. 그런데 법령이 특정한 행정기관으로 하여금 다른 행정기관을 상대로 제재적 조치를 취할 수 있도록 하면서 그에 따르지 않으면 그 행정기관에 대하여 과태료를 부과하거나 형사처벌을 할 수 있도록 정하는 경우가 있는데 이러한 경우에는 행정기관의 제재적 조치의 내용에 따라 '구체적 사실에 대한 법집행으로서의 공권력의 행사'에 해당할 수 있고, 그러한 조치의 상대방인 행정기관이 입게 될 불이익도 명확하게 인정될 수 있다. 그런데도 그러한 제재적 조치를 기관소송이나 권한쟁의심판을 통하여 다툴 수 없다면, 제재적 조치는 상대방에 대한 고권적 권한 행사로서 항고소송을 통한 주관적 구제대상이 될 수 있다고 보아야 하고, 이렇게 보는 것이 법치국가의 원리에 부합한다. 따라서 이러한 권리구제나 권리보호의 필요성이 인정된다면 예외적으로 그 제재적 조치의 상대방인 행정기관 등에게 항고소송 원고로서의 당사자능력과 원고적격을 인정할 수 있다.
>
> [2] 행정기관인 국민권익위원회가 행정기관의 장에게 일정한 의무를 부과하는 내용의 조치요구를 한 것에 대하여 그 상대방 행정기관의 장이 이를 다투고자 할 경우 기관소송이나 권한쟁의심판을 할 수 없고, 질서위반행위규제법에 따른 구제를 받을 수도 없다. 행정기관의 장은 국민권익위원회의 조치요구에 불응할 경우 과태료나 형사처벌 제재까지 받게 된다. 그렇다면 국민권익위원회의 조치요구의 상대방인 행정기관의 장인 원고는 이 사건 항고소송에서 당사자능력과 원고적격을 가진다고 보는 것이 타당하다.[30]

또한, 지방자치단체의 경우에도 대법원은 위와 유사한 입장을 취했습니다. 즉 지방자치단체인 원고는 건축물 소재지 관할 허가권자인 지방자치단체의 장을 상대로 건축협의취소의 취소를 구할 수 있다고 판시하였습니다.

> **항고소송에서 지방자치단체의 원고적격**
>
> "구 건축법(2011. 5. 30. 법률 제10755호로 개정되어 2011. 12. 1. 시행되기 전의 것, 이하 같다) 제29조 제1항, 제2항, 제11조 제1항 등의 규정 내용에 의하면, 건축협의의 실질은 지방자치단체 등에 대한 건축허가와 다르지 아니하므로, 지방자치단체 등이 건축물을 건축하려는 경우

---

30 대법원 2018. 8. 1. 선고 2014두35379 판결(징계처분 등): 처분성이 인정되는 국민권익위원회의 조치요구에 불복하고자 하는 소방청장으로서는 조치요구의 취소를 구하는 항고소송을 제기하는 것이 유효·적절한 수단으로 볼 수 있으므로 소방청장은 예외적으로 당사자능력과 원고적격을 가진다고 한 사례입니다.

등에는 미리 건축물의 소재지를 관할하는 허가권자인 지방자치단체의 장과 건축협의를 하지 아니하면, 지방자치단체라 하더라도 건축물을 건축할 수 없다. 그리고 구 지방자치법 등 관련 법령을 살펴보아도 지방자치단체의 장이 다른 지방자치단체를 상대로 한 건축협의 취소에 관하여 다툼이 있는 경우에 그 법적 분쟁을 실효적으로 해결할 구제수단을 찾기도 어렵다.

따라서 이 사건 건축협의 취소는 비록 그 상대방이 다른 지방자치단체 등 행정주체라 하더라도 '행정청이 행하는 구체적 사실에 관한 법집행으로서의 공권력 행사'(행정소송법 제2조 제1항 제1호)로서 처분에 해당한다고 볼 수 있고, 지방자치단체인 원고가 이를 다툴 실효적 해결 수단이 없는 이상, 원고는 피고를 상대로 항고소송을 통해 이 사건 건축협의 취소의 취소를 구할 수 있다고 봄이 타당하다."[31]

Ⅳ. 「법률상 이익」 침해의 주장

취소소송을 제기한 자에게 원고적격을 인정하기 위하여, 그가 사실상 취소소송의 보호의 대상으로서 법률상 이익을 침해당했어야 할까요? 처분의 경우 그 객관적 위법성이 아니라 그 위법주장이 요구될 뿐이듯이, 사실상 법률상 이익이 침해되었을 것까지 요구되는 것은 아니라고 해야 할 것입니다. 원고가 처분등으로 인하여 사실상 법률상 이익을 침해당했는지 여부는 취소소송의 제기요건이 아니라 청구인용의 요건(Aktivlegitimation)입니다. 취소소송 제기요건의 하나로 간주되는 원고적격의 기준으로서 "법률상 이익"이란 '보호의 대상으로서의 법률상 이익'을 의미하지만, 원고적격의 유무는 원고가 사실상 이러한 법률상 이익을 가지고 있는지를 기준으로 판단할 것이 아니라, 원고가 주장하는 바와 같은 법률상 이익이 존재할 객관적 가능성이 있는지를 기준으로 판단해야 할 것입니다(가능성이론: Möglichkeitstheorie).

---

31 대법원 2014. 2. 27. 선고 2012두22980 판결(건축협의취소처분취소).

제37강
이익 없으면 소송 없다?
권리보호의 필요(소의 이익)

이익 없으면 소송 없다? 소를 각하한다는 판결서를 받아들고 도통 이해가 가지 않습니다. 어리둥절하는 동안 누군가 뒤에서 거듭니다. 권리보호의 이익이 없다는군요. 무슨 말이지요?

취소소송 역시 일반소송과 마찬가지로 분쟁을 소송을 통해 해결할 현실적 필요 또는 권리보호의 필요(Rechtsschutzbedürfnis)가 있을 때에 한하여 허용됩니다. 다시 말해서 「이익 없으면 소송 없다」(Pas d'intérêt, pas d'action)는 법언은 취소소송에 대해서도 타당합니다. 가령 효력기간이 정해져 있는 행정처분은 그 기간의 경과로 효력이 상실되는 것이므로 그 이후에는 그 처분이 외형상 잔존함으로 인하여 어떠한 법률상 이익이 침해되고 있다고 볼 만한 별다른 사정이 없는 한, 처분의 취소를 구할 권리보호의 이익이 없다고 할 수 있습니다.[1]

권리보호의 이익 또는 필요는 비단 취소소송뿐만 아니라 행정소송 일반에 대하여 요구되는 일반적 소송요건의 하나입니다.[2] 그러나 행정소송법은 이 같은 예외 규정만을 두고 일반 규정을 두고 있지는 않습니다. 따라서 일반적 권리보호의 이익의

---

1 대법원 1988. 3. 22. 선고 87누1230 판결; 1990. 1. 12. 선고 89누1032 판결.

2 후펜(Friedhelm Hufen, Verwaltungsprozeßrecht, 1994, Rn.10−11)에 따르면 이러한 일반적 권리보호의 이익(allgemeines Rechtsschutzbedürfnis) 외에도 가령 확인소송에서 요구되는 특수한 형태의 권리보호의 이익이 있을 수 있다고 합니다. 이 경우 전자는 일종의 포괄적 범주(Auffangkategorie)로 기능하는 데 비하여 후자는 그것의 특수한 형태(Sonderfall)라고 할 수 있다는 것입니다.

효력근거가 문제되는데 이에 관해서는 대체로 신의성실의 원칙에서 연원하는 소송상 권리의 제도적 남용금지(Verbot institutionellen Mißbrauch prozessualer Rechte)를 그 근거로 보는 독일의 예를 참고할 만합니다.3 권리보호의 필요 유무는 구체적 사안별로 현실적으로 권리보호의 실익이 있는지를 기준으로 판단할 문제지만, 행정소송법 규정과 행정소송제도의 취지 등을 감안하여 다음과 같은 경우로 나누어 볼 수 있습니다.

I. 처분의 효과가 소멸된 경우

1. 행정소송법 제12조 제2문의 취지

행정소송법 제12조 제2문은 처분의 효과가 기간경과, 처분의 집행 그 밖의 사유로 인하여 소멸된 뒤에도 그 처분의 취소로 인하여 회복되는 법률상 이익이 있는 자는 취소소송을 제기할 수 있다고 규정하고 있습니다. 그러나 이것은 앞서 본 바와 같이 취소소송의 보호대상으로서 법률상 이익이 아니라, 권리보호의 필요성 또는 협의의 소익에 관한 것이라 보아야 합니다.

> **관련판례**
>
> 이에 관한 판례로는 계고와 대집행영장에 의한 통지절차를 거쳐 이미 그 집행이 사실행위로서 완료된 이후에 그 행위의 위법을 이유로 하여 그 처분의 취소 또는 무효확인을 구하는 것은 권리보호의 이익이 없다고 한 것,4 석유판매사업정지처분의 집행이 종료되었다면 설사 이로 인하여 장래에 사실상 가중된 처분을 받을 염려가 있다고 하더라도 그 처분의 취소를 구할 법률상의 이익이 있다고 할 수 없다고 한 것,5 그리고 주택자재공장의 등록신청이 거부되어 이에 대한 취소소송이 제기된 경우, 등록을 구하는 주택자재공장이 이미 철거되고 없다면 그 거부처분이 위법하다고 해도 그 등록의 대상이 없어졌으므로 그 취소를 구할 법률상 이익(권리보호의 필요)이 없다고 한 판례6를 들 수 있습니다.
>
> "관할청으로부터 취임 승인이 취소된 학교법인의 이사의 임기는 취임승인취소처분에 대한 행정심판이나 행정소송의 제기에도 불구하고 의연히 진행되는 것이고, 따라서 <u>취임승인취소처분의 무효확인이나 취소를 구하는 소송의 사실심 변론종결 이전에 그 이사의 임기가 만료되고 나아가 사립학교법 제22조 제2호의 임원결격사유에 정하여진 기간도 경과되었다면</u> 취임승인취소처분이 무

---

3 Schmitt Glaeser, aaO, Rn.117f.
4 대법원 1971. 4. 20. 선고 71누22 판결.
5 대법원 1982. 3. 23. 선고 81누243 판결.
6 대법원 1987. 2. 24. 선고 86누676 판결.

효로 확인되거나 취소된다고 하더라도 그 학교법인의 <u>이사가 이사로 복귀하거나 이사 직무를 수행</u>
<u>할 지위를 회복할 수는 없는 것이므로 취임승인취소처분의 무효확인 또는 그 취소를 구하는 소는</u>
<u>결국 이를 구할 법률상의 이익이 없어 부적법하다고 할 수밖에 없다.</u>"[7]

행정소송법 제12조 제2문의 해석상 '법률상 이익'은 명예·신용 등을 포함하지
않는다고 새기는 견해가 있으며,[8] 반면 명예·신용 등의 인격적 이익, 보수 청구와
같은 재산적 이익 및 불이익 제거 같은 사회적 이익도 인정될 수 있다고 보는 견해[9]
또는 이를 독일 행정법원법 제42조 제2항 및 제113조 제1항에서 규정하는 처분의
위법확인에 대한 정당한 이익(ein berechtigtes Interesse)으로 보아 법률상 이익보다 넓은
것으로 원고의 경제적·정치적·사회적·문화적 이익까지 포함하는 것으로 보는 견
해[10]가 주장되고 있습니다.

생각건대 행정소송법 제12조 제2문의 법문상 '회복되는 법률상 이익'을 취소소
송의 보호대상이 아니라, 처분의 위법성에 대한 확인의 이익 또는 권리보호의 이익
(협의의 소익)으로 이해하는 한, 이를 주관적 공권·법률상 이익과 사실상 이익의 구분
에 관한 문제로 다룰 이유는 없고, 따라서 이를 엄격히 법률상 이익으로 한정하는
것은 법 제12조 제2문의 취지에 비추어 타당하지 않다고 봅니다.

광의의 소익과 협의의 소익

제12조 제2문의 '법률상 이익'을 제1문의 원고적격의 그것과 동일하다고 보는 견해가 있습니
다. 행정소송법 제12조라는 한 조문에서 '법률상 이익'으로 동일하게 규정된 것을 서로 다른 개념
으로 해석하는 것은 옳지 않다는 것이지요. '법률상 이익'이란 개념이 한 쪽에서는 원고적격의 기
준으로 다른 쪽에서는 '권리보호의 필요'의 의미로 동일한 한 조항에 공존한다고 보기는 곤란하지
않는 는 것은 이상하지 않느냐는 반론입니다. 그러나 '협의의 소익'이란 말에서 그 입법적 배경에
대한 실마리를 찾을 수 있습니다. 행정소송법 개정 당시 그리고 지금까지도 '소의 이익' 즉 '법률
상 이익'을 원고적격과 청구적격으로서 처분성, 권리보호의 필요를 포함하는 광의로 파악하여 후자
를 '협의의 소익'으로 불렀기에 자연스레 권리보호의 필요라는 의미의 협의의 소익에 관한 규정이
원고적격에 관한 제12조 제1문 다음에 자리잡을 수 있었던 것이지요. 다시 말해 같은 조문 제12
조 제1문에 '원고적격'을, 제2문에서 '협의의 소익'을 각각 규정한 것은 당시 '원고적격', '처분
적격', '협의의 소익'(권리보호의 이익)을 '넓은 의미의 소익'으로 이해했던 데 따른 결과일 뿐입니
다. 이를 두고 제2문에서 '법률상 이익'을 원고적격 판단기준과 동일시하여 규정한 것이라고 볼 까
닭이 있을까요?

---

7   대법원 1995. 3. 10. 선고 94누8914 판결.
8   김동희, 행정법 I, 635.
9   김도창, 일반행정법론(상), 785.
10 김남진, 행정법 I, 760.

2. 대법원 판례의 변천

제재적 행정처분에 있어 그 제재기간이 경과된 후에도 처분의 효력을 다툴 수 있는지 여부에 관한 대법원의 판례는 우여곡절을 겪었습니다.

일찍이 대법원은 건축사업무정지처분에 의한 업무정지기간 도과 후 정지처분취소청구에 대하여 "건축사업무정지처분을 받은 건축사로서는 위 처분에서 정한 기간이 도과되었다 하더라도 위 처분을 그대로 방치하여 둠으로써 장래 건축사사무소 등록취소라는 가중된 제재처분을 받게 될 우려가 있는 것이므로 건축사로서의 업무를 행할 수 있는 법률상 지위에 대한 위험이나 불안을 제거하기 위하여 건축사업무정지처분의 취소를 구할 이익이 있다."고 판시한 바 있었습니다.11 이것은 행정소송법 제12조 제2문을 적용한 사례로서 종래 구법하에서의 석유판매사업정지처분의 취소청구에 관한 앞의 판례(대법원 1982. 3. 23. 선고 81누243 판결)에 비해 진일보한 것으로 평가됩니다.

그러나 대법원은 1995년 10월 17일자 전원합의체 판결12에서 종래의 판례를 폐기했습니다. 이후 이 문제에 대한 판례는 줄곧 부정적인 방향으로 이어졌고 일부 제한적인 범위에서 소익이 인정되었습니다. 처분의 효력이 소멸한 후에도 그 처분의 취소를 구할 소익이 인정된 사례로는 공무원신분 상실 후의 징계처분 취소청구,13 학교법인 이사의 임기만료 후 제기된 취임승인 취소청구,14 입학시기 경과 후 제기된 불합격처분 취소청구15 등이 있었지요.

이러한 배경에서 대법원의 2006. 6. 22. 선고 2003두1684 전원합의체 판결은 그동안의 소극적 판례에 종지부를 찍고 취소소송의 소익 확대를 향한 결정적 전환점이 되었습니다. 환경영향평가대행업무 정지처분을 받은 환경영향평가대행업자가 업무정지 처분기간 중 환경영향평가대행계약을 신규로 체결하고 그 대행업무를 한 사안에서, 대법원은 제재적 행정처분이 그 처분에서 정한 제재기간의 경과로 인하여 그 효

---

11 대법원 1991. 8. 27. 선고 91누3512 판결.
12 대법원 1995. 10. 17. 선고 94누14148 판결(자동차운행정지처분취소등).
13 대법원 1977. 7. 12. 선고 74누147 판결.
14 대법원 1972. 4. 11. 선고 72누86 판결.
15 대법원 1990. 8. 28. 선고 89누8255 판결.

과가 소멸되었을지라도, 부령인 시행규칙 또는 지방자치단체의 규칙의 형식으로 정한 처분기준에서 제재적 행정처분을 받은 것을 가중사유나 전제요건으로 삼아 장래의 제재적 행정처분을 하도록 정하고 있는 경우, 선행처분인 제재적 행정처분을 받은 상대방이 그 처분에서 정한 제재기간이 경과하였다 하더라도 그 처분의 취소를 구할 법률상 이익이 있다고 판시한 것입니다.

제재기간 경과로 그 효과가 소멸한 처분의 취소를 구할 법률상 이익

[다수의견] 제재적 행정처분이 그 처분에서 정한 제재기간의 경과로 인하여 그 효과가 소멸되었으나, 부령인 시행규칙 또는 지방자치단체의 규칙(이하 이들을 '규칙'이라고 한다)의 형식으로 정한 처분기준에서 제재적 행정처분(이하 '선행처분'이라고 한다)을 받은 것을 가중사유나 전제요건으로 삼아 장래의 제재적 행정처분(이하 '후행처분'이라고 한다)을 하도록 정하고 있는 경우, 제재적 행정처분의 가중사유나 전제요건에 관한 규정이 법령이 아니라 규칙의 형식으로 되어 있다고 하더라도, 그러한 규칙이 법령에 근거를 두고 있는 이상 그 법적 성질이 대외적·일반적 구속력을 갖는 법규명령인지 여부와는 상관없이, 관할 행정청이나 담당공무원은 이를 준수할 의무가 있으므로 이들이 그 규칙에 정해진 바에 따라 행정작용을 할 것이 당연히 예견되고, 그 결과 행정작용의 상대방인 국민으로서는 그 규칙의 영향을 받을 수밖에 없다. 따라서 그러한 규칙이 정한 바에 따라 선행처분을 받은 상대방이 그 처분의 존재로 인하여 장래에 받을 불이익, 즉 후행처분의 위험은 구체적이고 현실적인 것이므로, 상대방에게는 선행처분의 취소소송을 통하여 그 불이익을 제거할 필요가 있다. 또한, 나중에 후행처분에 대한 취소소송에서 선행처분의 사실관계나 위법 등을 다툴 수 있는 여지가 남아 있다고 하더라도, 이러한 사정은 후행처분이 이루어지기 전에 이를 방지하기 위하여 직접 선행처분의 위법을 다투는 취소소송을 제기할 필요성을 부정할 이유가 되지 못한다. 그러한 쟁송방법을 막는 것은 여러 가지 불합리한 결과를 초래하여 권리구제의 실효성을 저해할 수 있기 때문이다. 오히려 앞서 본 바와 같이 행정청으로서는 선행처분이 적법함을 전제로 후행처분을 할 것이 당연히 예견되므로, 이러한 선행처분으로 인한 불이익을 선행처분 자체에 대한 소송에서 사전에 제거할 수 있도록 해 주는 것이 상대방의 법률상 지위에 대한 불안을 해소하는 데 가장 유효적절한 수단이 된다고 할 것이고, 또한 그 소송을 통하여 선행처분의 사실관계 및 위법 여부가 조속히 확정됨으로써 이와 관련된 장래의 행정작용의 적법성을 보장함과 동시에 국민생활의 안정을 도모할 수 있다. 이상의 여러 사정과 아울러, 국민의 재판청구권을 보장한 헌법 제27조 제1항의 취지와 행정처분으로 인한 권익침해를 효과적으로 구제하려는 행정소송법의 목적 등에 비추어 행정처분의 존재로 인하여 국민의 권익이 실제로 침해되고 있는 경우는 물론이고 권익침해의 구체적·현실적 위험이 있는 경우에도 이를 구제하는 소송이 허용되어야 한다는 요청을 고려하면, 규칙이 정한 바에 따라 선행처분을 가중사유 또는 전제요건으로 하는 후행처분을 받을 우려가 현실적으로 존재하는 경우에는, 선행처분을 받은 상대방은 비록 그 처분에서 정한 제재기간이 경과하였다 하더라도 그 처분의 취소소송을 통하여 그러한 불이익을 제거할 권리보호의 필요성이 충분히 인정된다고 할 것이므로, 선행처분의 취소를 구할 법률상 이익이 있다고 보아야 한다.

[대법관 이강국의 별개의견] 다수의견이 선행처분의 취소를 구할 법률상 이익을 긍정하는 결론에는 찬성하지만, 그 이유에 있어서는 부령인 제재적 처분기준의 법규성을 인정하는 이론적 기초위에서 그 법률상 이익을 긍정하는 것이 법리적으로는 더욱 합당하다고 생각한다. 상위법령의 위임에 따라 제재적 처분기준을 정한 부령인 시행규칙은 헌법 제95조에서 규정하고 있는 위임명령에 해당하고, 그 내용도 실질적으로 국민의 권리의무에 직접 영향을 미치는 사항에 관한 것이므로, 단순히 행정기관 내부의 사무처리준칙에 지나지 않는 것이 아니라 대외적으로 국민이나 법원을 구

속하는 법규명령에 해당한다고 보아야 한다.[16]

[1] 행정처분에 그 효력기간이 정하여져 있는 경우 그 기간의 경과로 그 행정처분의 효력은 상실되는 것이므로 그 기간경과 후에는 그 처분이 외형상 잔존함으로 인하여 어떠한 법률상의 이익이 침해되고 있다고 볼 만한 별다른 사정이 없는 한 그 처분의 취소 또는 무효확인을 구할 법률상의 이익이 없다고 하겠으나, 위와 같은 행정처분의 전력이 장래에 불이익하게 취급되는 것으로 법에 규정되어 있어 법정의 가중요건으로 되어 있고, 이후 그 법정가중요건에 따라 새로운 제재적인 행정처분이 가해지고 있다면, 선행행정처분의 효력기간이 경과하였다 하더라도 선행행정처분의 잔존으로 인하여 법률상의 이익이 침해되고 있다고 볼 만한 특별한 사정이 있는 경우에 해당한다.

[2] 의료법 제53조 제1항은 보건복지부장관으로 하여금 일정한 요건에 해당하는 경우 의료인의 면허자격을 정지시킬 수 있도록 하는 근거 규정을 두고 있고, 한편 같은 법 제52조 제1항 제3호는 보건복지부장관은 의료인이 3회 이상 자격정지처분을 받은 때에는 그 면허를 취소할 수 있다고 규정하고 있는바, 이와 같이 의료법에서 의료인에 대한 제재적인 행정처분으로서 면허자격정지처분과 면허취소처분이라는 2단계 조치를 규정하면서 전자의 제재처분을 보다 무거운 후자의 제재처분의 기준요건으로 규정하고 있는 이상 자격정지처분을 받은 의사로서는 면허자격정지처분에서 정한 기간이 도과되었다 하더라도 그 처분을 그대로 방치하여 둠으로써 장래 의사면허취소라는 가중된 제재처분을 받게 될 우려가 있는 것이어서 의사로서의 업무를 행할 수 있는 법률상 지위에 대한 위험이나 불안을 제거하기 위하여 면허자격정지처분의 취소를 구할 이익이 있다.[17]

대법원은 여기서 한 걸음 더 나아가 동일한 사유로 위법한 처분이 반복될 위험성이 있어 행정처분의 위법성 확인 내지 불분명한 법률문제에 대한 해명이 필요하다고 판단되는 경우, 그리고 동일한 행정목적을 달성하거나 동일한 법률효과를 발생시키기 위하여 선행처분과 후행처분이 단계적인 일련의 절차로 연속하여 행하여져 후행처분이 선행처분의 적법함을 전제로 이루어짐에 따라 선행처분의 하자가 후행처분에 승계된다고 볼 수 있어 이미 소를 제기하여 다투고 있는 선행처분의 위법성을 확인하여 줄 필요가 있는 경우에는 행정의 적법성 확보와 그에 대한 사법통제, 국민의 권리구제의 확대 등의 측면에서 여전히 그 처분의 취소를 구할 법률상 이익이 있다고 봅니다.

대법원은 행정소송법 제12조는, 취소소송은 처분 등의 취소를 구할 법률상 이익이 있는 자가 제기할 수 있고, 처분 등의 효과가 기간의 경과, 처분 등의 집행 그 밖의 사유로 인하여 소멸된 뒤에도 그 처분 등의 취소로 인하여 회복되는 법률상 이익이 있는 자의 경우에는 또한 같다고 규정하고 있다고 전제한 후, 제소 당시에는 권리보호의 이익을 모두 갖추었는데 제소 후 취소 대상 행정처분이 기간의 경과 등으로 그 효과가 소멸한 때, 즉 제재적 행정처분의 기간 경과, 행정처분 자

---

16 대법원 2006. 6. 22. 선고 2003두1684 전원합의체 판결(영업정지처분취소).
17 대법원 2005. 3. 25. 선고 2004두14106 판결("의사면허자격정지처분취소").

체의 효력기간 경과, 특정기일의 경과 등으로 인하여 그 처분이 취소되어도 원상회복이 불가능하다고 보이는 경우라 하더라도, 동일한 소송 당사자 사이에서 그 행정처분과 동일한 사유로 위법한 처분이 반복될 위험성이 있어 행정처분의 위법성 확인 내지 불분명한 법률문제에 대한 해명이 필요하다고 판단되는 경우, 그리고 동일한 행정목적을 달성하거나 동일한 법률효과를 발생시키기 위하여 선행처분과 후행처분이 단계적인 일련의 절차로 연속하여 행하여져 후행처분이 선행처분의 적법함을 전제로 이루어짐에 따라 선행처분의 하자가 후행처분에 승계된다고 볼 수 있어 이미 소를 제기하여 다투고 있는 선행처분의 위법성을 확인하여 줄 필요가 있는 경우(대법원 1993. 2. 6. 선고 92누4567 판결, 1994. 1. 25. 선고 93누8542 판결 등 참조) 등에는 행정의 적법성 확보와 그에 대한 사법통제, 국민의 권리구제의 확대 등의 측면에서 여전히 그 처분의 취소를 구할 법률상 이익이 있다고 보아야 한다고 판시한 바 있습니다.[18]

대법원은 최근에도 일련의 판례를 통해 기존 입장을 재확인한 바 있습니다: "행정처분의 취소를 구하는 소는 그 처분에 의하여 발생한 위법상태를 배제하여 원상으로 회복시키고 그 처분으로 침해되거나 방해받은 권리와 이익을 보호·구제하고자 하는 소송이므로, 비록 처분을 취소하더라도 원상회복이 불가능한 경우에는 처분의 취소를 구할 이익이 없는 것이 원칙이다. 그러나 원상회복이 불가능하게 보이는 경우라 하더라도, 동일한 소송 당사자 사이에서 그 행정처분과 동일한 사유로 위법한 처분이 반복될 위험성이 있어 행정처분의 위법성 확인 내지 불분명한 법률문제에 대한 해명이 필요하다고 판단되는 경우 등에는 행정의 적법성 확보와 그에 대한 사법통제, 국민의 권리구제 확대 등의 측면에서 여전히 그 처분의 취소를 구할 이익이 있다."[19]

"행정처분의 무효확인 또는 취소를 구하는 소가 제소 당시에는 소의 이익이 있어 적법하였는데, 소송 계속 중 해당 행정처분이 기간의 경과 등으로 그 효과가 소멸한 때에 그 처분이 취소되어도 원상회복이 불가능하다고 보이는 경우라 하더라도, 무효확인 또는 취소로써 회복할 수 있는 다른 권리나 이익이 남아 있거나 또는 그 행정처분과 동일한 사유로 위법한 처분이 반복될 위험성이 있어 행정처분의 위법성 확인 내지 불분명한 법률문제에 대한 해명이 필요한 경우에는 행정의 적법성 확보와 그에 대한 사법통제, 국민의 권리구제의 확대 등의 측면에서 예외적으로 그 처분의 취소를 구할 소의 이익을 인정할 수 있다(대법원 2007. 7. 19. 선고 2006두19297 전원합의체 판결, 대법원 2016. 6. 10. 선고 2013두1638 판결 등 참조). 여기에서 '그 행정처분과 동일한 사유로 위법한 처분이 반복될 위험성이 있는 경우'란 불분명한 법률문제에 대한 해명이 필요한 상황에 대한 대표적인 예시일 뿐이며, 반드시 '해당 사건의 동일한 소송 당사자 사이에서' 반복될 위험이 있는 경우만을 의미하는 것은 아니다(대법원 2008. 2. 14. 선고 2007두13203 판결 등 참조)."[20]

---

18 대법원 2007. 7. 19. 선고 2006두19297 전원합의체 판결(임원취임승인취소처분: 경기학원임시이사사건).

19 대법원 2019. 5. 10. 선고 2015두46987 판결(경쟁입찰참여자격제한처분등취소).

20 대법원 2020. 12. 24. 선고 2020두30450 판결(업무정지처분 취소청구).

II. 그 밖에 소익이 없다고 인정되는 경우

1. 취소되어 더 이상 존재하지 않는 처분을 대상으로 한 취소소송 등의 경우

취소되어 더 이상 존재하지 않는 행정처분을 대상으로 한 취소소송에 소의 이익이 있는지 여부에 대한 대법원의 입장은 소극적입니다.

> "지방병무청장이 병역감면요건 구비 여부를 심사하지 않은 채 병역감면신청서 회송처분을 하고 이를 전제로 공익근무요원 소집통지를 하였다가, 병역감면신청을 재검토하기로 하여 신청서를 제출받아 병역감면요건 구비 여부를 심사한 후 다시 병역감면 거부처분을 하고 이를 전제로 다시 공익근무요원 소집통지를 한 경우, 병역감면신청서 회송처분과 종전 공익근무요원 소집처분은 직권으로 취소되었다고 볼 수 있으므로, 그에 대한 무효확인과 취소를 구하는 소는 <u>더 이상 존재하지 않는 행정처분을 대상으로 하거나 과거의 법률관계의 효력을 다투는 것에 불과하므로 소의 이익이 없어 부적법하다.</u>"[21]

그러나 다음 판례에서 보듯이 일정한 조건, 즉 처분청의 직권취소에도 불구하고 완전한 원상회복이 이루어지지 않아 무효확인 또는 취소로써 회복할 다른 권리나 이익이 남아 있거나 또는 동일한 소송 당사자 사이에서 그 행정처분과 동일한 사유로 위법한 처분이 반복될 위험성이 있어 행정처분의 위법성 확인 내지 불분명한 법률문제에 대한 해명이 필요한 경우에는 행정의 적법성 확보와 그에 대한 사법통제, 국민의 권리구제의 확대 등의 측면에서 예외적으로 처분 취소를 구할 소의 이익을 인정할 수 있다고 합니다.

> **병역의무 기피자 인적사항 공개결정이 취소된 경우 권리보호의 이익**
>
> [1] 행정처분의 무효확인 또는 취소를 구하는 소가 제소 당시에는 소의 이익이 있어 적법하였더라도, 소송 계속 중 처분청이 다툼의 대상이 되는 행정처분을 직권으로 취소하면 그 처분은 효력을 상실하여 더 이상 존재하지 않는 것이므로, <u>존재하지 않는 그 처분을 대상으로 한 항고소송은 원칙적으로 소의 이익이 소멸하여 부적법하다</u>고 보아야 한다(대법원 2006. 9. 28. 선고 2004두5317 판결 참조).
>
> [2] 처분청의 <u>직권취소</u>에도 불구하고 완전한 원상회복이 이루어지지 않아 무효확인 또는 취소로써 회복할 수 있는 다른 권리나 이익이 남아 있거나 또는 동일한 소송 당사자 사이에서 그 행정처분과 동일한 사유로 위법한 처분이 반복될 위험성이 있어 행정처분의 위법성 확인 내지 불분명한 법률문제에 대한 해명이 필요한 경우 행정의 적법성 확보와 그에 대한 사법통제, 국민의 권리구제의 확대 등의 측면에서 <u>예외적으로 그 처분의 취소를 구할 소의 이익을 인정할 수 있을 뿐이</u>

---

21 대법원 2010. 4. 29. 선고 2009두16879 판결(공익근무요원소집처분취소).

다(대법원 2007. 7. 19. 선고 2006두19297 전원합의체 판결, 대법원 2016. 6. 10. 선고 2013 두1638 판결 참조).

[3] 대법원이 이른바 양심적 병역거부가 병역법 제88조 제1항에서 정한 병역의무 불이행의 '정당한 사유'에 해당할 수 있다는 취지로 판례를 변경하자(대법원 2018. 11. 1. 선고 2016도 10912 전원합의체 판결 참조), 피고가 위 대법원 판례변경의 취지를 존중하여 이 사건 상고심 계속 중인 2018. 11. 15.경 원고들에 대한 공개 결정을 직권으로 취소한 다음, 그 사실을 원고들에게 개별적으로 통보하고 병무청 인터넷 홈페이지에서 게시물을 삭제한 사실이 인정되는 이상, 이 사건 소는 이미 소멸하고 없는 처분의 무효확인 또는 취소를 구하는 것으로서 원칙적으로 소의 이익이 소멸하였다고 보아야 한다. 또한, 피고가 양심적 병역거부자인 '여호와의 증인' 신도들에 대하여 대법원의 판례변경의 취지를 존중하여 당초 처분을 직권취소한 것이므로, 동일한 소송 당사자 사이에서 당초 처분과 동일한 사유로 위법한 처분이 반복될 위험성이 있어 행정처분의 위법성 확인이나 불분명한 법률문제에 대한 해명이 필요한 경우도 아니어서, 소의 이익을 예외적으로 인정할 필요도 없다.[22]

후행처분이 선행처분의 내용 중 일부만을 소폭 변경하는 정도에 불과한 경우 소의 이익

[1] 행정처분을 다툴 소의 이익은 개별·구체적 사정을 고려하여 판단하여야 한다. 행정처분의 무효확인 또는 취소를 구하는 소가 제소 당시에는 소의 이익이 있어 적법하였더라도, 소송 계속 중 처분청이 다툼의 대상이 되는 행정처분을 직권으로 취소하면 그 처분은 효력을 상실하여 더 이상 존재하지 않는 것이므로, 존재하지 않는 처분을 대상으로 한 항고소송은 원칙적으로 소의 이익이 소멸하여 부적법하다고 보아야 한다. 다만 처분청의 직권취소에도 완전한 원상회복이 이루어지지 않아 무효확인 또는 취소로써 회복할 수 있는 다른 권리나 이익이 남아 있거나 또는 동일한 소송 당사자 사이에서 그 행정처분과 동일한 사유로 위법한 처분이 반복될 위험성이 있어 행정처분의 위법성 확인 내지 불분명한 법률문제에 대한 해명이 필요한 경우 행정의 적법성 확보와 그에 대한 사법통제, 국민의 권리구제의 확대 등의 측면에서 예외적으로 그 처분의 취소를 구할 소의 이익을 인정할 수 있다.

[2] 선행처분의 주요 부분을 실질적으로 변경하는 내용으로 후행처분을 한 경우에 선행처분은 특별한 사정이 없는 한 효력을 상실하지만, 후행처분이 선행처분의 내용 중 일부만을 소폭 변경하는 정도에 불과한 경우에는 선행처분은 소멸하는 것이 아니라 후행처분에 의하여 변경되지 아니한 범위 내에서는 그대로 존속한다.

[3] 일반적으로 면허나 인허가 등의 수익적 행정처분의 근거가 되는 법률이 해당 업자들 사이의 과당경쟁으로 인한 경영의 불합리를 방지하는 것도 목적으로 하고 있는 경우, 다른 업자에 대한 면허나 인허가 등의 수익적 행정처분에 대하여 미리 같은 종류의 면허나 인허가 등의 수익적 행정처분을 받아 영업을 하고 있는 기존의 업자는 경업자에 대하여 이루어진 면허나 인허가 등 행정처분의 상대방이 아니라고 하더라도 당해 행정처분의 무효확인 또는 취소를 구할 이익이 있다.

---

22 대법원 2019. 6. 27. 선고 2018두49130 판결(인적사항공개처분취소청구(사) 상고기각): 병무청장이 '여호와의 증인' 신도인 원고들을 병역의무 기피자로 판단하여 그 인적사항 등을 인터넷 홈페이지에 게시하자 원고들이 이를 다투는 항고소송을 제기한 사안에서, 원심이 병무청장의 인적사항 등 공개결정이 항고소송의 대상인 '처분'에 해당하지 않는다고 판단한 것은 잘못이지만, 병무청장이 대법원 2018. 11. 1. 선고 2016도10912 전원합의체 판결의 취지를 존중하여 상고심 계속 중에 그 공개결정을 직권으로 취소한 이상 소의 이익이 소멸하였으므로 원고들의 소를 각하한 결론은 결국 정당하다고 보아 상고기각한 사례입니다.

그러나 경업자에 대한 행정처분이 경업자에게 불리한 내용이라면 그와 경쟁관계에 있는 기존의 업자에게는 특별한 사정이 없는 한 유리할 것이므로 기존의 업자가 그 행정처분의 무효확인 또는 취소를 구할 이익은 없다고 보아야 한다.[23]

2. 보다 용이한 방법으로 권리보호의 목적을 달성할 수 있는 경우

원고가 보다 용이한 방법으로(auf einfachere Art und Weise) 권리보호의 목적을 달성할 수 있다고 판단되는 경우에도 권리보호의 필요가 부정되는 경우를 상정할 수 있는데 그러한 경우는 특히 관계법령이 권리구제를 위한 특별한 규정을 두고 있는데 이를 이용하지 아니하고 막바로 행정소송법상 일반적 권리보호절차에 호소한 경우라든지, 집행력 있는 채무명의를 이미 보유하고 있어 민사소송절차에 의해 이를 직접 그리고 간편하게 목적을 달성할 수 있음에도 불구하고 취소소송을 제기한 경우, 또는 국가배상에 있어 배상심의위원회가 결정한 배상액에 불만이 있지만 국가배상소송을 제기하지 않고 일단 취소소송으로써 배상결정(그 처분성에 관한 논란의 여지를 유보하고서)의 취소만을 구하는 경우 등을 생각할 수 있습니다. 이러한 경우 권리보호의 이익이 없다는 것은 소송절차의 불필요한 남용을 막아야 한다는 제도적 취지에서 정당화될 수 있겠지만, 재판청구권에 비추어 이것이 지나치게 강조되어서는 안 되겠지요.

과세처분이 무효임을 주장하여 무효확인소송을 구하는 것은, 원고가 이미 부과된 세액을 납부하여 마치 그 처분의 집행이 종료된 것과 같이 되어 버린 때에는, 그 직접적인 위법상태의 제거를 구할 수 있는 민사소송에 의한 부당이득반환청구소송의 방법에 비하여 간접적이고 우회적인 방법이라고 보아 확인을 구할 법률상 이익이 없다고 한 판례[24]의 관점은 이러한 맥락에서 취소소송에 대해서도 적용될 수 있습니다.

한편 장관의 임용제청으로 대통령이 임용결정을 하는 경우처럼 절차상 복수의 행정청이 단계적으로 관여하여 최종결정을 내리게 되어 있는 경우에는, 중간결정이 아니라 최종결정을 항고소송의 대상으로 삼아야 하고, 그 경우 최종결정에 선행하는 중간결정을 별도로 다툴 소의 이익을 인정하기 어렵습니다. 그런 경우에도 보다 용이한 방법으로 권리보호의 목적을 달성할 수 있는 경우에 준하여 협의의 소익이 부정됩니다.

---

23 대법원 2020. 4. 9. 선고 2019두49953 판결(도선사업면허변경처분취소).
24 대법원 1991. 9. 10. 선고 91누3840 판결.

　대학의 장 임용에 관하여 교육부장관의 임용제청권을 인정한 취지는 대학의 자율성과 대통령의 실질적인 임용권 행사를 조화시키기 위하여 대통령의 최종적인 임용권 행사에 앞서 대학의 추천을 받은 총장 후보자들의 적격성을 일차적으로 심사하여 대통령의 임용권 행사가 적정하게 이루어질 수 있도록 하기 위한 것이다.

　대학의 추천을 받은 총장 후보자는 교육부장관으로부터 정당한 심사를 받을 것이라는 기대를 하게 된다. 만일 교육부장관이 자의적으로 대학에서 추천한 복수의 총장 후보자들 전부 또는 일부를 임용제청하지 않는다면 대통령으로부터 임용을 받을 기회를 박탈하는 효과가 있다. 이를 항고소송의 대상이 되는 처분으로 보지 않는다면, 침해된 권리 또는 법률상 이익을 구제받을 방법이 없다. 따라서 교육부장관이 대학에서 추천한 복수의 총장 후보자들 전부 또는 일부를 임용제청에서 제외하는 행위는 제외된 후보자들에 대한 불이익처분으로서 항고소송의 대상이 되는 처분에 해당한다고 보아야 한다. 다만 교육부장관이 특정 후보자를 임용제청에서 제외하고 다른 후보자를 임용제청함으로써 대통령이 임용제청된 다른 후보자를 총장으로 임용한 경우에는, 임용제청에서 제외된 후보자는 대통령이 자신에 대하여 총장 임용 제외처분을 한 것으로 보아 이를 다투어야 한다(대통령의 처분의 경우 소속 장관이 행정소송의 피고가 된다. 국가공무원법 제16조 제2항). 이러한 경우에는 교육부장관의 임용제청 제외처분을 별도로 다툴 소의 이익이 없어진다.[25]

　관할 지방병무청장이 위원회의 심의를 거쳐 공개 대상자를 1차로 결정하기는 하지만, 병무청장에게 최종적으로 공개 여부를 결정할 권한이 있으므로, 관할 지방병무청장의 공개 대상자 결정은 병무청장의 최종적인 결정에 앞서 이루어지는 행정기관 내부의 중간적 결정에 불과하다. 가까운 시일 내에 최종적인 결정과 외부적인 표시가 예정되어 있는 상황에서, 외부에 표시되지 않은 행정기관 내부의 결정을 항고소송의 대상인 처분으로 보아야 할 필요성은 크지 않다.

　만일 관할 지방병무청장의 공개 대상자 결정이 대상자에게 개별적으로 통보되는 등으로 대상자가 그 결정이 이루어진 사실을 알게 되었다면, 공개 대상자에게 조기의 권리구제 기회를 부여하지 않을 특별한 이유도 없으므로 관할 지방병무청장의 공개 대상자 결정을 항고소송으로 다툴 수 있도록 하는 것도 가능하지만, 이것이 병무청장의 최종적 결정의 처분성을 부정하는 논거가 될 수는 없다. 관할 지방병무청장이 1차로 공개 대상자 결정을 하고, 그에 따라 병무청장이 같은 내용으로 최종적 공개결정을 하였다면, 공개 대상자는 병무청장의 최종적 공개결정만을 다투는 것으로 충분하고, 관할 지방병무청장의 공개 대상자 결정을 별도로 다툴 소의 이익은 없어진다고 보아야 한다(대법원 2018. 6. 15. 선고 2016두57564 판결 참조).[26]

　"행정청이 한 처분 등의 취소를 구하는 소송은 처분에 의하여 발생한 위법 상태를 배제하여 원래 상태로 회복시키고 처분으로 침해된 권리나 이익을 구제하고자 하는 것이다. 따라서 해당 처분 등의 취소를 구하는 것보다 실효적이고 직접적인 구제수단이 있음에도 처분 등의 취소를 구하는 것은 특별한 사정이 없는 한 분쟁해결의 유효적절한 수단이라고 할 수 없어 법률상 이익이 있다고 할 수 없다. 그런데 당사자의 신청을 받아들이지 않은 거부처분이 재결에서 취소된 경우에 행정청

25 　대법원 2018. 6. 15. 선고 2016두57564 판결.
26 　대법원 2019. 6. 27. 선고 2018두49130 판결(인적사항공개처분취소청구).

은 종전 거부처분 또는 재결 후에 발생한 새로운 사유를 내세워 다시 거부처분을 할 수 있다. 그 재결의 취지에 따라 이전의 신청에 대하여 다시 어떠한 처분을 하여야 할지는 처분을 할 때의 법령과 사실을 기준으로 판단하여야 하기 때문이다. 또한 행정청이 재결에 따라 이전의 신청을 받아들이는 후속처분을 하였더라도 후속처분이 위법한 경우에는 재결에 대한 취소소송을 제기하지 않고도 곧바로 후속처분에 대한 항고소송을 제기하여 다툴 수 있다. 나아가 거부처분을 취소하는 재결이 있더라도 그에 따른 후속처분이 있기까지는 제3자의 권리나 이익에 변동이 있다고 볼 수 없고 후속처분 시에 비로소 제3자의 권리나 이익에 변동이 발생하며, 재결에 대한 항고소송을 제기하여 재결을 취소하는 판결이 확정되더라도 그와 별도로 후속처분이 취소되지 않는 이상 후속처분으로 인한 제3자의 권리나 이익에 대한 침해 상태는 여전히 유지된다. 이러한 점들을 종합하면, 거부처분이 재결에서 취소된 경우 재결에 따른 후속처분이 아니라 그 재결의 취소를 구하는 것은 실효적이고 직접적인 권리구제수단이 될 수 없어 분쟁해결의 유효적절한 수단이라고 할 수 없으므로 법률상 이익이 없다."[27]

3. 소송이 원고에게 아무런 실익이 없다고 인정되는 경우

소송이 원고에게 실제로 아무런 효용이 없고 다만 이론적 관심만으로 제기된 것이라 판단되면 권리보호의 필요가 없는 것으로 보아야 할 것입니다. 이미 확정판결이 난 처분에 대하여 단순한 이론상 의도에서 무용하게 새로운 판결을 기대하여 제기한 취소소송 역시 권리보호의 필요를 결여하는 것으로 판단됩니다. 이것은 행정소송에 있어 권리보호의 이익이란 권리보호형태로서 그것이 제거해야 할 원고의 법적 지위의 현실적 부담(Belastung)을 전제로 한다는 법리로 일반화될 수 있습니다.[28] 그러나 단순한 정량적 관점(Quantitätsgesichtspunkt)에서 처분으로 인한 손해액이 미소하다는 점만으로 권리보호의 필요를 부인할 수는 없습니다.

> **진급처분 없이 한 예비역편입처분의 취소를 구할 이익**
>
> "예비역편입처분은 병역법시행령 제27조 제3항에 따라 헌법상 부담하고 있는 국방의 의무의 정도를 현역에서 예비역으로 변경하는 것으로 병의 진급처분과 그 요건을 달리하는 별개의 처분으로서 그 자에게 유리한 것임이 분명하므로 예비역편입처분에 앞서 진급권자가 진급처분을 행하지 아니한 위법이 있었다 하더라도 예비역편입처분으로 인하여 어떠한 권리나 법률상 보호되는 이익이 침해당하였다고 볼 수 없고, 또한 예비역편입처분취소를 통하여 회복하고자 하는 이익침해는 계급을 상등병에서 병장으로 진급시키는 진급권자에 의한 진급처분이 행하여져야만 보호받을 수 있는 것인데 비록 위 예비역편입처분이 취소된다 하더라도 그로 인하여 신분이 예비역에서 현역으

---

27 대법원 2017. 10. 31. 선고 2015두45045 판결(주택건설사업계획변경승인신청반려처분취소재결취소).

28 Schmitt Glaeser, aaO, S.83.

로 복귀함에 그칠 뿐이고, 상등병에서 병장으로의 진급처분 여부는 원칙적으로 진급권자의 합리적 판단에 의하여 결정되는 것이므로 그와 같은 진급처분이 행하여지지 않았다는 이유로 위 예비역편입처분의 취소를 구할 이익이 있다고 할 수 없다."[29]

분양처분 고시 후에 한 관리처분계획변경인가신청 반려처분의 취소를 구할 이익

"분양처분이 고시되어 효력을 발생하였다면 원고는 위 소외인들을 금전청산대상자에서 공동주택 분양대상자로 변경하는 내용으로 관리처분계획을 변경할 수도 없고 설령 그 변경인가를 받는다 하더라도 아무런 효력이 없다고 할 것이므로 결국 원고로서는 관리처분계획변경인가신청 반려처분의 취소를 구할 아무런 이익이 없다 할 것이다."[30]

도시개발공사 완료로 원상회복이 불가능하게 된 경우 도시계획변경처분 등의 취소를 구할 이익

"도시개발사업의 공사 등이 완료되고 원상회복이 사회통념상 불가능하게 되었더라도 위 각 처분의 취소를 구할 법률상 이익은 소멸한다고 할 수 없다."[31]

개발제한구역 안 공장설립 승인처분 취소이후 잔존 건축허가처분과 권리보호이익

[1] 행정처분의 직접 상대방이 아닌 자로서 처분에 의하여 자신의 환경상 이익을 침해받거나 침해받을 우려가 있다는 이유로 취소소송을 제기하는 제3자는, 자신의 환경상 이익이 처분의 근거 법규 또는 관련 법규에 의하여 개별적·직접적·구체적으로 보호되는 이익, 즉 법률상 보호되는 이익임을 증명하여야 원고적격이 인정된다.

[2] 행정소송법 제12조 후문은 '처분 등의 효과가 기간의 경과, 처분 등의 집행 그 밖의 사유로 인하여 소멸된 뒤에도 그 처분 등의 취소로 인하여 회복되는 법률상 이익이 있는 자의 경우에는' 취소소송을 제기할 수 있다고 규정하여, 이미 효과가 소멸된 행정처분에 대해서도 권리보호의 필요성이 인정되는 경우에는 취소소송의 제기를 허용하고 있다. 구체적인 사안에서 권리보호의 필요성 유무를 판단할 때에는 국민의 재판청구권을 보장한 헌법 제27조 제1항의 취지와 행정처분으로 인한 권익침해를 효과적으로 구제하려는 행정소송법의 목적 등에 비추어 행정처분의 존재로 인하여 국민의 권익이 실제로 침해되고 있는 경우는 물론이고 권익침해의 구체적·현실적 위험이 있는 경우에도 이를 구제하는 소송이 허용되어야 한다는 요청을 고려하여야 한다. 따라서 처분이 유효하게 존속하는 경우에는 특별한 사정이 없는 한 그 처분의 존재로 인하여 실제로 침해되고 있거나 침해될 수 있는 현실적인 위험을 제거하기 위해 취소소송을 제기할 권리보호의 필요성이 인정된다고 보아야 한다.

[3] 구 산업집적활성화 및 공장설립에 관한 법률(2009. 2. 6. 법률 제9426호로 개정되기 전의 것) 제13조 제1항, 제13조의2 제1항 제16호, 제14조, 제50조, 제13조의5 제4호의 규정을 종합하면, 공장설립승인처분이 있고 난 뒤에 또는 그와 동시에 공장건축허가처분을 하는 것이 허용되므로, 공장설립승인처분이 취소된 경우에는 그 승인처분을 기초로 한 공장건축허가처분 역시 취소

---

29 대법원 2000. 5. 16. 선고 99두7111 판결(예비역편입처분취소: 원심판결 서울고법 1999. 5. 26. 선고 99누594 판결).

30 대법원 1999. 10. 8. 선고 97누12105 판결(주택개량재개발사업관리처분계획변경인가신청반려처분취소).

31 대법원 2005. 9. 9. 선고 2003두5402, 5419 판결(도시계획변경결정처분등취소·건축허가처분취소).

되어야 하고, 공장설립승인처분에 근거하여 토지의 형질변경이 이루어진 경우에는 원상회복을 해야 함이 원칙이다. 따라서 개발제한구역 안에서의 공장설립을 승인한 처분이 위법하다는 이유로 쟁송취소되었다고 하더라도 그 승인처분에 기초한 공장건축허가처분이 잔존하는 이상, 공장설립승인처분이 취소되었다는 사정만으로 인근 주민들의 환경상 이익이 침해되는 상태나 침해될 위험이 종료되었다거나 이를 시정할 수 있는 단계가 지나버렸다고 단정할 수는 없고, 인근 주민들은 여전히 공장건축허가처분의 취소를 구할 법률상 이익이 있다고 보아야 한다.32

4. 소권의 남용 또는 소권이 실효되었다고 인정되는 경우

원고가 단지 피고 행정청에게 여론의 압력을 가한다거나 불편을 끼치려는 목적으로 취소소송을 제기하는 경우처럼, 법질서 전체에 비추어 특별히 비난받을 수 있는 목적으로 취소소송을 남용한다면, 신의성실의 원칙 및 이로부터 파생된 소권남용금지 원칙상 권리보호의 이익을 인정할 수 없습니다.33 소권이 실효되었다고 볼 수 있는 경우도 마찬가지입니다.34

---

32 대법원 2018. 7. 12. 선고 2015두3485판결(개발제한구역행위(건축)허가취소).
33 이와 직접 관련된 것은 아니지만, 최근 공무원들이 감사에 걸리지 않도록 오로지 시간을 벌기 위하여 제1심 패소판결에 대하여 무조건적으로 상고하는 관행이 문제되고 있는데, 이러한 남상소도 유사한 관점에서 소권의 남용으로 인정될 수 있을 것입니다.
34 Schmitt Glaeser, aaO, S.84, Rn.134.

제38강
취소소송에도 응급조치가 있나요? - 가구제

　취소소송을 제기해도 최종판결이 나오기까지는 시간이 걸립니다. 그 시간이 상당히 오래 걸리는 일이 많지요. 승소를 해도 판결이 확정된다는 보장은 없습니다. 상대방이 항소, 상고를 할 수 있기 때문입니다. 그사이에 처분이 집행되거나 절차가 진행되어 회복하기 어려운 손해를 입는 사태를 막고 싶습니다. 답답한 심정에 묻습니다. 취소소송에도 응급조치가 있나요?

　사법작용은 그 본질상 신중한 절차를 필요로 합니다. 민사소송과 마찬가지로 행정소송도 판결을 통하여 종결되기까지 상당한 시일이 소요됩니다. 그리하여 경우에 따라 원고가 승소판결을 얻는다고 하더라도 그사이에 계쟁처분이 집행되거나 효력이 완성되어 버리면 당초 구제목적의 달성이 사실상 불가능하게 되는 때가 있을 수 있습니다. 이때 판결이 있기 전이라도 잠정적으로 처분의 집행을 정지하는 등 임시조치를 취함으로써 권리구제에 차질이 없도록 할 필요가 생깁니다. 행정소송에서 가구제란 이와 같이 정상적인 권리구제절차로는 구제 목적을 달성할 수 없는 경우 원고에게 일정한 요건 아래 잠정적인 권리보호(vorläufiger Rechtsschutz)를 부여하는 절차를 말합니다. 즉 계쟁처분이나 공법상의 권리관계에 관하여 임시의 효력관계나 지위를 정함으로써 본안판결이 확정될 때까지 잠정적으로 권리구제를 도모하는 제도입니다. 행정소송, 특히 취소소송에 있어 가구제는 공권력행사로서 처분의 집행보장에 대한 행정목적과 권리구제의 실효성에 대한 사익의 요구를 적절히 조화시키기 위한 제도적 방법입니다. 행정소송상 가구제의 내용은 각국의 입법정책에 따라 일정하지 않으나, 대체로 집행정지와 가처분이 문제되고 있습니다. 전자는 행정심판 및 행정소송의 제기 또는 법원에 의한 별도의 집행정지결정에 집행정지효를 결부시키는 제도인

데 비하여, 후자는 일반 민사소송상의 가처분제도를 행정소송에 원용하는 방식이라 할 수 있습니다. 행정소송법은 취소소송의 집행정지에 관한 규정(§ 23)만 두고 가처분은 규정하지 않았습니다.

Ⅰ. 집행정지

1. 집행부정지의 원칙

행정소송법은 "취소소송의 제기는 처분 등의 효력이나 그 집행 또는 절차의 속행에 영향을 주지 아니 한다."고 규정함으로써 집행부정지원칙을 채택하고 있습니다 (§ 23 ①). 이러한 집행부정지원칙을 행정행위의 공정력(예선적 효력)의 당연한 귀결로 보는 견해도 있으나, 이것은 위법한 처분등에 의해 권익침해를 최소화하려는 권리구제적 관심과 반면 절차남용의 억제 및 처분의 효력·집행의 지속성보장 등 원활한 행정운영에 관한 공익의 요청 중 어느 것에 상대적 비중과 우선순위를 두느냐에 따라 결정되는 입법정책의 문제입니다.[1] 따라서 집행부정지의 원칙은 행정행위의 공정력(예선적 효력) 또는 자력집행력의 결과라기보다는 오히려 그러한 효력을 전제로 하여 채택된 법정책적 선택의 산물이라 할 수 있습니다.

> 이것은 각국의 입법례를 보아도 분명히 알 수 있습니다. 가령 우리처럼 집행부정지의 원칙 (caractère non suspensif)에 입각하여 예외적으로만 집행정지(sursis à exécution)를 허용하는 프랑스나 일본의 경우와는 달리, 독일은 집행정지가 원칙이어서 행정심판 및 행정소송의 제기에 집행정지효(aufschiebende Wirkung)가 인정되는데 이 경우 행정행위의 공정력이나 자력집행력 이 부정되는 것은 아니라는 점에 유의할 필요가 있습니다.

2. 예외: 집행정지

행정소송법은 집행부정지원칙을 일률적으로 관철시킴으로 인해 발생할 수 있는 불합리한 결과를 방지하기 위하여 일정한 경우 예외적으로 집행정지를 할 수 있도록

---

1 김도창, 일반행정법론(상), 712.

했습니다. 즉, 취소소송이 제기된 경우에 처분등이나 그 집행 또는 절차의 속행으로 인하여 생길 회복하기 어려운 손해를 예방하기 위하여 긴급한 필요가 있다고 인정할 때에는 본안이 계속되고 있는 법원은 당사자의 신청 또는 직권에 의하여 처분등의 효력이나 그 집행 또는 절차의 속행의 전부나 일부의 정지를 결정할 수 있습니다 (§ 23 ②). 집행정지는 본안판결의 확정시까지 존속하는 임시적 구제제도로서, ① 잠정성, ② 긴급성, ③ 본안소송에의 부종성 같은 특성을 지닙니다.

행정처분의 효력정지나 집행정지를 구하는 신청사건에서는 행정처분 자체의 적법 여부를 판단할 것이 아니고 그 행정처분의 효력이나 집행 등을 정지시킬 필요가 있는지 여부, 즉 행정소송법 제23조 제2항 소정 요건의 존부만이 판단대상이 됩니다. 따라서 이러한 요건 결여를 이유로 효력정지신청을 기각한 결정에 대하여 행정처분 자체의 적법 여부를 가지고 불복사유로 할 수 없다는 것이 대법원의 판례입니다.[2]

2.1. 집행정지의 요건

법원이 집행정지결정에는 다음과 같은 적극적 요건과 소극적 요건이 충족되어야 합니다.

(1) 적극적 요건

① 집행정지의 대상인 처분등의 존재

집행정지의 대상은 ① 처분등의 효력, ② 처분등의 집행, ③ 절차의 속행입니다. 따라서 ① 처분 전, ② 부작위에 대하여, 또는 ③ 처분 소멸 후에는 집행정지의 대상이 없게 되므로 집행정지는 허용되지 않습니다. 처분이 존재하고 집행이 이미 완료된 경우처럼 집행정지신청의 이익(필요)이 없는 경우에도 집행정지는 허용되지 아니 합니다.

> **집행정지 신청의 이익**
> [1] 행정처분에 대한 효력정지신청을 구함에 있어서도 이를 구할 법률상 이익이 있어야 하는바, 이 경우 법률상 이익이라 함은 그 행정처분으로 인하여 발생하거나 확대되는 손해가 당해 처분의 근거 법률에 의하여 보호되는 직접적이고 구체적인 이익과 관련된 것을 말하는 것이고 단지 간접적이거나 사실적·경제적 이해관계를 가지는 데 불과한 경우는 여기에 포함되지 않는다.

---

2   대법원 1991. 5. 2. 자. 91두15 결정(접견허가거부처분효력정지).

[2] 경쟁 항공회사에 대한 국제항공노선면허처분으로 인하여 노선의 점유율이 감소됨으로써 경쟁력과 대내외적 신뢰도가 상대적으로 감소되고 연계노선망개발이나 타항공사와의 전략적 제휴의 기회를 얻지 못하게 되는 손해를 입게 되었다고 하더라도 위 노선에 관한 노선면허를 받지 못하고 있는 한 그러한 손해는 법률상 보호되는 권리나 이익침해로 인한 손해라고는 볼 수 없으므로 처분의 효력정지를 구할 법률상 이익이 될 수 없다.3

무효인 처분도 집행정지의 대상이 될 수 있습니다. 행정소송법 제23조는 취소소송을 전제로 한 것이기는 하지만, 제38조 제1항에서 이를 무효등확인소송에 준용하고 있고, 또 실질적으로도 그 경우를 배제하는 의미로 해석해야 할 이유가 없을 뿐만 아니라 무효인 경우에도 처분의 외관이 존재하고 또 집행될 우려가 있을 수 있고, 더욱이 절차속행을 정지시킬 필요성은 단순위법보다 무효의 경우가 훨씬 더 클 것이므로 집행정지의 대상이라고 보아야 할 것입니다.

한편, 신청에 대한 거부처분은 집행정지의 대상이 될 수 없다는 것이 통설이고 판례도 같은 입장입니다. 다만 최근에는 이에 대한 논란이 있습니다.4

[거부처분에 대한 집행정지 허용 여부]

"신청에 대한 거부처분의 효력을 정지하더라도 거부처분이 없었던 것과 같은 상태, 즉 거부처분이 있기 전의 신청시의 상태로 되돌아가는 데에 불과하고 행정청에게 신청에 따른 처분을 하여야 할 의무가 생기는 것이 아니므로, 거부처분의 효력정지는 그 거부처분으로 인하여 신청인에게 생길 손해를 방지하는데 아무런 보탬이 되지 아니하여 그 효력정지를 구할 이익이 없다 할 것이다."5

"신청인의 신기술 보호기간 연장신청을 거부한 이 사건 처분의 효력을 정지하더라도 이로 인하여 보호기간이 만료된 신기술 지정의 효력이 회복되거나 행정청에게 보호기간을 연장할 의무가 생기는 것도 아니라고 할 것이다. 그렇다면, 이 사건 처분의 효력을 정지하더라도 이 사건 처분으로 신청인이 입게 될 손해를 방지하는 데에는 아무런 소용이 없고, 따라서 이 사건 처분의 효력정지를 구하는 이 사건 신청은 그 이익이 없어 부적법하다고 할 것이다.(대법원 1995. 6. 21.자 95두26결정, 1993. 2. 10.자 92두72결정 등 참조)."6

---

3 대법원 2000. 10. 10. 자 2000무17 결정(집행정지): 경쟁 항공회사에 대한 국제항공노선면허처분이 효력정지되면 행정청으로부터 항공법상 전세운항계획에 관한 인가를 받아 취항할 수 있게 되는 지위를 가지게 된다고 하더라도, 행정청이 위 인가를 하여 줄 법률상 의무가 발생하는 것이 아니고, 다만 경쟁 항공회사와 함께 인가를 신청할 수 있음에 그치는 것이며, 그 인가 여부는 다시 행정청의 별도의 처분에 맡겨져 있으므로 위와 같은 이익은 처분의 효력정지를 구할 수 있는 법률상 이익이라고 할 수 없다고 한 사례.
4 이현수, "행정소송상 집행정지의 법적 성격에 관한 연구", 『행정법연구』 제9호(2003.상반기), 행정법이론실무학회, 157-176; 김철용, 행정법 I, 2010, 717 등을 참조.
5 대법원 1995. 6. 21. 자 95두26 결정.
6 대법원 2005. 1. 17. 자 2004무48 결정(집행정지).

그러나 이러한 판례에 대해서는 가령 체류기간 연장허가 신청에 대한 거부처분 등의 집행정지 등 거부처분 이전 상태로의 회복이 신청인에게 법적 이익이 되는 경우도 있을 수 있어 그런 경우 집행정지가 가능하다는 반론이 제기됩니다.[7]

현실적으로 거부처분이 집행되는 경우는 생각하기 어렵고 또 거부처분의 효력을 정지하더라도 거부처분이 없었던 것과 같은 상태, 즉 거부처분이 있기 전 신청시의 상태로 되돌아가는 데에 불과하고 행정청에게 신청에 따른 처분을 해야 할 의무가 생기는 것이 아닙니다. 하지만, '신청에 대한 거부처분의 집행정지는 허용되지 않는다'고 일반화할 수는 없습니다. 거부처분 자체의 효력이나 거부처분에 따른 절차의 속행으로 중대한 손해가 발생하는 경우도 있을 수 있으므로 그 한도 내에서 집행정지가 가능하다고 보아야 할 것입니다.

② 소송의 계속(係屬)

민사소송법상 가처분이 소송제기 전에 보전수단으로서 신청될 수 있는 것과 달리 본안이 법원에 계속되어 있을 것을 요건으로 합니다. 소가 취하되거나 각하 또는 기각 재결을 받은 경우에는 집행정지를 허용할 여지가 없습니다.[8]

> 행정처분의 집행정지는 행정처분집행 부정지의 원칙에 대한 예외로서 인정되는 일시적인 응급처분이라 할 것이므로 집행정지결정을 하려면 이에 대한 본안소송이 법원에 제기되어 계속 중임을 요하고(대법원 1975. 11. 11. 선고 75누97 판결 등 참조), 따라서 집행정지신청 기각결정 후 본안소송이 취하되었다면 위 기각결정에 대한 재항고는 그 실익이 없어 각하될 수밖에 없다(대법원 1980. 4. 30.자 79두10 결정 등 참조).[9]

다만 소송제기로써 소송계속이 성립되는 것인 이상, 소제기와 동시에 집행정지신청을 하는 것은 허용된다고 새겨야 할 것입니다.

③ 회복하기 어려운 손해발생의 우려

집행정지는 처분이나 그 집행 또는 절차의 속행으로 인하여 생길 회복하기 어려운 손해를 예방하기 위한 것이어야 합니다. 회복하기 어려운 손해란 일반적으로 사

---

7 박균성, 행정법강의, 박영사, 2012, 827. 한편, 일본에서 집행정지를 인용한 사례가 있다고 합니다. 東京地裁 行集 21卷 9號 1113(김남진/김연태, 행정법 I, 법문사, 2012, 810).
8 대법원 2007. 6. 15. 자 2006무89 결정(소각하판결에 따른 소송계속의 해소); 대법원 2007. 6. 28. 자 2005무75 결정(소취하로 인한 소송계속의 해소)을 참조.
9 대법원 2019. 6. 27. 자 2019무622 결정(집행정지).

회통념상 원상회복이나 금전보상이 전혀 불능인 경우뿐만 아니라, 금전보상만으로는 처분 상대방이 참고 견딜 수 없거나 현저히 참고 견디기 곤란한 경우를 말합니다. 가령 원상회복이 과다한 노력과 비용을 들여서만 가능하여 이를 처분 상대방에게 감수하게 할 만한 수인기대가능성(Zumutbarkeit)이 없다고 판단되는 경우에는 금전보상이 가능할지라도 집행정지를 해야 할 것입니다.

> **판례**
>
>   "행정처분의 집행정지나 효력정지결정을 하기 위하여는 행정소송법 제23조 제2항에 따라 회복하기 어려운 손해를 예방하기 위하여 긴급한 필요가 있어야 하고, 여기서 말하는 "회복하기 어려운 손해"라 함은 특별한 사정이 없는 한 금전으로 보상할 수 없는 손해라 할 것이며 이는 금전보상이 불능한 경우뿐만 아니라 금전보상으로는 사회관념상 행정처분을 받은 당사자가 참고 견딜 수 없거나 또는 참고 견디기가 현저히 곤란한 경우의 유형·무형의 손해를 일컫는다."[10]
>
>   "당사자가 행정처분 등이나 그 집행 또는 절차의 속행으로 인하여 재산상의 손해를 입거나 기업이미지 및 신용이 훼손당하였다고 주장하는 경우에 그 손해가 금전으로 보상할 수 없어 '회복하기 어려운 손해'에 해당한다고 하기 위해서는, 그 경제적 손실이나 기업 이미지 및 신용의 훼손으로 인하여 사업자의 자금사정이나 경영 전반에 미치는 파급효과가 매우 중대하여 사업 자체를 계속할 수 없거나 중대한 경영상의 위기를 맞게 될 것으로 보이는 등의 사정이 존재하여야 한다."[11]

④ 긴급한 필요의 존재

집행정지는 회복하기 어려운 손해의 발생이 시간적으로 절박하여 본안소송에 대한 판결을 기다릴 여유가 없는 경우에만 허용됩니다. 가령 과세처분에 의하여 받은 손해는 취소판결을 통하여 사후에 구제될 수 있는 것이므로 이에 해당하지 않는다는 것이 판례입니다.[12]

한편 ③과 ④의 요건은 모두 「긴급보전의 필요」라는 요건으로 통합될 수 있는 것이므로 각각 별개로 판단할 것이 아니라 합일적으로 판단하여 앞의 요건이 충족되면 뒤의 요건도 충족되는 것으로 새기는 것이 집행정지를 허용하는 제도 취지에 합당한 해석입니다(다수설).[13]

---

10 대법원 1992. 8. 7. 선고 92두30 결정. 대법원은 이 결정에서 상고심에 계속 중인 형사피고인을 안양교도소로부터 진주교도소로 이송함으로써 행정소송법 제23조 제2항의 "회복하기 어려운 손해"가 발생할 염려가 있다고 보았습니다.
11 대법원 2003. 4. 25. 자 2003무2 결정(집행정지).
12 대법원 1962. 1. 20. 선고 4294행상7 판결; 1971. 1. 28. 선고 70두7 결정.
13 가령 김철용, 행정법 I, 2010, 719를 참조.

[1] 행정소송법 제23조 제2항은 '취소소송이 제기된 경우에 처분 등이나 그 집행 또는 절차의 속행으로 인하여 생길 회복하기 어려운 손해를 예방하기 위하여 긴급한 필요가 있다고 인정할 때에는 처분 등의 효력 등을 정지할 수 있다.'고 정하고 있다. 여기에서 '회복하기 어려운 손해'는 특별한 사정이 없는 한 금전으로 보상할 수 없는 손해로서 금전보상이 불가능한 경우 또는 금전보상으로는 사회관념상 행정처분을 받은 당사자가 참고 견딜 수 없거나 참고 견디기가 현저히 곤란한 경우의 유형, 무형의 손해를 일컫는다. 그리고 '처분 등이나 그 집행 또는 절차의 속행으로 인하여 생길 회복하기 어려운 손해를 예방하기 위하여 긴급한 필요'가 있는지는 처분의 성질, 양태와 내용, 처분상대방이 입는 손해의 성질·내용과 정도, 원상회복·금전배상의 방법과 난이도 등은 물론 본안청구의 승소가능성 정도 등을 종합적으로 고려하여 구체적·개별적으로 판단하여야 한다.

[2] 시장이 도시환경정비구역을 지정하였다가 해당구역 및 주변지역의 역사·문화적 가치 보전이 필요하다는 이유로 정비구역을 해제하고 개발행위를 제한하는 내용을 고시함에 따라 사업시행 예정구역에서 설립 및 사업시행인가를 받았던 甲 도시환경정비사업조합에 대하여 구청장이 조합설립인가를 취소하자, 甲 조합이 해제 고시의 무효확인과 인가취소처분의 취소를 구하는 소를 제기하고 판결 선고 시까지 각 처분의 효력 정지를 신청한 사안에서, 정비구역 지정이 취소되고 이에 대하여 불가쟁력이 발생하는 경우 정비사업 시행을 전제로 하는 후속 처분들은 모두 그 의미를 상실하게 되고 甲 조합에 대한 조합설립인가 취소처분은 甲 조합이 적법하게 취득한 공법인의 지위를 甲 조합의 귀책사유 없이 사후적 사정변경을 이유로 박탈하는 것이어서 신중하게 판단해야 하므로 위 각 처분의 위법성에 관하여 甲 조합이 본안소송에서 주장·증명할 기회가 충분히 보장되어야 하는 점, 각 처분의 효력을 정지하지 않을 경우 甲 조합이 정비사업과 관련한 후속 조치를 실행하는 데 사실상, 법률상 장애가 있게 될 뿐 아니라 시장 및 구청장이나 관계 행정청이 정비사업의 진행을 차단하기 위한 각종 불이익 조치를 할 염려가 있는 점 등을 종합하면, 각 처분의 효력을 정지하지 않을 경우 甲 조합에 특별한 귀책사유가 없는데도 정비사업의 진행이 법적으로 불가능해져 甲 조합에 회복하기 어려운 손해가 발생할 우려가 있으므로 이러한 손해를 예방하기 위하여 각 처분의 효력을 정지할 긴급한 필요가 있다고 한 사례.[14]

(2) 소극적 요건

집행정지가 공공복리에 중대한 영향을 미칠 우려가 없어야 합니다. 사익의 보호가 공공복리에 중대한 영향을 주는 경우란 후자의 이익이 압도적으로 사익의 희생을 요구할 때를 말하며 이것은 공사의 이익을 비교형량하여 판단되어야 합니다. 가령 집행정지가 공공복리에 중대한 영향을 미칠 우려가 있고, 그것이 신청인이 입을 우려가 있는 손해를 희생시켜서라도 옹호할 만한 것이라고 인정될 때에는 집행정지를 할 수 없습니다(§ 23 ③). 가령 공설화장장의 이전설치처분 집행정지사건에서 대법원은 화장장이 시체처리, 교육행정 기타 공공복리에 중대한 영향을 미친다고 보아 집행정지신청을 기각한 바 있습니다.[15]

14　대법원 2018. 7. 12. 자 2018무600 결정(집행정지).
15　대법원 1971. 3. 5. 선고 71두2 결정.

한편, 이러한 집행정지의 소극적 요건에 대한 주장·소명책임은 행정청에게 있습니다.

"행정소송법 제23조 제3항에서 규정하고 있는 집행정지의 장애사유로서의 '공공복리에 중대한 영향을 미칠 우려'라 함은 일반적·추상적인 공익에 대한 침해의 가능성이 아니라 당해 처분의 집행과 관련된 구체적·개별적인 공익에 중대한 해를 입힐 개연성을 말하는 것으로서 이러한 집행정지의 소극적 요건에 대한 주장·소명책임은 행정청에게 있다."16

(3) 본안의 이유 유무와 집행정지

본안의 이유 유무를 집행정지의 요건으로 볼 것인가가 문제됩니다. 이것은 첫째 본안이 이유 있음이 명백한 경우, 앞에서 살펴본 요건중 긴급보전의 필요라는 요건이 미흡하더라도, 집행정지결정을 할 수 있느냐, 둘째, 이와 반대로 본안이 이유 없음이 명백한 경우 집행정지요건이 충족된 경우에도 집행정지를 불허해야 하느냐 하는 문제입니다.

① 본안의 이유 있음이 명백하다고 인정되는 경우

처분등의 위법성이 명백한 이상 긴급보전의 필요가 미흡하더라도 이를 근거로 집행정지를 할 수 있다는 견해가 있습니다(적극설).17 행정소송상 집행정지는 임시적 구제절차이기는 하지만, 민사집행법상의 가처분과는 달리, 본안해결의 제1단계라는 절차적 의의도 있는 만큼, 집행정지 문제를 본안과 완전히 분리하는 것은 적당치 않다는 것입니다. 그러나 이를 인정할 경우 자칫 본안심리의 선취(Vorgriff)를 초래할 수 있으므로, 본안의 이유 유무는 적어도 행정소송법 규정상 집행정지 요건으로 고려할 수 없다는 반론이 제기됩니다.18

판례는 "집행정지신청사건 자체에 의하여도 집행정지의 대상이 될 행정처분이 명백히 위법임을 인정할 수 있는 경우에 있어서는, 위 위법의 개연성도 집행정지사유의 하나로 할 수 있다."고 하여 적극설의 입장을 취한 것도 있으나,19 소극설에 입각한 것도 있습니다: "행정처분의 효력정지나

---

16 대법원 1999. 12. 20. 자 99무42 결정 참조.
17 김도창, 일반행정법론(상), 798.
18 홍정선, 행정법원론(상), 808. 학설에 대해서는 박윤흔, 행정법강의(상), 937－938을 참조.
19 대법원 1962. 4. 12. 선고 63두3 결정.

집행정지를 구하는 신청사건에 있어서는 그 행정처분의 효력이나 집행을 정지시킬 필요가 있는지의 여부, 즉 행정소송법 제23조 제2항 소정요건의 존부만이 판단대상이 되는 것이므로, 이러한 <u>요건을 결여하였다는 이유로 집행정지신청을 기각한 결정에 대하여는 행정처분 자체의 적법여부를 가지고 불복사유로 삼을 수 없다.</u>"[20]

이와 동일한 견지에서 법학전문대학원 예비인가처분의 효력정지를 구하는 신청사건에서, 처분 자체의 적법 여부에 관하여 판단하지 않은 채 행정소송법 제23조 제2항에 정한 요건을 충족하지 않는다는 이유로 효력정지신청을 배척한 결정이 위법하지 않다고 한 사례가 있습니다.[21]

다만, '처분의 성질과 태양 및 내용, 처분상대방이 입는 손해의 성질·내용 및 정도, 원상회복·금전배상의 방법 및 난이 등'과 함께 본안청구의 승소가능성의 정도 등을 종합적으로 고려하는 정도라면 무방하지 않을까 생각합니다.

> **참조 판례**
>
> 「여기서 "처분으로 인하여 생길 회복하기 어려운 손해를 예방하기 위하여 긴급한 필요"가 있는지 여부는 당해 처분의 성질과 태양 및 내용, 처분상대방이 입는 손해의 성질·내용 및 정도, 원상회복·금전배상의 방법 및 난이, 본안청구의 승소가능성의 정도 등을 종합적으로 고려하여 구체적·개별적으로 판단하여야 한다(대법원 2004. 5. 17.자 2004무6결정 참조).」[22]

② 본안의 이유 없음이 명백하다고 인정되는 경우

본안이 이유 없음이 명백한 경우, 다른 집행정지요건이 충족된 경우에도 이를 집행정지신청의 기각사유로 삼을 것이냐, 즉 본안의 이유 없음을 집행정지의 소극적 요건으로 삼을 것이냐에 관해서도 찬반 양론이 대립하고 있습니다. 대법원은 종래 집행정지의 단계에서 본안에 관한 이유의 유무를 판단할 수 없다는 입장에 서면서도 "본안청구가 이유 없음이 기록상 분명하지 않은 이상"이라고 표현하여 본안패소의 확실성이 집행정지의 소극적 요건으로 됨을 시사하는 등 다소 모호한 태도를 보이기도 했으나,[23] 다음에 보는 바와 같이 집행정지사건 자체에 의하여도 신청인의 본안 청구가 이유 없음이 명백하지 않아야 한다는 것을 집행정지의 요건으로 포함시켜야 한다는 적극적 입장을 표명했고 그러한 판례를 재확인하고 있습니다.

---

20 대법원 1990. 7. 19. 선고 90두12 결정.
21 대법원 2008. 8. 26. 자 2008무51 결정(효력정지).
22 대법원 2008. 12. 29. 자 2008무107 결정(집행정지).
23 대법원 1986. 3. 21. 선고 86두5 결정.

　"행정처분의 효력정지나 집행정지제도는 신청인이 본안 소송에서 승소판결을 받을 때까지 그 지위를 보호함과 동시에 후에 받을 승소판결을 무의미하게 하는 것을 방지하려는 것이어서 <u>본안 소송에서 처분의 취소가능성이 없음에도 처분의 효력이나 집행의 정지를 인정한다는 것은 제도의 취지에 반하므로</u> 효력정지나 집행정지사건 자체에 의하여도 <u>신청인의 본안 청구가 이유 없음이 명백하지 않아야 한다는 것도 효력정지나 집행정지의 요건에 포함시켜야 한다.</u>"[24]

③ 결론

　　문제는 본안에 관한 이유 유무를 사전에 명백하게 추지할 수 있는 경우, 이를 집행정지의 가부와 어떻게 관련시킬 것인가에 있습니다. 여기서는 가령 본안이 명백히 이유 있다고 판단되는 경우에는 위법한 처분등의 집행을 감수시키는 것은 바람직하지 않으므로 집행정지를 인정하는 것이 타당하며, 반대로 명백히 이유 없다고 판단되는 경우에는 아예 집행정지를 인정할 여지가 없지 않느냐 하는 실질적 관점이 작용하고 있습니다. 반면, 행정소송에 있어 집행정지란 어디까지나 가구제제도로서 인정되는 것이고 또 집행정지요건이 명시적으로 규정되고 있다는 점이 아울러 고려되어야만 하는데, 행정소송법이 아무 규정을 두지 않았기 때문에 문제가 됩니다.

　　먼저 본안의 이유 있음이 명백한 경우에 관하여 본다면, 이를 적극적 요건으로 볼 것인가보다는 오히려 긴급보전의 필요가 미흡한 경우에도 집행정지의 적극적 사유로 볼 것인가가 문제입니다. 적극설이라는 것이 집행정지의 적극적 요건으로서 '본안의 이유 있음이 명백할 것'을 요구하는 주장은 아니기 때문입니다. 이렇게 본다면 본안의 이유 있음이 명백한 경우에는, 이를 인정할 경우 자칫하면 본안심리의 선취(Vorgriff)를 초래할 우려가 있고 적어도 행정소송법 규정상 이를 집행정지의 사유(특히 법원의 직권에 의한)로 고려하기는 곤란하다고 봅니다.

　　반면 이와 반대로 본안이 이유 없음이 명백한 경우에는 다른 집행정지요건이 충족되었다 할지라도 집행정지의 가구제로서의 실질적 전제가 아예 상실되는 것이므로 이를 소극적 요건으로 보는 것이 타당하리라고 봅니다.

　　서울행정법원은 법무부장관의 검찰총장에 대한 직무집행정지처분에 대한 효력정지신청사건에서 서울행정법원은 본안은 신청인에 대한 징계처분이 아니라 징계 시까지 신청인의 직무 집행을 배제하는 내용의 처분이므로, 집행정지 사건에서 징계사

24　대법원 2008. 5. 6. 자 2007무147 결정(집행정지).

유의 존부를 심리·판단하는 것은 적절하지 않다고 전제하면서, **본안은 본안 청구가 이유 없음이 명백하지 않아야 한다는 정도의 소극적 요건으로만 심리될 뿐이라고 판시**하여 이 점을 분명히 한 바 있습니다.[25]

  한편 사건의 특성에 따라서는 집행정지 재판에서 집행정지요건뿐만 아니라 본안 심리에서 다룰 처분의 실체적·절차적 위법성도 함께 고려해야 할 경우도 인정되고 있습니다. 실례로 서울행정법원은 세간의 주목을 끈 '검찰총장 징계처분 사건'에서 그와 같은 입장을 취했습니다. 즉, 본안소송 재판절차가 신청인의 임기 만료 전에 마쳐질 것으로 단언하기 어려운 상황에서 징계처분의 효력 정지 여부 판단으로 징계처분의 위법 여부에 대한 본안판단이 사실상 무의미하게 될 수도 있다는 집행정지의 만족적 성격, 신청인의 임기, 본안소송의 재판진행 예상, 신청인과 피신청인의 의견 등을 종합적으로 고려하여 집행정지 재판에서 징계처분의 실체적·절차적 위법성도 함께 고려해야 한다는 것이지요.

효력정지가 만족적 성질을 가지는 사건에서의 집행정지요건 판단

  [1] 대법원 2011. 4. 21.자 2010무111 전원합의체 결정은 "회복하기 어려운 손해는 특별한 사정이 없는 한 금전으로 보상할 수 없는 손해로서 금전 보상이 불가능한 경우 또는 금전보상으로는 사회관념상 행정처분을 받는 당사자가 참고 견딜 수 없거나 참고 견디기가 현저히 곤란한 경우의 유형·무형의 손해를 일컫는다. 그리고 '처분 등이나 그 집행 또는 절차의 속행으로 인하여 생길 회복하기 어려운 손해를 예방하기 위하여 긴급한 필요'가 있는지는 처분의 성질과 태양 및 내용, 처분 상대방이 입는 손해의 성질·내용 및 정도, 원상회복·금전배상의 방법 및 난이 등은 물론 본안청구의 승소가능성 정도 등을 종합적으로 고려하여 구체적·개별적으로 판단하여야 한다."고 판시하고, 대법원 2008. 12. 29.자 2008 무107 결정은 '처분 등이나 그 집행 또는 절차의 속행으로 인하여 생길 회복하기 어려운 손해를 예방하기 위하여 긴급한 필요'가 있는지에 관하여 "신청인의 잔여임기가 이 사건 신청과 관련하여 가지는 양면적 성격(즉, 잔여임기가 단기간이라는 사정은 효력정지의 긴급한 필요가 있는지의 판단에 참작될 수 있는 사정이기는 하나 이와 동시에

---

25 서울행정법원 2020. 12. 1. 자 2020아13354 결정. 세간의 관심을 끌었던 이 결정은 신청인의 **직무집행정지가 지속될 경우** 임기 만료시인 2021. 7. 24.까지 신청인이 직무에서 배제되어 **사실상 신청인을 해임하는 것과 같은 결과**에 이르는바, **그러한 결과는 검찰의 독립성과 정치적 중립성을 보장하기 위하여 검찰총장의 임기를 2년 단임으로 정한 검찰청법 등 관련 법령의 취지를 몰각하는 것**이라는 점, 징계사유가 인정됨에도 그 직무집행이 계속될 경우 공정한 검찰권의 행사에 지장이 초래될 우려가 존재하고, 이는 중요한 공공복리이지만, 검찰총장의 직무배제로 검찰사무 전체의 운영과 검찰공무원의 업무 수행에 지장과 혼란이 발생할 우려 역시 존재하고, 이 또한 중요한 공공복리인데, 직무배제는 징계절차에서 이 사건 징계사유에 관하여 신청인에게 방어권이 부여되는 등의 절차를 거쳐 충분히 심리된 뒤에 이루어지는 것이 합당하며, 그것이 헌법 제12조가 정한 적법절차원칙에 부합한다는 등의 이유를 들어 신청을 인용하였습니다.

<u>만족적인 성질을 가지는 이 사건 효력정지로 말미암아 이 사건 해임처분이 그 위법 여부에 관한</u>
<u>본안판단 이전에 이미 사실상 무의미하게 될 수도 있다)"</u>을 고려해야 한다고 판시한다.

　　[2] 신청인의 임기는 2021. 7. 24.로 만료되는데, 신청인과 피신청인이 밝힌 본안소송 재판절차에서의 주장 및 증거방법을 고려하면 본안소송 재판절차가 신청인의 임기가 만료되기 전에 마쳐진다고 단언하기 쉽지 않다. 결국 신청인의 잔여임기와 본안소송의 재판진행 예상을 고려하면, <u>이 사건 집행정지는 그 자체로 만족적인 성질을 가져 이 사건 징계처분의 효력 정지 여부 판단으로 이 사건 징계처분의 위법 여부에 대한 본안판단은 사실상 무의미하게 될 수도 있다.</u>

　　따라서 신청인의 임기, 본안소송의 재판진행 예상, 이 사건 집행정지의 만족적 성격, 신청인과 피신청인의 의견 등을 종합적으로 고려하면, 이 사건 집행정지 재판에서 이 사건 징계처분의 실체적·절차적 위법성에 대한 판단은 집행정지의 법적 요건인 회복하기 어려운 손해와 그 손해를 예방하기 위한 긴급한 필요, 공공복리에 중대한 영향을 미칠 우려 등과 종합적으로 고려할 수 있는 정도로 함이 마땅하다.26

　　[3] 검사징계법 제17조 제4항은 기피의결의 의사정족수를 재적위원의 과반수로 명시하고 있다. 재적의 사전적 의미는 명부에 이름이 올라 있음을 뜻하고, 재적위원은 현재 위원회에 적을 두고 있는 위원을 의미한다(대법원 2018. 5. 17. 선고 2017도14749 전원합의체 판결 참조). 이 사건 징계위원회의 재적위원은 법무부장관과 출석하지 않은 민간위원을 포함한 7명이고, 재적위원 과반수는 4명이므로, 기피의결을 하려면 재적위원 과반수인 위원 4명 이상이 출석하여야 한다.

　　이 사건 징계위원회가 신청인 변호인의 각 기피신청에 대한 기피의결을 함에 있어 기피신청을 받은 위원을 퇴장시킨 후 재적위원의 과반수가 되지 않는 3인만으로 기피의결을 하였다. 따라서 신청인 변호인의 각 기피신청에 대한 기피의결은 검사징계법 제17조 제4항의 재적위원 과반수의 출석이라는 의사정족수를 갖추지 못하여 무효이고, 이에 이은 이 사건 징계위원회의 징계의결도 징계의결에 참여할 수 없는 기피신청을 받은 위원들의 참여 아래 이루어진 것으로서 의사정족수에 미달하여 무효이다(대법원 1999. 4. 27. 선고 98다42547 판결 참조).

　　[4] 이 사건 징계처분의 징계사유 중 정치적 중립에 관한 부적절한 언행 등 위신 손상은 인정되지 않고, 이 사건 재판부 분석 문건의 작성 및 배포는 매우 부적절하나 추가 소명자료가 필요하며, 채널A 사건에 대한 감찰 방해 및 수사 방해는 다툼의 여지가 있어 본안재판에서 충분한 심리가 이루어져야 한다. 이에 이 사건 징계처분 절차에 징계위원회의 기피신청에 대한 의결과정에 하자가 있는 점을 보태어 보면, 결국 신청인의 본안청구 승소가능성이 없다고 단정하기 어렵다. 또한 이 사건 징계처분으로 신청인에게 회복하기 어려운 손해와 그 손해를 예방하기 위하여 긴급한 필요가 어느 정도 인정되는 점, 피신청인이 주장하는 공공복리에 중대한 영향을 미칠 우려가 있다고 단정하기 어려운 점 등을 종합적으로 고려하면, 현 단계에서는 이 사건 징계처분의 효력을 정지함이 맞다.27

26　재판부는 이 사건 집행정지신청 사건의 본안소송(2020구합88541) 재판절차가 개시되지 않은 현 시점에서, 신청인과 피신청인도 추가적인 심리 필요성을 시인하고 있고 재판부는 본안판단을 위해서는 충분한 심리가 필요하다고 판단하였습니다. 또한 신청인과 피신청인은 이 사건 징계처분의 실체적·절차적 위법성을 주요 쟁점으로 삼아 다투고 있으며, '**본안청구의 승소가능성 정도**'에 관한 심리 여부 및 정도에 대하여 의견을 밝혀달라는 재판부의 요청에 대해서도 <u>**신청인은 긴급한 필요를 판단함에 있어 필요한 정도로 심리하면 충분하다고 답변하였고, 피신청인은 신청인이 소명의 기회를 충분히 달라고 한다면 그에 대해서는 반대하지 않겠다는 취지로 답변**</u>하였다고 밝히고 있습니다.

27　서울행정법원 2020. 12. 24. 선고 2020아13601 결정(검찰총장에 대하여 한 2개월의 정직 처분의 효력을 정지한 결정).

행정소송 재판 중에 피고 행정청이 처분사유를 변경하려고 합니다. 소송을 제기한 원고 입장에서는 자칫 '불의타'가 될 수도 있고 또 '움직이는 타깃'이 될 수도 있습니다. 그런 처분사유 변경을 허용할 수 있을까요?

재판절차상 법적인 또는 사실적인 처분사유의 추가·변경을 어떻게 고려할 것인가 하는 문제가 제기되는 이유입니다. 처분사유를 변경하는 경우와 누락된 처분사유를 추완하거나 기존의 처분사유에 새로운 처분사유를 추가하는 경우를 통틀어 처분사유의 사후변경이라 부릅니다.

처분사유의 추가·변경에 있어 새로운 처분사유는 당초 처분이 기초로 삼았던 법 및 사실상태를 벗어난 것이 아니라, 다만 당초 처분시에는 존재하였으나 당사자에 의하여 제시되거나 주장되지 않았고 따라서 처분의 기초가 되지 않았던 이유를 말합니다. 이를 소송에서 주장하는 것이 허용되는가. 가령 당초에는 인접대지거리제한위반을 근거로 건축허가신청을 거부했던 행정청이 허가거부처분에 대한 취소소송에서 당초의 처분사유 대신에 건폐율초과를 이유로 주장하여 허가거부처분의 적법성을 유지하려 할 경우 또는 인근주민들의 동의서 미제출을 이유로 토석채취허가신청을 반려했다가 소송에서 자연환경의 훼손 등을 이유로 주장하여 그 거부처분을 정당화하고자 시도하는 경우 법원이 이러한 처분사유의 변경을 허용할 것인지가 문제됩니다. 이것은 법원이 스스로 또는 당사자의 신청에 따라 처분시 존재했음에도 불구하고 행정청이 주장하지 않았던 법적 또는 사실적 근거를 그 판결에서 고려할 수 있느냐 하는 문제입니다.[1]

---

1 김태우, 취소소송에 있어서 처분사유의 추가·변경, 『인권과 정의』(1995.6)을 참조. 아울러

I. 허용성

처분사유의 사후변경(추가·변경)의 허용 여부에 대해서는 이를 원칙적으로 긍정하는 것이 일반적입니다. 행정소송법에 명문의 규정은 없지만, 학설은 이를 허용되는 것으로 보고 있고, 대법원의 판례 역시 '당초 처분의 근거로 삼은 사유와 기본적 사실관계가 동일하다고 인정되는 한도 내에서'라는 조건하에서 그 허용성을 인정하고 있습니다.[2] 대법원은 그 법리적 근거로 '실질적 법치주의와 행정처분의 상대방인 국민에 대한 신뢰보호'를 들고 있습니다.[3] 기본적 사실관계가 동일하다는 것은, 판례에 따르면, '처분사유를 법률적으로 평가하기 이전의 구체적인 사실에 착안하여 그 기초인 사회적 사실관계가 기본적인 점에서 동일한 것'을 말합니다.[4]

생각건대 일정한 범위 안에서 처분사유의 사후변경을 인정하지 않을 수 없을 것입니다. 당초 처분의 근거가 된 사유가 존재하지 않거나 정당화될 수 없어 취소소송에서 행정청이 새로운 사유를 주장하여 처분의 적법성을 주장하는 것을 허용한다면 원고에게 예기치 못한 법적 불안을 초래하는 결과가 되는 반면, 법원이 이를 불허하고 취소판결을 내린 경우, 그 이후 행정청이 그 새로운 사유를 근거로 동일한 취지의 처분을 발할 수 있는 이상, 분쟁은 종결되기보다는 다시 새로운 처분에 대한 취소소송을 제기해야 하는 상황이 됩니다. 원고의 입장에서도 이러한 결과는 특히 구처분과 신처분의 시간적 차이로 인한 법적 불안을 의미하게 될 것이므로 바람직하지 못합니다. 이렇게 볼 때 일정한 범위 안에서 처분사유의 변경을 인정하는 것이 타당하다고 생각합니다. 다만 그 허용요건과 한계를 설정하는 것이 문제로 될 것입니다.[5]

홍정선, 행정법원론(상), 817 이하; 류지태, 행정법신론, 488 이하를 참조. 반면 이 문제에 대한 실무계의 기여로는 김문수, "행정소송에 있어서 처분이유의 추가 및 변경", 『특별법연구』 제3권(특별소송실무연구회편)을 주목할 만합니다.

2 대법원 1989. 12. 8. 선고 88누9299 판결. 이는 대법원의 확고한 입장입니다. 가령 대법원 2013. 10. 11. 선고 2012두24825 판결(용도변경신청불허가처분취소) 등을 참조.

3 대법원 2004. 11. 26. 선고 2004두4482 판결(산림형질변경불허가처분취소).

4 대법원 2014. 5. 16. 선고 2013두26118 판결(기타 시장정비사업추진계획).

5 이에 관하여 상세한 것은 홍준형, 행정구제법, 2012, "처분사유의 추가·변경" 부분을 참조.

II. 허용요건과 한계

대법원은 일관되게 <u>기본적 사실관계의 동일성</u>이라는 기준에 따라 그 허용 여부를 결정해 왔습니다. 즉, 취소소송에서 행정청은 당초 처분의 근거로 삼은 사유와 기본적 사실관계가 동일하다고 인정되는 한도에서만 다른 처분사유를 새로 추가하거나 변경할 수 있을 뿐, 기본적 사실관계가 동일하다고 인정되지 않는 별개의 사실을 들어 처분사유로 주장할 수 없다는 것입니다.

처분사유의 기본적 동일성 여부는 그 처분을 취소하는 판결이 확정되면 발생하는 기속력의 범위에 영향을 미칩니다. 처분을 취소하는 확정판결의 기속력은 판결의 주문 및 전제가 되는 처분 등의 구체적 위법사유에 관한 판단에도 미치며, 종전 처분이 판결로 취소되었더라도 종전 처분과 다른 사유를 들어서 새로이 처분을 하는 것은 기속력에 저촉되지 않습니다. 여기서 동일 사유인지 다른 사유인지는 확정판결에서 위법한 것으로 판단된 종전 처분사유와 기본적 사실관계에서 동일 여부에 따라 판단됩니다.

만일 재판에서 당초 처분사유와 기본적 사실관계의 동일성이 인정되어 처분사유의 변경이 인정되면 그 바뀐 처분사유에 관하여 처분청이 기속을 받게 되고 따라서 바뀐 처분사유를 근거로 다시 종전과 같은 내용의 처분을 할 수 없게 됩니다. 마찬가지로 취소소송에서 처분청이 당초 처분사유와 기본적 사실관계의 동일성이 인정되어 추가·변경할 수 있는 다른 사유를 사실심 변론종결 시까지 적극적으로 주장·증명하지 못하고 그 처분을 취소하는 판결이 확정된 경우에도, 처분청은 그 다른 사유를 근거로 다시 종전과 같은 내용의 처분을 할 수 없게 됩니다.[6]

반면 기본적 사실관계의 동일성이 인정되지 않아 처분사유 변경이 허용되지 않았다면 처분청은 취소 확정판결이 있더라도 재판에서 변경이 불허된 그 처분사유로 새로이 처분을 할 수 있고 그 처분은 선행처분에 대한 취소 확정판결의 기속력에 반하지 않는다는 결과가 됩니다.

---

6 대법원 2020. 12. 24. 선고 2019두55675 판결(학원등록거부처분등취소청구의소).

[1] 행정소송법 제30조 제1항은 "처분 등을 취소하는 확정판결은 그 사건에 관하여 당사자인 행정청과 그 밖의 관계행정청을 기속한다."라고 규정하고 있다. 이러한 취소 확정판결의 '기속력'은 취소 청구가 인용된 판결에서 인정되는 것으로서 당사자인 행정청과 그 밖의 관계행정청에게 확정판결의 취지에 따라 행동하여야 할 의무를 지우는 작용을 한다. 이에 비하여 행정소송법 제8조 제2항에 의하여 행정소송에 준용되는 민사소송법 제216조, 제218조가 규정하고 있는 '기판력'이란 기판력 있는 전소 판결의 소송물과 동일한 후소를 허용하지 않음과 동시에, 후소의 소송물이 전소의 소송물과 동일하지는 않더라도 전소의 소송물에 관한 판단이 후소의 선결문제가 되거나 모순관계에 있을 때에는 후소에서 전소 판결의 판단과 다른 주장을 하는 것을 허용하지 않는 작용을 한다.

[2] 취소 확정판결의 기속력은 판결의 주문 및 전제가 되는 처분 등의 구체적 위법사유에 관한 판단에도 미치나, 종전 처분이 판결에 의하여 취소되었더라도 종전 처분과 다른 사유를 들어서 새로이 처분을 하는 것은 기속력에 저촉되지 않는다. 여기에서 동일 사유인지 다른 사유인지는 확정판결에서 위법한 것으로 판단된 종전 처분사유와 기본적 사실관계에서 동일성이 인정되는지 여부에 따라 판단되어야 하고, 기본적 사실관계의 동일성 유무는 처분사유를 법률적으로 평가하기 이전의 구체적인 사실에 착안하여 그 기초인 사회적 사실관계가 기본적인 점에서 동일한지에 따라 결정된다. 또한 행정처분의 위법 여부는 행정처분이 행하여진 때의 법령과 사실을 기준으로 판단하므로, 확정판결의 당사자인 처분 행정청은 종전 처분 후에 발생한 새로운 사유를 내세워 다시 처분을 할 수 있고, 새로운 처분의 처분사유가 종전 처분의 처분사유와 기본적 사실관계에서 동일하지 않은 다른 사유에 해당하는 이상, 처분사유가 종전 처분 당시 이미 존재하고 있었고 당사자가 이를 알고 있었더라도 이를 내세워 새로이 처분을 하는 것은 확정판결의 기속력에 저촉되지 않는다.

[3] 여객자동차 운수사업법 제12조 제1항 본문의 내용 및 입법 취지에 비추어 볼 때, 여객자동차 운수사업법상의 명의이용행위에 해당하기 위해서는 운송사업자 아닌 자가 운송사업자의 명의를 이용하여 운송사업자를 배제한 채 독립적으로 여객자동차운송사업을 경영하였음이 인정되어야 하고, 운송사업자의 일반적인 지휘·감독 아래 개별 차량을 운행하게 한 것에 불과하다면 명의이용행위에 해당하지 아니한다.

나아가 운송사업자 아닌 자가 운송사업자를 배제한 채 독립적으로 여객자동차운송사업을 경영함으로써 명의이용행위에 이르렀는지를 판단할 때에는 차량의 공제조합 가입명의인 및 관련 운전종사자들과의 근로계약서에 기재된 명의상 고용주가 누구인지 등 외형적 요소에 구애될 것은 아니다. 오히려 외형적 요소보다 운송사업자 아닌 자가 차량을 이용하게 된 경위와 이용에 수반된 약정의 내용이 어떠한지, 운전종사자들에 대한 차량 배차나 운행, 휴무, 교육, 납입할 운송수입금의 액수 등에 관한 지휘·감독권한을 누가 실질적으로 행사하는지, 차량 운행에 따른 손익의 위험을 누가 최종적으로 부담하는지, 운전종사자들에 대한 임금과 4대 보험료나 유류비·수리비 등 차량 운행비용을 누가 실질적으로 부담하는지 등이 중요한 판단 기준이 된다.[7]

---

7 대법원 2016. 3. 24. 선고 2015두48235 판결(감차명령처분취소등).

이해를 돕기 위해 위에서 설명한 내용을 도식화하면 다음과 같습니다.

〈처분사유 추가·변경, 기속력 및 재처분의 관계〉

처분사유 A와 B의 기본적 사실관계 동일성 여부	처분사유 추가·변경 허용 여부	취소 확정판결의 기속력이 미치는 범위	처분사유 B에 의한 재처분 허용 여부
○	○	추가 또는 변경된 B에까지	처분사유 B를 이유로 한 재처분 불가
×	×	당초의 처분사유 A까지만	추가·변경 불허된 처분사유 B를 이유로 한 재처분 가능

실제로 판례상 당초 처분의 근거로 삼은 사유와 기본적 사실관계에 있어 동일성이 인정되는 한도 내인지 여부가 판단된 구체적인 사례를 살펴보겠습니다.

당초 처분사유는 시장정비사업계획의 적정성 여부에 관한 것인 반면, 추가 처분사유는 사업지역인 시장의 국·공유지 면적 요건의 구비 여부에 관한 것으로서 양자는 기본적 사실관계가 동일하다고 볼 수 없으므로 피고는 당초 처분사유와 기본적 사실관계가 동일하지 아니한 추가 처분사유를 행정심판에서 추가·변경할 수 없다고 판시한 사례,[8] 그리고 당초의 정보공개거부처분사유인 구 공공기관의정보공개에관한 법률 제7조 제1항 제4호 및 제6호의 사유는 새로이 추가된 같은 항 제5호의 사유와 기본적 사실관계의 동일성이 없다고 한 사례[9] 등이 그러한 예입니다.

반면, 주택신축을 위한 산림형질변경허가신청에 대하여 행정청이 거부처분을 하면서 당초 거부처분의 근거로 삼은 준농림지역에서의 행위제한이라는 사유와 나중에 거부처분의 근거로 추가한 자연경관 및 생태계의 교란, 국토 및 자연의 유지와 환경보전 등 중대한 공익상의 필요라는 사유는 기본적 사실관계에 있어서 동일성이 인정된다고 한 사례[10]가 있고, 지입제운영행위에 대하여 자동차운송사업면허를 취소한 행정처분에 있어서 당초의 취소근거로 삼은 자동차운수사업법 제26조를 위반하였다

---

8 대법원 2014. 5. 16. 선고 2013두26118 판결(기타 시장정비사업추진계획).
9 대법원 2003. 12. 11. 선고 2001두8827 판결(정보공개청구거부처분취소).
10 대법원 2004. 11. 26. 선고 2004두4482 판결(산림형질변경불허가처분취소).

는 사유와 직영으로 운영하도록 한 면허조건을 위반하였다는 사유는 기본적 사실관계에 있어서 동일하다고 판시한 사례가 있습니다.[11][12]

처분사유 변경의 법리는 최근 인근주민의 통행로로 사용되고 있는 私소유 토지(사실상 도로)에 건축행위를 할 수 있는지가 다투어진 사건에서 잘 드러납니다. 대법원은 피고 행정청이 건축신고수리 거부처분의 근거로 삼은 당초 처분사유(해당 토지가 건축법상 도로에 해당하여 건축을 허용할 수 없음)와 소송에서 추가한 거부사유(해당 토지가 사실상 도로에 해당하여 건축이 공익에 부합하지 않아 허용할 수 없음) 사이에 기본적 사실관계의 동일성이 있다고 판시합니다.

> 인근주민의 통행로로 사용되는 私소유 토지에서의 건축행위 가부
>
> 1. 건축허가권자는 건축신고가 건축법, 국토의 계획 및 이용에 관한 법률 등 관계법령에서 정하는 명시적인 제한에 배치되지 않는 경우에도 건축을 허용하지 않아야 할 중대한 공익상 필요가 있는 경우에는 건축신고의 수리를 거부할 수 있다(대법원 2012. 3. 15. 선고 2011두27322 판결, 대법원 2015. 9. 15. 선고 2014두15504 판결 등 참조).
> 2. 이 사건 처분의 당초 처분사유와 피고가 이 사건 소송에서 추가로 주장한 처분사유는 이 사건 토지상의 사실상 도로의 법적 성질에 관한 평가를 다소 달리하는 것일 뿐, 모두 이 사건 토지의 이용현황이 '도로'이므로 거기에 주택을 신축하는 것은 허용될 수 없다는 것이므로, 기본적 사실관계의 동일성이 인정된다. 이 사건 토지에 건물이 신축됨으로써 인근 주민들의 통행을 막지 않도록 하여야 할 중대한 공익상 필요가 인정되고, 이러한 공익적 요청이 원고의 재산권 행사보다 훨씬 중요하므로, 피고가 원심에서 추가한 처분사유는 정당하여 결과적으로 이 사건 처분은 적법한 것으로 볼 여지가 있다.[13]

당초 피고는 '해당 토지가 건축법상 도로에 해당하여 건축을 허용할 수 없다'는 이유로 건축신고수리 거부처분을 하였습니다. 제1심이 관련법령의 규정 및 법리에 의하면 해당 토지가 건축법상 도로에 해당하지 않는다는 이유로 거부처분을 취소하는 판결(원고 청구인용)을 선고하자, 피고는 항소하여 '이 사건 토지는 1975년 분필된 후로 인근 주민들의 통행에 제공된 사실상의 도로인데, 원고가 이 사건 토지에 주택을 건축하여 인근 주민들의 통행을 막는 것은 사회공동체와 인근 주민들의 이익에 반하므로 원고의 주택 건축은 허용되어서는 안 되며, 따라서 이 사건 처분은 공익에 부합하는 적법한 처분이라고 보아야 하고, 원고의 건축신고나 이 사건 행정소송 제

---

11 대법원 1992. 10. 9. 선고 92누213 판결.
12 대법원 2011. 10. 27. 선고 2011두14401 판결(건축불허가처분취소).
13 대법원 2019. 10. 31. 선고 2017두74320 판결(건축신고반려처분취소). 같은 날 같은 취지로 대법원 2019. 10. 31. 선고 2018두45954 판결이 선고되었습니다.

기는 권리남용이라고 보아야 한다'는 주장을 추가하였습니다. 대법원은, 피고가 원심에서 추가한 주장은 소송법상 허용되는 '처분사유의 추가'에 해당하며 실체적으로도 정당하다고 보아 원심이 처분사유 추가·변경의 허용기준 및 중대한 공익상의 필요에 관한 법리를 오해하여 필요한 심리를 다하지 않은 잘못이 있다고 판단하여 파기환송하였습니다.

행정관리법·
특별행정법

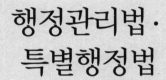

제40강
취소소송 이기고도 지는 경우 – 사정판결

어렵사리 결단을 내려 취소소송을 제기하고 상당한 시간, 비용, 노력을 쏟아 다툼을 이어간 끝에 승소판결을 기다렸는데 의외의 결과가 나왔습니다. 처분이 위법하다는 판단이 나왔는데, 처분을 취소한다는 판결은 없었기 때문이지요. 취소소송을 이기고도 진 셈입니다. 어찌된 일일까요? 법정에서 재판장의 말을 듣고 보니 '사정판결'이란 제도라고 합니다. 사익의 보호가 결과적으로 공익에 중대한 침해를 가져올 경우 사회전체의 공익을 우선시킴으로써 이를 시정하려는 법리라는데요. 그렇다면 법치주의, 법치행정은 어디로 간 걸까요? 아무래도 납득이 가질 않습니다. 그간 든 시간과 비용, 노력을 생각하니 억울한 심정이 가시지 않습니다. 사정판결이 도대체 무엇이길래?

I. 사정판결의 의의

원고의 청구가 이유있는 경우에도 처분을 취소하는 것이 현저히 공공복리에 적합하지 않다고 인정하는 때에는 법원은 원고의 청구를 기각할 수 있습니다(§ 28 ① 전단). 이를 사정판결이라고 합니다. 사정판결은 기각판결의 일종으로 취소소송에서만 가능합니다(§ 38 ①②). 무효인 처분을 기초로 한 기성사실의 원상회복이 현저히 공공복리에 반하는 경우가 있을 수 있으므로 무효인 처분에서도 사정판결의 필요가 생길 수 있다는 견해1가 있으나, 행정소송법 명문규정을 무시하면서까지 이 예외적 제도

---

1 김남진, 행정법 I, 833-834.

를 적용해서는 안된다고 생각합니다.2

사정판결은 사익의 보호가 결과적으로 공익에 중대한 침해를 가져올 경우 사회 전체의 공익을 우선시킴으로써 이를 시정하기 위해 도입된 예외적인 제도라 할 수 있습니다.

> ┌─────────────────────┐
> │ 사정판결제도와 법치주의 │
> └─────────────────────┘
> 사정판결제도는 위법한 처분으로 원고의 법률상 이익이 침해되었음에도 불구하고 이를 취소하는 것이 공공복리에 현저히 반한다는 이유에서 이유있는 청구를 기각하는 것이므로 법치주의에 반하는 제도가 아닌가 하는 의문이 있습니다. 이에 관하여 국내문헌의 태도는 크게 법치주의에 반한다고 보는 입장3과 그렇지 않은 입장4으로 양분되고 있습니다. 전자가 법논리의 요청에 보다 엄격하게 부응하려는 것이라면, 후자는 원고에 대한 대상(代償)규정(§ 28 ③)에 의한 원고의 손실전보와 공공복리라는 공적 요구를 근거로 한 견해라 할 수 있습니다. 후자의 입장도 전혀 부당한 것이라고는 할 수 없으나, 아무래도 "참아라, 그러면 보상하리라"(dulde und liquidiere)라는 입헌군주시대의 사고방식이 잠재되어 있는 것은 사실입니다. 다만 후자의 입장에서 「사정판결제도의 쟁점은 그것이 반법치주의적인 것인지 여부보다는 그 남용을 어떻게 방지할 것인가에 있는 것」이라고 지적하는 것5은 타당하며, 이제까지 이 제도가 비교적 신중하고 제한적으로 적용되고 있다는 사실은 문제의 현실성을 상당부분 감소시키는 요인이라고 할 수 있습니다. 결론적으로 사정판결제도의 적용은 필요한 최소한으로 그쳐야 하며, 무효의 전환, 하자의 치유 등 다른 법리로 해결할 수 있는 것은 그에 따라야 하고 행정소송법 제28조를 적용해서는 아니 된다고 봅니다.6

II. 사정판결의 요건

사정판결은 행정처분이 위법함에도 불구하고 이를 취소·변경할 경우 현저히 공공의 복리에 적합하지 않은 극히 예외적인 상황에서 허용되는 것이므로, 그 요건 해당 여부는 위법한 처분을 취소·변경해야 할 필요와 그 취소·변경에 따른 공공복리 저해 등을 비교·교량하여 엄격하게 판단해야 합니다. 사정판결의 요건은 원고의 청구가 이유 있음에도 불구하고 처분등을 취소하는 것이 현저히 공공복리에 반한다고

---

2 김향기 교수(무효등확인소송, 고시계 1991/3, 95)는 법치주의의 예외적 조치인 사정판결을 무효등확인소송에 확대적용시키는 것은 반법치주의적이라는 비난을 면치 못할 것이라고 합니다.

3 이상규, 신행정법론(상), 786; 박윤흔, 행정법강의(상), 974; 석종현, 일반행정법(상), 832 등.

4 가령 김철용, 사정판결, 월간고시 1987/4, 53−54; 김남진, 행정법 I, 811 등.

5 김철용, 앞의 글, 54.

6 同旨 김철용, 앞의 글, 63.

인정되어야 한다는 것입니다.

| 사정판결의 요건: 현저히 공공복리에 적합하지 아니한지 여부의 판단 |

"사정판결은 행정처분이 위법함에도 불구하고 이를 취소·변경하게 되면 그것이 도리어 현저히 공공의 복리에 적합하지 않은 경우에 극히 예외적으로 할 수 있는 것이므로, 그 요건에 해당하는지 여부는 위법·부당한 행정처분을 취소·변경하여야 할 필요와 그 취소·변경으로 발생할 수 있는 공공복리에 반하는 사태 등을 비교·교량하여 엄격하게 판단하되(대법원 2009. 12. 10. 선고 2009두8359 판결 참조), ① 해당 처분에 이르기까지의 경과 및 처분 상대방의 관여 정도, ② 위법 사유의 내용과 발생원인 및 전체 처분에서 위법사유가 관련된 부분이 차지하는 비중, ③ 해당 처분을 취소할 경우 예상되는 결과, 특히 해당 처분을 기초로 새로운 법률관계나 사실상태가 형성되어 다수 이해관계인의 신뢰 보호 등 처분의 효력을 존속시킬 공익적 필요성이 있는지 여부 및 그 정도, ④ 해당 처분의 위법으로 인해 처분 상대방이 입게 된 손해 등 권익 침해의 내용, ⑤ 행정청의 보완조치 등으로 위법 상태의 해소 및 처분 상대방의 피해 전보가 가능한지 여부, ⑥ 해당 처분 이후 처분청이 위법 상태의 해소를 위해 취한 조치 및 적극성의 정도와 처분 상대방의 태도 등 제반 사정을 종합적으로 고려하여야 한다."[7]

"공인평가기관의 평가와 토지평가협의회의 심의를 거치지 않고 결정한 토지등의 가격평가나 이에 터잡은 환지예정지지정처분은 하자가 있는 것으로서 위법하지만, …… 그 처분의 기초가 된 가격평가의 내용이 일응 적정한 것으로 보일 뿐만 아니라 이 사건 이해관계인들 중 원고를 제외하고는 아무도 위 처분에 관하여 불복하지 않고 있는 사실을 알아볼 수 있으므로 원고에 대한 환지예정지지정처분을 위법하다 하여 이를 취소하고 새로운 환지예정지를 지정하기 위하여 환지계획을 변경할 경우 위 처분에 불복하지 않고 기왕의 처분에 의하여 이미 사실관계를 형성하여 온 다수의 다른 이해관계인들에 대한 환지예정지지정처분까지도 변경되어 기존의 사실관계가 뒤엎어지고 새로운 사실관계가 형성되어 혼란이 생길 수도 있게 되는 반면 이 사건 처분으로 원고는 이렇다할 손해를 입었다 할지라도 청산금보상 등으로 전보될 수 있는 점 …… 등에 비추어 보면 이 사건 처분이 앞서 본 바와 같이 토지평가협의회의 심의를 거치지 아니하고 결정된 토지 등의 가격평가에 터 잡은 것으로 그 절차에 하자가 있다는 사유만으로 이를 취소하는 것은 현저히 공공복리에 적합하지 아니하다고 보여 사정판결을 할 사유가 있다고 인정한다."[8]

법원이 당사자의 주장없이도 사정판결을 할 수 있는지가 직권심리에 관한 행정소송법 제26조와 관련하여 문제될 수 있으나 구법하에서 직권주의가 인정된다고 하여 변론주의가 전적으로 배제되는 것은 아니므로 당사자의 주장 없이는 청구기각의 사정판결을 할 수 없다는 것이 통설·판례였지요.[9] 그러나 판례는 직권에 의한 사정판결을 정면에서 인정했습니다.[10]

---

7 대법원 2016. 7. 14. 선고 2015두4167 판결(기반시설부담금 부과처분 취소).
8 대법원 1992. 2. 14. 선고 90누9032 판결(환지예정지지정처분취소).
9 김철용, 앞의 글, 60.
10 대법원 1992. 2. 14. 선고 90누9032 판결.

Ⅲ. 사정판결의 내용

1. 청구기각 및 위법의 명시

사정판결은 청구기각판결이므로, 원고의 청구는 배척됩니다. 그러나 사정판결은 원고의 청구가 이유있음을 전제로 한 것이라는 점에서 일반적인 청구기각과는 다른 효과를 지닙니다. 즉, 법원이 사정판결을 하고자 할 때에는 판결의 주문에 처분등이 위법함을 명시해야 합니다(§ 28 ① 후단). 사정판결의 예외적 성격을 고려하여, 후일 원고가 원처분의 위법을 다시 주장할 필요가 있을 때 이에 대한 유권적 확정사실 또는 일종의 기결력을 원용할 수 있도록 하고, 또 사정판결로 위법한 처분등이 적법하게 전환되는 것이 아님을 명백히 하여 판결문만으로도 당해 처분등의 위법을 주장할 수 있도록 하여 구제의 길을 터주기 위해 인정된 것입니다.

2. 사정조사

법원이 사정판결이 필요하다고 인정하면, 판결 전에 미리, 원고가 사정판결로 인하여 입게 될 '손해의 정도와 배상방법 그 밖의 사정'을 조사해야 합니다(§ 28 ②).

3. 소송비용부담

사정판결이 있으면 원고의 청구가 이유 있음에도 불구하고 원고가 패소하게 되는 것이므로 소송비용은 소송비용 부담에 관한 일반원칙과는 달리 피고가 부담합니다.

4. 원고의 권익보호 및 불복방법

사정판결이 허용된다고 해서 사익이 무시되어도 좋다는 것은 아니므로 행정소송법은 원고의 권익을 보호하기 위한 방법으로서, 원고는 피고인 행정청이 속하는 국가 또는 공공단체를 상대로 손해배상, 제해시설의 설치 그 밖에 적당한 구제방법의 청구를 당해 취소소송등이 계속된 법원에 병합하여 제기할 수 있도록 하고 있습니다(§ 28 ③). 사정판결에 대하여 원고가 불복 항소할 수 있음은 물론입니다.

　　헌법상 공무원제도의 근간은 민주적 공무원제도와 직업공무원제도입니다. 공무원법은 민주적 공무원제도라는 측면에서는 전체 국민에 대한 봉사, 국민에 대한 책임, 공무담임의 기회균등을, 직업공무원제도의 측면에서는 공무원의 신분보장, 정치적 중립성, 성적주의를 각각 기본원칙으로 삼고 있습니다.[1]

　　다른 편에서는 거센 폭풍이 몰아칩니다. 지난 세기말부터 행정의 경영화(Managerialisierung der öffentlichen Verwaltung) 또는 경영행정의 제도화를 통해 「작고 효율적인 정부」 또는 「작고 강력한 정부」를 실현하려는 신공공관리론(New Public Management: NPM)[2]을 배경으로 계약제 등 개방형 인사제도와 실적평가제, 성과급제의 도입 등 공무원 인사제도 개혁이 추진되어 왔기 때문입니다. 이러한 공무원 인사제도개혁은 종래 직업공무원제가 약속해 온 신분보장에 심각하고 지속적인 영향을 미치고 있습니다. 그러나 그러한 변화가 과연 직업공무원제도를 보장한 헌법에 부합되는지에 대해서는 별반 논의가 없었습니다. 신공공관리론발 공무원인사제도개혁과 헌법상 직업공무원제도 보장을 어떻게 보아야 할까요?

1　김남진·김연태, 행정법 II, 법문사, 2004, 196 이하. 김중양·김명식, 공무원법, 박영사, 2000, 23 이하를 참조.

2　그 밖에 Lean Administration, Lean Government, Neues Steuerungsmodell, Schlanker Staat 등의 용어가 사용됩니다(König, DÖV 1997, 265). 이들 용어들은 각기 개념상 뉘앙스가 없지 않지만 비교적 공통된 개념에 기초를 두고 있어 이를 '신공공관리론'(New Public Management)이라 불러도 무방합니다(Lüder, DÖV 1996, 93; Klages, 1997, 37).

Ⅰ. 직업공무원제도의 보장과 공무원의 신분보장

헌법은 줄곧 직업공무원제도를 보장해 왔습니다. 현행 헌법도 제7조 제2항에서 "공무원의 신분과 정치적 중립성은 법률이 정하는 바에 의하여 보장된다."라고 규정하여 직업공무원제도를 보장하고 있습니다. 직업공무원제도란 공무수행의 일관성과 독자성을 유지하고, 정권교체에 따른 국가작용의 중단과 혼란, 엽관제(spoils system)의 폐단 등을 방지하기 위하여 공무원의 신분이 보장되는 공직구조에 관한 제도를 말합니다. 직업공무원제를 확립하기 위해서는 과학적 직위분류제, 인사의 공정, 성적주의 등이 필요하나 헌법상 규정된 신분보장과 정치적 중립의 확보가 중요합니다. 헌법이 직업공무원제도를 보장한 것을 '제도적 보장'으로 보는 것이 학계와 실무계의 지배적 시각입니다(institutionelle Garantie des Berufsbeamtentums).

제도적 보장이란 헌법제정권자가 특히 중요하고 가치가 있다고 인정되어 헌법으로 그 존속을 확보해 줄 필요가 있다고 생각하는 국가적·사회적 제도를 헌법에 규정함으로써 그 본질을 보장하는 것을 말합니다. 헌법에 의하여 어떤 제도가 보장되면 입법권자는 그 제도를 설정하고 유지시킬 입법의무를 지게 될 뿐만 아니라 헌법에 규정되어 있기 때문에 법률로써 이를 폐지할 수 없고, 비록 내용을 제한하더라도 본질적 내용을 침해할 수 없다는 제약을 받게 됩니다. 그러나 기본권 보장은 '최대한 보장의 원칙'이 적용되는 반면, 제도적 보장은 그 본질적 내용을 침해하지만 않는다면 입법자에게 제도의 구체적 내용과 형태의 형성권을 폭넓게 인정한다는 뜻에서 '최소한 보장의 원칙'이 적용될 뿐입니다.

정부혁신 차원에서 공무원 인사제도를 개혁할 경우 직업공무원제도의 헌법적 보장이란 틀 안에서 어디까지, 어떤 범위에서 허용되는지, 공무원의 신분보장은 과연 어디까지 제한될 수 있으며, 또 어떤 기준으로 제한할 수 있는지 헌법적 검토가 필요합니다.

헌법재판소도 직업공무원제도는 헌법이 보장하는 제도적 보장의 하나임이 분명하다고 밝힌 바 있습니다.[3] 따라서 입법권자도 직업공무원제도의 본질을 훼손할 수 없습니다. 제도적으로 보장된 직업공무원제의 본질적 내용은 공무원 인사제도 개혁

---

3 헌법재판소 1997. 4. 24. 선고 95헌바48 전원재판부 결정.

에서도 의당 준수되어야 합니다. 인사제도 개혁이 직업공무원제에 중대한 영향을 끼쳐 헌법상 직업공무원제도의 제도적 보장에 저촉된다면 헌법적 제재를 면키 어려울 것입니다. 물론 직업공무원제가 제도적으로 보장된다고 해서 공무원 인사제도 혁신의 길이 봉쇄되는 것은 아닙니다. 입법권자는 직업공무원제에 관하여 '최소한 보장의 원칙'의 한계 안에서 폭넓은 입법형성의 자유를 가지기 때문입니다.

> 헌법재판소는 "공무원으로 임용된 경우에 있어 정년까지 근무할 수 있는 권리는 헌법의 공무원 신분보장 규정에 의하여 보호되는 기득권으로서, 공무원법상의 정년규정을 변경함에 있어 <u>공무원으로 임용될 때 발생한 공무원법상의 정년규정까지 근무할 수 있다는 기대 내지 신뢰를 합리적 이유 없이 박탈하는 것은 헌법상의 공무원신분보장 규정에 위배되지만, 공무원이 임용 당시의 공무원법상의 정년규정까지 근무할 수 있다는 기대와 신뢰는 행정조직, 직제의 변경 또는 예산의 감소 등 강한 공익상의 정당한 근거에 의하여 좌우될 수 있는</u> 상대적이고 가변적인 것에 지나지 않으므로 정년규정을 변경하는 입법은 구법질서에 대하여 기대했던 당사자의 신뢰보호 내지 신분관계의 안정이라는 이익을 지나치게 침해하지 않는 한 공익목적 달성을 위하여 필요한 범위 내에서 입법권자의 입법형성의 재량을 인정하여야 할 것"이라고 판시한 바 있습니다.[4]

직업공무원제도의 핵심은 공무원의 신분보장에 있습니다. 헌법재판소는 그런 맥락에서 신분보장을 직업공무원제도의 요소라고 보았습니다.[5]

계약제 등을 통한 개방형 인사제도는 종래 직업공무원제가 약속해 온 신분보장에 중대한 영향을 미칩니다. 공무원 신분보장이란 원래 종신제 공무원(Beamte auf Lebenszeit)의 보장이었습니다. 바로 그런 배경에서 국가공무원법은 제2조 제2항에서 경력직공무원을 "실적과 자격에 따라 임용되고 그 신분이 보장되며 평생 동안(근무기간을 정하여 임용하는 공무원의 경우에는 그 기간 동안을 말합니다) 공무원으로 근무할 것이 예정되는 공무원"으로 정의하고 제68조에서는 "공무원은 형의 선고, 징계처분 또는 이 법에서 정하는 사유에 따르지 아니하고는 본인의 의사에 반하여 휴직·강임 또는 면직을 당하지 아니한다."고 규정하고 있는 것입니다. 종신제는 공무원의 처우를 완전히 보장하고(Vollalimentation) 이를 통해 정치적 중립성을 확보하려는 취지에서 비롯된 것이었습니다.[6] 그러나 사회 모든 부문이 능력위주의 경쟁시대로 접어든 오늘의 현실에서 종신제의 신화가 깃들 곳은 없습니다. 사실 종신제의 신화는 현실적으로나

---

4 헌법재판소 1994. 4. 28. 선고 91헌바15, 19 결정.
5 헌법재판소 1994. 4. 28. 선고 91헌바15, 19 결정.
6 Ziemske, Burkhardt (1997). Öffentlicher Dienst zwischen Bewahrung und Umbruch, DÖV, 1997, 605−616, 610.

법제상으로 이미 오래전에 깨졌지요. 시보제도나 국공립대학교원의 재임용제도, 계약직 공무원제, 개방형 전문직위제 등이 활용되고 있고, 정년단축이나 계급정년제가 시행되고 있습니다.

한편 신분보장은 1급 공무원과 제23조에 따라 배정된 직무등급이 가장 높은 등급의 직위에 임용된 고위공무원단에 속하는 공무원에게는 적용되지 않습니다(국가공무원법 § 68 단서).

> 헌법재판소에 따르면, 공무원정년제는 직업공무원제를 규정한 헌법 제7조에 위반되지 않으며, 국가공무원법 제74조 제1항 제1호 등이 연구 및 특수기술직렬 공무원의 정년을 58세 내지 61세로 규정한 것도 구체적인 정년연령에 관하여 광범위한 입법재량을 가진 입법권자가 국민의 평균수명과 사회경제적 여건 및 공무원 조직내부의 인력수급사정 등을 종합적으로 고려하여 입법에 반영한 결과이고 또 국가공무원법 제74조 제2항이 위 직렬에 속하는 공무원들의 구체적 정년연령에 관하여는 하위규범으로 정하도록 위임하여 농촌지도관과 농촌지도사의 정년에 차등을 둘 수 있도록 한 것도 일반적으로 농촌지도관과 농촌지도사의 직무내용과 구성정원에 차이가 있으므로 원활한 인사정책을 유지하기 위해서는 정년연령에 있어 어느 정도의 차등은 불가피하다는 점 등 여러 사정을 감안한 결과로서 그와 같은 차등은 합리적이고 정당한 것으로서 헌법에 합치된다고 합니다.7 계급정년제 역시 직업공무원제의 요소인 공무원의 신분보장을 무한으로 관철할 때 파생되는 공직사회의 무사안일을 방지하고 인사적체를 해소하며 새로운 인재들의 공직참여기회를 확대, 관료제의 민주화를 추구하여 직업공무원제를 합리적으로 보완·운용하기 위한 것으로서 합헌이라고 합니다.8

한시적 공무원제도(Zeitbeamtensystem)로서 계약제를 경력직 공무원에게까지 일반적으로 확대하는 것은 공무원 신분보장을 근본적으로 수정하는 결과를 가져온다는 점에서 신중을 요합니다. 계약직 공무원의 경우 '국가와 채용계약에 따라 일정 기간 전문지식이 요구되는 업무에 종사하는 공무원'이기에 그 범위를 넘어 경력직 공무원 같은 신분보장을 해주지 아니한다는 식의 특별한 헌법적 정당화가 필요합니다. 성과주의(Leistungsprinzip)는 그 헌법적 정당화를 위한 가장 강력하고 설득력 있는 논거입니다. 개방형 인사제도는 성과주의를 실현하는 수단이 되기도 하지만, 엽관제의 폐단, 정당이나 단체의 후견(Partei– oder Verbandspatronage), 지도력상실에 따른 행정의 불안정화(Destabilisierung der Verwaltung durch Führungsverlust) 등으로 위헌적 결과로 이어질 수도 있습니다. 그런 이유에서 임용요건과 절차, 인사의 공정성·객관성·투명성 및 신뢰성이 특별히 요구됩니다.

---

7 헌법재판소 1997. 3. 27. 선고 96헌바86 전원재판부 결정.
8 헌법재판소 1994. 4. 28. 선고 91헌바15, 19 결정.

II. 공무원의 책임

공무원의 책임은 공무원법상 책임, 형사상 및 민사상 책임으로, 공무원법상 책임은 다시 징계책임과 변상책임(국가배상법상 변상책임과 회계관계직원의 변상책임)으로 각각 나뉩니다.

1. 공무원법상 책임

1.1. 징계책임

(1) 징계와 징계책임

공무원 징계란 공무원의 의무 위반에 대하여 공무원관계의 질서를 유지하기 위하여 국가 또는 지방자치단체가 사용자의 지위에서 과하는 제재를 말합니다. 이를 징계벌이라고 하고 이러한 징계벌을 받을 책임을 징계책임이라고 합니다.

국가공무원법이나 지방공무원법 등 각종 공무원법과 공무원징계령, 경찰공무원 징계령, 교육공무원징계령 등이 규율하고 있습니다.

(2) 징계벌과 형벌의 차이

징계벌과 형벌은 그 권력적 기초, 목적, 내용 및 대상, 병과 여부 등에서 차이가 있습니다. 첫째, 징계벌은 공법상 특수성이 인정되는 근무관계에서 국가나 지방자치단체가 일종의 사용자로서 과하는 제재인 반면, 형벌은 국가통치권에 근거하여 부과됩니다. 둘째, 징계벌은 공무원관계의 내부질서 유지를 목적으로 하는 데 비해 형벌은 법질서 유지를 목적으로 하며, 징계벌은 공무원의 신분상 이익의 전부나 일부 박탈을 내용으로 하는 반면, 형벌은 신분상 이익은 물론 재산상 이익이나 자유·생명까지 박탈합니다. 징계벌의 대상은 공무원법 의무 위반이지만, 형벌은 형법상 범죄를 대상으로 합니다. 그런 차이 때문에 징계벌은 형벌의 경우처럼 고의나 과실 같은 책임요소를 요건으로 하지 않으며 상관이 부하공무원의 의무위반에 대해 지는 감독책임의 결과로 부과될 수도 있습니다. 징계벌과 형벌은 그 성질이 다르기 때문에 병과할 수 있고 병과해도 일사부재리의 원칙에 반하지 않습니다. 반면, 형사벌과의 관계에서 형사소추 선행의 원칙은 인정되지 않지만, 수사기관에서 수사 중인 사건에 대해서는 수사개시 통보를 받은 날부터 징계의결의 요구나 그 밖의 징계절차를 진행하지 않을 수 있습니다(국가공무원법 § 83 ②).

형벌에 관해서는 죄형법정주의가 기초가 되지만, 종래 징계벌에 관해서는 특별권력관계를 '법으로부터 자유로운 영역'으로 보아 법적 근거가 없이도 가능하다고 했습니다. 그러나 오늘날 특별권력관계론이 쇠퇴하면서 징계벌 역시 법치주의의 구속을 받는다고 보는 것이 지배적입니다. 다만, 국가공무원법 등 각종 공무원관계법에서 징계권자에게 일정 범위 안에서 재량권을 부여하는 경우가 있습니다. 징계벌에도 일사부재리의 원칙이 적용됩니다. 다만, 징계처분과 직위해제처분은 성질이 달라 직위해제 사유와 같은 사유로 징계처분을 해도 무방합니다.9

> **참고: 직위해제처분의 종기**
>
> [1] 국가공무원법 제73조의3 제1항에서 정한 직위해제는 당해 공무원이 장래에 계속 직무를 담당하게 될 경우 예상되는 업무상의 장애 등을 예방하기 위하여 일시적으로 당해 공무원에게 직위를 부여하지 아니함으로써 직무에 종사하지 못하도록 하는 잠정적인 조치로서, 임용권자가 일방적으로 보직을 박탈시키는 것을 의미한다. 이러한 직위해제는 공무원의 비위행위에 대한 징벌적 제재인 징계와 법적 성질이 다르지만(대법원 2003. 10. 10. 선고 2003두5945 판결 등 참조), 해당 공무원에게 보수·승진·승급 등 다양한 측면에서 직·간접적으로 불리한 효력을 발생시키는 침익적 처분이라는 점에서 그것이 부당하게 장기화될 경우에는 결과적으로 해임과 유사한 수준의 불이익을 초래할 가능성까지 내재되어 있으므로, 직위해제의 요건 및 효력 상실·소멸시점 등은 문언에 따라 엄격하게 해석하여야 하고, 특히 헌법 제7조 제2항 및 국가공무원법 제68조에 따른 공무원에 대한 신분보장의 관점은 물론 헌법상 비례원칙에 비추어 보더라도 직위해제처분의 대상자에게 불리한 방향으로 유추·확장해석을 하여서는 아니 된다.
>
> [2] 국가공무원법 제73조의3 제1항 제3호는 파면·해임·강등 또는 정직에 해당하는 징계의결(이하 '중징계의결'이라 한다)이 요구 중인 자에 대하여 직위해제처분을 할 수 있음을 규정하였다. 이는 중징계의결 요구를 받은 공무원이 계속 직위를 보유하고 직무를 수행한다면 공무집행의 공정성과 그에 대한 국민의 신뢰를 저해할 구체적인 위험이 생길 우려가 있으므로 이를 사전에 방지하고자 하는 데 목적이 있다. 이러한 직위해제제도의 목적 및 취지와 함께 그로 인한 불이익의 정도 등 침익적 처분의 성질을 종합하여 보면, 단순히 '중징계의결 요구'가 있었다는 형식적 이유만으로 직위해제처분을 하는 것이 정당화될 수는 없고, 직위해제처분의 대상자가 중징계처분을 받을 고도의 개연성이 인정되는 경우임을 전제로 하여, 대상자의 직위·보직·업무의 성격상 그가 계속 직무를 수행함으로 인하여 공정한 공무집행에 구체적인 위험을 초래하는지 여부 등에 관한 제반 사정을 면밀히 고려하여 그 요건의 충족 여부 등을 판단하여야 한다.
>
> 한편, 국가공무원법 제73조의3 제2항은 직위해제처분을 한 경우에도 그 사유가 소멸되면 지체 없이 직위를 부여하여야 함을 명시하였다. 이는 같은 조 제1항 제3호의 요건 중 하나인 '중징계의

---

9 대법원 1984. 2. 28. 선고 83누489 판결.

결이 요구 중인 자'의 의미 및 '중징계의결 요구'의 종기에 관한 해석과 관계된다. 국가공무원법은 '징계의결 요구(제78조), 징계의결(제82조 제1항), 징계의결 통보(공무원 징계령 제18조), 징계처분(제78조 및 공무원 징계령 제19조) 또는 심사·재심사 청구(제82조 제2항 및 공무원 징계령 제24조)' 등 징계절차와 그 각 단계를 명확히 구분하여 규정하는 한편, '재징계의결 요구(제78조의3)'는 징계처분이 무효·취소된 경우에 한하는 것으로 명시함으로써 '심사·재심사 청구'가 이에 포함되지 않는다는 점이 문언상 분명하다. 이러한 관련 규정의 문언 내용·체계에 비추어 보면, '중징계의결이 요구 중인 자'는 국가공무원법 제82조 제1항 및 공무원 징계령 제12조에 따른 징계의결이 이루어질 때까지로 한정된다고 봄이 타당하다.

　　[3] 만일 징계의결에 따라 곧바로 징계처분이 이루어진 경우와 달리 징계의결에 대하여 징계의결 요구권자가 심사·재심사를 청구한 경우에는 직위해제의 효력이 심사·재심사 청구에 관한 결정 시까지 지속된다고 본다면, 국가공무원법 및 공무원 징계령의 문언 내용·체계의 해석에 반할 뿐만 아니라 징계의결 요구권자의 심사·재심사 청구 여부에 관한 일방적인 의사·판단에 상당한 수준의 불이익한 처분에 해당하는 직위해제의 종기를 결부시키는 것이 되고, 이로 인하여 공무원을 장기간 동안 불안정한 신분 상태에 놓이게 하여 헌법과 국가공무원법이 정한 공무원의 신분보장에 반할 우려가 커짐은 물론 직위해제처분의 대상자에게 불리한 방향의 유추·확장해석을 하는 것이 되어 허용할 수 없다. 더욱이 '중징계의결이 요구 중인 자'에 해당하여 직위해제처분을 받은 대상자에 대하여 적법한 절차에 따라 '경징계의결'이 이루어진 경우에는, 비록 재심사 청구에 의한 변경 가능성을 고려하더라도 '중징계처분을 받을 고도의 개연성'이 있다고 쉽게 인정하기 어려운 상태가 되었다고 봄이 타당하다. 잠정적 조치인 직위해제처분의 특성상 그 사유·목적에 부합하는 적정한 범위 내에서 필요 최소한으로 운용되어야만 한다는 점에서 보더라도, 당초 직위해제를 한 시점에는 적법한 처분에 해당하였더라도 그 사유의 소멸·상실일에 해당하는 징계의결이 있은 다음 날부터는 직위해제처분이 효력을 상실하게 된다고 볼 수밖에 없다.[10]

(3) 징계의 원인

국가공무원법 제78조 제1항은 징계사유로 다음 세 가지를 열거하고 있습니다.

1. 이 법 및 이 법에 따른 명령을 위반한 경우
2. 직무상의 의무(다른 법령에서 공무원의 신분으로 인하여 부과된 의무를 포함한다)를 위반하거나 직무를 태만히 한 때
3. 직무의 내외를 불문하고 그 체면 또는 위신을 손상하는 행위를 한 때

10　대법원 2022. 10. 14. 선고 2022두45623 판결(공무원 보수지급 (자) 파기환송(일부)). 국토교통부장관은 원고에 대하여 중징계의결 요구와 동시에 직위해제처분을 하였으나, 경징계(감봉 2개월)가 의결되자 재심사 청구를 하였음에도 기각 결정을 받아 그에 따라 경징계처분을 한 사안에서, 원고가 당초 경징계의결 시점에 직위해제의 효력이 상실됨에도 불구하고 최종 경징계처분시까지 직위해제처분을 유지한 것이 위법하다고 주장하면서 그 기간 동안의 급여 등의 차액을 구한 사안입니다. 대법원은 원고에 대한 직위해제처분의 효력은 경징계의결이 된 때에 소멸하였다고 판시하고, 이와 달리 국토교통부장관의 재심사 청구에 대한 기각 결정이 내려진 날까지 직위해제처분이 유효하다고 보아 원고의 청구를 일부 인용한 원심의 판단에 직위해제 효력의 종기에 관한 법리오해의 잘못이 있다고 보아 파기·환송하였습니다.

징계 의결 요구는 5급 이상 공무원 및 고위공무원단 소속 일반직공무원은 소속 장관이, 6급 이하 공무원은 소속 기관의 장 또는 소속 상급기관의 장이 합니다(§ 78 ④ 본문). 다만, 국무총리·인사혁신처장 및 대통령령등으로 정하는 각급 기관의 장은 다른 기관 소속 공무원이 징계사유가 있다고 인정하면 관할징계위원회에 직접 징계를 요구할 수 있습니다(§ 78 ④ 단서).

(4) 징계의 종류

징계의 종류는 파면·해임·강등·정직·감봉·견책이 있습니다(국가공무원법 § 79). 공무원징계령 제1조의2는 파면, 해임, 강등 또는 정직을 "중징계", 감봉 또는 견책을 "경징계"로 구분합니다.

〈징계처분의 종류와 내용〉

구분	징계처분	내 용	승급, 보수에 대한 영향
경징계	견책	전과에 대하여 훈계하고 회개하게 함.	6개월간 승급 정지
	감봉	감봉: 1월~3월 동안 보수 1/3을 감하는 처분	1년간 승급정지
중징계	정직	1개월 이상 3개월 이하 기간으로 하고, 공무원의 신분은 보유하나 직무에 종사하지 못함(경력평정에 불포함)	보수 전액을 감함.
	강등	1계급 아래로 직급을 내리고(고위공무원단에 속하는 공무원은 3급으로 임용하고, 연구관 및 지도관은 연구사 및 지도사로 함) 공무원 신분은 보유하나 3개월간 직무에 종사하지 못함	그 기간중 보수 전액을 감함. 특정직공무원 중 외무공무원과 교육공무원의 강등은 제80조 제2항의 특례
	해임	파면과 같이 공무원 신분을 박탈하는 징계처분	퇴직급여에 크게 영향 없음 / 공금 횡령 및 유용 등으로 해임된 경우 퇴직급여의 1/8~1/4 지급 제한
	파면	공무원을 강제로 퇴직시키는 처분	5년간 임용자격 제한/퇴직급여 1/4~1/2 지급 제한

※ 직위해제나 직권면직은 징계가 아님.

한편 위 징계처분의 종류에는 속하지 않지만, 징계사유가 금전, 물품, 부동산, 향응 또는 그 밖에 대통령령으로 정하는 재산상 이익을 취득하거나 제공한 경우나 「국가재정법」에 따른 예산 및 기금, 「국유재산법」에 따른 국유재산 등 같은 조 제1항 제1호 각목에 열거된 것을 횡령, 배임, 절도, 사기 또는 유용(流用)한 경우 등에 해당하면, 해당 징계 외에 취득하거나 제공한 금전 또는 재산상 이득의 5배 내에서 부과되는 징계부가금제도가 있습니다(§ 78의2).

(5) 징계권자

공무원의 징계처분등은 징계위원회가 설치된 소속 기관의 장이 그 의결을 거쳐 하되, 국무총리 소속으로 설치된 징계위원회(국회·법원·헌법재판소·선거관리위원회에 있어서는 해당 중앙인사관장기관에 설치된 상급 징계위원회를 말합니다)에서 한 징계의결등에 대해서는 중앙행정기관의 장이 합니다(§ 82 ① 본문). 다만, 파면과 해임은 징계위원회의 의결을 거쳐 각 임용권자 또는 임용권을 위임한 상급 감독기관의 장이 합니다(§ 82 ① 단서).

2. 변상책임

2.1. 국가배상법에 따른 변상책임

공무원은 국가배상법에 따른 변상책임 또는 구상책임을 질 수 있습니다. 한편, 국가배상법상 국가나 지방자치단체가 손해배상책임을 지는 경우, 가해공무원은 고의나 중과실이 있는 때에는 피해자로부터 직접 손해배상을 청구당할 수 있는데, 이를 이른바 선택적 청구권 문제라고 합니다. 대법원은 1996년 2월 15일 전원합의체 판결에서는 공무원 개인책임이 배제되는 것은 경과실의 경우에 한하며 고의 또는 중과실의 경우에는 공무원의 개인책임이 인정된다고 판시하여 이 문제에 대한 판례와 학설의 논란에 종지부를 찍었습니다.[11]

---

11 대법원 1996. 2. 15. 선고 95다38677 판결.

2.2. 회계관계직원의 변상책임

공무원은 각종 재정, 회계 관계법에 따라 변상책임을 집니다. 「회계관계 직원등의 책임에 관한 법률」(회계직원책임법)에 따른 회계관계직원의 변상책임이 그 대표적인 예입니다.

> **[판례]**
> [1] 지방자치단체의 회계관계업무는 원칙적으로 지방자치단체 장의 권한사항으로 되어 있고 그 중 특정한 권한을 소속 공무원에게 위임할 수 있게 되어 있으므로 지방자치단체 장이 이러한 위임을 하지 않았다거나 법령상 지방자치단체 장이 스스로 회계관계업무를 처리하도록 되어 있는 경우에는 지방자치단체의 장도 회계관계직원등의책임에관한법률 제2조에 규정된 회계관계직원의 범위에 포함된다고 보아야 한다.
> [2] 회계관계직원 등의 책임을 물음에 있어서 그 전제되는 요건의 하나로 회계관계직원등의책임에관한법률 제4조 제1항에서 규정하고 있는 중대한 과실을 범한 경우에 해당되는지 여부는 같은 법 제1조에 규정된 법의 목적 및 같은 법 제3조에서 회계관계직원의 성실의무를 규정하고 있는 점 등에 비추어 보면, 회계관계직원이 그 업무를 수행함에 있어 따라야 할 법령 기타 관계 규정 및 예산에 정하여진 바에 따르지 않음으로써 성실의무에 위배한 정도가 그 업무내용에 비추어 중대한 것으로 평가될 수 있는지에 따라 결정되어야 한다.
> [3] 지방자치단체의 장이 지방의회의 의결을 얻어 보증채무부담행위를 하면서 충분한 담보를 확보하지 않고 지방의회의 동의를 거치지 않은 채 상환계획을 변경하여 줌으로써 지방자치단체가 그 보증채무를 대위변제하게 된 경우, 지방자치단체의 장이 중대한 과실로 법령에 위반한 행위에 해당한다.[12]

3. 형사상 책임

공무원이 형사상 책임을 지는 경우는 공무원의 의무위반이 동시에 형법 등 형사법을 위반하는 범죄행위를 구성할 때입니다. 형법(§§ 122–135)과 「특정범죄가중처벌 등에 관한 법률」 등 형사특별법, 그 밖에 각종 행정법규의 행정벌규정들이 공무원 형사책임의 근거법들입니다.

4. 민사상 책임

공무원이 직무행위로서 사경제적 활동에 관여하다가 고의 또는 과실로 타인에

---

12 대법원 2001. 2. 23. 선고 99두5498 판결(변상판정처분취소).

게 손해를 발생하게 한 경우, 국가나 지방자치단체는 민법상 사용자책임에 따른 손해배상책임을 지며 그 경우 공무원에게 원인에 대한 책임이 인정되면 그에게 구상할 수 있습니다(민법 § 756 ③).

Ⅲ. 징계처분 등 불이익처분등에 대한 구제

징계처분 기타 공무원의 의사에 반하는 불리한 처분이나 부작위에 대한 주된 구제수단으로는 소청심사와 행정소송이 있습니다(국가공무원법 §§ 9–16).

교원의 경우 교육부에 설치된 교원소청심사위원회에 소청심사를 청구할 수 있도록 제도가 바뀌었습니다. 소청심사와 「교원의 지위 향상 및 교육활동 보호를 위한 특별법」에 따른 소청심사는 행정심판의 일종이고 행정소송은 그 결과에 대한 불복절차에 해당합니다.

대법원은 성희롱을 사유로 한 징계처분의 당부를 다투는 행정소송에서 징계사유에 대한 증명책임은 그 처분의 적법성을 주장하는 피고에게 증명책임이 있다고 판시한 바 있습니다.

성희롱 징계사유의 증명책임 및 성희롱심리에 있어 성인지적 감수성

1. 성희롱을 사유로 한 징계처분의 당부를 다투는 행정소송에서 징계사유에 대한 증명책임은 그 처분의 적법성을 주장하는 피고에게 증명책임이 있다. 다만 민사소송이나 행정소송에서 사실의 증명은 추호의 의혹도 없어야 한다는 자연과학적 증명이 아니고, 특별한 사정이 없는 한 경험칙에 비추어 모든 증거를 종합적으로 검토하여 볼 때 어떤 사실이 있었다는 점을 시인할 수 있는 고도의 개연성을 증명하는 것이면 충분하다(대법원 2010. 10. 28. 선고 2008다6755 판결 등 참조). 민사책임과 형사책임은 그 지도이념과 증명책임, 증명의 정도 등에서 서로 다른 원리가 적용되므로, 징계사유인 성희롱 관련 형사재판에서 성희롱 행위가 있었다는 점을 합리적 의심을 배제할 정도로 확신하기 어렵다는 이유로 공소사실에 관하여 무죄가 선고되었다고 하여 그러한 사정만으로 행정소송에서 징계사유의 존재를 부정할 것은 아니다.

2. 법원이 성희롱 관련 소송의 심리를 할 때에는 그 사건이 발생한 맥락에서 성차별 문제를 이해하고 양성평등을 실현할 수 있도록 '성인지 감수성'을 잃지 않아야 한다(양성평등기본법 제5조 제1항 참조). 그리하여 우리 사회의 가해자 중심적인 문화와 인식, 구조 등으로 인하여 피해자가 성희롱 사실을 알리고 문제를 삼는 과정에서 오히려 부정적 반응이나 여론, 불이익한 처우 또는 그로 인한 정신적 피해 등에 노출되는 이른바 '2차 피해'를 입을 수 있다는 점을 유념하여야 한다. 피해자는 이러한 2차 피해에 대한 불안감이나 두려움으로 인하여 피해를 당한 후에도 가해자와 종전의 관계를 계속 유지하는 경우도 있고, 피해사실을 즉시 신고하지 못하다가 다른 피해자 등 제3자가 문제를 제기하거나 신고를 권유한 것을 계기로 비로소 신고를 하는 경우도 있으며, 피해사실을 신고한 후에도 수사기관이나 법원에서 그에 관한 진술에 소극적인 태도를 보이는 경우도 적지

않다. 이와 같은 성희롱 피해자가 처하여 있는 특별한 사정을 충분히 고려하지 않은 채 피해자 진술의 증명력을 가볍게 배척하는 것은 정의와 형평의 이념에 입각하여 논리와 경험의 법칙에 따른 증거판단이라고 볼 수 없다.[13]

한편 불이익처분에 대한 쟁송을 통한 구제수단은 아니지만, 면직 또는 직위해제 처분이 취소된 경우 공무원의 소급재임용 및 보수 등의 보장 역시 불이익처분에 대한 구제제도의 실효를 거두기 위한 제도이고, 국가공무원법 제76조의2(지방공무원법 § 67의2)에 의한 고충처리제도 역시 불이익처분에 대한 비정형적 구제수단으로 활용될 수 있습니다.

---

13 대법원 2018. 4. 12. 선고 2017두74702 판결(교원소청심사위원회결정취소).

제42강
지방자치와 주민, 그리고 자치입법

　다시 지방자치가 시대적 화두로 떠오르고 있습니다. 지방자치를 구현하는 법제도는 제대로 만들어져 잘 작동하고 있을까요? 궁금해집니다. 튼튼하고 효과적인 법제도가 보장되어 있지 못하면 지방자치를 지속가능하게 발전시킬 수 없습니다.

　지방자치는 민주정치의 요체이며 현대 다원적 복합사회가 요구하는 정치적 다원주의 실현을 위한 제도적 장치로서 지방의 공동관심사를 자율적으로 처리하고 주민의 자치 역량을 배양하여 국민주권과 자유민주주의 이념 구현에 이바지함을 목적으로 하는 제도입니다.[1] 그런 지방자치에서 주민이 차지하는 위상과 역할은 가히 중추적(pivotal)입니다. 따라서 풀뿌리민주주의의 주체인 주민의 지위와 역할을 법적으로 보장하는 것이야말로 지방자치의 핵심적 성공조건입니다: 지방자치는 민주주의 최고의 학교이자 성공을 위한 최선의 보장입니다.[2]

　주민의 참여는 간접민주주의의 공백을 보완하고, 책임행정을 확보하여 지방자치행정의 독선화를 방지하며, 자발적 참여를 통해 지역사회에서의 사회적 합의를 이룸으로써 결과적으로 사회적 거래비용을 낮추고 행정의 효율성을 제고하는 수단이 됩니다. 주민참여는 선거와 주민투표, 조례 제정·개폐청구, 감사청구, 주민소송, 주민소환 등 다양한 형태로 이루어집니다.

　주민참여, 특히 주민의 적극적·능동적 권리보장이 지방자치의 역동성을 증진하

1　헌법재판소 1998. 4. 30. 선고 96헌바62 결정; 1991. 3. 11. 선고 91헌마21 결정; 1995. 10. 26. 선고 94헌마242 결정 등.
2　James Bryce, *Modern Democracies*, vol. 1, 1923, 133.

여 지방자치 활성화에 기여한다면 자치입법은 지방자치의 핵심 메커니즘으로 자치입법권에 대한 과도한 제약이 가해질 경우 지방자치가 크게 위축되는 결과를 가져올 민감하고 결정적인 요인이 됩니다.

Ⅰ. 주민의 권리

지방자치단체의 주민은 주로 지방자치법에 따라 일정한 범위 내에서 권리를 가지고 의무를 지게 됩니다. 주민의 권리와 의무는 주민투표법 등 그 밖의 법령에 따라 주어지거나 부과됩니다. 한편, 「제주자치도특별법」은 주민의 권리에 관하여 주민투표, 조례제정·개폐청구, 주민소환 등에 관한 특례를 규정하고 있습니다.

주민의 권리는 크게 참정권, 수익권 그리고 직접청구권으로 나눌 수 있습니다. 2021년 1월 12일의 지방자치법 전부개정법률은 새로운 시대에 걸맞은 주민중심의 지방자치를 구현하려는 취지로 주민의 권리를 강화하였습니다.

참정권은 정책결정·집행에 참여할 권리와 지방선거에 참여할 권리를 말합니다. 수익권은 법령으로 정하는 바에 따라 소속 지방자치단체의 재산과 공공시설을 이용하고 그 지방자치단체로부터 균등하게 행정의 혜택을 받을 권리를 말합니다(§ 17 ②).

주민은 그 밖에도 주민투표권(§ 18), 조례 제정·개폐 청구권(§ 19), 지방자치단체 규칙 제정 및 개정·폐지 의견 제출권(§ 20), 감사청구권(§ 21), 주민소송 제기권(§ 22), 주민소환권(§ 25), 지방의회에 청원할 권리(§§ 85-88) 등 소위 '주민직접청구제도'에 따른 권리를 가집니다.

1. 참정권

참정권은 문자 그대로 정치적 참여의 권리를 의미하지만, 종래 대의제 민주주의의 원칙에 따라 주로 선거권과 피선거권으로 이루어지는 선거참여권을 의미하는 것으로 이해되어 왔습니다. 그러나 진정한 지방자치의 구현을 위해 주민이 직접 적극적으로 나설 수 있도록 해야 한다는 취지에서 주민직접청구제가 도입되었고, 특히 2021년 1월 12일의 법개정으로 정책결정·집행에 참여할 권리가 명문화됨에 따라 그 의미 영역이 확대되었습니다. 정책결정·집행 참여권은 당연히 참정권의 영역에 속합니다. 또한 주민투표의 경우 주민에게 과도한 부담을 주거나 중대한 영향을 미치는 지방자치단체의 주요 정책을 주민투표에 부의하여 결정하도록 한다는 점에서 정치적 참여의 의미를 가지며, 그런 뜻에서 주민투표에 참여할 권리 역시 넓은 의미의 참정권에 속한다고 볼 수 있지요.

1.1. 정책결정·집행 참여권

2021년의 개정법률은 주민에게 법령으로 정하는 바에 따라 주민생활에 영향을 미치는 지방자치단체의 정책의 결정 및 집행 과정에 참여할 권리를 부여하였습니다(§ 17 ①). 구체적으로 '지방자치단체의 정책의 결정 및 집행 과정에 참여할 권리'가 무엇을 의미하는지, 이 조항을 근거로 주민이 어떠한 권리를 행사할 수 있는지는 분명치 않지만, 향후 다양한 방식의 정책참여가 활성화될 수 있는 법적 거점이 될 것으로 기대됩니다.

1.2. 지방선거 참여권

주민은 '참정권' 즉 법령으로 정하는 바에 따라 그 지방자치단체에서 실시하는 지방의회 의원과 지방자치단체의 장의 선거, 즉 지방선거에 참여할 권리를 가집니다(§ 17 ③). '지방선거에 참여할 권리'는 그 지방자치단체에서 실시하는 지방선거의 선거권과 피선거권을 말합니다.

참정권의 내용은 공직선거법에서 정하고 있습니다. 외국인의 참정권에 관하여 공직선거법은 영주 외국인에게 선거권을 인정합니다(공직선거법 § 15 ② iii).

2. 수익권

주민은 법령으로 정하는 바에 따라 소속 지방자치단체의 재산과 공공시설을 이용할 권리와 그 지방자치단체로부터 균등하게 행정의 혜택을 받을 권리를 가집니다(§ 17 ②). 이는 생존배려의 관점에서 주민에게 인정되는 필수적인 권리입니다.

주민은 지방자치단체로부터 균등하게 행정의 혜택을 받을 권리를 가집니다. 행정의 혜택이란 공공시설이용권을 제외한 그 밖의 모든 행정작용에 따른 혜택을 말합니다. 균등한 혜택이란 평등원칙에 따른 혜택을 뜻하는 것으로 해석됩니다.

3. 주민직접청구제도에 따른 권리

3.1. 주민직접청구제

지방자치제 실시 이후 단체장의 권한 확대에 비해 상대적으로 미흡했던 책임 확보 장치를 강화하기 위해 도입된 주민참여수단입니다. 단체장에게 집중된 권력을 견제하는데 주민에게 감사청구, 자치입법에 관한 요구 등 직접청구권을 부여함으로써 주민참여의 계기를 활용하려는 아이디어에서 나온 제도입니다. 주민투표, 조례 제정·개폐 청구, 감사청구, 주민소송, 주민소환 등이 있습니다. 진정한 지방자치를 이루려면 무엇보다도 주민이 직접 적극적으로 나서야 한다는 것이 주민직접청구제의 모토라 할 수 있습니다.3

3.2. 주민투표

주민투표는 지방자치단체의 주요 현안에 대한 주민참여를 보장하는 동시에 정책 추진과정에서 주민의견 수렴이 이루어지도록 함으로써 대의제를 보완하는 의미를 가지는 제도입니다. 지방자치법은 지방자치단체의 장에게 주민에게 과도한 부담을 주거나 중대한 영향을 미치는 지방자치단체의 주요 결정사항 등에 대한 주민투표 부의권을 부여하고 있습니다(§ 18 ①). 주민투표의 대상·발의자·발의요건, 그 밖에 투표절차 등에 관한 사항은 따로 법률로 정하도록 되어 있고(§ 18 ②), 주민투표법이 제정되어 시행되고 있습니다.

> **조례에 의한 주민투표 강제 조항의 적법 여부**
> [1] 지방자치법 제13조의2 제1항에 의하면, 지방자치단체의 장은 어떠한 사항이나 모두 주민투표에 붙일 수 있는 것은 아니고, 지방자치단체의 폐치·분합 또는 주민에게 과도한 부담을 주거나 중대한 영향을 미치는 지방자치단체의 주요 결정사항 등에 한하여 주민투표를 붙일 수 있도록 하여 그 대상을 한정하고 있음을 알 수 있다. 위 규정의 취지는 지방자치단체의 장이 권한을 가지

---

3 이에 관해서는 홍준형, "지방자치법상 주민직접청구제도의 도입", 자치행정 1998.11을 참조.

고 결정할 수 있는 사항에 대하여 주민투표에 붙여 주민의 의사를 물어 행정에 반영하려는 데에 있다 할 것이다. 그런데 이 사건 조례안에 의한 주민투표의 대상인 미군부대이전은 원고가 그 권한에 의하여 결정할 수 있는 사항이 아님이 명백하므로 위 규정에 의한 주민투표의 대상이 될 수 없다 할 것이다.

[2] 지방자치법은 지방의회와 지방자치단체의 장에게 독자적 권한을 부여하고 상호 견제와 균형을 이루도록 하고 있으므로, 법률에 특별한 규정이 없는 한 조례로써 견제의 범위를 넘어서 고유권한을 침해하는 규정을 둘 수 없다 할 것인바(대법원 1996. 5. 14. 선고 96추15 판결 등 참조), 위 지방자치법 제13조의2 제1항에 의하면, 주민투표의 대상이 되는 사항이라 하더라도 주민투표의 시행 여부는 지방자치단체의 장의 임의적 재량에 맡겨져 있음이 분명하다 할 것이다.

[3] 지방자치법은 지방의회와 지방자치단체의 장에게 독자적 권한을 부여하고 상호 견제와 균형을 이루도록 하고 있으므로, 법률에 특별한 규정이 없는 한 조례로써 견제의 범위를 넘어서 고유권한을 침해하는 규정을 둘 수 없다 할 것인바, 위 지방자치법 제13조의2 제1항에 의하면, 주민투표의 대상이 되는 사항이라 하더라도 주민투표의 시행 여부는 지방자치단체의 장의 임의적 재량에 맡겨져 있음이 분명하므로, 지방자치단체의 장의 재량으로서 투표실시 여부를 결정할 수 있도록 한 법규정에 반하여 지방의회가 조례로 정한 특정한 사항에 관하여는 일정한 기간 내에 반드시 투표를 실시하도록 규정한 조례안은 지방자치단체의 장의 고유권한을 침해하는 규정이다.[4]

3.3. 조례의 제정과 개폐 청구

조례 제정·개폐 청구제도는 주민감사청구제도와 함께 대표적인 주민직접청구제도입니다. 1999년 8월 31일 개정법에서 일본 지방자치법상 주민직접청구제도를 모델로 삼아 도입된 제도로 자치입법에 대한 주민참여의 통로를 열어 민의 구현을 원활히 하려는 취지입니다.

지방자치법은 주민에게 지방자치단체의 장에게 조례를 제정하거나 개정하거나 폐지할 것을 청구할 수 있는 권리를 부여하는 한편(§ 19 ①), 조례의 제정·개정 또는 폐지 청구의 청구권자·청구대상·청구요건 및 절차 등에 관한 사항은 따로 법률로 정하도록 규정하고 있습니다(§ 19 ②).

---

4 조례안이 조례 공포일로부터 150일 이내에 원고가 주민투표를 실시하도록 규정한 것은 지방자치단체의 장의 재량으로 투표실시 여부를 결정할 수 있도록 한 법규정에 반하여 지방의회가 조례로 정한 특정한 사항에 관하여는 반드시 투표를 실시하도록 한 것으로서 지방자치단체의 장의 고유권한을 침해하는 규정이라고 판시한 사례.

3.4. 규칙 제정 및 개정·폐지에 관한 의견의 제출

2021년의 개정법은 지방자치단체 규칙에 대해서도 주민에게 그 제정 및 개정·폐지에 관한 의견을 제출할 수 있는 권리를 부여하였습니다(§ 20). 종래 지방자치단체의 규칙이 상위법령이나 조례의 위임에 따라 주민의 권리·의무에 영향을 미치는 경우가 발생함에도 규칙에 대한 주민의 제정 및 개정·폐지 의견제출에 대한 처리가 미흡한 측면이 있었지요. 이에 2021년의 개정법률은 주민에게 권리·의무와 직접 관련되는 규칙에 대한 제정 및 개정·폐지 의견을 지방자치단체의 장에게 제출할 수 있도록 하고, 지방자치단체의 장은 제출된 의견에 대하여 그 의견이 제출된 날부터 30일 이내에 검토 결과를 통보하도록 하였습니다.

3.5. 주민의 감사청구

주민감사청구제도는 1999년 8월 31일 지방자치법개정법률에서 조례제정·개폐청구제도와 함께 도입된 주민감사청구제도를 승계한 것입니다.[5] 지방자치법은 이를 주민의 권리로 보장하고 있습니다. 2021년의 개정법률은 주민의 감사청구 제도가 주민의 권익침해에 대한 실질적인 구제 수단으로 활용될 수 있도록 하기 위하여 감사청구 연령 기준을 낮추고 요건을 완화하는 등 주민 감사청구 제도를 개선하였습니다.

이에 따라 감사청구 연령 기준이 종전의 19세에서 18세로 낮아지고, 청구주민수 기준도 조정되는 등 주민 감사청구 요건이 완화되었습니다(§ 21 ①). 법 제21조 제1항에 따르면, 지방자치단체의 18세 이상의 주민으로서 다음 어느 하나에 해당하는 사람은, 시·도는 300명, 제198조에 따른 인구 50만 이상 대도시는 200명, 그 밖의 시·군 및 자치구는 150명 이내에서 그 지방자치단체의 조례로 정하는 수 이상의 18세 이상의 주민이 연대 서명하여 그 지방자치단체와 그 장의 권한에 속하는 사무의 처리가 법령에 위반되거나 공익을 현저히 해친다고 인정되면 시·도의 경우에는 주무부장관에게, 시·군 및 자치구의 경우에는 시·도지사에게 감사를 청구할 수 있습니다.

---

5 주민감사청구제도는 일본 지방자치법 제212조의 주민감사청구제도와 명칭은 같지만, 내용과 절차에서는 일본 지방자치법 제75조의 사무감사청구제도에 상응하는 제도입니다.

1. 해당 지방자치단체의 관할 구역에 주민등록이 되어 있는 사람
2. 「출입국관리법」 제10조에 따른 영주(永住)할 수 있는 체류자격 취득일 후 3년이 경과한 외국인으로서 같은 법 제34조에 따라 해당 지방자치단체의 외국인등록대장에 올라 있는 사람

주민의 감사청구의 상대방은 당해 지자체가 아니라 감독청을 상대로 합니다. 즉, 시·도에서는 주무부장관에게, 시·군 및 자치구에서는 시·도지사에게 감사를 청구할 수 있습니다.

법은 그 지방자치단체와 그 장의 권한에 속하는 사무의 처리가 법령에 위반되거나 공익을 현저히 해친다고 인정되면 감사를 청구할 수 있도록 하고 있습니다(§ 21 ① 본문). 다만, 수사나 재판에 관여하게 되거나, 개인의 사생활을 침해할 우려가 있는 사항 등 일정한 사항은 감사청구 대상에서 제외합니다(§ 21 ① 단서). 감사청구의 기한은 사무처리가 있었던 날이나 끝난 날부터 3년입니다(§ 21 ③).

3.6. 주민소송

주민소송은 주민감사청구제도의 실효성을 담보하기 소송상 수단입니다. 법은 지방자치단체의 재정에 관한 사항에 대하여 감사청구한 주민에게 감사결과와 관련한 위법행위나 해태사실에 대하여 지방자치단체 장을 상대로 소송을 제기할 수 있는 권리를 부여하고 있습니다.

법 제21조 제1항에 따라 공금 지출에 관한 사항, 재산의 취득·관리·처분에 관한 사항, 해당 지방자치단체를 당사자로 하는 매매·임차·도급 계약이나 그 밖의 계약 체결·이행에 관한 사항 또는 지방세·사용료·수수료·과태료 등 공금 부과·징수를 게을리한 사항을 감사청구한 주민은 다음 각호의 어느 하나에 해당하는 경우 그 감사청구한 사항과 관련이 있는 위법한 행위나 업무를 게을리한 사실에 대하여, 해당 지방자치단체의 장(그 사무처리에 관한 권한을 소속 기관 장에 위임한 경우 그 소속 기관의 장)을 상대방으로 소송을 제기할 수 있습니다(§ 21 ①). 이 소송에 관하여는 이 법에 규정된 것 외에는 행정소송법에 따릅니다(§ 22 ⑱).

1. 주무부장관이나 시·도지사가 감사청구를 수리한 날부터 60일(제21조 제9항 단서에 따라 감사기간이 연장된 경우에는 연장기간이 끝난 날을 말한다)이 지나도 감사를 끝내지 아니한 경우
2. 제21조 제9항 및 제10항에 따른 감사결과 또는 제16조 제6항에 따른 조치요구에 불복하는 경우
3. 제21조 제12항에 따른 주무부장관이나 시·도지사의 조치요구를 지방자치단체의 장이 이행하

지 아니한 경우

4. 제21조 제12항에 따른 지방자치단체의 장의 이행 조치에 불복하는 경우

지방자치법에서 주민소송 대상으로 정한 '공금의 지출에 관한 사항'

[1] 구 지방자치법(2007. 5. 11. 법률 제8423호로 전부 개정되기 전의 것, 이하 '구 지방자치법'이라 한다) 제13조의4 제1항, 제13조의5 제1항, 제2항 제4호, 구 지방재정법(2006. 10. 4. 법률 제8050호로 개정되기 전의 것) 제67조 제1항, 제69조, 제70조의 내용, 형식 및 취지 등을 종합해 보면, 구 지방자치법 제13조의5 제1항에 규정된 주민소송의 대상으로서 '공금의 지출에 관한 사항'이란 지출원인행위 즉, 지방자치단체의 지출원인이 되는 계약 그 밖의 행위로서 당해 행위에 의하여 지방자치단체가 지출의무를 부담하는 예산집행의 최초 행위와 그에 따른 지급명령 및 지출 등에 한정되고, 특별한 사정이 없는 한 이러한 지출원인행위 등에 선행하여 그러한 지출원인행위를 수반하게 하는 당해 지방자치단체의 장 및 직원, 지방의회 의원의 결정 등과 같은 행위는 포함되지 않는다고 보아야 한다.

[2] 구 지방자치법(2007. 5. 11. 법률 제8423호로 전부 개정되기 전의 것) 제13조의5 제1항에 규정된 주민소송의 대상인 '공금의 지출에 관한 사항'에는 지출원인행위에 선행하는 당해 지방자치단체의 장 및 직원, 지방의회 의원의 결정 등과 같은 행위가 포함되지 않으므로 선행행위에 위법사유가 존재하더라도 이는 주민소송의 대상이 되지 않는다. 그러나 지출원인행위 등을 하는 행정기관이 선행행위의 행정기관과 동일하거나 선행행위에 대한 취소·정지권을 갖는 경우 지출원인행위 등을 하는 행정기관은 지방자치단체에 직접적으로 지출의무를 부담하게 하는 지출원인행위 단계에서 선행행위의 타당성 또는 재정상 합리성을 다시 심사할 의무가 있는 점, 이러한 심사를 통하여 선행행위가 현저하게 합리성을 결하고 있다는 것을 확인하여 이를 시정할 수 있었음에도 그에 따른 지출원인행위 등을 그대로 진행하는 것은 부당한 공금 지출이 되어 지방재정의 건전하고 적정한 운용에 반하는 점, 지출원인행위 자체에 고유한 위법이 있는 경우뿐만 아니라 선행행위에 간과할 수 없는 하자가 존재하고 있음에도 이에 따른 지출원인행위 등 단계에서 심사 및 시정 의무를 소홀히 한 경우에도 당해 지출원인행위를 위법하다고 보아야 하는 점 등에 비추어 보면, 선행행위가 현저하게 합리성을 결하여 그 때문에 지방재정의 적정성 확보라는 관점에서 지나칠 수 없는 하자가 존재하는 경우에는 지출원인행위 단계에서 선행행위를 심사하여 이를 시정해야 할 회계관계 법규상 의무가 있다고 보아야 한다. 따라서 이러한 하자를 간과하여 그대로 지출원인행위 및 그에 따른 지급명령·지출 등 행위에 나아간 경우에는 그러한 지출원인행위 등 자체가 회계관계 법규에 반하여 위법하다고 보아야 하고, 이러한 위법사유가 존재하는지를 판단할 때에는 선행행위와 지출원인행위의 관계, 지출원인행위 당시 선행행위가 위법하여 직권으로 취소하여야 할 사정이 있었는지 여부, 지출원인행위 등을 한 당해 지방자치단체의 장 및 직원 등이 선행행위의 위법성을 명백히 인식하였거나 이를 인식할 만한 충분한 객관적인 사정이 존재하여 선행행위를 시정할 수 있었는지 등을 종합적으로 고려해야 한다.6

---

6 대법원 2011. 12. 22. 선고 2009두14309 판결(손해배상청구). 시장 갑이 도시개발에 따른 교통난을 해소하기 위해 도로확장공사계획을 수립하고, 건설회사와 공사도급계약을 체결하여 공정을 마무리하였으나 해당 도로가 군용항공기지법 제8조에 반하여 비행안전구역에 개설되었다는 이유로 개통이 취소되자, 주민 을 등이 갑을 비롯한 시청 소속 공무원들이 도로 개설 사업을 강행함으로써 예산을 낭비하였다며 구 지방자치법에 따른 주민감사청구를 한 후 시장을 상대로 갑에게 손해배상청구를 할 것을 요구하는 소송을 제기한 사안에서, 선행행위인 도로확장계획 등에 일부 위법사유가 존재하더라도 현저하게 합리성을 결하여 지출원인행위

주민이 제기할 수 있는 소송은 다음과 같이 열거되어 있습니다(§ 22 ②).

1. 해당 행위를 계속하면 회복하기 곤란한 손해를 발생시킬 우려가 있는 경우에는 그 행위의 전부나 일부를 중지할 것을 요구하는 소송
2. 행정처분인 해당 행위의 취소 또는 변경을 요구하거나 그 행위의 효력 유무 또는 존재 여부의 확인을 요구하는 소송
3. 게을리한 사실의 위법 확인을 요구하는 소송
4. 해당 지방자치단체의 장 및 직원, 지방의회의원, 해당 행위와 관련이 있는 상대방에게 손해배상 청구 또는 부당이득반환청구를 할 것을 요구하는 소송. 다만, 그 지방자치단체의 직원이 「회계관계직원 등의 책임에 관한 법률」 제4조에 따른 변상책임을 져야 하는 경우에는 변상명령을 할 것을 요구하는 소송을 말한다.

제2항 제1호의 중지청구소송은 해당 행위를 중지할 경우 생명이나 신체에 중대한 위해가 생길 우려가 있거나 공공복리를 현저히 저해할 우려가 있으면 제기할 수 없습니다(§ 22 ③).

대법원은 구 지방자치법 제17조 제1항에서 주민소송의 대상으로 규정한 '재산의 취득·관리·처분에 관한 사항'에 해당하는지 여부는 지방자치단체의 재무행정의 적법성과 지방재정의 건전성 및 적정 운영을 확보하려는 주민소송 제도의 목적에 따라 판단해야 하며, 점용허가가 도로 등의 본래 기능 및 목적과 무관하게 그 사용가치를 실현·활용하기 위한 것으로 평가될 경우에는 주민소송의 대상이 되는 재산의 관리·처분에 해당한다고 판시한 바 있습니다.[7]

한편 대법원은 지방자치법 제22조 제1항에서 정한 주민소송의 대상이 되는 '공금의 부과·징수를 게을리한 사항'의 의미와 범위에 관하여 건축법상 이행강제금의 부과·징수를 게을리한 행위가 주민소송 대상이 되는 공금 부과·징수를 게을리 한 사항에 해당한다고 판시했습니다.[8]

지방자치법 제17조 제2항이 규정한 주민소송 중 '행정처분인 해당 행위의 취소 또는 변경을 요구하거나 그 행위의 효력 유무 또는 존재 여부의 확인을 요구하는 소

인 공사도급계약 체결에 지나칠 수 없는 하자가 있다고 보기 어렵고, 공사도급계약 체결 단계에서 선행행위를 다시 심사하여 이를 시정해야 할 회계관계 법규상 의무를 위반하여 그대로 지출원인행위 등으로 나아간 경우에 해당한다고 보기 어렵다는 이유로, 을 등의 청구를 배척한 원심의 결론을 정당하다고 한 사례입니다.

7 대법원 2016. 5. 27. 선고 2014두8490 판결(도로점용허가처분무효확인등).
8 대법원 2015. 9. 10. 선고 2013두16746 판결(행정부작위위법).

송'의 경우 그 위법성 심사 기준이 지방재정에 손실을 초래하였는지 여부에 한정되지 않는다는 것이 대법원의 판례입니다. 대법원은 서울특별시 서초구청장의 도로점용허가처분에 대하여 서초구 주민들이 제기한 주민소송에서 그와 같이 판례를 분명히 했습니다.

> "주민소송에서 다툼의 대상이 된 처분의 위법성은 행정소송법상 항고소송에서와 마찬가지로 헌법, 법률, 그 하위의 법규명령, 법의 일반원칙 등 객관적 법질서를 구성하는 모든 법규범에 위반되는지 여부를 기준으로 판단하여야 하는 것이지, 해당 처분으로 인하여 지방자치단체의 재정에 손실이 발생하였는지만을 기준으로 판단할 것은 아니다.[9]

제1호부터 제3호까지의 주민소송은 해당 지방자치단체의 장을 상대방으로 하여 위법한 재무회계행위의 방지, 시정 또는 확인 등을 직접적으로 구하는 것인 데 반하여, 제4호 주민소송은 감사청구한 사항과 관련이 있는 위법한 행위나 업무를 게을리한 사실에 대하여 지방자치단체의 장 및 직원, 지방의회의원, 해당 행위와 관련이 있는 상대방에게 손해배상청구, 부당이득반환청구, 변상명령 등을 할 것을 요구하는 소송입니다.

주민소송은 원칙적으로 지방자치단체의 재무회계에 관한 사항의 처리를 직접 목적으로 하는 행위에 대하여 제기할 수 있고, 주민소송의 대상은 주민감사를 청구한 사항과 관련이 있는 것으로 충분하고 주민감사를 청구한 사항과 반드시 동일할 필요는 없다는 것이 대법원의 판례입니다. 지방자치법 제22조 제2항 제4호 주민소송의 대상 판단 기준과 그에 따른 손해배상청구소송에서 상대방 공무원의 경과실 면책 여부가 다투어진 용인경전철사업 주민소송에서 대법원은 다음과 같이 판시한 바 있습니다.

> **제4호 주민소송의 대상과 주민소송에 따른 손해배상청구시 공무원 경과실 면책 여부**
>
> 1. 주민감사청구가 '지방자치단체와 그 장의 권한에 속하는 사무의 처리'를 대상으로 데 반하여, 주민소송은 '그 감사청구한 사항과 관련이 있는 위법한 행위나 업무를 게을리한 사실'에 대하여 제기할 수 있는 것이므로, 주민소송의 대상은 주민감사를 청구한 사항과 관련이 있는 것으로 충분하고, 주민감사를 청구한 사항과 반드시 동일할 필요는 없다. 주민감사를 청구한 사항과 관련성이 있는지 여부는 주민감사청구사항의 기초인 사회적 사실관계와 기본적인 점에서 동일한지 여부에 따라 결정되는 것이며 그로부터 파생되거나 후속하여 발생하는 행위나 사실은 주민감사청구사항과 관련이 있다고 보아야 한다.

---

9 대법원 2019. 10. 17. 선고 2018두104 판결(도로점용허가처분무효확인등 (차) 상고기각).

지방자치법 제17조 제2항 제1호부터 제3호까지의 주민소송은 해당 지방자치단체의 장을 상대방으로 하여 위법한 재무회계행위의 방지, 시정 또는 확인 등을 직접적으로 구하는 것인데 반하여, 제4호 주민소송은 감사청구한 사항과 관련이 있는 위법한 행위나 업무를 게을리 한 사실에 대하여 지방자치단체의 장 및 직원, 지방의회의원, 해당 행위와 관련이 있는 상대방(이하 '상대방'이라고 통칭한다)에게 손해배상청구, 부당이득반환청구, 변상명령 등을 할 것을 요구하는 소송이다. 따라서 제4호 주민소송 판결이 확정되면 지방자치단체의 장인 피고는 상대방에 대하여 그 판결에 따라 결정된 손해배상금이나 부당이득반환금의 지불 등을 청구할 의무가 있으므로, 제4호 주민소송을 제기하는 자는 상대방, 재무회계행위의 내용, 감사청구와의 관련성, 상대방에게 요구할 손해배상금 내지 부당이득금 등을 특정하여야 한다.

2. 지방자치단체의 장은 제4호 주민소송에 따라 손해배상청구나 부당이득반환청구를 명하는 판결 또는 회계직원책임법에 따른 변상명령을 명하는 판결이 확정되면 위법한 재무회계행위와 관련이 있는 상대방에게 손해배상금이나 부당이득반환금을 청구하여야 하거나 변상명령을 할 수 있다(지방자치법 제17조 제2항 제4호, 제18조 제1항, 회계직원책임법 제6조 제1항). 그리고 이에 더 나아가 상대방이 손해배상금 등의 지급을 이행하지 않으면 지방자치단체의 장은 손해배상금 등을 청구하는 소송을 제기하여야 한다(지방자치법 제18조 제2항). 이때 상대방이 지방자치단체의 장이나 공무원은 국가배상법 제2조 제2항, 회계직원책임법 제4조 제1항의 각 규정 내용 및 취지 등에 비추어 볼 때, 그 위법행위에 대하여 고의 또는 중대한 과실이 있는 경우에 제4호 주민소송의 손해배상책임을 부담하는 것으로 보아야 한다.[10]

3.7. 주민소환

주민소환제는 민의를 제대로 실현하지 못하는 대표를 주민이 직접 나서서 해직시킬 수 있는 제도라는 점에서 주민이 지방자치단체 장과 지방의원을 직접 견제할 수 있는 가장 강력한 수단입니다. 이러한 배경에서 지방자치법은 주민에게 지방자치단체

---

10 대법원 2020. 7. 29. 선고 2017두63467 판결: 용인시 주민들로 구성된 원고들이 민간투자사업(BTO 방식)인 용인경전철 사업의 추진·실시 과정에서 용인시장 등 용인시 공무원, 민간투자사업 관련자들의 불법행위로 인하여 용인시에 손해가 발생하였다면서, 피고에게 그 관련자들을 상대로 손해배상청구 등을 할 것을 요구하는 주민소송을 제기한 사건입니다. 대법원은, ① 원고들이 주장한 사유들을 전체적으로 포괄하여 하나의 위법한 재무회계행위로서 민사상 불법행위책임 등을 지는 행위로 볼 수 있다면 이는 주민소송의 대상에 해당하는 것으로 법원으로서는 그 위법 여부를 판단하여야 하고, ② 용인시가 한국교통연구원 등으로부터 수요예측 등의 용역보고서를 제출받는 행위가 재무회계행위에 해당하고, 그 용역업무 수행이 민사상 채무불이행이나 불법행위에 해당할 때에는 그 상대방인 한국교통연구원이나 그 연구원들에게 손해배상청구 등을 하여야 한다고 보아, 원고들이 주장한 사유들을 개별적으로 나누어 주민소송의 대상 해당 여부 등을 판단하여 그 중 일부를 부적법하다고 보거나, 한국교통연구원 등의 수요예측행위 자체를 재무회계행위에 해당하지 않는다고 본 원심판결을 파기(일부)하되, 제4호 주민소송에서의 상대방인 공무원의 주관적 책임요건으로 고의·중과실로 한정하는 것으로 본 원심의 판단은 정당하다고 보았습니다.

장과 지방의원을 소환할 권리를 부여했습니다. 즉, 주민은 그 지방자치단체의 장 및 지방의회 의원(비례대표 지방의회의원은 제외합니다)을 소환할 권리를 가집니다(§ 25 ①).

주민소환의 투표 청구권자·청구요건·절차 및 효력 등에 관하여는 따로 법률로 정하도록 되어 있고(§ 25 ②), 「주민소환에 관한 법률」이 제정되어 시행되고 있습니다.

주민소환제는 도입 취지가 무색하리만큼 실효성이 떨어지고 '종이호랑이'로 전락했다는 비판을 받습니다. 원인으로 주로 청구요건과 주민소환투표 확정요건이 너무 엄격하다는 점이 지목됩니다. 정파적 남용의 위험, 행정의 단절이나 혼란, 불안에 대한 우려도 만만치 않습니다.

주민소환투표대상자는 관할선거관리위원회가 주민소환투표안을 공고한 때부터 제22조 제3항의 규정에 의하여 주민소환투표결과를 공표할 때까지 그 권한행사가 정지됩니다(주민소환법 § 25 ①). 주민소환을 포함한 지방자치단체 주민의 참여권은 자연인만을 대상으로 함이 분명하므로 주민소환의 주체는 자연인에 한한다는 것이 대법원의 판례입니다.

> **주민소환의 주체와 공공시설이용, 균등한 행정혜택 향수 및 비용분담의 주체**
>
> "지방자치법 제13조 제2항, 제14조, 제15조, 제16조, 제17조, 제20조에 의한 참여권 등의 경우 지방자치법 자체나 관련 법률에서 일정한 연령 이상 또는 주민등록을 참여자격으로 규정하고 있으므로(공직선거법 제15조, 주민투표법 제5조, 「주민소환에 관한 법률」 제3조 참조) 자연인만을 대상으로 함이 분명하고, 제12조는 기본적으로 제2장에서 정한 다양한 참여권 등을 행사할 수 있는 주민의 자격을 명확히 하려는 의도로 만들어진 규정이라고 볼 수 있다. 그러나 제13조 제1항에서 정한 재산·공공시설 이용권, 균등하게 행정의 혜택을 받을 권리와 제21조에서 규정한 비용분담 의무의 경우 자연인만을 대상으로 한 규정이라고 볼 수 없다."[11]

한편 관할 선거관리위원회가 하는 주민소환투표청구수리결정은 항고소송의 대상이 되는 행정처분에 해당한다는 판례가 있습니다.

> **주민소환투표청구수리결정의 처분성**
>
> [1] 주민소환투표의 경우 다른 여타의 선거 또는 투표, 특히 후보자 등록기간과 선거기간 및 선거일이 법으로 정해진 각종 선거의 경우와 달리 주민들의 청구에 의하여 절차가 개시되고, 관할 선거관리위원회가 청구요건, 청구인서명부에 기재된 유효서명의 확인, 이의신청 등의 사항에 대하

---

11 대법원 2021. 4. 29. 선고 2016두57359 판결(상수도시설분담금부과처분취소청구의소). 또한 같은 날 선고된 대법원 2021. 4. 29. 선고 2016두45240 판결(시설분담금(상수도원인자부담금)부과처분무효확인); 2021. 4. 29. 선고 2017두57431 판결(분담금부과처분무효확인)도 같은 취지입니다.

여 청구인서명부의 심사나 관계인의 의견진술 또는 증언 청취 등의 방법으로 심사한 결과, 그 청구가 법에 정한 요건을 충족하여 각하 사유에 해당하지 아니한 것으로 보아 수리한 후에는 법에 정해진 일련의 절차가 진행되어 소환청구인들을 비롯한 해당 지방자치단체 주민들이 가지고 있던 추상적인 권리 내지 제도로서의 주민소환이 비로소 개별적인 사안에 대한 주민소환투표권으로 구체화된다는 점에서 선거관리위원회의 주민소환투표청구 수리결정은 적어도 소환청구인들의 구체적인 권리의무에 직접적인 변동을 초래하는 법적인 행위로서 항고소송의 대상이 되는 '처분'에 해당한다{관련판결 수원지방법원 2007. 9. 13. 선고 2007구합7360 판결(각공51, 2368)}.

　　[2] 주민소환에 관한 법률 제8조 제3호 및 제13조 제2항 제3호에 의하면, 주민소환에 관한 법률은 주민소환투표가 실시된 때부터 1년 이내가 아니라면 동일한 선출직 지방공직자에 대한 중복된 주민소환투표청구를 허용하는 것으로 해석되고, 이와는 달리 같은 법 제11조 제2호, 제8조 제3호의 규정을 준용 내지 유추적용하여 기왕에 주민소환청구가 수리되어 주민소환투표의 실시가 예상되는 상황에서 다시 주민소환투표청구가 있는 때에는 후행 청구를 각하하여야 하는 것으로 볼 수는 없으며, 나아가 관련 법률에서 주민소환 청구사유에 아무런 제한을 두고 있지 않다는 점에서 선행 청구와 후행 청구가 동일 또는 중복된 청구인지 여부에 관계없이 후행 청구가 선행 청구에 기하여 주민소환투표가 실시된 후 1년 이내에 제기된 것이 아닌 이상, 관할 선거관리위원회로서는 후행 청구를 각하할 수 없다.[12]

주민소환은 주민소환투표권자 총수의 3분의 1 이상의 투표와 유효투표 총수 과반수의 찬성으로 확정됩니다(주민소환법 § 22 ①). 전체 주민소환투표자의 수가 주민소환투표권자 총수의 3분의 1에 미달하는 때에는 개표를 하지 아니합니다(주민소환법 § 22 ②).

주민소환이 확정된 때에는 주민소환투표대상자는 그 결과가 공표된 시점부터 그 직을 상실하며(주민소환법 § 23 ①), 그 직을 상실한 자는 그로 인하여 실시하는 이 법 또는 공직선거법에 의한 해당보궐선거에 후보자로 등록할 수 없습니다(주민소환법 § 23 ②).

주민소환투표의 효력에 관하여 이의가 있는 경우에는 중앙선거관리위원회등에 소청할 수 있고(주민소환법 § 24 ①), 소청 결정에 대하여 불복이 있는 소청인은 관할선거관리위원회 위원장을 피고로 하여 고등법원 또는 대법원에 각각 소를 제기할 수 있습니다(주민소환법 § 24 ②).

12　수원지법 2007. 11. 21. 선고 2007구합9571 판결: 확정(주민소환투표청구수리처분취소).

II. 자치입법권

헌법은 제117조 제1항에서 "지방자치단체는 주민의 복리에 관한 사무를 처리하고 재산을 관리하며, 법령의 범위 안에서 자치에 관한 규정을 제정할 수 있다."고 규정하여 자치입법권을 보장하고 있습니다. 자치입법권은 지방자치법 제3장 조례와 규칙에 관한 규정들, 그리고 「지방교육자치에 관한 법률」제35조를 통해 구체화되고 있는데, 자치입법의 종류로는 조례와 규칙, 그리고 교육규칙(지방교육자치법 § 25) 등을 들 수 있습니다.

1. 자치입법권의 성질

헌법 제117조 제1항에 의거하여 지방자치법 제28조는 "지방자치단체는 법령의 범위 안에서 그 사무에 관하여 조례를 제정할 수 있다. 다만, 주민의 권리 제한 또는 의무 부과에 관한 사항이나 벌칙을 정할 때에는 법률의 위임이 있어야 한다."고 규정하고 있습니다.

헌법이 보장하는 자치입법권의 성질에 관하여 자주입법설과 위임입법설이 대립합니다. 위 헌법 조항을 어떻게 이해할 것인가와 관련하여 전자는 '확인규정설', 후자는 '창설규정설'로도 불립니다. 자치입법설은 지방자치권의 본질에 관한 고유권설을 근거로 자치입법권은 지방자치단체의 고유한 권한이며 헌법 제117조 제1항은 이를 단지 확인한 것에 불과하다고 보는 반면, 위임입법설은 전래권설에 입각하여 자치입법권은 국가의 통치권으로부터 전래된 권한이며 헌법 제117조 제1항에 따라 비로소 창설적으로 인정된 것이라고 합니다. 후자가 우리나라의 통설입니다. 통설을 따르더라도 자치입법권은 어디까지나 헌법적 근거를 가지는 것이므로, 개별 법률의 위임에 따라 제정되는 경우가 있을지라도, 개별 법률의 위임이 있을 경우에 그에 따라 제정되는 위임명령과는 그 수권의 성질과 차원이 다릅니다.

2. 조례

2.1. 의의 및 성질

조례란 지방자치단체가 법령의 범위 안에서 그 사무에 관하여 지방의회의 의결을 거쳐 제정하는 자치입법의 한 형식입니다. 조례는 선거를 통해서 그 지역적인 민주적 정당성을 획득한 주민의 대표기관인 지방의회가 제정하는 자주법이라는 점에서 이른바 '행정상 입법'과는 본질을 달리하며 오히려 그 정당성의 기초 면에서 법률과 더 유사한 속성을 가집니다.[13]

2.2. 조례제정권의 범위와 한계

(1) 조례제정권의 범위

조례제정권의 범위는 헌법으로부터 주어집니다. 헌법은 지방자치단체는 법령의 범위 안에서 자치에 관한 규정을 제정할 수 있다고 규정하고 있습니다(헌법 § 117 ①). 이에 따라 제정된 지방자치법에 따르면, 지방자치단체는 법령의 범위에서 그 사무에 관하여 조례를 제정할 수 있습니다(지방자치법 § 28). 따라서 조례제정권의 범위는 '법령의 범위에서 그 사무에 관하여'라는 기준에 의해 설정된다고 볼 수 있습니다. "법령의 범위에서"란 "법령에 위반되지 아니하는 범위 내에서"[14]라고 해석됩니다. 이것은 "법률에 의하여"나 "법률의 위임에 의하여"라는 식의 요건과는 다릅니다. 즉 법률의 위임이 없더라도 조례를 제정할 수 있다는 뜻입니다.

① 자치조례와 위임조례

헌법이나 지방자치법이 예정하고 있는 조례는 이를 '자치조례'라고 부를 수 있습니다. 반면 조례로 주민의 권리 제한 또는 의무 부과에 관한 사항이나 벌칙을 정할 때에는 법률의 위임이 있어야 하므로 그 경우 제정되는 조례, 또는 그러한 경우

---

13   김철용, 행정법 II, 106.
14   대법원 2004. 7. 22. 선고 2003추51 판결; 조정환, "자치입법권 특히 조례제정권과 법률우위와의 관계문제", 『공법연구』 제29집 제1호(2000), 375-400(384) 등을 참조.

외에 법률의 위임에 따라, 즉 법률에서 어떤 사항을 조례로 정하도록 위임함에 따라 제정되는 조례는 이를 '위임조례'라고 합니다. 자치조례의 경우에는, 헌법 제117조 제1항과 지방자치법 제28조에 따라, 주민의 권리 제한 또는 의무 부과에 관한 사항이나 벌칙이 아닌 이상, 그 사무에 관하여 법률의 위임이 없더라도 법령의 범위 안에서 자유롭게 조례를 제정할 수 있습니다.

반면, 위임조례의 경우에는 법률의 개별적 위임에 따라 그 범위 안에서 제정되므로 위임명령과 마찬가지로 헌법상 위임입법의 범위와 한계에 관한 법리의 제약을 받을 수밖에 없으나, 위임조례의 경우 후술하듯 포괄적 위임도 허용되고 그 범위 안에서 포괄적 규율이 가능합니다.

② 사무의 종류에 따른 조례제정권의 범위

조례는 지방자치법 제28조 본문에 따라 "그 사무에 관하여" 제정할 수 있습니다. 이 경우 지방자치법 제28조, 제13조의 규정에 따라 지방자치단체가 조례를 제정할 수 있는 사항은 지방자치단체의 고유사무인 자치사무와 개별법령에 따라 자치단체에 위임된 이른바 단체위임사무에 한한다는 것이 학계의 지배적 견해이자 대법원의 확립된 판례입니다.15 따라서 지방자치단체는 그 사무의 범위 안에서만 조례를 제정할 수 있고, 기관위임사무에 대한 조례의 제정은 허용되지 않습니다. 이 점은 비단 국가와 지방자치단체간의 기관위임뿐만 아니라 상급지방자치단체와 하급지방자치단체 사이의 기관위임에 대해서도 마찬가지로 적용됩니다.

③ 조례규정사항

조례는 주민에 법적 구속력을 미치는 법규사항 외에 지방자치단체 내부에서 사무처리 준칙을 정할 수 있고 그 경우 조례는 기관 내부에서만 효력을 가지는 행정규칙 성질을 띠게 됩니다. 조례규정사항은 법령의 위임에 따라 조례로 정해야 하는 위임조례규정사항과 법령의 위임없이 정할 수 있는 직권조례규정사항, 법령이 특히 조례로써 정하도록 규정한 경우인 필수조례규정사항과 법령에 규정이 없더라도 지방자치단체의 권한에 속하는 사무에 관하여 정할 수 있는 임의조례규정사항으로 나뉩니다.16

15　대법원 1992. 7. 28. 선고 92추31 판결(광주서구주택건설사업계획입지심의위원회운영조례안).
16　김철용, 행정법 II, 107.

2021년의 개정법률은 '법령에서 조례로 정하도록 위임한 사항은 그 법령의 하위법령에서 그 위임의 내용과 범위를 제한하거나 직접 규정할 수 없다'고(§ 28 ②) 규정하여 조례위임사항에 대한 해당 하위법령의 관여를 배제함으로써 자치입법의 영역을 확보해 주고 있습니다.

(2) 조례입법권의 한계

조례입법권의 한계로는 그 사물적 관할, 즉 규율사항의 한계, 지역적 관할에서 오는 한계, 대인적 한계, 헌법 등 상위법에 위배되어서는 안 된다는 법규범 위계구조상 한계를 포함하는 법적 한계 등이 있습니다.[17]

① 상위법우월의 원칙에 따른 한계

지방자치법 제28조 본문의 규정에 따르면 지방자치단체는 '법령의 범위 안에서'만 조례를 제정할 수 있습니다. 여기서 말하는 "법령의 범위에서"란 "법령에 위반되지 않는 범위 내에서"를 가리키므로 지방자치단체가 제정한 조례가 법령에 위반되는 경우에는 효력이 없습니다.[18]

이는 '법률의 우위' 및 '상위법 우월의 원칙'에 따른 제한으로서 이에 따라 지방자치법은 물론 각종 법률이나 법규명령의 규정에 위반하는 내용의 조례를 제정할 수 없습니다. 이에 따라 상위법령에 위반하였다는 이유로 무효판정을 받은 조례안들이 속출했습니다. 의회대표제가 아닌 주민총회제원리에 따라 방청인에게 발언권을 줄 수 있도록 한 지방의회 회의규칙의 위법성을 확인한 사례,[19] 지방의회의 인사권을 침해했다는 이유로 위법판정을 받은 사례,[20] 지방자치단체간 관할범위를 위반하여 위법으로 판정된 사례[21] 등이 그와 같은 예입니다.

▌혁신도시 주민지원조례의 적법 여부▐

[1] 지방자치법 제22조 본문은 '지방자치단체는 법령의 범위 안에서 그 사무에 관하여 조례를

---

17 이에 관해서는 홍준형, "자치입법권의 범위와 한계", 자치의정(한국지방의회발전연구원), 1998. 9~10(통권 제2호).
18 대법원 2004. 7. 22. 선고 2003추51 판결(재의결무효확인).
19 대법원 1993. 2. 26. 선고 92추109 판결(완주군의회회의규칙안).
20 대표적으로 대법원 1992. 7. 28. 선고 92추31 판결(광주직할시서구동정자문위조례안)을 참조.
21 대법원 1995. 6. 30. 선고 95추49 판결(인천연수구공동구설치및점용료징수조례안).

제정할 수 있다'고 규정하고 있으므로 지방자치단체가 제정한 조례가 법령에 위배되는 경우에는 효력이 없는 것이고, 조례가 법령에 위배되는지 여부는 법령과 조례의 각각의 규정 취지, 규정의 목적과 내용 및 효과 등을 비교하여 둘 사이에 모순·저촉이 있는지의 여부에 따라서 개별적·구체적으로 결정하여야 할 것이다.

[2] '원주 혁신도시 및 기업도시 편입지역 주민지원 조례안' 제6조 제3호 규정이 정하고 있는 혁신·기업도시 주민고용센터 설립사업 등은 지방자치단체의 사무로서, 주민의 권리·의무와 직접 관련되는 사무로는 볼 수 없고, 그 위탁에 있어서도 주민생계회사가 법령에서 정하는 자격요건을 충족할 경우에 한하여 재량으로서 할 수 있도록 하고 있으므로, 위 조례안 규정에서 이를 주민생계회사에 위탁할 수 있다고 규정한다 하여 지방자치법 제104조에 의한 위임의 한계를 벗어난 것이라고 할 수 없다.22

┌───┐
│ 인천광역시 공항고속도로 통행료지원 사무의 성질 │
└───┘

[1] 인천광역시의회가 의결한 '인천광역시 공항고속도로 통행료지원 조례안'이 규정하고 있는 인천국제공항고속도로를 이용하는 지역주민에게 통행료를 지원하는 내용의 사무는, 구 지방자치법 (2007. 5. 11. 법률 제8423호로 전문 개정되기 전의 것) 제9조 제2항 제2호 (가)목에 정한 주민복지에 관한 사업으로서 지방자치사무이다.

[2] 구 지방자치법(2007. 5. 11. 법률 제8423호로 전문 개정되기 전의 것) 제15조 본문은 "지방자치단체는 법령의 범위 안에서 그 사무에 관하여 조례를 제정할 수 있다."고 규정하고 있으므로, 지방자치단체가 제정한 조례가 법령을 위반하는 경우에는 효력이 없고, 조례가 법령을 위반하는지 여부는 법령과 조례 각각의 규정 취지, 규정의 목적과 내용 및 효과 등을 비교하여 둘 사이에 모순·저촉이 있는지의 여부에 따라서 개별적·구체적으로 결정하여야 한다.

[3] '인천광역시 공항고속도로 통행료지원 조례안'은 그 내용이 현저하게 합리성을 결여하여 자의적인 기준을 설정한 것이라고 볼 수 없으므로 헌법의 평등원칙에 위배된다고 할 수 없고, 구 지방자치법(2007. 5. 11. 법률 제8423호로 전문 개정되기 전의 것) 제13조 제1항 등에도 위배되지 않는다고 한 사례.23

상위법 우월의 원칙상 이해관계인의 책임을 법률이 정한 것 이상으로 불리하게 조례로 정하는 것, 또는 법률이 정한 쟁송기간을 조례로 단축하는 것 등은 위법·무효입니다. 그러나 법률유보원칙과의 관계에서는 조례는 법률의 개별적 위임이 없는 사항에 관하여도 법령에 저촉되지 않는 한도에서 규율할 수 있습니다.

시·군 및 자치구의 조례는 상급단체, 즉 시·도 조례를 위반해서는 아니 됩니다 (§ 30).

② 위임조례의 한계

주민의 권리제한 또는 의무부과에 관한 사항은 법률의 위임이 있어야만 조례로

---

22 대법원 2009. 10. 15. 선고 2008추32 판결.
23 대법원 2008. 6. 12. 선고 2007추42 판결.

정할 수 있습니다(§ 28 단서). 주민에 대한 권리제한·의무부과·벌칙을 내용으로 하는 조례는 관계법률에서 명시적인 위임근거를 마련하지 않는 이상 제정될 수 없다는 결과가 됩니다. 이에 따라 다수 조례들이 대법원에서 무효화되는 운명을 맞았지요.[24] 그러나 주민의 권리제한·의무부과에 관한 사항을 개별적 법률의 위임이 있는 경우에 한하여 조례로써 정할 수 있게 함은 지방의회가 주민대표기관이라는 민주적 정당성을 지닌다는 점과 헌법이 지방자치단체에 대하여 포괄적인 자치권을 부여한 취지(전권한성의 원칙 및 자기책임의 원칙)에 반하는 감이 없지 않습니다. 따라서 조례제정에 침해유보의 원칙이 적용된다 하더라도 그에 관한 법률의 수권은 개괄적인 것으로 족하다고 보아야 할 것입니다. 지방자치법이 요구하는 조례에 대한 법률의 위임은, 위임입법의 경우처럼 헌법 제75조에 따라 '법률에서 구체적으로 범위를 정하여' 위임을 받아야 하는 것은 아니므로, 포괄적 위임이어도 무방하다는 것입니다. 판례 역시 같은 입장입니다. 조례의 제정권자인 지방의회는 그 지역적 민주적 정당성을 지니는 주민 대표기관이고 헌법이 지방자치단체에 포괄적 자치권을 보장하는 취지에 비추어, <u>조례에 대한 법률의 위임은 포괄적인 것으로 족하다</u>는 것이지요.[25]

포괄적 조례위임의 합헌성

"헌법 제117조 제1항은 지방자치단체에 포괄적인 자치권을 보장하고 있으므로, 자치사무와 관련한 조례에 대한 법률의 위임은 법규명령에 대한 법률의 위임과 같이 구체적으로 범위를 정하여서 할 엄격성이 반드시 요구되지는 않는다. 법률이 주민의 권리의무에 관한 사항에 관하여 구체적으로 범위를 정하지 않은 채 조례로 정하도록 포괄적으로 위임한 경우에도 지방자치단체는 법령에 위반되지 않는 범위 내에서 각 지역의 실정에 맞게 주민의 권리의무에 관한 사항을 조례로 제정할 수 있다(대법원 2017. 12. 5. 선고 2016추5162 판결, 헌법재판소 1995. 4. 20. 선고 92헌마 264, 279 결정 등 참조)."[26]

---

24 대법원 1995. 6. 30. 선고 93추113 판결(서울특별시의회에서의증언감정등에관한조례안).

25 헌법재판소 1995. 4. 20. 선고 92헌마264, 279(병합) 전원재판부 결정(부천시담배자동판매기 설치금지조례 제4조 등 위헌확인, 강남구담배자동판매기설치금지조례 제4조 등 위헌확인).

26 대법원 2019. 1. 31. 선고 2018두43996 판결(건축복합민원허가신청서 불허가처분취소(라) 파기환송: 조례가 상위법령의 위임한계를 준수하고 있는지 여부가 문제된 사건). 그 밖에도 대법원 1991. 8. 27. 선고 90누6613 판결(유지점용료부과처분취소); 1995. 6. 30. 선고 93추 83 판결(경상북도의회에서의증언.감정등에관한조례(안)무효확인청구의소: 동행명령장제도는 지방의회에서의 증언·감정 등에 관한 절차에서 증인·감정인 등의 출석을 확보하기위한 절차로서 규정된 것으로 지방자치법 시행령 제19조의2 규정의 "감사 또는 조사에 필요한 사항"에 해당한다고 보아야 할 것이어서, 같은 법 제36조 제7항, 같은법 시행령 제19조의2의 규정이 비록 포괄적이고 일반적이기는 하지만 동행명령장제도를 규정한 조례안의 법률적 위

예를 들어 주요도로와 주거 밀집지역 등으로부터 일정한 거리 내에 태양광발전시설의 입지를 제한한「청송군 도시계획 조례」제23조의2 제1항 제1호, 제2호를 근거로 청송군수가 한 개발행위불허가처분 취소를 구하는 소송에서, 원심법원은 그 조례 조항들이 태양광발전시설 설치의 이격거리를 획일적으로 제한하여 태양광발전시설 설치 가부 등에 관한 판단의 여지 자체를 봉쇄하는 것은 위임의 한계를 벗어난 것으로서 무효이고, 그에 근거한 이 사건 처분 역시 위법하다고 판단하였습니다. 그러나 대법원은 이러한 원심 판단에 조례에 대한 법령의 위임과 위임범위 일탈 등에 관한 법리를 오해한 위법이 있다며 사건을 파기환송하였습니다. 대법원은 위임의 한계 일탈에 대해 다음과 같은 입장을 표명했습니다.

> **태양광발전시설 설치 시 이격거리 기준을 정한 조례에 관한 사건**
>
> 1. 헌법 제117조 제1항은 지방자치단체에 포괄적인 자치권을 보장하고 있으므로, 자치사무와 관련한 조례에 대한 법률의 위임은 법규명령에 대한 법률의 위임과 같이 구체적으로 범위를 정하여서 할 엄격성이 반드시 요구되지는 않는다. 법률이 주민의 권리의무에 관한 사항에 관하여 구체적으로 범위를 정하지 않은 채 조례로 정하도록 포괄적으로 위임한 경우에도 지방자치단체는 법령에 위반되지 않는 범위 내에서 각 지역의 실정에 맞게 주민의 권리의무에 관한 사항을 조례로 제정할 수 있다(대법원 2017. 12. 5. 선고 2016추5162 판결, 헌법재판소 1995. 4. 20. 선고 92헌마264, 279 결정 등 참조)
>
> 이 사건 조례 조항은 주요도로와 주거 밀집지역 등으로부터 일정한 거리 내에 태양광발전시설의 입지를 제한함으로써 토지의 이용·개발을 제한하고 있다. 비록 국토계획 및 이용에 관한 법률(이하 '국토계획법'이라 한다)이 태양광발전시설 설치의 이격거리 기준에 관하여 조례로써 정하도록 명시적으로 위임하고 있지는 않으나, 조례에의 위임은 포괄 위임으로 충분한 점, 도시·군계획에 관한 사무의 자치사무로서의 성격, 국토계획법령의 다양한 규정들의 문언과 내용 등을 종합하여 보면, 이 사건 조례 조항은 국토계획법령이 위임한 사항을 구체화한 것이라고 보아야 한다.
>
> 2. 특정 사안과 관련하여 법령에서 조례에 위임을 한 경우 조례가 위임의 한계를 준수하고 있는지를 판단할 때에는, 해당 법령 규정의 입법 목적과 규정 내용, 규정의 체계, 다른 규정과의 관계 등을 종합적으로 살펴야 하고, 위임 규정의 문언에서 그 의미를 명확하게 알 수 있는 용어를 사용하여 위임의 범위를 분명히 하고 있는데도 그 의미의 한계를 벗어났는지, 수권 규정에서 사용하고 있는 용어의 의미를 넘어 그 범위를 확장하거나 축소함으로써 위임 내용을 구체화하는 데에서 벗어나 새로운 입법을 한 것으로 볼 수 있는지 등도 아울러 고려해야 한다(대법원 2012. 10. 25. 선고 2010두25077 판결 등 참조).
>
> 이 사건 조례 조항의 위임근거가 되는 국토계획법령 규정들의 문언과 내용, 체계, 입법취지 및 개발행위허가에 관하여 지방자치단체가 가지는 광범위한 재량, 청송군의 지리적·환경적 특성, 이 사건 조례 조항에 따른 이격거리 기준을 적용하지 않는 예외사유, 국토계획법령에서 개발행위허가 기준의 대강과 한계만을 정하고 구체적인 세부기준은 각 지방자치단체가 지역의 특성, 주민 의견 등을 고려하여 지방자치단체의 실정에 맞게 정할 수 있도록 위임하고 있는 취지 등을 위 법리에

임 근거가 된다고 보는 것이 타당하다고 판시) 등을 참조.

비추어 살펴보면, 이 사건 조례 조항은 국토계획법령에서 위임한 한계를 벗어난 것이라고 볼 수 없다.[27]

최근 대법원은 2020년도분 재산세의 과세표준 산정 시 시가표준액 9억 원 이하의 1가구 1개 주택을 소유한 개인에 대하여 지방세법이 정한 재산세의 표준세율을 50% 감경하는 내용으로 서초구 의회가 제정한 조례안에 대한 지방자치법 제172조 제7항에 따른 무효확인소송에서 지방세법 제111조 제3항에 따라 제정된 조례가 표준세율 감경대상을 한정함으로써 법률이 정한 과세표준 구간이나 누진 정도가 변경되는 결과가 발생한 경우 그 조례는 위임범위의 한계를 일탈하거나 조세법률주의에 위배되어 무효라고 볼 수 없다고 판시한 바 있습니다.

> **서초구의회의 재산세 감면 조례 적법**
>
> 1. 2020. 9. 25.「서울특별시 서초구 구세 조례 일부 개정 조례안」(이하 '이 사건 조례안'이라 한다)에 대하여 원고는, 2020년 주택 공시가격 현실화에 따라 급증한 재산세 부담을 완화하기 위하여 제정되었을 뿐 재해 등의 발생으로 재산세의 세율 조정이 불가피하다고 인정되어 제정된 것이 아니므로, 이 사건 근거조항의 요건을 충족하지 못하여 무효라는 취지로 주장한다. 그러나 이 코로나바이러스 감염증-19의 확산이라는 재해 발생의 상황에서 민간의 경제적 어려움을 해소하기 위하여 제정된 이상, 그 과정에서 주택 공시가격 현실화에 따른 재산세 급증이라는 사정이 고려되었다고 하여 이 사건 근거조항의 요건을 갖추지 못하였다고 볼 수 없다.
>
> 2. 이 사건 근거조항의 취지는 정부의 승인이나 허가 없이 지방자치단체의 자치법인 조례로 재산세의 표준세율을 가감할 수 있도록 함으로써 지방자체단체의 과세자주권을 보장하는 한편, 재해 등의 발생으로 불가피하다고 인정되는 경우 해당 연도에 한하여 재산세 표준세율을 감경할 수 있도록 함으로써 지방자치단체의 무분별한 재산세 감경을 방지하고자 하는 데에 있다고 이해된다. 한편 지방세법 제111조 제1항 제3호 (나)목은 별장 이외의 주택의 경우 시가표준액이 표상하는 담세력의 크기에 따라 재산세 과세표준 구간을 나누고 초과누진세율을 도입하여 일정한 누진 정도에 따라 재산세의 표준세율을 달리 정하고 있다. 그런데 과세표준 구간이나 누진 정도는 과세형평을 도모하기 위한 기술적, 정책적 사항으로 국민의 납세의무에 관한 기본적이고도 본질적인 사항이라고 볼 수 없다. 이러한 이 사건 근거조항의 취지, 과세표준 구간이나 누진 정도의 의미를 고려하여 보면, 재해 등이 발생한 경우 조례로 감경하는 세율의 적용대상을 재해 피해자 등 일정 범위로 한정하는 것은 이 사건 근거조항의 위임범위 내로서 허용된다고 보아야 한다. 따라서 이 사건 조례안이 감경하는 세율의 적용대상을 한정하여, 그에 따라 과세표준 구간이 창설되고 과세표준 구간별 누진 정도가 변경되는 결과가 발생하더라도, 이는 이 사건 근거조항이 조례로 감경하는 세율의 적용대상을 한정할 수 있도록 함으로써 생기는 반사적 효과에 불과하거나 이 사건 근거조항이 예정하고 있는 것으로 볼 수 있다. 따라서 이 사건 조례안이 이 사건 근거조항의 위임범위의 한계를 일탈하였다거나 조세법률주의에 위배되어 무효라고 평가할 수는 없다.
>
> 3. 위임명령은 법률이나 상위명령에서 구체적으로 범위를 정한 개별적인 위임이 있을 때에 가능하고, 여기에서 구체적인 위임의 범위는 규제하고자 하는 대상의 종류와 성격에 따라 달라지는

---

27 대법원 2019. 10. 17. 선고 2018두40744 판결(개발행위불허가처분취소).

것이어서 일률적 기준을 정할 수는 없지만, 적어도 위임명령에 규정될 내용 및 범위의 기본사항이 구체적으로 규정되어 있어서 누구라도 당해 법률이나 상위법령으로부터 위임명령에 규정될 내용의 대강을 예측할 수 있어야 한다. 하지만 이 경우 그 예측가능성의 유무는 당해 위임조항 하나만을 가지고 판단할 것이 아니라 그 위임조항이 속한 법률의 전반적인 체계와 취지 및 목적, 당해 위임조항의 규정형식과 내용 및 관련 법규를 유기적·체계적으로 종합하여 판단하여야 하며, 나아가 각 규제 대상의 성질에 따라 구체적·개별적으로 검토함을 요한다(대법원 2004. 7. 22. 선고 2003두7606 판결 등 참조). 이러한 법리는 조례가 법률로부터 위임받은 사항을 다시 지방자치단체장이 정하는 '규칙' 등에 재위임하는 경우에도 적용된다(대법원 2015. 1. 15. 선고 2013두14238 판결 등 참조).

4. 지방세법 시행령 제29조 제2항은 지방세법 제15조 제1항 제2호에 따라 상속으로 취득하는 경우 취득세 세율의 특례를 적용받는 '1가구 1주택'의 범위를 정하면서 1주택을 여러 사람이 공동으로 소유하는 경우에도 공동소유자가 각각 1주택을 소유하는 것으로 보도록 규정하고 있다. 이 사건 조례안은 '1가구 1주택'과는 구별되는 '1가구 1개 주택'이라는 용어를 사용하고 있고, 여기에 이 사건 조례안의 취지가 세율 감경을 통한 재산세 부담의 완화에 있는 점까지 고려하여 보면, 이 사건 조례안의 위임에 따라 규칙에서 규정될 '1가구 1개 주택'에 관한 내용은 지방세법 시행령 제29조 제2항과 달리 1주택을 여러 사람이 공동으로 소유한 경우 1개의 주택을 소유하는 것으로 보도록 하는 것임을 예측할 수 있다고 봄이 타당하다. 따라서 이 사건 조례안이 '1가구 1개 주택'의 개념을 이 사건 규칙안에 위임하였다고 하더라도 포괄위임금지 원칙에 위배되어 무효라고 볼 수 없다.28

③ 규율하는 대상사무의 종류에 따른 한계

조례로 정할 수 있는 사항은 자치사무와 단체위임사무에 한정되며, 기관위임사무에 대해서는 조례를 정할 수 없습니다.

대법원은 "지방자치단체가 조례를 제정할 수 있는 사항은 지방자치단체의 고유사무인 자치사무와 개별 법령에 의하여 지방자치단체에 위임된, 이른바 단체위임사무에 한하고, 국가사무로서 지방자치단체의 장에게 위임되거나 상위 지방자치단체의 사무로서 하위 지방자치단체의 장에게 위임된 이른바 기관위임사무에 관한 사항은 조례제정의 범위 밖"이라고 판시한 바 있습니다.29 또한 지방자치법은 지방자치단체로 하여금 제15조에 열거된 국가사무를 처리할 수 없도록 하고 있으므로, 법률에 이와 다른 규정이 있는 경우 외에는, 이에 관한 조례를 제정할 수 없습니다.

---

28 대법원 2022. 4. 14. 선고 2020추5169 판결. 이 사건 판결에서 대법원은 조세법률의 명확성 원칙 위배 여부, 지방세특례제한법의 절차 등 준수 여부, 조세평등주의 위반 여부 등을 검토하여 이에 대한 원고의 주장을 모두 배척하였습니다.

29 대법원 1995. 12. 22. 선고 95추32 판결(조례안재의결무효확인). 최근 판례로 사립 초등학교·중학교·고등학교 및 이에 준하는 각종 학교를 설치·경영하는 학교법인의 임시이사 선임에 관한 교육감의 권한은 자치사무라고 판시한 대법원 2020. 9. 3. 선고 2019두58650 판결(임시이사선임처분취소청구의소)을 참조.

〈지방자치단체 사무의 구별〉

구별		자치사무	단체위임사무	기관위임사무
사무의 성질		주민복리에 관한 지자체의 고유사무	법령에 따라 지자체에 위임된 사무	국가·지자체가 법령·조례로 지자체 기관에 위임한 사무
법적 근거		지방자치법 § 13 ① 전단	지방자치법 § 13 ① 후단	지방자치법 §§ 115, 116
단체장의 지위		지자체의 기관	지자체의 기관 (간접국가기관)	국가기관
자치입법 규율 여부		조례·규칙으로 규율 가능	조례·규칙으로 규율가능	조례로 규율 불가, 법령상 조례위임이 있으면 가능 규칙은 가능
경비 부담		지자체 부담	국가부담설(다수설) cf. 국가와 지자체 분담: 지방재정법 § 21 ①[30]	국가가 전액 부담 (실제와 상이)
국가 감독	감독 속성	합법성 감독 사후적 감독	합법성·합목적성 감독 사후적 감독	합법성·합목적성 감독 적극적·예방적 감독
	감독 기관	행정안전부장관, 시·도지사 (법률에 특별한 규정 있으면 예외)	주무부처의 장	주무부처의 장
지방의회 관여		가능	대부분 가능	원칙적 불가능 (지방자치법 § 49 ③ 예외)
배상책임		지자체가 부담	국가 또는 지자체가 부담 (국가배상법 § 6)	원칙적으로 국가, 예외적으로 지자체 부담 (국가배상법 § 6)

자치사무와 기관위임사무의 구별 및 조례제정 범위

"구 지방자치법(2007. 5. 11. 법률 제8423호로 전문 개정되기 전의 것) 제15조, 제9조에 의하면, 지방자치단체가 자치조례를 제정할 수 있는 사항은 지방자치단체의 고유사무인 자치사무와 개별법령에 의하여 지방자치단체에 위임된 단체위임사무에 한하는 것이고, 국가사무가 지방자치단체의 장에게 위임된 기관위임사무는 원칙적으로 자치조례의 제정범위에 속하지 않는다 할 것이고,

---

30 지방재정법은 제21조에서 부담금과 교부금에 관하여 지방자치단체 또는 그 기관이 법령에 의하여 처리하여야 할 사무로서 국가와 지방자치단체 상호간에 이해관계가 있는 경우에, 그 원활한 사무처리를 위하여 국가에서 부담하지 아니하면 아니 되는 경비는 국가가 그 전부 또는 일부를 부담하며(§ 21 ①), 국가가 스스로 행하여야 할 사무를 지방자치단체 또는 그 기관에 위임하여 수행하는 경우에, 그 소요되는 경비는 국가가 그 전부를 당해 지방자치단체에 교부하여야 한다고 규정하고 있다(§ 21 ②). 이와 같이 국가와 지방자치단체가 부담할 경비 중 지방자치단체가 부담할 경비의 종목 및 부담비율에 관하여는 대통령령으로 정한다 (§ 22 ①).

다만 기관위임사무에 있어서도 그에 관한 개별법령에서 일정한 사항을 조례로 정하도록 위임하고 있는 경우에는 위임받은 사항에 관하여 개별법령의 취지에 부합하는 범위 내에서 이른바 위임조례를 정할 수 있다(대법원 2000. 5. 30. 선고 99추85 판결 등 참조). 그리고 법령상 지방자치단체의 장이 처리하도록 규정하고 있는 사무가 자치사무인지 기관위임사무에 해당하는지 여부를 판단함에 있어서는 그에 관한 법령의 규정 형식과 취지를 우선 고려하여야 할 것이지만 그 외에도 그 사무의 성질이 전국적으로 통일적인 처리가 요구되는 사무인지 여부나 그에 관한 경비부담과 최종적인 책임귀속의 주체 등도 아울러 고려하여 판단하여야 한다(대법원 2001. 11. 27. 선고 2001추57 판결 등 참조)."[31]

> **법령상 지자체 장의 처리 사무가 자치사무인지 기관위임사무인지 여부와 판단 방법**
>
> "국가가 본래 그의 사무의 일부를 지방자치단체의 장에게 위임하여 처리하게 하는 기관위임사무의 경우 지방자치단체는 국가기관의 일부로 볼 수 있고, 지방자치단체가 그 고유의 자치사무를 처리하는 경우 지방자치단체는 국가기관의 일부가 아니라 국가기관과는 별도의 독립한 공법인으로서 양벌규정에 의한 처벌대상이 되는 법인에 해당한다. 또한, 법령상 지방자치단체의 장이 처리하도록 하고 있는 사무가 자치사무인지, 기관위임사무에 해당하는지 여부를 판단하는 때에는 그에 관한 법령의 규정 형식과 취지를 우선 고려하여야 하며, 그 외에도 그 사무의 성질이 전국적으로 통일적인 처리가 요구되는 사무인지 여부나 그에 관한 경비부담과 최종적인 책임귀속의 주체 등도 아울러 고려하여 판단하여야 한다."[32]

지방자치단체의 장의 고유 권한에 속하는 사항, 가령 인사에 관한 권한 중 지방자치단체 장의 고유권한에 해당하는 사항에 대해서도 지방자치법상의 권력분립의 원리에 비추어 조례제정권의 한계를 인정할 수 있을 것입니다. 판례 또한 같은 입장입니다. 경우에 따라 지방자치단체 장에게 인사권을 부여한 근거법률 규정을 위배하여 위법한 조례로 판단될 수도 있습니다.[33]

> "지방의회가 집행기관의 인사권에 사전에 적극적으로 개입하는 것은 의결기관과 집행기관 사이의 권한분리 및 배분의 취지에 배치되고, 또 집행기관의 인사권에 의장이 개인 자격으로 관여할 수 있는 권한은 없고 조례로써 이를 허용할 수도 없다(대법원 1994. 4. 26. 선고 93추175 판결 등 참조)."[34]

> "지방자치법은 지방자치단체의 의사를 내부적으로 결정하는 최고의결기관으로 지방의회를, 외부에 대하여 지방자치단체의 대표로서 지방자치단체의 의사를 표명하고 그 사무를 통할하는 집행기관으로 단체장을 독립한 기관으로 두고, 의회와 단체장에게 독자적인 권한을 부여하여 상호 견제와 균형을 이루도록 하고 있으므로, 법률에 특별한 규정이 없는 한 조례로써 견제의 범위를 넘

---

31 대법원 2008. 1. 17. 선고 2007다59295 판결(부당이득금 공보불게재).
32 대법원 2009. 6. 11. 선고 2008도6530 판결(자동차관리법위반).
33 김철용, 행정법 II, 109.
34 대법원 2009. 12. 24. 선고 2007추141 판결(개정조례안재의결무효확인).

어서 상대방의 고유권한을 침해하는 규정을 제정할 수 없는 것인바, 지방의회는 조례의 제정 및 개폐, 예산의 심의·확정, 결산의 승인, 기타 같은 법 제35조에 규정된 사항에 대한 의결권을 가지는 외에 같은 법 제36조 등의 규정에 의하여 지방자치단체사무에 관한 행정사무감사 및 조사권 등을 가지므로, 이처럼 법령에 의하여 주어진 권한의 범위 내에서 집행기관을 견제할 수 있는 것이지 법령에 규정이 없는 새로운 견제장치를 만드는 것은 집행기관의 고유권한을 침해하는 것이 되어 허용할 수 없다."[35]

[1] 지방자치법은 의결기관으로서의 지방의회와 집행기관으로서의 지방자치단체장에게 독자적 권한을 부여하는 한편, 지방의회는 행정사무감사와 조사권 등에 의하여 지방자치단체장의 사무집행을 감시 통제할 수 있고 지방자치단체장은 지방의회의 의결에 대한 재의요구권 등으로 의회의 의결권행사에 제동을 가할 수 있게 함으로써 상호 견제와 균형을 유지하도록 하고 있으므로, 지방의회는 자치사무에 관하여 법률에 특별한 규정이 없는 한 조례로써 위와 같은 지방자치단체장의 고유권한을 침해하지 않는 범위 내에서 조례를 제정할 수 있다(대법원 1992. 7. 28. 선고 92추31 판결, 대법원 2000. 6. 13. 선고 99추92 판결 등 참조).
[2] 이 사건 조례안이 지방자치단체 사무의 민간위탁에 관하여 지방의회의 사전 동의를 받도록 한 것은 지방자치단체장의 민간위탁에 대한 일방적인 독주를 제어하여 민간위탁의 남용을 방지하고 그 효율성과 공정성을 담보하기 위한 장치에 불과하고, 민간위탁 권한을 지방자치단체장으로부터 박탈하려는 것이 아니므로 지방자치단체장의 집행권한을 본질적으로 침해하는 것으로 볼 수 없다.[36]

2.3. 벌칙 등에 관한 사항

조례로 벌칙을 정하려면 법률의 위임이 필요합니다(§ 28). 지방자치법은 제34조에서 조례위반에 과태료를 부과할 수 있도록 하고, 제156조에서는 사용료 징수조례 등과 관련 과태료 부과권을 부여하고 있습니다. 종합하면, 지방자치단체는 다음과 같이 조례로 벌칙이나 과태료를 부과할 수 있습니다.

첫째, 각 개별법령의 위임 조항에 따라 벌칙을 정할 수 있습니다. 그 범위나 한계는 해당 개별법령의 위임조항에 따릅니다.

둘째, 조례를 위반한 행위에 대하여 조례로써 1천만원 이하의 과태료를 정할 수 있고(§ 34 ①), 이에 따른 과태료는 해당 지방자치단체의 장이나 그 관할 구역 안의 지방자치단체의 장이 부과·징수합니다(§ 34 ②).

셋째, 사기나 그 밖의 부정한 방법으로 사용료·수수료 또는 분담금의 징수를 면한 자에 대해서는 그 징수를 면한 금액의 5배 이내의 과태료를, 공공시설을 부정사

---

35 대법원 2003. 9. 23. 선고 2003추13 판결(개정조례안재의결무효확인).
36 대법원 2009. 12. 24. 선고 2009추121 판결(조례안재의결무효확인).

용한 자에 대해서는 50만원 이하의 과태료를 부과하는 규정을 조례로 정할 수 있습니다(§ 156 ②). 과태료의 부과·징수, 재판 및 집행 등의 절차에 관한 사항은 「질서위반행위규제법」에 따릅니다(§ 156 ③).

> **법률의 위임 없이 형벌사항을 규정한 조례의 위헌·위법성**
>
> "지방자치법 제15조 단서는 지방자치단체가 법령의 범위 안에서 그 사무에 관하여 조례를 제정하는 경우에 벌칙을 정할 때에는 법률의 위임이 있어야 한다고 규정하고 있는데, 형벌을 규정한 이 사건 조례안 제12조 내지 제14조에 관하여 법률에 의한 위임이 없었을 뿐만 아니라 개정 전의 구법(1994.3.16. 법률 제4741호로 개정되기 전의 것) 제20조가 조례에 의하여 3월 이하의 징역 등 형벌을 가할 수 있도록 규정하였으나 <u>개정된 지방자치법 제20조는 형벌권은 삭제하여 지방자치단체는 조례로써 조례위반에 대하여 1,000만 원 이하의 과태료만을 부과할 수 있도록 규정하고 있으므로, 조례위반에 형벌을 가할 수 있도록 규정한 위 조례안 규정들은 현행 지방자치법 제20조에도 위반된다</u>고 할 것이다. 따라서 이 사건 조례안 제12조 내지 제14조의 규정들은 적법한 법률의 위임 없이 제정된 것이 되어 지방자치법 제15조 단서에 위반되고, 나아가 죄형법정주의를 선언한 헌법 제12조 제1항에도 위반한 것이 된다."[37]

2.4. 지방자치법 제28조의 위헌 여부

지방자치단체의 자치입법권은 헌법과 지방자치법 등에 의하여 근본적인 제약을 받고 있습니다. 특히 지방자치법 제28조는 지방자치단체의 자치입법권을 일반적·범주적으로 제한한 악명 높은(?) 조항입니다. 그동안 자치입법권이 제대로 행사될 수 없었던 것은 바로 이 조항 때문이었습니다. 1995년 지방자치가 본격화된 이래 지방자치단체에서 제정한 각종 조례들이 대법원에 의하여 대부분 무효화된 것만을 보아도 쉽사리 알 수 있습니다.[38] 이 조항에 대하여 "지방자치단체는 주민의 복리에 관한 사무를 처리하고 재산을 관리하며, 법령의 범위안에서 자치에 관한 규정을 제정할 수 있다."고 규정한 헌법 제117조 제1항과 관련하여 끊임없이 위헌의 혐의가 제

---

[37] 대법원 1995. 6. 30. 선고 93추113 판결(서울특별시의회에서의증언·감정등에관한조례(안)무효확인청구): 대법원은 헌법 제117조 제1항이 지방자치에 관한 사무에 관하여는 지방자치단체에 입법권을 부여하고 있기 때문에 헌법 제12조 제1항의 죄형법정주의원칙에서 말하는 법률에는 지방자치사무에 관한 실효성 확보를 위한 형벌을 규정하는 조례도 포함되므로 조례안 제12조 내지 제14조는 헌법상 죄형법정주의원칙이나 지방자치법 제15조 단서에 위반되지 아니한다는 원고의 주장을 배척했습니다.

[38] 청주시행정정보공개조례의 합법성을 시인한 대법원 1992. 6. 23. 선고 92추17 판결은 극히 드문 예외라 할 수 있습니다.

기되어 왔던 것도 바로 그런 맥락에서 이해될 수 있습니다.[39]

생각건대, 헌법 제117조 제1항 후단의 규정은 법률에 의해서도 침해될 수 없는 헌법적 보장으로서의 규범적 효력을 가진다는 점을 우선적으로 고려해야 합니다.

헌법 제117조 제1항 후단은 제118조 제2항의 법률유보에 따라 제정된 법률로 침해할 수 없는 자치입법권의 범위를 헌법적으로 보장한 것입니다. 만일 지방자치법의 규정이 이 헌법적 수권규정의 범위를 감축·제한한다면 헌법위반이 됩니다. 그러나 일부 문헌이 주장하듯 지방자치법 제28조 단서를, 지방자치권의 보편성(Universalität) 또는 전권성(全權性)[40]을 제한한다는 것만 가지고서 막 바로 그 합헌성을 의심할 수 있는지는 의문입니다. 헌법 제117조 제1항 후단에서 「법령의 범위 안에서」란 구절은 자치입법의 내용적 한계를 정한 것이지만, 반드시 「법령의 우위」만을 규정한 데 불과한 것이 아니라 헌법적으로 보장된 자치입법권의 한계를 법률의 유보에 관한 침해유보설적 견지에서 설정한 것으로 해석할 수 있는 여지가 있기 때문입니다. 참고로 독일의 경우 기본법 제28조 제2항 제1문의 "im Rahmen der Gesetze"란 구절을 고유책임성과 보편성, 그리고 기타 모든 보장 수준에 관계된 유보, 다시 말해서 「입법권자에게 보장내용의 구체적 형성, 내재적 한계의 설정, 그러나 또한 헌법직접적 보장영역에 대한 침해를 수권하는 유보」 조항으로 해석합니다.[41] 그렇다면 지방자치법 제28조 단서는 헌법 제117조 제1항 후단에 위배된다고 볼 수 없습니다. 대법원 역시 1995년 5월 12일 판결에서 지방자치법 제28조 단서의 합헌성을 확인한 바 있습니다.[42]

---

39 박윤흔, "법령과 조례의 관계", 경희법학 제27권 제1호(1992), 52−56; 오세탁, "조례의 제정실태와 입법한계", 『인권과 정의』 제216호, 28; 서원우, "헌법과 지방자치", 『자치연구』 제1호(1993), 18 이하; 유상현, 조례의 법적 한계에 관한 연구(경희대법학박사학위논문, 1994) 등. 이것이 다수설입니다. 이에 반해 합헌을 주장하는 견해로는 홍정선, "조례와 침해유보", 고시계 1993/4, 108−113.

40 이것은 독일지방자치법의 개념으로, 어떤 사안이 지역적 단체에 관한 사무에 속하는 한, 그것은 원칙적으로 기본법 제28조 제2항 제1문의 보장내용에 따라 자치단체의 임무에 속한다는 원칙을 말합니다(Schmidt−Aßmann, Kommunalrecht, in: Ingo von Münch, Bes. VerwR, 8.Aufl., 1988, S.116).

41 Schmidt−Aßmann, aaO.

42 대법원 1995. 5. 12. 선고 94추28 판결: 전라북도공동주택입주자보호를위한조례안무효확인.

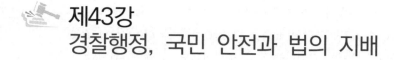

제43강
경찰행정, 국민 안전과 법의 지배

　　국민의 안전과 재산을 보호하고 질서를 유지하는 질서 및 경찰행정은 가장 오래되고 본질적인 국가임무에 속합니다. 그런데 공공 안녕과 질서에 대한 위험 방지라는 경찰목적의 달성을 위해 불가피하게 일정한 범위에서 국민의 권리·자유를 제한해야 할 경우가 생깁니다. 경찰작용의 실제를 보더라도 경찰권은 주로 명령·강제를 내용으로 하는 권력적 수단을 통해 행사되는 경우가 많고, 권력적·침익적 행위가 경찰의 주된 수단이라고 해도 과언이 아닙니다. 경찰권의 행사가 어느 분야보다 더 법치행정의 원칙과 밀접한 관련을 맺을 수밖에 없는 이유입니다.

　　법치행정의 원칙에 따라 경찰이 국민의 자유·권리를 침해하거나 제한하는 조치를 취하려면 사전에 법률의 근거가 마련되어 있어야 합니다. 그리고 경찰이 임무수행을 침익적 수단에 크게 의존하므로, 침익적 경찰조치의 근거, 요건, 한계를 명확히 해 둠으로써 법적 통제가 가능하도록 해야 합니다. 질서 및 경찰행정에 대한 법치주의적 제어가 경찰법의 주된 관심사입니다.

I. 경찰권의 근거와 한계

　　경찰권을 발동하려면 반드시 법률의 근거가 있어야 한다는 것은 법치주의 또는 법률에 의한 행정의 원칙에 따른 당연한 귀결입니다. 헌법 제37조 제2항은 "국민의 모든 자유와 권리는 …질서유지를 위하여 법률로써 제한할 수 있다."고 규정하고 있습니다. 국민의 권리·자유를 제한하는 경우에도 일정한 한계가 있고, 또 어떤 경우에도 국민의 자유와 권리의 본질적인 내용을 침해할 수는 없지요(헌법 § 37 ② 후단). 법률이 '구체적으로 범위를 정하여' 위임한 경우에 한하여(헌법 §§ 75, 95) 법규명령이 경찰권의 발동의 근거가 될 수도 있습니다.

경찰권의 발동은 반드시 법률에 그 근거를 두어야 한다고 할 때, 그 근거법규범의 성격이 문제됩니다. 법치주의가 정착된 상황에서는 임무규범(Aufgabenzuweisungsnorm)과 권한규범(Befugnisnorm)을 엄격히 분리해야 하기 때문입니다.[1] 임무규범이란 조직법상 권한분장관계를 규율하기 위한 규범으로서 다른 행정청과의 직무의 한계를 설정하는 것을 목적으로 합니다. 경찰법상 임무규범은 법적으로 허용되는 경찰작용의 외적 한계를 설정하는 것으로 개인의 권리침해와 무관한 경찰작용의 한계를 규정하는 규범입니다. 이에 반하여 권한규범이란 행정청에 부여된 임무를 전제로 이의 범위 내에서 개인의 권리를 침해하는 조치를 취할 수 있는 권한을 부여하는 규범을 말합니다. 임무와 권한은 상이한 개념이지만, 권한은 임무를 전제한 것이므로 권한에 관한 규정은 해당 사항에 관한 임무의 내용을 구체화하는 법적 근거가 될 수 있습니다. 양자는 '목적과 수단의 관계'에 있고,[2] 권한에 대한 규정들은 임무의 내용을 반영합니다.[3] 그러나 거꾸로 임무규정에서 반드시 권한이 도출되는 것은 아니며, 임무에서 권한을 도출하는 것은 법치국가에서는 허용되지 않습니다.[4] 임무를 구체적으로 어떻게 실현할 것인지는 임무 그 자체로부터 직접 도출될 수 없고, 입법권자가 정치·사회·경제·문화적 상황을 고려하여 구체화해야 할 사항입니다. 그러나 경찰권 발동을 위해 권한규범에 의한 수권이 필요하고, 임무규범만을 근거로 해서는 경찰권을 발동할 수 없다는 것은 섣부른 결론입니다. 권한규범에 의한 수권이 필요한 것은 침익적 처분, 특히 기본권침해를 가져오는 처분의 경우에 한하며, 임무규범은, 개인의 권리, 특히 기본권을 침해하는 효과를 가지지 않는 경찰의 위험방지활동을 위해서는, 경우

---

1 권한규범과 임무규범의 엄격한 구별은 독일 경찰행정법에서 유래합니다. 상세한 것은 Götz, § 7 Rn. 1−7; F. Schoch, Polizei− und Ordnungsrecht in: E. Schmidt−Aßmann / F. Schoch (Hg.), Besonderes Verwaltungsrecht. 14.Aufl., 2008, 2 Rn. 32−33, S. 150−151 등을 참조.

2 Stettner, Grundfragen der Kompetenzlehre, 1983, S. 154ff, 159ff., 320ff.(김동희, 행정법 II, 195에서 재인용).

3 Bull, Die Staatsaufgaben nach dem Grundgesetz, 2. Aufl., 1977, S. 152(김동희, 행정법 II, 195에서 재인용).

4 Schoch, 2 Rn. 33, S.150−151.

에 따라 법률유보의 원칙이 적용되어 법률의 근거가 필요한 경우가 있을 수 있지만, 충분한 법적 근거가 될 수 있습니다.[5] 즉, 원칙적으로 침익적 효과를 가지는 경찰권 발동을 위해서만 권한규범에 의한 수권이 필요합니다.

경찰의 침해적 조치를 위한 법적 근거는 입법기술상 두 가지 형태로 나타납니다. 하나는 개별적·구체적 사안에 관하여 특정한 종류·내용의 조치(표준조치: Standardmaßnahme)에 대한 법적 근거를 마련하는 방법이고(개별적 수권조항 또는 특별수권조항), 다른 하나는 위험방지 직무와 관련하여 이에 필요한 경찰처분의 권한에 대한 법적 근거를 포괄적으로 부여하는 방법입니다(일반수권조항 또는 개괄수권조항). 두 가지 방법은 서로 배척하는 것이 아니라 전자를 전제로 후자가 보충적으로 적용되는 상호 보완관계에 있습니다.

II. 개별적 수권규정에 근거한 경찰권 발동

경찰권 발동은 일반수권조항 외에 개별적 상황에서 구체적 경찰조치를 취할 수 있는 권한을 수여하는 개별적 수권조항에 근거하여 이루어질 수 있습니다. 특별수권규정이 있는 한도 내에서 일반수권조항은 적용되지 않고(적용의 우위: Anwendungsvorrang), 일반수권조항은 특별수권조항에 대하여 보충적으로만 적용됩니다.[6] 따라서 경찰권 행사의 허용 여부나 적법성 여부가 문제되는 경우에는 일차적으로 개별적 수권조항이 있는지 먼저 검토해 보아야 합니다.

개별적 수권조항에 의한 경찰권발동의 수권방법은 일반경찰법상 개별수권조항에 근거한 경찰권 발동, 즉 표준조치와 특별법상 개별수권조항에 의한 경우 두 가지로 나뉩니다.

「경찰관직무집행법」이 경찰처분에 대한 개별적 수권으로 제3조에서 불심검문(정지, 질문), 임의동행요구, 흉기조사, 제4조에서 보호조치, 임시영치, 제5조에서 위험방지조치(경고, 억류, 피난, 접근 또는 통행의 제한 등), 제6조에서 경고, 범죄행위 제지, 제7조에서 위험방지를 위한 출입(타인의 토지·건물·배 또는 차에의 출입, 수색), 제8조에서 사실

---

5   Götz, § 7 Rn. 7-8.
6   Schoch, Rn. 53.

확인, 출석요구 등을 규정한 것이 전자의 경우이고, 분야별 각 단행법이 특별수권조항을 두는 것이 후자의 경우입니다.

Ⅲ. 일반조항(개괄조항)에 의한 경찰권 발동

1. 쟁점

일반경찰법상 표준조치의 형식이든 아니면 특별행정법상의 개별적 수권조항의 형식이든 개별적 수권규정이 존재하는 경우에는 당해 법조문의 해석을 통하여 경찰권 발동의 근거에 관한 여러 법률문제를 해결할 수 있습니다. 그러나 개별적 수권규범이 존재하지 아니하는 예외적인 경우에 공공의 안녕 혹은 공공의 질서에 대한 위험을 방지 또는 제거하기 위하여 경찰권을 발동할 수 있도록 일반조항 내지 개괄조항을 규정하는 것이 허용되는지 여부, 또한 그것이 허용된다고 할 때 현행법상 그러한 일반조항이 존재하는지 등의 문제가 제기됩니다. 특히「경찰관직무집행법」에 일반수권조항에 해당하는 규정이 있는지 여부가 논란되고 있습니다.

문제는 현행 경찰행정법이 이에 대한 분명한 규정을 두지 않았다는 데 있습니다. 공공의 안전·질서에 대한 위험방지라는 경찰의 일반적 직무에 비추어 중요한 입법적 결함입니다. 독일 통일경찰법 모범초안이나 각주 경찰법처럼 일반수권조항을 명문화하여 그 요건과 한계를 명확히 함으로써 경찰권의 남용을 방지해야 한다는 견해가 지배적인 것도 바로 그런 연유입니다.

> **경찰관의 긴급구호조치권 불행사의 위법성**
>
> "긴급구호권한과 같은 경찰관의 조치권한은 일반적으로 경찰관의 전문적 판단에 기한 합리적인 재량에 위임되어 있는 것이나, 그렇다고 하더라도 구체적 상황하에서 경찰관에게 그러한 조치권한을 부여한 취지와 목적에 비추어 볼 때 그 불행사가 현저하게 불합리하다고 인정되는 경우에는, 그러한 불행사는 법령에 위반하는 행위에 해당하게 되어 국가배상법상의 다른 요건이 충족되는 한, 국가는 그로 인하여 피해를 입은 자에 대하여 국가배상책임을 부담한다."[7]

---

7 대법원 1996. 10. 25. 선고 95다45927 판결. 정신질환자에 의한 집주인 살인범행에 앞서 그 구체적 위험이 객관적으로 존재하고 있었다고 보기 어려운 경우, 경찰관이 그때그때 상황에 따라 그 정신질환자를 훈방하거나 일시 정신병원에 입원시키는 등 경찰관직무집행법에 따른

2. 일반조항의 개념과 필요성

경찰법상 일반조항이란 경찰권 발동의 근거가 되는 개별적인 법률규정이 없는 경우, 경찰권발동의 일반적 보충적 근거가 될 수 있도록 일반적 위험방지 및 장해제거를 위한·포괄적 내용을 규정한 조항을 말합니다. 이것은 경찰 및 질서 행정법상 권한규범의 특징으로서, 경찰이 공공의 안녕과 질서에 대한 구체적 위험의 방지를 위하여 필요한 모든 조치를 취할 수 있도록 해 줍니다.8 경찰법상 일반조항의 전형적 예인 독일연방 및 주의 통일경찰법 모범초안 제8조 제1항은 경찰은 초안 "제8조의a 내지 제24조에서 경찰의 직무권한으로 특별히 규정하지 아니하는 한, 공공의 안녕이나 질서에 대한 개별적 위험을 방지하기 위하여 필요한 조치를 취할 수 있다." 고 규정합니다.9 우리 실정법에 이런 조항이 존재하는지는 논란되고 있습니다.

일반조항은 사회·경제·문화·과학기술의 발전에 따라 사회여건이나 가치관의 변화 그 밖에 입법자가 예측할 수 없는 위험의 발생 등을 고려할 때 그 필요성이 인정되며, 비단 경찰집행조치뿐만 아니라 경찰상 법규명령의 정립에 대해서도 적용됩니다. 즉 이를 근거로 추상적 위험이 존재할 경우 위험방지를 위한 법규명령을 통해 일반적 금지와 하명을 발할 수 있게 됩니다.10 일반조항은 위험방지에 있어 경찰권 발동을 위한 개별수권규정이 없는 경우 공백을 메우는 기능(lückenausfüllende Funktion)을 수행하며, 법률상 작위의무나 금지에 관한 규정이 있더라도 이를 막바로 권한규범으로 볼 수 없기 때문에 그러한 경우 경찰권 발동의 근거를 보충해준다는 점에서 불완전 법(*lex imperfecta*)을 보충하는 역할을 수행합니다.11

긴급구호조치를 취하였고, 정신질환자가 퇴원하자 정신병원에서의 장기 입원치료를 받는 데 도움이 되도록 생활보호대상자 지정의뢰를 하는 등 나름대로 조치를 취한 이상, 경찰관들이 정신질환자의 살인범행 가능성을 막을 수 있을 만한 다른 조치를 취하지 아니하였거나 입건·수사하지 아니하였다고 하여 이를 법령에 위반하는 행위에 해당한다고 볼 수 없다는 이유로, 사법경찰관리의 수사미개시 및 긴급구호권 불행사를 이유로 제기한 국가배상청구를 배척한 사례.

8 Götz, § 8 Rn. 1.
9 독일 대부분의 주들이 이에 따른 일반조항을 두고 있습니다.
10 Götz, § 8 Rn. 2: Schoch, Rn.52, S.170 등.
11 Schoch, Rn.57, 59, S.175−176.

Ⅳ. 경찰권의 한계

1. 전통적인 경찰권 한계 이론 – 경찰권의 조리상 한계

종래 통설은 관계 법규상 경찰 재량이 인정되는 경우에도 조리상 한계가 따른다고 보았습니다. 소극목적의 원칙, 공공의 원칙, 비례 원칙, 평등의 원칙 및 책임의 원칙 등이 그 예입니다.

1.1. 경찰소극목적의 원칙

경찰권은 사회공공의 안녕·질서에 대한 위해의 방지·제거라는 소극목적을 위해서만 발동될 수 있고, 복리증진이라는 적극목적을 위하여서는 발동될 수 없다는 원칙입니다. 이에 따라 경찰권이 소극목적을 넘어 적극적으로 사회의 복리증진 목적으로 발동될 경우 경찰의 한계를 넘어선 것으로 위법하다고 하게 됩니다. 다만, 개인의 행정의존성 증대를 특징으로 하는 현대 행정의 상황변화에 따라 소극적 경찰작용과 적극적 복리증진이 서로 연계되거나 상호 수렴하고, 경계가 모호한 경우가 많아 원칙의 일관된 적용을 관철하기 쉽지 않은 것도 사실입니다.

1.2. 경찰공공의 원칙

경찰권은 오로지 공공의 안녕·질서를 유지하기 위해서만 발동될 수 있고, 그와 직접 관계가 없는 사생활·사주소 및 민사상 법률관계에는 관여할 수 없다는 원칙입니다.

(1) 사생활 불가침의 원칙

공공질서와 무관한 개인의 사생활에 경찰권을 발동하는 것은 허용되지 아니 한다는 원칙입니다. 사생활 불간섭의 원칙이라고도 부르기도 합니다. 사생활의 범위는 사회통념에 따라 구체적으로 결정해야 하겠지만, 통상 일반사회생활과 교섭이 없는 개인의 생활이나 활동을 말한다고 할 수 있습니다. 다만 개인의 사생활도 미성년자의 음주·끽연이나 전염병 발생처럼 그것이 동시에 공공의 안녕·질서에 영향을 미치는 경우에는 경찰권 발동의 대상이 될 수 있습니다.

(2) 사주소 불가침의 원칙

사주소란 일반사회와 직접적 접촉이 없는 주거를 말합니다. 개인의 주거용 가택 뿐만 아니라, 회사·사무소·연구실 등도 포함됩니다. 그러나 경찰상 공개된 장소, 즉 흥행장·여관·음식점 등과 같이 일반공중이 자유로이 출입할 수 있는 장소는 사주소에 속하지 않습니다.

사주소 안에서의 행동은 공공의 질서에 직접 영향을 미치지 않으므로 경찰권은 원칙적으로 관여할 수 없습니다. 공공장소에서는 금지된 행위일지라도 사주소 안에서는 개인의 자유에 속하는 것으로서 허용됩니다. 그러나 사주소 안에서의 행위도 여러 사람의 눈에 뜨이는 곳에서 함부로 알몸을 노출한 경우나 이웃을 시끄럽게 한 경우(「경범죄 처벌법」§ 3 ① 제33호, 제21호)에는 경찰권 발동의 대상이 됩니다.

(3) 민사관계 불간섭의 원칙

개인의 재산권 행사·친족권 행사·민사상 계약 등은 개인 사이의 사적 관계에 그치고, 그 권리의 침해나 채무의 불이행에 대해서는 경찰권이 관여할 수 없다는 원칙입니다. 다만 민사상 법률관계라도 그것이 개인적 이해에 그치지 않고 공공의 질서에 영향을 미치는 경우에는 그 범위 안에서 경찰권 발동이 가능해집니다. 암표 매매행위의 단속(「경범죄 처벌법」§ 3 ② 제4호)이나 청소년에 대한 술·담배 판매금지(「청소년보호법」§ 28) 등이 그 예입니다.

2. 경찰책임의 원칙

1.1. 개념

경찰권은 '경찰위반상태'(Polizeiwidrigkeit), 즉 공공의 안녕·질서에 장해가 발생하거나 발생할 우려가 있는 경우, 그 상태 발생에 책임(Verantwortlichkeit)이 있는 자, 즉 경찰책임자에 대하여만 발동할 수 있다는 원칙입니다. 경찰책임이 없는 자에게는 긴급한 필요가 있고 법령에 근거가 있는 경우에만 경찰권을 발동할 수 있습니다.

경찰책임의 원칙은 경찰권을 발동하려면 그 상대방에 경찰책임, 즉 경찰상 귀책사유가 있어야 한다는 원칙으로 고전적인 법치국가 경찰법의 핵심요소입니다.12 여기서 '책임'(Verantwortlichkeit)이란 손해배상의 '책임'(Haftung)과는 다릅니다.13

2.2. 경찰책임자

경찰법은 개인의 주관적·내면적 심정과는 상관없이 그 생활범위 안에서 발생한 객관적·외면적 상태를 기준으로 경찰책임의 유무를 판단합니다. 그리하여 그 생활범위 안에서 경찰위반상태가 생긴 이상, 그 상태 발생에 대한 고의·과실을 불문하고, 또한 자연인인지 법인인지를 가리지 아니 하고 그 생활범위를 지배하는 자가 경찰책임을 지게 됩니다. '자기의 생활범위'란 자기가 지배하는 사람과 물건의 전체를 말합니다. 자신의 행위는 물론이고, 자기의 지배범위에 속하는 타인의 행위 또는 물건의 상태가 경찰위반상태를 구성하는 경우에도 경찰책임을 집니다.

2.3. 경찰책임의 종류

(1) 행위책임·상태책임

경찰책임은 그 원인에 따라 행위책임(Verhaltensverantwortlichkeit)과 상태책임(Zustandsverantwortlichkeit)으로 나뉩니다. 행위책임은 사람의 행위(작위·부작위)를 매개로 하여 경찰위반상태가 발생한 경우 그에 대한 책임을 말합니다. 행위자가 자신인지(행위자책임), 그가 지배하는 타인인지(지배자책임) 불문합니다. 행위책임은 과실의 유무를 불문하고, 행위가 공공의 질서에 대한 위해의 원인이 된다는 사실에 따라 성립하는 책임입니다. 이 경우 행위와 공공질서에 대한 위해 사이의 인과관계, 즉 귀책(Zurechnung)의 기준이 문제됩니다. 이에 대해서는 여러 학설이 대립하지만, 공공질서에 대한 위험 또는 장해의 직접 원인이 되는 행위를 한 자만이 책임을 진다는 '위험 또는 질서교란의 직접적 원인제공 이론'(Theorie der unmittelbaren Verursachung der Gefahr oder Störung)에 따라 귀책을 판단해야 할 것입니다.

---

12 Götz, § 9 Rn. 3.
13 과거 독일 경찰법에서 책임을 경찰의무(Polizeipflicht)라고 부른 것도 바로 그 점과 무관하지 않습니다(Götz, § 9 Rn. 3).

상태책임은 물건·동물의 소유자·점유자 기타 관리자가 그 지배범위에 속하는 물건·동물로 인하여 경찰위반상태가 발생한 경우에 지는 책임입니다. 도로교통법상 위법공작물과 지상공작물 등 교통장해물 제거의무가 대표적인 예입니다. 도로교통법은 제71조 제1항에서 도로의 위법공작물을 설치한 사람에게 위법행위 시정명령을 내리거나 위반행위로 인한 교통장해 제거명령을 내릴 수 있도록 하는 한편, 제2항에서 그 사람의 성명·주소를 알지 못하여 이러한 조치를 명할 수 없는 때에는 스스로 그 공작물 등을 제거하는 등 조치를 한 후 이를 보관하도록 하고 있습니다. 또 제72조 제1항에서는 경찰서장은 도로의 지상공작물이나 그 밖의 시설 또는 물건이 교통에 위험을 일으키게 하거나 교통에 뚜렷이 방해될 우려가 있는 때에는 그 공작물 등의 소유자·점유자 또는 관리자에게 그것을 제거하도록 하거나 그 밖에 교통안전에 필요한 조치를 명할 수 있도록 하고, 제2항에서 공작물 등의 소유자·점유자 또는 관리자의 성명·주소를 알지 못하여 그와 같은 조치를 명할 수 없는 때에는 스스로 그 공작물 등을 제거하는 등 조치를 한 후 이를 보관해야 한다고 규정하고 있습니다.

(2) 행위자책임·지배자책임

책임자의 지위를 기준으로 경찰책임은 행위자책임과 지배자책임으로 나뉩니다. 행위자책임은 경찰위반상태를 발생시킨 행위를 한 자가 지는 책임을 말하며, 행위자가 자연인인지 법인인지 묻지 않습니다. 반면 지배자책임은 타인을 보호·감독할 지위에 있는 자(친권자·사용주 등)가 그 범위 안에서 지배자로서 피지배자의 행위로 인해 발생한 경찰위반상태에 대해 지는 책임을 말합니다. 그 성질은 피지배자의 책임에 대한 대위책임은 아니고, 자기의 지배범위 안에서 경찰위반상태가 발생한 데에 대한 자기책임입니다.

실례로 식품위생법은 제100조에 양벌규정을 두고 있는데, 종업원등이 위반행위를 한 동기를 불문하고 영업주가 책임을 지고 또 그가 그 위반행위를 방지하기 위하여 해당 업무에 관하여 상당한 주의와 감독을 게을리하지 않은 때에는 면책되므로, 양벌규정에 따른 영업주의 책임은 일종의 지배자책임에 해당합니다.

(3) 복합 책임

경찰책임의 특수한 형태로서, 단일 경찰위반사실이 다수인의 행위 또는 다수인이 지배하는 물건의 상태에 기인하거나, 행위책임과 상태책임이 중복되어 발생한 경우의 책임을 말합니다. 각개의 행위 또는 상태만으로는 경찰위반이 되지 않음에도 불구하고, 다수의 행위 또는 상태가 결합함으로써 하나의 사회적 장해를 야기하는 경우로서, 소량의 오수배출행위들이 집적하여 경찰위반상태를 형성하는 경우가 그런 예입니다. 경찰행정청은 재량에 따라 책임 있는 자들에게 위험방지의무를 지울 수 있는데, 그 경우 행위자 또는 지배자가 부담할 책임의 범위와 한도가 문제됩니다. 이 것은 경찰기관이 의무에 합당한 재량행사(„Störerauswahl" nach pflichtmäßigem Ermessen)로 해결할 문제이고, 재량행사과정에서 위험방지의 효과성(Effektivität der Gefahrenabwehr) 과 형평성(Billigkeit)을 고려해야 할 것입니다.

2.4. 경찰책임의 승계

종래의 통설은 경찰책임을, 행위책임이든 상태책임이든, 일신전속으로 보았습니다. 따라서 경찰책임자에 대한 처분은 실정법상 특별규정이 없는 한 승계인에 대해서는 효과가 없다고 했지요. 그러나 이 견해는 오래전 판례, 학설 또는 입법에 의해 포기되거나 수정되었습니다.14

(1) 행위책임

행위책임의 경우 법률에 명문의 규정이 있거나 대체가능한 경우를 제외하고는 승계가 허용되지 않는다는 것이 통설입니다.15 의무의 성격에 따라 승계가능성을 달리 판단해야 한다는 견해가 지배적이라는 서술도 있습니다.16 예방접종 수인의무, 소음발생 중지의무, 정보제공 의무 등은 일신전속적 성격을 가지기 때문에 승계할 수 없지만, 도로청소의무, 무단폐기 오염물질의 제거의무 등은 대체적 성격을 가지기 때문에 승계할 수 있다고 합니다. 법률에 승계를 허용하는 명문의 규정이 있는 경우

---

14 상세한 것은 정하중, 행정법개론, 1120 – 1121을 참조.
15 김철용, 행정법 II, 2010, 282.
16 정하중, 행정법개론, 1121.

에는 그에 따르면 될 것이어서 문제가 없습니다. 다만 의무가 개인적 특성을 가진다고 일률적·일반적으로 승계를 부정할 수 있는지는 의문입니다.

「토양환경보전법」도 제10조의4 제1항 제3호에서 명시적으로 정화책임의 주관적 범위를 특히 합병·상속 그 밖의 사유로 제1호 및 제2호에 해당되는 자의 권리·의무를 포괄적으로 승계한 자에게까지 확장하고 있습니다. 그 경우 행위책임은 바로 「토양환경보전법」 제10조의4 제1항에 따라 승계됩니다. 다만, 토양오염이 발생한 토지를 양수할 당시 토양오염 사실에 대하여 선의이며 과실이 없는 경우에는 책임이 확장되지 아니합니다(§ 10의4 ② 단서 및 제3호).

또한 대법원은 양도인에 대한 사유로 양수인에 대하여 영업정지처분을 할 수 있는지 여부에 대하여 영업장 폐쇄명령의 대물적 처분성을 근거로 그 이전가능성을 시인한 바 있습니다.[17] 이 판결은 행정제재적 처분을 받은 후 영업장을 양도하는 방법으로 행정처분의 효력을 면탈하여 행정처분을 받은 영업장에 대한 이권을 환수하거나 영업을 계속하는 관행을 근절시키기 위한 배경에서 나온 것으로서, 공중위생영업에 대한 행정처분을 대물적 처분으로 보고 그 이전성을 인정한 것입니다. 이 문제는 2002년 8월 26일 공중위생관리법개정법률에서 제11조의3을 신설하여 행정제재처분 효과의 승계를 명문화함으로써 입법적으로 해결되었습니다.

문제는 법률에 명문의 근거가 없는 경우, 행위책임의 승계 여부입니다. 행위책임에 따른 경찰의무의 속성과 지위승계의 성질, 면책사유의 인정 여부 등을 함께 고려하되, 경찰의무가 일신전속적이 아니고 포괄승계인 경우에는 원칙적으로 책임의 승계를 인정하는 것이 옳겠지요. 행위책임을 지는 자에게 이미 행정행위가 있었다면 그 포괄승계인도 이에 구속된다고 봅니다.

(2) 상태책임

상태책임의 경우 물건의 상태와 관련된다는 점에서 승계가 원칙적으로 허용된다고 보는 것이 일반적입니다.[18] 무허가건물의 철거명령은 이를 취득한 승계인에 대해서도 그대로 효력이 있고, 따라서 새로운 철거명령 없이 대집행절차를 진행할 수 있습니다. 상태책임에 관한 한, 문제된 물건의 상태가 대체성을 지니는 이상, 그 승

---

17 대법원 2001. 11. 9. 선고 2001두5064 판결(영업정지처분취소 (마) 파기환송).
18 김철용, 같은 곳; 정하중, 같은 곳.

계를 배제할 까닭은 없겠지요. 그러나 경찰법상 상태책임이 항상 대체성이 있어 승계가능하다고 일반화할 수 있는지는 신중한 검토가 필요합니다. 행위책임의 경우처럼, 경찰책임의 원칙에 의거하여 책임의 속성과 지위승계의 성질, 면책사유의 인정 여부 등을 고려하여 개별구체적으로 판단할 문제입니다.

2.5. 경찰책임의 예외 – 경찰긴급권

경찰권은 경찰위반사실에 대한 직접 책임자에 대해서만 발동되는 것이 원칙입니다. 그러나 예외가 있습니다. 긴급한 필요가 있는 때에는 경찰책임이 없는 자에 대해서도 원조강제나 토지·물건 사용 등과 같은 경찰권 발동이 허용됩니다. 제3자에 대한 경찰권 발동은 예외적인 것이므로, 목전에 급박한 위해 제거에 한하여, 그것도 법령상 근거가 있는 경우에만 허용됩니다. 화재현장에 있는 자에 대한 소방서장 등의 소방활동 종사명령(「소방기본법」 § 24 ① 제1문), 경찰관이 위험 사태시 그 장소에 있는 자에게 위해방지상 필요한 조치를 하게 하는 것(「경찰관직무집행법」 § 5 ① 제3호)이 그 예지요. 그 경우 제3자에게 발생한 손실은 귀책사유가 없는 한 보상이 주어집니다(「소방기본법」 § 24 ②, 「수난구호법」 § 24).

3. 경찰비례의 원칙

비례원칙은 원래 경찰법 분야에서 유래한 것이지요. 경찰비례원칙은 일반적으로 위험방지를 위한 경찰작용에 있어 추구하는 공익목적과 그로 인하여 제한·침해되는 개인의 자유·권리 사이에 적정한 비례관계가 유지되어야 한다는 원칙입니다. 경찰권의 발동 여부와 발동될 경우 그 정도와 방법과 관련하여 비례원칙의 세 가지 요소에 따른 단계적 법적 통제가 이루어집니다. 즉, 경찰권 발동 여부에 대한 결정 또는 그에 따른 조치는 위험방지라는 경찰목적의 달성에 적합한 것이어야 한다는 적합성(Geeignetheit)의 원칙, 적합한 복수의 조치들 중에서 상대방 개인과 일반공중에 대하여 최소한의 침해를 가져오는 조치를 택해야 한다는 필요성(Erforderlichkeit)의 원칙 또는 최소침해의 원칙(Grundsatz des geringsten Eingriffen), 그리고 선택된 그 조치들도 그것을 통해 달성되는 공익이 그로 인한 상대방의 자유·권리에 대한 침해보다 클 때에만 허용됩니다(협의의 비례원칙). 「경찰관직무집행법」은 '경찰관의 직권은 직무수행에 필요한 최소한도에서 행사되어야 한다'고 규정하여(§ 1 ②), 경찰권 발동에 있어 비례원칙을 명문화하고 있습니다.

4. 경찰평등의 원칙

경찰권 발동시 상대방의 성별, 종교, 사회적 신분, 인종 등을 이유로 불합리한 차별을 해서는 안 된다는 원칙입니다. 평등의 원칙은 헌법 제11조를 통해 헌법 수준으로 고양된 행정법의 일반원리로 주로 권력적·침익적 성격을 띠는 경찰권 행사에 대해서도 당연히 적용됩니다.

참 / 고 / 문 / 헌

* 국내에서 발표된 참고문헌 중 단행본이 아닌 것은 본문에서 표기함을 원칙으로 합니다.

국내 단행본

곽윤직, 채권각론, 박영사, 1994;

김남진. 행정법 I, 법문사, 2000;

김남진 · 김연태, 행정법 I, 제12판, 법문사, 2002;

김남진 · 김연태, 행정법 I, II, 법문사, 2007;

김도창, 일반행정법(상), 청운사, 1993;

김동희, 행정법 I, 박영사, 2008;

김석준 · 강경근 · 홍준형, 열린 사회, 열린 정보, 비봉출판사, 1993;

김성수, 행정법 I, 법문사, 1998;

김유환, 현대 행정법강의, 박영사, 2016;

김종보, 건축법의 이해, 박영사, 2008;

김중권, 행정법기본연구 II, 법문사, 2009;

김중권, 행정법기본연구 III, 법문사, 2010;

김중양 · 김명식, 공무원법, 박영사, 2000;

김철용, 행정법 I, 제13판, 2010;

김철용, 행정법 II, 박영사, 2010;

류지태, 행정법신론, 신영사, 2005;

류해웅, 토지공법론, 제4판, 삼영사, 2004;

문병호, 행정법 방법론, 박영사, 2020;

박균성, 행정법(상), 박영사, 2009;

박균성, 행정법강의, 제2판, 박영사, 2005;

박균성, 행정법론(상), 박영사, 2003;

박윤흔, 행정법강의(상), 박영사, 2000;

류지태 · 박종수, 행정법신론, 박영사, 2021;

변재옥, 행정법강의 I, 박영사, 1990;

서원우, 현대행정법론(상), 박영사, 1987;

석종현, 일반행정법(상/하), 삼영사, 1993;

신보성, 현대행정법의 이론, 1988;

오준근, 행정절차법, 삼지원, 1998;

이상규, 신행정법론(상/하), 법문사, 1991;

이상규, 행정쟁송법, 법문사, 1988;

정하중, 행정법개론, 법문사, 제4판, 2010;

최송화, 법치행정과 공익, 박영사, 2002;

허영, 한국헌법론, 박영사, 1994;

홍정선, 행정법원론(상/하), 박영사, 2001;

홍준형, 한국행정법의 쟁점, 서울대학교출판문화원, 2018;

홍준형, 행정법, 법문사, 2017;

홍준형, 행정쟁송법, 도서출판 오래, 2017;

홍준형, 지방자치법, 대명출판사, 2017;

홍준형, 행정구제법, 도서출판 오래, 2012;

홍준형, 행정과정의 법적 통제, 서울대학교출판문화원, 2010;

홍준형 · 김성수 · 김유환, 행정절차법제정연구, 법문사, 1996

국내 논문

경건, "행정정보의 공개", 행정작용법(김동희교수정년퇴임기념논문집), 2005;

고문현, "통치행위에 관한 소고"『헌법학연구』제10권 제3호(사단법인 한국헌법학회), 2004.9;

고영훈, "법률유보원칙의 이론과 실제(하)", 『판례월보』제273호, 1993;

구병삭, "정보공개법제정의 방향과 과제", 『공법연구』제17집, 1989;

금선화, "통치행위의 인정여부와 판단기준 소고", 『공법연구』제33집 제1호(한국공법학회), 2004.11;

김남진, "국가의 경제에의 참여와 개입", 『공법연구』제16집, 1988;

김대인, "행정계약에 관한 연구", 서울대학교 박사학위청구논문, 2006;

김동희, "건축허가처분과 재량", 『행정판례연구』 V, 한국행정판례연구회편, 서울대학교 출판부, 2000, 17 – 32;

김문수, "행정소송에 있어서 처분이유의 추가 및 변경", 『특별법연구』제3권(특별소송실무연구회편), 1989;

김철용, "처분이유제시의 정도 – 대상판결 대법원 2002.5.17. 선고 2000두9812 판결, 『인권과 정의』2009.8;

_____, "국가배상법 제2조에서 정한 배상책임의 요건", 한태연박사 화갑기념논문집;

김성수, "참여와 협력시대의 한국 행정절차법", 현대공법이론의 제문제(석종현박사화갑기념논문집), 2003, 552;

김용섭, "행정심판재결에 대한 항고소송", 행정판례평선(한국행정판례연구회편), 박영사, 2011;

김정중, "도시계획변경 거부의 처분성", 행정재판실무연구집 재판자료(법원도서관) 제108집(2005.12), 59 – 92;

김중권, "Quo vadis – 신고제?", 법률신문 제3916호, 2011.3.7.;

김태우, "취소소송에 있어서 처분사유의 추가 · 변경", 『인권과 정의』1995.6;

김철용, 국가배상법 제2조에 관한 연구, 건국대학교 박사학위논문, 1975;

김해룡, "도시계획변경청구권의 성립요건", 『행정판례연구』 Ⅳ, 1999.8, 105-116;

문성호, "일본의 개정 행정사건소송법 운영 현황과 시사점 - 행정소송법 전면 개정 논의에 즈음하여 - ", 2014, 사법제도비교연구회(편), 사법개혁과 세계의 사법제도[Ⅷ](사법발전재단), 581-637;

박정훈, "부정당업자의 입찰참가자격제한의 법적 제문제", 법학(서울대학교 법학연구소) 제46권 제1호;

박균성, "국가배상법 제2조상의 「직무를 집행함에 당하여」 - 판례를 중심으로", 『국가배상제도의 제문』;

석호철, "청문절차에 관한 제반 판례의 검토", 『인권과 정의』, 1994.7(제215호);

_____, "청문절차에 관한 제반 판례의 검토", 『특별법연구』(특별소송실무연구회) 제5권, 1997;

송동수, "규범구체화 행정규칙과 법규범체계의 재정비 - 독일 행정규칙이론과 유럽재판소 판결을 중심으로 -", 『토지공법연구』 제39집, 2008.2, 289-304;

송동원, "면허등의 취소처분에 명시하여야 할 이유기재의 정도와 그 취지", 대법원판례해설 14;

백윤기, 미국 행정소송상 엄격심사원리에 관한 연구 - 한국판례와의 비교분석을 중심으로 -, 1995.2, 서울대학교 법학박사학위논문;

_____, "금융행정에서의 법치주의의 구현", 현대공법학의 과제(최송화교수화갑기념논문집), 박영사, 2002, 531;

서원우, "행정상의 절차적 하자의 법적 효과", 서울대 법학 1986.9;

오진환, "조례의 무효와 그 조례에 근거한 행정처분의 당연무효 여부", 『인권과 정의』(대한변호사협회), 제231호(1995.11), 153 이하; 제232호(1995.12), 129 이하, 제233호(1996.1), 138 이하;

_____, "조례의 무효와 그 조례에 근거한 행정처분의 당연무효 여부", 『특별법연구』 제5권, 1997, 136-183;

오준근, "행정절차법 시행 이후의 행정절차 관련 행정판례의 동향에 관한 몇가지 분석", 『행정판례연구』 Ⅶ, 2002;

유상현, 조례의 법적 한계에 관한 연구(경희대법학박사학위논문), 1994;

윤영미, "정치의 사법화와 헌법재판소의 역할 - 주요 사건에 대한 분석을 중심으로 -", 헌법논총 제29집(2018), 359-398;

윤진수, "보존음료수의 판매제한조치의 위헌여부", 『인권과 정의』(대한변호사협회 편), 제221호, 1995.1, 94;

_____, "보존음료수의 판매제한과 헌법", 『특별법연구』 제5권(특별소송실무연구회편), 1997, 1-33;

윤형한, "사전통지의 대상과 흠결의 효과", 『행정판례연구』 Ⅹ(한국행정판례연구회), 2005, 219;

이강국, "행정행위의 하자의 치유", 『행정판례연구』 III(한국행정판례연구회, 1996), 91-119;

이선희, "도시계획입안 신청에 대한 도시계획 입안권자의 거부행위가 항고소송의 대상이 되는 행정처분에 해당하는지 여부", 대법원판례해설 제50호;

정남철, "계획변경청구권의 법적 문제 - 도시계획변경신청권의 예외적 인정에 대한 비판적 고찰 -, 『토지공법연구』(한국토지공법학회) 제48집, 2010.2, 49-67;

정연주, "통치행위에 대한 사법심사: 관련 헌법재판소 판례를 중심으로", 저스티스 제95호, 2006.12, 한국법학원;

정하중, "입법상의 불법에 대한 국가책임의 문제: 서울민사지법 42부 판결 91가합84035에 관련하여", 사법행정 제387호, 1993.3, 한국사법행정학회;

조용호, "개별토지가격결정의 행정처분성과 이에 대한 쟁송", 『인권과 정의』 1993.11(통권 제207호);

조정환, "자치입법권 특히 조례제정권과 법률우위와의 관계문제", 『공법연구』 제29집 제1호, 2000, 375-400;

조해현, "행정처분의 근거 및 이유제시의 정도", 『행정판례연구』 VIII, 123-144, 2003.12;

최계영, "거부처분의 사전통지-법치행정과 행정의 효율성의 조화-", 『행정법연구』(행정법이론실무학회), 제18호, 2007.8, 269-297;

최영규, 영업규제의 법제와 그 수단에 관한 연구(서울대학교 박사학위논문), 1993;

최정일, "법규범구체화행정규칙의 법적 성질 및 효력", 『판례월보』 제264호, 1993;

_____, 독일에서의 행정규칙의 법적 성질 및 효력 - 특히 규범구체화행정규칙을 중심으로 -", 서울대학교 법학박사학위논문, 1995;

홍정선, "사인의 공법행위로서 신고의 법리 재검토", 중범김동희교수정년기념논문집, 박영사, 2005.6, 144-162;

홍준형, "사인의 공법행위로서 신고에 대한 고찰 — 자기완결적 신고와 수리를 요하는 신고에 관한 대법원판례를 중심으로 —", 『공법연구』 제40집 제4호, 2012.6;

_____, "불가변력, 신뢰보호, 그리고 행정상 이중위험의 금지", 『행정판례연구』 V, 한국행정판례연구회편, 서울대학교 출판부, 2000, 33-67;

_____, "행정행위 무효이론의 재검토", 『행정논총』 제36권 제1호(서울대학교 행정대학원), 1998, 187-209;

_____, "계획변경청구권과 계획변경신청권", 『행정판례연구』 XVII-1(2012), 53-91;

_____, "행정법 50년과 행정구제법", 「헌정 50년과 2000년의 과제」(아세아·태평양 공법학회 1998년 학술대회: 1998.7.14), 자료집, 63-67;

국외 문헌

阿部泰隆, 國家補償法, 有斐閣, 1988;

古崎慶長, 營造物の管理の瑕疵の意義, 行政法の爭點(新版), ジュリスト 增刊, 168, 有斐閣, 1990;

今村成和, 行政法入門, 有斐閣; 第3版, 1986;

塩野 宏, 『日本行政法論』(서원우·오세탁공역), 법문사 1996;

室井 力, 形式的行政處分について, 田中二郎先生古稀記念, 公法の原理(下) I, 1977;

芝池義一, 行政救濟法講義, 有斐閣, 1996;

杉本, 行政事件訴訟法の解說, 法曹時報, 1963.3;

原田尚彦, 行政法要論, 学陽書房, 1984;

藤田宙靖, 新版行政法 I(總論), 青林書院, 1986;

O. Bachof, Die Dogmatik des Verwaltungsrechts vor den Gegenwartsaufgaben der Verwaltung, in: VVDStRL 30(1972), S.193−244;

P. Badura, Das Verwaltungsverfahren, in: Erichsen/Martens, Allgemeines Verwaltungsrecht, 9.Aufl., 1992;

H. Bauer, Geschichtliche Grundlage der Lehre vom subjektiven öffentlichen Recht, 1986, Augusburger Dissertation;

Bachof, Festgabe für das BVerwG, S.9ff.;

Braun, Die präjudizielle Wirkung bestandskräftiger Verwaltungsakte, 1982;

Ottmar Bühler, Die subjektiven öffentlichen Rechte und ihr Schutz in der deutschen Verwaltungsrechtsprechung, 1914;

O. Bühler, Altes und neues über Begriff und Bedeutung der subjektiven öffentlichen Rechte, in: GS W.Jellinek, 1955;

Pavlos−Michael, Efstration, Die Bestandskraft des öffentlich−rechtlichen Vertrages, 1988, S.82ff.;

Ehlers, Die Verwaltung(DV) 20(1987);

Erichsen/Martens, Allgemeines Verwaltungsrecht, 9.Aufl., 1992;

Erichsen, Das Bundesverwaltungsgericht und die Verwaltungsrechtswissenschaft, DVBl 1978, 569ff.;

E. Forsthoff, Lehrbuch des Verwaltungsrechts, 10.Aufl., 1973;

Tokiyasu Fujita, Streitvermeidung und Streiterledigung durch informelles Verwaltungshandeln in Japan, NVwZ 1994, 133ff.;

Götz, Volkmar, Allgemeines Polizei− und Ordnungsrecht, 14. Aufl., Vandenhoeck & Ruprecht, 2008;

V. Götz, allgemeines Polzei− und Ordnungsrecht, 10.Aufl., Vandenhoeck & Ruprecht, 1991;

H. Hill, Normkonkretisierende Verwaltungsvorschriften, NVwZ 1989;

Hoppe/Otting, Verwaltungsvorschriften als ausreichende Umsetzung von rechtlichen und technischen Vorgaben der Europäischen Union?, NuR 1998;

Hoppe, in: Isensee/Kirchhof, HdbStR, Bd.III;

F. Hufen, Verwaltungsprozeßrecht, 6.Aufl., 2005, C.H.Beck;

W. Jellinek, Verwaltungsrecht, 3.Aufl., 1948;

F. Kopp, Beteiligung, Rechts— und Rechtsschutzpositionen im Verwaltungsverfahren, in: FS aus Anlaß des 25jährlichen Bestehens des BVerwG, 1978;

Kopp/Ramsauer, Verwaltungsverfahrensgesetz, Kommentar, 9.Aufl., 2005;

H.—W. Laubinger, Grundrechtsschutz durch Gestaltung des Verwaltungsverfahrens, VerwArch. Bd.73, 1982;

N. Luhmann, Legitimation durch Verfahren, 1969;

O. Mayer, Deutsches Verwaltungsrecht, 3.Aufl., 1924(unveränderter Nachdruck 1969);

H. Maurer, Allgemeines Verwaltungsrecht, 17.Aufl., 2009;

Fritz Ossenbühl, in: H.—U.Erichsen und W.Martens (Hrsg), Allgemeines Verwaltungsrecht;

Wolff/Bachof, VerwR I;

F. Ossenbühl, Verwaltungsverfahren zwischen Verwaltungseffizienz und Rechtsschutzauftrag, NVwZ 1982, 465ff.;

F. Ossenbühl, Staatshaftungsrecht, 4.Aufl., 1991;

J. Pietzcker, Der Anspruch auf ermessensfehlerfreie Entscheidung, JuS 1982;

Pietzner/Ronellenfitsch, Das Assessorexamen im Öffentlichen Recht, 7.Aufl., 1991;

G. Ress, Die Entscheidungsbefugnis in der Verwaltungsgerichtsbarkeit — eine re— chtsvergleichende Studie zum österreichischen und deutschen Recht, 1968, Forschungen aus Staat und Recht, Bd.4, Springer Verlag, 41;

J. Rivero, Droit Administratif, 13e éd.(1990), Dalloz;

Ronellenfitsch, VerwArch. Bd.73(1982) S.469ff.;

H.H. Rupp, Bemerkungen zum verfahrensfehlerhaften Verwaltungsakt, in: FS für O. Bachof, 1984, S.151ff.;

Eberhard, Schmidt—Aßmann, Rechtsformen des Verwaltungshandelns, DVBl 1989, 533ff.(535);

E. Schmidt—Aßmann, Institute gestufter Verwaltungsverfahren: Vorbescheid und Teilgenehmigung, in: Verwaltungsrecht zwischen Freiheit, Teilhabe und Bindung, FS aus Anlaß des 25jährlichen Bestehens des BVerwG, 1978, S.569;

Schmidt—Aßmann/Krebs, Städtebauliche Verträge, 1988;

Walter. Schmitt Glaeser, Verwaltungsprozeßrecht, 14.Aufl., 1997, Boorberg;

F. Scharpf, Die politischen Kosten des Rechtsstaates, 1970;

W.—R. Schenke, Probleme der modernen Leistungsverwaltung, DÖV 1989;

F. Schoch, Polizei—und Ordnungsrecht in: E. Schmidt—Aßmann / F. Schoch (Hg.), Besonderes Verwaltungsrecht. 14.Aufl., 2008;

Sieber, Informationsrecht und Recht der Informationstechnik, NJW 1989, 2569ff.;

Lorenz von Stein, Handbuch der Verwaltungslehre, 3.Aufl., 1888, Bd.1;

Stelkens/Bonk/Leonhardt, VwVfG Kommentar, 3.Aufl., 1983;

P. Stelkens, Verwaltungsverfahren, 1991;

C.H. Ule, Zur Anwendung unbestimmter Rechtsbegriffe im Verwaltungsrecht, Gedächtnisschrift für W. Jellinek;

C.H. Ule, Verwaltungsreform als Verfassungsvollzug, in: Recht im Wandel, 1965, S.71; ders., Rechtsstaat und Verwaltung;

Weichmann, in: J.H. Kaiser, Planung III;

Wolff, H. J./Bachof, O./Stober, R./Kluth,W., Verwaltungsrecht, Bd. 1, 12. Aufl. 2007;

찾 / 아 / 보 / 기

홍준형(洪準亨)

서울대학교 행정대학원 명예교수
서울대학교 법과대학 및 대학원 법학과 졸
독일 Göttingen대학교 법학박사(Dr.iur.)
행정안전부 주민등록번호변경위원회위원장(2017~2021)
서울대학교 국가전략위원회 위원장(2019~2022)
서울특별시행정심판위원회 위원(2016~2022)
국무총리행정심판위원회 위원(1999~2005)
법제처 법령해석심의위원회 위원(2005~2009)
베를린자유대 한국학과 초빙교수·한국학연구소장(2001.10~2003.2)
한국학술단체총연합회이사장/한국공법학회/한국환경법학회/한국행정법이론실무학회 회장 역임
개인정보분쟁조정위원회 위원장/중앙환경분쟁조정위원회 위원/환경정의 정책기획위원장 역임

연구실적(저서)

Die Klage zur Durchsetzung von Vornahmepflichten der Verwaltung, 1992, Schriften zum
    Prozeßrecht Bd.108, Duncker & Humblot Verlag, Berlin
환경법의 성공과 실패. 2022, 한올아카데미
상징입법. 겉과 속이 다른 입법의 정체. 2020, 한올아카데미
한국의 행정과 법: 법치의 시련과 과제. 2020, 진인진
한국행정법의 쟁점. 2018, 서울대학교출판문화원
행정법. 2017, 법문사
행정구제법. 2012, 도서출판 오래
행정쟁송법. 2017, 도서출판 오래
지방자치법. 2022, 대명출판사
환경법입문. 2021, 박영사
법정책의 이론과 실제. 2008, 법문사

제3판
시민을 위한 행정법 입문

| 초판발행 | 2018년 1월 10일 |
| 제3판발행 | 2023년 2월 28일 |

| 지은이 | 홍준형 |
| 펴낸이 | 안종만·안상준 |

편 집	윤혜경
기획/마케팅	손준호
표지디자인	우윤희
제 작	고철민·조영환

펴낸곳	(주) **박영사**
	서울특별시 금천구 가산디지털2로 53, 210호(가산동, 한라시그마밸리)
	등록 1959. 3. 11. 제300-1959-1호(倫)
전 화	02)733-6771
f a x	02)736-4818
e-mail	pys@pybook.co.kr
homepage	www.pybook.co.kr
ISBN	979-11-303-4400-3 93360

* 파본은 구입하신 곳에서 교환해 드립니다. 본서의 무단복제행위를 금합니다.
* 저자와 협의하여 인지첩부를 생략합니다.

| 정 가 | 42,000원 |